Concise Collection
Treaties and Conventions

コンサイス条約集

編修代表
位田隆一・最上敏樹

第2版

三省堂

● 編修代表 ── **位田隆一** 同志社大学
　　　　　　最上敏樹 早稲田大学

● 編修委員 ── **大森正仁** 慶應義塾大学
　　　　　　森川幸一 専修大学
　　　　　　酒井啓亘 京都大学
　　　　　　萬歲寬之 早稲田大学
　　　　　　玉田　大 神戸大学

[装丁] 志岐デザイン事務所

第2版　はしがき

　好評を得ていた『解説条約集』の精選版として、2009年に『コンサイス条約集』（編修代表　杉原高嶺）を刊行した。幸いにも多くの読者のお役に立てたと自負しているが、初版以後の国際社会の状況や新条約等の締結等に鑑み、ここに『コンサイス条約集　第2版』を刊行することとした。

　学習上必要な条約や資料を精選して収録し、見やすさと使い勝手の良さ、携帯の便利さを実現しようという初版刊行時のコンセプトは維持しつつ、さらにこれを発展させるべく、収録条約・資料について検討を行った。初版刊行後の新たな重要条約等や判例・資料を反映し、編構成と条約の配列についても見直し、改めた箇所がある。編修には万全を期したつもりでいるものの、多くの読者の方々にご利用いただき、ご意見・ご要望をお寄せいただければ幸いである。

　編修体制は、第2版から位田・最上が代表を務めることとなった。また、『解説条約集』以来編修に大きく力を尽くしてこられた杉原高嶺、島田征夫の両先生に代わり、新たに編修委員として萬歳寛之・早稲田大学教授、玉田大・神戸大学教授にご参加いただくこととなった。

　2015年3月

編修代表　位田隆一
　　　　　最上敏樹

はしがき

『解説条約集』（編修代表 小田 滋・石本泰雄）は1983年に創刊して以来、大学の授業等で広くご利用いただいてきた。主要な条約については、その締結の主旨・目的・意義等を解説し、また関連する国際的決議も随所に配置し、さらに資料編には国際司法裁判所の全判例の要旨を掲載するなど、独自の特色をもたせてきた。また2005年からは、これを年度版とし（編修代表 広部和也・杉原高嶺）、とりわけ内容上の最新化に努めてきた。他方、収録する条約・資料は厳選に厳選を重ねつつも、分量的には年々漸増を余儀なくされ、ひいては国際法教育の教材として最善のものかどうかが危惧される状態ともなった。

編修委員会はこの状況を案じつつ、数年前より『解説条約集』のあり方を抜本的に見直す作業を重ねてきた。その結果、今日の大学での国際法教育の実情に見合った、よりコンパクトな条約集に改めるのが望ましいとの結論にいたった。すなわち、旧版の条約集は講学上必要な条約・資料を極力網羅するとの方針の下に、実際には限られた時間の授業では取り扱う余裕のないような条約や資料まで丁寧に収録しており、その過剰サービスが結果的にかえって本書の使い勝手を損ねることになったのではないかということである。そこで、本条約集の原点に立ち戻って、本質的に教育・学習用の教材に徹すること、これを基本コンセプトとして確認することとした。

この結論をえたのは2年前であった。そこで、これまでの『解説条約集』は2009年版をもってまずは休止とし、2010年度からは、その精鋭版ともいうべき『コンサイス条約集』を新たに送り出すこととした。2009年版（旧条約集）の「はしがき」で、「すでに、量的には十分以上の条約が収録されている」と断ったのは、これを踏まえたものである。この決定とともに、編修委員会は直ちに新条約集の編集作業に着手した。

新しい『コンサイス条約集』は、単に旧版収録の条約を選抜し移籍するものではない。先の基本コンセプトにもとづいて、編構成の再検討、収録条約の抜本的見直し、収録形態・抄録条約の再検討など大小万遍なく精査するとともに、巻末の資料・図表についても同様の措置をとった（国際司法裁判所の判例は国際法の学習に不可欠のものに絞り込んだ）。また、この機会に、いっそうの見やすさと使い勝手のよさを見込んで横組とし、携帯に便利なように薄型化をはかった。

国際法の教育における条約集のもつ重要性は改めて指摘するまでもない。先述の基本理念の下に新訂された本書は、法学部のみならず、教養課程、国際関係学部、政策学部等における国際法教育にも広く対応できるものと考えている。多くの人々に身近に親しんでいただくなかで、本書がわが国の国際法教育の向上にいささかでも役立つものであればと、編修委員一同ひそかに願うものである。編集には万全を期したつもりであるが、不備・不全な点については読者の皆さんの忌憚のないご叱正をいただければ幸いである。

最後になったが、これまで『解説条約集』の発展に格別のご尽力をいただいた小田 滋、石本泰雄、広部和也の元編修代表の諸先生に、この機会に改めてお礼を申し上げたい。また三省堂の編集部の皆さんには暖かいご協力をいただいた。併せて感謝申し上げたい。

2009年11月

編修代表　杉原高嶺

凡　例

１．本書のねらい
　本書は国際法を専攻する初学の学生をはじめ、国際政治、国際経済、国際関係論、外交史などを学ぶ人びとが活用できるよう、条約・規約・協定・憲章・議定書・宣言・決議・交換公文・関連国内法令のなかから、とくに必要度の高いものを精選しました。

２．条約等の名称
　条約等の名称はすべて正称を掲げた。しかし、わかりやすくするため、あまり長いものについては略称・通称を掲げ、《　》で示しました。

３．条約等の省略について
　全録（前文と末文・署名以外の全条文）の場合は省略の記載はしていません。条約等の名称の後に、〔抄〕とある場合は、一部の条文を省略した場合ですが、条文見出しは残して収録しています。
　条約等の名称の後に、〔抜粋〕とあるのは、必要度の高い条文をピックアップして収録している場合です。

４．条約文
　日本が当事国となり、官報に日本語の公定訳または正文が公布された条約等についてはそのまま採録しました。
　日本が当事国になっていない条約については、すでに公にされている諸資料を参考にして編修委員が翻訳しました。
　公定訳の条約、公布された法律等は縦書きとなっていますので、可読性を考慮し、漢数字は原則として算用数字に改めました。

５．条文見出し
　（　）は条約等の正文に見出しがついている場合、【　】は条約等の正文に見出しがなく編修委員が付した場合です。

６．資　料
　図表等があった方が学習の理解に役立つと思われるものを主に図表化しました。国際司法裁判所（ICJ）の判決・勧告的意見の一覧を掲載するとともに、重要な判決・勧告的意見には、その事実の概要と判決要旨・命令要旨・勧告的意見要旨を載せ、ケース・スタディに役立つようにしました。さらに、常設国際司法裁判所（PCIJ）の争訟事件と勧告的意見の一覧表も掲載しました。

７．条約等の索引
　見返しに、50音順で正称・略称・通称で検索できる条約索引を掲載しました。

８．内容現在
　2015年2月1日現在です。

目　次

(● = 全録、○ = 抄録、□ = 抜粋)

1　国際機構

- ●国際連合憲章 ……………………………… 1
- □平和のための結集決議 ………………… 10
- ●植民地諸国、諸人民に対する独立付与に関する宣言《植民地独立付与宣言》……………………………………… 11
- ○国際連合憲章に従った国家間の友好関係及び協力についての国際法の原則に関する宣言《友好関係原則宣言》… 12
- ○国際連合の特権及び免除に関する条約《国連特権免除条約》………………… 14
- ●国際聯盟規約 …………………………… 15

2　国　家

- □国の権利及び義務に関する条約（米州）《モンテヴィデオ条約》……………… 20
- □条約に関する国家承継に関するウィーン条約《条約に関する国家承継条約》…………………………………………… 20
- □国家の財産、公文書及び債務についての国家承継に関するウィーン条約《国家財産等承継条約》…………………… 22
- ●国際違法行為に対する国家責任に関する条文《国家責任条文》………………… 24
- ○国及びその財産の裁判権からの免除に関する国際連合条約《国連裁判権免除条約》……………………………… 28
- □パレスチナ分割に関する国連総会決議181 ………………………………………… 33
- ●安全保障理事会決議242（パレスチナ問題）……………………………………… 33
- □日本国憲法 ……………………………… 34

3　人　権

[普遍的保障]

- ●世界人権宣言 …………………………… 35
- ●経済的、社会的及び文化的権利に関する国際規約《社会権規約》……………… 37
- ○経済的、社会的及び文化的権利に関する国際規約の選択議定書《社会権規約の選択議定書》……………………… 41
- ●市民的及び政治的権利に関する国際規約《自由権規約》……………………… 42
  - ＊「経済的、社会的及び文化的権利に関する国際規約」及び「市民的及び政治的権利に関する国際規約」の署名の際に日本国政府が行つた宣言 ……………………………………… 49
- ○市民的及び政治的権利に関する国際規約の選択議定書《自由権規約の第1選択議定書》……………………… 50
- ○死刑の廃止を目指す、市民的及び政治的権利に関する国際規約の第2選択議定書《死刑廃止議定書》…………… 50
- ○拷問及び他の残虐な、非人道的な又は品位を傷つける取扱い又は刑罰に関する条約《拷問禁止条約》……………… 51
- □拷問及び他の残虐な、非人道的なまたは品位を傷つける取扱いまたは刑罰に関する条約の選択議定書《拷問禁止条約の選択議定書》………………… 54
- ○ウィーン宣言及び行動計画 ……………… 56
- ○女子に対するあらゆる形態の差別の撤廃に関する条約《女子差別撤廃条約》……………………………………… 60
- □女子に対するあらゆる形態の差別の撤廃に関する条約の選択議定書《女

子差別撤廃条約の選択議定書》 62
○あらゆる形態の人種差別の撤廃に関する国際条約《人種差別撤廃条約》 63
　＊あらゆる形態の人種差別の撤廃に関する国際条約に関する国際条約に関する日本国政府の留保 66
○児童の権利に関する条約《児童の権利条約》 67

[地域的保障]
○人権および基本的自由の保護のための条約《欧州人権条約》 72
□人権および基本的自由の保護のための条約の議定書《欧州人権条約第1議定書》 76
□死刑の廃止に関する人権および基本的自由の保護のための条約の第6議定書《欧州人権条約第6議定書》 77
□人権および基本的自由の保護のための条約の第7議定書《欧州人権条約第7議定書》 77
□人権および基本的自由の保護のための条約の第12議定書《欧州人権条約第12議定書》 78
□あらゆる事情の下での死刑の廃止に関する人権および基本的自由の保護のための条約の第13議定書《欧州人権条約第13議定書》 78
□人権に関する米州条約《米州人権条約》 78
□人および人民の権利に関するアフリカ憲章《バンジュール憲章》 84

4　個人の法的地位

□国籍法 88
□法の適用に関する通則法《法適用通則法》 89
□国籍法の抵触についてのある種の問題に関する条約《国籍法抵触条約》 90
○難民の地位に関する条約 91
□難民の地位に関する議定書 94
□出入国管理及び難民認定法 95
○日本国に居住する大韓民国国民の法的地位及び待遇に関する日本国と大韓民国との間の協定《日韓法的地位協定》 105

5　国際犯罪

○集団殺害罪の防止及び処罰に関する条約《ジェノサイド条約》 107
○国際刑事裁判所に関するローマ規程《国際刑事裁判所規程》 108
□1991年以後旧ユーゴスラビアの領域内で行われた国際人道法に対する重大な違反について責任を有する者の訴追のための国際裁判所規程《旧ユーゴ国際刑事裁判所規程》 122
□極東国際軍事裁判所条例 125
○航空機の不法な奪取の防止に関する条約《航空機不法奪取防止条約》 126
●航空機の強取等の処罰に関する法律《航空機強取処罰法》 127
○民間航空の安全に対する不法な行為の防止に関する条約《民間航空不法行為防止条約》 128
○海洋航行の安全に対する不法な行為の防止に関する条約《海洋航行不法行為防止条約》 129
□テロリストによる爆弾使用の防止に関する国際条約《爆弾テロ防止条約》 131
○日本国とアメリカ合衆国との間の犯罪人引渡しに関する条約《日米犯罪人引渡条約》 133
□逃亡犯罪人引渡法 135
●刑法（国外犯関連規定） 136

v

6 条約
- ●条約法に関するウィーン条約 ……… 138

7 外交関係
- ●外交関係に関するウィーン条約 ……… 149
- □紛争の義務的解決に関する選択議定書（外交条約） ……… 154
- ○領事関係に関するウィーン条約 ……… 154

8 空間
[海洋]
- ○海洋法に関する国際連合条約《国連海洋法条約》……… 162
  - ＊附属書Ⅵ　国際海洋法裁判所規程 ……… 201
  - ＊附属書Ⅶ　仲裁 ……… 204
- ●1982年12月10日の海洋法に関する国際連合条約第11部の規定の実施に関する協定《国連海洋法条約第11部実施協定》……… 206
  - ＊附属書 ……… 207
- ○分布範囲が排他的経済水域の内外に存在する魚類資源（ストラドリング魚類資源）及び高度回遊性魚類資源の保存及び管理に関する1982年12月10日の海洋法に関する国際連合条約の規定の実施のための協定《国連公海漁業実施協定》……… 213
- ○みなみまぐろの保存のための条約《みなみまぐろ保存条約》……… 223
  - ＊仲裁裁判所に関する附属書 ……… 225
- □油による汚染を伴う事故の場合における公海上の措置に関する国際条約《油汚染事故公海措置条約》……… 225
- □領海及び接続水域に関する条約 ……… 226
- □公海に関する条約 ……… 229
- □大陸棚に関する条約 ……… 231
- ●領海及び接続水域に関する法律《領海接続水域法》……… 232
- ●排他的経済水域及び大陸棚に関する法律《排他的経済水域大陸棚法》……… 233
- □排他的経済水域における漁業等に関する主権的権利の行使等に関する法律《排他的経済水域漁業等主権的権利行使法》……… 233
- □国際捕鯨取締条約 ……… 236
- ○海賊行為の処罰及び海賊行為への対処に関する法律《海賊行為対処法》……… 239
- □海洋基本法 ……… 240

[空・宇宙]
- □国際民間航空条約 ……… 241
- ●月その他の天体を含む宇宙空間の探査及び利用における国家活動を律する原則に関する条約《宇宙条約》……… 246
- ○宇宙物体により引き起こされる損害についての国際的責任に関する条約《宇宙損害責任条約》……… 248
- □月その他の天体における国家活動を律する協定《月協定》……… 251

[国際化区域]
- □ダニューブ河の航行制度に関する条約 ……… 253
- ○スエズ運河の自由航行に関する条約 ……… 254
- ●パナマ運河の永久中立と運営に関する条約 ……… 256
- ●パナマ運河の永久中立と運営に関する条約の附属議定書 ……… 257
- ○南極条約 ……… 257
- □南極の海洋生物資源の保存に関する条約《南極海洋生物資源保存条約》……… 259

9 地球環境
- ●人間環境宣言《ストックホルム宣言》……… 261
- ●環境と開発に関するリオ宣言 ……… 263

- ○持続可能な開発に関するヨハネスブルク宣言《ヨハネスブルク宣言》 265
- ○気候変動に関する国際連合枠組条約《気候変動国連枠組条約》 266
- □生物の多様性に関する条約 272
- □生物の多様性に関する条約のバイオセーフティに関するカルタヘナ議定書《カルタヘナ議定書》 278
- □オゾン層の保護のためのウィーン条約《オゾン層保護ウィーン条約》 284
- □オゾン層を破壊する物質に関するモントリオール議定書《モントリオール議定書》 286
- □有害廃棄物の国境を越える移動及びその他の規制に関するバーゼル条約《バーゼル条約》 291
- □環境保護に関する南極条約議定書《南極条約環境保護議定書》 297
- ○世界の文化遺産及び自然遺産の保護に関する条約《世界遺産保護条約》 300

10　国際経済

［貿　　易］
- ●世界貿易機関を設立するマラケシュ協定《WTO協定》 306
- ●紛争解決に係る規則及び手続に関する了解《紛争解決手続了解》 310
- □関税及び貿易に関する一般協定《1947年のガット》 320
- ○日本国とアメリカ合衆国との間の友好通商航海条約《日米通商航海条約》 332
- □包括的な経済上の連携に関する日本国及び東南アジア諸国連合構成国の間の協定《日・ASEAN経済連携協定》 338
- □国家と他の国家の国民との間の投資紛争の解決に関する条約《投資紛争解決条約》 343
- □投資の促進、円滑化及び保護に関する日本国政府、大韓民国政府及び中華人民共和国政府の間の協定《日中韓投資協定》 345

［開　　発］
- ○天然資源に対する永久的主権（決議1803） 349
- ○天然資源に対する永久的主権（決議2158） 349
- ○天然資源に対する永久的主権（決議3171） 350
- ○新しい国際経済秩序の樹立に関する宣言《新国際経済秩序（NIEO）樹立宣言》 350
- ○国家の経済的権利義務憲章 351
- ○発展の権利に関する宣言 354

11　紛争解決

- ●国際司法裁判所規程 356
- □国際司法裁判所規則 361
- ●強制管轄受諾に関する日本国の宣言 366
- ●強制管轄受諾に関する米国の宣言 366
- □国際紛争平和的処理条約 366
- □国際紛争平和的処理に関する一般議定書 368

12　平和と安全保障

［平　　和］
- ○契約上ノ債務回収ノ為ニスル兵力使用ノ制限ニ関スル条約《ドラゴー・ポーター条約》 371
- ●戦争抛棄ニ関スル条約《不戦条約、ブリアン・ケロッグ規約》 371
- ○侵略の定義に関する決議 372
- □安全保障理事会決議678（対イラク武力行使容認） 373
- ●安全保障理事会決議1368（テロ関

vii

係）·················· 373
○日本国とアメリカ合衆国との間の相
　互協力及び安全保障条約《日米安全
　保障条約》·················· 374
□日本国とアメリカ合衆国との間の相
　互協力及び安全保障条約第6条に基
　づく施設区域並びに日本国における
　合衆国軍隊の地位に関する協定《在
　日米軍の地位協定》·················· 375
○国際連合平和維持活動等に対する協
　力に関する法律《PKO協力法》·········· 380
○北大西洋条約·················· 383
□ヨーロッパ安全保障及び協力に関す
　る会議最終議定書《ヘルシンキ最終
　議定書》·················· 384

[軍　縮]
○大気圏内、宇宙空間及び水中におけ
　る核兵器実験を禁止する条約《部分
　的核実験停止条約、PTBT》·········· 385
○包括的核実験禁止条約《CTBT》······ 385
●核兵器の不拡散に関する条約《NPT》
　·················· 391
○安全保障理事会決議1540（大量破壊
　兵器の不拡散）·················· 394
□核兵器及び他の大量破壊兵器の海底
　における設置の禁止に関する条約
　《海底非核化条約》·················· 394
○ラテン・アメリカ及びカリブ地域に
　おける核兵器の禁止に関する条約
　《トラテロルコ条約》·················· 395
○細菌兵器（生物兵器）及び毒素兵器
　の開発、生産及び貯蔵の禁止並びに
　廃棄に関する条約《生物毒素兵器禁
　止条約》·················· 397
□化学兵器の開発、生産、貯蔵及び使
　用の禁止並びに廃棄に関する条約
　《化学兵器禁止条約》·················· 397
□対人地雷の使用、貯蔵、生産及び移
　譲の禁止並びに廃棄に関する条約
　《対人地雷禁止条約》·················· 401

□クラスター弾に関する条約·········· 402
□武器貿易条約·················· 403

[人道法]
●サンクト・ペテルブルク宣言·········· 405
○窒息性ガス、毒性ガス又はこれらに
　類するガス及び細菌学的手段の戦争
　における使用の禁止に関する議定書
　《毒ガス等の禁止に関する議定書》····· 405
○陸戦ノ法規慣例ニ関スル条約《陸戦
　法規慣例条約》·················· 406
　＊陸戦ノ法規慣例ニ関スル規則·········· 406
□戦地にある軍隊の傷者及び病者の状
　態の改善に関する1949年8月12日
　のジュネーヴ条約（第1条約）《傷病
　兵保護条約》·················· 408
□海上にある軍隊の傷者、病者及び難
　船者の状態の改善に関する1949年8
　月12日のジュネーヴ条約（第2条約）
　《海上傷病者条約》·················· 411
□捕虜の待遇に関する1949年8月12
　日のジュネーヴ条約（第3条約）《捕
　虜待遇条約》·················· 412
□戦時における文民の保護に関する
　1949年8月12日のジュネーヴ条約
　（第4条約）《文民保護条約》·········· 416
□1949年8月12日のジュネーヴ諸条
　約の国際的な武力紛争の犠牲者の保
　護に関する追加議定書（議定書I）
　《ジュネーヴ諸条約第1追加議定書》
　·················· 419
□1949年8月12日のジュネーヴ諸条
　約の非国際的な武力紛争の犠牲者の
　保護に関する追加議定書（議定書II）
　《ジュネーヴ諸条約第2追加議定書》
　·················· 434
●国際人道法の重大な違反行為の処罰
　に関する法律《国際人道法違反行為
　処罰法》·················· 436

13　講和

- 1941年8月14日に連合王国総理大臣及びアメリカ合衆国大統領が発表した大西洋憲章として知られる原則宣言《大西洋憲章》 ……… 438
- カイロ宣言 ……… 438
- クリミヤ会議の議事に関する議定書中の日本国に関する協定《ヤルタ協定》 ……… 439
- ポツダム宣言 ……… 439
- 降伏文書 ……… 440
- ○日本国との平和条約 ……… 440
- ○琉球諸島及び大東諸島に関する日本国とアメリカ合衆国との間の協定《沖縄返還協定》 ……… 445
- 日本国とソヴィエト社会主義共和国連邦との共同宣言《日ソ共同宣言》 - 446
- 日本国と大韓民国との間の基本関係に関する条約《日韓基本関係条約》 - 447
- 財産及び請求権に関する問題の解決並びに経済協力に関する日本国と大韓民国との間の協定《日韓請求権協定》 ……… 448
- 日朝平壌宣言 ……… 449
- 日本国政府と中華人民共和国政府の共同声明《日中共同声明》 ……… 449
- 日本国と中華人民共和国との間の平和友好条約《日中平和友好条約》 ……… 450
- □日本国と中華民国との間の平和条約《日華平和条約》 ……… 451

【資料】

- ・国際連合機構図 ……… 452
- ・経度0度を中心とした世界地図 ……… 454
- ・国連海洋法条約による大陸棚の範囲 ……… 455
- ・日本の直線基線図 ……… 455
- ・日韓漁業協定、日中漁業協定に基づく水域 ……… 455
- ・日本の200カイリ水域 ……… 456
- ・東シナ海でのガス田開発 ……… 456
- ・世界の非核地帯 ……… 457
- ・国際司法裁判所の訴訟手続概要図 ……… 457
- ・国際司法裁判所の争訟事件・勧告的意見一覧表 ……… 458
- ・国際司法裁判所の主要判例要旨集 ……… 463
- ・常設国際司法裁判所争訟事件・勧告的意見一覧表 ……… 476
- ・条約索引 ……… 479

1　国際機構

●国際連合憲章
Charter of the United Nations

▼署名　1945年6月26日（サン・フランシスコ）　▼効力発生　1945年10月24日　▼改正　1965年8月31日（63年12月17日総会決議）、1968年6月12日（65年12月20日総会決議）、1973年9月24日（71年12月20日総会決議）　▼日本国　1952年6月4日国会承認、6月23日加盟申請、56年12月18日発効、12月19日公布（昭和31年条約第26号）

われら連合国の人民は、

われらの一生のうちに2度まで言語に絶する悲哀を人類に与えた戦争の惨害から将来の世代を救い、

基本的人権と人間の尊厳及び価値と男女及び大小各国の同権とに関する信念をあらためて確認し、

正義と条約その他の国際法の源泉から生ずる義務の尊重とを維持することができる条件を確立し、

一層大きな自由の中で社会的進歩と生活水準の向上とを促進すること、

並びに、このために、

寛容を実行し、且つ、善良な隣人として互に平和に生活し、

国際の平和及び安全を維持するためにわれらの力を合わせ、

共同の利益の場合を除く外は武力を用いないことを原則の受諾と方法の設定によつて確保し、

すべての人民の経済的及び社会的発達を促進するために国際機構を用いることを決意して、

これらの目的を達成するために、われらの努力を結集することに決定した。

よつて、われらの各自の政府は、サン・フランシスコ市に会合し、全権委任状を示してそれが良好妥当であると認められた代表者を通じて、この国際連合憲章に同意したので、ここに国際連合という国際機構を設ける。

第1章　目的及び原則

第1条【国連の目的】 国際連合の目的は、次のとおりである。

1　国際の平和及び安全を維持すること。そのために、平和に対する脅威の防止及び除去と侵略行為その他の平和の破壊の鎮圧とのため有効な集団的措置をとること並びに平和を破壊するに至る虞のある国際的の紛争又は事態の調整又は解決を平和的手段によつて且つ正義及び国際法の原則に従つて実現すること。

2　人民の同権及び自決の原則の尊重に基礎をおく諸国間の友好関係を発展させること並びに世界平和を強化するために他の適当な措置をとること。

3　経済的、社会的、文化的又は人道的性質を有する国際問題を解決することについて、並びに人種、性、言語又は宗教による差別なくすべての者のために人権及び基本的自由を尊重するように助長奨励することについて、国際協力を達成すること。

4　これらの共通の目的の達成に当つて諸国の行動を調和するための中心となること。

第2条【行動の原則】 この機構及びその加盟国は、第1条に掲げる目的を達成するに当つては、次の原則に従つて行動しなければならない。

1　この機構は、そのすべての加盟国の主権平等の原則に基礎をおいている。

2　すべての加盟国は、加盟国の地位から生ずる権利及び利益を加盟国のすべてに保障するために、この憲章に従つて負つている義務を誠実に履行しなければならない。

3　すべての加盟国は、その国際紛争を平和的手段によつて国際の平和及び安全並びに正義を危くしないように解決しなければならない。

4　すべての加盟国は、その国際関係において、武力による威嚇又は武力の行使を、いかなる国の領土保全又は政治的独立に対するものも、また、国際連合の目的と両立しない他のいかなる方法によるものも慎まなければならない。

5　すべての加盟国は、国際連合がこの憲章に従つてとるいかなる行動についても国際連合にあらゆる援助を与え、且つ、国際連合の防止行動又は強制行動の対象となつているいかなる国に対しても援助の供与を慎まなければならない。

6　この機構は、国際連合加盟国でない国が、国際の平和及び安全の維持に必要な限り、これらの原則に従つて行動することを確保しなければならない。

7　この憲章のいかなる規定も、本質上いずれかの国の国内管轄権内にある事項に干渉する権限を国際連合に与えるものではなく、また、その事項をこの憲章に基く解決に付託することを加盟国に要求するものでもない。但し、この原則は、第7章に基く強制措置の適用を妨げるものではない。

第2章　加盟国の地位

第3条【原加盟国】 国際連合の原加盟国とは、サン・フランシスコにおける国際機構に関する連合国会議に参加した国又はさきに1942年1月1日の連合国宣言に署名した国で、この憲章に署名し、且つ、第110条に従つてこれを批准するものをいう。

第4条【加入の要件と手続】 1　国際連合における加盟国の地位は、この憲章に掲げる義務を受諾し、且つ、この機構によつてこの義務を履行する能力及び意思があると認められる他のすべての平和愛好国に開放されている。

2　前記の国が国際連合加盟国となることの承認は、安

全保障理事会の勧告に基いて、総会の決定によつて行われる。

第5条【権利・特権の停止】 安全保障理事会の防止行動又は強制行動の対象となつた国際連合加盟国に対しては、総会が、安全保障理事会の勧告に基いて、加盟国としての権利及び特権の行使を停止することができる。これらの権利及び特権の行使は、安全保障理事会が回復することができる。

第6条【除名】 この憲章に掲げる原則に執ように違反した国際連合加盟国は、総会が、安全保障理事会の勧告に基いて、この機構から除名することができる。

第3章　機関

第7条【機関の種類】 1　国際連合の主要機関として、総会、安全保障理事会、経済社会理事会、信託統治理事会、国際司法裁判所及び事務局を設ける。

2　必要と認められる補助機関は、この憲章に従つて設けることができる。

第8条【男女平等の資格】 国際連合は、その主要機関及び補助機関に男女がいかなる地位にも平等の条件で参加する資格があることについて、いかなる制限も設けてはならない。

第4章　総会

構成

第9条【構成】 1　総会は、すべての国際連合加盟国で構成する。

2　各加盟国は、総会において5人以下の代表者を有するものとする。

任務及び権限

第10条【一般的権限・任務】 総会は、この憲章の範囲内にある問題若しくは事項又はこの憲章に規定する機関の権限及び任務に関する問題若しくは事項を討議し、並びに、第12条に規定する場合を除く外、このような問題又は事項について国際連合加盟国若しくは安全保障理事会又はこの両者に対して勧告をすることができる。

第11条【平和と安全の維持に関する権限】 1　総会は、国際の平和及び安全の維持についての協力に関する一般原則を、軍備縮少及び軍備規制を律する原則も含めて、審議し、並びにこのような原則について加盟国若しくは安全保障理事会又はこの両者に対して勧告をすることができる。

2　総会は、国際連合加盟国若しくは安全保障理事会によつて、又は第35条2に従い国際連合加盟国でない国によつて総会に付託される国際の平和及び安全の維持に関するいかなる問題も討議し、並びに、第12条に規定する場合を除く外、このような問題について、一若しくは二以上の関係国又は安全保障理事会あるいはこの両者に対して勧告をすることができる。このような問題で行動を必要とするものは、討議の前又は後に、総会によつて安全保障理事会に付託されなければならない。

3　総会は、国際の平和及び安全を危くする虞のある事態について、安全保障理事会の注意を促すことができる。

4　本条に掲げる総会の権限は、第10条の一般的範囲を制限するものではない。

第12条【安全保障理事会との関係】 1　安全保障理事会がこの憲章によつて与えられた任務をいずれかの紛争又は事態について遂行している間は、総会は、安全保障理事会が要請しない限り、この紛争又は事態について、いかなる勧告もしてはならない。

2　事務総長は、国際の平和及び安全の維持に関する事項で安全保障理事会が取り扱つているものを、その同意を得て、会期ごとに総会に対して通告しなければならない。事務総長は、安全保障理事会がその事項を取り扱うことをやめた場合にも、直ちに、総会又は、総会が開会中でないときは、国際連合加盟国に対して同様に通告しなければならない。

第13条【国際協力の促進】 1　総会は、次の目的のために研究を発議し、及び勧告をする。

a　政治的分野において国際協力を促進すること並びに国際法の漸進的発達及び法典化を奨励すること。

b　経済的、社会的、文化的、教育的及び保健的分野において国際協力を促進すること並びに人種、性、言語又は宗教による差別なくすべての者のために人権及び基本的自由を実現するように援助すること。

2　前記の1 bに掲げる事項に関する総会の他の責任、任務及び権限は、第9章及び第10章に掲げる。

第14条【平和的調整の措置】 第12条の規定を留保して、総会は、起因にかかわりなく、一般的福祉又は諸国間の友好関係を害する虞があると認めるいかなる事態についても、これを平和的に調整するための措置を勧告することができる。この事態には、国際連合の目的及び原則を定めるこの憲章の規定の違反から生ずる事態が含まれる。

第15条【報告の受理と審議】 1　総会は、安全保障理事会から年次報告及び特別報告を受け、これを審議する。この報告は、安全保障理事会が国際の平和及び安全を維持するために決定し、又はとつた措置の説明を含まなければならない。

2　総会は、国際連合の他の機関から報告を受け、これを審議する。

第16条【信託統治に関する任務】 総会は、第12条及び第13章に基いて与えられる国際信託統治制度に関する任務を遂行する。この任務には、戦略地区として指定されない地区に関する信託統治協定の承認が含まれる。

第17条【予算と財政】 1　総会は、この機構の予算を審議し、且つ、承認する。

2　この機構の経費は、総会によつて割り当てられるところに従つて、加盟国が負担する。

3　総会は、第57条に掲げる専門機関との財政上及び予算上の取極を審議し、且つ、承認し、並びに、当該専門機関に勧告をする目的で、この専門機関の行政的予算を検査する。

表決

第18条【表決方法】 1 総会の各構成国は、1個の投票権を有する。
2 重要問題に関する総会の決定は、出席し且つ投票する構成国の3分の2の多数によつて行われる。重要問題には、国際の平和及び安全の維持に関する勧告、安全保障理事会の非常任理事国の選挙、経済社会理事会の理事国の選挙、第86条1cによる信託統治理事会の理事国の選挙、新加盟国の国際連合への加盟の承認、加盟国としての権利及び特権の停止、加盟国の除名、信託統治制度の運用に関する問題並びに予算問題が含まれる。
3 その他の問題に関する決定は、3分の2の多数によつて決定されるべき問題の新たな部類の決定を含めて、出席し且つ投票する構成国の過半数によつて行われる。

第19条【分担金不払国の投票権の停止】この機構に対する分担金の支払が延滞している国際連合加盟国は、その延滞金の額がその時までの満2年間にその国から支払われるべきであつた分担金の額に等しいか又はこれをこえるときは、総会で投票権を有しない。但し、総会は、支払の不履行がこのような加盟国にとつてやむを得ない事情によると認めるときは、その加盟国に投票を許すことができる。

手続
第20条【通常会期・特別会期】総会は、年次通常会期として、また、必要がある場合に特別会期として会合する。特別会期は、安全保障理事会の要請又は国際連合加盟国の過半数の要請があつたとき、事務総長が招集する。
第21条【手続規則】総会は、その手続規則を採択する。総会は、その議長を会期ごとに選挙する。
第22条【補助機関】総会は、その任務の遂行に必要と認める補助機関を設けることができる。

第5章　安全保障理事会

構成
第23条【構成】 1 安全保障理事会は、15の国際連合加盟国で構成する。中華民国、フランス、ソヴィエト社会主義共和国連邦、グレート・ブリテン及び北部アイルランド連合王国及びアメリカ合衆国は、安全保障理事会の常任理事国となる。総会は、第1に国際の平和及び安全の維持とこの機構のその他の目的とに対する国際連合加盟国の貢献に、更に衡平な地理的分配に特に妥当な考慮を払つて、安全保障理事会の非常任理事国となる他の10の国際連合加盟国を選挙する。
2 安全保障理事会の非常任理事国は、2年の任期で選挙される。安全保障理事会の理事国の定数が11から15に増加された後の第1回の非常任理事国の選挙では、追加の4理事国のうち2理事国は、1年の任期で選ばれる。退任理事国は、引き続いて再選される資格がない。
3 安全保障理事会の各理事国は、1人の代表者を有する。

任務及び権限
第24条【平和と安全の維持】 1 国際連合の迅速且つ有効な行動を確保するために、国際連合加盟国は、国際の平和及び安全の維持に関する主要な責任を安全保障理事会に負わせるものとし、且つ、安全保障理事会がこの責任に基く義務を果すに当つて加盟国に代つて行動することに同意する。
2 前記の義務を果すに当つては、安全保障理事会は、国際連合の目的及び原則に従つて行動しなければならない。この義務を果すために安全保障理事会に与えられる特定の権限は、第6章、第7章、第8章及び第12章で定める。
3 安全保障理事会は、年次報告を、また、必要があるときは特別報告を総会に審議のため提出しなければならない。
第25条【決定の拘束力】国際連合加盟国は、安全保障理事会の決定をこの憲章に従つて受諾し且つ履行することに同意する。
第26条【軍備規制計画】世界の人的及び経済的資源を軍備のために転用することを最も少くして国際の平和及び安全の確立及び維持を促進する目的で、安全保障理事会は、軍備規制の方式を確立するため国際連合加盟国に提出される計画を、第47条に掲げる軍事参謀委員会の援助を得て、作成する責任を負う。

表決
第27条【表決方法】 1 安全保障理事会の各理事国は、1個の投票権を有する。
2 手続事項に関する安全保障理事会の決定は、9理事国の賛成投票によつて行われる。
3 その他のすべての事項に関する安全保障理事会の決定は、常任理事国の同意投票を含む9理事国の賛成投票によつて行われる。但し、第6章及び第52条3に基く決定については、紛争当事国は、投票を棄権しなければならない。

手続
第28条【継続的任務遂行の組織・定期会議】 1 安全保障理事会は、継続して任務を行うことができるように組織する。このために、安全保障理事会の各理事国は、この機構の所在地に常に代表者をおかなければならない。
2 安全保障理事会は、定期会議を開く。この会議においては、各理事国は、希望すれば、閣員又は特に指名する他の代表者によつて代表されることができる。
3 安全保障理事会は、その事業を最も容易にすると認めるこの機構の所在地以外の場所で、会議を開くことができる。
第29条【補助機関】安全保障理事会は、その任務の遂行に必要と認める補助機関を設けることができる。
第30条【手続規則】安全保障理事会は、議長を選定する方法を含むその手続規則を採択する。
第31条【利害関係を有する加盟国の参加】安全保障理事会の理事国でない国際連合加盟国は、安全保障理事会に付託された問題について、理事会がこの加盟国の利害に特に影響があると認めるときはいつでも、この問題の討議に投票権なしで参加することができる。

第32条【紛争当事国の参加】安全保障理事会の理事国でない国際連合加盟国又は国際連合加盟国でない国は、安全保障理事会の審議中の紛争の当事者であるときは、この紛争に関する討議に投票権なしで参加するように勧誘されなければならない。安全保障理事会は、国際連合加盟国でない国の参加のために公正と認める条件を定める。

第6章　紛争の平和的解決

第33条【平和的解決追求の義務】1　いかなる紛争でもその継続が国際の平和及び安全の維持を危くする虞のあるものについては、その当事者は、まず第1に、交渉、審査、仲介、調停、仲裁裁判、司法的解決、地域的機関又は地域的取極の利用その他当事者が選ぶ平和的手段による解決を求めなければならない。
2　安全保障理事会は、必要と認めるときは、当事者に対して、その紛争を前記の手段によつて解決するように要請する。

第34条【安全保障理事会の調査】安全保障理事会は、いかなる紛争についても、国際的摩擦に導き又は紛争を発生させる虞のあるいかなる事態についても、その紛争又は事態の継続が国際の平和及び安全の維持を危くする虞があるかどうかを決定するために調査することができる。

第35条【第三国による注意】1　国際連合加盟国は、いかなる紛争についても、第34条に掲げる性質のいかなる事態についても、安全保障理事会又は総会の注意を促すことができる。
2　国際連合加盟国でない国は、自国が当事者であるいかなる紛争についても、この憲章に定める平和的解決の義務をこの紛争についてあらかじめ受諾すれば、安全保障理事会又は総会の注意を促すことができる。
3　本条に基いて注意を促された事項に関する総会の手続は、第11条及び第12条の規定に従うものとする。

第36条【安全保障理事会による調整手続・方法の勧告】
1　安全保障理事会は、第33条に掲げる性質の紛争又は同様の性質の事態のいかなる段階においても、適当な調整の手続又は方法を勧告することができる。
2　安全保障理事会は、当事者が既に採用した紛争解決の手続を考慮に入れなければならない。
3　本条に基いて勧告をするに当つては、安全保障理事会は、法律的紛争が国際司法裁判所規程の規定に従い当事者によつて原則として同裁判所に付託されなければならないことも考慮に入れなければならない。

第37条【安全保障理事会への付託と安全保障理事会の任務】1　第33条に掲げる性質の紛争の当事者は、同条に示す手段によつてこの紛争を解決することができなかつたときは、これを安全保障理事会に付託しなければならない。
2　安全保障理事会は、紛争の継続が国際の平和及び安全の維持を危くする虞が実際にあると認めるときは、第36条に基く行動をとるか、適当と認める解決条件を勧告するかのいずれかを決定しなければならない。

第38条【合意による安全保障理事会への付託】第33条から第37条までの規定にかかわらず、安全保障理事会は、いかなる紛争についても、すべての紛争当事者が要請すれば、その平和的解決のためにこの当事者に対して勧告をすることができる。

第7章　平和に対する脅威、平和の破壊及び侵略行為に関する行動

第39条【安全保障理事会の任務】安全保障理事会は、平和に対する脅威、平和の破壊又は侵略行為の存在を決定し、並びに、国際の平和及び安全を維持し又は回復するために、勧告をし、又は第41条及び第42条に従ついかなる措置をとるかを決定する。

第40条【暫定措置】事態の悪化を防ぐため、第39条の規定により勧告をし、又は措置を決定する前に、安全保障理事会は、必要又は望ましいと認める暫定措置に従うように関係当事者に要請することができる。この暫定措置は、関係当事者の権利、請求権又は地位を害するものではない。安全保障理事会は、関係当事者がこの暫定措置に従わなかつたときは、そのことに妥当な考慮を払わなければならない。

第41条【非軍事的措置】安全保障理事会は、その決定を実施するために、兵力の使用を伴わないいかなる措置を使用すべきかを決定することができ、且つ、この措置を適用するように国際連合加盟国に要請することができる。この措置は、経済関係及び鉄道、航海、航空、郵便、電信、無線通信その他の運輸通信の手段の全部又は一部の中断並びに外交関係の断絶を含むことができる。

第42条【軍事的措置】安全保障理事会は、第41条に定める措置では不充分であろうと認め、又は不充分なことが判明したと認めるときは、国際の平和及び安全の維持又は回復に必要な空軍、海軍又は陸軍の行動をとることができる。この行動は、国際連合加盟国の空軍、海軍又は陸軍による示威、封鎖その他の行動を含むことができる。

第43条【兵力使用に関する特別協定】1　国際の平和及び安全の維持に貢献するため、すべての国際連合加盟国は、安全保障理事会の要請に基き且つ一又は二以上の特別協定に従つて、国際の平和及び安全の維持に必要な兵力、援助及び便益を安全保障理事会に利用させることを約束する。この便益には、通過の権利が含まれる。
2　前記の協定は、兵力の数及び種類、その出動準備程度及び一般的配置並びに提供されるべき便益及び援助の性質を規定する。
3　前記の協定は、安全保障理事会の発議によつて、なるべくすみやかに交渉する。この協定は、安全保障理事会と加盟国との間又は安全保障理事会と加盟国群との間に締結され、且つ、署名国によつて各自の憲法上の手続に従つて批准されなければならない。

第44条【兵力使用の際の非理事国の決定参加】安全保障理事会は、兵力を用いることに決定したときは、理事会に代表されていない加盟国に対して第43条に基いて負つた義務の履行として兵力を提供するように要

請する前に、その加盟国が希望すれば、その加盟国の兵力中の割当部隊の使用に関する安全保障理事会の決定に参加するようにその加盟国を勧誘しなければならない。

第45条【空軍割当部隊】 国際連合が緊急の軍事措置をとることができるようにするために、加盟国は、合同の国際的強制行動のため国内空軍割当部隊を直ちに利用に供することができるように保持しなければならない。これらの割当部隊の数量及び出動準備程度並びにその合同行動の計画は、第43条に掲げる一又は二以上の特別協定の定める範囲内で、軍事参謀委員会の援助を得て安全保障理事会が決定する。

第46条【兵力使用計画の作成】 兵力使用の計画は、軍事参謀委員会の援助を得て安全保障理事会が作成する。

第47条【軍事参謀委員会】 1 国際の平和及び安全の維持のための安全保障理事会の軍事的要求、理事会の自由に任された兵力の使用及び指揮、軍備規制並びに可能な軍備縮少に関するすべての問題について理事会に助言及び援助を与えるために、軍事参謀委員会を設ける。

2 軍事参謀委員会は、安全保障理事会の常任理事国の参謀総長又はその代表者で構成する。この委員会に常任委員として代表されていない国際連合加盟国は、委員会の責任の有効な遂行のため委員会の事業へのその国の参加が必要であるときは、委員会によってこれと提携するように勧誘されなければならない。

3 軍事参謀委員会は、安全保障理事会の下で、理事会の自由に任された兵力の戦略的指導について責任を負う。この兵力の指揮に関する問題は、後に解決する。

4 軍事参謀委員会は、安全保障理事会の許可を得て、且つ、適当な地域の機関と協議した後に、地域的小委員会を設けることができる。

第48条【加盟国の履行義務】 1 国際の平和及び安全の維持のための安全保障理事会の決定を履行するのに必要な行動は、安全保障理事会が定めるところに従って国際連合加盟国の全部又は一部によってとられる。

2 前記の決定は、国際連合加盟国によって直接に、また、国際連合加盟国が参加している適当な国際機関におけるこの加盟国の行動によつて履行される。

第49条【加盟国の相互援助義務】 国際連合加盟国は、安全保障理事会が決定した措置を履行するに当つて、共同して相互援助を与えなければならない。

第50条【経済問題解決のための協議】 安全保障理事会がある国に対して防止措置又は強制措置をとつたときは、他の国でこの措置の履行から生ずる特別の経済問題に自国が当面したと認めるものは、国際連合加盟国であるかどうかを問わず、この問題の解決について安全保障理事会と協議する権利を有する。

第51条【自衛権】 この憲章のいかなる規定も、国際連合加盟国に対して武力攻撃が発生した場合には、安全保障理事会が国際の平和及び安全の維持に必要な措置をとるまでの間、個別的又は集団的自衛の固有の権利を害するものではない。この自衛権の行使に当つて加盟国がとつた措置は、直ちに安全保障理事会に報告しなければならない。また、この措置は、安全保障理事会が国際の平和及び安全の維持又は回復のために必要と認める行動をいつでもとるこの憲章に基く権能及び責任に対しては、いかなる影響も及ぼすものではない。

第8章　地域的取極

第52条【地域的取極と地方的紛争の解決】 1 この憲章のいかなる規定も、国際の平和及び安全の維持に関する事項で地域的行動に適当なものを処理するための地域的取極又は地域的機関が存在することを妨げるものではない。但し、この取極又は機関及びその行動が国際連合の目的及び原則と一致することを条件とする。

2 前記の取極を締結し、又は前記の機関を組織する国際連合加盟国は、地方的紛争を安全保障理事会に付託する前に、この地域的取極又は地域的機関によつてこの紛争を平和的に解決するようにあらゆる努力をしなければならない。

3 安全保障理事会は、関係国の発意に基くものであるか安全保障理事会からの付託によるものであるかを問わず、前記の地域的取極又は地域的機関による地方的紛争の平和的解決の発達を奨励しなければならない。

4 本条は、第34条及び第35条の適用をなんら害するものではない。

第53条【地域的取極・機関による強制行動】 1 安全保障理事会は、その権威の下における強制行動のために、適当な場合には、前記の地域的取極又は地域的機関を利用する。但し、いかなる強制行動も、安全保障理事会の許可がなければ、地域的取極に基いて又は地域的機関によつてとられてはならない。もつとも、本条2に定める敵国のいずれかに対する措置で、第107条に従つて規定されるもの又はこの敵国における侵略政策の再現に備える地域的取極において規定されるものは、関係政府の要請に基いてこの機構がこの敵国による新たな侵略を防止する責任を負うときまで例外とする。

2 本条1で用いる敵国という語は、第二次世界大戦中にこの憲章のいずれかの署名国の敵国であつた国に適用される。

第54条【安全保障理事会への通報】 安全保障理事会は、国際の平和及び安全の維持のために地域的取極に基いて又は地域的機関によつて開始され又は企図されている活動について、常に充分に通報されていなければならない。

第9章　経済的及び社会的国際協力

第55条【協力の目標】 人民の同権及び自決の原則の尊重に基礎をおく諸国間の平和的且つ友好的関係に必要な安定及び福祉の条件を創造するために、国際連合は、次のことを促進しなければならない。

　a　一層高い生活水準、完全雇用並びに経済的及び社会的の進歩及び発展の条件

　b　経済的、社会的及び保健的国際問題と関係国際問

題の解決並びに文化的及び教育的国際協力

c 人種、性、言語又は宗教による差別のないすべての者のための人権及び基本的自由の普遍的な尊重及び遵守

第56条【加盟国の協力義務】 すべての加盟国は、第55条に掲げる目的を達成するために、この機構と協力して、共同及び個別の行動をとることを誓約する。

第57条【専門機関との連携】 1 政府間の協定によつて設けられる各種の専門機関で、経済的、社会的、文化的、教育的及び保健的分野並びに関係分野においてその基本的文書で定めるところにより広い国際的責任を有するものは、第63条の規定に従つて国際連合と連携関係をもたされなければならない。

2 こうして国際連合と連携関係をもたされる前記の機関は、以下専門機関という。

第58条【専門機関への勧告】 この機構は、専門機関の政策及び活動を調整するために勧告をする。

第59条【専門機関新設の発議】 この機構は、適当な場合には、第55条に掲げる目的の達成に必要な新たな専門機関を設けるために関係国間の交渉を発議する。

第60条【総会と経済社会理事会の責任】 この章に掲げるこの機構の任務を果す責任は、総会及び、総会の権威の下に、経済社会理事会に課せられる。理事会は、このために第10章に掲げる権限を有する。

第10章　経済社会理事会

構成

第61条【構成】 1 経済社会理事会は、総会によつて選挙される54の国際連合加盟国で構成する。

2 3の規定を留保して、経済社会理事会の18理事国は、3年の任期で毎年選挙される。退任理事国は、引き続いて再選される資格がある。

3 経済社会理事会の理事国の定数が27から54に増加された後の第1回の選挙では、その年の終りに任期が終了する9理事国に代わつて選挙される理事国に加えて、更に27理事国が選挙される。このようにして選挙された追加の27理事国のうち、総会の定めるところに従つて、9理事国の任期は1年の終りに、他の九理事国の任期は2年の終りに終了する。

4 経済社会理事会の各理事国は、1人の代表者を有する。

任務及び権限

第62条【任務と権限】 1 経済社会理事会は、経済的、社会的、文化的、教育的及び保健的国際事項並びに関係国際事項に関する研究及び報告を行い、又は発議し、並びにこれらの事項に関して総会、国際連合加盟国及び関係専門機関に勧告をすることができる。

2 理事会は、すべての者のための人権及び基本的自由の尊重及び遵守を助長するために、勧告をすることができる。

3 理事会は、その権限に属する事項について、総会に提出するための条約案を作成することができる。

4 理事会は、国際連合の定める規則に従つて、その権限に属する事項について国際会議を招集することができる。

第63条【専門機関との関係】 1 経済社会理事会は、第57条に掲げる機関のいずれとの間にも、その機関が国際連合と連携関係をもたされるについての条件を定める協定を締結することができる。この協定は、総会の承認を得なければならない。

2 理事会は、専門機関との協議及び専門機関に対する勧告並びに総会及び国際連合加盟国に対する勧告によつて、専門機関の活動を調整することができる。

第64条【報告の受理】 1 経済社会理事会は、専門機関から定期報告を受けるために、適当な措置をとることができる。理事会は、理事会の勧告と理事会の権限に属する事項に関する総会の勧告とを実施するためにとられた措置について報告を受けるため、国際連合加盟国及び専門機関と取極を行うことができる。

2 理事会は、前記の報告に関するその意見を総会に通報することができる。

第65条【安全保障理事会との関係】 経済社会理事会は、安全保障理事会に情報を提供することができる。経済社会理事会は、また、安全保障理事会の要請があつたときは、これを援助しなければならない。

第66条【総会との関係】 1 経済社会理事会は、総会の勧告の履行に関して、自己の権限に属する任務を遂行しなければならない。

2 理事会は、国際連合加盟国の要請があつたとき、又は専門機関の要請があつたときは、総会の承認を得て役務を提供することができる。

3 理事会は、この憲章の他の箇所に定められ、又は総会によつて自己に与えられるその他の任務を遂行しなければならない。

表決

第67条【表決方法】 1 経済社会理事会の各理事国は、1個の投票権を有する。

2 経済社会理事会の決定は、出席し且つ投票する理事国の過半数によつて行われる。

手続

第68条【委員会の設置】 経済社会理事会は、経済的及び社会的分野における委員会、人権の伸張に関する委員会並びに自己の任務の遂行に必要なその他の委員会を設ける。

第69条【関係国の参加】 経済社会理事会は、いずれの国際連合加盟国に対しても、その加盟国に特に関係のある事項についての審議に投票権なしで参加するように勧誘しなければならない。

第70条【専門機関との相互的参加】 経済社会理事会は、専門機関の代表者が理事会の審議及び理事会の設ける委員会の審議に投票権なしで参加するための取極並びに理事会の代表者が専門機関の審議に参加するための取極を行うことができる。

第71条【民間団体との協議】 経済社会理事会は、その権限内にある事項に関係のある民間団体と協議するために、適当な取極を行うことができる。この取極は、国際団体との間に、また、適当な場合には、関係のある国際連合加盟国と協議した後に国内団体との間に行

うことができる。

第72条【手続規則】 1　経済社会理事会は、議長を選定する方法を含むその手続規則を採択する。
2　経済社会理事会は、その規則に従って必要があるときに会合する。この規則は、理事国の過半数の要請による会議招集の規定を含まなければならない。

第11章　非自治地域に関する宣言

第73条【施政の原則】人民がまだ完全には自治を行うに至っていない地域の施政を行う責任を有し、又は引き受ける国際連合加盟国は、この地域の住民の利益が至上のものであるという原則を承認し、且つ、この地域の住民の福祉をこの憲章の確立する国際の平和及び安全の制度内で最高度まで増進する義務並びにそのために次のことを行う義務を神聖な信託として受諾する。
a　関係人民の文化を充分に尊重して、この人民の政治的、経済的、社会的及び教育的進歩、公正な待遇並びに虐待からの保護を確保すること。
b　各地域及びその人民の特殊事情並びに人民の進歩の異なる段階に応じて、自治を発達させ、人民の政治的願望に妥当な考慮を払い、且つ、人民の自由な政治制度の漸進的発達について人民を援助すること。
c　国際の平和及び安全を増進すること。
d　本条に掲げる社会的、経済的及び科学的目的を実際に達成するために、建設的な発展措置を促進し、研究を奨励し、且つ、相互に及び適当な場合には専門国際団体と協力すること。
e　第12章及び第13章の適用を受ける地域を除く外、前記の加盟国がそれぞれ責任を負う地域における経済的、社会的及び教育的状態に関する専門的性質の統計その他の資料を、安全保障及び憲法上の考慮から必要な制限に従うことを条件として、情報用として事務総長に定期的に送付すること。

第74条【善隣主義】国際連合加盟国は、また、本章の適用を受ける地域に関するその政策を、その本土に関する政策と同様に、世界の他の地域の利益及び福祉に妥当な考慮を払った上で、社会的、経済的及び商業的事項に関して善隣主義の一般原則に基かせなければならないことに同意する。

第12章　国際信託統治制度

第75条【信託統治制度】国際連合は、その権威の下に、国際信託統治制度を設ける。この制度は、今後の個個の協定によってこの制度の下におかれる地域の施政及び監督を目的とする。この地域は、以下信託統治地域という。

第76条【基本目的】信託統治制度の基本目的は、この憲章の第1条に掲げる国際連合の目的に従って、次のとおりとする。
a　国際の平和及び安全を増進すること。
b　信託統治地域の住民の政治的、経済的、社会的及び教育的進歩を促進すること。各地域及びその人民の特殊事情並びに関係人民が自由に表明する願望に適合するように、且つ、各信託統治協定の条項が規定するところに従って、自治又は独立に向つての住民の漸進的発達を促進すること。
c　人種、性、言語又は宗教による差別なくすべての者のために人権及び基本的自由を尊重するように奨励し、且つ、世界の人民の相互依存の認識を助長すること。
d　前記の目的の達成を妨げることなく、且つ、第80条の規定を留保して、すべての国際連合加盟国及びその国民のために社会的、経済的及び商業的事項について平等の待遇を確保し、また、その国民のために司法上で平等の待遇を確保すること。

第77条【信託統治地域の種類】 1　信託統治制度は、次の種類の地域で信託統治協定によつてこの制度の下におかれるものに適用する。
a　現に委任統治の下にある地域
b　第二次世界戦争の結果として敵国から分離される地域
c　施政について責任を負う国によつて自発的にこの制度の下におかれる地域
2　前記の種類のうちのいずれの地域がいかなる条件で信託統治制度の下におかれるかについては、今後の協定で定める。

第78条【加盟国領域の除外】国際連合加盟国の間の関係は、主権平等の原則の尊重を基礎とするから、信託統治制度は、加盟国となつた地域には適用しない。

第79条【信託統治協定】信託統治制度の下におかれる各地域に関する信託統治の条項は、いかなる変更又は改正も含めて、直接関係国によつて協定され、且つ、第83条及び第85条に規定するところに従つて承認されなければならない。この直接関係国は、国際連合加盟国の委任統治の下にある地域の場合には、受任国を含む。

第80条【信託統治協定と現存の権利との関係】 1　第77条、第79条及び第81条に基いて締結され、各地域を信託統治制度の下におく個個の信託統治協定において協定されるところを除き、また、このような協定が締結される時まで、本章の規定は、いずれの国又はいずれの人民のいかなる権利をも、また、国際連合加盟国がそれぞれ当事国となっている現存の国際文書の条項をも、直接又は間接にどのようにも変更するものと解釈してはならない。
2　本条1は、第77条に規定するところに従つて委任統治地域及びその他の地域を信託統治制度の下におくための協定の交渉及び締結の遅滞又は延期に対して、根拠を与えるものと解釈してはならない。

第81条【施政の条件・施政権者】信託統治協定は、各場合において、信託統治地域の施政を行うについての条件を含み、且つ、信託統治地域の施政を行う当局を指定しなければならない。この当局は、以下施政権者といい、一若しくは二以上の国又はこの機構自身であることができる。

第82条【戦略地区の指定】いかなる信託統治協定にお

いても、その協定が適用される信託統治地域の一部又は全部を含む一又は二以上の戦略地区を指定することができる。但し、第43条に基いて締結される特別協定を害してはならない。

第83条【戦略地区に関する任務】 1 戦略地区に関する国際連合のすべての任務は、信託統治協定の条項及びその変更又は改正の承認を含めて、安全保障理事会が行う。
2 第76条に掲げる基本目的は、各戦略地区の人民に適用する。
3 安全保障理事会は、国際連合の信託統治制度に基く任務で戦略地区の政治的、経済的、社会的及び教育的事項に関するものを遂行するために、信託統治理事会の援助を利用する。但し、信託統治協定の規定には従うものとし、また、安全保障の考慮が妨げられてはならない。

第84条【平和と安全の維持に関する義務】 信託統治地域が国際の平和及び安全の維持についてその役割を果すようにすることは、施政権者の義務である。このため、施政権者は、この点に関して安全保障理事会に対して負う義務を履行するに当つて、また、地方的防衛並びに信託統治地域における法律及び秩序の維持のために、信託統治地域の義勇軍、便益及び援助を利用することができる。

第85条【非戦略地区に関する任務】 1 戦略地区として指定されないすべての地区に関する信託統治協定についての国際連合の任務は、この協定の条項及びその変更又は改正の承認を含めて、総会が行う。
2 総会の権威の下に行動する信託統治理事会は、前記の任務の遂行について総会を援助する。

第13章 信託統治理事会

構成
第86条【構成】 1 信託統治理事会は、次の国際連合加盟国で構成する。
a 信託統治地域の施政を行う加盟国
b 第23条に名を掲げる加盟国で信託統治地域の施政を行つていないもの
c 総会によつて3年の任期で選挙されるその他の加盟国。その数は、信託統治理事会の理事国の総数を、信託統治地域の施政を行う国際連合加盟国とこれを行つていないものとの間に均分するのに必要な数とする。
2 信託統治理事会の各理事国は、理事会で自国を代表する特別の資格を有する者1人を指名しなければならない。

任務及び権限
第87条【総会と信託統治理事会の権限】 総会及び、その権威の下に、信託統治理事会は、その任務の遂行に当つて次のことを行うことができる。
a 施政権者の提出する報告を審議すること。
b 請願を受理し、且つ、施政権者と協議してこれを審査すること。
c 施政権者と協定する時期に、それぞれの信託統治地域の定期視察を行わせること。
d 信託統治協定の条項に従つて、前記の行動その他の行動をとること。

第88条【質問書・年次報告】 信託統治理事会は、各信託統治地域の住民の政治的、経済的、社会的及び教育的進歩に関する質問書を作成しなければならない。また、総会の権限内にある各信託統治地域の施政権者は、この質問書に基いて、総会に年次報告を提出しなければならない。

表決
第89条【表決方法】 1 信託統治理事会の各理事国は、1個の投票権を有する。
2 信託統治理事会の決定は、出席し且つ投票する理事国の過半数によつて行われる。

手続
第90条【手続規則】 1 信託統治理事会は、議長を選定する方法を含むその手続規則を採択する。
2 信託統治理事会は、その規則に従つて必要があるときに会合する。この規則は、理事国の過半数の要請による会議招集の規定を含まなければならない。

第91条【他の機関の援助の利用】 信託統治理事会は、適当な場合には、経済社会理事会及び専門機関がそれぞれ関係している事項について、両者の援助を利用する。

第14章 国際司法裁判所

第92条【裁判所の地位】 国際司法裁判所は、国際連合の主要な司法機関である。この裁判所は、附属の規程に従つて任務を行う。この規程は、常設国際司法裁判所規程を基礎とし、且つ、この憲章と不可分の一体をなす。

第93条【規程の当事国】 1 すべての国際連合加盟国は、当然に、国際司法裁判所規程の当事国となる。
2 国際連合加盟国でない国は、安全保障理事会の勧告に基いて総会が各場合に決定する条件で国際司法裁判所規程の当事国となることができる。

第94条【判決の履行と執行】 1 各国際連合加盟国は、自国が当事者であるいかなる事件においても、国際司法裁判所の裁判に従うことを約束する。
2 事件の一方の当事者が裁判所の与える判決に基いて自国が負う義務を履行しないときは、他方の当事者は、安全保障理事会に訴えることができる。理事会は、必要と認めるときは、判決を執行するために勧告をし、又はとるべき措置を決定することができる。

第95条【他の裁判所への付託】 この憲章のいかなる規定も、国際連合加盟国が相互間の紛争の解決を既に存在し又は将来締結する協定によつて他の裁判所に付託することを妨げるものではない。

第96条【勧告的意見】 1 総会又は安全保障理事会は、いかなる法律問題についても勧告的意見を与えるように国際司法裁判所に要請することができる。
2 国際連合のその他の機関及び専門機関でいずれかの時に総会の許可を得るものは、また、その活動の範囲内において生ずる法律問題について裁判所の勧告的意見を要請することができる。

第15章　事務局

第97条【構成】 事務局は、1人の事務総長及びこの機構が必要とする職員からなる。事務総長は、安全保障理事会の勧告に基いて総会が任命する。事務総長は、この機構の行政職員の長である。

第98条【事務総長の任務】 事務総長は、総会、安全保障理事会、経済社会理事会及び信託統治理事会のすべての会議において事務総長の資格で行動し、且つ、これらの機関から委託される他の任務を遂行する。事務総長は、この機構の事業について総会に年次報告を行う。

第99条【平和維持に関する事務総長の権限】 事務総長は、国際の平和及び安全の維持を脅威すると認める事項について、安全保障理事会の注意を促すことができる。

第100条【国際的職員の地位】 1　事務総長及び職員は、その任務の遂行に当つて、いかなる政府からも又はこの機構外のいかなる他の当局からも指示を求め、又は受けてはならない。事務総長及び職員は、この機構に対してのみ責任を負う国際的職員としての地位を損する虞のあるいかなる行動も慎まなければならない。

2　各国際連合加盟国は、事務総長及び職員の責任のもつぱら国際的な性質を尊重すること並びにこれらの者が責任を果すに当つてこれらの者を左右しようとしないことを約束する。

第101条【職員の任命】 1　職員は、総会が設ける規則に従つて事務総長が任命する。

2　経済社会理事会、信託統治理事会及び、必要に応じて、国際連合のその他の機関に、適当な職員を常任として配属する。この職員は、事務局の一部をなす。

3　職員の雇用及び勤務条件の決定に当つて最も考慮すべきことは、最高水準の能率、能力及び誠実を確保しなければならないことである。職員をなるべく広い地理的基礎に基いて採用することの重要性については、妥当な考慮を払わなければならない。

第16章　雑則

第102条【条約の登録と公表】 1　この憲章が効力を生じた後に国際連合加盟国が締結するすべての条約及びすべての国際協定は、なるべくすみやかに事務局に登録され、且つ、事務局によつて公表されなければならない。

2　前記の条約又は国際協定で本条1の規定に従つて登録されていないものの当事国は、国際連合のいかなる機関に対しても当該条約又は協定を援用することができない。

第103条【憲章義務の優先】 国際連合加盟国のこの憲章に基く義務と他のいずれかの国際協定に基く義務とが抵触するときは、この憲章に基く義務が優先する。

第104条【機構の法律上の能力】 この機構は、その任務の遂行及びその目的の達成のために必要な法律上の能力を各加盟国の領域において享有する。

第105条【機構の特権・免除】 1　この機構は、その目的の達成に必要な特権及び免除を各加盟国の領域において享有する。

2　これと同様に、国際連合加盟国の代表者及びこの機構の職員は、この機構に関連する自己の任務を独立に遂行するために必要な特権及び免除を享有する。

3　総会は、本条1及び2の適用に関する細目を決定するために勧告をし、又はそのために国際連合加盟国に条約を提案することができる。

第17章　安全保障の過渡的規定

第106条【過渡的期間における五大国の任務】 第43条に掲げる特別協定でそれによつて安全保障理事会が第42条に基く責任の遂行を開始することができると認めるものが効力を生ずるまでの間、1943年10月30日にモスコーで署名された四国宣言の当事国及びフランスは、この宣言の第5項の規定に従つて、国際の平和及び安全の維持のために必要な共同行動をこの機構に代つてとるために相互に及び必要に応じて他の国際連合加盟国と協議しなければならない。

第107条【敵国に対してとつた行動の効力】 この憲章のいかなる規定も、第二次世界大戦中にこの憲章の署名国の敵であつた国に関する行動でその行動について責任を有する政府がこの戦争の結果としてとり又は許可したものを無効にし、又は排除するものではない。

第18章　改正

第108条【改正】 この憲章の改正は、総会の構成国の3分の2の多数で採択され、且つ、安全保障理事会のすべての常任理事国を含む国際連合加盟国の3分の2によつて各自の憲法上の手続に従つて批准された時に、すべての国際連合加盟国に対して効力を生ずる。

第109条【再審議のための全体会議】 1　この憲章を再審議するための国際連合加盟国の全体会議は、総会の構成国の3分の2の多数及び安全保障理事会の9理事国の投票によつて決定される日及び場所で開催することができる。各国際連合加盟国は、この会議において1個の投票権を有する。

2　全体会議の3分の2の多数によつて勧告されるこの憲章の変更は、安全保障理事会のすべての常任理事国を含む国際連合加盟国の3分の2によつて各自の憲法上の手続に従つて批准された時に効力を生ずる。

3　この憲章の効力発生後の総会の第10回年次会期までに全体会議が開催されなかつた場合には、これを招集する提案を総会の第10回年次会期の議事日程に加えなければならず、全体会議は、総会の構成国の過半数及び安全保障理事会の7理事国の投票によつて決定されたときに開催しなければならない。

第19章　批准及び署名

第110条【批准および寄託・効力発生】 1　この憲章は、署名国によつて各自の憲法上の手続に従つて批准されなければならない。

2　批准書は、アメリカ合衆国政府に寄託される。同政府は、すべての署名国及び、この機構の事務総長が任

命された場合には、事務総長に対して各寄託を通告する。
3 この憲章は、中華民国、フランス、ソヴィエト社会主義共和国連邦、グレート・ブリテン及び北部アイルランド連合王国、アメリカ合衆国及びその他の署名国の過半数が批准書を寄託した時に効力を生ずる。批准書寄託調書は、その時にアメリカ合衆国政府が作成し、その謄本をすべての署名国に送付する。
4 この憲章の署名国で憲章が効力を生じた後に批准するものは、各自の批准書の寄託の日に国際連合の原加盟国となる。

第111条【正文】この憲章は、中国語、フランス語、ロシア語、英語及びスペイン語の本文をひとしく正文とし、アメリカ合衆国政府の記録に寄託しておく。この憲章の認証謄本は、同政府が他の署名国の政府に送付する。

以上の証拠として、連合国政府の代表者は、この憲章に署名した。

1945年6月26日にサン・フランシスコ市で作成した。

●平和のための結集決議〔抜粋〕

Resolution 377 (V) "Uniting for Peace"

▼採択 1950年11月3日(国連第5回総会決議377(V))

決議A

総会は、
国際連合の目的の最初の二つのものが、
「国際の平和及び安全を維持すること。そのために、平和に対する脅威の防止及び除去と侵略行為その他の平和の破壊の鎮圧とのため有効な集団的措置をとること並びに平和を破壊するに至るおそれのある国際的な紛争又は事態の調整又は解決を平和的手段によってかつ正義及び国際法の原則に従って実現すること。」及び
「人民の同権及び自決の原則の尊重に基礎をおく諸国間の友好関係を発展させること並びに世界平和を強化するために他の適当な措置をとること。」であることを確認し、
国際的紛争に関係した場合には、憲章第6章に定める手続に従って平和的手段によりこのような紛争の解決を求めることがすべての国際連合加盟国の主要な義務であることを再確認し、かつ、この点に関して国際連合が過去数回にわたって成功した事例を想起し、
国際的緊張が危険な程度にまで存在することを認め、
国際的緊張が続いていることの原因が主として国際連合憲章の諸原則の無視にあると述べている「平和の要点」と題する総会決議290(Ⅳ)を想起し、かつ、その決議の目的に一層寄与することを希望し、
安全保障理事会が国際の平和及び安全の維持に関する同理事会の主要な責任を遂行することの重要性並びに全員一致の追求及び拒否権の使用の抑制に関する常任理事国の義務を再確認し、
憲章第43条に定める軍隊に関する協定の交渉が安全保障理事会の発議によるものであることを再確認し、かつ、その協定が締結されるまでの間は、国際連合が国際の平和及び安全の維持のための手段を持ちうることを確保することを希望し、
安全保障理事会がその責任、特に前記二つのパラグラフに掲げる責任をすべての加盟国に代わって遂行することに失敗したことは、憲章に基づく国際の平和及び安全の維持に関する加盟国の義務及び国際連合の責任を免ずるものでないことを認識し、
特に、この失敗が、憲章に基づく国際の平和及び安全の維持に関する総会の権利を奪い、又はその責任を免ずるものではないことを確認し、
総会がこれらの点に関してその責任を遂行するためには、事実を確認しかつ侵略者を発見するための観察の可能性、集団的に使用しうる兵力の存在及び効果的であるためには迅速でなければならない集団的行動について総会が国際連合加盟国に時宜を得た勧告を行うことの可能性等を必要とすることを確認し、

A

1 平和に対する脅威、平和の破壊又は侵略行為があると思われる場合において、安全保障理事会が、常任理事国の全員一致を得られなかったために国際の平和及び安全の維持に関するその主要な責任を遂行しえなくなったときは、総会は、国際の平和及び安全を維持し又は回復するための集団的措置(平和の破壊又は侵略行為の場合には必要に応じ兵力を使用することを含む。)を執るように加盟国に対し適当な勧告を行う目的をもって、直ちにその問題を審議すべきことを決議する。総会は、その時会期中でない場合には、要請があった時から24時間以内に緊急特別会期を開くことができる。この緊急特別会期は、いずれかの7理事国の投票に基づく安全保障理事会の要請又は国際連合加盟国の過半数の要請があったときに招集されるものとする。

2 〔省略〕

B

3 1951年及び1952年においては次の14加盟国、すなわち、中華民国、コロンビア、チェッコスロヴァキア、フランス、インド、イラク、イスラエル、ニュー・ジーランド、パキスタン、スウェーデン、ソヴィエト社会主義共和国連邦、グレート・ブリテン及び北部アイルランド連合王国、アメリカ合衆国及びウルグァイによって構成され、かつ、継続すれば国際の平和及び安全の維持を危うくするおそれのある国際的緊張が存在するすべての地域の事態を視察し並びにこれについて報告を行うことのできる平和観察委員会を設置する。

総会（総会が会期中でないときは、中間委員会）は、安全保障理事会がその問題に関し憲章によって同理事会に課された任務を遂行していない場合において、平和観察委員会の視察の対象となっている地域の属する国の招請又は同意を受けた上で、平和観察委員会を利用することができる。この委員会の利用についての決定は、出席しかつ投票する加盟国の3分の2以上の賛成投票によって行われるものとする。安全保障理事会も、また、憲章に基づくその権能に従って平和観察委員会を使用することができる。

4―6 〔省略〕

C

7　国際連合加盟国に対し、国際の平和及び安全の回復に関する安全保障理事会又は総会の勧告を支持して提供することができる援助の性質、及び範囲を決定するため、自国の資源を調査するよう勧誘する。

8　国際連合加盟国に対し、安全保障理事会又は総会の勧告があったときは自国の憲法上の手続に従って直ちに国際連合の部隊として利用に供しうるように訓練し、組織し、及び装備された部隊を自国の軍隊内に維持するよう勧告する。ただし、この部隊は、憲章第51条において認められている個別的又は集団的自衛権の行使にあたっての使用を妨げられない。

9　国際連合加盟国に対し、前項の規定の実施にあたって執った措置をできる限りすみやかに第11項に定める集団的措置委員会に通報するよう勧誘する。

10　事務総長に対し、第8項に定める部隊が国際連合部隊として迅速に服務するための組織、訓練及び装備に関し技術上の助言を求めている加盟国の要請に応じて利用に供されうる軍事専門家団を、第11項に定める集団的措置委員会の承認を得て、任命するよう要請する。

D

11　次の14加盟国、すなわち、オーストラリア、ベルギー、ブラジル、ビルマ、カナダ、エジプト、フランス、メキシコ、フィリピン、トルコ、グレート・ブリテン及び北部アイルランド連合王国、アメリカ合衆国、ヴェネズエラ及びユーゴスラヴィアによって構成される集団的措置委員会を設置し、同委員会に対し、事務総長及びこの委員会が適当と認める加盟国と協議した上で、集団的自衛及び地域的取極（憲章第51条及び第52条）を考慮に入れて、憲章の目的及び原則に従って国際の平和及び安全を維持し強化するために使用される方法（この決議のCの方法を含む。）について研究し、かつ、安全保障理事会及び総会に対し1951年9月1日までに報告するよう指令する。

12・13 〔省略〕

E 〔省略〕

附属書 〔省略〕
決議B・決議C 〔省略〕

●植民地諸国、諸人民に対する独立付与に関する宣言《植民地独立付与宣言》
Declaration on the Granting of Independence to Colonial Countries and Peoples
▼採択　1960年12月14日（国連第15回総会決議1514（XV））

総会は、

〔中略〕

世界の人々があらゆる側面において植民地主義の終結を熱烈に望んでいることを認識し、

植民地主義の継続的存在が、国際経済協力の発展を妨げ、従属下の人々の社会的、文化的および経済的発展を害し、世界平和という国際連合の理想に逆行するものであることを確信し、

〔中略〕

解放の過程は抗えずかつ不可逆であること、および重大な危機を避けるために、植民地主義とそれに関連するあらゆる分離と差別の慣行を終わらせなければならないことを信じ、

近年多くの非独立地域が自由と独立を達成したことを歓迎し、かつ、いまだ独立していない地域において自由の希求がますます強まることを認め、

すべての人々が完全な自由、みずからの主権の行使および国土の保全に対する不可譲の権利を持つことを確信して、

植民地主義をそのすべての形態および側面において、速やかかつ無条件に終わらせる必要があることを厳粛に宣明する。

そして、この目的のために、以下を宣言する。

1　【外国支配の違法性】外国による人民の征服、支配および搾取は、基本的人権の否認であり、国際連合憲章に違反し、世界平和と協力の促進の障害となっている。

2　【自決権】すべての人民は自決の権利を有し、この権利によって、その政治的地位を自由に決定し、経済的、社会的及び文化的発展を自由に追求する。

3　【独立の条件】政治的、経済的、社会的または教育的準備が不十分であることをもって、独立を遅延させる口実としてはならない。

4　【独立の抑圧の禁止、領土保全】従属下の人民が完全に独立を達成する権利を平穏にかつ自由に行使しうるようにするため、かれらに向けられたすべての武力行動またはあらゆる種類の抑圧手段が停止され、かつ、かれらの領土の保全が尊重されねばならない。

5　【独立に向けての権限委譲】信託統治地域および非自治地域、またはまだ独立を達成していない他のすべての地域において、これらの地域の人民が完全な独立と自由を享受しうるようにするため、なんらの条件または留保もつけず、その自由に表明する意志及び希望に従い、人種、信仰または皮膚の色による差別なく、すべての権力をかれらに委譲するための早急な措置が講

ぜられねばならない。
6 **【国連憲章との両立】**国の国民的統一および領土保全の一部または全部の破壊をめざすいかなる企図も、国際連合憲章の目的および原則と両立しない。
7 **【本宣言等の遵守】**すべての国家は、平等、あらゆる国家の国内事項への不介入、ならびにすべての人民の主権的権利および領土保全の尊重を基礎として、国際連合憲章、世界人権宣言、ならびにこの宣言の条項を、誠実かつ厳格に遵守しなければならない。

●国際連合憲章に従った国家間の友好関係及び協力についての国際法の原則に関する宣言《友好関係原則宣言》〔抄〕

Declaration on Principles of International Law concerning Friendly Relations and Co-operation among States in accordance with the Charter of the United Nations

▼採択 1970年10月24日（国連第25回総会決議2625（XXV））

総会は、……〔省略〕
I 以下の原則を厳粛に宣言する。

国は、その国際関係において、武力による威嚇又は武力の行使を、いかなる国の領土保全又は政治的独立に対するものも、また国際連合の目的と両立しない他のいかなる方法によるものも慎まなければならないという原則

いずれの国も、その国際関係において、武力による威嚇又は武力の行使を、いかなる国の領土保全又は政治的独立に対するものも、また国際連合の目的と両立しない他のいかなる方法によるものも慎まなければならない義務を負う。このような武力による威嚇又は武力の行使は、国際法及び国際連合憲章に違反するものであり、国際紛争を解決する手段としては決して使用してはならない。

侵略戦争は平和に対する罪を構成するものであり、それに対しては国際法上の責任が生ずる。

国際連合の目的及び原則に従って、国は、侵略戦争の宣伝を慎む義務を負う。

いずれの国も、他国の現在の国際国境線を侵すため、また領土紛争及び国境問題を含む国際紛争を解決する手段として、武力による威嚇又は武力の行使を慎む義務を負う。

いずれの国も同様に、自国が当事国であるか又は他の理由により尊重義務を負う国際協定により又は同協定に従って確定された休戦ラインなどの国際的境界線を侵すため、武力による威嚇又は武力の行使を慎む義務を負う。前記のいかなる部分も、関係当事国の特別の制度に基づく国際的境界線の地位及び効果に関して、かれらの立場をそこなうものと解釈してはならず、また、それらの暫定的性格に影響を及ぼすものと解釈してはならない。

国は、武力行使をともなう復仇行為を慎む義務を負う。

いずれの国も、同権及び自決の原則の作成にあたり言及された人民から自決権及び自由並びに独立を奪う、いかなる強制行動をも慎む義務を負う。

いずれの国も、他国の領域に侵入させる目的をもって、傭兵を含む不正規軍又は武装集団を組織し、また、その組織を奨励することを慎む義務を負う。

いずれの国も、他国において内戦の行為又はテロ行為を、組織し、教唆し、援助し又はそれらに参加すること、また、かかる行為の実行に向けられた自国領域内における組織的活動を黙認することを、右の行為が武力による威嚇又は武力の行使をともなう場合には、慎む義務を負う。

国の領域は、憲章の規定に違反する武力の行使の結果生ずる軍事占領の対象としてはならない。国の領域は、武力による威嚇又は武力の行使の結果生ずる他国による取得の対象としてはならない。武力による威嚇又は武力の行使の結果生ずるいかなる領土取得も、合法的なものとして承認してはならない。前記のいかなる部分も、次のものに影響を及ぼすものと解釈してはならない。
(a) 憲章の規定、若しくは憲章の制度以前のいずれかの国際的合意であって、国際法上有効なもの、又は
(b) 憲章に基づく安全保障理事会の権限

すべての国は、効果的な国際管理のもとにおける全面完全軍縮に関する一般条約の早期締結のため誠実に交渉を行わなければならず、また、国際緊張を和らげ、かつ国家間の信頼を強めるため適当な措置をとるよう努力しなければならない。

すべての国は、国際の平和及び安全の維持に関する国際法の一般に承認された原則及び規則に基づく義務に誠実に従わなければならず、また、憲章に基づく国際連合の安全保障体制をより効果的にするために努力しなければならない。

前記パラグラフのいかなる部分も、武力の行使が合法的である場合に関する憲章の規定の範囲をいかなる方法においても拡大し又は縮小するものと解釈してはならない。

国は、国際紛争を、国際の平和及び安全並びに正義を危うくしないように平和的手段によって解決しなければならないという原則

いずれの国も、他国との国際紛争を、国際の平和及び安全並びに正義を危うくしないように平和的手段によって解決しなければならない。

したがって、国は、国際紛争を、交渉、審査、仲介、調停、仲裁裁判、司法的解決、地域的機関又は地域的取極の利用、その他自らが選ぶ平和的手段によって、すみ

やかにつ公正に解決するよう求めなければならない。こうした解決を求めるにあたって、当事国は事情及び紛争の性質に適した平和的手段について合意しなければならない。

紛争当事国は、前記の平和的手段のいずれか一つによって解決に到達しない場合には、かれらが合意する他の平和的手段によって紛争の解決を引き続いて求める義務を負う。

国際紛争の当事国、並びに他の国は、国際の平和及び安全の維持を危うくしないように、事態の悪化をもたらしうるいかなる行為も慎まなければならず、国際連合の目的及び原則に従って行動しなければならない。

国際紛争は、国の主権平等を基礎として、かつ手段の自由な選択の原則に従って解決しなければならない。自らが当事者である現在の若しくは将来の紛争に関して、国が自由に合意する解決手続に訴えたり又はそれを受諾することは、主権平等と両立しないものとみなしてはならない。

前記パラグラフのいかなる部分も、憲章の適用可能な規定、とりわけ国際紛争の平和的解決に関する規定を害したり又はそれから逸脱するものではない。

憲章に従って、いずれの国の国内管轄権内にある事項にも干渉しない義務に関する原則

いかなる国又は国の集団も、理由のいかんを問わず、直接又は間接に他国の国内問題又は対外問題に干渉する権利を有しない。したがって、国の人格又はその政治的、経済的及び文化的要素に対する武力干渉その他すべての形態の介入又は威嚇の試みは、国際法に違反する。

いかなる国も、他国の主権的権利の行使を自国に従属させ又は他国から何らかの利益を得る目的で他国を強制するために、経済的、政治的その他いかなる形の措置も使用してはならず、またその使用を奨励してはならない。また、いかなる国も、他国の政体の暴力的転覆に向けられる破壊活動、テロ活動又は武力行動を組織し、援助し、助長し、資金を与え、扇動し又は、黙認してはならず、また、他国の内戦に介入してはならない。

人民からその民族的同一性を奪うための武力の行使は、人民の不可譲の権利及び不干渉の原則を侵害するものである。

いずれの国も、他国によるいかなる形態の介入も受けずに、その政治的、経済的、社会的及び文化的体制を選択する不可譲の権利を有する。

前記パラグラフのいかなる部分も、国際の平和及び安全の維持に関する憲章の関係規定に影響を及ぼすものと解釈してはならない。

憲章に従って相互に協力すべき国の義務

国は、その政治的、経済的及び社会的体制の相違にかかわらず、国際の平和及び安全を維持し、また、国際経済の安定及び発展、諸国の一般的福祉並びに前記の相違に基づく差別をともなわない国際協力を促進するために、国際関係のさまざまの分野において相互に協力する義務を負う。

この目的のために、
(a) 国は、国際の平和及び安全の維持のために、他国と協力しなければならない。
(b) 国は、すべての者の人権及び基本的自由の普遍的尊重と遵守の促進のため、また、あらゆる形態の人種差別及び宗教的不寛容の撤廃のために協力しなければならない。
(c) 国は、経済、社会、文化、技術及び通商の分野における国際関係を、主権平等及び不干渉の原則に従って処理しなければならない。
(d) 国際連合加盟国は、憲章の関連規定に従って、国際連合と協力して共同の行動及び個別の行動をとる義務を負う。

国は、経済、社会及び文化の分野、並びに科学及び技術の分野において協力しなければならず、また、国際的な文化及び教育の進歩の促進のために協力しなければならない。国は、世界各国における経済成長、とりわけ発展途上国の経済成長の促進のために協力しなければならない。

人民の同権及び自決の原則

国際連合憲章にうたわれた人民の同権及び自決の原則によって、すべての人民は、外部からの介入なしに、その政治的地位を自由に決定し、その経済的、社会的及び文化的発展を追求する権利を有する。いずれの国も憲章の規定に従ってこの権利を尊重する義務を負う。

いずれの国も、共同の行動及び個別の行動を通じて、憲章の規定に従って、人民の同権及び自決の原則の実現を促進し、また、
(a) 国家間の友好関係及び協力を促進すること、並びに
(b) 当該人民の自由に表明した意思に妥当な考慮を払って、植民地主義を早急に終了させること、
を目的として、かつ、外国による征服、支配及び搾取への人民の服従は、この原則に違反し、また基本的人権を否認するものであり、したがって憲章に違反するものであることに留意して、この原則の実施に関して憲章により委託された責任を遂行することについて国際連合に援助を与える義務を負う。

いずれの国も、共同の行動及び個別の行動を通じて、憲章に従って人権及び基本的自由の普遍的尊重と遵守を促進する義務を負う。

主権独立国家の確立、独立国家との自由な連合若しくは統合、又は人民が自由に決定したその他の政治的地位の獲得は、当該人民による自決権の行使の諸形態を構成する。

いずれの国も、この原則の作成にあたって右に言及された人民から自決権並びに自由及び独立を奪ういかなる強制行動をも慎む義務を負う。かかる人民は、自決権行使の過程で、こうした強制行動に反対する行動をし、また抵抗をするにあたって、憲章の目的及び原則に従って

の権利を有し、義務を負い、国際社会を平等に構成する。
とりわけ、主権平等は次の各要素を含む。
(a) 国は、法律上平等である。
(b) 各国は、完全な主権に固有の権利を享受する。
(c) 各国は、他国の人格を尊重する義務を負う。
(d) 国の領土保全及び政治的独立は、不可侵である。
(e) 各国は、その政治的、社会的、経済的及び文化的体制を自由に選択し発展させる権利を有する。
(f) 各国は、その国際的義務に完全にかつ誠実に従い、また、他国と平和に生存する義務を負う。

援助を求めかつ受ける権利を有する。
　植民地その他非自治地域は、憲章上、それを施政する国の領域とは別個のかつ異なった地位を有する。憲章に基づくこうした別個のかつ異なる地位は、植民地又は非自治地域の人民が、憲章とりわけその目的及び原則に従って自決権を行使するまで存続するものとする。
　前記パラグラフのいかなる部分も、右に規定された人民の同権及び自決の原則に従って行動し、それゆえ人種、信条又は皮膚の色による差別なくその領域に属する人民全体を代表する政府を有する主権独立国家の領土保全又は政治的統一を、全部又は一部、分割又は毀損しうるいかなる行動をも承認し又は奨励するものと解釈してはならない。
　いずれの国も、他のいかなる国又は領域の民族的統一及び領土保全の一部又は全部の分断を目的とするいかなる行為をも慎まなければならない。

国の主権平等の原則

　すべての国は主権平等である。すべての国は、経済的、社会的、政治的その他性質の相違にかかわりなく、平等

国は、憲章に従って負っている義務を誠実に履行しなければならないという原則

〔省略〕

　国際的合意から生ずる義務と国際連合加盟国の国際連合憲章に基づく義務とが抵触するときは、憲章に基づく義務が優先する。

一般的部分　〔省略〕

●国際連合の特権及び免除に関する条約《国連特権免除条約》〔抄〕

Convention on the Privileges and Immunities of the United Nations

▼採択　1946年2月13日（国連第1回総会）　▼効力発生　1946年9月17日　▼日本国　1963年3月22日国会承認、4月18日加入書寄託、公布（昭和38年条約第12号）、発効

第1条　（法人格）
第1項　国際連合は、法人格を有し、次の能力を有する。
(a) 契約すること。
(b) 不動産及び動産を取得し、及び処分すること。
(c) 訴えを提起すること。

第2条　（財産、基金及び資産）
第2項　国際連合のその所在地及び占有者のいかんを問わず、その財産及び資産は、免除を明示的に放棄した特定の場合を除き、あらゆる形式の訴訟手続の免除を享有する。もっとも、免除の放棄は、執行の措置には及ばないものと了解される。
第3項　国際連合の構内は、不可侵とする。国際連合の財産及び資産は、所在地及び占有者のいかんを問わず、執行上、行政上、司法上又は立法上の措置のいずれかによる捜索、徴発、没収、収用その他の形式の干渉を免除される。
第4項　国際連合の記録及び一般に国際連合が所有し、又は保管する文書は、所在のいかんを問わず、不可侵とする。
第5項—第7項　〔省略〕
第8項　国際連合は、原則として消費税並びに動産及び不動産の売却に対する税でその価格の一部をなすものの免除を要求しない。もっとも、加盟国は、国際連合が公用のために財産の重要な購入を行なうに際しこれに前記の税を課し、又は課することができる場合には、可能な限り税額の減免又は還付のため適当な行政的措置を執るものとする。

第3条　（通信に関する便益）
第9項　〔省略〕
第10項　国際連合は、暗号を使用し、かつ、その信書を伝書使又は封印袋により発送し、及び接受する権利を有する。伝書使及び封印袋は、外交伝書使及び外交封印袋と同一の免除及び特権を有する。

第4条　（加盟国の代表者）
第11項　国際連合の主要機関及び補助機関に対する加盟国の代表者並びに国際連合が招集した会議に対する加盟国の代表者は、その任務の遂行中及び会合地への往復の旅行中、次の特権及び免除を享有する。
(a) 身柄の逮捕又は抑留及び手荷物の押収の免除並びに、代表者としての資格で行なった口頭又は書面による陳述及びすべての行動に関して、あらゆる種類の訴訟手続の免除
(b) すべての書類及び文書の不可侵
(c) 暗号を使用し、及び伝書使又は封印袋により書類又は信書を接受する権利
(d)—(g)　〔省略〕
第12項—第13項　〔省略〕
第14項　特権及び免除は、加盟国の代表者個人の一身上の便宜のために与えられるものではなく、国際連合に関連する任務を独立して遂行することを保障するため

に与えられるものである。したがつて、加盟国は、自国の代表者に与えられる免除が裁判の進行を阻害するものであり、かつ、免除が与えられる目的を害することなくこれを放棄することができると判断する場合には、その免除を放棄する権利を有するばかりでなく、これを放棄する義務を負う。

第15項—第16項 〔省略〕
第5条（職員）
第17項 〔省略〕
第18項　国際連合の職員は、
(a) 公的資格で行なつた口頭又は書面による陳述及びすべての行動に関して、訴訟手続を免除される。
(b) 国際連合が支払つた給料及び手当に対する課税を免除される。
(c) 国民的服役義務を免除される。
(d) 配偶者及び扶養親族とともに、出入国制限及び外国人登録を免除される。
(e) 為替の便益に関して、当該国政府に派遣されている外交使節団に属する外交官で自己の地位と同等のものに与えられる特権と同一の特権を与えられる。
(f) 配偶者及び扶養親族とともに、国際的危機の場合に外交使節に与えられる帰国の便益と同一の便益を与えられる。
(g) 当該国で最初にその地位につく際に家具及び携帯品を無税で輸入する権利を有する。

第19項 〔省略〕
第20項　特権及び免除は、国際連合の利益のために職員に与えられるものであつて、職員個人の一身上の便宜のために与えられるものではない。事務総長は、職員に与えられる免除が裁判の進行を阻害するものであり、かつ、国際連合の利益を害することなくこれを放棄することができると判断する場合には、その免除を放棄する権利及び義務を有する。事務総長の場合には、安全保障理事会がその免除を放棄する権利を有する。

第21項 〔省略〕
第6条（国際連合のための任務を行なう専門家）〔省略〕
第7条（国際連合通行証）〔省略〕
第8条（紛争の解決）
第29項　国際連合は、次の紛争の適当な解決方法について定めなければならない。
(a) 契約から生ずる紛争又は他の私法的性格を有する紛争で、国際連合を当事者とするもの
(b) 公的地位により免除を享有する国際連合の職員に関する紛争。ただし、事務総長がその免除を放棄していない場合に限る。

第30項　この条約の解釈又は適用から生ずるすべての紛争は、当事者が他の解決方法によることを合意する場合を除き、国際司法裁判所に付託する。紛争が国際連合と加盟国との間に生じた場合には、紛争に含まれる法律問題については、国際連合憲章第96条及び国際司法裁判所規程第65条の規定に従つて勧告的意見を要請する。裁判所が与えた意見は、関係当事者により最終的なものとして受諾される。

最終条項 〔省略〕

●国際聯盟規約（ヴェルサイユ平和条約第1編）

Covenant of the League of Nations

▼署名　1919年6月28日（ヴェルサイユ）　▼効力発生　1920年1月10日　▼改正　1921年10月21日〔第2回総会〕　▼解散　1946年4月19日　▼日本国　1919年6月28日署名、11月7日批准、20年1月10日公布〔大正9年条約第1号〕、発効、3月19日批准書寄託。1935年3月27日脱退、発効

締約国ハ
戦争ニ訴ヘサルノ義務ヲ受諾シ、
各国間ニ於ケル公明正大ナル関係ヲ規律シ、
各国政府間ノ行為ヲ律スル現実ノ規準トシテ国際法ノ原則ヲ確立シ、
組織アル人民ノ相互ノ交渉ニ於テ正義ヲ保持シ且厳ニ一切ノ条約上ノ義務ヲ尊重シ、
以テ国際協力ヲ促進シ、且各国間ノ平和安寧ヲ完成セムカ為、茲ニ国際聯盟規約ヲ協定ス。

第1条【原連盟国・加入・脱退】一　本規約附属書列記ノ署名国及留保ナクシテ本規約ニ加盟スル該附属書列記ノ爾余諸国ヲ以テ、国際聯盟ノ原聯盟国トス。右加盟ハ、本規約実施後2月以内ニ宣言書ヲ聯盟事務局ニ寄託シテ之ヲ為スヘシ。右ニ関シテハ、一切ノ他ノ聯盟国ニ通告スヘキモノトス。

二　附属書ニ列記セサル国、領地又ハ殖民地ニシテ完全ナル自治ヲ有スルモノハ、其ノ加入ニ付、聯盟総会3分ノ2ノ同意ヲ得ルニ於テハ、総テ聯盟国トナルコトヲ得。但シ其ノ国際義務遵守ノ誠意アルコトニ付有効ナル保障ヲ与ヘ、且其ノ陸海及空軍ノ兵力其ノ他ノ軍備ニ関シ聯盟ノ定ムルコトアルヘキ準則ヲ受諾スルコトヲ要ス。

三　聯盟国ハ、2年ノ予告ヲ以テ聯盟ヲ脱退スルコトヲ得。但シ脱退ノ時迄ニ其ノ一切ノ国際上及本規約上ノ義務ハ履行セラレタルコトヲ要ス。

第2条【機関】本規約ニ依リ聯盟ノ行動ハ、聯盟総会及聯盟理事会並附属ノ常設聯盟事務局ニ依リテ之ヲ為スヘキモノトス。

第3条【連盟総会】一　聯盟総会ハ、聯盟国ノ代表者ヲ以テ之ヲ組織ス。

二　聯盟総会ハ、聯盟本部所在地又ハ別ニ定ムルコトアルヘキ地ニ於テ定期ニ及必要ニ応シ随時ニ之ヲ開ク。

三　聯盟総会ハ、聯盟ノ行動範囲ニ属シ又ハ世界ノ平和ニ影響スル一切ノ事項ヲ其ノ会議ニ於テ処理ス。

四　聯盟国ハ、聯盟総会ノ会議ニ於テ各1箇ノ表決権ヲ有スヘク、且3名ヲ超エサル代表者ヲ出スコトヲ得。

第4条【連盟理事会】

一　聯盟理事会ハ、主タル同盟及聯合国ノ代表者並他ノ4聯盟国ノ代表者ヲ以テ之ヲ組織ス。該4聯盟国ハ、聯盟総会其ノ裁量ニ依リ随時之ヲ選定ス。聯盟総会カ第1次ニ選定シ4聯盟国ニ於テ其ノ代表者ヲ任命スル迄ハ、白耳義国、伯剌西爾国、西班牙国及希臘国ノ代表者ヲ以テ聯盟理事会員トス。

二　聯盟理事会ハ、聯盟総会ノ過半数ノ同意アルトキハ、聯盟理事会ニ常ニ代表者ヲ出スヘキ聯盟国ヲ追加指定スルコトヲ得。聯盟理事会ハ、同会ニ代表セシムル為、聯盟総会ノ選定スヘキ聯盟国ノ数ヲ前同様ノ同意ヲ以テ増加スルコトヲ得。

二ノ二　聯盟総会ハ、聯盟理事会非常任代表国ノ選挙ニ関スル規則特ニ其ノ任期及再選ノ条件ニ関スル規則ヲ3分ノ2ノ多数ニ依リ定ムヘシ。

三　聯盟理事会ハ、聯盟本部所在地又ハ別ニ定ムルコトアルヘキ地ニ於テ必要ニ応シ随時ニ且少クトモ毎年1回之ヲ開ク。

四　聯盟理事会ハ、聯盟ノ行動範囲ニ属シ又ハ世界ノ平和ニ影響スル一切ノ事項ヲ本会議ニ於テ処理ス。

五　聯盟理事会ニ代表セラレサル聯盟各国ハ、特ニ其ノ利益ニ影響スル事項ノ審議中、聯盟理事会会議ニ理事会員トシテ列席スル代表者1名ノ派遣ヲ招請セラルヘシ。

六　聯盟理事会ニ代表セラルル聯盟各国ハ、聯盟理事会会議ニ於テ1箇ノ表決権ヲ有スヘク、且1名ノ代表者ヲ出スコトヲ得。

第5条【総会と理事会の会議と表決方法】

一　本規約中又ハ本条約ノ各項中別段ノ明文アル場合ヲ除クノ外、聯盟総会又ハ聯盟理事会ノ会議ノ議決ハ、其ノ会議ニ代表セラルル聯盟国全部ノ同意ヲ要ス。

二　聯盟総会又ハ聯盟理事会ノ会議ニ於ケル手続ニ関スル一切ノ事項ハ、特殊事項調査委員ノ任命ト共ニ、聯盟総会又ハ聯盟理事会之ヲ定ム。此ノ場合ニ於テハ、其ノ会議ニ代表セラルル聯盟国ノ過半数ニ依リテ、之ヲ決定スルコトヲ得。

三　聯盟総会ノ第1回会議及聯盟理事会ノ第1回会議ハ、亜米利加合衆国大統領之ヲ招集スヘシ。

第6条【連盟事務局】

一　常設聯盟事務局ハ、聯盟本部所在地ニ之ヲ設置ス。聯盟事務局ニハ、事務総長1名並必要ナル事務官及属員ヲ置ク。

二　第1次ノ事務総長ハ、附属書ニ之ヲ指定シ、爾後ノ事務総長ハ、聯盟総会過半数ノ同意ヲ以テ聯盟理事会之ヲ任命ス。

三　聯盟事務局ノ事務官及属員ハ、聯盟理事会ノ同意ヲ以テ、事務総長之ヲ任命ス。

四　事務総長ハ、聯盟総会及聯盟理事会ノ一切ノ会議ニ於テ、其ノ資格ニテ行動ス。

五　聯盟ノ経費ハ、聯盟総会ノ決定スル割合ニ従ヒ、聯盟国之ヲ負担ス。

第7条【連盟本部、特権及び免除】

一　聯盟本部所在地ハ、「ジュネーヴ」トス。

二　聯盟理事会ハ、何時タリトモ、其ノ議決ニ依リ、他ノ地ヲ以テ聯盟本部所在地トナスコトヲ得。

三　聯盟ニ関シ又ハ之ニ附帯スル一切ノ地位ハ、聯盟務局ノ地位ト共ニ、男女均シク之ニ就クコトヲ得。

四　聯盟国代表者及聯盟職員ハ、聯盟ノ事務ニ従事スル間、外交官ノ特権及免除ヲ享ル。

五　聯盟、聯盟職員又ハ聯盟会議参列代表者ノ使用スル建物其ノ他ノ財産ハ、之ハ不可侵トス。

第8条【軍備縮少】

一　聯盟国ハ、平和維持ノ為ニハ、其ノ軍備ヲ国ノ安全及国際義務ト協同動作ヲ以テスル強制ニ支障ナキ最低限度迄縮少スルノ必要アルコトヲ承認ス。

二　聯盟理事会ハ、各国政府ノ審議及決定ニ資スル為、各国ノ地理的地位及諸般ノ事情ヲ参酌シテ、軍備縮少ニ関スル案ヲ作成スヘシ。

三　該案ハ、少クトモ10年毎ニ再審議ニ付セラルヘク、且更正セラルヘキモノトス。

四　各国政府前記ノ案ヲ採用シタルトキハ、聯盟理事会ノ同意アルニ非サレハ、該案所定ノ軍備ノ限度ヲ超ユルコトヲ得ス。

五　聯盟国ハ、民業ニ依ル兵器弾薬及軍用器材ノ製造力重大ナル非議ヲ免レサルヘカラルコトヲ認ム。仍テ聯盟理事会ハ、該製造ニ伴フ弊害ヲ防遏シ得ヘキ方法ヲ具申スヘシ。尤モ聯盟国中其ノ安全ニ必要ナル兵器弾薬及軍用器材ヲ製造シ得サルモノノ需要ニ関シテハ、相当斟酌スヘキモノトス。

六　聯盟国ハ、其ノ軍備ノ規模、陸海及空軍ノ企画並軍事上ノ目的ニ供用シ得ヘキ工業ノ状況ニ関シ、充分ニシテ隔意ナキ報道ヲ交換スヘキコトヲ約ス。

第9条【常設軍事委員会】

第1条及第8条ノ規定ノ実行並陸海及空軍問題全般ニ関シテハ、聯盟理事会ニ意見ヲ具申スヘキ常設委員会ヲ設置スヘシ。

第10条【領土保全と政治的独立】

聯盟国ハ、聯盟各国ノ領土保全及現在ノ政治的独立ヲ尊重シ、且外部ノ侵略ニ対シ之ヲ擁護スルコトヲ約ス。右侵略ノ場合又ハ其ノ脅威若ハ危険アル場合ニ於テハ、聯盟理事会ハ、本条ノ義務ヲ履行スヘキ手段ヲ具申スヘシ。

第11条【戦争と戦争の脅威】

一　戦争又ハ戦争ノ脅威ハ、聯盟国ノ何レカニ直接ノ影響アルト否トヲ問ハス、総テ聯盟国全体ノ利害関係事項タルニ茲ニ声明ス。仍テ聯盟国ハ、国際ノ平和ヲ擁護スル為適当且有効ト認ムル措置ヲ執ルヘキモノトス。此ノ種ノ事変発生シタルトキハ、事務総長ハ、何レカノ聯盟国ノ請求ニ基キ直ニ聯盟理事会ノ会議ヲ招集スヘシ。

二　国際関係ニ影響スル一切ノ事態ニシテ国際ノ平和又ハ其ノ基礎タル各国間ノ良好ナル了解ヲ攪乱セムトスル虞アルモノニ付、聯盟総会又ハ聯盟理事会ノ注意ヲ喚起スルハ、聯盟各国ノ友誼的権利ナルコトヲ併セテ茲ニ声明ス。

第12条【紛争の平和的解決】

一　聯盟国ハ、聯盟国間ニ国交断絶ニ至ルノ虞アル紛争発生スルトキハ、当該事件ヲ仲裁裁判若ハ司法的解決又ハ聯盟理事会ノ審査ニ付スヘク、且仲裁裁判官ノ判決若ハ司法裁判ノ判決後又ハ聯盟理事会ノ報告後3月ヲ経過スル迄、如何ナル場合ニ於テモ、戦争ニ訴ヘサルコトヲ約ス。

二　本条ニ依ル一切ノ場合ニ於テ、仲裁裁判官ノ判決又ハ司法裁判ノ判決ハ、相当期間内ニ、聯盟理事会ノ報

告ハ、紛争事件付託後六月以内ニ之ヲ為スヘシ。

第13条【裁判】 一　聯盟国ハ、聯盟国間ニ仲裁裁判又ハ司法的解決ニ付シ得トモ認ムル紛争ヲ生シ、其ノ紛争カ外交手段ニ依リテ満足ナル解決ヲ得ルコト能ハサルトキハ、当該事件全部ヲ仲裁裁判又ハ司法的解決ニ付スヘキコトヲ約ス。

二　条約ノ解釈、国際法上ノ問題、国際義務ノ違反トナルヘキ事実ノ存否並該違反ニ対スル賠償ノ範囲及性質ニ関スル紛争ハ、一般ニ仲裁裁判又ハ司法的解決ニ付シ得事項ニ属スルモノナルコトヲ声明ス。

三　審理ノ為紛争事件ヲ付託スヘキ裁判所ハ、第14条ノ規定ニ依リ設立セラレタル常設国際司法裁判所又ハ当事国ノ合意ヲ以テ定メ若ハ当事国間ニ現存スル条約ノ規定ノ定ムル裁判所タルヘシ。

四　聯盟国ハ、一切ノ判決ヲ誠実ニ履行スヘク、且判決ニ服スル聯盟国ニ対シテハ戦争ニ訴ヘサルコトヲ約ス。判決ヲ履行セサルモノアルトキハ、聯盟理事会ハ、其ノ履行ヲ期スル為必要ナル処置ヲ提議スヘシ。

第14条【常設国際司法裁判所】 聯盟理事会ハ、常設国際司法裁判所設置案ヲ作成シ之ヲ聯盟国ノ採択ニ付スヘシ。該裁判所ハ、国際的性質ヲ有スル一切ノ紛争ニシテ其ノ当事国ニ付託ニ係ルモノヲ裁判スル権限ヲ有ス。尚該裁判所ハ、聯盟理事会又ハ聯盟総会ノ諮問スル一切ノ紛争又ハ問題ニ関シ意見ヲ提出スルコトヲ得。

第15条【紛争解決手続】 一　聯盟国間ニ国交断絶ニ至ルノ虞アル紛争発生シ、第13条ニ依リ仲裁裁判又ハ司法的解決ニ付セラレサルトキハ、聯盟国ハ、当該事件ヲ聯盟理事会ニ付託スヘキコトヲ約ス。何レノ紛争当事国モ、紛争ノ存在ヲ事務総長ニ通告シ、以テ前記ノ付託ヲ為スコトヲ得。事務総長ハ、之ニ充分ナル取調及審理ニ必要ナル一切ノ準備ヲ為スモノトス。

二　此ノ目的ノ為、紛争当事国ハ、成ルヘク速ニ当該事件ニ関スル陳述書ヲ一切ノ関係事実及書類ト共ニ事務総長ニ提出スヘク、聯盟理事会ハ、直ニ其ノ公表ヲ命スルコトヲ得。

三　聯盟理事会ハ、紛争ノ解決ニ力ムヘク、其ノ努力効ヲ奏シタルトキハ、其ノ適当ト認ムル所ニ依リ、当該紛争ニ関スル事実及説明並其ノ解決条件ヲ記載セル調書ヲ公表スヘシ。

四　紛争解決ニ至ラサルトキハ、聯盟理事会ハ、全会一致又ハ過半数ノ表決ニ基キ当該紛争ノ事実ヲ述ヘ、公正且適当ト認ムル勧告ヲ載セタル報告書ヲ作成シ之ヲ公表スヘシ。

五　聯盟理事会ニ代表セラルル聯盟国ハ、何レモ当該紛争ノ事実及之ニ関スル自国ノ決定ニ付陳述書ヲ公表スルコトヲ得。

六　聯盟理事会ノ報告書カ紛争当事国ノ代表者ヲ除キ他ノ聯盟理事会員全部ノ同意ヲ得タルモノナルトキハ、聯盟国ハ、該報告書ノ勧告ニ応スル紛争当事国ニ対シ戦争ニ訴ヘサルヘキコトヲ約ス。

七　聯盟理事会ニ於テ、紛争当事国ノ代表者ヲ除キ、他ノ聯盟理事会員全部ノ同意アル報告書ヲ得ルニ至ラサルトキハ、聯盟国ハ、正義公道ヲ維持スル為必要ト認ムル処置ヲ執ルノ権利ヲ留保ス。

八　紛争当事国ノ一国ニ於テ、紛争カ国際法上専ラ該当事国ノ管轄ニ属スル事項ニ付生シタルモノナルコトヲ主張シ、聯盟理事会之ヲ是認シタルトキハ、聯盟理事会ハ、其ノ旨ヲ報告シ、且之カ解決ニ関シ何等ノ勧告ヲモササルモノトス。

九　聯盟理事会ハ、本条ニ依ル一切ノ場合ニ於テ紛争ヲ聯盟総会ニ移スコトヲ得。紛争当事国一方ノ請求アリタルトキハ、亦之ヲ聯盟総会ニ移スヘシ。但シ右請求ハ、紛争ヲ聯盟理事会ニ付託シタル後14日以内ニ之ヲ為スコトヲ要ス。

十　聯盟理事会ノ行動及権限ニ関スル本条及第12条ノ規定ハ、聯盟総会ニ移シタル事件ニ関シ、総テ之ヲ聯盟総会ノ行動及権能ニ適用ス。但シ紛争当事国ノ代表者ヲ除キ聯盟理事会ニ代表セラルル聯盟各国代表者及爾余過半数聯盟国ノ代表者ノ同意ヲ得タル聯盟総会ノ報告書ハ、紛争当事国代表者ヲ除キ他ノ聯盟理事会員全部ノ同意ヲ得タル聯盟理事会ノ報告書ト同一ノ効力ヲ有スヘキモノトス。

第16条【制裁】 一　第12条、第13条又ハ第15条ニ依ル約束ヲ無視シテ戦争ニ訴ヘタル聯盟国ハ、当然他ノ総テノ聯盟国ニ対シ戦争行為ヲ為シタルモノト看做ス。他ノ総テノ聯盟国ハ、之ニ対シ直ニ一切ノ通商上又ハ金融上ノ関係ヲ断絶シ、自国民ト違約国国民トノ一切ノ交通ヲ禁止シ、且聯盟国タルト否トヲ問ハス他ノ総テノ国ノ国民ト違約国国民トノ間ノ一切ノ金融上、通商上又ハ個人的交通ヲ防遏スヘキコトヲ約ス。

二　聯盟理事会ハ、前項ノ場合ニ於テ聯盟ノ約束擁護ノ為使用スヘキ兵力ニ対スル聯盟各国ノ陸海又ハ空軍ノ分担程度ヲ関係各国政府ニ提案スルノ義務アルモノトス。

三　聯盟国ハ、本条ニ依リ金融上及経済上ノ措置ヲ執リタル場合ニ於テ之ニ基ク損失及不便ヲ最少限度ニ止ムル為相互ニ支持スヘキコト、聯盟ノ一国ニ対スル違約国ノ特殊ノ措置ヲ抗拒スル為相互ニ支持スヘキコト、並聯盟ノ約束擁護ノ為協力スル聯盟国軍隊ノ版図内通過ニ付必要ナル処置ヲ執ルヘキコトヲ約ス。

四　聯盟ノ約束ニ違反シタル聯盟国ニ付テハ、聯盟理事会ニ代表セラルル他ノ一切ノ聯盟国代表者ノ聯盟理事会ニ於ケル一致ノ表決ヲ以テ、聯盟ヨリ之ヲ除名スル旨ヲ声明スルコトヲ得。

第17条【非連盟国の関係する紛争】 一　聯盟国ト非聯盟国トノ間又ハ非聯盟国相互ノ間ニ紛争ヲ生シタルトキハ、此ノ種紛争解決ノ為聯盟国ノ負フヘキ義務ヲ該非聯盟国カ聯盟理事会ノ正当ト認ムル条件ヲ以テ受諾スルコトヲ之ニ勧誘スヘシ。勧誘ノ受諾アリタル場合ニ於テハ、第12条乃至第16条ノ規定ハ、聯盟理事会ニ於テ必要ト認ムル修正ヲ加ヘテ、之ヲ適用ス。

二　前項ノ勧誘ヲ為シタルトキハ、聯盟理事会ハ、直ニ紛争事情ノ審査ヲ開始シ、当該事情ノ下ニ於テ最善且最モ有効ト認ムル行動ヲ勧告スヘシ。

三　勧誘ヲ受ケタル国カ此ノ種紛争解決ノ為聯盟国ノ負フヘキ義務ノ受諾ヲ拒ミ、聯盟国ニ対シ戦争ニ訴フル場合ニ於テハ、第16条ノ規定ハ、該行動ヲ執ル国ニ之

ヲ適用ス。

四　勧誘ヲ受ケタル紛争当事国ノ双方カ此ノ種紛争解決ノ為聯盟国ノ負フヘキ義務ヲ受諾ヲ拒ム場合ニ於テハ、聯盟理事会ハ、敵対行為ヲ防止シ紛争ヲ解決スヘキ措置及勧告ヲ為スコトヲ得。

第18条【条約の登録】 聯盟国カ将来締結スヘキ一切ノ条約又ハ国際約定ハ、直ニ之ヲ聯盟事務局ニ登録シ、聯盟事務局ハ成ルヘク速ニ之ヲ公表スヘシ。右条約又ハ国際約定ハ、前記ノ登録ヲ了スル迄、其ノ拘束力ヲ生スルコトナカルヘシ。

第19条【平和的調整】 聯盟総会ハ、適用不能トナリタル条約ノ再審議又ハ継続ノ結果世界ノ平和ヲ危殆ナラシムヘキ国際状態ノ審議ヲ随時聯盟国ニ慫慂スルコトヲ得。

第20条【規約と両立しない国際約定】　一　聯盟国ハ、本規約ノ条項ト両立セサル聯盟国相互間ノ義務又ハ了解力各自国ノ関スル限リ総テ本条約ニ依リ廃棄セラルヘキモノナルコトヲ承認シ、且今後本規約ノ条項ト両立セサル一切ノ約定ヲ締結セサルヘキコトヲ誓約ス。

二　聯盟国ト為ル以前本規約ノ条項ト両立セサル義務ヲ負担シタル聯盟国ハ、直ニ該義務ノ解除ヲ得ルノ処置ヲ執ルコトヲ要ス。

第21条【平和確保のための約定に関する了解】 本規約ハ、仲裁裁判条約ノ如キ国際約定又ハ「モンロー」主義ノ如キ一定ノ地域ニ関スル了解ニシテ平和ノ確保ヲ目的トスルモノノ効力ニ何等ノ影響ナキモノトス。

第22条【委任統治】　一　今次ノ戦争ノ結果従前支配シタル国ノ統治ヨリ離レタル殖民地及領土ニシテ近代世界ノ激甚ナル生存競争状態ノ下ニ未タ自立シ得サル人民ノ居住スルモノニ対シテハ、該人民ノ福祉及発達ヲ計ルハ、文明ノ神聖ナル使命ナルコト、及其ノ使命遂行ノ保障ハ本規約中ニ之ヲ包容スルコトノ主義ヲ適用ス。

二　此ノ主義ヲ実現スル最善ノ方法ハ、該人民ニ対スル後見ノ任務ヲ先進国ニシテ資源、経験又ハ地理的位置ニ因リ最此ノ責任ヲ引受クルニ適シ且之ヲ受諾スルモノニ委任シ、之ヲシテ聯盟ニ代リ受任国トシテ右後見ノ任務ヲ行ハシムルニ在リ。

三　委任ノ性質ニ付テハ、人民発達ノ程度、領土ノ地理的地位、経済状態其ノ他類似ノ事情ニ従ヒ差異ヲ設クルコトヲ要ス。

四　従前土耳其帝国ニ属シタル或部族ハ、独立国トシテ仮承認ヲ受ケ得ル発達ノ程度ニ達シタリ。尤モ其ノ自立シ得ル時期ニ至ル迄、施政上受任国ノ助言及援助ヲ受クヘキモノトス。前記受任国ノ選定ニ付テハ、主トシテ当該部族ノ希望ヲ考慮スルコトヲ要ス。

五　他ノ人民殊ニ中央阿弗利加ノ人民ハ、受任国ニ於テ其ノ地域ノ施政ノ責ニ任スヘキ程度ニ在リ。尤モ受任国ハ、公ノ秩序及善良ノ風俗ニ反セサル限リ良心及信教ノ自由ヲ許与シ、奴隷ノ売買又ハ武器若ハ火酒類ノ取引ノ如キ弊習ヲ禁止シ、並築城又ハ陸海軍根拠地ノ建設及警察又ハ地域防衛以外ノ為ニスル土民ノ軍事教育ヲ禁遏スヘキコトヲ保障シ、且他ノ聯盟国ノ通商貿易ニ対シ均等ノ機会ヲ確保スルコトヲ要ス。

六　西南阿弗利加及或南太平洋諸島ノ如キ地域ハ、人口ノ稀薄、面積ノ狭小、文明ノ中心ヨリ遠キコト又ハ受任国領土ト隣接セルコト其ノ他ノ事情ニ因リ受任国領土ノ構成部分トシテ其ノ国法ノ下ニ施政ヲ行フヲ以テ最善ス。尤シ受任国ハ、土著人民ノ利益ノ為前記ノ保障ヲ与フルコトヲ要ス。

七　各委任ノ場合ニ於テ、受任国ハ、其ノ委託地域ニ関スル年報ヲ聯盟理事会ニ提出スヘシ。

八　受任国ノ行ク権限、監理又ハ施政ノ程度ニ関シ、予メ聯盟国間ニ合意ナキトキハ、聯盟理事会ハ各場合ニ付之ヲ明定スヘシ。

九　受任国ノ年報ヲ受理審査セシメ、且委任ノ実行ニ関スル一切ノ事項ニ付聯盟理事会ニ意見ヲ具申セシムル為、常設委員会ヲ設置スヘシ。

第23条【人道的、社会的、経済的国際協力】 聯盟国ハ、現行又ハ将来協定セラルヘキ国際条約ノ規定ニ遵由シ、

(イ)　自国内ニ於テ及其ノ通商産業関係ノ及フ一切ノ国ニ於テ、男女及児童ノ為ニ、公平ニシテ人道的ナル労働条件ヲ確保スルニカメ、且之ヵ必要ナル国際機関ヲ設立維持スヘシ。

(ロ)　自国ノ監理ニ属スル地域内ノ土著住民ニ対シ、公正ナル待遇ヲ確保スルコトヲ約ス。

(ハ)　婦人及児童ノ売買並阿片其ノ他ノ有害薬物ノ取引ニ関スル取極ノ実行ニ付、一般監視ヲ聯盟ニ委託スヘシ。

(ニ)　武器及弾薬ノ取引ヲ共通ノ利益上取締ルノ必要アル諸国トノ間ニ於ケル該取引ノ一般監視ヲ聯盟ニ委託スヘシ。

(ホ)　交通及通過ノ自由並一切ノ聯盟国ノ通商ニ対スル衡平ナル待遇ヲ確保スル為方法ヲ講スヘシ。右ニ関シテハ、1914年乃至1918年ノ戦役中荒廃ニ帰シタル地方ノ特殊ノ事情ヲ考慮スヘシ。

(ヘ)　疾病ノ予防及撲滅ノ為、国際利害関係事項ニ付措置ヲ執ルニ力ムヘシ。

第24条【国際事務局・国際委員会】　一　一般条約ニ依ル既設ノ国際事務局ハ、当該条約当事国ノ承諾アルニ於テハ、総テ之ヲ聯盟ノ指揮下ニ属セシムヘシ。国際利害関係事項処理ノ為今後設ケラルヘキ国際事務局及委員会ハ、総テ之ヲ聯盟ノ指揮下ニ属セシムヘキモノトス。

二　一般条約ニ依リ規定セラレタル国際利害関係事項ニシテ国際事務局又ハ委員会ノ管理ニ属セサルモノニ関シテハ、聯盟事務局ハ、当事国ノ請求ニ基キ聯盟理事会ノ同意ヲ得テ其ノ一切ノ関係情報ヲ蒐集頒布シ、其ノ他必要又ハ望マシキ一切ノ援助ヲ与フヘシ。

三　聯盟理事会ハ、聯盟ノ指揮下ニ属セシメタル事務局又ハ委員会ノ経費ヲ聯盟事務局ノ経費中ニ編入スルコトヲ得。

第25条【国民赤十字篤志機関】 聯盟国ハ、全世界ニ亙リ健康ノ増進、疾病ノ予防及苦痛ノ軽減ヲ目的トスル公認ノ国民赤十字篤志機関ノ設立及協力ヲ奨励促進スルコトヲ約ス。

第26条【改正】　一　本規約ノ改正ハ、聯盟理事会ヲ構

成スル代表者ヲ出ス聯盟各国及聯盟総会ヲ構成スル代表者ヲ出ス過半数聯盟国之ヲ批准シタルトキ、其ノ効力ヲ生スルモノトス。

二　右改正ハ、之ニ不同意ヲ表シタル聯盟国ヲ拘束スルコトナシ。但シ此ノ場合ニ於テ当該国ハ聯盟国タラサルニ至ルヘシ。

2　国　家

●国の権利及び義務に関する条約（米州）《モンテヴィデオ条約》〔抜粋〕
Convention on Rights and Duties of States
▼署名　1933年12月26日（モンテヴィデオ）　▼効力発生　1934年12月26日

第1条【国の要件】 国際法上の人格としての国は、次の資格をもたなければならない。
(a) 恒久的住民
(b) 明確な領域
(c) 政府、及び
(d) 他国と関係を取り結ぶ能力

第3条【一国の政治的存在と承認の関係】 国の政治的存在は、他の諸国による承認に依拠しない。承認前においても、国は、その保全及び独立を擁護し、その維持及び繁栄に備え、従ってその適当と認めるところによって自国を組織し、その利益に基づいて法律を制定し、その公務を執行し、その裁判所の管轄及び権限を明確にする権利を有する。

右の諸権利の行使には、国際法による他国の権利行使以外に、なんらの制限も存在しない。

第4条【権利と能力の平等】 国は、法的に平等であり、同一の権利を享受し、かつその行使に関し平等の能力をもつ。各国の権利は、その行使を確保するために当該国が有する権力によるものでなく、当該国が国際法による人格として存在するという単純な事実による。

第8条【不干渉】 いかなる国も、他国の国内又は対外の事項に干渉する権利をもたない。

第11条【力による領土取得の不承認・領域の不可侵】 締約国は、武器の使用、外交代表者を脅迫すること又は他のいずれかの有効な強制的措置のいずれよりなるかを問わず、力によって獲得された領域の取得又は特別の利益を承認しないという明瞭な義務を、その行動の規則として明確に設定する。国の領域は、不可侵であり、軍事的占領の目的、又は一時的であっても、直接であるか間接であるか、また、理由のなんであるかを問わず、他国が課する他の強制的措置の目的となってはならない。

●条約に関する国家承継に関するウィーン条約
《条約に関する国家承継条約》〔抜粋〕
Vienna Convention on Succession of States in respect of Treaties
▼採択　1978年8月22日（条約に関する国家承継全権会議）　▼効力発生　1996年11月6日　▼日本国

第1部　一般規定

第1条（この条約の範囲） この条約は、国家間の条約に関する国家承継の効果について適用する。

第2条（用語） 1　この条約の適用上、
(a) 「条約」とは、国の間において文書の形式により締結され、国際法によって規律される国際的合意（単一の文書によるものであるか二以上の文書によるかを問わず、また、名称のいかんを問わない。）をいう。
(b) 「国家承継」とは、領域の国際関係上の責任が一国から他国へとって代わることをいう。
(c) 「先行国」とは、国家承継の発生に際して他国によりとって代わられた国をいう。
(d) 「承継国」とは、国家承継の発生に際して他国にとって代わった国をいう。
(e) 「国家承継の日」とは、国家承継が関連する領域の国際関係上の責任を承継国が先行国から引き継いだ日をいう。
(f) 「新独立国」とは、承継国であって、その領域が国家承継の日の直前においては、先行国がその国際関係上の責任を負う従属地域であったものをいう。
(g) 「承継の通告」とは、多数国間条約に関して承継国が行うなんらかの通告であって、その条約により拘束されるとみなされることへの同意を表明するものをいい、その表現又は名称のいかんを問わない。
(h) 「全権委任状」とは、承継の通告又はこの条約に基づく他のなんらかの通告に関して国の権限ある当局の発給する文書であって、承継の通告又は、場合によっては、その通告を行うために国を代表する一又は二以上の者を指名しているものをいう。
(i) 「批准」、「受諾」、「承認」及び「加入」とは、それぞれ、そのように呼ばれる国際的な行為をいい、条約に拘束されることについての国の同意は、これらの行為により国際的に確定的なものとされる。
(j) 「留保」とは、国が、条約の特定の規定の自国への適用上その法的効果を排除し又は変更することを意図して、条約への署名、条約の批准、受諾若しくは承認又は条約への加入の際に単独に行う声明（用いられる文言及び名称のいかんを問わない。）をいう。
(k) 「締約国」とは、条約（効力を生じているか否かを問わない。）に拘束されることに同意した国をいう。
(l) 「当事国」とは、条約に拘束されることに同意し、かつ、自国について条約の効力が生じている国をい

(m) 「他の当事国」とは、承継国との関係において、その国家承継が関連する領域に関する国家承継の日に有効である条約の当事国であって先行国以外のものをいう。
(n) 「国際機関」とは、政府機関をいう。
2 この条約における用語につき規定する1の規定は、いずれの国の国内法におけるこれらの用語の用法及び意味にも影響を及ぼすものではない。

第11条（境界制度） 国家承継は、そのこと自体として次のことに影響を及ぼさない。
  (a) 条約により確定された境界、又は
  (b) 条約により確定された境界制度に関する義務及び権利

第12条（その他の領域的制度） 1 国家承継は、そのこと自体として次のことに影響を及ぼさない。
  (a) いずれかの領域の使用又は使用制限に関する義務であって、外国のいずれかの領域の利益のために条約により確立され、かつ、当該領域に付着しているとみなされるもの
  (b) いずれかの領域の利益のために条約により確立され、かつ、外国のいずれかの領域の使用又は使用制限に関する権利であって、当該領域に付着しているとみなされるもの
2 国家承継は、そのこと自体として次のことに影響を及ぼさない。
  (a) いずれかの領域の使用又は使用制限に関する義務であって、一群の国家又はすべての国家の利益のために、条約により確立され、かつ、その領域に付着しているとみなされるもの
  (b) 一群の国家又はすべての国家の利益のために条約により確立され、かつ、いずれかの領域の使用又は使用制限に関する権利であって、その領域に付着しているとみなされるもの
3 この条の規定は、国家承継が関連する領域上に外国軍事基地の設置を定めた先行国の条約上の義務に対しては適用されない。

第2部 領域の一部に関する承継

第15条（領域の一部に関する承継） ある国の領域の一部、又はその国際関係についてある国がその国の領域の一部ではないいずれかの領域が、他国の領域の一部となったとき、
  (a) 先行国の諸条約は国家承継が関連する領域に関して国家承継の日から効力を失う、また、
  (b) 承継国の諸条約は国家承継が関連する領域に関して国家承継の日から効力を有する。ただしその領域に対する条約の適用が条約の目的と両立しないか又は条約の運用のための諸条約をはなはだしく変えるものであることが、条約から明らかであるか又はその他の方法によって確かめられる場合はこの限りでない。

第3部 新独立国

第1節 総則

第16条（先行国の条約に関する立場） 新独立国は、国家承継の日に国家承継が関連する領域に関して条約が効力を有していたという事実のみによっては、いかなる条約の効力を維持する義務も、又はいかなる条約の当事国になる義務も負わない。

第2節 多数国間条約

第17条（国家承継の日に効力を有する条約への参加） 1 2及び3の規定に従うことを条件として、新独立国は、承継の通告によって、国家承継の日に国家承継が関連する領域について効力を有していた多数国間条約の当事国としてのみずからの地位を確立することができる。
2 新独立国に関する条約の適用が、条約の目的と両立しないか又は条約の運用についての諸条件をはなはだしく変えるものであることが、条約から明らかであるか又はその他の方法によって確かめられるときは、1の規定は適用されない。
3 条約の文言に基づき又は交渉国の数が限られていること並びに条約の目的によって、他のいずれかの国の条約参加がすべての当事国の同意を必要とするとみなされるべきときは、新独立国は、そのような同意によってのみ、条約当事国としてのみずからの地位を確立することができる。

第18条（国家承継の日に効力を有しない条約への参加）
1 3及び4の規定に従うことを条件として、新独立国は、国家承継の日にその国家承継が関連する領域について先行国が締約国であったときは、いまだ効力を有しない多数国間条約の締約国としてのみずからの地位を、承継の通告によって確立することができる。
2 3及び4の規定に従うことを条件として、新独立国は、国家承継の日にその国家承継が関連する領域について先行国が締約国であったときは、国家承継の日以後に効力を生じる多数国間条約の当事国としてのみずからの地位を、承継の通告によって、確立することができる。
3 新独立国に関する条約の適用が、条約の目的と両立しないか又は条約の運用についての諸条件をはなはだしく変えるものであることが、条約から明らかであるか又はその他の方法によって確かめられるときは、1及び2の規定は適用されない。
4 条約の文言に基づいて又は交渉国の数が限られていること並びに条約の目的によって、他のいずれかの国の条約参加がすべての当事国又はすべての締約国の同意を必要とするとみなされるべきときは、新独立国は、そのような同意によってのみ条約当事国又は締約国としてのみずからの地位を確立することができる。
5 条約が、その効力発生のために特定数の締約国が必要である旨規定しているときは、1の規定に基づいてその条約の締約国としてのみずからの地位を確立する新独立国は、その規定の適用上締約国として数えられる。ただし別段の意図が条約から明らかであるか又はその他の方法によって確かめられる場合にはこの限りでない。

第3節　二国間条約
第24条（国家承継の場合に条約が効力を有するとみなされる条件） 1　国家承継が関連する領域に関して国家承継の日に効力を有していた二国間条約は、次の場合に新独立国と他の当事国との間において有効であるとみなされる。
(a) 両国がその旨を明示的に合意したとき、又は、
(b) その行為によって、両国がその旨を合意したものとみなされるべきとき
2　1の規定に基づいて効力を有するものとみなされる条約は、国家承継の日から新独立国と他の当事国との間の関係に適用される。ただし別段の意思が両国間の合意から明らかであるか又はその他の方法によって確かめられる場合はこの限りでない。

第4節　暫定的適用
第5節　二又は三以上の地域をもって構成される新独立国

第4部　国家の結合及び分離
第31条（国家承継の日に効力を有する条約に関する国家の結合の効果） 1　二又は三以上の国が結合して一承継国を構成する場合、それらの二又は三以上の国のいずれかに関して国家承継の日に効力を有するいかなる条約も、次の場合を除き、承継国に関して引き続き効力を有する。
(a) 承継国及び他の一若しくは二以上の当事国が別段の合意を行う場合、又は、
(b) 承継国に関する条約の適用が、条約の目的と両立しないか又は条約の運用のための諸条件をはなはだしく変えるものであることが、条約から明らかであるか又はその他の方法によって確かめられる場合
2　1の規定に従って引き続き効力を有するいかなる条約も、次の場合を除き、国家承継の日にそれに関して条約が効力を有していた承継国の領域の一部に関してのみ適用されるものとする。
(a) 第17条3の規定に掲げる種類の中に含まれない多数国間条約の場合、承継国がその全領域に関して条約が適用される旨の通告を行うこと
(b) 第17条3の規定に掲げる種類の中に含まれる多数国間条約の場合、承継国と他の当事国が別段の合意を行うこと、又は、
(c) 二国間条約の場合、承継国と他の当事国が別段の合意を行うこと
3　2(a)の規定は、承継国の全領域に関する条約の適用が、条約の目的と両立しないか又は条約の運用のための諸条件をはなはだしく変えるものであることが、条約から明らかであるか又はその他の方法によって確かめられるときは適用されない。

第34条（国家の一部の分離の場合における国家承継） 1　先行国が引き続き存在すると否とにかかわらず、国家の領域の、又は二以上の部分が、一又は二以上の国を構成するために分離するときは、
(a) 国家承継の日に先行国の全領域について効力を有するいかなる条約も、そのように構成された各承継国につき引き続き効力を有する。
(b) 国家承継の日に先行国の領域の一部であって承継国となった領域について効力を有するいかなる条約も、その承継国のみについて引き続き効力を有する。
2　次の場合には、1の規定は適用されない。
(a) 関係国が別段の合意を行う場合、又は、
(b) 承継国についての条約の適用が、条約の目的と両立しないか又は条約の運用のための諸条件をはなはだしく変えるものであることが、条約から明らかであるか又はその他の方法によって確かめられる場合

第5部　雑則
第6部　紛争の解決
第7部　最終規定
第49条（効力発生） 1　この条約は、15番目の批准書又は加入書が寄託された日から30日目の日に効力を生じる。
2　〔省略〕

●国家の財産、公文書及び債務についての国家承継に関するウィーン条約
《国家財産等承継条約》〔抜粋〕

Vienna Convention on Succession of States in Respect of State Property, Archives and Debts
▼採択　1983年4月8日（ウィーン）　▼効力発生〔未発効〕　▼日本国

第1部　一般規定
第1条（この条約の範囲） この条約は、国家の財産、公文書及び債務に関する国家承継の効果に対して適用される。

第2部　国家財産
第1節　序
第7条（この部の範囲） この部の条文は、先行国の国家財産に関する国家承継の効果に対して適用される。

第8条（国家財産） この部の条文の適用上、「先行国の国家財産」とは、国家承継の日に、先行国の国内法に従い、その国家が所有していた財産、権利及び利益をいう。

第2節　国家承継の特定の部類に関する規定
第14条（国家領域の一部の移譲） 1　国家領域の一部がその国から他の国に移譲されるとき、先行国の国家財産の承継国への移転は、両国の間の合意により定め

られる。
2 そのような合意が行われない場合、
 (a) 先行国の所有する不動産であって、国家承継が関連する領域内に所在するものは、承継国に移転しなければならない。
 (b) 先行国の所有する動産であって、国家承継が関連する領域に関する先行国の活動に関係するものは、承継国に移転しなければならない。

第15条（新独立国） 1 承継国が新独立国である場合、
 (a) 先行国の所有する不動産であって、国家承継が関連する領域内に所在するものは、承継国に移転しなければならない。
 (b) 国家承継が関連する領域に属していた不動産であって、従属していた期間中にこの領域の外に所在し、かつ、先行国の国家財産となっていたものは、承継国に移転しなければならない。
 (c) 先行国の所有する不動産であって、(b)に掲げるものに含まれず、国家承継が関連する領域の外に所在し、かつ、その創設について従属地域が寄与したものは、その従属地域の寄与の程度に応じて承継国に移転しなければならない。
 (d) 先行国の所有する動産であって、国家承継が関連する領域に関して先行国の活動に関係するものは、承継国に移転しなければならない。
 (e) 国家承継が関連する領域に属していた不動産であって、従属していた期間中に先行国の国家財産となっていたものは、承継国に移転しなければならない。
 (f) 先行国の所有する動産であって、(d)及び(e)に掲げるものに含まれず、かつ、その創設について従属地域が寄与したものは、その従属地域の寄与の程度に応じて、承継国に移転しなければならない。
2 新独立国が二又は三以上の従属地域から構成される場合、先行国の国家財産の新独立国への移転は、1の規定に従って定められる。
3 従属地域がその国際関係について責任を負っていた国以外の国家領域の一部となる場合、先行国の国家財産の承継国への移転は、1の規定に従って定められる。
4 1から3までの規定の適用以外の方法により、先行国の国家財産の承継を定めるために先行国と新独立国との間に締結される協定は、富と天然資源に対するすべての人民の永久的主権の原則を侵害してはならない。

第17条（国家領域の一又は二以上の部分の分離） 1 国家領域の一又は二以上の部分がその国から分離して一承継国を構成する場合、先行国と承継国とが別段の合意を行わない限り、
 (a) 先行国の所有する不動産であって、国家承継が関連する領域内に所在するものは、承継国に移転しなければならない。
 (b) 先行国の所有する不動産であって、国家承継が関連する領域についての先行国の活動に関係するものは、承継国に移転しなければならない。
 (c) 先行国の所有する動産であって、(b)に規定されるもの以外のものは、衡平な割合において承継国に移転しなければならない。
2 1の規定は、国家領域の一部がその国家から分離して他の国家と結合する場合に適用する。
3 1及び2の規定は、国家承継の結果生じ得る先行国と承継国との衡平な補償に関するいかなる問題をも妨げるものではない。

第18条（国家の分裂） 1 国家が分裂して消滅し、先行国の領域の部分が二又は三以上の承継国を構成する場合、当該承継国が別段の合意を行わない限り、
 (a) 先行国の所有する不動産は、その所在する領域を有する承継国に移転しなければならない。
 (b) 先行国の所有する不動産であって、その領域の外に所在するものは、衡平な割合において承継国に移転しなければならない。
 (c) 先行国の所有する動産であって、国家承継が関連する諸領域についての先行国の活動に関係するものは、当該承継国に移転しなければならない。
 (d) 先行国の所有する動産であって、(c)に規定されるもの以外のものは、衡平な割合において承継国に移転しなければならない。
2 1の規定は、国家承継の結果生じ得る承継国の間の衡平な補償に関するいかなる問題をも妨げるものではない。

第3部　国家の公文書

第1節　序

第19条（この部の範囲） この部の条文は、先行国の国家の公文書に関する国家承継について適用される。

第20条（国家の公文書） この部の条項の適用上、「先行国の国家の公文書」とは、国家承継の日に、先行国の国内法上その国家に属し、かつ、目的のいかんを問わず公文書として先行国が直接保存していたか又はその管理の下に置いていた時期及び種類のいかんを問わないすべての文書であって、先行国がその任務遂行に当って作成し又は受領したものをいう。

第2節　国家承継の特定の種類に関する規定

第27条（国家領域の一部の移譲） 1 国家領域の一部がその国家から他の国家に移譲される場合、先行国の国家の公文書の承継国への移転は、両国の間の合意により定める。
2—5 〔省略〕

第28条（新独立国） 1 承継国が新独立国である場合、
 (a) 国家承継が関連する領域に属してきた公文書であって、従属していた期間中に先行国の国家の公文書となっていたものは、新独立国に移転しなければならない。
 (b) 先行国の国家の公文書の一部であって、国家承継が関連する領域の正常な統治のための領域内に置かれるべきものは、新独立国に移転しなければならない。
 (c) 先行国の国家の公文書の一部であって、(a)及び(b)に規定される以外の、国家承継が関連する領域に専ら又は主として関係するものは、新独立国に移転し

なければならない。
2 先行国の国家の公文書の一部又は適切な写しであって、1に規定される以外のもので国家承継が関連する領域にとって関連があるものの移転は、先行国と新独立国との間の合意により、これらの国家が先行国の国家の公文書の当該部分から、可能な限り広くかつ衡平な利益を得るような方法で定める。
3 先行国は新独立国に対して、新独立国の領域の権原若しくはその境界を証明するため、又は、この条の他の規定に従って新独立国に移転した先行国の国家の公文書中の特定文書の意味を明らかにするため、必要である利用可能な最善の証拠を、その国家の公文書の中から提供する。
4―6〔省略〕
7 先行国の国家の公文書に関して先行国と新独立国との間に締結される協定は、それらの国家の人民が有する発展の権利、各自の歴史についての情報に対する権利、及び各自の文化遺産に対する権利を侵害してはならない。

第4部 国家債務

第1節 序

第32条（この部の範囲） この部の条文は、国家債務に関する国家承継の効果に対して適用される。
第33条（国家債務） この部の条項の適用上、「国家債務」とは、先行国の財政上の義務であって、国際法に従い他の国家、国際組織又は他のいずれかの国際法主体に対して生じるものをいう。

第2節 国家承継の特定の部類に関する規定

第37条（国家領域の一部の移譲） 1 国家領域の一部がその国家から他の国家に移譲される場合、先行国の国家債務の承継国への移転は、両国の間の合意により定める。
2 そのような合意が行われる場合、先行国の国家債務は、特にその債務に関連して承継国に移転する財産、権利及び権益を考慮に入れつつ、衡平な割合において承継国に移転しなければならない。
第38条（新独立国） 1 承継国が新独立国である場合、先行国のいかなる国家債務も、新独立国に移転しない。ただし、先行国の国家債務であって国家承継が関連する領域における先行国の活動に関係するものと、新独立国に移転する財産、権利及び権益との間の結合関係にかんがみ、両国の間において別段の合意が行われる場合はこの限りではない。
2 1にいう合意は、富と天然資源に対するすべての人民の永久的主権の原則を侵害してはならず、また、その実施は新独立国の基本的な経済上の均衡を危険に陥れてはならない。

第5部 紛争の解決

第6部 最終規定

●国際違法行為に対する国家責任に関する条文
《国家責任条文》

Responsibility of States for Internationally Wrongful Acts

▼草案採択 2001年（国連国際法委員会第53回会期） ▼報告採択 2001年12月12日（国連総会決議56／83添付文書）

第1部 国の国際違法行為

第1章 一般原則

第1条（国際違法行為に対する国の責任） 国のすべての国際違法行為は、その国に国際責任を課す。
第2条（国の国際違法行為の構成要素） 国の国際違法行為は、作為または不作為からなる行為が次の場合に存在する。
 (a) 国際法上当該国に帰属し、かつ、
 (b) 当該国の国際義務の違反を構成する場合
第3条（国の行為を国際的に違法とする性格づけ） 国の行為を国際的に違法とする性格づけは、国際法によって決定される。このような性格づけは、それと同一の行為が国内法によって合法と性格づけられることによっては影響されることはない。

第2章 行為の国への帰属

第4条（国の機関の行為） 1 いかなる国の機関の行為も、その機関が立法上、行政上、司法上またはその他の任務を遂行しているか、その国の組織上のどのような地位を占めるか、また、その国の中央政府または領域的単位の機関としていかなる性格のものであるかを問わず、国際法上その国の行為とみなされる。
2 機関には、その国の国内法に従って機関としての地位を有するいかなる人または実体を含む。
第5条（統治権能の構成要素を行使する人または実体の行為） 第4条に基づく国の機関ではないが、その国の法により統治権能の構成要素を行使する権限を与えられている人または実体の行為は、当該の人または実体が特定の事案においてその資格で行動している場合には、国際法上その国の行為とみなされる。
第6条（他の国により国の使用に委ねられた機関の行為） 他の国により国の使用に委ねられた機関の行為は、その機関がそれの使用を委ねられた国の統治権能の構成要素を行使して行動している場合には、国際法上使用を委ねられた国の行為とみなされる。
第7条（権限の逸脱または指示の違反） 国の機関または統治権能の構成要素を行使する権限を与えられた人もしくは実体の行為は、その機関、人または実体がその

資格で行動する場合には、その権限を逸脱しまたは指示に違反する場合であっても、国際法上当該国の行為とみなされる。

第8条（国によって命令または指揮された行為）人または人の集団の行為は、当該の人または集団が、その行為を実行する際に、事実上その国の指示に基づきまたはその国の命令もしくは指揮の下に行動している場合には、国際法上国の行為とみなされる。

第9条（公の当局が存在しないかまたは機能停止の場合に行われた行為）人または人の集団の行為は、当該の人または集団が公の当局が存在しないかまたは機能停止している場合であって、かつ統治権能の構成要素の行使を必要とする事情の下で統治権能の構成要素を事実上行使している場合には、国際法上国の行為とみなされる。

第10条（反乱団体その他の活動団体の行為）1　国の新政府となった反乱活動団体の行為は、国際法上その国の行為とみなされる。
2　先在する国の領域の一部またはその国の施政下にある領域において、新国家の樹立に成功した反乱活動団体その他の活動団体の行為は、国際法上その新国家の行為とみなされる。
3　本条は、第4条ないし第9条により国の行為とみなされるべき行為が、関連する活動団体の行為に関連するものであっても、その国に帰属することを妨げない。

第11条（国により国自身の行為として認められかつ採用された行為）前条までの規定に基づき国に帰属しない行為であっても、その国が当該行為を国自身の行為として認めかつ採用する場合には、その限りにおいて、国際法上その国の行為とみなされる。

第3章　国際義務の違反

第12条（国際義務の違反の存在）国の行為が国際義務により当該国に要求されているものと合致しない場合は、当該義務の淵源または性質に関係なく、その国による国際義務の違反が存在する。

第13条（国に対して効力を有する国際義務）国の行為は、行為が行われたときにその国が問題となっている義務に拘束されているのでない限り、国際義務の違反を構成しない。

第14条（国際義務の違反の時間的範囲）1　継続的性質を有しない国の行為による国際義務の違反は、たとえその効果が継続する場合であっても、その行為がなされた時点で生じる。
2　継続的性質を有する国の行為による国際義務の違反は、その行為が継続しかつ国際義務と合致しない状態が続くすべての期間に及ぶ。
3　特定の事態の発生を防止することを国に要求する国際義務の違反は、その事態が生じるときに発生し、ならびに、その事態が継続しかつ当該義務と合致しない状態が続くすべての期間に及ぶ。

第15条（合成的行為からなる違反）1　全体として違法となる一連の作為または不作為を通じての国の国際義務の違反は、その作為または不作為が他の作為また は不作為と結びついて違法行為を構成するに十分となったときに生じる。
2　この場合、違反は、当該の一連の作為または不作為の最初のものに始まる全期間に及び、ならびに、これらの作為または不作為が繰り返され、かつ国際義務と合致しない状態が続く限り継続する。

第4章　他の国の行為に関連する国の責任

第16条（国際違法行為の実行に対する支援または援助）他の国の国際違法行為の実行を支援しまたは援助する国は、次の場合、当該支援または援助につき国際的に責任を負う。
　(a)　その国が、国際違法行為の事情を承知して支援または援助を行い、かつ、
　(b)　その行為が、その国によってなされたならば当該行為が国際的に違法となる場合

第17条（国際違法行為の実行に対する指揮および支配）他の国による国際違法行為の実行において当該他の国を指揮しかつ支配する国は、次の場合、当該他の国の行為につき国際的に責任を負う。
　(a)　その国が国際違法行為の事情を承知の上で指揮および支配を行い、かつ、
　(b)　その行為が、その国によってなされたならば国際的に違法となる場合

第18条（他の国の強制）他の国に行為を強制する国は、次の場合、当該他の国の行為に対して国際的に責任を負う。
　(a)　強制がなかったならその行為は強制された国の国際的に違法となるもので、かつ、
　(b)　強制した国が当該行為の事情を承知の上でこれを行う場合

第19条（本章の効果）本章は、問題となる行為を実行した国またはいずれかの他の国の本条文の他の規定に基づく国際的な責任を妨げるものではない。

第5章　違法性阻却事由

第20条（同意）他の国による特定の行為の実行に対する国の有効な同意は、その行為が当該同意の範囲内にある限度で、同意を与える国との関係でその行為の違法性を阻却する。

第21条（自衛）国の行為の違法性は、その行為が国際連合憲章に従ってとられる自衛の合法な措置を構成する場合には、阻却される。

第22条（国際違法行為についての対抗措置）他の国に対する国際義務に合致しない国の行為の違法性は、その行為が第3部第2章に従って当該他の国に対してとられる対抗措置を構成する場合には、その限度で、阻却される。

第23条（不可抗力）1　国際義務と合致しない国の行為の違法性は、その行為が、不可抗力による場合、すなわち、当該国の支配を超える抗しがたい力または予測できない出来事の発生であって、その状況の下では義務の履行を実質的に不可能とするものによる場合に

25

は、阻却される。
2　1は、次の場合、適用しない。
(a) 不可抗力の事態が、単独かまたは他の要因と結びついた不可抗力を援用する国の行為による場合、または、
(b) その国が、不可抗力の事態が生じる危険を引き受けていた場合

第24条（遭難） 1　国際義務に合致しない国の行為の違法性は、当該行為の実行者が遭難の事態の下で、その者の生命またはその者に保護を委ねられた者の生命を救うために他の合理的な方法を有しない場合には、阻却される。
2　1は、次の場合、適用しない。
(a) 遭難の事態が、単独かまたは他の要因と結びついたこれを援用する国の行為による場合、または、
(b) 当該行為が、同等のまたはより重大な危険を生じさせるおそれがある場合

第25条（緊急避難） 1　国は、次の場合を除き、国際義務と合致しない国の行為の違法性を阻却する根拠として、緊急避難を援用することはできない。
(a) その行為が、重大かつ切迫の危険に対して不可欠の利益を守るために当該国にとっての唯一の方法であり、かつ、
(b) その行為が、義務の相手国または国際社会全体の不可欠の利益に対する重大な侵害とならない場合
2　いかなる場合にも、国は、次の場合、違法性を阻却する根拠として緊急避難を援用することができない。
(a) 当該の国際義務が緊急避難を援用する可能性を排除する場合、または、
(b) その国が緊急の事態に寄与する場合

第26条（強行規範の遵守） 本章のいかなる規定も、一般国際法の強行規範に基づいて生ずる義務と合致しない国の行為の違法性を阻却しない。

第27条（違法性阻却事由を援用する効果） 本章に基づく違法性阻却事由の援用は、次のことを害するものではない。
(a) 違法性阻却事由が、もはや存在しない場合、その限度で当該の義務を遵守すること。
(b) 当該行為により生ずる物的損失に対する金銭賠償の問題

第2部　国の国際責任の内容

第1章　一般原則

第28条（国際違法行為の法的効果） 第1部の規定に従い国際違法行為によって課せられる国の国際責任は、この部に定める法的効果を伴う。

第29条（履行の継続的義務） この部に基づく国際違法行為の法的効果は、違反した義務を履行する責任がある国の継続的な義務に影響を与えない。

第30条（停止と再発防止） 国際違法行為に対して責任を有する国は、次の義務を負う。
(a) 当該行為が継続している場合には、それを停止すること。
(b) 事情により必要な場合には、適当な再発防止の確約および保証を提供すること。

第31条（賠償） 1　責任がある国は、国際違法行為により生じた被害に対し完全な賠償を行う義務を負う。
2　被害には、物質的か精神的かを問わず、国の国際違法行為によって生じたすべての損害を含める。

第32条（国内法の無関係性） 責任がある国は、この部に基づく義務の不遵守を正当化する根拠として自国の国内法の規定を援用することはできない。

第33条（この部に定められる国際義務の範囲） 1　この部に定められる責任がある国の義務は、特に国際義務の性格および内容ならびに違反の状況に応じて、他の国、複数の国または国際社会全体に対して負うことがある。
2　この部は、国の国際責任から生ずる権利であって国以外の私人または実体に直接生じるものを害しない。

第2章　侵害に対する賠償

第34条（賠償の形態） 国際違法行為により生じた侵害に対する完全な賠償は、本章の規定に従って、原状回復、金銭賠償および満足の形態を単独にまたは組み合わせて行うものとする。

第35条（原状回復） 国際違法行為に対して責任がある国は、次の条件の下にかつその限度において、原状回復を行う義務、すなわち違法行為が行われる以前に存在した状態を回復する義務を負う。
(a) 原状回復が実質的に不可能ではないこと
(b) 原状回復が金銭賠償の代わりに原状回復を行うことから生じる利益と著しく均衡を失する負担をもたらさないこと

第36条（金銭賠償） 1　国際違法行為に対し責任がある国は、当該行為に起因する損害に対して、その損害が原状回復によって償われない限度において、金銭賠償を行う義務を負う。
2　金銭賠償は、立証される限りにおいて逸失利益を含め金銭的に評価可能なすべての損害を対象とする。

第37条（満足） 1　国際違法行為に対し責任がある国は、当該行為に起因する侵害に対して、その侵害が原状回復または金銭賠償によって償われない限度において、満足を与える義務を負う。
2　満足は、違反の承認、遺憾の意の表明、公式の陳謝または他の適当な様式をとることができる。
3　満足は、侵害と均衡を失するものであってはならず、かつ、責任がある国に屈辱を与える形式をとることはできない。

第38条（利息） 1　本章に基づいて支払われるべき賠償金に対する利息は、完全な賠償を確保するために必要な場合には、支払われなければならない。利息の利率および計算方法は、その結果を達成するように定められる。
2　利息は、賠償金が支払われるべき日から支払義務が履行される日までの期間について生じる。

第39条（侵害に対する寄与） 賠償の決定にあたっては、侵害を受けた国またはそれとの関係で賠償が請求され

る人もしくは実体の故意または過失による作為または不作為によってもたらされる侵害に対する寄与について考慮されなければならない。

第3章　一般国際法の強行規範に基づく義務の重大な違反

第40条（本章の適用） 1　本章は、一般国際法の強行規範に基づいて生ずる義務の国による重大な違反に課される国際責任に適用する。
2　そのような義務の違反は、それが責任がある国による当該義務の著しいまたは体系的な不遵守を伴う場合には重大な違反となる。

第41条（本章に基づく義務の重大な違反の特別の効果）
1　国は、第40条の意味の範囲内の重大な違反を終了させるために合法な手段を通じて協力する。
2　いかなる国も、第40条の意味の範囲内の重大な違反によって生じさせられた状態を合法なものとして承認してはならず、ならびに、その状態の維持を支援または援助してはならない。
3　本条は、この部に定める他の効果、および本章を適用する違反が国際法上もたらすことのあるそれ以外の効果に影響を及ぼすものではない。

第3部　国の国際責任の履行

第1章　国の責任の援用

第42条（侵害を受けた国による責任の援用）　国は、違反された義務が次の条件を満たす場合には、侵害を受けた国として他の国の責任を援用する権利がある。
(a)　その侵害を受けた国に対し個別的に負う義務であるとき、または、
(b)　当該侵害を受けた国を含む国の集団または国際社会全体に対して負う義務であって、かつ、
　(i)　その義務違反が、当該侵害を受けた国に対して特別に影響を与える場合、もしくは、
　(ii)　その義務違反が、当該義務の実施の継続に関して他のすべての相手国の立場を根本的に変更する性質のものである場合

第43条（侵害を受けた国による請求の通告） 1　他の国の責任を援用する侵害を受けた国は、その国に対する請求通告を行うものとする。
2　侵害を受けた国は、特に次のことを特定することができる。
(a)　違法行為が継続している場合には、その違法行為を停止するために責任のある国がとるべき行為
(b)　第2部の規定に従ってとるべき賠償の形式

第44条（請求の受理可能性）　国の責任は、次の場合には、援用することができない。
(a)　請求が、請求の国籍に関して適用される規則に従ってなされていない場合
(b)　請求が、国内的救済完了の規則が適用される請求であって、使用可能でかつ効果的な国内的救済が未だ尽くされていない場合

第45条（責任を援用する権利の喪失）　国の責任は、次の場合には、援用することができない。
(a)　侵害を受けた国が、請求を有効に放棄した場合
(b)　侵害を受けた国が、その行為により請求の消滅を有効に黙認したとみなされる場合

第46条（侵害を受けた国が複数ある場合）　複数の国が同一の国際違法行為により侵害を受けた場合には、各侵害を受けた国は、国際違法行為を行った国の責任を個々に援用することができる。

第47条（責任がある国が複数ある場合） 1　複数の国が同一の国際違法行為に対し責任を有する場合には、当該行為に関してそれぞれの国の責任を援用することができる。
2　1の規定は、
(a)　侵害を受けた国が金銭賠償方法によってその国が被った損害以上のものを回復することを容認するものではない。
(b)　他の責任がある国に対する訴えの権利を妨げるものではない。

第48条（侵害を受けた国以外の国による責任の援用） 1　侵害を受けた国以外の国は、次の場合には、2に基づいて他の国の責任を援用する権利がある。
(a)　違反された義務が、当該国を含む国の集団に対して負う義務であってかつその集団の集団的利益を保護するために設けられたものである場合、または、
(b)　違反された義務が、国際社会全体に対して負うものである場合
2　1に基づき責任を援用する権利がある国は、責任がある国に対して次のことを請求することができる。
(a)　国際違法行為の停止、ならびに第30条に従った再発防止の確約および保証、ならびに、
(b)　侵害を受けた国または違反のあった義務の受益者のために、前諸条文に従った賠償義務の実施
3　第43条、第44条および第45条に基づく侵害を受けた国が責任を援用するための要件は、1に基づき責任を援用する権利がある国による責任の援用に適用する。

第2章　対抗措置

第49条（対抗措置の目的および制限） 1　侵害を受けた国は、国際違法行為に責任を有する国に対して第2部に基づく義務を遵守するようその国を促すためにのみ、対抗措置をとることができる。
2　対抗措置は、責任がある国に対して措置をとる当該国の国際義務の当分の間の不履行に限られる。
3　対抗措置は、可能な限り、関連する義務の実施の再開を可能とするような方法でとられなければならない。

第50条（対抗措置により影響を受けない義務） 1　対抗措置は、次の義務に影響を及ぼしてはならない。
(a)　国際連合憲章に具現された武力による威嚇または武力の行使を慎む義務
(b)　基本的人権を保護する義務
(c)　復仇を禁止する人道的性質の義務
(d)　一般国際法の強行規範に基づくその他の義務

2 対抗措置をとる国は、次の義務の履行を免れない。
 (a) 当該国と責任がある国との間に適用可能なあらゆる紛争解決手続に基づく義務
 (b) 外交または領事の機関、公館、公文書および書類の不可侵を尊重する義務
第51条（均衡性） 対抗措置は、国際違法行為の重大性および関連する権利を考慮して、被った侵害と均衡するものでなければならない。
第52条（対抗措置に訴える条件） 1　対抗措置をとる前に、侵害を受けた国は、
 (a) 責任がある国に、第43条に従って、第２部に基づく義務を履行するよう要請する。
 (b) 対抗措置をとる決定を責任がある国に通告しかつ責任がある国との交渉を提案する。
2　1(b)にかかわらず、侵害を受けた国は、自国の権利を保護するために必要な緊急の対抗措置をとることができる。
3　対抗措置は、次の場合にはとることができず、既にとっている場合には不当に遅延することなく停止しなければならない。
 (a) 国際違法行為が停止された場合であって、かつ、
 (b) 紛争が当事国を拘束する決定を行う権限をもつ裁判所に係属している場合
4　3は、責任がある国が紛争解決手続を誠実に実施しないときには適用しない。
第53条（対抗措置の終了） 対抗措置は、責任がある国が国際違法行為に関し第２部に基づく義務を遵守したときは速やかに終了されなければならない。
第54条（侵害を受けた国以外の国によってとられる措置） 本章は、第48条1に基づいて他の国の責任を援用する権利を有する国が、侵害を受けた国または違反のあった義務の受益者のために、違反の停止および賠償を確保するために責任がある国に対して合法な措置をとる権利を害するものではない。

第４部　一般規定

第55条（特別法） 本条文は、国際違法行為が存在するための要件または国の国際責任の内容もしくは履行が国際法の特別規則により定められる場合には、その限度で適用しない。
第56条（本条文により規律されていない国家責任の問題） 国際法の適用可能な規則が、本条文により規律されない限度で、国際違法行為に対する国の責任に関する問題を引き続き規律する。
第57条（国際組織の責任） 本条文は、国際組織の国際法に基づく責任または国際組織の行為に対して国の国際法に基づく責任の問題に影響を及ぼすものではない。
第58条（個人責任） 本条文は、国のために行動するいかなる人の国際法上の個人責任のいかなる問題にも影響を及ぼすものではない。
第59条（国際連合憲章） 本条文は、国際連合憲章に影響を及ぼすものではない。

●国及びその財産の裁判権からの免除に関する国際連合条約
《国連裁判権免除条約》〔抄〕

United Nations Convention on Jurisdictional Immunities of States and Their Property

▼採択　2004年12月2日（国連第59回総会）　▼効力発生　〔未効効〕　▼日本国　2007年1月11日署名、09年6月10日国会承認

前文〔省略〕

第１部　序

第１条（この条約の適用範囲） この条約は、国及びその財産の他の国の裁判所の裁判権からの免除について適用する。
第２条（用語） 1　この条約の適用上、
 (a) 「裁判所」とは、名称のいかんを問わず、司法上の任務を遂行する権限を有する国の機関をいう。
 (b) 「国」とは、次のものをいう。
　(i) 国及びその政府機関
　(ii) 連邦制の国の構成単位又は国の行政区画（主権的な権能の行使に当たり行為を行う資格を有し、かつ、その資格において行動するものに限る。）
　(iii) 国の機関若しくは下部機関又は他の団体（国の主権的な権能の行使に当たり行為を行う資格を有し、かつ、その資格において現に行動するものに限る。）
　(iv) 国の代表（その資格において行動するものに限る。）
 (c) 「商取引」とは、次のものをいう。
　(i) 物品の販売又は役務の提供のためのすべての商事契約又は商取引
　(ii) 貸付けのためのすべての契約又は金融上の性質を有するその他の取引（当該貸付け又は取引についての保証又はてん補に係る義務を含む。）
　(iii) 商業上、工業上、貿易上又は職業上の性質を有するその他のすべての契約又は取引。ただし、人の雇用契約を含まない。
2　契約又は取引が1(c)に規定する「商取引」であるか否かを決定するに当たっては、主として当該契約又は取引の性質を考慮すべきである。ただし、当該契約若しくは取引の当事者が合意した場合又は法廷地国の慣行において契約若しくは取引の目的が当該契約若しくは取引の非商業的性質を決定することに関連するとされている場合には、その目的も考慮すべきである。

3 この条約における用語について規定する1及び2の規定は、他の国際文書又はいずれの国の国内法におけるこれらの用語の用法及び意味に影響を及ぼすものではない。

第3条（この条約によって影響を受けない特権及び免除）
1 この条約は、次に掲げるものの任務の遂行に関連する国際法に基づき国が享受する特権及び免除に影響を及ぼすものではない。
 (a) 外交使節団、領事機関、特別の使節団、国際機関に派遣されている使節団又は国際機関の内部機関若しくは国際会議に派遣されている代表団
 (b) (a)に規定するものに関係する者
2 この条約は、国の元首に対し、その者が国の元首であることを理由に国際法に基づき与えられる特権及び免除に影響を及ぼすものではない。
3 この条約は、国が所有し、又は運航する航空機又は宇宙物体に関し、国際法に基づいて国が享受する免除に影響を及ぼすものではない。

第4条（この条約の不遡及） この条約は、いずれかの国に対して他の国の裁判所においてこれらの国についてこの条約が効力を生ずる前に開始された訴訟手続において生ずる国及びその財産の裁判権からの免除の問題については、適用しない。ただし、この規定は、この条約に規定されている規則のうち、この条約との関係を離れ国際法に基づき国及びその財産の裁判権からの免除を規律するいかなる規則の適用も妨げるものではない。

第2部　一般原則

第5条（国家免除） いずれの国も、この条約に従い、自国及び自国の財産に関して、他の国の裁判所の裁判権からの免除を享受する。

第6条（国家免除を実施するための方法） 1 いずれの国も、自国の裁判所における他の国に対する訴訟手続において裁判権を行使することを差し控えることにより、前条に定める国家免除を実施するものとし、このため、いずれの国も、他の国について同条に定める国家免除が尊重されることを自国の裁判所が自発的に決定することを確保する。
2 いずれかの国の裁判所における訴訟手続は、次の場合には、当該国に対して開始されたものとみなす。
 (a) 当該他の国が当該訴訟手続の当事者として指定される場合
 (b) 当該他の国が当該訴訟手続の当事者として指定されていないが、当該訴訟手続が結果として当該他の国の財産、権利、利益又は活動に影響を及ぼそうとしている場合

第7条（裁判所による裁判権の行使に対する明示の同意）
1 いずれの国も、ある事項又は事件に関して、次の方法により他の国の裁判所による裁判権の行使に対して明示的に同意した場合には、当該事項又は事件に関する当該裁判所における訴訟手続について裁判権からの免除を援用することができない。
 (a) 国際的な合意
 (b) 書面による契約
 (c) 裁判所における宣言又は個別の訴訟手続における書面による通知
2 いずれかの国による他の国の法令の適用に関する同意は、当該他の国の裁判所による裁判権の行使に対する同意と解してはならない。

第8条（裁判所における訴訟手続への参加の効果） 1 いずれの国も、次の場合には、他の国の裁判所における訴訟手続について裁判権からの免除を援用することができない。
 (a) 訴訟手続を自ら開始した場合
 (b) 訴訟手続に参加し、又は本案に関して他の措置をとった場合。ただし、当該国が当該措置をとるまで裁判権からの免除の請求の根拠となる事実を知ることができなかったことを裁判所に対してできる限り速やかに証明する場合には、これらの事実に基づいて裁判権からの免除を主張することができる。
2 いずれの国も、次のことのみを目的として、訴訟手続に参加し、又は他の措置をとる場合には、他の国の裁判所による裁判権の行使に同意したものとは認められない。
 (a) 裁判権からの免除を援用すること。
 (b) 訴訟手続において問題となっている財産に関する権利又は利益を主張すること。
3 国の代表が他の国の裁判所において証人として出頭することは、当該国が当該裁判所による裁判権の行使に対して同意するものと解してはならない。
4 いずれかの国が他の国の裁判所における訴訟手続に関して出頭しないことは、当該国が当該裁判所による裁判権の行使に対して同意するものと解してはならない。

第9条（反訴）〔省略〕

第3部　国家免除を援用することができない訴訟手続

第10条（商取引） 1 いずれの国も、外国の自然人又は法人との間に商取引を行う場合において、他の国の裁判所が適用される国際私法の規則に従い当該商取引に関する紛争について管轄権を有するときは、当該商取引から生ずる訴訟手続について当該裁判所の裁判権からの免除を援用することができない。
2 1の規定は、次の場合については、適用しない。
 (a) 国と国との間の商取引の場合
 (b) 商取引の当事者が明示的に別段の合意をした場合
3 独立の法人格を有し、かつ、次の能力を有する国営企業又は国によって設立された他の団体が、当該国営企業又は団体が行う商取引に関する訴訟手続に関与する場合であっても、当該国が享受する裁判権からの免除は、影響を受けない。
 (a) 訴え、又は訴えられる能力
 (b) 財産（当該国が当該国営企業又は団体による運用又は管理を許可した財産を含む。）を取得し、所有し、又は占有し、及び処分する能力

第11条（雇用契約） 1 いずれの国も、他の国の領域

においてその全部又は一部が行われ、又は行われるべき労働に係る当該国と個人との間の雇用契約に関する訴訟手続について管轄権を有する当該他の国の裁判所において、裁判権からの免除を援用することができない。ただし、関係国の間で別段の合意をする場合は、この限りでない。

2 1の規定は、次の場合については、適用しない。
 (a) 被用者が政府の権限の行使として特別の任務を遂行するために採用されている場合
 (b) 被用者が次の者である場合
  (i) 1961年の外交関係に関するウィーン条約に定義する外交官
  (ii) 1963年の領事関係に関するウィーン条約に定義する領事官
  (iii) 国際機関に派遣されている常駐の使節団若しくは特別の使節団の外交職員又は国際会議において国を代表するために採用された者
  (iv) 外交上の免除を享受するその他の者
 (c) 訴訟手続の対象となる事項が個人の採用、雇用契約の更新又は復職に関するものである場合
 (d) 訴訟手続の対象となる事項が個人の解雇又は雇用契約の終了に関するものであり、かつ、当該訴訟手続が当該個人の雇用者である国の安全保障上の利益を妨げるものである旨を当該国の元首、政府の長又は外務大臣が決定する場合
 (e) 訴訟手続が開始される時点において、被用者が雇用者である国の国民である場合。ただし、当該被用者が法廷地国に恒常的な居住地を有する場合を除く。
 (f) 雇用者である国と被用者との間で書面により別段の合意をした場合。ただし、訴訟手続の対象となる事項を理由として法廷地国の裁判所に専属的裁判権を与える公の政策上の考慮に従うことを条件とする。

第12条（身体の傷害及び財産の損害） いずれの国も、人の死亡若しくは身体の傷害又は有体財産の損害若しくは滅失が、当該国に帰するとされる作為又は不作為によって生じた場合において、当該作為又は不作為の全部又は一部が他の国の領域内で行われ、かつ、当該作為又は不作為を行った者が当該作為又は不作為を行った時点において当該他の国の領域内に所在していたときは、当該人の死亡若しくは身体の傷害又は有体財産の損害若しくは滅失に対する金銭上の賠償に関する訴訟手続について管轄権を有する当該他の国の裁判所において、裁判権からの免除を援用することができない。ただし、関係国の間で別段の合意をする場合は、この限りでない。

第13条（財産の所有、占有及び使用） いずれの国も、次の事項についての決定に関する訴訟手続について管轄権を有する他の国の裁判所において、裁判権からの免除を援用することができない。ただし、関係国の間で別段の合意をする場合は、この限りでない。
 (a) 法廷地国に存在する不動産に関する当該国の権利若しくは利益若しくは当該不動産の当該国による占有若しくは使用又は当該不動産に関する当該国の利益若しくは当該不動産の当該国による占有若しくは使用から生ずる当該国の義務
 (b) 相続、贈与又は無主物の取得により生ずる動産又は不動産に関する当該国の権利又は利益
 (c) 信託財産、破産者の財産、清算時の会社の財産等の財産の管理に関する当該国の権利又は利益

第14条（知的財産及び産業財産） いずれの国も、次の事項に関する訴訟手続について管轄権を有する他の国の裁判所において、裁判権からの免除を援用することができない。ただし、関係国の間で別段の合意をする場合は、この限りでない。
 (a) 特許、意匠、商号、商標、著作権その他のすべての種類の知的財産又は産業財産に係る当該国の権利であって、法廷地国において法的な保護措置（暫定的なものを含む。）の対象となるものについての決定
 (b) 第三者に属し、かつ、法廷地国において保護されている(a)に規定する権利に対して当該国が法廷地国の領域において行ったとされる侵害

第15条（会社その他の団体への参加） 1 いずれの国も、次の(a)及び(b)の条件を満たす会社その他の団体（法人格の有無を問わない。）への当該団体の参加に関する訴訟手続であって、当該国と当該会社その他の団体又は当該会社その他の団体の他の参加者との間の関係に関するものについて管轄権を有する他の国の裁判所において、裁判権からの免除を援用することができない。
 (a) 当該会社その他の団体が国又は国際機関以外の参加者を有すること。
 (b) 当該会社その他の団体が法廷地国の法令に基づき設立され、又は法廷地国に本部若しくは主たる営業所を有すること。

2 もっとも、いずれの国も、1に規定する訴訟手続において裁判権からの免除を援用することができる旨を関係国が合意している場合、紛争当事者が書面による合意によりその旨を定めている場合又は1に規定する会社その他の団体を設立し、若しくは規律する文書がその旨を定めている場合には、当該訴訟手続において裁判権からの免除を援用することができる。

第16条（国が所有し、又は運航する船舶） 1 船舶を所有し、又は運航する国は、訴訟の原因が生じた時点において当該船舶が政府の非商業的目的以外の目的で使用された場合には、当該船舶の運航に関する訴訟手続について管轄権を有する他の国の裁判所において、裁判権からの免除を援用することができない。ただし、関係国の間で別段の合意をする場合は、この限りでない。

2 1の規定は、軍艦又は軍の補助艦について適用するものではなく、また、国が所有し、又は運航する他の船舶であって政府の非商業的業務にのみ使用しているものについて適用するものでもない。

3 いずれの国も、訴訟の原因が生じた時点において当該国が所有し、又は運航する船舶が政府の非商業的目的以外の目的で使用された場合には、当該船舶による貨物の運送に関する訴訟手続について管轄権を有する

他の国の裁判所において、裁判権からの免除を援用することができない。ただし、関係国の間で別段の合意をする場合は、この限りでない。
4 3の規定は、2に規定する船舶によって運送される貨物について適用するものではなく、また、国が所有し、かつ、政府の非商業的目的のためにのみ使用され、又は使用されることを目的とする貨物について適用するものでもない。
5 いずれの国も、私有の船舶及び貨物並びにこれらの所有者が利用することのできる防御、時効及び責任の制限に関するすべての措置を申し立てることができる。
6 訴訟手続において、いずれかの国が所有し、若しくは運航する船舶又はいずれかの国が所有する貨物に関する政府の性質及び非商業的な性質に関して問題が生ずる場合には、当該国の外交上の代表者その他権限のある当局が署名し、かつ、裁判所に送付した証明書が当該船舶又は貨物に関する性質の証拠となる。

第17条（仲裁の合意の効果） いずれの国も、外国の自然人又は法人との間で商取引に関する紛争を仲裁に付することを書面により合意する場合には、次の事項に関する訴訟手続について管轄権を有する他の国の裁判所において、裁判権の免除を援用することができない。ただし、仲裁の合意に別段の定めがある場合は、この限りでない。
 (a) 仲裁の合意の有効性、解釈又は適用
 (b) 仲裁手続
 (c) 仲裁判断の確認又は取消し

第4部　裁判所における訴訟手続に関連する強制的な措置からの国家免除

第18条（判決前の強制的な措置からの国家免除） 国の財産に対する差押え、保全処分等の判決前の強制的な措置は、他の国の裁判所における訴訟手続に関連してとることができない。ただし、次の場合は、この限りでない。
 (a) そのような措置をとることに対して当該国が次の方法によって明示的に同意した場合
  (i) 国際的な合意
  (ii) 仲裁の合意又は書面による契約
  (iii) 当事者間の紛争が生じた後に行われる裁判所における宣言又は書面による通知
 (b) 当該国が当該訴訟手続の目的である請求を満たすために財産を割り当て、又は指定した場合

第19条（判決後の強制的な措置からの国家免除） 国の財産に対する差押え、保全処分、強制執行等の判決後の強制的な措置は、他の国の裁判所における訴訟手続に関連してとることができない。ただし、次の場合は、この限りでない。
 (a) そのような措置をとることに対して当該国が次の方法によって明示的に同意した場合
  (i) 国際的な合意
  (ii) 仲裁の合意又は書面による契約
  (iii) 当事者間の紛争が生じた後に行われる裁判所における宣言又は書面による通知
 (b) 当該国が当該訴訟手続の目的である請求を満たすために財産を割り当て、又は指定した場合
 (c) 財産が、政府の非商業的目的以外の目的のために当該国により特に使用され、又は使用されることを目的とし、かつ、法廷地国の領域内に存在することが立証された場合。ただし、判決後の強制的な措置は、訴訟手続が開始された機関と関係を有する財産に対してのみとることができる。

第20条（裁判権の行使に対する同意が強制的な措置に及ぼす効果） 前2条の規定に基づき強制的な措置に対する同意が必要な場合には、第7条の規定に基づく裁判権の行使に対する同意は、強制的な措置をとることに対する同意を意味するものではない。

第21条（特定の種類の財産） 1 国の財産のうち特に次の種類の財産は、第19条(c)に定める政府の非商業的目的以外の目的のために当該国により特に使用され、又は使用されることを目的とする財産とは認められない。
 (a) 当該国の外交使節団、領事機関、特別の使節団、国際機関に派遣されている使節団又は国際機関の内部機関若しくは国際会議に派遣されている代表団の任務の遂行のために使用され、又は使用されることを目的とする財産（銀行勘定を含む。）
 (b) 軍事的性質の財産又は軍事的な任務の遂行のために使用され、若しくは使用されることを目的とする財産
 (c) 当該国の中央銀行その他の金融当局の財産
 (d) 当該国の文化遺産又は公文書の一部を成す財産であって、販売されておらず、又は販売されることを目的としないもの
 (e) 科学的、文化的又は歴史的に意義のある物の展示の一部を成す財産であって、販売されておらず、又は販売されることを目的としないもの
2 1の規定は、第18条並びに第19条(a)及び(b)の規定の適用を妨げるものではない。

第5部　雑則

第22条（訴訟手続に関する送達） 1 いずれかの国に対して訴訟手続を開始する呼出状その他の文書による訴訟手続に関する送達は、次の方法によって行う。
 (a) 法廷地国及び当該国を拘束する適用可能な国際条約による方法
 (b) 原告と当該国との間の送達のための特別の合意による方法。ただし、法廷地国の法令が妨げない場合に限る。
 (c) (a)に規定する国際条約又は(b)に規定する特別の合意が存在しない場合には、
  (i) 当該国の外務省に対して外交上の経路を通じて送達する方法
  (ii) 当該国が受け入れるその他の方法。ただし、法廷地国の法令が妨げない場合に限る。
2 1(c)(i)に定める訴訟手続に関する送達は、外務省による文書の受領によって行われたものとみなす。

3 これらの文書には、必要な場合には当該国の公用語による訳文を付する。
4 自国に対して開始された訴訟手続の本案に関して出頭する国は、その後は、訴訟手続に関する送達が1又は3の規定に従っていなかったと主張することはできない。

第23条（欠席判決）〔省略〕

第24条（訴訟手続の間の特権及び免除） 1 いずれかの国に対し、訴訟手続のために特定の行為を行い、若しくは行うことを差し控え、又は書類を提出し、若しくは情報を開示することを求める他の国の裁判所の命令に当該国が従わず、又は当該命令に従うことを拒否することは、事件の本案に関してこのような対応から生ずることのある影響以外のいかなる影響も及ぼすものではない。特に、当該命令に従わず、又は当該命令に従うことを拒否することを理由として、当該国に対して罰金又は制裁を課してはならない。
2 いずれの国も、他の国の裁判所において被告となっている訴訟手続において、訴訟費用の支払を保証するためにいかなる担保、保証金又は供託金（いかなる名称が付されているかを問わない。）の提供も要求されることはない。

第6部　最終規定

第25条（附属書）〔省略〕
第26条（他の国際協定）〔省略〕
第27条（紛争の解決） 1 締約国は、この条約の解釈又は適用に関する紛争を交渉によって解決するよう努める。
2 この条約の解釈又は適用に関する締約国間の紛争で6箇月以内に交渉によって解決することができないものは、いずれかの紛争当事国の要請により、仲裁に付される。仲裁の要請の日の後6箇月で仲裁の組織について紛争当事国が合意に達しない場合には、いずれの紛争当事国も、国際司法裁判所規程に従って国際司法裁判所に紛争を付託することができる。
3 締約国は、この条約の署名、批准、受諾若しくは承認又はこの条約への加入の際に、2の規定に拘束されない旨を宣言することができる。他の締約国は、そのような宣言を行った締約国との関係において2の規定に拘束されない。
4 3の規定に基づいて宣言を行った締約国は、国際連合事務総長に対する通告により、いつでもその宣言を撤回することができる。

第28条（署名）〔省略〕
第29条（批准、受諾、承認又は加入）〔省略〕

第30条（効力発生） 1 この条約は、30番目の批准書、受諾書、承認書又は加入書が国際連合事務総長に寄託された日の後30日目の日に効力を生ずる。
2 30番目の批准書、受諾書、承認書又は加入書が寄託された日の後にこの条約を批准し、受諾し、若しくは承認し、又はこれに加入する国については、この条約は、その批准書、受諾書、承認書又は加入書が寄託された日の後30日目の日に効力を生ずる。

第31条（廃棄）〔省略〕
第32条（寄託者及び通告）〔省略〕
第33条（正文）〔省略〕

附属書　この条約の特定の規定に関する了解
　この附属書は、この条約の特定の規定に関する了解を定めることを目的とするものである。
（第10条の規定に関する了解）〔省略〕
（第11条の規定に関する了解） 第11条2(d)に規定する雇用者である国の「安全保障上の利益」とは、主として国家の安全保障並びに外交使節団及び領事機関の安全に関する事項を意図したものである。
　1961年の外交関係に関するウィーン条約第41条の規定及び1963年の領事関係に関するウィーン条約第55条の規定に基づき、これらの規定に規定するすべての者は、接受国の法令（労働法を含む。）を尊重する義務を負う。また、接受国は、1961年の外交関係に関するウィーン条約第38条の規定及び1963年の領事関係に関するウィーン条約第71条の規定に基づき、外交使節団又は領事機関の任務の遂行を不当に妨げないような方法で裁判権を行使する義務を負う。
（第13条及び第14条の規定に関する了解）〔省略〕
（第17条の規定に関する了解）「商取引」には、投資に関する事項を含める。
（第19条の規定に関する了解） 第19条(c)に規定する「機関」とは、独立した法人格としての国又は連邦制の国の構成単位、国の行政区画、国の機関若しくは下部機関その他の団体であって独立した法人格を有するものをいう。
　同条(c)に規定する「機関と関係を有する財産」とは、所有され、又は占有される財産よりも広範なものと了解する。
　同条の規定は、法人格の否認の問題、国営企業若しくは国によって設立された他の団体がその財務状況について故意に虚偽の表示を行う場合若しくは請求を満たすことを避けるため事後にその資産を減ずる場合に関する問題又は他の関連する問題を予断するものではない。

●パレスチナ分割に関する国連総会決議 181 〔抜粋〕

Resolution 181（Ⅱ）"Future Government of Palestine"

▼採択　1947 年 11 月 29 日（国連第 2 回総会決議 181（Ⅱ））

経済連合を伴った分割計画
第 1 部　パレスチナの将来の構成及び政府
A　委任統治の終了、分割及び独立

パレスチナの委任統治は、可能な限り速やかに、またいかなる場合にも 1948 年 8 月 1 日までに、終了するものとする。

委任統治国の軍隊は、パレスチナから段階的に撤退するものとし、撤退は可能な限り速やかに、またいかなる場合にも 1948 年 8 月 1 日までに、完了するものとする。〔中略〕

独立のアラブ国家及びユダヤ国家、さらに本計画の第 3 部に規定されるエルサレム市特別国際制度が、委任統治国の軍隊の撤退完了の 2 か月後に、またいかなる場合にも 1948 年 10 月 1 日までに、樹立されるものとする。アラブ国家、ユダヤ国家及びエルサレム市の境界は、以下の第 2 部及び第 3 部で規定される。

パレスチナ問題に関する総会による勧告の採択からアラブ国家及びユダヤ国家の独立までの間は、過渡期間とする。

B　独立の準備段階〔省略〕
C　宣言〔省略〕
　第 1 章　聖地、宗教的建物及び宗教的土地〔省略〕
　第 2 章　宗教的権利及び少数者の権利〔省略〕
　第 3 章　市民権、国際協定及び財政的義務〔省略〕
　第 4 章　雑則〔省略〕
D　経済連合及び通行〔省略〕
E　資産〔省略〕
F　国際連合への加盟

本計画で規定されたアラブ国家又はユダヤ国家の独立が発効し、本計画に規定された宣言及び了解がそのいずれかの国家により署名された場合には、国際連合憲章第 4 条の規定に従った当該国家の国際連合への加盟申請に対して好意的考慮が払われる。

第 2 部　境界
A　アラブ国家〔省略〕
B　ユダヤ国家〔省略〕
C　エルサレム市

エルサレム市の境界は、エルサレム市に関する勧告において規定される（第 3 部 B 参照）。

第 3 部　エルサレム市
A　特別制度

エルサレム市は、特別国際制度の下での政治組織として樹立され、国際連合により統治される。信託統治理事会は、国際連合に代わり統治機構としての責任を負うものとして指定される。

B　市の境界〔省略〕
C　市の規約〔省略〕
D　特別制度の存続期間

前記の諸原則に関する信託統治理事会が作成する規程は、1948 年 10 月 1 日までの間に効力を生じるものとする。同規程は、信託統治理事会が 10 年経過する前にその規定の再検討を行う必要を認めない限り、最初の 10 年間にわたり効力を有する。この期間の満了後は、その任務遂行の経験に照らして、計画全体が信託統治理事会によって再検討されるものとする。エルサレム市の住民は、同市の体制の可能な変更に関するその希望を住民投票を通じて自由に表明するものとする。

第 4 部　治外法権〔省略〕

●安全保障理事会決議 242（パレスチナ問題）

▼採択　1967 年 11 月 22 日（国連安全保障理事会第 1382 回会合）

安全保障理事会は、

中東における重大な事態に引き続き懸念を表明し、

戦争による領土取得の不承認及び当該地域においてすべての国家が安全のうちに存続し得るような公正かつ永続的な平和のために活動すべき必要を強調し、

さらに、すべての国際連合加盟国が国際連合憲章の受諾に際し憲章第 2 条 2 項に従って行動すべき義務を負っていることを強調し、

1　憲章の諸原則の履行のためには、以下の 2 つの原則の適用を含めて、中東における公正かつ永続的な平和の樹立を必要とすることを確認し、
　(a)　近時の紛争における占領地域からのイスラエル軍隊の撤退
　(b)　すべての交戦上の権利及び交戦状態の終了、当該地域におけるすべての国家の主権、領土保全及び政治的独立の尊重及び保全、並びに脅威又は武力行為を受けることなく、安全かつ承認された国境内で平和的にこれらの国家が生存する権利

2　さらに、以下の必要性を確認し、
　(a)　当該地域における国際水路の航行の自由を保証すること
　(b)　難民問題の公正な解決を達成すること
　(c)　非武装地帯の設置を含む措置をとることにより、当該地域におけるすべての国家の領土保全及び政治

的独立を保証すること
3 事務総長に対して、本決議の規定及び原則に従って、合意を促進し平和的かつ受諾可能な解決を達成する努力を援助するために、関係国との接触を開始しこれを維持する特別代表を指名して中東に派遣することを要請し、
4 事務総長に対して、特別代表の努力の進捗状況について可能な限り速やかに安全保障理事会に報告することを要請する。

●日本国憲法〔抜粋〕

▼公布 1946〔昭和21〕年11月3日　▼施行 1947年5月3日

第1章　天皇

第7条【天皇の国事行為】 天皇は、内閣の助言と承認により、国民のために、左の国事に関する行為を行ふ。
一　憲法改正、法律、政令及び条約を公布すること。
二　国会を召集すること。
三　衆議院を解散すること。
四　国会議員の総選挙の施行を公示すること。
五　国務大臣及び法律の定めるその他の官吏の任免並びに全権委任状及び大使及び公使の信任状を認証すること。
六　大赦、特赦、減刑、刑の執行の免除及び復権を認証すること。
七　栄典を授与すること。
八　批准書及び法律の定めるその他の外交文書を認証すること。
九　外国の大使及び公使を接受すること。
十　儀式を行ふこと。

第2章　戦争の放棄

第9条【戦争の放棄と戦力及び交戦権の否認】 日本国民は、正義と秩序を基調とする国際平和を誠実に希求し、国権の発動たる戦争と、武力による威嚇又は武力の行使は、国際紛争を解決する手段としては、永久にこれを放棄する。
② 前項の目的を達するため、陸海空軍その他の戦力は、これを保持しない。国の交戦権は、これを認めない。

第3章　国民の権利及び義務

第4章　国会

第5章　内閣

第73条【内閣の職務権限】 内閣は、他の一般行政事務の外、左の事務を行ふ。
一　法律を誠実に執行し、国務を総理すること。
二　外交関係を処理すること。
三　条約を締結すること。但し、事前に、時宜によつては事後に、国会の承認を経ることを必要とする。
四　法律の定める基準に従ひ、官吏に関する事務を掌理すること。
五　予算を作成して国会に提出すること。
六　この憲法及び法律の規定を実施するために、政令を制定すること。但し、政令には、特にその法律の委任がある場合を除いては、罰則を設けることができない。
七　大赦、特赦、減刑、刑の執行の免除及び復権を決定すること。

第6章　司法

第7章　財政

第8章　地方自治

第9章　改正

第10章　最高法規

第98条【憲法の最高性と条約及び国際法規の遵守】 この憲法は、国の最高法規であつて、その条規に反する法律、命令、詔勅及び国務に関するその他の行為の全部又は一部は、その効力を有しない。
② 日本国が締結した条約及び確立された国際法規は、これを誠実に遵守することを必要とする。

第11章　補則

3 人　権

普遍的保障

●世界人権宣言
Universal Declaration of Human Rights

▼採択　1948年12月10日（国連第3回総会決議217（Ⅲ））

前文
　人類共同体のすべての構成員の固有の尊厳と、平等で譲ることのできない権利とを承認することは、世界における自由、正義および平和の基礎であるので、
　人権の無視および軽侮が人類の良心を激高させる野蛮行為をもたらしたため、人類が、言論および信仰の自由を享受し、恐怖および欠乏からの自由を享受する世界を到来させることが一般の人々の最高の願望であると宣言されたので、
　人間が専制と圧迫とに対する最後の手段として反逆に訴えることがないようにするためには、法の支配によって人権を保護することが肝要なので、
　諸国間の友好関係の発展を促進することが肝要なので、
　国際連合の諸国民が、国際連合憲章において、基本的人権、人間の尊厳および価値、ならびに男女の同権についての信念を再確認し、かつ、より大きな自由の中で社会的進歩と生活水準の向上とを促進しようと決意したので、
　加盟国が、国際連合と協力して、人権および基本的自由の普遍的な尊重および遵守の促進を達成することを誓約したので、
　この誓約を完全にするためには、これらの権利および自由に対して共通の理解をもつことが最も重要なので、
　よって、ここに総会は、
　社会におけるどの個人もどの機関も、この世界人権宣言を常に念頭に置きながら、加盟国自身の人民の間およびその管轄下にある地域の人民の間における、これらの権利と自由との尊重を教授および教育によって促進すること、ならびに国内的および国際的な漸進的措置によってそれらの権利と自由の普遍的かつ効果的な承認と遵守とを確保することをめざして努力するよう、すべての人民とすべての国とが達成すべき共通の基準として、この世界人権宣言を公布する。

第1条【人間の尊厳と平等】 すべての人間は、生れながらにして自由であり、かつ、尊厳と権利とにおいて平等である。人間は、理性と良心とを授けられており、互いに同胞の精神をもって行動しなければならない。

第2条【差別の禁止】 1　すべて人は、人種、皮膚の色、性、言語、宗教、政治的その他の意見、国民的もしくは社会的出身、財産、門地その他の地位、その他いかなる事由による差別をも受けることなく、この宣言に掲げるすべての権利と自由とを享有することができる。

2　さらに、個人の属する国または地域が独立国であれ信託統治地域であれ非自治地域であれ、または他のいかなる主権制限の下にある場合であれ、その国または地域の政治的、管轄権的、国際的な地位に基づくいかなる差別もしてはならない。

第3条【生命、自由、身体の安全】 すべて人は、生命、自由および身体の安全に対する権利を有する。

第4条【奴隷・苦役の禁止】 何人も奴隷にされ、または苦役に服することはない。奴隷制度および奴隷売買はいかなる形においても禁止する。

第5条【拷問および非人道的待遇の禁止】 何人も、拷問や、残虐ないし非人道的ないし屈辱的な取扱いもしくは刑罰を受けることはない。

第6条【人間として認められる権利】 すべて人は、いかなる場所においても、法の下に人として認められる権利を有する。

第7条【法の前の平等】 すべての人は法の下に平等であり、また、いかなる差別もなしに法の平等な保護を受ける権利を有する。すべての人は、この宣言に違反するいかなる差別に対しても、また、そのような差別をそそのかすいかなる行為に対しても、平等な保護を受ける権利を有する。

第8条【救済を受ける権利】 すべて人は、憲法または法律によって与えられた基本的権利を侵害する行為に対し、権限を有する国内裁判所による効果的な救済を受ける権利を有する。

第9条【逮捕・拘禁・追放に対する保障】 何人も、ほしいままに逮捕、拘禁、または追放されることはない。

第10条【公平な裁判を受ける権利】 すべて人は、自己の権利義務ならびに自己に対する刑事責任が決定されるに当って、独立の公平な裁判所による公正かつ公開の審理を受ける、完全に平等な権利を有する。

第11条【刑事訴追における保護】 1　犯罪の訴追を受けた者はすべて、自己の弁護に必要なすべての保障を与えられた公開の裁判において、法律に従って有罪の立証がなされるまでは、無罪と推定される権利を有する。

2　何人も、実行の時に国内法または国際法により犯罪を構成しなかった作為または不作為のために有罪とされることはない。また、犯罪が行われた時に適用される刑罰より重い刑罰を課せられない。

第12条【私生活および名誉の保護】 何人も、自己のプライバシー、家族、家庭もしくは通信に対してほしいままに干渉されてはならず、名誉および信用に対して

攻撃を受けてはならない。人はすべて、このような干渉または攻撃に対して法の保護を受ける権利を有する。

第13条【移転・居住の自由】 1　すべて人は、各国の境界内において自由に移転および居住する権利を有する。

2　すべて人は、自国を含むいずれの国からも立ち去る権利および、自国に帰る権利を有する。

第14条【迫害からの庇護】 1　すべて人は、迫害を免れて他国に庇護を求め、享受する権利を有する。

2　純粋に非政治的な犯罪の場合、または国際連合の目的および原則に反する行為を原因とする訴追の場合には、この権利を援用することはできない。

第15条【国籍に対する権利】 1　すべて人は、国籍をもつ権利を有する。

2　何人も、ほしいままに国籍を奪われたり、国籍を変更する権利を否認されたりしてはならない。

第16条【婚姻と家庭に関する権利】 1　成年に達した男女は、人種、国籍または宗教によるいかなる制限も受けることなく、婚姻し、かつ家庭をつくる権利を有する。婚姻に関する権利は、婚姻中もその解消に際しても男女平等である。

2　婚姻は両当事者の自由かつ完全な合意によってのみ成立する。

3　家庭は社会の自然かつ基礎的な集団単位であって、社会および国の保護を受ける権利を有する。

第17条【財産権の保障】 1　すべて人は、単独でまたは他の者と共同して財産を所有する権利を有する。

2　何人もほしいままに自己の財産を奪われてはならない。

第18条【思想、良心、宗教の自由】 すべて人は、思想、良心および宗教の自由に対する権利を有する。この権利は、宗教または信念を変更する自由ならびに、単独でまたは他の者と連帯して、公的または私的に、布教、修行、礼拝および儀式によって宗教または信念を表明する自由を含む。

第19条【表現の自由】 すべて人は意見を持ち表現する自由への権利を有する。この権利は、干渉を受けることなく自己の意見を持つ自由ならびに、媒体の如何を問わずかつ国境に妨げられることなく、情報および思想を求め、受け、伝える自由を含む。

第20条【集会と結社の自由】 1　すべて人は平和的集会および結社の自由に対する権利を有する。

2　何人も結社に属することを強制されない。

第21条【政治的権利】 1　すべて人は、直接にまたは自由に選出された代表者を通じて、自国の統治に参与する権利を有する。

2　すべて人は自国において公務就任を求める平等な権利を有する。

3　人民の意思こそが、統治権力の基礎とならなければならない。この意思は定期のかつ真正な選挙によって表明されなければならない。この選挙は男女平等の普通選挙によるものでなければならず、秘密投票またはこれと同程度に自由な投票手続によって行われなければ

ばならない。

第22条【社会的、経済的、文化的権利】 すべて人は、社会の一員として社会保障を受ける権利を有し、かつ、国家努力および国際的協力により、また各国の組織および資源に応じて、自己の尊厳と自己の人格の自由な発展とに欠くことのできない経済的、社会的および文化的権利の実現を求める権利を有する。

第23条【労働の権利・平等待遇】 1　すべて人は、勤労し、職業を自由に選択し、公正かつ有利な勤労条件を求め、失業からの保護を受ける権利を有する。

2　すべて人は、いかなる差別も受けることなく、同等の勤労に対しては同等の報酬を受ける権利を有する。

3　すべて勤労する者は、自己および家族に対して人間の尊厳にふさわしい生活を保障する公正かつ有利な報酬を受け、かつ、必要な場合には、他の社会的保護手段による補充を受けることができる。

4　すべて人は、自己の利益を保護するために労働組合を組織し参加する権利を有する。

第24条【労働時間の制限・休息の権利】 すべて人は、労働時間の合理的な制限および定期的な有給休暇を含め、休息および余暇に対する権利を有する。

第25条【生活の保障・母子の保護】 1　すべて人は、衣食住、医療および必要な社会的施設等により、自己と家族の健康および福祉に十分な生活水準を保持する権利を有し、かつ失業、疾病、心身障害、配偶者の死亡、老齢その他不可抗力による生活不能の場合は、保障を受ける権利を有する。

2　母と子は特別の保護および援助を受ける権利を有する。すべての児童は、嫡出であると否とを問わず、同じ社会的保護を享受すべきものとする。

第26条【教育への権利】 1　すべて人は教育を受ける権利を有する。教育は、少なくとも初等かつ基礎的段階においては、無償でなければならない。初等教育は義務的でなければならない。技術教育および職業教育は一般に利用できるものでなければならず、また高等教育は、能力に応じ、すべての者に等しく開放されていなければならない。

2　教育は、人格の完全な発展および、人権および基本的自由の尊重を強化することを目的としなければならない。また、すべての国相互間または人種的・宗教的集団相互間の理解、寛容および友好関係を増進し、かつ、平和の維持に関する国際連合の活動を促進するものでなければならない。

3　親は、子に与える教育の種類を選択する優先的権利を有する。

第27条【文化生活に関する権利】 1　すべて人は、共同体の文化生活に自由に参加し、芸術を鑑賞し、科学の進歩とその恩恵とにあずかる権利を有する。

2　すべて人は、その創作した科学的、文学的または美術的作品から生ずる精神的および物質的利益を保護される権利を有する。

第28条【人権が実現される秩序への権利】 すべて人は、この宣言に掲げる権利および自由が完全に実現される社会的および国際的秩序に対する権利を有する。

第29条【人権制限の限界】1　すべて人は、その人格の自由かつ完全な発展を可能にする共同体がただ一つである場合、その共同体に対して義務を負う。
2　自己の権利および自由を行使するに当たり、人が服すべき唯一の制限は、もっぱら他人の権利および自由の正当な承認および尊重を保障し、民主的社会における道徳、公の秩序および一般の福祉の正当な要求を満たすことを目的として、法律によって定められた制限のみとする。

3　これらの権利および自由は、いかなる場合にも、国際連合の目的および原則に反して行使してはならない。

第30条【人権破壊活動の禁止】この宣言のいかなる規定も、いずれかの国、集団または個人に対して、この宣言に掲げる権利および自由の破壊を目的とする活動に従事し、またはそのような目的を有する行為を行う権利を承認するものと解釈してはならない。

●経済的、社会的及び文化的権利に関する国際規約《社会権規約》

International Covenant on Economic, Social and Cultural Rights

▼採択　1966年12月16日（国連第21回総会）　▼効力発生　1976年1月3日　▼日本国　1978年5月30日署名、79年6月6日国会承認、6月21日批准書寄託、8月4日公布〔昭和54年条約第6号〕、9月21日発効

この規約の締約国は、
　国際連合憲章において宣明された原則によれば、人類社会のすべての構成員の固有の尊厳及び平等のかつ奪い得ない権利を認めることが世界における自由、正義及び平和の基礎をなすものであることを考慮し、
　これらの権利が人間の固有の尊厳に由来することを認め、
　世界人権宣言によれば、自由な人間は恐怖及び欠乏からの自由を享受するものであるとの理想は、すべての者がその市民的及び政治的権利とともに経済的、社会的及び文化的権利を享有することのできる条件が作り出される場合に初めて達成されることになることを認め、
　人権及び自由の普遍的な尊重及び遵守を助長すべき義務を国際連合憲章に基づき諸国が負っていることを考慮し、
　個人が、他人に対し及びその属する社会に対して義務を負うこと並びにこの規約において認められる権利の増進及び擁護のために努力する責任を有することを認識して、
　次のとおり協定する。

第1部

第1条【人民の自決の権利】1　すべての人民は、自決の権利を有する。この権利に基づき、すべての人民は、その政治的地位を自由に決定し並びにその経済的、社会的及び文化的発展を自由に追求する。
2　すべての人民は、互恵の原則に基づく国際的経済協力から生ずる義務及び国際法上の義務に違反しない限り、自己のためにその天然の富及び資源を自由に処分することができる。人民は、いかなる場合にも、その生存のための手段を奪われることはない。
3　この規約の締約国（非自治地域及び信託統治地域の施政の責任を有する国を含む。）は、国際連合憲章の規定に従い、自決の権利が実現されることを促進し及び自決の権利を尊重する。

第2部

第2条【人権実現の義務】1　この規約の各締約国は、立法措置その他のすべての適当な方法によりこの規約において認められる権利の完全な実現を漸進的に達成するため、自国における利用可能な手段を最大限に用いることにより、個々に又は国際的な援助及び協力、特に、経済上及び技術上の援助及び協力を通じて、行動をとることを約束する。
2　この規約の締約国は、この規約に規定する権利が人種、皮膚の色、性、言語、宗教、政治的意見その他の意見、国民的若しくは社会的出身、財産、出生又は他の地位によるいかなる差別もなしに行使されることを保障することを約束する。
3　開発途上にある国は、人権及び自国の経済の双方に十分な考慮を払い、この規約において認められる経済的権利をどの程度まで外国人に保障するかを決定することができる。

第3条【男女の同等の権利】この規約の締約国は、この規約に定めるすべての経済的、社会的及び文化的権利の享有について男女に同等の権利を確保することを約束する。

第4条【一般的福祉による制限】この規約の締約国は、この規約に合致するものとして国により確保される権利の享受に関し、その権利の性質と両立しており、かつ、民主的社会における一般的福祉を増進することを目的としている場合に限り、法律で定める制限のみをその権利に課することができることを認める。

第5条【人権破壊の禁止及び既存の権利の確保】1　この規約のいかなる規定も、国、集団又は個人が、この規約において認められる権利若しくは自由を破壊し若しくはこの規約に定める制限の範囲を超えて制限することを目的とする活動に従事し又はそのようなことを目的とする行為を行う権利を有することを意味するものと解することはできない。
2　いずれかの国において法律、条約、規則又は慣習によつて認められ又は存する基本的人権については、この規約がそれらの権利を認めていないこと又はその認める範囲がより狭いことを理由として、それらの権利

を制限し又は侵すことは許されない。

第3部

第6条【労働の権利】 1 この規約の締約国は、労働の権利を認めるものとし、この権利を保障するため適当な措置をとる。この権利には、すべての者が自由に選択し又は承諾する労働によつて生計を立てる機会を得る権利を含む。

2 この規約の締約国が1の権利の完全な実現を達成するためとる措置には、個人に対して基本的な政治的及び経済的自由を保障する条件の下で着実な経済的、社会的及び文化的発展を実現し並びに完全かつ生産的な雇用を達成するための技術及び職業の指導及び訓練に関する計画、政策及び方法を含む。

第7条【労働条件についての権利】 この規約の締約国は、すべての者が公正かつ良好な労働条件を享受する権利を有することを認める。この労働条件は、特に次のものを確保する労働条件とする。
  (a) すべての労働者に最小限度次のものを与える報酬
   (i) 公正な賃金及びいかなる差別もない同一価値の労働についての同一報酬。特に、女子については、同一の労働についての同一報酬とともに男子が享受する労働条件に劣らない労働条件が保障されること。
   (ii) 労働者及びその家族のこの規約に適合する相応な生活
  (b) 安全かつ健康的な作業条件
  (c) 先任及び能力以外のいかなる事由も考慮されることなく、すべての者がその雇用関係においてより高い適当な地位に昇進する均等な機会
  (d) 休息、余暇、労働時間の合理的な制限及び定期的な有給休暇並びに公の休日についての報酬

第8条【団結権及び同盟罷業権】 1 この規約の締約国は、次の権利を確保することを約束する。
  (a) すべての者がその経済的及び社会的利益を増進し及び保護するため、労働組合を結成し及び当該労働組合の規則にのみ従うことを条件として自ら選択する労働組合に加入する権利。この権利の行使については、法律で定める制限であつて国の安全若しくは公の秩序のため又は他の者の権利及び自由の保護のため民主的社会において必要なもの以外のいかなる制限も課することができない。
  (b) 労働組合が国内の連合又は総連合を設立する権利及びこれらの連合又は総連合が国際的な労働組合団体を結成し又はこれに加入する権利
  (c) 労働組合が、法律で定める制限であつて国の安全若しくは公の秩序のため又は他の者の権利及び自由の保護のため民主的社会において必要なもの以外のいかなる制限も受けることなく、自由に活動する権利
  (d) 同盟罷業をする権利。ただし、この権利は、各国の法律に従つて行使されることを条件とする。

2 この条の規定は、軍隊若しくは警察の構成員又は公務員による1の権利の行使について合法的な制限を課することを妨げるものではない。

3 この条のいかなる規定も、結社の自由及び団結権の保護に関する1948年の国際労働機関の条約の締約国が、同条約に規定する保障を阻害するような立法措置を講ずること又は同条約に規定する保障を阻害するような方法により法律を適用することを許すものではない。

第9条【社会保障についての権利】 この規約の締約国は、社会保険その他の社会保障についてのすべての者の権利を認める。

第10条【家族・母親・児童の保護】 この規約の締約国は、次のことを認める。

1 できる限り広範な保護及び援助が、社会の自然かつ基礎的な単位である家族に対し、特に、家族の形成のために並びに扶養児童の養育及び教育について責任を有する間に、与えられるべきである。婚姻は、両当事者の自由な合意に基づいて成立するものでなければならない。

2 産前産後の合理的な期間においては、特別な保護が母親に与えられるべきである。働いている母親には、その期間において、有給休暇又は相当な社会保障給付を伴う休暇が与えられるべきである。

3 保護及び援助のための特別な措置が、出生その他の事情を理由とするいかなる差別もなく、すべての児童及び年少者のためにとられるべきである。児童及び年少者は、経済的及び社会的な搾取から保護されるべきである。児童及び年少者を、その精神若しくは健康に有害であり、その生命に危険があり又はその正常な発育を妨げるおそれのある労働に使用することは、法律で処罰すべきである。また、国は、年齢による制限を定め、その年齢に達しない児童を賃金を支払つて使用することを法律で禁止しかつ処罰すべきである。

第11条【生活水準についての権利】 1 この規約の締約国は、自己及びその家族のための相当な食糧、衣類及び住居を内容とする相当な生活水準についての並びに生活条件の不断の改善についてのすべての者の権利を認める。締約国は、この権利の実現を確保するために適当な措置をとり、このためには、自由な合意に基づく国際協力が極めて重要であることを認める。

2 この規約の締約国は、すべての者が飢餓から免れる基本的な権利を有することを認め、個々に及び国際協力を通じて、次の目的のため、具体的な計画その他の必要な措置をとる。
  (a) 技術的及び科学的知識を十分に利用することにより、栄養に関する原則についての知識を普及させることにより並びに天然資源の最も効果的な開発及び利用を達成するように農地制度を発展させ又は改革することにより、食糧の生産、保存及び分配の方法を改善すること。
  (b) 食糧の輸入国及び輸出国の双方の問題に考慮を払い、需要との関連において世界の食糧の供給の衡平な分配を確保すること。

第12条【健康を享受する権利】 1 この規約の締約国は、すべての者が到達可能な最高水準の身体及び精神

の健康を享受する権利を有することを認める。
2 この規約の締約国が1の権利の完全な実現を達成するためにとる措置には、次のことに必要な措置を含む。
  (a) 死産率及び幼児の死亡率を低下させるための並びに児童の健全な発育のための対策
  (b) 環境衛生及び産業衛生のあらゆる状態の改善
  (c) 伝染病、風土病、職業病その他の疾病の予防、治療及び抑圧
  (d) 病気の場合にすべての者に医療及び看護を確保するような条件の創出

第13条【教育についての権利】 1 この規約の締約国は、教育についてのすべての者の権利を認める。締約国は、教育が人格の完成及び人格の尊厳についての意識の十分な発達を指向し並びに人権及び基本的自由の尊重を強化すべきことに同意する。更に、締約国は、教育が、すべての者に対し、自由な社会に効果的に参加すること、諸国民の間及び人種的、種族的又は宗教的集団の間の理解、寛容及び友好を促進すること並びに平和の維持のための国際連合の活動を助長することを可能にすべきことに同意する。
2 この規約の締約国は、1の権利の完全な実現を達成するため、次のことを認める。
  (a) 初等教育は、義務的なものとし、すべての者に対して無償のものとすること。
  (b) 種々の形態の中等教育（技術的及び職業的中等教育を含む。）は、すべての適当な方法により、特に、無償教育の漸進的な導入により、一般的に利用可能であり、かつ、すべての者に対して機会が与えられるものとすること。
  (c) 高等教育は、すべての適当な方法により、特に、無償教育の漸進的な導入により、能力に応じ、すべての者に対して均等に機会が与えられるものとすること。
  (d) 基礎教育は、初等教育を受けなかつた者又はその全課程を修了しなかつた者のため、できる限り奨励され又は強化されること。
  (e) すべての段階にわたる学校制度の発展を積極的に追求し、適当な奨学金制度を設立し及び教育職員の物質的条件を不断に改善すること。
3 この規約の締約国は、父母及び場合により法定保護者が、公の機関によつて設置される学校以外の学校であつて国によつて定められ又は承認される最低限度の教育上の基準に適合するものを児童のために選択する自由並びに自己の信念に従つて児童の宗教的及び道徳的教育を確保する自由を有することを尊重することを約束する。
4 この条のいかなる規定も、個人及び団体が教育機関を設置し及び管理する自由を妨げるものと解してはならない。ただし、常に、1に定める原則が遵守されること及び当該教育機関において行われる教育が国によつて定められる最低限度の基準に適合することを条件とする。

第14条【無償の義務教育確保のための計画】 この規約の締約国となる時にその本土地域又はその管轄の下にある他の地域において無償の初等義務教育を確保するに至つていない各締約国は、すべての者に対する無償の義務教育の原則をその計画中に定める合理的な期間内に漸進的に実施するための詳細な行動計画を二年以内に作成しかつ採用することを約束する。

第15条【科学及び文化についての権利】 1 この規約の締約国は、すべての者の次の権利を認める。
  (a) 文化的な生活に参加する権利
  (b) 科学の進歩及びその利用による利益を享受する権利
  (c) 自己の科学的、文学的又は芸術的作品により生ずる精神的及び物質的利益が保護されることを享受する権利
2 この規約の締約国が1の権利の完全な実現を達成するためにとる措置には、科学及び文化の保存、発展及び普及に必要な措置を含む。
3 この規約の締約国は、科学研究及び創作活動に不可欠な自由を尊重することを約束する。
4 この規約の締約国は、科学及び文化の分野における国際的な連絡及び協力を奨励し及び発展させることによつて得られる利益を認める。

第4部

第16条【締約国の報告義務】 1 この規約の締約国は、この規約において認められる権利の実現のためにとつた措置及びこれらの権利の実現についてもたらされた進歩に関する報告をこの部の規定に従つて提出することを約束する。
2(a) すべての報告は、国際連合事務総長に提出するものとし、同事務総長は、この規約による経済社会理事会の審議のため、その写しを同理事会に送付する。
  (b) 国際連合事務総長は、また、いずれかの専門機関の加盟国であるこの規約の締約国によつて提出される報告又はその一部が当該専門機関の基本文書によりその任務の範囲内にある事項に関連を有するものである場合には、それらの報告又は関係部分の写しを当該専門機関に送付する。

第17条【締約国の報告の時期と内容】 1 この規約の締約国は、経済社会理事会が締約国及び関係専門機関との協議の後のこの規約の効力発生の後1年以内に作成する計画に従い、報告を段階的に提出する。
2 報告には、この規約に基づく義務の履行程度に影響を及ぼす要因及び障害を記載することができる。
3 関連情報がこの規約の締約国により国際連合又はいずれかの専門機関に既に提供されている場合には、その情報については、再び提供の必要はなく、提供に係る情報について明確に言及することで足りる。

第18条【専門機関による報告のための取極】 経済社会理事会は、人権及び基本的自由の分野における国際連合憲章に規定する責任に基づき、いずれかの専門機関の任務の範囲内にある事項に関するこの規約の規定の遵守についてもたらされた進歩に関し当該専門機関が同理事会に報告することにつき、当該専門機関と取極を行うことができる。報告には、当該専門機関の権限

のある機関がこの規約の当該規定の実施に関して採択した決定及び勧告についての詳細を含ませることができる。

第19条【人権委員会による検討と一般的勧告】 経済社会理事会は、第16条及び第17条の規定により締約国が提出する人権に関する報告並びに前条の規定により専門機関が提出する人権に関する報告を、検討及び一般的な性格を有する勧告のため又は適当な場合には情報用として、人権委員会に送付することができる。

第20条【締約国及び専門機関による意見の提出】 この規約の締約国及び関係専門機関は、前条にいう一般的な性格を有する勧告に関する意見又は人権委員会の報告において若しくはその報告で引用されている文書において言及されている一般的な性格を有する勧告に関する意見を、経済社会理事会に提出することができる。

第21条【経済社会理事会から総会への報告】 経済社会理事会は、一般的な性格を有する勧告を付した報告、並びにこの規約の締約国及び専門機関から得た情報であつてこの規約において認められる権利の実現のためにとられた措置及びこれらの権利の実現についてもたらされた進歩に関する情報の概要を、総会に随時提出することができる。

第22条【技術援助に関する注意の喚起】 経済社会理事会は、技術援助の供与に関係を有する国際連合の他の機関及びこれらの補助機関並びに専門機関に対し、この部に規定する報告により提起された問題であつて、これらの機関がそれぞれの権限の範囲内でこの規約の効果的かつ漸進的な実施に寄与すると認められる国際的措置をとることの適否の決定に当たつて参考となるものにつき、注意を喚起することができる。

第23条【権利実現のための国際的措置の形態】 この規約の締約国は、この規約において認められる権利の実現のための国際的措置には条約の締結、勧告の採択、技術援助の供与並びに関係国の政府との連携により組織される協議及び検討のための地域会議及び専門家会議の開催のような措置が含まれることに同意する。

第24条【規約と国連憲章等との関係】 この規約のいかなる規定も、この規約に規定されている事項につき、国際連合の諸機関及び専門機関の任務をそれぞれ定めている国際連合憲章及び専門機関の基本文書の規定の適用を妨げるものと解してはならない。

第25条【天然の富及び資源を享有する権利】 この規約のいかなる規定も、すべての人民がその天然の富及び資源を十分かつ自由に享受し及び利用する固有の権利を害するものと解してはならない。

第5部

第26条【署名・批准・加入・寄託】 1 この規約は、国際連合又はいずれかの専門機関の加盟国、国際司法裁判所規程の当事国及びこの規約の締約国となるよう国際連合総会が招請する他の国による署名のために開放しておく。

2 この規約は、批准されなければならない。批准書は、国際連合事務総長に寄託する。

3 この規約は、1に規定する国による加入のために開放しておく。

4 加入は、加入書を国際連合事務総長に寄託することによつて行う。

5 国際連合事務総長は、この規約に署名し又は加入したすべての国に対し、各批准書又は各加入書の寄託を通報する。

第27条【効力発生】 1 この規約は、35番目の批准書又は加入書が国際連合事務総長に寄託された日の後3箇月で効力を生ずる。

2 この規約は、35番目の批准書又は加入書が寄託された後に批准し又は加入する国については、その批准書又は加入書が寄託された日の後3箇月で効力を生ずる。

第28条【連邦国家に対する適用】 この規約は、いかなる制限又は例外もなしに、連邦国家のすべての地域について適用する。

第29条【改正の手続】 1 この規約のいずれの締約国も、改正を提案し及び改正案を国際連合事務総長に提出することができる。同事務総長は、直ちに、この規約の締約国に対し、改正案を送付するものとし、締約国による改正案の審議及び投票のための締約国会議の開催についての賛否を同事務総長に通告するよう要請する。締約国の3分の1以上が会議の開催に賛成する場合には、同事務総長は、国際連合の主催の下に会議を招集する。会議において出席しかつ投票する締約国の過半数によつて採択された改正案は、承認のため、国際連合総会に提出する。

2 改正は、国際連合総会が承認し、かつ、この規約の締約国の3分の2以上の多数がそれぞれの国の憲法上の手続に従つて受諾したときに、効力を生ずる。

3 改正は、効力を生じたときは、改正を受諾した締約国を拘束するものとし、他の締約国は、改正前のこの規約の規定(受諾した従前の改正を含む。)により引き続き拘束される。

第30条【事務総長による通報事項】 第26条5の規定により行われる通報にかかわらず、国際連合事務総長は、同条1に規定するすべての国に対し、次の事項を通報する。

(a) 第26条の規定による署名、批准及び加入

(b) 第27条の規定に基づきこの規約が効力を生ずる日及び前条の規定により改正が効力を生ずる日

第31条【正文】 1 この規約は、中国語、英語、フランス語、ロシア語及びスペイン語をひとしく正文とし、国際連合に寄託される。

2 国際連合事務総長は、この規約の認証謄本を第26条に規定するすべての国に送付する。

〔末文及び署名省略〕

●経済的、社会的及び文化的権利に関する国際規約の選択議定書
《社会権規約の選択議定書》〔抄〕

Optional Protocol to the International Covenant on Economic, Social and Cultural Rights

▼採択　2008年12月10日（国連第63回総会決議63／117附属書）　▼署名　▼効力発生　▼日本国

前文
この議定書の締約国は、
〔中略〕
経済的、社会的及び文化的権利に関する国際規約（以下、規約という。）の各締約国が、立法措置その他すべての適当な方法により、規約で認められた諸権利の完全な実現を漸進的に達成するため、自国における利用可能な手段を最大限に用い、個別にまたは国際的な援助および協力、特に経済上及び技術上の援助および協力を通じて行動をとる旨を約束していることを想起し、
さらに、規約の目的を達成し、その規定をよく実施するためには、経済的、社会的および文化的権利に関する委員会（以下、委員会という。）が、この議定書に定められた職務を遂行できるようにすることが適当であると考え、
次のとおり協定した。

第１条（通報を受理し検討する委員会の権限） １　規約の締約国であって、この議定書の締約国となるものは、この議定書の規定が定める通報を委員会が受理し検討する権限を認める。
２　委員会は、規約の締約国だがこの議定書の締約国ではない国にかかわる通報を受理してはならない。

第２条（通報） 通報は、締約国の管轄下にある個人または個人の集団であって、規約に定める経済的、社会的および文化的権利の右の締約国による侵害の犠牲者であると主張する者により、またはその者のために提出することができる。通報が個人または個人の集団のために提出されるものである場合には、通報はこれらの者の同意を得たものでなければならない。ただし、通報者がこのような同意なしに行動することを正当化しうる場合には、この限りではない。

第３条（受理可能性） １　委員会は、利用しうるすべての国内的な救済措置が尽くされたことを確認しない限り、通報を検討しない。このような救済措置の実施が不当に遅延する場合には、この規則は適用されない。
２　委員会は、次の場合には通報は受理できないと宣言する。
(a) 通報が、国内的救済措置が尽くされたのち１年以内に提出されたものでない場合。ただし、通報者がこの期限内に通報を提出することが不可能であったことを証明しうる場合には、この限りではない。
(b) 通報の主題である事実が、当該の締約国にとってこの議定書が効力を発生する以前に生じたものである場合。ただし、これらの事実がこの日付以後も継続している場合には、この限りではない。
(c) 同一の事案が委員会によってすでに審査されたか、他の国際的な調査または解決の手続の下で審査されたか若しくは検討されている場合
(d) 通報が、規約の規定と両立しないものである場合。
(e) 通報が、明確に根拠不十分であるか、十分に疎明されていないか、もっぱらマスメディアの報道に基づくものである場合。
(f) 通報が、通報を行う権利の濫用である場合、または、
(g) 通報が匿名であるか、書面によるものでない場合

第４条（明確な不利益を示さない通報）〔省略〕
第５条（暫定措置）〔省略〕
第６条（通報の送付）〔省略〕
第７条（友好的解決） １　委員会は、規約に定める義務の尊重を基礎として事案を友好的に解決するため、当事者に対して斡旋を行う。
２　友好的解決への合意が得られれば、この議定書に基づく通報の検討は終了する。

第８条（通報の審査） １　委員会は、この議定書の第２条に基づいて受領した通報を、委員会に提出されたすべての文書に照らして審査する。ただし、この文書が当事者に送付されることを条件とする。
２　委員会は、この議定書に基づいて通報を審査する際、会合を非公開とする。
３　この議定書に基づいて通報を審査する際、委員会は、必要に応じ国際連合の機関、専門機関、基金、計画、機構、その他の国際機関が発行する関連文書（地域的人権システムのものを含む。）ならびに関係締約国の所見または意見を参照することができる。
４　この議定書に基づいて通報を審査する際、委員会は、締約国が規約の第２部に従ってとった措置の合理性を検討する。委員会はその際、締約国が規約に定める権利の実施のために取りうる政策措置には一定の幅があることに留意する。

第９条（委員会の見解のフォローアップ）〔省略〕
第10条（国家間の通報） １　この議定書の締約国は、規約に基づく義務が他の締約国によって履行されていないと主張するいずれかの締約国からの通報を、委員会が受理し検討する権限を有することを認める旨、この条の規定に基づいていつでも宣言することができる。この条に基づく通報は、委員会の当該権限を自国について認める宣言を行った締約国による通報である場合に限り、受理しかつ検討することができる。委員会は、宣言を行っていない締約国に関して、いかなる通報も受理してはならない。この条の規定により受理される通報は、次の手続に従って取り扱う。
(a) この議定書の締約国は、他の締約国が規約に基づく義務を履行していないとみなす場合、書面による通知により、その事態につき当該他国の注意を喚起することができる。締約国はまた、委員会に対して事態を通知することができる。通知を受領する国は、

通知を送付した国に対し、通知受領ののち3か月以内に、当該事態に関した説明ないしその他の書面を供与する。これらの説明ないし書面には、当該事態について既にとられた、または現在とられつつあるか将来とりうる国内的な手続および救済措置を、可能かつ適当な範囲で含むべきものとする。

(b) 最初の通知の受領ののち、6か月以内に当該事案が関係締約国双方の満足するように解決されない場合には、両締約国のいずれの側も、委員会および他方の締約国に通告することにより当該事案を委員会に付託する権利を有する。

(c) 委員会は、付託された事案について利用しうるすべての国内的な救済措置がとられ、尽くされたことを確認した後にのみ、付託された事案を取り扱うことができる。ただし、救済措置の適用が不当に遅延している場合はこの限りではない。

(d) (c)の規定に従うことを条件として、委員会は、規約に定める義務の尊重を基礎として事案を友好的に解決するため、関係締約国に対して斡旋を行う。

(e) 委員会は、この議定書に基づいて通報を審査する際、会合を非公開とする。

(f) 委員会は、(b)の規定に従って付託されたいずれの事案についても、(b)にいう関係締約国に対し、あらゆる関連情報を提供するよう要請することができる。

(g) (b)にいう関係締約国は、委員会において事案が検討されている間、そこに代表を出席させる権利および、口頭または書面により意見を提出する権利を有する。

(h) 〔省略〕

2 〔省略〕

第11条（調査手続）1 この議定書の締約国は、この条に規定する委員会の権限を認めることを、いつでも宣言することができる。

2 規約に定める経済的・社会的・文化的権利の重大または体系的な侵害を、ある締約国が行っていると指摘する信頼できる情報を受領した場合、委員会は当該締約国に対し、その情報の審査に協力し、その目的で当該情報についての所見を提示するよう要請する。

3 委員会は、当該締約国から提示された所見および、入手可能な信頼できるその他の情報を考慮して、1人または2人以上の委員を指名して調査を行わせ、委員会に緊急に報告させることができる。妥当と認められ、またその締約国の同意がある場合には、調査にはその締約国の領域への訪問を含めることができる。

4 この調査は非公開で行い、手続のすべての段階においてその締約国の協力を求めるものとする。

5 委員会はこの調査の結果を審査し、見解および勧告がある場合にはそれを添えて、当該関係締約国に対して結果報告を送付する。

6 当該関係締約国は、委員会が付託した調査結果、見解および勧告を受領してから6か月以内に、その所見を委員会に対して提出する。

7 この条の第2項に従って行われる調査に関する手続が完了したのち、委員会は、当該関係締約国との協議の上、手続の結果の要旨をこの議定書第15条に規定する年次報告に含めることを決定することができる。

8 この条の第1項に従って宣言を行った締約国は、事務総長に対する通告によりこの宣言をいつでも撤回することができる。

第12条（調査手続のフォローアップ）〔省略〕
第13条（保護措置）〔省略〕
第14条（国際的な援助および協力）〔省略〕
第15条（年次報告）〔省略〕
第16条（普及および情報）〔省略〕
第17条（署名、批准および加入）〔省略〕
第18条（効力発生）〔省略〕
第19条（改正）〔省略〕
第20条（廃棄）〔省略〕
第21条（事務総長による通報）〔省略〕
第22条（公用語）〔省略〕

●市民的及び政治的権利に関する国際規約《自由権規約》

International Covenant on Civil and Political Rights

▼採択　1966年12月16日（国連第21回総会）　▼効力発生　1976年3月23日　▼日本国　1978年5月30日署名、79年6月6日国会承認、6月21日批准書寄託、8月4日公布〔昭和54年条約第7号〕、9月21日発効

この規約の締約国は、

国際連合憲章において宣明された原則によれば、人類社会のすべての構成員の固有の尊厳及び平等のかつ奪い得ない権利を認めることが世界における自由、正義及び平和の基礎をなすものであることを考慮し、

これらの権利が人間の固有の尊厳に由来することを認め、

世界人権宣言によれば、自由な人間は市民的及び政治的自由並びに恐怖及び欠乏からの自由を享受するものであるとの理想は、すべての者がその経済的、社会的及び文化的権利とともに市民的及び政治的権利を享有することのできる条件が作り出される場合に初めて達成されることになることを認め、

人権及び自由の普遍的な尊重及び遵守を助長すべき義務を国際連合憲章に基づき諸国が負っていることを考慮し、

個人が、他人に対し及びその属する社会に対して義務を負うこと並びにこの規約において認められる権利の増進及び擁護のために努力する責任を有することを認識して、

次のとおり協定する。

第1部

第1条【人民の自決権】 1 すべての人民は、自決の権利を有する。この権利に基づき、すべての人民は、その政治的地位を自由に決定し並びにその経済的、社会的及び文化的発展を自由に追求する。

2 すべての人民は、互恵の原則に基づく国際的経済協力から生ずる義務及び国際法上の義務に違反しない限り、自己のためにその天然の富及び資源を自由に処分することができる。人民は、いかなる場合にも、その生存のための手段を奪われることはない。

3 この規約の締約国（非自治地域及び信託統治地域の施政の責任を有する国を含む。）は、国際連合憲章の規定に従い、自決の権利が実現されることを促進し及び自決の権利を尊重する。

第2部

第2条【人権実現の義務】 1 この規約の各締約国は、その領域内にあり、かつ、その管轄の下にあるすべての個人に対し、人種、皮膚の色、性、言語、宗教、政治的意見その他の意見、国民的若しくは社会的出身、財産、出生又は他の地位等によるいかなる差別もなしにこの規約において認められる権利を尊重し及び確保することを約束する。

2 この規約の各締約国は、立法措置その他の措置がまだとられていない場合には、この規約において認められる権利を実現するために必要な立法措置その他の措置をとるため、自国の憲法上の手続及びこの規約の規定に従つて必要な行動をとることを約束する。

3 この規約の各締約国は、次のことを約束する。

(a) この規約において認められる権利又は自由を侵害された者が、公的資格で行動する者によりその侵害が行われた場合にも、効果的な救済措置を受けることを確保すること。

(b) 救済措置を求める者の権利が権限のある司法上、行政上若しくは立法上の機関又は国の法制で定める他の権限のある機関によつて決定されることを確保すること及び司法上の救済措置の可能性を発展させること。

(c) 救済措置が与えられる場合に権限のある機関によつて執行されることを確保すること。

第3条【男女の平等】 この規約の締約国は、この規約に定めるすべての市民的及び政治的権利の享有について男女に同等の権利を確保することを約束する。

第4条【一般的福祉による制限】 1 国民の生存を脅かす公の緊急事態の場合においてその緊急事態の存在が公式に宣言されているときは、この規約の締約国は、事態の緊急性が真に必要とする限度において、この規約に基づく義務に違反する措置をとることができる。ただし、その措置は、当該締約国が国際法に基づき負う他の義務に抵触してはならず、また、人種、皮膚の色、性、言語、宗教又は社会的出身のみを理由とする差別を含んではならない。

2 1の規定は、第6条、第7条、第8条1及び2、第11条、第15条、第16条並びに第18条の規定に違反することを許すものではない。

3 義務に違反する措置をとる権利を行使するこの規約の締約国は、違反した規定及び違反するに至つた理由を国際連合事務総長を通じてこの規約の他の締約国に直ちに通知する。更に、違反が終了する日に、同事務総長を通じてその旨通知する。

第5条【権利制約の上限】 1 この規約のいかなる規定も、国、集団又は個人が、この規約において認められる権利及び自由を破壊し若しくはこの規約に定める制限の範囲を超えて制限することを目的とする活動に従事し又はそのようなことを目的とする行為を行う権利を有することを意味するものと解することはできない。

2 この規約のいずれかの締約国において法律、条約、規則又は慣習によつて認められ又は存する基本的人権については、この規約がそれらの権利を認めていないこと又はその認める範囲がより狭いことを理由として、それらの権利を制限し又は侵してはならない。

第3部

第6条【生存権・死刑制限】 1 すべての人間は、生命に対する固有の権利を有する。この権利は、法律によつて保護される。何人も、恣〔し〕意的にその生命を奪われない。

2 死刑を廃止していない国においては、死刑は、犯罪が行われた時に効力を有しており、かつ、この規約の規定及び集団殺害犯罪の防止及び処罰に関する条約の規定に抵触しない法律により、最も重大な犯罪についてのみ科することができる。この刑罰は、権限のある裁判所が言い渡した確定判決によつてのみ執行することができる。

3 生命の剥〔はく〕奪が集団殺害犯罪を構成する場合には、この条のいかなる規定も、この規約の締約国が集団殺害犯罪の防止及び処罰に関する条約の規定に基づいて負う義務を方法のいかんを問わず免れることを許すものではないと了解する。

4 死刑を言い渡されたいかなる者も、特赦又は減刑を求める権利を有する。死刑に対する大赦、特赦又は減刑は、すべての場合に与えることができる。

5 死刑は、18歳未満の者が行つた犯罪について科してはならず、また、妊娠中の女子に対して執行してはならない。

6 この条のいかなる規定も、この規約の締約国により死刑の廃止を遅らせ又は妨げるために援用されてはならない。

第7条【拷問又は非人道的な刑罰の禁止】 何人も、拷問又は残虐な、非人道的な若しくは品位を傷つける取扱い若しくは刑罰を受けない。特に、何人も、その自由な同意なしに医学的又は科学的実験を受けない。

第8条【奴隷及び強制労働の禁止】 1 何人も、奴隷の状態に置かれない。あらゆる形態の奴隷制度及び奴隷取引は、禁止する。

2 何人も、隷属状態に置かれない。
3 (a) 何人も、強制労働に服することを要求されない。
  (b) (a)の規定は、犯罪に対する刑罰として強制労働を伴う拘禁刑を科することができる国において、権限のある裁判所による刑罰の言渡しにより強制労働をさせることを禁止するものと解してはならない。
  (c) この3の規定の適用上、「強制労働」には、次のものを含まない。
   (i) 作業又は役務であつて、(b)の規定において言及されておらず、かつ、裁判所の合法的な命令によつて抑留されている者又はその抑留を条件付きで免除されている者に通常要求されるもの
   (ii) 軍事的性質の役務及び、良心的兵役拒否が認められている国においては、良心的兵役拒否者が法律によつて要求される国民的役務
   (iii) 社会の存立又は福祉を脅かす緊急事態又は災害の場合に要求される役務
   (iv) 市民としての通常の義務とされる作業又は役務

第9条【身体の自由・逮捕抑留の適正手続】 1 すべての者は、身体の自由及び安全についての権利を有する。何人も、恣〔し〕意的に逮捕され又は抑留されない。何人も、法律で定める理由及び手続によらない限り、その自由を奪われない。
2 逮捕される者は、逮捕の時にその理由を告げられるものとし、自己に対する被疑事実を速やかに告げられる。
3 刑事上の罪に問われて逮捕され又は抑留された者は、裁判官又は司法権を行使することが法律によって認められている他の官憲の面前に速やかに連れて行かれるものとし、妥当な期間内に裁判を受ける権利又は釈放される権利を有する。裁判に付される者を抑留することが原則であつてはならず、釈放に当たつては、裁判その他の司法上の手続のすべての段階における出頭及び必要な場合における判決の執行のための出頭が保証されることを条件とすることができる。
4 逮捕又は抑留によって自由を奪われた者は、裁判所がその抑留が合法的であるかどうかを遅滞なく決定すること及びその抑留が合法的でない場合にはその釈放を命ずることができるように、裁判所において手続をとる権利を有する。
5 違法に逮捕され又は抑留された者は、賠償を受ける権利を有する。

第10条【被告人等の処遇】 1 自由を奪われたすべての者は、人道的にかつ人間の固有の尊厳を尊重して、取り扱われる。
2 (a) 被告人は、例外的な事情がある場合を除くほか有罪の判決を受けた者とは分離されるものとし、有罪の判決を受けていない者としての地位に相応する別個の取扱いを受ける。
  (b) 少年の被告人は、成人とは分離されるものとし、できる限り速やかに裁判に付される。
3 行刑の制度は、被拘禁者の矯正及び社会復帰を基本的な目的とする処遇を含む。少年の犯罪者は、成人とは分離されるものとし、その年齢及び法的地位に相応する取扱いを受ける。

第11条【契約不履行による拘禁の禁止】 何人も、契約上の義務を履行することができないことのみを理由として拘禁されない。

第12条【移動、居住、出国及び帰国の自由】 1 合法的にいずれかの国の領域内にいるすべての者は、当該領域内において、移動の自由及び居住の自由についての権利を有する。
2 すべての者は、いずれの国(自国を含む。)からも自由に離れることができる。
3 1及び2の権利は、いかなる制限も受けない。ただし、その制限が、法律で定められ、国の安全、公の秩序、公衆の健康若しくは道徳又は他の者の権利及び自由を保護するために必要であり、かつ、この規約において認められる他の権利と両立するものである場合は、この限りでない。
4 何人も、自国に戻る権利を恣〔し〕意的に奪われない。

第13条【外国人の恣意的追放の禁止】 合法的にこの規約の締約国の領域内にいる外国人は、法律に基づいて行われた決定によつてのみ当該領域から追放することができる。国の安全のためのやむを得ない理由がある場合を除くほか、当該外国人は、自己の追放に反対する理由を提示すること及び権限のある機関又はその機関が特に指名する者によって自己の事案が審査されることが認められるものとし、このためにその機関又はその者に対する代理人の出頭が認められる。

第14条【公正な裁判を受ける権利】 1 すべての者は、裁判所の前に平等とする。すべての者は、その刑事上の罪の決定又は民事上の権利及び義務の争いについての決定のため、法律で設置された、権限のある、独立の、かつ、公平な裁判所による公正な公開審理を受ける権利を有する。報道機関及び公衆に対しては、民主的社会における道徳、公の秩序若しくは国の安全を理由として、当事者の私生活の利益のため必要な場合において又はその公開が司法の利益を害することとなる特別な状況において裁判所が真に必要があると認める限度で、裁判の全部又は一部を公開しないことができる。もつとも、刑事訴訟又は他の訴訟において言い渡される判決は、少年の利益のために必要がある場合又は当該手続が夫婦間の争い若しくは児童の後見に関するものである場合を除くほか、公開する。
2 刑事上の罪に問われているすべての者は、法律に基づいて有罪とされるまでは、無罪と推定される権利を有する。
3 すべての者は、その刑事上の罪の決定について、十分平等に、少なくとも次の保障を受ける権利を有する。
  (a) その理解する言語で速やかにかつ詳細にその罪の性質及び理由を告げられること。
  (b) 防御の準備のために十分な時間及び便益を与えられ並びに自ら選任する弁護人と連絡すること。
  (c) 不当に遅延することなく裁判を受けること。
  (d) 自ら出席して裁判を受け及び、直接に又は自ら選任する弁護人を通じて、防御すること。弁護人がい

ない場合には、弁護人を持つ権利を告げられること。司法の利益のために必要な場合には、十分な支払手段を有しないときは自らその費用を負担することなく、弁護人を付されること。
  (e) 自己に不利な証人を尋問し又はこれに対し尋問させること並びに自己に不利な証人と同じ条件で自己のための証人の出席及びこれに対する尋問を求めること。
  (f) 裁判所において使用される言語を理解すること又は話すことができない場合には、無料で通訳の援助を受けること。
  (g) 自己に不利益な供述又は有罪の自白を強要されないこと。
4 少年の場合には、手続は、その年齢及びその更生の促進が望ましいことを考慮したものとする。
5 有罪の判決を受けたすべての者は、法律に基づきその判決及び刑罰を上級の裁判所によつて再審理される権利を有する。
6 確定判決によつて有罪と決定された場合において、その後に、新たな事実又は新しく発見された事実により誤審のあつたことが決定的に立証されたことを理由としてその有罪の判決が破棄され又は赦免が行われたときは、その有罪の判決の結果刑罰に服した者は、法律に基づいて補償を受ける。ただし、その知られなかつた事実が適当な時に明らかにされなかつたことの全部又は一部がその者の責めに帰するものであることが証明される場合は、この限りでない。
7 何人も、それぞれの国の法律及び刑事手続に従つて既に確定的に有罪又は無罪の判決を受けた行為について再び裁判され又は処罰されることはない。

第15条【刑罰の遡及禁止】 1 何人も、実行の時に国内法又は国際法により犯罪を構成しなかつた作為又は不作為を理由として有罪とされることはない。何人も、犯罪が行われた時に適用されていた刑罰よりも重い刑罰を科されない。犯罪が行われた後により軽い刑罰を科する規定が法律に設けられる場合には、罪を犯した者は、その利益を受ける。
2 この条のいかなる規定も、国際社会の認める法の一般原則により実行の時に犯罪とされていた作為又は不作為を理由として裁判しかつ処罰することを妨げるものではない。

第16条【人として認められる権利】 すべての者は、すべての場所において、法律の前に人として認められる権利を有する。

第17条【私生活及び名誉の保護】 1 何人も、その私生活、家族、住居若しくは通信に対して恣〔し〕意的に若しくは不法に干渉され又は名誉及び信用を不法に攻撃されない。
2 すべての者は、1の干渉又は攻撃に対する法律の保護を受ける権利を有する。

第18条【思想、良心及び宗教の自由】 1 すべての者は、思想、良心及び宗教の自由についての権利を有する。この権利には、自ら選択する宗教又は信念を受け入れ又は有する自由並びに、単独で又は他の者と共同して及び公に又は私的に、礼拝、儀式、行事及び教導によつてその宗教又は信念を表明する自由を含む。
2 何人も、自ら選択する宗教又は信念を受け入れ又は有する自由を侵害するおそれのある強制を受けない。
3 宗教又は信念を表明する自由については、法律で定める制限であつて公共の安全、公の秩序、公衆の健康若しくは道徳又は他の者の基本的な権利及び自由を保護するために必要なもののみを課することができる。
4 この規約の締約国は、父母及び場合により法定保護者が、自己の信念に従つて児童の宗教的及び道徳的教育を確保する自由を有することを尊重することを約束する。

第19条【表現の自由】 1 すべての者は、干渉されることなく意見を持つ権利を有する。
2 すべての者は、表現の自由についての権利を有する。この権利には、口頭、手書き若しくは印刷、芸術の形態又は自ら選択する他の方法により、国境とのかかわりなく、あらゆる種類の情報及び考えを求め、受け及び伝える自由を含む。
3 2の権利の行使には、特別の義務及び責任を伴う。したがつて、この権利の行使については、一定の制限を課することができる。ただし、その制限は、法律によつて定められ、かつ、次の目的のために必要とされるものに限る。
  (a) 他の者の権利又は信用の尊重
  (b) 国の安全、公の秩序又は公衆の健康若しくは道徳の保護

第20条【戦争宣伝及び憎悪扇動等の禁止】 1 戦争のためのいかなる宣伝も、法律で禁止する。
2 差別、敵意又は暴力の扇動となる国民的、人種的又は宗教的憎悪の唱道は、法律で禁止する。

第21条【平和的な集会の権利】 平和的な集会の権利は、認められる。この権利の行使については、法律で定める制限であつて国の安全若しくは公共の安全、公の秩序、公衆の健康若しくは道徳の保護又は他の者の権利及び自由の保護のため民主的社会において必要なもの以外のいかなる制限も課することができない。

第22条【結社の自由】 1 すべての者は、結社の自由についての権利を有する。この権利には、自己の利益の保護のために労働組合を結成し及びこれに加入する権利を含む。
2 1の権利の行使については、法律で定める制限であつて国の安全若しくは公共の安全、公の秩序、公衆の健康若しくは道徳の保護又は他の者の権利及び自由の保護のため民主的社会において必要なもの以外のいかなる制限も課することができない。この条の規定は、1の権利の行使につき、軍隊及び警察の構成員に対して合法的な制限を課することを妨げるものではない。
3 この条のいかなる規定も、結社の自由及び団結権の保護に関する1948年の国際労働機関の条約の締約国が、同条約に規定する保障を阻害するような立法措置を講ずること又は同条約に規定する保障を阻害するような方法により法律を適用することを許すものではない。

第23条【家族の保護・婚姻の権利】
1 家族は、社会の自然かつ基礎的な単位であり、社会及び国による保護を受ける権利を有する。
2 婚姻をすることができる年齢の男女が婚姻をしかつ家族を形成する権利は、認められる。
3 婚姻は、両当事者の自由かつ完全な合意なしには成立しない。
4 この規約の締約国は、婚姻中及び婚姻の解消の際に、婚姻に係る配偶者の権利及び責任の平等を確保するため、適当な措置をとる。その解消の場合には、児童に対する必要な保護のため、措置がとられる。

第24条【児童の権利】
1 すべての児童は、人種、皮膚の色、性、言語、宗教、国民的若しくは社会的出身、財産又は出生によるいかなる差別もなしに、未成年者としての地位に必要とされる保護の措置であつて家族、社会及び国による措置についての権利を有する。
2 すべての児童は、出生の後直ちに登録され、かつ、氏名を有する。
3 すべての児童は、国籍を取得する権利を有する。

第25条【参政権】
すべての市民は、第2条に規定するいかなる差別もなく、かつ、不合理な制限なしに、次のことを行う権利及び機会を有する。
(a) 直接に、又は自由に選んだ代表者を通じて、政治に参与すること。
(b) 普通かつ平等の選挙権に基づき秘密投票により行われ、選挙人の意思の自由な表明を保障する真正な定期的選挙において、投票し及び選挙されること。
(c) 一般的な平等条件の下で自国の公務に携わること。

第26条【法の前の平等】
すべての者は、法律の前に平等であり、いかなる差別もなしに法律による平等の保護を受ける権利を有する。このため、法律は、あらゆる差別を禁止し及び人種、皮膚の色、性、言語、宗教、政治的意見その他の意見、国民的若しくは社会的出身、財産、出生又は他の地位等のいかなる理由による差別に対しても平等かつ効果的な保護をすべての者に保障する。

第27条【少数民族の権利】
種族的、宗教的又は言語的少数民族が存在する国において、当該少数民族に属する者は、その集団の他の構成員とともに自己の文化を享有し、自己の宗教を信仰しかつ実践し又は自己の言語を使用する権利を否定されない。

第4部

第28条【人権委員会の設置と構成】
1 人権委員会(以下「委員会」という。)を設置する。委員会は、18人の委員で構成するものとし、この部に定める任務を行う。
2 委員会は、高潔な人格を有し、かつ、人権の分野において能力を認められたこの規約の締約国の国民で構成する。この場合において、法律関係の経験を有する者の参加が有益であることに考慮を払う。
3 委員会の委員は、個人の資格で、選挙され及び職務を遂行する。

第29条【候補者の指名】
1 委員会の委員は、前条に定める資格を有し、かつ、この規約の締約国により選挙のために指名された者の名簿の中から秘密投票により選出される。
2 この規約の各締約国は、1人又は2人を指名することができる。指名される者は、指名する国の国民とする。
3 いずれの者も、再指名される資格を有する。

第30条【委員の選挙】
1 委員会の委員の最初の選挙は、この規約の効力発生の日の後6箇月以内に行う。
2 第34条の規定に従つて空席(第33条の規定により宣言された空席をいう。)を補充するための選挙の場合を除くほか、国際連合事務総長は、委員会の委員の選挙の日の遅くとも4箇月前までに、この規約の締約国に対し、委員会の委員に指名された者の氏名を3箇月以内に提出するよう書面で要請する。
3 国際連合事務総長は、2にいう指名された者のアルファベット順による名簿(これらの者を指名した締約国名を表示した名簿とする。)を作成し、名簿を各選挙の日の遅くとも1箇月前までにこの規約の締約国に送付する。
4 委員会の委員の選挙は、国際連合事務総長により国際連合本部に招集されるこの規約の締約国の会合において行う。この会合は、この規約の締約国の3分の2をもつて定足数とする。この会合においては、出席しかつ投票する締約国の代表によつて投じられた票の最多数で、かつ、過半数の票を得た指名された者をもつて委員会に選出された委員とする。

第31条【委員の地理的配分】
1 委員会は、一の国の国民を2人以上含むことができない。
2 委員会の選挙に当たつては、委員の配分が地理的に衡平に行われること並びに異なる文明形態及び主要な法体系が代表されることを考慮に入れる。

第32条【委員の任期】
1 委員会の委員は、4年の任期で選出される。委員は、再指名された場合には、再選される資格を有する。ただし、最初の選挙において選出された委員のうち9人の委員の任期は、2年で終了するものとし、これらの9人の委員は、最初の選挙の後直ちに、第30条4に規定する会合において議長によりくじ引で選ばれる。
2 任期満了の際の選挙は、この部の前諸条の規定に従つて行う。

第33条【空席の宣言】
1 委員会の委員が一時的な不在以外の理由のためその職務を遂行することができなくなつたことを他の委員が一致して認める場合には、委員会の委員長は、国際連合事務総長にその旨を通知するものとし、同事務総長は、当該委員の職が空席となつたことを宣言する。
2 委員会の委員が死亡し又は辞任した場合には、委員長は、直ちに国際連合事務総長にその旨を通知するものとし、同事務総長は、死亡し又は辞任した日から当該委員の職が空席となつたことを宣言する。

第34条【空席の補充】
1 前条の規定により空席が宣言された場合において、当該宣言の時から6箇月以内

に交代される委員の任期が満了しないときは、国際連合事務総長は、この規約の各締約国にその旨を通知する。各締約国は、空席を補充するため、2箇月以内に第29条の規定により指名された者の氏名を提出することができる。

2　国際連合事務総長は、1にいう指名された者のアルファベット順による名簿を作成し、この規約の締約国に送付する。空席を補充するための選挙は、この部の関連規定に従つて行う。

3　前条の規定により宣言された空席を補充するために選出された委員会の委員は、同条の規定により委員会における職が空席となつた委員の残余の期間在任する。

第35条【委員の報酬】委員会の委員は、国際連合総会が委員会の任務の重要性を考慮して決定する条件に従い、同総会の承認を得て、国際連合の財源から報酬を受ける。

第36条【委員会の職員及び便益】国際連合事務総長は、委員会がこの規約に定める任務を効果的に遂行するために必要な職員及び便益を提供する。

第37条【委員会の会合】1　国際連合事務総長は、委員会の最初の会合を国際連合本部に招集する。

2　委員会は、最初の会合の後は、手続規則に定める時期に会合する。

3　委員会は、通常、国際連合本部又はジュネーヴにある国際連合事務所において会合する。

第38条【委員の宣誓】委員会のすべての委員は、職務の開始に先立ち、公開の委員会において、職務を公平かつ良心的に遂行する旨の厳粛な宣誓を行う。

第39条【役員の選出・手続規則】1　委員会は、役員を2年の任期で選出する。役員は、再選されることができる。

2　委員会は、手続規則を定める。この手続規則には、特に次のことを定める。

(a)　12人の委員をもつて定足数とすること。

(b)　委員会の決定は、出席する委員が投ずる票の過半数によつて行うこと。

第40条【締約国の報告と委員会による検討】1　この規約の締約国は、(a)当該締約国についてこの規約が効力を生ずる時から1年以内に、(b)その後は委員会が要請するときに、この規約において認められる権利の実現のためにとつた措置及びこれらの権利の享受についてもたらされた進歩に関する報告を提出することを約束する。

2　すべての報告は、国際連合事務総長に提出するものとし、同事務総長は、検討のため、これらの報告を委員会に送付する。報告には、この規約の実施に影響を及ぼす要因及び障害が存在する場合には、これらの要因及び障害を記載する。

3　国際連合事務総長は、委員会との協議の後、報告に含まれるいずれかの専門機関の権限の範囲内にある事項に関する部分の写しを当該専門機関に送付することができる。

4　委員会は、この規約の締約国の提出する報告を検討する。委員会は、委員会の報告及び適当と認める一般的な性格を有する意見を締約国に送付しなければならず、また、この規約の締約国から受領した報告の写しとともに当該一般的な性格を有する意見を経済社会理事会に送付することができる。

5　この規約の締約国は、4の規定により送付される一般的な性格を有する意見に関する見解を委員会に提示することができる。

第41条【義務不履行の通報と委員会による検討及び報告】1　この規約の締約国は、この規約に基づく義務が他の締約国によつて履行されていない旨を主張するいずれかの締約国からの通報を委員会が受理しかつ検討する権限を有することを認めることを、この条の規定に基づいていつでも宣言することができる。この条の規定に基づく通報は、委員会の当該権限を自国について認める宣言を行つた締約国による通報である場合に限り、受理しかつ検討することができる。委員会は、宣言を行つていない締約国についての通報を受理してはならない。この条の規定により受理される通報は、次の手続に従つて取り扱う。

(a)　この規約の締約国は、他の締約国がこの規約を実施していないと認める場合には、書面による通知により、その事態につき当該他の締約国の注意を喚起することができる。通知を受領する国は、通知の受領の後3箇月以内に、当該事態について説明する文書その他の文書を、通知を送付した国に提供する。これらの文書は、当該事態について既にとられ、現在とつており又は将来とることができる国内的な手続及び救済措置に、可能かつ適当な範囲において、言及しなければならない。

(b)　最初の通知の受領の後6箇月以内に当該事案が関係締約国の双方の満足するように調整されない場合には、いずれの一方の締約国も、委員会及び他方の締約国に通告することにより当該事案を委員会に付託する権利を有する。

(c)　委員会は、付託された事案について利用し得るすべての国内的な救済措置がとられかつ尽くされたことを確認した後に限り、一般的に認められた国際法の原則に従つて、付託された事案を取り扱う。ただし、救済措置の実施が不当に遅延する場合は、この限りでない。

(d)　委員会は、この条の規定により通報を検討する場合には、非公開の会合を開催する。

(e)　(c)の規定に従うことを条件として、委員会は、この規約において認められる人権及び基本的自由の尊重を基礎として事案を友好的に解決するため、関係締約国に対してあつ旋を行う。

(f)　委員会は、付託されたいずれの事案についても、(b)にいう関係締約国に対し、あらゆる関連情報を提供するよう要請することができる。

(g)　(b)にいう関係締約国は、委員会において事案が検討されている間において代表を出席させる権利を有するものとし、また、口頭又は書面により意見を提出する権利を有する。

(h) 委員会は、(b)の通告を受領した日の後12箇月以内に、報告を提出する。報告は、各事案ごとに、関係締約国に送付する。
　(i) (e)の規定により解決に到達した場合には、委員会は、事実及び到達した解決について簡潔に記述したものを報告する。
　(ii) (e)の規定により解決に到達しない場合には、委員会は、事実について簡潔に記述したものを報告するものとし、当該報告に関係締約国の口頭による意見の記録及び書面による意見を添付する。

2　この条の規定は、この規約の10の締約国が1の規定に基づく宣言を行つた時に効力を生ずる。宣言は、締約国が国際連合事務総長に寄託するものとし、同事務総長は、その写しを他の締約国に送付する。宣言は、同事務総長に対する通告によりいつでも撤回することができる。撤回は、この条の規定に従つて既に送付された通報におけるいかなる事案の検討をも妨げるものではない。宣言を撤回した締約国による新たな通報は、同事務総長がその宣言の撤回の通告を受領した後は、当該締約国が新たな宣言を行わない限り、受理しない。

第42条【特別調停委員会】 1(a)　前条の規定により委員会に付託された事案が関係締約国の満足するように解決されない場合には、委員会は、関係締約国の事前の同意を得て、特別調停委員会（以下「調停委員会」という。）を設置することができる。調停委員会は、この規約の尊重を基礎として当該事案を友好的に解決するため、関係締約国に対してあつ旋を行う。
(b)　調停委員会は、関係締約国が容認する5人の者で構成する。調停委員会の構成について3箇月以内に関係締約国が合意に達しない場合には、合意が得られない調停委員会の委員については、委員会の秘密投票により、3分の2以上の多数による議決で、委員会の委員の中から選出する。

2　調停委員会の委員は、個人の資格で、職務を遂行する。委員は、関係締約国、この規約の締約国でない国又は前条の規定に基づく宣言を行つていない締約国の国民であつてはならない。

3　調停委員会は、委員長を選出し及び手続規則を採択する。

4　調停委員会の会合は、通常、国際連合本部又はジュネーヴにある国際連合事務所において開催する。もつとも、この会合は、調停委員会が国際連合事務総長及び関係締約国との協議の上決定する他の適当な場所において開催することができる。

5　第36条の規定により提供される事務局は、また、この条の規定に基づいて設置される調停委員会のために役務を提供する。

6　委員会が受領しかつ取りまとめる情報は、調停委員会の利用に供しなければならず、また、調停委員会は、関係締約国に対し、他のあらゆる関連情報を提供するよう要請することができる。

7　調停委員会は、事案を十分に検討した後に、かつ、検討のため事案を取り上げた後いかなる場合にも12箇月以内に、関係締約国に通知するため、委員会の委員長に報告を提出する。
　(a)　12箇月以内に事案の検討を終了することができない場合には、調停委員会は、事案の検討状況について簡潔に記述したものを報告する。
　(b)　この規約において認められる人権の尊重を基礎として事案の友好的な解決に到達した場合には、調停委員会は、事実及び到達した解決について簡潔に記述したものを報告する。
　(c)　(b)に規定する解決に到達しない場合には、調停委員会の報告には、関係締約国間の係争問題に係るすべての事実関係についての調査結果及び当該事案の友好的な解決の可能性に関する意見を記載するとともに関係締約国の口頭による意見の記録及び書面による意見を添付する。
　(d)　(c)の規定により調停委員会の報告が提出される場合には、関係締約国は、その報告の受領の後3箇月以内に、委員会の委員長に対し、調停委員会の報告の内容を受諾するかどうかを通告する。

8　この条の規定は、前条の規定に基づく委員会の任務に影響を及ぼすものではない。

9　関係締約国は、国際連合事務総長が作成する見積りに従つて、調停委員会の委員に係るすべての経費を平等に分担する。

10　国際連合事務総長は、必要なときは、9の規定による関係締約国の経費の分担に先立つて調停委員会の委員の経費を支払う権限を有する。

第43条【委員の特権及び免除】 委員会の委員及び前条の規定に基づいて設置される調停委員会の委員は、国際連合の特権及び免除に関する条約の関連規定に規定する国際連合のための職務を行う専門家の便益、特権及び免除を享受する。

第44条【他の条約等による手続との関係】 この規約の実施に関する規定は、国際連合及び専門機関の基本文書並びに国際連合及び専門機関において作成された諸条約により又はこれらの基本文書及び諸条約に基づき人権の分野に関し定められた手続を妨げることなく適用するものとし、この規約の締約国の間で効力を有する一般的な又は特別の国際取極による紛争の解決のため、この規約の締約国が他の手続を利用することを妨げるものではない。

第45条【委員会の年次報告】 委員会は、その活動に関する年次報告を経済社会理事会を通じて国際連合総会に提出する。

第5部

第46条【国連憲章の適用可能性】 この規約のいかなる規定も、この規約に規定されている事項につき、国際連合の諸機関及び専門機関の任務をそれぞれ定めている国際連合憲章及び専門機関の基本文書の規定の適用を妨げるものと解してはならない。

第47条【天然の富及び資源に対する権利】 この規約のいかなる規定も、すべての人民がその天然の富及び資源を十分かつ自由に享受し及び利用する固有の権利を

第6部

第48条【署名・批准・加入・寄託】 1　この規約は、国際連合又はいずれかの専門機関の加盟国、国際司法裁判所規程の当事国及びこの規約の締約国となるよう国際連合総会が招請する他の国による署名のために開放しておく。
2　この規約は、批准されなければならない。批准書は、国際連合事務総長に寄託する。
3　この規約は、1に規定する国による加入のために開放しておく。
4　加入は、加入書を国際連合事務総長に寄託することによつて行う。
5　国際連合事務総長は、この規約に署名し又は加入したすべての国に対し、各批准書又は各加入書の寄託を通報する。

第49条【効力発生】 1　この規約は、35番目の批准書又は加入書が国際連合事務総長に寄託された日の後3箇月で効力を生ずる。
2　この規約は、35番目の批准書又は加入書が寄託された後に批准し又は加入する国については、その批准書又は加入書が寄託された日の後3箇月で効力を生ずる。

第50条【連邦国家に対する適用】 この規約は、いかなる制限又は例外もなしに、連邦国家のすべての地域について適用する。

第51条【改正】 1　この規約のいずれの締約国も、改正を提案し及び改正案を国際連合事務総長に提出することができる。同事務総長は、直ちに、この規約の締約国に対し、改正案を送付するものとし、締約国による改正案の審議及び投票のための締約国会議の開催についての賛否を同事務総長に通告するよう要請する。締約国の3分の1以上が会議の開催に賛成する場合には、同事務総長は、国際連合の主催の下に会議を招集する。会議において出席しかつ投票する締約国の過半数によつて採択された改正案は、承認のため、国際連合総会に提出する。
2　改正は、国際連合総会が承認し、かつ、この規約の締約国の3分の2以上の多数がそれぞれの国の憲法上の手続に従つて受諾したときに、効力を生ずる。
3　改正は、効力を生じたときは、改正を受諾した締約国を拘束するものとし、他の締約国は、改正前のこの規約の規定（受諾した従前の改正を含む。）により引き続き拘束される。

第52条【通知】 第48条5の規定により行われる通報にかかわらず、国際連合事務総長は、同条1に規定するすべての国に対し、次の事項を通報する。
(a)　第48条の規定による署名、批准及び加入
(b)　第49条の規定に基づきこの規約が効力を生ずる日及び前条の規定により改正が効力を生ずる日

第53条【正文】 1　この規約は、中国語、英語、フランス語、ロシア語及びスペイン語をひとしく正文とし、国際連合に寄託される。
2　国際連合事務総長は、この規約の認証謄本を第48条に規定するすべての国に送付する。

以上の証拠として、下名は、各自の政府から正当に委任を受けて、1966年12月19日にニュー・ヨークで署名のために開放されたこの規約に署名した。

「経済的、社会的及び文化的権利に関する国際規約」及び「市民的及び政治的権利に関する国際規約」の署名の際に日本国政府が行つた宣言

▼署名　1979〔昭和54〕年6月21日〔公布—1979〔昭和54〕年8月4日外務省告示第187号〕

書簡をもつて啓上いたします。本使は、本国政府に代わり、日本国政府は経済的、社会的及び文化的権利に関する国際規約及び市民的及び政治的権利に関する国際規約を批准するに当たり署名の際に行つた次の宣言を確認することを通告する光栄を有します。
1　日本国は、経済的、社会的及び文化的権利に関する国際規約第7条(d)の規定の適用に当たり、この規定にいう「公の休日についての報酬」に拘束されない権利を留保する。
2　日本国は、経済的、社会的及び文化的権利に関する国際規約第8条1(d)の規定に拘束されない権利を留保する。ただし、日本国政府による同規約の批准の時に日本国の法令により前記の規定にいう権利が与えられている部門については、この限りでない。
3　日本国は、経済的、社会的及び文化的権利に関する国際規約第13条2(b)及び(c)の規定の適用に当たり、これらの規定にいう「特に、無償教育の漸進的な導入により」に拘束されない権利を留保する。〔2012（平成24)年9月11日に当留保を撤回する旨国際連合事務総長に通告。2012（平成24）年9月24日外務省告示第318号〕
4　日本国政府は、結社の自由及び団結権の保護に関する条約の批准に際し同条約第9条にいう「警察」には日本国の消防が含まれると解する旨の立場をとつたことを想起し、経済的、社会的及び文化的権利に関する国際規約第8条2及び市民的及び政治的権利に関する国際規約第22条2にいう「警察の構成員」には日本国の消防職員が含まれると解釈するものであることを宣言する。

●市民的及び政治的権利に関する国際規約の選択議定書
《自由権規約の第1選択議定書》〔抄〕

Optional Protocol to the International Covenant on Civil and Political Rights

▼採択 1966年12月16日（国連第21回総会） ▼効力発生 1976年3月23日 ▼日本国

前文〔略〕

第1条【委員会の権限】 規約の締約国でありこの議定書の締約国となるものは、その管轄下にある個人であって規約に定めるいずれかの権利を当該締約国によって侵害されたと主張する者からの通報を、委員会が受理し、かつ、検討する権限を有することを認める。委員会は、規約の締約国であるがこの議定書の締約国ではない国に関する通報を受理してはならない。

第2条【権利侵害に関する通報の提出】 第1条の規定に従うことを条件として、規約に掲げるいずれかの権利が侵害されたと主張する個人であって利用しうるすべての国内的救済措置を尽くしたものは、検討のため、書面による通報を委員会に提出することができる。

第3条【受理できない通報】 委員会は、この議定書に基づく通報のうち、匿名のものまたは通報する権利の濫用もしくは規約の規定に違反すると認めるものについては、これを受理することができないものとしなければならない。

第4条【締約国の注意喚起】 1 第3条の規定に従うことを条件として、委員会は、この議定書に基づいて行われたいずれの通報について、規約のいずれかの規定に違反しているとされるこの議定書の締約国の注意を喚起する。

2 注意を喚起された国は、6か月以内に、問題を明らかにし、かつ当該国により救済措置がとられている場合にはそれを明らかにする書面による説明またはその他の陳述を、委員会に提出する。

第5条【委員会による検討】 1 委員会は、個人および関係締約国により委員会の利用に供されたすべての書面による情報に照らして、この議定書に基づき受理した通報を検討する。

2 委員会は、以下のことを確認しない限り、個人からのいかなる通報も検討してはならない。
 (a) 同一の事案が、他の国際的な調査または解決の手続により検討されていないこと。
 (b) 当該個人が、利用しうるすべての国内的救済措置を尽くしたこと。ただし、救済措置の適用が不当に遅延する場合は、この限りでない。

3 委員会は、この議定書に基づき通報を検討する場合には、非公開の会合を開催する。

4 委員会は、その見解を関係締約国と当該個人に送付する。

第6条【年次報告】〔省略〕

第7条【他の国際文書による請願権】 この議定書の規定は、1960年12月14日に国際連合総会により採択された植民地諸国およびその人民に対する独立の付与に関する宣言に関する決議第1514号（第15会期）の目的が達成されるまでの間、国際連合憲章ならびに国際連合およびその専門機関の下におけるその他の国際条約ならびに文書により当該人民に付与された請願の権利を何ら制限するものではない。

第8条【署名、批准、加入、寄託】〔省略〕
第9条【効力発生】〔省略〕
第10条【連邦国家に対する適用】〔省略〕
第11条【改正】〔省略〕
第12条【廃棄】〔省略〕
第13条【国連事務総長による通報】〔省略〕
第14条【正文】〔省略〕

●死刑の廃止を目指す市民的及び政治的権利に関する国際規約の第2選択議定書
《死刑廃止議定書》〔抄〕

Second Optional Protocol to the International Covenant on Civil and Political Rights, aiming at the Abolition of the Death Penalty

▼採択 1989年12月15日（国連第44回総会） ▼効力発生 1991年7月11日 ▼日本国

前文〔略〕

第1条【死刑の廃止】 1 この議定書の締約国の管轄内にある何人も死刑を執行されない。

2 各締約国は、その管轄内において死刑を廃止するために必要なあらゆる措置をとる。

第2条【留保・通報・通告】 1 批准又は加入に際して付された留保であって、戦時中に犯された軍事的性格をもつ極めて重大な犯罪に対する有罪判決に従い、戦時に死刑を適用することを定めたものを除くほか、この議定書にはいかなる留保も許されない。

2 そのような留保を行う締約国は、批准又は加入の際に、戦時に適用される国内法の関連規定を国際連合事務総長に通報する。

3 そのような留保を行った締約国は、その領域に適用される戦争状態の開始又は終了について国際連合事務総長に通告する。

第3条【人権委員会への報告】 この議定書の締約国は、規約の第40条の規定に従って人権委員会に提出する報告に、この議定書を実施するためにとった措置に関する情報を含める。

第4条【義務不履行の検討】 規約の第41条に基づき宣言を行った規約の締約国に関しては、当該締約国が批准

又は加入の際に別段の声明を行うのでない限り、他の締約国がその義務を履行していない旨を主張するいずれかの締約国からの通報は、委員会が受理しかつ検討する権限は、この議定書の規定にも及ぶものとする。

第5条【個人からの通報】1966年12月16日に採択された市民的及び政治的権利に関する国際規約の選択議定書の締約国に関しては、当該締約国が批准又は加入の際に別段の声明を行うのでない限り、その管轄権の下に

ある個人からの通報を受理しかつ審議する人権委員会の権限は、この議定書の規定にも及ぶものとする。

第6条【規約との関係】〔省略〕
第7条【署名・批准・加入・寄託】〔省略〕
第8条【効力発生】〔省略〕
第9条【連邦国家に対する適用】〔省略〕
第10条【国連事務総長による通報】〔省略〕
第11条【正文】〔省略〕

●拷問及び他の残虐な、非人道的な又は品位を傷つける取扱い又は刑罰に関する条約《拷問禁止条約》〔抄〕

Convention Against Torture and Other Cruel Inhuman or Degrading Treatment or Punishment

▼採択 1984年12月10日（国連第39回総会） ▼効力発生 1987年6月26日 ▼日本国 1999年6月9日国会承認、6月29日加入書寄託、7月5日公布〔平成11年条約第6号〕、7月29日発効

前文〔省略〕

第1部

第1条【拷問の定義】 1 この条約の適用上、「拷問」とは、身体的なものであるか精神的なものであるかを問わず人に重い苦痛を故意に与える行為であって、本人若しくは第三者から情報若しくは自白を得ること、本人若しくは第三者が行ったか若しくはその疑いがある行為について本人を罰すること、本人若しくは第三者を脅迫し若しくは強要することその他これらに類することを目的として又は何らかの差別に基づく理由によって、かつ、公務員その他の公的資格で行動する者により又はその扇動により若しくはその同意若しくは黙認の下に行われるものをいう。「拷問」には、合法的な制裁の限りで苦痛が生ずること又は合法的な制裁に固有の若しくは付随する苦痛を与えることを含まない。

2 1の規定は、適用範囲が一層広い規定を含んでおり又は含むことのある国際文書又は国内法令に影響を及ぼすものではない。

第2条【拷問の防止】 1 締約国は、自国の管轄の下にある領域内において拷問に当たる行為が行われることを防止するため、立法上、行政上、司法上その他の効果的な措置をとる。

2 戦争状態、戦争の脅威、内政の不安定又は他の公の緊急事態であるかどうかにかかわらず、いかなる例外的な事態も拷問を正当化する根拠として援用することはできない。

3 上司又は公の機関による命令は、拷問を正当化する根拠として援用することはできない。

第3条【追放等の禁止】 1 締約国は、いずれの者をも、その者に対する拷問が行われるおそれがあると信ずるに足りる実質的な根拠がある他の国へ追放し、送還し又は引き渡してはならない。

2 権限のある当局は、1の根拠の有無を決定するに当たり、すべての関連する事情（該当する場合には、関係する国における一貫した形態の重大の、明らかな又

は大規模な人権侵害の存在を含む。）を考慮する。

第4条【犯罪及び刑罰】 1 締約国は、拷問に当たるすべての行為を自国の刑法上の犯罪とすることを確保する。拷問の未遂についても同様とし、拷問の共謀又は拷問への加担に当たる行為についても同様とする。

2 締約国は、1の犯罪について、その重大性を考慮した適当な刑罰を科することができるようにする。

第5条【裁判権の設定】 1 締約国は、次の場合において前条の犯罪についての自国の裁判権を設定するため、必要な措置をとる。
(a) 犯罪が自国の管轄の下にある領域内で又は自国において登録された船舶若しくは航空機内で行われる場合
(b) 容疑者が自国の国民である場合
(c) 自国が適当と認めるときは、被害者が自国の国民である場合

2 締約国は、容疑者が自国の管轄の下にある領域内に所在し、かつ、自国が1のいずれの締約国に対しても第8条の規定による当該容疑者の引渡しを行わない場合において前条の犯罪についての自国の裁判権を設定するため、同様に、必要な措置をとる。

3 この条約は、国内法に従って行使される刑事裁判権を排除するものではない。

第6条【容疑者に対する措置】 1 第4条の犯罪の容疑者が領域内に所在する締約国は、自国が入手することができる情報を検討した後、状況によって正当であると認める場合には、当該容疑者の所在を確実にするため、抑留その他の法的措置をとる。この措置は、当該締約国の法令に定めるところによるものとするが、刑事訴訟手続又は犯罪人引渡手続を開始するために必要とする期間に限って継続することができる。

2 1の措置をとった締約国は、事実について直ちに予備調査を行う。

3 1の規定に基づいて抑留された者は、その国籍国の最寄りの適当な代表と又は当該者が無国籍者である場合には、当該者が通常居住している国の代表と直ちに連絡を取ることについて援助を与えられる。

4　いずれの国も、この条の規定に基づいていずれかの者を抑留する場合には、前条1(a)、(b)又は(c)の場合に該当する国に対し、当該者が抑留されている事実及びその抑留が正当とされる事情を直ちに通報する。2の予備調査を行う国は、その結果をこれらの国に対して速やかに報告するものとし、また、自国が裁判権を行使する意図を有するか否かを明らかにする。

第7条【事件の付託】 1　第4条の犯罪の容疑者がその管轄の下にある領域内で発見された締約国は、第五条の規定に該当する場合において、当該容疑者を引き渡さないときは、訴追のため自国の権限のある当局に事件を付託する。

2　1の当局は、自国の法令に規定する通常の重大な犯罪の場合と同様の方法で決定を行う。第5条2の規定に該当する場合における訴追及び有罪の言渡しに必要な証拠の基準は、同条1の規定に該当する場合において適用される基準よりも緩やかなものであってはならない。

3　いずれの者も、自己につき第4条の犯罪のいずれかに関して訴訟手続がとられる場合には、そのすべての段階において公正な取扱いを保障される。

第8条【引渡犯罪】 1　第4条の犯罪は、締約国間の現行の犯罪人引渡条約における引渡犯罪とみなされる。締約国は、相互間で将来締結されるすべての犯罪人引渡条約に同条の犯罪を引渡犯罪として含めることを約束する。

2　条約の存在を犯罪人引渡しの条件とする締約国は、自国との間に犯罪人引渡条約を締結していない他の締約国から犯罪人引渡しの請求を受けた場合には、この条約を第4条の犯罪に関する犯罪人引渡しのための法的根拠とみなすことができる。この犯罪人引渡しは、請求を受けた国の法令に定める他の条件に従う。

3　条約の存在を犯罪人引渡しの条件としない締約国は、犯罪人引渡しの請求を受けた国の法令に定める条件に従い、相互間で、第4条の犯罪を引渡犯罪と認める。

4　第4条の犯罪は、締約国間の犯罪人引渡しに関しては、当該犯罪が発生した場所でなく、第5条1の規定に従って裁判権を設定しなければならない国の領域内においても行われたものとみなされる。

第9条【司法共助】〔省略〕
第10条【法執行官等の教育】〔省略〕
第11条【尋問規則等の体系的検討等】〔省略〕
第12条【国内当局による調査】〔省略〕
第13条【被害者の申立権】　締約国は、自国の管轄の下にある領域内で拷問を受けたと主張する者が自国の権限のある当局に申立てを行い迅速かつ公平な検討を求める権利を有することを確保する。申立てを行った者及び証人をその申立て又は証拠の提供の結果生ずるあらゆる不当な取扱い又は脅迫から保護することを確保するための措置がとられるものとする。

第14条【救済及び賠償】〔省略〕
第15条【拷問による供述の証拠能力の否定】〔省略〕
第16条【拷問に至らない行為の防止】〔省略〕

第2部

第17条【拷問禁止委員会の設置】 1　拷問の禁止に関する委員会（以下「委員会」という。）を設置する。委員会は、この部に定める任務を行う。委員会は、徳望が高く、かつ、人権の分野において能力を認められた10人の専門家により構成され、これらの専門家は、個人の資格で職務を遂行する。これらの専門家については、締約国が、委員会の委員の配分が地理的に衡平に行われること及び法律関係の経験を有する者の参加が有益であることを考慮して選出する。

2　委員会の委員は、締約国により指名された者の名簿の中から秘密投票により選出される。各締約国は、自国民の中から1人を指名することができる。締約国は、市民的及び政治的権利に関する国際規約に基づいて設置された人権委員会の委員でもあり、かつ、拷問の禁止に関する委員会の任務を遂行する意思を有する者を指名することが有益であることに留意する。

3　委員会の委員の選挙は、国際連合事務総長により招集される二年ごとの締約国の会合において行う。この会合は締約国の3分の2をもって定足数とし、会合に出席しかつ投票する締約国の代表によって投じられた票の最多数で、かつ、過半数の票を得た者をもって委員会に選出された委員とする。

4　委員会の委員の最初の選挙は、この条約の効力発生の日の後6箇月以内に行う。国際連合事務総長は、委員会の委員の選挙の日の遅くとも4箇月前までに、締約国に対し、自国が指名する者の氏名を3箇月以内に提出するよう書簡で要請する。同事務総長は、このようにして指名された者のアルファベット順による名簿（これらの者を指名した締約国名を表示した名簿とする。）を作成し、締約国に送付する。

5　委員会の委員は、4年の任期で選出され、再指名された場合には、再選される資格を有する。最初の選挙において選出された委員のうち5人の委員（これらの委員は、最初の選挙の後直ちに、3に規定する会合において議長がくじで定めるものとする。）の任期は、2年で終了する。

6　委員会の委員が死亡し、辞任し又は他の理由により委員会の任務を遂行することができなくなった場合には、当該委員を指名した締約国は、締約国の過半数の承認が得られることを条件として、自国民の中から当該委員の残任期間中その職務を遂行する他の専門家を任命する。その任命については、国際連合事務総長がこれを通報した後6週間以内に締約国の2分の1以上が反対しない限り、必要な承認が得られたものとする。

7　締約国は、委員会の任務を遂行中の委員に係る経費について責任を負う。

第18条【委員会の手続規則及び費用】〔省略〕

第19条【報告制度】 1　締約国は、自国がこの条約に基づく約束を履行するためにとった措置に関する報告を、この条約が自国について効力を生じた後1年以内に、国際連合事務総長を通じて委員会に提出する。その後は、締約国は、新たにとった措置に関する補足報

告を4年ごとに提出し、及び委員会が要請することのある他の報告を提出する。
2 国際連合事務総長は、1の報告をすべての締約国に送付する。
3 1の報告は、委員会によって検討される。委員会は、当該報告について、一般的な性格を有する意見であって適当と認めるものを表明することができる。この場合には、当該意見は関係締約国に送付され、当該関係締約国は委員会に対する応答として自国が適当と認めるいかなる見解も表明することができる。
4 委員会は、第24条の規定に従って提出する委員会の年次報告に、その裁量により、3の規定に従って表明した意見を、当該意見について関係締約国から受領した見解と共に含める旨を決定することができるものとし、また、当該関係締約国が要請する場合には、1の規定に基づいて提出された報告の写しを含めることができる。

第20条【調査制度】 1 委員会は、いずれかの締約国の領域内における拷問の制度的な実行の存在が十分な根拠をもって示されていると認める信頼すべき情報を受領した場合には、当該締約国に対し、当該情報についての検討に協力し及びこのために当該情報についての見解を提出するよう要請する。
2 委員会は、関係締約国が提出することのあるすべての見解を他の入手可能なすべての情報と共に考慮した上で、正当であると認める場合には、1人又は2人以上の委員を指名して秘密調査を行わせ及び委員会への早急な報告を行わせることができる。
3 委員会は、2の規定に従って調査が行われる場合には、関係締約国の協力を求める。この調査を行うに当たっては、当該関係締約国の同意がある場合には、その領域を訪問することができる。
4 委員会は、2の規定に従って委員から提出された調査結果を検討した後、当該状況に照らして適当と認める意見又は提案を付して当該調査結果を関係締約国に送付する。
5 1から4までに規定する委員会のすべての手続は秘密とし、また、当該手続のすべての段階において当該締約国の協力を求める。委員会は、2の規定に従って行われた調査に係る手続が完了した後、当該締約国と協議の上、当該手続の結果の概要を第24条の規定に従って提出する委員会の年次報告に含めることを決定することができる。

第21条【国家通報制度】 1 この条約の締約国は、この条約に基づく義務が他の締約国によって履行されていない旨を主張するいずれの締約国からの通報を委員会が受理し及び検討する権限を有することを認める宣言を、この条の規定に基づいていつでも行うことができる。この通報は、委員会が当該権限を有することを自国について認める宣言を行った締約国によるものである場合に限り、この条に定める手続に従って受理し及び検討することができる。委員会は、宣言を行っていない締約国についての通報をこの条の規定の下で取り扱ってはならない。この条の規定に基づいて受理される通報は、次の手続に従って取り扱う。

(a) 締約国は、他の締約国がこの条約を実施していないと認める場合には、書面による通知により、当該事案につき当該他の締約国の注意を喚起することができる。通知を受領した国は、その受領の後3箇月以内に、当該事案について事情を明らかにするための説明その他の陳述を、書面により、通知を送付した国に提供する。当該説明その他の陳述には、当該事案について既にとられたか、とることとなっているか又は利用することのできる国内的な手続及び救済措置への言及を、可能かつ適当な範囲内において含めなければならない。
(b) 最初の通知の受領の後6箇月以内に(a)の事案が関係締約国の双方が満足するように調整されない場合には、いずれの一方の締約国も、委員会及び他方の締約国に対する通報により当該事案を委員会に付託する権利を有する。
(c) 委員会は、この条の規定に基づいて付託された事案についてすべての国内的な救済措置がとられかつ尽くされたことを確認した後に限り、一般的に認められた国際法の原則に従い、当該付託された事案を取り扱う。ただし、救済措置の実施が不当に遅延する場合又はこの条約の違反の被害者である者に効果的な救済を与える可能性に乏しい場合は、この限りでない。
(d) 委員会は、この条の規定に基づいて通報を検討する場合には、非公開の会合を開催する。
(e) (c)の規定に従うことを条件として、委員会は、この条約に定める義務の尊重を基礎として事案を友好的に解決するため、関係締約国に対してあっせんを行う。このため、委員会は、適当な場合には、特別調停委員会を設置することができる。
(f) 委員会は、この条の規定に基づいて付託されたいずれの事案についても、(b)の関係締約国に対し、あらゆる関連情報を提供するよう要請することができる。
(g) (b)の関係締約国は、委員会において事案が検討されている間において代表を出席させ及び口頭又は書面により意見を述べる権利を有する。
(h) 委員会は、(b)の通報を受領した日の後12箇月以内に、次の(i)又は(ii)の規定に従って報告を提出する。報告は、各事案ごとに、関係締約国に送付する。
  (i) (e)の規定により解決が得られた場合には、委員会は、事実及び得られた解決について簡潔に記述した報告を提出する。
  (ii) (e)の規定により解決が得られない場合には、委員会は、事実について簡潔に記述した報告を提出し、その報告に関係締約国の口頭による意見の記録及び書面による意見を添付する。
2 この条の規定は、五の締約国が1の規定に基づく宣言を行った時に効力を生ずる。宣言は、締約国が国際連合事務総長に寄託するものとし、同事務総長は、その写しを他の締約国に送付する。宣言は、同事務総長に対する通告により、いつでも撤回することができる。

撤回は、この条の規定に基づく通報により既に付託された事案の検討を妨げるものではない。同事務総長が宣言の撤回の通告を受領した後は、いずれの締約国による新たな通報も、関係締約国が新たに宣言を行わない限り、この条の規定に基づいて受理してはならない。

第22条【個人通報制度】 1　この条約の締約国は、自国の管轄の下にある個人であっていずれかの締約国によるこの条約の規定の違反の被害者であると主張する者により又はその者のために行われる通報を、委員会が受理し及び検討する権限を有することを認める宣言を、この条の規定に基づいていつでも行うことができる。委員会は、宣言を行っていない締約国についての通報を受理してはならない。

2　委員会は、この条の規定に基づく通報であっても、匿名のもの又は通報を行う権利の濫用であるか若しくはこの条約の規定と両立しないと認めるものについては、これを受理することのできないものとしなければならない。

3　委員会は、2の規定に従うことを条件として、この条の規定に基づいて行われたいずれの通報についても、1の規定に基づく宣言を行いかつこの条約のいずれかの規定に違反しているとされた締約国の注意を喚起する。注意を喚起された国は、6箇月以内に、当該事案及び救済措置が当該国によりとられている場合には当該救済措置についての事情を明らかにするための説明その他の陳述を、書面により、委員会に提出する。

4　委員会は、関係する個人により又はその者のために及び関係締約国により委員会の利用に供されたすべての情報に照らして、この条の規定に基づいて受理する通報を検討する。

5　委員会は、次のことを確認しない限り、この条の規定に基づく個人からのいかなる通報も検討してはならない。
　(a)　同一の事案が他の国際的な調査又は解決の手続によってかつて検討されたことがなく、かつ、現在検討されていないこと。
　(b)　当該個人が、利用し得るすべての国内的な救済措置を尽くしたこと。ただし、救済措置の実施が不当に遅延する場合又はこの条約の違反の被害者である者に効果的な救済を与える可能性に乏しい場合は、この限りでない。

6　委員会は、この条の規定に基づいて通報を検討する場合には、非公開の会合を開催する。

7　委員会は、その見解を関係する締約国及び個人に送付する。

8　この条の規定は、5の締約国が1の規定に基づく宣言を行った時に効力を生ずる。宣言は、締約国が国際連合事務総長に寄託するものとし、同事務総長は、その写しを他の締約国に送付する。宣言は、同事務総長に対する通告により、いつでも撤回することができる。撤回は、この条の規定に基づく通報により既に付託された事案の検討を妨げるものではない。同事務総長が宣言の撤回の通告を受領した後は、個人によるか又はその者のための新たな通報は、関係締約国が新たに宣言を行わない限り、この条の規定に基づいて受理してはならない。

第23条【委員の特権免除】〔省略〕
第24条【年次報告】〔省略〕

第3部

第25条【署名・批准・寄託】〔省略〕
第26条【加入】〔省略〕
第27条【効力発生】〔省略〕
第28条【第20条に対する留保】〔省略〕
第29条【改正】〔省略〕
第30条【紛争解決】〔省略〕
第31条【廃棄】〔省略〕
第32条【国連事務総長による通報】〔省略〕
第33条【正文】〔省略〕

●拷問及び他の残虐な、非人道的なまたは品位を傷つける取扱いまたは刑罰に関する条約の選択議定書《拷問禁止条約の選択議定書》〔抜粋〕

Optional Protocol to the Convention against Torture and Other Cruel, Inhuman or Degrading Treatment or Punishment
▼採択　2002年12月18日（国連第57回総会）　▼効力発生　2006年6月22日　▼日本国

第1部　一般原則

第1条【目的】　この議定書の目的は、拷問および他の残虐な、非人道的なまたは品位を傷つける取扱いまたは刑罰を防止するため、人々が自由を奪われている場所が、独立した国際的および国内的な機関が定期的な訪問を行う制度を創設することである。

第2条【防止小委員会】　1　拷問および他の残虐な、非人道的なまたは品位を傷つける取扱いまたは刑罰の防止に関する、拷問禁止委員会の小委員会（以下「防止小委員会」という。）を創設し、同委員会はこの議定書に定める任務を遂行する。

2　防止小委員会は、国際連合憲章の枠内でその作業を遂行し、憲章の目的と原則、ならびに自由を奪われている人々の取扱いに関する国際連合の諸規範を指針とする。

3　防止小委員会はさらに、秘密性、公平性、非選択性、普遍性および客観性の原則を指針とする。

4　防止小委員会と締約国は、この議定書の実施について協力する。

第3条【国内防止機構】　締約国は、拷問および他の残虐な、非人道的なまたは品位を傷つける取扱いまたは刑

罰の防止のための一つ以上の訪問機関（以下「国内防止機構」という。）を、国内に設置、指定、または維持する。

第2部　防止小委員会

第5条【構成】　1　防止小委員会は、10人の委員により構成される。この議定書の50番目の批准または加入の後に、防止小委員会の委員の数は、25人に増員する。

2　防止小委員会の委員は、徳望が高く、かつ、司法行政とくに刑法、監獄もしくは警察行政の分野または自由を奪われている者の取扱いに関する諸分野で専門的な経験を持つと認められた者の中から選出される。

3　防止小委員会の構成については、衡平な地理的配分ならびに締約国の異なる文明形態および法体系が代表されることに十分な考慮を払う。

4　防止小委員会の構成については、平等および非差別の原則に基づき、均衡のとれた男女比率もまた考慮する。

5　防止小委員会の委員には、同一国の国民が2人いてはならない。

6　防止小委員会の委員は、個人の資格で職務を遂行し、独立かつ公平を旨とし、防止小委員会のために効率的に職務を遂行できる態勢をとっておくものとする。

第3部　防止小委員会の任務

第11条【任務】　防止小委員会は、次のことを行う。

(a)　第4条に定める場所を訪問すること、また、自由を奪われている者を拷問および他の残虐な、非人道的なまたは品位を傷つける取扱いまたは刑罰から保護することに関して、締約国に勧告すること。

(b)　国内防止機構に関して、
　(i)　必要な場合には、その創設について締約国に助言し、援助すること
　(ii)　直接に、かつ、必要な場合には秘密裡に、国内防止機構との接触を維持し、その能力を強化する目的で機構に訓練と技術援助を提供すること
　(iii)　自由を奪われている者の拷問および他の残虐な、非人道的なまたは品位を傷つける取扱いまたは刑罰からの保護を強化することの必要性とその必要な手続の評価について、機構に助言し、援助すること
　(iv)　拷問および他の残虐な、非人道的なまたは品位を傷つける取扱いまたは刑罰の防止のために、国内防止機構の能力と任務を強化する目的で、締約国に勧告し、所見を述べること

(c)　拷問全般を防止するために、国際連合の関連する機関および機構、ならびに、すべての者の拷問および他の残虐な、非人道的なまたは品位を傷つける取扱いまたは刑罰からの保護を強化するために活動している国際的、地域的および国内的な制度または組織と協力すること

第12条【締約国の義務】　締約国は、防止小委員会が第11条に定める任務を遂行することができるようにするために、次のことを約束する。

(a)　自国の領域内に防止小委員会を受け入れ、この議定書の第4条に定める抑留場所への立入りを防止小委員会に認めること

(b)　自由を奪われている者の拷問および他の残虐な、非人道的なまたは品位を傷つける取扱いまたは刑罰からの保護を強化することの必要性と、それに向けてとるべき措置を評価するために、防止小委員会が要請するすべての関連情報を提供すること

(c)　防止小委員会と国内防止機構との間の接触を奨励し、助長すること

(d)　防止小委員会の勧告を検討し、可能な実施措置に関して防止小委員会と協議すること

第13条【締約国への訪問】　1　防止小委員会は、第11条に定める任務を遂行するため、最初はくじ引きによって、締約国への定期的な訪問の計画を作成する。

2　協議の後、防止小委員会は、訪問に必要な実務的調整を締約国が遅滞なく行うことができるように、作成した計画を締約国に通知する。

3　訪問は、防止小委員会の少なくとも2人の委員により行われる。訪問する委員は、必要な場合には、この議定書が対象とする分野において専門的な経験および知識を持つと認められた専門家であって、締約国、国際連合人権高等弁務官事務所および国際連合国際犯罪防止センターからの提案に基づいて用意された専門家の名簿から選ばれた者を伴うことができる。名簿の用意にあたり、関係締約国は、5人以内の自国の専門家を提案する。関係締約国は、訪問に特定の専門家を含めることに異議を唱えることができ、その場合には、防止小委員会は、他の専門家を提案する。

4　防止小委員会は、適当であると考える場合には、定期的な訪問の後に短期間の補充的訪問を提案することができる。

第14条【防止小委員会の権限】　1　防止小委員会が任務を遂行することができるようにするために、この議定書の締約国は、次のことを防止小委員会に認めることを約束する。

(a)　第4条に定める抑留場所において自由を奪われている者の数ならびに抑留場所の数およびその位置に関するあらゆる情報の無制約の入手

(b)　自由を奪われている者の取扱いおよび抑留状態に関する、あらゆる情報の無制約の入手

(c)　2の規定に従うことを条件として、あらゆる抑留場所ならびにその施設および設備への無制約の立入り

(d)　自由を奪われている者と委員だけで、または必要と認められる場合には通訳とともに、立会いなしで秘密裡に面会する機会、および、関連する情報を提供することができると防止小委員会が信ずるその他の者と秘密裡に面会する機会

(e)　訪問を希望する場所と面会を希望する者を選択する自由

2　特定の抑留場所の訪問に対する異議申立ては、国の防衛、公共の安全、自然災害、または一時的に訪問の遂行を妨げるような訪問場所における重大な騒乱とい

う、緊急かつやむを得ない理由が存在する場合にのみ行うことができる。締約国は、緊急事態が宣言されていること自体を、訪問に異議を唱える理由として援用してはならない。

第16条【防止小委員会の勧告と公表措置】 1 防止小委員会は、締約国および適当である場合には国内防止機構に、勧告および所見を秘密裡に通知する。

2 防止小委員会は、関係締約国によって要請された場合には常に、当該締約国の意見を付して委員会の報告を公表する。当該締約国が報告の一部を公表する場合には、防止小委員会は、報告の全部または一部を公表することができる。ただし、個人情報は、当該個人の明示の同意なしには公表されない。

3 防止小委員会は、その活動に関する公開の年次報告を、拷問禁止委員会に提出する。

4 締約国が、第12条および第14条に従って防止小委員会と協力することを拒否する場合、または防止小委員会の勧告に照らして状況を改善する措置をとることを拒否する場合、拷問禁止委員会は、当該締約国に自国の見解を発表する機会を与えた後、防止小委員会の要請に基づき、委員の過半数の賛成によって、当該問題に関する公開の声明を行うことまたは防止小委員会の報告を公表することを決定することができる。

第4部 国内防止機構

第17条【締約国の義務】 締約国は、この議定書が効力を生じた後またはその批准もしくは加入が効力を生じた後の遅くとも1年以内に、国内で拷問の防止のための一つ以上の独立した国内防止機構を維持、指定、または設置する。地方団体によって設置された機構は、この議定書の規定と合致している場合には、この議定書の適用上、国内防止機構として指定することができる。

第19条【権限】 国内防止機構は、最小限、次のことを行う権限を認められる。
(a) 拷問および他の残虐な、非人道的なまたは品位を傷つける取扱いまたは刑罰からの保護を強化するために必要な場合、第4条に定める抑留場所において自由を奪われている者の取扱いを定期的に検討すること

(b) 自由を奪われている者の取扱いおよび状態を改善する目的で、また、拷問および他の残虐な、非人道的なまたは品位を傷つける取扱いまたは刑罰を防止するために、国際連合の関連する規範を考慮に入れて、関係当局に勧告すること
(c) 既存の立法または立法案に関して、提案および所見を提示すること

第20条【締約国の権限付与】 国内防止機構が任務を遂行することができるように、この議定書の締約国は、次のことを国内防止機構に認めることを約束する。
(a) 第4条に定める抑留場所において自由を奪われている者の数、ならびに抑留場所の数、およびその位置に関するあらゆる情報の入手
(b) 自由を奪われている者の取扱いおよび抑留状態に関するあらゆる情報の入手
(c) あらゆる抑留場所ならびにその施設および設備への立入り
(d) 自由を奪われている者とみずからだけで、または必要と認められる場合には通訳とともに、立会いなしで秘密裡に面会する機会、および、関連する情報を提供することができると国内防止機構が信ずるその他の者と秘密裡に面会する機会
(e) 訪問を希望する場所および面会を希望する者を選択する自由
(f) 防止小委員会と接触し、同委員会に情報を送付し、同委員会と会合する権利

第5部 宣言

第6部 財政条項

第7部 最終条項

第32条【ジュネーヴ条約との関係】 この議定書の規定は、1949年8月12日の4つのジュネーヴ条約および1977年6月8日のジュネーヴ条約追加議定書の締約国の義務に影響を及ぼすものではなく、また、締約国が、国際人道法が対象としていない状況において、赤十字国際委員会に対して抑留場所を訪問することを認める機会を利用できることに影響を及ぼすものでもない。

●ウィーン宣言及び行動計画〔抄〕

Vienna Declaration and Programme of Action

▼採択 1993年6月25日（世界人権会議—ウィーン）

世界人権会議は、

人権の促進及び保護が国際社会の優先事項であること、並びにこの会議が公正で均衡のとれた方法で、人権のさらに確実な遵守を推進し促進するために、国際人権制度及び人権保護機構の包括的な分析を行う比類のない機会を提供することを考慮し、

すべての人権は、人間に固有の尊厳と価値に由来すること、及び人間が人権及び基本的自由の中心的主体であり、したがって主たる受益者であるべきであり、これらの権利と自由の実現に積極的に参加すべきであることを認識し、かつ確認し、

〔中略〕

ウィーン宣言及び行動計画を厳粛に採択する。

1【国の義務、人権の普遍性】世界人権会議は、国際連

合憲章、その他の人権文書及び国際法に従って、すべての者のすべての人権及び基本的自由の普遍的尊重及び遵守並びに保護を促進する義務を履行するというすべての国の厳粛な誓約を再確認する。これらの権利及び自由の普遍的性格には疑問の余地がない。

この枠組みにおいて、人権分野における国際協力の推進は、国際連合の目的の完全な達成に不可欠である。

人権及び基本的自由は、すべての人間の生まれながらの権利である。これらの保護及び促進は、政府の第一次的責任である。

2 【自決権】すべての人民は、自決の権利を有する。この権利に基づき、すべての人民は、その政治的地位を自由に決定し、並びにその経済的、社会的及び文化的発展を自由に追求する。

世界人権会議は、植民地その他の形態の外国による支配又は占領下にある人民に特有の状況を考慮し、奪うことのできない自決権を実現するために、国際連合憲章に従ってあらゆる正当な行動をとる人民の権利を認める。世界人権会議は、自決権の否定を人権侵害と考え、この権利の効果的な実現の重要性を強調する。

このことは、国際連合憲章に従った国家間の友好関係及び協力についての国際法の原則に関する宣言によって、人民の同権及び自決の原則を遵守して行動し、したがっていかなる種類の差別なしにその領域に属する人民全体を代表する政府を有するに至った主権独立国の領土保全又は政治的統一を全体的又は部分的に分断し又は害するいかなる行動も認め又は奨励するものと解釈してはならない。

3 【外国占領下の人民】外国の占領下にある人民については、人権基準の実施を保障し、監視する効果的な国際措置がとられるべきであり、その人権侵害に対しては、人権規範及び国際法、とりわけ戦時における文民の保護に関する1949年8月12日のジュネーヴ条約、並びにその他人道法の適用可能な規範に従って、効果的な法的保護が与えられるべきである。

4 【国連の優先目標】すべての人権及び基本的自由の促進及び保護は、国際連合の目的及び原則、とくに国際協力の目的に従って、国際連合の優先的な目標とみなされなければならない。これらの目的及び原則の枠内で、すべての人権の促進及び保護は、国際共同体の正統な関心事項である。したがって、人権にかかわる機関及び専門機関は、国際人権文書の一貫した客観的な適用に基づき、活動の調整を、一層強化すべきである。

5 【人権の普遍性・相互依存性】すべての人権は、普遍的であり、不可分かつ相互依存的であり相互に関連し合っている。国際社会は、公正かつ平等な方法で、同一の基礎に基づき、等しく重点を置いて、人権を地球的規模で取り扱わなければならない。国家的及び地域的特殊性、並びにさまざまな歴史的、文化的及び宗教的背景の重要性を考慮に入れなければならないが、すべての人権及び基本的自由の促進及び保護は、政治的、経済的及び文化的な体制のいかんを問わず、国の義務である。

6 【国連システムの努力】〔省略〕

7 【国連憲章の目的及び原則の遵守】〔省略〕

8 【民主主義、発展及び人権尊重の相互依存性】民主主義、発展及び人権並びに基本的自由の尊重は、相互に依存し、かつ、補強し合うものである。民主主義は、自らの政治的、経済的、社会的及び文化的体制を決定するための自由に表明された人民の意思、並びに生活のあらゆる側面への人民の完全な参加に基礎を置く。この文脈において、人権及び基本的自由の国内的及び国際的な促進及び保護は、普遍的であるべきであり、かつ、条件を付することなく行われるべきである。国際社会は、全世界における民主主義、発展、並びに人権及び基本的自由の尊重の強化及び促進を支持すべきである。

9 【後発途上国への支援】〔省略〕

10 【発展の権利】世界人権会議は、「発展の権利に関する宣言」において確立された発展の権利は、普遍的でかつ奪うことのできない権利であって、基本的人権の不可分の一部をなすものであることを再確認する。

「発展の権利に関する宣言」が述べるように、人間が発展の中心的な主体である。

発展はすべての人権の享受を促進するものであるが、発展の欠如を、国際的に認められた人権の制限を正当化するために援用してはならない。

国は、発展を確保し発展に対する障害を除去するにあたって相互に協力すべきである。国際社会は、発展の権利を実現し発展に対する障害を除去するために効果的な国際協力を促進すべきである。

発展の権利の実施に向けての永続的な進歩は、国家レベルにおける効果的な発展政策並びに国際レベルにおける公正な経済関係及び好ましい経済環境を必要とする。

11 【有害廃棄物の投棄等の規制】発展の権利は、現在及び将来世代の発展並びに環境的必要性を衡平に適合するように実現されるべきである。世界人権会議は、有害で危険な物質及び廃棄物の不法投棄が、すべての者の生命と健康に対する人権への重大な脅威となる可能性があることを承認する。

したがって世界人権会議は、すべての国に対し、有害で危険な物質及び廃棄物の投棄に関する現行の条約に参加し、それを厳格に実施し、不法投棄の防止に協力するよう求める。

すべての者は、科学の進歩とその利用による利益を享受する権利を有する。世界人権会議は、特定の進歩、とりわけ生医学、生命科学並びに情報技術の分野におけるある種の進歩が、個人の人格、尊厳及び人権に悪影響を及ぼすおそれがあることに留意し、世界的に懸念が示されているこの分野において人権と尊厳の完全な尊重が確保されるための国際協力を求める。

12 【発展途上国の対外債務】〔省略〕

13 【人権享受の条件の創出】国及び国際組織は、非政府団体と協力して、人権の完全かつ効果的な享受を確保するために、国内的、地域的及び国際的レベルにおいて好ましい条件を創出する必要がある。国は、すべての人権侵害及びその原因並びに人権の享受への障害

14 **【極端な貧困の根絶】** 極端な貧困の広範な存在は、人権の完全かつ効果的な享受を妨げるものである。これを直ちに軽減し究極的に除去することは、引き続き国際社会の高い優先事項でなければならない。

15 **【差別の撤廃】** いかなる種類の差別もなしに人権及び基本的自由を尊重することは、国際人権法の基本的な規則である。あらゆる形態の人種主義及び人種差別、外国人排斥及びそれらに関連する不寛容を速やかにかつ全面的に撤廃することは、国際社会の優先課題である。各国政府は、これらを防止し、かつ、これらを除去するために効果的な措置をとるべきである。集団、組織、政府間組織、非政府団体及び個人は、これらの悪に立ち向かうために活動を協力しかつ調整する努力を強化するよう要請されている。

16 **【アパルトヘイト】** 世界人権会議は、アパルトヘイトの解体の進展を歓迎し、国際社会と国連システムに対して、この進展を支援するよう求める。

　世界人権会議は、また、アパルトヘイトの平和的な解体の追求を妨げることを目的とした暴力行為の継続を非難する。

17 **【テロリズムの防止】** あらゆる形態及び示威行動におけるテロリズムの行為、方法及び慣行、並びにいくつかの国における麻薬取引への関与は、人権、基本的自由及び民主主義の破壊を目的とし、領土保全と国の安全を脅かし、正統に組織された政府を不安定化させる活動である。国際社会は、テロリズムを防止し、防止するための協力を強化するために必要な措置をとるべきである。

18 **【女性の人権】** 女性及び女児の人権は、普遍的人権の不可譲、不可欠、かつ不可分な一部である。国内的、地域的及び国際的なレベルにおける政治的、市民的、経済的、社会的及び文化的活動への女性の完全かつ平等な参加、並びに性を理由とするあらゆる形態の差別の除去は、国際社会の優先的な目的である。

　ジェンダーに基づく暴力、並びにあらゆる形態のセクシャル・ハラスメント及び搾取は、文化的偏見及び国際的売買に生じるものを含めて、人間の尊厳及び価値に反するものであり、撤廃されなければならない。このことは、経済的及び社会的発展、教育、母性保護及び保健医療、並びに社会扶助等の分野における法的措置により、また、国内行動及び国際協力を通じて、達成することができる。

　女性の人権は、女性に関するすべての人権文書の奨励を含めて国連人権活動の不可分の一部を構成すべきものである。

　世界人権会議は、政府、組織、政府間組織及び非政府団体に対して、女性及び女児の人権の保護及び促進のための努力を強化するよう要請する。

19 **【少数者の権利】** 少数者に属する人の権利の促進及び保護の重要性、並びに少数者が居住する国においてこのような促進及び保護が政治的及び社会的安定に寄与することを考慮して、

　世界人権会議は、少数者に属するか、「民族的又は人種的、宗教的及び言語的少数者に属する人の権利に関する宣言」に従って、いかなる差別もなしに法の前の完全に平等な、すべての人権及び基本的自由を完全かつ効果的に行使することができるよう確保する、国の義務を再確認する。

　少数者に属する人は、自由にかつ介入又はいかなる形態の差別もなしに、自己の文化を享受し、自己の宗教を信仰し、かつ実践し、私的及び公的にも自己の言語を使用する権利を有する。

20 **【先住民の権利】** 世界人権会議は、先住民の固有の尊厳及び社会の発展と多様性に対する独特な貢献を承認し、先住民の経済的、社会的及び文化的福祉、並びに持続可能な発展の成果を先住民が享受することに対する国際社会の誓約を強く再確認する。国は、社会のあらゆる側面、とりわけ先住民にとり関心事項への、先住民の完全かつ自由な参加を確保すべきである。先住民の権利の促進及び保護の重要性、並びに先住民が居住する国におけるこのような促進及び保護が政治的及び社会的安定に貢献することを考慮し、国は、国際法に従い、平等かつ差別のない基礎として、先住民のすべての人権と基本的自由の尊重を確保するために協調した積極的な措置をとり、先住民の特有なアイデンティティ、文化及び社会組織の価値と多様性を承認すべきである。

21 **【子どもの権利】** 世界人権会議は、多数の国が児童の権利に関する条約を早期に批准したことを歓迎し、子どものための世界サミットが採択した「子どもの生存、保護及び発展に関する世界宣言及び行動計画」において子どもの人権が認められたことに留意して1995年までに同条約が普遍的に批准されること、並びに、締約国がすべての必要な立法、行政その他の措置をとり、利用可能な資源を最大限に配分することによって同条約を効果的に実施することを要請する。子どもに関するあらゆる行動において、差別のない及び子どもの最善の利益は第一に考慮されるべきであり、子どもの見解に妥当な考慮が払われるべきである。国内及び国際の制度及び計画は、子どもを守り保護するために強化されるべきである。このように防護されるべき子どもには、とりわけ女児、遺棄された子ども、家のない子ども、経済的及び性的に搾取されていることも（児童ポルノ、児童売春又は売買を通じた搾取を含む。）、後天性免疫不全症候群を含む病気の子ども、難民及び避難民の子ども、拘禁されている子ども、武力紛争の子ども、並びに飢饉、旱魃その他の緊急事態の犠牲者である子どもが含まれる。児童の権利に関する条約の実施はその支援のために国際協力及び連帯を促進すべきであり、また、国際連合システム全体にわたる人権活動において優先事項であるべきである。

　世界人権会議はまた、子どもは十分かつ調和のとれた人格の発達のために家庭環境の中で育つべきであること、したがって家庭環境はさらに広範な保護を受ける価値があることを強調する。

22 **【障害者の人権】** 障害者の差別禁止、並びに社会のあらゆる側面への積極的な参加を含むすべての人権及び

基本的自由の平等な享受を確保するために、特別な注意を払う必要がある。

23 【難民及び避難民】世界人権会議は、すべての人が、いかなる差別もなしに、迫害からの庇護を他国に求めかつ享受する権利、及び自国に戻る権利を有することを再確認する。この点に関して同会議は、世界人権宣言、1951年難民の地位に関する条約及び1967年議定書、並びに地域的文書の重要性を強調する。同会議は、多くの難民を領域内に受け入れかつ生活させている諸国に対し、及び国際連合難民高等弁務官事務所が任務に献身していることに対して感謝を表明する。同会議は、また、国際連合パレスティナ難民救済事業機関にも感謝を表明する。

世界人権会議は、武力紛争を含む重大な人権侵害が、人民の移転をもたらす多様かつ複雑な要因の一つであると承認する。

世界人権会議は、地球規模の難民危機の複雑さに鑑み、また国際連合憲章、関連国際文書及び国際的連帯に従い、及び負担配分の精神において、国際社会が、国際連合難民高等弁務官事務所の権限に留意しつつ、関係国及び関係組織と調整し協力して、包括的アプローチをとる必要があることを承認する。このようなアプローチは、難民及びその他の避難民の移動の根本原因並びに影響に対処する戦略の開発、緊急事態に対する準備と対策に対応する機構の強化、女性及び子どもへの特別な必要性を考慮した効果的な保護及び援助の供与、並びに、国際難民会議で採択された解決策を含む何よりも尊厳ある安全な自発的帰還という望ましい解決を通した恒久的解決の達成を含むべきである。世界人権会議は、国の責任、とりわけ難民の出身国にかかわる責任を強調する。

世界人権会議は、包括的アプローチに照らして、自発的かつ安全な帰還及び社会復帰に関するものを含む国内避難民に関する問題に対して、政府間組織及び人道的団体によるものを含む特別な注意を払い、永続的な解決を見出すことの重要性を強調する。

世界人権会議はさらに、国際連合憲章及び人道法の諸原則に従って、すべての自然災害及び人的災害の被害者に対する人道的援助の重要性及び必要性を強調する。

24 【弱者の人権】移住労働者を含む弱者の立場におかれた集団に属する者の人権の促進及び保護、彼らに対するあらゆる形態の差別の撤廃、並びに、現行の人権文書の強化とさらに効果的な実施をとりわけ重視しなければならない。国は、とりわけ教育、健康及び社会扶助の分野において、国民のうち弱者に属する者の権利の促進及び保護のために国家レベルでの適切な措置を創出し維持する義務、並びに弱者に属する者で自らの問題解決を見出すことに関心を有する者の参加を確保する義務を負う。

25 【最も貧しい者の人権】世界人権会議は、極端な貧困及び社会的な疎外が人間の尊厳を侵すものであり、最も貧しい者の人権を促進し、極端な貧困及び社会的な疎外をなくし、社会的進歩の成果の享受を促進するために、極端な貧困及び開発の問題に関連するものを含むその原因に関するよりよい認識を深めるために緊急の対策が必要であることを確認する。国にとって、人権の促進、及び極端な貧困の撤廃の努力を促進するにあたり、最も貧しい者が居住する地域の意思決定過程に関する参加への促進は、不可欠である。

26 【人権文書の法典化】〔省略〕
27 【人権侵害の救済】〔省略〕
28 【大規模な人権侵害】世界人権会議は、難民及び避難民の大量流出をもたらしている大規模な人権侵害、とりわけジェノサイド、民族浄化、及び戦争状態における女性に対する組織化された強姦に、驚愕を表明する。このような嫌悪すべき行為を強く非難するとともに、このような犯罪の加害者が処罰され、このような行為を直ちに終わらせられるよう繰り返し訴える。

29 【武力紛争時における人権の保護】世界人権会議は、国際人権文書及び国際人道法に含まれた基準を無視して、世界各地で人権侵害が継続していること、及び被害者に対する十分かつ効果的な救済手段が欠如していることに対し、重大な憂慮を表明する。

世界人権会議は、武力紛争時における文民たる住民に対する人権侵害、とりわけ女性、子ども、老齢者及び障害者に対して行われていることを深く憂慮する。したがって同会議は、国及び武力紛争のすべての当事者に対し、1949年のジュネーヴ諸条約その他の国際法の規則及び原則が規定する国際人道法、並びに国際条約が規定する人権保護の最低基準を厳格に遵守するように要請する。

世界人権会議は、1949年のジュネーヴ諸条約及びその他の国際人道法の関連文書が規定するように、被害者は人道的団体により援助を受ける権利を有することを再確認し、そのような援助が安全にかつ時宜を得て受けられるよう要請する。

30 【重大な人権侵害】世界人権会議はまた、世界の各地において、すべての人権の完全な享受に対して深刻な障害をなす重大かつ組織的な侵害及び事態に対し、驚愕と非難を表明する。このような侵害及び障害には、拷問並びに残虐かつ非人道的で品位を傷つける取扱い又は刑罰、即決かつ恣意的な処刑、失踪、恣意的な拘禁、あらゆる形態の人種主義、人種差別及びアパルトヘイト、外国の占領及び支配、外国人の排斥、貧困、飢餓その他の経済的、社会的及び文化的権利の否定、宗教的不寛容、テロリズム、女性差別、並びに法の支配の欠如が含まれる。

31 【人権享受を妨げる貿易措置上の一方的措置】〔省略〕
32 【人権問題における普遍性、客観性、非選択性】〔省略〕
33 【人権教育】〔省略〕
34 【人権享受のための国際援助】〔省略〕
35 【国連の人権活動】〔省略〕
36 【人権促進のための国内制度の役割】〔省略〕
37 【人権促進のための地域的取極の役割】〔省略〕
38 【非政府団体の役割】世界人権会議は、国内的、地域的及び国際的レベルで行われているすべての人権の促進及び人道的活動における非政府団体の重要な役割を

承認する。世界人権会議は、人権問題についての公衆意識の向上、この分野における教育、訓練及び研究の実施、並びにすべての人権及び基本的自由の促進及び保護に対する非政府団体の貢献を評価する。世界人権会議は、人権に関する基準設定の第一次的な責任は国にあることを認識するものであるが、この過程における非政府団体の貢献もまた評価する。この問題に関連して、世界人権会議は、政府と非政府団体間の継続的対話及び協力の重要性を強調する。誠実に人権分野に係わっている非政府団体とその構成員は、世界人権宣言が認める権利及び自由並びに国内法の保護を享有すべきである。これらの権利及び自由は、国際連合の目的及び原則に反して行使してはならない。非政府団体は、国内法及び世界人権宣言の枠内で、干渉を受けることなく自由に人権活動が行われるべきである。

39【報道機関の役割】〔省略〕

●女子に対するあらゆる形態の差別の撤廃に関する条約
《女子差別撤廃条約》〔抄〕

Convention on the Elimination of All Forms of Discrimination against Women

▼採択 1979年12月18日（国連第34回総会） ▼効力発生 1981年9月3日 ▼改正 1995年5月22日〔未発効〕 ▼日本国 1980年7月17日署名、85年6月24日国会承認、6月25日批准書寄託、7月1日公布〔昭和60年条約第7号〕、7月25日発効。改正―2003年6月12日受諾書寄託

この条約の締約国は、

国際連合憲章が基本的人権、人間の尊厳及び価値並びに男女の権利の平等に関する信念を改めて確認していることに留意し、

世界人権宣言が、差別は容認することができないものであるとの原則を確認していること、並びにすべての人間は生まれながらにして自由であり、かつ、尊厳及び権利について平等であること並びにすべての人は性による差別その他のいかなる差別もなしに同宣言に掲げるすべての権利及び自由を享有することができることを宣明していることに留意し、

人権に関する国際規約の締約国がすべての経済的、社会的、文化的、市民的及び政治的権利の享有について男女に平等の権利を確保する義務を負っていることに留意し、

国際連合及び専門機関の主催の下に各国が締結した男女の権利の平等を促進するための国際条約を考慮し、

更に、国際連合及び専門機関が採択した男女の権利の平等を促進するための決議、宣言及び勧告に留意し、

しかしながら、これらの種々の文書にもかかわらず女子に対する差別が依然として広範に存在していることを憂慮し、

〔中略〕

次のとおり協定した。

第1部

第1条【女子差別の定義】 この条約の適用上、「女子に対する差別」とは、性に基づく区別、排除又は制限であつて、政治的、経済的、社会的、文化的、市民的その他のいかなる分野においても、女子（婚姻をしているかいないかを問わない。）が男女の平等を基礎として人権及び基本的自由を認識し、享有し又は行使することを害し又は無効にする効果又は目的を有するものをいう。

第2条【締約国の差別撤廃義務】 締約国は、女子に対するあらゆる形態の差別を非難し、女子に対する差別を撤廃する政策をすべての適当な手段により、かつ、遅滞なく追求することに合意し、及びこのため次のことを約束する。

(a) 男女の平等の原則が自国の憲法その他の適当な法令に組み入れられていない場合にはこれを定め、かつ、男女の平等の原則の実際的な実現を法律その他の適当な手段により確保すること。

(b) 女子に対するすべての差別を禁止する適当な立法その他の措置（適当な場合には制裁を含む。）をとること。

(c) 女子の権利の法的な保護を男子との平等を基礎として確立し、かつ、権限のある自国の裁判所その他の公の機関を通じて差別となるいかなる行為からも女子を効果的に保護することを確保すること。

(d) 女子に対する差別となるいかなる行為又は慣行も差し控え、かつ、公の当局及び機関がこの義務に従つて行動することを確保すること。

(e) 個人、団体又は企業による女子に対する差別を撤廃するためのすべての適当な措置をとること。

(f) 女子に対する差別となる既存の法律、規則、慣習及び慣行を修正し又は廃止するためのすべての適当な措置（立法を含む。）をとること。

(g) 女子に対する差別となる自国のすべての刑罰規定を廃止すること。

第3条【立法措置等の義務】〔省略〕
第4条【差別にならない措置】〔省略〕
第5条【固定観念・偏見の撤廃】 締約国は、次の目的のためのすべての適当な措置をとる。

(a) 両性いずれかの劣等性若しくは優越性の観念又は男女の定型化された役割に基づく偏見及び慣習その他あらゆる慣行の撤廃を実現するため、男女の社会的及び文化的な行動様式を修正すること。

(b) 家庭についての教育に、社会的機能としての母性についての適正な理解並びに子の養育及び発育における男女の共同責任についての認識を含めることを確保すること。あらゆる場合において、子の利益は

最初に考慮するものとする。

第6条【女子売買・売春による搾取の禁止】 締約国は、あらゆる形態の女子の売買及び女子の売春からの搾取を禁止するためのすべての適当な措置（立法を含む。）をとる。

第2部

第7条【政治的・公的活動における男女平等】 締約国は、自国の政治的及び公的活動における女子に対する差別を撤廃するためのすべての適当な措置をとるものとし、特に、女子に対して男子と平等の条件で次の権利を確保する。

(a)―(c)〔省略〕

第8条【国際機関活動等への平等な参加】〔省略〕

第9条【国籍に関する男女平等】 1　締約国は、国籍の取得、変更及び保持に関し、女子に対して男子と平等の権利を与える。締約国は、特に、外国人との婚姻又は婚姻中の夫の国籍の変更が、自動的に妻の国籍を変更し、妻を無国籍にし又は夫の国籍を妻に強制することとならないことを確保する。

2　締約国は、子の国籍に関し、女子に対して男子と平等の権利を与える。

第3部

第10条【教育分野における差別撤廃措置】 締約国は、教育の分野において、女子に対して男子と平等の権利を確保することを目的として、特に、男女の平等を基礎として次のことを確保することを目的として、女子に対する差別を撤廃するためのすべての適当な措置をとる。

(a)―(h)〔省略〕

第11条【雇用分野における差別撤廃措置】 1　締約国は、男女の平等を基礎として同一の権利、特に次の権利を確保することを目的として、雇用の分野における女子に対する差別を撤廃するためのすべての適当な措置をとる。

(a)―(f)〔省略〕

2　締約国は、婚姻又は母性を理由とする女子に対する差別を防止し、かつ、女子に対して実効的な労働の権利を確保するため、次のことを目的とする適当な措置をとる。

(a)―(d)〔省略〕

3〔省略〕

第12条【保健分野における差別撤廃措置】 1　締約国は、男女の平等を基礎として保健サービス（家族計画に関連するものを含む。）を享受する機会を確保することを目的として、保健の分野における女子に対する差別を撤廃するためのすべての適当な措置をとる。

2　1の規定にかかわらず、締約国は、女子に対し、妊娠、分べん及び産後の期間中の適当なサービス（必要な場合には無料にする。）並びに妊娠及び授乳の期間中の適当な栄養を確保する。

第13条【経済的・社会的分野における差別撤廃措置】 締約国は、男女の平等を基礎として同一の権利、特に次の権利を確保することを目的として、他の経済的及び社会的活動の分野における女子に対する差別を撤廃するためのすべての適当な措置をとる。

(a)―(c)〔省略〕

第14条【農村女子のための諸措置】 1　締約国は、農村の女子が直面する特別の問題及び家族の経済的生存のために果たしている重要な役割（貨幣化されていない経済の部門における労働を含む。）を考慮に入れるものとし、農村の女子に対するこの条約の適用を確保するためのすべての適当な措置をとる。

2〔省略〕

第4部

第15条【法の前の男女平等】 1　締約国は、女子に対し、法律の前の男子との平等を認める。

2　締約国は、女子に対し、民事に関して男子と同一の法的能力を与えるものとし、また、この能力を行使する同一の機会を与える。特に、締約国は、契約を締結し及び財産を管理することにつき女子に対して男子と平等の権利を与えるものとし、裁判所における手続のすべての段階において女子を男子と平等に取り扱う。

3　締約国は、女子の法的能力を制限するような法的効果を有するすべての契約及び他のすべての私的文書（種類のいかんを問わない。）を無効とすることに同意する。

4　締約国は、個人の移動並びに居所及び住所の選択の自由に関する法律において男女に同一の権利を与える。

第16条【婚姻・家族関係における差別の撤廃】 1　締約国は、婚姻及び家族関係に係るすべての事項について女子に対する差別を撤廃するためのすべての適当な措置をとるものとし、特に、男女の平等を基礎として次のことを確保する。

(a)―(h)〔省略〕

2　児童の婚約及び婚姻は、法的効果を有しないものとし、また、婚姻最低年齢を定め及び公の登録所への婚姻の登録を義務付けるためのすべての必要な措置（立法を含む。）がとられなければならない。

第5部

第17条【女子差別撤廃委員会】 1　この条約の実施に関する進捗〔ちょく〕状況を検討するために、女子に対する差別の撤廃に関する委員会（以下「委員会」という。）を設置する。委員会は、この条約の効力発生の時は18人の、35番目の締約国による批准又は加入の後は23人の徳望が高く、かつ、この条約が対象とする分野において十分な能力を有する専門家で構成する。委員は、締約国の国民の中から締約国により選出されるものとし、個人の資格で職務を遂行する。その選出に当たつては、委員の配分が地理的に衡平に行われること並びに異なる文明形態及び主要な法体系が代表されることを考慮に入れる。

2　委員会の委員は、締約国により指名された者の名簿の中から秘密投票により選出される。各締約国は、自

国民の中から1人を指名することができる。
3 委員会の委員の最初の選挙は、この条約の効力発生の日の後六箇月を経過した時に行う。国際連合事務総長は、委員会の委員の選挙の日の遅くとも3箇月前までに、締約国に対し、自国が指名する者の氏名を2箇月以内に提出するよう書簡で要請する。同事務総長は、指名された者のアルファベット順による名簿（これらの者を指名した締約国名を表示した名簿とする。）を作成し、締約国に送付する。
4 委員会の委員の選挙は、国際連合事務総長により国際連合本部に招集される締約国の会合において行う。この会合は、締約国の3分の2をもつて定足数とする。この会合においては、出席しかつ投票する締約国の代表によつて投じられた票の最多数で、かつ、過半数の票を得た指名された者をもつて委員会に選出された委員とする。
5 委員会の委員は、4年の任期で選出される。ただし、最初の選挙において選出された委員のうち9人の委員の任期は、2年で終了するものとし、これらの9人の委員は、最初の選挙の後直ちに、委員会の委員長によりくじ引で選ばれる。
6 委員会の5人の追加的な委員の選挙は、35番目の批准又は加入の後、2から4までの規定に従つて行う。この時に選出された追加的な委員のうち2人の委員の任期は、2年で終了するものとし、これらの2人の委員は、委員会の委員長によりくじ引で選ばれる。
7 締約国は、自国の専門家が委員会の委員としての職務を遂行することができなくなつた場合には、その空席を補充するため、委員会の承認を条件として自国民の中から他の専門家を任命する。
8 委員会の委員は、国際連合総会が委員会の任務の重要性を考慮して決定する条件に従い、同総会の承認を得て、国際連合の財源から報酬を受ける。
9 国際連合事務総長は、委員会がこの条約に定める任務を効果的に遂行するために必要な職員及び便益を提供する。

第18条【締約国の報告義務】〔省略〕
第19条【委員会の手続規則、役員】〔省略〕
第20条【委員会の会合】〔省略〕
第21条【委員会の報告・勧告】〔省略〕
第22条【専門機関との関係】〔省略〕

第6部

第23条【関連国内法令・国際条約との関係】〔省略〕
第24条【権利の完全実現達成の約束】〔省略〕
第25条【署名、批准、加入、寄託】〔省略〕
第26条【改正】〔省略〕
第27条【効力発生】〔省略〕
第28条【留保】 1 国際連合事務総長は、批准又は加入の際に行われた留保の書面を受領し、かつ、すべての国に送付する。
2 この条約の趣旨及び目的と両立しない留保は、認められない。
3 留保は、国際連合事務総長にあてた通告によりいつでも撤回することができるものとし、同事務総長は、その撤回をすべての国に通報する。このようにして通報された通告は、受領された日に効力を生ずる。
第29条【紛争の解決】〔省略〕
第30条【正文】〔省略〕

●女子に対するあらゆる形態の差別の撤廃に関する条約の選択議定書
《女子差別撤廃条約の選択議定書》〔抜粋〕

Optional Protocol to the Convention on the Elimination of All Forms of Discrimination against Women
▼採択 1999年10月6日（国連第54回総会） ●効力発生 2000年12月22日 ▼日本国

第1条【委員会の権限】この議定書の締約国（以下「締約国」という。）は、女子に対する差別の撤廃に関する委員会（以下「委員会」という。）が第2条の規定に従って提出される通報を受理し検討する権限を認める。

第2条【通報の提出】通報は、締約国の管轄下にある個人または集団であって、条約に規定するいずれかの権利の侵害の被害者であると主張する者またはそれらの者に代わって行動する者が、提出することができる。通報が個人または集団のために提出される場合には、当該通報は、通報者が個人または集団の同意なしにそれらの者に代わって行動することを正当化できる場合を除き、当該個人または集団の同意がなければならない。

第3条【受理できない通報】通報は、書面によらなければならず、かつ、匿名であってはならない。委員会は、条約の締約国であるがこの議定書の締約国ではないものに関するいかなる通報も、受理してはならない。

第4条【通報の受理可能性】 1 委員会は、利用しうるすべての国内的救済措置が尽くされたことを確認しない限り、通報を検討してはならない。ただし、救済措置の適用が不当に遅延している場合または効果的な救済がもたらされない場合は、この限りでない。
2 委員会は、次の場合には、通報を受理できないことを宣言する。
(a) 同一の事案が、委員会ですでに審議されたかまたは他の国際的調査もしくは解決の手続の下で審議されたかもしくは審議されている場合
(b) 通報が条約の規定に違反している場合
(c) 通報が明白に根拠が不十分であるかまたは十分に立証されていない場合
(d) 通報が通報を提出する権利の濫用である場合

(e) 通報の対象となる事実が、関係締約国につきこの議定書が効力を生ずる前に生じた場合。ただし、当該事実が効力発生の日以降も継続している場合は、この限りでない。

第5条【暫定措置】 1 委員会は、通報の受理の後から本案の決定に至る間いつでも、主張された違反の被害者に生じうる回復不能な損害を避けるために必要となる暫定措置を、関係締約国が緊急に考慮するように求める要請を、送付することができる。

2 委員会がこの条の1の規定に基づき裁量権を行使する場合、通報の受理可能性または本案についての決定を意味するものではない。

第7条【委員会による検討】 1 委員会は、個人もしくは集団によりまたはそれらのためにおよび関係締約国により委員会の利用に供されたすべての情報に照らして、この議定書に基づき受理した通報を検討する。ただし、この情報が関係当事者に送付されることを条件とする。

2 委員会は、この議定書に基づき通報を審議する場合には、非公開での会合を開催する。

3 委員会は、通報を審議した後、通報に関する委員会の見解を、勧告がある場合にはその勧告とともに、関係当事者に送付する。

4 締約国は、委員会の見解および勧告がある場合にはその勧告に妥当な考慮を払い、かつ、6か月以内に、委員会に対し、委員会の見解および勧告に照らしてとった措置に関する情報を含む書面による回答を送付する。

5 委員会は、当該締約国に対し委員会が適当と考える措置を含め、委員会の見解および勧告がある場合にはその勧告に応じて締約国がとった措置に関する追加的情報を、条約第18条の規定に基づく締約国のその後の報告書中で提供するよう要請することができる。

第8条【情報に対する委員会の調査】 1 委員会は、締約国が条約に規定される権利の重大なまたは組織的な侵害を行っていることを示す信頼できる情報を受領した場合には、当該締約国に対し、当該情報の審議に協力し、かつ、このために当該情報に関する見解を提出するよう要請する。

2 委員会は、関係締約国が提出するすべての見解および利用可能な他の信頼できる情報を考慮し、調査を行いかつ緊急に委員会に報告するため、1人またはそれ以上の委員を指名することができる。正当な根拠かつ当該締約国の同意がある場合には、調査には当該国領域への訪問を含めることができる。

3 委員会は、2の調査結果を検討した後、当該調査結果を意見および勧告とともに関係締約国に送付する。

4 関係締約国は、委員会が送付した調査結果、意見および勧告を受領してから6か月以内に、見解を委員会に提出する。

5 調査は内密に実施し、および当該手続のすべての段階において当該締約国の協力を求めなければならない。

第9条【調査に応じてとった措置の報告】 1 委員会は、この議定書の第8条の規定に基づいて行われる調査に応じて関係締約国がとった措置の詳細を、条約第18条の規定に基づく当該国の報告書の中に含めるよう、締約国に要請することができる。

2 委員会は、必要とみなす場合には、関係締約国に対して第8条4に規定する6か月の期間の終了の後に、当該調査に応じてとった措置を委員会に通知するよう要請することができる。

第10条【第8条および第9条に基づく宣言】 1 各締約国は、この議定書の署名もしくは批准またはこの議定書への加入の際に、第8条および第9条に規定する委員会の権限を有することを認めない旨を宣言することができる。

2 1の規定に従って宣言を行った締約国は、国際連合事務総長に対する通告により、いつでもこの宣言を撤回することができる。

●あらゆる形態の人種差別の撤廃に関する国際条約《人種差別撤廃条約》〔抄〕

International Convention on the Elimination of All Forms of Racial Discrimination

▼採択 1965年12月21日（国連第20回総会） ▼署名 1966年3月7日（ニューヨーク） ▼効力発生 1969年1月4日 ▼日本国 1995年12月1日国会承認、12月15日加入書寄託、12月20日公布〔平成7年条約第26号〕、96年1月14日発効

この条約の締約国は、
国際連合憲章がすべての人間に固有の尊厳及び平等の原則に基礎を置いていること並びにすべての加盟国が、人種、性、言語又は宗教による差別のないすべての者のための人権及び基本的自由の普遍的な尊重及び遵守を助長し及び奨励するという国際連合の目的の一を達成するために、国際連合と協力して共同及び個別の行動をとることを誓約したことを考慮し、
〔中略〕
次のとおり協定した。

第1部

第1条【人種差別の定義】 1 この条約において、「人種差別」とは、人種、皮膚の色、世系又は民族的若しくは種族的出身に基づくあらゆる区別、排除、制限又は優先であって、政治的、経済的、社会的、文化的その他のあらゆる公的生活の分野における平等の立場での人権及び基本的自由を認識し、享有し又は行使することを妨げ又は害する目的又は効果を有するものをいう。

2 この条約は、締約国が市民と市民でない者との間に

設ける区別、排除、制限又は優先については、適用しない。
3 この条約のいかなる規定も、国籍、市民権又は帰化に関する締約国の法規に何ら影響を及ぼすものと解してはならない。ただし、これらに関する法規は、いかなる特定の民族に対しても差別を設けていないことを条件とする。
4 人権及び基本的自由の平等な享有又は行使を確保するため、保護を必要としている特定の人種若しくは種族の集団又は個人の適切な進歩を確保することのみを目的として、必要に応じてとられる特別措置は、人種差別とみなさない。ただし、この特別措置は、その結果として、異なる人種の集団に対して別個の権利を維持することとなってはならず、また、その目的が達成された後は継続してはならない。

第2条【締約国の差別撤廃義務】 1 締約国は、人種差別を非難し、また、あらゆる形態の人種差別を撤廃する政策及びあらゆる人種間の理解を促進する政策をすべての適当な方法により遅滞なくとることを約束する。このため、
(a) 各締約国は、個人、集団又は団体に対する人種差別の行為又は慣行に従事しないこと並びに国及び地方のすべての公の当局及び機関がこの義務に従って行動するよう確保することを約束する。
(b) 各締約国は、いかなる個人又は団体による人種差別も後援せず、擁護せず又は支持しないことを約束する。
(c) 各締約国は、政府(国及び地方)の政策を再検討し及び人種差別を生じさせ又は永続化させる効果を有するいかなる法令も改正し、廃止し又は無効にするために効果的な措置をとる。
(d) 各締約国は、すべての適当な方法(状況により必要とされるときは、立法を含む。)により、いかなる個人、集団又は団体による人種差別も禁止し、終了させる。
(e) 各締約国は、適当なときは、人種間の融和を目的とし、かつ、複数の人種で構成される団体及び運動を支援し並びに人種間の障壁を撤廃する他の方法を奨励すること並びに人種間の分断を強化するようないかなる動きも抑制することを約束する。
2 締約国は、状況により正当とされる場合には、特定の人種の集団又はこれに属する個人に対し人権及び基本的自由の十分かつ平等な享有を保障するため、社会的、経済的、文化的その他の分野において、当該人種の集団又は個人の適切な発展及び保護を確保するための特別かつ具体的な措置をとる。この措置は、いかなる場合においても、その目的が達成された後、その結果として、異なる人種の集団に対して不平等又は別個の権利を維持することとなってはならない。

第3条【アパルトヘイトの根絶】 締約国は、特に、人種隔離及びアパルトヘイトを非難し、また、自国の管轄の下にある領域におけるこの種のすべての慣行を防止し、禁止し及び根絶することを約束する。

第4条【人種差別と扇動の禁止】 締約国は、一の人種の優越性若しくは一の皮膚の色若しくは種族的出身の人の集団の優越性の思想若しくは理論に基づくあらゆる宣伝及び団体又は人種的憎悪及び人種差別(形態のいかんを問わない。)を正当化し若しくは助長することを企てるあらゆる宣伝及び団体を非難し、また、このような差別のあらゆる扇動又は行為を根絶することを目的とする迅速かつ積極的な措置をとることを約束する。このため、締約国は、世界人権宣言に具現された原則及び次条に明示的に定める権利に十分な考慮を払って、特に次のことを行う。
(a) 人種的優越又は憎悪に基づく思想のあらゆる流布、人種差別の扇動、いかなる人種若しくは皮膚の色若しくは種族的出身を異にする人の集団に対するものであるかを問わずすべての暴力行為又はその行為の扇動及び人種主義に基づく活動に対する資金援助を含むいかなる援助の提供も、法律で処罰すべき犯罪であることを宣言すること。
(b) 人種差別を助長し及び扇動する団体及び組織的宣伝活動その他のすべての宣伝活動を違法であるとして禁止するものとし、このような団体又は活動への参加が法律で処罰すべき犯罪であることを認めること。
(c) 国又は地方の公の当局又は機関が人種差別を助長し又は扇動することを認めないこと。

第5条【法の前の平等】〔省略〕

第6条【人種差別に対する救済】 締約国は、この条約に反して人権および基本的自由を侵害するいかなる人種差別についても、その管轄内にあるすべての者に対し、権限ある国内裁判所ならびに他の国家機関を通じて、実効的な保護および救済を確証するとともに、かかる差別の結果発生した損害に関連してそれら裁判所に公正かつ十分な補償を求める権利をも確証しなければならない。

第7条【反人種差別教育】〔省略〕

第2部

第8条【人種差別撤廃委員会】 1 締約国により締約国の国民の中から選出される徳望が高く、かつ、公平と認められる18人の専門家で構成する人種差別の撤廃に関する委員会(以下「委員会」という。)を設置する。委員会の委員は、個人の資格で職務を遂行する。その選出に当たっては、委員の配分が地理的に衡平に行われること並びに異なる文明形態及び主要な法体系が代表されることを考慮に入れる。
2 委員会の委員は、締約国により指名された者の名簿の中から秘密投票により選出される。各締約国は、自国民の中から1人を指名することができる。
3 委員会の委員の最初の選挙は、この条約の効力発生の日の後6箇月を経過した時に行う。国際連合事務総長は、委員会の委員の選挙の日の遅くとも3箇月前までに、締約国に対し、自国が指名する者の氏名を二箇月以内に提出するよう書簡で要請する。同事務総長は、指名された者のアルファベット順による名簿(これらの者を指名した締約国名を表示した名簿とする。)を作

成し、締約国に送付する。
4 委員会の委員の選挙は、国際連合事務総長により国際連合本部に招集される締約国の会合において行う。この会合は、締約国の3分の2をもって定足数とする。この会合においては、出席しかつ投票する締約国の代表によって投じられた票の最多数で、かつ、過半数の票を得た指名された者をもって委員会に選出された委員とする。
5 (a) 委員会の委員は、4年の任期で選出される。ただし、最初の選挙において選出された委員のうち9人の委員の任期は、2年で終了するものとし、これらの9人の委員は、最初の選挙の後直ちに、委員会の委員長によりくじ引きで選ばれる。
 (b) 締約国は、自国の専門家が委員会の委員としての職務を遂行することができなくなった場合には、その空席を補充するため、委員会の承認を条件として自国民の中から他の専門家を任命する。
6 締約国は、委員会の委員が委員会の任務を遂行している間、当該委員に係る経費について責任を負う。

第9条【締約国の報告義務】 1 締約国は、次の場合に、この条約の諸規定の実現のためにとった立法上、司法上、行政上その他の措置に関する報告を、委員会による検討のため、国際連合事務総長に提出することを約束する。
 (a) 当該締約国についてこの条約が効力を生ずる時から1年以内
 (b) その後は2年ごとに、更には委員会が要請するとき。
委員会は、追加の情報を締約国に要請することができる。
2 委員会は、その活動につき国際連合事務総長を通じて毎年国際連合総会に報告するものとし、また、締約国から得た報告及び情報の検討に基づく提案及び一般的な性格を有する勧告を行うことができる。これらの提案及び一般的な性格を有する勧告は、締約国から意見がある場合にはその意見と共に、総会に報告する。

第10条【委員会の運営】〔省略〕

第11条【締約国の義務不履行と委員会】 1 締約国は、他の締約国がこの条約の諸規定を実現していないと認める場合には、その事案につき委員会の注意を喚起することができる。委員会は、その通知を関係締約国に送付する。当該通知を受領する国は、3箇月以内に、当該事案について及び、当該国がとった救済措置がある場合には、当該救済措置についての書面による説明又は声明を委員会に提出する。
2 最初の通知の受領の後6箇月以内に当該事案が二国間交渉又は当事国にとって可能な他のいかなる手続によっても当事国の双方の満足するように調整されない場合には、いずれの一方の締約国も、委員会及び他方の締約国に通告することにより当該事案を再び委員会に付託する権利を有する。
3 委員会は、2の規定により委員会に付託された事案について利用し得るすべての国内的な救済措置がとられかつ尽くされたことを確認した後に、一般的に認められた国際法の原則に従って、当該事案を取り扱う。ただし、救済措置の実施が不当に遅延する場合は、この限りでない。
4 委員会は、付託されたいずれの事案についても、関係締約国に対し、他のあらゆる関連情報を提供するよう要請することができる。
5 この条の規定から生ずるいずれかの事案が委員会により検討されている場合には、関係締約国は、当該事案が検討されている間、投票権なしで委員会の議事に参加する代表を派遣する権利を有する。

第12条【特別調停委員会】 1 (a) 委員長は、委員会が必要と認めるすべての情報を入手し、かつ、取りまとめた後、5人の者（委員会の委員であるか否かを問わない。）から成る特別調停委員会（以下「調停委員会」という。）を設置する。調停委員会の委員は、すべての紛争当事国の同意を得て任命するものとし、調停委員会は、この条約の尊重を基礎として事案を友好的に解決するため、関係国に対してあっせんを行う。
 (b) 調停委員会の構成について3箇月以内に紛争当事国が合意に達しない場合には、合意が得られない調停委員会の委員については、委員会の秘密投票により、3分の2以上の多数による議決で、委員会の委員の中から選出する。
2 調停委員会の委員は、個人の資格で、職務を遂行する。委員は、紛争当事国の国民又はこの条約の締約国でない国の国民であってはならない。
3 調停委員会は、委員長を選出し、及び手続規則を採択する。
4 調停委員会の会合は、原則として、国際連合本部又は調停委員会が決定する他の適当な場所において開催する。
5 第10条3の規定により提供される事務局は、締約国間の紛争のために調停委員会が設けられた場合には、調停委員会に対しても役務を提供する。
6 紛争当事国は、国際連合事務総長が作成する見積りに従って、調停委員会の委員に係るすべての経費を平等に分担する。
7 国際連合事務総長は、必要なときは、6の規定による紛争当事国の経費の分担に先立って調停委員会の委員の経費を支払う権限を有する。
8 委員会が入手し、かつ、取りまとめる情報は、調停委員会の利用に供しなければならず、また、調停委員会は、関係国に対し、他のあらゆる関連情報を提供するよう要請することができる。

第13条【調停委員会の調停】 1 調停委員会は、事案を十分に検討した後、当事国間の係争問題に係るすべての事実関係についての調査結果を記載し、かつ、紛争の友好的な解決のために適当と認める勧告を付した報告を作成し、委員会の委員長に提出する。
2 委員会の委員長は、調停委員会の報告を各紛争当事国に通知する。これらの紛争当事国は、3箇月以内に、委員会の委員長に対し、調停委員会の報告に付されている勧告を受諾するか否かを通知する。
3 委員会の委員長は、2に定める期間の後、調停委

第14条【個人及び集団の申立て、受理と検討】 1 締約国は、この条約に定めるいずれかの権利の当該締約国による侵害の被害者であると主張する当該締約国の管轄の下にある個人又は集団からの通報を、委員会が受理しかつ検討する権限を有することを認める旨を、いつでも宣言することができる。委員会は、宣言を行っていない締約国についての通報を受理してはならない。

2 1に規定する宣言を行う締約国は、その管轄の下にある個人又は集団であって、この条約に定めるいずれかの権利の侵害の被害者であると主張し、かつ、他の利用し得る国内的な救済措置を尽くしたものからの請願を受理しかつ検討する権限を有する機関を、国内の法制度の枠内に設置し又は指定することができる。

3 1の規定に基づいて行われた宣言及び2の規定に基づいて設置され又は指定される機関の名称は、関係締約国が国際連合事務総長に寄託するものとし、同事務総長は、その写しを他の締約国に送付する。宣言は、同事務総長に対する通告によりいつでも撤回することができる。ただし、その撤回は、委員会で検討中の通報に影響を及ぼすものではない。

4 2の規定に基づいて設置され又は指定される機関は、請願の登録簿を保管するものとし、登録簿の証明された謄本は、その内容が公開されないとの了解の下に、適当な経路を通じて毎年国際連合事務総長に提出する。

5 請願者は、2の規定に基づいて設置され又は指定される機関から満足な結果が得られない場合には、その事案を6箇月以内に委員会に通報する権利を有する。

6(a) 委員会は、付託されたいずれの通報についても、この条約のいずれかの規定に違反していると申し立てられている締約国の注意を内密に喚起する。ただし、関係のある個人又は集団の身元関係事項は、当該個人又は集団の明示の同意なしに明らかにしてはならない。委員会は、匿名の通報を受領してはならない。

(b) 注意を喚起された国は、3箇月以内に、当該事案について及び、当該国がとった救済措置がある場合には、当該救済措置についての書面による説明又は声明を委員会に提出する。

7(a) 委員会は、関係締約国及び請願者により委員会の利用に供されたすべての情報に照らして通報を検討する。委員会は、請願者が利用し得る国内的な救済措置を尽くしたことを確認しない限り、請願者からのいかなる通報も検討してはならない。ただし、救済措置の実施が不当に遅延する場合は、この限りでない。

(b) 委員会は、提案及び勧告をする場合には、これらを関係締約国及び請願者に送付する。

8 委員会は、通報の概要並びに、適当なときは、関係締約国の書面による説明及び声明の概要並びに当該委員会の提案及び勧告の概要を、その年次報告に記載する。

9 委員会は、少なくとも10の締約国が1の規定に基づいて行った宣言に拘束される場合にのみ、この条に規定する任務を遂行する権限を有する。

第15条【他の国際文書による個人の請願権】〔省略〕
第16条【他の国際文書による紛争解決】〔省略〕

第3部

第17条【署名・批准】〔省略〕
第18条【加入】〔省略〕
第19条【効力発生】〔省略〕
第20条【留保】 1 国際連合事務総長は、批准又は加入の際に行われた留保を受領し、かつ、この条約の締約国であるか又は将来締約国となる可能性のあるすべての国に当該留保を送付する。留保に異議を有する国は、その送付の日から90日の期間内に、その留保を承認しない旨を同事務総長に通告する。

2 この条約の趣旨及び目的と両立しない留保は、認められない。また、この条約により設置する機関の活動を抑制するような効果を有する留保は、認められない。留保は、締約国の少なくとも3分の2が異議を申し立てる場合には、両立しないもの又は抑制的なものとみなされる。

3 留保は、国際連合事務総長にあてた通告によりいつでも撤回することができる。通告は、その受領の日に効力を生ずる。

第21条【廃棄】〔省略〕
第22条【条約の解釈適用に関する紛争】〔省略〕
第23条【改正】〔省略〕
第24条【国連事務総長による確認】〔省略〕
第25条【正文】〔省略〕

あらゆる形態の人種差別の撤廃に関する国際条約に関する日本国政府の留保

▼通告 1995年12月15日〔平成7年外務省告示第674号〕

日本国は、あらゆる形態の人種差別の撤廃に関する国際条約第4条(a)及び(b)の規定の適用に当たり、同条に「世界人権宣言に具現された原則及び次条に明示的に定める権利に十分な考慮を払って」と規定してあることに留意し、日本国憲法の下における集会、結社及び表現の自由その他の権利の保障と抵触しない限度において、これらの規定に基づく義務を履行する。

●児童の権利に関する条約〔抄〕

Convention on the Rights of the Child

▼採択 1989年11月20日（国連第44回総会） ▼効力発生 1990年9月2日 ▼改正 1995年12月12日 ▼日本国 1990年9月21日署名、94年3月29日国会承認、4月22日批准書寄託、5月16日公布〔平成6年条約第2号〕、5月22日発効。改正—2003年6月12日公布〔平成15年条約第3号〕、発効

　　前文

　この条約の締約国は、

　国際連合憲章において宣明された原則によれば、人類社会のすべての構成員の固有の尊厳及び平等のかつ奪い得ない権利を認めることが世界における自由、正義及び平和の基礎を成すものであることを考慮し、

　国際連合加盟国の国民が、国際連合憲章において、基本的人権並びに人間の尊厳及び価値に関する信念を改めて確認し、かつ、一層大きな自由の中で社会的進歩及び生活水準の向上を促進することを決意したことに留意し、

　国際連合が、世界人権宣言及び人権に関する国際規約において、すべての人は人種、皮膚の色、性、言語、宗教、政治的意見その他の意見、国民的若しくは社会的出身、財産、出生又は他の地位等によるいかなる差別もなしに同宣言及び同規約に掲げるすべての権利及び自由を享有することができることを宣明し及び合意したことを認め、

　国際連合が、世界人権宣言において、児童は特別な保護及び援助についての権利を享有することができることを宣明したことを想起し、

　家族が、社会の基礎的な集団として、並びに家族のすべての構成員特に児童の成長及び福祉のための自然な環境として、社会においてその責任を十分に引き受けることができるよう必要な保護及び援助を与えられるべきであることを確信し、

　児童が、その人格の完全なかつ調和のとれた発達のため、家庭環境の下で幸福、愛情及び理解のある雰囲気の中で成長すべきであることを認め、

　児童が、社会において個人として生活するため十分な準備が整えられるべきであり、かつ、国際連合憲章において宣明された理想の精神並びに特に平和、尊厳、寛容、自由、平等及び連帯の精神に従って育てられるべきであることを考慮し、

〔中略〕

　次のとおり協定した。

第1部

第1条【定義】 この条約の適用上、児童とは、18歳未満のすべての者をいう。ただし、当該児童で、その者に適用される法律によりより早く成年に達したものを除く。

第2条【無差別の確保】 1　締約国は、その管轄の下にある児童に対し、児童又はその父母若しくは法定保護者の人種、皮膚の色、性、言語、宗教、政治的意見その他の意見、国民的、種族的若しくは社会的出身、財産、心身障害、出生又は他の地位にかかわらず、いかなる差別もなしにこの条約に定める権利を尊重し、及び確保する。

2　締約国は、児童がその父母、法定保護者又は家族の構成員の地位、活動、表明した意見又は信念によるあらゆる形態の差別又は処罰から保護されることを確保するためのすべての適当な措置をとる。

第3条【最善の利益の確保】 1　児童に関するすべての措置をとるに当たっては、公的若しくは私的な社会福祉施設、裁判所、行政当局又は立法機関のいずれによって行われるものであっても、児童の最善の利益が主として考慮されるものとする。

2　締約国は、児童の父母、法定保護者又は児童について法的に責任を有する他の者の権利及び義務を考慮に入れて、児童の福祉に必要な保護及び養護を確保することを約束し、このため、すべての適当な立法上及び行政上の措置をとる。

3　締約国は、児童の養護又は保護のための施設、役務の提供及び設備が、特に安全及び健康の分野に関し並びにこれらの職員の数及び適格性並びに適正な監督に関し権限のある当局の設定した基準に適合することを確保する。

第4条【締約国の措置】 締約国は、この条約において認められる権利の実現のため、すべての適当な立法措置、行政措置その他の措置を講ずる。締約国は、経済的、社会的及び文化的権利に関しては、自国における利用可能な手段の最大限の範囲内で、また、必要な場合には国際協力の枠内で、これらの措置を講ずる。

第5条【保護者の指導の尊重】 締約国は、児童がこの条約において認められる権利を行使するに当たり、父母若しくは場合により地方の慣習により定められている大家族若しくは共同体の構成員、法定保護者又は児童について法的に責任を有する他の者がその児童の発達しつつある能力に適合する方法で適当な指示及び指導を与える責任、権利及び義務を尊重する。

第6条【生命の権利並びに生存及び発達の確保】 1　締約国は、すべての児童が生命に対する固有の権利を有することを認める。

2　締約国は、児童の生存及び発達を可能な最大限の範囲において確保する。

第7条【氏名・国籍を得る権利、親を知り養育される権利】 1　児童は、出生の後直ちに登録される。児童は、出生の時から氏名を有する権利及び国籍を取得する権利を有するものとし、また、できる限りその父母を知りかつその父母によって養育される権利を有する。

2　締約国は、特に児童が無国籍となる場合を含めて、国内法及びこの分野における関連する国際文書に基づく自国の義務に従い、1の権利の実現を確保する。

第8条【身元関係事項の保持】
1 締約国は、児童が法律によって認められた国籍、氏名及び家族関係を含むその身元関係事項について不法に干渉されることなく保持する権利を尊重することを約束する。

2 締約国は、児童がその身元関係事項の一部又は全部を不法に奪われた場合には、その身元関係事項を速やかに回復するため、適当な援助及び保護を与える。

第9条【父母からの不分離の確保及びその例外】
1 締約国は、児童がその父母の意思に反してその父母から分離されないことを確保する。ただし、権限のある当局が司法の審査に従うことを条件として適用のある法律及び手続に従いその分離が児童の最善の利益のために必要であると決定する場合は、この限りでない。このような決定は、父母が児童を虐待し若しくは放置する場合又は父母が別居しており児童の居住地を決定しなければならない場合のような特定の場合において必要となることがある。

2 すべての関係当事者は、1の規定に基づくいかなる手続においても、その手続に参加しかつ自己の意見を述べる機会を有する。

3 締約国は、児童の最善の利益に反する場合を除くほか、父母の一方又は双方から分離されている児童が定期的に父母のいずれとも人的な関係及び直接の接触を維持する権利を尊重する。

4 3の分離が、締約国がとった父母の一方若しくは双方又は児童の抑留、拘禁、追放、退去強制、死亡（その者が当該締約国により身体を拘束されている間に何らかの理由により生じた死亡を含む。）等のいずれかの措置に基づく場合には、当該締約国は、要請に応じ、父母、児童又は適当な場合には家族の他の構成員に対し、家族のうち不在となっている者の所在に関する重要な情報を提供する。ただし、その情報の提供が児童の福祉を害する場合は、この限りでない。締約国は、更に、その要請の提出自体が関係者に悪影響を及ぼさないことを確保する。

第10条【家族の再統合】
1 前条1の規定に基づく締約国の義務に従い、家族の再統合を目的とする児童又はその父母による締約国への入国又は締約国からの出国の申請については、締約国が積極的に、人道的かつ迅速な方法で取り扱う。締約国は、更に、その申請の提出が申請者及びその家族の構成員に悪影響を及ぼさないことを確保する。

2 父母と異なる国に居住する児童は、例外的な事情がある場合を除くほか定期的に父母との人的な関係及び直接の接触を維持する権利を有する。このため、前条1の規定に基づく締約国の義務に従い、締約国は、児童及びその父母がいずれの国（自国を含む。）からも出国し、かつ、自国に入国する権利を尊重する。出国する権利は、法律で定められ、国の安全、公の秩序、公衆の健康若しくは道徳又は他の者の権利及び自由を保護するために必要であり、かつ、この条約において認められる他の権利と両立する制限にのみ従う。

第11条【不法な国外移送の防止等】
1 締約国は、児童が不法に国外へ移送されることを防止し及び国外から帰還することができない事態を除去するための措置を講ずる。

2 このため、締約国は、二国間若しくは多数国間の協定の締結又は現行の協定への加入を促進する。

第12条【意見を表明する権利】
1 締約国は、自己の意見を形成する能力のある児童がその児童に影響を及ぼすすべての事項について自由に自己の意見を表明する権利を確保する。この場合において、児童の意見は、その児童の年齢及び成熟度に従って相応に考慮されるものとする。

2 このため、児童は、特に、自己に影響を及ぼすあらゆる司法上及び行政上の手続において、国内法の手続規則に合致する方法により直接に又は代理人若しくは適当な団体を通じて聴取される機会を与えられる。

第13条【表現の自由】
1 児童は、表現の自由についての権利を有する。この権利には、口頭、手書き若しくは印刷、芸術の形態又は自ら選択する他の方法により、国境とのかかわりなく、あらゆる種類の情報及び考えを求め、受け及び伝える自由を含む。

2 1の権利の行使については、一定の制限を課することができる。ただし、その制限は、法律によって定められ、かつ、次の目的のために必要とされるものに限る。
 (a) 他の者の権利又は信用の尊重
 (b) 国の安全、公の秩序又は公衆の健康若しくは道徳の保護

第14条【思想、良心及び宗教の自由】
1 締約国は、思想、良心及び宗教の自由についての児童の権利を尊重する。

2 締約国は、児童が1の権利を行使するに当たり、父母及び場合により法定保護者が児童に対しその発達しつつある能力に適合する方法で指示を与える権利及び義務を尊重する。

3 宗教又は信念を表明する自由については、法律で定める制限であって公共の安全、公の秩序、公衆の健康若しくは道徳又は他の者の基本的な権利及び自由を保護するために必要なもののみを課することができる。

第15条【結社及び集会の自由】
1 締約国は、結社の自由及び平和的な集会の自由についての児童の権利を認める。

2 1の権利の行使については、法律で定める制限であって国の安全若しくは公共の安全、公の秩序、公衆の健康若しくは道徳の保護又は他の者の権利及び自由の保護のため民主的社会において必要なもの以外のいかなる制限も課することができない。

第16条【私生活、名誉及び信用の保護】
1 いかなる児童も、その私生活、家族、住居若しくは通信に対して恣意的に若しくは不法に干渉され又は名誉及び信用を不法に攻撃されない。

2 児童は、1の干渉又は攻撃に対する法律の保護を受ける権利を有する。

第17条【大衆媒体の機能】
締約国は、大衆媒体（マス・メディア）の果たす重要な機能を認め、児童が国の内外の多様な情報源からの情報及び資料、特に児童の社

会面、精神面及び道徳面の福祉並びに心身の健康の促進を目的とした情報及び資料を利用することができることを確保する。このため、締約国は、
(a) 児童にとって社会面及び文化面において有益であり、かつ、第29条の精神に沿う情報及び資料を大衆媒体（マス・メディア）が普及させるよう奨励する。
(b) 国の内外の多様な情報源（文化的にも多様な情報源を含む。）からの情報及び資料の作成、交換及び普及における国際協力を奨励する。
(c) 児童用書籍の作成及び普及を奨励する。
(d) 少数集団に属し又は原住民である児童の言語上の必要性について大衆媒体（マス・メディア）が特に考慮するよう奨励する。
(e) 第13条及び次条の規定に留意して、児童の福祉に有害な情報及び資料から児童を保護するための適当な指針を発展させることを奨励する。

第18条【父母の養育責任及び国の援助】 1　締約国は、児童の養育及び発達について父母が共同の責任を有するという原則についての認識を確保するために最善の努力を払う。父母又は場合により法定保護者は、児童の養育及び発達についての第一義的な責任を有する。児童の最善の利益は、これらの者の基本的な関心事項となるものとする。
2　締約国は、この条約に定める権利を保障し及び促進するため、父母及び法定保護者が児童の養育についての責任を遂行するに当たりこれらの者に対して適当な援助を与えるものとし、また、児童の養護のための施設、設備及び役務の提供の発展を確保する。
3　締約国は、父母が働いている児童が利用する資格を有する児童の養護のための役務の提供及び設備からその児童が便益を受ける権利を有することを確保するためのすべての適当な措置をとる。

第19条【虐待等からの保護】 1　締約国は、児童が父母、法定保護者又は児童を監護する他の者による監護を受けている間において、あらゆる形態の身体的若しくは精神的な暴力、傷害若しくは虐待、放置若しくは怠慢な取扱い、不当な取扱い又は搾取（性的虐待を含む。）からその児童を保護するためすべての適当な立法上、行政上、社会上及び教育上の措置をとる。
2　1の保護措置には、適当な場合には、児童及び児童を監護する者のために必要な援助を与える社会的計画の作成その他の形態による防止のための効果的な手続並びに1に定める児童の不当な取扱いの事件の発見、報告、付託、調査、処置及び事後措置並びに適当な場合には司法の関与に関する効果的な手続を含むものとする。

第20条【家庭環境を奪われた児童の保護】 1　一時的若しくは恒久的にその家庭環境を奪われた児童又は児童自身の最善の利益にかんがみその家庭環境にとどまることが認められない児童は、国が与える特別の保護及び援助を受ける権利を有する。
2　締約国は、自国の国内法に従い、1の児童のための代替的な監護を確保する。
3　2の監護には、特に、里親委託、イスラム法のカファーラ、養子縁組又は必要な場合には児童の監護のための適当な施設への収容を含むことができる。解決策の検討に当たっては、児童の養育において継続性が望ましいこと並びに児童の種族的、宗教的、文化的及び言語的な背景について、十分な考慮を払うものとする。

第21条【養子縁組】 養子縁組の制度を認め又は許容している締約国は、児童の最善の利益について最大の考慮が払われることを確保するものとし、また、
(a) 児童の養子縁組が権限のある当局によってのみ認められることを確保する。この場合において、当該権限のある当局は、適用のある法律及び手続に従い、かつ、信頼し得るすべての関連情報に基づき、養子縁組が父母、親族及び法定保護者に関する児童の状況にかんがみ許容されること並びに必要な場合には、関係者が所要のカウンセリングに基づき養子縁組について事情を知らされた上での同意を与えていることを認定する。
(b) 児童がその出身国内において里親若しくは養家に託され又は適切な方法で監護を受けることができない場合には、これに代わる児童の監護の手段として国際的な養子縁組を考慮することができることを認める。
(c) 国際的な養子縁組が行われる児童が国内における養子縁組の場合における保護及び基準と同等のものを享受することを確保する。
(d) 国際的な養子縁組において当該養子縁組が関係者に不当な金銭上の利得をもたらすことがないことを確保するためのすべての適当な措置をとる。
(e) 適当な場合には、二国間又は多国間の取極又は協定を締結することによりこの条の目的を促進し、及びこの枠組みの範囲内で他国における児童の養子縁組が権限のある当局又は機関によって行われることを確保するよう努める。

第22条【難民の児童の保護】 1　締約国は、難民の地位を求めている児童又は適用のある国際法及び国際的な手続若しくは国内法及び国内的な手続に基づき難民と認められている児童が、父母又は他の者に付き添われているかいないかを問わず、この条約及び自国が締約国となっている人権又は人道に関する他の国際文書に定める権利であって適用のあるものの享受に当たり、適当な保護及び人道的援助を受けることを確保するための適当な措置をとる。
2　このため、締約国は、適当と認める場合には、1の児童を保護し及び援助するため、並びに難民の児童の家族との再統合に必要な情報を得ることを目的としてその難民の児童の父母又は家族の他の構成員を捜すため、国際連合及びこれと協力する他の権限のある政府間機関又は関係非政府機関による努力に協力する。その難民の児童は、父母又は家族の他の構成員が発見されない場合には、何らかの理由により恒久的又は一時的にその家庭環境を奪われた他の児童と同様にこの条約に定める保護が与えられる。

第23条【障害児童の権利】 1　締約国は、精神的又は

身体的な障害を有する児童が、その尊厳を確保し、自立を促進し及び社会への積極的な参加を容易にする条件の下で十分かつ相応な生活を享受すべきであることを認める。
2　締約国は、障害を有する児童が特別の養護についての権利を有することを認めるものとし、利用可能な手段の下で、申込みに応じた、かつ、当該児童の状況及び父母又は当該児童を養護している他の者の事情に適した援助を、これを受ける資格を有する児童及びこのような児童の養護について責任を有する者に与えることを奨励し、かつ、確保する。
3　障害を有する児童の特別な必要を認めて、2の規定に従って与えられる援助は、父母又は当該児童を養護している他の者の資力を考慮して可能な限り無償で与えられるものとし、かつ、障害を有する児童が可能な限り社会への統合及び個人の発達（文化的及び精神的な発達を含む。）を達成することに資する方法で当該児童が教育、訓練、保健サービス、リハビリテーション・サービス、雇用のための準備及びレクリエーションの機会を実質的に利用し及び享受することができるように行われるものとする。
4　締約国は、国際協力の精神により、予防的な保健並びに障害を有する児童の医学的、心理学的及び機能的治療の分野における適当な情報の交換（リハビリテーション、教育及び職業サービスの方法に関する情報の普及及び利用を含む。）であってこれらの分野における自国の能力及び技術を向上させ並びに自国の経験を広げることができるようにすることを目的とするものを促進する。これに関しては、特に、開発途上国の必要を考慮する。

第24条【健康を享受する権利】〔省略〕
第25条【収容された児童の定期的審査】〔省略〕
第26条【社会保障についての権利】〔省略〕
第27条【生活水準についての権利】〔省略〕
第28条【教育についての権利】　1　締約国は、教育についての児童の権利を認めるものとし、この権利を漸進的にかつ機会の平等を基礎として達成するため、特に、
(a)　初等教育を義務的なものとし、すべての者に対して無償のものとする。
(b)　種々の形態の中等教育（一般教育及び職業教育を含む。）の発展を奨励し、すべての児童に対し、これらの中等教育が利用可能であり、かつ、これらを利用する機会が与えられるものとし、例えば、無償教育の導入、必要な場合における財政的援助の提供のような適当な措置をとる。
(c)　すべての適当な方法により、能力に応じ、すべての者に対して高等教育を利用する機会が与えられるものとする。
(d)　すべての児童に対し、教育及び職業に関する情報及び指導が利用可能であり、かつ、これらを利用する機会が与えられるものとする。
(e)　定期的な登校及び中途退学率の減少を奨励するための措置をとる。

2　締約国は、学校の規律が児童の人間の尊厳に適する方法で及びこの条約に従って運用されることを確保するためのすべての適当な措置をとる。
3　締約国は、特に全世界における無知及び非識字の廃絶に寄与し並びに科学上及び技術上の知識並びに最新の教育方法の利用を容易にするため、教育に関する事項についての国際協力を促進し、及び奨励する。これに関しては、特に、開発途上国の必要を考慮する。
第29条【教育の目的】〔省略〕
第30条【少数民族又は原住民の権利】　種族的、宗教的若しくは言語的少数民族又は原住民である者が存在する国において、当該少数民族に属し又は原住民である児童は、その集団の他の構成員とともに自己の文化を享有し、自己の宗教を信仰しかつ実践し又は自己の言語を使用する権利を否定されない。
第31条【文化的生活等への参加】〔省略〕
第32条【経済的搾取及び有害労働からの保護】〔省略〕
第33条【麻薬及び向精神薬からの保護】〔省略〕
第34条【性的搾取及び性的虐待からの保護】〔省略〕
第35条【誘拐、売買又は取引の防止】〔省略〕
第36条【他のすべての形態の搾取からの保護】〔省略〕
第37条【拷問及び死刑等の禁止並びに自由を奪われた児童の取扱い】　締約国は、次のことを確保する。
(a)　いかなる児童も、拷問又は他の残虐な、非人道的な若しくは品位を傷つける取扱い若しくは刑罰を受けないこと。死刑又は釈放の可能性がない終身刑は、18歳未満の者が行った犯罪について科さないこと。
(b)　いかなる児童も、不法に又は恣意的にその自由を奪われないこと。児童の逮捕、抑留又は拘禁は、法律に従って行うものとし、最後の解決手段として最も短い適当な期間のみ用いること。
(c)　自由を奪われたすべての児童は、人道的に、人間の固有の尊厳を尊重して、かつ、その年齢の者の必要を考慮した方法で取り扱われること。特に、自由を奪われたすべての児童は、成人とは分離されないことがその最善の利益であると認められない限り成人とは分離されるものとし、例外的な事情がある場合を除くほか、通信及び訪問を通じてその家族との接触を維持する権利を有すること。
(d)　自由を奪われたすべての児童は、弁護人その他適当な援助を行う者と速やかに接触する権利を有し、裁判所その他の権限のある、独立の、かつ、公平な当局においてその自由の剥奪の合法性を争い並びにこれについての決定を速やかに受ける権利を有すること。
第38条【武力紛争における保護】　1　締約国は、武力紛争において自国に適用される国際人道法の規定で児童に関係を有するものを尊重し及びこれらの規定の尊重を確保することを約束する。
2　締約国は、15歳未満の者が敵対行為に直接参加しないことを確保するためのすべての実行可能な措置をとる。
3　締約国は、15歳未満の者を自国の軍隊に採用することを差し控えるものとし、また、15歳以上18歳未満

の者の中から採用するに当たっては、最年長者を優先させるよう努める。
4 締約国は、武力紛争において文民を保護するための国際人道法に基づく自国の義務に従い、武力紛争の影響を受ける児童の保護及び介護を確保するためのすべての実行可能な措置をとる。

第39条【被害者の回復及び社会復帰】〔省略〕
第40条【刑事法上の取扱い】〔省略〕
第41条【他の国内法及び国際法との関係】〔省略〕

第2部

第42条【締約国の広報義務】
締約国は、適当かつ積極的な方法でこの条約の原則及び規定を成人及び児童のいずれにも広く知らせることを約束する。

第43条【児童の権利に関する委員会】
1 この条約において負う義務の履行の達成に関する締約国による進捗の状況を審査するため、児童の権利に関する委員会(以下「委員会」という。)を設置する。委員会は、この部に定める任務を行う。
2 委員会は、徳望が高く、かつ、この条約が対象とする分野において能力を認められた18人の専門家で構成する。委員会の委員は、締約国の国民の中から締約国により選出されるものとし、個人の資格で職務を遂行する。その選出に当たっては、衡平な地理的配分及び主要な法体系を考慮に入れる。
3 委員会の委員は、締約国により指名された者の名簿の中から秘密投票により選出される。各締約国は、自国民の中から1人を指名することができる。
4 委員会の委員の最初の選挙は、この条約の効力発生の日の後6箇月以内に行うものとし、その後の選挙は、2年ごとに行う。国際連合事務総長は、委員会の委員の選挙の日の遅くとも4箇月前までに、締約国に対し、自国が指名する者の氏名を2箇月以内に提出するよう書簡で要請する。その後、同事務総長は、指名された者のアルファベット順による名簿(これらの者を指名した締約国名を表示した名簿とする。)を作成し、この条約の締約国に送付する。
5 委員会の委員の選挙は、国際連合事務総長により国際連合本部に招集される締約国の会合において行う。これらの会合は、締約国の3分の2をもって定足数とする。これらの会合においては、出席しかつ投票する締約国の代表によって投じられた票の最多数で、かつ、過半数の票を得た者をもって委員会に選出された委員とする。
6 委員会の委員は、4年の任期で選出される。委員は、再指名された場合には、再選される資格を有する。最初の選挙において選出された委員のうち5人の委員の任期は、2年で終了するものとし、これらの5人の委員は、最初の選挙の後直ちに、最初の選挙が行われた締約国の会合の議長によりくじ引で選ばれる。
7 委員会の委員が死亡し、辞任し又は他の理由のため委員会の職務を遂行することができなくなったことを

宣言した場合には、当該委員を指名した締約国は、委員会の承認を条件として自国民の中から残余の期間職務を遂行する他の専門家を任命する。
8 委員会は、手続規則を定める。
9 委員会は、役員を2年の任期で選出する。
10 委員会の会合は、原則として、国際連合本部又は委員会が決定する他の適当な場所において開催する。委員会は、原則として毎年1回会合する。委員会の会合の期間は、国際連合総会の承認を条件としてこの条約の締約国の会合において決定し、必要な場合には、再検討する。
11 国際連合事務総長は、委員会がこの条約に定める任務を効果的に遂行するために必要な職員及び便益を提供する。
12 この条約に基づいて設置する委員会の委員は、国際連合総会が決定する条件に従い、同総会の承認を得て、国際連合の財源から報酬を受ける。

第44条【締約国の報告義務】
1 締約国は、(a)当該締約国についてこの条約が効力を生ずる時から2年以内に、(b)その後は5年ごとに、この条約において認められる権利の実現のためにとった措置及びこれらの権利の享受についてもたらされた進歩に関する報告を国際連合事務総長を通じて委員会に提出することを約束する。
2 この条の規定により行われる報告には、この条約に基づく義務の履行の程度に影響を及ぼす要因及び障害が存在する場合には、これらの要因及び障害を記載する。当該報告には、また、委員会が当該国における条約の実施について包括的に理解するために十分な情報を含める。
3 委員会に対して包括的な最初の報告を提出した締約国は、1(b)の規定に従って提出するその後の報告においては、既に提供した基本的な情報を繰り返す必要はない。
4 委員会は、この条約の実施に関連する追加の情報を締約国に要請することができる。
5 委員会は、その活動に関する報告を経済社会理事会を通じて2年ごとに国際連合総会に提出する。
6 締約国は、1の報告を自国において公衆が広く利用できるようにする。

第45条【国際協力のための委員会の機能】〔省略〕

第3部

第46条【署名】〔省略〕
第47条【批准】〔省略〕
第48条【加入】〔省略〕
第49条【効力発生】〔省略〕
第50条【改正の手続】〔省略〕
第51条【留保】〔省略〕
第52条【廃棄】〔省略〕
第53条【寄託】〔省略〕
第54条【正文】〔省略〕

◆ 地域的保障 ◆

● 人権および基本的自由の保護のための条約《欧州人権条約》〔抄〕

Convention for the Protection of Human Rights and Fundamental Freedoms

▼署名　1950年11月4日（ローマ）　▼効力発生　1953年9月3日　▼最終改正　2010年6月1日〔04年5月13日欧州人権条約第14議定書〕

前文〔省略〕

第1条（人権を尊重する義務） 締約国は、その管轄内にあるすべての者に対し、この条約の第1節に定義する権利および自由を保障する。

第1節　権利および自由

第2条（生命に対する権利） 1　すべての者の生命に対する権利は、法律によって保護される。何人も、故意にその生命を奪われない。ただし、法律で死刑を定める犯罪について有罪の判決の後に裁判所の刑の言渡しを執行する場合は、この限りでない。

2　生命の剥奪は、それが以下の目的のために絶対に必要な力の行使の結果であるときは、この本条に違反して行われたものとみなされない。
(a) 不法な暴力から人を守るため
(b) 合法的な逮捕を行い、または合法的に抑留した者の逃亡を防ぐため
(c) 暴動または反乱を鎮圧するため合法的にとった行為のため

第3条（拷問の禁止） 何人も、拷問または非人道的なもしくは品位を傷つける取扱いもしくは刑罰を受けない。

第4条（奴隷および強制労働の禁止） 1　何人も、奴隷の状態または隷属状態に置かれない。

2　何人も、強制労働に服することを要求されない、

3　この条の適用上、「強制労働」には、以下のものを含まない。
(a) この条約の第5条の規定に基づいて科される抑留の通常の過程、またはその抑留を条件付で免除されている場合に要求される作業
(b) 軍事的性質の役務または良心的兵役拒否が認められている国における良心的兵役拒否者の場合には、義務的軍事役務の代わりに要求される役務
(c) 共同体の存立または福利を脅かす緊急事態または災害の場合に要求される役務
(d) 市民としての通常の義務とされる作業または役務

第5条（身体の自由および安全に対する権利） 1　すべての者は、身体の自由および安全に対する権利を有する。何人も、以下の場合において、かつ、法律で定める手続によらない限り、その自由を奪われない。
(a) 権限ある裁判所の有罪判決後の合法的な抑留
(b) 裁判所の合法的な命令の不遵守のため、または法律で定めるいずれかの義務の履行を確保するための合法的な逮捕または抑留
(c) 犯罪を行ったとする相当の嫌疑があるとき、または犯罪の実行もしくは犯罪実行後の逃亡を防止するために必要があると合理的に考えられるときに、権限ある司法機関に連行する目的で行う合法的な逮捕または抑留
(d) 教育的監督の目的のための合法的な命令による未成年者の抑留、または権限ある司法機関に連行する目的で行う未成年者の合法的な抑留
(e) 伝染病の蔓延の防止、精神障害者、アルコール中毒者もしくは麻薬中毒者または浮浪者の合法的な抑留
(f) 不正規に入国するのを防ぐための、または退去強制もしくは犯罪人引渡しの手続がなされている人の合法的な逮捕または抑留

2　逮捕された者は、速やかに、自己の理解する言語で、逮捕の理由および自己に対する被疑事実を告げられる。

3　1(c)の規定に基づいて逮捕または抑留された者は、裁判官または司法権を行使することが法律によって認められている他の官憲の面前に速やかに連行されるものとし、妥当な期間内に裁判を受ける権利または裁判までの間に釈放される権利を有する。釈放にあたっては、裁判所への出頭が保証されることを条件とすることができる。

4　逮捕または抑留によって自由を奪われた者は、裁判所がその抑留が合法的であるかどうかを迅速に決定するようにおよびその抑留が合法的でない場合にはその釈放を命ずるように、手続をとる権利を有する。

5　この条の規定に違反して逮捕されまたは抑留された者は、賠償を受ける権利を有する。

第6条（公正な裁判を受ける権利） 1　すべての者は、その民事上の権利および義務の決定または刑事上の罪の決定のため、法律で設置された独立のかつ公平な裁判所により妥当な期間内に公正な公開審理を受ける権利を有する。判決は公開で言い渡される。ただし、報道機関および公衆に対しては、民主的社会における道徳、公の秩序もしくは国の安全のため、また少年の利益もしくは当事者の私生活の保護のため必要な場合において、またはその公開が司法の利益を害することとなる特別な状況において裁判所が真に必要があると認める限度で、裁判の全部または一部を公開しないことができる。

2　刑事上の罪に問われているすべての者は、法律に基づいて有罪とされるまでは、無罪と推定される。

3　刑事上の罪に問われているすべての者は、少なくとも以下の権利を有する。
(a) 速やかに、その理解する言語で詳細にその罪の性質および理由を告げられること。
(b) 防御の準備のために十分な時間および便益を与え

られること。
(c) 直接に、もしくは自ら選任する弁護人を通して防御すること、または弁護人に対する十分な支払手段を有しない場合は司法の利益のために必要なときには、無料で弁護人を付されること。
(d) 自己に不利な証人を尋問したまたはこれに対し尋問させること、ならびに自己に不利な証人と同じ条件で自己のための証人の出席およびこれに対する尋問を求めること。
(e) 裁判所において使用される言語を理解しないか、または話すことができない場合には、無料で通訳の援助を受けること。

第7条（法に基づかない処罰の禁止） 1 何人も、実行の時に国内法または国際法により犯罪を構成しなかった作為または不作為を理由として有罪とされない。何人も、犯罪が行われた時に適用されていた刑罰よりも重い刑罰を科されない。
2 この条は、文明国が認める法の一般原則により実行の時に犯罪とされていた作為または不作為を理由として裁判し、かつ処罰することを妨げるものではない。

第8条（私生活および家族生活が尊重される権利） 1 すべての者は、その私生活、家族生活、住居および通信の尊重を受ける権利を有する。
2 この権利の行使に対しては、法律に基づき、かつ、国の安全、公共の安全もしくは国の経済的福利のため、無秩序もしくは犯罪の防止のため、健康もしくは道徳の保護のため、または他の者の権利および自由の保護のため民主的社会において必要なものを除きいかなる公の機関による干渉もあってはならない。

第9条（思想、良心および信教の自由） 1 すべての者は、思想、良心および信教の自由に対する権利を有する。この権利には、自己の宗教または信念を変更する自由ならびに、単独でまたは他の者と共同して、かつ、公にまたは私的に、礼拝、教導、行事および儀式によってその宗教または信念を表明する自由を含む。
2 宗教または信念を表明する自由は、法律で定める制限であって、公共の安全のため、公の秩序、健康もしくは道徳の保護のためまたは他の者の権利および自由の保護のため民主的社会において必要なもののみに服する。

第10条（表現の自由） 1 すべての者は、表現の自由に対する権利を有する。この権利には、公の機関による干渉を受けることなく、かつ、国境とのかかわりなく、意見をもつ自由ならびに情報および考えを受けかつ伝える自由を含む。この条は、国がテレビまたは映画の諸企業に対し放映の認可制を要求することを妨げるものではない。
2 1の自由の行使については、義務および責任を伴い、法律で定める手続、条件、制限または刑罰であって、国の安全、領土保全もしくは公共の安全のため、無秩序もしくは犯罪の防止のため、健康もしくは道徳の保護のため、他の者の信用もしくは権利の保護のため、秘密に受けた情報の暴露を防止するため、または司法機関の権威および公平性を維持するため民主的社会において必要なものを課することができる。

第11条（集会および結社の自由） 1 すべての者は、平和的な集会の自由および結社の自由に対する権利を有する。この権利には、自己の利益の保護のために労働組合を結成し、これに加入する自由を含む。
2 1の権利の行使については、法律で定める制限であって、国の安全もしくは公共の安全のため、無秩序もしくは犯罪の防止のため、健康もしくは道徳の保護のため、または他の者の権利および自由の保護のため民主的社会において必要なもの以外のいかなる制限も課してはならない。この条の規定は、国の軍隊、警察または行政機関の構成員による1の権利の行使に対して合法的な制限を課することを妨げるものではない。

第12条（婚姻の権利） 婚姻することができる年齢の男女は、権利の行使を規制する国内法に従って、婚姻しかつ家族を設ける権利を有する。

第13条（実効的な救済を受ける権利） この条約に定める権利および自由を侵害された者は、その侵害が公的な資格で行動した者による場合でも、国の機関の前における実効的な救済を受ける。

第14条（差別の禁止） この条約に定める権利および自由の享受は、性、人種、皮膚の色、言語、宗教、政治的意見その他の意見、国民的もしくは社会的出身、国家的少数者への所属、財産、出生または他の地位等によるいかなる理由による差別もなしに、保障される。

第15条（緊急時の適用除外） 1 戦争その他の国の生存を脅かす公の緊急事態の場合には、いずれの締約国も、事態の緊急性が真に必要とする限度において、この条約に基づく義務から逸脱する措置をとることができる。ただし、その措置は、当該締約国が国際法に基づき負う他の義務に抵触してはならない。
2 この条の規定は、第2条（合法的な戦闘行為から生ずる死亡の場合を除く。）、第3条、第4条1および第7条の規定から逸脱することを許すものではない。
3 義務から逸脱する措置をとる権利を行使する締約国は、とった措置およびその理由を欧州審議会事務総長に完全に通知する。締約国はまた、その措置が終了し、条約の諸規定が再び完全に履行されるようになったときには、同事務総長にその旨通知する。

第16条（外国人の政治活動の制限） 第10条、第11条および第14条中のいかなる規定も、締約国が外国人の政治活動に対して制限を課することを妨げるものとみなされない。

第17条（権利濫用の禁止） この条約のいかなる規定も、国、集団または個人が、この条約において認められる権利および自由を破壊しもしくはこの条約に定める範囲を超えて制限を課することを目的とする活動に従事または実行する権利を有するものと解することはできない。

第18条（権利の制限の使用の限定） 前記の権利および自由に対してこの条約の下で許される制限は、それを定めた目的以外のいかなる目的のためにも適用してはならない。

第2節 欧州人権裁判所

欧州人権条約

第19条（裁判所の設置） この条約および条約の議定書において締約国が行った約束の遵守を確保するために、欧州人権裁判所（以下「裁判所」という。）を設立する。裁判所は、常設の機関として機能する。

第20条（裁判官の数） 裁判所は、締約国の数と同数の裁判官で構成する。

第21条（就任の基準） 1　裁判官は、徳望が高く、かつ、高等の司法官に任ぜられるのに必要な資格を有する者または能力を認められた法律家でなければならない。

2　裁判官は、個人の資格で裁判に携わる。

3　裁判官は、その任期中、裁判官の独立、公平性または専任職としての要求と両立しないいかなる活動にも従事してはならない。この項の適用から生ずるすべての問題は、裁判所が決定する。

第22条（裁判官の選挙） 裁判官は、各締約国に関し当該締約国によって指名される3名の候補者の名簿の中から、投じられた投票の多数により議員総会が選出する。

第23条（任期および解雇） 1　裁判官は、9年の任期で選出される。再任はされない。

2　裁判官の任期は、70歳に達した時に終了する。

3　裁判官は、後任者と代わるまで在任するものとする。ただし、裁判官は、既に審理中の事件は引き続き取り扱わなければならない。

4　他の裁判官が3分の2の多数決により当該裁判官は必要とされる条件を充たしていないと決定するのでない限り、いかなる裁判官も、職務から解任されることはない。

第24条（書記局および報告者） 1　裁判所には書記局を置き、その機能および組織は裁判所規則において定められる。

2　1人裁判制をとる際、裁判所は、裁判所長の権威の下で任務を遂行する複数報告者の補佐を受けるものとする。これら報告者たちは裁判所書記局の一部をなす。

第25条（全体法廷） 裁判所の全体法廷は、以下のことを行う。

(a)　3年の任期で、裁判所長および1名または2名の裁判所次長を選任すること。裁判所長および裁判所次長は再任されることができる。

(b)　期間を定めて構成される小法廷を設置すること。

(c)　各小法廷の裁判長を選挙すること。小法廷の裁判長は、再任されることができる。

(d)　裁判所規則を採択すること、

(e)　書記局長および1名または2名以上の書記局次長を選任すること。

(f)　条約第26条2に基づくあらゆる要請を行うこと。

第26条（1人裁判制、委員会、小法廷および大法廷）

1　裁判所は、提訴される事件を審理するため1人裁判制、3人の裁判官からなる委員会、7人の裁判官からなる小法廷および17人の裁判官からなる大法廷を設ける。小法廷は、期間を定めて委員会を設置する。

2　閣僚委員会は、全体法廷の要請に基づき、全員一致でかつ期間を定めて、小法廷の裁判官の人数を5人とすることができる。

3　1人裁判制として開廷する場合には、裁判官は、自らの選出に関与した締約国に対する申立てを審理してはならない。

4　関係当事国から選出された裁判官、または関係当事国から選出された裁判官がいない場合もしくは当該裁判官が出席することができない場合には、その国が裁判官として選定した者は、小法廷および大法廷に職権による裁判官として出席する。

5　大法廷には、裁判所長、裁判所次長、各小法廷の裁判長および裁判所規則に従って選任される他の裁判官が含まれる。事件が第43条に基づいて大法廷に付託される場合には、判決を行った小法廷の裁判官は、当該小法廷の裁判長および関係当事国から参加した裁判官を除き、大法廷に出席しない。

第27条（1人制の裁判官の権限） 1　1人制の裁判官は、第34条に基づいて提訴された申立てを受理不能と宣言しまたは裁判所事件目録から削除することができる。その決定は、さらなる審理をすることなく行うことができる。

2　決定は、最終とする。

3　1人制の裁判官は、申立てを受理不能と宣言しまたはそれを削除しない場合には、裁判官は当該申立てをさらなる審理を行うために委員会または小法廷に送付する。

第28条（委員会の権限） 1　第34条に基づき提出された申立てに関して、委員会は、全員一致によって、次のことを行うことができる。

(a)　申立てを受理不能と宣言しまたは裁判所事件目録から削除する。その場合、当該決定はさらなる審理をすることなく行うこと。

(b)　条約または議定書の解釈または適用に関する事件の基礎となる問題が、すでに裁判所の十分確立した判例法の主題となっている場合には、受理可能を宣言するとともに、本案に判決を与えること。

2　1の決定および判決は、最終とする。

3　関係当事国から選出された裁判官が委員会の構成員ではない場合、委員会は手続のあらゆる段階で、あらゆる関連する要素（当該当事国が1(b)に基づく手続の適用を争っているかどうかを含む。）を考慮して、当該裁判官を委員会の構成員の1人として招請することができる。

第29条（小法廷による受理可能性と本案に関する決定）

1　第27条または第28条に基づく決定が行われない場合または第28条に基づく判決が出されない場合には、小法廷は第34条に基づいて付託される個人の申立ての受理可能性および本案について決定する。受理可能性に関する決定は別個に行うことができる。

2　小法廷は、第33条に基づいて付託される国家間の申立ての受理可能性および本案について決定する。受理可能性に関する決定は、裁判所は例外的な場合に別個の決定をするのでない限り、別個に行うものとする。

第30条（大法廷への管轄の移譲） 小法廷に属する事件がこの条約もしくはこの条約の議定書の解釈に影響

を与える重大な問題を提起する場合または小法廷における問題の解決が裁判所が以前に下した判決と一致しない結果をもたらす可能性がある場合には、小法廷は、判決を行う前のいずれの時でも、大法廷へ管轄を移譲することができる。ただし、事件のいずれかの当事者がこれに反対する場合は、この限りでない。

第31条（大法廷の権限） 大法廷は、以下のことを行う。
 (a) 第33条または第34条に基づいて付託される申立てについて、小法廷か第30条に基づいて管轄を移譲した場合または事件が第43条に基づいて大法廷に付託された場合に、決定を行うこと。
 (b) 第46条4に従って閣僚委員会によって裁判所に付託される事項について決定すること、並びに、
 (c) 第47条に基づいて付託される勧告の意見の要請について審理すること。

第32条（裁判所の管轄） 1　裁判所の管轄は、第33条、第34条、第46条および第47条に基づいて裁判所に付託されるこの条約およびこの条約の議定書の解釈ならびに適用に関するすべての事項に及ぶ。
2　裁判所が管轄を有するか否かについて争いがある場合には、裁判所が決定する。

第33条（国家間の事件） いずれの締約国も、他の締約国によるこの条約およびこの条約の議定書の規定の違反を裁判所に付託することができる。

第34条（個人の申立て） 裁判所は、この条約またはこの条約の議定書に定める権利をいずれかの締約国が侵害したことにより被害者となったと主張するいかなる自然人、非政府団体または個人の集団からの申立てを受理することができる。締約国は、この権利の実効的な行使を何ら妨げないことを約束する。

第35条（受理可能性の基準） 1　裁判所は、一般的に認められた国際法の原則に従って、すべての国内的救済措置が尽くされた後で、かつ、最終的な決定がなされた日から6か月の期間内にのみ、事案を取り扱うことができる。
2　裁判所は、第34条に基づいて付託される個人の申立てであって、以下のいずれかにあたるものは取り扱ってはならない。
 (a) 匿名のもの
 (b) 裁判所がすでに審理したか、または他の国際的調査もしくは解決の手続にすでに付託された事案と実質的に同一であって、かつ、いかなる新しい関連情報も含んでいないもの
3　裁判所は、次のものと考える場合には、第34条に基づいて付託された個人の申立てを受理不能と宣言する。
 (a) 申立てが、条約またはこの条約の議定書の規定に抵触するか、明白に根拠不十分か、または申立権の濫用であること。
 (b) 申立人が、重大な不利益を被っていなかったこと。ただし、条約およびこの条約の議定書に定める人権の尊重が本案において申立てを検討することを要求しており、かつ、国内裁判所によって正当に考慮されなかった理由に基づいて事件を拒否することができない場合にはその限りではない。

4　裁判所は、この条に基づいて受理できないと判断するいかなる申立ても却下する。裁判所は、手続のいずれの段階でもこの却下を行うことができる。

第36条（第三者参加） 1　小法廷および大法廷に係属するすべての事件において、自国の国民が申立人となっている締約国は、書面の陳述を提出し、かつ弁論に参加する権利を有する。
2　裁判所長は、司法の適正な運営のために、裁判手続の当事者ではない締約国または申立人ではない関係者に対し、書面の陳述を提出しまたは弁論に参加するよう招請することができる。
3　小法廷または大法廷の前のすべての事件において欧州審議会人権弁務官は書面でコメントを提出しおよび公聴に参加することができる。

第37条（申立ての削除）〔省略〕

第38条（事件の審理） 裁判所は、当事者の代表とともに、事件の審理を行うこと、並びに、必要があれば調査を行う。この調査を効果的に行うために、関係当事国がすべての必要な便宜を供与する。

第39条（友好的解決） 1　条約および条約の議定書に定める人権の尊重を基礎とする事案の友好的解決を確保するために、裁判所は、手続のあらゆる段階において、裁判所を関係当事者に利用させる。
2　1に基づいて行われる手続は、非公開とする。
3　友好的解決が成立した場合には、裁判所は、事実および到達した解決の簡潔な記述にとどめる決定を行うことにより、目録から事件を削除する。
4　この決定は、閣僚委員会に送付され、閣僚委員会は、この決定に定める友好的解決の条件の執行を監視する。

第40条（公開弁論および文書の公開）〔省略〕

第41条（正当な満足）〔省略〕

第42条（小法廷の判決） 小法廷の判決は、第44条2の規定に従って最終のものとなる。

第43条（大法廷への付託） 1　事件のいずれの当事者も、例外的な場合に、小法廷の判決の日から3か月の期間内に、当該事件を大法廷に付託するよう請求することができる。
2　大法廷の5人の裁判官で構成される審査部会は、当該事件がこの条約もしくはこの条約の議定書の解釈または適用に影響する重大な問題または一般的な重要性をもつ重大な問題を提起する場合には、その請求を受理する。
3　審査部会が請求を受理した場合には、大法廷は、当該事件を判決によって決定しなければならない。

第44条（最終判決）〔省略〕

第45条（判決および決定の理由）〔省略〕

第46条（判決の拘束力および執行） 1　締約国は、自国が当事者であるいかなる事件においても、裁判所の最終判決に従うことを約束する。
2　裁判所の最終判決は、閣僚委員会に送付され、閣僚委員会はその執行を監視する。
3　閣僚委員会は、最終判決の執行の監視が判決の解釈の問題によって妨げられると考える場合、解釈の問題

の判断を求めるため、事案を裁判所に付託することができる。裁判所への付託の決定は、委員会に着席する権利を有する代表者の3分の2の多数決によるものとする。

4　閣僚委員会は、締約国が当事者となっている事件の最終判決に従うことを拒否していると考える場合、当該締約国に正式の通告を行うことによっておよび閣僚委員会に着席する権利を有する代表者の3分の2の多数決によって、当該締約国が1に基づく義務を実行するのを怠っているかどうかという問題を裁判所に付託する。

5　1の違反を認定した場合、裁判所は、とるべき措置を検討するために閣僚委員会に事件を付託する。裁判所は、1の違反を認定しない場合、閣僚委員会に事件を付託し、閣僚委員会は、事件の審理を終了する。

第47条（勧告的意見）　1　裁判所は、閣僚委員会の要請により、この条約およびこの条約の議定書の解釈に関する法的問題について勧告的意見を与えることができる。

2　この意見は、この条約の第1節およびこの条約の議定書が定義する権利および自由の内容または範囲に関するいかなる問題、または裁判所もしくは閣僚委員会がこの条約に基づいて開始する手続の結果検討しなければならないその他のいかなる問題も取り扱ってはならない。

3　裁判所の勧告的意見を要請する閣僚委員会の決定は、同委員会に出席する資格のある代表者の過半数の投票を要する。

第48条（裁判所の勧告的管轄）〔省略〕
第49条（勧告的意見の理由）〔省略〕
第50条（裁判所の経費）〔省略〕
第51条（裁判官の特権および免除）〔省略〕

　　　　第3節　雑則

第52条（事務総長による照会）　いずれの締約国も、欧州審議会事務総長の要請を受けとったときは、自国の国内法がこの条約の諸規定の効果的な実施を確保する方法について説明を供さなければならない。

第53条（既存の人権の保護）　この条約のいかなる規定も、いずれかの締約国の法律または当該締約国が当事国となっているいずれかの他の協定に基づいて保障されることのある人権および基本的自由のいかなるものも制限し、またはそれからの逸脱を許すものと解してはならない。

第54条（閣僚委員会の権限）〔省略〕
第55条（他の紛争解決手段の排除）　締約国は、この条約の解釈または適用から生ずる紛争を、請願によりこの条約で定める解決手段以外のものに付託する目的で、締約国間に有効な条約または宣言を利用しないと約束する。ただし、特別の合意がある場合は、この限りでない。

第56条（適用領域）〔省略〕
第57条（留保）〔省略〕
第58条（廃棄）〔省略〕
第59条（署名および批准）　1　〔省略〕
2　欧州連合は本条約に加入することが許される。
3—5　〔省略〕

●人権および基本的自由の保護のための条約の議定書
《欧州人権条約第1議定書》〔抜粋〕

Protocol to the Convention for the Protection of Human Rights and Fundamental Freedoms

▼署名　1952年3月20日　▼効力発生　1954年5月18日　▼改正　1998年11月1日〔94年3月11日欧州人権条約第11議定書〕

第1条（財産の保護）　すべての自然人または法人は、その財産を平和的に享有する権利を有する。何人も、公益のために、かつ、法律および国際法の一般原則で定める条件に従う場合を除くほか、その財産を奪われない。

ただし、前項の規定は、国が一般的利益に基づいて財産の使用を規制するため、または租税その他の拠出もしくは罰金の支払を確保するために必要とみなす法律を施行する権利を何ら害するものではない。

第2条（教育に対する権利）　何人も、教育に対する権利を否定されない。国は、教育および教授に関してするいかなる任務の行使においても、自己の宗教的および哲学的信念に従ってこの教育と教授を確保する父母の権利を尊重しなければならない。

第3条（自由選挙に対する権利）　締約国は、立法機関の選出にあたり、人民の意見の自由な表明を確保する条件の下で、妥当な間隔をおいて、秘密投票による自由選挙を行うことを約束する。

●死刑の廃止に関する人権および基本的自由の保護のための条約の第6議定書《欧州人権条約第6議定書》〔抜粋〕

Protocol No. 6 to the Convention for the Protection of Human Rights and Fundamental Freedoms concerning the Abolition of the Death Penalty

▼署名　1983年4月28日　▼効力発生　1985年3月1日　▼改正　1998年11月1日〔94年3月11日〔欧州人権条約第11議定書〕

第2条（戦時における死刑） 国は、戦時または差し迫った戦争の脅威がある時の行為について法律で死刑の規定を設けることができる。死刑は、法律に定められた場合において、かつ法律の規定に基づいてのみ適用される。国は、当該の法律の規定を欧州審議会事務総長に通知する。
〔1、3、4条につき欧州人権条約第13議定書1～3条参照〕

●人権および基本的自由の保護のための条約の第7議定書
《欧州人権条約第7議定書》〔抜粋〕

Protocol No. 7 to the Convention for the Protection of Human Rights and Fundamental Freedoms

▼署名　1984年11月22日　▼効力発生　1988年11月1日　▼改正　1998年11月1日〔94年3月11日〔欧州人権条約第11議定書〕

第1条（外国人の追放に関する手続的保障） 1　合法的に国の領域内に居住する外国人は、法律に基づいて行われた決定による場合を除くほか追放されてはならず、かつ、以下のことが認められる。
(a)　自己の追放に反対する理由を提示すること、
(b)　自己の事案が審査されること、および、
(c)　このために権限ある機関またはその機関が指名する者に対して代理人が出頭すること。
2　外国人は、追放が公の秩序のために必要な場合または国の安全を理由とする場合には、この条1(a)、(b)および(c)に基づく権利を行使する以前に追放することができる。

第2条（刑事事件における上訴の権利） 1　裁判所により有罪の判決を受けたすべての者は、その判決または刑罰を上級の裁判所によって再審理される権利を有する。この権利の行使は、行使できる事由を含め、法律によって規律される。
2　この権利については、法律が定める軽微な性質の犯罪に関する例外、または、当該の者が最上級の裁判所によって第一審の審理を受けた場合もしくは無罪の決定に対する上訴の結果有罪の判決を受けた場合の例外を設けることができる。

第3条（誤った有罪宣告に対する補償） 確定判決によって有罪と決定された場合、その後に、新たな事実または新たに発見された事実により誤審のあったことが確定的に立証されたことを理由とし、有罪判決が破棄されまたは赦免が行われたときは、その有罪判決の結果刑罰に服した者は、関係国の法律または慣行に基づいて補償を受ける。ただし、その当時知られていなかったことが明らかにされなかったことの事実の全部または一部がその者の責めに帰すものであることが証明された場合は、この限りでない。

第4条（一事不再理の権利） 1　何人も、その国の法律および刑事手続に従ってすでに無罪または有罪の確定判決を受けた行為について、同一国の管轄下での刑事訴訟手続において再び裁判されまたは処罰されることはない。
2　1の規定は、当該事案の結果に影響を与えるような新たな事実もしくは新たに発見された事実の証拠がある場合、または以前の訴訟手続に根本的瑕疵がある場合には、その国の法律および刑事手続に基づいて事案の審理を再開することを妨げない。
3　この条に関しては条約第15条に基づく逸脱は許されない。

第5条（配偶者の平等） 配偶者は、婚姻中および婚姻の解消の際に、配偶者相互間およびその子どもとの関係において、婚姻に係る私法的性質の権利および責任の平等を享有する。この条は、国が子どもの利益のために必要な措置をとることを妨げるものではない。

●人権および基本的自由の保護のための条約の第12議定書
《欧州人権条約第12議定書》〔抜粋〕

Protocol No. 12 to the Convention for the Protection of Human Rights and Fundamental Freedoms

▼署名　2000年11月4日　▼効力発生　2005年4月1日

第1条（差別の一般的禁止） 1　法が定めるいかなる権利の享受も、性、人種、皮膚の色、言語、宗教、政治的意見その他の意見、国民的もしくは社会的出身、国家的少数者との関係、財産、出生または他の地位等いかなる理由による差別もなしに、保障される。

2　何人も、1に定める理由等いかなる理由によっても公の機関により差別されない。

●あらゆる事情の下での死刑の廃止に関する人権および基本的自由の保護のための条約の第13議定書
《欧州人権条約第13議定書》〔抜粋〕

Protocol No. 13 to the Convention for the Protection of Human Rights and Fundamental Freedoms, concerning the Abolition of the Death Penalty in all circumstances

▼署名　2002年5月3日　▼効力発生　2003年7月1日

第1条（死刑の廃止） 死刑は廃止する。何人も、死刑を宣告されまたは執行されない。

第2条（適用除外の禁止） 条約第15条は、この議定書の規定からの逸脱を許さない。

第3条（留保の禁止） この議定書の規定については、条約第57条に基づくいかなる留保も付すことができない。

●人権に関する米州条約
《米州人権条約》〔抜粋〕

American Convention on Human Rights

▼採択　1969年11月22日（人権に関する米州特別会議―サン・ホセ）　▼効力発生　1978年7月18日

第1部　国家の義務および保護される権利

第1章　一般的義務

第1条（権利尊重の義務） 1　この条約の締約国は、この条約において認められる権利および自由を尊重し、その管轄下にあるすべての人に対して、人種、皮膚の色、性、言語、宗教、政治的意見その他の意見、国民的もしくは社会的出身、経済的地位、出生またはその他の社会的条件によるいかなる差別もなしに、これらの権利および自由の自由かつ完全な行使を確保することを約束する。

2　この条約の適用上、「人」とはすべての人間を意味する。

第2章　市民的および政治的権利

第3条（法の前に人として認められる権利） すべての人は、法の前に人として認められる権利を有する。

第4条（生命に対する権利） 1　すべて人は、その生命を尊重される権利を有する。この権利は、法によって、一般的には受胎の時から保護される。何人も、恣意的にその生命を奪われない。

2　死刑を廃止していない国は、死刑は、最も重大な犯罪に限り、犯罪実行時以前に制定され、このような刑罰を定めている法律に従い、権限ある裁判所が言い渡した確定判決によってのみ科すことができる。このような刑罰の適用は、現在それが適用されていない犯罪に拡張してはならない。

3　死刑を廃止した国は、死刑を再び設けてはならない。

4　死刑は、いかなる場合においても政治犯罪または関連する一般犯罪に対して科してはならない。

5　死刑は、犯罪時に18歳未満または70歳を超える者に対して科してはならず、また、妊娠中の女性に対して適用してはならない。

6　死刑を宣告されたすべての人は、大赦、特赦または減刑を申請する権利を有し、これらはすべての場合に与えることができる。死刑は、このような申請が権限ある当局による決定のために係属している間は科してはならない。

第5条（人道的な取扱いを受ける権利） 1　すべて人は、その身体的、精神的および道徳的な一体性を尊重される権利を有する。

2　何人も、拷問または残虐な、非人道的なもしくは品位を傷つける刑罰もしくは取扱いを受けない。自由を奪われたすべての人は、人間の固有の尊厳を尊重して取り扱われなければならない。

3　犯罪者以外の人に対しては、刑罰を科してはならな

4 刑事被告人は、例外的な場合を除き、有罪判決を受けた者から分離されなければならず、有罪判決を受けていない者としての地位に相応する別個の待遇を受ける。
5 未成年者は、刑事手続に服している間、成年者から分離されなければならず、未成年者としての地位に従った処遇を受けることができるよう、できる限り速やかに専門の裁判所に送致される。
6 自由剥奪の刑罰は、受刑者の矯正と社会復帰を基本的な目的とする。

第6条（奴隷状態からの自由） 1 何人も、奴隷の状態または強制的な隷属状態に置かれない。奴隷取引および女性売買とともに、いかなる形態のものも禁止される。
2 何人も、強制労働に服することを要求されない。これは、一定の犯罪に対して設けられた刑罰が強制労働による自由の剥奪となる国において、権限ある裁判所によって科されるこのような刑の執行を禁止するものと解してはならない。強制労働は、受刑者の尊厳または身体的もしくは知的能力に悪影響を与えるものであってはならない。
3 この条の適用上、以下ものは強制労働を構成しない。
 (a) 権限ある司法当局が言い渡した判決または正式の決定の執行にあたって、在監者に通常要求される作業または役務。当該作業または役務は、公の当局の監督および管理の下に行われ、その作業または役務を行ういかなる者もいかなる私人、企業または法人の利用に供されてはならない。
 (b) 軍務、および良心的兵役拒否が認められている国において、軍務に代わって法律が課すことのある国民的役務
 (c) 共同体の存立または福利を脅かす危険または災害の際に要求される役務
 (d) 市民としての通常の義務とされる作業または役務

第7条（身体の自由に対する権利） 1 すべて人は、身体の自由および安全に対する権利を有する。
2 何人も、関係締約国の憲法、またはそれに従って制定された法律が、事前に定める理由および条件によらない限り、その身体的自由を奪われない。
3 何人も、恣意的に逮捕されまたは拘禁されない。
4 拘禁されるすべての者は、拘禁の理由を告げられ、自己に対する一またはそれ以上の被疑事実を速やかに告げられる。
5 拘禁されている者は、裁判官または法律上司法権を行使する権限を有する他の官憲の面前に速やかに連行されるものとし、妥当な期間内に裁判を受け、または裁判手続の継続を損なうことなく釈放される権利を有する。釈放は、裁判への出頭の保証を条件とすることができる。
6 自由を奪われた者は、裁判所がその逮捕または拘禁が合法的であるかどうかを遅滞なく決定すること、およびその逮捕または拘禁が合法的でない場合にはその釈放を命じることができるように、権限ある裁判所に訴える権利を有する。自由を奪われるおそれがあると信じるすべての人が、それが合法的であるかどうかを速やかに決定することができるように権限ある裁判所に訴える権利を有すると規定している締約国においては、そのような救済を制限しまたは廃止してはならない。関係当事者またはその者を代理する者は、そのような救済を求める権利を有する。
7 何人も、負債を理由として拘禁されない。この原則は、権限ある司法当局が扶養義務の不履行を理由として発する命令を制限するものではない。

第8条（公正な裁判を受ける権利） 1 すべて人は、自己に対してなされた刑事的性質の告訴の立証にあたり、または民事上、労働上、金銭上その他の性質の権利および義務の決定のために、正当な保障の下に、かつ、合理的な期間内に、法律で事前に設置された権限ある、独立かつ公平な裁判所による審理を受ける権利を有する。
2 刑事上の罪に問われているすべての者は、法律に基づいて有罪とされない間は、無罪と推定される権利を有する。裁判手続において、すべての人は、完全なる平等に、少なくとも以下の保障を受ける権利を有する。
 (a) 法廷または裁判所において使用される言語を理解できないか、または話すことができない場合には、無料で通訳の援助を受ける被告人の権利
 (b) 被告人に対する告発の罪についての事前の詳細な通知
 (c) 防御の準備のための十分な時間および手段
 (d) 自ら防御するか、または自ら選任する弁護人の援助を受ける被告人の権利、および弁護人と自由にかつ秘密に連絡する被告人の権利
 (e) 被告人が自ら防御を行わず、法律が定める期間内に弁護人を選任しない場合に、国内法に従い有償であると否とを問わず、国が提供する弁護人の援助を受ける奪うことのできない権利
 (f) 裁判所に出廷する証人を尋問し、証人として事実を明らかにすることができる専門家その他の人を出廷させる、弁護の権利
 (g) 自己に不利な証人となること、または有罪を認めさせられることを強要されない権利
 (h) 上級の裁判所に上訴する権利
3 被告人による有罪の自白は、いかなる種類の強制もなしに行われた場合に、有効なものとする。
4 上訴できない判決によって無罪とされた被告人は、同じ訴因について新しい裁判を受けることはない。
5 刑事手続は、司法の利益の保護のために必要とされる場合を除くほか、公開とする。

第9条（事後法からの自由） 何人も、実行の時に適用される法律により犯罪を構成しなかった作為または不作為を理由として有罪とされることはない。何人も、犯罪が行われた時に適用されていた刑罰よりも重い刑罰を科されない。犯罪が行われた後に法律がより軽い刑罰を科すことを定める場合は、有罪とされた者はその利益を受ける。

第10条（賠償に対する権利） すべて人は、確定判決によって誤審のために有罪とされた場合には、法令に

従って賠償を受ける権利を有する。

第11条（プライバシーの権利） 1　すべて人は、名誉を尊重され尊厳を承認される権利を有する。

2　何人も、私生活、家族、住居もしくは通信に対して恣意的にもしくは不正に干渉され、または名誉もしくは信用を不法に攻撃されない。

3　すべて人は、2の干渉または攻撃に対する法律の保護を受ける権利を有する。

第12条（良心および宗教の自由） 1　すべて人は、良心および宗教の自由に対する権利を有する。この権利には、自己の宗教または信条を維持しもしくは変更する自由、および単独でまたは他者とともに、および公的にまたは私的に、自己の宗教または信条を告白しまたは普及する自由を含む。

2　何人も、自己の宗教または信条を維持または変更する自由を侵害するおそれのある制限を受けない。

3　宗教および信条を表明する自由については、法律が定める制限であって、公共の安全、公の秩序、公衆の健康もしくは道徳または他の者の権利もしくは自由を保護するために必要なもののみを課すことができる。

4　父母または場合により後見人は、自己の信念と一致する宗教的および道徳的教育を、その子または被後見人に与える権利を有する。

第13条（思想および表現の自由） 1　すべて人は、思想および表現の自由についての権利を有する。この権利には、口頭、書面、印刷、芸術の形態、または自ら選択する他の方法により、国境にかかわりなく、あらゆる種類の情報および考えを求める、受ける、および伝える自由を含む。

2　前項に定める権利の行使は、事前の検閲を受けることはない。ただし、次のことを確保するのに必要な範囲内で法律が明文で定めた事後の責任が課されることがある。

(a)　他者の権利または信用の尊重

(b)　国の安全、公の秩序、または公衆の健康もしくは道徳の保護

3　表現の権利は、新聞の印刷、ラジオ放送の周波数もしくは情報の普及に用いられる設備に対する政府によるもしくは管理の濫用のような間接的な方法または手段で、または思想および意見の伝達および流通を妨げるおそれのあるその他のいかなる手段により、制限されることはない。

4　2の規定にかかわらず、公共の娯楽は、幼小児および青少年を道徳的に保護するために、これらの娯楽に接触することの規制を唯一の目的として、法律による事前の検閲に服させることができる。

5　いかなる戦争宣伝も、また、人種、皮膚の色、宗教、言語または国民的出身を含む何らかの理由による人または人の集団に対する無法な暴力その他の類似の違法行為の扇動となる国民的、人種的または宗教的憎悪の唱道も、法律によって処罰される犯罪とみなされる。

第14条（反論権） 1　法的に規制された通信手段によって公衆に普及された不正確なまたは攻撃的な表現または思想によって被害を受けたすべての人は、法律が定める条件に従って、同じ通信手段を用いて反論し、または訂正する権利を有する。

2　その訂正または反論は、いかなるときにおいても、生じることのあるその他の法的責任を解除するものではない。

3　名誉および信用を効果的に保護するために、すべての出版社、新聞、映画、ラジオおよびテレビ会社は、免除または特別の特権によって保護されない責任者を置かなければならない。

第15条（集会の権利）　武器を持たない平和的集会の権利は認められる。この権利の行使については、法律で定める制限であって、国の安全、公共の安全もしくは公の秩序のために、または、公衆の健康もしくは道徳または他者の権利もしくは自由の保護のために、民主的社会において必要とされる以外のいかなる制限も課すことができない。

第16条（結社の自由） 1　すべて人は、イデオロギー、宗教、政治、経済、労働、社会、文化、スポーツおよびその他の目的のために、自由な結社の権利を有する。

2　1の権利の行使については、国の安全、公共の安全もしくは公の秩序のために、または公衆の健康もしくは道徳もしくは他者の権利もしくは自由の保護のために、民主的社会において必要な法律で定める制限のみ課すことができる。

3　この条の規定は、軍隊および警察の構成員に対して法的制限（結社の権利の行使の剥奪も含む。）を課することを妨げるものではない。

第17条（家族の権利） 1　家族は、社会の自然かつ基礎的な単位であり、社会および国による保護を受ける権利を有する。

2　婚姻可能な年齢の男女は、国内法が要求する条件がこの条約に定める無差別の原則を損なわない限り、当該条件に適合する場合には、婚姻をし、かつ、家族を設ける権利を認められる。

3　婚姻は、配偶者になる当事者の自由かつ完全な合意なしには成立しない。

4　締約国は、婚姻中および婚姻解消の際に、婚姻に係る配偶者の権利の平等および責任の適切な均衡を確保するために、適当な措置をとる。婚姻の解消の場合には、子どもに対する必要な保護のため、最善の利益のみを基礎として、措置がとられる。

5　法令は、非嫡出子および嫡出子の同権を認めなければならない。

第18条（姓名を持つ権利）　すべて人は、名および親の両方または一方の姓を持つ権利を有する。法律は、必要なときには仮の名を用いることによって、この権利をすべての人に確保する方法を定める。

第19条（子どもの権利）　すべての未成年の子どもは、未成年者としての地位に必要とされる保護措置を、家族、社会および国から受ける権利を有する。

第20条（国籍を持つ権利） 1　すべて人は、国籍を持つ権利を有する。

2　すべて人は、他のいずれかの国籍を持つ権利を有さない場合には、出生地国の国籍を持つ権利を有する。

3 何人も、自己の国籍または国籍を変更する権利を恣意的に奪われない。

第21条（財産権） 1 すべて人は、自己の財産を使用し享受する権利を有する。法律は、このような使用および享受を社会の利益に従わせることができる。

2 何人も、正当な補償が支払われ、公共の必要または社会の利益を理由とし、かつ、法律が定める場合にその形式に従うほかは、その財産を奪われない。

3 高利貸およびその他の形態の人による搾取は、法律によって禁止される。

第22条（移動および居住の自由） 1 合法的に締約国の領域内にいるすべての人は、当該領域内を移動し、法律の規定に従って同領域内に居住する権利を有する。

2 すべて人は、いずれの国（自国を含む。）からも自由に離れる権利を有する。

3 1および2の権利の行使は、犯罪を防止するために、または国の安全、公共の安全、公の秩序、公衆の道徳、公衆の健康もしくは他の者の権利もしくは自由を保護するために民主的社会において必要な範囲内で、法律に従って制限することができる。

4 1が認める権利の行使は、また、公共の利益を理由として、指定された地域において法律によって制限することができる。

5 何人も、自らが国民である国の領域から追放されることはなく、またそこに戻る権利を奪われない。

6 合法的にこの条約の締約国の領域内にいる外国人は、法律に基づいて行われた決定によって当該領域から追放することができる。

7 すべて人は、政治犯罪または関連する普通犯罪によって追及されている場合には、その国の国内法および国際条約に従って、外国の領域において庇護を求め、かつ、与えられる権利を有する。

8 外国人は、出身国であると否とを問わず、ある国において人種、国籍、宗教、社会的地位または政治的意見のために生命または身体の自由の権利が侵害される危険があるときは、いかなる場合にもその国へ向けて追放し、または送還してはならない。

9 外国人の集団的追放は、禁止する。

第23条（参政権） 1 すべての市民は、以下の権利および機会を享有する。
 (a) 直接または自由に選んだ代表を通じて、政治に参与すること。
 (b) 普通かつ平等の選挙権に基づき、投票者の意思の自由な表明を保障する秘密投票により行われる真正な定期的選挙において、投票しおよび選出されること。
 (c) 一般的な平等条件の下で自国の公務に携わること。

2 法律は、1に規定する権利および機会の行使を、年齢、国籍、居住、言語、教育、民事上および精神上の能力、または権限ある裁判所が刑事手続において言い渡した刑を理由としてのみ規制することができる。

第24条（平等な保護に対する権利） すべて人は、法の前に平等である。したがって、すべて人は、差別なしに法による平等の保護を受ける権利を有する。

第25条（司法的保護を受ける権利） 1 すべて人は、関係国の憲法もしくは法令またはこの条約によって認められた基本的権利を侵害する行為に対する保護を求めて、たとえその侵害が公務の執行中の者により行われた場合でも、簡易かつ迅速な訴え、またはその他の実効的な訴えを権限ある裁判所または法廷に対して行う権利を有する。

2 締約国は、以下のことを約束する。
 (a) 救済措置を求めるすべての人の権利が、国の法制で定める権限ある機関によって決定されることを確保すること。
 (b) 司法上の救済措置の可能性を発展させること。
 (c) このような救済措置が与えられる場合に、それが権限ある機関によって執行されることを確保すること。

第3章　経済的、社会的および文化的権利

第4章　保障の停止、解釈および運用

第27条（保障の停止） 1 締約国は、戦争、公の危険、または締約国の独立もしくは安全を脅かすその他の緊急事態の場合には、締約国は、事態の緊急性が真に必要とする限度と期間において、この条約に基づく義務から逸脱する措置をとることができる。ただし、その措置は、当該締約国が国際法に基づき負う他の義務に抵触してはならず、また、人種、皮膚の色、性、言語、宗教または社会的出身を理由とする差別を含んではならない。

2 1の規定は、以下の各条、すなわち、第3条（法の前に人として認められる権利）、第4条（生命に対する権利）、第5条（人道的な取扱いを受ける権利）、第6条（奴隷状態からの自由）、第9条（事後法からの自由）、第12条（良心および信教の自由）、第17条（家族の権利）、第18条（姓名を持つ権利）、第19条（子どもの権利）、第20条（国籍を持つ権利）および第23条（参政権）、またはこれらの権利の保護に不可欠な司法上の保障のいかなる停止も認めるものではない。

3 停止の権利を行使する締約国は、適用を停止した条項、停止をもたらした理由、および当該停止の終了予定日を米州機構事務総長を通じて他の締約国に直ちに通知する。

第5章　個人の責任

第2部　保護の手段

第6章　権限ある機関

第7章　米州人権委員会

第1節　組織

第34条【構成】米州人権委員会〔訳者注：以下「委員会」という。〕は、高潔な人格を有し、かつ、人権の分

野において能力を認められた7名の委員で構成する。

第35条【全加盟国の代表】 委員会は、米州機構のすべての加盟国を代表する。

第36条【選挙】 1 委員会の委員は、個人の資格において、加盟国政府が提案する候補者名簿の中から機構の総会によって選出される。

2 〔省略〕

第2節 任務

第41条【任務および権限】 委員会の主な任務は、人権の尊重および擁護を促進することである。委員会は、その職務の遂行にあたって、以下の任務および権限を有する。

(a) 米州の人民の間に人権意識を発展させること。

(b) 有益と考える場合には、加盟国政府に対して、国内法および憲法規定の枠内で人権のための漸進的な措置ならびに人権の遵守を助長するための適当な措置をとるよう勧告すること。

(c) その職務の遂行にあたって有益と考える研究または報告を準備すること。

(d) 加盟国政府に対して、人権に関してとった措置についての情報を提供するように要請すること。

(e) 人権に関する事項に関する加盟国の質問に対し、米州機構事務総局を通じて回答すること、および可能な範囲内でそれらの加盟国が要請する助言を提供すること。

(f) 請願およびその他の通報に関してこの条約の第44条から第51条までの規定に基づく自らの権限に従って行動をとること。

(g) 米州機構総会に年次報告書を提出すること。

第3節 権限

第44条【個人の請願】 いかなる人もしくは人の集団も、または一以上の機構加盟国において法的に認められたいかなる非政府団体も、締約国によるこの条約の違反の告発または苦情を含む請願を委員会に提出することができる。

第45条【締約国の通報】 1 いかなる締約国も、この条約の批准書もしくは加入書の寄託の時に、またはそれ以後いつでも、他の締約国がこの条約に定める人権を侵害したと主張する通報を委員会が受理し、かつ、審理する権限を有すると認めることを宣言することができる。

2 この条に基づいて提出される通報は、委員会の前記の権限を承認する宣言を行った締約国による通報である場合に限り、受理しかつ審理することができる。委員会は、このような宣言を行っていない締約国に対するいかなる通報も受理してはならない。

3 権限の承認に関する宣言は、無期限にまたは一定の期間もしくは特定の事件についてのみ有効なものとしてすることができる。

4 宣言は、米州機構事務総局に寄託するものとし、同事務総局はその写しを機構の加盟国に送付する。

第46条【請願または通報の受理可能性】 1 第44条または第45条に従って提出された請願または通報の委員会による受理は、以下の条件に従う。

(a) 一般的に認められた国際法の原則に従って、国内的救済措置が追求され、かつ、尽くされたこと。

(b) 請願または通報が、その権利の侵害を主張する当事者が最終的な決定の通知を受けた日から6か月の期間内に提出されること。

(c) 請願または通報が扱う問題が、解決のために他の国際的手続に係属中でないこと。

(d) 第44条の場合には、請願が、これを提出する一以上の個人または団体の法令上の代表者の氏名、国籍、職業、住所および署名を含んでいること。

2 この条1(a)および(b)の規定は、以下の場合には適用されない。

(a) 関係国の国内法が、侵害されたと主張される権利の保護のために法の適正手続を設けていない場合

(b) その権利を侵害されたと主張する当事者が、国内法上の救済措置を利用することを拒否されたか、もしくはそれを完了することを妨げられた場合

(c) 前記の救済措置の下での最終的な決定がなされるのに不当な遅延があった場合

第4節 手続

第48条【請願または通報の処理】 1 委員会は、この条約によって保護されるいずれかの権利の侵害を主張する請願または通報を受理するときには、以下の手続に従って行われる。

(a) 委員会は、請願または通報を受理できると判断する場合には、主張された侵害について責任があると指摘された国の政府から情報を求め、同政府に請願または通報の関連部分の謄本を提供する。この情報は、各事件の状況に応じて委員会が決定する合理的な期間内に提出しなければならない。

(b) 情報が受領された後、または定められた期間が経過したが情報が提供されなかった後に、委員会は請願または通報の根拠が依然として存在するかどうかを確かめる。このような根拠が存在しない場合には、委員会はその登録を閉じるよう命令する。

(c) 委員会は、その後に受け取った情報または証拠に基づいて、請願または通報を受理することができない、または不適当であると宣言することができる。

(d) 登録が閉じられなかったときには、委員会は、当事者に通知した上で、事実を検証するために、請願または通報に記載された事案を審理する。必要かつ有益なときには、委員会は調査を行うものとし、この調査を効果的に行うために、委員会はすべての必要な便宜を要請し、関係国はこれを提供する。

(e) 委員会は、関係国に対してあらゆる関連情報を提供するよう要請することができ、また、要請があった場合、関係当事者の口頭の陳述を聴取し、または書面の陳述を受理する。

(f) 委員会は、この条約が認める人権の尊重を基礎として事案の友好的解決に達するため、関係当事者の利用に供せられる。

2 ただし、重大かつ緊急の場合には、受理可能性のすべての形式的要件を満たす請願または通報の提出のみによって、委員会は、その領域内で違反が行われたと

第49条【友好的解決に達した場合】第48条1(f)に従って友好的に解決したときには、委員会は報告書を作成し、これを請願者およびこの条約の締約国に送付し、公表のために米州機構事務総長に通知される。この報告書は、事実および到達した解決についての簡潔な記述を含む。事件のいずれかの当事者が要求する場合には、できる限り完全な情報がその者に提供される。

第50条【友好的解決に達しなかった場合】 1 解決にいたらない場合には、委員会は、その規定が定める期間内に、事実および委員会の結論を示す報告書を作成する。報告書が、その全部または一部について委員による全員一致の合意を示すものでない場合には、いかなる委員も個別意見を付すことができる。第48条1(e)に従って当事者が行った書面および口頭の陳述も、この報告書に添付される。

2 報告書は関係国に送付されるものとし、関係国はこれを公表する自由を持たない。

3 報告書を送付するにあたって、委員会は、適当と認める提案および勧告を行うことができる。

第51条【意見、結論および勧告】 1 委員会の報告書が関係国に送付された日から3か月の期間内に問題が解決されないか、または委員会もしくは関係国によって裁判所〔訳者注：「米州人権裁判所」のこと。以下同じ。〕に付託され裁判所の管轄権が承認されないときには、委員会は、委員の絶対多数決によって、審理のために付託された問題に関する意見および結論を示すことができる。

2 適当な場合には、委員会は適切な勧告を行い、審理の対象となった状況を是正するために求められる措置を当該国がとるべき期間を定める。

3 定められた期間が経過したとき、委員会は、委員の絶対多数決によって、当該国が十分な措置をとったか、および報告書を公表するかについて決定する。

第8章　米州人権裁判所

第1節　組織

第52条【構成】 1 裁判所は、機構加盟国の国民である7名の裁判官で構成する。裁判官は、もっとも高潔な人格を有し、かつ、人権の分野において能力を認められた者であって、当該国籍国または候補者として提案する国の法令に従って、最高の司法上の任務を遂行するうえで必要とされる資格を有する法律家の中から、個人の資格で選挙される。

2 いずれの2名の裁判官も、同一国の国民であってはならない。

第55条【国籍裁判官および特任裁判官】 1 裁判官は、裁判所に付託された事件のいずれかの当事国の国民である場合でも、その事件を審理する権利を保持する。

2 事件を審理すべき裁判官のうち1名が事件の当事国の一の国民であるときには、この事件の他のいずれの当事国も、自国が選定する1名を特任裁判官として裁判に従事させるために任命することができる。

3 事件を審理すべき裁判官のいずれもが、事件の当事国のいずれの国民でもない場合には、各当事国は1名の特任裁判官を任命することができる。

4 特任裁判官は、第52条が示す資格を有しなければならない。

5 この条約の複数の締約国が事件において同一の利害関係を有する場合には、これらの国は前記規定の適用上単一の当事国とみなされる。疑いがある場合には、裁判所が決定する。

第2節　管轄権および任務

第61条【提訴の権利および条件】 1 締約国および委員会のみが、裁判所に事件を付託する権利を有する。

2 裁判所が事件を審理するためには、第48条から第50条までに掲げる手続が完了していなければならない。

第62条【管轄権受諾の宣言】 1 締約国は、この条約の批准書もしくは加入書の寄託の時に、またはそれ以後いつでも、この条約の解釈または適用に関するすべての事項についての裁判所の管轄権を、当然にかつ特別の合意なしに義務的であると認めることを宣言することができる。

2 前記の宣言は、無条件に、相互主義を条件として、一定の期間を限って、または特定の事件に関して行うことができる。宣言書は、機構の事務総長に提出されるものとし、事務総長はその写しを機構の他の加盟国および裁判所書記に送付する。

3 裁判所の管轄権は、この条約の条項の解釈および適用に関し裁判所に付託されたすべての事件に及ぶものとする。ただし、事件の当事国が、1および2に従い特別の宣言により、または特別合意によって、裁判所の管轄権を受諾するかまたはすでに受諾していることを条件とする。

第3節　手続

第67条【判決の解釈】裁判所の判決は終結とし、上訴を許さない。判決の意味または範囲について争いがある場合には、裁判所は、いずれかの当事国の要請によってこれを解釈する。ただし、この要請は、判決の通知の日から90日以内になされなければならない。

第68条【判決の効力】 1 この条約の締約国は、自国が当事者であるいかなる事件においても、裁判所の判決に従うことを約束する。

2 損害賠償を命じる判決の部分は、関係国において国に対する判決の執行について定める国内手続に従って執行することができる。

第9章　共通規定

第3部　一般および経過規定

第10章　署名、批准、留保、改正、議定書および離脱

第11章　経過規定

● 人および人民の権利に関するアフリカ憲章《バンジュール憲章》〔抜粋〕

African [Banjul] Charter on Human and Peoples' Rights

▼採択 1981年6月27日（アフリカ統一機構国家元首及び政府首脳会議—ナイロビ） ▼効力発生 1986年10月21日

第1部　権利および義務

第1章　人および人民の権利

第1条【締約国の義務】アフリカ統一機構加盟国である締約国は、この憲章に掲げる権利、義務および自由を認め、それを実現するために立法その他の措置をとることを約束する。

第2条【差別の禁止】すべて個人は、人種、民族集団、皮膚の色、性、言語、宗教、政治的意見その他の意見、国民的もしくは社会的出身、財産、出生または他の地位等によるいかなる差別もなしに、この憲章において認められかつ保障されている権利および自由を享受する権利を有する。

第3条【法の前の平等】1　すべて個人は、法の前に平等である。

2　すべて個人は、法による平等の保護を受ける権利を有する。

第4条【生命に対する権利】人間は、不可侵である。すべての人間は、自己の生命の尊重および身体の一体性に対する権利を有する。何人も、恣意的にこの権利を奪われない。

第5条【人間の尊厳の尊重】すべて個人は、人間に固有な尊厳の尊重および自己の法的地位の承認に対する権利を有する。あらゆる形態の人間の搾取および人としての蔑視、とくに奴隷制度、奴隷取引、拷問、残虐な、非人道的または品位を傷つける刑罰および取扱いは、禁止する。

第6条【身体の自由および安全】すべて個人は、身体の自由および安全に対する権利を有する。何人も、あらかじめ法律に定める理由および条件によらない限り、その自由を奪われない。とくに、何人も、恣意的に逮捕されまたは抑留されない。

第7条【裁判を受ける権利】1　すべて個人は、自己の主張について審理を受ける権利を有する。この権利は、以下のものを含む。

(a)　効力ある条約、法律規則および慣習によって認められ保障された基本的権利を侵害する行為に対し、権限ある国家機関に訴える権利

(b)　権限ある裁判所によって有罪とされるまで無罪と推定される権利

(c)　防御の権利（自ら選任する弁護人によって防御される権利を含む。）

(d)　公平な裁判所によって合理的な期間内に裁判を受ける権利

2　何人も、実行の時に法的に刑罰を科すことができる犯罪とされていなかった作為または不作為については有罪とされない。実行の時に規定されていなかった犯罪については刑罰を科されない。刑罰は、属人的なものであり、犯罪者に対してのみ科される。

第8条【良心および信教の自由】良心、信仰の告白および信仰の自由は、保障される。法と秩序に従うことを条件として、何人も、これらの自由の行使を制限する措置に服さない。

第9条【表現の権利】1　すべて個人は、情報を得る権利を有する。

2　すべて個人は、法律の枠内で、自己の意見を表明し、広報する権利を有する。

第10条【結社の自由】1　すべて個人は、法律に服することを条件として、自由な結社の権利を有する。

2　第29条に規定する団結の義務に従うことを条件として、何人も、結社に参加することを強要されない。

第11条【集会の自由】すべて個人は、他の者と自由に集会する権利を有する。この権利の行使は、法律によって規定された必要な制限、とくに、国家の安全保障、健康、倫理並びに他の者の権利および自由のために制定されたものにのみ服する。

第12条【移動の自由、庇護権、追放からの自由】1　すべて個人は、法律に従うことを条件として、国の領域内における移動および居住の自由に対する権利を有する。

2　すべて個人は、自国を含むいずれの国をも離れ、また、自国に戻る権利を有する。この権利は、国の安全、法と秩序、公衆の健康または道徳のために法律によって定められた制限にのみ服する。

3　すべて個人は、迫害されたとき、その国の法律および国際条約に従い他国に庇護を求めかつ享受する権利を有する。

4　この憲章の締約国の領域に合法的に入国を認められた外国人は、法律に従って行われた決定によってのみ当該領域から追放することができる。

5　外国人の大量追放は、禁止する。大量追放とは、国民的、人種的、民族的または宗教的集団に向けられたものをいう。

第13条【参政権】1　すべて市民は、直接に、または法律の規定に従って自由に選んだ代表者を通じて、自国の統治に自由に参与する権利を有する。

2　すべて市民は、等しく自国の公務に携わる権利を有する。

3　すべて個人は、すべての人の法の下の厳格な平等の下で、公の財産およびサービスを利用する権利を有する。

第14条【財産権】財産権は、保障される。この権利は、公共の必要のためにまたは社会の一般的な利益のためであって、かつ、関連法律に従ってのみ、侵害することができる。

第15条【労働の権利】すべて個人は、衡平かつ満足すべき条件の下で労働する権利を有し、同一の労働につ

いて同一の報酬を受ける。
第16条【健康を享受する権利】 1　すべて個人は、達成可能な最高の身体的及び精神的健康状態を享受する権利を有する。
2　この憲章の締約国は、当該人民の健康を保護し、かつ、これらの者が病気のときに看護が受けられることを確保するために、必要な措置をとる。
第17条【教育の権利】 1　すべて個人は、教育の権利を有する。
2　すべて個人は、自由に共同体の文化的生活に参加することができる。
3　共同体によって認められた道徳および伝統的価値の推進および保護は、国の義務である。
第18条【家族、女性、子ども、老齢者および障害者の権利】 1　家族は、社会の自然な単位であり基礎である。家族は、国によって保護される。国は、家族の身体および精神の健康の面倒をみる。
2　国は、共同体によって認められた道徳および伝統的価値の擁護者である家族を援助する義務を負う。
3　国は、女性に対するあらゆる差別の撤廃を確保し、また、国際的宣言および条約に規定する女性および子どもの権利の保護を確保する。
4　老齢者および障害者も、身体および精神の必要に応じて、特別な保護措置に対する権利を有する。
第19条【人民の平等】 すべて人民は、平等である。すべて人民は、等しく尊重され、同一の権利を有する。何人も他の者を支配することは、一切正当化されない。
第20条【自決権】 1　すべて人民は、生存の権利を有する。すべて人民は、疑い得ないかつ奪うことのできない自決の権利を有する。すべて人民は、その政治的地位を自由に決定し、並びに自らが自由に選んだ政策に従ってその経済的および社会的発展を追求する。
2　植民地の人民または抑圧された人民は、国際社会によって認められたいかなる手段にも訴えて、支配という束縛から自らを解放する権利を有する。
3　すべて人民は、政治的、経済的または文化的な支配であろうとも、外国の支配からの解放闘争において、この憲章の締約国の援助を受ける権利を有する。
第21条【富および天然資源の処分権】 1　すべて人民は、その富および天然資源を自由に処分する。この権利は、専ら人民の利益のために行使される。人民は、いかなる場合にもこの権利を奪われることはない。
2　略奪が行われた場合には、略奪を受けた人民は、その財産を合法的に取り戻し、かつ十分な補償を受ける権利を有する。
3　富および天然資源の自由な処分は、相互の尊重、衡平な交換および国際法の原則に基づいた国際経済協力を促進する義務に反することなく行われなければならない。
4　この憲章の締約国は、アフリカの統一および連帯を強化するために、個別的にまた集団的にその富および天然資源の自由な処分の権利を行使する。
5　この憲章の締約国は、その人民が天然資源から得られる利益を十分に享受することができるように、あらゆる形態の外国の経済的搾取、とくに国際的独占企業による搾取を撤廃することを約束する。
第22条【発展の権利】 1　すべて人民は、自己の自由と独自性に十分な考慮を払い、人類の共同の遺産を平等に享受して、経済的、社会的および文化的に発展する権利を有する。
2　国は、個別的にまた集団的に発展の権利の行使を確保する義務を負う。
第23条【平和と安全に対する権利】 1　すべて人民は、国内および国際の平和と安全に対する権利を有する。国際連合憲章によって暗黙のうちに確認され、アフリカ統一機構憲章によって再確認された連帯および友好関係の原則が、諸国間の関係を規律する。
2　平和、連帯および友好関係を強化するため、この憲章の締約国は、次のことを確保する。
　(a)　この憲章の第12条の下に庇護権を享有するいかなる個人も、その出身国またはこの憲章の他の締約国に対する転覆活動に従事しないこと。
　(b)　その領域が、この憲章の他の締約国の人民に対する転覆またはテロリズム活動の基地として用いられないこと。
第24条【環境に対する権利】 すべて人民は、その発展に好都合な、一般的で満足できる環境に対する権利を有する。

第2章　義務

第27条【共同体への義務】 1　すべて個人は、その家族および社会、国家およびその他の法的に認められた共同体並びに国際社会に対する義務を負う。
2　個人の権利および自由は、他者の権利、集団的安全保障、道徳および共通の利益を十分に考慮して行使されなければならない。
第28条【同胞への義務】 すべて個人は、その同胞を差別なく尊敬しかつ思いやり、並びに相互の尊敬および寛容を促進し、保護しかつ強化することを目的とする関係を維持する義務を負う。
第29条【その他の義務】 個人は、また次の義務を負う。
1　家族を調和のとれた形で発展し存続させ、家族の結び付きと尊敬のために努力すること。両親を常に尊敬すること、および必要な場合には両親を扶養すること。
2　自己の身体的および知的能力を提供することによって国家共同体に奉仕すること。
3　自己の本国または居住国の安全を危険にさらさないこと。
4　社会および国家の連帯、とくに国家の連帯が脅かされているときは、これらを保持しかつ強化すること。
5　自国の独立および領土保全を保持しかつ強化し、並びに法律に従ってその防衛に貢献すること。
6　その才能および能力の最善を尽くし、社会の利益のために法律によって課せられた租税を支払うこと。
7　寛容、対話および話し合いの精神をもって、社会の他の構成員との関係において優れたアフリカ文化の価値を保持しかつ強化すること、並びに一般的に社会の道徳的福利の促進に貢献すること。

8 自己の才能を最大限に尽くし、常に、かつすべての段階において、アフリカの統一の促進および達成に貢献すること。

第2部　保障措置

第1章　人および人民の権利に関するアフリカ委員会の設置および組織

第30条【アフリカ委員会の設置】アフリカにおける人および人民の権利を促進し、かつ、その保護を確保するために、アフリカ統一機構内に人および人民の権利に関するアフリカ委員会（以下「委員会」という。）を設置する。

第31条【委員会の構成】1　委員会は、高い徳性、高潔、公平、並びに人および人民の権利の分野における能力で知られた最も人望の高いアフリカ人のうちから選ばれた11人の委員で構成する。法律関係の経験を有する者に特別の考慮を払う。

2　委員会の委員は、個人の資格で職務を遂行する。

第32条【委員の配分】委員会は、一国の国民を2人以上含んではならない。

第33条【委員の選挙】委員会の委員は、国家元首および政府首脳会議がこの憲章の締約国によって指名された者の名簿の中から秘密投票によって選出する。

第34条【候補者の指名】この憲章の各締約国は、2人以上の候補者を指名することはできない。候補者は、この憲章のいずれかの締約国の国籍をもつものでなければならない。一国が2人の候補者を指名する場合には、そのうちの1人は、その国の国民であってはならない。

第36条【任期】委員会の委員は、6年の任期で選出され、再選されることができる。ただし、第1回の選挙において選出された委員のうち4人の委員の任期は、2年で、残りの委員のうち3人の委員の任期は、4年で終了する。

第2章　委員会の権限

第45条【委員会の任務】委員会の任務は、次のとおりである。

1　人および人民の権利を促進すること、とくに、
   (a)　人および人民の権利の分野におけるアフリカの問題に関する資料を収集し、研究および調査を行うこと、セミナー、シンポジウムおよび会議を開催すること、情報を広めること、人および人民の権利にかかわる国家および地方の機関を援助すること、並びに問題が生じた場合に政府に対して見解を出しまたは勧告を行うこと。
   (b)　アフリカの政府が立法の基礎とすることができる人および人民の権利並びに基本的自由に関する法的問題を解決することを目的とし、原則と規則を定めかつ規定すること。
   (c)　人および人民の権利の促進および保護にかかわる他のアフリカの機構および国際機構と協力すること。

2　この憲章が定める条件の下で人および人民の権利の保護を確保すること。

3　締約国、アフリカ統一機構の機関またはアフリカ統一機構が認めるアフリカの組織の要請により、この憲章のすべての規定を解釈すること。

4　国家元首および政府首脳会議によって委ねられるその他の任務を遂行すること。

第3章　委員会の手続

第46条【調査方法】委員会は、いかなる適当な調査方法も用いることができる。委員会は、アフリカ統一機構事務総長その他情報を提供することができるいかなる者からも事情を聴取することができる。

国からの通報

第47条【他の締約国による注意喚起】この憲章の締約国は、この憲章の他の締約国が憲章の規定に違反したと信じる十分な理由がある場合には、書面による通報により、その事態につき当該他の締約国の注意を喚起することができる。この通報は、アフリカ統一機構事務総長および委員会の委員長にも送付される。通報された国は、通報の受領後3か月以内に、問合せを行った国に対し当該事態について説明する文書またはその他の声明書を提供する。これらの文書には、適用され、適用可能な法令および手続規則、およびすでに与えられた救済またはとりうる措置に関する情報を、可能な限り含んでいなければならない。

第48条【委員会への付託】最初の通報の受領後3か月以内に当該事案が、二国間交渉その他の平和的手続によって関係国双方の満足するように解決されない場合には、いずれの一方の国も、委員長を通じて当該事案を委員会に付託する権利を有する。当該国は、他方の関係国にその旨通告する。

第49条【委員会への直接付託】第47条の規定にかかわらず、この憲章の締約国が、他の締約国がこの憲章の規定に違反したと判断する場合には、委員長、アフリカ統一機構事務総長および当該他の締約国に通報を送付することにより事案を委員会に直接付託することができる。

第50条【国内救済の原則】委員会は、国内救済措置が存在する場合には、すべての国内的救済措置が尽くされたことを確認した後、付託された事案を取り扱うことができる。ただし、救済手続が不当に遅延していることが委員会に明らかな場合は、この限りでない。

第51条【事案を付託された国による情報と意見の提出】
1　委員会は、事案を付託された国に対し、あらゆる関連情報を提供するよう要請することができる。

2　関係国は、委員会が当該事案を検討している間、代表を出席させ、書面または口頭による意見を提出することができる。

第52条【報告の作成】委員会は、関係国その他の情報源からすべての必要な情報を収集し、かつ、人および人民の権利の尊重に基づく友好的解決に達するすべての適当な手段を試みた後、第48条にいう通告から合理的な期間内に、事実および委員会の認定を記述した報告を作成する。この報告は、関係国に送付され、国家

元首および政府首脳会議に通報される。

第53条【委員会による勧告】委員会は、報告を送付する際に、国家元首および政府首脳会議に対して、委員会が有用と認める勧告を行うことができる。

第54条【委員会の活動報告】委員会は、その活動に関する報告を国家元首および政府首脳会議の各通常会期に提出する。

その他の通報

第55条【検討される通報の決定】1　各会期の前に、委員会の事務局長は、この憲章の締約国による通報以外の通報の一覧表を作成し、これを委員会の委員に送付する。委員は、どの通報が委員会によって検討されるべきかを明らかにする。

2　通報は、委員の単純多数による検討があった場合に、委員会によって検討される。

第56条【通報の要件】第55条に規定された人および人民の権利に関する通報で、委員会によって受理されたものは、次の要件を満たす場合に検討される。

1　通報者が匿名を要求した場合も含め、通報者を明示すること。

2　アフリカ統一機構憲章またはこの憲章に合致したものであること。

3　関係国およびその機関またはアフリカ統一機構を侮辱しまたはその名誉を傷つける言葉で書かれていないこと。

4　もっぱらマスメディアを通じて広められた情報のみに基づくものではないこと。

5　国内的救済措置が存在する場合には、これを尽くした後に付託されること。ただし、この手続が不当に遅延していることが明らかな場合は、この限りでない。

6　国内的救済措置が尽くされた時または委員会が事案を取り上げた日から合理的な期間内に提出されること。

7　国際連合憲章もしくはアフリカ統一機構憲章の原則またはこの憲章の規定に従って当該関係国によって解決された問題を扱っていないこと。

第58条【重大なまたは大量の人権侵害】1　委員会の審議の後、一または複数の通報が、人および人民の権利の一連の重大なまたは大量の侵害の存在を示す特別の事態に明らかに関連すると認められる場合には、委員会は、この特別の事態に対して国家元首および政府首脳会議の注意を喚起する。

2　これを受け、国家元首および政府首脳会議は、委員会に対し、この事態の詳細な研究を行い、委員会の認定および勧告を添付した事実に関する報告を作成することを要請することができる。

3　委員会が正当に認めた緊急事態は、委員会によって国家元首および政府首脳会議議長に付託される。同議長は、詳細な研究を要請することができる。

第4章　適用原則

第60条【各種人権文書】委員会は、人および人民の権利に関する国際法、とくに、人および人民の権利に関する各種のアフリカの文書、国際連合憲章、アフリカ統一機構憲章、世界人権宣言、その他人および人民の権利の分野において国際連合およびアフリカ諸国によって採択された文書、並びにこの憲章の当事国が加盟国である国際連合の専門機関において採択された各種の文書の規定の示唆を受ける。

第61条【補助手段】委員会はまた、法の原則を決定するための補助手段として、アフリカ統一機構の加盟国によって明示的に認められた規則を定めるその他の一般国際条約または特別国際条約、人および人民の権利に関する国際規範に反しないアフリカの慣行、法として一般に認められた慣習、アフリカ諸国によって認められた法の一般原則、並びに判例および学説も考慮に入れる。

第3部　一般規定

4　個人の法的地位

●国籍法〔抜粋〕

▼公布　1950年5月4日〔昭和25年法律第147号〕　▼施行　1950年7月1日　▼最終改正　2014〔平成26〕年法律第70号

第2条（出生による国籍の取得） 子は、次の場合には、日本国民とする。
一　出生の時に父又は母が日本国民であるとき。
二　出生前に死亡した父が死亡の時に日本国民であつたとき。
三　日本で生まれた場合において、父母がともに知れないとき、又は国籍を有しないとき。

第3条（認知された子の国籍の取得） 父又は母が認知した子で20歳未満のもの（日本国民であつた者を除く。）は、認知をした父又は母が子の出生の時に日本国民であつた場合において、その父又は母が現に日本国民であるとき、又はその死亡の時に日本国民であつたときは、法務大臣に届け出ることによつて、日本の国籍を取得することができる。
2　前項の規定による届出をした者は、その届出の時に日本の国籍を取得する。

第4条（帰化） 日本国民でない者（以下「外国人」という。）は、帰化によつて、日本の国籍を取得することができる。
2　帰化をするには、法務大臣の許可を得なければならない。

第5条【帰化の条件】 法務大臣は、次の条件を備える外国人でなければ、その帰化を許可することができない。
一　引き続き5年以上日本に住所を有すること。
二　20歳以上で本国法によつて行為能力を有すること。
三　素行が善良であること。
四　自己又は生計を一にする配偶者その他の親族の資産又は技能によつて生計を営むことができること。
五　国籍を有せず、又は日本の国籍の取得によつてその国籍を失うべきこと。
六　日本国憲法施行の日以後において、日本国憲法又はその下に成立した政府を暴力で破壊することを企て、若しくは主張し、又はこれを企て、若しくは主張する政党その他の団体を結成し、若しくはこれに加入したことがないこと。
2　法務大臣は、外国人がその意思にかかわらずその国籍を失うことができない場合において、日本国民との親族関係又は境遇につき特別の事情があると認めるときは、その者が前項第5号に掲げる条件を備えないときでも、帰化を許可することができる。

第7条【日本国民の配偶者の帰化】 日本国民の配偶者たる外国人で引き続き3年以上日本に住所又は居所を有し、かつ、現に日本に住所を有するものについては、法務大臣は、その者が第5条第1項第1号及び第2号の条件を備えないときでも、帰化を許可することができる。日本国民の配偶者たる外国人で婚姻の日から3年を経過し、かつ、引き続き1年以上日本に住所を有するものについても、同様とする。

第8条【養子、国籍喪失、無国籍者】 次の各号の一に該当する外国人については、法務大臣は、その者が第5条第1項第1号、第2号及び第4号の条件を備えないときでも、帰化を許可することができる。
一　日本国民の子（養子を除く。）で日本に住所を有するもの
二　日本国民の養子で引き続き1年以上日本に住所を有し、かつ、縁組の時本国法により未成年であつたもの
三　日本の国籍を失つた者（日本に帰化した後日本の国籍を失つた者を除く。）で日本に住所を有するもの
四　日本で生まれ、かつ、出生の時から国籍を有しない者でその時から引き続き3年以上日本に住所を有するもの

第11条（国籍の喪失） 日本国民は、自己の志望によつて外国の国籍を取得したときは、日本の国籍を失う。
2　外国の国籍を有する日本国民は、その外国の法令によりその国の国籍を選択したときは、日本の国籍を失う。

第14条（国籍の選択） 外国の国籍を有する日本国民は、外国及び日本の国籍を有することとなつた時が20歳に達する以前であるときは22歳に達するまでに、その時が20歳に達した後であるときはその時から2年以内に、いずれかの国籍を選択しなければならない。
2　日本の国籍の選択は、外国の国籍を離脱することによるほかは、戸籍法の定めるところにより、日本の国籍を選択し、かつ、外国の国籍を放棄する旨の宣言（以下「選択の宣言」という。）をすることによつてする。

●法の適用に関する通則法 《法適用通則法》〔抜粋〕

▼公布 2006年6月21日〔平成18年法律第78号〕　▼施行 2007年1月1日

第1章　総則

第1条（趣旨） この法律は、法の適用に関する通則について定めるものとする。

第2章　法律に関する通則

第3章　準拠法に関する通則

第1節　人
第2節　法律行為

第7条（当事者による準拠法の選択） 法律行為の成立及び効力は、当事者が当該法律行為の当時に選択した地の法による。

第8条（当事者による準拠法の選択がない場合） 前条の規定による選択がないときは、法律行為の成立及び効力は、当該法律行為の当時において当該法律行為に最も密接な関係がある地の法による。

2　前項の場合において、法律行為において特徴的な給付を当事者の一方のみが行うものであるときは、その給付を行う当事者の常居所地法（その当事者が当該法律行為に関係する事業所を有する場合にあっては当該事業所の所在地の法、その当事者が当該法律行為に関係する二以上の事業所で法を異にする地に所在するものを有する場合にあってはその主たる事業所の所在地の法）を当該法律行為に最も密接な関係がある地の法と推定する。

3　第1項の場合において、不動産を目的物とする法律行為については、前項の規定にかかわらず、その不動産の所在地法を当該法律行為に最も密接な関係がある地の法と推定する。

第9条（当事者による準拠法の変更） 当事者は、法律行為の成立及び効力について適用すべき法を変更することができる。ただし、第三者の権利を害することとなるときは、その変更をその第三者に対抗することができない。

第3節　物権等
第4節　債権
第5節　親族

第24条（婚姻の成立及び方式） 婚姻の成立は、各当事者につき、その本国法による。

2　婚姻の方式は、婚姻挙行地の法による。

3　前項の規定にかかわらず、当事者の一方の本国法に適合する方式は、有効とする。ただし、日本において婚姻が挙行された場合において、当事者の一方が日本人であるときは、この限りでない。

第25条（婚姻の効力） 婚姻の効力は、夫婦の本国法が同一であるときはその法により、その法がない場合において夫婦の常居所地法が同一であるときはその法により、そのいずれの法もないときは夫婦に最も密接な関係がある地の法による。

第27条（離婚） 第25条の規定は、離婚について準用する。ただし、夫婦の一方が日本に常居所を有する日本人であるときは、離婚は、日本法による。

第28条（嫡出である子の親子関係の成立） 夫婦の一方の本国法で子の出生の当時におけるものにより子が嫡出となるべきときは、その子は、嫡出である子とする。

2　夫が子の出生前に死亡したときは、その死亡の当時における夫の本国法を前項の夫の本国法とみなす。

第29条（嫡出でない子の親子関係の成立） 嫡出でない子の親子関係の成立は、父との間の親子関係については子の出生の当時における父の本国法により、母との間の親子関係についてはその当時における母の本国法による。この場合において、子の認知による親子関係の成立については、認知の当時における子の本国法によればその子又は第三者の承諾又は同意があることが認知の要件であるときは、その要件をも備えなければならない。

2　子の認知は、前項前段の規定により適用すべき法によるほか、認知の当時における認知する者又は子の本国法による。この場合において、認知する者の本国法によるときは、同項後段の規定を準用する。

3　父が子の出生前に死亡したときは、その死亡の当時における父の本国法を第1項の父の本国法とみなす。前項に規定する者が認知前に死亡したときは、その死亡の当時におけるその者の本国法を同項のその者の本国法とみなす。

第31条（養子縁組） 養子縁組は、縁組の当時における養親となるべき者の本国法による。この場合において、養子となるべき者の本国法によればその者若しくは第三者の承諾若しくは同意又は公的機関の許可その他の処分があることが養子縁組の成立の要件であるときは、その要件をも備えなければならない。

2　養子とその実方の血族との親族関係の終了及び離縁は、前項前段の規定により適用すべき法による。

第6節　相続
第7節　補則

第38条（本国法） 当事者が二以上の国籍を有する場合には、その国籍を有する国のうちに当事者が常居所を有する国があるときはその国の法を、その国籍を有する国のうちに当事者が常居所を有する国がないときは当事者に最も密接な関係がある国の法を当事者の本国法とする。ただし、その国籍のうちのいずれかが日本の国籍であるときは、日本法を当事者の本国法とする。

2　当事者の本国法によるべき場合において、当事者が国籍を有しないときは、その常居所地法による。ただし、第25条（第26条第1項及び第27条において準用する場合を含む。）及び第32条の規定の適用については、この限りでない。

3　当事者が地域により法を異にする国の国籍を有する場合には、その国の規則に従い指定される法（そのよ

うな規則がない場合にあっては、当事者に最も密接な関係がある地域の法）を当事者の本国法とする。

第39条（常居所地法） 当事者の常居所地法によるべき場合において、その常居所が知れないときは、その居所地法による。ただし、第25条（第26条第1項及び第27条において準用する場合を含む。）の規定の適用については、この限りでない。

第40条（人的に法を異にする国又は地の法） 当事者が人的に法を異にする国の国籍を有する場合には、その国の規則に従い指定される法（そのような規則がない場合にあっては、当事者に最も密接な関係がある法）を当事者の本国法とする。

2　前項の規定は、当事者の常居所地が人的に法を異にする場合における当事者の常居所地法で第5条（第26条第1項及び第27条において準用する場合を含む。）、第26条第2項第2号、第32条又は第38条第2項の規定により適用されるもの及び夫婦に最も密接な関係がある地が人的に法を異にする場合における夫婦に最も密接な関係がある地の法について準用する。

第41条（反致） 当事者の本国法によるべき場合において、その国の法に従えば日本法によるべきときは、日本法による。ただし、第25条（第26条第1項及び第27条において準用する場合を含む。）又は第32条の規定により当事者の本国法によるべき場合は、この限りでない。

第42条（公序） 外国法によるべき場合において、その規定の適用が公の秩序又は善良の風俗に反するときは、これを適用しない。

●国籍法の抵触についてのある種の問題に関する条約《国籍法抵触条約》〔抜粋〕

Convention on Certain Questions Relating to the Conflict of Nationality Laws

▼署名　1930年4月12日（ヘーグ）　▼効力発生　1937年7月1日　▼日本国　1930年4月12日署名

第1章　一般原則

第1条【国民の決定】 各国は、何人が自国民であるかを自国の法令に基づいて決定する権能を有する。当該法令は、国際条約、国際慣習および国籍に関して一般に認められた法原則と合致する限りにおいて、他の国により承認されるものとする。

第2条【国籍の準拠法】 人が特定国の国籍を有するかどうかに関する問題は、すべてその国の法令に従って決定される。

第3条【重国籍者の取扱い】 この条約の規定に従うことを条件として、二以上の国籍をもつ者は、その者が有する国籍のいずれの国によっても自国の国民とみなされうる。

第4条【重国籍者への外交的保護】 国は自国民の1人に対し、その者が国籍を有している国に対して、外交的保護を付与することはできない。

第5条【重国籍者に対する第三国の取扱い】 二以上の国籍を有する者は、第三国においては、一つの国籍のみを有するものとして取り扱われる。第三国は、身分に関する自国の法令および有効な条約の適用を妨げることなく、専らその領域内において、その者が有する国籍のうち、その者が通常かつ主に居住する国の国籍または、その者がその状況下で事実上最も密接な関係を有すると思われる国の国籍のいずれかを承認する。

第6条【重国籍者による国籍の放棄】 国籍を放棄するより広範な権利を付与する国の自由を害することなく、自己の意思によらずして取得した二つの国籍を有する者は、国籍を放棄しようとする国の許可を得て、その国の国籍を放棄することができる。

右の者が外国に通常かつ主に居住している場合は、国籍を放棄しようとする国の法令に定める要件が満たされている限り、当該許可を拒否してはならない。

第2章　国籍離脱の許可

第3章　妻の国籍

第8条【外国人との婚姻】 妻の本国法上、外国人との婚姻により妻が国籍を喪失することになる場合、それが有効となるためには、当該女性が夫の国籍を取得することを条件とする。

第9条【夫の国籍変更】 妻の本国法上、婚姻中の夫の国籍変更により妻が国籍を喪失することになる場合、それが有効となるためには、妻が夫の新たな国籍を取得することを条件とする。

第4章　子の国籍

第13条【両親の帰化】 両親が帰化した場合、帰化を認める国は、法令により、その未成年者である子にもその国の国籍を付与するものとする。この場合、当該国の法令は、両親の帰化の結果未成年の子が国籍を取得するための条件を特定することができる。未成年の子が、両親が帰化したことにより両親と同じ国籍を取得しない場合、子は現在の国籍を保持する。

第14条【両親不明の子】 父母がともに知れない子は、出生国の国籍を有する。かかる子の親子関係が確証された場合は、その子の国籍は、親子関係が知られている場合に適用のある規則により決定される。

捨て子は、別の事実が確証されるまでは、発見された国の領域で生まれたものと推定される。

第15条【無国籍者および国籍不明者の子】 国の領域内における出生によりその国の国籍が当然には取得されない場合、無国籍または国籍不明の両親から当該国の領域で生まれた子は、当該国の国籍を取得することができる。当該国の法令は、この場合にその国の国籍取得を規律する条件を定める。

第16条【非嫡出子の身分の変更】〔省略〕

第5章　養子縁組

第17条【養子の国籍】ある国の法令が養子縁組の結果としての国籍の喪失を認めている場合、この喪失が有効となるためには、養子縁組が国籍に及ぼす効果に関する養親の国の法令に基づき、養子が養親の国籍を取得できることになっていなければならない。

第6章　一般および最終規定

●難民の地位に関する条約〔抄〕
Convention relating to the Status of Refugees

▼採択　1951年7月28日（難民及び無国籍者の地位に関する国連全権会議）　▼効力発生　1954年4月22日　▼日本国　1981年6月5日国会承認、10月3日加入書寄託、10月15日公布〔昭和56年条約第21号〕、82年1月1日発効

前文
締約国は、
　国際連合憲章及び1948年12月10日に国際連合総会により承認された世界人権宣言が、人間は基本的な権利及び自由を差別を受けることなく享有するとの原則を確認していることを考慮し、
〔中略〕
次のとおり協定した。

第1章　一般規定

第1条（「難民」の定義）A　この条約の適用上、「難民」とは、次の者をいう。
(1)　1926年5月12日の取極、1928年6月30日の取極、1933年10月28日の条約、1938年2月10日の条約、1939年9月14日の議定書又は国際避難民機関憲章により難民と認められている者
　国際避難民機関がその活動期間中いずれかの者について難民としての要件を満たしていないと決定したことは、当該者が(2)の条件を満たす場合に当該者に対し難民の地位を与えることを妨げるものではない。
(2)　1951年1月1日前に生じた事件の結果として、かつ、人種、宗教、国籍若しくは特定の社会的集団の構成員であること又は政治的意見を理由に迫害を受けるおそれがあるという十分に理由のある恐怖を有するために、国籍国の外にいる者であつて、その国籍国の保護を受けることができないもの又はそのような恐怖を有するために当該国籍国の保護を受けることを望まないもの及びこれらの事件の結果として常居所を有していた国の外にいる無国籍者であつて、当該常居所を有していた国に帰ることができないもの又はそのような恐怖を有するために当該常居所を有していた国に帰ることを望まないもの
　二以上の国籍を有する者の場合には、「国籍国」とは、その者がその国籍を有する国のいずれをもいい、迫害を受けるおそれがあるという十分に理由のある恐怖を有するという正当な理由なくいずれか一の国籍国の保護を受けなかつたとしても、国籍国の保護がないとは認められない。

B(1)　この条約の適用上、Aの「1951年1月1日前に生じた事件」とは、次の事件のいずれかをいう。

(a)　1951年1月1日前に欧州において生じた事件
(b)　1951年1月1日前に欧州又は他の地域において生じた事件

各締約国は、署名、批准又は加入の際に、この条約に基づく自国の義務を履行するに当たつて(a)又は(b)のいずれの規定を適用するかを選択する宣言を行う。

(2)　(a)の規定を適用することを選択した国は、いつでも、(b)の規定を適用することを選択する旨を国際連合事務総長に通告することにより、自国の義務を拡大することができる。

C　Aの規定に該当する者についてのこの条約の適用は、当該者が次の場合のいずれかに該当する場合には、終止する。
(1)　任意に国籍国の保護を再び受けている場合
(2)　国籍を喪失していたが、任意にこれを回復した場合
(3)　新たな国籍を取得し、かつ、新たな国籍国の保護を受けている場合
(4)　迫害を受けるおそれがあるという恐怖を有するため、定住していた国を離れ又は定住していた国の外にとどまつていたが、当該定住していた国に任意に再び定住するに至つた場合
(5)　難民であると認められる根拠となつた事由が消滅したため、国籍国の保護を受けることを拒むことができなくなつた場合
　ただし、この(5)の規定は、A(1)の規定に該当する難民であつて、国籍国の保護を受けることを拒む理由として過去における迫害に起因するやむを得ない事情を援用することができるものについては、適用しない。
(6)　国籍を有していない場合において、難民であると認められる根拠となつた事由が消滅したため、常居所を有していた国に帰ることができるとき。
　ただし、この(6)の規定は、A(1)の規定に該当する難民であつて、常居所を有していた国に帰ることを拒む理由として過去における迫害に起因するやむを得ない事情を援用することができるものについては、適用しない。

D　この条約は、国際連合難民高等弁務官以外の国際連合の機関の保護又は援助を現に受けている者について

は、適用しない。
　これらの保護又は援助を現に受けている者の地位に関する問題が国際連合総会の採択する関連決議に従って最終的に解決されることなくこれらの保護又は援助の付与が終止したときは、これらの者は、その終止により、この条約により与えられる利益を受ける。
E　この条約は、居住国の権限のある機関によりその国の国籍を保持することに伴う権利及び義務と同等の権利を有し及び同等の義務を負うと認められる者については、適用しない。
F　この条約は、次のいずれかに該当すると考えられる相当な理由がある者については、適用しない。
　(a)　平和に対する犯罪、戦争犯罪及び人道に対する犯罪に関して規定する国際文書の定めるこれらの犯罪を行つたこと。
　(b)　難民として避難国に入国することが許可される前に避難国の外で重大な犯罪（政治犯罪を除く。）を行つたこと。
　(c)　国際連合の目的及び原則に反する行為を行つたこと。

第2条（一般的義務）すべての難民は、滞在する国に対し、特に、その国の法令を遵守する義務及び公の秩序を維持するための措置に従う義務を負う。

第3条（無差別）締約国は、難民に対し、人種、宗教又は出身国による差別なしにこの条約を適用する。

第4条（宗教）締約国は、その領域内の難民に対し、宗教を実践する自由及び子の宗教的教育についての自由に関し、自国民に与える待遇と少なくとも同等の好意的待遇を与える。

第5条（この条約に係わりなく与えられる権利）この条約のいかなる規定も、締約国がこの条約に係わりなく難民に与える権利及び利益を害するものと解してはならない。

第6条（「同一の事情の下で」の意味）この条約の適用上、「同一の事情の下で」とは、その性格上難民が満たすことのできない要件を除くほか、ある者が難民でないと仮定した場合に当該者が特定の権利を享受するために満たさなければならない要件（滞在又は居住の期間及び条件に関する要件を含む。）が満たされていることを条件として、ということを意味する。

第7条（相互主義の適用の免除）1　締約国は、難民に対し、この条約が一層有利な規定を設けている場合を除くほか、一般に外国人に対して与える待遇と同一の待遇を与える。
2　すべての難民は、いずれかの締約国の領域内に3年間居住した後は、当該締約国の領域内において立法上の相互主義を適用されることはない。
3　締約国は、自国についてこの条約の効力が生ずる日に相互の保証なしに難民に既に認めている権利及び利益が存在する場合には、当該権利及び利益を引き続き与える。
4　締約国は、2及び3の規定により認められる権利及び利益以外の権利及び利益を相互の保証なしに難民に与えることの可能性並びに2に規定する居住の条件を満たしていない難民並びに3に規定する権利及び利益が認められていない難民に対しても相互主義を適用しないことの可能性を好意的に考慮する。
5　2及び3の規定は、第13条、第18条、第19条、第21条及び第22条に規定する権利及び利益並びにこの条約に規定していない権利及び利益のいずれについても、適用する。

第8条（例外的措置の適用の免除）締約国は、特定の外国の国民の身体、財産又は利益に対してとることのある例外的措置については、形式上当該外国の国民である難民に対し、その国籍のみを理由としてこの措置を適用してはならない。前段に定める一般原則を適用することが法制上できない締約国は、適当な場合には、当該難民について当該例外的措置の適用を免除する。

第9条（暫定措置）この条約のいかなる規定も、締約国が、戦時に又は他の重大かつ例外的な状況において、特定の個人について国の安全のために不可欠であると認める措置を暫定的にとることを妨げるものではない。もっとも、当該特定の個人について真に難民であるか難民でないか又は当該特定の個人について当該不可欠であると認める措置を引き続き適用することが国の安全のために必要であるか必要でないかを当該締約国が決定するまでの間に限る。

第10条（居住の継続）〔省略〕
第11条（難民である船員）〔省略〕

第2章　法的地位

第12条（属人法）1　難民については、その属人法は住所を有する国の法律とし、住所を有しないときは、居所を有する国の法律とするものとする。
2　難民が既に取得した権利であつて属人法に基づくもの特に婚姻に伴う権利は、難民が締約国の法律に定められる手続に従うことが必要な場合にはこれに従うことを条件として、当該締約国により尊重される。ただし、この権利は、当該難民が難民でないとした場合においても、当該締約国の法律により認められるものでなければならない。

第13条（動産及び不動産）〔省略〕
第14条（著作権及び工業所有権）〔省略〕
第15条（結社の権利）締約国は、合法的にその領域内に滞在する難民に対し、非政治的かつ非営利的な団体及び労働組合に係る事項に関し、同一の事情の下で外国の国民に与える待遇のうち最も有利な待遇を与える。

第16条（裁判を受ける権利）1　難民は、すべての締約国の領域において、自由に裁判を受ける権利を有する。
2　難民は、常居所を有する締約国において、裁判を受ける権利に関連する事項（法律扶助及び訴訟費用の担保の免除を含む。）につき、当該締約国の国民に与えられる待遇と同一の待遇を与えられる。
3　難民は、常居所を有する締約国以外の締約国において、2に規定する事項につき、当該常居所を有する締約国の国民に与えられる待遇と同一の待遇を与えられ

る。

第3章　職業

第17条（賃金が支払われる職業） 1　締約国は、合法的にその領域内に滞在する難民に対し、賃金が支払われる職業に従事する権利に関し、同一の事情の下で外国の国民に与える待遇のうち最も有利な待遇を与える。

2　いかなる場合にも、締約国が国内労働市場の保護のため外国人又は外国人の雇用に関してとる制限的措置は、当該締約国についてこの条約の効力が生ずる日に既にそれらの措置の適用を免除されている難民又は次の条件のいずれかを満たす難民については、適用しない。

(a)　当該締約国に3年以上居住していること。
(b)　当該難民が居住している当該締約国の国籍を有する配偶者があること。難民は、その配偶者を遺棄した場合には、この(b)の規定による利益を受けることができない。
(c)　当該難民が居住している当該締約国の国籍を有する子があること。

3　締約国は、賃金が支払われる職業に関し、すべての難民、特に、労働者募集計画又は移住者受入計画によつて当該締約国の領域に入国した難民の権利を自国民の権利と同一のものとすることについて好意的考慮を払う。

第18条（自営業） 締約国は、合法的にその領域内にいる難民に対し、独立して農業、工業、手工業及び商業に従事する権利並びに商業上及び産業上の会社を設立する権利に関し、できる限り有利な待遇を与えるものとし、いかなる場合にも、同一の事情の下で一般に外国人に対して与える待遇よりも不利でない待遇を与える。

第19条（自由業） 1　締約国は、合法的にその領域内に滞在する難民であつて、当該締約国の権限のある機関が承認した資格証書を有し、かつ、自由業に従事することを希望するものに対し、できる限り有利な待遇を与えるものとし、いかなる場合にも、同一の事情の下で一般に外国人に対して与える待遇よりも不利でない待遇を与える。

2　締約国は、自国が国際関係について責任を有する領域（本土地域を除く。）内に1に規定する難民が定住することを確保するため、自国の憲法及び法律に従つて最善の努力を払う。

第4章　福祉

第20条（配給） 難民は、供給が不足する物資の分配を規制する配給制度であつて住民全体に適用されるものが存在する場合には、当該配給制度の適用につき、国民に与えられる待遇と同一の待遇を与えられる。

第21条（住居） 締約国は、住居に係る事項が法令の規制を受け又は公の機関の管理の下にある場合には、合法的にその領域内に滞在する難民に対し、住居に関し、できる限り有利な待遇を与えるものとし、いかなる場合にも、同一の事情の下で一般に外国人に対して与える待遇よりも不利でない待遇を与える。

第22条（公の教育） 1　締約国は、難民に対し、初等教育に関し、自国民に与える待遇と同一の待遇を与える。

2　締約国は、難民に対し、初等教育以外の教育、特に、修学の機会、学業に関する証明書、資格証書及び学位であつて外国において与えられたものの承認、授業料その他の納付金の減免並びに奨学金の給付に関し、できる限り有利な待遇を与えるものとし、いかなる場合にも、同一の事情の下で一般に外国人に対して与える待遇よりも不利でない待遇を与える。

第23条（公的扶助） 締約国は、合法的にその領域内に滞在する難民に対し、公的扶助及び公的援助に関し、自国民に与える待遇と同一の待遇を与える。

第24条（労働法制及び社会保障）〔省略〕

第5章　行政上の措置

第25条（行政上の援助）〔省略〕

第26条（移動の自由） 締約国は、合法的にその領域内にいる難民に対し、当該難民が同一の事情の下で一般に外国人に対して適用される規制に従うことを条件として、居住地を選択する権利及び当該締約国の領域内を自由に移動する権利を与える。

第27条（身分証明書） 締約国は、その領域内にいる難民であつて有効な旅行証明書を所持していないものに対し、身分証明書を発給する。

第28条（旅行証明書） 1　締約国は、合法的にその領域内に滞在する難民に対し、国の安全又は公の秩序のためのやむを得ない理由がある場合を除くほか、その領域外への旅行のための旅行証明書を発給するものとし、この旅行証明書に関しては、附属書の規定が適用される。締約国は、その領域内にいる他の難民に対してもこの旅行証明書を発給することができるものとし、特に、その領域内にいる難民であつて合法的に居住している国から旅行証明書の発給を受けることができないものに対して旅行証明書を発給することについて好意的考慮を払う。

2　従前の国際協定の締約国が当該国際協定の定めるところにより難民に対して発給した旅行証明書は、この条約の締約国により有効なものとして認められ、かつ、この条の規定により発給されたものとして取り扱われる。

第29条（公租公課）〔省略〕

第30条（資産の移転）〔省略〕

第31条（避難国に不法にいる難民） 1　締約国は、その生命又は自由が第1条の意味において脅威にさらされていた領域から直接来た難民であつて許可なく当該締約国の領域に入国し又は許可なく当該締約国の領域内にいるものに対し、不法に入国し又は不法にいることを理由として刑罰を科してはならない。ただし、当該難民が遅滞なく当局に出頭し、かつ、不法に入国し又は不法にいることの相当な理由を示すことを条件とする。

2　締約国は、1の規定に該当する難民の移動に対し、必要な制限以外の制限を課してはならず、また、この制限は、当該難民の当該締約国における滞在が合法的なものとなるまでの間又は当該難民が他の国への入国許可を得るまでの間に限つて課することができる。締約国は、1の規定に該当する難民に対し、他の国への入国許可を得るために妥当と認められる期間の猶予及びこのために必要なすべての便宜を与える。

第32条（追放）　1　締約国は、国の安全又は公の秩序を理由とする場合を除くほか、合法的にその領域内にいる難民を追放してはならない。

2　1の規定による難民の追放は、法律の定める手続に従つて行われた決定によつてのみ行う。国の安全のためのやむを得ない理由がある場合を除くほか、1に規定する難民は、追放される理由がないことを明らかにする証拠の提出並びに権限のある機関又はその機関が特に指名する者に対する不服の申立て及びこのための代理人の出頭を認められる。

3　締約国は、1の規定により追放されることとなる難民に対し、他の国への入国許可を求めるのに妥当と認められる期間の猶予を与える。締約国は、この期間中必要と認める国内措置をとることができる。

第33条（追放及び送還の禁止）　1　締約国は、難民を、いかなる方法によつても、人種、宗教、国籍若しくは特定の社会的集団の構成員であること又は政治的意見のためにその生命又は自由が脅威にさらされるおそれのある領域の国境へ追放し又は送還してはならない。

2　締約国にいる難民であつて、当該締約国の安全にとつて危険であると認めるに足りる相当な理由があるもの又は特に重大な犯罪について有罪の判決が確定し当該締約国の社会にとつて危険な存在となつたものは、1の規定による利益の享受を要求することができない。

第34条（帰化）　締約国は、難民の当該締約国の社会への適応及び帰化をできる限り容易なものとする。締約国は、特に、帰化の手続が迅速に行われるようにするため並びにこの手続に係る手数料及び費用をできる限り軽減するため、あらゆる努力を払う。

第6章　実施規定及び経過規定

第35条（締約国の機関と国際連合との協力）　1　締約国は、国際連合難民高等弁務官事務所又はこれを承継する国際連合の他の機関の任務の遂行に際し、これらの機関と協力することを約束するものとし、特に、これらの機関のこの条約の適用を監督する責務の遂行に際し、これらの機関に便宜を与える。

2　締約国は、国際連合難民高等弁務官事務所又はこれを承継する国際連合の他の機関が国際連合の権限のある機関に報告することのできるよう、要請に応じ、次の事項に関する情報及び統計を適当な様式で提供することを約束する。
(a)　難民の状態
(b)　この条約の実施状況
(c)　難民に関する現行法令及び難民に関して将来施行される法令

第36条（国内法令に関する情報）〔省略〕
第37条（従前の条約との関係）〔省略〕

第7章　最終条項

第38条（紛争の解決）〔省略〕
第39条（署名、批准及び加入）〔省略〕
第40条（適用地域条項）〔省略〕
第41条（連邦条項）〔省略〕
第42条（留保）〔省略〕
第43条（効力発生）〔省略〕
第44条（廃棄）〔省略〕
第45条（改正）〔省略〕
第46条（国際連合事務総長による通報）〔省略〕

附属書　〔省略〕

●難民の地位に関する議定書〔抜粋〕
Protocol Relating to the Status of Refugees

▼承認　1966年11月18日（国連経済社会理事会、66年12月16日総会決議で各国送付を要請）　▼作成　1967年1月31日　▼効力発生　1967年10月4日　▼日本国　1981年6月5日国会承認、82年1月1日加入書寄託、公布〔昭和57年条約第1号〕、発効

第1条（一般規定）　1　この議定書の締約国は、2に定義する難民に対し、条約第2条から第34条までの規定を適用することを約束する。

2　この議定書の適用上、「難民」とは、3の規定の適用があることを条件として、条約第1条を同条A(2)の「1951年1月1日前に生じた事件の結果として、かつ、」及び「これらの事件の結果として」という文言が除かれているものとみなした場合に同条の定義に該当するすべての者をいう。

3　この議定書は、この議定書の締約国によりいかなる地理的な制限もなしに適用される。ただし、既に条約の締約国となつている国であつて条約第1条B(1)(a)の規定を適用する旨の宣言を行つているものについては、この宣言は、同条B(2)の規定に基づいてその国の義務が拡大されていない限り、この議定書についても適用される。

●出入国管理及び難民認定法〔抜粋〕

▼公布　1951年10月4日〔昭和26年政令第319号〕　▼施行　1951年11月1日　▼最終改正　2014〔平成26〕年法律第74号

第1章　総則

第1条（目的） 出入国管理及び難民認定法は、本邦に入国し、又は本邦から出国するすべての人の出入国の公正な管理を図るとともに、難民の認定手続を整備することを目的とする。

第2条（定義） 出入国管理及び難民認定法及びこれに基づく命令において、次の各号に掲げる用語の意義は、それぞれ当該各号に定めるところによる。

一―三　〔略〕

三の二　難民　難民の地位に関する条約（以下「難民条約」という。）第1条の規定又は難民の地位に関する議定書第1条の規定により難民条約の適用を受ける難民をいう。

四―十六　〔省略〕

第2章　入国及び上陸

第1節　外国人の入国
第2節　外国人の上陸

第5条（上陸の拒否） 次の各号のいずれかに該当する外国人は、本邦に上陸することができない。

一　感染症の予防及び感染症の患者に対する医療に関する法律（平成10年法律第114号）に定める一類感染症、二類感染症、新型インフルエンザ等感染症若しくは指定感染症（同法第7条の規定に基づき、政令で定めるところにより、同法第19条又は第20条の規定を準用するものに限る。）の患者（同法第8条（同法第7条において準用する場合を含む。）の規定により一類感染症、二類感染症、新型インフルエンザ等感染症又は指定感染症の患者とみなされる者を含む。）又は新感染症の所見がある者

二　精神上の障害により事理を弁識する能力を欠く常況にある者又はその能力が著しく不十分な者で、本邦におけるその活動又は行動を補助する者として法務省令で定めるものが随伴しないもの

三　貧困者、放浪者等で生活上国又は地方公共団体の負担となるおそれのある者

四　日本国又は日本国以外の国の法令に違反して、1年以上の懲役若しくは禁錮又はこれらに相当する刑に処せられたことのある者。ただし、政治犯罪により刑に処せられた者は、この限りでない。

五　麻薬、大麻、あへん、覚醒剤又は向精神薬の取締りに関する日本国又は日本国以外の国の法令に違反して刑に処せられたことのある者

五の二　国際的規模若しくはこれに準ずる規模で開催される競技会若しくは国際的規模で開催される会議（以下「国際競技会等」という。）の経過若しくは結果に関連して、又はその円滑な実施を妨げる目的をもつて、人を殺傷し、人に暴行を加え、人を脅迫し、又は建造物その他の物を損壊したことにより、日本国若しくは日本国以外の国の法令に違反して刑に処せられ、又は出入国管理及び難民認定法の規定により本邦からの退去を強制され、若しくは日本国以外の国の法令の規定によりその国から退去させられた者であつて、本邦において行われる国際競技会等の経過若しくは結果に関連して、又はその円滑な実施を妨げる目的をもつて、当該国際競技会等の開催場所又はその所在する市町村（特別区を含むものとし、地方自治法（昭和22年法律第67号）第252条の19第1項の指定都市にあつては、区又は総合区）の区域内若しくはその近傍の不特定若しくは多数の者の用に供される場所において、人を殺傷し、人に暴行を加え、人を脅迫し、又は建造物その他の物を損壊するおそれのあるもの

六　麻薬及び向精神薬取締法（昭和28年法律第14号）に定める麻薬若しくは向精神薬、大麻取締法（昭和23年法律第124号）に定める大麻、あへん法（昭和29年法律第71号）に定めるけし、あへん若しくはけしがら、覚せい剤取締法（昭和26年法律第252号）に定める覚せい剤若しくは覚せい剤原料又はあへん煙を吸食する器具を不法に所持する者

七　売春又はその周旋、勧誘、その場所の提供その他売春に直接に関係がある業務に従事したことのある者（人身取引等により他人の支配下に置かれていた者が当該業務に従事した場合を除く。）

七の二　人身取引等を行い、唆し、又はこれを助けた者

八　銃砲刀剣類所持等取締法（昭和33年法律第6号）に定める銃砲若しくは刀剣類又は火薬類取締法（昭和25年法律第149号）に定める火薬類を不法に所持する者

九　次のイからニまでに掲げる者で、それぞれ当該イからニまでに定める期間を経過していないもの

イ　第6号又は前号の規定に該当して上陸を拒否された者　拒否された日から1年

ロ　第24条各号（第4号オからヨまで及び第4号の3を除く。）のいずれかに該当して本邦からの退去を強制された者で、その退去の日前に本邦からの退去を強制されたこと及び第55条の3第1項の規定による出国命令により出国したことのないもの　退去した日から5年

ハ　第24条各号（第4号オからヨまで及び第4号の3を除く。）のいずれかに該当して本邦からの退去を強制された者（ロに掲げる者を除く。）　退去した日から10年

ニ　第55条の3第1項の規定による出国命令により出国した者　出国した日から1年

九の二　別表第1の上欄の在留資格をもつて本邦に在留している間に刑法（明治40年法律第45号）第2編第12章、第16章から第19章まで、第23章、第

26章、第27章、第31章、第33章、第36章、第37章若しくは第39章の罪、暴力行為等処罰に関する法律(大正15年法律第60号)第1条、第1条ノ2若しくは第1条ノ3(刑法第222条又は第261条に係る部分を除く。)の罪、盗犯等の防止及び処分に関する法律(昭和5年法律第9号)の罪、特殊開錠用具の所持の禁止等に関する法律(平成15年法律第65号)第15条若しくは第16条の罪又は自動車の運転により人を死傷させる行為等の処罰に関する法律(平成25年法律第86号)第2条若しくは第6条第1項の罪により懲役又は禁錮に処する判決の宣告を受けた者で、その後出国して本邦外にある間にその判決が確定し、確定の日から5年を経過していないもの

十　第24条第4号オからヨまでのいずれかに該当して本邦からの退去を強制された者

十一　日本国憲法又はその下に成立した政府を暴力で破壊することを企て、若しくは主張し、又はこれを企て若しくは主張する政党その他の団体を結成し、若しくはこれに加入している者

十二　次に掲げる政党その他の団体を結成し、若しくはこれに加入し、又はこれと密接な関係を有する者
　イ　公務員であるという理由により、公務員に暴行を加え、又は公務員を殺傷することを勧奨する政党その他の団体
　ロ　公共の施設を不法に損傷し、又は破壊することを勧奨する政党その他の団体
　ハ　工場事業場における安全保持の施設の正常な維持又は運行を停廃し、又は妨げるような争議行為を勧奨する政党その他の団体

十三　第11号又は前号に規定する政党その他の団体の目的を達するため、印刷物、映画その他の文書図画を作成し、頒布し、又は展示することを企てる者

十四　前各号に掲げる者を除くほか、法務大臣において日本国の利益又は公安を害する行為を行うおそれがあると認めるに足りる相当の理由がある者

2　法務大臣は、本邦に上陸しようとする外国人が前項各号のいずれにも該当しない場合でも、その者の国籍又は市民権の属する国が同項各号以外の事由により日本人の上陸を拒否するときは、同一の事由により当該外国人の上陸を拒否することができる。

第3章　上陸の手続

第1節　上陸のための審査

第6条（上陸の申請）　本邦に上陸しようとする外国人(乗員を除く。以下この節において同じ。)は、有効な旅券で日本国領事官等の査証を受けたものを所持しなければならない。ただし、国際約束若しくは日本国政府が外国政府に対して行つた通告により日本国領事官等の査証を必要としないこととされている外国人の旅券、第26条第1項の規定により再入国の許可を受けている者(第26条の2第1項又は第26条の3第1項の規定により再入国の許可を受けたものとみなされる者を含む。以下同じ。)の旅券又は第61条の2の12第1項の規定により難民旅行証明書の交付を受けている者の当該証明書には、日本国領事官等の査証を要しない。

2　前項本文の外国人は、その者が上陸しようとする出入国港において、法務省令で定める手続により、入国審査官に対し上陸の申請をして、上陸のための審査を受けなければならない。

3　前項の申請をしようとする外国人は、入国審査官に対し、申請者の個人の識別のために用いられる法務省令で定める電子計算機の用に供するため、法務省令で定めるところにより、電磁的方式(電子的方式、磁気的方式その他人の知覚によつては認識することができない方式をいう。以下同じ。)によつて個人識別情報(指紋、写真その他の個人を識別することができる情報として法務省令で定めるものをいう。以下同じ。)を提供しなければならない。ただし、次の各号のいずれかに該当する者については、この限りでない。

一　日本国との平和条約に基づき日本の国籍を離脱した者等の出入国管理に関する特例法(平成3年法律第71号)に定める特別永住者(以下「特別永住者」という。)

二　16歳に満たない者

三　本邦において別表第1の1の表の外交の項又は公用の項の下欄に掲げる活動を行おうとする者

四　国の行政機関の長が招へいする者

五　前2号に掲げる者に準ずる者として法務省令で定めるもの

第7条（入国審査官の審査）　入国審査官は、前条第2項の申請があつたときは、当該外国人が次の各号(第26条第1項の規定により再入国の許可を受けている者又は第61条の2の12第1項の規定により交付を受けた難民旅行証明書を所持している者については、第1号及び第4号)に掲げる上陸のための条件に適合しているかどうかを審査しなければならない。

一　その所持する旅券及び、査証を必要とする場合には、これに与えられた査証が有効であること。

二　申請に係る本邦において行おうとする活動が虚偽のものでなく、別表第1の下欄に掲げる活動(2の表の高度専門職の項の下欄第2号及び技能実習の項の下欄第2号に掲げる活動を除き、5の表の下欄に掲げる活動については、法務大臣があらかじめ告示をもつて定める活動に限る。)又は別表第2の下欄に掲げる身分若しくは地位(永住者の項の下欄に掲げる地位を除き、定住者の項の下欄に掲げる地位については法務大臣があらかじめ告示をもつて定めるものに限る。)を有する者としての活動のいずれかに該当し、かつ、別表第1の2の表及び4の表の下欄に掲げる活動を行おうとする者については我が国の産業及び国民生活に与える影響その他の事情を勘案して法務省令で定める基準に適合すること。

三　申請に係る在留期間が第2条の2第3項の規定に基づく法務省令の規定に適合するものであること。

四　当該外国人が第5条第1項各号のいずれにも該当しないこと(第5条の2の規定の適用を受ける外国人にあつては、当該外国人が同条に規定する特定の

事由によつて第5条第1項第4号、第5号、第7号、第9号又は第9号の2に該当する場合であつて、当該事由以外の事由によつては同項各号のいずれにも該当しないこと。以下同じ。）。
2 前項の審査を受ける外国人は、同項に規定する上陸のための条件に適合していることを自ら立証しなければならない。この場合において、別表第1の2の表の高度専門職の項の下欄第1号イからハまでに掲げる活動を行おうとする外国人は、前号第2号に掲げる条件に適合していることの立証については、次条に規定する証明書をもつてしなければならない。
3 法務大臣は、第1項第2号の法務省令を定めようとするときは、あらかじめ、関係行政機関の長と協議するものとする。
4 入国審査官は、第1項の規定にかかわらず、前条第3項各号のいずれにも該当しないと認める外国人が同項の規定による個人識別情報の提供をしないときは、第10条の規定による口頭審理を行うため、当該外国人を特別審理官に引き渡さなければならない。

第7条の2（在留資格認定証明書） 法務大臣は、法務省令で定めるところにより、本邦に上陸しようとする外国人（本邦において別表第1の3の表の短期滞在の項の下欄に掲げる活動を行おうとする者を除く。）から、あらかじめ申請があつたときは、当該外国人が前条第1項第2号に掲げる条件に適合している旨の証明書を交付することができる。
2 前項の申請は、当該外国人を受け入れようとする機関の職員その他の法務省令で定める者を代理人としてこれをすることができる。

第2節 口頭審理及び異議の申出
第3節 仮上陸等
第4節 上陸の特例

第4章 在留及び出国

第1節 在留
第1款 在留中の活動

第19条（活動の範囲） 別表第1の上欄の在留資格をもつて在留する者は、次項の許可を受けて行う場合を除き、次の各号に掲げる区分に応じ当該各号に掲げる活動を行つてはならない。
一 別表第1の1の表、2の表及び5の表の上欄の在留資格をもつて在留する者 当該在留資格に応じこれらの表の下欄に掲げる活動に属しない収入を伴う事業を運営する活動又は報酬（業として行うものではない講演に対する謝金、日常生活に伴う臨時の報酬その他の法務省令で定めるものを除く。以下同じ。）を受ける活動
二 別表第1の3の表及び4の表の上欄の在留資格をもつて在留する者 収入を伴う事業を運営する活動又は報酬を受ける活動
2 法務大臣は、別表第1の上欄の在留資格をもつて在留する者から、法務省令で定める手続により、当該在留資格に応じ同表の下欄に掲げる活動の遂行を阻害しない範囲内で当該活動に属しない収入を伴う事業を運営する活動又は報酬を受ける活動を行うことを希望する旨の申請があつた場合において、相当と認めるときは、これを許可することができる。この場合において、法務大臣は、当該許可に必要な条件を付することができる。
3 法務大臣は、前項の許可を受けている者が同項の規定に基づき付された条件に違反した場合その他その者に引き続き当該許可を与えておくことが適当でないと認める場合には、法務省令で定める手続により、当該許可を取り消すことができる。
4 第16条から第18条までに規定する上陸の許可を受けた外国人である乗員は、解雇により乗員でなくなつても、本邦にある間は、引き続き乗員とみなす。

第2款 中長期の在留
第2節 在留資格の変更及び取消し等

第21条（在留期間の更新） 本邦に在留する外国人は、現に有する在留資格を変更することなく、在留期間の更新を受けることができる。
2 前項の規定により在留期間の更新を受けようとする外国人は、法務省令で定める手続により、法務大臣に対し在留期間の更新を申請しなければならない。
3 前項の規定による申請があつた場合には、法務大臣は、当該外国人が提出した文書により在留期間の更新を適当と認めるに足りる相当の理由があるときに限り、これを許可することができる。
4 第20条第4項の規定は前項の規定による許可をする場合に、同条第5項の規定は第2項の規定による申請があつた場合に、それぞれ準用する。この場合において、同条第4項第2号及び第3号中「新たな在留資格及び在留期間」とあるのは、「在留資格及び新たな在留期間」と読み替えるものとする。

第22条（永住許可） 在留資格を変更しようとする外国人で永住者の在留資格への変更を希望するものは、法務省令で定める手続により、法務大臣に対し永住許可を申請しなければならない。
2 前項の申請があつた場合には、法務大臣は、その者が次の各号に適合し、かつ、その者の永住が日本国の利益に合すると認めたときに限り、これを許可することができる。ただし、その者が日本人、永住許可を受けている者又は特別永住者の配偶者又は子である場合においては、次の各号に適合することを要しない。
一 素行が善良であること。
二 独立の生計を営むに足りる資産又は技能を有すること。
3 法務大臣は、前項の許可をする場合には、入国審査官に、当該許可に係る外国人に対し在留カードを交付させるものとする。この場合において、その許可は、当該在留カードの交付のあつた時に、その効力を生ずる。

第22条の2（在留資格の取得） 日本の国籍を離脱した者又は出生その他の事由により前章に規定する上陸の手続を経ることなく本邦に在留することとなる外国人は、第2条の2第1項の規定にかかわらず、それぞれ日本の国籍を離脱した日又は出生その他当該事由が生

じた日から60日を限り、引き続き在留資格を有することなく本邦に在留することができる。
2　前項に規定する外国人で同項の期間をこえて本邦に在留しようとするものは、日本の国籍を離脱した日又は出生その他当該事由が生じた日から30日以内に、法務省令で定めるところにより、法務大臣に対し在留資格の取得を申請しなければならない。
3　第20条第3項本文及び第4項の規定は、前項に規定する在留資格の取得の申請（永住者の在留資格の取得の申請を除く。）の手続に準用する。この場合において、同条第3項本文中「在留資格の変更」とあるのは、「在留資格の取得」と読み替えるものとする。
4　前条の規定は、第2項に規定する在留資格の取得の申請中永住者の在留資格の取得の申請の手続に準用する。この場合において、同条第1項中「変更しよう」とあるのは「取得しよう」と、「在留資格への変更」とあるのは「在留資格の取得」と読み替えるものとする。

第22条の4（在留資格の取消し）　法務大臣は、別表第1又は別表第2の上欄の在留資格をもつて本邦に在留する外国人（第61条の2第1項の難民の認定を受けている者を除く。）について、次の各号に掲げるいずれかの事実が判明したときは、法務省令で定める手続により、当該外国人が現に有する在留資格を取り消すことができる。
一　偽りその他不正の手段により、当該外国人が第5条第1項各号のいずれにも該当しないものとして、前章第1節又は第2節の規定による上陸許可の証印（第9条第4項の規定による記録を含む。次号において同じ。）又は許可を受けたこと。
二　偽りその他不正の手段により、上陸許可の証印等（前章第1節若しくは第2節の規定による上陸許可の証印若しくは許可（在留資格の決定を伴うものに限る。）又はこの節の規定による許可をいい、これらが二以上ある場合には直近のものをいうものとする。以下この項において同じ。）の申請に係る本邦において行おうとする活動が虚偽のものでなく、別表第1の下欄に掲げる活動又は別表第2の下欄に掲げる身分若しくは地位を有する者としての活動のいずれかに該当するものとして、当該上陸許可の証印等を受けたこと。
三　前2号に掲げるもののほか、偽りその他不正の手段により、上陸許可の証印等を受けたこと。
四　前3号に掲げるもののほか、不実の記載のある文書（不実の記載のある文書又は図画の提出又は提示により交付を受けた第7条の2第1項の規定による証明書及び不実の記載のある文書又は図画の提出又は提示により旅券に受けた査証を含む。）又は図画の提出又は提示により、上陸許可の証印等を受けたこと。
五　偽りその他不正の手段により、第50条第1項又は第61条の2の2第2項の規定による許可を受けたこと（当該許可の後、これらの規定による許可又は上陸許可の証印等を受けた場合を除く。）。
六　別表第1の上欄の在留資格をもつて在留する者が、当該在留資格に応じ同表の下欄に掲げる活動を継続して3月（高度専門職の在留資格（別表第1の2の表の高度専門職の項の下欄第2号に係るものに限る。）をもつて在留する者にあつては、6月）以上行わないで在留していること（当該活動を行わないで在留していることにつき正当な理由がある場合を除く。）。
七　日本人の配偶者等の在留資格（日本人の配偶者の身分を有する者（兼ねて日本人の特別養子（民法（明治29年法律第89号）第817条の2の規定による特別養子をいう。以下同じ。）又は日本人の子として出生した者の身分を有する者を除く。）に係るものに限る。）をもつて在留する者又は永住者の配偶者等の在留資格（永住者等の配偶者の身分を有する者（兼ねて永住者等の子として本邦で出生しその後引き続き本邦に在留している者の身分を有する者を除く。）に係るものに限る。）をもつて在留する者が、その配偶者の身分を有する者としての活動を継続して6月以上行わないで在留していること（当該活動を行わないで在留していることにつき正当な理由がある場合を除く。）。
八　前章第1節若しくは第2節の規定による上陸許可の証印若しくは許可、この節の規定による許可又は第50条第1項若しくは第61条の2の2第2項の規定による許可を受けて、新たに中長期在留者となつた者が、当該上陸許可の証印又は許可を受けた日から90日以内に、法務大臣に、住居地の届出をしないこと（届出をしないことにつき正当な理由がある場合を除く。）。
九　中長期在留者が、法務大臣に届け出た住居地から退去した場合において、当該退去の日から90日以内に、法務大臣に、新住居地の届出をしないこと（届出をしないことにつき正当な理由がある場合を除く。）。
十　中長期在留者が、法務大臣に、虚偽の住居地を届け出たこと。
2　法務大臣は、前項の規定による在留資格の取消しをしようとするときは、その指定する入国審査官に、当該外国人の意見を聴取させなければならない。
3　法務大臣は、前項の意見の聴取をさせるときは、あらかじめ、意見の聴取の期日及び場所並びに取消しの原因となる事実を記載した意見聴取通知書を当該外国人に送達しなければならない。ただし、急速を要するときは、当該通知書に記載すべき事項を入国審査官又は入国警備官に口頭で通知させてこれを行うことができる。
4　当該外国人又はその者の代理人は、前項の期日に出頭して、意見を述べ、及び証拠を提出することができる。
5　法務大臣は、当該外国人が正当な理由がなくて第2項の意見の聴取に応じないときは、同項の規定にかかわらず、意見の聴取を行わないで、第1項の規定による在留資格の取消しをすることができる。
6　在留資格の取消しは、法務大臣が在留資格取消通知

7　法務大臣は、第1項（第1号及び第2号を除く。）の規定により在留資格を取り消す場合には、30日を超えない範囲内で当該外国人が出国するために必要な期間を指定するものとする。

8　法務大臣は、前項の規定により期間を指定する場合には、法務省令で定めるところにより、当該外国人に対し、住居及び行動範囲の制限その他必要と認める条件を付することができる。

9　法務大臣は、第6項に規定する在留資格取消通知書に第7項の規定により指定された期間及び前項の規定により付された条件を記載しなければならない。

第3節　在留の条件

第24条（退去強制）　次の各号のいずれかに該当する外国人については、次章に規定する手続により、本邦からの退去を強制することができる。

一　第3条の規定に違反して本邦に入つた者

二　入国審査官から上陸の許可等を受けないで本邦に上陸した者

二の二　第22条の4第1項（第1号又は第2号に係るものに限る。）の規定により在留資格を取り消された者

二の三　第22条の4第7項（第61条の2の8第2項において準用する場合を含む。）の規定により期間の指定を受けた者で、当該期間を経過して本邦に残留するもの

三　他の外国人に不正に前章第1節若しくは第2節の規定による証明書の交付、上陸許可の証印（第9条第4項の規定による記録を含む。）若しくは許可、同章第4節の規定による上陸の許可又は第1節、第2節若しくは次章第3節の規定による許可を受けさせる目的で、文書若しくは図画を偽造し、若しくは変造し、虚偽の文書若しくは図画を作成し、若しくは偽造若しくは変造された文書若しくは図画若しくは虚偽の文書若しくは図画を行使し、所持し、若しくは提供し、又はこれらの行為を唆し、若しくはこれを助けた者

三の二　公衆等脅迫目的の犯罪行為のための資金の提供等の処罰に関する法律（平成14年法律第67号）第1条に規定する公衆等脅迫目的の犯罪行為（以下この号において「公衆等脅迫目的の犯罪行為」という。）、公衆等脅迫目的の犯罪行為の予備行為又は公衆等脅迫目的の犯罪行為の実行を容易にする行為を行うおそれがあると認めるに足りる相当の理由がある者として法務大臣が認定する者

三の三　国際約束により本邦への入国を防止すべきものとされている者

三の四　次のイからハまでに掲げるいずれかの行為を行い、唆し、又はこれを助けた者

　イ　事業活動に関し、外国人に不法就労活動（第19条第1項の規定に違反する活動又は第70条第1項第1号から第3号の2まで、第5号、第7号から第7号の3まで若しくは第8号の2から第8号の4までに掲げる者が行う活動であつて報酬その他の収入を伴うものをいう。以下同じ。）をさせること。

　ロ　外国人に不法就労活動をさせるためにこれを自己の支配下に置くこと。

　ハ　業として、外国人に不法就労活動をさせる行為又はロに規定する行為に関しあつせんすること。

三の五　次のイからニまでに掲げるいずれかの行為を行い、唆し、又はこれを助けた者

　イ　行使の目的で、在留カード若しくは日本国との平和条約に基づき日本の国籍を離脱した者等の出入国管理に関する特例法第7条第1項に規定する特別永住者証明書（以下単に「特別永住者証明書」という。）を偽造し、若しくは変造し、又は偽造若しくは変造の在留カード若しくは特別永住者証明書を提供し、収受し、若しくは所持すること。

　ロ　行使の目的で、他人名義の在留カード若しくは特別永住者証明書を提供し、収受し、若しくは所持し、又は自己名義の在留カードを提供すること。

　ハ　偽造若しくは変造の在留カード若しくは特別永住者証明書又は他人名義の在留カード若しくは特別永住者証明書を行使すること。

　ニ　在留カード若しくは特別永住者証明書の偽造又は変造の用に供する目的で、器械又は原料を準備すること。

四　本邦に在留する外国人（仮上陸の許可、寄港地上陸の許可、船舶観光上陸の許可、通過上陸の許可、乗員上陸の許可又は遭難による上陸の許可を受けた者を除く。）で次のイからヨまでに掲げる者のいずれかに該当するもの

　イ　第19条第1項の規定に違反して収入を伴う事業を運営する活動又は報酬を受ける活動を専ら行つていると明らかに認められる者（人身取引等により他人の支配下に置かれている者を除く。）

　ロ　在留期間の更新又は変更を受けないで在留期間（第20条第5項の規定により本邦に在留することができる期間を含む。第26条第1項及び第26条の2第2項（第26条の3第2項において準用する場合を含む。）において同じ。）を経過して本邦に残留する者

　ハ　人身取引等を行い、唆し、又はこれを助けた者

　ニ　旅券法（昭和26年法律第267号）第23条第1項（第6号を除く。）から第3項までの罪により刑に処せられた者

　ホ　第74条から第74条の6の3まで又は第74条の8の罪により刑に処せられた者

　ヘ　第73条の罪により禁錮〔こ〕以上の刑に処せられた者

　ト　少年法（昭和23年法律第168号）に規定する少年で昭和26年11月1日以後に長期3年を超える懲役又は禁錮〔こ〕に処せられたもの

　チ　昭和26年11月1日以後に麻薬及び向精神薬取締法、大麻取締法、あへん法、覚せい剤取締法、国際的な協力の下に規制薬物に係る不正行為を助長する行為等の防止を図るための麻薬及び向精神

薬取締法等の特例等に関する法律（平成３年法律第94号）又は刑法第２編第14章の規定に違反して有罪の判決を受けた者

リ　ニからチまでに掲げる者のほか、昭和26年11月１日以後に無期又は１年を超える懲役若しくは禁錮〔こ〕に処せられた者。ただし、刑の全部の執行猶予の言渡しを受けた者及び刑の一部の執行猶予の言渡しを受けた者であつてその刑のうち執行が猶予されなかつた部分の期間が１年以下のものを除く。

ヌ　売春又はその周旋、勧誘、その場所の提供その他売春に直接に関係がある業務に従事する者（人身取引等により他人の支配下に置かれている者を除く。）

ル　他の外国人が不法に本邦に入り、又は上陸することをあおり、唆し、又は助けた者

オ　日本国憲法又はその下に成立した政府を暴力で破壊することを企て、若しくは主張し、又はこれを企て若しくは主張する政党その他の団体を結成し、若しくはこれに加入している者

ワ　次に掲げる政党その他の団体を結成し、若しくはこれに加入し、又はこれと密接な関係を有する者
　(1)　公務員であるという理由により、公務員に暴行を加え、又は公務員を殺傷することを勧奨する政党その他の団体
　(2)　公共の施設を不法に損傷し、又は破壊することを勧奨する政党その他の団体
　(3)　工場事業場における安全保持の施設の正常な維持又は運行を停廃し、又は妨げるような争議行為を勧奨する政党その他の団体

カ　オ又はワに規定する政党その他の団体の目的を達するため、印刷物、映画その他の文書図画を作成し、頒布し、又は展示した者

ヨ　イからカまでに掲げる者のほか、法務大臣が日本国の利益又は公安を害する行為を行つたと認定する者

四の二　別表第１の上欄の在留資格をもつて在留する者で、刑法第２編第12章、第16章から第19章まで、第23章、第26章、第27章、第31章、第33章、第36章、第37章若しくは第39章の罪、暴力行為等処罰に関する法律第１条、第１条ノ２若しくは第１条ノ３（刑法第222条又は第261条に係る部分を除く。）の罪、盗犯等の防止及び処分に関する法律の罪、特殊開錠用具の所持の禁止等に関する法律第15条若しくは第16条の罪又は自動車の運転により人を死傷させる行為等の処罰に関する法律第２条若しくは第６条第１項の罪により懲役又は禁錮〔こ〕に処せられたもの

四の三　短期滞在の在留資格をもつて在留する者で、本邦において行われる国際競技会等の経過若しくは結果に関連して、又はその円滑な実施を妨げる目的をもつて、当該国際競技会等の開催場所又はその所在する市町村の区域内若しくはその近傍の不特定若しくは多数の者の用に供される場所において、不法に、人を殺傷し、人に暴行を加え、人を脅迫し、又は建造物その他の物を損壊したもの

四の四　中長期在留者で、第71条の２又は第75条の２の罪により懲役に処せられたもの

五　仮上陸の許可を受けた者で、第13条第３項の規定に基づき付された条件に違反して、逃亡し、又は正当な理由がなくて呼出しに応じないもの

五の二　第10条第７項若しくは第11条又は第11条第６項の規定により退去を命ぜられた者で、遅滞なく本邦から退去しないもの

六　寄港地上陸の許可、船舶観光上陸の許可、通過上陸の許可、乗員上陸の許可、緊急上陸の許可、遭難による上陸の許可又は一時庇〔ひ〕護のための上陸の許可を受けた者で、旅券又は当該許可書に記載された期間を経過して本邦に残留するもの

六の二　船舶観光上陸の許可を受けた者で、当該許可に係る指定旅客船が寄港する本邦の出入国港において下船した後当該出入国港から当該指定旅客船が出港するまでの間に帰船することなく逃亡したもの

六の三　第14条の２第９項の規定により期間の指定を受けた者で、当該期間内に出国しないもの

六の四　第16条第９項の規定により期間の指定を受けた者で、当該期間内に帰船又は出国しないもの

七　第22条の２第１項に規定する者で、同条第３項において準用する第20条第３項本文の規定又は第22条の２第４項において準用する第22条第２項の規定による許可を受けないで、第22条の２第１項に規定する期間を経過して本邦に残留するもの

八　第55条の３第１項の規定により出国命令を受けた者で、当該出国命令に係る出国期限を経過して本邦に残留するもの

九　第55条の６の規定により出国命令を取り消された者

十　第61条の２の２第１項若しくは第２項又は第61条の２の３の許可を受けて在留する者で、第61条の２の７第１項（第１号又は第３号に係るものに限る。）の規定により難民の認定を取り消されたもの

第４節　出国

第26条（再入国の許可） 法務大臣は、本邦に在留する外国人(仮上陸の許可を受けている者及び第14条から第18条までに規定する上陸の許可を受けている者を除く。)がその在留期間（在留期間の定めのない者にあつては、本邦に在留し得る期間）の満了の日以前に本邦に再び入国する意図をもつて出国しようとするときは、法務省令で定める手続により、その者の申請に基づき、再入国の許可を与えることができる。この場合において、法務大臣は、その者の申請に基づき、相当と認めるときは、当該許可を数次再入国の許可とすることができる。

2　法務大臣は、前項の許可をする場合には、入国審査官に、当該許可に係る外国人が旅券を所持しているときは旅券に再入国の許可の証印をさせ、旅券を所持していない場合で国籍を有しないことその他の事由で旅

券を取得することができないときは、法務省令で定めるところにより、再入国許可書を交付させるものとする。この場合において、その許可は、当該証印又は再入国許可書に記載した日からその効力を生ずる。
3　法務大臣は、再入国の許可を与える場合には、当該許可が効力を生ずるものとされた日から5年を超えない範囲内においてその有効期間を定めるものとする。
4　法務大臣は、再入国の許可を受けている外国人から、第20条第2項又は第21条第2項の規定による申請があつた場合において、相当と認めるときは、当該外国人が第20条第5項の規定により在留できる期間の末日まで、当該許可の有効期間を延長することができる。
5　法務大臣は、再入国の許可を受けて出国した者について、当該許可の有効期間内に再入国することができない相当の理由があると認めるときは、その者の申請に基づき、1年を超えず、かつ、当該許可が効力を生じた日から6年を超えない範囲内で、当該許可の有効期間の延長の許可をすることができる。
6　前項の許可は、旅券又は再入国許可書にその旨を記載して行うものとし、その事務は、日本国領事官等に委任するものとする。
7　法務大臣は、再入国の許可を受けている外国人に対し、引き続き当該許可を与えておくことが適当でないと認める場合には、その者が本邦にある間において、当該許可を取り消すことができる。
8　第2項の規定により交付される再入国許可書は、当該再入国許可書に係る再入国の許可に基づき本邦に入国する場合に限り、旅券とみなす。

第5章　退去強制の手続

第1節　違反調査

第27条（違反調査）入国警備官は、第24条各号の一に該当すると思料する外国人があるときは、当該外国人（以下「容疑者」という。）につき違反調査をすることができる。
第28条（違反調査について必要な取調べ及び報告の要求）入国警備官は、違反調査の目的を達するため必要な取調べをすることができる。ただし、強制の処分は、この章及び第8章に特別の規定がある場合でなければすることができない。
2　入国警備官は、違反調査について、公務所又は公私の団体に照会して必要な事項の報告を求めることができる。
第29条（容疑者の出頭要求及び取調）入国警備官は、違反調査をするため必要があるときは、容疑者の出頭を求め、当該容疑者を取り調べることができる。
2　前項の場合において、入国警備官は、容疑者の供述を調書に記載しなければならない。
3　前項の調書を作成したときは、入国警備官は、容疑者に閲覧させ、又は読み聞かせて、署名をさせ、且つ、自らこれに署名しなければならない。
4　前項の場合において、容疑者が署名することができないとき、又は署名を拒んだときは、入国警備官は、その旨を調書に附記しなければならない。

第2節　収容

第39条（収容）入国警備官は、容疑者が第24条各号の一に該当すると疑うに足りる相当の理由があるときは、収容令書により、その者を収容することができる。
2　前項の収容令書は、入国警備官の請求により、その所属官署の主任審査官が発付するものとする。
第41条（収容の期間及び場所並びに留置の嘱託）収容令書によつて収容することができる期間は、30日以内とする。但し、主任審査官は、やむを得ない事由があると認めるときは、30日を限り延長することができる。
2　収容令書によつて収容することができる場所は、入国者収容所、収容場その他法務大臣又はその委任を受けた主任審査官が指定する適当な場所とする。
3　警察官は、主任審査官が必要と認めて依頼したときは、容疑者を留置施設に留置することができる。
第42条（収容の手続）入国警備官は、収容令書により容疑者を収容するときは、収容令書を容疑者に示さなければならない。
2　入国警備官は、収容令書を所持しない場合でも、急速を要するときは、容疑者に対し、容疑事実の要旨及び収容令書が発付されている旨を告げて、その者を収容することができる。但し、収容令書は、できるだけすみやかに示さなければならない。
第43条（要急事件）入国警備官は、第24条各号の一に明らかに該当する者が収容令書の発付をまつていては逃亡の虞があると信ずるに足りる相当の理由があるときは、収容令書の発付をまたずに、その者を収容することができる。
2　前項の収容を行つたときは、入国警備官は、すみやかにその理由を主任審査官に報告して、収容令書の発付を請求しなければならない。
3　前項の場合において、主任審査官が第1項の収容を認めないときは、入国警備官は、直ちにその者を放免しなければならない。
第44条（容疑者の引渡）入国警備官は、第39条第1項の規定により容疑者を収容したときは、容疑者の身体を拘束した時から48時間以内に、調書及び証拠物とともに、当該容疑者を入国審査官に引き渡さなければならない。

第3節　審査、口頭審理及び異議の申出

第45条（入国審査官の審査）入国審査官は、前条の規定により容疑者の引渡しを受けたときは、容疑者が退去強制対象者（第24条各号のいずれかに該当し、かつ、出国命令対象者に該当しない外国人をいう。以下同じ。）に該当するかどうかを速やかに審査しなければならない。
2　入国審査官は、前項の審査を行つた場合には、審査に関する調書を作成しなければならない。
第46条（容疑者の立証責任）前条の審査を受ける容疑者のうち第24条第1号（第3条第1項第2号に係る部分を除く。）又は第2号に該当するとされたものは、その号に該当するものでないことを自ら立証しなければならない。

第47条（審査後の手続）入国審査官は、審査の結果、容疑者が第24条各号のいずれにも該当しないと認定したときは、直ちにその者を放免しなければならない。
2　入国審査官は、審査の結果、容疑者が出国命令対象者に該当すると認定したときは、速やかに主任審査官にその旨を知らせなければならない。この場合において、入国審査官は、当該容疑者が第55条の3第1項の規定により出国命令を受けたときは、直ちにその者を放免しなければならない。
3　入国審査官は、審査の結果、容疑者が退去強制対象者に該当すると認定したときは、速やかに理由を付した書面をもつて、主任審査官及びその者にその旨を知らせなければならない。
4　前項の通知をする場合には、入国審査官は、当該容疑者に対し、第48条の規定による口頭審理の請求をすることができる旨を知らせなければならない。
5　第3項の場合において、容疑者がその認定に服したときは、主任審査官は、その者に対し、口頭審理の請求をしない旨を記載した文書に署名させ、速やかに第51条の規定による退去強制令書を発付しなければならない。

第48条（口頭審理）前条第3項の通知を受けた容疑者は、同項の認定に異議があるときは、その通知を受けた日から3日以内に、口頭をもつて、特別審理官に対し口頭審理の請求をすることができる。
2　入国審査官は、前項の口頭審理の請求があつたときは、第45条第2項の調書その他の関係書類を特別審理官に提出しなければならない。
3　特別審理官は、第1項の口頭審理の請求があつたときは、容疑者に対し、時及び場所を通知して速やかに口頭審理を行わなければならない。
4　特別審理官は、前項の口頭審理を行つた場合には、口頭審理に関する調書を作成しなければならない。
5　第10条第3項から第6項までの規定は、第3項の口頭審理の手続に準用する。
6　特別審理官は、口頭審理の結果、前条第3項の認定が事実に相違すると判定したとき（容疑者が第24条各号のいずれにも該当しないことを理由とする場合に限る。）は、直ちにその者を放免しなければならない。
7　特別審理官は、口頭審理の結果、前条第3項の認定が事実に相違すると判定したとき（容疑者が出国命令対象者に該当することを理由とする場合に限る。）は、速やかに主任審査官にその旨を知らせなければならない。この場合において、特別審理官は、当該容疑者が第55条の3第1項の規定により出国命令を受けたときは、直ちにその者を放免しなければならない。
8　特別審理官は、口頭審理の結果、前条第3項の認定が誤りがないと判定したときは、速やかに主任審査官及び当該容疑者にその旨を知らせるとともに、当該容疑者に対し、第49条の規定により異議を申し出ることができる旨を知らせなければならない。
9　前項の通知を受けた場合において、当該容疑者が同項の判定に服したときは、主任審査官は、その者に対し、異議を申し出ない旨を記載した文書に署名させ、速やかに第51条の規定による退去強制令書を発付しなければならない。

第49条（異議の申出）前条第8項の通知を受けた容疑者は、同項の判定に異議があるときは、その通知を受けた日から3日以内に、法務省令で定める手続により、不服の事由を記載した書面を主任審査官に提出して、法務大臣に対し異議を申し出ることができる。
2　主任審査官は、前項の異議の申出があつたときは、第45条第2項の審査に関する調書、前条第4項の口頭審理に関する調書その他の関係書類を法務大臣に提出しなければならない。
3　法務大臣は、第1項の規定による異議の申出を受理したときは、異議の申出が理由があるかどうかを裁決して、その結果を主任審査官に通知しなければならない。
4　主任審査官は、法務大臣から異議の申出（容疑者が第24条各号のいずれにも該当しないことを理由とするものに限る。）が理由があると裁決した旨の通知を受けたときは、直ちに当該容疑者を放免しなければならない。
5　主任審査官は、法務大臣から異議の申出（容疑者が出国命令対象者に該当することを理由とするものに限る。）が理由があると裁決した旨の通知を受けた場合において、当該容疑者に対し第55条の3第1項の規定により出国命令をしたときは、直ちにその者を放免しなければならない。
6　主任審査官は、法務大臣から異議の申出が理由がないと裁決した旨の通知を受けたときは、速やかに当該容疑者に対し、その旨を知らせるとともに、第51条の規定による退去強制令書を発付しなければならない。

　　第4節　退去強制令書の執行
　　第5節　仮放免

第5章の2　出国命令

第6章　船舶等の長及び運送業者の責任

第6章の2　事実の調査

第7章　日本人の出国及び帰国

第7章の2　難民の認定等

第61条の2（難民の認定）法務大臣は、本邦にある外国人から法務省令で定める手続により申請があつたときは、その提出した資料に基づき、その者が難民である旨の認定（以下「難民の認定」という。）を行うことができる。
2　法務大臣は、難民の認定をしたときは、法務省令で定める手続により、当該外国人に対し、難民認定証明書を交付し、その認定をしないときは、当該外国人に対し、理由を付した書面をもつて、その旨を通知する。

第61条の2の2（在留資格に係る許可）法務大臣は、前条第1項の規定により難民の認定をする場合であつて、同項の申請をした外国人が在留資格未取得外国人

出入国管理及び難民認定法

（別表第１又は別表第２の上欄の在留資格をもつて本邦に在留する者、一時庇〔ひ〕護のための上陸の許可を受けた者で当該許可書に記載された期間を経過していない者及び特別永住者以外の者をいう。以下同じ。）であるときは、当該在留資格未取得外国人が次の各号のいずれかに該当する場合を除き、その者に定住者の在留資格の取得を許可するものとする。
一　本邦に上陸した日（本邦にある間に難民となる事由が生じた者にあつては、その事実を知つた日）から６月を経過した後前条第１項の申請を行つたものであるとき。ただし、やむを得ない事情がある場合を除く。
二　本邦にある間に難民となる事由が生じた場合を除き、その者の生命、身体又は身体の自由が難民条約第１条Ａ(2)に規定する理由によつて害されるおそれのあつた領域から直接本邦に入つたものでないとき。
三　第24条第３号から第３号の５まで又は第４号ハからヨまでに掲げる者のいずれかに該当するとき。
四　本邦に入つた後に、刑法第２編第12章、第16章から第19章まで、第23章、第26章、第27章、第31章、第33章、第36章、第37章若しくは第39章の罪、暴力行為等処罰に関する法律第１条、第１条ノ２若しくは第１条ノ３（刑法第222条又は第261条に係る部分を除く。）の罪、盗犯等の防止及び処分に関する法律の罪、特殊開錠用具の所持の禁止等に関する法律第15条若しくは第16条の罪又は自動車の運転により人を死傷させる行為等の処罰に関する法律第２条若しくは第６条第１項の罪により懲役又は禁錮に処せられたものであるとき。
２　法務大臣は、前条第１項の申請をした在留資格未取得外国人について、難民の認定をしない処分をするとき、又は前項の許可をしないときは、当該在留資格未取得外国人の在留を特別に許可すべき事情があるか否かを審査するものとし、当該事情があると認めるときは、その在留を特別に許可することができる。
３　法務大臣は、前２項の許可をする場合には、在留資格及び在留期間を決定し、次の各号に掲げる区分に応じ、当該各号に定める措置をとるものとする。この場合において、その許可は、それぞれ当該各号に定める在留カード又は在留資格証明書の交付のあつた時に、当該在留カード又は在留資格証明書に記載された内容をもつて効力を生ずる。
一　当該許可に係る外国人が中長期在留者となるとき　入国審査官に、当該外国人に対し、在留カードを交付させること。
二　前号に掲げる場合以外の場合　入国審査官に、当該外国人に対し、在留資格及び在留期間を記載した在留資格証明書を交付させること。
４　法務大臣は、第１項又は第２項の許可をする場合において、当該在留資格未取得外国人が仮上陸の許可又は第３章第４節の規定による上陸の許可を受けているときは、当該仮上陸の許可又は上陸の許可を取り消すものとする。

第61条の２の３　法務大臣は、難民の認定を受けている外国人（前条第２項の許可により在留資格を取得した者を除く。）から、第20条第２項の規定による定住者の在留資格への変更の申請があつたとき、又は第22条の２第２項（第22条の３において準用する場合を含む。）の規定による定住者の在留資格の取得の申請があつたときは、第20条第３項本文（第22条の２第３項（第22条の３において準用する場合を含む。）において準用する場合を含む。）の規定にかかわらず、当該外国人が前条第１項第１号に該当する場合を除き、これを許可するものとする。

第61条の２の４　（仮滞在の許可）法務大臣は、在留資格未取得外国人から第61条の２第１項の申請があつたときは、当該在留資格未取得外国人が次の各号のいずれかに該当する場合を除き、その者に仮に本邦に滞在することを許可するものとする。
一　仮上陸の許可を受けているとき。
二　寄港地上陸の許可、船舶観光上陸の許可、通過上陸の許可、乗員上陸の許可、緊急上陸の許可又は遭難による上陸の許可を受け、旅券又は当該許可書に記載された期間を経過していないとき。
三　第22条の２第１項の規定により本邦に在留することができるとき。
四　本邦に入つた時に、第５条第１項第４号から第14号までに掲げる者のいずれかに該当していたとき。
五　第24条第３号から第３号の５まで又は第４号ハからヨまでに掲げる者のいずれかに該当すると疑うに足りる相当の理由があるとき。
六　第61条の２の２第１項第１号又は第２号のいずれかに該当することが明らかであるとき。
七　本邦に入つた後に、刑法第２編第12章、第16章から第19章まで、第23章、第26章、第27章、第31章、第33章、第36章、第37章若しくは第39章の罪、暴力行為等処罰に関する法律第１条、第１条ノ２若しくは第１条ノ３（刑法第222条又は第261条に係る部分を除く。）の罪、盗犯等の防止及び処分に関する法律の罪、特殊開錠用具の所持の禁止等に関する法律第15条若しくは第16条の罪又は自動車の運転により人を死傷させる行為等の処罰に関する法律第２条若しくは第６条第１項の罪により懲役又は禁錮に処せられたものであるとき。
八　退去強制令書の発付を受けているとき。
九　逃亡するおそれがあると疑うに足りる相当の理由があるとき。
２　法務大臣は、前項の許可をする場合には、法務省令で定めるところにより、当該許可に係る滞在期間（以下「仮滞在期間」という。）を決定し、入国審査官に、当該在留資格未取得外国人に対し当該仮滞在期間を記載した仮滞在許可書を交付させるものとする。この場合において、その許可は、当該交付のあつた時に、その記載された内容をもつて効力を生ずる。
３　法務大臣は、第１項の許可をする場合には、法務省令で定めるところにより、当該在留資格未取得外国人に対し、住居及び行動範囲の制限、活動の制限、呼出

103

しに対する出頭の義務その他必要と認める条件を付し、かつ、必要があると認める場合は、指紋を押なつさせることができる。
4 法務大臣は、第1項の許可を受けた外国人から仮滞在期間の更新の申請があつたときは、これを許可するものとする。この場合においては、第2項の規定を準用する。
5 第1項の許可を受けた外国人が次の各号に掲げるいずれかの事由に該当することとなつたときは、当該外国人に係る仮滞在期間(前項の規定により更新された仮滞在期間を含む。以下同じ。)は、当該事由に該当することとなつた時に、その終期が到来したものとする。
一 難民の認定をしない処分につき第61条の2の9第1項の審査請求がなくて同条第2項の期間が経過したこと。
二 難民の認定をしない処分につき第61条の2の9第1項の審査請求があつた場合において、当該審査請求が取り下げられ、又はこれを却下し若しくは棄却する旨の裁決があつたこと。
三 難民の認定がされた場合において、第61条の2の2第1項及び第2項の許可をしない処分があつたこと。
四 次条の規定により第1項の許可が取り消されたこと。
五 第61条の2第1項の申請が取り下げられたこと。

第61条の2の5(仮滞在の許可の取消し)法務大臣は、前条第1項の許可を受けた外国人について、次の各号に掲げるいずれかの事実が判明したときは、法務省令で定める手続により、当該許可を取り消すことができる。
一 前条第1項の許可を受けた当時同項第4号から第8号までのいずれかに該当していたこと。
二 前条第1項の許可を受けた後に同項第5号又は第7号に該当することとなつたこと。
三 前条第3項の規定に基づき付された条件に違反したこと。
四 不正に難民の認定を受ける目的で、偽造若しくは変造された資料若しくは虚偽の資料を提出し、又は虚偽の陳述をし、若しくは関係人に虚偽の陳述をさせたこと。
五 第25条の出国の確認を受けるための手続をしたこと。

第61条の2の6(退去強制手続との関係)第61条の2の2第1項又は第2項の許可を受けた外国人については、当該外国人が当該許可を受けた時に第24条各号のいずれかに該当していたことを理由としては、第5章に規定する退去強制の手続(第63条第1項の規定に基づく退去強制の手続を含む。以下この条において同じ。)を行わない。
2 第61条の2第1項の申請をした在留資格未取得外国人で第61条の2の4第1項の許可を受けたものについては、第24条各号のいずれかに該当すると疑うに足りる相当の理由がある場合であつても、当該許可に係る仮滞在期間が経過するまでの間は、第5章に規定する退去強制の手続を停止するものとする。
3 第61条の2第1項の申請をした在留資格未取得外国人で、第61条の2の4第1項の許可を受けていないもの又は当該許可に係る仮滞在期間が経過することとなつたもの(同条第5項第1号から第3号まで及び第5号に該当するものを除く。)について、第5章に規定する退去強制の手続を行う場合には、同条第5項第1号から第3号までに掲げるいずれかの事由に該当することとなるまでの間は、第52条第3項の規定による送還(同項ただし書の規定による引渡し及び第59条の規定による送還を含む。)を停止するものとする。
4 第50条第1項の規定は、第2項に規定する者で第61条の2の4第5項第1号から第3号までのいずれかに該当することとなつたもの又は前項に規定する者に対する第5章に規定する退去強制の手続については、適用しない。

第61条の2の7(難民の認定の取消し)法務大臣は、本邦に在留する外国人で難民の認定を受けているものについて、次の各号に掲げるいずれかの事実が判明したときは、法務省令で定める手続により、その難民の認定を取り消すものとする。
一 偽りその他不正の手段により難民の認定を受けたこと。
二 難民条約第1条C(1)から(6)までのいずれかに掲げる場合に該当することとなつたこと。
三 難民の認定を受けた後に、難民条約第1条F(a)又は(c)に掲げる行為を行つたこと。
2 法務大臣は、前項の規定により難民の認定を取り消す場合には、当該外国人に対し、理由を付した書面をもつて、その旨を通知するとともに、当該外国人に係る難民認定証明書及び難民旅行証明書がその効力を失つた旨を官報に告示する。
3 前項の規定により難民の認定の取消しの通知を受けたときは、難民認定証明書又は難民旅行証明書の交付を受けている外国人は、速やかに法務大臣にこれらの証明書を返納しなければならない。

第61条の2の8(難民の認定を受けた者の在留資格の取消し)法務大臣は、別表第1又は別表第2の上欄の在留資格をもつて本邦に在留する外国人で難民の認定を受けているものについて、偽りその他不正の手段により第61条の2の2第1項各号のいずれにも該当しないものとして同項の許可を受けたことが判明したときは、法務省令で定める手続により、当該外国人が現に有する在留資格を取り消すことができる。
2 第22条の4第2項から第9項までの規定は、前項の規定による在留資格の取消しに準用する。この場合において、同条第2項中「入国審査官」とあるのは「難民調査官」と、同条第7項中「第1項(第1号及び第2号を除く。)」とあるのは「第61条の2の8第1項」と読み替えるものとする。

第61条の2の9(審査請求)次に掲げる処分又は不作為についての審査請求は、法務大臣に対し、法務省令で定める事項を記載した審査請求書を提出してしなければならない。

一　難民の認定をしない処分
二　第61条の2第1項の申請に係る不作為
三　第61条の2の7第1項の規定による難民の認定の取消し
2　前項第1号及び第3号に掲げる処分についての審査請求に関する行政不服審査法（平成26年法律68号）第18条第1項本文の期間は、第61条の2第2項又は第61条の2の7第2項の通知を受けた日から7日とする。
3　法務大臣は、第1項の審査請求に対する裁決に当たつては、法務省令で定めるところにより、難民審査参与員の意見を聴かなければならない。
4　法務大臣は、第1項の審査請求について行政不服審査法第45条第1項若しくは第2項又は第49条第1項若しくは第2項の規定による裁決をする場合には、当該裁決に付する理由において、前項の難民審査参与員の意見の要旨を明らかにしなければならない。
5　難民審査参与員については、行政不服審査法第11条第2項に規定する審理員とみなして、同法の規定を適用する。
6　第1項の審査請求については、行政不服審査法第9条第1項、第14条、第17条、第19条、第29条、第41条第2項（第1号イに係る部分に限る。）、第2章第4節及び第50条第2項の規定は適用しないものとし、同法の他の規定の適用については、次の表の上欄に掲げる同法の規定中同表の中欄に掲げる字句は、同表の下欄に掲げる字句とするほか、必要な技術的読替えは、政令で定める。〔表省略〕

第61条の2の11（難民に関する永住許可の特則） 難民の認定を受けている者から第22条第1項の永住許可の申請があつた場合には、法務大臣は、同条第2項本文の規定にかかわらず、その者が同項第2号に適合しないときであつても、これを許可することができる。

第8章　補則

第61条の7（被収容者の処遇） 入国者収容所又は収容場（以下「入国者収容所等」という。）に収容されている者（以下「被収容者」という。）には、入国者収容所等の保安上支障がない範囲内においてできる限りの自由が与えられなければならない。

2　被収容者には、一定の寝具を貸与し、及び一定の糧食を給与するものとする。
3　被収容者に対する給養は、適正でなければならず、入国者収容所等の設備は、衛生的でなければならない。
4　入国者収容所長又は地方入国管理局長（以下「入国者収容所長等」という。）は、入国者収容所等の保安上又は衛生上必要があると認めるときは、被収容者の身体、所持品又は衣類を検査し、及びその所持品又は衣類を領置することができる。
5　入国者収容所長等は、入国者収容所等の保安上必要があると認めるときは、被収容者の発受する通信を検査し、及びその発受を禁止し、又は制限することができる。
6　前各項に規定するものを除く外、被収容者の処遇に関し必要な事項は、法務省令で定める。

第62条（通報） 何人も、第24条各号の一に該当すると思料する外国人を知つたときは、その旨を通報することができる。
2　国又は地方公共団体の職員は、その職務を遂行するに当つて前項の外国人を知つたときは、その旨を通報しなければならない。
3　矯正施設の長は、第1項の外国人が刑の執行を受けている場合において、刑期の満了、刑の執行の停止その他の事由（仮釈放を除く。）により釈放されるとき、又は少年法第24条第1項第3号若しくは売春防止法（昭和31年法律第118号）第17条の処分を受けて退院するときは、直ちにその旨を通報しなければならない。
4　地方更生保護委員会は、第1項の外国人が刑の執行を受けている場合又は少年法第24条第1項第3号の処分を受けて少年院に在院している場合若しくは売春防止法第17条の処分を受けて婦人補導院に在院している場合において、当該外国人について仮釈放又は仮退院の許可決定をしたときは、直ちにその旨を通報しなければならない。
5　前4項の通報は、書面又は口頭をもつて、所轄の入国審査官又は入国警備官に対してしなければならない。

第9章　罰則

●日本国に居住する大韓民国国民の法的地位及び待遇に関する日本国と大韓民国との間の協定《日韓法的地位協定》〔抄〕

▼署名　1965年6月22日（東京）　▼効力発生　1966年1月17日　▼日本国　1965年12月11日国会承認、12月18日批准書交換、公布〔昭和40年条約第28号〕

前文〔省略〕

第1条【協定永住】 1　日本国政府は、次のいずれかに該当する大韓民国国民が、この協定の実施のため日本国政府の定める手続に従い、この協定の効力発生の日から5年以内に永住許可の申請をしたときは、日本国で永住することを許可する。

(a) 1945年8月15日以前から申請の時まで引き続き日本国に居住している者
(b) (a)に該当する者の直系卑属として1945年8月16日以後この協定の効力発生の日から5年以内に日本国で出生し、その後申請の時まで引き続き日本国に居住している者

2　日本国政府は、1の規定に従い日本国で永住することを許可されている者の子としてこの協定の効力発生の日から5年を経過した後に日本国で出生した大韓民国国民が、この協定の実施のため日本国政府の定める手続に従い、その出生の日から60日以内に永住許可の申請をしたときは、日本国で永住することを許可する。
3　1(b)に該当する者でこの協定の効力発生の日から4年10箇月を経過した後に出生したものの永住許可の申請期限は、1の規定にかかわらず、その出生の日から60日までとする。
4　前記の申請及び許可については、手数料は、徴収されない。

第2条【協議】〔省略〕

第3条【退去強制】 第1条の規定に従い日本国で永住することを許可されている大韓民国国民は、この協定の効力発生の日以後の行為により次のいずれかに該当することとなつた場合を除くほか、日本国からの退去を強制されない。

(a)　日本国において内乱に関する罪又は外患に関する罪により禁錮〔こ〕以上の刑に処せられた者（執行猶予の言渡しを受けた者及び内乱に附和随行したことにより刑に処せられた者を除く。）

(b)　日本国において国交に関する罪により禁錮〔こ〕以上の刑に処せられた者及び外国の元首、外交使節又はその公館に対する犯罪行為により禁錮〔こ〕以上の刑に処せられ、日本国の外交上の重大な利益を害した者

(c)　営利の目的をもつて麻薬類の取締りに関する日本国の法令に違反して無期又は3年以上の懲役又は禁錮〔こ〕に処せられた者（執行猶予の言渡しを受けた者を除く。）及び麻薬類の取締りに関する日本国の法令に違反して3回（ただし、この協定の効力発生の日の前の行為により3回以上刑に処せられた者については2回）以上刑に処せられた者

(d)　日本国の法令に違反して無期又は7年をこえる懲役又は禁錮〔こ〕に処せられた者

第4条【社会保障等への考慮】〔省略〕
第5条【法令の適用】〔省略〕
第6条【批准】〔省略〕

5 国際犯罪

●集団殺害罪の防止及び処罰に関する条約《ジェノサイド条約》〔抄〕
Convention on the Prevention and Punishment of the Crime of Genocide
▼採択 1948年12月9日（国連第3回総会） ▼効力発生 1951年1月12日 ▼日本国

締約国は、

集団殺害は、国際連合の精神と目的とに反し、且つ文明世界によって非難される国際法上の犯罪であるといい、国際連合総会が1946年12月11日付決議96(I)で行った宣言を考慮し、

歴史上のあらゆる時期に、集団殺害が人類に対し重大な損失を被らせたことを認め、

人類をこのいまわしい苦悩から解放するためには、国際協力が必要であることを確信し、

ここに、次に規定するとおり協定する。

第1条【国際法上の犯罪】 締約国は、集団殺害が平時に行われるか戦時に行われるかを問わず、国際法上の犯罪であることを確認し、これを防止し処罰することを約束する。

第2条【定義】 この条約において、集団殺害とは、国民的、民族的、人種的又は宗教的な集団の全部又は一部に対し、その集団自体を破壊する意図をもって行う次のいずれかの行為をいう。
 (a) 当該集団の構成員を殺害すること。
 (b) 当該集団の構成員の身体又は精神に重大な害を与えること。
 (c) 当該集団の全部又は一部に対し、身体的破壊をもたらすことを意図した生活条件を故意に課すること。
 (d) 当該集団内部の出生を妨げることを意図する措置をとること。
 (e) 当該集団の児童を他の集団に強制的に移すこと。

第3条【処罰すべき行為】 次の行為は、処罰する。
 (a) 集団殺害
 (b) 集団殺害の実行の共同謀議
 (c) 集団殺害の実行の直接且つ公然の扇動
 (d) 集団殺害の実行を試みること
 (e) 集団殺害の共犯

第4条【犯罪者の身分】 集団殺害又は第3条に列挙された他の行為のいずれかを犯す者は、憲法上の責任のある統治者であるか、公務員であるか又は私人であるかを問わず、処罰する。

第5条【国内立法】 締約国は、それぞれ自国の憲法に従って、この条約の規定を実施するために、特に集団殺害又は第3条に列挙された他の行為のいずれかの犯罪者に対する有効な刑罰を規定するために、必要な立法を行うことを約束する。

第6条【管轄裁判所】 集団殺害又は第3条に列挙された他の行為のいずれかについて告発された者は、行為がなされた地域の属する国の権限のある裁判所により、又は国際刑事裁判所の管轄権を受諾する締約国に関しては管轄権を有する国際刑事裁判所により審理される。

第7条【犯罪人引渡との関係】 集団殺害及び第3条に列挙された他の行為は、犯罪人引渡しについては政治的犯罪と認めない。

締約国は、この場合、自国の実施中の法律及び条約に従って、犯罪人引渡しを許すことを誓約する。

第8条【国連による措置】 締約国は、国際連合の権限のある機関が集団殺害又は第3条に列挙された他の行為のいずれかを防止し又は抑圧するために適当と認める国際連合憲章に基づく措置を執るように、これらの機関に要求することができる。

第9条【紛争の解決】 この条約の解釈、適用又は履行に関する締約国間の紛争は、集団殺害又は第3条に列挙された他の行為のいずれかに対する国の責任に関するものを含め紛争当事国のいずれかの要求により国際司法裁判所に付託する。

第10条【正文】〔省略〕
第11条【署名、批准、加入】〔省略〕
第12条【適用地域の拡張】 締約国は、国際連合事務総長にあてた通告により、いつでも、自国が外交関係の遂行について責任を有する領域の全部又は一部にこの条約を適用することができる。
第13条【効力発生】〔省略〕
第14条【有効期間、廃棄】 この条約は、実施の日から10年間引き続き効力を有する。

有効期間の満了の少なくとも6か月前に廃棄しなかった締約国に対しては、この条約は、その後の5年間引き続き効力を有する。

廃棄は、国際連合事務総長あての通告書により行う。

第15条【失効】〔省略〕
第16条【改正】〔省略〕
第17条【通告】〔省略〕
第18条【原本と認証謄本】〔省略〕
第19条【登録】〔省略〕

●国際刑事裁判所に関するローマ規程〔抄〕
Rome Statute for the International Criminal Court

▼採択 1998年7月17日（国際刑事裁判所の設立に関する全権大使国際連合外交会議─ローマ）　▼効力発生 2002年7月1日
▼日本国 2007年4月27日国会承認、7月17日加入書寄託、7月20日公布〔平成19年条約第6号〕、10月1日発効

前文
この規程の締約国は、
すべての人民が共通のきずなで結ばれており、その文化が共有された遺産によって継ぎ合わされていることを意識し、また、この繊細な継ぎ合わされたものがいつでも粉々になり得ることを懸念し、
20世紀の間に多数の児童、女性及び男性が人類の良心に深く衝撃を与える想像を絶する残虐な行為の犠牲者となってきたことに留意し、
このような重大な犯罪が世界の平和、安全及び福祉を脅かすことを認識し、
国際社会全体の関心事である最も重大な犯罪が処罰されずに済まされてはならないこと並びにそのような犯罪に対する効果的な訴追が国内的な措置をとり、及び国際協力を強化することによって確保されなければならないことを確認し、
これらの犯罪を行った者が処罰を免れることを終わらせ、もってそのような犯罪の防止に貢献することを決意し、
国際的な犯罪について責任を有する者に対して刑事裁判権を行使することがすべての国家の責務であることを想起し、
国際連合憲章の目的及び原則並びに特に、すべての国が、武力による威嚇又は武力の行使を、いかなる国の領土保全又は政治的独立に対するものも、また、国際連合の目的と両立しない他のいかなる方法によるものも慎まなければならないことを再確認し、
これに関連して、この規程のいかなる規定も、いずれかの国の武力紛争又は国内問題に干渉する権限を締約国に与えるものと解してはならないことを強調し、
これらの目的のため並びに現在及び将来の世代のために、国際連合及びその関連機関と連携関係を有し、国際社会全体の関心事である最も重大な犯罪についての管轄権を有する独立した常設の国際刑事裁判所を設立することを決意し、
この規程に基づいて設立する国際刑事裁判所が国家の刑事裁判権を補完するものであることを強調し、
国際正義の永続的な尊重及び実現を保障することを決意して、
次のとおり協定した。

第1部　裁判所の設立

第1条（裁判所） この規程により国際刑事裁判所（以下「裁判所」という。）を設立する。裁判所は、常設機関とし、この規程に定める国際的な関心事である最も重大な犯罪を行った者に対して管轄権を行使する権限を有し、及び国家の刑事裁判権を補完する。裁判所の管轄権及び任務については、この規程によって規律する。

第2条（裁判所と国際連合との連携関係） 裁判所は、この規程の締約国会議が承認し、及びその後裁判所のために裁判所長が締結する協定によって国際連合と連携関係をもつ。

第3条（裁判所の所在地） 1　裁判所の所在地は、オランダ（以下「接受国」という。）のハーグとする。
2　裁判所は、接受国と本部協定を結ぶ。この協定は、締約国会議が承認し、その後裁判所のために裁判所長が締結する。
3　裁判所は、この規程に定めるところにより、裁判所が望ましいと認める場合に他の地で開廷することができる。

第4条（裁判所の法的地位及び権限） 1　裁判所は、国際法上の法人格を有する。また、裁判所は、任務の遂行及び目的の達成に必要な法律上の能力を有する。
2　裁判所は、この規程に定めるところによりいずれの締約国の領域においても、及び特別の合意によりその他のいずれの国の領域においても、任務を遂行し、及び権限を行使することができる。

第2部　管轄権、受理許容性及び適用される法

第5条（裁判所の管轄権の範囲内にある犯罪） 1　裁判所の管轄権は、国際社会全体の関心事である最も重大な犯罪に限定する。裁判所は、この規程に基づき次の犯罪について管轄権を有する。
(a) 集団殺害犯罪
(b) 人道に対する犯罪
(c) 戦争犯罪
(d) 侵略犯罪
2　第121条及び第123条の規定に従い、侵略犯罪を定義し、及び裁判所がこの犯罪について管轄権を行使する条件を定める規定が採択された後に、裁判所は、この犯罪について管轄権を行使する。この規定は、国際連合憲章の関連する規定に適合したものとする。

第6条（集団殺害犯罪） この規程の適用上、「集団殺害犯罪」とは、国民的、民族的、人種的又は宗教的な集団の全部又は一部に対し、その集団自体を破壊する意図をもって行う次のいずれかの行為をいう。
(a) 当該集団の構成員を殺害すること。
(b) 当該集団の構成員の身体又は精神に重大な害を与えること。
(c) 当該集団の全部又は一部に対し、身体的破壊をもたらすことを意図した生活条件を故意に課すること。
(d) 当該集団内部の出生を妨げることを意図する措置をとること。
(e) 当該集団の児童を他の集団に強制的に移すこと。

第７条（人道に対する犯罪） １　この規程の適用上、「人道に対する犯罪」とは、文民たる住民に対する攻撃であって広範又は組織的なものの一部として、そのような攻撃であると認識しつつ行う次のいずれかの行為をいう。
　(a)　殺人
　(b)　絶滅させる行為
　(c)　奴隷化すること。
　(d)　住民の追放又は強制移送
　(e)　国際法の基本的な規則に違反する拘禁その他の身体的な自由の著しいはく奪
　(f)　拷問
　(g)　強姦〔かん〕、性的な奴隷、強制売春、強いられた妊娠状態の継続、強制断種その他あらゆる形態の性的暴力であってこれらと同等の重大性を有するもの
　(h)　政治的、人種的、国民的、民族的、文化的又は宗教的な理由、３に定義する性に係る理由その他国際法の下で許容されないことが普遍的に認められている理由に基づく特定の集団又は共同体に対する迫害であって、この１に掲げる行為又は裁判所の管轄犯罪の範囲内にある犯罪を伴うもの
　(i)　人の強制失踪〔そう〕
　(j)　アパルトヘイト犯罪
　(k)　その他の同様の性質を有する非人道的な行為であって、身体又は心身の健康に対して故意に重い苦痛を与え、又は重大な傷害を加えるもの
２　１の規定の適用上、
　(a)　「文民たる住民に対する攻撃」とは、そのような攻撃を行うとの国若しくは組織の政策に従い又は当該政策を推進するため、文民たる住民に対して１に掲げる行為を多重的に行うことを含む一連の行為をいう。
　(b)　「絶滅させる行為」には、住民の一部の破壊をもたらすことを意図した生活条件を故意に課すること（特に食糧及び薬剤の入手の機会のはく奪）を含む。
　(c)　「奴隷化すること」とは、人に対して所有権に伴ういずれか又はすべての権限を行使することをいい、人（特に女性及び児童）の取引の過程でそのような権限を行使することを含む。
　(d)　「住民の追放又は強制移送」とは、国際法の下で許容されている理由によることなく、退去その他の強制的な行為により、合法的に所在する地域から関係する住民を強制的に移動させることをいう。
　(e)　「拷問」とは、身体的なものであるか精神的なものであるかを問わず、抑留されている者又は支配下にある者に著しい苦痛を故意に与えることをいう。ただし、拷問には、専ら合法的な制裁に固有の又はこれに付随する苦痛が生ずることを含まない。
　(f)　「強いられた妊娠状態の継続」とは、住民の民族的な構成に影響を与えること又は国際法に対するその他の重大な違反を行うことを意図して、強制的に妊娠させられた女性を不法に監禁することをいう。この定義は、妊娠に関する国内法に影響を及ぼすものと解してはならない。
　(g)　「迫害」とは、集団又は共同体の同一性を理由として、国際法に違反して基本的な権利を意図的にかつ著しくはく奪することをいう。
　(h)　「アパルトヘイト犯罪」とは、１に掲げる行為と同様の性質を有する非人道的な行為であって、一の人種的集団が他の一以上の人種的集団を組織的に抑圧し、及び支配する制度化された体制との関連において、かつ、当該体制を維持する意図をもって行うものをいう。
　(i)　「人の強制失踪〔そう〕」とは、国若しくは政治的組織又はこれらによる許可、支援若しくは黙認を得た者が、長期間法律の保護の下から排除する意図をもって、人を逮捕し、拘禁し、又は拉〔ら〕致する行為であって、その自由をはく奪していることを認めず、又はその消息若しくは所在に関する情報の提供を拒否することを伴うものをいう。
３　この規程の適用上、「性」とは、社会の文脈における両性、すなわち、男性及び女性をいう。「性」の語は、これと異なるいかなる意味も示すものではない。

第８条（戦争犯罪） １　裁判所は、戦争犯罪、特に、計画若しくは政策の一部として又は大規模に行われたそのような犯罪の一部として行われるものについて管轄権を有する。
２　この規程の適用上、「戦争犯罪」とは、次の行為をいう。
　(a)　1949年８月12日のジュネーヴ諸条約に対する重大な違反行為、すなわち、関連するジュネーヴ条約に基づいて保護される人又は財産に対して行われる次のいずれかの行為
　　(i)　殺人
　　(ii)　拷問又は非人道的な待遇（生物学的な実験を含む。）
　　(iii)　身体又は健康に対して故意に重い苦痛を与え、又は重大な傷害を加えること。
　　(iv)　軍事上の必要性によって正当化されない不法かつ恣〔し〕意的に行う財産の広範な破壊又は徴発
　　(v)　捕虜その他の被保護者を強制して敵国の軍隊において服務させること。
　　(vi)　捕虜その他の被保護者からの公正な正式の裁判を受ける権利のはく奪
　　(vii)　不法な追放、移送又は拘禁
　　(viii)　人質をとること。
　(b)　確立された国際法の枠組みにおいて国際的な武力紛争の際に適用される法規及び慣例に対するその他の著しい違反、すなわち、次のいずれかの行為
　　(i)　文民たる住民それ自体又は敵対行為に直接参加していない個々の文民を故意に攻撃すること。
　　(ii)　民用物、すなわち、軍事目標以外の物を故意に攻撃すること。
　　(iii)　国際連合憲章の下での人道的援助又は平和維持活動に係る要員、施設、物品、組織又は車両であって、武力紛争に関する国際法の下で文民又は民用物に与えられる保護を受ける権利を有するものを故意に攻撃すること。

109

(iv) 予期される具体的かつ直接的な軍事的利益全体との比較において、攻撃が、巻き添えによる文民の死亡若しくは傷害、民用物の損傷又は自然環境に対する広範、長期的かつ深刻な損害であって、明らかに過度となり得るものを引き起こすことを認識しながら故意に攻撃すること。
(v) 手段のいかんを問わず、防衛されておらず、かつ、軍事目標でない都市、町村、住居又は建物を攻撃し、又は砲撃若しくは爆撃すること。
(vi) 武器を放棄して又は防衛の手段をもはや持たずに自ら投降した戦闘員を殺害し、又は負傷させること。
(vii) ジュネーヴ諸条約に定める特殊標章のほか、休戦旗又は敵国若しくは国際連合の旗若しくは軍隊の記章及び制服を不適正に使用して、死亡又は重傷の結果をもたらすこと。
(viii) 占領国が、その占領地域に自国の文民たる住民の一部を直接若しくは間接に移送すること又はその占領地域の住民の全部若しくは一部を当該占領地域の内において若しくはその外に追放し若しくは移送すること。
(ix) 宗教、教育、芸術、科学又は慈善のために供される建物、歴史的建造物、病院及び傷病者の収容所であって、軍事目標以外のものを故意に攻撃すること。
(x) 敵対する紛争当事国の権力内にある者に対し、身体の切断又はあらゆる種類の医学的若しくは科学的な実験であって、その者の医療上正当と認められるものでも、その者の利益のために行われるものでもなく、かつ、その者を死に至らしめ、又はその健康に重大な危険が生ずるものを受けさせること。
(xi) 敵対する紛争当事国又は軍隊に属する個人を背信的に殺害し、又は負傷させること。
(xii) 助命しないことを宣言すること。
(xiii) 敵対する紛争当事国の財産を破壊し、又は押収すること。ただし、戦争の必要性から絶対的にその破壊又は押収を必要とする場合は、この限りでない。
(xiv) 敵対する紛争当事国の国民の権利及び訴権が消滅したこと、停止したこと又は裁判所において受理されないことを宣言すること。
(xv) 敵対する紛争当事国の国民が戦争の開始前に本国の軍役に服していたか否かを問わず、当該国民に対し、その本国に対する軍事行動への参加を強制すること。
(xvi) 襲撃により占領した場合であるか否かを問わず、都市その他の地域において略奪を行うこと。
(xvii) 毒物又は毒を施した兵器を使用すること。
(xviii) 窒息性ガス、毒性ガス又はこれらに類するガス及びこれらと類似のすべての液体、物質又は考案物を使用すること。
(xix) 人体内において容易に展開し、又は扁〔へん〕平となる弾丸（例えば、外包が硬い弾丸であって、その外包が弾芯〔しん〕を全面的には被覆しておらず、又はその外包に切込みが施されたもの）を使用すること。
(xx) 武力紛争に関する国際法に違反して、その性質上過度の傷害若しくは無用の苦痛を与え、又は本質的に無差別な兵器、投射物及び物質並びに戦闘の方法を用いること。ただし、これらの兵器、投射物及び物質並びに戦闘の方法が、包括的な禁止の対象とされ、かつ、第121条及び第123条の関連する規定に基づく改正によってこの規程の附属書に含められることを条件とする。
(xxi) 個人の尊厳を侵害すること（特に、侮辱的で体面を汚す待遇）。
(xxii) 強姦〔かん〕、性的な奴隷、強制売春、前条2(f)に定義する強いられた妊娠状態の継続、強制断種その他あらゆる形態の性的暴力であって、ジュネーヴ諸条約に対する重大な違反行為を構成するものを行うこと。
(xxiii) 文民その他の被保護者の存在を、特定の地点、地域又は軍隊が軍事行動の対象とならないようにするために利用すること。
(xxiv) ジュネーヴ諸条約に定める特殊標章を国際法に従って使用している建物、物品、医療組織、医療用輸送手段及び要員を故意に攻撃すること。
(xxv) 戦闘の方法として、文民からその生存に不可欠な物品をはく奪すること（ジュネーヴ諸条約に規定する救済品の分配を故意に妨げることを含む。）によって生ずる飢餓の状態を故意に利用すること。
(xxvi) 15歳未満の児童を自国の軍隊に強制的に徴集し若しくは志願に基づいて編入すること又は敵対行為に積極的に参加させるために使用すること。
(c) 国際的性質を有しない武力紛争の場合には、1949年8月12日のジュネーヴ諸条約のそれぞれの第3条に共通して規定する著しい違反、すなわち、敵対行為に直接に参加しない者（武器を放棄した軍隊の構成員及び病気、負傷、抑留その他の事由により戦闘能力のない者を含む。）に対する次のいずれかの行為
(i) 生命及び身体に対し害を加えること（特に、あらゆる種類の殺人、身体の切断、虐待及び拷問）。
(ii) 個人の尊厳を侵害すること（特に、侮辱的で体面を汚す待遇）。
(iii) 人質をとること。
(iv) 一般に不可欠と認められるすべての裁判上の保障を与える正規に構成された裁判所の宣告する判決によることなく刑を言い渡し、及び執行すること。
(d) (c)の規定は、国際的性質を有しない武力紛争について適用するものとし、暴動、独立の又は散発的な暴力行為その他これらに類する性質の行為等国内における騒乱及び緊張の事態については、適用しない。
(e) 確立された国際法の枠組みにおいて国際的性質を有しない武力紛争の際に適用される法規及び慣例に対するその他の著しい違反、すなわち、次のいずれ

かの行為
- (i) 文民たる住民それ自体又は敵対行為に直接参加していない個々の文民を故意に攻撃すること。
- (ii) ジュネーヴ諸条約に定める特殊標章を国際法に従って使用している建物、物品、医療組織、医療用輸送手段及び要員を故意に攻撃すること。
- (iii) 国際連合憲章の下での人道的援助又は平和維持活動に係る要員、施設、物品、組織又は車両であって、武力紛争に関する国際法の下で文民又は民用物に与えられる保護を受ける権利を有するものを故意に攻撃すること。
- (iv) 宗教、教育、芸術、科学又は慈善のために供される建物、歴史的建造物、病院及び傷病者の収容所であって、軍事目標以外のものを故意に攻撃すること。
- (v) 襲撃により占領した場合であるか否かを問わず、都市その他の地域において略奪を行うこと。
- (vi) 強姦(かん)、性的な奴隷、強制売春、前条2(f)に定義する強いられた妊娠状態の継続、強制断種その他あらゆる形態の性的暴力であって、ジュネーヴ諸条約の第3条に共通して規定する著しい違反を構成するものを行うこと。
- (vii) 15歳未満の児童を軍隊若しくは武装集団に強制的に徴集し若しくは志願に基づいて編入すること又は敵対行為に積極的に参加させるために使用すること。
- (viii) 紛争に関連する理由で文民たる住民の移動を命ずること。ただし、その文民の安全又は絶対的な軍事上の理由のために必要とされる場合は、この限りでない。
- (ix) 敵対する紛争当事者の戦闘員を背信的に殺害し、又は負傷させること。
- (x) 助命しないことを宣言すること。
- (xi) 敵対する紛争当事者の権力内にある者に対し、身体の切断又はあらゆる種類の医学的若しくは科学的な実験であって、その者の医療上正当と認められるものでも、その者の利益のために行われるものでもなく、かつ、その者を死に至らしめ、又はその健康に重大な危険が生ずるものを受けさせること。
- (xii) 敵対する紛争当事者の財産を破壊し、又は押収すること。ただし、紛争の必要性から絶対的にその破壊又は押収を必要とする場合は、この限りでない。

(f) (e)の規定は、国際的性質を有しない武力紛争について適用するものとし、暴動、独立の又は散発的な暴力行為その他これらに類する性質の行為等国内における騒乱及び緊張の事態については、適用しない。同規定は、政府当局と組織された武装集団との間又はそのような集団相互の間の長期化した武力紛争がある場合において、国の領域内で生ずるそのような武力紛争について適用する。

3 2(c)及び(e)の規定は、あらゆる正当な手段によって、国内の法及び秩序を維持し若しくは回復し、又は国の統一を維持し、及び領土を保全するための政府の責任に影響を及ぼすものではない。

第8条の2（侵略犯罪） 1 この規程の適用上、「侵略犯罪」とは、国の政治的又は軍事的行動を効果的に支配又は指示する地位にある者による、その性質、重大性及び規模により国際連合憲章の明白な違反を構成する侵略行為の計画、準備、開始又は実行をいう。

2 1の規定の適用上、「侵略行為」とは、国による他国の主権、領土保全又は政治的独立に対する、また国際連合憲章と両立しない他のいかなる方法による武力の行使をいう。次のいずれかの行為は、1974年12月14日の国際連合総会決議3314（XXIX）に従って、宣戦布告の有無にかかわらず、侵略行為とみなされる。
 (a)—(g) 〔侵略の定義に関する決議第3条(a)–(g)と同じ〕

第9条（犯罪の構成要件に関する文書） 1 裁判所は、前3条の規定の解釈及び適用に当たり、犯罪の構成要件に関する文書を参考とする。犯罪の構成要件に関する文書は、締約国会議の構成国の3分の2以上の多数による議決で採択される。

2 犯罪の構成要件に関する文書の改正は、次の者が提案することができる。
 (a) 締約国
 (b) 絶対多数による議決をもって行動する裁判官
 (c) 検察官
この改正は、締約国会議の構成国の3分の2以上の多数による議決で採択される。

3 犯罪の構成要件に関する文書及びその改正は、この規程に適合したものとする。

第10条 この部のいかなる規定も、この規程の目的以外の目的のために現行の又は発展する国際法の規則を制限し、又はその適用を妨げるものと解してはならない。

第11条（時間についての管轄権） 1 裁判所は、この規程が効力を生じた後に行われる犯罪についてのみ管轄権を有する。

2 いずれかの国がこの規程が効力を生じた後にこの規程の締約国となる場合には、裁判所は、この規程が当該国について効力を生じた後に行われる犯罪についてのみ管轄権を行使することができる。ただし、当該国が次条3に規定する宣言を行った場合は、この限りでない。

第12条（管轄権を行使する前提条件） 1 この規程の締約国となる国は、第5条に規定する犯罪についての裁判所の管轄権を受諾する。

2 裁判所は、次条(a)又は(c)に規定する場合において、次の(a)又は(b)に掲げる国の一又は二以上がこの規程の締約国であるとき又は3の規定に従い裁判所の管轄権を受諾しているときは、その管轄権を行使することができる。
 (a) 領域内において問題となる行為が発生した国又は犯罪が船舶内若しくは航空機内で行われた場合の当該船舶若しくは航空機の登録国
 (b) 犯罪の被疑者の国籍国

3 この規程の締約国でない国が2の規定に基づき裁判所の管轄権の受諾を求められる場合には、当該国は、裁判所書記に対して行う宣言により、問題となる犯罪について裁判所が管轄権を行使することを受諾することができる。受諾した国は、第9部の規定に従い遅滞なくかつ例外なく裁判所に協力する。

第13条（管轄権の行使） 裁判所は、次の場合において、この規程に基づき、第5条に規定する犯罪について管轄権を行使することができる。
 (a) 締約国が次条の規定に従い、これらの犯罪の一又は二以上が行われたと考えられる事態を検察官に付託する場合
 (b) 国際連合憲章第7章の規定に基づいて行動する安全保障理事会がこれらの犯罪の一又は二以上が行われたと考えられる事態を検察官に付託する場合
 (c) 検察官が第15条の規定に従いこれらの犯罪に関する捜査に着手した場合

第14条（締約国による事態の付託） 1 締約国は、裁判所の管轄権の範囲内にある犯罪の一又は二以上が行われたと考えられる事態を検察官に付託することができるものとし、これにより、検察官に対し、そのような犯罪を行ったことについて1人又は2人以上の特定の者が訴追されるべきか否かを決定するために当該事態を捜査するよう要請する。
2 付託については、可能な限り、関連する状況を特定し、及び事態を付託する締約国が入手することのできる裏付けとなる文書を添付する。

第15条（検察官） 1 検察官は、裁判所の管轄権の範囲内にある犯罪に関する情報に基づき自己の発意により捜査に着手することができる。
2 検察官は、取得した情報の重大性を分析する。このため、検察官は、国、国際連合の諸機関、政府間機関、非政府機関その他の自己が適当と認める信頼し得る情報源に対して追加的な情報を求めることができるものとし、裁判所の所在地において書面又は口頭による証言を受理することができる。
3 検察官は、捜査を進める合理的な基礎があると結論する場合には、収集した裏付けとなる資料とともに捜査に係る許可を予審裁判部に請求する。被害者は、手続及び証拠に関する規則に従い、予審裁判部に対して陳述をすることができる。
4 予審裁判部は、3に規定する請求及び裏付けとなる資料の検討に基づき、捜査を進める合理的な基礎があり、かつ、事件が裁判所の管轄権の範囲内にあるものと認める場合には、捜査の開始を許可する。ただし、この許可は、事件の管轄権及び受理許容性について裁判所がその後に行う決定に影響を及ぼすものではない。
5 予審裁判部が捜査を不許可としたことは、検察官が同一の事態に関し新たな事実又は証拠に基づいてその後に請求を行うことを妨げるものではない。
6 検察官は、1及び2の規定の下での予備的な検討の後、提供された情報が捜査のための合理的な基礎を構成しないと結論する場合には、その旨を当該情報を提供した者に通報する。このことは、検察官が同一の事態に関し新たな事実又は証拠に照らして自己に提供される追加的な情報を検討することを妨げるものではない。

第15条の2（侵略犯罪に対する管轄権の行使（国による付託、自己の発意）） 1 裁判所は、この条の規定に従うことを条件として、第13条（a）及び（c）に従い、侵略犯罪に対する管轄権を行使することができる。
2 裁判所は、30の締約国による改正の批准又は受諾から1年を経過した後に行われる侵略犯罪についてのみ管轄権を行使することができる。
3 裁判所は、規程の改正の採択に必要とされるのと同じく、締約国の過半数により、2017年1月1日以後に行われる決定に従うことを条件として、この条の規定に従い、侵略犯罪に対する管轄権を行使する。
4 裁判所は、第12条の規定に従い、締約国の実行した侵略行為から生ずる侵略犯罪に対して管轄権を行使することができる。ただし、当該締約国が、裁判所書記に対して宣言を行うことにより、この管轄権を受諾しないことを宣言していた場合にはこの限りではない。この宣言の撤回は、いつでも行うことができ、締約国により3年以内に検討されるものとする。
5 裁判所は、この規程の締約国でない国に関しては、当該国の国民により又はその領域で実行された侵略犯罪に対して管轄権を行使してはならない。
6 検察官は、侵略犯罪について捜査を進める合理的な基礎があると結論する場合、あらかじめ安全保障理事会が関係国の実行した侵略行為の決定を行ったかどうかを確認する。検察官は、関連する情報及び文書を含め、裁判所に提起された事態を国際連合事務総長に通報する。
7 安全保障理事会がこの決定を行った場合、検察官は侵略犯罪について捜査を進めることができる。
8 検察官は、通報の日から6箇月以内にこの決定が行われない場合、侵略犯罪について捜査を進めることができる。ただし、予審裁判部が第15条に規定する手続に従い、侵略犯罪について捜査の開始を許可し、安全保障理事会が第16条に従い、別段の決定を行っていないことを条件とする。
9 裁判所外の機関による侵略行為の決定は、この規程に基づく裁判所自身の認定を害するものではない。
10 この条は、第5条に規定する他の犯罪に関する管轄権の行使に係る規定を害しない。

第15条の3（侵略犯罪に対する管轄権の行使（安全保障理事会による付託）） 1 裁判所は、この条の規定に従うことを条件として、第13条（b）に従い、侵略犯罪に対する管轄権を行使することができる。
2―3 〔第15条の2第2項・3項と同じ〕
4―5 〔第15条の2第9項・10項と同じ〕

第16条（捜査又は訴追の延期） いかなる捜査又は訴追についても、安全保障理事会が国際連合憲章第7章の規定に基づいて採択した決議により裁判所に対してこれらを開始せず、又は続行しないことを要請した後12箇月の間、この規程に基づいて開始し、又は続行する

ことができない。安全保障理事会は、その要請を同一の条件において更新することができる。

第17条（受理許容性の問題） 1 裁判所は、前文の第10段落及び第1条の規定を考慮した上で、次の場合には、事件を受理しないことを決定する。
 (a) 当該事件がそれについての管轄権を有する国によって現に捜査され、又は訴追されている場合。ただし、当該国にその捜査又は訴追を真に行う意思又は能力がない場合は、この限りでない。
 (b) 当該事件がそれについての管轄権を有する国によって既に捜査され、かつ、当該国が被疑者を訴追しないことを決定している場合。ただし、その決定が当該国に訴追を真に行う意思又は能力がないことに起因する場合は、この限りでない。
 (c) 被疑者が訴えの対象となる行為について既に裁判を受けており、かつ、第20条3の規定により裁判所による裁判が認められない場合
 (d) 当該事件が裁判所による新たな措置を正当化する十分な重大性を有しない場合
2 裁判所は、特定の事件において捜査又は訴追を真に行う意思がないことを判定するため、国際法の認める適正な手続の原則を考慮した上で、妥当な場合には、次の一又は二以上のことが存在するか否かを検討する。
 (a) 第5条に規定する裁判所の管轄権の範囲内にある犯罪についての刑事責任から被疑者を免れさせるために手続が行われた若しくは行われていること又はそのために国の決定が行われたこと。
 (b) その時の状況において被疑者を裁判に付する意図に反する手続上の不当な遅延があったこと。
 (c) 手続が、独立して又は公平に行われなかった又は行われておらず、かつ、その状況において被疑者を裁判に付する意図に反する方法で行われた又は行われていること。
3 裁判所は、特定の事件において捜査又は訴追を真に行う能力がないことを判定するため、国が自国の司法制度の完全又は実質的な崩壊又は欠如のために、被疑者を確保し、若しくは必要な証拠及び証言を取得することができないか否か又はその他の理由から手続を行うことができないか否かを検討する。

第18条（受理許容性についての予備的な決定） 1 検察官は、事態が第13条(a)の規定に従って裁判所に付託されており、かつ、捜査を開始する合理的な基礎があると決定している場合又は同条(c)及び第15条の規定に従って捜査に着手する場合には、すべての締約国及び利用可能な情報を考慮して問題となる犯罪について裁判権を通常行使し得る国に通報する。検察官は、これらの国に対し情報を秘密のものとして通報することができるものとし、また、関係者を保護し、証拠の破壊を防止し、又は被疑者の逃亡を防止するために必要と認める場合には、これらの国に提供する情報の範囲を限定することができる。
2 国は、1に規定する通報を受領した後1箇月以内に、裁判所に対し、第5条に規定する犯罪を構成する可能性のある犯罪行為であって各国に対する通報において提供された情報に関連するものに関し、自国の裁判権の範囲内にある自国民その他の者を現に捜査しており、又は既に捜査した旨を通報することができる。検察官は、自己の請求に基づき予審裁判部が捜査を許可することを決定しない限り、当該国の要求により、これらの者に対する当該国が行う捜査にゆだねる。
3 国の行う捜査にゆだねたことについては、ゆだねた日の後6箇月を経過した後又は当該国に当該捜査を真に行う意思若しくは能力がないことに基づく著しい状況の変化があった場合にはいつでも、検察官が再検討することができる。
4 関係国又は検察官は、第82条の規定に従い予審裁判部の決定に対して上訴裁判部に上訴をすることができる。当該上訴については、迅速に審理する。
5 検察官は、2の規定に従って関係国に捜査をゆだねた場合には、当該関係国に対しその捜査の進捗〔ちょく〕状況及びその後の訴追について定期的に自己に報告するよう要請することができる。締約国は、不当に遅延することなくその要請に応ずる。
6 検察官は、予審裁判部による決定がなされるまでの間において、又はこの条の規定に従って捜査をゆだねた場合にはいつでも、重要な証拠を得るための得難い機会が存在し、又はそのような証拠がその後に入手することができなくなる著しい危険が存在するときは、例外的に、証拠を保全するために必要な捜査上の措置をとることについて予審裁判部の許可を求めることができる。
7 この条の規定に従い予審裁判部の決定について上訴をした国は、追加的な重要な事実又は著しい状況の変化を理由として、次条の規定に従い事件の受理許容性について異議を申し立てることができる。

第19条（裁判所の管轄権又は事件の受理許容性についての異議の申立て） 1 裁判所は、提起された事件について管轄権を有することを確認する。裁判所は、職権により第17条の規定に従って事件の受理許容性を決定することができる。
2 裁判所の管轄権についての異議の申立て又は第17条の規定を理由とする事件の受理許容性についての異議の申立ては、次の者が行うことができる。
 (a) 被告人又は第58条の規定に従って逮捕状若しくは召喚状が発せられている者
 (b) 当該事件について裁判権を有する国であって、当該事件を現に捜査し若しくは訴追しており、又は既に捜査し若しくは訴追したことを理由として異議の申立てを行うもの
 (c) 第12条の規定に従って裁判所の管轄権の受諾を求められる国
3 検察官は、管轄権又は受理許容性の問題に関して裁判所による決定を求めることができる。また、第13条の規定に従って事態を付託した者及び被害者は、管轄権又は受理許容性に関する手続において、裁判所に対して意見を提出することができる。
4 裁判所の管轄権又は事件の受理許容性については、

異議の申立てを2に規定する者が1回のみ行うことができる。異議の申立ては、公判の前又は開始時に行う。裁判所は、例外的な状況において、異議の申立てが二回以上行われること又は公判の開始時よりも遅い時に行われることについて許可を与えることができる。公判の開始時において又はその後に裁判所の許可を得て行われる事件の受理許容性についての異議の申立ては、第17条1(c)の規定にのみ基づいて行うことができる。

5 2(b)及び(c)に掲げる国は、できる限り早い機会に異議の申立てを行う。

6 裁判所の管轄権についての異議の申立て又は事件の受理許容性についての異議の申立ては、犯罪事実の確認の前は予審裁判部に対して行い、犯罪事実の確認の後は第一審裁判部に対して行う。管轄権又は受理許容性に関する決定については、第82条の規定に従い上訴裁判部に上訴をすることができる。

7 異議の申立てが2(b)又は(c)に掲げる国によって行われる場合には、検察官は、裁判所が第17条の規定に従って決定を行うまでの間、捜査を停止する。

8 検察官は、裁判所が決定を行うまでの間、次のことについて裁判所の許可を求めることができる。
 (a) 前条6に規定する措置と同種の必要な捜査上の措置をとること。
 (b) 証人から供述若しくは証言を取得すること又は異議の申立てが行われる前に開始された証拠の収集及び見分を完了すること。
 (c) 関係国との協力の下に、第58条の規定に従って既に逮捕状を請求した者の逃亡を防止すること。

9 異議の申立ては、当該異議の申立てが行われる前に検察官が行ったいかなる行為又は裁判所が発したいかなる命令若しくは令状の有効性にも影響を及ぼすものではない。

10 裁判所が第17条の規定に従って事件を受理しないことを決定した場合において、検察官は、先に同条の規定に従って事件を受理しないとされた根拠を否定する新たな事実が生じたと認めるときは、その決定の再検討を要請することができる。

11 検察官は、第17条に規定する事項を考慮して関係国に捜査をゆだねる場合には、当該関係国に対して自己が手続に関する情報を入手することができるよう要請することができる。当該情報は、当該関係国の要請により、秘密とする。検察官は、その後捜査を続行することを決定するときは、その旨を当該関係国に通報する。

第20条（一事不再理） 1 いかなる者も、この規程に定める場合を除くほか、自己が裁判所によって既に有罪又は無罪の判決を受けた犯罪の基礎を構成する行為について裁判所によって裁判されることはない。

2 いかなる者も、自己が裁判所によって既に有罪又は無罪の判決を受けた第5条に規定する犯罪について他の裁判所によって裁判されることはない。

3 第6条から第8条までの規定によっても禁止されている行為について他の裁判所によって裁判されたかなる者も、当該他の裁判所における手続が次のようなものであった場合でない限り、同一の行為について裁判所によって裁判されることはない。
 (a) 裁判所の管轄権の範囲内にある犯罪についての刑事責任から当該者を免れさせるためのものであった場合
 (b) 国際法の認める適正な手続の規範に従って独立して又は公平に行われず、かつ、その時の状況において当該者を裁判に付する意図に反するような態様で行われた場合

第21条（適用される法） 1 裁判所は、次のものを適用する。
 (a) 第1に、この規程、犯罪の構成要件に関する文書及び手続及び証拠に関する規則
 (b) 第2に、適当な場合には、適用される条約並びに国際法の原則及び規則（確立された武力紛争に関する国際法の原則を含む。）
 (c) (a)及び(b)に規定するもののほか、裁判所が世界の法体系の中の国内法から見いだした法の一般原則（適当な場合には、その犯罪について裁判権を通常行使し得る国の国内法を含む。）。ただし、これらの原則がこの規程、国際法並びに国際的に認められる規範及び基準に反しないことを条件とする。

2 裁判所は、従前の決定において解釈したように法の原則及び規則を適用することができる。

3 この条に規定する法の適用及び解釈は、国際的に認められる人権に適合したものでなければならず、また、第7条3に定義する性、年齢、人種、皮膚の色、言語、宗教又は信条、政治的意見その他の意見、国民的、民族的又は社会的出身、貧富、出生又は他の地位等を理由とする不利な差別をすることなく行われなければならない。

第3部 刑法の一般原則

第22条（「法なくして犯罪なし」） 1 いずれの者も、問題となる行為が当該行為の発生した時において裁判所の管轄権の範囲内にある犯罪を構成しない限り、この規程に基づく刑事上の責任を有しない。

2 犯罪の定義については、厳格に解釈するものとし、類推によって拡大してはならない。あいまいな場合には、その定義については、捜査され、訴追され、又は有罪の判決を受ける者に有利に解釈する。

3 この条の規定は、この規程とは別に何らかの行為を国際法の下で犯罪とすることに影響を及ぼすものではない。

第23条（「法なくして刑罰なし」） 裁判所によって有罪の判決を受けた者については、この規程に従ってのみ処罰することができる。

第24条（人に関する不遡〔そ〕及） 1 いかなる者も、この規程が効力を生ずる前の行為についてこの規程に基づく刑事上の責任を有しない。

2 確定判決の前にその事件に適用される法に変更がある場合には、捜査され、訴追され、又は有罪の判決を受ける者に一層有利な法が適用される。

第25条（個人の刑事責任） 1　裁判所は、この規程に基づき自然人について管轄権を有する。

2　裁判所の管轄権の範囲内にある犯罪を行った者は、この規程により、個人として責任を有し、かつ、刑罰を科される。

3　いずれの者も、次の行為を行った場合には、この規程により、裁判所の管轄権の範囲内にある犯罪について刑事上の責任を有し、かつ、刑罰を科される。
　(a)　単独で、他の者と共同して、又は他の者が刑事上の責任を有するか否かにかかわりなく当該他の者を通じて当該犯罪を行うこと。
　(b)　既遂又は未遂となる当該犯罪の実行を命じ、教唆し、又は勧誘すること。
　(c)　当該犯罪の実行を容易にするため、既遂又は未遂となる当該犯罪の実行をほう助し、唆し、又はその他の方法で援助すること（実行のための手段を提供することを含む。）。
　(d)　共通の目的をもって行動する人の集団による既遂又は未遂となる当該犯罪の実行に対し、その他の方法で寄与すること。ただし、故意に行われ、かつ、次のいずれかに該当する場合に限る。
　　(i)　当該集団の犯罪活動又は犯罪目的の達成を助長するために寄与する場合。ただし、当該犯罪活動又は犯罪目的が裁判所の管轄権の範囲内にある犯罪の実行に関係する場合に限る。
　　(ii)　当該犯罪を実行するという当該集団の意図を認識しながら寄与する場合
　(e)　集団殺害犯罪に関し、他の者に対して集団殺害の実行を直接にかつ公然と扇動すること。
　(f)　実質的な行為によって犯罪の実行を開始させる行動をとることにより当該犯罪の実行を試みること（その者の意図にかかわりない事情のために当該犯罪が既遂とならない場合を含む。）。ただし、当該犯罪を実行する試みを放棄し、又は犯罪の完遂を防止する者は、完全かつ自発的に犯罪目的を放棄した場合には、当該犯罪の未遂についてこの規程に基づく刑罰を科されない。

4　個人の刑事責任に関するこの規程のいかなる規定も、国際法の下での国家の責任に影響を及ぼすものではない。

第26条（18歳未満の者についての管轄権の除外）　裁判所は、犯罪を実行したとされる時に18歳未満であった者について管轄権を有しない。

第27条（公的資格の無関係） 1　この規程は、公的資格に基づくいかなる区別もなく、すべての者についてひとしく適用する。特に、元首、政府の長、政府若しくは議会の一員、選出された代表者又は政府職員としての公的資格は、いかなる場合にも個人をこの規程に基づく刑事責任から免れさせるものではなく、また、それ自体が減刑のための理由を構成するものでもない。

2　個人の公的資格に伴う免除又は特別な手続上の規則は、国内法又は国際法のいずれに基づくかを問わず、裁判所が当該個人について管轄権を行使することを妨げない。

第28条（指揮官その他の上官の責任）　裁判所の管轄権の範囲内にある犯罪についての刑事責任であってこの規程に定める他の事由に基づくもののほか、
　(a)　軍の指揮官又は実質的に軍の指揮官として行動する者は、その実質的な指揮及び管理の下にあり、又は状況に応じて実質的な権限及び管理の下にある軍隊が、自己が当該軍隊の管理を適切に行わなかった結果として裁判所の管轄権の範囲内にある犯罪を行ったことについて、次の(i)及び(ii)の条件が満たされる場合には、刑事上の責任を有する。
　　(i)　当該指揮官又は当該者が、当該軍隊が犯罪を行っており若しくは行おうとしていることを知っており、又はその時における状況によって知っているべきであったこと。
　　(ii)　当該指揮官又は当該者が、当該軍隊による犯罪の実行を防止し若しくは抑止し、又は捜査及び訴追のために事案を権限のある当局に付託するため、自己の権限の範囲内ですべての必要かつ合理的な措置をとることをしなかったこと。
　(b)　(a)に規定する上官と部下との関係以外の上官と部下との関係に関し、上官は、その実質的な権限及び管理の下にある部下が、自己が当該部下の管理を適切に行わなかった結果として裁判所の管轄権の範囲内にある犯罪を行ったことについて、次の(i)から(iii)までのすべての条件が満たされる場合には、刑事上の責任を有する。
　　(i)　当該上官が、当該部下が犯罪を行っており若しくは行おうとしていることを知っており、又はこれらのことを明らかに示す情報を意識的に無視したこと。
　　(ii)　犯罪が当該上官の実質的な責任及び管理の範囲内にある活動に関係していたこと。
　　(iii)　当該上官が、当該部下による犯罪の実行を防止し若しくは抑止し、又は捜査及び訴追のために事案を権限のある当局に付託するため、自己の権限の範囲内ですべての必要かつ合理的な措置をとることをしなかったこと。

第29条（出訴期限の不適用）　裁判所の管轄権の範囲内にある犯罪は、出訴期限の対象とならない。

第30条（主観的な要素） 1　いずれの者も、別段の定めがある場合を除くほか、故意に及び認識して客観的な要素を実行する場合にのみ、裁判所の管轄権の範囲内にある犯罪について刑事上の責任を有し、かつ、刑罰を科される。

2　この条の規定の適用上、次の場合には、個人に故意があるものとする。
　(a)　行為に関しては、当該個人がその行為を行うことを意図している場合
　(b)　結果に関しては、当該個人がその結果を生じさせることを意図しており、又は通常の成り行きにおいてその結果が生ずることを意識している場合

3　この条の規定の適用上、「認識」とは、ある状況が存在し、又は通常の成り行きにおいてある結果が生ずることを意識していることをいう。「知っている」及び

「知って」は、この意味に従って解釈するものとする。

第31条（刑事責任の阻却事由） 1　いずれの者も、この規程に定める他の刑事責任の阻却事由のほか、その行為の時において次のいずれかに該当する場合には、刑事上の責任を有しない。
 (a)　当該者が、その行為の違法性若しくは性質を判断する能力又は法律上の要件に適合するようにその行為を制御する能力を破壊する精神疾患又は精神障害を有する場合
 (b)　当該者が、その行為の違法性若しくは性質を判断する能力又は法律上の要件に適合するようにその行為を制御する能力を破壊する酩〔めい〕酊〔てい〕又は中毒の状態にある場合。ただし、当該者が、酩〔めい〕酊〔てい〕若しくは中毒の結果として裁判所の管轄権の範囲内にある犯罪を構成する行為を行うおそれがあることを知っており、又はその危険性を無視したような状況において、自ら酩〔めい〕酊〔てい〕又は中毒の状態となった場合は、この限りでない。
 (c)　当該者が、自己その他の者又は戦争犯罪の場合には自己その他の者の生存に不可欠な財産若しくは軍事上の任務の遂行に不可欠な財産を急迫したかつ違法な武力の行使から防御するため、自己その他の者又は財産に対する危険の程度と均衡のとれた態様で合理的に行動する場合。ただし、当該者が軍隊が行う防衛行動に関与した事実それ自体は、この(c)の規定に基づく刑事責任の阻却事由を構成しない。
 (d)　裁判所の管轄権の範囲内にある犯罪を構成するとされる行為が、当該者又はその他の者に対する切迫した死の脅威又は継続的若しくは切迫した重大な傷害の脅威に起因する圧迫によって引き起こされ、かつ、当該者がこれらの脅威を回避するためにやむを得ずかつ合理的に行動する場合。ただし、当該者が回避しようとする損害よりも大きな損害を引き起こす意図を有しないことを条件とする。そのような脅威は、次のいずれかのものとする。
  (i)　他の者により加えられるもの
  (ii)　その他の当該者にとってやむを得ない事情により生ずるもの
2　裁判所は、裁判所に属する事件について、この規程に定める刑事責任の阻却事由の適用の可否を決定する。
3　裁判所は、裁判において、1に規定する刑事責任の阻却事由以外の刑事責任の阻却事由であって、第21条に定める適用される法から見いだされるものを考慮することができる。そのような事由を考慮することに関する手続は、手続及び証拠に関する規則において定める。

第32条（事実の錯誤又は法律の錯誤） 1　事実の錯誤は、犯罪の要件となる主観的な要素を否定する場合にのみ、刑事責任の阻却事由となる。
2　特定の類型の行為が裁判所の管轄権の範囲内にある犯罪であるか否かについての法律の錯誤は、刑事責任の阻却事由とならない。ただし、法律の錯誤は、その犯罪の要件となる主観的な要素を否定する場合又は次条に規定する場合には、刑事責任の阻却事由となり得る。

第33条（上官の命令及び法律の規定） 1　裁判所の管轄権の範囲内にある犯罪が政府又は上官（軍人であるか文民であるかを問わない。）の命令に従ってある者によって行われたという事実は、次のすべての条件が満たされない限り、当該者の刑事責任を阻却するものではない。
 (a)　当該者が政府又は当該上官の命令に従う法的義務を負っていたこと。
 (b)　その命令が違法であることを当該者が知らなかったこと。
 (c)　その命令が明白に違法ではなかったこと。
2　この条の規定の適用上、集団殺害犯罪又は人道に対する犯罪を実行するよう命令することは、明白に違法である。

第4部　裁判所の構成及び運営

第34条（裁判所の機関）　裁判所は、次の機関により構成される。
 (a)　裁判所長会議
 (b)　上訴裁判部門、第一審裁判部門及び予審裁判部門
 (c)　検察局
 (d)　書記局

第35条（裁判官の職務の遂行） 1　すべての裁判官は、裁判所の常勤の裁判官として選出されるものとし、その任期の開始の時から常勤で職務を遂行することができるようにする。
2　裁判所長会議を構成する裁判官は、選任された後直ちに常勤で職務を遂行する。
3　裁判所長会議は、裁判所の仕事量に基づいて及び裁判所の裁判官と協議の上、他の裁判官がどの程度まで常勤で職務を遂行する必要があるかについて随時決定することができる。そのような措置は、第四十条の規定の適用を妨げるものではない。
4　常勤で職務を遂行する必要のない裁判官のための財政措置については、第49条の規定に従ってとるものとする。

第36条（裁判官の資格、指名及び選挙） 1　裁判所の裁判官は、2の規定に従うことを条件として、18人とする。
2(a)　裁判所を代表して行動する裁判所長会議は、1に定める裁判官の人数を増加させることを、それが必要かつ適当と認められる理由を示して提案することができる。裁判所書記は、その提案をすべての締約国に直ちに通報する。
 (b)　(a)に規定する提案は、その後、第112条の規定に従って招集される締約国会議の会合において検討される。当該提案は、当該会合において締約国会議の構成国の3分の2以上の多数による議決で承認される場合には採択されたものとし、締約国会議が定める時に効力を生ずる。
 (c)(i)　裁判官の人数を増加させるための提案が(b)の規

定に従って採択された後、追加的な裁判官の選挙は、3から8まで及び次条2の規定に従い締約国会議の次回の会合において行う。

(ii) 裁判官の人数を増加させるための提案が(b)及び(c)(i)の規定に従って採択され、及び効力を生じた後において、裁判所長会議は、裁判所の仕事量にかんがみて適当と認めるときは、裁判官の人数を減少させることをいつでも提案することができる。ただし、裁判官の人数は、1に定める人数を下回らないことを条件とする。その提案は、(a)及び(b)に定める手続に従って取り扱われる。当該提案が採択された場合には、裁判官の人数は、職務を遂行している裁判官の任期の終了に合わせて、必要とされる人数となるまで段階的に減少させる。

3(a) 裁判官は、徳望が高く、公平であり、誠実であり、かつ、各自の国で最高の司法官に任ぜられるのに必要な資格を有する者のうちから選出される。

(b) 裁判官の選挙のための候補者は、次のいずれかの能力及び経験を有する者とする。

(i) 刑事法及び刑事手続についての確立した能力並びに裁判官、検察官若しくは弁護士としての又は他の同様の資格の下での刑事手続における必要な関連する経験

(ii) 国際人道法、人権に関する法等の国際法に関連する分野における確立した能力及び法律に係る専門的な資格であって裁判所の司法業務に関連するものの下での広範な経験

(c) 裁判官の選挙のための候補者は、裁判所の常用語の少なくとも一について卓越した知識を有し、かつ、堪〔たん〕能でなければならない。

4—10 〔省略〕

第37条（裁判官の空席）〔省略〕
第38条（裁判所長会議）〔省略〕
第39条（裁判部）〔省略〕
第40条（裁判官の独立）〔省略〕
第41条（裁判官の回避及び除斥）〔省略〕
第42条（検察局）〔省略〕
第43条（書記局）〔省略〕
第44条（職員）〔省略〕
第45条（厳粛な約束）〔省略〕
第46条（解任）〔省略〕
第47条（懲戒処分）〔省略〕
第48条（特権及び免除）〔省略〕
第49条（俸給、手当及び経費）〔省略〕
第50条（公用語及び常用語）〔省略〕
第51条（手続及び証拠に関する規則）〔省略〕
第52条（裁判所規則）〔省略〕

第5部　捜査及び訴追

第53条（捜査の開始）1　検察官は、入手することのできた情報を評価した後、この規程に従って手続を進める合理的な基礎がないと決定しない限り、捜査を開始する。検察官は、捜査を開始するか否かを決定するに当たり、次の事項を検討する。

(a) 利用可能な情報により、裁判所の管轄権の範囲内にある犯罪が行われた又は行われていると信ずるに足りる合理的な基礎が認められるか否か。

(b) 事件について第17条に規定する受理許容性があるか否か又は受理許容性があり得るか否か。

(c) 犯罪の重大性及び被害者の利益を考慮してもなお捜査が裁判の利益に資するものでないと信ずるに足りる実質的な理由があるか否か。

検察官は、手続を進める合理的な基礎がないと決定し、及びその決定が専ら(c)の規定に基づく場合には、予審裁判部に通知する。

2　検察官は、捜査に基づき、次のことを理由として訴追のための十分な根拠がないと結論する場合には、予審裁判部及び第14条の規定に基づいて付託を行った国又は第13条(b)に規定するときは安全保障理事会に対し、その結論及びその理由を通報する。

(a) 第58条の規定に基づく令状又は召喚状を求めるための法的な又は事実に係る根拠が十分でないこと。

(b) 事件について第17条に規定する受理許容性がないこと。

(c) すべての事情（犯罪の重大性、被害者の利益、被疑者の年齢又は心身障害及び被疑者が行ったとされる犯罪における当該者の役割を含む。）を考慮して、訴追が裁判の利益のためにならないこと。

3(a) 第14条の規定に基づいて付託を行った国又は第13条(b)に規定するときは安全保障理事会の要請により、予審裁判部は、手続を進めない旨の1又は2の規定に基づく検察官の決定を検討することができるものとし、検察官に対し当該決定を再検討するよう要請することができる。

(b) 予審裁判部は、手続を進めない旨の検察官の決定が専ら1(c)又は2(c)の規定に基づく場合には、職権によって当該決定を検討することができる。そのような場合には、検察官の決定は、予審裁判部が追認するときにのみ効力を有する。

4　検察官は、新たな事実又は情報に基づき、捜査又は訴追を開始するか否かの決定をいつでも再検討することができる。

第54条（捜査についての検察官の責務及び権限）〔省略〕
第55条（捜査における被疑者の権利）〔省略〕
第56条（得難い捜査の機会に関する予審裁判部の役割）〔省略〕
第57条（予審裁判部の任務及び権限）〔省略〕
第58条（予審裁判部による逮捕状又は召喚状の発付）〔省略〕
第59条（拘束を行う国における逮捕の手続）〔省略〕
第60条（裁判所における最初の手続）〔省略〕
第61条（公判前の犯罪事実の確認）〔省略〕

第6部　公判

第62条（公判の場所）　公判の場所は、別段の決定が行われる場合を除くほか、裁判所の所在地とする。

第63条（被告人の在廷による公判）1　被告人は、公

117

判の間在廷するものとする。
2　第一審裁判部は、在廷している被告人が公判を妨害し続ける場合には、当該被告人を退廷させることができるものとし、必要な場合には通信技術を使用することにより、被告人が法廷の外から公判を観察し、及び弁護人に指示することができるようにするための措置をとる。このような措置については、他の合理的な代替措置が十分でないことが判明した後の例外的な状況においてのみ、かつ、真に必要な期間においてのみとるものとする。

第64条（第一審裁判部の任務及び権限）〔省略〕
第65条（有罪の自認についての公判手続）〔省略〕
第66条（無罪の推定）1　いずれの者も、適用される法に基づいて裁判所において有罪とされるまでは無罪と推定される。
2　被告人の有罪を証明する責任は、検察官にある。
3　裁判所は、被告人を有罪と決定するためには、合理的な疑いを超えて当該被告人の有罪を確信していなければならない。
第67条（被告人の権利）1　被告人は、犯罪事実の決定に当たり、この規程を考慮した上で公開審理を受ける権利、公正かつ公平な審理を受ける権利及び少なくとも次の保障を十分に平等に受ける権利を有する。
　(a)　自己が十分に理解し、かつ、話す言語で、犯罪事実の性質、理由及び内容を速やかにかつ詳細に告げられること。
　(b)　防御の準備のために十分な時間及び便益を与えられ、並びに自ら選任する弁護人と自由かつ内密に連絡を取ること。
　(c)　不当に遅延することなく裁判に付されること。
　(d)　第63条2の規定に従うことを条件として、公判に出席すること、直接に又は自ら選任する弁護人を通じて防御を行うこと、弁護人がいない場合には弁護人を持つ権利を告げられること及び裁判の利益のために必要な場合には、十分な支払手段を有しないときは自らその費用を負担することなく、裁判所によって弁護人を付されること。
　(e)　自己に不利な証人を尋問し、又はこれに対して尋問させること並びに自己に不利な証人と同じ条件で自己のための証人の出廷及びこれに対する尋問を求めること。また、防御を行うこと及びこの規程に基づいて許容される他の証拠を提出すること。
　(f)　裁判所の公判手続又は裁判所に提示される文書が自己が十分に理解し、かつ、話す言語によらない場合には、有能な通訳の援助及び公正の要件を満たすために必要な翻訳を無償で与えられること。
　(g)　証言又は有罪の自白を強要されないこと及び黙秘をすること。この黙秘は、有罪又は無罪の決定において考慮されない。
　(h)　自己の防御において宣誓せずに口頭又は書面によって供述を行うこと。
　(i)　自己に挙証責任が転換されず、又は反証の責任が課されないこと。
2　検察官は、この規程に定める他の開示のほか、被告人に対し、できる限り速やかに、自己が保持し、又は管理する証拠であって、当該被告人の無罪を示し若しくは無罪を示すことに資すると信じ若しくは当該被告人の罪を軽減することに資すると信ずるもの又は訴追に係る証拠の信頼性に影響を及ぼし得るものを開示する。この2の規定の適用について疑義がある場合には、裁判所が決定する。

第68条（被害者及び証人の保護及び公判手続への参加）〔省略〕
第69条（証拠）〔省略〕
第70条（裁判の運営に対する犯罪）〔省略〕
第71条（裁判所における不当行為に対する制裁）〔省略〕
第72条（国家の安全保障に関する情報の保護）〔省略〕
第73条（第三者の情報又は文書）〔省略〕
第74条（判決のための要件）〔省略〕
第75条（被害者に対する賠償）1　裁判所は、被害者に対する又は被害者に係る賠償（原状回復、補償及びリハビリテーションの提供を含む。）に関する原則を確立する。その確立された原則に基づき、裁判所は、その判決において、請求により又は例外的な状況においては職権により、被害者に対する又は被害者に係る損害、損失及び傷害の範囲及び程度を決定することができるものとし、自己の行動に関する原則を説明する。
2　裁判所は、有罪の判決を受けた者に対し、被害者に対する又は被害者に係る適切な賠償（原状回復、補償及びリハビリテーションの提供を含む。）を特定した命令を直接発することができる。
裁判所は、適当な場合には、第79条に規定する信託基金を通じて賠償の裁定額の支払を命ずることができる。
3—6　〔省略〕
第76条（刑の言渡し）〔省略〕

第7部　刑罰

第77条（適用される刑罰）1　裁判所は、第110条の規定に従うことを条件として、第5条に規定する犯罪について有罪の判決を受けた者に対し、次のいずれかの刑罰を科することができる。
　(a)　最長30年を超えない特定の年数の拘禁刑
　(b)　犯罪の極度の重大さ及び当該有罪の判決を受けた者の個別の事情によって正当化されるときは終身の拘禁刑
2　裁判所は、拘禁刑のほか、次のものを命ずることができる。
　(a)　手続及び証拠に関する規則に定める基準に基づく罰金
　(b)　1に規定する犯罪によって直接又は間接に生じた収益、財産及び資産の没収。ただし、善意の第三者の権利を害することのないように行う。

第78条（刑の量定）1　裁判所は、刑の量定に当たり、手続及び証拠に関する規則に従い、犯罪の重大さ、有罪の判決を受けた者の個別の事情等の要因を考慮する。
2　裁判所は、拘禁刑を科するに当たり、裁判所の命令に従って既に拘禁された期間がある場合にはその期間

を刑期に算入するものとし、また、犯罪の基礎を構成する行為に関連する他の拘禁された期間を刑期に算入することができる。
3 1人の者が二以上の犯罪について有罪の判決を受けた場合には、裁判所は、各犯罪についての刑及びそれらを併合した刑（拘禁刑の全期間を特定したもの）を言い渡す。当該全期間は、少なくとも言い渡された各犯罪についての刑のうちの最長の期間とするものとし、30年の拘禁刑又は前条1(b)の規定に基づく終身の拘禁刑の期間を超えないものとする。

第79条 （信託基金）〔省略〕
第80条 （国内における刑罰の適用及び国内法への影響の否定）〔省略〕

第8部　上訴及び再審

第81条 （無罪若しくは有罪の判決又は刑の量定に対する上訴）　1　第74条の規定に基づく判決に対しては、手続及び証拠に関する規則に従い、次のとおり上訴をすることができる。
  (a) 検察官は、次のいずれかを理由として上訴をすることができる。
    (i) 手続上の誤り
    (ii) 事実に関する誤り
    (iii) 法律上の誤り
  (b) 有罪の判決を受けた者又は当該者のために行動する検察官は、次のいずれかを理由として上訴をすることができる。
    (i) 手続上の誤り
    (ii) 事実に関する誤り
    (iii) 法律上の誤り
    (iv) その他の理由であって手続又は判決の公正性又は信頼性に影響を及ぼすもの
2(a) 検察官又は有罪の判決を受けた者は、犯罪と刑との間の不均衡を理由として、手続及び証拠に関する規則に従って当該刑の量定に対して上訴をすることができる。
  (b) 裁判所は、刑の量定に対する上訴に関し、有罪判決の全部又は一部を取り消し得る理由があると認める場合には、検察官及び有罪の判決を受けた者に対して1(a)又は(b)の規定に基づく理由の提示を求めることができるものとし、また、第83条の規定に基づいて有罪判決に関する決定を行うことができる。
  (c) 裁判所は、専ら1の規定に基づく有罪判決に対する上訴に関し、(a)の規定の下で減刑のための理由があると認める場合には、(b)に規定する手続と同一の手続を適用する。
3(a) 有罪の判決を受けた者は、第一審裁判部が別段の命令を発する場合を除くほか、上訴の手続の間、引き続き拘禁される。
  (b) 有罪の判決を受けた者の拘禁の期間が科された拘禁刑の期間を超える場合には、当該者は、釈放される。ただし、検察官も上訴をしているときは、その釈放は、(c)に規定する条件に従って行われる。
  (c) 無罪判決の場合には、被告人は、次の(i)及び(ii)の規定が適用されることを条件として、直ちに釈放される。
    (i) 第一審裁判部は、例外的な状況において、特に、具体的な逃亡の危険性、訴追された犯罪の重大性及び上訴が認められる可能性を考慮した上で、検察官の要請により、上訴の手続の間、当該被告人の拘禁を継続することができる。
    (ii) (i)の規定に基づく第一審裁判部の決定に対しては、手続及び証拠に関する規則に従って上訴をすることができる。
4 判決又は刑の執行は、3(a)及び(b)の規定に従うことを条件として、上訴が許される期間及び上訴の手続の間、停止する。

第82条 （他の決定に対する上訴）〔省略〕
第83条 （上訴についての手続）〔省略〕
第84条 （有罪判決又は刑の量定の再審）〔省略〕
第85条 （逮捕され、又は有罪の判決を受けた者に対する補償）〔省略〕

第9部　国際協力及び司法上の援助

第86条 （協力を行う一般的義務）　締約国は、この規程に従い、裁判所の管轄権の範囲内にある犯罪について裁判所が行う捜査及び訴追において、裁判所に対し十分に協力する。

第87条 （協力の請求についての一般規定）
1(a) 裁判所は、締約国に対して協力を求める権限を有する。このような請求については、外交上の経路又は各締約国が批准、受諾、承認又は加入の際に指定する他の適当な経路を通じて送付する。
　締約国は、その指定のその後の変更については、手続及び証拠に関する規則に従って行う。
  (b) 請求については、適当な場合には、(a)の規定の適用を妨げない限りにおいて、国際刑事警察機構又は適当な地域的機関を通じて送付することができる。
2 協力の請求及び請求の裏付けとなる文書については、被請求国が批准、受諾、承認又は加入の際にした選択に従い、被請求国の公用語若しくは裁判所の常用語のうちの一によって行い、又はこれらの言語のうちの一による訳文を添付することによって行う。
　その選択のその後の変更については、手続及び証拠に関する規則に従って行う。
3 被請求国は、協力の請求及び請求の裏付けとなる文書を秘密のものとして取り扱う。ただし、請求内容を実施するために開示が必要となる限度においては、この限りでない。
4 裁判所は、この部の規定に従って提供される援助を求めることとの関連で、被害者及び証人となる可能性のある者並びにこれらの者の家族の安全又は心身の健康を確保するために必要な措置（情報の保護に関する措置を含む。）をとることができる。裁判所は、この部の規定に基づいて入手することのできる情報が被害者及び証人となる可能性のある者並びにこれらの者の家族の安全又は心身の健康を保護する方法によって提供され、及び取り扱われるよう要請することができる。

5(a) 裁判所は、この規程の締約国でない国に対し、当該国との特別の取極又は協定その他の適当な根拠に基づき、この部の規定に従って援助を提供するよう求めることができる。
(b) 裁判所は、この規程の締約国でない国であって裁判所と特別の取極又は協定を締結したものがこれらの取極又は協定に基づく請求に協力しない場合には、締約国会議又はこの事案が安全保障理事会によって裁判所に付託されたものであるときは安全保障理事会に対し、その旨を通報することができる。
6 裁判所は、政府間機関に対して情報又は文書の提供を要請することができる。また、裁判所は、そのような機関の権限又は任務に基づくその他の形態の協力及び援助であって当該機関との合意によって定めるものを要請することができる。
7 締約国がこの規程に反して裁判所による協力の請求に応ぜず、それにより裁判所のこの規程に基づく任務及び権限の行使を妨げた場合には、裁判所は、その旨の認定を行うことができるものとし、締約国会議又はこの事案が安全保障理事会によって裁判所に付託されたものであるときは安全保障理事会に対し、その問題を付託することができる。

第88条（国内法の手続の確保） 締約国は、自国の国内法の手続がこの部に定めるすべての形態の協力のために利用可能であることを確保する。

第89条（裁判所への人の引渡し） 1 裁判所は、ある者の逮捕及び引渡しの請求を第91条に規定するその裏付けとなる資料とともに、当該者がその領域に所在するとみられる国に対して送付することができるものとし、当該者の逮捕及び引渡しにおいて当該国の協力を求める。締約国は、この部の規定及び自国の国内法の手続に従って逮捕及び引渡しの請求に応ずる。
2 引渡しを求められた者が第20条に規定する一事不再理の原則に基づいて国内裁判所に異議の申立てを行う場合には、被請求国は、受理許容性についての関連する決定が行われているか否かを確認するために直ちに裁判所と協議する。事件を受理することが決定されているときは、被請求国は、請求された引渡しの実施を続行する。受理許容性についての決定がなされていないときは、被請求国は、裁判所が受理許容性についての決定を行うまで当該引渡しの実施を延期することができる。
3(a) 締約国は、他の国が裁判所に引き渡す者を自国の領域内を通過して護送することについて、自国内の通過が引渡しを妨げ、又は遅延させ得るものでない限り、自国の国内法の手続に従って承認する。
(b) 裁判所による通過についての請求は、第87条の規定に従って送付される。通過についての請求には、次の事項を含める。
(i) 護送される者に関する記述
(ii) 犯罪事実及びその法的な評価に関する簡潔な説明
(iii) 逮捕及び引渡しのための令状
(c) 護送される者は、通過の間抑留される。
(d) 護送される者が空路によって護送される場合において通過国の領域に着陸する予定がないときは、その承認は、必要とされない。
(e) 通過国は、その領域において予定外の着陸が行われる場合には、(b)に規定する裁判所による通過についての請求を求めることができる。通過国は、通過についての請求を受領して当該通過が行われるようになるまで護送される者を抑留する。ただし、この(e)に規定する目的のための抑留は、請求が予定外の着陸から96時間以内に受領されない限り、当該時間を超える期間にわたることができない。
4 被請求国は、裁判所への引渡しを求められている者に関し、自国において引渡しを求められている犯罪とは異なる犯罪について訴訟手続がとられており、又は当該者が服役している場合には、請求を認める決定を行った後に裁判所と協議する。

第90条（請求の競合） 1 前条の規定に基づいて裁判所からある者の引渡しの請求を受ける締約国は、裁判所が当該者の引渡しを求める犯罪の基礎を構成する同一の行為に関し、他の国からも当該者について犯罪人引渡しの請求を受ける場合には、その事実を裁判所及び請求国に通報する。
2 請求国が締約国である場合には、被請求国は、次のときは、裁判所からの請求を優先する。
(a) 裁判所が、引渡しを求める事件を第18条又は第19条の規定に従って受理することを決定しており、かつ、その決定において請求国がその犯罪人引渡しの請求に関して行った捜査又は訴追を考慮しているとき。
(b) 裁判所が1の規定に基づく被請求国からの通報の後に(a)に規定する決定を行うとき。
3 被請求国は、2(a)に規定する決定が行われていない場合には、自国の裁量により、2(b)に規定する裁判所による決定がなされるまでの間、請求国からの犯罪人引渡しの請求についての処理を進めることができるものの、裁判所が事件を受理しないことを決定するまでは、1に規定する者についての犯罪人引渡しを行わないものとする。裁判所の決定は、迅速に行う。
4—6 〔省略〕
7 被請求国は、裁判所が当該者の引渡しを求める犯罪を構成する行為以外の行為に関して他の国から当該者についての犯罪人引渡しの請求を受ける場合には、次のことを行う。
(a) 請求国に対して当該者についての犯罪人引渡しを行う国際的な義務を有していない場合には、裁判所からの請求を優先すること。
(b) 請求国に対して当該者についての犯罪人引渡しを行う国際的な義務を有している場合には、当該者を裁判所に引き渡すか又は請求国に対して犯罪人引渡しを行うかを決定すること。被請求国は、その決定に当たり、6に規定する事項を含むすべての関連する事項を考慮するものとし、当該行為の相対的な重大性及び性質に特別の考慮を払う。
8 被請求国は、この条の規定に基づく通報の後に裁判

所が事件を受理しないことを決定し、その後に自国が請求国への犯罪人引渡しを拒否する場合には、裁判所にその拒否の決定を通報する。

第91条（逮捕及び引渡しの請求の内容）〔省略〕
第92条（仮逮捕）〔省略〕
第93条（他の形態の協力）〔省略〕
第94条（進行中の捜査又は訴追に関する請求内容の実施の延期）〔省略〕
第95条（受理許容性についての異議の申立ての際の請求内容の実施の延期）〔省略〕
第96条（第93条に規定する他の形態の援助についての請求の内容）〔省略〕
第97条（協議）〔省略〕
第98条（免除の放棄及び引渡しへの同意に関する協力）
 1　裁判所は、被請求国に対して第三国の人又は財産に係る国家の又は外交上の免除に関する国際法に基づく義務に違反する行動を求めることとなり得る引渡し又は援助についての請求を行うことができない。ただし、裁判所が免除の放棄について当該第三国の協力をあらかじめ得ることができる場合は、この限りでない。
 2　裁判所は、被請求国に対して派遣国の国民の裁判所への引渡しに当該派遣国の同意を必要とするという国際約束に基づく義務に違反する行動を求めることとなり得る引渡しの請求を行うことができない。ただし、裁判所が引渡しへの同意について当該派遣国の協力をあらかじめ得ることができる場合は、この限りでない。
第99条（第93条及び第96条の規定に基づく請求内容の実施）〔省略〕
第100条（費用）〔省略〕
第101条（特定性の原則）　1　この規程に従って裁判所に引き渡された者は、行為又は一連の行為であって自己が引き渡された犯罪の基礎を構成するものを除き、引渡しの前に行った行為のために、訴訟手続に付されず、処罰されず、又は拘禁されない。
 2　裁判所は、1に規定する者を裁判所に引き渡した国に対して1に規定する条件を放棄するよう要請することができるものとし、必要な場合には、第91条の規定に従って追加的な情報を提供する。締約国は、裁判所に対して放棄を行う権限を有するものとし、放棄を行うよう努めるべきである。
第102条（用語）　この規程の適用上、
 (a)　「引渡し」とは、この規程に基づき、国がいずれかの者を裁判所に引き渡すことをいう。
 (b)　「犯罪人引渡し」とは、条約、協定又は国内法に基づき、一の国がいずれかの者を他の国に引き渡すことをいう。

第10部　刑の執行

第103条（拘禁刑の執行における国の役割）
1(a)　拘禁刑は、刑を言い渡された者を受け入れる意思を裁判所に対して明らかにした国の一覧表の中から裁判所が指定する国において執行される。
 (b)　国は、刑を言い渡された者を受け入れる意思を宣言する際に、裁判所が同意し、かつ、この部の規定に適合した受入れについての条件を付することができる。
 (c)　個別の事件に関して指定された国は、裁判所の指定を受け入れるか否かを裁判所に対して速やかに通報する。
2—4　〔省略〕
第104条（刑を執行する国の指定の変更）〔省略〕
第105条（刑の執行）〔省略〕
第106条（刑の執行の監督及び拘禁の条件）〔省略〕
第107条（刑を終えた者の移送）〔省略〕
第108条（他の犯罪の訴追又は処罰の制限）〔省略〕
第109条（罰金及び没収に係る措置の実施）〔省略〕
第110条（減刑に関する裁判所の再審査）〔省略〕
第111条（逃亡）〔省略〕

第11部　締約国会議

第112条（締約国会議）　1　この規程によりこの規程の締約国会議を設置する。各締約国は、締約国会議において1人の代表を有するものとし、代表は、代表代理及び随員を伴うことができる。その他の国であってこの規程又は最終文書に署名したものは、締約国会議においてオブザーバーとなることができる。
 2　締約国会議は、次の任務を遂行する。
 (a)　適当な場合には、準備委員会の勧告を検討し、及び採択すること。
 (b)　裁判所の運営に関して裁判所長会議、検察官及び裁判所書記に対する管理監督を行うこと。
 (c)　3の規定により設置される議長団の報告及び活動を検討し、並びにこれらについて適当な措置をとること。
 (d)　裁判所の予算を検討し、及び決定すること。
 (e)　第36条の規定に従い裁判官の人数を変更するか否かを決定すること。
 (f)　第87条5及び7に規定する請求に協力しないことに関する問題を検討すること。
 (g)　その他の任務であってこの規程又は手続及び証拠に関する規則に適合するものを遂行すること。
3—10　〔省略〕

第12部　財政

第113条（財政規則）〔省略〕
第114条（費用の支払）〔省略〕
第115条（裁判所及び締約国会議の資金）〔省略〕
第116条（任意拠出金）〔省略〕
第117条（分担金の額の決定）〔省略〕
第118条（年次会計検査）〔省略〕

第13部　最終規定

第119条（紛争の解決）　1　裁判所の司法上の任務に関する紛争については、裁判所の決定によって解決する。
 2　その他の二以上の締約国間の紛争であってこの規程の解釈又は適用に関するもののうち、交渉によってその開始から3箇月以内に解決されないものについては、締約国会議に付託する。締約国会議は、当該紛争

を自ら解決するよう努め、又は当該紛争を解決するための追加的な方法（国際司法裁判所規程に基づく国際司法裁判所への付託を含む。）について勧告を行うことができる。

第120条（留保） この規程には、いかなる留保も付すことができない。

第121条（改正） 1 締約国は、この規程の効力発生から7年を経過した後、その改正を提案することができる。改正案については、国際連合事務総長に提出するものとし、同事務総長は、これをすべての締約国に対して速やかに通報する。

2 締約国会議は、通報の日から3箇月以後に開催するその次回の会合において、出席し、かつ、投票する締約国の過半数による議決で改正案を取り上げるか否かを決定する。締約国会議は、当該改正案を直接取り扱い、又は関係する問題により正当化される場合には、検討会議を招集することができる。

3 締約国会議の会合又は検討会議における改正の採択については、コンセンサスに達することができない場合には、締約国の3分の2以上の多数による議決を必要とする。

4 改正は、5に規定する場合を除くほか、国際連合事務総長に対する締約国の8分の7による批准書又は受諾書の寄託の後1年ですべての締約国について効力を生ずる。

5−7〔省略〕

第122条（制度的な性質を有する規定の改正）〔省略〕

第123条（この規程の検討） 1 国際連合事務総長は、この規程の効力発生の後7年目にこの規程の改正を審議するために検討会議を招集する。この規程の検討には、少なくとも第5条に規定する犯罪を含めることが

できる。検討会議は、締約国会議に参加する者に同一の条件で開放される。

2 その後いつでも、いずれかの締約国の要請があるときは、国際連合事務総長は、1に規定する目的のため、締約国の過半数による承認を得て検討会議を招集する。

3 第121条3から7までの規定は、検討会議において審議されるこの規程の改正の採択及びその効力発生について適用する。

第124条（経過規定） いずれの国も、第12条1及び2の規定にかかわらず、この規程の締約国になる際、この規程が当該国について効力を生じてから7年の期間、ある犯罪が当該国の国民によって又は当該国の領域内において行われたとされる場合には、第8条に規定する犯罪類型に関して裁判所が管轄権を有することを受諾しない旨を宣言することができる。この条の規定に基づく宣言は、いつでも撤回することができる。この条の規定については、前条1の規定に従って招集される検討会議で審議する。

第125条（署名、批准、受諾、承認又は加入）〔省略〕

第126条（効力発生） 1 この規程は、60番目の批准書、受諾書、承認書又は加入書が国際連合事務総長に寄託された日の後60日目の日の属する月の翌月の初日に効力を生ずる。

2 60番目の批准書、受諾書、承認書又は加入書が寄託された後にこの規程を批准し、受諾し若しくは承認し、又はこれに加入する国については、この規程は、その批准書、受諾書、承認書又は加入書の寄託の後60日目の日の属する月の翌月の初日に効力を生ずる。

第127条（脱退）〔省略〕

第128条（正文）〔省略〕

●1991年以後に旧ユーゴースラヴィア領域で犯された国際人道法の重大な違反に責任を有する者を訴追するための国際裁判所規程
《旧ユーゴ国際刑事裁判所規程》〔抜粋〕

International Tribunal for the Prosecution of Persons Responsible for Serious Violations of International Humanitarian Law Committed in the Territory of the Former Yugoslavia since 1991

▼採択 1993年5月25日（国連安全保障理事会決議827〔第3217回会合〕） ▼最終改正 2009年7月7日（決議1877）

1991年以後旧ユーゴスラヴィアの領域内で行われた国際人道法に対する重大な違反について責任を有する者の訴追のための国際裁判所（以下「国際裁判所」という。）は、国際連合憲章第7章の下に行動する安全保障理事会によって設置され、この規程に従って任務を遂行する。

第1条（国際裁判所の権限） 国際裁判所は、この規程に従い、1991年以後旧ユーゴスラヴィアの領域内で行われた国際人道法に対する重大な違反について責任を有する者を訴追する権限を有する。

第2条（1949年のジュネーヴ諸条約に対する重大な違反行為） 国際裁判所は、1949年8月12日のジュネーヴ

諸条約に対する重大な違反行為、すなわち、関連するジュネーヴ条約に基づいて保護される者又は財産に対する次の行為を行い又は行うことを命令した者を訴追する権限を有する。

(a) 殺人
(b) 拷問又は非人道的待遇（生物学的実験を含む。）
(c) 身体又は健康に対して故意に重い苦痛を与え又は重大な傷害を加えること。
(d) 軍事上の必要によって正当化されない不法かつ恣〔し〕意的な財産の広範な破壊又は徴発
(e) 捕虜又は文民を強制して敵対する勢力の軍隊に服務させること。

(f) 捕虜又は文民から公正なかつ正式の裁判を受ける権利を奪うこと。
(g) 文民を不法に追放し、移送し又は拘禁すること。
(h) 文民を人質にすること。

第3条（戦争の法規又は慣例に対する違反） 国際裁判所は、戦争の法規又は慣例に違反した者を訴追する権限を有する。その違反には、次のことが含まれるが、これらに限定されるものではない。
(a) 無用の苦痛を与えることを目的とする毒性の兵器その他の兵器を使用すること。
(b) 都市又は町村の恣〔し〕意的な破壊を行うこと又は軍事上の必要によって正当化されない惨害をもたらすこと。
(c) 手段のいかんを問わず、無防備の町村、住宅又は建物を攻撃し又は砲撃すること。
(d) 宗教、慈善及び教育並びに芸術及び学術の用に供する施設、歴史上の記念建造物並びに芸術上及び学術上の作品を押収し、破壊し又は故意に損傷すること。
(e) 公共の又は私有の財産を略奪すること。

第4条（集団殺害） 1 国際裁判所は、2に規定する集団殺害を行った者又は3に掲げるその他の行為を行った者を訴追する権限を有する。
2 集団殺害とは、国民的、民族的、人種的又は宗教的集団の全部又は一部を破壊することを意図して行われる次の行為をいう。
(a) 集団の構成員を殺すこと。
(b) 集団の構成員の身体又は精神に重大な危害を加えること。
(c) 集団の全部又は一部の身体を破壊することを目的とする生活条件を当該集団に意図的に課すること。
(d) 集団内における出生を妨げることを意図する措置を課すること。
(e) 集団内の児童を他の集団に強制的に移送すること。
3 次の行為は、処罰するものとする。
(a) 集団殺害
(b) 集団殺害の共謀
(c) 集団殺害の直接かつ公然の扇動
(d) 集団殺害の未遂
(e) 集団殺害の共犯

第5条（人道に対する犯罪） 国際裁判所は、武力紛争（国際的な性質のものであるかないかを問わない。）において文民に対して直接行われた次の犯罪について責任を有する者を訴追する権限を有する。
(a) 殺人
(b) 殲〔せん〕滅
(c) 奴隷の状態に置くこと。
(d) 追放
(e) 拘禁
(f) 拷問
(g) 強かん
(h) 政治的、人種的及び宗教的理由による迫害
(i) その他非人道的行為

第6条（人に関する管轄権） 国際裁判所は、この規程に従い、自然人について管轄権を有する。

第7条（個人の刑事上の責任） 1 第2条から第5条までに定める犯罪の計画、準備又は実行について、計画し、扇動し、命令し、実行し又はほう助し若しくは教唆した者は、個人としてその犯罪について責任を負う。
2 被告人の公の地位（国の元首又は政府の長であるか責任を有する公務員であるかを問わない。）により、当該被告人の刑事上の責任は免除されず、また、刑罰は減軽されない。
3 上官は、部下が第2条から第5条までに定める行為を行おうとし又は行ったことを知り又は知る理由がある場合において、当該行為を防止するため又は当該行為を行った者を処罰するため必要かつ合理的な措置をとらなかったときは、当該行為が部下によって行われたという事実をもって、その刑事上の責任を免除されない。
4 被告人は、政府又は上官の命令に従って行動したという事実をもって、その刑事上の責任を免除されない。ただし、国際裁判所が正義のために必要であると決定する場合には、刑罰の減軽に当たりその事実を考慮することができる。

第8条（領域的管轄権及び時間的管轄権） 国際裁判所は、領土、領空及び領水を含む旧ユーゴースラヴィア社会主義連邦共和国の領域について領域的管轄権を有し、1991年1月1日以降の期間について時間的管轄権を有する。

第9条（管轄権の競合） 1 国際裁判所及び国内裁判所は、1991年1月1日以後旧ユーゴースラヴィアの領域内で行われた国際人道法に対する重大な違反について人を訴追することに関し、ともに管轄権を有する。
2 国際裁判所は、国内裁判所に優越する。国際裁判所は、国内裁判所に対し、手続のいかなる段階においても、この規程並びに国際裁判所の手続及び証拠に関する規則に従って、国際裁判所の権限に服することを正式に要請することができる。

第10条（一事不再理） 1 いかなる者も、この規程に基づいて、国際人道法に対する重大な違反を構成する行為について国際裁判所で既に裁判を受けた場合には、国内裁判所で裁判を受けることはない。
2 国際人道法に対する重大な違反を構成する行為について国内裁判所で裁判を受けた者は、その後、次の場合に限り、国際裁判所による裁判を受けることがある。
(a) その者が裁判を受ける原因となった行為が、通常の犯罪とされた場合
(b) 国内裁判所の手続が、公平若しくは独立のものではなかった場合、国際的な刑事上の責任から被告人を保護することを意図したものであった場合又は訴追が誠実に行われなかった場合
3 国際裁判所は、この規程に基づいて有罪の判決を受けた者に科する刑罰を検討するに当たって、その者に対し同一の行為について国内裁判所が科した刑罰が既にどの程度執行されているかを考慮する。

第11条（国際裁判所の組織） 国際裁判所は、次の機関

で構成する。
 (a) 3つの第一審裁判部及び1つの上訴裁判部で構成する裁判部
 (b) 検察官
 (c) 裁判部及び検察官の双方に役務を提供する書記局

第12条（裁判部の構成） 1　裁判部は、最大16人の独立の常任裁判官（そのうちのいずれの2人も、同一の国の国民であってはならない。）及びこの規程の第13条の3の2に従って任命される一時において最大12人の独立の臨時裁判官（そのうちのいずれの2人も、同一の国の国民であってはならない。）で構成する。

2　一時において最大3人の常任裁判官及び6人の臨時裁判官を、それぞれの第一審裁判部の構成員とする。臨時裁判官が配属されるそれぞれの第一審裁判部は、5で特定される状況の場合を除いて常任裁判官及び臨時裁判官の双方で構成される3人の裁判官から成る部班に分けることができる。第一審裁判部の部班は、この規程に基づいて第一審裁判部と同じ権限及び責任を有し、同じ規則に従って判決を下す。

3　常任裁判官のうち7人を上訴裁判部の構成員とする。上訴裁判部は、各上訴につき構成員のうち5人で構成する。

4　国際裁判所の裁判部の構成員の地位について二以上の国の国民と認められることのある者は、その者が通常市民的及び政治的権利を行使する国の国民とみなす。

5　事務総長は、裁判所長の要請に従って、第13条の3に従って選ばれた臨時裁判官の中から予備裁判官を任命することができる。予備裁判官は、任命された裁判の各段階に出席し、裁判官が出席し続けることができない場合に当該裁判官と交替する。

6　2を害することなく、例外的な状況のため第一審裁判部の部班の常任裁判官が交替することが必要となり、その結果として部班が臨時裁判官のみで構成されることになった場合は、その構成がもはや常任裁判官を含まないにもかかわらず、当該部班は事件を継続して審理することができる。

第13条（裁判官の資格）　常任裁判官及び臨時裁判官は、徳望が高く、公正かつ誠実であり、それぞれの国で最高の司法官に任命されるのに必要な資格を有する者とする。裁判部及び第一審裁判部の部班の全体の構成については、裁判官が有する刑事法、国際法（国際人道法を含む。）及び人権法に関する経験に十分な考慮が払われる。

第16条（検察官） 1　検察官は、1991年1月1日以後旧ユーゴースラヴィアの領域内で行われた国際人道法に対する重大な違反について責任を有する者の捜査及び訴追について責任を有する。

2　検察官は、国際裁判所の独立の機関として行動する。検察官は、いかなる政府にも又は他のいかなる者にも指示を求めてはならず、また、その指示を受けてはならない。

3　検察官室は、検察官及び必要に応じて能力を有するその他の職員で構成する。

4　安全保障理事会は、事務総長の指名に基づいて検察官を任命する。検察官は、徳望が高く、かつ、刑事事件の捜査及び訴追の実施における最高水準の能力及び経験を有していなければならない。検察官は、4年の任期で職務を遂行し、再任されることができる。検察官の勤務条件については、国際連合の事務次長の勤務条件を適用する。

5　事務総長は、検察官の推薦に基づいて検察官室の職員を任命する。

第21条（被告人の権利） 1　すべての者は、国際裁判所の前に平等とする。

2　被告人は、その罪の決定のため、次条の規定に基づいて公正な公開審理を受ける権利を有する。

3　被告人は、この規程に基づいて有罪とされるまでは、無罪と推定される。

4　被告人は、この規程に基づくその罪の決定について、十分平等に、少なくとも次の保障を受ける権利を有する。
 (a) その理解する言語で速やかにかつ詳細にその罪の性質及び理由を告げられること。
 (b) 防御の準備のために十分な時間及び便益を与えられ並びに自ら選任する弁護人と連絡すること。
 (c) 不当に遅滞することなく裁判を受けること。
 (d) 自ら出席して裁判を受け及び、直接に又は自ら選任する弁護士を通して、防御すること。弁護人がいない場合には、弁護人を持つ権利を告げられること。司法の利益のために必要な場合には、十分な支払手段を有しないときは自らの費用を負担することなく、弁護人を付されること。
 (e) 自己に不利な証人を尋問し又はこれに対し尋問させること並びに自己に不利な証人と同じ条件で自己のための証人の出席及びこれに対する尋問を求めること。
 (f) 国際裁判所において使用される言語を理解すること又は話すことができない場合には、無料で通訳の援助を受けること。
 (g) 自己に不利益な供述又は有罪の自白を強要されないこと。

第23条（判決） 1　第一審裁判部は、判決を宣告し、国際人道法に対する重大な違反について有罪の判決を受けた者に対し刑罰を科する。

2　判決は、第一審裁判部の裁判官の過半数によって決定され、第一審裁判部によって公開の場で言い渡される。判決には、書面による理由が付されるものとし、当該理由について個別の又は反対の意見を付することができる。

第24条（刑罰） 1　第一審裁判部が科する刑罰は、拘禁刑に限られる。第一審裁判部は、拘禁の期間を決定するに当たり、旧ユーゴースラヴィアの裁判所における拘禁刑に関する一般慣行に依拠する。

2　第一審裁判部は、刑罰を科するに当たり、犯罪の重大さ、有罪の判決を受けた者の個別の事情等の要因を考慮すべきである。

3　第一審裁判部は、拘禁刑に加え、犯罪行為によって

第25条（上訴の手続）　1　上訴裁判部は、第一審裁判部により有罪の判決を受けた者又は検察官からの次のいずれかの理由に基づく上訴を審理する。
　(a)　法律問題に関する錯誤であって、決定を無効とするもの
　(b)　事実の錯誤であって、誤審の原因となったもの
2　上訴裁判部は、第一審裁判部による決定を確認し、破棄し又は修正することができる。
第26条（再審理の手続）　第一審裁判部又は上訴裁判部における手続中に知られておらず、かつ、決定に到達するに当たって決定的な要因となったであろう新たな事実が発見された場合には、有罪の判決を受けた者又は検察官は、国際裁判所に判決の再審理の請求を提出することができる。
第27条（刑罰の執行）　拘禁刑は、有罪の判決を受けた者を受け入れる意図を安全保障理事会に表明した国の中から国際裁判所が指定した国で執行される。当該拘禁刑は、国際裁判所の監督の下で当該国の関係法令に従って執行される。
第28条（恩赦又は減刑）　有罪の判決を受けた者が、拘禁される国の関係法令に基づいて恩赦又は減刑について適格である場合には、当該国は、国際裁判所にその旨を通報する。裁判所長は、裁判官と協議の上、司法の利益及び法の一般原則に基づいてその問題について決定する。
第29条（協力及び司法上の援助）　1　諸国は、国際人道法に対する重大な違反について責任を問われている者の捜査及び訴追に関し、国際裁判所と協力する。
2　諸国は、第一審裁判部が発出する援助要請又は命令（次の事項が含まれるが、これらに限定されるものではない。）に対し不当に遅延することなく従う。
　(a)　人及びその所在の特定
　(b)　証言の録取及び証拠の提出
　(c)　文書の送達
　(d)　人の逮捕又は拘禁
　(e)　国際裁判所への被告人の引渡し又は移送
第30条（国際裁判所の地位、特権及び免除）　1　1946年2月13日の国際連合の特権及び免除に関する条約は、国際裁判所、裁判官、検察官及び検察宮室の職員並びに書記及び書記局の職員に適用される。
2　裁判官、検察官及び書記は、国際法に従って外交使節に与えられる特権及び免除、課税の免除並びに便益を享受する。
3　検察宮室の職員及び書記局の職員は、1の条約の第5条及び第7条の規定に基づいて国際連合の職員に与えられる特権及び免除を享受する。
4　1から3までに規定する者を除き、国際裁判所への出頭が要求される者（被告人を含む。）は、国際裁判所が適正に任務を遂行するために必要な待遇を与えられる。

●極東国際軍事裁判所条例〔抜粋〕

Charter of the International Military Tribunal for the Far East

▼公布　1946年1月19日　▼改正　1946年4月26日

第1章　裁判所の構成

第1条（裁判所の設置）　極東における重大戦争犯罪人の公正且つ迅速なる審理及び処罰の為、茲に極東国際軍事裁判所を設置する。
裁判所の常設地は東京とす。
第2条（裁判官）　本裁判所は降伏文書の署名国並に印度、比律賓国により申出でられたる人名中より連合国最高司令官の任命する6名以上11名以内の裁判官を以て構成す。

第2章　管轄及び一般規定

第5条（人並に犯罪に関する管轄）　本裁判所は、平和に対する罪を包含せる犯罪に付個人として又は団体員として訴追せられたる極東戦争犯罪人を審理し処罰するの権限を有す。左に掲ぐる一又は数個の行為は個人責任あるものとし本裁判所の管轄に属する犯罪とす。
　(イ)　平和に対する罪　即ち、宣戦を布告せる又は布告せざる侵略戦争、若は国際法、条約、協定又は誓約に違反せる戦争の計画、準備、開始、又は遂行、若は右諸行為の何れかを達成する為めの共通の計画又は共同謀議への参加。
　(ロ)　通例の戦争犯罪　即ち、戦争の法規又は慣例の違反。
　(ハ)　人道に対する罪　即ち、戦前又は戦時中為されたる殺人、殲滅、奴隷的虐使、追放、其の他の非人道的行為、若は犯行地の国内法違反たると否とを問はず、本裁判所の管轄に属する犯罪の遂行として又は之に関連して為されたる政治的又は人種的理由に基く迫害行為。
　上記犯罪の何れかを犯さんとする共通の計画又は共同謀議の立案又は実行に参加せる指導者、組織者、教唆者及び共犯者は、斯かる計画の遂行上為されたる一切の行為に付、其の何人に依りて為されたるとを問はず、責任を有す。

第6条（被告人の責任）　何時たるとを問はず被告人が保有せる公務上の地位、若は被告人が自己の政府又は上司の命令に従ひ行動せる事実は、何れも夫れ自体右被告人をして其の起訴せられたる犯罪に対する責任を免れしむるに足らざるものとす。但し斯かる事情は本裁

判所に於て正義の要求上必要ありと認むる場合に於ては、刑の軽減の為め考慮することを得。

第8条（検察官）
(イ) 主席検察官　連合国最高司令官の任命に係る主席検察官は、本裁判所の管轄に属する戦争犯罪人に対する被疑事実の調査及び訴追を為すの職責を有するものとし、且つ右の最高司令官に対して適当なる法律上の助力を為すものとす。
(ロ) 参与検察官　日本と戦争状態に在りし各連合国は、主席検察官を補佐する為め、参与検察官1名を任命することを得。

第3章　被告人に対する公正なる審理

第4章　裁判所の権限及び審理の執行

第15条（裁判手続の進行） 本裁判に於ける手続は左記の過程を経べきものとす。
(イ) 起訴状は、法廷に於て朗読せらるべし。但し被告人全員が其の省略に同意したる場合は此の限にあらず。
(ロ) 裁判所は、各被告人に対し「有罪」又は「無罪」の何れを主張するやを質すべし。
(ハ) 検察官並に各被告人（代理せられ居る場合は弁護人に限り）は、簡単なる冒頭陳述を為すことを得。
(ニ) 検察官及び弁護人は、証拠の提出を為すことを得べく、裁判所は、右証拠の受理如何に付決定すべし。
(ホ) 検察官並に各被告人（代理せられ居る場合は弁護人に限り）は、各人証及び証言を為す各被告人を迅問することを得。
(ヘ) 被告人（代理せられ居る場合は弁護人に限り）は、裁判所に対し陳述を為すことを得。
(ト) 検察官は、裁判所に対し意見を陳述することを得。
(チ) 裁判所は、有罪無罪の判決を下し、刑を宣告す。

第5章　判決及び刑の宣告

第16条（刑罰） 本裁判所は、有罪の認定を為したる場合に於ては、被告人に対し死刑又は其の他本裁判所が正当と認むる刑罰を課する権限を有す。

第17条（判定及び審査） 判決は、公開の法廷に於て宣告せらるべく、且つ之に判決理由を附すべし。裁判の記録は、連合国最高司令官に対し審査を受くる為め送付せらるべし。宣告刑は、連合国最高司令官の命令に従ひ執行せらるべく、連合国最高司令官は、何時にても宣告刑に付、之を軽減し、又は刑を加重せざる限り其の他の変更を加ふることを得。

●航空機の不法な奪取の防止に関する条約
《航空機不法奪取防止条約》〔抄〕

Convention for the Suppression of Unlawful Seizure of Aircraft

▼署名（作成）　1970年12月16日（ヘーグ）　▼効力発生　1971年10月14日　▼日本国　1970年12月16日署名、71年3月29日国会承認、4月19日批准書寄託、10月11日公布〔昭和46年条約第19号〕、10月14日発効

第1条【犯罪行為】 飛行中の航空機内における次の行為は、犯罪とする。その行為は、以下「犯罪行為」という。
(a) 暴力、暴力による脅迫その他の威嚇手段を用いて当該航空機を不法に奪取し又は管理する行為（未遂を含む。）
(b) (a)の行為（未遂を含む。）に加担する行為

第2条【厳重な処罰】 各締約国は、犯罪行為について重い刑罰を科することができるようにすることを約束する。

第3条【条約の適用範囲】 1　この条約の適用上、航空機は、そのすべての乗降口が乗機の後に閉ざされた時から、それらの乗降口のうちいずれか一が降機のために開かれる時まで、また、不時着の場合には、権限のある当局が当該航空機並びにその機内の人及び財産に関する責任を引き継ぐ時まで、飛行中のものとみなす。
2　この条約は、軍隊、税関又は警察の役務に使用される航空機については適用しない。
3　この条約は、機内で犯罪行為の行なわれた航空機（その飛行が国際飛行であるか国内飛行であるかを問わない。）の離陸地又は実際の着陸地が当該航空機の登録国の領域外にある場合にのみ、適用する。
4　この条約は、第5条の場合において、機内で犯罪行為の行なわれた航空機の離陸地と実際の着陸地とが同一の国の領域内にあり、かつ、その国が同条第1文の締約国のいずれか一であるときは、適用しない。
5　3及び4の規定にかかわらず、第6条から第8条まで及び第10条の規定は、犯罪行為の犯人又は容疑者が当該航空機の登録国以外の国の領域内で発見された場合には、当該航空機の離陸地又は実際の着陸地の場所のいかんを問わず適用する。

第4条【裁判権の設定】 1　いずれの締約国も、次の場合には、犯罪行為及びその容疑者が犯罪行為の実行にあたり旅客又は乗組員に対して行なつたその他のすべての暴力行為につき、自国の裁判権を設定するために必要な措置をとる。
(a) 犯罪行為が当該締約国において登録された航空機内で行なわれた場合
(b) 機内で犯罪行為の行なわれた航空機が容疑者を乗せたまま当該締約国の領域内に着陸する場合
(c) 犯罪行為が、当該締約国内に主たる営業所を有する賃借人又は主たる営業所を有しないが当該締約国内に住所を有する賃借人に対して乗組員なしに賃貸された航空機内で行なわれた場合

2　犯罪行為の容疑者が領域内に所在する締約国は、1(a)、(b)又は(c)の場合に該当する他のいずれの締約国に対しても第8条の規定に従つてその容疑者を引き渡さない場合に当該犯罪行為につき自国の裁判権を設定するため、必要な措置をとる。

3　この条約は、国内法に従つて行使される刑事裁判権を排除するものではない。

第5条【共同運航と裁判権】〔省略〕

第6条【犯人等の抑留】　1　犯罪行為の犯人又は容疑者が領域内に所在する締約国は、状況によつて正当であると認める場合には、その者の所在を確実にするため抑留その他の措置をとる。この措置は、当該締約国の法令に定めるところによるものとするが、刑事訴訟手続又は犯罪人引渡手続を開始するために必要とする期間に限つて継続することができる。

2　1の措置をとつた締約国は、事実について直ちに予備調査を行なう。

3　1の規定に基づいて抑留された者は、その国籍国のもよりの適当な代表と直ちに連絡をとるための援助を与えられる。

4　いずれの国も、この条の規定に基づいていずれかの者を抑留する場合には、航空機の登録国、第4条1(c)の場合に該当する国、抑留された者の国籍国及び適当と認めるときはその他の利害関係国に対し、その者が抑留されている事実及びびその抑留が正当とされる事情を直ちに通告する。2の予備調査を行なつた国は、その結果をこれらの国に対して直ちに報告するものとし、かつ、自国が裁判権を行使する意図を有するかどうかを明示する。

第7条【引渡し又は訴追の義務】　犯罪行為の容疑者が領域内で発見された締約国は、その容疑者を引き渡さない場合には、その犯罪行為が自国の領域内で行なわれたものであるかどうかを問わず、いかなる例外もなしに、訴追のため自国の権限のある当局に事件を付託する義務を負う。その当局は、自国の法令に規定する通常の重大な犯罪の場合と同様の方法で決定を行なう。

第8条【引渡犯罪】　1　犯罪行為は、締約国間の現行の犯罪人引渡条約における引渡犯罪とみなす。締約国は、相互間で将来締結されるすべての犯罪人引渡条約に犯罪行為を引渡犯罪として含めることを約束する。

2　条約の存在を犯罪人引渡しの条件とする締約国は、自国との間に犯罪人引渡条約を締結していない他の締約国から犯罪人引渡しの請求を受けた場合には、随意にこの条約を犯罪行為に関する犯罪人引渡しのための法的基礎とみなすことができる。その犯罪人引渡しは、その請求を受けた国の法令に定めるその他の条件に従うものとする。

3　条約の存在を犯罪人引渡しの条件としない締約国は、犯罪人引渡しの請求を受けた国の法令に定める条件に従い、相互間で、犯罪行為を引渡犯罪と認める。

4　犯罪行為は、締約国間の犯罪人引渡しに関しては、当該犯罪行為が行なわれた場所のみでなく、第4条1の規定に従つて裁判権を設定すべき国の領域内においても行なわれたものとみなす。

第9条【管理の回復と飛行の継続】〔省略〕
第10条【司法共助】〔省略〕
第11条【国際民間航空機関への通報】〔省略〕
第12条【紛争の解決】　1　この条約の解釈又は適用に関する締約国間の紛争で交渉によつて解決することができないものは、それらの締約国のうちいずれか一国の要請によつて仲裁に付託される。紛争当事国が仲裁の要請の日から6箇月以内に仲裁の組織について合意に達しない場合には、それらの紛争当事国のうちいずれの一国も、国際司法裁判所規程に従つて国際司法裁判所に紛争を付託することができる。

2　各国は、この条約の署名若しくは批准又はこの条約への加入の時に、1の規定に拘束されないことを宣言することができる。他の締約国は、そのような留保をした締約国との関係において1の規定に拘束されない。

3　2の規定に基づいて留保をした締約国は、寄託国政府に対する通告によつていつでもその留保を撤回することができる。

第13条【署名、批准、効力発生、加入】〔省略〕
第14条【廃棄】〔省略〕

●航空機の強取等の処罰に関する法律

▼公布　1970年5月18日〔昭和45年法律第68号〕　▼施行　1970年6月7日　▼最終改正　1978〔昭和53〕年法律第48号

第1条（航空機の強取等）　暴行若しくは脅迫を用い、又はその他の方法により人を抵抗不能の状態に陥れて、航行中の航空機を強取し、又はほしいままにその運航を支配した者は、無期又は7年以上の懲役に処する。
2　前項の未遂罪は、罰する。

第2条（航空機強取等致死）　前条の罪を犯し、よつて人を死亡させた者は、死刑又は無期懲役に処する。

第3条（航空機強取等予備）　第1条第1項の罪を犯す目的で、その予備をした者は、3年以下の懲役に処する。ただし、実行に着手する前に自首した者は、その刑を減軽し、又は免除する。

第4条（航空機の運航阻害）　偽計又は威力を用いて、航行中の航空機の針路を変更させ、その他その正常な運航を阻害した者は、1年以上10年以下の懲役に処する。

第5条（国外犯）　前4条の罪は、刑法（明治40年法律第45号）第2条の例に従う。

●民間航空の安全に対する不法な行為の防止に関する条約
《民間航空不法行為防止条約》〔抄〕

Convention for the Suppression of Unlawful Acts against the Safety of Civil Aviation

▼署名(作成)　1971年9月23日(モントリオール)　▼効力発生　1973年1月26日　▼改正　1988年2月24日(モントリオール)　▼日本国　1974年5月17日国会承認、6月12日加入書寄託、6月19日公布〔昭和49年条約第5号〕、7月12日発効。1998年4月30日補足議定書公布〔平成10年条約第4号〕、5月24日発効

前文〔省略〕

第1条【犯罪】　1　不法かつ故意に行う次の行為は、犯罪とする。
(a) 飛行中の航空機内の人に対する暴力行為(当該飛行中の航空機の安全を損なうおそれがあるものに限る。)
(b) 業務中の航空機を破壊し、又は業務中の航空機に対しその飛行を不能にする損害若しくは飛行中のその安全を損なうおそれがある損害を与える行為
(c) 手段のいかんを問わず、業務中の航空機に、当該業務中の航空機を破壊するような装置若しくは物質若しくは当該業務中の航空機に対しその飛行を不能にする損害若しくは飛行中のその安全を損なうおそれがある損害を与えるような装置若しくは物質を置き、又はそのような装置若しくは物質が置かれるようにする行為
(d) 航空施設を破壊し若しくは損傷し、又はその運用を妨害する行為(飛行中の航空機の安全を損なうおそれがあるものに限る。)
(e) 虚偽と知っている情報を通報し、それにより飛行中の航空機の安全を損なう行為

1の2　何らかの装置、物質又は武器を使用して不法かつ故意に行う次の行為(国際民間航空に使用される空港における安全を損ない又は損なうおそれがあるものに限る。)は、犯罪とする。
(a) 国際民間航空に使用される空港における人に対する暴力行為(重大な傷害又は死亡を引き起こし又は引き起こすおそれがあるものに限る。)
(b) 国際民間航空に使用される空港に係る施設若しくはそのような空港にある業務中でない航空機を破壊し若しくは著しく損傷し又はそのような空港に係る業務を混乱させる行為

2　次の行為も、犯罪とする。
(a) 1又は1の2に定める犯罪行為の未遂
(b) 1又は1の2に定める犯罪行為(未遂を含む。)に加担する行為

第2条【飛行中及び業務中の概念】　この条約の適用上、
(a) 〔航空機不法奪取防止条約第3条参照〕
(b) 航空機は、ある特定の飛行のため地上業務員又は乗組員により当該航空機の飛行前の準備が開始された時から、着陸の後24時間を経過する時まで、業務中のものとみなす。この業務の期間は、いかなる場合にも、当該航空機が(a)の規定によって飛行中とされる全期間に及ぶ。

第3条【厳重処罰】〔省略〕

第4条【条約の適用範囲】　1　〔航空機不法奪取防止条約第3条2と同じ〕

2　この条約は、第1条1(a)から(c)まで及び(e)に定める犯罪行為については、当該航空機の飛行が国際飛行であるか国内飛行であるかを問わず、次のいずれかの場合にのみ、適用する。
(a) 当該航空機の実際の又は予定された離陸地又は着陸地が当該航空機の登録国の領域外にある場合
(b) 犯罪行為が当該航空機の登録国以外の国の領域内で行われた場合

3　この条約は、2の規定にかかわらず、第1条1(a)から(c)まで及び(e)に定める犯罪行為については、犯人又は容疑者が当該航空機の登録国以外の国の領域内で発見された場合にも、適用する。

4　この条約は、第9条第1文の締約国に関する限り、第1条1(a)から(c)まで及び(e)に定める犯罪行為については、2(a)に規定する離陸地と着陸地とが同一の国の領域内にあり、かつ、その国が第9条第1文の締約国のいずれか一である場合には、適用しない。ただし、その国以外の国の領域内で犯罪行為が行われ又は犯人若しくは容疑者が発見されたときは、この限りでない。

5　この条約は、第1条1(d)に定める犯罪行為については、当該航空施設が国際航空に使用されている場合にのみ、適用する。

6　2から5までの規定は、第1条2に定める犯罪行為についても適用する。

第5条【裁判権の設定】　1　いずれの締約国も、次の場合には、犯罪行為につき自国の裁判権を設定するために必要な措置をとる。
(a) 犯罪行為が当該締約国の領域内において行われた場合
(b) 犯罪行為が当該締約国において登録された航空機に対し又はその機内で行われた場合
(c) 機内で犯罪行為の行われた航空機が容疑者を乗せたまま当該締約国の領域内に着陸する場合
(d) 犯罪行為が、当該締約国内に主たる営業所を有する賃借人若しくは主たる営業所を有しないが当該締約国内に住所を有する賃借人に対して乗組員なしに賃貸された航空機に対し又はその機内で行われた場合

2　容疑者が領域内に所在する締約国は、1(a)、(b)、(c)又は(d)の場合に該当する他のいずれの締約国に対しても第8条の規定に従ってその容疑者を引き渡さない場合に第1条1(a)から(c)までに定める犯罪行為及びこれらの犯罪行為に係る同条2に定める犯罪行為につき自国の裁判権を設定するため、必要な措置をとる。

2の2　容疑者が領域内に所在する締約国は、1(a)の場

合に該当する締約国に対し第8条の規定に従ってその容疑者を引き渡さない場合に第1条1の2に定める犯罪行為及びこれらの犯罪行為に係る同条2に定める犯罪行為につき自国の裁判権を設定するため、必要な措置をとる。
3 〔航空機不法奪取防止条約第4条3と同じ〕
第6条【犯人等の抑留】〔省略〕
第7条【引渡し又は訴追の義務】〔省略〕
第8条【引渡犯罪】1─3 〔航空機不法奪取防止条約第8条1と同じ〕
4 各犯罪行為は、締約国間の犯罪人引渡しに関しては、当該犯罪行為が行われた場所のみでなく、第5条1(b)、(c)又は(d)の規定に従って裁判権を設定すべき国の領域内においても行われたものとみなす。
第9条【共同運航と裁判権】〔省略〕
第10条【防止措置】〔省略〕
第11条【司法共助】〔省略〕
第12条【関係情報の提供】〔省略〕
第13条【国際民間航空機関への通報】〔省略〕
第14条【紛争の解決】〔省略〕
第15条【署名、批准、加入、効力発生、寄託】〔省略〕
第16条【廃棄】〔省略〕

●海洋航行の安全に対する不法な行為の防止に関する条約
《海洋航行不法行為防止条約》〔抄〕

Convention for the Suppression of Unlawful Acts against the Safety of Maritime Navigation

▼作成 1988年3月10日(ローマ) ▼効力発生 1992年3月1日 ▼日本国 1998年3月31日国会承認、4月24日加入書寄託、4月30日公布〔平成10年条約第2号〕、7月23日発効

前文〔省略〕
第1条【船舶の定義】この条約の適用上、「船舶」とは、海底に恒久的に取り付けられていないすべての型式の船をいい、動的に支持される機器、潜水船その他の浮遊機器を含む。
第2条【適用除外の船舶】1 この条約は、次の船舶には適用しない。
 (a) 軍艦
 (b) 国が所有し又は運航する船舶であって軍の支援船として又は税関若しくは警察のために使用されるもの
 (c) 航行の用に供されなくなった船舶又は係船中の船舶
2 この条約のいかなる規定も、軍艦及び非商業的目的のために運航する政府船舶に与えられる免除に影響を及ぼすものではない。
第3条【犯罪行為】1 不法かつ故意に行う次の行為は、犯罪とする。
 (a) 暴力、暴力による脅迫その他の威嚇手段を用いて船舶を奪取し又は管理する行為
 (b) 船舶内の人に対する暴力行為(当該船舶の安全な航行を損なうおそれがあるものに限る。)
 (c) 船舶を破壊し、又は船舶若しくはその積荷に対し当該船舶の安全な航行を損なうおそれがある損害を与える行為
 (d) 手段のいかんを問わず、船舶に、当該船舶を破壊するような装置若しくは物質若しくは当該船舶若しくはその積荷にその安全な航行を損ない若しくは損なうおそれがある損害を与えるような装置若しくは物質を置き、又はそのような装置若しくは物質が置かれるようにする行為
 (e) 海洋航行に関する施設を破壊し若しくは著しく損傷し、又はその運用を著しく妨害する行為(船舶の安全な航行を損なうおそれがあるものに限る。)
 (f) 虚偽と知っている情報を通報し、それにより船舶の安全な航行を損なう行為
 (g) (a)から(f)までに定める犯罪及びその未遂に関連して人に傷害を与え又は人を殺害する行為
2 次の行為も、犯罪とする。
 (a) 1に定める犯罪の未遂
 (b) 1に定める犯罪の教唆その他の当該犯罪に加担する行為
 (c) 1の(b)、(c)及び(e)に定める犯罪を行うとの脅迫(船舶の安全な航行を損なうおそれがあるものに限る。)。何らかの行為を行うこと又は行わないことを自然人又は法人に強要する目的で行われることを要件とするか否かについては、国内法の定めるところによる。
第4条【条約の適用範囲】1 この条約は、船舶が一の国の領海の外側の限界若しくは隣接国との境界を越えた水域に向かって若しくは当該水域から航行し若しくは航行する予定である場合又は当該水域を航行し若しくは航行する予定である場合に適用する。
2 この条約は、1の規定によりこの条約が適用されない場合においても、犯人又は容疑者が1に規定する国以外の締約国の領域内で発見されたときは、適用する。
第5条【重大性を考慮した適当な刑罰】締約国は、第3条に定める犯罪について、その重大性を考慮した適当な刑罰を科することができるようにする。
第6条【裁判権の設定】1 締約国は、次の場合において第3条に定める犯罪についての自国の裁判権を設定するため、必要な措置をとる。
 (a) 犯罪が、当該犯罪の時に自国を旗国とする船舶に対し又はその船舶内で行われる場合
 (b) 犯罪が自国の領域(領海を含む。)内で行われる場合
 (c) 犯罪が自国の国民によって行われる場合
2 締約国は、次の場合において第3条に定める犯罪に

ついての自国の裁判権を設定することができる。
  (a) 犯罪が自国内に常居所を有する無国籍者によって行われる場合
  (b) 犯罪の過程において自国の国民が逮捕され、脅迫され、傷害を受け又は殺害される場合
  (c) 犯罪が、何らかの行為を行うこと又は行わないことを自国に対して強要する目的で行われる場合
3 2に定める裁判権を設定した締約国は、その旨を国際海事機関事務局長（以下「事務局長」という。）に通報する。当該締約国は、その後に当該裁判権を廃止した場合には、その旨を事務局長に通報する。
4 締約国は、容疑者が自国の領域内に所在し、かつ、自国が1又は2の規定に従って裁判権を設定したいずれの締約国に対しても当該容疑者の引渡しを行わない場合において第3条に定める犯罪についての自国の裁判権を設定するため、必要な措置をとる。
5 この条約は、国内法に従って行使される刑事裁判権を排除するものではない。

第7条【犯人・容疑者の所在地国の措置】 1 犯人又は容疑者が領域内に所在する締約国は、状況によって正当であると認める場合には、刑事訴訟手続又は犯罪人引渡手続を開始するために必要とする期間、当該犯人又は容疑者の所在を確実にするため自国の法令に従って抑留その他の措置をとる。
2 1の措置をとった締約国は、自国の法令に従って事実について直ちに予備調査を行う。
3 いずれの者も、自己について1の措置がとられている場合には、次の権利を有する。
  (a) 当該者の国籍国その他当該者と連絡を取る資格を有する国又は当該者が無国籍者である場合には当該者が領域内に常居所を有する国の最寄りの適当な代表と遅滞なく連絡を取る権利
  (b) (a)の国の代表の訪問を受ける権利
4 3に定める権利は、犯人又は容疑者が領域内に所在する締約国の法令に反しないように行使する。当該法令は、3に定める権利の目的とするところを十分に達成するようなものでなければならない。
5 締約国は、この条の規定に基づいていずれかの者を抑留した場合には、前条1の規定に従って裁判権を設定した国及び適当と認めるときはその他の利害関係国に対し、その者が抑留されている事実及びその抑留が正当とされる事情を直ちに通報する。2の予備調査を行った国は、その結果をこれらの国に対して直ちに報告するものとし、かつ、自国が裁判権を行使する意図を有するか否かを明示する。

第8条【旗国の船長による引渡し】 1 締約国（「旗国」）の船舶の船長は、第3条に定める犯罪のいずれかを行ったと信ずるに足りる相当な理由がある者を、他の締約国（「受取国」）の当局に引き渡すことができる。
2 旗国は、自国の船舶の船長が、実行可能な時点において（可能なときは、1の規定に基づいて引き渡そうとする者を乗せて受取国の領海に入る前には）、当該受取国の当局に対し、その者を引き渡す意図を有する旨及びその理由を通報することを確保する。

3 受取国は、引渡しの原因となった行為にこの条約が適用されないと考える理由がある場合を除くほか、当該引渡しを受け入れるものとし、前条の規定に従って手続をとる。引渡しを受け入れない場合には、その理由を明らかにする。
4 旗国は、自国の船舶の船長が犯罪に関し所持する証拠を受取国の当局に提供することを確保する。
5 3の規定に従って1に規定する者の引渡しを受け入れた受取国は、旗国に対し、当該者の旗国への引渡しを受け入れるよう要請することができる。旗国は、その要請に考慮を払うものとし、要請に応ずる場合には、前条の規定に従って手続をとる。要請に応じない場合には、受取国に対してその理由を明らかにする。

第9条【旗国以外の国の権限】 この条約のいかなる規定も、自国を旗国としない船舶内において捜査又は取締りのための裁判権を行使する各国の権限に関する国際法の規則に影響を及ぼすものではない。

第10条【引渡し又は訴追の選択】 1 犯人又は容疑者が領域内で発見された締約国は、第6条の規定が適用される場合において、当該犯人又は容疑者を引き渡さないときは、犯罪が自国の領域内で行われたものであるか否かを問わず、いかなる例外もなしに、自国の法令による手続を通じて訴追のため遅滞なく自国の権限のある当局に事件を付託する義務を負う。その当局は、自国の法令に規定する他の重大な犯罪の場合と同様の方法で決定を行う。
2 いずれの者も、自己につき第3条に定める犯罪のいずれかに関して訴訟手続がとられている場合には、そのすべての段階において公正な取扱い（当該者がその領域内に所在する国の法令においてそのような訴訟手続のために規定するすべての権利及び保障の享受を含む。）を保障される。

第11条【犯罪人引渡し】 1 第3条に定める犯罪は、締約国間の現行の犯罪人引渡条約における引渡犯罪とみなされる。締約国は、相互間で将来締結されるすべての犯罪人引渡条約に同条に定める犯罪を引渡犯罪として含めることを約束する。
2 条約の存在を犯罪人引渡しの条件とする締約国は、自国との間に犯罪人引渡条約を締結していない他の締約国から犯罪人引渡しの請求を受けた場合には、随意にこの条約を第3条に定める犯罪に関する犯罪人引渡しのための法的根拠とみなすことができる。この犯罪人引渡しは、請求を受けた締約国の法令に定めるその他の条件に従う。
3 条約の存在を犯罪人引渡しの条件としない締約国は、犯罪人引渡しの請求を受けた締約国の法令に定める条件に従い、相互間で、第3条に定める犯罪を引渡犯罪と認める。
4 第3条に定める犯罪は、締約国間の犯罪人引渡しに関しては、必要な場合には、当該犯罪が発生した場所においてのみでなく、引渡しを請求する締約国の管轄内においても行われたものとみなされる。
5 第6条の規定に従って裁判権を設定した二以上の締約国からの犯罪人引渡しの請求を受け、かつ、訴追し

ないことを決定した締約国は、犯人又は容疑者を引き渡す国を選択するに当たり、犯罪の時に船舶の旗国であった締約国の利益及び責任に対して妥当な考慮を払う。
6 この条約による容疑者の引渡しの請求を受けた締約国は、当該請求を考慮するに当たり、請求を行った国において当該容疑者が第7条3に定める権利を行使することができるか否かについて妥当な考慮を払う。
7 締約国間で適用されるすべての犯罪人引渡条約及び犯罪人引渡取極は、この条約に定める犯罪について、この条約と両立しない限度において当該締約国間で修正される。

第12条【司法共助】〔省略〕
第13条【相互協力】〔省略〕
第14条【関係国への情報の提供】〔省略〕
第15条【事務局長への情報の提供】〔省略〕
第16条【紛争の解決】〔省略〕
第17条【署名、批准、承認、加入】〔省略〕
第18条【効力発生】〔省略〕
第19条【廃棄】〔省略〕
第20条【改正】〔省略〕
第21条【寄託】〔省略〕
第22条【正文】〔省略〕

●テロリストによる爆弾使用の防止に関する国際条約
《爆弾テロ防止条約》〔抜粋〕
International Convention for the Suppression of Terrorist Bombings

▼採択 1997年12月15日（国連第52回総会） ▼署名(開放) 1998年1月12日 ▼効力発生 2001年5月23日 ▼日本国 2001年11月9日国会承認、11月16日受諾書寄託、11月21日公布〔平成13年条約第10号〕、12月16日発効

第1条【用語】 この条約の適用上、
1 「国又は政府の施設」には、国の代表者、政府、立法機関若しくは司法機関の構成員、国その他公の当局若しくは団体の職員若しくは被用者又は政府間機関の被用者若しくは職員がその公務に関連して使用し又は占有する常設又は臨時の施設及び輸送機関を含む。
2 「基盤施設」とは、上水、下水、エネルギー、燃料、通信等に係る役務を公共の利益のために提供し又は配分する公有又は私有の施設をいう。
3 「爆発物その他の致死装置」とは、次のものをいう。
 (a) 死、身体の重大な傷害若しくは著しい物的損害を引き起こすように設計され又はそのような能力を有する爆発する兵器若しくは装置又は焼夷〔い〕兵器若しくは焼夷〔い〕装置
 (b) 毒性化学物質、生物剤、毒素その他これらに類するもの、放射線又は放射性物質の放出、散発又は影響により、死、身体の重大な傷害若しくは著しい物的損害を引き起こすように設計され又はそのような能力を有する兵器又は装置
4 「国の軍隊」とは、国の防衛又は安全保障を主たる目的としてその国内法に基づいて組織され、訓練され及び装備された国の軍隊並びにその正式な指揮、管理及び責任の下で当該軍隊を支援するために行動する者をいう。
5 「公共の用に供される場所」とは、建物、土地、道路、水路その他の場所のうち、継続的に、定期的に又は随時、公衆に対して利用する機会が与えられ又は開放されている部分をいい、公衆に対してそのように利用する機会が与えられ又は開放されている商業、業務、文化、歴史、教育、宗教、行政、娯楽、レクリエーションに係る場所その他これらに類する場所を含む。
6 「公共の輸送機関」とは、公有であるか私有であるかを問わず、人若しくは貨物の輸送のための役務であって公共の用に供するもののために又はそのような役務において使用されるすべての施設、輸送機関及び手段をいう。

第2条【本条約の犯罪】 1 次の意図をもって、公共の用に供される場所、国若しくは政府の施設、公共の輸送機関及び基盤施設の中で、これらの中に又はこれらに対して、不法かつ故意に、爆発物その他の致死装置を到達させ、設置し若しくは爆発させる行為又は爆発物その他の致死装置から発散させる行為は、この条約上の犯罪とする。
 (a) 死又は身体の重大な傷害を引き起こす意図
 (b) これらの場所、施設又は機関の広範な破壊を引き起こす意図。ただし、そのような破壊が重大な経済的損失をもたらし又はもたらすおそれのある場合に限る。
2 1に定める犯罪の未遂も、犯罪とする。
3 次の行為も、犯罪とする。
 (a) 1又は2に定める犯罪に加担する行為
 (b) 1又は2に定める犯罪を行わせるために他の者を組織し又は他の者に指示する行為
 (c) 共通の目的をもって行動する人の集団が1又は2に定める犯罪の一又は二以上を実行することに対し、その他の方法で寄与する行為。ただし、故意に、かつ、当該集団の一般的な犯罪活動若しくは犯罪目的の達成を助長するために又は当該一若しくは二以上の犯罪を実行するという当該集団の意図を知りながら、寄与する場合に限る。

第3条【条約の不適用】 この条約は、犯罪が単一の国において行われ、容疑者及び被害者が当該国の国民であり、当該容疑者が当該国の領域内で発見され、かつ、他のいずれの国も第6条1又は2の規定に基づいて裁判権を行使する根拠を有しない場合には、適用しない。ただし、第10条から第15条までの規定は、適当なと

きはこれらの場合についても適用する。

第4条【国内法上の犯罪】 締約国は、次のことのために必要な措置をとる。
 (a) 第2条に定める犯罪を自国の国内法上の犯罪とすること。
 (b) (a)の犯罪について、その重大性を考慮した適当な刑罰を科することができるようにすること。

第5条【刑事罰の確保】 締約国は、この条約の適用の対象となる犯罪行為、特に一般大衆又は人若しくは特定の人の集団に恐怖の状態を引き起こすことを意図し又は計画して行われる犯罪行為が政治的、哲学的、思想的、人種的、民族的、宗教的又は他の同様の考慮によっていかなる場合にも正当化されないこと及び当該犯罪行為についてその重大性に適合する刑罰が科されることを確保するため、必要な措置(適当な場合には、国内立法を含む。)をとる。

第6条【裁判権の設定】 1　締約国は、次の場合において第2条に定める犯罪についての自国の裁判権を設定するため、必要な措置をとる。
 (a) 犯罪が自国の領域内で行われる場合
 (b) 犯罪が、当該犯罪の時に自国を旗国とする船舶内又は自国の法律により登録されている航空機内で行われる場合
 (c) 犯罪が自国の国民によって行われる場合
2　締約国は、次の場合において第2条に定める犯罪についての自国の裁判権を設定することができる。
 (a) 犯罪が自国の国民に対して行われる場合
 (b) 犯罪が国外にある自国の国又は政府の施設(大使館その他外交機関及び領事機関の公館を含む。)に対して行われる場合
 (c) 犯罪が自国の領域内に常居所を有する無国籍者によって行われる場合
 (d) 犯罪が、何らかの行為を行うこと又は行わないことを自国に対して強要する目的で行われる場合
 (e) 犯罪が自国の政府の運航する航空機内で行われる場合
3　締約国は、この条約を批准し、受諾若しくは承認し又はこの条約に加入する際、自国の国内法により2の規定に従って設定した裁判権について国際連合事務総長に通報する。当該裁判権の変更を行った締約国は、その旨を国際連合事務総長に直ちに通報する。
4　締約国は、容疑者が自国の領域内に所在し、かつ、自国が1又は2の規定に従って裁判権を設定したいずれの締約国に対しても当該容疑者の引渡しを行わない場合において第2条に定める犯罪についての自国の裁判権を設定するため、同様に、必要な措置をとる。
5　この条約は、締約国が自国の国内法に従って設定した刑事裁判権の行使を排除するものではない。

第7条【犯人の権利】 1　第2条に定める犯罪を行った者又はその疑いのある者が自国の領域内に所在している可能性があるとの情報を受領した締約国は、その情報に含まれている事実について調査するため、自国の国内法により必要な措置をとる。
2　犯人又は容疑者が領域内に所在する締約国は、状況によって正当であると認める場合には、訴追又は引渡しのために当該犯人又は容疑者の所在を確実にするため、自国の国内法により適当な措置をとる。
3　いずれの者も、自己について2の措置がとられている場合には、次の権利を有する。
 (a) 当該者の国籍国その他当該者の権利を保護する資格を有する国又は当該者が無国籍者である場合には当該者が領域内に常居所を有する国の最寄りの適当な代表と遅滞なく連絡を取る権利
 (b) (a)の国の代表の訪問を受ける権利
 (c) (a)及び(b)に定める自己の権利について告げられる権利
4　3に定める権利は、犯人又は容疑者が領域内に所在する国の法令に反しないように行使する。当該法令は、3に定める権利の目的とするところを十分に達成するようなものでなければならない。
5　3及び4の規定は、前条1(c)又は2(c)の規定に従って裁判権を設定した締約国が、赤十字国際委員会に対し容疑者と連絡を取り又は容疑者を訪問するよう要請する権利を害するものではない。
6　いずれの締約国も、この条の規定に基づいていずれかの者を抑留した場合には、前条1及び2の規定に従って裁判権を設定した締約国並びに適当と認めるときは利害関係を有するその他の締約国に対し、直接又は国際連合事務総長を通じて、当該者が抑留されている事実及びその抑留が正当とされる事情を直ちに通報する。1の調査を行った国は、その結果をこれらの締約国に対して速やかに通報し、かつ、自国が裁判権を行使する意図を有するか否かを明らかにする。

第8条【引渡し又は訴追の義務】 1　容疑者が領域内に所在する締約国は、第6条の規定が適用される場合において、当該容疑者を引き渡さないときは、犯罪が自国の領域内で行われたものであるか否かを問わず、いかなる例外もなしに、かつ、不当に遅滞することなく、自国の法令による手続を通じて訴追のため自国の権限のある当局に事件を付託する義務を負う。その当局は、自国の法令に規定する他の重大な犯罪の場合と同様の方法で決定を行う。
2　締約国は、自国の国内法が、引渡しの請求に係る裁判又は手続の結果科された刑に服するために自国民が自国に送還されるとの条件下においてのみ当該自国民の引渡しを認める場合において、当該引渡しの請求を行う国との間でそのような方法をとること及び他の適当と認める条件について合意するときは、そのような条件付の引渡しによって1に規定する義務を履行することができる。

第9条【引渡犯罪】 1　第2条に定める犯罪は、この条約が効力を生ずる前に締約国間に存在する犯罪人引渡条約における引渡犯罪とみなされる。締約国は、相互間でその後締結されるすべての犯罪人引渡条約に同条に定める犯罪を引渡犯罪として含めることを約束する。
2　条約の存在を犯罪人引渡しの条件とする締約国は、自国との間に犯罪人引渡条約を締結していない他の締

約国から犯罪人引渡しの請求を受けた場合には、随意にこの条約を第2条に定める犯罪に関する犯罪人引渡しのための法的根拠とみなすことができる。この犯罪人引渡しは、請求を受けた国の法令に定める他の条件に従う。

3　条約の存在を犯罪人引渡しの条件としない締約国は、犯罪人引渡しの請求を受けた国の法令に定める条件に従い、相互間で、第2条に定める犯罪を引渡犯罪と認める。

4　第2条に定める犯罪は、締約国間の犯罪人引渡しに関しては、必要な場合には、当該犯罪が発生した場所のみでなく、第6条1又は2の規定に従って裁判権を設定した国の領域内においても行われたものとみなされる。

5　締約国間のすべての犯罪人引渡条約及び犯罪人引渡取極は、第2条に定める犯罪について、この条約と両立しない限度において当該締約国間で修正されたものとみなされる。

第10条【相互援助】1　締約国は、第2条に定める犯罪について行われる捜査、刑事訴訟又は犯罪人引渡しに関する手続について、相互に最大限の援助（これらの手続に必要であり、かつ、自国が提供することができる証拠の収集に係る援助を含む。）を与える。

2　締約国は、相互間に法律上の相互援助に関する条約又は他の取極が存在する場合には、当該条約又は他の取極に合致するように、1に規定する義務を履行する。締約国は、そのような条約又は取極が存在しない場合には、国内法に従って相互に援助を与える。

第11条【政治犯罪】第2条に定める犯罪は、犯罪人引渡し又は法律上の相互援助に関しては、政治犯罪、政治犯罪に関連する犯罪又は政治的な動機による犯罪とみなしてはならない。したがって、政治犯罪、政治犯罪に関連する犯罪又は政治的な動機による犯罪に関係することのみを理由として、同条に定める犯罪を根拠とする犯罪人引渡しの請求又は法律上の相互援助の要請を拒否することはできない。

第12条【迫害が待つ国への引渡禁止】この条約のいかなる規定も、第2条に定める犯罪に関する犯罪人引渡しの請求又は法律上の相互援助の要請を受けた締約国がこれらの請求若しくは要請が人種、宗教、国籍、民族的出身若しくは政治的意見を理由としてこれらの請求若しくは要請の対象となる者を訴追若しくは処罰するために行われたと信じ又はこれらの請求若しくは要請に応ずることにより当該者の地位がこれらの理由によって害されると信ずるに足りる実質的な根拠がある場合には、引渡しを行い又は法律上の相互援助を与える義務を課するものと解してはならない。

第17条【国際法原則の尊重】締約国は、国の主権平等及び領土保全の原則並びに国内問題への不干渉の原則に反しない方法で、この条約に基づく義務を履行する。

第18条【他の締約国の裁判権】この条約のいかなる規定も、締約国に対し、他の締約国の領域内において、当該他の締約国の当局がその国内法により専ら有する裁判権を行使する権利及び任務を遂行する権利を与えるものではない。

第19条【国際人道法】1　この条約のいかなる規定も、国際法、特に国際連合憲章の目的及び原則並びに国際人道法に基づいて国及び個人が有する他の権利、義務及び責任に影響を及ぼすものではない。

2　国際人道法の下で武力紛争における軍隊の活動とされている活動であって、国際人道法によって規律されるものは、この条約によって規律されない。また、国の軍隊がその公務の遂行に当たって行う活動であって、他の国際法の規則によって規律されるものは、この条約によって規律されない。

第20条【紛争の解決】1　この条約の解釈又は適用に関する締約国間の紛争で合理的な期間内に交渉によって解決することができないものは、いずれかの紛争当事国の要請により、仲裁に付される。仲裁の要請の日から6箇月以内に仲裁の組織について紛争当事国が合意に達しない場合には、いずれの紛争当事国も、国際司法裁判所規程に従って請求を行うことにより、国際司法裁判所に紛争を付託することができる。

2　各国は、この条約の署名、批准、受諾若しくは承認又はこの条約への加入の際に、1の規定に拘束されない旨を宣言することができる。他の締約国は、そのような留保を付した締約国との関係において1の規定に拘束されない。

3　2の規定に基づいて留保を付したいずれの国も、国際連合事務総長に対する通告により、いつでもその留保を撤回することができる。

●日本国とアメリカ合衆国との間の犯罪人引渡しに関する条約
《日米犯罪人引渡条約》〔抄〕

▼署名　1978年3月3日（東京）　▼効力発生　1980年3月26日　▼日本国　1978年4月21日国会承認、80年2月25日批准書交換、3月5日公布〔昭和55年条約第3号〕

前文〔省略〕

第1条【引渡約束】各締約国は、第2条1に規定する犯罪について訴追し、審判し、又は刑罰を執行するために他方の締約国からその引渡しを求められた者であつてその領域において発見されたものを、この条約の規定に従い当該他方の締約国に引き渡すことを約束する。当該犯罪が請求国の領域の外において行われたものである場合には、特に、第6条1に定める条件が適用される。

第2条【引渡犯罪】1　引渡しは、この条約の規定に従

い、この条約の不可分の一部をなす付表に掲げる犯罪であつて両締約国の法令により死刑又は無期若しくは長期1年を超える拘禁刑に処することとされているもの並びに付表に掲げる犯罪以外の犯罪であつて日本国の法令及び合衆国の連邦法令により死刑又は無期若しくは長期1年を超える拘禁刑に処することとされているものについて行われる。

　前記犯罪の一が実質的な要素をなしている犯罪については、合衆国政府に連邦管轄権を認めるために州際間の輸送又は郵便その他州際間の設備の使用が特定の犯罪の要件とされている場合であつても、引渡しを行う。

2　引渡しを求められている者が1の規定の適用を受ける犯罪について請求国の裁判所により刑の言渡しを受けている場合には、その者が死刑の言渡しを受けているとき又は服すべき残りの刑が少なくとも四箇月あるときに限り、引渡しを行う。

第3条【引渡理由】 引渡しは、引渡しを求められている者が被請求国の法令上引渡しの請求に係る犯罪を行つたと疑うに足りる相当な理由があること又はその者が請求国の裁判所により有罪の判決を受けた者であることを証明する十分な証拠がある場合に限り、行われる。

第4条【不引渡犯罪】 1　この条約の規定に基づく引渡しは、次のいずれかに該当する場合には、行われない。
(1)　引渡しの請求に係る犯罪が政治犯罪である場合又は引渡しの請求が引渡しを求められている者を政治犯罪について訴追し、審判し、若しくはその者に対し刑罰を執行する目的で行われたものと認められる場合。この規定の適用につき疑義が生じたときは、被請求国の決定による。
(2)　引渡しを求められている者が被請求国において引渡しの請求に係る犯罪について訴追されている場合又は確定判決を受けた場合
(3)　日本国からの引渡しの請求にあつては、合衆国の法令によるならば時効の完成によつて引渡しの請求に係る犯罪について訴追することができないとき。
(4)　合衆国からの引渡しの請求にあつては、次のいずれかに該当する場合であつて、日本国の法令によるならば時効の完成その他の事由によつて引渡しの請求に係る犯罪について刑罰を科し又はこれを執行することができないとき。
　(a)　日本国が当該犯罪に対する管轄権を有するとした場合
　(b)　日本国がその管轄権を現に有しており、かつ、その審判が日本国の裁判所において行われたとした場合
2　被請求国は、引渡しを求められている者が引渡しの請求に係る犯罪について第三国において無罪の判決を受け又は刑罰の執行を終えている場合には、引渡しを拒むことができる。
3　被請求国は、引渡しを求められている者が被請求国の領域において引渡しの請求に係る犯罪以外の犯罪について訴追されているか又は刑罰の執行を終えていない場合には、審判が確定するまで又は科されるべき刑罰若しくは科された刑罰の執行が終わるまで、その引渡しを遅らせることができる。

第5条【自国民不引渡の原則】 被請求国は、自国民を引き渡す義務を負わない。ただし、被請求国は、その裁量により自国民を引き渡すことができる。

第6条【領域外犯罪の引渡】 1　引渡しの請求に係る犯罪が請求国の領域の外において行われたものである場合には、被請求国は、自国の法令が自国の領域の外において行われたそのような犯罪を罰することとしているとき又は当該犯罪が請求国の国民によつて行われたものであるときに限り、引渡しを行う。
2　この条約の適用上、締約国の領域とは、当該締約国の主権又は権力の下にあるすべての陸地、水域及び空間をいい、当該締約国において登録された船舶及び当該締約国において登録された航空機であつて飛行中のものを含む。この規定の適用上、航空機は、そのすべての乗降口が乗機の後に閉ざされた時からそれらの乗降口のうちいずれか一が降機のために開かれる時まで、飛行中のものとみなす。

第7条【特定主義の原則】 1　請求国は、次のいずれかに該当する場合を除くほか、この条約の規定に従つて引き渡された者を、引渡しの理由となつた犯罪以外の犯罪について拘禁し、訴追し、審判し、若しくはその者に対し刑罰を執行しないものとし、又はその者を第三国に引き渡さない。ただし、この規定は、引渡しの後に行われた犯罪については、適用しない。
(1)　引き渡された者が引渡しの後に請求国の領域から離れて当該請求国の領域に自発的に戻つてきたとき。
(2)　引き渡された者が請求国の領域から自由に離れることができるようになつた日から45日以内に請求国の領域から離れなかつたとき。
(3)　被請求国が、引き渡された者をその引渡しの理由となつた犯罪以外の犯罪について拘禁し、訴追し、審判し、若しくはその者に対し刑罰を執行すること又はその者を第三国に引き渡すことに同意したとき。
2　請求国は、引渡しの理由となつた犯罪を構成する基本的事実に基づいて行われる限り、第2条1の規定に従い引渡しの理由となるべきいかなる犯罪についても、この条約の規定に従つて引き渡された者を拘禁し、訴追し、審判し、又はその者に対し刑罰を執行することができる。

第8条【引渡請求手続】〔省略〕
第9条【緊急時の仮拘禁】〔省略〕
第10条【引渡手続の促進】〔省略〕
第11条【引渡請求の競合】 被請求国は、同一の又は異なる犯罪につき同一の者について他方の締約国及び第三国から引渡しの請求を受けた場合には、いずれの請求国にその者を引き渡すかを決定する。
第12条【引渡しの実行】〔省略〕
第13条【証拠物の引渡し】〔省略〕
第14条【引渡費用】〔省略〕
第15条【第三国からの護送】〔省略〕

第16条【批准、遡及効、旧条約、廃棄】〔省略〕

付表
1 殺人、傷害致死又は重過失致死（自殺の教唆又はほう助を含む。）
2 人を殺す意図をもつて行われた暴行
3 悪質な傷害、重過失致傷又は暴行
4 堕胎
5 遺棄致死傷
6 略取、誘かい又は不法な逮捕若しくは監禁に関する罪
7 脅迫
8 強かん、強制わいせつ
9 いん行勧誘又は売春に関する罪
10 わいせつ物に関する罪
11 重婚
12 住居侵入
13 強盗
14 窃盗
15 恐かつ
16 詐欺（欺もう的手段により財物、金銭、有価証券その他の経済的価値を有するものを取得すること）
17 横領、背任
18 ぞう物に関する罪
19 財物、文書又は施設の損壊に関する罪
20 工業所有権又は著作権の保護に関する法令に違反する罪
21 暴行又は脅迫による業務妨害
22 放火、重過失による失火
23 騒じようの主導、指揮又はせん動
24 公衆の健康の保護に関する法令に違反する罪
25 激発力、水力その他の破壊的手段により公共の危険を生じさせる罪
26 国際法上の海賊
27 列車、航空機、船舶その他の交通手段の不法な奪取又は管理に関する罪
28 列車、航空機、船舶その他の交通手段の正常な運行を妨げ又はこれに危険を生じさせる罪
29 爆発物、火炎装置又は危険な若しくは禁止された武器の規制に関する法令に違反する罪
30 麻薬、大麻、向精神薬若しくはコカイン又はそれらの原料若しくは派生物その他の危険な薬品若しくは化学製品の規制に関する法令に違反する罪
31 毒物その他の健康に有害な物質の規制に関する法令に違反する罪
32 偽造に関する罪
33 とばく又は富くじの規制に関する法令に違反する罪
34 公務執行妨害、職務強要
35 虚偽報告に関する罪
36 偽証に関する罪
37 この条約の第2条1に規定する犯罪を行つたことによつて拘禁され又は刑に服している者の逃走に関する罪
38 犯人蔵匿、証拠隠滅その他の司法作用の妨害に関する罪
39 贈賄、収賄
40 職権濫用に関する罪
41 公職の選挙又は政治資金に関する法令に違反する罪
42 脱税に関する罪
43 会社その他の法人の規制に関する法令に違反する罪
44 破産又は会社更生に関する法令に違反する罪
45 私的独占又は不公正な商取引の禁止に関する法令に違反する罪
46 輸出入又は資金の国際移動の規制に関する法令に違反する罪
47 前記の各罪の未遂、共謀、ほう助、教唆又は予備

●逃亡犯罪人引渡法〔抜粋〕

▼公布　1953年7月21日〔昭和28年法律第68号〕　▼施行　1953年7月22日　▼最終改正　2007〔平成19〕年法律第37号

第1条（定義） この法律において「引渡条約」とは、日本国と外国との間に締結された犯罪人の引渡しに関する条約をいう。
2　この法律において「請求国」とは、日本国に対して犯罪人の引渡しを請求した外国をいう。
3　この法律において「引渡犯罪」とは、請求国からの犯罪人の引渡しの請求において当該犯罪人が犯したとする犯罪をいう。
4　この法律において「逃亡犯罪人」とは、引渡犯罪について請求国の刑事に関する手続が行なわれた者をいう。

第2条（引渡に関する制限） 左の各号の一に該当する場合には、逃亡犯罪人を引き渡してはならない。但し、第3号、第4号、第8号又は第9号に該当する場合において、引渡条約に別段の定があるときは、この限りでない。
一　引渡犯罪が政治犯罪であるとき。
二　引渡の請求が、逃亡犯罪人の犯した政治犯罪について審判し、又は刑罰を執行する目的でなされたものと認められるとき。
三　引渡犯罪が請求国の法令により死刑又は無期若しくは長期3年以上の拘禁刑にあたるものでないとき。
四　引渡犯罪に係る行為が日本国内において行なわれたとした場合において、当該行為が日本国の法令により死刑又は無期若しくは長期3年以上の懲役若しくは禁錮〔ニ〕に処すべき罪にあたるものでないとき。

五　引渡犯罪に係る行為が日本国内において行われ、又は引渡犯罪に係る裁判が日本国の裁判所において行われたとした場合において、日本国の法令により逃亡犯罪人に刑罰を科し、又はこれを執行することができないと認められるとき。
六　引渡犯罪について請求国の有罪の裁判がある場合を除き、逃亡犯罪人がその引渡犯罪に係る行為を行つたことを疑うに足りる相当な理由がないとき。
七　引渡犯罪に係る事件が日本国の裁判所に係属するとき、又はその事件について日本国の裁判所において確定判決を経たとき。
八　逃亡犯罪人の犯した引渡犯罪以外の罪に係る事件が日本国の裁判所に係属するとき、又はその事件について逃亡犯罪人が日本国の裁判所において刑に処せられ、その執行を終らず、若しくは執行を受けないこととなつていないとき。
九　逃亡犯罪人が日本国民であるとき。

第3条（引渡しの請求を受けた外務大臣の措置）　外務大臣は、逃亡犯罪人の引渡しの請求があつたときは、次の各号の一に該当する場合を除き、引渡請求書又は外務大臣の作成した引渡しの請求があつたことを証明する書面に関係書類を添附し、これを法務大臣に送付しなければならない。
一　請求が引渡条約に基づいて行なわれたものである場合において、その方式が引渡条約に適合しないと認めるとき。
二　請求が引渡条約に基づかないで行なわれたものである場合において、請求国から日本国が行なう同種の請求に応ずべき旨の保証がなされないとき。

第4条（法務大臣の措置）　法務大臣は、外務大臣から前条の規定による引渡しの請求に関する書面の送付を受けたときは、次の各号の一に該当する場合を除き、東京高等検察庁検事長に対し関係書類を送付して、逃亡犯罪人を引き渡すことができる場合に該当するかどうかについて東京高等裁判所に審査の請求をなすべき旨を命じなければならない。
一　明らかに逃亡犯罪人を引き渡すことができない場合に該当すると認めるとき。
二　第2条第8号又は第9号に該当する場合には逃亡犯罪人を引き渡すかどうかについて日本国の裁量に任せる旨の引渡条約の定めがある場合において、明らかに同条第8号又は第9号に該当し、かつ、逃亡犯罪人を引き渡すことが相当でないと認めるとき。
三　前号に定める場合のほか、逃亡犯罪人を引き渡すかどうかについて日本国の裁量に任せる旨の引渡条約の定めがある場合において、当該定めに該当し、かつ、逃亡犯罪人を引き渡すことが相当でないと認めるとき。
四　引渡しの請求が引渡条約に基づかないで行われたものである場合において、逃亡犯罪人を引き渡すことが相当でないと認めるとき。
2　法務大臣は、前項第3号又は第4号の認定をしようとするときは、あらかじめ外務大臣と協議しなければならない。
3　〔省略〕

第9条（東京高等裁判所の審査）　東京高等裁判所は、前条の審査の請求を受けたときは、すみやかに、審査を開始し、決定をするものとする。逃亡犯罪人が拘禁許可状により拘禁されているときは、おそくとも、拘束を受けた日から2箇月以内に決定をするものとする。
2　逃亡犯罪人は、前項の審査に関し、弁護士の補佐を受けることができる。
3　東京高等裁判所は、第1項の決定をする前に、逃亡犯罪人及びこれを補佐する弁護士に対し、意見を述べる機会を与えなければならない。但し、次条第1項第1号又は第2号の決定をする場合は、この限りでない。
4　東京高等裁判所は、第1項の審査をするについて必要があるときは、証人を尋問し、又は鑑定、通訳若しくは翻訳を命ずることができる。この場合においては、その性質に反しない限り、刑事訴訟法第1編第11章から第13章まで及び刑事訴訟費用に関する法令の規定を準用する。

第10条（東京高等裁判所の決定）　東京高等裁判所は、前条第1項の規定による審査の結果に基いて、左の区別に従い、決定をしなければならない。
一　審査の請求が不適法であるときは、これを却下する決定
二　逃亡犯罪人を引き渡すことができない場合に該当するときは、その旨の決定
三　逃亡犯罪人を引き渡すことができる場合に該当するときは、その旨の決定
2　前項の決定は、その主文を東京高等検察庁の検察官に通知することによつて、その効力を生ずる。
3　東京高等裁判所は、第1項の決定をしたときは、すみやかに、東京高等検察庁の検察官及び逃亡犯罪人に裁判書の謄本を送達し、東京高等検察庁の検察官にその提出した関係書類を返還しなければならない。

●刑法（国外犯関連規定）

▼公布　1907年4月24日〔明治40年法律第45号〕　▼施行　1908年10月1日　▼最終改正　2013〔平成25〕年法律第86号

第1編　総則

第1章　通則

第1条（国内犯）　この法律は、日本国内において罪を犯したすべての者に適用する。
2　日本国外にある日本船舶又は日本航空機内において罪を犯した者についても、前項と同様とする。

第2条（すべての者の国外犯） この法律は、日本国外において次に掲げる罪を犯したすべての者に適用する。
一　削除
二　第77条から第79条まで（内乱、予備及び陰謀、内乱等幇助）の罪
三　第81条（外患誘致）、第82条（外患援助）、第87条（未遂罪）及び第88条（予備及び陰謀）の罪
四　第148条（通貨偽造及び行使等）の罪及びその未遂罪
五　第154条（詔書偽造等）、第155条（公文書偽造等）、第157条（公正証書原本不実記載等）、第158条（偽造公文書行使等）及び公務所又は公務員によって作られるべき電磁的記録に係る第161条の2（電磁的記録不正作出及び供用）の罪
六　第162条（有価証券偽造等）及び第163条（偽造有価証券行使等）の罪
七　第163条の2から第163条の5まで（支払用カード電磁的記録不正作出等、不正電磁的記録カード所持、支払用カード電磁的記録不正作出準備、未遂罪）の罪
八　第164条から第166条まで（御璽偽造及び不正使用等、公印偽造及び不正使用等、公記号偽造及び不正使用）の罪並びに第164条第2項、第165条第2項及び第166条第2項の罪の未遂罪

第3条（国民の国外犯） この法律は、日本国外において次に掲げる罪を犯した日本国民に適用する。
一　第108条（現住建造物等放火）及び第109条第1項（非現住建造物等放火）の罪、これらの規定の例により処断すべき罪並びにこれらの罪の未遂罪
二　第119条（現住建造物等浸害）の罪
三　第159条から第161条まで（私文書偽造等、虚偽診断書作成、偽造私文書等行使）及び前条第5号に規定する電磁的記録以外の電磁的記録に係る第161条の2の罪
四　第167条（私印偽造及び不正使用等）の罪及び同条第2項の罪の未遂罪
五　第176条から第179条まで（強制わいせつ、強姦〔かん〕、準強制わいせつ及び準強姦、集団強姦等、未遂罪）、第181条（強制わいせつ等致死傷）及び第184条（重婚）の罪
六　第199条（殺人）の罪及びその未遂罪
七　第204条（傷害）及び第205条（傷害致死）の罪
八　第214条から第216条まで（業務上堕胎及び同致死傷、不同意堕胎、不同意堕胎致死傷）の罪
九　第218条（保護責任者遺棄等）の罪及び同条の罪に係る第219条（遺棄等致死傷）の罪
十　第220条（逮捕及び監禁）及び第221条（逮捕等致死傷）の罪
十一　第224条から第228条まで（未成年者略取及び誘拐、営利目的等略取及び誘拐、身の代金目的略取等、所在国外移送目的略取及び誘拐、人身売買、被略取者等所在国外移送、被略取者引渡し等、未遂罪）の罪
十二　第230条（名誉毀〔き〕損）の罪
十三　第235条から第236条まで（窃盗、不動産侵奪、強盗）、第238条から第241条まで（事後強盗、昏〔こん〕酔強盗、強盗致死傷、強盗強姦及び同致死）及び第243条（未遂罪）の罪
十四　第246条から第250条まで（詐欺、電子計算機使用詐欺、背任、準詐欺、恐喝、未遂罪）の罪
十五　第253条（業務上横領）の罪
十六　第256条第2項（盗品譲受け等）の罪

第3条の2（国民以外の者の国外犯） この法律は、日本国外において日本国民に対して次に掲げる罪を犯した日本国民以外の者に適用する。
一　第176条から第179条まで（強制わいせつ、強姦、準強制わいせつ及び準強姦、集団強姦等、未遂罪）及び第181条（強制わいせつ等致死傷）の罪
二　第199条（殺人）の罪及びその未遂罪
三　第204条（傷害）及び第205条（傷害致死）の罪
四　第220条（逮捕及び監禁）及び第221条（逮捕等致死傷）の罪
五　第224条から第228条まで（未成年者略取及び誘拐、営利目的等略取及び誘拐、身の代金目的略取等、所在国外移送目的略取及び誘拐、人身売買、被略取者等所在国外移送、被略取者引渡し等、未遂罪）の罪
六　第236条（強盗）及び第238条から第241条まで（事後強盗、昏酔強盗、強盗致死傷、強盗強姦及び同致死）の罪並びにこれらの罪の未遂罪

第4条（公務員の国外犯） この法律は、日本国外において次に掲げる罪を犯した日本国の公務員に適用する。
一　第101条（看守者等による逃走援助）の罪及びその未遂罪
二　第156条（虚偽公文書作成等）の罪
三　第193条（公務員職権濫用）、第195条第2項（特別公務員暴行陵虐）及び第197条から第197条の4まで（収賄、受託収賄及び事前収賄、第三者供賄、加重収賄及び事後収賄、あっせん収賄）の罪並びに第195条第2項の罪に係る第196条（特別公務員職権濫用等致死傷）の罪

第4条の2（条約による国外犯） 第2条から前条までに規定するもののほか、この法律は、日本国外において、第2編の罪であって条約により日本国外において犯したときであっても罰すべきものとされているものを犯したすべての者に適用する。

第5条（外国判決の効力） 外国において確定裁判を受けた者であっても、同一の行為について更に処罰することを妨げない。ただし、犯人が既に外国において言い渡された刑の全部又は一部の執行を受けたときは、刑の執行を減軽し、又は免除する。

6 条　約

●条約法に関するウィーン条約
Vienna Convention on the Law of Treaties

▼採択　1969年5月23日（ウィーン）　▼効力発生　1980年1月27日　▼日本国　1981年5月29日国会承認、7月2日加入書寄託、7月20日公布〔昭和56年条約第16号〕、8月1日発効

この条約の当事国は、

国際関係の歴史における条約の基本的な役割を考慮し、

条約が、国際法の法源として、また、国（憲法体制及び社会体制のいかんを問わない。）の間の平和的協力を発展させるための手段として、引き続き重要性を増しつつあることを認め、

自由意思による同意の原則及び信義誠実の原則並びに「合意は守られなければならない」との規則が普遍的に認められていることに留意し、

条約に係る紛争が、他の国際紛争の場合におけると同様に、平和的手段により、かつ、正義の原則及び国際法の諸原則に従つて解決されなければならないことを確認し、

国際連合加盟国の国民が、正義と条約から生ずる義務の尊重とを維持するために必要な条件の確立を決意したことを想起し、

人民の同権及び自決の原則、すべての国の主権平等及び独立の原則、国内問題への不干渉の原則、武力による威嚇又は武力の行使の禁止の原則、すべての者の人権及び基本的自由の普遍的な尊重及び遵守の原則等国際連合憲章に規定する国際法の諸原則を考慮し、

この条約において条約法の法典化及び漸進的発達が図られたことにより、国際連合憲章に定める国際連合の目的、すなわち、国際の平和及び安全の維持、諸国間の友好関係の発展並びに国際協力の達成が推進されることを確信し、

この条約により規律されない問題については、引き続き国際慣習法の諸規則により規律されることを確認して、

次のとおり協定した。

第1部　序

第1条（この条約の適用範囲） この条約は、国の間の条約について適用する。

第2条（用語） 1　この条約の適用上、
- (a)「条約」とは、国の間において文書の形式により締結され、国際法によつて規律される国際的な合意（単一の文書によるものであるか関連する二以上の文書によるものであるかを問わず、また、名称のいかんを問わない。）をいう。
- (b)「批准」、「受諾」、「承認」及び「加入」とは、それぞれ、そのように呼ばれる国際的な行為をいい、条約に拘束されることについての国の同意は、これらの行為により国際的に確定的なものとされる。
- (c)「全権委任状」とは、国の権限のある当局の発給する文書であつて、条約文の交渉、採択若しくは確定を行うため、条約に拘束されることについての国の同意を表明するため又は条約に関するその他の行為を遂行するために国を代表する一又は二以上の者を指名しているものをいう。
- (d)「留保」とは、国が、条約の特定の規定の自国への適用上その法的効果を排除し又は変更することを意図して、条約への署名、条約の批准、受諾若しくは承認又は条約への加入の際に単独に行う声明（用いられる文言及び名称のいかんを問わない。）をいう。
- (e)「交渉国」とは、条約文の作成及び採択に参加した国をいう。
- (f)「締約国」とは、条約（効力を生じているかいないかを問わない。）に拘束されることに同意した国をいう。
- (g)「当事国」とは、条約に拘束されることに同意し、かつ、自国について条約の効力が生じている国をいう。
- (h)「第三国」とは、条約の当事国でない国をいう。
- (i)「国際機関」とは、政府間機関をいう。

2　この条約における用語につき規定する1の規定は、いずれの国の国内法におけるこれらの用語の用法及び意味にも影響を及ぼすものではない。

第3条（この条約の適用範囲外の国際的な合意） この条約が国と国以外の国際法上の主体との間において又は国以外の国際法上の主体の間において締結される国際的な合意及び文書の形式によらない国際的な合意については適用されないということは、次の事項に影響を及ぼすものではない。
- (a) これらの合意の法的効力
- (b) この条約に規定されている規則のうちこの条約との関係を離れ国際法に基づきこれらの合意を規律するような規則のこれらの合意についての適用
- (c) 国及び国以外の国際法上の主体が当事者となつている国際的な合意により規律されている国の間の関係へのこの条約の適用

第4条（この条約の不遡〔そ〕及） この条約は、自国についてこの条約の効力が生じている国によりその効力発生の後に締結される条約についてのみ適用する。ただし、この条約に規定されている規則のうちこの条約との関係を離れ国際法に基づき条約を規律するような規則のいかなる条約についての適用も妨げるものではない。

**第5条（国際機関を設立する条約及び国際機関内におい

て採択される条約）この条約は、国際機関の設立文書である条約及び国際機関内において採択される条約について適用する。ただし、当該国際機関の関係規則の適用を妨げるものではない。

第2部 条約の締結及び効力発生
第1節 条約の締結

第6条（国の条約締結能力） いずれの国も、条約を締結する能力を有する。

第7条（全権委任状） 1 いずれの者も、次の場合には、条約文の採択若しくは確定又は条約に拘束されることについての国の同意の表明の目的のために国を代表するものと認められる。
(a) 当該者から適切な全権委任状の提示がある場合
(b) 当該者につきこの1に規定する目的のために国を代表するものと認めかつ全権委任状の提示を要求しないことを関係国が意図していたことが関係国の慣行又はその他の状況から明らかである場合
2 次の者は、職務の性質により、全権委任状の提示を要求されることなく、自国を代表するものと認められる。
(a) 条約の締結に関するあらゆる行為について、元首、政府の長及び外務大臣
(b) 派遣国と接受国との間の条約の条約文の採択については、外交使節団の長
(c) 国際会議又は国際機関若しくはその内部機関における条約文の採択については、当該国際会議又は国際機関若しくはその内部機関に対し国の派遣した代表者

第8条（権限が与えられることなく行われた行為の追認） 条約の締結に関する行為について国を代表する権限を有するとは前条の規定により認められない者の行つたこれらの行為は、当該国の追認がない限り、法的効果を伴わない。

第9条（条約文の採択） 1 条約文は、2の場合を除くほか、その作成に参加したすべての国の同意により採択される。
2 国際会議においては、条約文は、出席しかつ投票する国の3分の2以上の多数による議決で採択する。ただし、出席しかつ投票する国が3分の2以上の多数による議決で異なる規則を適用することを決定した場合は、この限りでない。

第10条（条約文の確定） 条約文は、次のいずれかの方法により真正かつ最終的なものとされる。
(a) 条約文に定められている手続又は条約文の作成に参加した国が合意する手続
(b) (a)の手続がない場合には、条約文の作成に参加した国の代表者による条約文又は条約文を含む会議の最終議定書への署名、追認を要する署名又は仮署名

第11条（条約に拘束されることについての同意の表明の方法） 条約に拘束されることについての国の同意は、署名、条約を構成する文書の交換、批准、受諾、承認若しくは加入により又は合意がある場合には他の方法により表明することができる。

第12条（条約に拘束されることについての同意の署名による表明） 1 条約に拘束されることについての国の同意は、次の場合には、国の代表者の署名により表明される。
(a) 署名が同意の表明の効果を有することを条約が定めている場合
(b) 署名が同意の表明の効果を有することを交渉国が合意したことが他の方法により認められる場合
(c) 署名に同意の表明の効果を付与することを国が意図していることが当該国の代表者の全権委任状から明らかであるか又は交渉の過程において表明されたかのいずれかの場合
2 1の規定の適用上、
(a) 条約文への仮署名は、交渉国の合意があると認められる場合には、条約への署名とされる。
(b) 国の代表者による条約への追認を要する署名は、当該国が追認をする場合には、条約への完全な署名とされる。

第13条（条約に拘束されることについての同意の条約構成文書の交換による表明） 国の間で交換される文書により構成されている条約に拘束されることについての国の同意は、次の場合には、当該文書の交換により表明される。
(a) 文書の交換が同意の表明の効果を有することを当該文書が定めている場合
(b) 文書の交換が同意の表明の効果を有することを国の間で合意したことが他の方法により認められる場合

第14条（条約に拘束されることについての同意の批准、受諾又は承認による表明） 1 条約に拘束されることについての国の同意は、次の場合には、批准により表明される。
(a) 同意が批准により表明されることを条約が定めている場合
(b) 批准を要することを交渉国が合意したことが他の方法により認められる場合
(c) 国の代表者が批准を条件として条約に署名した場合
(d) 批准を条件として条約に署名することを国が意図していることが当該国の代表者の全権委任状から明らかであるか又は交渉の過程において表明されたかのいずれかの場合
2 条約に拘束されることについての国の同意は、批准により表明される場合の条件と同様の条件で、受諾又は承認により表明される。

第15条（条約に拘束されることについての同意の加入による表明） 条約に拘束されることについての国の同意は、次の場合には、加入により表明される。
(a) 当該国が加入により同意を表明することができることを条約が定めている場合
(b) 当該国が加入により同意を表明することができることを交渉国が合意したことが他の方法により認められる場合
(c) 当該国が加入により同意を表明することができる

ことをすべての当事国が後に合意した場合
第16条（批准書、受諾書、承認書又は加入書の交換又は寄託）
条約に別段の定めがない限り、批准書、受諾書、承認書又は加入書は、これらについて次のいずれかの行為が行われた時に、条約に拘束されることについての国の同意を確定的なものとする。
- (a) 締約国の間における交換
- (b) 寄託者への寄託
- (c) 合意がある場合には、締約国又は寄託者に対する通告

第17条（条約の一部に拘束されることについての同意及び様々な規定のうちからの特定の規定の選択）
1 条約の一部に拘束されることについての国の同意は、条約が認めている場合又は他の締約国の同意がある場合にのみ、有効とされる。もっとも、第19条から第23条までの規定の適用を妨げるものではない。
2 様々な規定のうちからの特定の規定の選択を認めている条約に拘束されることについての国の同意は、いずれの規定に係るものであるかが明らかにされる場合にのみ、有効とされる。

第18条（条約の効力発生前に条約の趣旨及び目的を失わせてはならない義務）
いずれの国も、次の場合には、それぞれに定める期間、条約の趣旨及び目的を失わせることとなるような行為を行わないようにする義務がある。
- (a) 批准、受諾若しくは承認を条件として条約に署名し又は条約を構成する文書を交換した場合には、その署名又は交換の時から条約の当事国とならない意図を明らかにする時までの間
- (b) 条約に拘束されることについての同意を表明した場合には、その表明の時から条約が効力を生ずる時までの間。ただし、効力発生が不当に遅延する場合は、この限りでない。

第2節 留保

第19条（留保の表明）
いずれの国も、次の場合を除くほか、条約への署名、条約の批准、受諾若しくは承認又は条約への加入に際し、留保を付することができる。
- (a) 条約が当該留保を付することを禁止している場合
- (b) 条約が、当該留保を含まない特定の留保のみを付することができる旨を定めている場合
- (c) (a)及び(b)の場合以外の場合において、当該留保が条約の趣旨及び目的と両立しないものであるとき。

第20条（留保の受諾及び留保に対する異議）
1 条約が明示的に認めている留保については、条約に別段の定めがない限り、他の締約国による受諾を要しない。
2 すべての当事国の間で条約を全体として適用することが条約に拘束されることについての各当事国の同意の不可欠の条件であることが、交渉国数が限定されていること並びに条約の趣旨及び目的から明らかである場合には、留保については、すべての当事国による受諾を要する。
3 条約が国際機関の設立文書である場合には、留保については、条約に別段の定めがない限り、当該国際機関の権限のある内部機関による受諾を要する。
4 1から3までの場合以外の場合には、条約に別段の定めがない限り、
- (a) 留保を付した国は、留保を受諾する他の締約国との間においては、条約がこれらの国の双方について効力を生じているときはその受諾の時に、条約がこれらの国の双方又は一方について効力を生じていないときは双方について効力を生ずる時に、条約の当事国関係に入る。
- (b) 留保に対し他の締約国が異議を申し立てることにより、留保を付した国と当該他の締約国との間における条約の効力発生が妨げられることはない。ただし、当該他の締約国が別段の意図を明確に表明する場合は、この限りでない。
- (c) 条約に拘束されることについての国の同意を表明する行為で留保を伴うものは、他の締約国の少なくとも一が留保を受諾した時に有効となる。

5 2及び4の規定の適用上、条約に別段の定めがない限り、いずれかの国が、留保の通告を受けた後12箇月の期間が満了する日又は条約に拘束されることについての同意を表明する日のいずれか遅い日までに、留保に対し異議を申し立てなかつた場合には、留保は、当該国により受諾されたものとみなす。

第21条（留保及び留保に対する異議の法的効果）
1 第19条、前条及び第23条の規定により他の当事国との関係において成立した留保は、
- (a) 留保を付した国に関しては、当該他の当事国との関係において、留保に係る条約の規定を留保の限度において変更する。
- (b) 当該他の当事国に関しては、留保を付した国との関係において、留保に係る条約の規定を留保の限度において変更する。

2 1に規定する留保は、留保を付した国以外の条約の当事国相互の間においては、条約の規定を変更しない。
3 留保に対し異議を申し立てた国が自国と留保を付した国との間において条約が効力を生ずることに反対しなかつた場合には、留保に係る規定は、これらの二の国の間において、留保の限度において適用がない。

第22条（留保の撤回及び留保に対する異議の撤回）
1 留保は、条約に別段の定めがない限り、いつでも撤回することができるものとし、撤回については、留保を受諾した国の同意を要しない。
2 留保に対する異議は、条約に別段の定めがない限り、いつでも撤回することができる。
3 条約に別段の定めがある場合及び別段の合意がある場合を除くほか、
- (a) 留保の撤回は、留保を付した国と他の締約国との関係において、当該他の締約国が当該撤回の通告を受領した時に効果を生ずる。
- (b) 留保に対する異議の撤回は、留保を付した国が当該撤回の通告を受領した時に効果を生ずる。

第23条（留保に関連する手続）
1 留保、留保の明示的な受諾及び留保に対する異議は、書面によつて表明しなければならず、また、締約国及び条約の当事国となる資格を有する他の国に通報しなければならない。

2 批准、受諾又は承認を条件として条約に署名するに際して付された留保は、留保を付した国により、条約に拘束されることについての同意を表明する際に、正式に確認されなければならない。この場合には、留保は、その確認の日に付されたものとみなす。
3 留保の確認前に行われた留保の明示的な受諾又は留保に対する異議の申立てについては、確認を要しない。
4 留保の撤回及び留保に対する異議の撤回は、書面によつて行わなければならない。

第3節 条約の効力発生及び暫定的適用

第24条（効力発生） 1 条約は、条約に定める態様又は交渉国が合意する態様により、条約に定める日又は交渉国が合意する日に効力を生ずる。
2 1の場合以外の場合には、条約は、条約に拘束されることについての同意がすべての交渉国につき確定的なものとされた時に、効力を生ずる。
3 条約に拘束されることについての国の同意が条約の効力発生の後に確定的なものとされる場合には、条約は、条約に別段の定めがない限り、当該国につき、その同意が確定的なものとされた日に効力を生ずる。
4 条約文の確定、条約に拘束されることについての国の同意の確定、条約の効力発生の態様及び日、留保、寄託者の任務その他必然的に条約の効力発生前に生ずる問題について規律する規定は、条約文の採択の時から適用する。

第25条（暫定的適用） 1 条約又は条約の一部は、次の場合には、条約が効力を生ずるまでの間、暫定的に適用される。
 (a) 条約に定めがある場合
 (b) 交渉国が他の方法により合意した場合
2 条約又は条約の一部のいずれかの国についての暫定的適用は、条約に別段の定めがある場合及び交渉国による別段の合意がある場合を除くほか、当該いずれかの国が、条約が暫定的に適用されている関係にある他の国に対し、条約の当事国とならない意図を通告した場合には、終了する。

第3部 条約の遵守、適用及び解釈

第1節 条約の遵守

第26条（「合意は守られなければならない」） 効力を有するすべての条約は、当事国を拘束し、当事国は、これらの条約を誠実に履行しなければならない。

第27条（国内法と条約の遵守） 当事国は、条約の不履行を正当化する根拠として自国の国内法を援用することができない。この規則は、第46条の規定の適用を妨げるものではない。

第2節 条約の適用

第28条（条約の不遡〔そ〕及） 条約は、別段の意図が条約自体から明らかである場合及びこの意図が他の方法によつて確認される場合を除くほか、条約の効力が当事国について生ずる日前に行われた行為、同日前に生じた事実又は同日前に消滅した事態に関し、当該当事国を拘束しない。

第29条（条約の適用地域） 条約は、別段の意図が条約自体から明らかである場合及びこの意図が他の方法によつて確認される場合を除くほか、各当事国をその領域全体について拘束する。

第30条（同一の事項に関する相前後する条約の適用） 1 国際連合憲章第103条の規定が適用されることを条件として、同一の事項に関する相前後する条約の当事国の権利及び義務は、2から5までの規定により決定する。
2 条約が前の若しくは後の条約に従うものであること又は前の若しくは後の条約と両立しないものとみなしてはならないことを規定している場合には、当該前の又は後の条約が優先する。
3 条約の当事国のすべてが後の条約の当事国となつている場合において、第59条の規定による条約の終了又は運用停止がされていないときは、条約は、後の条約と両立する限度においてのみ、適用する。
4 条約の当事国のすべてが後の条約の当事国となつている場合以外の場合には、
 (a) 双方の条約の当事国である国の間においては、3の規則と同一の規則を適用する。
 (b) 双方の条約の当事国である国といずれかの条約のみの当事国である国との間においては、これらの国が共に当事国となつている条約が、これらの国の相互の権利及び義務を規律する。
5 4の規定は、第41条の規定の適用を妨げるものではなく、また、第60条の規定による条約の終了又は運用停止の問題及びいずれかの国が条約により他の国に対し負つている義務に反することとなる規定を有する他の条約を締結し又は適用することから生ずる責任の問題に影響を及ぼすものではない。

第3節 条約の解釈

第31条（解釈に関する一般的な規則） 1 条約は、文脈によりかつその趣旨及び目的に照らして与えられる用語の通常の意味に従い、誠実に解釈するものとする。
2 条約の解釈上、文脈というときは、条約文（前文及び附属書を含む。）のほかに、次のものを含める。
 (a) 条約の締結に関連してすべての当事国の間でされた条約の関係合意
 (b) 条約の締結に関連して当事国の一又は二以上が作成した文書であつてこれらの当事国以外の当事国が条約の関係文書として認めたもの
3 文脈とともに、次のものを考慮する。
 (a) 条約の解釈又は適用につき当事国の間で後にされた合意
 (b) 条約の適用につき後に生じた慣行であつて、条約の解釈についての当事国の合意を確立するもの
 (c) 当事国の間の関係において適用される国際法の関連規則
4 用語は、当事国がこれに特別の意味を与えることを意図していたと認められる場合には、当該特別の意味を有する。

第32条（解釈の補足的な手段） 前条の規定の適用により得られた意味を確認するため又は次の場合における意味を決定するため、解釈の補足的な手段、特に条約

の準備作業及び条約の締結の際の事情に依拠することができる。
　(a) 前条の規定による解釈によつては意味があいまい又は不明確である場合
　(b) 前条の規定による解釈により明らかに常識に反した又は不合理な結果がもたらされる場合

第33条（二以上の言語により確定がされた条約の解釈）
　1　条約について二以上の言語により確定がされた場合には、それぞれの言語による条約文がひとしく権威を有する。ただし、相違があるときは特定の言語による条約文によることを条約が定めている場合又はこのことについて当事国が合意する場合は、この限りでない。
　2　条約文の確定に係る言語以外の言語による条約文は、条約に定めがある場合又は当事国が合意する場合にのみ、正文とみなされる。
　3　条約の用語は、各正文において同一の意味を有すると推定される。
　4　1の規定に従い特定の言語による条約文による場合を除くほか、各正文の比較により、第31条及び前条の規定を適用しても解消されない意味の相違があることが明らかとなつた場合には、条約の趣旨及び目的を考慮した上、すべての正文について最大の調和が図られる意味を採用する。

第4節　条約と第三国

第34条（第三国に関する一般的な規則）　条約は、第三国の義務又は権利を当該第三国の同意なしに創設することはない。

第35条（第三国の義務について規定している条約）　いずれの第三国も、条約の当事国が条約のいずれかの規定により当該第三国に義務を課することを意図しており、かつ、当該第三国が書面により当該義務を明示的に受け入れる場合には、当該規定に係る当該義務を負う。

第36条（第三国の権利について規定している条約）　1　いずれの第三国も、条約の当事国が条約のいずれかの規定により当該第三国若しくは当該第三国の属する国の集団に対し権利又はいずれの国に対しても権利を与えることを意図しており、かつ、当該第三国が同意する場合には、当該規定に係る当該権利を取得する。同意しない旨の意思表示がない限り、第三国の同意は、存在するものと推定される。ただし、条約に別段の定めがある場合は、この限りでない。
　2　1の規定により権利を行使する国は、当該権利の行使につき、条約に定められている条件又は条約に合致するものとして設定される条件を遵守する。

第37条（第三国の義務又は権利についての撤回又は変更）　1　第35条の規定によりいずれかの第三国が義務を負つている場合には、条約の当事国及び当該第三国の同意があるときに限り、当該義務についての撤回又は変更をすることができる。ただし、条約の当事国及び当該第三国が別段の合意をしたと認められる場合は、この限りでない。
　2　前条の規定によりいずれかの第三国が権利を取得している場合において、当該第三国の同意なしに当該権利についての撤回又は変更をすることができないことが意図されていたと認められるときは、条約の当事国は、当該権利についての撤回又は変更をすることができない。

第38条（国際慣習となることにより第三国を拘束することとなる条約の規則）　第34条から前条までの規定のいずれも、条約に規定されている規則が国際法の慣習的規則と認められるものとして第三国を拘束することとなることを妨げるものではない。

第4部　条約の改正及び修正

第39条（条約の改正に関する一般的な規則）　条約は、当事国の間の合意によつて改正することができる。当該合意については、条約に別段の定めがある場合を除くほか、第2部に定める規則を適用する。

第40条（多数国間の条約の改正）　1　多数国間の条約の改正は、当該条約に別段の定めがない限り、2から5までの規定により規律する。
　2　多数国間の条約をすべての当事国の間で改正するための提案は、すべての締約国に通告しなければならない。各締約国は、次のことに参加する権利を有する。
　(a) 当該提案に関してとられる措置についての決定
　(b) 当該条約を改正する合意の交渉及び締結
　3　条約の当事国となる資格を有するいずれの国も、改正がされた条約の当事国となる資格を有する。
　4　条約を改正する合意は、既に条約の当事国となつている国であつても当該合意の当事者とならないものについては、拘束しない。これらの国については、第30条4(b)の規定を適用する。
　5　条約を改正する合意が効力を生じた後に条約の当事国となる国は、別段の意図を表明しない限り、
　(a) 改正がされた条約の当事国とみなす。
　(b) 条約を改正する合意に拘束されていない条約の当事国との関係においては、改正がされていない条約の当事国とみなす。

第41条（多数国間の条約を一部の当事国の間においてのみ修正する合意）　1　多数国間の条約の二以上の当事国は、次の場合には、条約を当該二以上の当事国の間においてのみ修正する合意を締結することができる。
　(a) このような修正を行うことができることを条約が規定している場合
　(b) 当該二以上の当事国が行おうとする修正が条約により禁止されておらずかつ次の条件を満たしている場合
　　(i) 条約に基づく他の当事国による権利の享有又は義務の履行を妨げるものでないこと。
　　(ii) 逸脱を認めれば条約全体の趣旨及び目的の効果的な実現と両立しないこととなる条約の規定に関するものでないこと。
　2　条約を修正する合意を締結する意図を有する当事国は、当該合意を締結する意図及び当該合意による修正を他の当事国に通告する。ただし、1(a)の場合におい

第5部　条約の無効、終了及び運用停止
第1節　総則
第42条（条約の有効性及び条約の効力の存続） 1　条約の有効性及び条約に拘束されることについての国の同意の有効性は、この条約の適用によつてのみ否認することができる。

2　条約の終了若しくは廃棄又は条約からの当事国の脱退は、条約又はこの条約の適用によつてのみ行うことができる。条約の運用停止についても、同様とする。

第43条（条約との関係を離れ国際法に基づいて課される義務） この条約又は条約の適用によりもたらされる条約の無効、終了若しくは廃棄、条約からの当事国の脱退又は条約の運用停止は、条約に規定されている義務のうち条約との関係を離れても国際法に基づいて課されるような義務についての国の履行の責務に何ら影響を及ぼすものではない。

第44条（条約の可分性） 1　条約を廃棄し、条約から脱退し又は条約の運用を停止する当事国の権利であつて、条約に定めるもの又は第56条の規定に基づくものは、条約全体についてのみ行使することができる。ただし、条約に別段の定めがある場合又は当事国が別段の合意をする場合は、この限りでない。

2　条約の無効若しくは終了、条約からの脱退又は条約の運用停止の根拠としてこの条約において認められるものは、3から5まで及び第60条に定める場合を除くほか、条約全体についてのみ援用することができる。

3　2に規定する根拠が特定の条項にのみ係るものであり、かつ、次の条件が満たされる場合には、当該根拠は、当該条項についてのみ援用することができる。
 (a) 当該条項がその適用上条約の他の部分から分離可能なものであること。
 (b) 当該条項の受諾が条約全体に拘束されることについての他の当事国の同意の不可欠の基礎を成すものでなかつたことが、条約自体から明らかであるか又は他の方法によつて確認されるかのいずれかであること。
 (c) 条約の他の部分を引き続き履行することとしても不当ではないこと。

4　第49条及び第50条の場合には、詐欺又は買収を根拠として援用する権利を有する国は、条約全体についてこの権利を行使することができるものとし、特定の条項のみについても、3の規定に従うことを条件として、この権利を行使することができる。

5　第51条から第53条までの場合には、条約の分割は、認められない。

第45条（条約の無効若しくは終了、条約からの脱退又は条約の運用停止の根拠を援用する権利の喪失） いずれの国も、次条から第50条までのいずれか、第60条又は第62条の規定に基づき条約を無効にし若しくは終了させ、条約から脱退し又は条約の運用を停止する根拠となるような事実が存在することを了知した上で次のことを行つた場合には、当該根拠を援用することができない。
 (a) 条約が有効であること、条約が引き続き効力を有すること又は条約が引き続き運用されることについての明示的な同意
 (b) 条約の有効性、条約の効力の存続又は条約の運用の継続を黙認したとみなされるような行為

第2節　条約の無効
第46条（条約を締結する権能に関する国内法の規定） 1　いずれの国も、条約に拘束されることについての同意が条約を締結する権能に関する国内法の規定に違反して表明されたという事実を、当該同意を無効にする根拠として援用することができない。ただし、違反が明白でありかつ基本的な重要性を有する国内法の規則に係るものである場合は、この限りでない。

2　違反は、条約の締結に関し通常の慣行に従いかつ誠実に行動するいずれの国にとつても客観的に明らかであるような場合には、明白であるとされる。

第47条（国の同意を表明する権限に対する特別の制限） 特定の条約に拘束されることについての国の同意を表明する代表者の権限が特別の制限を付して与えられている場合に代表者が当該制限に従わなかつたという事実は、当該制限が代表者による同意の表明に先立つて他の交渉国に通告されていない限り、代表者によつて表明された同意を無効にする根拠として援用することができない。

第48条（錯誤） 1　いずれの国も、条約についての錯誤が、条約の締結の時に存在すると自国が考えていた事実又は事態であつて条約に拘束されることについての自国の同意の不可欠の基礎を成していた事実又は事態に係る錯誤である場合には、当該錯誤を条約に拘束されることについての自国の同意を無効にする根拠として援用することができる。

2　1の規定は、国が自らの行為を通じて当該錯誤の発生に寄与した場合又は国が何らかの錯誤の発生の可能性を予見することができる状況に置かれていた場合には、適用しない。

3　条約文の字句のみに係る錯誤は、条約の有効性に影響を及ぼすものではない。このような錯誤については、第79条の規定を適用する。

第49条（詐欺） いずれの国も、他の交渉国の詐欺行為によつて条約を締結することとなつた場合には、当該詐欺を条約に拘束されることについての自国の同意を無効にする根拠として援用することができる。

第50条（国の代表者の買収） いずれの国も、条約に拘束されることについての自国の同意が、他の交渉国が直接又は間接に自国の代表者を買収した結果表明されることとなつた場合には、その買収を条約に拘束されることについての自国の同意を無効にする根拠として援用することができる。

第51条（国の代表者に対する強制） 条約に拘束されることについての国の同意の表明は、当該国の代表者に対する行為又は脅迫による強制の結果行われたものである場合には、いかなる法的効果も有しない。

**第52条（武力による威嚇又は武力の行使による国に対

する強制）国際連合憲章に規定する国際法の諸原則に違反する武力による威嚇又は武力の行使の結果締結された条約は、無効である。

第53条（一般国際法の強行規範に抵触する条約） 締結の時に一般国際法の強行規範に抵触する条約は、無効である。この条約の適用上、一般国際法の強行規範とは、いかなる逸脱も許されない規範として、また、後に成立する同一の性質を有する一般国際法の規範によつてのみ変更することのできる規範として、国により構成されている国際社会全体が受け入れ、かつ、認める規範をいう。

第3節　条約の終了及び運用停止

第54条（条約又は当事国の同意に基づく条約の終了又は条約からの脱退） 条約の終了又は条約からの当事国の脱退は、次のいずれかの場合に行うことができる。
 (a) 条約に基づく場合
 (b) すべての当事国の同意がある場合。この場合には、いかなる時点においても行うことができる。もつとも、当事国となつていない締約国は、事前に協議を受ける。

第55条（多数国間の条約の効力発生に必要な数を下回る数への当事国数の減少） 多数国間の条約は、条約に別段の定めがない限り、当事国数が条約の効力発生に必要な数を下回る数に減少したことのみを理由として終了することはない。

第56条（終了、廃棄又は脱退に関する規定を含まない条約の廃棄又はこのような条約からの脱退） 1　終了に関する規定を含まずかつ廃棄又は脱退について規定していない条約については、次の場合を除くほか、これを廃棄し、又はこれから脱退することができない。
 (a) 当事国が廃棄又は脱退の可能性を許容する意図を有していたと認められる場合
 (b) 条約の性質上廃棄又は脱退の権利があると考えられる場合
2　当事国は、1の規定に基づき条約を廃棄し又は条約から脱退しようとする場合には、その意図を廃棄又は脱退の12箇月前までに通告する。

第57条（条約又は当事国の同意に基づく条約の運用停止） 条約の運用は、次のいずれかの場合に、すべての当事国又は特定の当事国について停止することができる。
 (a) 条約に基づく場合
 (b) すべての当事国の同意がある場合。この場合には、いかなる時点においても停止することができる。もつとも、当事国となつていない締約国は、事前に協議を受ける。

第58条（多数国間の条約の一部の当事国の間のみの合意による条約の運用停止） 1　多数国間の条約の二以上の当事国は、次の場合には、条約の運用を一時的にかつ当該二以上の当事国の間においてのみ停止する合意を締結することができる。
 (a) このような運用停止を行うことができることを条約が規定している場合
 (b) 当該二以上の当事国が行おうとする運用停止が条約により禁止されておらずかつ次の条件を満たしている場合
  (i) 条約に基づく他の当事国による権利の享有又は義務の履行を妨げるものでないこと。
  (ii) 条約の趣旨及び目的に反することとなるものでないこと。
2　条約の運用を停止する合意を締結する意図を有する当事国は、当該合意を締結する意図及びその運用を停止することとしている条約の規定を他の当事国に通告する。ただし、1(a)の場合において条約に別段の定めがあるときは、この限りでない。

第59条（後の条約の締結による条約の終了又は運用停止） 1　条約は、すべての当事国が同一の事項に関し後の条約を締結する場合において次のいずれかの条件が満たされるときは、終了したものとみなす。
 (a) 当事国が当該事項を後の条約によつて規律することを意図していたことが後の条約自体から明らかであるか又は他の方法によつて確認されるかのいずれかであること。
 (b) 条約と後の条約とが著しく相いれないものであるためこれらの条約を同時に適用することができないこと。
2　当事国が条約の運用を停止することのみを意図していたことが後の条約自体から明らかである場合又は他の方法によつて確認される場合には、条約は、運用を停止されるにとどまるものとみなす。

第60条（条約違反の結果としての条約の終了又は運用停止） 1　二国間の条約につきその一方の当事国による重大な違反があつた場合には、他方の当事国は、当該違反を条約の終了又は条約の全部若しくは一部の運用停止の根拠として援用することができる。
2　多数国間の条約につきその一の当事国による重大な違反があつた場合には、
 (a) 他の当事国は、一致して合意することにより、次の関係において、条約の全部若しくは一部の運用を停止し又は条約を終了させることができる。
  (i) 他の当事国と違反を行つた国との間の関係
  (ii) すべての当事国の間の関係
 (b) 違反により特に影響を受けた当事国は、自国と当該違反を行つた国との間の関係において、当該違反を条約の全部又は一部の運用停止の根拠として援用することができる。
 (c) 条約の性質上、一の当事国による重大な違反が条約に基づく義務の履行の継続についてのすべての当事国の立場を根本的に変更するものであるときは、当該違反を行つた国以外の当事国は、当該違反を自国につき条約の全部又は一部の運用を停止する根拠として援用することができる。
3　この条の規定の適用上、重大な条約違反とは、次のものをいう。
 (a) 条約の否定であつてこの条約により認められないもの
 (b) 条約の趣旨及び目的の実現に不可欠な規定についての違反

4 1から3までの規定は、条約違反があつた場合に適用される当該条約の規定に影響を及ぼすものではない。
5 1から3までの規定は、人道的性格を有する条約に定める身体の保護に関する規定、特にこのような条約により保護される者に対する報復（形式のいかんを問わない。）を禁止する規定については、適用しない。

第61条（後発的履行不能） 1 条約の実施に不可欠である対象が永久的に消滅し又は破壊された結果条約が履行不能となつた場合には、当事国は、当該履行不能を条約の終了又は条約からの脱退の根拠として援用することができる。履行不能は、一時的なものである場合には、条約の運用停止の根拠としてのみ援用することができる。
2 当事国は、条約に基づく義務についての自国の違反又は他の当事国に対し負つている他の国際的な義務についての自国の違反の結果条約が履行不能となつた場合には、当該履行不能を条約の終了、条約からの脱退又は条約の運用停止の根拠として援用することができない。

第62条（事情の根本的な変化） 1 条約の締結の時に存在していた事情につき生じた根本的な変化が当事国の予見しなかつたものである場合には、次の条件が満たされない限り、当該変化を条約の終了又は条約からの脱退の根拠として援用することができない。
　(a) 当該事情の存在が条約に拘束されることについての当事国の同意の不可欠の基礎を成していたこと。
　(b) 当該変化が、条約に基づき引き続き履行しなければならない義務の範囲を根本的に変更する効果を有するものであること。
2 事情の根本的な変化は、次の場合には、条約の終了又は条約からの脱退の根拠として援用することができない。
　(a) 条約が境界を確定している場合
　(b) 事情の根本的な変化が、これを援用する当事国による条約に基づく義務についての違反又は他の当事国に対し負つている他の国際的な義務についての違反の結果生じたものである場合
3 当事国は、1及び2の規定に基づき事情の根本的な変化を条約の終了又は条約からの脱退の根拠として援用することができる場合には、当該変化を条約の運用停止の根拠としても援用することができる。

第63条（外交関係又は領事関係の断絶） 条約の当事国の間の外交関係又は領事関係の断絶は、当事国の間に当該条約に基づき確立されている法的関係に影響を及ぼすものではない。ただし、外交関係又は領事関係の存在が当該条約の適用に不可欠である場合は、この限りでない。

第64条（一般国際法の新たな強行規範の成立） 一般国際法の新たな強行規範が成立した場合には、当該強行規範に抵触する既存の条約は、効力を失い、終了する。

　　　第4節　手続

第65条（条約の無効若しくは終了、条約からの脱退又は条約の運用停止に関してとられる手続） 1 条約の当事国は、この条約に基づき、条約に拘束されることについての自国の同意の瑕〔か〕疵〔し〕を援用する場合又は条約の有効性の否認、条約の終了、条約からの脱退若しくは条約の運用停止の根拠を援用する場合には、自国の主張を他の当事国に通告しなければならない。通告においては、条約についてとろうとする措置及びその理由を示す。
2 一定の期間（特に緊急を要する場合を除くほか、通告の受領の後3箇月を下る期間であつてはならない。）の満了の時までに他のいずれの当事国も異議を申し立てなかつた場合には、通告を行つた当事国は、とろうとする措置を第67条に定めるところにより実施に移すことができる。
3 他のいずれかの当事国が異議を申し立てた場合には、通告を行つた当事国及び当該他のいずれかの当事国は、国際連合憲章第33条に定める手段により解決を求める。
4 1から3までの規定は、紛争の解決に関し当事国の間において効力を有するいかなる条項に基づく当事国の権利又は義務にも影響を及ぼすものではない。
5 第45条の規定が適用される場合を除くほか、1の通告を行つていないいずれの国も、他の当事国からの条約の履行の要求又は条約についての違反の主張に対する回答として、1の通告を行うことを妨げられない。

第66条（司法的解決、仲裁及び調停の手続） 前条3の規定が適用された場合において、異議が申し立てられた日の後12箇月以内に何らの解決も得られなかつたときは、次の手続に従う。
　(a) 第53条又は第64条の規定の適用又は解釈に関する紛争の当事者のいずれも、国際司法裁判所に対し、その決定を求めるため書面の請求により紛争を付託することができる。ただし、紛争の当事者が紛争を仲裁に付することについて合意する場合は、この限りでない。
　(b) この部の他の規定の適用又は解釈に関する紛争の当事者のいずれも、国際連合事務総長に対し要請を行うことにより、附属書に定める手続を開始させることができる。

第67条（条約の無効を宣言し、条約を終了させ、条約から脱退させ又は条約の運用を停止させる文書） 1 第65条1の通告は、書面によつて行わなければならない。
2 条約の規定又は第65条2若しくは3の規定に基づく条約の無効の宣言、条約の終了、条約からの脱退又は条約の運用停止は、他の当事国に文書を伝達することにより実施に移される。文書に元首、政府の長又は外務大臣の署名がない場合には、文書を伝達する国の代表者は、全権委任状の提示を要求されることがある。

第68条（第65条及び前条に規定する通告及び文書の撤回） 第65条及び前条に規定する通告又は文書は、効果を生ずる前にいつでも撤回することができる。

　　　第5節　条約の無効、終了又は運用停止の効果

第69条（条約の無効の効果） 1 この条約によりその有効性が否定された条約は、無効である。無効な条約

は、法的効力を有しない。
2　この条約によりその有効性が否定された条約に依拠して既に行為が行われていた場合には、
  (a)　いずれの当事国も、他の当事国に対し、当該行為が行われなかつたとしたならば存在していたであろう状態を相互の関係においてできる限り確立するよう要求することができる。
  (b)　条約が無効であると主張される前に誠実に行われた行為は、条約が無効であることのみを理由として違法とされることはない。
3　第49条から第52条までの場合には、2の規定は、詐欺、買収又は強制を行つた当事国については、適用しない。
4　多数国間の条約に拘束されることについての特定の国の同意が無効とされた場合には、1から3までに定める規則は、当該特定の国と条約の当事国との関係において適用する。

第70条（条約の終了の効果）　1　条約に別段の定めがある場合及び当事国が別段の合意をする場合を除くほか、条約又はこの条約に基づく条約の終了により、
  (a)　当事国は、条約を引き続き履行する義務を免除される。
  (b)　条約の終了前に条約の実施によつて生じていた当事国の権利、義務及び法的状態は、影響を受けない。
2　1の規定は、いずれかの国が多数国間の条約を廃棄し又はこれから脱退する場合には、その廃棄又は脱退が効力を生ずる日から、当該いずれかの国と条約の他の各当事国との間において適用する。

第71条（一般国際法の強行規範に抵触する条約の無効の効果）　1　条約が第53条の規定により無効であるとされた場合には、当事国は、次のことを行う。
  (a)　一般国際法の強行規範に抵触する規定に依拠して行つた行為によりもたらされた結果をできる限り除去すること。
  (b)　当事国の相互の関係を一般国際法の強行規範に適合したものとすること。
2　第64条の規定により効力を失い、終了するとされた条約については、その終了により、
  (a)　当事国は、条約を引き続き履行する義務を免除される。
  (b)　条約の終了前に条約の実施によつて生じていた当事国の権利、義務及び法的状態は、影響を受けない。ただし、これらの権利、義務及び法的状態は、条約の終了後は、一般国際法の新たな強行規範に抵触しない限度においてのみ維持することができる。

第72条（条約の運用停止の効果）　1　条約に別段の定めがある場合及び当事国が別段の合意をする場合を除くほか、条約又はこの条約に基づく条約の運用停止により、
  (a)　運用が停止されている関係にある当事国は、運用停止の間、相互の関係において条約を履行する義務を免除される。
  (b)　当事国の間に条約に基づき確立されている法的関係は、(a)の場合を除くほか、いかなる影響も受けない。

2　当事国は、運用停止の間、条約の運用の再開を妨げるおそれのある行為を行わないようにしなければならない。

第6部　雑則

第73条（国家承継、国家責任及び敵対行為の発生の場合）　この条約は、国家承継、国の国際責任又は国の間の敵対行為の発生により条約に関連して生ずるいかなる問題についても予断を下しているものではない。

第74条（外交関係及び領事関係と条約の締結）　国の間において外交関係又は領事関係が断絶した場合又はこれらの関係が存在しない場合にも、これらの国の間における条約の締結は、妨げられない。条約を締結すること自体は、外交関係又は領事関係につきいかなる影響も及ぼさない。

第75条（侵略を行つた国の場合）　この条約は、侵略を行つた国が、当該侵略に関して国際連合憲章に基づいてとられる措置の結果いずれかの条約に関連して負うことのある義務に影響を及ぼすものではない。

第7部　寄託者、通告、訂正及び登録

第76条（条約の寄託者）　1　交渉国は、条約において又は他の方法により条約の寄託者を指定することができる。寄託者は、国（その数を問わない。）、国際機関又は国際機関の主たる行政官のいずれであるかを問わない。
2　条約の寄託者の任務は、国際的な性質を有するものとし、寄託者は、任務の遂行に当たり公平に行動する義務を負う。特に、この義務は、条約が一部の当事国の間においては効力を生じていないという事実又は寄託者の任務の遂行に関しいずれかの国と寄託者との間に意見の相違があるという事実によつて影響を受けることがあつてはならない。

第77条（寄託者の任務）　1　寄託者は、条約に別段の定めがある場合及び締約国が別段の合意をする場合を除くほか、特に次の任務を有する。
  (a)　条約の原本及び寄託者に引き渡された全権委任状を保管すること。
  (b)　条約の原本の認証謄本及び条約の要求する他の言語による条約文を作成し、これらを当事国及び当事国となる資格を有する国に送付すること。
  (c)　条約への署名を受け付けること並びに条約に関連する文書、通告及び通報を受領しかつ保管すること。
  (d)　条約への署名又は条約に関連する文書、通告若しくは通報が正式な手続によるものであるかないかを検討し、必要な場合には関係国の注意を喚起すること。
  (e)　条約に関連する行為、通告及び通報を当事国及び当事国となる資格を有する国に通知すること。
  (f)　条約の効力発生に必要な数の署名、批准書、受諾書、承認書又は加入書の受付又は寄託の日を当事国となる資格を有する国に通知すること。
  (g)　国際連合事務局に条約を登録すること。

(h) この条約の他の規定に定める任務を遂行すること。
 2 寄託者の任務の遂行に関しいずれかの国と寄託者との間に意見の相違がある場合には、寄託者は、この場合の問題につき、署名国及び締約国又は適当なときは関係国際機関の権限のある内部機関の注意を喚起する。

第78条（通告及び通報） 条約又はこの条約に別段の定めがある場合を除くほか、この条約に基づいていずれの国の行う通告又は通報も、
  (a) 寄託者がない場合には通告又は通報があてられている国に直接送付し、寄託者がある場合には寄託者に送付する。
  (b) 通告又は通報のあてられている国が受領した時又は場合により寄託者が受領した時に行われたものとみなす。
  (c) 寄託者に送付される場合には、通告又は通報のあてられている国が前条1(e)の規定による寄託者からの通知を受けた時に当該国によつて受領されたものとみなす。

第79条（条約文又は認証謄本における誤りの訂正） 1 条約文の確定の後に署名国及び締約国が条約文に誤りがあると一致して認めた場合には、誤りは、これらの国が別段の訂正方法を決定しない限り、次のいずれかの方法によつて訂正する。
  (a) 条約文について適当な訂正を行い、正当な権限を有する代表者がこれにつき仮署名すること。
  (b) 合意された訂正を記載した文書を作成し又は交換すること。
  (c) 訂正済みの条約文全体を原本の作成手続と同一の手続によつて作成すること。
 2 寄託者のある条約の場合には、寄託者は、誤り及び誤りを訂正する提案を署名国及び締約国に通告し、かつ、これらの国が提案された訂正に対して異議を申し立てることができる適当な期限を定めるものとし、
  (a) 定められた期限内に異議が申し立てられなかつたときは、条約文の訂正を行い、これにつき仮署名するとともに、誤りの調書を作成し、その写しを当事国及び当事国となる資格を有する国に送付する。
  (b) 定められた期限内に異議が申し立てられたときは、これを署名国及び締約国に通報する。
 3 1及び2に定める規則は、条約文が二以上の言語により確定されている場合において、これらの言語による条約文が符合していないことが明らかにされかつ署名国及び締約国がこれらを符合させるよう訂正することを合意するときにも、適用する。
 4 訂正された条約文は、署名国及び締約国が別段の決定をしない限り、誤りがあつた条約文に当初から代わる。
 5 登録された条約の条約文の訂正は、国際連合事務局に通告する。
 6 条約の認証謄本に誤りが発見された場合には、寄託者は、訂正の調書を作成し、その写しを署名国及び締約国に送付する。

第80条（条約の登録及び公表） 1 条約は、効力発生の後、登録又は記録のため及び公表のため国際連合事務局に送付する。
 2 寄託者が指定された場合には、寄託者は、1の規定による行為を遂行する権限を与えられたものとする。

第8部　最終規定

第81条（署名） この条約は、1969年11月30日まではオーストリア共和国連邦外務省において、その後1970年4月30日まではニュー・ヨークにある国際連合本部において、国際連合、いずれかの専門機関又は国際原子力機関のすべての加盟国、国際司法裁判所規程の当事国及びこの条約の当事国となるよう国際連合総会が招請したその他の国による署名のために開放しておく。

第82条（批准） この条約は、批准されなければならない。批准書は、国際連合事務総長に寄託する。

第83条（加入） この条約は、第81条に定める種類のいずれかに属する国による加入のために開放しておく。加入書は、国際連合事務総長に寄託する。

第84条（効力発生） 1 この条約は、35番目の批准書又は加入書が寄託された日の後30日目の日に効力を生ずる。
 2 35番目の批准書又は加入書が寄託された後にこの条約を批准し又はこれに加入する国については、この条約は、その批准書又は加入書の寄託の後30日目の日に効力を生ずる。

第85条（正文） 中国語、英語、フランス語、ロシア語及びスペイン語をひとしく正文とするこの条約の原本は、国際連合事務総長に寄託する。

以上の証拠として、下名の全権委員は、それぞれの政府から正当に委任を受けてこの条約に署名した。
1969年5月23日にウィーンで作成した。

附属書

1 国際連合事務総長は、優秀な法律専門家から成る調停人の名簿を作成し、これを保管する。このため、国際連合のすべての加盟国及びこの条約の当事国は、2人の調停人を指名するよう要請されるものとし、指名された者の氏名が名簿に記載される。調停人の任期は、5年とし、更新することができる。臨時の空席を補充するために指名される調停人の任期についても、同様とする。2の規定によりいずれか特定の任務を遂行するために選定された調停人は、任期の満了後も引き続き当該任務を遂行する。

2 国際連合事務総長は、第66条の規定に基づく要請があつた場合には、次のとおり構成される調停委員会に紛争を付託する。
　紛争の一方の当事者である一又は二以上の国は、次の者を任命する。
  (a) 紛争の一方の当事者であるいずれかの国の国籍を有する1人の調停人（1に規定する名簿から選定されるか選定されないかを問わない。）

(b) 紛争の一方の当事者であるいずれの国の国籍も有しない1人の調停人(1に規定する名簿から選定される。)

紛争の他方の当事者である一又は二以上の国は、同様の方法により2人の調停人を任命する。紛争の双方の当事者の選定に係る4人の調停人の任命は、国際連合事務総長が要請を受領した日の後60日以内に行われる。

4人の調停人は、最後の者が任命された日の後60日以内に、議長となる5人目の調停人(1に規定する名簿から選定される。)を任命する。

議長又は議長以外の調停人の任命が、それぞれの任命について定められた期間内に行われなかつた場合には、国際連合事務総長が当該期間の満了の後60日以内に任命を行う。国際連合事務総長は、1に規定する名簿に記載された者又は国際法委員会の委員のうちから議長を任命することができる。任命を行うためのいずれの期間も、紛争の当事者の間の合意によつて延長することができる。

調停人が欠けたときは、当該調停人の任命の場合と同様の方法によつて空席を補充する。

3 調停委員会は、その手続を決定する。調停委員会は、紛争の当事者の同意を得て、条約の当事国に対しその見解を口頭又は書面により調停委員会に提示するよう要請することができる。調停委員会の決定及び勧告は、5人の調停人の過半数による議決で行う。

4 調停委員会は、紛争の友好的な解決を容易にすると考えられる措置について紛争の当事者の注意を喚起することができる。

5 調停委員会は、紛争の友好的な解決を図るため、紛争の当事者からの意見の聴取、紛争の当事者の主張及び異議の審理並びに紛争の当事者に対する提案を行う。

6 調停委員会は、その設置の日から12箇月以内に報告を行う。報告は、国際連合事務総長に提出し、かつ、紛争の当事者に送付する。事実又は法律問題に関し報告に記載されている結論を含め、報告は、紛争の当事者を拘束するものではなく、また、紛争の友好的な解決を容易にするために当事者の検討に付される勧告としての性質以外のいかなる性質も有しない。

7 国際連合事務総長は、調停委員会に対しその必要とする援助及び便宜を与える。調停委員会の経費は、国際連合が負担する。

7 外交関係

●外交関係に関するウィーン条約
Vienna Convention on Diplomatic Relations

▼採択　1961年4月18日（ウィーン）　▼効力発生　1964年4月24日　▼日本国　1962年3月28日署名、64年5月8日国会承認、6月8日批准書寄託、6月26日公布〔昭和39年条約第14号〕、7月8日発効

この条約の当事国は、
　すべての国の国民が古くから外交官の地位を承認してきたことを想起し、
　国の主権平等、国際の平和及び安全の維持並びに諸国間の友好関係の促進に関する国際連合憲章の目的及び原則に留意し、
　外交関係並びに外交上の特権及び免除に関する国際条約が、国家組織及び社会制度の相違にかかわらず、諸国間の友好関係の発展に貢献するであろうことを信じ、
　このような特権及び免除の目的が、個人に利益を与えることにあるのではなく、国を代表する外交使節団の任務の能率的な遂行を確保することにあることを認め、
　この条約の規定により明示的に規制されていない問題については、引き続き国際慣習法の諸規則によるべきことを確認して、
　次のとおり協定した。

第1条【定義】 この条約の適用上、
(a) 「使節団の長」とは、その資格において行動する任務を派遣国により課せられた者をいう。
(b) 「使節団の構成員」とは、使節団の長及び使節団の職員をいう。
(c) 「使節団の職員」とは、使節団の外交職員、事務及び技術職員並びに役務職員をいう。
(d) 「外交職員」とは、使節団の職員で外交官の身分を有するものをいう。
(e) 「外交官」とは、使節団の長又は使節団の外交職員をいう。
(f) 「事務及び技術職員」とは、使節団の職員で使節団の事務的業務又は技術的業務のために雇用されているものをいう。
(g) 「役務職員」とは、使節団の職員で使節団の役務に従事するものをいう。
(h) 「個人的使用人」とは、使節団の構成員の家事に従事する者で派遣国が雇用する者でないものをいう。
(i) 「使節団の公館」とは、所有者のいかんを問わず、使節団のために使用されている建物又はその一部及びこれに附属する土地（使節団の長の住居であるこれらのものを含む。）をいう。

第2条【外交関係の開設】 諸国間の外交関係の開設及び常駐の使節団の設置は、相互の同意によつて行なう。

第3条【使節団の任務】 1　使節団の任務は、特に、次のことから成る。
(a) 接受国において派遣国を代表すること。
(b) 接受国において、国際法が認める範囲内で派遣国及びその国民の利益を保護すること。
(c) 接受国の政府と交渉すること。
(d) 接受国における諸事情をすべての適法な手段によつて確認し、かつ、これらについて派遣国の政府に報告すること。
(e) 派遣国と接受国との間の友好関係を促進し、かつ、両国の経済上、文化上及び科学上の関係を発展させること。
2　この条約のいかなる規定も、使節団による領事任務の遂行を妨げるものと解してはならない。

第4条【アグレマン】 1　派遣国は、自国が使節団の長として接受国に派遣しようとする者について接受国のアグレマンが与えられていることを確認しなければならない。
2　接受国は、アグレマンの拒否について、派遣国に対し、その理由を示す義務を負わない。

第5条【複数国への派遣】 1　派遣国は、関係接受国に対し適当な通告を行なつた後、同一の使節団の長又は外交職員を同時に二以上の国に派遣することができる。ただし、いずれかの関係接受国が明示的に異議を申し入れた場合は、この限りでない。
2　派遣国は、同一の使節団の長を他の一又は二以上の国に派遣している場合には、その使節団の長が常駐しない各国に臨時代理大使又は臨時代理公使を首席の職員とする使節団を設置することができる。
3　使節団の長又は使節団の外交職員は、国際機関における自国の代表として行動することができる。

第6条【複数国による派遣】 二以上の国は、同一の者を同時にそれぞれの国の使節団の長として他の一国に派遣することができる。ただし、接受国が異議を申し入れた場合は、この限りでない。

第7条【職員の任命】 第5条、第8条、第9条及び第11条の規定に従うことを条件として、派遣国は、使節団の職員を自由に任命することができる。使節団付きの陸軍駐在官、海軍駐在官又は空軍駐在官の任命については、接受国は、承認のため、あらかじめその氏名を申し出ることを要求することができる。

第8条【外交職員の国籍】 1　使節団の外交職員は、原則として、派遣国の国籍を有する者でなければならない。
2　使節団の外交職員は、接受国の国籍を有する者の中から任命してはならない。ただし、接受国が同意した場合は、この限りでない。接受国は、いつでも、この同意を撤回することができる。
3　接受国は、派遣国の国民でない第三国の国民についても、同様の権利を留保することができる。

149

第9条【ペルソナ・ノン・グラータ】 1 接受国は、いつでも、理由を示さないで、派遣国に対し、使節団の長若しくは使節団の外交職員である者がペルソナ・ノン・グラータであること又は使節団のその他の職員である者が受け入れ難い者であることを通告することができる。その通告を受けた場合には、派遣国は、状況に応じ、その者を召還し、又は使節団におけるその者の任務を終了させなければならない。接受国は、いずれかの者がその領域に到着する前においても、その者がペルソナ・ノン・グラータであること又は受け入れ難い者であることを明らかにすることができる。
2 派遣国が1に規定する者に関するその義務を履行することを拒否した場合又は相当な期間内にこれを履行しなかつた場合には、接受国は、その者を使節団の構成員と認めることを拒否することができる。

第10条【接受国への通告事項】 1 接受国の外務省（合意により指定した他の省を含む。以下同じ。）は、次の事項について通告を受けるものとする。
 (a) 使節団の構成員の任命、到着及び最終的出発又は使節団における任務の終了
 (b) 使節団の構成員の家族である者の到着及び最終的出発並びに、状況に応じ、いずれかの者が使節団の構成員の家族となる事実又は家族でなくなる事実
 (c) (a)に掲げる者が雇用している個人的使用人の到着及び最終的出発並びに、状況に応じ、そのような雇用が終了する事実
 (d) 接受国内に居住する者を使節団の構成員として又は特権及び免除を受ける権利を有する個人的使用人として雇用すること及びこれを解雇すること。
2 1に規定する到着及び最終的出発の通告は、可能な場合には、事前にも行なわなければならない。

第11条【職員の数と職種の制限】 1 使節団の職員の数に関して特別の合意がない場合には、接受国は、使節団の職員の数を接受国が自国内の諸事情及び当該使節団の必要を考慮して合理的かつ正常と認める範囲内のものとすることを要求することができる。
2 接受国は、また、同様の制限の下に、かつ、無差別の原則の下に、特定の職種の職員を受け入れることを拒否することができる。

第12条【事務所の設置の制限】 派遣国は、接受国による事前の明示の同意を得ないで、使節団の設置の場所以外の場所に、使節団の一部を構成する事務所を設置してはならない。

第13条【任務の開始】 1 使節団の長は、接受国において一律に適用されるべき一般的な慣例に従い、自己の信任状を提出した時又は自己の到着を接受国の外務省に通告し、かつ、自己の信任状の真正な写しを外務省に提出した時において接受国における自己の任務を開始したものとみなされる。
2 信任状又はその真正な写しを提出する順序は、使節団の長の到着の日時によつて決定する。

第14条【使節団の長の階級】 1 使節団の長は、次の三の階級に分かたれる。
 (a) 国の元首に対して派遣された大使又はローマ法王の大使及びこれらと同等の地位を有する他の使節団の長
 (b) 国の元首に対して派遣された公使及びローマ法王の公使
 (c) 外務大臣に対して派遣された代理公使
2 席次及び儀礼に関する場合を除くほか、階級によつて使節団の長を差別してはならない。

第15条【階級に関する合意】 使節団の長に与える階級は、関係国の間で合意するところによる。

第16条【長の席次】 1 使節団の長は、それぞれの階級においては、第13条の規定による任務開始の日時の順序に従つて席次を占めるものとする。
2 使節団の長の信任状の変更で階級の変更を伴わないものは、その使節団の長の席次に影響を及ぼさないものとする。
3 この条の規定は、ローマ法王の代表者の席次に関する慣律で接受国が容認するものに影響を及ぼすものではない。

第17条【外交職員の席次】 使節団の外交職員の席次は、使節団の長が接受国の外務省に通告するものとする。

第18条【接受の手続】 使節団の長の接受に関しよるべき手続は、当該接受国において、それぞれの階級につき同一でなければならない。

第19条【臨時代理大・公使】 1 使節団の長が欠けた場合又は使節団の長がその任務を遂行することができない場合には、臨時代理大使又は臨時代理公使が暫定的に使節団の長として行動するものとする。その臨時代理大使又は臨時代理公使の氏名は、使節団の長又は、使節団の長がすることが不可能な場合には、派遣国の外務省が接受国の外務省に通告するものとする。
2 派遣国は、その使節団の外交職員が接受国にいない場合には、接受国の同意を得て、事務及び技術職員を使節団の日常の管理的事務の担当者に指定することができる。

第20条【国旗・国章の掲揚】 使節団及び使節団の長は、使節団の公館（使節団の長の住居を含む。）及び使節団の長の輸送手段に派遣国の国旗及び国章を掲げる権利を有する。

第21条【公館設置のための援助】 1 接受国は、派遣国が自国の使節団のために必要な公館を接受国の法令に従つて接受国の領域内で取得することを容易にし、又は派遣国が取得以外の方法で施設を入手することを助けなければならない。
2 接受国は、また、必要な場合には、使節団が使節団の構成員のための適当な施設を入手することを助けなければならない。

第22条【公館の不可侵】 1 使節団の公館は、不可侵とする。接受国の官吏は、使節団の長が同意した場合を除くほか、公館に立ち入ることができない。
2 接受国は、侵入又は損壊に対し使節団の公館を保護するため及び公館の安寧の妨害又は公館の威厳の侵害を防止するため適当なすべての措置を執る特別の責務を有する。
3 使節団の公館、公館内にある用具類その他の財産及

び使節団の輸送手段は、捜索、徴発、差押え又は強制執行を免除される。

第23条【公館に対する税の免除】1　派遣国及び使節団の長は、使節団の公館（所有しているものであると賃借しているものであるとを問わない。）について、国又は地方公共団体のすべての賦課金及び租税を免除される。ただし、これらの賦課金又は租税であつて、提供された特定の役務に対する給付としての性質を有するものは、この限りでない。

2　この条に規定する賦課金又は租税の免除は、派遣国又は使節団の長と契約した者が接受国の法律に従つて支払うべき賦課金又は租税については適用しない。

第24条【公文書の不可侵】使節団の公文書及び書類は、いずれの時及びいずれの場所においても不可侵とする。

第25条【便宜の供与】接受国は、使節団に対し、その任務の遂行のため十分な便宜を与えなければならない。

第26条【移動と旅行の自由】接受国は、国の安全上の理由により立入りが禁止され又は規制されている地域に関する法令に従うことを条件として、使節団のすべての構成員に対し、自国の領域内における移動の自由及び旅行の自由を確保しなければならない。

第27条【通信の自由】1　接受国は、すべての公の目的のためにする使節団の自由な通信を許し、かつ、これを保護しなければならない。使節団は、自国の政府並びに、いずれの場所にあるかを問わず、自国の他の使節団及び領事館と通信するにあたり、外交伝書使及び暗号又は符号による通信文を含むすべての適当な手段を用いることができる。ただし、使節団が、無線送信機を設置し、かつ、使用するには、接受国の同意を得なければならない。

2　使節団の公用通信は、不可侵とする。公用通信とは、使節団及びその任務に関するすべての通信をいう。

3　外交封印袋は、開き又は留置することができない。

4　外交封印袋である包みには、外交封印袋であることを外部から識別しうる記号を附さなければならず、また、外交上の書類又は公の使用のための物品のみを入れることができる。

5　外交伝書使は、自己の身分及び外交封印袋である包みの数を示す公文書が交付されていることを要し、その任務の遂行について接受国により保護されるものとする。その外交伝書使は、身体の不可侵を享有し、いかなる方法によつてもこれを抑留又は拘禁することができない。

6　派遣国又はその使節団は、臨時の外交伝書使を指名することができる。その場合には、5の規定の適用があるものとする。ただし、5に規定する免除は、その外交伝書使が自己の管理の下にある外交封印袋を受取人に交付した時に、適用されなくなるものとする。

7　外交封印袋は、公認の入国空港に着陸することになつている商業航空機の機長にその輸送を委託することができる。その機長は、外交封印袋である包みの数を示す公文書を交付されるが、外交伝書使とはみなされない。使節団は、その機長から直接にかつ自由に外交封印袋を受領するため、使節団の構成員を派遣することができる。

第28条【手数料等に対する税の免除】使節団がその公の任務の遂行にあたつて課する手数料及び料金は、すべての賦課金及び租税を免除される。

第29条【身体の不可侵】外交官の身体は、不可侵とする。外交官は、いかなる方法によつても抑留し又は拘禁することができない。接受国は、相応の敬意をもつて外交官を待遇し、かつ、外交官の身体、自由又は尊厳に対するいかなる侵害をも防止するためすべての適当な措置を執らなければならない。

第30条【住居等の不可侵】1　外交官の個人的住居は、使節団の公館と同様の不可侵及び保護を享有する。

2　外交官の書類、通信及び、第31条3の規定による場合を除くほか、その財産も、同様に、不可侵を享有する。

第31条【裁判権からの免除】1　外交官は、接受国の刑事裁判権からの免除を享有する。外交官は、また、次の訴訟の場合を除くほか、民事裁判権及び行政裁判権からの免除を享有する。

　(a)　接受国の領域内にある個人の不動産に関する訴訟（その外交官が使節団の目的のため派遣国に代わつて保有する不動産に関する訴訟を含まない。）

　(b)　外交官が、派遣国の代表者としてではなく個人として、遺言執行者、遺産管理人、相続人又は受遺者として関係している相続に関する訴訟

　(c)　外交官が接受国において自己の公の任務の範囲外で行なう職業活動又は商業活動に関する訴訟

2　外交官は、証人として証言を行なう義務を負わない。

3　外交官に対する強制執行の措置は、外交官の身体又は住居の不可侵を害さないことを条件として、1(a)、(b)又は(c)に規定する訴訟の場合にのみ執ることができる。

4　外交官が享有する接受国の裁判権からの免除は、その外交官を派遣国の裁判権から免れさせるものではない。

第32条【免除の放棄】1　派遣国は、外交官及び第37条の規定に基づいて免除を享有する者に対する裁判権からの免除を放棄することができる。

2　放棄は、常に明示的に行なわなければならない。

3　外交官又は第37条の規定に基づいて裁判権からの免除を享有する者が訴えを提起した場合には、本訴に直接に関連する反訴について裁判権からの免除を援用することができない。

4　民事訴訟又は行政訴訟に関する裁判権からの免除の放棄は、その判決の執行についての免除の放棄をも意味するものとみなしてはならない。判決の執行についての免除の放棄のためには、別にその放棄をすることを必要とする。

第33条【社会保障規程の適用免除】1　外交官は、3の規定に従うことを条件として、派遣国のために提供された役務について、接受国で施行されている社会保障規程の適用を免除される。

151

2　1に規定する免除は、また、次のことを条件として、もっぱら外交官に雇用されている個人的使用人にも適用される。
　(a)　その使用人が、接受国の国民でないこと、又は接受国内に通常居住していないこと。
　(b)　その使用人が派遣国又は第三国で施行されている社会保障規程の適用を受けていること。
3　2に規定する免除が適用されない者を雇用している外交官は、接受国の社会保障規程が雇用者に課する義務に従わなければならない。
4　1及び2に規定する免除は、接受国における社会保障制度への自発的な参加を妨げるものではない。ただし、その参加には、接受国の許可を必要とする。
5　この条の規定は、社会保障に関する二国間又は多数国間の協定ですでに締結されたものに影響を及ぼすものではなく、また、将来におけるこのような協定の締結を妨げるものではない。

第34条【税の免除】 外交官は、次のものを除くほか、人、動産又は不動産に関し、国又は地方公共団体のすべての賦課金及び租税を免除される。
　(a)　商品又は役務の価格に通常含められるような間接税
　(b)　接受国の領域内にある個人の不動産に対する賦課金及び租税（その外交官が使節団の目的のため派遣国に代わつて保有する不動産に対する賦課金及び租税を含まない。）
　(c)　第39条4の規定に従うことを条件として、接受国によつて課される遺産税又は相続税
　(d)　接受国内に源泉がある個人の所得に対する賦課金及び租税並びに接受国内の商業上の企業への投資に対する資本税
　(e)　給付された特定の役務に対する課徴金
　(f)　第23条の規定に従うことを条件として、登録税、裁判所手数料若しくは記録手数料、担保税又は印紙税であつて、不動産に関するもの

第35条【役務・徴発・軍事的義務の免除】 接受国は、外交官に対し、すべての人的役務、種類のいかんを問わないすべての公的役務並びに徴発、軍事上の金銭的負担及び宿舎割当てに関する業務のような軍事上の義務を免除する。

第36条【関税と検査の免除】 1　接受国は、自国が制定する法令に従つて、次の物品の輸入を許可し、かつ、それらについてすべての関税、租税及び関係がある課徴金を免除する。ただし、倉入れ、運搬及びこれらに類似する役務に対する課徴金は、この限りでない。
　(a)　使節団の公の使用のための物品
　(b)　外交官又はその家族の構成員でその世帯に属するものの個人的な使用のための物品（外交官の居住のための物品を含む。）
2　外交官の手荷物は、検査を免除される。ただし、手荷物中に1に掲げる免除の適用を受けない物品又は輸出入が接受国の法律によつて禁止されており若しくはその検疫規則によつて規制されている物品が含まれていると推定すべき重大な理由がある場合は、この限りでない。その場合には、検査は、当該外交官又は当該外交官が委任した者の立会いの下においてのみ行なわれなければならない。

第37条【特権・免除の人的範囲】 1　外交官の家族の構成員でその世帯に属するものは、接受国の国民でない場合には、第29条から第36条までに規定する特権及び免除を享有する。
2　使節団の事務及び技術職員並びにその家族の構成員でその世帯に属するものは、接受国の国民でない場合又は接受国に通常居住していない場合には、第29条から第35条までに規定する特権及び免除を享有する。ただし、第31条1に規定する接受国の民事裁判権及び行政裁判権からの免除は、その者が公の任務の範囲外で行なつた行為には及ばない。前記の者は、また、最初の到着にあたつて輸入する物品について、第36条1に規定する特権を享有する。
3　使節団の役務職員であつて、接受国の国民でないもの又は接受国に通常居住していないものは、その公の任務の遂行にあたつて行なつた行為についての裁判権からの免除、自己が雇用されていることによつて受ける報酬に対する賦課金及び租税の免除並びに第33条に規定する免除を享有する。
4　使節団の構成員の個人的使用人は、接受国の国民でない場合又は接受国に通常居住していない場合には、自己が雇用されていることによつて受ける報酬に対する賦課金及び租税を免除される。その他の点については、その者は、接受国によつて認められている限度まで特権及び免除を享有する。もつとも、接受国は、その者に対して裁判権を行使するには、使節団の任務の遂行を不当に妨げないような方法によらなければならない。

第38条【接受国の国民である職員の特権・免除】 1　接受国の国民である外交官又は接受国に通常居住している外交官は、その任務の遂行にあたつて行なつた行為についてのみ裁判権からの免除及び不可侵を享有する。ただし、接受国によつてそれ以上の特権及び免除が与えられる場合は、この限りでない。
2　外交職員以外の使節団の職員又は個人的使用人であつて、接受国の国民であるもの又は接受国内に通常居住しているものは、接受国によつて認められている限度まで特権及び免除を享有する。もつとも、接受国は、その者に対して裁判権を行使するには、使節団の任務の遂行を不当に妨げないような方法によらなければならない。

第39条【特権・免除の享有の期間】 1　特権及び免除を受ける権利を有する者は、赴任のため接受国の領域にはいつた時又は、すでに接受国の領域内にある場合には、自己の任命が外務省に通告された時から、特権及び免除を享有する。
2　特権及び免除を享有する者の任務が終了した場合には、その者の特権及び免除は、通常その者が接受国を去る時に、又は、接受国を去るために要する相当な期間が経過したときは、その時に消滅する。ただし、その時までは、その特権及び免除は、武力抗争が生じた

場合においても存続するものとし、また、前記の者が使節団の構成員として任務を遂行するにあたつて行なつた行為についての裁判権からの免除は、その者の特権及び免除の消滅後も引き続き存続するものとする。

3 使節団の構成員が死亡した場合において、その家族は、接受国を去るために要する相当な期間が経過する時まで、自己が受ける権利を有する特権及び免除を引き続き享有する。

4 使節団の構成員であつて、接受国の国民でないもの若しくは接受国に通常居住していないもの又はそれらの者の家族の構成員であつて、その世帯に属するものが死亡した場合において、接受国は、その者が接受国内で取得した財産で死亡の時に輸出を禁止されていたものを除くほか、その者の動産の持出しを許可するものとする。その者が使節団の構成員又はその家族として接受国にあつたことのみに基づいて接受国に所在する動産に対しては、遺産税及び相続税を課さない。

第40条【第三国の義務】 1 外交官が、赴任、帰任又は帰国の途中において、旅券査証が必要な場合にその査証を与えた第三国の領域を通過している場合又はその領域内にある場合には、その第三国は、その外交官に、不可侵及びその通過又は帰還を確実にするため必要な他の免除を与えなければならない。外交官の家族で特権若しくは免除を享有するものがその外交官と同行する場合又はその外交官のもとにおもむくために若しくは帰国するために別個に旅行中である場合についても、同様とする。

2 1に規定する場合と同様の場合において、第三国は、使節団の事務及び技術職員若しくは役務職員又はそれらの者の家族が当該第三国の領域を通過することを妨げてはならない。

3 第三国は、暗号又は符号による通信文を含む通過中のすべての公用通信に対し、接受国が与えるべき自由及び保護と同様の自由及び保護を与えなければならない。第三国は、旅券査証が必要な場合にその査証を与えられた通過中の外交伝書使及び通過中の外交封印袋に対し、接受国が与えるべき不可侵及び保護と同様の不可侵及び保護を与えなければならない。

4 1、2及び3の規定に基づき第三国が有する義務は、それらの項に規定する者並びに公用通信及び外交封印袋が不可抗力によつて当該第三国の領域にはいつた場合についても、また、同様とする。

第41条【接受国に対する義務】 1 特権及び免除を害することなく、接受国の法令を尊重することは、特権及び免除を享有するすべての者の義務である。それらの者は、また、接受国の国内問題に介入しない義務を有する。

2 派遣国がその使節団に課した接受国を相手方とするすべての公の職務は、接受国の外務省を相手方として、又は接受国の外務省を通じて、行なうものとする。

3 使節団の公館は、この条約、一般国際法の他の規則又は派遣国と接受国との間で効力を有する特別の合意により定める使節団の任務と両立しない方法で使用してはならない。

第42条【営利活動の禁止】 外交官は、接受国内で、個人的な利得を目的とするいかなる職業活動又は商業活動をも行なつてはならない。

第43条【任務の終了】 外交官の任務は、特に、次の時において終了する。

(a) 派遣国が、接受国に対し、その外交官の任務が終了した旨の通告を行なつた時

(b) 接受国が、派遣国に対し、第9条2の規定に従つて、その外交官を使節団の構成員と認めることを拒否する旨の通告を行なつた時

第44条【退去のための便宜】 接受国は、武力抗争が生じた場合においても、特権及び免除を享有する者で接受国の国民でないもの及びその家族(国籍のいかんを問わない。)ができる限り早い時期に退去できるように便宜を与えなければならない。特に、接受国は、必要な場合には、それらの者及びその財産のために必要な輸送手段を提供しなければならない。

第45条【接受国の利益保護】 二国間で外交関係が断絶した場合又は使節団が永久的に若しくは一時的に召還された場合には、

(a) 接受国は、武力抗争が生じたときにおいても、使節団の公館並びに使節団の財産及び公文書を尊重し、かつ、保護しなければならない。

(b) 派遣国は、接受国が容認することができる第三国に、使節団の公館並びに財産及び公文書の管理を委託することができる。

(c) 派遣国は、接受国が容認することができる第三国に、自国の利益及び自国民の利益の保護を委託することができる。

第46条【第三国の利益保護】 派遣国は、接受国に使節団を設置していない第三国の要請に基づき、接受国の事前の同意を得て、当該第三国及びその国民の利益を一時的に保護することができる。

第47条【差別の禁止】 1 接受国は、この条約の規定を適用するにあたつて、国家間に差別をしてはならない。

2 もつとも、次の場合には、差別が行なわれているものとはみなされない。

(a) この条約のいずれかの規定が、派遣国において、接受国の使節団に対して制限的に適用されていることを理由として、接受国が当該いずれかの規定を制限的に適用する場合

(b) 諸国が、慣習又は合意により、この条約の規定が定める待遇よりも一層有利な待遇を相互に与えている場合

第48条【署名のための開放】 この条約は、1961年10月31日まではオーストリア連邦外務省で、その後は1962年3月31日までニュー・ヨークの国際連合本部で、国際連合又はそのいずれかの専門機関のすべての加盟国、国際司法裁判所規程の当事国及びこの条約の当事国になるよう国際連合総会により招請された他の国による署名のため開放しておく。

第49条【批准】 この条約は、批准されなければならない。批准書は、国際連合事務総長に寄託されるものと

第50条【加入のための開放】この条約は、第48条に規定する四の種類のいずれかに属する国による加入のため開放しておく。加入書は、国際連合事務総長に寄託されるものとする。

第51条【効力発生】1　この条約は、22番目の批准書又は加入書が国際連合事務総長に寄託された日から30日目の日に効力を生ずる。

2　22番目の批准書又は加入書が寄託された後にこの条約を批准し又はこれに加入する各国については、この条約は、その国の批准書又は加入書の寄託の後30日目の日に効力を生ずる。

第52条【通報】国際連合事務総長は、第48条に規定する四の種類のいずれかに属するすべての国に次の事項を通報するものとする。

(a)　第48条、第49条及び第50条の規定に従つて行なわれるこの条約の署名及び批准書又は加入書の寄託

(b)　第51条の規定に従つてこの条約が効力を生ずる日

第53条【正本】この条約の原本は、中国語、英語、フランス語、ロシア語及びスペイン語による本文をひとしく正文とし、国際連合事務総長に寄託される。事務総長は、第48条に規定する四の種類のいずれかに属するすべての国にその認証謄本を送付するものとする。
〔末文及び署名省略〕

●紛争の義務的解決に関する選択議定書（外交条約）〔抜粋〕

Optional Protocol concerning the Compulsory Settlement of Disputes

▼採択　1961年4月18日（ウィーン）　▼効力発生　1964年4月24日　▼日本国　1962年3月28日署名、64年5月8日国会承認、6月8日批准書寄託、6月26日公布〔昭和39年条約第15号〕、7月8日発効

第1条【紛争の国際司法裁判所への付託】条約の解釈又は適用から生ずる紛争は、国際司法裁判所の義務的管轄の範囲内に属するものとし、したがつて、これらの紛争は、この議定書の当事国である紛争のいずれかの当事国が行なう請求により、国際司法裁判所に付託することができる。

第2条【紛争の仲裁裁判所への付託】両当事国は、一方の当事国が、他方の当事国に対し、紛争が存在する旨の見解を通告した後2箇月の期間内に、その紛争を国際司法裁判所にではなく仲裁裁判所に付託することにつき合意することができる。前記の期間が経過した後は、いずれか一方の当事国は、請求により、当該紛争を国際司法裁判所に付託することができる。

第3条【調停手続に関する合意及び調停委員会への勧告】1　両当事国は、第2条に規定する2箇月の期間内においては、国際司法裁判所に付託する前に調停手続を執ることにつき、合意することができる。

2　調停委員会は、その構成の後5箇月以内に勧告を行なわなければならない。勧告が行なわれた後2箇月以内に紛争の当事国がその勧告を受諾しない場合には、いずれか一方の当事国は、請求により、当該紛争を国際司法裁判所に付託することができる。

●領事関係に関するウィーン条約〔抄〕

Vienna Convention on Consular Relations

▼採択(作成)　1963年4月24日（ウィーン）　▼効力発生　1967年3月19日　▼日本国　1983年5月17日国会承認、10月3日加入書寄託、10月11日公布〔昭和58年条約第14号〕、11月2日発効

前文〔省略〕

第1条（定義）1　この条約の適用上、

(a)　「領事機関」とは、総領事館、領事館、副領事館又は代理領事事務所をいう。

(b)　「領事管轄区域」とは、領事機関について領事任務の遂行のために定められた地域をいう。

(c)　「領事機関の長」とは、その資格において行動する責務を有する者をいう。

(d)　「領事官」とは、その資格において領事任務を遂行する者（領事機関の長を含む。）をいう。

(e)　「事務技術職員」とは、領事機関の事務的業務又は技術的業務のために雇用されている者をいう。

(f)　「役務職員」とは、領事機関の役務のために雇用されている者をいう。

(g)　「領事機関の構成員」とは、領事官、事務技術職員及び役務職員をいう。

(h)　「領事機関の職員」とは、領事機関の長以外の領事官、事務技術職員及び役務職員をいう。

(i)　「個人的使用人」とは、専ら領事機関の構成員の個人的な役務のために雇用されている者をいう。

(j)　「領事機関の公館」とは、建物又はその一部及びこれに附属する土地であつて、専ら領事機関のために使用されているもの（所有者のいかんを問わない。）をいう。

(k)　「領事機関の公文書」には、領事機関に属するすべての書類、文書、通信文、書籍、フィルム、テープ及び登録簿並びに符号及び暗号、索引カード並びにこれらを保護し又は保管するための家具を含む。

2 領事官は、二の種類の者、すなわち、本務領事官及び名誉領事官とする。第2章の規定は、本務領事官を長とする領事機関に適用するものとし、第3章の規定は、名誉領事官を長とする領事機関を規律する。
3 領事機関の構成員であつて接受国の国民であるもの又は接受国に通常居住しているものの地位については、第71条に定める。

第1章 領事関係一般
第1節 領事関係の開設及び運営
第2条（領事関係の開設） 1 国の間の領事関係の開設は、相互の同意によつて行う。
2 二国間の外交関係の開設についての同意は、別段の意思表示がない限り、領事関係の開設についての同意をも意味する。
3 外交関係の断絶自体は、領事関係の断絶をもたらすものではない。
第3条（領事任務の遂行）〔省略〕
第4条（領事機関の設置） 1 領事機関は、接受国の同意がある場合にのみ、接受国の領域内に設置することができる。
2 領事機関の所在地及び種類並びに領事管轄区域は、派遣国が決定するものとし、接受国の承認を受けなければならない。
3 領事機関の所在地及び種類並びに領事管轄区域の派遣国によるその後の変更は、接受国の同意がある場合にのみ行うことができる。
4 総領事館又は領事館がその所在地以外の場所に副領事館又は代理領事事務所を開設することを希望する場合にも、接受国の同意を必要とする。
5 既に存在する領事機関の所在地以外の場所に当該領事機関の一部を構成する事務所を開設する場合にも、接受国の事前の明示の同意を必要とする。
第5条（領事任務） 領事任務は、次のことから成る。
　(a) 接受国において、国際法の認める範囲内で派遣国及びその国民（自然人であるか法人であるかを問わない。）の利益を保護すること。
　(b) この条約の定めるところにより、派遣国と接受国との間の通商上、経済上、文化上及び科学上の関係の発展を助長することその他両国間の友好関係を促進すること。
　(c) 接受国の通商上、経済上、文化上及び科学上の活動の状況及び進展を適法なすべての手段によつて把握し、当該状況及び進展について派遣国の政府に報告し並びに関心を有する者に情報を提供すること。
　(d) 派遣国の国民に対し旅券又は渡航文書を発給し及び派遣国への渡航を希望する者に対し査証又は適当な文書を発給すること。
　(e) 派遣国の国民（自然人であるか法人であるかを問わない。）を援助すること。
　(f) 接受国の法令に反対の規定がないことを条件として、公証人若しくは身分事項登録官としての資格又はこれに類する資格において行動し及び行政的性質を有する一定の任務を遂行すること。
　(g) 死亡を原因とする相続が接受国の領域内で行われる場合に、派遣国の国民（自然人であるか法人であるかを問わない。）の利益を接受国の法令の定めるところにより保護すること。
　(h) 派遣国の国民である未成年者その他の無能力者の利益を、特にこれらの者について後見又は財産管理が必要な場合に、接受国の法令の定める範囲内で保護すること。
　(i) 派遣国の国民が不在その他の理由で適切な時期に自己の権利及び利益を守ることができない場合に、当該権利及び利益を保全するために接受国の法令の定めるところにより暫定的措置がとられるようにするため、接受国の裁判所その他の当局において当該国民を代理し又は当該国民が適当に代理されるよう取り計らうこと。ただし、接受国の慣行及び手続に従うことを条件とする。
　(j) 現行の国際取極に従い又は、国際取極がない場合には、接受国の法令に合致する方法により、裁判上若しくは裁判外の文書を送達し又は派遣国の裁判所のために証拠調べの嘱託状若しくは委任状を執行すること。
　(k) 派遣国の国籍を有する船舶及び派遣国に登録された航空機並びにこれらの船舶及び航空機の乗組員につき、派遣国の法令の定める監督及び検査の権利を行使すること。
　(l) (k)に規定する船舶及び航空機並びにこれらの乗組員に援助を与え、船舶の航海に関する報告を受理し、船舶の書類を検査し及びこれに押印し、接受国の当局の権限を害することなく、航海中に生じた事故を調査し並びに船長、職員及び部員の間のあらゆる種類の紛争を派遣国の法令により認められる限度において解決すること。
　(m) 派遣国が領事機関に委任した他の任務であつて、接受国の法令により禁止されていないもの、接受国が異議を申し立てないもの又は派遣国と接受国との間で効力を有する国際取極により定められたものを遂行すること。

第6条（領事管轄区域外における領事任務の遂行）〔省略〕
第7条（第三国における領事任務の遂行）〔省略〕
第8条（第三国のための領事任務の遂行）〔省略〕
第9条（領事機関の長の階級） 1 領事機関の長は、次の四の階級に分けられる。
　(a) 総領事
　(b) 領事
　(c) 副領事
　(d) 代理領事
2 1の規定は、領事機関の長以外の領事官の名称を定める締約国の権利を何ら制限するものではない。
第10条（領事機関の長の任命及び承認） 1 領事機関の長は、派遣国によつて任命され、接受国により任務の遂行を承認される。
2 この条約に従うことを条件として、領事機関の長の任命の手続は派遣国の法令及び慣行により定められ、領事機関の長の承認の手続は接受国の法令及び慣行に

第11条（領事委任状又は任命通知書）1　領事機関の長は、その資格を証明しかつ原則として氏名、種類及び階級並びに領事管轄区域及び領事機関の所在地を示した委任状又はこれに類する文書を任命の都度派遣国から付与される。
2　派遣国は、領事機関の長がその領域において任務を遂行することとなる国の政府に対し、外交上その他の適当な経路を通じて委任状又はこれに類する文書を送付する。
3　派遣国は、接受国の同意がある場合には、委任状又はこれに類する文書に代えて、1に定める細目を記載した通知書を接受国に送付することができる。
第12条（認可状）1　領事機関の長は、認可状と称する接受国の許可書（様式のいかんを問わない。）により任務の遂行を承認される。
2　認可状の付与を拒否する国は、派遣国に対し拒否の理由を示す義務を負わない。
3　次条及び第15条の規定が適用される場合を除くほか、領事機関の長は、認可状を付与されるまでは、任務の遂行を開始してはならない。
第13条（領事機関の長の暫定的承認）〔省略〕
第14条（領事管轄区域内の当局に対する通知）〔省略〕
第15条（領事機関の長の任務の暫定的な遂行）〔省略〕
第16条（領事機関の長の席次）〔省略〕
第17条（領事官による外交活動の遂行）〔省略〕
第18条（同一の者についての二以上の国による**領事官としての任命**）〔省略〕
第19条（領事機関の職員の任命）1　派遣国は、次条、第22条及び第23条の規定に従うことを条件として、領事機関の職員を自由に任命することができる。
2　領事機関の長以外の領事官の氏名、種類及び階級は、接受国が希望する場合には第23条3に定める接受国の権利を行使することができるよう、十分な時間的余裕をもって派遣国が接受国に通告する。
3　派遣国は、自国の法令に定めがある場合には、領事機関の長以外の領事官に認可状を付与するよう接受国に要請することができる。
4　接受国は、自国の法令に定めがある場合には、領事機関の長以外の領事官に認可状を付与することができる。
第20条（領事機関の職員の数）接受国は、領事機関の職員の数に関して明示の合意がない場合には、その数を接受国が領事管轄区域内の諸事情及び領事機関の必要を考慮して合理的かつ正常と認める範囲内のものとすることを要求することができる。
第21条（一の領事機関に属する領事官の間の席次）〔省略〕
第22条（領事官の国籍）1　領事官は、原則として、派遣国の国籍を有していなければならない。
2　領事官は、接受国の国籍を有する者の中から任命してはならない。ただし、接受国の明示の同意がある場合は、この限りでない。接受国は、いつでも、この同意を撤回することができる。

3　接受国は、派遣国の国民でない第三国の国民についても、2の権利を留保することができる。
第23条（ペルソナ・ノン・グラータであると宣言した者）1　接受国は、いつでも、派遣国に対し、領事官である者がペルソナ・ノン・グラータであること又は領事機関の他の職員である者が受け入れ難い者であることを通告することができる。派遣国は、その通告を受けた場合には、状況に応じ、その者を召還し又は領事機関におけるその者の任務を終了させる。
2　派遣国が1の規定による義務を履行することを拒否した場合又は相当な期間内に履行しなかつた場合には、接受国は、状況に応じ、1の規定に該当する者の認可状を撤回すること又はその者を領事機関の職員として認めることをやめることができる。
3　接受国は、領事機関の構成員として任命された者について、接受国の領域に到着する前に又は既に接受国にあるときは領事機関における任務を開始する前に、受け入れ難い者であることを宣言することができる。この場合には、派遣国は、その者の任命を取り消す。
4　1及び3の場合において、接受国は、派遣国に対し自国の決定の理由を示す義務を負わない。
第24条（任命、到着及び出発の接受国に対する通告）〔省略〕

　　　第2節　領事任務の終了
第25条（領事機関の構成員の任務の終了）領事機関の構成員の任務は、特に、次の時に終了する。
(a)　派遣国が、接受国に対し、当該構成員の任務が終了した旨の通告を行つた時
(b)　認可状が撤回された時
(c)　接受国が、派遣国に対し、当該構成員を領事機関の職員として認めることをやめた旨の通告を行つた時

第26条（接受国の領域からの退去）接受国は、武力紛争が生じた場合においても、接受国の国民でない領事機関の構成員及び個人的使用人並びにこれらの世帯に属する家族（国籍のいかんを問わない。）に対し、これらの者が出発を準備し及び当該構成員又は当該個人的使用人の任務の終了後できる限り早い時期に退去することができるよう、必要な時間的余裕及び便益を与える。特に、接受国は、必要な場合には、これらの者及びその財産（接受国内で取得した財産で出発の時に輸出を禁止されているものを除く。）のために必要な輸送手段を提供する。
第27条（**例外的な状況における領事機関の公館及び公文書並びに派遣国の利益の保護**）1　二国間の領事関係が断絶した場合には、
(a)　接受国は、武力紛争が生じたときであつても、領事機関の公館並びに領事機関の財産及び公文書を尊重し、かつ、保護する。
(b)　派遣国は、接受国の容認する第三国に対し、領事機関の公館の管理とともに当該公館内にある財産及び領事機関の公文書の管理を委託することができる。
(c)　派遣国は、接受国の容認する第三国に対し、自国

の利益及び自国民の利益の保護を委託することができる。
2 いずれかの領事機関が一時的又は永久的に閉鎖された場合には、1(a)の規定を準用するものとし、更に、
 (a) 派遣国が、接受国において外交使節団によつて代表されていない場合においても、接受国の領域内に他の領事機関を有しているときは、当該他の領事機関に対し、閉鎖された領事機関の公館の管理とともに当該公館内にある財産及び領事機関の公文書の管理を委託することができるものとし、また、接受国の同意を得て、当該閉鎖された領事機関の管轄区域における領事任務の遂行を委託することができる。
 (b) 派遣国が接受国内に外交使節団を有しておらず、かつ、他の領事機関も有していない場合には、1(b)及び(c)の規定を準用する。

第2章　領事機関及び本務領事官その他の領事機関の構成員に係る便益、特権及び免除

第1節　領事機関に係る便益、特権及び免除

第28条（領事機関の活動に関する便益） 接受国は、領事機関の任務の遂行のため十分な便益を与える。

第29条（国旗及び紋章の使用）〔省略〕

第30条（施設） 1　接受国は、派遣国が自国の領事機関のために必要な公館を接受国の法令の定めるところにより接受国の領域内で取得することを容易にし、又は派遣国が取得以外の方法で施設を入手することを助ける。
2　接受国は、また、必要な場合には、領事機関がその構成員のための適当な施設を入手することを助ける。

第31条（領事機関の公館の不可侵） 1　領事機関の公館は、この条に定める限度において不可侵とする。
2　接受国の当局は、領事機関の長若しくはその指名した者又は派遣国の外交使節団の長の同意がある場合を除くほか、領事機関の公館で専ら領事機関の活動のために使用される部分に立ち入つてはならない。ただし、火災その他迅速な保護措置を必要とする災害の場合には、領事機関の長の同意があつたものとみなす。
3　接受国は、2の規定に従うことを条件として、領事機関の公館を侵入又は損壊から保護するため及び領事機関の安寧の妨害又は領事機関の威厳の侵害を防止するためすべての適当な措置をとる特別の責務を有する。
4　領事機関の公館及びその用具類並びに領事機関の財産及び輸送手段は、国防又は公共事業の目的のためのいかなる形式の徴発からも免除される。この目的のために収用を必要とする場合には、領事任務の遂行の妨げとならないようあらゆる可能な措置がとられるものとし、また、派遣国に対し、迅速、十分かつ有効な補償が行われる。

第32条（領事機関の公館に対する課税の免除） 1　派遣国又は派遣国のために行動する者が所有し又は賃借する領事機関の公館及び本務領事官である領事機関の長の住居は、国又は地方公共団体のすべての賦課金及び租税を免除される。ただし、賦課金又は租税であつて、提供された特定の役務に対する給付としての性質を有するものについては、この限りでない。
2　1に定める賦課金又は租税の免除は、派遣国又は派遣国のために行動する者と契約した者が接受国の法令の定めるところにより支払う賦課金又は租税については、適用しない。

第33条（領事機関の公文書及び書類の不可侵） 領事機関の公文書及び書類は、いずれの時及びいずれの場所においても、不可侵とする。

第34条（移動の自由） 接受国は、国の安全上の理由により立入りが禁止され又は規制されている地域に関する法令に従うことを条件として、領事機関のすべての構成員に対し、自国の領域内における移動の自由及び旅行の自由を確保する。

第35条（通信の自由） 1　接受国は、すべての公の目的のためにする領事機関の自由な通信を許し、かつ、保護する。領事機関は、自国の政府並びに、いずれの場所にあるかを問わず、自国の外交使節団及び他の領事機関との通信に当たり、外交伝書使又は領事伝書使、外交封印袋又は領事封印袋及び暗号又は符号による通信文を含むすべての適当な手段を用いることができる。ただし、領事機関が無線送信機を設置しかつ使用するには、接受国の同意を得なければならない。
2　領事機関の公用通信は、不可侵とする。公用通信とは、領事機関及びその任務に関するすべての通信をいう。
3　領事封印袋は、開封し又は留置することができない。もつとも、接受国の権限のある当局は、封印袋が4に規定する通信、書類又は物品以外のものを含んでいると信ずる十分な理由がある場合には、派遣国の委任を受けた代表によつて当該当局の立会いの下に当該封印袋が開封されることを要求することができる。要求が派遣国の当局によつて拒否された場合には、当該封印袋は、発送地に返送される。
4　領事封印袋である包みには、領事封印袋であることを外部から識別し得る記号を付するものとし、公用通信、公の書類及び専ら公に使用するための物品のみを入れることができる。
5　領事伝書使は、自己の身分及び領事封印袋である包みの数を示す公文書を交付されていなければならない。領事伝書使は、接受国の国民であつてはならず、また、派遣国の国民である場合を除くほか、接受国に通常居住している者であつてはならない。ただし、接受国の同意がある場合は、この限りでない。領事伝書使は、任務の遂行について接受国により保護される。領事伝書使は、身体の不可侵を享受するものとし、いかなる方法によつても抑留されず又は拘禁されない。
6　派遣国並びにその外交使節団及び領事機関は、臨時の領事伝書使を指名することができる。この場合には、5の規定が適用される。ただし、5に定める免除は、臨時の領事伝書使が自己の管理の下にある領事封印袋を受取人に交付した時に適用されなくなる。
7　領事封印袋は、公認の入国港又は入国空港に到着予

157

定の船舶又は商業航空機の長に輸送を委託することができる。当該船舶又は商業航空機の長は、領事封印袋である包みの数を示す公文書を交付されるが、領事伝書使とはみなされない。領事機関は、適当な地方当局との取決めにより、当該船舶又は商業航空機の長から直接にかつ自由に領事封印袋を受領するため、領事機関の構成員を派遣することができる。

第36条（派遣国の国民との通信及び接触） 1 派遣国の国民に関する領事任務の遂行を容易にするため、
(a) 領事官は、派遣国の国民と自由に通信し及び面接することができる。派遣国の国民も、同様に、派遣国の領事官と通信し及び面接することができる。
(b) 接受国の権限のある当局は、領事機関の領事管轄区域内で、派遣国の国民が逮捕された場合、留置された場合、裁判に付されるため勾〔こう〕留された場合又は他の事由により拘禁された場合において、当該国民の要請があるときは、その旨を遅滞なく当該領事機関に通報する。逮捕され、留置され、勾〔こう〕留され又は拘禁されている者から領事機関にあてたいかなる通信も、接受国の権限のある当局により、遅滞なく送付される。当該当局は、その者がこの(b)の規定に基づき有する権利について遅滞なくその者に告げる。
(c) 領事官は、留置され、勾〔こう〕留され又は拘禁されている派遣国の国民を訪問し、当該国民と面談し及び文通し並びに当該国民のために弁護人をあつせんする権利を有する。領事官は、また、自己の管轄区域内で判決に従い留置され、拘留され又は拘禁されている派遣国の国民を訪問する権利を有する。ただし、領事官が当該国民のために行動することに対し、当該国民が明示的に反対する場合には、領事官は、そのような行動を差し控える。
2 1に定める権利は、接受国の法令に反しないように行使する。もつとも、当該法令は、この条に定める権利の目的とするところを十分に達成するようなものでなければならない。

第37条（死亡、後見又は財産管理並びに難破及び航空事故の場合の通報） 接受国の権限のある当局は、関係のある情報を入手した場合には、次の責務を有する。
(a) 派遣国の国民が領事機関の領事管轄区域内で死亡した場合には、その旨を遅滞なく当該領事機関に通報すること。
(b) 後見人又は財産管理人を任命することが、派遣国の国民である未成年者その他の無能力者の利益に合致すると認められる場合には、その旨を遅滞なく権限のある領事機関に通報すること。もつとも、その通報は、後見人又は財産管理人の任命に関する接受国の法令の実施を妨げるものではない。
(c) 派遣国の国籍を有する船舶が接受国の領海若しくは内水において難破し若しくは座礁した場合又は派遣国に登録された航空機が接受国の領域内で事故を起こした場合には、その旨を遅滞なく事故発生地の最寄りの地にある領事機関に通報すること。

第38条（接受国の当局との通信） 領事官は、任務の遂行に当たり、次の当局にあてて通信することができる。
(a) 領事管轄区域内の権限のある地方当局
(b) 接受国の権限のある中央当局。ただし、中央当局にあてた通信は、接受国の法令及び慣行又は関係のある国際取極によつて許容される範囲内のものとする。

第39条（領事事務に係る手数料及び料金）〔省略〕

第2節 本務領事官その他の領事機関の構成員に係る便益、特権及び免除

第40条（領事官の保護） 接受国は、相応の敬意をもつて領事官を待遇するとともに、領事官の身体、自由又は尊厳に対するいかなる侵害も防止するためすべての適当な措置をとる。

第41条（領事官の身体の不可侵） 1 領事官は、抑留されず又は裁判に付されるため拘禁されない。ただし、重大な犯罪の場合において権限のある司法当局の決定があつたときを除く。
2 領事官は、最終的効力を有する司法上の決定の執行の場合を除くほか、拘禁されず又は身体の自由に対する他のいかなる制限も課されない。ただし、1のただし書に該当する場合を除く。
3 領事官は、自己について刑事訴訟手続が開始された場合には、権限のある当局に出頭しなければならない。もつとも、刑事訴訟手続は、領事官としての公の地位に相応の敬意を払いつつ行うものとし、1のただし書に該当する場合を除くほか、領事任務の遂行をできる限り妨げない方法で行う。1のただし書に該当する場合において領事官を拘禁したときは、当該領事官についての訴訟手続は、できる限り遅滞なく開始する。

第42条（抑留、拘禁又は訴追の通告） 領事機関の職員が抑留された場合若しくは裁判に付されるため拘禁された場合又は当該職員につき刑事訴訟手続が開始された場合には、接受国は、その旨を速やかに当該領事機関の長に通報する。領事機関の長自身が前段に定める措置の対象となる場合には、接受国は、外交上の経路を通じて派遣国に通報する。

第43条（裁判権からの免除） 1 領事官及び事務技術職員は、領事任務の遂行に当たつて行つた行為に関し、接受国の司法当局又は行政当局の裁判権に服さない。
2 もつとも、1の規定は、次の民事訴訟については、適用しない。
(a) 領事官又は事務技術職員が、派遣国のためにする旨を明示的にも黙示的にも示すことなく締結した契約に係る民事訴訟
(b) 接受国において車両、船舶又は航空機により引き起こされた事故による損害について第三者の提起する民事訴訟

第44条（証言の義務） 1 領事機関の構成員に対しては、司法上又は行政上の手続において証人として出頭するよう要求することができる。事務技術職員又は役務職員は、3に定める場合を除くほか、証言を拒否してはならない。領事官については、出頭又は証言を拒否した場合においても、いかなる強制的措置又は刑罰も適用しない。

2　領事官の証言を要求する当局は、領事官の任務の遂行を妨げないようにする。当該当局は、可能な場合には、領事官の住居において若しくは領事機関内で証言を録取すること又は書面による領事官の供述を受理することができる。

3　領事機関の構成員は、任務の遂行に関連する事項に関し証言を行う義務並びに当該事項に関する公の通信文及び公の書類を提出する義務を負わない。領事機関の構成員は、また、派遣国の法令に関し鑑定人として証言を行うことを拒否する権利を有する。

第45条（特権及び免除の放棄）1　派遣国は、領事機関の構成員について、第41条、第43条及び前条に定める特権及び免除を放棄することができる。

2　放棄は、3に定める場合を除くほか、すべての場合において明示的に行うものとし、接受国に対し書面により通告する。

3　領事官又は事務技術職員は、第43条の規定により裁判権からの免除を享受する事項について訴えを提起した場合には、本訴に直接係る反訴について裁判権からの免除を援用することができない。

4　民事訴訟又は行政訴訟に関する裁判権からの免除の放棄は、当該訴訟の判決の執行についての免除の放棄を意味するものとはみなさない。判決の執行についての免除の放棄のためには、別個の放棄を必要とする。

第46条（外国人登録及び在留許可に係る免除）1　領事官及び事務技術職員並びにこれらの世帯に属する家族は、外国人登録及び在留許可に関する接受国の法令に基づくすべての義務を免除される。

2　もっとも、1の規定は、事務技術職員であって派遣国の臨時的職員であるもの若しくは接受国内で収入を伴う私的な職業に従事するもの又はその家族については、適用しない。

第47条（就労許可に係る免除）1　領事機関の構成員は、派遣国のために提供する役務について、外国人労働者の雇用に関する接受国の法令により課される就労許可に係るいかなる義務も免除される。

2　領事官及び事務技術職員の個人的使用人は、授受国内で収入を伴う他の職業に従事していない場合には、1に規定する義務を免除される。

第48条（社会保障に係る免除）1　領事機関の構成員は、派遣国のために提供する役務について、授受国で施行されている社会保障に関する規定の適用を免除されるものとし、また、当該構成員の世帯に属する家族も、これらの規定の適用を免除される。このことは、3の規定の適用を妨げるものではない。

2　1に定める免除は、また、次のことを条件として、専ら領事機関の構成員に雇用されている個人的使用人についても適用される。
 (a) 当該個人的使用人が接受国の国民でないこと又は接受国に通常居住している者でないこと。
 (b) 当該個人的使用人が派遣国又は第三国で施行されている社会保障に関する規定の適用を受けていること。

3　2に定める免除が適用されない者を雇用している領事機関の構成員は、接受国の社会保障に関する規定により雇用者に課される義務を負う。

4　1及び2に定める免除は、接受国における社会保障制度への自発的参加を妨げるものではない。ただし、接受国がそのような参加を認める場合に限る。

第49条（課税の免除）1　領事官及び事務技術職員並びにこれらの世帯に属する家族は、人、動産又は不動産に関し、国又は地方公共団体のすべての賦課金及び租税を免除される。ただし、次のものを除く。
 (a) 商品又は役務の価格に通常含まれるような間接税
 (b) 第32条の規定に従うことを条件として、接受国の領域内にある個人の不動産に対する賦課金及び租税
 (c) 第51条(b)の規定に従うことを条件として、接受国によって課される遺産税又は相続税及び財産の移転に係る租税
 (d) 接受国内に源泉がある個人的所得（譲渡収益を含む。）に課される賦課金及び租税並びに接受国内の商業上又は金融上の企業への投資に対する資本税
 (e) 提供された特定の役務に対する課徴金
 (f) 第32条の規定に従うことを条件として、登録税、裁判所手数料又は記録手数料、担保税及び印紙税

2　役務職員は、自己の役務について受領する賃金に対する賦課金及び租税を免除される。

3　領事機関の構成員は、自己の雇用する者の賃金又は俸給が接受国において所得税の免除を受けられない場合には、所得税の課税に関し接受国の法令により雇用者に課される義務を負う。

第50条（関税及び税関検査の免除）1　接受国は、自国の法令の定めるところにより、次の物品の輸入を許可し、かつ、これらについてすべての関税、租税及び関係のある課徴金を免除する。ただし、蔵入れ、運搬及びこれらに類する役務に対する課徴金については、この限りでない。
 (a) 領事機関の公の使用のための物品
 (b) 領事官又はその世帯に属する家族の個人的な使用のための物品（領事官の居住のための物品を含む。）。もっとも、消費に充てられる物品は、その者の直接の使用に必要な数量を超えるものであってはならない。

2　事務技術職員は、着任の際に輸入する物品について1に定める特権及び免除を享受する。

3　領事官及びその世帯に属する家族が携行する個人用の荷物は、検査を免除される。ただし、1(b)に掲げる物品以外の物品又は輸出入が接受国の法令によって禁止されており若しくは接受国の検疫法令によって規制されている物品が当該荷物中に含まれていると信ずる十分な理由がある場合は、この限りでない。この場合には、検査は、当該領事官又は当該家族の立会いの下に行われる。

第51条（領事機関の構成員又はその家族の遺産）〔省略〕

第52条（人的役務及び金銭的負担の免除）接受国は、領事機関の構成員及びその世帯に属する家族に対し、すべての人的役務、すべての公的役務（種類のいかんを

問わない。）並びに徴発、軍事上の金銭的負担及び宿舎割当てに関する義務のような軍事上の義務を免除する。

第53条（領事上の特権及び免除の享受の開始及び終了） 1 領事機関の構成員は、赴任のため接受国の領域に入つた時又は、既に接受国の領域内にある場合には、領事機関における自己の任務に就く時から、この条約に定める特権及び免除を享受する。

2 領事機関の構成員の世帯に属する家族又は当該構成員の個人的使用人は、当該構成員が1の規定により特権及び免除を享受する日又は当該家族若しくは当該個人的使用人が接受国の領域に入つた日若しくはその地位を得た日のうち最も遅い日からこの条約に定める特権及び免除を享受する。

3 領事機関の構成員の任務が終了した場合には、当該構成員、その世帯に属する家族又は当該構成員の個人的使用人の特権及び免除は、通常、その者が接受国を去る時又は接受国を去るために要する相当な期間が経過した時のいずれか早い時に消滅する。当該特権及び免除は、武力紛争が生じた場合においても、第1文に規定する時まで存続する。2に規定する家族及び個人的使用人の特権及び免除は、これらの者が領事機関の構成員の世帯に属する者でなくなり又は領事機関の構成員のために役務を行わなくなつた時に消滅する。ただし、これらの者が相当な期間内に接受国を去る意思を有する場合には、これらの者の特権及び免除は、退去の時まで存続する。

4 もつとも、領事官又は事務技術職員が任務の遂行に当たつて行つた行為についての裁判権からの免除は、無期限に存続する。

5 領事機関の構成員が死亡した場合には、その世帯に属する家族は、接受国を去る時又は接受国を去るために要する相当な期間が経過した時のいずれか早い時まで、与えられた特権及び免除を引き続き享受する。

第54条（第三国の義務）〔省略〕

第55条（接受国の法令の尊重） 1 特権及び免除を享受するすべての者は、特権及び免除を害されることなく、接受国の法令を尊重する義務を負う。これらの者は、また、接受国の国内問題に介入しない義務を負う。

2 領事機関の公館は、領事任務の遂行と相いれない方法で使用してはならない。

3 2の規定は、領事機関の公館のある建物の一部に他の機関又は団体の事務所が設置されることを排除するものではない。ただし、当該事務所に充てられる部分が領事機関の使用する部分と区分されることを条件とする。このような場合には、当該事務所は、この条約の適用上、領事機関の公館の一部を成すものとはみなされない。

第56条（第三者の損害に対する保険） 領事機関の構成員は、車両、船舶又は航空機の使用から生ずる第三者の損害に対する保険について接受国の法令により課される義務を負う。

第57条（収入を伴う私的な職業に関する特別規定）〔省略〕

第3章　名誉領事官及び名誉領事官を長とする領事機関に関する制度

第58条（便益、特権及び免除に関する一般規定）〔省略〕
第59条（領事機関の公館の保護）〔省略〕
第60条（領事機関の公館に対する課税の免除）〔省略〕
第61条（領事機関の公文書及び書類の不可侵）〔省略〕
第62条（関税の免除）〔省略〕
第63条（刑事訴訟手続）〔省略〕
第64条（名誉領事官の保護）〔省略〕
第65条（外国人登録及び在留許可に係る免除）〔省略〕
第66条（課税の免除）〔省略〕
第67条（人的役務及び金銭的負担の免除）〔省略〕
第68条（名誉領事官の制度の任意的性格）〔省略〕

第4章　一般規定

第69条（領事機関の長でない代理領事）〔省略〕
第70条（外交使節団による領事任務の遂行）〔省略〕
第71条（接受国の国民又は接受国に通常居住する者） 1 領事官であつて接受国の国民であるもの又は接受国に通常居住しているものは、任務の遂行に当たつて行つた公の行為についての裁判権からの免除及び身体の不可侵並びに第44条3に規定する特権のみを享受する。ただし、接受国によつてその他の便益、特権及び免除が与えられる場合は、この限りでない。接受国は、当該領事官に関し、第42条に定める義務を負う。当該領事官について刑事訴訟手続が開始された場合には、刑事訴訟手続は、当該領事官が抑留され又は拘禁されている場合を除くほか、領事任務の遂行をできる限り妨げない方法で行う。

2 領事官以外の領事機関の構成員であつて接受国の国民であるもの又は接受国に通常居住しているもの及びその家族並びに1に規定する領事官の家族は、接受国により認められている限度において便益、特権及び免除を享受する。領事機関の構成員の家族及び個人的使用人であつて、接受国の国民であるもの又は接受国に通常居住しているものも、接受国により認められている限度において便益、特権及び免除を享受する。もつとも、接受国は、これらの者に対して裁判権を行使するには、領事機関の任務の遂行を不当に妨げないような方法によらなければならない。

第72条（無差別待遇） 1 接受国は、この条約の適用に当たり、国の間に差別をしてはならない。

2 もつとも、次の場合には、差別がされているものとはみなされない。

(a) この条約のいずれかの規定が、派遣国にある接受国の領事機関に対して制限的に適用されていることを理由として、接受国が当該いずれかの規定を制限的に適用する場合

(b) 諸国が、慣習又は合意により、この条約に定める待遇よりも有利な待遇を相互に与えている場合

第73条（この条約と他の国際取極との関係） 1 この条約は、他の国際取極であつてその締約国の間において効力を有するものに影響を及ぼすものではない。

2 この条約のいかなる規定も、諸国が、この条約の規定を確認し、補足し、拡大し又は拡充する国際取極を締結することを妨げるものではない。

第5章 最終規定

第74条（署名）〔省略〕

第75条（批准）〔省略〕
第76条（加入）〔省略〕
第77条（効力発生）〔省略〕
第78条（国際連合事務総長による通報）〔省略〕
第79条（正文）〔省略〕

8 空　間

◆ 海　洋 ◆

●海洋法に関する国際連合条約《国連海洋法条約》〔抄〕
United Nations Convention on the Law of the Sea

▼採択　1982年4月30日（第3次国連海洋法会議第11会期）　▼署名(開放)　1982年12月10日（モンテゴ・ベイ）　▼効力発生　1994年11月16日　▼日本国　1983年2月7日署名、96年6月7日国会承認、6月20日批准書寄託、7月12日公布〔平成8年条約第6号〕、7月20日発効

　この条約の締約国は、
　海洋法に関するすべての問題を相互の理解及び協力の精神によって解決する希望に促され、また、平和の維持、正義及び世界のすべての人民の進歩に対する重要な貢献としてのこの条約の歴史的な意義を認識し、
　1958年及び1960年にジュネーヴで開催された国際連合海洋法会議以降の進展により新たなかつ一般的に受け入れられ得る海洋法に関する条約の必要性が高められたことに留意し、
　海洋の諸問題が相互に密接な関連を有し及び全体として検討される必要があることを認識し、
　この条約を通じ、すべての国の主権に妥当な考慮を払いつつ、国際交通を促進し、かつ、海洋の平和的利用、海洋資源の衡平かつ効果的な利用、海洋生物資源の保存並びに海洋環境の研究、保護及び保全を促進するような海洋の法的秩序を確立することが望ましいことを認識し、
　このような目標の達成が、人類全体の利益及びニーズ、特に開発途上国（沿岸国であるか内陸国であるかを問わない。）の特別の利益及びニーズを考慮した公正かつ衡平な国際経済秩序の実現に貢献することに留意し、
　国の管轄権の及ぶ区域の境界の外の海底及びその下並びにその資源が人類の共同の財産であり、その探査及び開発が国の地理的な位置のいかんにかかわらず人類全体の利益のために行われること等を国際連合総会が厳粛に宣言した1970年12月17日の決議第2749号(第25回会期)に規定する諸原則をこの条約により発展させることを希望し、
　この条約により達成される海洋法の法典化及び漸進的発展が、国際連合憲章に規定する国際連合の目的及び原則に従い、正義及び同権の原則に基づくすべての国の間における平和、安全、協力及び友好関係の強化に貢献し並びに世界のすべての人民の経済的及び社会的発展を促進することを確信し、
　この条約により規律されない事項は、引き続き一般国際法の規則及び原則により規律されることを確認して、
　次のとおり協定した。

第1部　序

第1条（用語及び適用範囲）　1　この条約の適用上、
(1)　「深海底」とは、国の管轄権の及ぶ区域の境界の外の海底及びその下をいう。
(2)　「機構」とは、国際海底機構をいう。
(3)　「深海底における活動」とは、深海底の資源の探査及び開発のすべての活動をいう。
(4)　「海洋環境の汚染」とは、人間による海洋環境（三角江を含む。）への物質又はエネルギーの直接的又は間接的な導入であって、生物資源及び海洋生物に対する害、人の健康に対する危険、海洋活動（漁獲及びその他の適法な海洋の利用を含む。）に対する障害、海水の水質を利用に適さなくすること並びに快適性の減殺のような有害な結果をもたらし又はもたらすおそれのあるものをいう。
(5)(a)　「投棄」とは、次のことをいう。
　(i)　廃棄物その他の物を船舶、航空機又はプラットフォームその他の人工海洋構築物から故意に処分すること。
　(ii)　船舶、航空機又はプラットフォームその他の人工海洋構築物を故意に処分すること。
(b)　「投棄」には、次のことを含まない。
　(i)　船舶、航空機又はプラットフォームその他の人工海洋構築物及びこれらのものの設備の通常の運用に付随し又はこれに伴って生ずる廃棄物その他の物を処分すること。ただし、廃棄物その他の物であって、その処分に従事する船舶、航空機又はプラットフォームその他の人工海洋構築物によって又はこれらに向けて運搬されるもの及び当該船舶、航空機又はプラットフォームその他の人工海洋構築物における当該廃棄物その他の物の処理に伴って生ずるものを処分することを除く。
　(ii)　物を単なる処分の目的以外の目的で配置すること。ただし、その配置がこの条約の目的に反しない場合に限る。
2(1)　「締約国」とは、この条約に拘束されることに同意し、かつ、自国についてこの条約の効力が生じている国をいう。
(2)　この条約は、第305条1の(b)から(f)までに規定する主体であって、そのそれぞれに関連する条件に従ってこの条約の当事者となるものについて準用し、その限度において「締約国」というときは、当該主体を含む。

第2部　領海及び接続水域

第1節　総則

第2条（領海、領海の上空並びに領海の海底及びその下の法的地位）　1　沿岸国の主権は、その領土若しくは内水又は群島国の場合にはその群島水域に接続する水域で領海といわれるものに及ぶ。

2　沿岸国の主権は、領海の上空並びに領海の海底及びその下に及ぶ。

3　領海に対する主権は、この条約及び国際法の他の規則に従って行使される。

第2節　領海の限界

第3条（領海の幅）　いずれの国も、この条約の定めるところにより決定される基線から測定して12海里を超えない範囲でその領海の幅を定める権利を有する。

第4条（領海の外側の限界）　領海の外側の限界は、いずれの点をとっても基線上の最も近い点からの距離が領海の幅に等しい線とする。

第5条（通常の基線）　この条約に別段の定めがある場合を除くほか、領海の幅を測定するための通常の基線は、沿岸国が公認する大縮尺海図に記載されている海岸の低潮線とする。

第6条（礁）　環礁の上に所在する島又は裾〔きょ〕礁を有する島については、領海の幅を測定するための基線は、沿岸国が公認する海図上に適当な記号で示される礁の海側の低潮線とする。

第7条（直線基線）　1　海岸線が著しく曲折しているか又は海岸に沿って至近距離に一連の島がある場所において、領海の幅を測定するための基線を引くに当たって、適当な点を結ぶ直線基線の方法を用いることができる。

2　三角州その他の自然条件が存在するために海岸線が非常に不安定な場所においては、低潮線上の海へ向かって最も外側の適当な諸点を選ぶことができるものとし、直線基線は、その後、低潮線が後退する場合においても、沿岸国がこの条約に従って変更するまで効力を有する。

3　直線基線は、海岸の全般的な方向から著しく離れて引いてはならず、また、その内側の水域は、内水としての規制を受けるために陸地と十分に密接な関連を有しなければならない。

4　直線基線は、低潮高地との間に引いてはならない。ただし、恒久的に海面上にある灯台その他これに類する施設が低潮高地の上に建設されている場合及び低潮高地との間に基線を引くことが一般的な国際的承認を受けている場合は、この限りでない。

5　直線基線の方法が1の規定に基づいて適用される場合には、特定の基線を決定するに当たり、その地域に特有な経済的利益でその現実性及び重要性が長期間の慣行によって明白に証明されているものを考慮に入れることができる。

6　いずれの国も、他の国の領海を公海又は排他的経済水域から切り離すように直線基線の方法を適用することができない。

第8条（内水）　1　第4部に定める場合を除くほか、領海の基線の陸地側の水域は、沿岸国の内水の一部を構成する。

2　前条に定める方法に従って定めた直線基線がそれ以前には内水とされていなかった水域を内水として取り込むこととなる場合には、この条約に定める無害通航権は、これらの水域において存続する。

第9条（河口）　河川が海に直接流入している場合には、基線は、河口を横切りその河川の両岸の低潮線上の点の間に引いた直線とする。

第10条（湾）　1　この条は、海岸が単一の国に属する湾についてのみ規定する。

2　この条約の適用上、湾とは、奥行が湾口の幅との対比において十分に深いため、陸地に囲まれた水域を含み、かつ、単なる海岸のわん曲以上のものを構成する明白な湾入をいう。ただし、湾入は、その面積が湾口を横切って引いた線を直径とする半円の面積以上のものでない限り、湾とは認められない。

3　測定上、湾入の面積は、その海岸の低潮線と天然の入口の両側の低潮線上の点を結ぶ線とにより囲まれる水域の面積とする。島が存在するために湾入が二以上の湾口を有する場合には、それぞれの湾口に引いた線の長さの合計に等しい長さの線上に半円を描くものとする。湾入内にある島は、湾入の水域の一部とみなす。

4　湾の天然の入口の両側の低潮線上の点の間の距離が24海里を超えないときは、これらの点を結ぶ閉鎖線を引き、その線の内側の水域を内水とする。

5　湾の天然の入口の両側の低潮線上の点の間の距離が24海里を超えるときは、24海里の直線基線を、この長さの線で囲むことができる最大の水域を囲むような方法で湾内に引く。

6　この条の規定は、いわゆる歴史的湾について適用せず、また、第7条に定める直線基線の方法が適用される場合についても適用しない。

第11条（港）　領海の限界の画定上、港湾の不可分の一部を成す恒久的な港湾工作物で最も外側にあるものは、海岸の一部を構成するものとみなされる。沖合の施設及び人工島は、恒久的な港湾工作物とはみなされない。

第12条（停泊地）　積込み、積卸し及び船舶の投びょうのために通常使用されている停泊地は、その全部又は一部が領海の外側の限界よりも外方にある場合にも、領海とみなされる。

第13条（低潮高地）　1　低潮高地とは、自然に形成された陸地であって、低潮時には水に囲まれ水面上にあるが、高潮時には水中に没するものをいう。低潮高地の全部又は一部が本土又は島から領海の幅を超えない距離にあるときは、その低潮線は、領海の幅を測定するための基線として用いることができる。

2　低潮高地は、その全部が本土又は島から領海の幅を超える距離にあるときは、それ自体の領海を有しない。

第14条（基線を決定する方法の組合せ）　沿岸国は、異なる状態に適応させて、前諸条に規定する方法を適宜用いて基線を決定することができる。

第15条（向かい合っているか又は隣接している海岸を有する国の間における領海の境界画定）　二の国の海岸

が向かい合っているか又は隣接しているときは、いずれの国も、両国間に別段の合意がない限り、いずれの点をとっても両国の領海の幅を測定するための基線上の最も近い点から等しい距離にある中間線を越えてその領海を拡張することができない。ただし、この規定は、これと異なる方法で両国の領海の境界を定めることが歴史的権原その他特別の事情により必要であるときは、適用しない。

第16条（海図及び地理学的経緯度の表） 1　第7条、第9条及び第10条の規定に従って決定される領海の幅を測定するための基線又はこれに基づく限界線並びに第12条及び前条の規定に従って引かれる境界画定線は、それらの位置の確認に適した縮尺の海図に表示する。これに代えて、測地原子を明示した各点の地理学的経緯度の表を用いることができる。

2　沿岸国は、1の海図又は地理学的経緯度の表を適当に公表するものとし、当該海図又は表の写しを国際連合事務総長に寄託する。

　　　第3節　領海における無害通航
　　A　すべての船舶に適用される規則

第17条（無害通航権） すべての国の船舶は、沿岸国であるか内陸国であるかを問わず、この条約に従うことを条件として、領海において無害通航権を有する。

第18条（通航の意味） 1　通航とは、次のことのために領海を航行することをいう。
 (a) 内水に入ることなく又は内水の外にある停泊地若しくは港湾施設に立ち寄ることなく領海を通過すること。
 (b) 内水に向かって若しくは内水から航行すること又は(a)の停泊地若しくは港湾施設に立ち寄ること。

2　通航は、継続的かつ迅速に行わなければならない。ただし、停船及び投びょうは、航行に通常付随するものである場合、不可抗力若しくは遭難により必要とされる場合又は危険若しくは遭難に陥った人、船舶若しくは航空機に援助を与えるために必要とされる場合に限り、通航に含まれる。

第19条（無害通航の意味） 1　通航は、沿岸国の平和、秩序又は安全を害しない限り、無害とされる。無害通航は、この条約及び国際法の他の規則に従って行われなければならない。

2　外国船舶の通航は、当該外国船舶が領海において次の活動のいずれかに従事する場合には、沿岸国の平和、秩序又は安全を害するものとされる。
 (a) 武力による威嚇又は武力の行使であって、沿岸国の主権、領土保全若しくは政治的独立に対するもの又はその他の国際連合憲章に規定する国際法の諸原則に違反する方法によるもの
 (b) 兵器（種類のいかんを問わない。）を用いる訓練又は演習
 (c) 沿岸国の防衛又は安全を害することとなるような情報の収集を目的とする行為
 (d) 沿岸国の防衛又は安全に影響を与えることを目的とする宣伝行為
 (e) 航空機の発着又は積込み
 (f) 軍事機器の発着又は積込み
 (g) 沿岸国の通関上、財政上、出入国管理上又は衛生上の法令に違反する物品、通貨又は人の積込み又は積卸し
 (h) この条約に違反する故意のかつ重大な汚染行為
 (i) 漁獲活動
 (j) 調査活動又は測量活動の実施
 (k) 沿岸国の通信系又は他の施設への妨害を目的とする行為
 (l) 通航に直接の関係を有しないその他の活動

第20条（潜水船その他の水中航行機器） 潜水船その他の水中航行機器は、領海においては、海面上を航行し、かつ、その旗を掲げなければならない。

第21条（無害通航に係る沿岸国の法令） 1　沿岸国は、この条約及び国際法の他の規則に従い、次の事項の全部又は一部について領海における無害通航に係る法令を制定することができる。
 (a) 航行の安全及び海上交通の規制
 (b) 航行援助施設及び他の施設の保護
 (c) 電線及びパイプラインの保護
 (d) 海洋生物資源の保存
 (e) 沿岸国の漁業に関する法令の違反の防止
 (f) 沿岸国の環境の保全並びにその汚染の防止、軽減及び規制
 (g) 海洋の科学的調査及び水路測量
 (h) 沿岸国の通関上、財政上、出入国管理上又は衛生上の法令の違反の防止

2　1に規定する法令は、外国船舶の設計、構造、乗組員の配乗又は設備については、適用しない。ただし、当該法令が一般的に受け入れられている国際的な規則又は基準を実施する場合は、この限りでない。

3　沿岸国は、1に規定するすべての法令を適当に公表する。

4　領海において無害通航権を行使する外国船舶は、1に規定するすべての法令及び海上における衝突の予防に関する一般的に受け入れられているすべての国際的な規則を遵守する。

第22条（領海における航路帯及び分離通航帯） 1　沿岸国は、航行の安全を考慮して必要な場合には、自国の領海において無害通航権を行使する外国船舶に対し、船舶の通航を規制するために自国が指定する航路帯及び設定する分離通航帯を使用するよう要求することができる。

2　沿岸国は、特に、タンカー、原子力船及び核物質はその他の本質的に危険若しくは有害な物質若しくは原料を運搬する船舶に対し、1の航路帯のみを通航するよう要求することができる。

3　沿岸国は、この条の規定により航路帯の指定及び分離通航帯の設定を行うに当たり、次の事項を考慮する。
 (a) 権限のある国際機関の勧告
 (b) 国際航行のために慣習的に使用されている水路
 (c) 特定の船舶及び水路の特殊な性質
 (d) 交通のふくそう状況

4　沿岸国は、この条に定める航路帯及び分離通航帯を

海図上に明確に表示し、かつ、その海図を適当に公表する。

第23条（外国の原子力船及び核物質又はその他の本質的に危険若しくは有害な物質を運搬する船舶）外国の原子力船及び核物質又はその他の本質的に危険若しくは有害な物質を運搬する船舶は、領海において無害通航権を行使する場合には、そのような船舶について国際協定が定める文書を携行し、かつ、当該国際協定が定める特別の予防措置をとる。

第24条（沿岸国の義務）1　沿岸国は、この条約に定めるところによる場合を除くほか、領海における外国船舶の無害通航を妨害してはならない。沿岸国は、特に、この条約又はこの条約に従って制定される法令の適用に当たり、次のことを行ってはならない。
　(a)　外国船舶に対し無害通航権を否定し又は害する実際上の効果を有する要件を課すること。
　(b)　特定の国の船舶に対し又は特定の国へ、特定の国から若しくは特定の国のために貨物を運搬する船舶に対して法律上又は事実上の差別を行うこと。
2　沿岸国は、自国の領海内における航行上の危険で自国が知っているものを適当に公表する。

第25条（沿岸国の保護権）1　沿岸国は、無害でない通航を防止するため、自国の領海内において必要な措置をとることができる。
2　沿岸国は、また、船舶が内水に向かって航行している場合又は内水の外にある港湾施設に立ち寄る場合には、その船舶が内水に入るため又は内水の外にある港湾施設に立ち寄るために従うべき条件に違反することを防止するため、必要な措置をとる権利を有する。
3　沿岸国は、自国の安全の保護（兵器を用いる訓練を含む。）のため不可欠である場合には、その領海内の特定の水域において、外国船舶の間に法律上又は事実上の差別を設けることなく、外国船舶の無害通航を一時的に停止することができる。このような停止は、適当な方法で公表された後においてのみ、効力を有する。

第26条（外国船舶に対して課し得る課徴金）1　外国船舶に対しては、領海の通航のみを理由とするいかなる課徴金も課することができない。
2　領海を通航する外国船舶に対しては、当該外国船舶に提供された特定の役務の対価としてのみ、課徴金を課することができる。これらの課徴金は、差別なく課する。

　　B　商船及び商業的目的のために運航する政府船舶に適用される規則

第27条（外国船舶内における刑事裁判権）1　沿岸国の刑事裁判権は、次の場合を除くほか、領海を通航している外国船舶内において、その通航中に当該外国船舶内で行われた犯罪に関連していずれかの者を逮捕し又は捜査を行うため行使してはならない。
　(a)　犯罪の結果が当該沿岸国に及ぶ場合
　(b)　犯罪が当該沿岸国の安寧又は領海の秩序を乱す性質のものである場合
　(c)　当該外国船舶の船長又は旗国の外交官若しくは領事官が当該沿岸国の当局に対して援助を要請する場合
　(d)　麻薬又は向精神薬の不正取引を防止するために必要である場合
2　1の規定は、沿岸国が、内水を出て領海を通航している外国船舶内において逮捕又は捜査を行うため、自国の法令で認められている措置をとる権利に影響を及ぼすものではない。
3　1及び2に定める場合においては、沿岸国は、船長の要請があるときは、措置をとる前に当該外国船舶の旗国の外交官又は領事官に通報し、かつ、当該外交官又は領事官と当該外国船舶の乗組員との間の連絡を容易にする。緊急の場合には、その通報は、当該措置をとっている間に行うことができる。
4　沿岸国の当局は、逮捕すべきか否か、また、いかなる方法によって逮捕すべきかを考慮するに当たり、航行の利益に対して妥当な考慮を払う。
5　沿岸国は、第12部に定めるところによる場合及び第5部に定めるところにより制定する法令の違反に関する場合を除くほか、外国の港を出て、内水に入ることなく単に領海を通航する外国船舶につき、当該外国船舶が領海に入る前に船内において行われた犯罪に関連していずれかの者を逮捕し又は捜査を行うため、いかなる措置もとることができない。

第28条（外国船舶に関する民事裁判権）1　沿岸国は、領海を通航している外国船舶内にある者に関して民事裁判権を行使するために当該外国船舶を停止させてはならず、又はその針路を変更させてはならない。
2　沿岸国は、外国船舶が沿岸国の水域を航行している間に又はその水域を航行するために当該外国船舶について生じた債務又は責任に関する場合を除くほか、当該外国船舶に対し民事上の強制執行又は保全処分を行うことができない。
3　2の規定は、沿岸国が、領海に停泊しているか又は内水を出て領海を通航している外国船舶に対し、自国の法令に従って民事上の強制執行又は保全処分を行う権利を害するものではない。

　　C　軍艦及び非商業的目的のために運航するその他の船舶に適用される規則

第29条（軍艦の定義）この条約の適用上、「軍艦」とは、一の国の軍隊に属する船舶であって、当該国の国籍を有するそのような船舶であることを示す外部標識を掲げ、当該国の政府によって正式に任命されてその氏名が軍務に従事する者の適当な名簿又はこれに相当するものに記載されている士官の指揮の下にあり、かつ、正規の軍隊の規律に服する乗組員が配置されているものをいう。

第30条（軍艦による沿岸国の法令の違反）軍艦が領海の通航に係る沿岸国の法令を遵守せず、かつ、その軍艦に対して行われた当該法令の遵守の要請を無視した場合には、当該沿岸国は、その軍艦に対し当該領海から直ちに退去することを要求することができる。

第31条（軍艦又は非商業的目的のために運航するその他の政府船舶がもたらした損害についての旗国の責任）旗国は、軍艦又は非商業的目的のために運航する

その他の政府船舶が領海の通航に係る沿岸国の法令、この条約又は国際法の他の規則を遵守しなかった結果として沿岸国に与えたいかなる損失又は損害についても国際的責任を負う。

第32条（軍艦及び非商業的目的のために運航するその他の政府船舶に与えられる免除） この節のA及び前2条の規定による例外を除くほか、この条約のいかなる規定も、軍艦及び非商業的目的のために運航するその他の政府船舶に与えられる免除に影響を及ぼすものではない。

第4節　接続水域

第33条（接続水域） 1　沿岸国は、自国の領海に接続する水域で接続水域といわれるものにおいて、次のことに必要な規制を行うことができる。
  (a) 自国の領土又は領海内における通関上、財政上、出入国管理上又は衛生上の法令の違反を防止すること。
  (b) 自国の領土又は領海内で行われた(a)の法令の違反を処罰すること。

2　接続水域は、領海の幅を測定するための基線から24海里を超えて拡張することができない。

第3部　国際航行に使用されている海峡

第1節　総則

第34条（国際航行に使用されている海峡を構成する水域の法的地位） 1　この部に定める国際航行に使用されている海峡の通航制度は、その他の点については、当該海峡を構成する水域の法的地位に影響を及ぼすものではなく、また、当該水域、当該水域の上空並びに当該水域の海底及びその下に対する海峡沿岸国の主権又は管轄権の行使に影響を及ぼすものではない。

2　海峡沿岸国の主権又は管轄権は、この部の規定及び国際法の他の規則に従って行使される。

第35条（この部の規定の適用範囲） この部のいかなる規定も、次のものに影響を及ぼすものではない。
  (a) 海峡内の内水である水域。ただし、第7条に定める方法に従って定めた直線基線がそれ以前には内水とされていなかった水域を内水として取り込むこととなるものを除く。
  (b) 海峡沿岸国の領海を越える水域の排他的経済水域又は公海としての法的地位
  (c) 特にある海峡について定める国際条約であって長い間存在し現に効力を有しているものがその海峡の通航を全面的又は部分的に規制している法制度

第36条（国際航行に使用されている海峡内の公海又は排他的経済水域の航路） この部の規定は、国際航行に使用されている海峡であって、その海峡内に航行上及び水路上の特性において同様に便利な公海又は排他的経済水域の航路が存在するものについては、適用しない。これらの航路については、この条約の他の関連する部の規定（航行及び上空飛行の自由に関する規定を含む。）を適用する。

第2節　通過通航

第37条（この節の規定の適用範囲） この節の規定は、公海又は排他的経済水域の一部分と公海又は排他的経済水域の他の部分との間にある国際航行に使用されている海峡について適用する。

第38条（通過通航権） 1　すべての船舶及び航空機は、前条に規定する海峡において、通過通航権を有するものとし、この通過通航権は、害されない。ただし、海峡が海峡沿岸国の島及び本土から構成されている場合において、その島の海側に航行上及び水路上の特性において同様に便利な公海又は排他的経済水域の航路が存在するときは、通過通航は、認められない。

2　通過通航とは、この部の規定に従い、公海又は排他的経済水域の一部分と公海又は排他的経済水域の他の部分との間にある海峡において、航行及び上空飛行の自由が継続的かつ迅速な通過のためのみに行使されることをいう。ただし、継続的かつ迅速な通過という要件は、海峡沿岸国への入国に関する条件に従い当該海峡沿岸国への入国又は当該海峡沿岸国からの出国若しくは帰航の目的で海峡を通航することを妨げるものではない。

3　海峡における通過通航権の行使に該当しないいかなる活動も、この条約の他の適用される規定に従うものとする。

第39条（通過通航中の船舶及び航空機の義務） 1　船舶及び航空機は、通過通航権を行使している間、次のことを遵守する。
  (a) 海峡又はその上空を遅滞なく通過すること。
  (b) 武力による威嚇又は武力の行使であって、海峡沿岸国の主権、領土保全若しくは政治的独立に対するもの又はその他の国際連合憲章に規定する国際法の諸原則に違反する方法によるものを差し控えること。
  (c) 不可抗力又は遭難により必要とされる場合を除くほか、継続的かつ迅速な通過の通常の形態に付随する活動以外のいかなる活動も差し控えること。
  (d) この部の他の関連する規定に従うこと。

2　通過通航中の船舶は、次の事項を遵守する。
  (a) 海上における安全のための一般的に受け入れられている国際的な規則、手続及び方式（海上における衝突の予防のための国際規則を含む。）
  (b) 船舶からの汚染の防止、軽減及び規制のための一般的に受け入れられている国際的な規則、手続及び方式

3　通過通航中の航空機は、次のことを行う。
  (a) 国際民間航空機関が定める民間航空機に適用される航空規則を遵守すること。国の航空機については、航空規則に係る安全措置を原則として遵守し及び常に航行の安全に妥当な考慮を払って運航すること。
  (b) 国際的に権限のある航空交通管制当局によって割り当てられた無線周波数又は適当な国際遭難無線周波数を常に聴守すること。

第40条（調査活動及び測量活動） 外国船舶（海洋の科学的調査又は水路測量を行う船舶を含む。）は、通過通航中、海峡沿岸国の事前の許可なしにいかなる調査活動又は測量活動も行うことができない。

第41条（国際航行に使用されている海峡における航路帯及び分離通航帯）1　海峡沿岸国は、船舶の安全な通航を促進するために必要な場合には、この部の規定により海峡内に航行のための航路帯を指定し及び分離通航帯を設定することができる。
2　1の海峡沿岸国は、必要がある場合には、適当に公表した後、既に指定した航路帯又は既に設定した分離通航帯を他の航路帯又は分離通航帯に変更することができる。
3　航路帯及び分離通航帯は、一般的に受け入れられている国際的な規則に適合したものとする。
4　海峡沿岸国は、航路帯の指定若しくは変更又は分離通航帯の設定若しくは変更を行う前に、これらの採択のための提案を権限のある国際機関に行う。当該権限のある国際機関は、当該海峡沿岸国が同意する航路帯及び分離通航帯のみを採択することができるものとし、当該海峡沿岸国は、その採択の後にそれに従って航路帯の指定若しくは変更又は分離通航帯の設定若しくは変更を行うことができる。
5　ある海峡において二以上の海峡沿岸国の水域を通る航路帯又は分離通航帯が提案される場合には、関係国は、権限のある国際機関と協議の上、その提案の作成に協力する。
6　海峡沿岸国は、自国が指定したすべての航路帯及び設定したすべての分離通航帯を海図上に明確に表示し、かつ、その海図を適当に公表する。
7　通過通航中の船舶は、この条の規定により設定された適用される航路帯及び分離通航帯を尊重する。

第42条（通過通航に係る海峡沿岸国の法令）1　海峡沿岸国は、この節に定めるところにより、次の事項の全部又は一部について海峡の通過通航に係る法令を制定することができる。
 (a)　前条に定めるところに従う航行の安全及び海上交通の規制
 (b)　海峡における油、油性廃棄物その他の有害な物質の排出に関して適用される国際的な規則を実施することによる汚染の防止、軽減及び規制
 (c)　漁船については、漁獲の防止（漁具の格納を含む。）
 (d)　海峡沿岸国の通関上、財政上、出入国管理上又は衛生上の法令に違反する物品、通貨又は人の積込み又は積卸し
2　1の法令は、外国船舶の間に法律上又は事実上の差別を設けるものであってはならず、また、その適用に当たり、この節に定める通過通航権を否定し、妨害し又は害する実際上の効果を有するものであってはならない。
3　海峡沿岸国は、1のすべての法令を適当に公表する。
4　通過通航権を行使する外国船舶は、1の法令を遵守する。
5　主権免除を享受する船舶又は航空機が1の法令又はこの部の他の規定に違反して行動した場合には、その旗国又は登録国は、海峡沿岸国にもたらしたいかなる損失又は損害についても国際責任を負う。

第43条（航行及び安全のための援助施設及び他の改善措置並びに汚染の防止、軽減及び規制）　海峡利用国及び海峡沿岸国は、合意により、次の事項について協力する。
 (a)　航行及び安全のために必要な援助施設又は国際航行に資する他の改善措置の海峡における設定及び維持
 (b)　船舶からの汚染の防止、軽減及び規制

第44条（海峡沿岸国の義務）　海峡沿岸国は、通過通航を妨害してはならず、また、海峡内における航行上又はその上空における飛行上の危険で自国が知っているものを適当に公表する。通過通航は、停止してはならない。

第3節　無害通航

第45条（無害通航）1　第2部第3節の規定に基づく無害通航の制度は、国際航行に使用されている海峡のうち次の海峡について適用する。
 (a)　第38条1の規定により通過通航の制度の適用から除外される海峡
 (b)　公海又は一の国の排他的経済水域の一部と他の国の領海との間にある海峡
2　1の海峡における無害通航は、停止してはならない。

第4部　群島国

第46条（用語）　この条約の適用上、
 (a)　「群島国」とは、全体が一又は二以上の群島から成る国をいい、他の島を含めることができる。
 (b)　「群島」とは、島の集団又はその一部、相互に連結する水域その他天然の地形が極めて密接に関係しているため、これらの島、水域その他天然の地形が本質的に一の地理的、経済的及び政治的単位を構成しているか又は歴史的にそのような単位と認識されているものをいう。

第47条（群島基線）1　群島国は、群島の最も外側にある島及び低潮時に水面上にある礁の最も外側の諸点を結ぶ直線の群島基線を引くことができる。ただし、群島基線の内側に主要な島があり、かつ、群島基線の内側の水域の面積と陸地（環礁を含む。）の面積との比率が1対1から9対1までの間のものとなることを条件とする。
2　群島基線の長さは、100海里を超えてはならない。ただし、いずれの群島についても、これを取り囲む基線の総数の3パーセントまでのものについて、最大の長さを125海里までにすることができる。
3　群島基線は、群島の全般的な輪郭から著しく離れて引いてはならない。
4　群島基線は、低潮高地との間に引いてはならない。ただし、恒久的に海面上にある灯台その他これに類する施設が低潮高地の上に建設されている場合及び低潮高地の全部又は一部が最も近い島から領海の幅を超えない距離にある場合は、この限りでない。
5　いずれの群島国も、他の国の領海を公海又は排他的経済水域から切り離すように群島基線の方法を適用してはならない。
6　群島国の群島水域の一部が隣接する国の二の部分の

間にある場合には、当該隣接する国が当該群島水域の一部で伝統的に行使している現行の権利及び他のすべての適法な利益並びにこれらの国の間の合意により定められているすべての権利は、存続しかつ尊重される。

7　1の水域と陸地との面積の比率の計算に当たり、陸地の面積には、島の裾〔きょ〕礁及び環礁の内側の水域（急斜面を有する海台の上部の水域のうちその周辺にある一連の石灰岩の島及び低潮時に水面上にある礁によって取り囲まれ又はほとんど取り囲まれている部分を含む。）を含めることができる。

8　この条の規定に従って引かれる基線は、その位置の確認に適した縮尺の海図に表示する。これに代えて、測地原子を明示した各点の地理学的経緯度の表を用いることができる。

9　群島国は、8の海図又は地理学的経緯度の表を適当に公表するものとし、当該海図又は表の写しを国際連合事務総長に寄託する。

第48条（領海、接続水域、排他的経済水域及び大陸棚の幅の測定）　領海、接続水域、排他的経済水域及び大陸棚の幅は、前条の規定に従って引かれる群島基線から測定する。

第49条（群島水域、群島水域の上空並びに群島水域の海底及びその下の法的地位）　1　群島国の主権は、第47条の規定に従って引かれる群島基線により取り囲まれる水域で群島水域といわれるもの（その水深又は海岸からの距離を問わない。）に及ぶ。

2　群島国の主権は、群島水域の上空、群島水域の海底及びその下並びにそれらの資源に及ぶ。

3　群島国の主権は、この部の規定に従って行使される。

4　この部に定める群島航路帯の通航制度は、その他の点については、群島水域（群島航路帯を含む。）の法的地位に影響を及ぼすものではなく、また、群島水域、群島水域の上空、群島水域の海底及びその下並びにそれらの資源に対する群島国の主権の行使に影響を及ぼすものではない。

第50条（内水の境界画定）　群島国は、その群島水域において、第9条から第11条までの規定に従って内水の境界画定のための閉鎖線を引くことができる。

第51条（既存の協定、伝統的な漁獲の権利及び既設の海底電線）　1　群島国は、第49条の規定の適用を妨げることなく、他の国との既存の協定を尊重するものとし、また、群島水域内の一定の水域における自国に隣接する国の伝統的な漁獲の権利及び他の適法な活動を認めるものとする。そのような権利を行使し及びそのような活動を行うための条件（これらの権利及び活動の性質、限度及び適用される水域を含む。）については、いずれかの関係国の要請により、関係国間における二国間の協定により定める。そのような権利は、第三国又はその国民に移転してはならず、また、第三国又はその国民との間で共有してはならない。

2　群島国は、他の国により敷設された既設の海底電線であって、陸地に接することなく自国の水域を通っているものを尊重するものとし、また、そのような海底電線の位置及び修理又は交換の意図についての適当な通報を受領した場合には、その海底電線の維持及び交換を許可する。

第52条（無害通航権）　1　すべての国の船舶は、第50条の規定の適用を妨げることなく、第2部第3節の規定により群島水域において無害通航権を有する。ただし、次条の規定に従うものとする。

2　群島国は、自国の安全の保護のため不可欠である場合には、その群島水域内の特定の水域において、外国船舶の間に法律上又は事実上の差別を設けることなく、外国船舶の無害通航を一時的に停止することができる。このような停止は、適当な方法で公表された後においてのみ、効力を有する。

第53条（群島航路帯通航権）　1　群島国は、自国の群島水域、これに接続する領海及びそれらの上空における外国の船舶及び航空機の継続的かつ迅速な通航に適した航路帯及びその上空における航空路を指定することができる。

2　すべての船舶及び航空機は、1の航路帯及び航空路において群島航路帯通航権を有する。

3　群島航路帯通航とは、この条約に従い、公海又は排他的経済水域の一部分と公海又は排他的経済水域の他の部分との間において、通常の形態での航行及び上空飛行の権利が継続的、迅速かつ妨げられることのない通過のためのみに行使されることをいう。

4　1の航路帯及び航空路は、群島水域及びこれに接続する領海を貫通するものとし、これらの航路帯及び航空路には、群島水域又はその上空における国際航行又は飛行に通常使用されているすべての通航のための航路及び船舶に関してはその航路に係るすべての通常の航行のための水路を含める。ただし、同一の入口及び出口の間においては、同様に便利な二以上の航路は必要としない。

5　1の航路帯及び航空路は、通航のための航路の入口の点から出口の点までの一連の連続する中心線によって定める。群島航路帯を通航中の船舶及び航空機は、これらの中心線のいずれの側についても25海里を超えて離れて通航してはならない。ただし、その船舶及び航空機は、航路帯を挟んで向かい合っている島と島とを結ぶ最短距離の10パーセントの距離よりも海岸に近づいて航行してはならない。

6　この条の規定により航路帯を指定する群島国は、また、当該航路帯内の狭い水路における船舶の安全な通航のために分離通航帯を設定することができる。

7　群島国は、必要がある場合には、適当に公表した後、既に指定した航路帯又は既に設定した分離通航帯を他の航路帯又は分離通航帯に変更することができる。

8　航路帯及び分離通航帯は、一般的に受け入れられている国際的な規則に適合したものとする。

9　群島国は、航路帯の指定若しくは変更又は分離通航帯の設定若しくは変更を行うに当たり、これらの採択のための提案を権限のある国際機関に行う。当該権限のある国際機関は、当該群島国が同意する航路帯及び分離通航帯のみを採択することができるものとし、当該群島国は、その採択の後にそれに従って航路帯の指

定若しくは変更又は分離通航帯の設定若しくは変更を行うことができる。
10 群島国は、自国が指定した航路帯の中心線及び設定した分離通航帯を海図上に明確に表示し、かつ、その海図を適当に公表する。
11 群島航路帯を通航中の船舶は、その条の規定により設定された適用される航路帯及び分離通航帯を尊重する。
12 群島国が航路帯又は航空路を指定しない場合には、群島航路帯通航権は、通常国際航行に使用されている航路において行使することができる。

第54条（通航中の船舶及び航空機の義務、調査活動及び測量活動、群島国の義務並びに群島航路帯通航に関する群島国の法令） 第39条、第40条、第42条及び第44条の規定は、群島航路帯通航について準用する。

第5部　排他的経済水域

第55条（排他的経済水域の特別の法制度） 排他的経済水域とは、領海に接続する水域であって、この部に定める特別の法制度によるものをいう。この法制度の下において、沿岸国の権利及び管轄権並びにその他の国の権利及び自由は、この条約の関連する規定によって規律される。

第56条（排他的経済水域における沿岸国の権利、管轄権及び義務） 1 沿岸国は、排他的経済水域において、次のものを有する。
 (a) 海底の上部水域並びに海底及びその下の天然資源（生物資源であるか非生物資源であるかを問わない。）の探査、開発、保存及び管理のための主権的権利並びに排他的経済水域における経済的な目的で行われる探査及び開発のためのその他の活動（海水、海流及び風からのエネルギーの生産等）に関する主権的権利
 (b) この条約の関連する規定に基づく次の事項に関する管轄権
  (i) 人工島、施設及び構築物の設置及び利用
  (ii) 海洋の科学的調査
  (iii) 海洋環境の保護及び保全
 (c) この条約に定めるその他の権利及び義務
2 沿岸国は、排他的経済水域においてこの条約により自国の権利を行使し及び自国の義務を履行するに当たり、他の国の権利及び義務に妥当な考慮を払うものとし、また、この条約と両立するように行動する。
3 この条に定める海底及びその下についての権利は、第6部の規定により行使する。

第57条（排他的経済水域の幅） 排他的経済水域は、領海の幅を測定するための基線から200海里を超えて拡張してはならない。

第58条（排他的経済水域における他の国の権利及び義務） 1 すべての国は、沿岸国であるか内陸国であるかを問わず、排他的経済水域において、この条約の関連する規定に定めるところにより、第87条に定める航行及び上空飛行の自由並びに海底電線及び海底パイプラインの敷設の自由並びにこれらの自由に関連し及び

この条約のその他の規定と両立するその他の国際的に適法な海洋の利用（船舶及び航空機の運航並びに海底電線及び海底パイプラインの運用に係る海洋の利用等）の自由を享有する。
2 第88条から第115条までの規定及び国際法の他の関連する規則は、この部の規定に反しない限り、排他的経済水域について適用する。
3 いずれの国も、排他的経済水域においてこの条約により自国の権利を行使し及び自国の義務を履行するに当たり、沿岸国の権利及び義務に妥当な考慮を払うものとし、また、この部の規定に反しない限り、この条約及び国際法の他の規則に従って沿岸国が制定する法令を遵守する。

第59条（排他的経済水域における権利及び管轄権の帰属に関する紛争の解決のための基礎） この条約により排他的経済水域における権利又は管轄権が沿岸国又はその他の国に帰せられていない場合において、沿岸国とその他の国との間に利害の対立が生じたときは、その対立は、当事国及び国際社会全体にとっての利益の重要性を考慮して、衡平の原則に基づき、かつ、すべての関連する事情に照らして解決する。

第60条（排他的経済水域における人工島、施設及び構築物） 1 沿岸国は、排他的経済水域において、次のものを建設し並びにそれらの建設、運用及び利用を許可し及び規制する排他的権利を有する。
 (a) 人工島
 (b) 第56条に規定する目的その他の経済的な目的のための施設及び構築物
 (c) 排他的経済水域における沿岸国の権利の行使を妨げ得る施設及び構築物
2 沿岸国は、1に規定する人工島、施設及び構築物に対して、通関上、財政上、保健上、安全上及び出入国管理上の法令に関する管轄権を含む排他的管轄権を有する。
3 1に規定する人工島、施設又は構築物の建設については、適当な通報を行わなければならず、また、その存在について注意を喚起するための恒常的な措置を維持しなければならない。放棄され又は利用されなくなった施設又は構築物は、権限のある国際機関がその除去に関して定める一般的に受け入れられている国際的基準を考慮して、航行の安全を確保するために除去する。その除去に当たっては、漁業、海洋環境の保護並びに他の国の権利及び義務に対しても妥当な考慮を払う。完全に除去されなかった施設又は構築物の水深、位置及び規模については、適当に公表する。
4 沿岸国は、必要な場合には、1に規定する人工島、施設及び構築物の周囲に適当な安全水域を設定することができるものとし、また、当該安全水域において、航行の安全並びに人工島、施設及び構築物の安全を確保するために適当な措置をとることができる。
5 沿岸国は、適用のある国際的基準を考慮して安全水域の幅を決定する。安全水域は、人工島、施設又は構築物の性質及び機能と合理的な関連を有するようなものとし、また、その幅は、一般的に受け入れられてい

る国際的基準によって承認され又は権限のある国際機関によって勧告される場合を除くほか、当該人工島、施設又は構築物の外縁のいずれの点から測定した距離についても500メートルを超えるものであってはならない。安全水域の範囲に関しては、適当な通報を行う。

6 すべての船舶は、4の安全水域を尊重しなければならず、また、人工島、施設、構築物及び安全水域の近傍における航行に関して一般的に受け入れられている国際的基準を遵守する。

7 人工島、施設及び構築物並びにそれらの周囲の安全水域は、国際航行に不可欠な認められた航路帯の使用の妨げとなるような場所に設けてはならない。

8 人工島、施設及び構築物は、島の地位を有しない。これらのものは、それ自体の領海を有せず、また、その存在は、領海、排他的経済水域又は大陸棚の境界画定に影響を及ぼすものではない。

第61条（生物資源の保存） 1 沿岸国は、自国の排他的経済水域における生物資源の漁獲可能量を決定する。

2 沿岸国は、自国が入手することのできる最良の科学的証拠を考慮して、排他的経済水域における生物資源の維持が過度の開発によって脅かされないことを適当な保存措置及び管理措置を通じて確保する。このため、適当な場合には、沿岸国及び権限のある国際機関（小地域的なもの、地域的なもの又は世界的なもののいずれであるかを問わない。）は、協力する。

3 2に規定する措置は、また、環境上及び経済上の関連要因（沿岸漁業社会の経済上のニーズ及び開発途上国の特別の要請を含む。）を勘案し、かつ、漁獲の態様、資源間の相互依存関係及び一般的に勧告された国際的な最低限度の基準（小地域的なもの、地域的なもの又は世界的なもののいずれであるかを問わない。）を考慮して、最大持続生産量を実現することのできる水準に漁獲される種の資源量を維持し又は回復することのできるようなものとする。

4 沿岸国は、2に規定する措置をとるに当たり、漁獲される種に関連し又は依存する種の資源量をその再生産が著しく脅威にさらされることとなるような水準よりも高く維持し又は回復するために、当該関連し又は依存する種に及ぼす影響を考慮する。

5 入手することのできる科学的情報、漁獲量及び漁獲努力量に関する統計その他魚類の保存に関連するデータについては、適当な場合には権限のある国際機関（小地域的なもの、地域的なもの又は世界的なもののいずれであるかを問わない。）を通じ及びすべての関係国（その国民が排他的経済水域における漁獲を認められている国を含む。）の参加を得て、定期的に提供し及び交換する。

第62条（生物資源の利用） 1 沿岸国は、前条の規定の適用を妨げることなく、排他的経済水域における生物資源の最適利用の目的を促進する。

2 沿岸国は、排他的経済水域における生物資源についての自国の漁獲能力を決定する。沿岸国は、自国が漁獲可能量のすべてを漁獲する能力を有しない場合には、協定その他の取極により、4に規定する条件及び法令に従い、第69条及び第70条の規定（特に開発途上国に関するもの）に特別の考慮を払って漁獲可能量の余剰分の他の国による漁獲を認める。

3 沿岸国は、この条の規定に基づく他の国による自国の排他的経済水域における漁獲を認めるに当たり、すべての関連要因、特に、自国の経済その他の国家的利益にとっての当該排他的経済水域における生物資源の重要性、第69条及び第70条の規定、小地域又は地域の開発途上国が余剰分の一部を漁獲する必要性、その国民が伝統的に当該排他的経済水域で漁獲を行ってきた国又は資源の調査及び識別に実質的な努力を払ってきた国における経済的混乱を最小のものにとどめる必要性等の関連要因を考慮する。

4 排他的経済水域において漁獲を行う他の国の国民は、沿岸国の法令に定める保存措置及び他の条件を遵守する。これらの法令は、この条約に適合するものとし、また、特に次の事項に及ぶことができる。

(a) 漁業者、漁船及び設備に関する許可証の発給（手数料その他の形態の報酬の支払を含む。これらの支払は、沿岸国である開発途上国の場合については、水産業に関する財政、設備及び技術の分野での十分な補償から成ることができる。）

(b) 漁獲することのできる種及び漁獲割当ての決定。この漁獲割当てについては、特定の資源若しくは資源群の漁獲、一定の期間における一隻当たりの漁獲又は特定の期間におけるいずれかの国の国民による漁獲のいずれについてのものであるかを問わない。

(c) 漁期及び漁場、漁具の種類、大きさ及び数量並びに利用することのできる漁船の種類、大きさ及び数の規制

(d) 漁獲することのできる魚その他の種の年齢及び大きさの決定

(e) 漁船に関して必要とされる情報（漁獲量及び漁獲努力量に関する統計並びに漁船の位置に関する報告を含む。）の明示

(f) 沿岸国の許可及び規制の下で特定の漁業に関する調査計画の実施を要求すること並びにそのような調査の実施（漁獲物の標本の抽出、標本の処理及び関連する科学的データの提供を含む。）を規制すること。

(g) 沿岸国の監視員又は訓練生の漁船への乗船

(h) 漁船による漁獲量の全部又は一部の沿岸国の港への陸揚げ

(i) 合弁事業に関し又はその他の協力についての取決めに関する条件

(j) 要員の訓練及び漁業技術の移転（沿岸国の漁業に関する調査を行う能力の向上を含む。）のための要件

(k) 取締手続

5 沿岸国は、保存及び管理に関する法令について適当な通報を行う。

第63条（二以上の沿岸国の排他的経済水域内に又は排他的経済水域内及び当該排他的経済水域に接続する水域内の双方に存在する資源） 1 同一の資源又は関連

する種の資源が二以上の沿岸国の排他的経済水域内に存在する場合には、これらの沿岸国は、この部の他の規定の適用を妨げることなく、直接に又は適当な小地域的若しくは地域的機関を通じて、当該資源の保存及び開発を調整し及び確保するために必要な措置について合意するよう努める。
2 同一の資源又は関連する種の資源が排他的経済水域内及び当該排他的経済水域に接続する水域内の双方に存在する場合には、沿岸国及び接続する水域において当該資源を漁獲する国は、直接に又は適当な小地域的若しくは地域的機関を通じて、当該接続する水域における当該資源の保存のために必要な措置について合意するよう努める。

第64条（高度回遊性の種） 1 沿岸国その他その国民がある地域において附属書Iに掲げる高度回遊性の種を漁獲する国は、排他的経済水域の内外を問わず当該地域全体において当該種の保存を確保しかつ最適利用の目的を促進するため、直接に又は適当な国際機関を通じて協力する。適当な国際機関が存在しない地域においては、沿岸国その他その国民が当該地域において高度回遊性の種を漁獲する国は、そのような機関を設立し及びその活動に参加するため、協力する。
2 1の規定は、この部の他の規定に加えて適用する。

第65条（海産哺〔ほ〕乳動物） この部のいかなる規定も、沿岸国又は適当な場合には国際機関が海産哺〔ほ〕乳動物の開発についてこの部に定めるよりも厳しく禁止し、制限し又は規制する権利又は権限を制限するものではない。いずれの国も、海産哺〔ほ〕乳動物の保存のために協力するものとし、特に、鯨類については、その保存、管理及び研究のために適当な国際機関を通じて活動する。

第66条（溯〔さく〕河性資源） 1 溯〔さく〕河性資源の発生する河川の所在する国は、当該溯〔さく〕河性資源について第一義的利益及び責任を有する。
2 溯〔さく〕河性資源の母川国は、自国の排他的経済水域の外側の限界より陸地側のすべての水域における漁獲及び3(b)に規定する漁獲のための適当な規制措置を定めることによって溯〔さく〕河性資源の保存を確保する。母川国は、当該溯〔さく〕河性資源を漁獲する3及び4に規定する他の国と協議の後、自国の河川に発生する資源の総漁獲可能量を定めることができる。
3(a) 溯〔さく〕河性資源の漁獲は、排他的経済水域の外側の限界より陸地側の水域においてのみ行われる。ただし、これにより母川国以外の国に経済的混乱がもたらされる場合は、この限りでない。排他的経済水域の外側の限界を越える水域における溯〔さく〕河性資源の漁獲に関しては、関係国は、当該溯〔さく〕河性資源に係る保存上の要請及び母川国のニーズに妥当な考慮を払い、当該漁獲の条件に関する合意に達するため協議を行う。
(b) 母川国は、溯〔さく〕河性資源を漁獲する他の国の通常の漁獲量及び操業の形態並びにその漁獲が行われてきたすべての水域を考慮して、当該他の国の経済的混乱を最小のものにとどめるために協力する。
(c) 母川国は、(b)に規定する他の国が自国との合意により溯〔さく〕河性資源の再生産のための措置に参加し、特に、そのための経費を負担する場合には、当該他の国に対して、自国の河川に発生する資源の漁獲について特別の考慮を払う。
(d) 排他的経済水域を越える水域における溯〔さく〕河性資源に関する規制の実施は、母川国と他の関係国との間の合意による。
4 溯〔さく〕河性資源が母川国以外の国の排他的経済水域の外側の限界より陸地側の水域に入り又はこれを通過して回遊する場合には、当該国は、当該溯〔さく〕河性資源の保存及び管理について母川国と協力する。
5 溯〔さく〕河性資源の母川国及び当該溯〔さく〕河性資源を漁獲するその他の国は、適当な場合には、地域的機関を通じて、この条の規定を実施するための取極を締結する。

第67条（降河性の種） 1 降河性の種がその生活史の大部分を過ごす水域の所在する沿岸国は、当該降河性の種の管理について責任を有し、及び回遊する魚が出入りすることができるようにする。
2 降河性の種の漁獲は、排他的経済水域の外側の限界より陸地側の水域においてのみ行われる。その漁獲は、排他的経済水域において行われる場合には、この条の規定及び排他的経済水域における漁獲に関するこの条約のその他の規定に定めるところによる。
3 降河性の魚が稚魚又は成魚として他の国の排他的経済水域を通過して回遊する場合には、当該魚の管理（漁獲を含む。）は、一の沿岸国と当該他の国との間の合意によって行われる。この合意は、種の合理的な管理が確保され及び一の沿岸国が当該種の維持について有する責任が考慮されるようなものとする。

第68条（定着性の種族） この部の規定は、第77条4に規定する定着性の種族については、適用しない。

第69条（内陸国の権利） 1 内陸国は、自国と同一の小地域又は地域の沿岸国の排他的経済水域における生物資源の余剰分の適当な部分の開発につき、すべての関係国の関連する経済的及び地理的状況を考慮し、この条、第61条及び第62条に定めるところにより、衡平の原則に基づいて参加する権利を有する。
2 1に規定する参加の条件及び方法は、関係国が二国間の、小地域的な又は地域的な協定により定めるものとし、特に次の事項を考慮する。
(a) 沿岸国の漁業社会又は水産業に対する有害な影響を回避する必要性
(b) 内陸国が、この条の規定に基づき、現行の二国間の、小地域的な又は地域的な協定により、他の沿岸国の排他的経済水域における生物資源の開発に参加しており又は参加する権利を有する程度
(c) その他の内陸国及び地理的不利国が沿岸国の排他的経済水域における生物資源の開発に参加している程度及びその結果としていずれかの単一の沿岸国又はその一部が特別の負担を負うことを回避する必要

性が生ずること。
(d) それぞれの国の国民の栄養上の必要性
3 沿岸国の漁獲能力がその排他的経済水域における生物資源の漁獲可能量のすべてを漁獲することのできる点に近づいている場合には、当該沿岸国その他の関係国は、同一の小地域又は地域の内陸国である開発途上国が当該小地域又は地域の沿岸国の排他的経済水域における生物資源の開発について状況により適当な方法で及びすべての当事者が満足すべき条件の下で参加することを認めるため、二国間の、小地域的な又は地域的な及び衡平な取極の締結に協力する。この規定の実施に当たっては、2に規定する要素も考慮する。
4 内陸国である先進国は、この条の規定に基づき、自国と同一の小地域又は地域の沿岸国である先進国の排他的経済水域においてのみ生物資源の開発に参加することができる。この場合において、当該沿岸国である先進国がその排他的経済水域における生物資源について他の国による漁獲を認めるに当たり、その国民が伝統的に当該排他的経済水域で漁獲を行ってきた国の漁業社会に対する有害な影響及び経済的混乱を最小のものにとどめる必要性をどの程度考慮してきたかが勘案される。
5 1から4までの規定は、沿岸国が自国と同一の小地域又は地域の内陸国に対して排他的経済水域における生物資源の開発のための平等又は優先的な権利を与えることを可能にするため当該小地域又は地域において合意される取極に影響を及ぼすものではない。

第70条（地理的不利国の権利） 1 地理的不利国は、自国と同一の小地域又は地域の沿岸国の排他的経済水域における生物資源の余剰分の適当な部分の開発につき、すべての関係国の関連する経済的及び地理的状況を考慮し、この条、第61条及び第62条に定めるところにより、衡平の原則に基づいて参加する権利を有する。
2 この部の規定の適用上、「地理的不利国」とは、沿岸国（閉鎖海又は半閉鎖海に面した国を含む。）であって、その地理的状況のため自国民又はその一部の栄養上の目的のための魚の十分な供給を自国と同一の小地域又は地域の他の国の排他的経済水域における生物資源の開発に依存するもの及び自国の排他的経済水域を主張することができないものをいう。
3 1に規定する参加の条件及び方法は、関係国が二国間の、小地域的な又は地域的な協定により定めるものとし、特に次の事項を考慮する。
(a) 沿岸国の漁業社会又は水産業に対する有害な影響を回避する必要性
(b) 地理的不利国が、この条の規定に基づき、現行の二国間の、小地域的な又は地域的な協定により、他の沿岸国の排他的経済水域における生物資源の開発に参加しており又は参加する権利を有する程度
(c) その他の地理的不利国及び内陸国が沿岸国の排他的経済水域における生物資源の開発に参加している程度及びその結果としていずれかの単一の沿岸国又はその一部が特別の負担を負うことを回避する必要

性が生ずること。
(d) それぞれの国の国民の栄養上の必要性
4 沿岸国の漁獲能力がその排他的経済水域における生物資源の漁獲可能量のすべてを漁獲することのできる点に近づいている場合には、当該沿岸国その他の関係国は、同一の小地域又は地域の地理的不利国である開発途上国が当該小地域又は地域の沿岸国の排他的経済水域における生物資源の開発について状況により適当な方法で及びすべての当事者が満足すべき条件の下で参加することを認めるため、二国間の、小地域的な又は地域的な及び衡平な取極の締結に協力する。この規定の実施に当たっては、3に規定する要素も考慮する。
5 地理的不利国である先進国は、この条の規定に基づき、自国と同一の小地域又は地域の沿岸国である先進国の排他的経済水域においてのみ生物資源の開発に参加することができる。この場合において、当該沿岸国である先進国がその排他的経済水域における生物資源について他の国による漁獲を認めるに当たり、その国民が伝統的に当該排他的経済水域で漁獲を行ってきた国の漁業社会に対する有害な影響及び経済的混乱を最小のものにとどめる必要性をどの程度考慮してきたかが勘案される。
6 1から5までの規定は、沿岸国が自国と同一の小地域又は地域の地理的不利国に対して排他的経済水域における生物資源の開発のための平等又は優先的な権利を与えることを可能にするため当該小地域又は地域において合意される取極に影響を及ぼすものではない。

第71条（前2条の規定の不適用） 前2条の規定は、沿岸国の経済がその排他的経済水域における生物資源の開発に依存する度合が極めて高い場合には、当該沿岸国については、適用しない。

第72条（権利の移転の制限） 1 第69条及び第70条に定める生物資源を開発する権利は、関係国の間に別段の合意がない限り、賃貸契約又は許可、合弁事業の設立その他の権利の移転の効果を有する方法によって、第三国又はその国民に対して直接又は間接に移転してはならない。
2 1の規定は、1に規定する効果をもたらさない限り、関係国が第69条及び第70条の規定に基づく権利の行使を容易にするために第三国又は国際機関から技術的又は財政的援助を得ることを妨げるものではない。

第73条（沿岸国の法令の執行） 1 沿岸国は、排他的経済水域において生物資源を探査し、開発し、保存し及び管理するための主権的権利を行使するに当たり、この条約に従って制定する法令の遵守を確保するために必要な措置（乗船、検査、拿〔だ〕捕及び司法上の手続を含む。）をとることができる。
2 拿〔だ〕捕された船舶及びその乗組員は、合理的な保証金の支払又は合理的な他の保証の提供の後に速やかに釈放される。
3 排他的経済水域における漁業に関する法令に対する違反について沿岸国が科する罰には、関係国の別段の合意がない限り拘禁を含めてはならず、また、その他のいかなる形態の身体刑も含めてはならない。

4 沿岸国は、外国船舶を拿〔だ〕捕し又は抑留した場合には、とられた措置及びその後科した罰について、適当な経路を通じて旗国に速やかに通報する。

第74条（向かい合っているか又は隣接している海岸を有する国の間における排他的経済水域の境界画定） 1 向かい合っているか又は隣接している海岸を有する国の間における排他的経済水域の境界画定は、衡平な解決を達成するために、国際司法裁判所規程第38条に規定する国際法に基づいて合意により行う。
2 関係国は、合理的な期間内に合意に達することができない場合には、第15部に定める手続に付する。
3 関係国は、1の合意に達するまでの間、理解及び協力の精神により、実際的な性質を有する暫定的な取極を締結するため及びそのような過渡的期間において最終的な合意への到達を危うくし又は妨げないためにあらゆる努力を払う。暫定的な取極は、最終的な境界画定に影響を及ぼすものではない。
4 関係国間において効力を有する合意がある場合には、排他的経済水域の境界画定に関する問題は、当該合意に従って解決する。

第75条（海図及び地理学的経緯度の表） 1 排他的経済水域の外側の限界線及び前条の規定に従って引かれる境界画定線は、この部に定めるところにより、それらの位置の確認に適した縮尺の海図に表示する。適当な場合には、当該外側の限界線又は当該境界画定線に代えて、測地原子を明示した各点の地理学的経緯度の表を用いることができる。
2 沿岸国は、1の海図又は地理学的経緯度の表を適当に公表するものとし、当該海図又は表の写しを国際連合事務総長に寄託する。

第6部 大陸棚

第76条（大陸棚の定義） 1 沿岸国の大陸棚とは、当該沿岸国の領海を越える海面下の区域の海底及びその下であってその領土の自然の延長をたどって大陸縁辺部の外縁に至るまでのもの又は、大陸縁辺部の外縁が領海の幅を測定するための基線から200海里の距離まで延びていない場合には、当該沿岸国の領海を越える海面下の区域の海底及びその下であって当該基線から200海里の距離までのものをいう。
2 沿岸国の大陸棚は、4から6までに定める限界を越えないものとする。
3 大陸縁辺部は、沿岸国の陸塊の海面下まで延びている部分から成るものとし、棚、斜面及びコンチネンタル・ライズの海底及びその下で構成される。ただし、大洋底及びその海洋海嶺〔れい〕又はその下を含まない。
4 (a) この条約の適用上、沿岸国は、大陸縁辺部が領海の幅を測定するための基線から200海里を超えて延びている場合には、次のいずれかの線により大陸縁辺部の外縁を設定する。
(i) ある点における堆〔たい〕積岩の厚さが当該点から大陸斜面の脚部までの最短距離の1パーセント以上であるとの要件を満たすときにこのような点のうち最も外側のものを用いて7の規定に従って引いた線
(ii) 大陸斜面の脚部から60海里を超えない点を用いて7の規定に従って引いた線
(b) 大陸斜面の脚部は、反証のない限り、当該大陸斜面の基部における勾〔こう〕配が最も変化する点とする。
5 4(a)(i)又は(ii)の規定に従って引いた海底における大陸棚の外側の限界線は、これを構成する各点において、領海の幅を測定するための基線から350海里を超え又は2,500メートル等深線（2,500メートルの水深を結ぶ線をいう。）から100海里を超えてはならない。
6 5の規定にかかわらず、大陸棚の外側の限界は、海底海嶺〔れい〕の上においては領海の幅を測定するための基線から350海里を超えてはならない。この6の規定は、海台、海膨、キャップ、堆〔たい〕及び海脚のような大陸縁辺部の自然の構成要素である海底の高まりについては、適用しない。
7 沿岸国は、自国の大陸棚が領海の幅を測定するための基線から200海里を超えて延びている場合には、その大陸棚の外側の限界線を経緯度によって定める点を結ぶ60海里を超えない長さの直線によって引く。
8 沿岸国は、領海の幅を測定するための基線から200海里を超える大陸棚の限界に関する情報を、衡平な地理的代表の原則に基づき附属書Ⅱに定めるところにより設置される大陸棚の限界に関する委員会に提出する。この委員会は、当該大陸棚の外側の限界の設定に関する事項について当該沿岸国に対し勧告を行う。沿岸国がその勧告に基づいて設定した大陸棚の限界は、最終的なものとし、かつ、拘束力を有する。
9 沿岸国は、自国の大陸棚の外側の限界が恒常的に表示された海図及び関連する情報（測地原子を含む。）を国際連合事務総長に寄託する。同事務総長は、これらを適当に公表する。
10 この条の規定は、向かい合っているか又は隣接している海岸を有する国の間における大陸棚の境界画定の問題に影響を及ぼすものではない。

第77条（大陸棚に対する沿岸国の権利） 1 沿岸国は、大陸棚を探査し及びその天然資源を開発するため、大陸棚に対して主権的権利を行使する。
2 1の権利は、沿岸国が大陸棚を探査せず又はその天然資源を開発しない場合においても、当該沿岸国の明示の同意なしにそのような活動を行うことができないという意味において、排他的である。
3 大陸棚に対する沿岸国の権利は、実効的な若しくは名目上の先占又は明示の宣言に依存するものではない。
4 この部に規定する天然資源は、海底及びその下の鉱物その他の非生物資源並びに定着性の種族に属する生物、すなわち、採捕に適した段階において海底若しくはその下で静止しており又は絶えず海底若しくはその下に接触していなければ動くことのできない生物から成る。

第78条（上部水域及び上空の法的地位並びに他の国の

権利及び自由）1　大陸棚に対する沿岸国の権利は、上部水域又はその上空の法的地位に影響を及ぼすものではない。
2　沿岸国は、大陸棚に対する権利の行使により、この条約に定める他の国の航行その他の権利及び自由を侵害してはならず、また、これらに対して不当な妨害をもたらしてはならない。

第79条（大陸棚における海底電線及び海底パイプライン）1　すべての国は、この条の規定に従って大陸棚に海底電線及び海底パイプラインを敷設する権利を有する。
2　沿岸国は、大陸棚における海底電線又は海底パイプラインの敷設又は維持を妨げることができない。もっとも、沿岸国は、大陸棚の探査、その天然資源の開発並びに海底パイプラインからの汚染の防止、軽減及び規制のために適当な措置をとる権利を有する。
3　海底パイプラインを大陸棚に敷設するための経路の設定については、沿岸国の同意を得る。
4　この部のいかなる規定も、沿岸国がその領土若しくは領海に入る海底電線若しくは海底パイプラインに関する条件を定める権利又は大陸棚の探査、その資源の開発若しくは沿岸国が管轄権を有する人工島、施設及び構築物の運用に関連して建設され若しくは利用される海底電線及び海底パイプラインに対する当該沿岸国の管轄権に影響を及ぼすものではない。
5　海底電線又は海底パイプラインを敷設する国は、既に海底に敷設されている電線又はパイプラインに妥当な考慮を払わなければならない。特に、既設の電線又はパイプラインを修理する可能性は、害してはならない。

第80条（大陸棚における人工島、施設及び構築物）第60条の規定は、大陸棚における人工島、施設及び構築物について準用する。

第81条（大陸棚における掘削）沿岸国は、大陸棚におけるあらゆる目的のための掘削を許可し及び規制する排他的権利を有する。

第82条（200海里を超える大陸棚の開発に関する支払及び拠出）1　沿岸国は、領海の幅を測定する基線から200海里を超える大陸棚の非生物資源の開発に関して金銭による支払又は現物による拠出を行う。
2　支払又は拠出は、鉱区における最初の5年間の生産の後、当該鉱区におけるすべての生産に関して毎年行われる。6年目の支払又は拠出の割合は、当該鉱区における生産額又は生産量の1パーセントとする。この割合は、12年目まで毎年1パーセントずつ増加するものとし、その後は7パーセントとする。生産には、開発に関連して使用された資源を含めない。
3　その大陸棚から生産される鉱物資源の純輸入国である開発途上国は、当該鉱物資源に関する支払又は拠出を免除される。
4　支払又は拠出は、機構を通じて行われるものとし、機構は、開発途上国、特に後発開発途上国及び内陸国である開発途上国の利益及びニーズに考慮を払い、衡平な配分基準に基づいて締約国にこれらを配分する。

第83条（向かい合っているか又は隣接している海岸を有する国の間における大陸棚の境界画定）1　向かい合っているか又は隣接している海岸を有する国の間における大陸棚の境界画定は、衡平な解決を達成するために、国際司法裁判所規程第38条に規定する国際法に基づいて合意により行う。
2　関係国は、合理的な期間内に合意に達することができない場合には、第15部に定める手続に付する。
3　関係国は、1の合意に達するまでの間、理解及び協力の精神により、実際的な性質を有する暫定的な取極を締結するため及びそのような過渡的期間において最終的な合意への到達を危うくし又は妨げないためにあらゆる努力を払う。暫定的な取極は、最終的な境界画定に影響を及ぼすものではない。
4　関係国間において効力を有する合意がある場合には、大陸棚の境界画定に関する問題は、当該合意に従って解決する。

第84条（海図及び地理学的経緯度の表）1　大陸棚の外側の限界線及び前条の規定に従って引かれる境界画定線は、この部に定めるところにより、それらの位置の確認に適した縮尺の海図に表示する。適当な場合には、当該外側の限界線又は当該境界画定線に代えて、測地原子を明示した各点の地理学的経緯度の表を用いることができる。
2　沿岸国は、1の海図又は地理学的経緯度の表を適当に公表するものとし、当該海図又は表の写しを国際連合事務総長に及び、大陸棚の外側の限界線を表示した海図又は表の場合には、これらの写しを機構の事務局長に寄託する。

第85条（トンネルの掘削）この部の規定は、トンネルの掘削により海底（水深のいかんを問わない。）の下を開発する沿岸国の権利を害するものではない。

第7部　公海

第1節　総則

第86条（この部の規定の適用）この部の規定は、いずれの国の排他的経済水域、領海若しくは内水又はいずれの群島国の群島水域にも含まれない海洋のすべての部分に適用する。この条の規定は、第58条の規定に基づきすべての国が排他的経済水域において享有する自由にいかなる制約も課するものではない。

第87条（公海の自由）1　公海は、沿岸国であるか内陸国であるかを問わず、すべての国に開放される。公海の自由は、この条約及び国際法の他の規則に定める条件に従って行使される。この公海の自由には、沿岸国及び内陸国のいずれについても、特に次のものが含まれる。
(a)　航行の自由
(b)　上空飛行の自由
(c)　海底電線及び海底パイプラインを敷設する自由。ただし、第6部の規定の適用が妨げられるものではない。
(d)　国際法によって認められる人工島その他の施設を建設する自由。ただし、第6部の規定の適用が妨げ

られるものではない。
 (e) 第2節に定める条件に従って漁獲を行う自由
 (f) 科学的調査を行う自由。ただし、第6部及び第13部の規定の適用が妨げられるものではない。
2 1に規定する自由は、すべての国により、公海の自由を行使する他の国の利益及び深海底における活動に関するこの条約に基づく権利に妥当な考慮を払って行使されなければならない。

第88条（平和的目的のための公海の利用） 公海は、平和的目的のために利用されるものとする。

第89条（公海に対する主権についての主張の無効） いかなる国も、公海のいずれかの部分をその主権の下に置くことを有効に主張することができない。

第90条（航行の権利） いずれの国も、沿岸国であるか内陸国であるかを問わず、自国を旗国とする船舶を公海において航行させる権利を有する。

第91条（船舶の国籍） 1 いずれの国も、船舶に対する国籍の許与、自国の領域内における船舶の登録及び自国の旗を掲げる権利に関する条件を定める。船舶は、その旗を掲げる権利を有する国の国籍を有する。その国と当該船舶との間には、真正な関係が存在しなければならない。
2 いずれの国も、自国の旗を掲げる権利を許与した船舶に対し、その旨の文書を発給する。

第92条（船舶の地位） 1 船舶は、一の国のみの旗を掲げて航行するものとし、国際条約又はこの条約に明文の規定がある特別の場合を除くほか、公海においてその国の排他的管轄権に服する。船舶は、所有権の現実の移転又は登録の変更の場合を除くほか、航海中又は寄港中にその旗を変更することができない。
2 二以上の国の旗を適宜に使用して航行する船舶は、そのいずれの国の国籍も第三国に対して主張することができないものとし、また、このような船舶は、国籍のない船舶とみなすことができる。

第93条（国際連合、その専門機関及び国際原子力機関の旗を掲げる船舶） 前諸条の規定は、国際連合、その専門機関又は国際原子力機関の公務に使用され、かつ、これらの機関の旗を掲げる船舶の問題に影響を及ぼすものではない。

第94条（旗国の義務） 1 いずれの国も、自国を旗国とする船舶に対し、行政上、技術上及び社会上の事項について有効に管轄権を行使し及び有効に規制を行う。
2 いずれの国も、特に次のことを行う。
 (a) 自国を旗国とする船舶の名称及び特徴を記載した登録簿を保持すること。ただし、その船舶が小さいため一般的に受け入れられている国際的な規則から除外されているときは、この限りでない。
 (b) 自国を旗国とする船舶並びにその船長、職員及び乗組員に対し、当該船舶に関する行政上、技術上及び社会上の事項について国内法に基づく管轄権を行使すること。
3 いずれの国も、自国を旗国とする船舶について、特に次の事項に関し、海上における安全を確保するために必要な措置をとる。
 (a) 船舶の構造、設備及び堪〔たん〕航性
 (b) 船舶における乗組員の配乗並びに乗組員の労働条件及び訓練。この場合において、適用のある国際文書を考慮に入れるものとする。
 (c) 信号の使用、通信の維持及び衝突の予防
4 3の措置には、次のことを確保するために必要な措置を含める。
 (a) 船舶が、その登録前に及びその後は適当な間隔で、資格のある船舶検査員による検査を受けること並びに船舶の安全な航行のために適当な海図、航海用刊行物、航行設備及び航行器具を船内に保持すること。
 (b) 船舶が、特に運用、航海、通信及び機関について適当な資格を有する船長及び職員の管理の下にあること並びに乗組員の資格及び人数が船舶の型式、大きさ、機関及び設備に照らして適当であること。
 (c) 船長、職員及び適当な限度において乗組員が海上における人命の安全、衝突の予防、海洋汚染の防止、軽減及び規制並びに無線通信の維持に関して適用される国際的な規則に十分に精通しており、かつ、その規則の遵守を要求されていること。
5 いずれの国も、3及び4に規定する措置をとるに当たり、一般的に受け入れられている国際的な規則、手続及び慣行を遵守し並びにその遵守を確保するために必要な措置をとることを要求される。
6 船舶について管轄権が適正に行使されず又は規制が適正に行われなかったと信ずるに足りる明白な理由を有する国は、その事実を旗国に通報することができる。旗国は、その通報を受領したときは、その問題の調査を行うものとし、適当な場合には、事態を是正するために必要な措置をとる。
7 いずれの国も、自国を旗国とする船舶の公海における海事損害又は航行上の事故であって、他の国の国民に死亡若しくは重大な傷害をもたらし又は他の国の船舶若しくは施設若しくは海洋環境に重大な損害をもたらすものについては、適正な資格を有する者によって又はその立会いの下で調査が行われるようにしなければならない。旗国及び他の国は、海事損害又は航行上の事故について当該他の国が行う調査の実施において協力する。

第95条（公海上の軍艦に与えられる免除） 公海上の軍艦は、旗国以外のいずれの国の管轄権からも完全に免除される。

第96条（政府の非商業的役務にのみ使用される船舶に与えられる免除） 国が所有し又は運航する船舶で政府の非商業的役務にのみ使用されるものは、公海において旗国以外のいずれの国の管轄権からも完全に免除される。

第97条（衝突その他の航行上の事故に関する刑事裁判権） 1 公海上の船舶につき衝突その他の航行上の事故が生じた場合において、船長その他当該船舶に勤務する者の刑事上又は懲戒上の責任が問われるときは、これらの者に対する刑事上又は懲戒上の手続は、当該船舶の旗国又はこれらの者が属する国の司法当局又は

175

行政当局においてのみとることができる。

2　懲戒上の問題に関しては、船長免状その他の資格又は免許の証明書を発給した国のみが、受有者がその国の国民でない場合においても、適正な法律上の手続を経てこれらを取り消す権限を有する。

3　船舶の拿〔だ〕捕又は抑留は、調査の手段としても、旗国の当局以外の当局が命令してはならない。

第98条（援助を与える義務） 1　いずれの国も、自国を旗国とする船舶の船長に対し、船舶、乗組員又は旅客に重大な危険を及ぼさない限度において次の措置をとることを要求する。

(a)　海上において生命の危険にさらされている者を発見したときは、その者に援助を与えること。

(b)　援助を必要とする旨の通報を受けたときは、当該船長に合理的に期待される限度において、可能な最高速力で遭難者の救助に赴くこと。

(c)　衝突したときは、相手の船舶並びにその乗組員及び旅客に援助を与え、また、可能なときは、自己の船舶の名称、船籍港及び寄港しようとする最も近い港を相手の船舶に知らせること。

2　いずれの沿岸国も、海上における安全に関する適切かつ実効的な捜索及び救助の機関の設置、運営及び維持を促進し、また、状況により必要とされるときは、このため、相互間の地域的な取極により隣接国と協力する。

第99条（奴隷の運送の禁止） いずれの国も、自国の旗を掲げることを認めた船舶による奴隷の運送を防止し及び処罰するため並びに奴隷の運送のために自国の旗が不法に使用されることを防止するため、実効的な措置をとる。いずれの船舶（旗国のいかんを問わない。）に避難する奴隷も、避難したという事実によって自由となる。

第100条（海賊行為の抑止のための協力の義務） すべての国は、最大限に可能な範囲で、公海その他いずれの国の管轄権にも服さない場所における海賊行為の抑止に協力する。

第101条（海賊行為の定義） 海賊行為とは、次の行為をいう。

(a)　私有の船舶又は航空機の乗組員又は旅客が私的目的のために行うすべての不法な暴力行為、抑留又は略奪行為であって次のものに対して行われるもの

　(i)　公海における他の船舶若しくは航空機又はこれらの内にある人若しくは財産

　(ii)　いずれの国の管轄権にも服さない場所にある船舶、航空機、人又は財産

(b)　いずれかの船舶又は航空機を海賊船舶又は海賊航空機とする事実を知って当該船舶又は航空機の運航に自発的に参加するすべての行為

(c)　(a)又は(b)に規定する行為を扇動し又は故意に助長するすべての行為

第102条（乗組員が反乱を起こした軍艦又は政府の船舶若しくは航空機による海賊行為） 前条に規定する海賊行為であって、乗組員が反乱を起こして支配している軍艦又は政府の船舶若しくは航空機が行うものは、私有の船舶又は航空機が行う行為とみなされる。

第103条（海賊船舶又は海賊航空機の定義） 船舶又は航空機であって、これを実効的に支配している者が第101条に規定するいずれかの行為を行うために使用することを意図しているものは、海賊船舶又は海賊航空機とする。当該いずれかの行為を行うために使用された船舶又は航空機であって、当該行為につき有罪とされる者により引き続き支配されているものについても、同様とする。

第104条（海賊船舶又は海賊航空機の国籍の保持又は喪失） 船舶又は航空機は、海賊船舶又は海賊航空機となった場合にも、その国籍を保持することができる。国籍の保持又は喪失は、当該国籍を与えた国の法律によって決定される。

第105条（海賊船舶又は海賊航空機の拿〔だ〕捕） いずれの国も、公海その他いずれの国の管轄権にも服さない場所において、海賊船舶、海賊航空機又は海賊行為によって奪取され、かつ、海賊の支配下にある船舶又は航空機を拿〔だ〕捕し及び当該船舶又は航空機内の人を逮捕し又は財産を押収することができる。拿〔だ〕捕を行った国の裁判所は、科すべき刑罰を決定することができるものとし、また、善意の第三者の権利を尊重することを条件として、当該船舶、航空機又は財産についてとるべき措置を決定することができる。

第106条（十分な根拠なしに拿〔だ〕捕が行われた場合の責任） 海賊行為の疑いに基づく船舶又は航空機の拿〔だ〕捕が十分な根拠なしに行われた場合には、拿〔だ〕捕を行った国は、その船舶又は航空機がその国籍を有する国に対し、その拿〔だ〕捕によって生じたいかなる損失又は損害についても責任を負う。

第107条（海賊行為を理由とする拿〔だ〕捕を行うことが認められる船舶及び航空機） 海賊行為を理由とする拿〔だ〕捕は、軍艦、軍用航空機その他政府の公務に使用されていることが明らかに表示されておりかつ識別されることのできる船舶又は航空機でそのための権限を与えられているものによってのみ行うことができる。

第108条（麻薬又は向精神薬の不正取引） 1　すべての国は、公海上の船舶が国際条約に違反して麻薬及び向精神薬の不正取引を行うことを防止するために協力する。

2　いずれの国も、自国を旗国とする船舶が麻薬又は向精神薬の不正取引を行っていると信ずるに足りる合理的な理由がある場合には、その取引を防止するため他の国の協力を要請することができる。

第109条（公海からの許可を得ていない放送） 1　すべての国は、公海からの許可を得ていない放送の防止に協力する。

2　この条約の適用上、「許可を得ていない放送」とは、国際的な規則に違反して公海上の船舶又は施設から行われる音響放送又はテレビジョン放送のための送信であって、一般公衆による受信を意図するものをいう。ただし、遭難呼出しの送信を除く。

3　許可を得ていない放送を行う者については、次の国

の裁判所に訴追することができる。
    (a) 船舶の旗国
    (b) 施設の登録国
    (c) 当該者が国民である国
    (d) 放送を受信することができる国
    (e) 許可を得ている無線通信が妨害される国
 4 3の規定により管轄権を有する国は、公海において、次条の規定に従い、許可を得ていない放送を行う者を逮捕し又はそのような船舶を拿〔だ〕捕することができるものとし、また、放送機器を押収することができる。

第110条（臨検の権利） 1 条約上の権限に基づいて行われる干渉行為によるものを除くほか、公海において第95条及び第96条の規定に基づいて完全な免除を与えられている船舶以外の外国船舶に遭遇した軍艦が当該外国船舶を臨検することは、次のいずれのことを疑うに足りる十分な根拠がない限り、正当と認められない。
    (a) 当該外国船舶が海賊行為を行っていること。
    (b) 当該外国船舶が奴隷取引に従事していること。
    (c) 当該外国船舶が許可を得ていない放送を行っており、かつ、当該軍艦の旗国が前条の規定に基づく管轄権を有すること。
    (d) 当該外国船舶が国籍を有していないこと。
    (e) 当該外国船舶が、他の国の旗を掲げているか又は当該外国船舶の旗を示すことを拒否したが、実際には当該軍艦と同一の国籍を有すること。
 2 軍艦は、1に規定する場合において、当該外国船舶がその旗を掲げる権利を確認することができる。このため、当該軍艦は、疑いがある当該外国船舶に対し士官の指揮の下にボートを派遣することができる。文書を検閲した後もなお疑いがあるときは、軍艦は、その船舶内において更に検査を行うことができるが、その検査は、できる限り慎重に行わなければならない。
 3 疑いに根拠がないことが証明され、かつ、臨検を受けた外国船舶が疑いを正当とするいかなる行為も行っていなかった場合には、当該外国船舶は、被った損失又は損害に対する補償を受ける。
 4 1から3までの規定は、軍用航空機について準用する。
 5 1から3までの規定は、政府の公務に使用されていることが明らかに表示されておりかつ識別されることのできるその他の船舶又は航空機で正当な権限を有するものについても準用する。

第111条（追跡権） 1 沿岸国の権限のある当局は、外国船舶が自国の法令に違反したと信ずるに足りる十分な理由があるときは、当該外国船舶の追跡を行うことができる。この追跡は、外国船舶又はそのボートが追跡国の内水、群島水域、領海又は接続水域にある時に開始しなければならず、また、中断されない限り、領海又は接続水域の外において引き続き行うことができる。領海又は接続水域にある外国船舶が停船命令を受ける時に、その命令を発する船舶も同様に領海又は接続水域にあることは必要でない。外国船舶が第33条に定める接続水域にあるときは、追跡は、当該接続水域の設定によって保護しようとする権利の侵害があった場合に限り、行うことができる。
 2 追跡権については、排他的経済水域又は大陸棚（大陸棚上の施設の周囲の安全水域を含む。）において、この条約に従いその排他的経済水域又は大陸棚（当該安全水域を含む。）に適用される沿岸国の法令の違反がある場合に準用する。
 3 追跡権は、被追跡船舶がその旗国又は第三国の領海に入ると同時に消滅する。
 4 追跡は、被追跡船舶又はそのボート若しくは被追跡船舶を母船としてこれと一団となって作業する舟艇が領海又は、場合により、接続水域、排他的経済水域若しくは大陸棚の上部にあることを追跡船舶がその場における実行可能な手段により確認しない限り、開始されたものとされない。追跡は、視覚的又は聴覚的停船信号を外国船舶が視認し又は聞くことができる距離から発した後にのみ、開始することができる。
 5 追跡権は、軍艦、軍用航空機その他政府の公務に使用されていることが明らかに表示されておりかつ識別されることのできる船舶又は航空機でそのための権限を与えられているものによってのみ行使することができる。
 6 追跡が航空機によって行われる場合には、
    (a) 1から4までの規定を準用する。
    (b) 停船命令を発した航空機は、船舶を自ら拿〔だ〕捕することができる場合を除くほか、自己が呼び寄せた沿岸国の船舶又は他の航空機が到着して追跡を引き継ぐまで、当該船舶を自ら積極的に追跡しなければならない。当該船舶が停船命令を受け、かつ、当該航空機又は追跡を中断することなく引き続き行う他の航空機若しくは船舶によって追跡されたのでない限り、当該航空機が当該船舶を違反を犯したもの又は違反の疑いがあるものとして発見しただけでは、領海の外における拿〔だ〕捕を正当とするために十分ではない。
 7 いずれかの国の管轄権の及ぶ範囲内で拿〔だ〕捕され、かつ、権限のある当局の審理を受けるため当該国の港に護送される船舶は、事情により護送の途中において排他的経済水域又は公海の一部を航行することが必要である場合に、その航行のみを理由として釈放を要求することができない。
 8 追跡権の行使が正当とされない状況の下に領海の外において船舶が停止され又は拿〔だ〕捕されたときは、その船舶は、これにより被った損失又は損害に対する補償を受ける。

第112条（海底電線及び海底パイプラインを敷設する権利） 1 すべての国は、大陸棚を越える公海の海底に海底電線及び海底パイプラインを敷設する権利を有する。
 2 第79条5の規定は、1の海底電線及び海底パイプラインについて適用する。

第113条（海底電線又は海底パイプラインの損壊） いずれの国も、自国を旗国とする船舶又は自国の管轄権に

服する者が、故意又は過失により、電気通信を中断し又は妨害することとなるような方法で公海にある海底電線を損壊し、又は海底パイプライン又は海底高圧電線を同様に損壊することが処罰すべき犯罪であることを定めるために必要な法令を制定する。この法令の規定は、その損壊をもたらすことを意図し又はその損壊をもたらすおそれのある行為についても適用する。ただし、そのような損壊を避けるために必要なすべての予防措置をとった後に自己の生命又は船舶を守るという正当な目的のみで行動した者による損壊については、適用しない。

第114条（海底電線又は海底パイプラインの所有者による他の海底電線又は海底パイプラインの損壊） いずれの国も、自国の管轄権に服する者であって公海にある海底電線又は海底パイプラインの所有者であるものが、その海底電線又は海底パイプラインを敷設し又は修理するに際して他の海底電線又は海底パイプラインを損壊したときにその修理の費用を負担すべきであることを定めるために必要な法令を制定する。

第115条（海底電線又は海底パイプラインの損壊を避けるための損失に対する補償） いずれの国も、海底電線又は海底パイプラインの損壊を避けるためにいかり、網その他の漁具を失ったことを証明することができる船舶の所有者に対し、当該船舶の所有者が事前にあらゆる適当な予防措置をとったことを条件として当該海底電線又は海底パイプラインの所有者により補償が行われることを確保するために必要な法令を制定する。

　　　第2節　公海における生物資源の保存及び管理

第116条（公海における漁獲の権利） すべての国は、自国民が公海において次のものに従って漁獲を行う権利を有する。

(a) 自国の条約上の義務
(b) 特に第63条2及び第64条から第67条までに規定する沿岸国の権利、義務及び利益
(c) この節の規定

第117条（公海における生物資源の保存のための措置を自国民についてとる国の義務） すべての国は、公海における生物資源の保存のために必要とされる措置を自国民についてとる義務及びその措置をとるに当たって他の国と協力する義務を有する。

第118条（生物資源の保存及び管理における国の間の協力） いずれの国も、公海における生物資源の保存及び管理について相互に協力する。二以上の国の国民が同種の生物資源を開発し又は同一の水域において異なる種類の生物資源を開発する場合には、これらの国は、これらの生物資源の保存のために必要とされる措置をとるために交渉を行う。このため、これらの国は、適当な場合には、小地域的又は地域的な漁業機関の設立のために協力する。

第119条（公海における生物資源の保存） 1　いずれの国も、公海における生物資源の漁獲可能量を決定し及び他の保存措置をとるに当たり、次のことを行う。

(a) 関係国が入手することのできる最良の科学的証拠に基づく措置であって、環境上及び経済上の関連要因（開発途上国の特別の要請を含む。）を勘案し、かつ、漁獲の態様、資源間の相互依存関係及び一般に勧告された国際的な最低限度の基準（小地域的なもの、地域的なもの又は世界的なもののいずれであるかを問わない。）を考慮して、最大持続生産量を実現することのできる水準に漁獲される種の資源量を維持し又は回復することのできるようなものをとること。

(b) 漁獲される種に関連し又は依存する種の資源量をその再生産が著しく脅威にさらされることとなるような水準よりも高く維持し又は回復するために、当該関連し又は依存する種に及ぼす影響を考慮すること。

2　入手することのできる科学的情報、漁獲量及び漁獲努力量に関する統計その他魚類の保存に関連するデータは、適当な場合には権限のある国際機関（小地域的なもの、地域的なもの又は世界的なもののいずれであるかを問わない。）を通じ及びすべての関係国の参加を得て、定期的に提供し、及び交換する。

3　関係国は、保存措置及びその実施がいずれの国の漁業者に対しても法律上又は事実上の差別を設けるものではないことを確保する。

第120条（海産哺〔ほ〕乳動物） 第65条の規定は、公海における海産哺〔ほ〕乳動物の保存及び管理についても適用する。

第8部　島の制度

第121条（島の制度） 1　島とは、自然に形成された陸地であって、水に囲まれ、高潮時においても水面上にあるものをいう。

2　3に定める場合を除くほか、島の領海、接続水域、排他的経済水域及び大陸棚は、他の領土に適用されるこの条約の規定に従って決定される。

3　人間の居住又は独自の経済的生活を維持することのできない岩は、排他的経済水域又は大陸棚を有しない。

第9部　閉鎖海又は半閉鎖海

第122条（定義） この条約の適用上、「閉鎖海又は半閉鎖海」とは、湾、海盆又は海であって、二以上の国によって囲まれ、狭い出口によって他の海若しくは外洋につながっているか又はその全部若しくは大部分が二以上の沿岸国の領海若しくは排他的経済水域から成るものをいう。

第123条（閉鎖海又は半閉鎖海に面した国の間の協力） 同一の閉鎖海又は半閉鎖海に面した国は、この条約に基づく自国の権利を行使し及び義務を履行するに当たって相互に協力すべきである。このため、これらの国は、直接に又は適当な地域的機関を通じて、次のことに努める。

(a) 海洋生物資源の管理、保存、探査及び開発を調整すること。

(b) 海洋環境の保護及び保全に関する自国の権利の行使及び義務の履行を調整すること。

(c) 自国の科学的調査の政策を調整し及び、適当な場

第10部　内陸国の海への出入りの権利及び通過の自由

第124条（用語）
1　この条約の適用上、
 (a)　「内陸国」とは、海岸を有しない国をいう。
 (b)　「通過国」とは、内陸国と海との間に位置しており、その領域において通過運送が行われる国（海岸の有無を問わない。）をいう。
 (c)　「通過運送」とは、人、荷物、物品及び輸送手段の一又は二以上の通過国の領域における通過をいう。ただし、その通過が、積換、倉入れ、荷分け又は輸送方法の変更を伴うかどうかを問わず、内陸国の領域内に始まり又は終わる全行程の一部にすぎないときに限る。
 (d)　「輸送手段」とは、次のものをいう。
  (i)　鉄道車両並びに海洋用、湖用及び河川用船舶並びに道路走行車両
  (ii)　現地の状況が必要とする場合には、運搬人及び積載用動物

2　内陸国及び通過国は、相互間の合意により、パイプライン（ガス用輸送管を含む。）及び1(d)に規定するもの以外の輸送の手段を輸送手段に含めることができる。

第125条（海への出入りの権利及び通過の自由）
1　内陸国は、公海の自由及び人類の共同の財産に関する権利を含むこの条約に定める権利の行使のために海への出入りの権利を有する。このため、内陸国は、通過国の領域においてすべての輸送手段による通過の自由を享有する。

2　通過の自由を行使する条件及び態様については、関係する内陸国と通過国との間の二国間の、小地域的な又は地域的な協定によって合意する。

3　通過国は、自国の領域における完全な主権の行使として、この部に定める内陸国の権利及び内陸国のための便益が自国の正当な利益にいかなる害も及ぼさないようすべての必要な措置をとる権利を有する。

第126条（最恵国条項の適用除外）
内陸国の特別な地理的位置を理由とする権利及び便益を定めるこの条約及び海への出入りの権利の行使に関する特別の協定は、最恵国条項の適用から除外する。

第127条（関税、租税その他の課徴金）
1　通過運送に対しては、いかなる関税、租税その他の課徴金も課してはならない。ただし、当該通過運送に関連して提供された特定の役務の対価として課される課徴金を除く。

2　内陸国に提供され又は内陸国により利用される通過のための輸送手段及び他の便益に対しては、通過国の輸送手段の利用に対して課される租税又は課徴金よりも高い租税又は課徴金を課してはならない。

第128条（自由地帯及び他の通関上の便益）
通過運送の便宜のため、通過国と内陸国との間の合意により、通過国の出入港において自由地帯及び他の通関上の便益を設けることができる。

第129条（輸送手段の建設及び改善における協力）
通過国において通過の自由を実施するための輸送手段がない場合又は現存の手段（港の施設及び設備を含む。）が何らかの点で不十分な場合には、関係する通過国及び内陸国は、そのような輸送手段又は現存の手段の建設及び改善について協力することができる。

第130条（通過運送における遅延又はその他の困難で技術的性質のものを回避し又は無くすための措置）
1　通過国は、通過運送における遅延又はその他の困難で技術的性質のものを回避するためすべての適当な措置をとる。

2　1の遅延又は困難が生じたときは、関係する通過国及び内陸国の権限のある当局は、その遅延又は困難を迅速に無くすため協力する。

第131条（海港における同等の待遇）
内陸国を旗国とする船舶は、海港において他の外国船舶に与えられる待遇と同等の待遇を与えられる。

第132条（通過のための一層大きい便益の供与）
この条約は、この条約に定める通過のための便益よりも大きい便益であって、締約国間で合意され又は締約国が供与するものの撤回をもたらすものではない。この条約は、また、将来において一層大きい便益が供与されることを排除するものではない。

第11部　深海底

第1節　総則

第133条（用語）
この部の規定の適用上、
 (a)　「資源」とは、自然の状態で深海底の海底又はその下にあるすべての固体状、液体状又は気体状の鉱物資源（多金属性の団塊を含む。）をいう。
 (b)　深海底から採取された資源は、「鉱物」という。

第134条（この部の規定の適用範囲）
1　この部の規定は、深海底について適用する。

2　深海底における活動は、この部の規定により規律される。

3　第1条1(1)に規定する境界を示す海図又は地理学的経緯度の表の寄託及び公表に関する要件については、第6部に定める。

4　この条の規定は、第6部に定めるところによる大陸棚の外側の限界の設定に影響を及ぼすものではなく、また、向かい合っているか又は隣接している海岸を有する国の間の境界画定に関する合意の有効性に影響を及ぼすものではない。

第135条（上部水域及び上空の法的地位）
この部の規定及びこの部の規定により認められ又は行使される権利は、深海底の上部水域又はその上空の法的地位に影響を及ぼすものではない。

第2節　深海底を規律する原則

第136条（人類の共同の財産）
深海底及びその資源は、人類の共同の財産である。

第137条（深海底及びその資源の法的地位）1　いずれの国も深海底又はその資源のいかなる部分についても主権又は主権的権利を主張し又は行使してはならず、また、いずれの国又は自然人若しくは法人も深海底又はその資源のいかなる部分も専有してはならない。このような主権若しくは主権的権利の主張若しくは行使又は専有は、認められない。

2　深海底の資源に関するすべての権利は、人類全体に付与されるものとし、機構は、人類全体のために行動する。当該資源は、譲渡の対象とはならない。ただし、深海底から採取された鉱物は、この部の規定並びに機構の規則及び手続に従うことによってのみ譲渡することができる。

3　いずれの国又は自然人若しくは法人も、この部の規定に従う場合を除くほか、深海底から採取された鉱物について権利を主張し、取得し又は行使することはできず、このような権利のいかなる主張、取得又は行使も認められない。

第138条（深海底に関する国の一般的な行為）深海底に関する国の一般的な行為は、平和及び安全の維持並びに国際協力及び相互理解の促進のため、この部の規定、国際連合憲章に規定する原則及び国際法の他の規則に従う。

第139条（遵守を確保する義務及び損害に対する責任）1　締約国は、深海底における活動（締約国、国営企業又は締約国の国籍を有し若しくは締約国若しくはその国民によって実効的に支配されている自然人若しくは法人のいずれにより行われるかを問わない。）がこの部の規定に適合して行われることを確保する義務を負う。国際機関は、当該国際機関の行う深海底における活動に関し、同様の義務を負う。

2　締約国又は国際機関によるこの部の規定に基づく義務の不履行によって生ずる損害については、国際法の規則及び附属書Ⅲ第22条の規定の適用を妨げることなく、責任が生ずる。共同で行動する締約国又は国際機関は、連帯して責任を負う。ただし、締約国は、第153条4及び同附属書第4条4の規定による実効的な遵守を確保するためのすべての必要かつ適当な措置をとった場合には、第153条2(b)に定めるところによって当該締約国が保証した者がこの部の規定を遵守しないことにより生ずる損害について責任を負わない。

3　国際機関の構成国である締約国は、当該国際機関につきこの条の規定の実施を確保するための適当な措置をとる。

第140条（人類の利益）1　深海底における活動については、沿岸国であるか内陸国であるかの地理的位置にかかわらず、また、開発途上国の利益及びニーズ並びに国際連合総会決議第1514号（第15回会期）及び他の関連する総会決議に基づいて国際連合によって認められた完全な独立又はその他の自治的地位を獲得していない人民の利益及びニーズに特別の考慮を払って、この部に明示的に定めるところに従い、人類全体の利益のために行う。

2　機構は、第160条2(f)(i)の規定により、深海底における活動から得られる金銭的利益その他の経済的利益の衡平な配分を適当な制度を通じて、かつ、無差別の原則に基づいて行うことについて定める。

第141条（専ら平和的目的のための深海底の利用）深海底は、無差別に、かつ、この部の他の規定の適用を妨げることなく、すべての国（沿岸国であるか内陸国であるかを問わない。）による専ら平和的目的のための利用に開放する。

第142条（沿岸国の権利及び正当な利益）1　沿岸国の管轄権の及ぶ区域の境界にまたがって存在する深海底の資源の鉱床に関する深海底における活動については、当該沿岸国の権利及び正当な利益に妥当な考慮を払って行う。

2　1の権利及び利益の侵害を回避するため、関係国との間において協議（事前通報の制度を含む。）を維持するものとする。深海底における活動により沿岸国の管轄権の及ぶ区域内に存在する資源を開発する可能性がある場合には、当該沿岸国の事前の同意を得るものとする。

3　この部の規定及びこの部の規定により認められ又は行使されるいかなる権利も、自国の沿岸又は関係利益に対する重大かつ急迫した危険であって深海底における活動に起因し又はこれから生ずる汚染、汚染のおそれ又はその他の危険な事態から生ずるものを防止し、軽減し又は除去するために必要な措置（第12部の関連する規定に適合するもの）をとる沿岸国の権利に影響を及ぼすものではない。

第143条（海洋の科学的調査）1　深海底における海洋の科学的調査は、第13部の規定に従い、専ら平和的目的のため、かつ、人類全体の利益のために実施する。

2　機構は、深海底及びその資源に関する海洋の科学的調査を実施することができるものとし、この目的のため、契約を締結することができる。機構は、深海底における海洋の科学的調査の実施を促進し及び奨励するものとし、また、調査及び分析の結果が利用可能な場合には、当該結果を調整し及び普及させる。

3　締約国は、深海底における海洋の科学的調査を実施することができる。締約国は、次に掲げることにより深海底における海洋の科学的調査における国際協力を促進する。

(a) 国際的な計画に参加すること並びに各国及び機構の要員による海洋の科学的調査における協力を奨励すること。

(b) 機構又は適当な場合には他の国際機関を通じ、開発途上国及び技術面における開発の程度が低い国の利益のため、次に掲げることを目的とする計画が作成されることを確保すること。

　(i) これらの国の調査能力を強化すること。

　(ii) 調査の技術及び実施に関し、これらの国及び機構の要員を訓練すること。

　(iii) 深海底における調査において、これらの国の資格を有する要員の雇用を促進すること。

(c) 調査及び分析の結果が利用可能な場合には、機構を通じ又は適当なときは他の国際的な経路を通じて

当該結果を効果的に普及させること。
第144条（技術の移転） 1　機構は、次に掲げることを目的として、この条約に従って措置をとる。
  (a) 深海底における活動に関する技術及び科学的知識を取得すること。
  (b) すべての締約国が(a)の技術及び科学的知識から利益を得るようにするため、当該技術及び科学的知識の開発途上国への移転を促進し及び奨励すること。
2　機構及び締約国は、このため、事業体及びすべての締約国が利益を得ることができるように、深海底における活動に関する技術及び科学的知識の移転の促進に協力する。機構及び締約国は、特に、次の計画及び措置を提案し及び促進する。
  (a) 事業体及び開発途上国に対し深海底における活動に関する技術を移転するための計画（当該計画には、特に、事業体及び開発途上国が公正かつ妥当な条件の下で関連する技術を取得することを容易にするための方策を含める。）
  (b) 事業体の技術及び開発途上国の技術の進歩を目的とする措置（特に、事業体及び開発途上国の要員に対し、海洋科学及び海洋技術に関する訓練の機会並びに深海底における活動に対する十分な参加の機会を与えるもの）

第145条（海洋環境の保護） 深海底における活動に関しては、当該活動により生ずる有害な影響からの海洋環境の効果的な保護を確保するため、この条約に基づき必要な措置をとる。機構は、このため、特に、次の事項に関する適当な規則及び手続を採択する。
  (a) 海洋環境（沿岸を含む。）の汚染その他の危険の防止、軽減及び規制並びに海洋環境の生態学的均衡に対する影響の防止、軽減及び規制。特に、ボーリング、しゅんせつ、掘削、廃棄物の処分、これらの活動に係る施設、パイプラインその他の装置の建設、運用及び維持等の活動による有害な影響からの保護の必要性に対して特別の注意が払われなければならない。
  (b) 深海底の天然資源の保護及び保存並びに海洋環境における植物相及び動物相に対する損害の防止

第146条（人命の保護） 深海底における活動に関し、人命の効果的な保護を確保するために必要な措置をとるものとする。機構は、このため、関連する条約に規定されている現行の国際法を補足するために適当な規則及び手続を採択する。

第147条（深海底における活動と海洋環境における活動との調整） 1　深海底における活動については、海洋環境における他の活動に対して合理的な考慮を払いつつ行う。
2　深海底における活動を行うために使用される施設は、次の条件に従うものとする。
  (a) 当該施設については、専らこの部の規定に基づき、かつ、機構の規則及び手続に従い、組み立て、設置し及び撤去する。当該施設の組立て、設置及び撤去については、適当な通報を行わなければならず、また、当該施設の存在について注意を喚起するための恒常的な措置を維持しなければならない。
  (b) 当該施設については、国際航行に不可欠な認められた航路帯の使用の妨げとなるような場所又は漁業活動が集中的に行われている水域に設置してはならない。
  (c) 航行及び当該施設の安全を確保するため、その施設の周囲に適当な標識を設置することによって安全水域を設定するものとする。当該安全水域の形状及び位置は、船舶の特定の海域への合法的な出入り又は国際的な航路帯上の航行を妨げる帯状となるようなものとしてはならない。
  (d) 当該施設については、専ら平和的目的のために使用する。
  (e) 当該施設は、島の地位を有しない。当該施設は、それ自体の領海を有せず、また、その存在は、領海、排他的経済水域又は大陸棚の境界画定に影響を及ぼすものではない。
3　海洋環境における他の活動については、深海底における活動に対して合理的な考慮を払いつつ行う。

第148条（深海底における活動への開発途上国の参加） 深海底における活動への開発途上国の効果的な参加については、開発途上国の特別の利益及びニーズ、特に開発途上国のうちの内陸国及び地理的不利国が不利な位置にあること（深海底から離れていること、深海底への及び深海底からのアクセスが困難であること等）から生ずる障害を克服することの必要性に妥当な考慮を払い、この部に明示的に定めるところによって促進する。

第149条（考古学上の物及び歴史的な物） 深海底において発見された考古学上の又は歴史的な特質を有するすべての物については、当該物の原産地である国、文化上の起源を有する国又は歴史上及び考古学上の起源を有する国の優先的な権利に特別の考慮を払い、人類全体の利益のために保存し又は用いる。

第3節　深海底の資源の開発

第150条（深海底における活動に関する方針） 深海底における活動については、この部に明示的に定めるところにより、世界経済の健全な発展及び国際貿易の均衡のとれた成長を助長し、かつ、すべての国、特に開発途上国の全般的な発展のための国際協力を促進するように、次に掲げることを確保することを目的として行う。
  (a) 深海底の資源を開発すること。
  (b) 深海底の資源の秩序ある、安全な、かつ、合理的な管理（深海底における活動の効率的な実施を含む。）を行うこと及び保存に関する適切な原則に従って不必要な浪費を回避すること。
  (c) 深海底における活動に参加する機会を、特に第144条及び第148条の規定に即して拡大すること。
  (d) この条約に定めるところにより、機構が収入の一部を得ること並びに事業体及び開発途上国に技術が移転されること。
  (e) 消費者への供給を確保するため、深海底以外の供給源から採取される鉱物との関係で必要に応じ、深

海底から採取される鉱物の入手可能性を増大させること。
 (f) 深海底及び他の供給源から採取された鉱物について、生産者にとって採算がとれ、かつ、消費者にとって公平である公正なかつ安定した価格の形成を促進すること並びに供給と需要との間の長期的な均衡を促進すること。
 (g) すべての締約国(社会的及び経済的制度又は地理的位置を問わない。)に対し深海底の資源の開発に参加する機会を増大させること及び深海底における活動の独占を防止すること。
 (h) 次条に定めるところに従い、深海底における活動によって影響を受けた鉱物の価格の下落又は当該鉱物の輸出量の減少による経済又は輸出所得に対する悪影響から、当該下落又は減少が深海底における活動によって生じた限度において、開発途上国を保護すること。
 (i) 人類全体の利益のために共同の財産を開発すること。
 (j) 深海底の資源から生産される鉱物の輸入品及び当該鉱物から生産される産品の輸入品の市場へのアクセスの条件は、他の供給源からの輸入品に適用する最も有利な条件よりも有利なものであってはならないこと。

第151条(生産政策) 1(a) 機構は、前条に定める目的を妨げることなく、また、同条(h)の規定を実施するため、生産者及び消費者の双方を含む関係のあるすべての当事者が参加する既存の場又は適当な新たな取決め若しくは合意を通じて行動することにより、深海底から採取された鉱物から生産される産品の市場の成長、効率及び安定を生産者にとって採算のとれる、かつ、消費者にとって公正な価格で促進するために必要な措置をとる。すべての締約国は、このために協力する。
 (b) 機構は、深海底から採取された鉱物から生産される産品に関する会議であって生産者及び消費者の双方を含む関係のあるすべての当事者が参加するものに参加する権利を有する。機構は、当該会議の結果作成されるすべての取決め又は合意の当事者となる権利を有する。当該取決め又は合意に基づいて設立される機関への機構の参加は、深海底における生産に関して行われるものに限られるものとし、当該機関の関連する規則に従う。
 (c) 機構は、深海底における鉱物のすべての生産に関し、この1の取決め又は合意に基づく義務を履行するに当たり、一律のかつ無差別な実施を確保するように行う。機構は、その義務の履行に当たり、既存の契約及び承認された事業体の業務計画の条件に即して行動する。
2(a) 3に定める暫定期間中、操業者が機構に生産認可を申請し、その発給を受けるまでは、承認された業務計画に従った商業的生産を行ってはならない。当該生産認可については、業務計画に基づいて商業的生産の開始が予定されている時から五年さかのぼる日前に、申請し又はその発給を受けることができない。ただし、機構が、事業の進展の性質及び日程を考慮してその規則及び手続において他の期間を定める場合は、これによる。
 (b) 操業者は、承認された業務計画に基づいて1年間に採取されることが予想されるニッケルの量を生産認可の申請書に明記する。当該申請書には、操業者が認可の取得後に行う支出(予定されている日程に従って商業的生産を開始することを可能にするよう合理的に計算されたもの)の計画表を含める。
 (c) (a)及び(b)の規定の適用上、機構は、附属書Ⅲ第17条の規定に従って適当な実施に関する要件を定める。
 (d) 機構は、暫定期間中の生産が計画されている各年について、申請された生産量及び既に認可が与えられている生産量の合計が、生産認可の発給される年について4の規定に従って計算したニッケルの生産量の上限を超えない限り、当該申請された生産量について生産認可を発給する。
 (e) 生産認可及び承認された申請は、生産認可の発給の後、承認された業務計画の一部となる。
 (f) 操業者は、生産認可の申請が(d)の規定に基づいて却下された場合には、機構に対しいつでも新たに申請することができる。
3 暫定期間は、承認された業務計画に基づき最初の商業的生産の開始が予定されている年の1月1日の5年前に始まる。最初の商業的生産の開始が当初予定された年より遅れる場合には、その遅れに従い暫定期間の開始時期及び当初計算された生産量の上限を調整する。暫定期間は、25年の期間が経過する時、第155条に規定する再検討のための会議が終了する時又は1に規定する新たな取決め若しくは合意が効力を生ずる時のうちいずれか早い時まで継続する。機構は、当該取決め又は合意が終了し又は理由のいかんを問わず効力を失う場合には、暫定期間の残余の期間についてこの条に定める権限を回復する。
4(a) 暫定期間の各年の生産量の上限は、次の(i)及び(ii)の規定によって得られた値の合計とする。
  (i) (b)の規定に従って計算されるニッケルの消費量の傾向線上の値であって最初の商業的生産が開始される年の前年のものと当該傾向線上の値であって暫定期間が開始される年の前年のものとの差
  (ii) (b)の規定に従って計算されるニッケルの消費量の傾向線上の値であって生産認可が申請される年のものと当該傾向線上の値であって最初の商業的生産が開始される年の前年のものとの差の60パーセント
 (b) (a)の規定の適用上、
  (i) ニッケルの生産量の上限を計算するために用いられる傾向線上の値は、生産認可が発給される年において計算される当該傾向線上のニッケルの年間消費量の値とする。当該傾向線は、時間を独立変数とし、データを入手し得る最近の15年間の実際のニッケルの消費量の対数の線形回帰から得る

(ii) 原傾向線の年間増加率が3パーセント未満の場合には、(a)に定める生産量を決定するために用いられる傾向線は、原傾向線上における(i)に規定する15年間の最初の年の値を始点として毎年3パーセントの率で増加する傾向線とする。ただし、暫定期間の各年における生産量の上限は、いかなる場合にも、当該原傾向線上の当該年の値と当該原傾向線上の暫定期間が開始される年の前年の値との差を超えてはならない。

5 機構は、4の規定に従って計算される生産量の上限のうち、事業体の当初の生産分として3万8,000メートル・トンの量のニッケルを留保する。

6(a) 操業者は、全体の生産量が生産認可に定める量を超えないことを条件として、いずれの年においても生産認可に定める多金属性の団塊からの鉱物のその年の年間の生産量未満の量又は当該年間の生産量にその8パーセントの量を加えた量までの生産を行うことができる。各年における当該年間の生産量の8パーセント超20パーセント以下の超過について又は2年連続して当該年間の生産量を超過した後の最初の及びその後の年における当該年間の生産量の超過については、機構と交渉するものとし、機構は、操業者に対し追加的な生産についての補足的な生産認可を受けるよう要求することができる。

(b) (a)の補足的な生産認可の申請については、生産認可を受けていない操業者によるまだ処理のされていないすべての申請について決定が行われ、かつ、他の予想される申請者について妥当な考慮が払われた後においてのみ、機構が検討する。機構は、暫定期間のいずれの年においても認められた生産量の合計が当該年の生産量の上限を超えてはならないという原則に従う。機構は、いかなる業務計画の下においても、年間4万6,500メートル・トンを超える量のニッケルの生産を認可してはならない。

7 生産認可に従って採取された多金属性の団塊から抽出される銅、コバルト、マンガン等のニッケル以外の鉱物の生産量は、操業者がこの条の規定に従って当該団塊からニッケルを最大限に生産した場合の当該ニッケル以外の鉱物の生産量を超えるべきではない。機構は、この7の規定を実施するため、附属書Ⅲ第17条の規定によって規則及び手続を定める。

8 関連する多数国間の貿易協定の下での不公正な経済的慣行に関する権利及び義務は、深海底の鉱物の探査及び開発について適用される。当該貿易協定の当事国である締約国は、この8の規定に関して生ずる紛争の解決に当たって、当該貿易協定の紛争解決手続を利用する。

9 機構は、第161条8の規定に従って規則を採択することにより、適当な条件の下で、かつ、適当な方法を用いて、多金属性の団塊から抽出される鉱物以外の深海底の鉱物の生産量を制限する権限を有する。

10 総会は、深海底における活動によって影響を受けた鉱物の価格の下落又は当該鉱物の輸出量の減少により

その輸出所得又は経済が深刻な悪影響を受ける開発途上国を、当該下落又は減少が深海底における活動によって生じた限度において援助するため、経済計画委員会の助言に基づく理事会の勧告に従って、補償制度を設け又は経済調整を援助する他の措置(専門機関及び他の国際機関との協力を含む。)をとる。機構は、要請に基づき、最も深刻な影響を受けることが予想される国の困難を最小のものとし、かつ、当該国の経済調整を援助するため、当該国が有する問題について研究を開始する。

第152条（機構による権限の行使及び任務の遂行） 1 機構は、その権限の行使及び任務の遂行（深海底における活動の機会を提供することを含む。）に当たって、差別をしてはならない。

2 1の規定にかかわらず、開発途上国に対しこの部に明示的に定める特別の考慮を払うこと（開発途上国のうちの内陸国及び地理的不利国に対し特に考慮を払うことを含む。）が、認められる。

第153条（探査及び開発の制度） 1 深海底における活動は、機構が、この条の規定、この部の他の規定、関連する附属書並びに機構の規則及び手続に従い、人類全体のために組織し、行い及び管理する。

2 深海底における活動は、3に定めるところに従って次の者が行う。

(a) 事業体

(b) 機構と提携することを条件として、締約国、国営企業又は締約国の国籍を有し若しくは締約国若しくはその国民によって実効的に支配されている自然人若しくは法人であって当該締約国によって保証されているもの並びにこの(b)に規定する者の集団であってこの部及び附属書Ⅲに定める要件を満たすもの

3 深海底における活動については、附属書Ⅲの規定に従って作成され、法律・技術委員会による検討の後理事会によって承認された書面による正式の業務計画に従って行う。機構によって認められたところによって2(b)に定める主体が行う深海底における活動の場合には、業務計画は、同附属書第3条の規定に基づいて契約の形式をとる。当該契約は、同附属書第11条に定める共同取決めについて規定することができる。

4 機構は、この部の規定、この部に関連する附属書、機構の規則及び手続並びに3に規定する承認された業務計画の遵守を確保するために必要な深海底における活動に対する管理を行う。締約国は、第139条の規定に従い当該遵守を確保するために必要なすべての措置をとることによって機構を援助する。

5 機構は、この部の規定の遵守を確保するため並びにこの部又はいずれかの契約によって機構に与えられる管理及び規制の任務の遂行を確保するため、いつでもこの部に定める措置をとる権利を有する。機構は、深海底における活動に関連して使用される施設であって深海底にあるすべてのものを査察する権利を有する。

6 3に定める契約は、当該契約の定める期間中の有効性が保証されることについて規定する。当該契約は、附属書Ⅲの第18条及び第19条の規定に基づく場合を

除くほか、改定されず、停止されず又は終了しない。

第154条（定期的な再検討）　総会は、この条約の効力発生の後5年ごとに、この条約によって設けられる深海底の国際的な制度の実際の運用について全般的かつ系統的な再検討を行う。総会は、当該再検討に照らし、この部及びこの部に関連する附属書の規定及び手続に従って当該制度の運用の改善をもたらすような措置をとることができ、又は他の機関がそのような措置をとるよう勧告することができる。

第155条（再検討のための会議）　1　総会は、承認された業務計画に従って最初の商業的生産が開始される年の1月1日から15年が経過した年に、深海底の資源の探査及び開発の制度を規律するこの部及び関連する附属書の規定を再検討するために会議を招集する。再検討のための会議は、当該15年の間に得られた経験に照らして、次に掲げる事項を詳細に検討する。
 (a) 当該制度を規律するこの部の規定が、人類全体に利益を与えたか否かを含め、すべての点でその目的を達成したか否か。
 (b) 当該15年の間に、留保されていない鉱区と比較して留保鉱区が効果的にかつ均衡のとれた形で開発されたか否か。
 (c) 深海底及びその資源の開発及び利用が世界経済の健全な発展及び国際貿易の均衡のとれた成長を助長するように行われたか否か。
 (d) 深海底における活動の独占が防止されたか否か。
 (e) 第150条及び第151条に定める方針及び政策が実施されたか否か。
 (f) 当該制度が深海底における活動から生ずる利益の衡平な配分をもたらしたか否か（特に開発途上国の利益及びニーズに考慮を払う。）。
2　再検討のための会議は、人類の共同の財産という原則、すべての国、特に開発途上国の利益のために深海底の資源の衡平な開発を確保することを目的とした国際制度並びに深海底における活動を組織し、行い及び管理するための機構が維持されることを確保する。再検討のための会議は、また、深海底のあらゆる部分に対する主権の主張又は行使の排除、国の深海底に関する権利及び一般的な行為、この条約に適合する深海底における活動への国の参加、深海底における活動の独占の防止、専ら平和的目的のための深海底の利用、深海底における活動の経済的側面、海洋の科学的調査、技術の移転、海洋環境の保護、人命の保護、沿岸国の権利、深海底の上部水域及びその上空の法的地位並びに深海底における活動と海洋環境における他の活動との間の調整に関するこの部に定める原則が維持されることを確保する。
3　再検討のための会議における意思決定手続は、第3次国際連合海洋法会議における手続と同一のものとする。再検討のための会議は、いかなる改正についてもコンセンサス方式によって合意に達するためのあらゆる努力を払う。コンセンサスに達するためのあらゆる努力が払われるまで、改正に関する投票は行われるべきではない。
4　再検討のための会議は、その開始の後5年の間に深海底の資源の探査及び開発の制度に関して合意に達しない場合には、当該5年の経過後の12箇月の間に、当該制度を変更し又は修正する改正であって必要かつ適当と認めるものを採択し及び批准又は加入のため締約国に提出することにつき、締約国の4分の3以上の多数による議決で決定することができる。当該改正は、締約国の4分の3による批准書又は加入書の寄託の日の後12箇月ですべての締約国について効力を生ずる。
5　この条の規定に従い再検討のための会議によって採択された改正は、既存の契約に基づいて取得された権利に影響を及ぼすものではない。

　　　　第4節　機構
　　A　総則
第156条（機構の設立）〔省略〕
第157条（機構の性質及び基本原則）〔省略〕
第158条（機構の機関）〔省略〕
　　B　総会
第159条（構成、手続及び投票）〔省略〕
第160条（権限及び任務）〔省略〕
　　C　理事会
第161条（構成、手続及び投票）〔省略〕
第162条（権限及び任務）〔省略〕
第163条（理事会の機関）〔省略〕
第164条（経済計画委員会）〔省略〕
第165条（法律・技術委員会）〔省略〕
　　D　事務局
第166条（事務局）〔省略〕
第167条（機構の職員）〔省略〕
第168条（事務局の国際的な性質）〔省略〕
第169条（国際機関及び非政府機関との協議及び協力）〔省略〕
　　E　事業体
第170条（事業体）〔省略〕
　　F　機構の財政制度
第171条（機構の資金）〔省略〕
第172条（機構の年次予算）〔省略〕
第173条（機構の経費）〔省略〕
第174条（機構の借入れの権限）〔省略〕
第175条（年次会計検査）〔省略〕
　　G　法的地位、特権及び免除
第176条（法的地位）〔省略〕
第177条（特権及び免除）〔省略〕
第178条（訴訟手続の免除）〔省略〕
第179条（捜索及びあらゆる形式の押収の免除）〔省略〕
第180条（制限、規制、管理及びモラトリアムの免除）〔省略〕
第181条（機構の文書及び公用の通信）〔省略〕
第182条（機構に関係する特定の者の特権及び免除）〔省略〕
第183条（租税及び関税の免除）〔省略〕
　　H　構成国としての権利及び特権の行使の停止
第184条（投票権の行使の停止）〔省略〕
第185条（構成国としての権利及び特権の行使の停止）

〔省略〕
第5節　紛争の解決及び勧告的意見
第186条（国際海洋法裁判所の海底紛争裁判部） 海底紛争裁判部の設置及びその管轄権の行使については、この節、第15部及び附属書Ⅵの規定によって規律する。

第187条（海底紛争裁判部の管轄権） 海底紛争裁判部は、深海底における活動に関する次の種類の紛争につき、この部及びこの部に関連する附属書の規定により管轄権を有する。
(a) この部及びこの部に関連する附属書の規定の解釈又は適用に関する締約国間の紛争
(b) 締約国と機構との間の紛争であって、次の事項に関するもの
　(i) この部若しくはこの部に関連する附属書の規定又はこれらの規定に従って採択された機構の規則及び手続に違反すると申し立てられた機構又は締約国の作為又は不作為
　(ii) 機構の管轄に属する事項からの逸脱又は権限の濫用と申し立てられた機構の作為
(c) 契約の当事者（締約国、機構若しくは事業体、国営企業又は第153条2(b)に規定する自然人若しくは法人）の間の紛争であって、次の事項に関するもの
　(i) 関連する契約又は業務計画の解釈又は適用
　(ii) 深海底における活動に関する契約の当事者の作為又は不作為であって、他方の当事者に向けられたもの又は他方の当事者の正当な利益に直接影響を及ぼすもの
(d) 第153条2(b)に定めるところにより締約国によって保証されておりかつ附属書Ⅲの第4条6及び第13条2に定める条件を適正に満たした者で契約することが見込まれているものと機構との間の紛争であって、契約交渉において生ずる法律問題又は契約の拒否に関するもの
(e) 締約国、国営企業又は第153条2(b)に定めるところにより締約国によって保証されている自然人若しくは法人と機構との間の紛争であって、機構が附属書Ⅲ第22条に規定する責任を負うと申し立てられる場合のもの
(f) その他この条約において海底紛争裁判部の管轄権が明示的に定められている紛争

第188条（国際海洋法裁判所の特別裁判部、海底紛争裁判部臨時裁判部又は拘束力のある商事仲裁への紛争の付託） 1　前条(a)に掲げる締約国間の紛争は、
(a) 両紛争当事者の要請がある場合には、附属書Ⅵの第15条及び第17条の規定に基づいて設置される国際海洋法裁判所の特別裁判部に付託することができる。
(b) いずれかの紛争当事者の要請がある場合には、附属書Ⅵ第36条の規定に基づいて設置される海底紛争裁判部臨時裁判部に付託することができる。
2(a)　いずれかの紛争当事者の要請がある場合には、前条(c)(i)に掲げる契約の解釈又は適用に関する紛争は、紛争当事者が別段の合意をしない限り、拘束力のある商事仲裁に付託されるものとする。当該紛争が付託される商事仲裁判所は、この条約の解釈の問題を決定する管轄権を有しない。当該紛争が深海底における活動に関しこの部及びこの部に関連する附属書の規定の解釈の問題を含む場合には、当該問題は、裁定のため海底紛争裁判部に付託されるものとする。
(b) (a)の商事仲裁の開始の時又はその過程において、仲裁判所が、いずれかの紛争当事者の要請がある場合に又は自己の発意によりその仲裁判断が海底紛争裁判部の裁定に依存すると決定するときは、当該仲裁判所は、問題を裁定のため海底紛争裁判部に付託する。当該仲裁判所は、その後、海底紛争裁判部の裁定に従って仲裁判断を行う。
(c) 契約中に紛争に適用する仲裁手続に関する規定がない場合には、両紛争当事者が別段の合意をしない限り、仲裁は、国際連合国際商取引法委員会の仲裁規則又は機構の規則及び手続に定める他の仲裁規則に従って行われる。

第189条（機構の決定についての管轄権の制限） 海底紛争裁判部は、この部の規定に基づく機構の裁量権の行使について管轄権を有せず、いかなる場合にも機構に代わって裁量権を行使してはならない。海底紛争裁判部は、第187条の規定に基づいて管轄権を行使するに当たり、機構の規則及び手続がこの条約に適合しているか否かの問題について意見を述べてはならず、また、当該規則及び手続の無効を宣言してはならない。もっとも、第191条の規定の適用は妨げられない。この点に関する海底紛争裁判部の管轄権は、個々の事案についての機構の規則及び手続の適用が紛争当事者の契約上若しくはこの条約上の義務に抵触するとの主張若しくは管轄に属する事項からの逸脱若しくは権限の濫用に関する主張についての決定又は紛争当事者による契約上若しくは条約上の義務の不履行に起因する損害に対する他方の当事者による賠償請求若しくはその他の救済の請求に限られる。

第190条（保証締約国の手続への参加及び出席） 1　第187条に規定する紛争において、自然人又は法人が当事者である場合には、当該自然人又は法人の保証国は、当該紛争について通報を受けるものとし、また、書面又は口頭による陳述を行うことにより当該手続に参加する権利を有する。

2　第187条(c)に規定する紛争において、締約国を相手方として他の締約国によって保証されている自然人又は法人により紛争が提起される場合には、紛争を提起された締約国は、当該自然人又は法人を保証している締約国に対しこれらの者に代わって手続に出席することを要請することができる。その保証している締約国が出席しない場合には、当該紛争を提起された締約国は、自国の国籍を有する法人によって自国を代表させることができる。

第191条（勧告的意見） 海底紛争裁判部は、総会又は理事会の活動の範囲内で生ずる法律問題に関し、総会又は理事会の要請に応じて勧告的意見を与える。当該勧告的意見の付与は、緊急に処理を要する事項として取

り扱われるものとする。

第12部　海洋環境の保護及び保全

第1節　総則

第192条（一般的義務）　いずれの国も、海洋環境を保護し及び保全する義務を有する。

第193条（天然資源を開発する国の主権的権利）　いずれの国も、自国の環境政策に基づき、かつ、海洋環境を保護し及び保全する義務に従い、自国の天然資源を開発する主権的権利を有する。

第194条（海洋環境の汚染を防止し、軽減し及び規制するための措置）　1　いずれの国も、あらゆる発生源からの海洋環境の汚染を防止し、軽減し及び規制するため、利用することができる実行可能な最善の手段を用い、かつ、自国の能力に応じ、単独で又は適当なときは共同して、この条約に適合するすべての必要な措置をとるものとし、また、この点に関して政策を調和させるよう努力する。

2　いずれの国も、自国の管轄又は管理の下における活動が他の国及びその環境に対し汚染による損害を生じさせないように行われること並びに自国の管轄又は管理の下における事件又は活動から生ずる汚染がこの条約に従って自国が主権的権利を行使する区域を越えて拡大しないことを確保するためにすべての必要な措置をとる。

3　この部の規定によりとる措置は、海洋環境の汚染のすべての発生源を取り扱う。この措置には、特に、次のことをできる限り最小にするための措置を含める。
  (a) 毒性の又は有害な物質（特に持続性のもの）の陸にある発生源からの放出、大気からの若しくは大気を通ずる放出又は投棄による放出
  (b) 船舶からの汚染（特に、事故を防止し及び緊急事態を処理し、海上における運航の安全を確保し、意図的な及び意図的でない排出を防止し並びに船舶の設計、構造、設備、運航及び乗組員の配乗を規制するための措置を含む。）
  (c) 海底及びその下の天然資源の探査又は開発に使用される施設及び機器からの汚染（特に、事故を防止し及び緊急事態を処理し、海上における運用の安全を確保し並びにこのような施設又は機器の設計、構造、設備、運用及び人員の配置を規制するための措置を含む。）
  (d) 海洋環境において運用される他の施設及び機器からの汚染（特に、事故を防止し及び緊急事態を処理し、海上における運用の安全を確保し並びにこのような施設又は機器の設計、構造、設備、運用及び人員の配置を規制するための措置を含む。）

4　いずれの国も、海洋環境の汚染を防止し、軽減し又は規制するための措置をとるに当たり、他の国のこの条約に基づく権利の行使に当たっての活動及び義務の履行に当たっての活動に対する不当な干渉を差し控える。

5　この部の規定によりとる措置には、希少又はぜい弱な生態系及び減少しており、脅威にさらされており又は絶滅のおそれのある種その他の海洋生物の生息地を保護し及び保全するために必要な措置を含める。

第195条（損害若しくは危険を移転させ又は一の類型の汚染を他の類型の汚染に変えない義務）　いずれの国も、海洋環境の汚染を防止し、軽減し又は規制するための措置をとるに当たり、損害若しくは危険を一の区域から他の区域へ直接若しくは間接に移転させないように又は一の類型の汚染を他の類型の汚染に変えないように行動する。

第196条（技術の利用又は外来種若しくは新種の導入）

1　いずれの国も、自国の管轄又は管理の下における技術の利用に起因する海洋環境の汚染及び海洋環境の特定の部分に重大かつ有害な変化をもたらすおそれのある外来種又は新種の当該部分への導入（意図的であるか否かを問わない。）を防止し、軽減し及び規制するために必要なすべての措置をとる。

2　この条の規定は、海洋環境の汚染の防止、軽減及び規制に関するこの条約の適用に影響を及ぼすものではない。

第2節　世界的及び地域的な協力

第197条（世界的又は地域的基礎における協力）〔省略〕

第198条（損害の危険が差し迫った場合又は損害が実際に生じた場合の通報）〔省略〕

第199条（汚染に対する緊急時の計画）〔省略〕

第200条（研究、調査の計画並びに情報及びデータの交換）〔省略〕

第201条（規則のための科学的基準）〔省略〕

第3節　技術援助

第202条（開発途上国に対する科学及び技術の分野における援助）〔省略〕

第203条（開発途上国に対する優先的待遇）〔省略〕

第4節　監視及び環境評価

第204条（汚染の危険又は影響の監視）〔省略〕

第205条（報告の公表）〔省略〕

第206条（活動による潜在的な影響の評価）〔省略〕

第5節　海洋環境の汚染を防止し、軽減し及び規制するための国際的規則及び国内法

第207条（陸にある発生源からの汚染）　1　いずれの国も、国際的に合意される規則及び基準並びに勧告される方式及び手続を考慮して、陸にある発生源（河川、三角江、パイプライン及び排水口を含む。）からの海洋環境の汚染を防止し、軽減し及び規制するため法令を制定する。

2　いずれの国も、1に規定する汚染を防止し、軽減し及び規制するために必要な他の措置をとる。

3　いずれの国も、1に規定する汚染に関し、適当な地域的規模において政策を調和させるよう努力する。

4　いずれの国も、地域的特性並びに開発途上国の経済力及び経済開発のニーズを考慮して、特に、権限のある国際機関又は外交会議を通じ、陸にある発生源からの海洋環境の汚染を防止し、軽減し及び規制するため、世界的及び地域的な規則及び基準並びに勧告される方式及び手続を定めるよう努力する。これらの規則、基準並びに勧告される方式及び手続は、必要に応じ随時

再検討する。

5　1、2及び4に規定する法令、措置、規則、基準並びに勧告される方式及び手続には、毒性の又は有害な物質（特に持続性のもの）の海洋環境への放出をできる限り最小にするためのものを含める。

第208条（国の管轄の下で行う海底における活動からの汚染）　1　沿岸国は、自国の管轄の下で行う海底における活動から又はこれに関連して生ずる海洋環境の汚染並びに第60条及び第80条の規定により自国の管轄の下にある人工島、施設及び構築物から生ずる海洋環境の汚染を防止し、軽減し及び規制するため法令を制定する。

2　いずれの国も、1に規定する汚染を防止し、軽減し及び規制するために必要な他の措置をとる。

3　1及び2に規定する法令及び措置は、少なくとも国際的な規則及び基準並びに勧告される方式及び手続と同様に効果的なものとする。

4　いずれの国も、1に規定する汚染に関し、適当な地域的規模において政策を調和させるよう努力する。

5　いずれの国も、特に、権限のある国際機関又は外交会議を通じ、1に規定する海洋環境の汚染を防止し、軽減し及び規制するため、世界的及び地域的な規則及び基準並びに勧告される方式及び手続を定める。これらの規則、基準並びに勧告される方式及び手続は、必要に応じ随時再検討する。

第209条（深海底における活動からの汚染）　1　深海底における活動からの海洋環境の汚染を防止し、軽減し及び規制するため、国際的な規則及び手続が、第11部の規定に従って定められる。これらの規則及び手続は、必要に応じ随時再検討される。

2　いずれの国も、この節の関連する規定に従うことを条件として、自国を旗国とし、自国において登録され又は自国の権限の下で運用される船舶、施設、構築物及び他の機器により行われる深海底における活動からの海洋環境の汚染を防止し、軽減し及び規制するため法令を制定する。この法令の要件は、少なくとも1に規定する国際的な規則及び手続と同様に効果的なものとする。

第210条（投棄による汚染）　1　いずれの国も、投棄による海洋環境の汚染を防止し、軽減し及び規制するため法令を制定する。

2　いずれの国も、1に規定する汚染を防止し、軽減し及び規制するために必要な他の措置をとる。

3　1及び2に規定する法令及び措置は、国の権限のある当局の許可を得ることなく投棄が行われないことを確保するものとする。

4　いずれの国も、特に、権限のある国際機関又は外交会議を通じ、投棄による海洋環境の汚染を防止し、軽減し及び規制するため、世界的及び地域的な規則及び基準並びに勧告される方式及び手続を定めるよう努力する。これらの規則、基準並びに勧告される方式及び手続は、必要に応じ随時再検討する。

5　領海及び排他的経済水域における投棄又は大陸棚への投棄は、沿岸国の事前の明示の承認なしに行われないものとし、沿岸国は、地理的事情のため投棄により悪影響を受けるおそれのある他の国との問題に妥当な考慮を払った後、投棄を許可し、規制し及び管理する権利を有する。

6　国内法令及び措置は、投棄による海洋環境の汚染を防止し、軽減し及び規制する上で少なくとも世界的な規則及び基準と同様に効果的なものとする。

第211条（船舶からの汚染）　1　いずれの国も、権限のある国際機関又は一般的な外交会議を通じ、船舶からの海洋環境の汚染を防止し、軽減し及び規制するため、国際的な規則及び基準を定めるものとし、同様の方法で、適当なときはいつでも、海洋環境（沿岸を含む。）の汚染及び沿岸国の関係利益に対する汚染損害をもたらすおそれのある事故の脅威を最小にするための航路指定の制度の採択を促進する。これらの規則及び基準は、同様の方法で必要に応じ随時再検討する。

2　いずれの国も、自国を旗国とし又は自国において登録された船舶からの海洋環境の汚染を防止し、軽減し及び規制するための法令を制定する。この法令は、権限のある国際機関又は一般的な外交会議を通じて定められる一般的に受け入れられている国際的な規則及び基準と少なくとも同等の効果を有するものとする。

3　いずれの国も、外国船舶が自国の港若しくは内水に入り又は自国の沖合の係留施設に立ち寄るための条件として海洋環境の汚染を防止し、軽減し及び規制するための特別の要件を定める場合には、当該要件を適当に公表するものとし、また、権限のある国際機関に通報する。二以上の沿岸国が政策を調和させるために同一の要件を定める取決めを行う場合には、通報には、当該取決めに参加している国を明示する。いずれの国も、自国を旗国とし又は自国において登録された船舶の船長に対し、このような取決めに参加している国の領海を航行している場合において、当該国の要請を受けたときは、当該取決めに参加している同一の地域の他の国に向かって航行しているか否かについての情報を提供すること及び、当該他の国に向かって航行しているときは、当該船舶がその国の入港要件を満たしているか否かを示すことを要求する。この条の規定は、船舶による無害通航権の継続的な行使又は第25条2の規定の適用を妨げるものではない。

4　沿岸国は、自国の領海における主権の行使として、外国船舶（無害通航権を行使している船舶を含む。）からの海洋汚染を防止し、軽減し及び規制するための法令を制定することができる。この法令は、第2部第3節の定めるところにより、外国船舶の無害通航を妨害するものであってはならない。

5　沿岸国は、第6節に規定する執行の目的のため、自国の排他的経済水域について、船舶からの汚染を防止し、軽減し及び規制するための法令であって、権限のある国際機関又は一般的な外交会議を通じて定められる一般的に受け入れられている国際的な規則及び基準に適合し、かつ、これらを実施するための法令を制定することができる。

6(a)　沿岸国は、1に規定する国際的な規則及び基準が

特別の事情に応ずるために不適当であり、かつ、自国の排他的経済水域の明確に限定された特定の水域において、海洋学上及び生態学上の条件並びに当該水域の利用又は資源の保護及び交通の特殊性に関する認められた技術上の理由により、船舶からの汚染を防止するための拘束力を有する特別の措置をとることが必要であると信ずるに足りる合理的な理由がある場合には、権限のある国際機関を通じて他のすべての関係国と適当な協議を行った後、当該水域に関し、当該国際機関に通告することができるものとし、その通告に際し、裏付けとなる科学的及び技術的証拠並びに必要な受入施設に関する情報を提供する。当該国際機関は、通告を受領した後12箇月以内に当該水域における条件が第1段に規定する要件に合致するか否かを決定する。当該国際機関が合致すると決定した場合には、当該沿岸国は、当該水域について、船舶からの汚染の防止、軽減及び規制のための法令であって、当該国際機関が特別の水域に適用し得るとしている国際的な規則及び基準又は航行上の方式を実施する法令を制定することができる。この法令は、当該国際機関への通告の後15箇月間は、外国船舶に適用しない。

(b) 沿岸国は、(a)に規定する明確に限定された特定の水域の範囲を公表する。

(c) 沿岸国は、(a)に規定する水域について船舶からの汚染の防止、軽減及び規制のための追加の法令を制定する意図を有する場合には、その旨を(a)の通報と同時に国際機関に通報する。この追加の法令は、排出又は航行上の方式について定めることができるものとし、外国船舶に対し、設計、構造、乗組員の配乗又は設備につき、一般的に受け入れられている国際的な規則及び基準以外の基準の遵守を要求するものであってはならない。この追加の法令は、当該国際機関への通報の後12箇月以内に当該国際機関が合意することを条件として、通報の後15箇月で外国船舶に適用される。

7 この条に規定する国際的な規則及び基準には、特に、排出又はその可能性を伴う事件(海難を含む。)により自国の沿岸又は関係利益が影響を受けるおそれのある沿岸国への迅速な通報に関するものを含めるべきである。

第212条(大気からの又は大気を通ずる汚染) 1 いずれの国も、国際的に合意される規則及び基準並びに勧告される方式及び手続並びに航空の安全を考慮し、大気からの又は大気を通ずる海洋環境の汚染を防止し、軽減し及び規制するため、自国の主権の下にある空間及び自国を旗国とする船舶又は自国において登録された船舶若しくは航空機について適用のある法令を制定する。

2 いずれの国も、1に規定する汚染を防止し、軽減し及び規制するために必要な他の措置をとる。

3 いずれの国も、特に、権限のある国際機関又は外交会議を通じ、1に規定する汚染を防止し、軽減し及び規制するため、世界的及び地域的な規則及び基準並びに勧告される方式及び手続を定めるよう努力する。

第6節 執行

第213条(陸にある発生源からの汚染に関する執行) いずれの国も、第207条の規定に従って制定する自国の法令を執行するものとし、陸にある発生源からの海洋環境の汚染を防止し、軽減し及び規制するため、権限のある国際機関又は外交会議を通じて定められる適用のある国際的な規則及び基準を実施するために必要な法令を制定し及び他の措置をとる。

第214条(海底における活動からの汚染に関する執行) いずれの国も、第208条の規定に従って制定する自国の法令を執行するものとし、自国の管轄の下で行う海底における活動から又はこれに関連して生ずる海洋環境の汚染並びに第60条及び第80条の規定により自国の管轄の下にある人工島、施設及び構築物から生ずる海洋環境の汚染を防止し、軽減し及び規制するため、権限のある国際機関又は外交会議を通じて定められる適用のある国際的な規則及び基準を実施するために必要な法令を制定し及び他の措置をとる。

第215条(深海底における活動からの汚染に関する執行) 深海底における活動からの海洋環境の汚染を防止し、軽減し及び規制するため第11部の規定に従って定められる国際的な規則及び手続の執行は、同部の規定により規律される。

第216条(投棄による汚染に関する執行) 1 この条約に従って制定する法令並びに権限のある国際機関又は外交会議を通じて定められる適用のある国際的な規則及び基準であって、投棄による海洋環境の汚染を防止し、軽減し及び規制するためのものについては、次の国が執行する。

(a) 沿岸国の領海若しくは排他的経済水域における投棄又は大陸棚への投棄については当該沿岸国

(b) 自国を旗国とする船舶については当該旗国又は自国において登録された船舶若しくは航空機についてはその登録国

(c) 国の領土又は沖合の係留施設において廃棄物その他の物を積み込む行為については当該国

2 いずれの国も、他の国がこの条の規定に従って既に手続を開始している場合には、この条の規定により手続を開始する義務を負うものではない。

第217条(旗国による執行) 1 いずれの国も、自国を旗国とし又は自国において登録された船舶が、船舶からの海洋環境の汚染の防止、軽減及び規制のため、権限のある国際機関又は一般的な外交会議を通じて定められる適用のある国際的な規則及び基準に従うこと並びにこの条約に従って制定する自国の法令を遵守することを確保するものとし、これらの規則、基準及び法令を実施するために必要な法令を制定し及び他の措置をとる。旗国は、違反が生ずる場所のいかんを問わず、これらの規則、基準及び法令が効果的に執行されるよう必要な手段を講ずる。

2 いずれの国も、特に、自国を旗国とし又は自国において登録された船舶が1に規定する国際的な規則及び基準の要件(船舶の設計、構造、設備及び乗組員の配

乗に関する要件を含む。)に従って航行することができるようになるまで、その航行を禁止されることを確保するために適当な措置をとる。

3 いずれの国も、自国を旗国とし又は自国において登録された船舶が1に規定する国際的な規則及び基準により要求され、かつ、これらに従って発給される証書を船内に備えることを確保する。いずれの国も、当該証書が船舶の実際の状態と合致しているか否かを確認するため自国を旗国とする船舶が定期的に検査されることを確保する。当該証書は、他の国により船舶の状態を示す証拠として認容されるものとし、かつ、当該他の国が発給する証書と同一の効力を有するものとみなされる。ただし、船舶の状態が実質的に証書の記載事項どおりでないと信ずるに足りる明白な理由がある場合は、この限りでない。

4 船舶が権限のある国際機関又は一般的な外交会議を通じて定められる規則及び基準に違反する場合には、旗国は、違反が生じた場所又は当該違反により引き起こされる汚染が発生し若しくは発見された場所のいかんを問わず、当該違反について、調査を直ちに行うために必要な措置をとるものとし、適当なときは手続を開始する。ただし、次条、第220条及び第228条の規定の適用を妨げるものではない。

5 旗国は、違反の調査を実施するに当たり、事件の状況を明らかにするために他の国の協力が有用である場合には、当該他の国の援助を要請することができる。いずれの国も、旗国の適当な要請に応ずるよう努力する。

6 いずれの国も、他の国の書面による要請により、自国を旗国とする船舶によるすべての違反を調査する。旗国は、違反につき手続をとることを可能にするような十分な証拠が存在すると認める場合には、遅滞なく自国の法律に従って手続を開始する。

7 旗国は、とった措置及びその結果を要請国及び権限のある国際機関に速やかに通報する。このような情報は、すべての国が利用し得るものとする。

8 国の法令が自国を旗国とする船舶に関して定める罰は、場所のいかんを問わず違反を防止するため十分に厳格なものとする。

第218条（寄港国による執行） 1 いずれの国も、船舶が自国の港又は沖合の係留施設に任意にとどまる場合には、権限のある国際機関又は一般的な外交会議を通じて定められる適用のある国際的な規則及び基準に違反する当該船舶からの排出であって、当該国の内水、領海又は排他的経済水域の外で生じたものについて、調査を実施することができるものとし、証拠により正当化される場合には、手続を開始することができる。

2 1に規定するいかなる手続も、他の国の内水、領海又は排他的経済水域における排出の違反については、開始してはならない。ただし、当該他の国、旗国若しくは排出の違反により損害若しくは脅威を受けた国が要請する場合又は排出の違反が手続を開始する国の内水、領海若しくは排他的経済水域において汚染をもたらし若しくはもたらすおそれがある場合は、この限りでない。

3 いずれの国も、船舶が自国の港又は沖合の係留施設に任意にとどまる場合には、1に規定する排出の違反であって、他の国の内水、領海若しくは排他的経済水域において生じたもの又はこれらの水域に損害をもたらし若しくはもたらすおそれがあると認めるものについて、当該他の国からの調査の要請に実行可能な限り応ずる。いずれの国も、船舶が自国の港又は沖合の係留施設に任意にとどまる場合には、1に規定する排出の違反について、違反が生じた場所のいかんを問わず、旗国からの調査の要請に同様に実行可能な限り応ずる。

4 この条の規定に従い寄港国により実施された調査の記録は、要請により、旗国又は沿岸国に送付する。違反が、沿岸国の内水、領海又は排他的経済水域において生じた場合には、当該調査に基づいて寄港国により開始された手続は、第7節の規定に従うことを条件として、当該沿岸国の要請により停止することができる。停止する場合には、事件の証拠及び記録並びに寄港国の当局に支払われた保証金又は提供された他の金銭上の保証は、沿岸国に送付する。寄港国における手続は、その送付が行われた場合には、継続することができない。

第219条（汚染を回避するための船舶の堪〔たん〕航性に関する措置） いずれの国も、第7節の規定に従うことを条件として、要請により又は自己の発意により、自国の港の一又は沖合の係留施設の一にある船舶が船舶の堪〔たん〕航性に関する適用のある国際的な規則及び基準に違反し、かつ、その違反が海洋環境に損害をもたらすおそれがあることを確認した場合には、実行可能な限り当該船舶を航行させないようにするための行政上の措置をとる。当該国は、船舶に対し最寄りの修繕のための適当な場所までに限り航行を許可することができるものとし、当該違反の原因が除去された場合には、直ちに当該船舶の航行の継続を許可する。

第220条（沿岸国による執行） 1 いずれの国も、船舶が自国の港又は沖合の係留施設に任意にとどまる場合において、この条約に従って制定する自国の法令又は適用のある国際的な規則及び基準であって、船舶からの汚染の防止、軽減及び規制のためのものに対する違反が自国の領海又は排他的経済水域において生じたときは、第7節の規定に従うことを条件として、当該違反について手続を開始することができる。

2 いずれの国も、自国の領海を航行する船舶が当該領海の通航中にこの条約に従って制定する自国の法令又は適用のある国際的な規則及び基準であって、船舶からの汚染の防止、軽減及び規制のためのものに違反したと信ずるに足りる明白な理由がある場合には、第2部第3節の関連する規定の適用を妨げることなく、その違反について当該船舶の物理的な検査を実施することができ、また、証拠により正当化されるときは、第7節の規定に従うことを条件として、自国の法律に従って手続（船舶の抑留を含む。）を開始することができる。

3　いずれの国も、自国の排他的経済水域又は領海を航行する船舶が当該排他的経済水域において船舶からの汚染の防止、軽減及び規制のための適用のある国際的な規則又は基準又はこれらに適合し、かつ、これらを実施するための自国の法令に違反したと信ずるに足りる明白な理由がある場合には、当該船舶に対しその識別及び船籍港に関する情報、直前及び次の寄港地に関する情報並びに違反が生じたか否かを確定するために必要とされる他の関連する情報を提供するよう要請することができる。

4　いずれの国も、自国を旗国とする船舶が3に規定する情報に関する要請に従うように法令を制定し及び他の措置をとる。

5　いずれの国も、自国の排他的経済水域又は領海を航行する船舶が当該排他的経済水域において3に規定する規則及び基準又は法令に違反し、その違反により著しい海洋環境の汚染をもたらし又はもたらすおそれのある実質的な排出が生じたと信ずるに足りる明白な理由がある場合において、船舶が情報の提供を拒否したとき又は船舶が提供した情報が明白な実際の状況と明らかに相違しており、かつ、事件の状況により検査を行うことが正当と認められるときは、当該違反に関連する事項について当該船舶の物理的な検査を実施することができる。

6　いずれの国も、自国の排他的経済水域又は領海を航行する船舶が当該排他的経済水域において3に規定する規則及び基準又は法令に違反し、その違反により自国の沿岸若しくは関係利益又は自国の領海若しくは排他的経済水域の資源に対し著しい損害をもたらし又はもたらすおそれのある排出が生じたとの明白かつ客観的な証拠がある場合には、第7節の規定に従うこと及び証拠により正当化されることを条件として、自国の法律に従って手続(船舶の抑留を含む。)を開始することができる。

7　6の規定にかかわらず、6に規定する国は、保証金又は他の適当な金銭上の保証に係る要求に従うことを確保する適当な手続が、権限のある国際機関を通じ又は他の方法により合意されているところに従って定められる場合において、当該国が当該手続に拘束されるときは、船舶の航行を認めるものとする。

8　3から7までの規定は、第211条6の規定に従って制定される国内法令にも適用する。

第221条（海難から生ずる汚染を回避するための措置）
1　この部のいずれの規定も、著しく有害な結果をもたらすことが合理的に予測される海難又はこれに関連する行為の結果としての汚染又はそのおそれから自国の沿岸又は関係利益(漁業を含む。)を保護するため実際に被った又は被るおそれのある損害に比例する措置を領海を越えて慣習上及び条約上の国際法に従ってとり及び執行する国の権利を害するものではない。

2　この条の規定の適用上、「海難」とは、船舶の衝突、座礁その他の航行上の事故又は船舶内若しくは船舶外のその他の出来事であって、船舶又は積荷に対し実質的な損害を与え又は与える急迫したおそれがあるものをいう。

第222条（大気からの又は大気を通ずる汚染に関する執行）　いずれの国も、自国の主権の下にある空間において又は自国を旗国とする船舶若しくは自国において登録された船舶若しくは航空機について、第212条1の規定及びこの条約の他の規定に従って制定する自国の法令を執行するものとし、航空の安全に関するすべての関連する国際的な規則及び基準に従って、大気からの又は大気を通ずる海洋環境の汚染を防止し、軽減及び規制するため、権限のある国際機関又は外交会議を通じて定められる適用のある国際的な規則及び基準を実施するために必要な法令を制定し及び他の措置をとる。

第7節　保障措置

第223条（手続を容易にするための措置）　いずれの国も、この部の規定に従って開始する手続において、証人尋問及び他の国の当局又は権限のある国際機関から提出される証拠の認容を容易にするための措置をとるものとし、権限のある国際機関、旗国又は違反から生ずる汚染により影響を受けた国の公式の代表の手続への出席を容易にする。手続に出席する公式の代表は、国内法令又は国際法に定める権利及び義務を有する。

第224条（執行の権限の行使）　この部の規定に基づく外国船舶に対する執行の権限は、公務員又は軍艦、軍用航空機その他政府の公務に使用されていることが明らかに表示されており、かつ、識別されることのできる船舶若しくは航空機で当該権限を与えられているものによってのみ行使することができる。

第225条（執行の権限の行使に当たり悪影響を回避する義務）　いずれの国も、外国船舶に対する執行の権限をこの条約に基づいて行使するに当たっては、航行の安全を損ない、その他船舶に危険をもたらし、船舶を安全でない港若しくはびょう地に航行させ又は海洋環境を不当な危険にさらしてはならない。

第226条（外国船舶の調査）　1(a)　いずれの国も、第216条、第218条及び第220条に規定する調査の目的のために必要とする以上に外国船舶を遅延させてはならない。外国船舶の物理的な検査は、一般的に受け入れられている国際的な規則及び基準により船舶が備えることを要求されている証書、記録その他の文書又は船舶が備えている類似の文書の審査に制限される。外国船舶に対するこれ以上の物理的な検査は、その審査の後に限り、かつ、次の場合に限り行うことができる。

(i)　船舶又はその設備の状態が実質的にこれらの文書の記載事項どおりでないと信ずるに足りる明白な理由がある場合

(ii)　これらの文書の内容が疑わしい違反について確認するために不十分である場合

(iii)　船舶が有効な証書及び記録を備えていない場合

(b)　調査により、海洋環境の保護及び保全のための適用のある法令又は国際的な規則及び基準に対する違反が明らかとなった場合には、合理的な手続(例えば、保証金又は他の適当な金銭上の保証)に従うこ

とを条件として速やかに釈放する。
  (c) 海洋環境に対し不当に損害を与えるおそれがある場合には、船舶の堪〔たん〕航性に関する適用のある国際的な規則及び基準の適用を妨げることなく、船舶の釈放を拒否することができ最寄りの修繕のための適当な場所への航行を釈放の条件とすることができる。釈放が拒否され又は条件を付された場合には、当該船舶の旗国は、速やかに通報を受けるものとし、第15部の規定に従い当該船舶の釈放を求めることができる。
2 いずれの国も、海洋における船舶の不必要な物理的な検査を回避するための手続を作成することに協力する。

第227条（外国船舶に対する無差別） いずれの国も、この部の規定に基づく権利の行使及び義務の履行に当たって、他の国の船舶に対して法律上又は事実上の差別を行ってはならない。

第228条（手続の停止及び手続の開始の制限） 1 手続を開始する国の領海を越える水域における外国船舶による船舶からの汚染の防止、軽減及び規制に関する適用のある当該国の法令又は国際的な規則及び基準に対する違反について罰を科するための手続は、最初の手続の開始の日から6箇月以内に旗国が同一の犯罪事実について罰を科するための手続をとる場合には、停止する。ただし、その手続が沿岸国に対する著しい損害に係る事件に関するものである場合又は当該旗国が自国の船舶による違反について適用のある国際的な規則及び基準を有効に執行する義務を履行しないことが繰り返されている場合は、この限りでない。この条の規定に基づいて当該旗国が手続の停止を要請した場合には、当該旗国は、適当な時期に、当該事件の一件書類及び手続の記録を先に手続を開始した国の利用に供する。当該旗国が開始した手続が完了した場合には、停止されていた手続は、終了する。当該手続に関して負担した費用の支払を受けた後、沿岸国は、当該手続に関して支払われた保証金又は提供された他の金銭上の保証を返還する。
2 違反が生じた日から3年が経過した後は、外国船舶に罰を科するための手続を開始してはならない。いずれの国も、他の国が、1の規定に従うことを条件として、手続を開始している場合には、外国船舶に罰を科するための手続をとってはならない。
3 この条の規定は、他の国による手続のいかんを問わず、旗国が自国の法律に従って措置（罰を科するための手続を含む。）をとる権利を害するものではない。

第229条（民事上の手続の開始） この条約のいずれの規定も、海洋環境の汚染から生ずる損失又は損害に対する請求に関する民事上の手続の開始に影響を及ぼすものではない。

第230条（金銭罰及び被告人の認められている権利の尊重） 1 海洋環境の汚染の防止、軽減及び規制のための国内法令又は適用のある国際的な規則及び基準に対する違反であって、領海を越える水域における外国船舶によるものについては、金銭罰のみを科することができる。
2 海洋環境の汚染の防止、軽減及び規制のための国内法又は適用のある国際的な規則及び基準に対する違反であって、領海における外国船舶によるものについては、当該領海における故意によるかつ重大な汚染行為の場合を除くほか、金銭罰のみを科することができる。
3 外国船舶による1及び2に規定する違反であって、罰が科される可能性のあるものについての手続の実施に当たっては、被告人の認められている権利を尊重する。

第231条（旗国その他の関係国に対する通報） いずれの国も、第6節の規定により外国船舶に対してとった措置を旗国その他の関係国に速やかに通報するものとし、旗国に対しては当該措置に関するすべての公の報告書を提供する。ただし、領海における違反については、前段の沿岸国の義務は、手続においてとられた措置にのみ適用する。第6節の規定により外国船舶に対してとられた措置は、旗国の外交官又は領事官及び、可能な場合には、当該旗国の海事当局に直ちに通報する。

第232条（執行措置から生ずる国の責任） いずれの国も、第6節の規定によりとった措置が違法であった場合又は入手可能な情報に照らして合理的に必要とされる限度を超えた場合には、当該措置に起因する損害又は損失であって自国の責めに帰すべきものについて責任を負う。いずれの国も、このような損害又は損失に関し、自国の裁判所において訴えを提起する手段につき定める。

第233条（国際航行に使用されている海峡に関する保障措置） 第5節からこの節までのいずれの規定も、国際航行に使用されている海峡の法制度に影響を及ぼすものではない。ただし、第10節に規定する船舶以外の外国船舶が第42条1の(a)及び(b)に規定する法令に違反し、かつ、海峡の海洋環境に対し著しい損害をもたらし又はもたらすおそれがある場合には、海峡沿岸国は、適当な執行措置をとることができるものとし、この場合には、この節の規定を適用する。

第8節 氷に覆われた水域

第234条（氷に覆われた水域） 沿岸国は、自国の排他的経済水域の範囲内における氷に覆われた水域であって、特に厳しい気象条件及び年間の大部分の期間当該水域を覆う氷の存在が航行に障害又は特別の危険をもたらし、かつ、海洋環境の汚染が生態学的均衡に著しい害又は回復不可能な障害をもたらすおそれのある水域において、船舶からの海洋汚染の防止、軽減及び規制のための無差別の法令を制定し及び執行する権利を有する。この法令は、航行並びに入手可能な最良の科学的証拠に基づく海洋環境の保護及び保全に妥当な考慮を払ったものとする。

第9節 責任

第235条（責任） 1 いずれの国も、海洋環境の保護及び保全に関する自国の国際的義務を履行するものとし、国際法に基づいて責任を負う。

2 いずれの国も、自国の管轄の下にある自然人又は法人による海洋環境の汚染によって生ずる損害に関し、自国の法制度に従って迅速かつ適正な補償その他の救済のための手段が利用し得ることを確保する。

3 いずれの国も、海洋環境の汚染によって生ずるすべての損害に関し迅速かつ適正な賠償及び補償を確保するため、損害の評価、賠償及び補償並びに関連する紛争の解決について、責任に関する現行の国際法を実施し及び国際法を一層発展させるために協力するものとし、適当なときは、適正な賠償及び補償の支払に関する基準及び手続（例えば、強制保険又は補償基金）を作成するために協力する。

第10節　主権免除

第236条（主権免除） 海洋環境の保護及び保全に関するこの条約の規定は、軍艦、軍の支援船又は国が所有し若しくは運航する他の船舶若しくは航空機で政府の非商業的役務にのみ使用しているものについては、適用しない。ただし、いずれの国も、自国が所有し又は運航するこれらの船舶又は航空機の運航又は運航能力を阻害しないような適当な措置をとることにより、これらの船舶又は航空機が合理的かつ実行可能である限りこの条約に即して行動することを確保する。

第11節　海洋環境の保護及び保全に関する他の条約に基づく義務

第237条（海洋環境の保護及び保全に関する他の条約に基づく義務） 1 この部の規定は、海洋環境の保護及び保全に関して既に締結された特別の条約及び協定に基づき国が負う特定の義務に影響を与えるものではなく、また、この条約に定める一般原則を促進するために締結される協定の適用を妨げるものではない。

2 海洋環境の保護及び保全に関し特別の条約に基づき国が負う特定の義務は、この条約の一般原則及び一般的な目的に適合するように履行すべきである。

第13部　海洋の科学的調査

第1節　総則

第238条（海洋の科学的調査を実施する権利） すべての国（地理的位置のいかんを問わない。）及び権限のある国際機関は、この条約に規定する他の国の権利及び義務を害さないことを条件として、海洋の科学的調査を実施する権利を有する。

第239条（海洋の科学的調査の促進） いずれの国及び権限のある国際機関も、この条約に従って海洋の科学的調査の発展及び実施を促進し及び容易にする。

第240条（海洋の科学的調査の実施のための一般原則） 海洋の科学的調査の実施に当たっては、次の原則を適用する。

(a) 海洋の科学的調査は、専ら平和的目的のために実施する。

(b) 海洋の科学的調査は、この条約に抵触しない適当な科学的方法及び手段を用いて実施する。

(c) 海洋の科学的調査は、この条約に抵触しない他の適法な海洋の利用を不当に妨げないものとし、そのような利用の際に十分に尊重される。

(d) 海洋の科学的調査は、この条約に基づいて制定されるすべての関連する規則（海洋環境の保護及び保全のための規則を含む。）に従って実施する。

第241条（権利の主張の法的根拠としての海洋の科学的調査の活動の否認） 海洋の科学的調査の活動は、海洋環境又はその資源のいずれの部分に対するいかなる権利の主張の法的根拠も構成するものではない。

第2節　国際協力

第242条（国際協力の促進） 1 いずれの国及び権限のある国際機関も、主権及び管轄権の尊重の原則に従い、かつ、相互の利益を基礎として、平和的目的のための海洋の科学的調査に関する国際協力を促進する。

2 このため、いずれの国も、この部の規定の適用上、この条約に基づく国の権利及び義務を害することなく、適当な場合には、人の健康及び安全並びに海洋環境に対する損害を防止し及び抑制するために必要な情報を、自国から又は自国が協力することにより他の国が得るための合理的な機会を提供する。

第243条（好ましい条件の創出） いずれの国及び権限のある国際機関も、海洋環境における海洋の科学的調査の実施のための好ましい条件を創出し、かつ、海洋環境において生ずる現象及び過程の本質並びにそれらの相互関係を研究する科学者の努力を統合するため、二国間又は多数国間の協定の締結を通じて協力する。

第244条（情報及び知識の公表及び頒布） 1 いずれの国及び権限のある国際機関も、この条約に従って、主要な計画案及びその目的に関する情報並びに海洋の科学的調査から得られた知識を適当な経路を通じて公表し及び頒布する。

2 このため、いずれの国も、単独で並びに他の国及び権限のある国際機関と協力して、科学的データ及び情報の流れを円滑にし並びに特に開発途上国に対し海洋の科学的調査から得られた知識を移転すること並びに開発途上国が自ら海洋の科学的調査を実施する能力を、特に技術及び科学の分野における開発途上国の要員の適切な教育及び訓練を提供するための計画を通じて強化することを積極的に促進する。

第3節　海洋の科学的調査の実施及び促進

第245条（領海における海洋の科学的調査） 沿岸国は、自国の主権の行使として、自国の領海における海洋の科学的調査を規制し、許可し及び実施する排他的権利を有する。領海における海洋の科学的調査は、沿岸国の明示の同意が得られ、かつ、沿岸国の定める条件に基づく場合に限り、実施する。

第246条（排他的経済水域及び大陸棚における海洋の科学的調査） 1 沿岸国は、自国の管轄権の行使として、この条約の関連する規定に従って排他的経済水域及び大陸棚における海洋の科学的調査を規制し、許可し及び実施する権利を有する。

2 排他的経済水域及び大陸棚における海洋の科学的調査は、沿岸国の同意を得て実施する。

3 沿岸国は、自国の排他的経済水域又は大陸棚において他の国又は権限のある国際機関が、この条約に従って、専ら平和的目的で、かつ、すべての人類の利益の

ために海洋環境に関する科学的知識を増進させる目的で実施する海洋の科学的調査の計画については、通常の状況においては、同意を与える。このため、沿岸国は、同意が不当に遅滞し又は拒否されないことを確保するための規則及び手続を定める。

4　3の規定の適用上、沿岸国と調査を実施する国との間に外交関係がない場合にも、通常の状況が存在するものとすることができる。

5　沿岸国は、他の国又は権限のある国際機関による自国の排他的経済水域又は大陸棚における海洋の科学的調査の計画の実施について、次の場合には、自国の裁量により同意を与えないことができる。
　(a)　計画が天然資源(生物であるか非生物であるかを問わない。)の探査及び開発に直接影響を及ぼす場合
　(b)　計画が大陸棚の掘削、爆発物の使用又は海洋環境への有害物質の導入を伴う場合
　(c)　計画が第60条及び第80条に規定する人工島、施設及び構築物の建設、運用又は利用を伴う場合
　(d)　第248条の規定により計画の性質及び目的に関し提供される情報が不正確である場合又は調査を実施する国若しくは権限のある国際機関が前に実施した調査の計画について沿岸国に対する義務を履行していない場合

6　5の規定にかかわらず、沿岸国は、領海の幅を測定するための基線から200海里を超える大陸棚(開発又は詳細な探査の活動が行われており又は合理的な期間内に行われようとしている区域として自国がいつでも公の指定をすることのできる特定の区域を除く。)においてこの部の規定に従って実施される海洋の科学的調査の計画については、5(a)の規定に基づく同意を与えないとする裁量を行使してはならない。沿岸国は、当該区域の指定及びその変更について合理的な通報を行う。ただし、当該区域における活動の詳細を通報する義務を負わない。

7　6の規定は、第77条に定める大陸棚に対する沿岸国の権利を害するものではない。

8　この条の海洋の科学的調査の活動は、沿岸国がこの条約に定める主権的権利及び管轄権を行使して実施する活動を不当に妨げてはならない。

第247条(国際機関により又は国際機関の主導により実施される海洋の科学的調査の計画)　国際機関の構成国である沿岸国又は国際機関との間で協定を締結しているその沿岸国の排他的経済水域又は大陸棚において当該国際機関が海洋の科学的調査の計画を直接に又は自己の主導により実施することを希望する場合において、当該沿岸国が当該国際機関による計画の実施の決定に当たり詳細な計画を承認したとき又は計画に参加する意思を有し、かつ、当該国際機関による計画の通報から4箇月以内に反対を表明しなかったときは、合意された細目により実施される調査について当該沿岸国の許可が与えられたものとする。

第248条(沿岸国に対し情報を提供する義務)　沿岸国の排他的経済水域又は大陸棚において海洋の科学的調査を実施する意図を有する国及び権限のある国際機関は、海洋の科学的調査の計画の開始予定日の少なくとも6箇月前に当該沿岸国に対し次の事項についての十分な説明を提供する。
　(a)　計画の性質及び目的
　(b)　使用する方法及び手段(船舶の名称、トン数、種類及び船級並びに科学的機材の説明を含む。)
　(c)　計画が実施される正確な地理的区域
　(d)　調査船の最初の到着予定日及び最終的な出発予定日又は、適当な場合には、機材の設置及び撤去の予定日
　(e)　責任を有する機関の名称及びその代表者の氏名並びに計画の担当者の氏名
　(f)　沿岸国が計画に参加し又は代表を派遣することができると考えられる程度

第249条(一定の条件を遵守する義務)　1　いずれの国及び権限のある国際機関も、沿岸国の排他的経済水域又は大陸棚において海洋の科学的調査を実施するに当たり、次の条件を遵守する。
　(a)　沿岸国が希望する場合には、沿岸国の科学者に対し報酬を支払うことなく、かつ、沿岸国に対し計画の費用の分担の義務を負わせることなく、海洋の科学的調査の計画に参加し又は代表を派遣する沿岸国の権利を確保し、特に、実行可能なときは、調査船その他の舟艇又は科学的調査のための施設への同乗の権利を確保すること。
　(b)　沿岸国に対し、その要請により、できる限り速やかに暫定的な報告並びに調査の完了の後は最終的な結果及び結論を提供すること。
　(c)　沿岸国に対し、その要請により、海洋の科学的調査の計画から得られたすべてのデータ及び試料を利用する機会を提供することを約束し並びに写しを作成することのできるデータについてはその写し及び科学的価値を害することなく分割することのできる試料についてはその部分を提供することを約束すること。
　(d)　要請があった場合には、沿岸国に対し、(c)のデータ、試料及び調査の結果の評価を提供し又は沿岸国が当該データ、試料及び調査の結果を評価し若しくは解釈することに当たり援助を提供すること。
　(e)　2の規定に従うことを条件として、調査の結果ができる限り速やかに適当な国内の経路又は国際的な経路を通じ国際的な利用に供されることを確保すること。
　(f)　調査の計画の主要な変更を直ちに沿岸国に通報すること。
　(g)　別段の合意がない限り、調査が完了したときは、科学的調査のための施設又は機材を撤去すること。

2　この条の規定は、第246条5の規定に基づき同意を与えるか否かの裁量を行使するため沿岸国の法令によって定められる条件(天然資源の探査及び開発に直接影響を及ぼす計画の調査の結果を国際的な利用に供することについて事前の合意を要求することを含む。)を害するものではない。

第250条(海洋の科学的調査の計画に関する通報)　別段

の合意がない限り、海洋の科学的調査の計画に関する通報は、適当な公の経路を通じて行う。

第251条（一般的な基準及び指針）いずれの国も、各国が海洋の科学的調査の性質及び意味を確認することに資する一般的な基準及び指針を定めることを権限のある国際機関を通じて促進するよう努力する。

第252条（黙示の同意）いずれの国又は権限のある国際機関も、第248条の規定によって要求される情報を沿岸国に対し提供した日から6箇月が経過したときは、海洋の科学的調査の計画を進めることができる。ただし、沿岸国が、この情報を含む通報の受領の後四箇月以内に、調査を実施しようとする国又は権限のある国際機関に対し次のいずれかのことを通報した場合は、この限りでない。

(a) 第246条の規定に基づいて同意を与えなかったこと。
(b) 計画の性質又は目的について当該国又は国際機関が提供した情報が明白な事実と合致しないこと。
(c) 第248条及び第249条に定める条件及び情報に関連する補足的な情報を要求すること。
(d) 当該国又は国際機関が前に実施した海洋の科学的調査の計画に関し、第249条に定める条件についての義務が履行されていないこと。

第253条（海洋の科学的調査の活動の停止又は終了） 1 沿岸国は、次のいずれかの場合には、自国の排他的経済水域又は大陸棚において実施されている海洋の科学的調査の活動の停止を要求する権利を有する。

(a) 活動が、第248条の規定に基づいて提供された情報であって沿岸国の同意の基礎となったものに従って実施されていない場合
(b) 活動を実施している国又は権限のある国際機関が、海洋の科学的調査の計画についての沿岸国の権利に関する第249条の規定を遵守していない場合

2 沿岸国は、第248条の規定の不履行であって海洋の科学的調査の計画又は活動の主要な変更に相当するものがあった場合には、当該海洋の科学的調査の活動の終了を要求する権利を有する。

3 沿岸国は、また、1に規定するいずれかの状態が合理的な期間内に是正されない場合には、海洋の科学的調査の活動の終了を要求することができる。

4 海洋の科学的調査の活動の実施を許可された国又は権限のある国際機関は、沿岸国による停止又は終了を命ずる決定の通報に従い、当該通報の対象となっている調査の活動を取りやめる。

5 調査を実施する国又は権限のある国際機関が第248条及び第249条の規定により要求される条件を満たした場合には、沿岸国は、1の規定による停止の命令を撤回し、海洋の科学的調査の活動の継続を認めるものとする。

第254条（沿岸国に隣接する内陸国及び地理的不利国の権利） 1 第246条3に規定する海洋の科学的調査を実施する計画を沿岸国に提出した国及び権限のある国際機関は、提案された調査の計画を沿岸国に隣接する内陸国及び地理的不利国に通報するものとし、また、その旨を沿岸国に通報する。

2 第246条及びこの条約の他の関連する規定に従って沿岸国が提案された海洋の科学的調査の計画に同意を与えた後は、当該計画を実施する国及び権限のある国際機関は、沿岸国に隣接する内陸国及び地理的不利国に対し、これらの国の要請があり、かつ、適当である場合には、第248条及び第249条1(f)の関連する情報を提供する。

3 2の内陸国及び地理的不利国は、自国の要請により、提案された海洋の科学的調査の計画について、沿岸国と海洋の科学的調査を実施する国又は権限のある国際機関との間でこの条約の規定に従って合意された条件に基づき、自国が任命し、かつ、沿岸国の反対がない資格のある専門家の参加を通じ、実行可能な限り、当該計画に参加する機会を与えられる。

4 1に規定する国及び権限のある国際機関は、3の内陸国及び地理的不利国に対し、これらの国の要請により、第249条2の規定に従うことを条件として、同条1(d)の情報及び援助を提供する。

第255条（海洋の科学的調査を容易にし及び調査船を援助するための措置）いずれの国も、自国の領海を越える水域においてこの条約に従って実施される海洋の科学的調査を促進し及び容易にするため合理的な規則及び手続を定めるよう努力するものとし、また、適当な場合には、自国の法令に従い、この部の関連する規定を遵守する海洋の科学的調査のための調査船の自国の港への出入りを容易にし及び当該調査船に対する援助を促進する。

第256条（深海底における海洋の科学的調査）すべての国（地理的位置のいかんを問わない。）及び権限のある国際機関は、第11部の規定に従って、深海底における海洋の科学的調査を実施する権利を有する。

第257条（排他的経済水域を越える水域（海底及びその下を除く。）における海洋の科学的調査）すべての国（地理的位置のいかんを問わない。）及び権限のある国際機関は、この条約に基づいて、排他的経済水域を越える水域（海底及びその下を除く。）における海洋の科学的調査を実施する権利を有する。

第4節 海洋環境における科学的調査のための施設又は機材

第258条（設置及び利用）〔省略〕
第259条（法的地位）〔省略〕
第260条（安全水域）〔省略〕
第261条（航路を妨げてはならない義務）〔省略〕
第262条（識別標識及び注意を喚起するための信号）〔省略〕

第5節 責任
第263条（責任）〔省略〕

第6節 紛争の解決及び暫定措置
第264条（紛争の解決）〔省略〕
第265条（暫定措置）〔省略〕

第14部 海洋技術の発展及び移転

第1節 総則

第266条（海洋技術の発展及び移転の促進）〔省略〕
第267条（正当な利益の保護）〔省略〕
第268条（基本的な目的）〔省略〕
第269条（基本的な目的を達成するための措置）〔省略〕
　　　第2節　国際協力
第270条（国際協力の方法及び手段）〔省略〕
第271条（指針及び基準）〔省略〕
第272条（国際的な計画の調整）〔省略〕
第273条（国際機関及び機構との協力）〔省略〕
第274条（機構の目的）〔省略〕
　　　第3節　海洋科学及び海洋技術に関する国及び地域のセンター
第275条（国のセンターの設置）〔省略〕
第276条（地域のセンターの設置）〔省略〕
第277条（地域のセンターの任務）〔省略〕
　　　第4節　国際機関の間の協力
第278条（国際機関の間の協力）〔省略〕

第15部　紛争の解決

　　　第1節　総則
第279条（平和的手段によって紛争を解決する義務）締約国は、国際連合憲章第2条3の規定に従いこの条約の解釈又は適用に関する締約国間の紛争を平和的手段によって解決するものとし、このため、同憲章第33条1に規定する手段によって解決を求める。
第280条（紛争当事者が選択する平和的手段による紛争の解決）この部のいかなる規定も、この条約の解釈又は適用に関する締約国間の紛争を当該締約国が選択する平和的手段によって解決することにつき当該締約国がいつでも合意する権利を害するものではない。
第281条（紛争当事者によって解決が得られない場合の手続）1　この条約の解釈又は適用に関する紛争の当事者である締約国が、当該締約国が選択する平和的手段によって紛争の解決を求めることについて合意した場合には、この部に定める手続は、当該平和的手段によって解決が得られず、かつ、当該紛争の当事者間の合意が他の手続の可能性を排除していないときに限り適用する。
2　紛争当事者が期限についても合意した場合には、1の規定は、その期限の満了のときに限り適用される。
第282条（一般的な、地域的な又は二国間の協定に基づく義務）この条約の解釈又は適用に関する紛争の当事者である締約国が、一般的な、地域的な又は二国間の協定その他の方法によって、いずれかの紛争当事者の要請により拘束力を有する決定を伴う手続に紛争を付することについて合意した場合には、当該手続は、紛争当事者が別段の合意をしない限り、この部に定める手続の代わりに適用される。
第283条（意見を交換する義務）1　この条約の解釈又は適用に関して締約国間に紛争が生ずる場合には、紛争当事者は、交渉その他の平和的手段による紛争の解決について速やかに意見の交換を行う。
2　紛争当事者は、紛争の解決のための手続が解決をもたらさずに終了したとき又は解決が得られた場合においてその実施の方法につき更に協議が必要であるときは、速やかに意見の交換を行う。
第284条（調停）1　この条約の解釈又は適用に関する紛争の当事者である締約国は、他の紛争当事者に対し、附属書Ⅴ第1節に定める手続その他の調停手続に従って紛争を調停に付するよう要請することができる。
2　1の要請が受け入れられ、かつ、適用される調停手続について紛争当事者が合意する場合には、いずれの紛争当事者も、紛争を当該調停手続に付することができる。
3　1の要請が受け入れられない場合又は紛争当事者が手続について合意しない場合には、調停手続は、終了したものとみなされる。
4　紛争が調停に付された場合には、紛争当事者が別段の合意をしない限り、その手続は、合意された調停手続に従ってのみ終了することができる。
第285条（第11部の規定によって付託される紛争についてのこの節の規定の適用）この節の規定は、第11部第5節の規定によりこの部に定める手続に従って解決することとされる紛争についても適用する。締約国以外の主体がこのような紛争の当事者である場合には、この節の規定を準用する。
　　　第2節　拘束力を有する決定を伴う義務的手続
第286条（この節の規定に基づく手続の適用）第3節の規定に従うことを条件として、この条約の解釈又は適用に関する紛争であって第1節に定める方法によって解決が得られなかったものは、いずれかの紛争当事者の要請により、この節の規定に基づいて管轄権を有する裁判所に付託される。
第287条（手続の選択）1　いずれの国も、この条約に署名し、これを批准し若しくはこれに加入する時に又はその後いつでも、書面による宣言を行うことにより、この条約の解釈又は適用に関する紛争の解決のための次の手段のうち一又は二以上の手段を自由に選択することができる。
　(a)　附属書Ⅵによって設立される国際海洋法裁判所
　(b)　国際司法裁判所
　(c)　附属書Ⅶによって組織される仲裁裁判所
　(d)　附属書Ⅷに規定する一又は二以上の種類の紛争のために同附属書によって組織される特別仲裁裁判所
2　1の規定に基づいて行われる宣言は、第11部第5節に定める範囲及び方法で国際海洋法裁判所の海底紛争裁判部が管轄権を有することを受け入れる締約国の義務に影響を及ぼすものではなく、また、その義務から影響を受けるものでもない。
3　締約国は、その時において効力を有する宣言の対象とならない紛争の当事者である場合には、附属書Ⅶに定める仲裁手続を受け入れているものとみなされる。
4　紛争当事者が紛争の解決のために同一の手続を受け入れている場合には、当該紛争については、紛争当事者が別段の合意をしない限り、当該手続にのみ付することができる。
5　紛争当事者が紛争の解決のために同一の手続を受け入れていない場合には、当該紛争については、紛争当

事者が別段の合意をしない限り、附属書Ⅶに従って仲裁にのみ付することができる。

6　1の規定に基づいて行われる宣言は、その撤回の通告が国際連合事務総長に寄託された後3箇月が経過するまでの間、効力を有する。

7　新たな宣言、宣言の撤回の通告又は宣言の期間の満了は、紛争当事者が別段の合意をしない限り、この条の規定に基づいて管轄権を有する裁判所において進行中の手続に何ら影響を及ぼすものではない。

8　この条に規定する宣言及び通告については、国際連合事務総長に寄託するものとし、同事務総長は、その写しを締約国に送付する。

第288条（管轄権）　1　前条に規定する裁判所は、この条約の解釈又は適用に関する紛争であってこの部の規定に従って付託されるものについて管轄権を有する。

2　前条に規定する裁判所は、また、この条約の目的に関係のある国際協定の解釈又は適用に関する紛争であって当該協定に従って付託されるものについて管轄権を有する。

3　附属書Ⅵによって設置される国際海洋法裁判所の海底紛争裁判部並びに第11部第5節に規定するその他の裁判部及び仲裁裁判所は、同節の規定に従って付託される事項について管轄権を有する。

4　裁判所が管轄権を有するか否かについて争いがある場合には、当該裁判所の裁判で決定する。

第289条（専門家）　科学的又は技術的な事項に係る紛争において、この節の規定に基づいて管轄権を行使する裁判所は、いずれかの紛争当事者の要請により又は自己の発意により、投票権なしで当該裁判所に出席する2人以上の科学又は技術の分野における専門家を紛争当事者と協議の上選定することができる。これらの専門家は、附属書Ⅷ第2条の規定に従って作成された名簿のうち関連するものから選出することが望ましい。

第290条（暫定措置）　1　紛争が裁判所に適正に付託され、当該裁判所がこの部又は第11部第5節の規定に基づいて管轄権を有すると推定する場合には、当該裁判所は、終局裁判を行うまでの間、紛争当事者のそれぞれの権利を保全し又は海洋環境に対して生ずる重大な害を防止するため、状況に応じて適当と認める暫定措置を定めることができる。

2　暫定措置を正当化する状況が変化し又は消滅した場合には、当該暫定措置を修正し又は取り消すことができる。

3　いずれかの紛争当事者が要請し、かつ、すべての紛争当事者が陳述する機会を与えられた後にのみ、この条の規定に基づき暫定措置を定め、修正し又は取り消すことができる。

4　裁判所は、暫定措置を定め、修正し又は取り消すことにつき、紛争当事者その他裁判所が適当と認める締約国に直ちに通告する。

5　この節の規定に従って紛争の付託される仲裁裁判所が構成されるまでの間、紛争当事者が合意する裁判所又は暫定措置に対する要請が行われた日から2週間以内に紛争当事者が合意しない場合には国際海洋法裁判所若しくは深海底における活動に関しては海底紛争裁判部は、構成される仲裁裁判所が紛争について管轄権を有することを推定し、かつ、事態の緊急性により必要であると認める場合には、この条の規定に基づき暫定措置を定め、修正し又は取り消すことができる。紛争が付託された仲裁裁判所が構成された後は、当該仲裁裁判所は、1から4までの規定に従い暫定措置を修正し、取り消し又は維持することができる。

6　紛争当事者は、この条の規定に基づいて定められた暫定措置に速やかに従う。

第291条（手続の開放）　1　この部に定めるすべての紛争解決手続は、締約国に開放する。

2　この部に定める紛争解決手続は、この条約に明示的に定めるところによってのみ、締約国以外の主体に開放する。

第292条（船舶及び乗組員の速やかな釈放）　1　締約国の当局が他の締約国を旗国とする船舶を抑留した場合において、合理的な保証金の支払又は合理的な他の金銭上の保証の提供の後に船舶及びその乗組員を速やかに釈放するというこの条約の規定を抑留した国が遵守しなかったと主張されるときは、釈放の問題については、紛争当事者が合意する裁判所に付託することができる。抑留の時から10日以内に紛争当事者が合意しない場合には、釈放の問題については、紛争当事者が別段の合意をしない限り、抑留した国が第287条の規定によって受け入れている裁判所又は国際海洋法裁判所に付託することができる。

2　釈放に係る申立てについては、船舶の旗国又はこれに代わるものに限って行うことができる。

3　裁判所は、遅滞なく釈放に係る申立てを取り扱うものとし、釈放の問題のみを取り扱う。ただし、適当な国内の裁判所に係属する船舶又はその所有者若しくは乗組員に対する事件の本案には、影響を及ぼさない。抑留した国の当局は、船舶又はその乗組員をいつでも釈放することができる。

4　裁判所によって決定された保証金が支払われ又は裁判所によって決定された他の金銭上の保証が提供された場合には、抑留した国の当局は、船舶又はその乗組員の釈放についての当該裁判所の決定に速やかに従う。

第293条（適用のある法）　1　この節の規定に基づいて管轄権を有する裁判所は、この条約及びこの条約に反しない国際法の他の規則を適用する。

2　1の規定は、紛争当事者が合意する場合には、この節の規定に基づいて管轄権を有する裁判所が衡平及び善に基づいて裁判する権限を害するものではない。

第294条（先決的手続）　1　第287条に規定する裁判所に対して第297条に規定する紛争についての申立てが行われた場合には、当該裁判所は、当該申立てによる権利の主張が法的手続の濫用であるか否か又は当該権利の主張に十分な根拠があると推定されるか否かについて、いずれかの紛争当事者が要請するときに決定するものとし、又は自己の発意により決定することができる。当該裁判所は、当該権利の主張が法的手続の濫

用であると決定し又は根拠がないと推定されると決定した場合には、事件について新たな措置をとらない。
2　1の裁判は、申立てを受領した時に、当該申立てに係る他の紛争当事者に対して直ちに通告するものとし、当該他の紛争当事者が1の規定により裁判所に決定を行うよう要請することができる合理的な期間を定める。
3　この条のいかなる規定も、紛争当事者が、適用のある手続規則に従って先決的抗弁を行う権利に影響を及ぼすものではない。

第295条（国内的な救済措置を尽くすこと）　この条約の解釈又は適用に関する締約国間の紛争は、国内的な救済措置を尽くすことが国際法によって要求されている場合には、当該救済措置が尽くされた後でなければこの節に定める手続に付することができない。

第296条（裁判が最終的なものであること及び裁判の拘束力）　1　この節の規定に基づいて管轄権を有する裁判所が行う裁判は、最終的なものとし、すべての紛争当事者は、これに従う。
2　1の裁判は、紛争当事者間において、かつ、当該紛争に関してのみ拘束力を有する。

第3節　第2節の規定の適用に係る制限及び除外

第297条（第2節の規定の適用の制限）　1　この条約の解釈又は適用に関する紛争であって、この条約に定める主権的権利又は管轄権の沿岸国による行使に係るものは、次のいずれかの場合には、第2節に定める手続の適用を受ける。
　(a) 沿岸国が、航行、上空飛行若しくは海底電線及び海底パイプラインの敷設の自由若しくは権利又は第58条に規定するその他の国際的に適法な海洋の利用について、この条約の規定に違反して行動したと主張されている場合
　(b) 国が、(a)に規定する自由若しくは権利を行使し又は(a)に規定する利用を行うに当たり、この条約の規定に違反して又はこの条約及びこの条約に反しない国際法の他の規則に従って沿岸国の制定する法令に違反して行動したと主張されている場合
　(c) 沿岸国が、当該国に適用のある海洋環境の保護及び保全のための特定の国際的な規則及び基準であって、この条約によって定められ又はこの条約に従って権限のある国際機関若しくは外交会議を通じて定められたものに違反して行動したと主張されている場合
2(a)　この条約の解釈又は適用に関する紛争であって、海洋の科学的調査に係るものについては、第2節の規定に従って解決する。ただし、沿岸国は、次の事項から生ずるいかなる紛争についても、同節の規定による解決のための手続に付することを受け入れる義務を負うものではない。
　(i) 第246条の規定に基づく沿岸国の権利又は裁量の行使
　(ii) 第253条の規定に基づく海洋の科学的調査の活動の停止又は終了を命ずる沿岸国の決定

　(b) 海洋の科学的調査に係る特定の計画に関し沿岸国がこの条約に合致する方法で第246条又は第253条の規定に基づく権利を行使していないと調査を実施する国が主張することによって生ずる紛争は、いずれかの紛争当事者の要請により、附属書V第2節に定める調停に付される。ただし、調停委員会は、第246条6に規定する特定の区域を指定する沿岸国の裁量の行使又は同条5の規定に基づいて同意を与えない沿岸国の裁量の行使については取り扱わない。
3(a)　この条約の解釈又は適用に関する紛争であって、漁獲に係るものについては、第2節の規定に従って解決する。ただし、沿岸国は、排他的経済水域における生物資源に関する自国の主権的権利（漁獲可能量、漁獲能力及び他の国に対する余剰分の割当てを決定するための裁量権並びに保存及び管理に関する自国の法令に定める条件を決定するための裁量権を含む。）又はその行使に係るいかなる紛争についても、同節の規定による解決のための手続に付することを受け入れる義務を負うものではない。
　(b) 第1節の規定によって解決が得られなかった場合において、次のことが主張されているときは、紛争は、いずれかの紛争当事者の要請により、附属書V第2節に定める調停に付される。
　　(i) 沿岸国が、自国の排他的経済水域における生物資源の維持が著しく脅かされないことを適当な保存措置及び管理措置を通じて確保する義務を明らかに遵守しなかったこと。
　　(ii) 沿岸国が、他の国が漁獲を行うことに関心を有する資源について、当該他の国の要請にもかかわらず、漁獲可能量及び生物資源についての自国の漁獲能力を決定することを恣〔し〕意的に拒否したこと。
　　(iii) 沿岸国が、自国が存在すると宣言した余剰分の全部又は一部を、第62条、第69条及び第70条の規定により、かつ、この条約に適合する条件であって自国が定めるものに従って、他の国に割り当てることを恣〔し〕意的に拒否したこと。
　(c) 調停委員会は、いかなる場合にも、調停委員会の裁量を沿岸国の裁量に代わるものとしない。
　(d) 調停委員会の報告については、適当な国際機関に送付する。
　(e) 第69条及び第70条の規定により協定を交渉するに当たって、締約国は、別段の合意をしない限り、当該協定の解釈又は適用に係る意見の相違の可能性を最小にするために当該締約国がとる措置に関する条項及び当該措置にもかかわらず意見の相違が生じた場合に当該締約国がとるべき手続に関する条項を当該協定に含める。

第298条（第2節の規定の適用からの選択的除外）　1　第1節の規定に従って生ずる義務に影響を及ぼすことなく、いずれの国も、この条約に署名し、これを批准し若しくはこれに加入する時に又はその後いつでも、次の種類の紛争のうち一又は二以上の紛争について、第2節に定める手続のうち一又は二以上の手続を受け

入れないことを書面によって宣言することができる。
- (a)(i) 海洋の境界画定に関する第15条、第74条及び第83条の規定の解釈若しくは適用に関する紛争又は歴史的湾若しくは歴史的権原に関する紛争。ただし、宣言を行った国は、このような紛争がこの条約の効力発生の後に生じ、かつ、紛争当事者間の交渉によって合理的な期間内に合意が得られない場合には、いずれかの紛争当事者の要請により、この問題を附属書Ⅴ第2節に定める調停に付することを受け入れる。もっとも、大陸又は島の領土に対する主権その他の権利に関する未解決の紛争についての検討が必要となる紛争については、当該調停に付さない。
- (ii) 調停委員会が報告(その基礎となる理由を付したもの)を提出した後、紛争当事者は、当該報告に基づき合意の達成のために交渉する。交渉によって合意に達しない場合には、紛争当事者は、別段の合意をしない限り、この問題を第2節に定める手続のうちいずれかの手続に相互の同意によって付する。
- (iii) この(a)の規定は、海洋の境界に係る紛争であって、紛争当事者間の取決めによって最終的に解決されているもの又は紛争当事者を拘束する二国間若しくは多数国間の協定によって解決することとされているものについては、適用しない。
- (b) 軍事的活動(非商業的役務に従事する政府の船舶及び航空機による軍事的活動を含む。)に関する紛争並びに法の執行活動であって前条の2及び3の規定により裁判所の管轄権の範囲から除外される主権的権利又は管轄権の行使に係るものに関する紛争
- (c) 国際連合安全保障理事会が国際連合憲章によって与えられた任務を紛争について遂行している場合の当該紛争。ただし、同理事会が、当該紛争をその審議事項としないことを決定する場合又は紛争当事者に対し当該紛争をこの条約に定める手段によって解決するよう要請する場合は、この限りでない。
2 1の規定に基づく宣言を行った締約国は、いつでも、当該宣言を撤回することができ、又は当該宣言によって除外された紛争をこの条約に定める手続に付することに同意することができる。
3 1の規定に基づく宣言を行った締約国は、除外された種類の紛争に該当する紛争であって他の締約国を当事者とするものを、当該他の締約国の同意なしには、この条約に定めるいずれの手続にも付することができない。
4 締約国が1(a)の規定に基づく宣言を行った場合には、他の締約国は、除外された種類の紛争に該当する紛争であって当該宣言を行った締約国を当事者とするものを、当該宣言において特定される手続に付することができる。
5 新たな宣言又は宣言の撤回は、紛争当事者が別段の合意をしない限り、この条の規定により裁判所において進行中の手続に何ら影響を及ぼすものではない。
6 この条の規定に基づく宣言及び宣言の撤回の通告については、国際連合事務総長に寄託するものとし、同事務総長は、その写しを締約国に送付する。

第299条(紛争当事者が手続について合意する権利) 1 第297条の規定により第2節に定める紛争解決手続から除外された紛争又は前条の規定に基づいて行われた宣言により当該手続から除外された紛争については、当該紛争の当事者間の合意によってのみ、当該手続に付することができる。
2 この節のいかなる規定も、紛争当事者が紛争の解決のための他の手続について合意する権利又は紛争当事者が紛争の友好的な解決を図る権利を害するものではない。

第16部　一般規定

第300条(信義誠実及び権利の濫用) 締約国は、この条約により負う義務を誠実に履行するものとし、また、この条約により認められる権利、管轄権及び自由を権利の濫用とならないように行使する。

第301条(海洋の平和的利用) 締約国は、この条約に基づく権利を行使し及び義務を履行するに当たり、武力による威嚇又は武力の行使を、いかなる国の領土保全又は政治的独立に対するものも、また、国際連合憲章に規定する国際法の諸原則と両立しない他のいかなる方法によるものも慎まなければならない。

第302条(情報の開示) この条約のいかなる規定も、締約国がこの条約に基づく義務を履行するに当たり、その開示が当該締約国の安全保障上の重大な利益に反する情報の提供を当該締約国に要求するものと解してはならない。ただし、この規定は、この条約に定める紛争解決手続に付する締約国の権利を害するものではない。

第303条(海洋において発見された考古学上の物及び歴史的な物) 1 いずれの国も、海洋において発見された考古学上の又は歴史的な特質を有する物を保護する義務を有し、このために協力する。
2 沿岸国は、1に規定する物の取引を規制するため、第33条の規定の適用に当たり、自国の承認なしに同条に規定する水域の海底からこれらの物を持ち去ることが同条に規定する法令の自国の領土又は領海内における違反をなすものと推定することができる。
3 この条のいかなる規定も、認定することのできる所有者の権利、引揚作業に関する法律又はその他の海事に関する規則並びに文化交流に関する法律及び慣行に影響を及ぼすものではない。
4 この条の規定は、考古学上の又は歴史的な特質を有する物の保護に関するその他の国際協定及び国際法の規則に影響を及ぼすものではない。

第304条(損害についての責任) この条約の損害についての責任に関する規定は、国際法に基づく責任に関する現行の規則の適用及び新たな規則の発展を妨げるものではない。

第17部　最終規定

第305条(署名) 1 この条約は、次のものによる署名

のために開放しておく。
 (a) すべての国
 (b) 国際連合ナミビア理事会によって代表されるナミビア
 (c) 他の国と提携している自治国であって、国際連合総会決議第1514号（第15回会期）に基づいて国際連合により監督され及び承認された自決の行為においてその地位を選び、かつ、この条約により規律される事項に関する権限（これらの事項に関して条約を締結する権限を含む。）を有するすべてのもの
 (d) 他の国と提携している自治国であって、その提携のための文書に基づき、この条約により規律される事項に関する権限（これらの事項に関して条約を締結する権限を含む。）を有するすべてのもの
 (e) 完全な内政上の自治権を有し、国際連合によりこれを認められているが、国際連合総会決議第1514号（第15回会期）に基づく安全な独立を達成していない地域であって、この条約により規律される事項に関する権限（これらの事項に関して条約を締結する権限を含む。）を有するすべてのもの
 (f) 国際機関。ただし、附属書Ⅸの規定に従うものとする。
2　この条約は、1984年12月9日まではジャマイカ外務省において、また、1983年7月1日から1984年12月9日まではニュー・ヨークにある国際連合本部において、署名のために開放しておく。

第306条（批准及び正式確認）　この条約は、国及び前条1の(b)から(e)までに規定するその他の主体によって批准されなければならず、また、同条1(f)に規定する主体により附属書Ⅸに定めるところにより正式確認が行われなければならない。批准書及び正式確認書は、国際連合事務総長に寄託する。

第307条（加入）　この条約は、国及び第305条に規定するその他の主体による加入のために開放しておく。同条1(f)に規定する主体による加入については、附属書Ⅸに定めるところにより行う。加入書は、国際連合事務総長に寄託する。

第308条（効力発生）　1　この条約は、60番目の批准書又は加入書が寄託された日の後12箇月で効力を生ずる。
2　60番目の批准書又は加入書が寄託された後にこの条約を批准し又はこれに加入する国については、この条約は、1の規定に従うことを条件として、その批准書又は加入書の寄託の日の後30日目の日に効力を生ずる。
3　機構の総会は、この条約の効力発生の日に会合し、機構の理事会の理事国を選出する。機構の第1回の理事会は、第161条の規定を厳格に適用することができない場合には、同条に規定する目的に適合するように構成する。
4　準備委員会が起草する規則及び手続は、第11部に定めるところにより機構が正式に採択するまでの間、暫定的に適用する。
5　機構及びその諸機関は、先行投資に関する第3次国際連合海洋法会議の決議Ⅱに従い及びこの決議に基づいて行われる準備委員会の決定に従って行動する。

第309条（留保及び除外）　この条約については、他の条の規定により明示的に認められている場合を除くほか、留保を付することも、また、除外を設けることもできない。

第310条（宣言及び声明）　前条の規定は、この条約の署名若しくは批准又はこれへの加入の際に、国が、特に当該国の法令をこの条約に調和させることを目的として、用いられる文言及び名称のいかんを問わず、宣言又は声明を行うことを排除しない。ただし、このような宣言又は声明は、当該国に対するこの条約の適用において、この条約の法的効力を排除し又は変更することを意味しない。

第311条（他の条約及び国際協定との関係）　1　この条約は、締約国間において、1958年4月29日の海洋法に関するジュネーヴ諸条約に優先する。
2　この条約は、この条約と両立する他の協定の規定に基づく締約国の権利及び義務であって他の締約国がこの条約に基づく権利を享受し又は義務を履行することに影響を及ぼさないものを変更するものではない。
3　二以上の締約国は、当該締約国間の関係に適用される限りにおいて、この条約の運用を変更し又は停止する協定を締結することができる。ただし、このような協定は、この条約の規定であってこれからの逸脱がこの条約の趣旨及び目的の効果的な実現と両立しないものに関するものであってはならず、また、この条約に定める基本原則の適用に影響を及ぼし又は他の締約国がこの条約に基づく権利を享受し若しくは義務を履行することに影響を及ぼすものであってはならない。
4　3に規定する協定を締結する意思を有する締約国は、他の締約国に対し、この条約の寄託者を通じて、当該協定を締結する意思及び当該協定によるこの条約の変更又は停止を通報する。
5　この条の規定は、他の条の規定により明示的に認められている国際協定に影響を及ぼすものではない。
6　締約国は、第136条に規定する人類の共同の財産に関する基本原則についていかなる改正も行わないこと及びこの基本原則から逸脱するいかなる協定の締約国にもならないことを合意する。

第312条（改正）　1　締約国は、この条約の効力発生の日から10年の期間が満了した後は、国際連合事務総長にあてた書面による通報により、この条約の特定の改正で深海底における活動に関する改正以外のものを提案し及びその改正案を審議する会議の招集を要請することができる。同事務総長は、当該通報をすべての締約国に送付する。同事務総長は、当該通報の送付の日から12箇月以内に締約国の2分の1以上がその要請に好意的な回答を行った場合には、当該会議を招集する。
2　改正に関する会議において用いられる決定手続は、この会議が別段の決定を行わない限り、第3次国際連合海洋法会議において用いられた決定手続と同一のものとする。改正に関する会議は、いかなる改正案につ

いても、コンセンサス方式により合意に達するようあらゆる努力を払うものとし、コンセンサスのためのあらゆる努力が尽くされるまでは、改正案について投票を行わない。

第313条（簡易な手続による改正） 1 締約国は、国際連合事務総長にあてた書面による通報により、この条約の改正案で深海底における活動に関する改正以外のものを会議を招集することなくこの条に定める簡易な手続による採択のために提案することができる。同事務総長は、当該通報をすべての締約国に送付する。

2 1に規定する通報の送付の日から12箇月の期間内にいずれかの締約国が改正案又は簡易な手続による改正案の採択の提案に反対した場合には、改正は、拒否されたものとする。国際連合事務総長は、その旨を直ちにすべての締約国に通報する。

3 1に規定する通報の送付の日から12箇月の期間内にいずれの締約国も改正案又は簡易な手続による改正案の採択の提案に反対しなかった場合には、改正案は、採択されたものとする。国際連合事務総長は、改正案が採択された旨をすべての締約国に通報する。

第314条（深海底における活動のみに関する規定の改正）
1 締約国は、機構の事務局長にあてた書面による通報により、深海底における活動のみに関する規定（附属書Ⅵ第4節の規定を含む。）の改正案を提案することができる。事務局長は、当該通報をすべての締約国に送付する。改正案は、理事会による承認の後、総会によって承認されなければならない。理事会及び総会における締約国の代表は、改正案を審議し及び承認する全権を有する。理事会及び総会が承認した場合には、改正案は、採択されたものとする。

2 理事会及び総会は、1の規定に基づく改正案を承認するのに先立ち、第155条の規定に基づく再検討のための会議までの間、深海底の資源の探査及び開発の制度が当該改正案によって妨げられないことを確保する。

第315条（改正の署名及び批准、改正への加入並びに改正の正文） 1 この条約の改正は、採択された後は、改正自体に別段の定めがない限り、採択の日から12箇月の間、ニュー・ヨークにある国際連合本部において、締約国による署名のために開放しておく。

2 第306条、第307条及び第320条の規定は、この条約のすべての改正について適用する。

第316条（改正の効力発生） 1 この条約の改正で5に規定する改正以外のものは、締約国の3分の2又は60の締約国のいずれか多い方の数の締約国による批准書又は加入書の寄託の後30日目の日に、改正を批准し又はこれに加入する締約国について効力を生ずる。当該改正は、その他の締約国がこの条約に基づく権利を享受し又は義務を履行することに影響を及ぼすものではない。

2 改正については、その効力発生のためにこの条に定める数よりも多い数の批准又は加入を必要とすることを定めることができる。

3 必要とされる数の批准書又は加入書が寄託された後に1に規定する改正を批准し又はこれに加入する締約国については、改正は、その批准書又は加入書の寄託の日の後30日目の日に効力を生ずる。

4 3の規定により改正が効力を生じた後にこの条約の締約国となる国は、別段の意思を表明しない限り、(a)改正された条約の締約国とされ、かつ、(b)改正によって拘束されない締約国との関係においては、改正されていない条約の締約国とされる。

5 深海底における活動のみに関する改正及び附属書Ⅵの改正は、締約国の4分の3による批准書又は加入書の寄託の後1年で、すべての締約国について効力を生ずる。

6 5の規定により改正が効力を生じた後にこの条約の締約国となる国は、改正された条約の締約国とされる。

第317条（廃棄） 1 締約国は、国際連合事務総長にあてた書面による通告を行うことによりこの条約を廃棄することができるものとし、また、その理由を示すことができる。理由を示さないことは、廃棄の効力に影響を及ぼすものではない。廃棄は、一層遅い日が通告に明記されている場合を除くほか、その通告が受領された日の後1年で効力を生ずる。

2 いずれの国も、廃棄を理由として、この条約の締約国であった間に生じた財政上及び契約上の義務を免除されない。廃棄は、この条約が当該国について効力を失う前にこの条約の実施によって生じていた当該国の権利、義務及び法的状態に影響を及ぼすものではない。

3 廃棄は、この条約に定める義務であってこの条約との関係を離れ国際法に基づいて負うものを締約国が履行する責務に何ら影響を及ぼすものではない。

第318条（附属書の地位） 附属書は、この条約の不可分の一部を成すものとし、別段の明示の定めがない限り、「この条約」といい又は第1部から第17部までのいずれかの部を指していうときは、関連する附属書を含めていうものとする。

第319条（寄託者） 1 この条約及びその改正の寄託者は、国際連合事務総長とする。

2 国際連合事務総長は、寄託者としての職務のほか、次のことを行う。
 (a) この条約に関して生じた一般的な性質を有する問題について、すべての締約国、機構及び権限のある国際機関に報告すること。
 (b) この条約及びその改正の批准及び正式確認、これらへの加入並びにこの条約の廃棄を機構に通報すること。
 (c) 第311条4の規定により協定について締約国に通報すること。
 (d) この条約により採択された改正について、その批准又はこれへの加入のため締約国に送付すること。
 (e) この条約により必要な締約国の会合を招集すること。

3 (a) 国際連合事務総長は、また、第156条に規定するオブザーバーに対し、次のものを送付する。
  (i) 2(a)に規定する報告
  (ii) 2の(b)及び(c)に規定する通報

(iii)　2(d)に規定する改正（参考のためのもの）
　(b)　国際連合事務総長は、(a)のオブザーバーに対し、2(e)の締約国の会合にオブザーバーとして参加するよう招請する。

第320条（正文） アラビア語、中国語、英語、フランス語、ロシア語及びスペイン語をひとしく正文とするこの条約の原本は、第305条2に定めるところにより、国際連合事務総長に寄託する。

附属書Ⅰ 高度回遊性の種〔省略〕
附属書Ⅱ 大陸棚の限界に関する委員会〔省略〕
附属書Ⅲ 概要調査、探査及び開発の基本的な条件〔省略〕
附属書Ⅳ 事業体規程〔省略〕
附属書Ⅴ 調停〔調停〕

附属書Ⅵ 国際海洋法裁判所規程

第1条（総則） 1　国際海洋法裁判所（以下この附属書において「裁判所」という。）は、この条約及びこの規程によって組織され、かつ、任務を遂行する。
2　裁判所の所在地は、ドイツ連邦共和国の自由ハンザ都市ハンブルグとする。
3　裁判所は、裁判所が望ましいと認める場合に他の地で開廷して任務を遂行することができる。
4　裁判所への紛争の付託は、条約の第11部及び第15部の規定に従うものとする。

　　　第1節　裁判所の組織

第2条（構成） 1　裁判所は、公平であり及び誠実であることについて最高水準の評価を得ており、かつ、海洋法の分野において有能の名のある者のうちから選挙される21人の独立の裁判官の一団で構成される。
2　裁判所全体のうちに世界の主要な法体系が代表されること及び裁判官の配分が地理的に衡平に行われることを確保する。

第3条（裁判官の地位） 1　裁判所の裁判官については、そのうちのいずれの2人も、同一の国の国民であってはならない。裁判所における裁判官の地位との関連でいずれかの者が二以上の国の国民であると認められる場合には、当該者は、市民的及び政治的権利を通常行使する国の国民とみなす。
2　裁判所には、国際連合総会において確立している地理的集団からそれぞれ3人以上の裁判官を含める。

第4条（指名及び選挙） 1　各締約国は、第2条に定める資格を有する者を1人又は2人指名することができる。裁判所の裁判官については、このようにして指名された者の名簿の中から選挙する。
2　第1回の選挙については国際連合事務総長、その後の選挙については裁判所書記が、選挙の日の遅くとも3箇月前までに、締約国に対し、裁判所の裁判官に推す者として指名する者の氏名を2箇月以内に提出するよう書面で要請する。同事務総長又は裁判所書記は、このようにして指名されたすべての者のアルファベット順による名簿（これらの者を指名した締約国の国名を表示した名簿とする。）を作成し、この名簿を各選挙の日の属する月の前月の7日より前に締約国に送付する。
3　第1回の選挙は、この条約の効力発生の日から6箇月以内に行う。
4　裁判所の裁判官は、秘密投票によって選出される。第1回の裁判所の選挙は国際連合事務総長によって招集される締約国の会合において行われ、その後の選挙は締約国が合意する手続によって招集される締約国の会合において行われる。締約国の会合は、締約国の3分の2をもって定足数とする。出席しかつ投票する締約国によって投じられた票の最多数で、かつ、3分の2以上の多数（ただし、締約国の過半数でなければならない。）の票を得た指名された者をもって、裁判官に選出された者とする。

第5条（裁判官の任期） 1　裁判所の裁判官は、9年の任期で選出されるものとし、再選されることができる。ただし、第1回の選挙において選出された裁判官のうち、7人の裁判官の任期は3年で終了し、他の7人の裁判官の任期は6年で終了する。
2　最初の3年及び6年で任期が終了する裁判官は、第1回の選挙の後直ちに国際連合事務総長によりくじ引で選ばれる。
3　裁判所の裁判官は、後任者が補充されるまで引き続きその職務を遂行するものとし、補充の後も、交代の日よりも前に着手した手続を完遂する。
4　裁判所の裁判官が辞任する場合には、辞表は、裁判所長に提出される。辞表が受理された時に空席が生ずる。

第6条（空席） 1　裁判所に空席が生じたときは、第1回の選挙について定める方法と同一の方法によって補充する。この場合において、裁判所書記は、空席が生じた時から1箇月以内に第4条に規定する書面による要請を行うものとし、選挙の日については、締約国と協議の後裁判所長が定める。
2　任期がまだ終了しない裁判官の後任者として選出される裁判所の裁判官は、前任者の残任期間中在任する。

第7条（両立しない活動） 1　裁判所の裁判官は、政治上又は行政上のいかなる職務も行ってはならず、また、海洋若しくは海底の資源の探査若しくは開発又は海洋若しくは海底のその他の商業的利用に関連する企業のいかなる業務にも積極的に関与し又は財政的に関係してはならない。
2　裁判所の裁判官は、いかなる事件においても、代理人、補佐人又は弁護人として行動することができない。
3　これらの点に関する疑義については、出席する他の裁判官の過半数の決定によって解決する。

第8条（特定の事件への裁判官の関与に関する条件） 1　裁判所の裁判官は、いずれか一の紛争当事者の代理人、補佐人若しくは弁護人として、国内裁判所若しくは国際裁判所の裁判官として又は他の資格において関与したことのあるいかなる事件の決定にも関与することができない。
2　裁判所の裁判官は、特別の理由によって特定の事件の決定に自己が関与すべきでないと認める場合には、

裁判所長にその旨を通報する。
3　裁判所長は、裁判官が特別の理由によって特定の事件に関与すべきでないと認める場合には、当該裁判官にその旨を通告する。
4　これらの点に関する疑義については、出席する他の裁判官の過半数の決定によって解決する。

第9条（必要な条件を満たさなくなった場合の結果） 裁判官が必要な条件を満たさなくなったと他の裁判官が一致して認める場合には、裁判所長は、当該裁判官の職が空席となったことを宣言する。

第10条（特権及び免除） 裁判所の裁判官は、裁判所の事務に従事する間、外交官の特権及び免除を享受する。

第11条（裁判官の厳粛な宣誓） 裁判所の各裁判官は、その職務に就く前に、公開の法廷において、公平かつ誠実にその職権を行使する旨の厳粛な宣誓を行う。

第12条（裁判所長、裁判所次長及び裁判所書記） 1　裁判所は、3年の任期で裁判所長及び裁判所次長を選挙する。裁判所長及び裁判所次長は、再選されることができる。
2　裁判所は、裁判所書記を任命するものとし、その他の必要な職員の任命のための措置をとることができる。
3　裁判所長及び裁判所書記は、裁判所の所在地に居住する。

第13条（定足数） 1　裁判所は、欠席事由がないすべての裁判官が出席して開廷するものとし、裁判所を成立させるために必要な選出された裁判官の定足数は、11人とする。
2　裁判所は、第17条の規定に従うことを条件として、次条及び第15条に規定する裁判部の任務の効果的な遂行を考慮しつつ、個別の紛争について、裁判官の欠席事由の有無を決定し、当該紛争を取り扱う上での裁判所の構成を決定する。
3　裁判所に付託されるすべての紛争及び裁判所に対して行われるすべての申立てについては、裁判所が審理し、決定を行う。ただし、次条の規定が適用される場合又は紛争当事者が第15条の規定に従って取り扱うよう要請した場合は、この限りでない。

第14条（海底紛争裁判部） 海底紛争裁判部は、第4節の規定によって設置される。海底紛争裁判部の管轄権、権限及び任務については、条約第11部第5節に規定する。

第15条（特別裁判部） 1　裁判所は、特定の種類の紛争を取り扱うために必要と認める場合には、3人以上の選出された裁判官から成る裁判部を設置することができる。
2　裁判所は、紛争当事者の要請があるときは、付託された個別の紛争を取り扱うために裁判部を設置する。この裁判部の構成については、紛争当事者の承認を得て裁判所が決定する。
3　事務の迅速な処理のために、裁判所は、簡易手続で紛争について審理し、決定を行うことができる5人の選出された裁判官から成る裁判部を毎年設置する。個別の手続についてそれに関与することができない裁判官と交代させるために、2人の裁判官を選出する。
4　紛争当事者の要請があるときは、その紛争については、この条に規定する裁判部が審理し、決定を行う。
5　この条及び前条に規定する裁判部が言い渡す判決は、裁判所が言い渡したものとみなす。

第16条（裁判所の規則） 裁判所は、その任務を遂行するために規則を定める。裁判所は、特に、手続規則を定める。

第17条（裁判官の国籍） 1　紛争当事者の国籍を有する裁判官は、裁判所の裁判官として関与する権利を有する。
2　裁判所が紛争の審理に当たってその裁判官席に紛争当事者の国籍を有する一の裁判官を有する場合には、他のいずれの紛争当事者も、裁判官として関与する者1人を選定することができる。
3　裁判所が紛争の審理に当たってその裁判官席に紛争当事者の国籍を有する裁判官を有しない場合には、各紛争当事者は、裁判官として関与する者1人を選定することができる。
4　この条の規定は、第14条及び第15条に規定する裁判部について適用する。この場合において、裁判所長は、紛争当事者と協議の上、裁判部を構成する裁判官のうち必要な人数の特定の裁判官に対して、当該紛争当事者の国籍を有する裁判官のために及び、当該紛争当事者の国籍を有する裁判官がいないとき又は出席することができないときは、紛争当事者が特に選定する裁判官のために、席を譲るよう要請する。
5　二以上の紛争当事者が同一の利害関係にある場合には、これらの紛争当事者は、1から4までの規定の適用上、一の紛争当事者とみなす。この点に関する疑義については、裁判所の決定によって解決する。
6　2から4までの規定によって選定される裁判官は、第2条、第8条及び第11条の規定が要求する条件を満たさなければならない。これらの裁判官は、他の裁判官と完全に平等な条件で決定に関与する。

第18条（裁判官の報酬） 1　裁判所の選出された裁判官は、年手当を受け、また、その職務を遂行する各日について特別の手当を受ける。ただし、いずれの年においても、特別の手当として裁判官に支払う手当の総額は、年手当の額を超えてはならない。
2　裁判所長は、特別の年手当を受ける。
3　裁判所次長は、裁判所長の職務を遂行する各日について特別の手当を受ける。
4　前条の規定によって選定される裁判官であって裁判所の選出された裁判官でないものは、その職務を遂行する各日について報酬を受ける。
5　俸給、手当及び報酬については、裁判所の事務量を考慮しつつ、締約国の会合において随時決定するものとし、任期中は減額してはならない。
6　裁判所書記の俸給については、裁判所の提案に基づいて締約国の会合において決定する。
7　裁判所の裁判官及び裁判所書記に退職年金を支給する条件並びに裁判所の裁判官及び裁判所書記が旅費の弁償を受ける条件については、締約国の会合において

採択される規則によって決定する。
8 俸給、手当及び報酬は、すべての租税を免除される。
第19条（裁判所の費用） 1 裁判所の費用については、締約国の会合において定められる条件及び方法で締約国及び機構が負担する。
2 締約国及び機構以外の主体が裁判所に付託された事件の当事者である場合には、裁判所は、裁判所の費用について当該当事者が負担する額を定める。

第2節 権限

第20条（裁判所の開放） 1 裁判所は、締約国に開放する。
2 裁判所は、条約第11部に明示的に規定する事件について又は裁判所に管轄権を与える他の取決めに従って付託され、かつ、当該裁判所が管轄権を有することを事件のすべての当事者が受け入れている事件について、締約国以外の主体に開放する。
第21条（管轄権） 裁判所の管轄権は、この条約に従って裁判所に付託されるすべての紛争及びこの条約に従って裁判所に対して行われるすべての申立て並びに裁判所に管轄権を与える他の取決めに特定されているすべての事項に及ぶ。
第22条（他の条約に係る紛争の付託） この条約の適用の対象となる事項に関連する現行の条約の解釈又は適用に関するいずれの紛争についても、当該条約のすべての締約国が合意する場合には、その合意に従って裁判所に付託することができる。
第23条（適用のある法） 裁判所は、すべての紛争及び申立てにつき条約第293条の規定によって決定する。

第3節 手続

第24条（手続の開始） 1 裁判所への紛争の付託については、場合に応じ、特別の合意の通告により又は書面による申立てにより、裁判所書記にあてて行う。いずれの場合にも、紛争の対象となっている事項及び当事者を明示する。
2 裁判所書記は、1に規定する特別の合意又は申立てを直ちにすべての利害関係者に通告する。
3 裁判所書記は、また、すべての締約国に対して通報する。
第25条（暫定措置） 1 裁判所（海底紛争裁判部を含む。）は、条約第290条の規定に基づき、暫定措置を定める権限を有する。
2 裁判所が開廷期間でない場合又は裁判官の数が定足数に満たない場合には、第15条3の規定によって設置される簡易手続による裁判部が暫定措置を定める。同条4の規定にかかわらず、この暫定措置は、いずれの紛争当事者の要請によってもとることができる。暫定措置は、裁判所による再検討及び修正の対象となる。
第26条（審理） 1 審理は、裁判所長又は、裁判所長が指揮することができない場合には、裁判所次長の指揮権の下にあるものとし、裁判所長及び裁判所次長のいずれも指揮することができない場合には、出席する先任の裁判官が指揮する。
2 審理は、公開とする。ただし、裁判所が別段の決定をする場合又は紛争当事者が公開しないことを要求する場合は、この限りでない。
第27条（手続の進行） 裁判所は、手続の進行について命令を発し、各紛争当事者が陳述を完結すべき方式及び時期を定め、並びに証拠調べに関するすべての措置をとる。
第28条（欠席） いずれかの紛争当事者が裁判所に出廷せず又は自己の立場を弁護しない場合には、他の紛争当事者は、裁判所に対し、手続を継続し及び決定を行うよう要請することができる。いずれかの紛争当事者が欠席し又は弁護を行わないことは、手続の進行を妨げるものではない。裁判所は、決定を行うに先立ち、裁判所が当該紛争について管轄権を有することのみならず、請求が事実及び法において十分な根拠を有することも確認しなければならない。
第29条（決定のための多数） 1 すべての問題については、出席する裁判官の過半数による議決で決定する。
2 可否同数のときは、裁判所長又はこれに代わる裁判官の決するところによる。
第30条（判決） 1 判決には、その理由を明示する。
2 判決には、裁判に関与した裁判官の氏名を付する。
3 判決がその全部又は一部について裁判官の全会一致の意見を反映するものでない場合には、いずれの裁判官も、別個の意見を表明することができる。
4 判決には、裁判所長及び裁判所書記が署名する。判決は、紛争当事者に適当な通告を行った後公開の法廷で朗読する。
第31条（参加の要請） 1 締約国は、紛争についての裁判によって影響を受け得る法的な利害関係を有すると認める場合には、裁判所に対して参加を許可するよう要請することができる。
2 裁判所は、1の要請について決定する。
3 参加の要請が認められた場合には、1の紛争についての裁判所の裁判は、当該裁判が締約国の参加の理由となった事項に関連する限度において、参加する当該締約国を拘束する。
第32条（**解釈及び適用が問題となる場合に手続に参加する権利**） 1 この条約の解釈又は適用が問題となる場合には、裁判所書記は、直ちにすべての締約国に通告する。
2 第21条又は第22条の規定により国際協定の解釈又は適用が問題となる場合には、裁判所書記は、当該協定のすべての締約国に通告する。
3 1及び2の締約国は、手続に参加する権利を有するものとし、これらの締約国がこの権利を行使する場合には、判決によって与えられる解釈は、これらの締約国もひとしく拘束する。
第33条（**裁判が最終的なものであること及び裁判の拘束力**） 1 裁判所の裁判は、最終的なものとし、すべての紛争当事者は、これに従う。
2 1の裁判は、紛争当事者間において、かつ、当該紛争に関してのみ拘束力を有する。
3 裁判の意義又は範囲について争いがある場合には、裁判所は、いずれかの紛争当事者の要請によってこれを解釈する。

第34条（費用）　裁判所が別段の決定をしない限り、紛争当事者は、各自の費用を負担する。

第4節　海底紛争裁判部

第35条（構成）　1　第14条に規定する海底紛争裁判部は、裁判所の選出された裁判官が過半数による議決で互選する11人の裁判官で構成される。

2　海底紛争裁判部の裁判官の選出に当たっては、世界の主要な法体系が代表されること及び裁判官の配分が地理的に衡平に行われることを確保する。機構の総会は、このような代表及び配分の態様に関する一般的な性格の勧告を採択することができる。

3　海底紛争裁判部の裁判官は、3年ごとに選出されるものとし、再選されることができる。

4　海底紛争裁判部の裁判官は、海底紛争裁判部長を互選する。裁判部長は、選出された海底紛争裁判部の裁判官の任期中在任する。

5　選出された海底紛争裁判部の裁判官の3年の任期の終了の時にいずれかの手続が進行中である場合には、海底紛争裁判部は、その裁判官の任期の終了前の構成の下で当該手続を完遂する。

6　海底紛争裁判部に空席が生じたときは、裁判所の選出された裁判官は、後任者を互選する。後任者は、前任者の残任期間中在任する。

7　海底紛争裁判部を成立させるために必要な選出された裁判官の定足数は、7人とする。

第36条（臨時裁判部）　1　海底紛争裁判部は、条約第188条1(b)の規定に従って付託される個別の紛争を処理するため、海底紛争裁判部の3人の裁判官から成る臨時裁判部を設置する。臨時裁判部の構成については、紛争当事者の承認を得て海底紛争裁判部が決定する。

2　紛争当事者が臨時裁判部の構成に同意しない場合には、各紛争当事者は、1人の裁判官を任命するものとし、3人目の裁判官については、紛争当事者の合意によって任命する。紛争当事者が合意することができない場合又はいずれかの紛争当事者が任命を行わない場合には、海底紛争裁判部長は、紛争当事者と協議の後、海底紛争裁判部の裁判官の中から裁判官を速やかに任命する。

3　臨時裁判部の裁判官は、紛争当事者のために役務を行う者であってはならず、また、紛争当事者の国民であってはならない。

第37条（海底紛争裁判部の開放）　海底紛争裁判部は、締約国、機構及び条約第11部第5節に規定するその他の主体に開放する。

第38条（適用のある法）　海底紛争裁判部は、条約第293条の規定のほか、次のものを適用する。
(a)　この条約によって採択された機構の規則及び手続
(b)　深海底における活動であって契約に関連する事項に関するものについては、当該契約の条項

第39条（海底紛争裁判部の裁判の執行）　海底紛争裁判部の裁判については、執行が求められる領域の属する締約国の最上級の裁判所の判決又は命令と同様の方法で、当該締約国の領域内において執行可能なものとする。

第40条（この附属書の他の節の規定の適用）　1　この附属書の他の節の規定であってこの節の規定に反しないものは、海底紛争裁判部について適用する。

2　海底紛争裁判部は、勧告的意見に関する任務の遂行に当たっては、適用可能と認める範囲内で、裁判所における手続に関するこの附属書の規定を指針とする。

第5節　改正

第41条（改正）　1　この附属書（第4節の規定を除く。）の改正については、条約第313条の規定に従って行う場合又はこの条約に従って招集される会議においてコンセンサス方式によって行う場合に限り、採択することができる。

2　第4節の規定の改正については、条約第314条の規定に従って行う場合に限り採択することができる。

3　裁判所は、必要と認めるこの規程の改正を、1及び2の規定による審議のため、書面による通報により締約国に提案することができる。

附属書Ⅶ　仲裁

第1条（手続の開始）　条約第15部の規定に従うことを条件として、いずれの紛争当事者も、他の紛争当事者にあてた書面による通告により、紛争をこの附属書に定める仲裁手続に付することができる。当該通告には、請求及びその根拠をも記載する。

第2条（仲裁人の名簿）　1　国際連合事務総長は、仲裁人の名簿を作成し、これを保管する。各締約国は、4人の仲裁人を指名することができる。これらの仲裁人は、海洋問題について経験を有しており、かつ、公平であり、有能であり及び誠実であることについて最高水準の評価を得ている者とする。指名された者の氏名は、名簿に記載される。

2　締約国が指名し、名簿に記載されている仲裁人が4人よりも少ない場合にはいつでも、当該締約国は、必要に応じて追加の指名を行うことができる。

3　仲裁人の氏名は、指名した締約国によって撤回されるまで引き続き名簿に記載され、仲裁人は、自己がその仲裁人として任命されている仲裁裁判所において、係属中の手続が終了するまで引き続きその任務を遂行する。

第3条（仲裁裁判所の構成）　この附属書に定める手続のため、仲裁裁判所は、紛争当事者が別段の合意をしない限り、次のとおり構成される。

(a)　仲裁裁判所は、5人の仲裁人で構成される。ただし、(g)の規定に従うことを条件とする。

(b)　手続を開始する紛争当事者は、1人の仲裁人を任命する。当該紛争当事者は、この仲裁人を前条に規定する名簿から選出することが望ましく、当該仲裁人を自国民とすることができる。その任命については、第1条に規定する通告に含める。

(c)　他の紛争当事者は、第1条に規定する通告を受領した時から30日以内に1人の仲裁人を任命する。当該他の紛争当事者は、この仲裁人を前条に規定する名簿から選出することが望ましく、当該仲裁人を自国民とすることができる。その任命がこの期間内に

行われない場合には、手続を開始する紛争当事者は、この期間の満了の時から2週間以内に、(e)の規定に従って任命を行うよう要請することができる。
 (d) 他の3人の仲裁人は、紛争当事者間の合意によって任命する。これらの仲裁人は、前条に規定する名簿から選出されることが望ましく、紛争当事者が別段の合意をしない限り、第三国の国民とする。紛争当事者は、これらの3人の仲裁人のうちから仲裁裁判所の裁判長を任命する。第1条に規定する通告が受領された時から60日以内に、合意によって任命すべき仲裁人の任命又は裁判長の任命について紛争当事者が合意することができない場合には、これらの任命は、いずれかの紛争当事者の要請により(e)の規定に従って行う。この要請については、当該60日の期間の満了の時から2週間以内に行う。
 (e) 紛争当事者の選定する者又は紛争当事者の選定する第三国が(c)及び(d)の規定による任命を行うことについて当該紛争当事者が合意しない限り、国際海洋法裁判所長が必要な任命を行う。同裁判所長がこの(e)の規定に従って行動することができない場合又は紛争当事者の国民である場合には、この(e)の規定に従って行動することができ、かつ、紛争当事者の国民でない国際海洋法裁判所の裁判官のうち同裁判所長に次ぐ席次の者が任命を行う。この(e)に規定する任命については、要請を受けた時から30日以内に、紛争当事者と協議の上行う（前条に規定する名簿に記載された者のうちから任命する。）。このようにして任命された仲裁人は、それぞれ異なる国籍を有する者でなければならず、また、紛争当事者のために役務を行う者、紛争当事者の領域内に通常居住する者又は紛争当事者の国民であってはならない。
 (f) 仲裁裁判所に空席が生じたときは、当該空席を生じさせた仲裁人の任命の場合と同様の方法によって補充する。
 (g) 同一の利害関係を有する紛争当事者は、共同で1人の仲裁人を任命する。二以上の紛争当事者が別個の利害関係を有する場合又は同一の利害関係を有するか否かについて意見の相違がある場合には、紛争当事者は、それぞれ1人の仲裁人を任命する。紛争当事者がそれぞれに任命する仲裁人の数は、紛争当事者が合意によって任命する仲裁人の数よりも常に1少ない数とする。
 (h) 二を超える紛争当事者が関係する紛争については、(a)から(f)までの規定を可能な最大限度まで適用する。

第4条（仲裁裁判所の任務） 前条の規定に従って構成される仲裁裁判所は、この附属書及びこの条約の他の規定によって任務を遂行する。

第5条（手続） 仲裁裁判所は、紛争当事者が別段の合意をしない限り、紛争当事者が陳述し及び自己の立場を表明する十分な機会を確保するよう手続を定める。

第6条（紛争当事者の義務） 紛争当事者は、仲裁裁判所の運営に便宜を与えるものとし、自国の法令に従い、すべての可能な手段を利用して、特に、次のことを行う。
 (a) すべての関連のある文書、便益及び情報を仲裁裁判所に提供すること。
 (b) 必要に応じ、仲裁裁判所が、証人又は専門家を招致しその者から証拠を入手すること並びに事件に関連のある場所を検証することができるようにすること。

第7条（費用） 仲裁裁判所が事件の特別の事情により別段の決定を行う場合を除くほか、仲裁裁判所の費用（仲裁人の報酬を含む。）は、紛争当事者が均等に負担する。

第8条（決定に必要とされる多数） 仲裁裁判所の決定は、仲裁人の過半数による議決で行う。仲裁人の半数未満が欠席し又は判断を回避することは、仲裁裁判所が決定を行うことを妨げるものではない。可否同数のときは、裁判長の決するところによる。

第9条（欠席） いずれかの紛争当事者が仲裁裁判所に出廷せず又は自己の立場を弁護しない場合には、他の紛争当事者は、仲裁裁判所に対し、手続を継続し及び仲裁判断を行うよう要請することができる。いずれかの紛争当事者が欠席し又は弁護を行わないことは、手続の進行を妨げるものではない。仲裁裁判所は、仲裁判断を行うに先立ち、仲裁裁判所が当該紛争について管轄権を有することのみならず、請求が事実及び法において十分な根拠を有することも確認しなければならない。

第10条（仲裁判断） 仲裁裁判所の仲裁判断は、紛争の対象となっている事項にのみ及ぶものとする。仲裁判断には、その理由を明示するものとし、関与した仲裁人の氏名及び当該仲裁判断の日付を付する。いずれの仲裁人も、別個の意見又は反対意見を仲裁判断に付することができる。

第11条（仲裁判断が最終的なものであること） 紛争当事者が上訴の手続について事前に合意する場合を除くほか、仲裁判断は、最終的なものとし、上訴を許さない。紛争当事者は、当該仲裁判断に従う。

第12条（仲裁判断の解釈又は履行） 1　仲裁判断の解釈又は履行の方法に関し紛争当事者間で生ずる争いについては、いずれの紛争当事者も、当該仲裁判断を行った仲裁裁判所の決定を求めるため当該仲裁裁判所に付託することができる。このため、仲裁裁判所に空席が生じているときは、当該空席を生じさせた仲裁人の任命の場合と同様の方法によって補充する。
 2　1に規定する争いについては、すべての紛争当事者の合意により、条約第287条に規定する他の裁判所に付託することができる。

第13条（締約国以外の主体への適用） この附属書の規定は、締約国以外の主体が関係する紛争について準用する。

附属書Ⅷ　特別仲裁〔省略〕
附属書Ⅸ　国際機関による参加〔省略〕

決議Ⅰ―Ⅳ　〔省略〕

● **1982年12月10日の海洋法に関する国際連合条約第11部の実施に関する協定**《国連海洋法条約第11部実施協定》

Agreement relating to the Implementation of Part XI of the United Nations Convention on the Law of the Sea of 10 December 1982

▼採択　1994年7月28日（国連第48回総会）　▼効力発生　1996年7月28日　▼日本国　1994年7月29日署名、11月16日暫定的適用、96年6月7日国会承認、6月20日批准書寄託、7月25日公布〔平成8年条約第7号〕、7月28日発効

　この協定の締約国は、
　平和の維持、正義及び世界のすべての人民の進歩に対する1982年12月10日の海洋法に関する国際連合条約（以下「条約」という。）の重要な貢献を認め、
　国の管轄権の及ぶ区域の境界の外の海底及びその下（以下「深海底」という。）並びに深海底の資源が人類の共同の財産であることを再確認し、
　海洋環境の保護及び保全に対する条約の重要性並びに地球環境に対する関心の高まりに留意し、
　条約の第11部及び関連する規定（以下「第11部」という。）に関する未解決の問題について1990年から1994年まで諸国間で行われた非公式の協議の結果に関する国際連合事務総長の報告を検討し、
　上記の規定の実施に影響を及ぼす政治的及び経済的変化（市場指向の方向性を含む。）に留意し、条約への普遍的な参加を促進することを希望し、
　第11部の規定の実施に関し協定を作成することが、この目的に最もよく合致することを考慮して、
　次のとおり協定した。

第1条（第11部の規定の実施） 1　この協定の締約国は、この協定に従って第11部の規定を実施することを約束する。

2　附属書は、この協定の不可分の一部を成す。

第2条（この協定と第11部の規定との関係） 1　この協定及び第11部の規定は、単一の文書として一括して解釈され、かつ、適用される。この協定と第11部の規定とが抵触する場合には、この協定が優先する。

2　条約の第309条から第319条までの規定は、条約に適用するのと同様にこの協定について準用する。

第3条（署名） この協定は、その採択の日から12箇月の間、国際連合本部において、条約第305条1の(a)及び(c)から(f)までに定める国及び主体による署名のために開放しておく。

第4条（拘束されることについての同意） 1　この協定の採択後においては、条約の批准書、正式確認書又は加入書は、この協定にも拘束されることについての同意の表明とみなされる。

2　いかなる国又は主体も、条約に拘束されることについての同意を既に確定しているか又は当該同意を同時に確定しない限り、この協定に拘束されることについての同意を確定することができない。

3　前条に定める国又は主体は、次のいずれかの方法により、この協定に拘束されることについての同意を表明することができる。
(a) 批准、正式確認又は次条に定める手続を条件としない署名
(b) 批准又は正式確認を条件として署名した後に行われる批准又は正式確認
(c) 次条に定める手続を条件とする署名
(d) 加入

4　条約第305条1(f)に定める主体による正式確認は、条約附属書Ⅸの規定に従う。

5　批准書、正式確認書又は加入書は、国際連合事務総長に寄託する。

第5条（簡易な手続） 1　この協定の採択の日前に条約の批准書、正式確認書又は加入書を寄託した国又は主体であって、前条3(c)の規定に従ってこの協定に署名したものは、当該国又は主体がこの条に定める簡易な手続を用いない旨の書面による通告をこの協定の採択の日の後12箇月が経過する日前に寄託者に行わない限り、当該12箇月が経過する日にこの協定に拘束されることについての同意を確定したものとみなされる。

2　1の通告が行われた場合には、この協定に拘束されることについての同意は、前条3(b)の規定に従って確定される。

第6条（効力発生） 1　この協定は、40の国が自国が拘束されることについての同意を前2条の規定に従って確定した日の後30日で効力を生ずる。ただし、第3次国際連合海洋法会議の決議Ⅱ（以下「決議Ⅱ」という。）1(a)に定める国のうち、少なくとも5の先進国を含む7以上の国が当該40の国に含まれていることを条件とする。効力発生のためのこれらの条件が1994年11月16日前に満たされる場合には、この協定は、同日に効力を生ずる。

2　1に定める要件が満たされた後にこの協定に拘束されることについての同意を確定する国又は主体については、この協定は、当該国又は主体が拘束されることについての同意を確定した日の後30日目の日に効力を生ずる。

第7条（暫定的適用） 1　この協定は、1994年11月16日に効力を生じていない場合には、効力が生ずるまでの間、次の国又は主体により暫定的に適用される。
(a) 国際連合総会においてこの協定の採択に同意した国。ただし、1994年11月16日前に、寄託者に対し、この協定を暫定的に適用しない旨又はその後の署名若しくは書面による通告によってのみ暫定的に適用することについての同意を表明する旨を書面によって通告した国を除く。
(b) この協定に署名する国又は主体。ただし、この協定を暫定的に適用しない旨の書面による通告を署名の時に寄託者に行う国又は主体を除く。
(c) 寄託者に対する書面による通告により暫定的に適

用することに同意した国又は主体
(d) この協定に加入する国
2 1に定めるすべての国又は主体は、その国内法令又は内部の法令に従い、1994年11月16日又は署名、同意の通告若しくは加入の日のいずれか遅い日からこの協定を暫定的に適用する。
3 暫定的適用は、この協定が効力を生ずる日に終了する。いかなる場合にも、決議Ⅱ1(a)に定める国のうち、少なくとも5の先進国を含む7以上の国によるこの協定に拘束されることについての同意に関する前条1に定める要件が1998年11月16日前に満たされない場合には、暫定的適用は、同日に終了する。

第8条（締約国） 1 この協定の適用上、「締約国」とは、この協定に拘束されることに同意し、かつ、自国についてこの協定の効力が生じている国をいう。
2 この協定は、条約第305条1の(c)から(f)までに定める主体であって、それぞれの主体に関連する条件に従ってこの協定の当事者となるものに準用する。この場合において、「締約国」とは、当該主体をいう。

第9条（寄託者） 国際連合事務総長をこの協定の寄託者とする。

第10条（正文） アラビア語、中国語、英語、フランス語、ロシア語及びスペイン語をひとしく正文とするこの協定の原本は、国際連合事務総長に寄託する。

〔末文及び署名省略〕

附属書

第1節　締約国による費用の負担及び組織に関する規定

1 国際海底機構（以下「機構」という。）は、条約の締約国が、特に深海底の資源を管理することを目的として、第11部の規定及びこの協定に基づいて設けられる深海底のための制度に従って深海底における活動を組織し及び管理するための機関である。機構の権限及び任務は、条約によって明示的に規定されるものとする。機構は、深海底における活動についての権限の行使及び任務の遂行に含まれ、かつ、必要である付随的な権限であって、条約に適合するものを有する。
2 締約国による費用の負担を最小にするため、条約及びこの協定に基づいて設置されるすべての機関及び補助的な組織は、費用対効果の大きいものとする。この原則は、会合の開催頻度、期間及び日程についても適用する。
3 機構の機関及び補助的な組織の設置及び任務については、これらの機関及び組織が深海底における活動の各段階において各自の責任を効果的に果たすことができるよう、これらの機関及び組織の任務の遂行の必要性を考慮して、必要に応じて発展させていくという取組方法に基づいたものとする。
4 条約が効力を生じた後の機構の当初の任務は、総会、理事会、事務局、法律・技術委員会及び財政委員会が遂行する。経済計画委員会の任務は、理事会が別段の決定を行う時まで又は開発のための最初の業務計画が承認される時まで、法律・技術委員会が遂行する。

5 条約が効力を生じてから開発のための最初の業務計画が承認されるまでの間、機構は、次の任務に専念する。
 (a) 探査のための業務計画の承認のための申請について、第11部の規定及びこの協定に従って行われる処理
 (b) 条約第308条5及び決議Ⅱ13の規定に基づき、国際海底機構及び国際海洋法裁判所のための準備委員会（以下「準備委員会」という。）の決定で登録された先行投資者及びその証明国（これらの者及び国の権利及び義務を含む。）に関連するものを実施すること。
 (c) 契約の形式をとる承認された探査のための業務計画の遵守の監視
 (d) 深海底における採鉱の活動に関する動向及び発展の監視及び検討（世界の金属市況、金属の価格並びにこれらに関する動向及び予測の定期的な分析を含む。）
 (e) 深海底からの鉱物の生産により最も深刻な影響を受けることが予想される当該鉱物の陸上生産国である開発途上国の経済に対する当該生産の潜在的な影響の研究。当該研究は、これらの国の困難性を最小のものとし、かつ、当該国の経済調整を援助することを目的とするものであり、準備委員会の関連する作業を考慮して行われる。
 (f) 深海底における活動の実施に必要な規則及び手続を当該活動の進展に応じて採択すること。条約附属書Ⅲ第17条2の(b)及び(c)の規定にかかわらず、当該規則及び手続は、この協定の規定、深海底における商業的な採鉱の開始の遅延及び深海底における活動の予想される進展の速度を考慮に入れるものとする。
 (g) 海洋環境の保護及び保全のために適用される基準について定める規則及び手続の採択
 (h) 深海底における活動に関連する海洋の科学的調査の実施の促進及び奨励並びに、利用可能な場合には、当該科学的調査及び分析の結果の収集及び普及。特に、深海底における活動の環境に対する影響に関連する調査に重点を置くものとする。
 (i) 深海底における活動に関連する科学的知識の取得及び当該活動に関連する海洋技術（特に、海洋環境の保護及び保全に関するもの）の開発の状況の把握
 (j) 概要調査及び探査に関する利用可能なデータの評価
 (k) 開発のための規則及び手続（海洋環境の保護及び保全に関するものを含む。）の適時の作成
6 (a) 探査のための業務計画の承認のための申請については、法律・技術委員会からの当該申請に関する勧告を受けて理事会が検討する。当該申請の処理は、次の規定に従うことを条件として、条約（附属書Ⅲを含む。）及びこの協定に従って行われるものとする。
　(i) 決議Ⅱ1(a)の(ii)若しくは(iii)に定める国、主体若しくは当該主体の構成者であって、条約が効力を

生ずる前に実質的な深海底における活動を既に行っているもの（登録された先行投資者を除く。）又はこれらの者の権利を承継する者のために提出される探査のための業務計画は、申請者が少なくとも 3,000 万合衆国ドルに相当する額を研究及び探査の活動のために支出しており、かつ、業務計画が対象とする鉱区の位置の選定、調査及び評価のために当該額の 18 パーセント以上の額を支出していることを一又は二以上の保証国が証明する場合には、業務計画の承認のために必要な資金的及び技術的な基準を満たしているものとみなされる。当該業務計画は、条約並びに条約に基づいて採択される規則及び手続の要件を満たす場合には、契約の形式をとるものとして理事会によって承認される。第 3 節 11 の規定は、この(i)の規定に従い解釈され、かつ、適用される。

(ii) 決議Ⅱ 8(a)の規定にかかわらず、登録された先行投資者は、条約が効力を生じてから 36 箇月以内に、探査のための業務計画の承認を要請することができる。当該業務計画は、登録の前又は後に準備委員会に提出された文書、報告その他のデータから成るものとし、決議Ⅱ 11(a)の規定に基づいて準備委員会によって発給される遵守の証明書（先行投資者に関する制度の下における義務の履行状況を記述した事実関係に関する報告から成る。）が添付されるものとする。このような業務計画は、承認されたものとみなされる。承認された業務計画は、第 11 部の規定及びこの協定に基づき、機構と登録された先行投資者との間で締結される契約の形式をとる。決議Ⅱ 7(a)の規定に従って支払われた 25 万合衆国ドルの手数料は、第 8 条 3 に規定する探査の段階に関する手数料とみなされる。第 3 節 11 の規定は、この(ii)の規定に従い解釈され、かつ、適用される。

(iii) (i)に定める国、主体又は当該主体の構成者との契約には、無差別の原則に従い、(ii)に定める登録された先行投資者との間で合意される措置と類似であり、かつ、当該措置よりも不利でない措置を含める。(i)に定める国、主体又は当該主体の構成者に対し一層有利な措置が認められる場合には、理事会は、(ii)に定める登録された先行投資者が有する権利及び義務に関し、当該一層有利な措置と類似であり、かつ、当該一層有利な措置よりも不利でない措置について取り決める。ただし、その取決めは、機構の利益に影響を与え又はこれを害するものであってはならない。

(iv) 締約国、第 7 条の規定に従ってこの協定を暫定的に適用している国又は 12 の規定に基づく機構の暫定的な構成国は、(i)又は(ii)の規定に従って業務計画の申請を保証することができる。

(v) 決議Ⅱ 8(c)の規定は、(iv)の規定に従い解釈され、かつ、適用される。

(b) 探査のための業務計画の承認は、条約第 153 条 3 の規定に従って行われる。

7 業務計画の承認のための申請には、機構が採択する規則及び手続に従い、提案された活動の環境に及ぼす潜在的な影響についての評価並びに海洋学の研究及び環境の基本的な研究のための計画についての説明を添付する。

8 探査のための業務計画の承認のための申請は、6(a)の(i)又は(ii)の規定に従うことを条件として、第 3 節 11 に定める手続に従って処理される。

9 探査のための業務計画は、15 年の期間について承認される。探査のための業務計画が終了した場合において、契約者が開発のための業務計画の申請をしていないとき又は契約者の探査のための業務計画の延長が認められていないときは、当該契約者は、開発のための業務計画を申請する。契約者は、1 回当たり 5 年を超えない期間について探査のための業務計画の延長を申請することができる。当該延長は、契約者が業務計画の要件を誠実に遵守するよう努力しているにもかかわらず、当該契約者にとってやむを得ない理由により、開発の段階への移行のための必要な準備作業を完了することができない場合又は延長の申請が行われた時点の経済状況のために開発の段階に移行しないことについて正当な理由がある場合には、承認されるものとする。

10 条約附属書Ⅲ第 8 条の規定に基づく機構のための留保鉱区の指定は、探査のための業務計画の申請の承認又は探査及び開発のための業務計画の申請の承認に関連して行われる。

11 9 の規定にかかわらず、この協定を暫定的に適用する一以上の国によって保証されている承認された探査のための業務計画は、当該国がこの協定を暫定的に適用することを終止した場合において、当該国が 12 の規定に従って機構の暫定的な構成国とならず又は締約国とならないときは、終了する。

12 第 7 条の規定に従ってこの協定を暫定的に適用してきた第 3 条に定める国又は主体は、この協定が効力を生じた場合において、この協定の効力が当該国又は主体について生じていないときは、当該国又は主体についてこの協定の効力が生ずるまでの間、次の(a)から(c)までの規定により引き続き機構の暫定的な構成国となることができる。

(a) この協定が 1996 年 11 月 16 日前に効力を生ずる場合において、機構の暫定的な構成国として参加する意思を有する国又は主体がこの協定の寄託者にその旨を通告するときは、当該国又は主体は、引き続き機構の暫定的な構成国として参加する権利を有する。機構の暫定的な構成国としての地位は、1996 年 11 月 16 日又はこの協定及び条約が当該構成国について効力を生ずる日のいずれか早い日に終了する。理事会は、当該国又は主体がこの協定及び条約を締結するために誠実に努力していると認める場合には、当該国又は主体の要請により、当該地位を合計 2 年を超えない期間延長することができる。

(b) この協定が 1996 年 11 月 15 日後に効力を生ずる場合には、国及び主体は、1998 年 11 月 16 日までの期

間について機構の暫定的な構成国としての地位を引き続き認めることを理事会に要請することができる。理事会は、当該国又は主体がこの協定及び条約を締結するために誠実に努力していると認める場合には、その要請が行われた日から当該地位を認める。
(c) (a)又は(b)の規定に従って機構の暫定的な構成国となる国又は主体は、第11部の規定及びこの協定をその国内法令又は内部の法令に従い、かつ、年次予算の範囲内で適用するものとし、また、次の権利及び義務を含む他の構成国と同一の権利及び義務を有する。
 (i) 分担率に従って機構の運営予算に対する分担金を支払う義務
 (ii) 探査のための業務計画の承認のための申請を保証する権利。二以上の国籍を有する自然人又は法人によって構成される主体については、当該主体を構成する自然人又は法人がその国籍を有するすべての国が締約国又は機構の暫定的な構成国である場合に限り、探査のための業務計画は、承認される。
(d) 9の規定にかかわらず、機構の暫定的な構成国である国によって(c)(ii)の規定に基づいて保証されている契約の形式による承認された探査のための業務計画は、当該暫定的な構成国としての地位が終了し、かつ、国又は主体が締約国とならない場合には、終了する。
(e) 機構の暫定的な構成国が、分担金を支払わない場合又はこの12の規定に基づく義務を遵守しない場合には、機構の暫定的な構成国としての地位は、終了する。
13 条約附属書Ⅲ第10条に規定する満足すべきものでない履行状況とは、承認された業務計画の要件を遵守すべきである旨の機構の書面による警告にもかかわらず、契約者が当該業務計画の要件を遵守しない状況をいう。
14 機構は、自己の予算を有する。この協定が効力を生ずる年の翌年の末までの間、機構の運営経費は、国際連合の予算から支弁する。その後は、条約の第171条(a)及び第173条の規定並びにこの協定に従い、機構がその運営経費に充てるための十分な資金を他の財源から得るようになるまでの間、機構の運営経費は、暫定的な構成国を含む機構の構成国の分担金をもって支弁する。機構は、その運営予算に充てるための借入れを行うために条約第174条1に定める権限を行使してはならない。
15 機構は、条約第162条2(o)(ii)の規定に従い、第2節及び第5節から第8節までに定める原則に基づく規則及び手続並びに探査又は開発のための業務計画の承認を促進するための追加的な規則及び手続を、次の(a)から(c)までの規定に従って作成し、採択する。
(a) 理事会がこれらの規則及び手続の全部若しくは一部が深海底における活動の実施のために必要であると認める場合若しくは商業的開発が目前であると決定する場合又は自国の国民が開発のための業務計画の承認のための申請を行う意図を有する国の要請がある場合には、理事会は、当該規則及び手続の作成を行うことができる。
(b) (a)に定める国の要請がある場合には、理事会は、条約第162条2(o)の規定に従い、当該要請があった時から2年以内に規則及び手続の採択を完了する。
(c) 理事会が所定の期間内に開発に関する規則及び手続の作成を完了しておらず、開発のための業務計画の承認のための申請が処理されない状況が続く場合には、理事会は、条約及び、理事会が暫定的に採択した規則及び手続がある場合には、当該規則及び手続に基づいて又は条約に含まれる規範、この附属書に含まれる条件及び原則並びに契約者の間における無差別の原則に基づいて、当該業務計画を審査し、暫定的に承認する。
16 準備委員会の報告及び勧告に含まれる第11部の規定に関連する規則及び手続の案並びに勧告は、機構が第11部の規定及びこの協定に従って規則及び手続を採択する際に考慮される。
17 第11部第4節の関連する規定は、この協定に従い解釈され、かつ、適用される。

第2節 事業体

1 機構の事務局は、事業体が当該事務局から独立して運営を開始するまでの間、事業体の任務を遂行する。機構の事務局長は、事務局による当該任務の遂行を監督するため、機構の職員のうちから事業体の暫定的な事務局長を任命する。当該任務は、次のとおりとする。
(a) 深海底における採鉱の活動に関する動向及び発展の監視及び検討(世界の金属市況、金属の価格並びにこれらに関する動向及び予測の定期的な分析を含む。)
(b) 深海底における活動に関連する海洋の科学的調査の実施によって得られた結果の評価。特に、深海底における活動の環境に対する影響に関連する調査に重点を置くものとする。
(c) 概要調査及び探査に関する利用可能なデータの評価(これらの活動に適用される基準の評価を含む。)
(d) 深海底における活動に関連する技術(特に、海洋環境の保護及び保全に関するもの)の開発の評価
(e) 機構のために留保された鉱区に関する情報及びデータの評価
(f) 合弁事業によって操業を行うという取組方法についての評価
(g) 訓練された人的資源の利用可能性に関する情報の収集
(h) 事業体の操業のそれぞれ異なる段階における事業体の管理についての運営方針の選択肢に関する研究
2 事業体は、当初の深海底における採鉱の操業を合弁事業によって行う。事業体以外の主体による開発のための業務計画が承認されたとき又は事業体との合弁事業による操業のための申請が理事会によって受理されたときは、理事会は、事業体を機構の事務局から独立して機能させることについての問題を取り上げる。事業体との合弁事業による操業が健全な商業上の原則に

基づいている場合には、理事会は、条約第170条2の規定に基づき、独立して機能することを指示する。
3 事業体の一の採鉱を行う場所に関し資金を供与するとの条約附属書Ⅳ第11条3に規定する締約国の義務は、適用されないものとする。締約国は、事業体のいずれの採鉱を行う場所における操業又は合弁事業の取決めに基づく操業に対しても資金を供与するいかなる義務も負うものではない。
4 契約者に適用される義務は、事業体についても適用される。条約の第153条3及び附属書Ⅲ第3条5の規定にかかわらず、事業体の承認された業務計画は、機構と事業体との間で締結される契約の形式をとる。
5 機構に対して留保鉱区として特定の鉱区を提供した契約者は、当該留保鉱区における探査及び開発のための合弁事業の取決めを事業体と行うことについて優先権を有する。事業体が機構の事務局から独立して機能を開始した日又は当該留保鉱区が機構のために留保された日のいずれか遅い日から15年以内に、事業体が当該留保鉱区における活動について業務計画の申請を提出しない場合には、当該留保鉱区を提供した契約者は、合弁事業への参加者として事業体を含めることを誠実に申し出ることを条件として、当該留保鉱区を対象とする業務計画を申請する権利を有する。
6 条約の第170条4、附属書Ⅳ及び事業体に関連するその他の規定は、この節の規定に従い解釈され、かつ、適用される。

第3節 意思決定

1 機構の一般的な政策は、総会が理事会と協力して定める。
2 原則として、機構の機関の意思決定は、コンセンサス方式によって行うべきである。
3 コンセンサス方式によって決定を行うためのあらゆる努力が払われた場合には、手続問題についての総会における投票による決定は出席しかつ投票する構成国の過半数による議決で行い、実質問題についての決定は、条約第159条8の規定に従い、出席しかつ投票する構成国の3分の2以上の多数による議決で行う。
4 総会は、理事会が権限を有するあらゆる事項又は運営、予算若しくは財政に関するあらゆる事項について決定を行う場合には、理事会の勧告に基づいて行う。総会は、いずれかの事項について理事会の勧告を受け入れない場合には、当該事項を更に審議させるために理事会に差し戻す。理事会は、総会によって表明された意見に照らして当該事項について再検討を行う。
5 コンセンサス方式によって決定を行うためのあらゆる努力が払われた場合には、手続問題についての理事会における投票による決定は出席しかつ投票する理事国の過半数による議決で行い、実質問題についての決定は、条約がコンセンサス方式によって決定を行うことを定めている場合を除くほか、出席しかつ投票する理事国の3分の2以上の多数による議決で行う。ただし、9に定める区分のいずれにおいても当該区分を構成する理事国の過半数による反対がないことを条件とする。理事会は、決定を行うに当たり、機構のすべての構成国の利益を促進するよう努力する。
6 理事会は、問題についてコンセンサスに達するためのあらゆる努力が払われていないことが明らかな場合には、交渉の継続を促進するため、決定を延期することができる。
7 総会又は理事会による決定で財政上又は予算上の影響を伴うものは、財政委員会の勧告に基づいて行われるものとする。
8 条約第161条8(b)及び(c)の規定は、適用しない。
9 (a) 15の(a)から(c)までの規定に基づいて選出された国の各集団は、理事会における投票のためそれぞれ一の区分として扱われる。15の(d)及び(e)の規定に基づいて選出された開発途上国は、理事会における投票のため一の区分として扱われる。
 (b) 理事国の選出に先立ち、総会は、15の(a)から(d)までに定める国の集団の構成国となるための基準を満たす国の表を作成する。ある国が二以上の集団の構成国となるための基準を満たす場合には、当該国は、理事国の選出のため一の集団によってのみ推薦されることができるものとし、理事会における投票においては、当該一の集団のみを代表する。
10 15の(a)から(d)までに定める国の集団は、それぞれ、当該集団が指名した理事国によって理事会において代表される。各集団は、当該集団が占める理事会の議席の数と同数の候補を指名する。15の(a)から(e)までに定める各集団における潜在的な候補の数が各集団に割り当てられた理事会の議席の数を超える場合には、原則として、輪番の原則を適用するものとし、各集団の構成国は、当該集団においてこの原則をどのように適用するかを決定する。
11 (a) 理事会は、出席しかつ投票する理事国の3分の2以上の多数（理事会の各区分の理事国のうち出席しかつ投票するものの過半数を含むことを条件とする。）により業務計画を不承認とすることを決定しない限り、業務計画の承認のための法律・技術委員会の勧告を承認する。理事会が所定の期間内に業務計画の承認のための勧告についての決定を行わない場合には、当該勧告は、当該所定の期間の満了時に理事会によって承認されたものとみなす。所定の期間は、理事会が一層長い期間を定めない限り、原則として60日とする。理事会は、当該委員会が業務計画の不承認を勧告する場合又はいかなる勧告も行わない場合においても、実質問題についての意思決定のための理事会の手続規則に従い、当該業務計画を承認することができる。
 (b) 条約第162条2(j)の規定は、適用しない。
12 業務計画の不承認に関連して紛争が生ずる場合には、当該紛争は、条約に定める紛争解決手続に付されるものとする。
13 法律・技術委員会における投票による決定は、出席しかつ投票する委員の過半数による議決で行う。
14 第11部第4節のB及びCの規定は、この節の規定に従い解釈され、かつ、適用される。
15 理事会は、総会が選出する機構の36の構成国で構成

される。その選出については、次の順序によって行う。
(a) 統計が入手可能な最近の5年間に、深海底から採取される種類の鉱物から生産された産品について、世界全体の消費額の2パーセントを超える額を消費した締約国又は世界全体の輸入額の2パーセントを超える額を輸入した締約国のうちから4の理事国。ただし、東欧地域の国のうち国内総生産との関連で最大の経済の規模を有する1の国及び条約が効力を生ずる日において国内総生産との関連で最大の経済の規模を有する1の国がこの(a)に定める集団を代表することを希望する場合には、この4の理事国には、これらの国を含める。
(b) 直接に又はその国民を通じて、深海底における活動の準備及び実施に最大の投資を行っている8の締約国のうちから4の理事国
(c) その管轄の下にある地域における生産を基礎として、深海底から採取される種類の鉱物の主要な純輸出国である締約国のうちから4の理事国。ただし、少なくとも2つの理事国は、自国による当該鉱物の輸出がその経済に重要な関係を有している開発途上国から選出する。
(d) 開発途上国である締約国のうちから特別の利益を代表する6の理事国。代表される当該特別の利益には、人口の多い国、内陸国又は地理的不利国、島嶼〔しょ〕国、深海底から採取される種類の鉱物の主要な輸入国、当該鉱物の潜在的な生産国及び後発開発途上国の利益を含む。
(e) 理事会全体の議席の衡平な地理的配分を確保するという原則に従って選出される18の理事国。ただし、各地理的地域からこの(e)の規定により少なくとも1の理事国を選出するものとする。この規定の適用上、地理的地域とは、アフリカ、アジア、東欧、ラテン・アメリカ及びカリブ並びに西欧及びその他をいう。

16 条約第161条1の規定は、適用しない。

第4節　再検討のための会議

再検討のための会議に関する条約第155条の1、3及び4の規定は、適用しない。条約第314条2の規定にかかわらず、総会は、理事会の勧告に基づき、条約第155条1に規定する事項の再検討をいつでも行うことができる。この協定及び第11部の規定に関する改正については、条約の第314条から第316条までに定める手続に従う。ただし、条約第155条2に定める原則、制度その他の条件は、維持されるものとし、また、同条5に規定する権利は、影響を受けないものとする。

第5節　技術の移転

1 第11部の規定の適用上、技術の移転は、条約第144条の規定のほか、次の原則によって規律される。
(a) 事業体及び深海底における採鉱の技術の入手を希望する開発途上国は、公開の市場における公正かつ妥当な商業的条件で又は合弁事業の取決めを通じて当該技術を入手する。
(b) 事業体又は開発途上国が深海底における採鉱の技術を入手することができない場合には、機構は、事業体若しくはその合弁事業又は深海底における採鉱の技術を入手することを求める一若しくは二以上の開発途上国が、知的所有権の有効な保護と両立する公正かつ妥当な商業的条件で当該技術を入手することを促進するために、契約者の全部又は一部の者及びこれらの者の一又は二以上の保証国に対し協力を要請することができる。締約国は、この目的のために機構と十分かつ効果的に協力すること及び自国が保証する契約者が機構と十分に協力することを確保することを約束する。
(c) 原則として、締約国は、深海底における活動に関して、関係国間において協力することにより、又は海洋科学及び海洋技術並びに海洋環境の保護及び保全についての訓練、技術援助並びに科学に関する協力についての計画を作成することにより、技術及び科学に関する国際的な協力を促進する。

2 条約附属書III第5条の規定は、適用しない。

第6節　生産政策

1 機構の生産政策は、次の原則に基づくものとする。
(a) 深海底の資源の開発は、健全な商業上の原則に従って行われる。
(b) 関税及び貿易に関する一般協定、その関連する協定及びこれらを承継し又はこれらに代わる協定の規定は、深海底における活動について適用する。
(c) 特に、深海底における活動に対する補助金は、(b)に定める協定に基づき認められる場合を除くほか、交付してはならない。この原則の適用上、補助金とは、当該協定において定義されているものと同一のものをいう。
(d) 深海底から採取された鉱物と他の供給源から採取された鉱物との間に差別を設けてはならない。深海底から採取された鉱物又は当該鉱物から生産された産品で輸入されたものに関し、市場へのアクセスについて、特に、次に規定するものを含む優遇措置をとってはならない。
    (i) 関税又は関税以外の障害の使用によるもの
    (ii) 締約国により、当該締約国の国営企業若しくは当該締約国の国籍を有し若しくは当該締約国若しくは当該締約国の国民によって支配される自然人若しくは法人によって生産された当該鉱物又は当該鉱物から生産された産品に対して与えられるもの
(e) 各鉱区について機構が承認する開発のための業務計画は、当該業務計画に基づいて毎年生産される鉱物の最大生産量の見積りを含む予想される生産計画を明示するものとする。
(f) (b)に定める協定に関する紛争の解決については、次の(i)及び(ii)の規定を適用する。
    (i) 関係締約国が当該協定の当事国である場合には、当該協定の紛争解決手続を利用するものとする。
    (ii) 関係締約国のうち一又は二以上の国が当該協定の当事国でない場合には、条約に定める紛争解決手続を利用するものとする。

(g) (b)に定める協定に基づき、ある締約国が禁止されている補助金又は他の締約国の利益に悪影響をもたらす補助金を交付したとの決定が行われ、かつ、関係締約国により適当な措置がとられない場合には、締約国は、理事会に対し適当な措置をとることを要請することができる。

2 1に定める原則は、1(b)に定める協定、自由貿易に関する協定又は関税同盟に関する協定の当事国である締約国の間においては、これらの協定に基づく権利及び義務に対し影響を及ぼすものではない。

3 契約者が1(b)に定める協定に基づいて認められる補助金以外の補助金の交付を受けた場合には、当該契約者は、深海底における活動を行うための業務計画を構成する契約の基本的な条件に違反したものとされる。

4 いずれの締約国も、1の(b)から(d)まで又は3に定める義務に対する違反があったと信ずるに足りる理由がある場合には、1の(f)又は(g)の規定に即して紛争解決手続を開始することができる。

5 締約国は、1の(b)から(d)までに定める義務と両立しないと認める活動については、いつでも理事会の注意を喚起することができる。

6 機構は、この節の規定の実施を確保する規則及び手続(業務計画の承認を規律する規則及び手続を含む。)を作成する。

7 条約の第151条の1から7まで及び9、第162条2(q)、第165条2(n)並びに附属書Ⅲの第6条5及び第7条の規定は、適用しない。

第7節　経済援助

1 深海底における活動によって影響を受けた鉱物の価格の下落又は当該鉱物の輸出量の減少によりその輸出所得又は経済が深刻な悪影響を受ける開発途上国を、当該下落又は減少が深海底における活動によって生じた限度において援助するための機構の政策は、次の原則に基づくものとする。

(a) 機構は、その資金のうち運営経費に充てるために必要な額を超える部分をもって経済援助基金を設置する。この目的のために用いる額は、財政委員会の勧告に基づいて、理事会により随時決定される。経済援助基金の設置のためには、事業体を含む契約者から受けた支払及び任意の拠出からの資金のみを用いる。

(b) 深海底からの鉱物の生産によりその経済が深刻な影響を受けたと決定された陸上生産国である開発途上国は、機構の経済援助基金から援助を受ける。

(c) 機構は、影響を受けた陸上生産国である開発途上国に対して経済援助基金から援助を提供するに当たり、適当な場合には、そのような援助の計画を実施するための制度的基盤及び専門的知識を有する既存の世界的又は地域的な開発機関と協力する。

(d) 援助の規模及び期間は、事案ごとに決定される。その決定を行うに当たっては、影響を受けた陸上生産国である開発途上国が直面している問題の性質及び大きさに妥当な考慮を払う。

2 条約第151条10の規定は、1に規定する経済援助の措置によって実施される。条約の第160条2(l)、第162条2(n)、第164条2(d)、第171条(f)及び第173条2(c)の規定については、1の規定に従って解釈する。

第8節　契約の財政的条件

1 契約の財政的条件に関する規則及び手続の作成については、次の原則に基づいて行う。

(a) 機構に対する支払に関する制度は、契約者及び機構の双方にとって公正であるものとし、また、契約者によって当該制度が遵守されているか否かを決定するための適切な手段を提供するものとする。

(b) 支払に関する制度の下における支払の率については、深海底において採鉱を行う者に対し、人為的な競争上の優位を与え又は競争上の不利益を課することのないように、同一又は類似の鉱物に係る陸上における採鉱についての一般的な支払の率の範囲内のものとしなければならない。

(c) 支払に関する制度は、複雑なものであるべきではなく、かつ、機構又は契約者に対して多額の事務費を課するものとすべきではない。ロイヤルティによる支払の制度又はロイヤルティによる支払と利潤の配分による支払との組合せによる支払の制度の採用について検討すべきである。選択式による支払の制度の採用が決定される場合には、契約者は、自己の契約に適用される支払の制度を選択する権利を有する。選択した支払の制度がその後に変更されるときは、その変更は、機構と契約者との間の合意によって行われるものとする。

(d) 年間固定料金については、商業的生産の開始の日から支払う。年間固定料金は、(c)の規定に基づいて採用される支払の制度の下における他の支払に充てることができる。年間固定料金の額は、理事会が定める。

(e) 支払の制度については、事情の変化に照らして定期的に改定することができる。いかなる変更も、無差別に適用される。当該変更は、契約者が選択した時にのみ既存の契約に適用することができる。契約者がその後選択をした場合において、その後当該選択を変更しようとするときは、その変更については、機構と契約者との間の合意によって行う。

(f) この1に定める原則に基づく規則の解釈又は適用に関する紛争は、条約に定める紛争解決手続に従うものとする。

2 条約附属書Ⅲ第13条の3から10までの規定は、適用しない。

3 条約附属書Ⅲ第13条2の規定の実施に関し、探査の段階又は開発の段階のいずれか一の段階に係る業務計画の承認のための申請を処理するための手数料は、25万合衆国ドルとする。

第9節　財政委員会

1 財政委員会を設置する。財政委員会は、財政事項について適当な資格を有する15人の委員で構成される。締約国は、最高水準の能力及び誠実性を有する候補者を指名する。

2 財政委員会の委員については、そのうちのいずれの

2人も、同一の締約国の国民であってはならない。
3 財政委員会の委員は、総会が選出するものとし、その選出に当たっては、衡平な地理的配分及び特別の利益が代表されることの必要性に妥当な考慮が払われるものとする。第3節15の(a)から(d)までに定める国の集団は、それぞれ、少なくとも1人の委員によって財政委員会において代表される。機構が運営経費に充てるために十分な資金を分担金以外の財源から得るようになるまでの間、委員には、機構の運営予算に最も多い分担金の額を支払っている5の国の代表を含めるものとし、引き続いて行う各集団からの1人の委員の選出については、各集団の構成国による指名に基づいて行う。この場合において、各集団から当該1人の委員に加えて委員を選出することは妨げられない。
4 財政委員会の委員は、5年の任期を有する。委員は、1の任期について再選されることができる。
5 財政委員会の委員の任期満了前に、委員の死亡、心身の故障又は辞任があった場合には、総会は、当該委員と同一の地理的地域又は国の集団から、その残任期間について委員を任命する。
6 財政委員会の委員は、財政委員会が勧告を行う責任を有する事項に関するいかなる活動についても、金銭上の利害関係を有してはならない。委員は、機構における職務上知り得た秘密の情報をその職を退いた後も開示してはならない。

7 次の事項に関する総会又は理事会の決定については、財政委員会の勧告を考慮して行う。
 (a) 機構の機関の財政上の規則及び手続の案並びに機構の財政管理及び機構の内部の財政運営
 (b) 条約第160条2(e)の規定による機構の運営予算に対する構成国の分担金の額の決定
 (c) すべての関連する財政事項(条約第172条の規定に従って機構の事務局長が作成する年次予算案及び事務局の活動計画の実施の財政的な側面を含む。)
 (d) 運営予算
 (e) この協定及び第11部の規定の実施によって生ずる締約国の財政上の義務並びに機構の資金からの支出を伴う提案及び勧告が運営及び予算に及ぼす影響
 (f) 深海底における活動から得られる金銭的利益その他の経済的利益の衡平な配分に関する規則及び手続並びに当該衡平な配分に関する決定
8 財政委員会における手続問題についての決定は、出席しかつ投票する委員の過半数による議決で行う。実質問題についての決定は、コンセンサス方式によって行う。
9 財政事項を取り扱う補助機関を設置するための条約第162条2(y)の規定は、この節の規定に基づいて財政委員会を設置することによって実施されたものとみなす。

●分布範囲が排他的経済水域の内外に存在する魚類資源(ストラドリング魚類資源)及び高度回遊性魚類資源の保存及び管理に関する1982年12月10日の海洋法に関する国際連合条約の規定の実施のための協定

《国連公海漁業実施協定》〔抄〕

Agreement for the Implementation of the Provisions of the United Nations Convention on the Law of the Sea of 10 December 1982 relating to the Conservation and Management of Straddling Fish Stocks and Highly Migratory Fish Stocks

▼採択 1995年8月4日(ストラドリング魚類資源及び高度回遊性魚類資源に関する国連会議) ▼効力発生 2001年12月11日
▼日本国 1996年11月19日署名、2006年6月1日国会承認、8月7日批准書寄託、8月9日公布〔平成18年条約第10号〕、9月6日発効

この協定の締約国は、
1982年12月10日の海洋法に関する国際連合条約の関連規定を想起し、
分布範囲が排他的経済水域の内外に存在する魚類資源(以下「ストラドリング魚類資源」という。)及び高度回遊性魚類資源の長期的な保存及び持続可能な利用を確保することを決意し、
この目的のために諸国間の協力を促進することを決意し、
旗国、寄港国及び沿岸国が、これらの資源について定められた保存管理措置について一層効果的な取締りを行うことを求め、
公海漁業の管理が多くの分野で不十分であり、いくつかの資源が過剰に利用されているとの国際連合環境開発会議において採択されたアジェンダ21第17章プログ

ラムエリアCに明示された問題(規制されていない漁業、過剰な投資、過大な船団規模、規制を回避するための漁船の旗国変更、選別性の高い漁具の不十分さ、不正確なデータベース及び諸国間の十分な協力の欠如)に特に取り組むことを希望し、
責任ある漁業を行うことを約束し、
海洋環境に対する悪影響を回避し、生物の多様性を保全し、海洋生態系を本来のままの状態において維持し、及び漁獲操業が長期の又は回復不可能な影響を及ぼす危険性を最小限にする必要性を意識し、
開発途上国がストラドリング魚類資源及び高度回遊性魚類資源の保存、管理及び持続可能な利用への効果的な参加を可能にするための具体的な援助(財政的、科学的及び技術的援助を含む。)を必要としていることを認識し、

213

1982年12月10日の海洋法に関する国際連合条約の関連規定の実施に関する合意が、これらの目的に最も寄与し、かつ、国際の平和及び安全の維持に資することを確信し、

　1982年12月10日の海洋法に関する国際連合条約又はこの協定によって規律されない事項は、一般国際法の規則及び原則により引き続き規律されることを確認して、

　次のとおり協定した。

第1部　総則

第1条（用語及び対象）　1　この協定の適用上、
(a)　「条約」とは、1982年12月10日の海洋法に関する国際連合条約をいう。
(b)　「保存管理措置」とは、海洋生物資源の一又は二以上の種を保存し、及び管理するための措置であって、条約及びこの協定に反映されている国際法の関連規則に適合するように定められ、かつ、適用されるものをいう。
(c)　「魚類」には、軟体動物及び甲殻類（条約第77条に定める定着性の種族に属する種を除く。）を含む。
(d)　「枠組み」とは、特に、小地域又は地域において一又は二以上のストラドリング魚類資源又は高度回遊性魚類資源についての保存管理措置を定めるため、二以上の国が条約及びこの協定に従って定める協力の仕組みをいう。

2(a)　「締約国」とは、この協定に拘束されることに同意し、かつ、自国についてこの協定の効力が生じている国をいう。
(b)　この協定は、次に掲げる主体であってこの協定の当事者となるものについて準用し、その限度において「締約国」というときは、当該主体を含む。
　(i)　条約第305条1 (c)から(e)までに規定する主体
　(ii)　条約の附属書Ⅸ第1条において「国際機関」と規定されている主体。ただし、第47条に従うことを条件とする。

3　この協定は、その漁船が公海において漁業を行うその他の漁業主体についても準用する。

第2条（目的）　この協定の目的は、条約の関連規定を効果的に実施することを通じてストラドリング魚類資源及び高度回遊性魚類資源の長期的な保存及び持続可能な利用を確保することにある。

第3条（適用範囲）　1　この協定は、別段の定めがある場合を除くほか、国の管轄の下にある水域を越える水域におけるストラドリング魚類資源及び高度回遊性魚類資源の保存及び管理について適用する。ただし、第6条及び第7条の規定は、条約が定める異なる法制度であって、国の管轄の下にある水域に適用されるもの及び国の管轄の下にある水域を越える水域に適用されるものに従うことを条件として、国の管轄の下にある水域内のこれらの資源の保存及び管理についても適用する。

2　沿岸国は、国の管轄の下にある水域内においてストラドリング魚類資源及び高度回遊性魚類資源を探査し、及び開発し、保存し、並びに管理するための主権的権利を行使するに際し、第5条に掲げる一般原則を準用する。

3　いずれの国も、開発途上国が自国の管轄の下にある水域内において第5条から第7条までの規定を適用するための能力及びこの協定が規定する開発途上国に対する援助の必要性に妥当な考慮を払う。このため、第7部の規定は、国の管轄の下にある水域について準用する。

第4条（この協定と条約との関係）　この協定のいかなる規定も、条約に基づく各国の権利、管轄権及び義務に影響を及ぼすものではない。この協定については、条約の範囲内で、かつ、条約と適合するように解釈し、及び適用する。

第2部　ストラドリング魚類資源及び高度回遊性魚類資源の保存及び管理

第5条（一般原則）　沿岸国及び公海において漁獲を行う国は、条約に従って協力する義務を履行するに当たり、ストラドリング魚類資源及び高度回遊性魚類資源を保存し、及び管理するために次のことを行う。
(a)　ストラドリング魚類資源及び高度回遊性魚類資源の長期的な持続可能性を確保し、並びにこれらの資源の最適な利用という目的を促進するための措置をとること。
(b)　(a)に規定する措置が、入手することのできる最良の科学的証拠に基づくこと並びに環境上及び経済上の関連要因（開発途上国の特別の要請を含む。）を勘案し、かつ、漁獲の態様、資源間の相互依存関係及び一般的に勧告される国際的な最低限度の基準（小地域的なもの、地域的なもの又は世界的なもののいずれであるかを問わない。）を考慮して、最大持続生産量を実現することのできる水準に資源量を維持し、又は回復できることを確保すること。
(c)　次条に従って予防的な取組方法を適用すること。
(d)　漁獲その他の人間の活動及び環境要因が、漁獲対象資源及び漁獲対象資源と同一の生態系に属する種又は漁獲対象資源に関連し、若しくは依存している種に及ぼす影響を評価すること。
(e)　漁獲対象資源と同一の生態系に属する種又は漁獲対象資源に関連し、若しくは依存している種の資源量をその再生産が著しく脅威にさらされることとならない水準に維持し、又は回復するために、必要な場合には、これらの種についての保存管理措置をとること。
(f)　選択性を有し、環境上安全で、かつ、費用対効果の大きい漁具及び漁法の開発及び使用を実行可能な範囲で含む措置をとることにより、汚染、浪費、投棄、紛失され又は遺棄された漁具による漁獲、非漁獲対象種（魚類であるか非魚類であるかを問わない。以下「非漁獲対象種」という。）の漁獲及び漁獲対象資源に関連し又は依存している種（特に絶滅のおそれがある種）への影響を最小限にすること。
(g)　海洋環境における生物の多様性を保全すること。
(h)　濫獲及び過剰な漁獲能力を防止し、又は排除する

ための措置並びに漁業資源の持続可能な利用に応じた漁獲努力量を超えない水準を確保するための措置をとること。
(i) 零細漁業者及び自給のための漁業者の利益を考慮に入れること。
(j) 漁業活動に関する完全かつ正確なデータ（特に、附属書Ⅰに規定する漁船の位置、漁獲対象種及び非漁獲対象種の漁獲量並びに漁獲努力量に関するもの）及び国内的又は国際的な調査計画からの情報を適時に収集し、及び共有すること。
(k) 漁業における保存及び管理を支援するため、科学的調査を促進し、及び実施すること並びに適当な技術を開発すること。
(l) 実効的な監視、規制及び監督を通じて、保存管理措置を実施し、及びこれについて取締りを行うこと。

第6条（予防的な取組方法の適用） 1 いずれの国も、海洋生物資源の保護及び海洋環境の保全のために、予防的な取組方法をストラドリング魚類資源及び高度回遊性魚類資源の保存、管理及び開発について広く適用する。

2 いずれの国も、情報が不確実、不正確又は不十分である場合には、一層の注意を払うものとする。十分な科学的情報がないことをもって、保存管理措置をとることを延期する理由とし、又はとらないこととする理由としてはならない。

3 いずれの国も、予防的な取組方法を実施するに当たって、次のことを行う。
(a) 入手することのできる最良の科学的情報の入手及び共有により、並びに危険及び不確実性に対処するための改善された技術の実施により、漁業資源の保存及び管理のための意思決定を改善すること。
(b) 附属書Ⅱに規定する指針を適用すること並びに入手することのできる最良の科学的情報に基づいて、資源別の基準値及び漁獲量が当該基準値を超過した場合にとるべき措置を決定すること。
(c) 特に、資源の規模及び生産性に関連する不確実性、基準値、当該基準値に照らした資源の状態、漁獲量の水準及び分布、非漁獲対象種及び漁獲対象資源に関連し又は依存している種に漁獲活動が及ぼす影響並びに現在の又は予測される海洋、環境及び社会経済の状況を考慮に入れること。
(d) 非漁獲対象種及び漁獲対象資源に関連し又は依存している種並びにこれらの種の生息環境に漁獲が及ぼす影響を評価するためにデータの収集及び調査の計画を発展させること並びにこれらの種の保存を確保し、かつ、特別な懸念が生じている生息地を保護するために必要な計画を採用すること。

4 いずれの国も、漁獲量が基準値に接近している場合には、漁獲量が当該基準値を超過しないことを確保するための措置をとる。いずれの国も、漁獲量が当該基準値を超過した場合には、遅滞なく、資源を回復するために3(b)の規定に基づいて決定された措置をとる。

5 いずれの国も、漁獲対象資源、非漁獲対象種又は漁獲対象資源に関連し、若しくは依存している種の状態に懸念がある場合には、これらの資源又は種の状態及び保存管理措置の有効性を検討するために、これらの資源又は種の監視を強化する。いずれの国も、最新の情報に照らして当該保存管理措置を定期的に改定する。

6 いずれの国も、新規又は探査中の漁場については、できる限り速やかに注意深い保存管理措置（特に漁獲量の制限及び漁獲努力量の制限を含む。）をとる。当該保存管理措置は、資源の長期的な持続可能性に当該漁場が及ぼす影響についての評価を可能とするのに十分なデータが得られるまで効力を有するものとし、その影響についての評価が可能となった時点で、当該評価に基づく保存管理措置が実施される。当該評価に基づく保存管理措置については、適当な場合には、当該漁場の漸進的な開発を認めなければならない。

7 いずれの国も、自然現象がストラドリング魚類資源又は高度回遊性魚類資源の状態に著しい悪影響を及ぼす場合には、漁獲活動がそのような悪影響を増幅させないことを確保するために緊急の保存管理措置をとる。いずれの国も、漁獲活動がストラドリング魚類資源又は高度回遊性魚類資源の持続可能性に深刻な脅威となっている場合においても、緊急の保存管理措置をとる。緊急の保存管理措置は、一時的であり、かつ、入手することのできる最良の科学的証拠に基づかなければならない。

第7条（保存管理措置の一貫性） 1 国の管轄の下にある水域内において海洋生物資源を探査し、及び開発し、保存し、並びに管理するための沿岸国の主権的権利であって条約に規定するもの並びに条約に従って公海において自国民を漁獲に従事させるすべての国の権利を害することなく、
(a) ストラドリング魚類資源に関しては、関係する沿岸国及び当該沿岸国の管轄の下にある水域に接続する公海水域において自国民が当該資源を漁獲する国は、直接に又は第3部に規定する協力のための適当な仕組みを通じて、当該沿岸国の管轄の下にある水域に接続する公海水域における当該資源の保存のために必要な措置について合意するよう努める。
(b) 高度回遊性魚類資源に関しては、関係する沿岸国その他自国民がある地域において当該資源を漁獲する国は、国の管轄の下にある水域の内外を問わず、当該地域全体において当該資源の保存を確保し、かつ、当該資源の最適な利用という目的を促進するため、直接に又は第3部に規定する協力のための適当な仕組みを通じて協力する。

2 公海について定められる保存管理措置と国の管轄の下にある水域について定められる保存管理措置とは、ストラドリング魚類資源及び高度回遊性魚類資源全体の保存及び管理を確保するために一貫性のあるものでなければならない。このため、沿岸国及び公海において漁獲を行う国は、ストラドリング魚類資源及び高度回遊性魚類資源について一貫性のある措置を達成するために協力する義務を負う。いずれの国も、一貫性のある保存管理措置を決定するに当たって、次のことを

行う。
- (a) 沿岸国が自国の管轄の下にある水域において同一の資源に関し条約第61条の規定に従って定め、及び適用している保存管理措置を考慮すること並びに当該資源に関し公海について定められる措置が当該保存管理措置の実効性を損なわないことを確保すること。
- (b) 関係する沿岸国及び公海において漁獲を行う国が同一の資源に関し条約に従って公海について定め、及び適用している措置であって従前に合意されたものを考慮すること。
- (c) 小地域的又は地域的な漁業管理のための機関又は枠組みが同一の資源に関し条約に従って定め、及び適用している措置であって従前に合意されたものを考慮すること。
- (d) ストラドリング魚類資源及び高度回遊性魚類資源の生物学的一体性その他の生物学的特性並びにこれらの資源の分布、漁場及び関係地域の地理的特殊性の間の関係（ストラドリング魚類資源及び高度回遊性魚類資源が国の管轄の下にある水域内において存在し、及び漁獲される程度を含む。）を考慮すること。
- (e) 沿岸国及び公海において漁獲を行う国が関係の資源に依存している程度を考慮すること。
- (f) ストラドリング魚類資源及び高度回遊性魚類資源についての一貫性のある保存管理措置が海洋生物資源全体に対して有害な影響を及ぼす結果とならないことを確保すること。

3 いずれの国も、協力する義務を履行するに当たり、合理的な期間内に一貫性のある保存管理措置に合意するために、あらゆる努力を払う。

4 いずれの関係国も、合理的な期間内に合意に達することができない場合には、第8部に規定する紛争解決手続をとることができる。

5 関係国は、一貫性のある保存管理措置について合意に達するまでの間、理解及び協力の精神により、実際的な性質を有する暫定的な枠組みを設けるためにあらゆる努力を払う。暫定的な措置に合意することができない場合には、いずれの関係国も、暫定的な措置を得るため、第8部に規定する紛争解決手続に従って裁判所に紛争を付託することができる。

6 5の規定に基づいて設けられた暫定的な枠組み又は決定された暫定的な措置は、この部の規定を考慮し、並びにすべての関係国の権利及び義務に妥当な考慮を払ったものでなければならず、また、一貫性のある保存管理措置に関する最終的な合意への到達を危うくし、又は妨げ、及びいかなる紛争解決手続の確定的な結果にも影響を及ぼすものであってはならない。

7 沿岸国は、小地域又は地域の公海において漁獲を行う国に対し、直接に又は適当な小地域的若しくは地域的な漁業管理のための機関若しくは枠組みその他適当な方法を通じて、当該沿岸国の管轄の下にある水域内のストラドリング魚類資源及び高度回遊性魚類資源に対してとった措置について定期的に通報する。

8 公海において漁獲を行う国は、関心を有する他の国に対し、直接に又は適当な小地域的若しくは地域的な漁業管理のための機関若しくは枠組みその他適当な方法を通じて、公海においてストラドリング魚類資源及び高度回遊性魚類資源を漁獲する自国を旗国とする漁船の活動を規制するためにとった措置について定期的に通報する。

第3部 ストラドリング魚類資源及び高度回遊性魚類資源に関する国際協力のための仕組み

第8条（保存及び管理のための協力） 1 沿岸国及び公海において漁獲を行う国は、ストラドリング魚類資源及び高度回遊性魚類資源の効果的な保存及び管理を確保するため、漁獲を行う小地域又は地域の特性を考慮しつつ、直接に又は適当な小地域的若しくは地域的な漁業管理のための機関若しくは枠組みを通じて、条約に従い、これらの資源に関して協力する。

2 いずれの国も、特に、関係するストラドリング魚類資源及び高度回遊性魚類資源が過度の開発の脅威にさらされているとの証拠が存在する場合又はこれらの資源について新規の漁場が開発されようとしている場合には、誠実に、かつ、遅滞なく協議する。このため、関心を有するいずれかの国の要請により、これらの資源の保存及び管理を確保するための適当な枠組みを設けるために協議を開始することができる。いずれの国も、そのような枠組みについて合意に達するまでの間、この協定の規定を遵守するものとし、また、他国の権利、利益及び義務に妥当な考慮を払いつつ、誠実に行動する。

3 小地域的又は地域的な漁業管理のための機関又は枠組みが特定のストラドリング魚類資源又は高度回遊性魚類資源についての保存管理措置を定める権限を有する場合には、公海においてこれらの資源を漁獲する国及び関係する沿岸国は、当該機関の加盟国若しくは当該枠組みの参加国となることにより、又は当該機関若しくは枠組みが定めた保存管理措置の適用に同意することにより、協力する義務を履行する。関係する漁業に現実の利害関係を有する国は、当該機関の加盟国又は当該枠組みの参加国となることができる。当該機関又は枠組みへの参加条件は、現実の利害関係を有する国が当該機関の加盟国又は当該枠組みの参加国となることを排除するものであってはならず、また、関係する漁業に現実の利害関係を有する国又は国の集団を差別するような方法により適用されてはならない。

4 小地域的若しくは地域的な漁業管理のための機関の加盟国若しくはそのような枠組みの参加国又は当該機関若しくは枠組みが定めた保存管理措置の適用に同意する国のみが、当該保存管理措置が適用される漁業資源を利用する機会を有する。

5 関係する沿岸国及び小地域又は地域の公海において特定のストラドリング魚類資源又は高度回遊性魚類資源を漁獲する国は、これらの資源の保存管理措置を定める小地域的又は地域的な漁業管理のための機関又は

枠組みが存在しない場合には、これらの資源の保存及び管理を確保するため、そのような機関を設立し、又は他の適当な枠組みを設けるために協力し、及び当該機関又は枠組みの活動に参加する。

6　生物資源に関して権限を有する政府間機関が措置をとるべきであると提案しようとするいかなる国も、当該政府間機関のとる措置が権限のある地域的又は小地域的な漁業管理のための機関又は枠組みが既に定めた保存管理措置に著しい影響を及ぼす可能性がある場合には、当該機関又は枠組みを通じて、当該機関の加盟国又は当該枠組みの参加国と協議すべきである。そのような協議は、実行可能な限り、当該政府間機関への提案の提出に先立って行われるべきである。

第9条（小地域的又は地域的な漁業管理のための機関又は枠組み）　1　いずれの国も、ストラドリング魚類資源及び高度回遊性魚類資源につき、小地域的若しくは地域的な漁業管理のための機関を設立し、又はそのような枠組みを設けるに当たって、特に次の事項について合意する。
　(a)　保存管理措置を適用する資源（当該資源の生物学的特性及び関連する漁業の性質を考慮に入れたもの）
　(b)　保存管理措置を適用する地域（第7条1の規定並びに社会経済上、地理上及び環境上の要因を含む小地域又は地域の特性を考慮に入れたもの）
　(c)　新たに設立される機関又は新たに設けられる枠組みの活動と、関係する既存の漁業管理のための機関又は枠組みの役割、目的及び業務との関係
　(d)　新たに設立される機関又は新たに設けられる枠組みが科学的な助言を入手し、かつ、当該資源の状態を検討するための仕組み（適当な場合には、科学諮問機関の設立を含む。）

2　小地域的若しくは地域的な漁業管理のための機関を設立すること又はそのような枠組みを設けることに協力する国は、当該機関又は枠組みの活動に現実の利害関係を有していると認める他の国に対し、そのような協力について通報する。

第10条（小地域的又は地域的な漁業管理のための機関又は枠組みの役割）〔省略〕
第11条（新たな加盟国又は新たな参加国）〔省略〕
第12条（小地域的又は地域的な漁業管理のための機関又は枠組みの活動における透明性）〔省略〕
第13条（既存の機関又は枠組みの強化）〔省略〕
第14条（情報の収集及び提供並びに科学的調査における協力）〔省略〕
第15条（閉鎖海又は半閉鎖海）〔省略〕
第16条（一の国の管轄の下にある水域によって完全に囲まれている公海水域）〔省略〕

第4部　非加盟国又は非参加国

第17条（機関の非加盟国又は枠組みの非参加国）　1　小地域的若しくは地域的な漁業管理のための機関の非加盟国又はそのような枠組みの非参加国であって、当該機関又は枠組みが定めた保存管理措置を適用するとに別段の合意をしないものは、関係するストラドリング魚類資源及び高度回遊性魚類資源の保存及び管理に関し条約及びこの協定に従って協力する義務を免除されない。

2　1に規定する国は、自国を旗国とする漁船に対し、1に規定する機関又は枠組みが定めた保存管理措置の対象となるストラドリング魚類資源及び高度回遊性魚類資源の漁獲操業に従事することを許可してはならない。

3　小地域的若しくは地域的な漁業管理のための機関の加盟国又はそのような枠組みの参加国は、当該機関又は枠組みが定めた保存管理措置を関係する水域における漁獲活動にできる限り広範に事実上適用するため、第1条3に定める漁業主体であって当該関係する水域において操業する漁船を有するものに対し、当該保存管理措置の実施について当該機関又は枠組みに十分協力するよう個別に又は共同して要請する。当該漁業主体は、ストラドリング魚類資源及び高度回遊性魚類資源についての保存管理措置の遵守についての約束に応じて、漁場への参加による利益を享受する。

4　小地域的若しくは地域的な漁業管理のための機関の加盟国又はそのような枠組みの参加国は、当該機関の非加盟国又は当該枠組みの非参加国であって関係する資源の漁獲操業を行っているものを旗国とする漁船の活動に関する情報を交換する。いずれの国も、そのような漁船が小地域的又は地域的な保存管理措置の実効性を損なう活動を行うことを抑止するために、この協定及び国際法に適合する措置をとる。

第5部　旗国の義務

第18条（旗国の義務）　1　自国の漁船が公海において漁獲を行う国は、自国を旗国とする漁船が小地域的又は地域的な保存管理措置を遵守すること及び当該保存管理措置の実効性を損なう活動に従事しないことを確保するために必要な措置をとる。

2　いずれの国も、条約及びこの協定に基づく自国を旗国とする漁船に関する責任を効果的に果たすことができる場合に限り、当該漁船を公海における漁獲のために使用することを許可する。

3　いずれの国も、自国を旗国とする漁船に関して、次の事項を含む措置をとる。
　(a)　小地域的、地域的又は世界的に合意される関係手続に従い、漁獲の免許、許可又は承認によって公海上の自国を旗国とする漁船を管理すること。
　(b)　次の事項を内容とする規則を定めること。
　　(i)　旗国がその小地域的、地域的又は世界的な義務を履行するのに十分な条件を免許、許可又は承認に付すること。
　　(ii)　漁獲のための免許若しくは許可を正当に与えられていない漁船又は免許、許可若しくは承認についての条件に従わない漁船が公海において漁獲を行うことを禁止すること。
　　(iii)　公海において漁獲を行う漁船に対し、常時船舶内に免許証、許可証又は承認証を備え置くこと及

び正当な権限を与えられた者による検査の際に要請に応じてこれを提示することを義務付けること。
- (iv) 自国を旗国とする漁船が他国の管轄の下にある水域において許可なく漁獲を行わないことを確保すること。
- (c) 公海において漁獲を行う許可を与えた漁船に関する自国の記録を作成すること及び直接の利害関係を有する国が要請する場合には当該記録に含まれる情報を提供すること（ただし、そのような情報の開示に関する旗国の国内法を考慮する。）。
- (d) 統一的であり、かつ、国際的に識別することのできる漁船及び漁具の標識制度（例えば、漁船の標識及び識別に関する国際連合食糧農業機関の標準仕様）に従った漁船及び漁具の識別のための標識を付することを義務付けること。
- (e) データの収集に関する小地域的、地域的又は世界的な基準に従い、漁船の位置、漁獲対象種及び非漁獲対象種の漁獲量、漁獲努力量その他の漁業に関するデータを記録し、及び適時に報告することを義務付けること。
- (f) オブザーバー計画、検査制度、陸揚げの報告、転載の監督並びに陸揚げされた漁獲物及び市場統計の監視等の方法によって漁獲対象種及び非漁獲対象種の漁獲量を確認することを義務付けること。
- (g) 特に次の方法により、自国を旗国とする漁船、その漁獲操業及び関連する活動を監視し、規制し、及び監督すること。
  - (i) 自国の検査制度の実施並びに第21条及び第22条の規定に従った小地域又は地域における取締りのための協力制度の実施（他国の正当に権限を与えられた検査官による乗船及び検査を認めることを自国を旗国とする漁船に義務付けることを含む。）
  - (ii) 自国のオブザーバー計画の実施及び自国が参加している小地域的又は地域的なオブザーバー計画の実施（当該小地域的又は地域的なオブザーバー計画の下で合意された任務を遂行するための他国のオブザーバーの乗船等を認めることを自国を旗国とする漁船に義務付けることを含む。）
  - (iii) 自国の計画及び関係国間で小地域的、地域的又は世界的に合意した計画に基づく船舶監視システム（適当な場合には、衛星送信システムを含む。）の開発及び実施
- (h) 保存管理措置の実効性が損なわれないことを確保するために公海における転載を規制すること。
- (i) 小地域的、地域的又は世界的な保存管理措置の遵守を確保するために漁獲活動を規制（非漁獲対象種の漁獲量を最小とすることを目的とした規制を含む。）すること。

4 小地域的、地域的又は世界的に合意された監視、規制及び監督の制度が実施されている場合には、いずれの国も、自国を旗国とする漁船に対してとる措置が当該制度に適合するものであることを確保する。

第6部 遵守及び取締り

第19条（旗国による遵守及び取締り） 1 いずれの国も、自国を旗国とする漁船がストラドリング魚類資源及び高度回遊性魚類資源についての小地域的又は地域的な保存管理措置を遵守することを確保する。このため、当該国は、次のことを行う。
- (a) 当該保存管理措置に対する違反を取り締まること（違反が生ずる場所のいかんを問わない。）。
- (b) 小地域的又は地域的な保存管理措置に対するいかなる違反の容疑についても、直ちに、かつ、十分に調査（関係する漁船に対する物理的な検査を含む。）を行い、違反を申し立てる国及び関係する小地域的又は地域的な機関又は枠組みに対して当該調査の進展及び結果を速やかに報告すること。
- (c) 自国を旗国とするいかなる漁船に対しても、違反を申し立てられた水域における漁船の位置、漁獲量、漁具、漁獲操業及び関連する活動に関する情報を調査当局に提出するよう義務付けること。
- (d) 違反の容疑につき十分な証拠が存在すると認める場合には、手続を開始するため自国の法律に従って遅滞なく自国の当局に事件を付託し、及び適当な場合には関係する漁船を抑留すること。
- (e) 自国を旗国とする漁船が当該保存管理措置に対する重大な違反を行ったことが自国の法律によって確定した場合には、その漁船が当該違反について自国によって課されたすべての制裁に従うまでの間、公海における漁獲操業に従事しないことを確保すること。

2 すべての調査及び司法上の手続は、速やかに実施されるものとする。違反について適用される制裁は、遵守を確保する上で効果的であるため、及び場所のいかんを問わず違反を防止するため十分に厳格なものとし、また、違反を犯した者から違法な活動によって生ずる利益を没収するものとする。漁船の船長その他の上級乗組員について適用される措置は、特に船長又は上級乗組員として漁船で勤務するための承認の拒否、取消し又は停止を可能とする規定を含むものとする。

第20条（取締りのための国際協力） 1 いずれの国も、ストラドリング魚類資源及び高度回遊性魚類資源についての小地域的又は地域的な保存管理措置の遵守及びその違反に対する取締りを確保するために、直接に又は小地域的若しくは地域的な漁業管理のための機関若しくは枠組みを通じて協力する。

2 ストラドリング魚類資源又は高度回遊性魚類資源についての保存管理措置に対する違反の容疑につき調査を行っている旗国は、当該調査の実施のために他の国の協力が有益であると考える場合には、当該他の国の支援を要請することができる。すべての国は、当該調査に関連した旗国の合理的な要請に応ずるよう努力する。

3 旗国は、直接に、関心を有する他の国と協力して又は関係する小地域的若しくは地域的な漁業管理のための機関若しくは枠組みを通じて、そのような調査を実

施することができる。当該調査の進展及び結果に関する情報については、ストラドリング魚類資源及び高度回遊性魚類資源についての保存管理措置に対する違反の容疑に利害関係を有するすべての国又は当該違反の容疑によって影響を受けるすべての国に提供する。

4　いずれの国も、小地域的、地域的又は世界的な保存管理措置の実効性を損なう活動に従事したと報告された漁船を特定するために相互に支援する。

5　いずれの国も、自国の国内法令によって認められた範囲内で、ストラドリング魚類資源及び高度回遊性魚類資源についての保存管理措置に対する違反の容疑に関連する証拠を他の国の検察当局に提供するための措置を定める。

6　公海上の漁船が沿岸国の管轄の下にある水域において許可なく漁獲を行ったと信ずるに足りる合理的な根拠がある場合には、当該漁船の旗国は、関係する沿岸国の要請により、直ちに、かつ、十分にこの事案を調査する。この場合において、旗国は、適当な取締りを行うことについて当該沿岸国と協力するものとし、また、当該沿岸国の関係当局に対し、公海上の当該漁船に乗船し、及びこれを検査することを認めることができる。この6の規定は、条約第111条の規定の適用を妨げるものではない。

7　小地域的若しくは地域的な漁業管理のための機関の加盟国又はそのような枠組みの参加国である締約国は、当該機関又は枠組みが定めた保存管理措置の実効性を損なう活動その他当該保存管理措置に違反する活動に従事した漁船が当該小地域又は地域の公海において漁獲を行うことを抑止するため、旗国が適当な措置をとるまでの間、国際法に基づいた措置(この目的のために定められた小地域又は地域の手続の利用を含む。)をとることができる。

第21条(取締りのための小地域的又は地域的な協力)　1　小地域的又は地域的な漁業管理のための機関又は枠組みの対象水域である公海において、当該機関の加盟国又は当該枠組みの参加国である締約国は、当該機関又は枠組みが定めたストラドリング魚類資源及び高度回遊性魚類資源についての保存管理措置の遵守を確保するため、2の規定に従い、正当に権限を与えた自国の検査官により、この協定の他の締約国(当該機関の加盟国又は当該枠組みの参加国であるか否かを問わない。)を旗国とする漁船に乗船し、及びこれを検査することができる。

2　いずれの国も、小地域的又は地域的な漁業管理のための機関又は枠組みを通じ、1の規定に基づく乗船及び検査の手続並びにこの条の他の規定を実施するための手続を定める。この手続は、この条の規定及び次条に規定する基本的な手続に適合するものとし、また、当該機関の非加盟国又は当該枠組みの非参加国を差別するものであってはならない。乗船及び検査並びにその後の取締りは、そのような手続に従って行われる。いずれの国も、この2の規定に従って定めた手続を適当に公表する。

3　この協定の採択後2年以内に、小地域的又は地域的な漁業管理のための機関又は枠組みが2に定める手続を定めない場合には、当該手続が定められるまでの間、1の規定に基づく乗船及び検査並びにその後の取締りは、この条の規定及び次条に規定する基本的な手続に従って実施するものとする。

4　検査国は、この条の規定に基づく措置をとるに先立ち、小地域又は地域の公海においてその漁船が漁獲を行っているすべての国に対し、直接に又は関係する小地域的若しくは地域的な漁業管理のための機関若しくは枠組みを通じ、正当に権限を与えた自国の検査官に発行した身分証明書の様式を通報する。乗船及び検査に用いられる船舶は、政府の公務に使用されていることが明らかに表示されており、かつ、識別されることができるものとする。いずれの国も、この協定の締結の際に、この条の規定に基づく通報を受領する適当な当局を指定するものとし、そのように指定した当局を関係する小地域的又は地域的な漁業管理のための機関又は枠組みを通じて適当に公表する。

5　乗船及び検査の結果、漁船が1に規定する保存管理措置に違反する活動に従事したと信ずるに足りる明白な根拠がある場合には、検査国は、適当なときは、証拠を確保し、及び旗国に対し違反の容疑を速やかに通報する。

6　旗国は、5に規定する通報に対し、その受領から3作業日以内又は2の規定に従って定められた手続に定める期間内に回答するものとし、次のいずれかのことを行う。

　(a)　5に規定する漁船について調査し、及び証拠により正当化される場合には取締りを行うことにより第19条に基づく義務を遅滞なく履行すること。この場合において、旗国は、調査の結果及び行った取締りについて検査国に速やかに通報する。

　(b)　検査国が調査することを許可すること。

7　旗国が検査国に対して違反の容疑を調査することを許可する場合には、当該検査国は、当該旗国に対し調査結果を遅滞なく通報する。旗国は、証拠により正当化される場合には、5に規定する漁船について取締りを行うことにより義務を履行する。これに代えて、旗国は、検査国に対し、当該漁船に関して旗国が明示する取締りであってこの協定に基づく旗国の権利及び義務に反しないものをとることを許可することができる。

8　乗船及び検査の結果、漁船が重大な違反を行っていたと信ずるに足りる明白な根拠がある場合において、旗国が6又は7の規定に基づいて必要とされる回答を行わなかったとき、又は措置をとらなかったときは、検査官は、乗船を継続し、及び証拠を確保することができるものとし、また、船長に対し、更なる調査(適当な場合には、当該漁船を最も近い適当な港又は2の規定に従って定められた手続に定める港に遅滞なく移動させて行う調査を含む。)に協力することを要請することができる。検査国は、当該漁船が向かう港の名称を直ちに旗国に通報する。検査国、旗国及び適当な場合には寄港国は、乗組員の国籍のいかんを問わず、乗

組員に対する良好な取扱いを確保するために必要なすべての措置をとる。
9 検査国は、旗国及び関係する機関又は関係する枠組みのすべての参加国に対し更なる調査の結果を通報する。
10 検査国は、自国の検査官に対し、船舶及び船員の安全に関する一般的に認められた国際的な規則、手続及び慣行を遵守すること、漁獲操業の妨げとなることを最小限にすること並びに船上の漁獲物の品質に悪影響を与えるような行動を実行可能な範囲で避けることを義務付ける。検査国は、乗船及び検査が漁船に対する不当な妨げとなるような方法で実施されないことを確保する。
11 この条の規定の適用上、「重大な違反」とは、次のいずれかのことをいう。
 (a) 旗国が第18条3(a)の規定に従って与える有効な免許、許可又は承認を得ることなく漁獲を行うこと。
 (b) 関係する小地域的若しくは地域的な漁業管理のための機関若しくは枠組みによって義務付けられた漁獲量の正確な記録及び漁獲量に関連するデータを保持しないこと又は当該機関若しくは枠組みによって義務付けられた漁獲量報告に関して重大な誤りのある報告を行うこと。
 (c) 禁漁区域において漁獲を行うこと、禁漁期において漁獲を行うこと及び関係する小地域的又は地域的な漁業管理のための機関又は枠組みが定めた漁獲割当てを有せずに又は当該漁獲割当ての達成後に漁獲を行うこと。
 (d) 漁獲が一時的に停止されている資源又は漁獲が禁止されている資源を対象とする漁獲を行うこと。
 (e) 禁止されている漁具を使用すること。
 (f) 漁船の標識、識別又は登録を偽造し、又は隠ぺいすること。
 (g) 調査に関連する証拠を隠ぺいし、改ざんし、又は処分すること。
 (h) 全体として保存管理措置の重大な軽視となるような複数の違反を行うこと。
 (i) 関係する小地域的又は地域的な漁業管理のための機関又は枠組みが定めた手続において重大な違反と明記するその他の違反を行うこと。
12 この条の他の規定にかかわらず、旗国は、いつでも、違反の容疑に関し、第19条の規定に基づく義務を履行するための措置をとることができる。漁船が検査国の指示の下にある場合には、当該検査国は、旗国の要請により、自国が行った調査の進展及び結果に関する十分な情報と共に当該漁船を旗国に引き渡す。
13 この条の規定は、自国の法律に従って措置（制裁を課す手続を含む。）をとる旗国の権利を妨げるものではない。
14 この条の規定は、小地域的若しくは地域的な漁業管理のための機関の加盟国又はそのような枠組みの参加国である締約国が、この協定の他の締約国を旗国とする漁船が当該機関又は枠組みの対象水域である公海において1に規定する関係する保存管理措置に違反する

活動に従事したと信ずるに足りる明白な根拠を有している場合において、当該漁船がその後、同一の漁獲のための航行中に、検査国の管轄の下にある水域に入ったときには、当該機関の加盟国又は当該枠組みの参加国である締約国が行う乗船及び検査について準用する。
15 小地域的又は地域的な漁業管理のための機関又は枠組みが、この協定に基づく当該機関の加盟国又は当該枠組みの参加国の義務であって当該機関又は枠組みの定めた保存管理措置の遵守の確保に係るものの効果的な履行を可能とするような代替的な仕組みを定めた場合には、当該機関の加盟国又は当該枠組みの参加国は、関係する公海水域について定められた保存管理措置に関し、これらの国々の間において1の規定の適用を制限することについて合意することができる。
16 旗国以外の国が小地域的又は地域的な保存管理措置に違反する活動に従事した漁船に対してとる措置は、違反の重大さと均衡がとれたものとする。
17 公海上の漁船が国籍を有していないことを疑うに足りる合理的な根拠がある場合には、いずれの国も、当該漁船に乗船し、及びこれを検査することができる。証拠が十分である場合には、当該国は、国際法に従って適当な措置をとることができる。
18 いずれの国も、この条の規定によりとった措置が違法であった場合又は入手可能な情報に照らしてこの条の規定を実施するために合理的に必要とされる限度を超えた場合には、当該措置に起因する損害又は損失であって自国の責めに帰すべきものについて責任を負う。

第22条（前条による乗船及び検査のための基本的な手続） 1 検査国は、正当に権限を与えた自国の検査官が次のことを行うことを確保する。
 (a) 船長に身分証明書を提示し、及び関係する保存管理措置又は問題となっている公海水域において有効な規則であって当該保存管理措置に基づくものの写しを提示すること。
 (b) 乗船及び検査を行う時点において旗国への通報を開始すること。
 (c) 乗船及び検査を行っている間、船長が旗国の当局と連絡を取ることを妨げないこと。
 (d) 船長及び旗国の当局に乗船及び検査についての報告書（船長が希望する場合には、異議又は陳述を含める。）の写しを提供すること。
 (e) 重大な違反の証拠が見つからない場合には、検査が終了した後、漁船から速やかに下船すること。
 (f) 実力の行使を避けること。ただし、検査官がその任務の遂行を妨害される場合において、その安全を確保するために必要なときは、この限りでない。この場合において、実力の行使は、検査官の安全を確保するために及び状況により合理的に必要とされる限度を超えてはならない。
2 検査国が正当に権限を与えた検査官は、漁船、その免許、漁具、装置、記録、設備、漁獲物及びその製品並びに関係する保存管理措置の遵守を確認するために必要な関係書類を検査する権限を有する。

3 旗国は、船長が次のことを行うことを確保する。
 (a) 検査官の迅速かつ安全な乗船を受け入れ、及び容易にすること。
 (b) この条及び前条に規定する手続に従って実施される漁船に対する検査に協力し、及び支援すること。
 (c) 検査官の任務の遂行に当たり、検査官に対し妨害、威嚇又は干渉を行わないこと。
 (d) 乗船及び検査が行われている間、検査官が旗国の当局及び検査国の当局と連絡を取ることを認めること。
 (e) 適当な場合には、食料及び宿泊施設を含む合理的な便益を検査官に提供すること。
 (f) 検査官の安全な下船を容易にすること。
4 旗国は、船長がこの条及び前条の規定に基づく乗船及び検査の受入れを拒否する場合（海上における安全に関する一般的に認められた国際的な規則、手続及び慣行に従って乗船及び検査を遅らせる必要がある場合を除く。）には、当該船長に対し直ちに乗船及び検査を受け入れるよう指示する。当該船長が旗国のそのような指示にも従わない場合には、当該旗国は、当該漁船の漁獲のための許可を停止し、及び当該漁船に対して直ちに帰港するよう命ずる。当該旗国は、この4に規定する事態が発生した場合には、とった措置を検査国に通報する。

第23条（寄港国がとる措置） 1 寄港国は、国際法に従って、小地域的、地域的又は世界的な保存管理措置の実効性を促進するための措置をとる権利及び義務を有する。寄港国は、当該措置をとる場合には、いずれの国の漁船に対しても法律上又は事実上の差別を行ってはならない。
2 寄港国は、漁船が自国の港又は沖合の係留施設に任意にとどまる場合には、特に、当該漁船上の書類、漁具及び漁獲物を検査することができる。
3 いずれの国も、漁獲物が公海における小地域的、地域的又は世界的な保存管理措置の実効性を損なう方法で漁獲されたと認める場合には、陸揚げ及び転載を禁止する権限を自国の関係当局に与えるための規則を定めることができる。
4 この条のいかなる規定も、国が国際法に従い自国の領域内の港において主権を行使することに影響を及ぼすものではない。

第7部　開発途上国の要請

第24条（開発途上国の特別な要請の認識）〔省略〕
第25条（開発途上国との協力の形態）〔省略〕
第26条（この協定の実施のための特別の援助）〔省略〕

第8部　紛争の平和的解決

第27条（平和的手段によって紛争を解決する義務） いずれの国も、交渉、審査、仲介、調停、仲裁、司法的解決、地域的機関又は地域的取極の利用その他当事者が選択する平和的手段によって紛争を解決する義務を負う。
第28条（紛争の防止）〔省略〕

第29条（技術的な性質を有する紛争）〔省略〕
第30条（紛争解決手続） 1 条約第15部に定める紛争の解決に関する規定は、この協定の解釈又は適用に関するこの協定の締約国（条約の締約国であるか否かを問わない。）間の紛争について準用する。
2 条約第15部に定める紛争の解決に関する規定は、この協定の締約国（条約の締約国であるか否かを問わない。）間の紛争であって、当該締約国が共に締結しているストラドリング魚類資源又は高度回遊性魚類資源に関する小地域的、地域的又は世界的な漁業協定の解釈又は適用に関するもの（これらの資源の保存及び管理に関するものを含む。）について準用する。
3 この協定の締約国であり、かつ、条約の締約国である国が条約第287条の規定に従って受け入れた手続は、この部に定める紛争の解決について適用する。ただし、そのような国が、この協定に署名し、これを批准し、若しくはこれに加入する時に又はその後いつでも、この部に定める紛争の解決のために同条の規定に従って同条に定める他の手続を受け入れた場合は、この限りでない。
4 この協定の締約国であるが条約の締約国でない国は、この協定に署名し、これを批准し、若しくはこれに加入する時に又はその後いつでも、書面による宣言を行うことにより、この部に定める紛争の解決のために条約第287条1に規定する手段のうち一又は二以上の手段を自由に選択することができる。同条の規定は、この協定の締約国であるが条約の締約国でない国がこのような宣言を行う場合及び当該国が効力を有する宣言の対象とならない紛争の当事者である場合についても適用する。条約の附属書Ⅴ、附属書Ⅶ及び附属書Ⅷに従って調停及び仲裁を行うに当たって、当該国は、この部に定める紛争の解決のため、条約の附属書Ⅴ第2条、附属書Ⅶ第2条及び附属書Ⅷ第2条に定める名簿に含まれる調停人、仲裁人及び専門家を指名することができる。
5 この部の規定に従って紛争が付託された裁判所は、関係するストラドリング魚類資源及び高度回遊性魚類資源の保存を確保するため、条約、この協定及び関係する小地域的、地域的又は世界的な漁業協定の関連規定、一般に認められた海洋生物資源の保存及び管理のための基準並びに条約に反しない国際法の他の規則を適用する。
第31条（暫定的な措置） 1 紛争がこの部の規定に従って解決されるまでの間、紛争当事者は、実際的な性質を有する暫定的な枠組みを設けるためにあらゆる努力を払う。
2 条約第290条の規定にかかわらず、この部の規定に従って紛争が付託された裁判所は、第7条5及び第16条2に定める状況において並びに紛争当事者のそれぞれの権利を保全し、又は問題となっている資源への損害を防止するため、状況に応じて適当と認める暫定的な措置を定めることができる。
3 条約第290条5の規定にかかわらず、この協定の締約国であるが条約の締約国でない国は、国際海洋法裁

判所が自国の同意なく暫定的な措置を定め、修正し、又は取り消す権限を有しないことを宣言することができる。

第32条（紛争解決手続の適用の制限） 条約第297条3の規定は、この協定について適用する。

第9部　この協定の非締約国

第33条（この協定の非締約国） 1　締約国は、この協定の非締約国に対し、この協定の締約国となり、かつ、この協定に適合する法令を制定するよう奨励する。

2　締約国は、非締約国を旗国とする漁船がこの協定の効果的な実施を損なう活動を行うことを抑止するため、この協定及び国際法に適合する措置をとる。

第10部　信義誠実及び権利の濫用

第34条（信義誠実及び権利の濫用） 締約国は、この協定に基づいて負う義務を誠実に履行するものとし、また、この協定により認められる権利を濫用とならないように行使する。

第11部　責任

第35条（責任） 締約国は、この協定に関して自国の責めに帰すべき損害又は損失につき、国際法に基づいて責任を負う。

第12部　再検討のための会議

第36条（再検討のための会議） 1　国際連合事務総長は、この協定が効力を生ずる日の4年後に、ストラドリング魚類資源及び高度回遊性魚類資源の保存及び管理の確保についてのこの協定の実効性を評価するため、会議を招集する。同事務総長は、この会議にすべての締約国、この協定の締約国となる資格を有する国及び主体並びにオブザーバーとして参加する資格を有する政府間機関及び非政府機関を招請する。

2　1に規定する会議は、この協定の規定の妥当性を再検討し、及び評価するものとし、必要な場合には、ストラドリング魚類資源及び高度回遊性魚類資源の保存及び管理に関する継続的な問題に一層適切に対処するため、この協定の規定の内容及び実施手段を強化する方法を提案する。

第13部　最終規定

第37条（署名） 〔省略〕
第38条（批准） 〔省略〕
第39条（加入） 〔省略〕
第40条（効力発生） 〔省略〕
第41条（暫定的な適用） 1　この協定は、寄託者に対する書面による通告により暫定的な適用に同意した国又は主体によって暫定的に適用される。当該暫定的な適用は、当該通告の受領の日から有効となる。

2　国又は主体による暫定的な適用は、当該国若しくは主体についてこの協定が効力を生ずる時又は当該国若しくは主体が暫定的な適用を終了させる意思を寄託者に対して書面により通告した時に終了する。

第42条（留保及び除外） この協定については、留保を付することも、また、除外を設けることもできない。

第43条（宣言及び声明） 前条の規定は、国又は主体がこの協定の署名若しくは批准又はこれへの加入の際に、特にその国内法令をこの協定の規定に調和させることを目的として、宣言又は声明（用いられる文言及び名称のいかんを問わない。）を行うことを排除しない。ただし、当該宣言又は声明は、これらを行った国又は主体についてこの協定を適用するに当たり、この協定の規定の法的効力を排除し、又は変更することを意味しない。

第44条（他の協定との関係） 1　この協定は、この協定と両立する他の協定の規定に基づく締約国の権利及び義務（他の締約国がこの協定に基づく権利を享受し、又は義務を履行することに影響を及ぼさないものに限る。）を変更するものではない。

2　二以上の締約国は、当該締約国間の関係に適用される限りにおいて、この協定の運用を変更し、又は停止する協定を締結することができる。ただし、そのような協定は、この協定の規定であってこれからの逸脱がこの協定の趣旨及び目的の効果的な実現と両立しないものに関するものであってはならず、また、この協定に定める基本原則の適用に影響を及ぼし、又は他の締約国がこの協定に基づく権利を享受し、若しくは義務を履行することに影響を及ぼすものであってはならない。

3　2に規定する協定を締結する意思を有する締約国は、他の締約国に対し、この協定の寄託者を通じて、2に規定する協定を締結する意思及び当該協定によるこの協定の変更又は停止を通報する。

第45条（改正） 〔省略〕
第46条（廃棄） 〔省略〕
第47条（国際機関による参加） 〔省略〕
第48条（附属書） 1　附属書は、この協定の不可分の一部を成すものとし、また、別段の明示の定めがない限り、「この協定」といい、又は第1部から第13部までのいずれかの部を指していうときは、関連する附属書を含めていうものとする。

2　締約国は、附属書を随時改正することができる。改正は、科学的及び技術的考慮に基づくものとする。第45条の規定にかかわらず、附属書の改正が締約国の会合においてコンセンサス方式によって採択される場合には、当該改正は、この協定に組み込まれ、その採択の日又は当該改正において指定されている他の日から効力を生ずる。締約国の会合において改正がコンセンサス方式によって採択されない場合には、同条に規定する改正手続を適用する。

第49条（寄託者） 〔省略〕
第50条（正文） 〔省略〕

附属書Ⅰ　データの収集及び共有のための標準的な要件〔省略〕

附属書Ⅱ　ストラドリング魚類資源及び高度回遊性魚類資源の保存及び管理における予防のための基準値の適

用に関する指針〔省略〕

●みなみまぐろの保存のための条約《みなみまぐろ保存条約》〔抄〕
Convention for the Conservation of Southern Bluefin Tuna

▼署名　1993年5月10日（キャンベラ）　▼効力発生　1994年5月20日　▼日本国　1994年4月8日批准書寄託、5月19日公布〔平成6年条約第3号〕、5月20日発効

前文〔省略〕

第1条【適用対象】 この条約は、みなみまぐろ（トゥヌス・マコイイ）について適用する。

第2条【定義】 この条約の適用上、
(a)　「生態学上関連する種」とは、みなみまぐろと関連を有する海産生物の種（みなみまぐろを捕食する生物及びみなみまぐろのえさとなる生物の双方を含むが、これらに限られない。）をいう。
(b)　「漁獲」とは、次の(i)及び(ii)をいう。
　(i)　魚類を採捕すること又は魚類を採捕する結果になると合理的に予想し得るその他の活動
　(ii)　(i)に掲げる活動を準備し又は直接に補助するための海上における作業

第3条【目的】 この条約の目的は、みなみまぐろの保存及び最適利用を適当な管理を通じて確保することにある。

第4条【他の条約との関係】 この条約のいかなる規定も、又はこの条約の規定に基づいて採択されるいかなる措置も、この条約の締約国が締約国となっている条約その他の国際的な合意に基づく権利及び義務に関する当該締約国の立場又は見解並びに海洋法に関する当該締約国の立場又は見解を害するものとみなしてはならない。

第5条【締約国の義務】 1　各締約国は、この条約の実施及び第8条7の規定により拘束力を有することとなる措置の遵守を確保するため、すべての必要な行動をとる。

2　締約国は、みなみまぐろ保存委員会に対し、みなみまぐろ及び適当な場合には生態学上関連する種の保存に関係のある科学的情報、漁獲量及び漁獲努力に係る統計その他の資料を速やかに提供する。

3　締約国は、適当な場合には、みなみまぐろ及び生態学上関連する種の科学的調査に関係のある漁業資料、生物学標本その他の情報の収集及び直接交換について協力する。

4　締約国は、この条約の締約国でない国又は団体の国民、住民又は船舶によるみなみまぐろの漁獲に関する情報の交換について協力する。

第6条【保存委員会】 1　締約国は、この条約によりみなみまぐろ保存委員会（以下「委員会」という。）を設置する。締約国は、委員会を維持することに合意する。

2　各締約国は、委員会において3人以下の代表により代表されるものとする。これらの代表は、専門家及び顧問を同伴することができる。

3　委員会は、毎年8月1日の前に又は委員会が決定するその他の時期に年次会合を開催する。

4　委員会は、各年次会合において、代表のうちから議長及び副議長を選出する。議長及び副議長は、異なる締約国から選出されるものとし、後任者がその次の年次会合において選出されるまでの間在任する。代表は、議長として行動する場合には、投票権を有しない。

5　委員会の特別会合は、いずれかの締約国の要請により、かつ、その要請が少なくとも他の二の締約国の支持を得た場合に、議長が招集する。

6　特別会合は、この条約に関連するすべての事項を審議することができる。

7　委員会の会合の定足数は、締約国の総数の3分の2とする。

8　委員会は、その第1回会合において委員会の任務の遂行に必要な手続規則その他の運営上の内部規則を決定する。委員会は、必要な場合には、これらの規則を改正することができる。

9　委員会は、法人格を有するものとし、他の国際機関との関係において及び締約国の領域において、その任務の遂行及びその目的の達成のために必要な法律上の能力を有する。締約国の領域における委員会及びその職員の特権及び免除は、委員会と関係締約国との間で合意するところによる。

10　委員会は、第10条1の規定に基づき事務局を設置する時に委員会の本部の所在地を決定する。

11　委員会の公用語は、日本語及び英語とする。提案及び資料は、いずれの国語によっても委員会に提出することができる。

第7条【保存委員会の決定】 各締約国は、委員会において一の票を有する。委員会の決定は、委員会の会合に出席する締約国の全会一致の投票によって行う。

第8条【保存委員会の任務・権限】 1　委員会は、次に掲げる情報を収集し、及び蓄積する。
(a)　みなみまぐろ及び生態学上関連する種に関する科学的情報、統計資料その他の情報
(b)　みなみまぐろ漁業に係る法令及び行政措置に関する情報
(c)　みなみまぐろに関するその他の情報

2　委員会は、次に掲げる事項について審議する。
(a)　この条約及びこの条約の規定に基づいて採択する措置の解釈及び実施
(b)　みなみまぐろの保存、管理及び最適利用のための規制措置
(c)　次条に定める科学委員会によって報告される事項
(d)　次条に定める科学委員会に委託する事項

223

(e)　第10条に定める事務局に委託する事項
　(f)　この条約の規定を実施するために必要なその他の活動
3　みなみまぐろの保存、管理及び最適利用のため、
　(a)　委員会は、次条2(c)及び(d)に規定する科学委員会の報告及び勧告に基づき他の適当な措置を決定しない限り、総漁獲可能量及び締約国に対する割当量を決定する。
　(b)　委員会は、必要な場合には、その他の追加的な措置を決定することができる。
4　委員会は、3の規定に基づき締約国に対する割当量を決定する際に、次の事項を考慮する。
　(a)　関連する科学的な証拠
　(b)　みなみまぐろ漁業の秩序ある持続的発展の必要性
　(c)　みなみまぐろが自国の排他的経済水域又は漁業水域を通過して回遊する締約国の利益
　(d)　みなみまぐろの漁獲に従事する船舶の所属する締約国（歴史的に当該漁獲に従事してきた締約国及び自国のみなみまぐろ漁業が開発途上にある締約国を含む。）の利益
　(e)　みなみまぐろの保存、増殖及び科学的調査に対する各締約国の寄与
　(f)　委員会が適当と認めるその他の事項
5　委員会は、この条約の目的の達成を促進するため、締約国に対する勧告を決定することができる。
6　委員会は、3の規定に基づく措置及び5の規定に基づく勧告を決定する際に、次条2(c)及び(d)に基づく科学委員会の報告及び勧告を十分に考慮する。
7　3の規定に基づいて決定されるすべての措置は、締約国を拘束する。
8　委員会は、その決定する措置及び勧告をすべての締約国に速やかに通告する。
9　委員会は、みなみまぐろの保存及び管理に必要な科学的知識を増進するため並びにこの条約及びこの条約の規定に基づいて採択する措置の効果的な実施を達成するため、できる限り早期にかつ国際法に反することなく、みなみまぐろに関連するすべての漁獲の活動の状況を把握する制度を開発する。
10　委員会は、その任務の遂行上望ましいと認める補助機関を設置することができる。

第9条【科学委員会】　1　締約国は、この条約により委員会の諮問機関として科学委員会を設置する。
2　科学委員会は、次のことを行う。
　(a)　みなみまぐろの個体群の状態及び傾向を評価し及び分析すること。
　(b)　みなみまぐろに関する調査及び研究を調整すること。
　(c)　みなみまぐろ資源の状態及び適当な場合には生態学上関連する種の状態についての所見又は結論（科学委員会における一致した意見、多数の意見及び少数の意見を含む。）を委員会に報告すること。
　(d)　適当な場合には、みなみまぐろの保存、管理及び最適利用に関する事項について、意見の一致により委員会に勧告すること。
　(e)　委員会によって付託された事項を審議すること。
3　科学委員会の会合は、委員会の年次会合に先立って開催される。科学委員会の特別会合は、いずれかの締約国の要請によって随時招集される。ただし、その要請が少なくとも他の二の締約国によって支持されることを条件とする。
4　科学委員会は、その手続規則を採択し、及び必要に応じて改正する。手続規則及びその改正は、委員会により承認されなければならない。
5(a)　各締約国は、科学委員会の構成国となるものとし、適当な科学上の資格を有する代表を任命する。代表は、代表代理、専門家及び顧問を同伴することができる。
　(b)　科学委員会は、議長及び副議長を選出する。議長及び副議長は、異なる締約国から選出されるものとする。

第10条【事務局】〔省略〕
第11条【分担金】〔省略〕
第12条【他の政府機関との協力】〔省略〕
第13条【条約への加入の奨励】　締約国は、委員会が望ましいと認める場合には、この条約の目的の達成を促進するため、いずれかの国のこの条約への加入を奨励することにつき、相互に協力する。
第14条【オブザーバー】　1　委員会は、この条約の締約国でない国又は団体であってその国民、住民又は漁船がみなみまぐろを採捕しているもの及びみなみまぐろが自国の排他的経済水域又は漁業水域を通過して回遊する沿岸国に対し、委員会及び科学委員会の会合にオブザーバーを出席させるよう招請することができる。
2　委員会は、政府間機関又は要請がある場合には非政府機関であってみなみまぐろに関し特別の能力を有するものに対して、委員会の会合にオブザーバーを出席させるよう招請することができる。
第15条【非締約国】　1　締約国は、この条約の締約国でない国又は団体の国民、住民又は船舶による漁獲の活動に関する事項であってこの条約の目的の達成に影響を与える可能性があるものについて、当該国又は団体の注意を喚起することに同意する。
2　各締約国は、自国民がこの条約の締約国でない国又は団体によるみなみまぐろ漁業に関与することがこの条約の目的の達成に不利な影響を与える可能性がある場合には、自国民に対しそのようなみなみまぐろ漁業に関与しないよう奨励する。
3　各締約国は、自国の法令の下で登録された船舶がこの条約の規定又はこの条約の規定に基づいて採択される措置の遵守を回避する目的で登録を移転することを防止するため、適切な手段をとる。
4　締約国は、この条約の締約国でない国又は団体の国民、住民又は船舶によるみなみまぐろの漁獲の活動がこの条約の目的の達成に不利な影響を与える可能性がある場合には、そのような活動を抑止するため、国際法及びそれぞれの国内法に合致する適切な手段をとることについて協力する。

第16条【紛争解決】 1 この条約の解釈又は実施に関して二以上の締約国間に紛争が生じたときは、これらの締約国は、交渉、審査、仲介、調停、仲裁、司法的解決又はこれらの締約国が選択するその他の平和的手段により紛争を解決するため、これらの締約国間で協議する。
2 1に規定する紛争で1の規定によって解決されなかったものは、それぞれの場合にすべての紛争当事国の同意を得て、解決のため国際司法裁判所又は仲裁に付託する。もっとも、紛争当事国は、国際司法裁判所又は仲裁に付託することについて合意に達することができなかった場合においても、1に規定する各種の平和的手段のいずれかにより紛争を解決するため引き続き努力する責任を免れない。
3 紛争が仲裁に付託される場合には、仲裁裁判所は、この条約の附属書の定めるところにより構成する。附属書は、この条約の不可分の一部を成す。

第17条【署名、批准、受諾、承認、効力発生】〔省略〕
第18条【加入】〔省略〕
第19条【留保】 留保は、この条約のいかなる規定についても付することができない。
第20条【脱退】〔省略〕
第21条【改正】〔省略〕
第22条【寄託者】〔省略〕

仲裁裁判所に関する附属書
1 第16条3にいう仲裁裁判所は、次のとおり任命される3人の仲裁人により構成する。
 (a) 仲裁手続を開始する紛争当事国は、他の紛争当事国に仲裁人の氏名を通報するものとし、他の紛争当事国は、その通報を受けた後40日以内に第二の仲裁人の氏名を通報する。紛争当事国は、第二の仲裁人が任命された後60日以内に、いずれの紛争当事国の国民でもなく、かつ、最初の2人の仲裁人の有している国籍のいずれをも有していない第三の仲裁人を任命する。第三の仲裁人が、仲裁裁判所を主宰する。
 (b) 第二の仲裁人が所定の期間内に任命されなかった場合又は第三の仲裁人の任命について紛争当事国が所定の期間内に合意に達しなかった場合には、当該第二又は第三の仲裁人は、いずれかの紛争当事国の要請により、この条約の締約国である国の国籍を有していない国際的に名声のある者のうちから常設仲裁裁判所事務総長が任命する。
2 仲裁裁判所は、その本部の場所を決定するものとし、また、その手続規則を採択する。
3 仲裁裁判所の判断は、その構成員の多数決により行われるものとし、構成員は、投票に際し棄権することができない。
4 紛争当事国でないいずれの締約国も、仲裁裁判所の同意を得て仲裁手続に参加することができる。
5 仲裁裁判所の判断は、最終的なものとし、すべての紛争当事国及び仲裁手続に参加するいずれの国も拘束する。これらの国は、直ちにその判断に従うものとする。仲裁裁判所は、一の紛争当事国又は仲裁手続に参加するいずれかの国の要請により、判断について解釈を行う。
6 特別な事情のある紛争であることを理由として仲裁裁判所が別段の決定を行う場合を除くほか、仲裁裁判所の経費(その構成員の報酬を含む。)は、紛争当事国が均等に負担する。

●油による汚染を伴う事故の場合における公海上の措置に関する国際条約《油汚染事故公海措置条約》〔抜粋〕

International Convention relating to Intervention on the High Seas in Cases of Oil Pollution Casualties

▼署名 1969年11月29日(ブラッセル) ▼効力発生 1975年5月6日 ▼改正 1981年4月8日〔76年11月19日ロンドン〕
▼日本国 1970年12月15日署名、71年3月24日国会承認、4月6日受諾書寄託、75年5月2日公布〔昭和50年条約第6号〕、5月6日発効

第1条【公海上の措置】 1 締約国は、著しく有害な結果をもたらすことが合理的に予測される海難又はこれに関連する行為の結果としての油による海洋の汚染又はそのおそれから生ずる自国の沿岸又は関係利益に対する重大かつ急迫した危険を防止し、軽減し又は除去するため必要な措置を公海上でとることができる。
2 もっとも、軍艦又は国によって所有され若しくは運航される他の船舶で政府の非商業的役務にのみ使用されているものに対しては、この条約に基づくいかなる措置をもとってはならない。

第2条【定義】 この条約の適用上、
1 「海難」とは、船舶の衝突、座礁その他の航海上の事故又は船舶内若しくは船舶外のその他の事故であつて、船舶若しくは積荷に対し実質的な損害を与え若しくは与える急迫したおそれがあるものをいう。
2 「船舶」とは、次の物をいう。
 (a) あらゆる種類の海上航行船舶
 (b) 海上に浮いているすべての機器(海底及び海底資源の探査及び開発に使用する設備及び装置を除く。)
3 「油」とは、原油、重油、ディーゼル油及び潤滑油をいう。
4 「関係利益」とは、沿岸国の次のような利益で海難により直接に影響を受け又は脅かされるものをいう。
 (a) 沿岸、港湾又は河口における海事上の活動(漁業活動を含む。)で関係者の生計のための不可欠な手段であるもの
 (b) 関係区域の観光資源
 (c) 沿岸の住民の健康及び関係地域の福祉(水産生物

資源及び野生動植物の保存を含む。)
5 「機関」とは、政府間海事協議機関をいう。
第3条【沿岸国の権利行使】 沿岸国が第1条の規定に基づいて措置をとる権利を行使する場合には、次の規定が適用される。
　(a) 沿岸国は、措置をとる前に、海難によって影響を受ける他の国、特に旗国と協議する。
　(b) 個人又は法人が沿岸国のとろうとする措置によつて影響を受けると合理的に予測される利益を有する場合には、そのことを知つており又は協議の間に知らされた当該沿岸国は、遅滞なくその個人又は法人に対して当該措置を通告する。沿岸国は、それらの者が提出する意見を考慮する。
　(c) 沿岸国は、措置をとる前に独立の専門家と協議することができる。独立の専門家は、機関が常時整備する名簿から選定される。
　(d) 沿岸国は、直ちに措置をとる必要がある極度に緊急の場合には、事前の通告若しくは協議を行なうことなく又はすでに開始した協議を継続することなく、事態の緊急性によって必要とされる措置をとることができる。
　(e) 沿岸国は、(d)の措置をとる前又はとつている間に、人命の危険を防止し、遭難者が必要とする援助を与え、並びに船舶の乗組員の帰国を妨げず及び容易にするよう、最善の努力を払う。
　(f) 第1条の規定に基づいてとつた措置は、関係国、判明した関係者(法人を含む。)及び機関の事務局長に遅滞なく通告する。
第4条【専門家名簿】 1 前条の専門家名簿は、機関の監督の下で作成しかつ常時整備する。機関は、これに関する必要かつ適当な規則(必要な資格の決定に関する規定を含む。)を制定する。
2 専門家名簿のための指名は、機関の加盟国及びこの条約の締約国が行うことができる。専門家は、その提供する役務につき、その役務を利用する国から報酬を受ける。
第5条【措置と損害の権衡】 1 沿岸国が第1条の規定に基づいてとる措置は、実際に被つた損害又は被るおそれがある損害と権衡を失しないものでなければならない。

2 1の措置は、第1条の目的を達成するため合理的に必要とされる限度をこえるものであつてはならず、その目的を達成した場合には、直ちに終止する。その措置は、旗国、第三国又は関係者(法人を含む。)の権利及び利益を必要以上に害するものであつてはならない。
3 1の措置が損害と権衡を失しないものであるかどうかを検討するにあたつては、次のことを考慮する。
　(a) その措置をとらない場合に直ちに生ずる損害の程度及び可能性
　(b) その措置の有効性
　(c) その措置によつて生ずることのある損害の程度
第6条【補償義務】 締約国は、この条約の規定に反する措置をとり、他の者に損害を与えた場合には、その損害のうち第1条の目的を達成するため合理的に必要とされる限度をこえた措置によつて生じた部分につき補償しなければならない。
第7条【条約の範囲】 この条約のいかなる規定も、別段の定めがある場合を除くほか、本来適用される権利、義務、特権又は免除に影響を及ぼすものではなく、また、締約国又は利害関係のある個人若しくは法人から本来適用される救済手段を奪うものでもない。
第8条【調停・仲裁】 1 締約国間の紛争であつて、第1条の規定に基づいてとられた措置がこの条約の規定に反するものであるかどうかに関するもの、補償が第6条の規定に従つて支払われるべきであるかどうかに関するもの及びそのような補償の額に関するものは、関係締約国間又は当該措置をとつた締約国と個人若しくは法人である請求者との間の協議によつて解決することが不可能である場合には、それらの関係締約国が別段の合意をしない限り、いずれかの関係締約国の請求により、附属書に定める手続に従い、調停又は、調停が成立しなかつたときは、仲裁に付託する。
2 1の措置をとつた締約国は、国内法に基づく救済手段が自国の裁判所において尽くされていないという理由のみによつては、1の規定に基づく調停又は仲裁の請求を拒否することができない。

●領海及び接続水域に関する条約 〔抜粋〕
Convention on the Territorial Sea and the Contiguous Zone

▼採択(作成)　1958年4月29日(ジュネーヴ)　▼効力発生　1964年9月10日　▼日本国　1968年5月8日国会承認、6月10日加入書寄託、6月21日公布〔昭和43年条約第11号〕、7月10日発効

第1部　領海

第1章　一般規定

第1条【領海に及ぶ国の主権】 1 国の主権は、その領土及び内水をこえ、その海岸に接続する水域で領海といわれるものに及ぶ。

2 国の主権は、この条約の規定及び国際法の他の規則に従つて行使される。
第2条【主権の及ぶ範囲】 沿岸国の主権は、領海の上空並びに領海の海底及びその下に及ぶ。

第2章　領海の限界

第3条【通常の基線】 この条約に別段の定めがある場合

を除き、領海の幅を測定するための通常の基線は、沿岸国が公認する大縮尺海図に記載されている海岸の低潮線とする。

第4条【直線基線】 1 海岸線が著しく曲折しているか又は海岸に沿つて至近距離に一連の島がある場所においては、領海の幅を測定するための基線を引くにあたつて、適当な地点を結ぶ直線基線の方法を用いることができる。

2 直線基線は、海岸の一般的な方向から著しく離れて引いてはならず、また、その内側の水域は、内水としての規制を受けるために陸地と十分に密接な関連を有しなければならない。

3 直線基線は、低潮高地との間に引いてはならない。ただし、恒久的に海面上にある灯台その他これに類する施設が低潮高地の上に建設されている場合は、この限りでない。

4 直線基線の方法が1の規定に基づいて適用される場合には、特定の基線を決定するにあたり、当該地域に特有な経済的利益でその現実性及び重要性が長期間の慣行によつて明確に証明されているものを考慮に入れることができる。

5 いずれの国も、他国の領海を公海から隔離するように直線基線の方法を適用することができない。

6 沿岸国は、海図上に直線基線を明白に表示し、かつ、この海図を適当に公表しなければならない。

第5条【基線内水域】 1 領海の基線の陸地側の水域は、沿岸国の内水の一部を構成する。

2 第4条の規定に従つて設定した直線基線が従来領海又は公海の一部とみなされてきた区域を内水として取り囲むこととなる場合には、第14条から第23条までに定める無害通航権は、これらの水域において存続する。

第7条【湾】 1 この条は、海岸が単一の国に属する湾についてのみ規定する。

2 この条約の規定の適用上、湾とは、奥行が湾口の幅との対比において十分に深いため、陸地に囲まれた水域を含み、かつ、単なる海岸の彎〔わん〕曲以上のものを構成する明白な海入をいう。もつとも、湾入は、その面積が湾口を横切つて引いた線を直径とする半円の面積以上のものでない限り、湾とはみなされない。

3 測定上、湾入の面積は、その海岸の低潮線と天然の入口の両側の低潮線上の点を結ぶ線とにより囲まれる水域の面積とする。島が存在するために湾入が二以上の湾口を有する場合には、それぞれの湾口に引いた線の長さの合計に等しい長さの線上に半円を描くものとする。湾入内にある島は、湾入の水域の一部とみなす。

4 湾の天然の入口の両側の低潮線上の点の間の距離が24海里をこえないときは、これらの点を結ぶ閉鎖線を引き、その線の内側の水域を内水とする。

5 湾の天然の入口の両側の低潮線上の点の間の距離が24海里をこえるときは、24海里の直線基線を、この長さの線で囲むことができる最大の水域を囲むような方法で湾内に引くものとする。

6 この条の規定は、いわゆる歴史的湾について適用せず、また、第4条に定める直線基線の方法が適用される場合についても適用しない。

第10条【島の領海】 1 島とは、自然に形成された陸地であつて、水に囲まれ、高潮時においても水面上にあるものをいう。

2 島の領海は、この条約の規定に従つて測定される。

第11条【低潮高地】 1 低潮高地とは、自然に形成された陸地であつて、低潮時には水に囲まれ、水面上にあるが、高潮時には水中に没するものをいう。低潮高地の全部又は一部が本土又は島から領海の幅をこえない距離にあるときは、その低潮線は、領海の幅を測定するための基線として用いることができる。

2 低潮高地は、その全部が本土又は島から領海の幅をこえる距離にあるときは、それ自体の領海を有しない。

第12条【二国の領海の境界】 1 二国の海岸が向かい合つているか又は隣接しているときは、いずれの国も、両国間に別段の合意がない限り、いずれの点をとつても両国の領海の幅を測定するための基線上の最も近い点から等しい距離にある中間線をこえてその領海を拡張することができない。ただし、この規定は、これと異なる方法で両国の領海の境界を定めることが歴史的権原その他特別の事情により必要であるときは、適用しない。

2 向かい合つているか又は隣接している二国の領海の間の境界線は、沿岸国が公認する大縮尺海図に記載しなければならない。

第13条【河口の基線】 河川が海に直接流入している場合には、基線は、河口を横切りその河川の両岸の低潮線上の点の間に引いた直線とする。

第3章　無害通航権

A　すべての船舶に適用される規則

第14条【無害通航権】 1 この条約の規定に従うことを条件として、沿岸国であるかどうかを問わず、すべての国の船舶は、領海において無害通航権を有する。

2 通航とは、内水に入ることなく領海を通過するため、内水に入るため、又は内水から公海に向かうために領海を航行することをいう。

3 停船及び投錨〔びよう〕は、航海に通常附随するものである場合又は不可抗力若しくは遭難により必要とされる場合に限り、通航に含まれる。

4 通航は、沿岸国の平和、秩序又は安全を害しない限り、無害とされる。無害通航は、この条約の規定及び国際法の他の規則に従つて行なわなければならない。

5 沿岸国がその領海における外国漁船の漁獲を防止するために制定して公布する法令に外国漁船が従わないときは、その外国漁船の通航は、無害とはされない。

6 潜水船は、海面上を航行し、かつ、その旗を掲げなければならない。

第15条【妨害の禁止】 1 沿岸国は、領海の無害通航を妨害してはならない。

2 沿岸国は、その領海内における航行上の危険で自国が知つているものを適当に公表しなければならない。

第16条【沿岸国の権利】 1 沿岸国は、無害でない通

航を防止するため、その領海内において必要な措置を執ることができる。

2　沿岸国は、また、船舶が内水に向かつて航行している場合には、その船舶が内水に入るために従うべき条件に違反することを防止するため、必要な措置を執る権利を有する。

3　4の規定に従うことを条件として、沿岸国は、自国の安全の保護のため不可欠である場合には、その領海内の特定の区域において、外国船舶の間に差別を設けることなく、外国船舶の無害通航を一時的に停止することができる。このような停止は、適当な方法で公表された後においてのみ、効力を有するものとする。

4　外国船舶の無害通航は、公海の一部分と公海の他の部分又は外国の領海との間における国際航行に使用される海峡においては、停止してはならない。

第17条【通航船舶の義務】 無害通航権を行使する外国船舶は、沿岸国がこの条約の規定及び国際法の他の規則に従つて制定した法令、特に運送及び航行に関する法令に従わなければならない。

B　商船に適用される規則

第18条【課徴金】 1　外国船舶に対しては、領海の通航のみを理由とするいかなる課徴金をも課することができない。

2　領海を通航する外国船舶に対しては、その船舶に提供された特定の役務の対価としてのみ、課徴金を課することができる。これらの課徴金は、差別なく課するものとする。

第19条【刑事裁判権】 1　沿岸国の刑事裁判権は、次の場合を除き、領海を通航している外国船舶内において、その通航中に当該船舶内で行なわれた犯罪に関連していずれかの者を逮捕し、又は捜査を行なうために行使してはならない。

(a)　犯罪の結果が沿岸国に及ぶ場合

(b)　犯罪が沿岸国の平和又は領海の秩序を乱す性質のものである場合

(c)　当該船舶の船長又は当該船舶の旗国の領事が沿岸国の当局に対して援助を要請した場合

(d)　麻薬の不法な取引を抑止するために必要である場合

2　1の規定は、沿岸国が、内水を出て領海を通航している外国船舶内において逮捕又は捜査を行なうため、自国の法令で認められている措置を執る権利に影響を及ぼすものではない。

3　1及び2に定める場合においては、沿岸国は、船長の要請があるときは、措置を執る前に当該船舶の旗国の領事当局に通告し、かつ、その当局と当該船舶の乗組員との間の連絡を容易にするものとする。緊急の場合には、この通告は、措置を執つている間に行なうことができる。

4　沿岸国の当局は、逮捕を行なうべきかどうか、また、いかなる方法によつて逮捕を行なうべきかを考慮するにあたり、航行の利益に対して妥当な考慮を払わなければならない。

5　沿岸国は、外国の港を出て内水に入ることなしに単に領海を通航している外国船舶内において、その船舶が領海に入る前に行なわれた犯罪に関連していずれかの者を逮捕し、又は捜査を行なうため、いかなる措置をも執ることができない。

第20条【民事裁判権】 1　沿岸国は、領海を通航している外国船舶内にある人に関して民事裁判権を行使するために当該船舶を停止させ、又はその航路を変更させてはならない。

2　沿岸国は、船舶が沿岸国の水域を航行している間に又はその水域を航行するためにその船舶について生じた債務又は責任に関する場合を除き、その船舶に対し民事上の強制執行又は保全処分を行なうことができない。

3　2の規定は、沿岸国が、領海に停泊しているか又は内水を出て領海を通航している外国船舶に対し、自国の法令に従つて民事上の強制執行又は保全処分を行なう権利を害するものではない。

C　軍艦以外の政府船舶に適用される規則

第21条【商業目的のため運航する政府船舶】 この章のA及びBの規定は、また、商業的目的のために運航する政府船舶についても適用する。

第22条【非商業目的のため運航する政府船舶】 1　この章のA及び第18条の規定は、非商業的目的のために運航する政府船舶について適用する。

2　1に掲げる規定による例外を除き、この条約のいかなる規定も、前記の船舶がこの条約の規定又は国際法の他の規則に基づいて享有する免除に影響を及ぼすものではない。

D　軍艦に適用される規則

第23条【軍艦に対する退去要求】 軍艦が領海の通航に関する沿岸国の規則を遵守せず、かつ、その軍艦に対して行なわれた遵守の要請を無視した場合には、沿岸国は、その軍艦に対し領海から退去することを要求することができる。

第2部　接続水域

第24条【接続水域】 1　沿岸国は、自国の領海に接続する公海上の区域において、次のことに必要な規制を行なうことができる。

(a)　自国の領土又は領海内における通関上、財政上、出入国管理上又は衛生上の規則の違反を防止すること。

(b)　自国の領土又は領海内で行なわれた(a)の規則の違反を処罰すること。

2　接続水域は、領海の幅を測定するための基線から12海里をこえて拡張することができない。

3　二国の海岸が向かい合つているか又は隣接しているときは、いずれの国も、両国間に別段の合意がない限り、いずれの点をとつても両国の領海の幅を測定するための基線上の最も近い点から等しい距離にある中間線をこえてその接続水域を拡張することができない。

第3部　最終条項

●公海に関する条約〔抜粋〕
Convention on the High Seas

▼採択(作成) 1958年4月29日（ジュネーヴ） ▼効力発生 1962年9月30日 ▼日本国 1968年4月26日国会承認、6月10日加入書寄託、6月21日公布〔昭和43年条約第10号〕、7月10日発効

第1条【公海の定義】「公海」とは、いずれの国の領海又は内水にも含まれない海洋のすべての部分をいう。

第2条【公海の自由】公海は、すべての国民に開放されているので、いかなる国も、公海のいずれかの部分をその主権の下におくことを有効に主張することができない。公海の自由は、この条約の規定及び国際法の他の規則で定める条件に従つて行使される。この公海の自由には、沿岸国についても、非沿岸国についても、特に次のものが含まれる。
(1) 航行の自由
(2) 漁獲の自由
(3) 海底電線及び海底パイプラインを敷設する自由
(4) 公海の上空を飛行する自由
　これらの自由及び国際法の一般原則により承認されたその他の自由は、すべての国により、公海の自由を行使する他国の利益に合理的な考慮を払つて、行使されなければならない。

第3条【無海岸国の権利】 1 無海岸国は、沿岸国と同等の条件で海洋の自由を享有するために、自由に海洋に出入することができるものとする。このため、海洋と無海岸国との間にある国は、その無海岸国との合意により、かつ、現行の国際条約の規定に従い、
(a) 無海岸国に対し、相互主義に基づいて、自国の領域の自由な通過を許与し、また、
(b) 無海岸国の旗を掲げる船舶に対し、海港への出入及びその使用に関して、自国の船舶又は第三国の船舶に与えている待遇と同等の待遇を許与するものとする。

2 海洋と無海岸国との間にある国は、自国及び無海岸国がまだ現行の国際条約の当事国でない場合には、無海岸国との合意により、沿岸国又は通過国の権利及び無海岸国の特殊性を考慮して、通過の自由及び港における同等の待遇に関連するすべての問題を解決するものとする。

第4条【航行の権利】沿岸国であるかどうかを問わず、いずれの国も、自国の旗を掲げる船舶を公海において航行させる権利を有する。

第5条【船舶の国籍】 1 各国は、船舶に対する国籍の許与、自国の領域内における船舶の登録及び自国の旗を掲げる権利に関する条件を定めるものとする。船舶は、その旗を掲げる権利を有する国の国籍を有する。その国と当該船舶との間には、真正な関係が存在しなければならず、特に、その国は、自国の旗を掲げる船舶に対し、行政上、技術上及び社会上の事項について有効に管轄権を行使し、及び有効に規制を行なわなければならない。

2 各国は、自国の旗を掲げる権利を許与した船舶に対し、その旨の文書を発給するものとする。

第6条【船舶と国旗】 1 船舶は、一国のみの旗を掲げて航行するものとし、国際条約又はこの条約に明文の規定がある特別の場合を除き、公海においてその国の排他的管轄権に服するものとする。船舶は、所有権の現実の移転又は登録の変更の場合を除き、航海中又は寄港中にその旗を変更することができない。

2 二以上の国の旗を適宜に使用して航行する船舶は、そのいずれの国の国籍をも第三国に対して主張することができないものとし、また、このような船舶は、国籍のない船舶とみなすことができる。

第8条【軍艦】 1 公海上の軍艦は、旗国以外のいずれの国の管轄権からも完全に免除される。

2 この条約の適用上、「軍艦」とは、一国の海軍に属する船舶であつて、その国の国籍を有する軍艦であることを示す外部標識を掲げ、政府によつて正式に任命されてその氏名が海軍名簿に記載されている士官の指揮の下にあり、かつ、海軍の紀律に服する乗組員が配置されているものをいう。

第9条【非商業的役務に使用する政府船舶】国が所有し又は運航する船舶で政府の非商業的役務にのみ使用されるものは、公海において旗国以外のいずれの国の管轄権からも完全に免除される。

第10条【航行安全の確保】 1 いずれの国も、自国の旗を掲げる船舶について、特に次のことに関し、海上における安全を確保するために必要な措置を執るものとする。
(a) 信号の使用、通信の維持及び衝突の防止
(b) 船舶における乗組員の配význ及びその労働条件。この場合において、労働に関して適用される国際文書を考慮に入れるものとする。
(c) 船舶の構造、設備及び堪〔たん〕航性

2 各国は、1の措置を執るにあたり、一般に受諾されている国際的基準に従うものとし、また、この基準の遵守を確保するために必要な手段を執るものとする。

第11条【船舶の衝突又は事故】 1 公海上の船舶につき衝突その他の航行上の事故が生じた場合において、船長その他当該船舶に勤務する者の刑事上又は懲戒上の責任が問われるときは、これらの者に対する刑事上又は懲戒上の手続は、当該船舶の旗国又はこれらの者が属する国の司法当局又は行政当局においてのみ執ることができる。

2 懲戒上の問題に関しては、船長免状その他の資格又は免許の証明書を交付した国のみが、交付された者がその国の国民でない場合においても、法律上の正当な手続を経てそれらを取り消す権限を有する。

3 船舶の拿〔だ〕捕又は抑留は、調査の手段としても、旗国の当局以外の当局が命令してはならない。

第13条【奴隷運送の防止】いずれの国も、自国の旗を

掲げることを認めた船舶による奴隷の運送を防止し及び処罰するため、並びに奴隷の運送のために自国の旗が不法に使用されることを防止するため、実効的な措置を執るものとする。いずれの船舶（旗国のいかんを問わない。）に避難する奴隷も、避難したという事実によつて自由となる。

第14条【海賊行為の抑止】すべての国は、可能な最大限度まで、公海その他いずれの国の管轄権にも服さない場所における海賊行為の抑止に協力するものとする。

第15条【海賊行為の定義】海賊行為とは、次の行為をいう。
(1) 私有の船舶又は航空機の乗組員又は旅客が私的目的のために行なうすべての不法な暴力行為、抑留又は略奪行為であつて次のものに対して行なわれるもの
 (a) 公海における他の船舶若しくは航空機又はこれらの内にある人若しくは財産
 (b) いずれの国の管轄権にも服さない場所にある船舶、航空機、人又は財産
(2) 当該船舶又は航空機を海賊船舶又は海賊航空機とするような事実を知つてその船舶又は航空機の運航に自発的に参加するすべての行為
(3) (1)又は(2)に規定する行為を扇動し又は故意に助長するすべての行為

第16条【軍艦、政府船舶又は航空機の海賊行為】第15条に定義する海賊行為であつて、乗組員が反乱を起こして支配している軍艦又は政府の船舶若しくは航空機が行なうものは、私有の船舶が行なう行為とみなされる。

第19条【海賊船舶等の拿捕及び処罰】いずれの国も、公海その他いずれの国の管轄権にも服さない場所において、海賊船舶、海賊航空機又は海賊行為によつて奪取され、かつ、海賊の支配下にある船舶を拿〔だ〕捕し、及び当該船舶又は航空機内の人又は財産を逮捕し又は押収することができる。拿〔だ〕捕を行なつた国の裁判所は、課すべき刑罰を決定することができ、また、善意の第三者の権利を尊重することを条件として、当該船舶、航空機又は財産について執るべき措置を決定することができる。

第20条【十分な根拠なしに行われた拿捕】海賊行為の嫌〔けん〕疑に基づく船舶又は航空機の拿〔だ〕捕が十分な根拠なしに行なわれた場合には、拿〔だ〕捕を行なつた国は、その船舶又は航空機がその国籍を有する国に対し、その拿〔だ〕捕によつて生じたいかなる損失又は損害についても責任を負う。

第21条【拿捕を行うもの】海賊行為を理由とする拿〔だ〕捕は、軍艦若しくは軍用航空機により、又は政府の公務に使用されているその他の船舶若しくは航空機でこのための権限を与えられたものによつてのみ行なうことができる。

第22条【軍艦による商船の臨検】1 条約上の権限に基づく干渉行為の場合を除き、公海において外国商船に遭遇した軍艦がその商船を臨検することは、次のいずれかのことを疑うに足りる十分な根拠がない限り、正当と認められない。
(a) その船舶が海賊行為を行なつていること。
(b) その船舶が奴隷取引に従事していること。
(c) その船舶が外国の旗を掲げているか又はその船舶の旗を示すことを拒否したが、実際にはその軍艦と同一の国籍を有すること。

2 軍艦は、1(a)、(b)又は(c)に定める場合において、当該船舶がその旗を掲げる権利を確認することができる。このため、軍艦は、嫌〔けん〕疑がある船舶に対し士官の指揮の下にボートを派遣することができる。書類を検閲した後もなお嫌〔けん〕疑があるときは、軍艦は、その船舶内においてさらに検査を行なうことができるが、その検査は、できる限り慎重に行なわなければならない。

3 嫌〔けん〕疑に根拠がないことが証明され、かつ、臨検を受けた船舶が嫌〔けん〕疑を正当とするいかなる行為をも行なつていなかつた場合には、その船舶は、被つた損失又は損害に対する補償を受けるものとする。

第23条【追跡権】1 沿岸国の権限のある当局は、外国船舶が自国の法令に違反したと信ずるに足りる十分な理由があるときは、その外国船舶の追跡を行なうことができる。この追跡は、外国船舶又はそのボートが追跡国の内水、領海又は接続水域にある時に開始しなければならず、また、中断されない限り、領海又は接続水域の外において引き続き行なうことができる。領海又は接続水域にある外国船舶が停船命令を受ける時に、その命令を発する船舶も同様に領海又は接続水域にあることは、必要でない。外国船舶が領海及び接続水域に関する条約第24条に定める接続水域にあるときは、追跡は、当該接続水域の設定によつて保護しようとする権利の侵害があつた場合に限り、行なうことができる。

2 追跡権は、被追跡船舶がその旗国又は第三国の領海に入ると同時に消滅する。

3 追跡は、被追跡船舶又は被追跡船舶を母船としてこれと一団となつて作業する舟艇が領海又は場合により接続水域にあることを追跡船舶がその場における実行可能な手段により確認しない限り、開始されたものとみなされない。追跡は、視覚的又は聴覚的停止信号を当該外国船舶が視認し又は聞くことができる距離から発した後にのみ、開始することができる。

4 追跡権は、軍艦若しくは軍用航空機又は政府の公務に使用されているその他の船舶若しくは航空機で特にこのための権限を与えられたもののみが行使することができる。

5 追跡が航空機によつて行なわれる場合には、
(a) 1から3までの規定を準用する。
(b) 停船命令を発した航空機は、船舶を自ら拿〔だ〕捕することができる場合を除き、自己が呼び寄せた沿岸国の船舶又は航空機が到着して追跡を引き継ぐまで、その船舶を自ら積極的に追跡しなければなら

ない。当該船舶が停船命令を受け、かつ、当該航空機又は追跡を中断することなく引き続き行なう他の航空機若しくは船舶によって追跡されたのでない限り、当該航空機がその船舶を違反を犯したもの又は違反の疑いがあるものとして発見しただけでは、公海における拿〔だ〕捕を正当とするために十分ではない。

6 いずれかの国の管轄区域内で拿〔だ〕捕され、かつ、権限のある当局の審理を受けるためその国の港に護送される船舶は、事情により護送の途中において公海の一部を航行することが必要である場合に、そのような公海の航行のみを理由として釈放を要求することができない。

7 追跡権の行使が正当とされない状況の下に公海において船舶が停止され、又は拿〔だ〕捕されたときは、その船舶は、これにより被つた損失又は損害に対する補償を受けるものとする。

第24条【海水汚濁の防止】すべての国は、海水の汚濁の防止に関する現行の条約の規定を考慮に入れて、船舶若しくはパイプラインからの油の排出又は海底及びその下の開発及び探査により生ずる海水の汚濁の防止のための規則を作成するものとする。

第25条【放射性廃棄物による汚染の防止】1 すべての国は、権限のある国際機関が作成する基準及び規則を考慮に入れて、放射性廃棄物の廃棄による海水の汚染を防止するための措置を執るものとする。

2 すべての国は、放射性物質その他の有害な物質の使用を伴う活動により生ずる海水又はその上空の汚染を防止するための措置を執るにあたり、権限のある国際機関と協力するものとする。

第26条【海底電線等の敷設】1 すべての国は、公海の海底に海底電線及び海底パイプラインを敷設する権利を有する。

2 沿岸国は、海底電線又は海底パイプラインの敷設又は維持を妨げることができない。もつとも、沿岸国は、大陸棚〔だな〕の探査及びその天然資源の開発のために適当な措置を執る権利を有する。

3 海底電線又は海底パイプラインを敷設する国は、すでに海底に敷設されている電線又はパイプラインに妥当な考慮を払わなければならない。特に、既設の電線又はパイプラインを修理する可能性は、害してはならない。

第27条【海底電線等の損壊に対する処罰】すべての国は、自国の旗を掲げる船舶又は自国の管轄権に服する者が、故意又は過失により、電気通信を中断し、又は妨害することとなるような方法で、公海にある海底電線を損壊し、及び海底パイプライン又は海底高圧電線を同様に損壊することが処罰すべき犯罪であることを定めるために必要な立法措置を執るものとする。この規定は、そのような損壊を避けるために必要なすべての予防措置を執つた後に自己の生命又は船舶を守るという正当な目的のみで行動した者による損壊については、適用しない。

●大陸棚に関する条約〔抜粋〕

Convention on the Continental Shelf

▼採択(作成) 1958年4月29日（ジュネーヴ） ▼効力発生 1964年6月10日 ▼日本国

第1条【定義】この条約の適用上、「大陸棚」とは次のものをいう。

(a) 海岸に隣接しているが領海の外にある海面下の区域の海底及びその下であつて、水深が200メートルまでであるもの又は水深がこの限度を越えているがその天然資源の開発を可能にする限度までであるもの

(b) 島の海岸に隣接している同様の海面下の区域の海底及びその下

第2条【沿岸国の権利】1 沿岸国は、大陸棚を探査し及びその天然資源を開発するため、大陸棚に対して主権的権利を行使する。

2 この条の1の権利は、沿岸国が大陸棚を探査せず又はその天然資源を開発しない場合においても、当該沿岸国の明示の同意なしにそのような活動を行ない又は当該大陸棚に対して権利を主張することができないという意味において、排他的である。

3 大陸棚に対する沿岸国の権利は、実効的な若しくは名目上の先占又は明示の宣言に依存するものではない。

4 この条約に規定する天然資源は、海底及びその下の鉱物その他の非生物資源並びに定着性の種族に属する生物、すなわち、採捕に適した段階において海底若しくはその下で静止しており又は絶えず海底若しくはその下に接触していなければ動くことのできない生物から成る。

第3条【上部水域・上空の地位】大陸棚に対する沿岸国の権利は、上部水域の公海としての法的地位又はその上空の法的地位に影響を及ぼすものではない。

第6条【境界】1 向かい合つている海岸を有する二以上の国の領域に同一の大陸棚が隣接している場合には、それらの国の大陸棚の境界は、当該国間の合意によつて決定する。合意がないときは、特別の事情により他の境界線が正当と認められない限り、その境界は、いずれの点をとつてもいずれの国の領海の幅を測定するための基線上の最も近い点から等しい距離にある中間線とする。

2 隣接している二国の領域に同一の大陸棚が隣接している場合には、その大陸棚の境界は、当該国間の合意によつて決定する。合意がないときは、特別の事情により他の境界線が正当と認められない限り、その境界

は、いずれの国の領海の幅を測定するための基線上の最も近い点からの等距離の原則を適用して決定する。
3　大陸棚の境界を画定するにあたり、1及び2に定める原則に従つて引かれる線は、特定の日に存在する海図及び地理学的特徴を用いて定めなければならず、また、陸上の恒常的な識別されることのできる各点との関連を明らかにしたものでなければならない。

第12条【留保】　1　いずれの国も、署名、批准又は加入の時に、この条約の規定（第1条から第3条までの規定を除く。）について留保を付することができる。
2　1に基づいて留保を付したいずれの締約国も、国際連合事務総長にあてたその旨の通報により、いつでも当該留保を撤回することができる。

●領海及び接続水域に関する法律《領海接続水域法》

▼公布　1977年5月2日〔昭和52年法律第30号〕　▼施行　1977年7月1日　▼最終改正　1996〔平成8〕年法律第73号（「領海法」を改称）

第1条（領海の範囲）　我が国の領海は、基線からその外側12海里の線（その線が基線から測定して中間線を超えているときは、その超えている部分については、中間線（我が国と外国との間で合意した中間線に代わる線があるときは、その線）とする。）までの海域とする。
2　前項の中間線は、いずれの点をとつても、基線上の最も近い点からの距離と、我が国の海岸と向かい合つている外国の海岸に係るその外国の領海の幅を測定するための基線上の最も近い点からの距離とが等しい線とする。

第2条（基線）　基線は、低潮線、直線基線及び湾口若しくは湾内又は河口に引かれる直線とする。ただし、内水である瀬戸内海については、他の海域との境界として政令で定める線を基線とする。
2　前項の直線基線は、海洋法に関する国際連合条約（以下「国連海洋法条約」という。）第7条に定めるところに従い、政令で定める。
3　前項に定めるもののほか、第1項に規定する線を基線として用いる場合の基準その他基線を定めるに当たつて必要な事項は、政令で定める。

第3条（内水又は領海からの追跡に関する我が国の法令の適用）　我が国の内水又は領海から行われる国連海洋法条約第111条に定めるところによる追跡に係る我が国の公務員の職務の執行及びこれを妨げる行為については、我が国の法令（罰則を含む。第5条において同じ。）を適用する。

第4条（接続水域）　我が国が国連海洋法条約第33条1に定めるところにより我が国の領域における通関、財政、出入国管理及び衛生に関する法令に違反する行為の防止及び処罰のために必要な措置を執る水域として、接続水域を設ける。
2　前項の接続水域（以下単に「接続水域」という。）は、基線からその外側24海里の線（その線が基線から測定して中間線（第1条第2項に規定する中間線をいう。以下同じ。）を超えているときは、その超えている部分については、中間線（我が国と外国との間で合意した中間線に代わる線があるときは、その線）とする。）までの海域（領海を除く。）とする。
3　外国との間で相互に中間線を超えて国連海洋法条約第33条1に定める措置を執ることが適当と認められる海域の部分においては、接続水域は、前項の規定にかかわらず、政令で定めるところにより、基線からその外側24海里の線までの海域（外国の領海である海域を除く。）とすることができる。

第5条（接続水域における我が国の法令の適用）　前条第1項に規定する措置に係る接続水域における我が国の公務員の職務の執行（当該職務の執行に関して接続水域から行われる国連海洋法条約第111条に定めるところによる追跡に係る職務の執行を含む。）及びこれを妨げる行為については、我が国の法令を適用する。

附　則

1　**（施行期日）**　この法律は、公布の日から起算して2月を超えない範囲内において政令で定める日から施行する。
2　**（特定海域に係る領海の範囲）**　当分の間、宗谷海峡、津軽海峡、対馬海峡東水道、対馬海峡西水道及び大隅海峡（これらの海域にそれぞれ隣接し、かつ、船舶が通常航行する経路からみてこれらの海域とそれぞれ一体をなすと認められる海域を含む。以下「特定海域」という。）については、第1条の規定は適用せず、特定海域に係る領海は、それぞれ、基線からその外側3海里の線及びこれと接続して引かれる線までの海域とする。
3　特定海域の範囲及び前項に規定する線については、政令で定める。

●排他的経済水域及び大陸棚に関する法律

▼公布　1996年6月14日〔平成8年法律第74号〕　▼施行　1996年7月20日

第1条（排他的経済水域） 我が国が海洋法に関する国際連合条約（以下「国連海洋法条約」という。）に定めるところにより国連海洋法条約第5部に規定する沿岸国の主権的権利その他の権利を行使する水域として、排他的経済水域を設ける。

2　前項の排他的経済水域（以下単に「排他的経済水域」という。）は、我が国の基線（領海及び接続水域に関する法律（昭和52年法律第30号）第2条第1項に規定する基線をいう。以下同じ。）から、いずれの点をとっても我が国の基線上の最も近い点からの距離が200海里である線（その線が我が国の基線から測定して中間線（いずれの点をとっても、我が国の基線上の最も近い点からの距離と、我が国の海岸と向かい合っている外国の海岸に係るその外国の領海の幅を測定するための基線上の最も近い点からの距離とが等しい線をいう。以下同じ。）を超えているときは、その超えている部分については、中間線（我が国と外国との間で合意した中間線に代わる線があるときは、その線）とする。）までの海域（領海を除く。）並びにその海底及びその下

第2条（大陸棚） 我が国が国連海洋法条約に定めるところにより沿岸国の主権的権利その他の権利を行使する大陸棚（以下単に「大陸棚」という。）は、次に掲げる海域の海底及びその下とする。

一　我が国の基線から、いずれの点をとっても我が国の基線上の最も近い点からの距離が200海里である線（その線が我が国の基線から測定して中間線を超えているときは、その超えている部分については、中間線（我が国と外国との間で合意した中間線に代わる線があるときは、その線及びこれに接続して引かれる政令で定める線）とする。）までの海域（領海を除く。）

二　前号の海域（いずれの点をとっても我が国の基線上の最も近い点からの距離が200海里である線によってその限界が画される部分に限る。）の外側に接する海域であって、国連海洋法条約第76条に定めるところに従い、政令で定めるもの

第3条（我が国の法令の適用） 次に掲げる事項については、我が国の法令（罰則を含む。以下同じ。）を適用する。

一　排他的経済水域又は大陸棚における天然資源の探査、開発、保存及び管理、人工島、施設及び構築物の設置、建設、運用及び利用、海洋環境の保護及び保全並びに海洋の科学的調査

二　排他的経済水域における経済的な目的で行われる探査及び開発のための活動（前号に掲げるものを除く。）

三　大陸棚の掘削（第1号に掲げるものを除く。）

四　前3号に掲げる事項に関する排他的経済水域又は大陸棚に係る水域における我が国の公務員の職務の執行（当該職務の執行に関してこれらの水域から行われる国連海洋法条約第111条に定めるところによる追跡に係る職務の執行を含む。）及びこれを妨げる行為

2　前項に定めるもののほか、同項第1号の人工島、施設及び構築物については、国内に在るものとみなして、我が国の法令を適用する。

3　前2項の規定による我が国の法令の適用に関しては、当該法令が適用される水域が我が国の領域外であることその他当該水域における特別の事情を考慮して合理的に必要と認められる範囲内において、政令で、当該法令の適用関係の整理又は調整のため必要な事項を定めることができる。

第4条（条約の効力） この法律に規定する事項に関して条約に別段の定めがあるときは、その定めるところによる。

●排他的経済水域における漁業等に関する主権的権利の行使等に関する法律《排他的経済水域漁業等主権的権利行使法》〔抜粋〕

▼公布　1996年6月14日〔平成8年法律第76号〕　▼施行　1996年7月20日　▼最終改正　2014〔平成26〕年法律第119号

第1条（趣旨） この法律は、海洋法に関する国際連合条約に定める権利を的確に行使することにより海洋生物資源の適切な保存及び管理を図るため、排他的経済水域における漁業等に関する主権的権利の行使等について必要な措置を定めるものとする。

第2条（定義） この法律において「漁業」とは、水産動植物の採捕又は養殖の事業（漁業等付随行為を含む。）をいう。

2　この法律において「漁業等付随行為」とは、水産動植物の採捕又は養殖に付随する探索、集魚、漁獲物の保蔵又は加工、漁獲物又はその製品の運搬、船舶への補給その他これらに準ずる行為で農林水産省令で定めるものをいう。

3　この法律において「探索」とは、水産動植物の採捕に資する水産動植物の生息状況の調査であって水産動植物の採捕を伴わないものをいい、「探査」とは、探索のうち漁業等付随行為に該当しないものをいう。

4　この法律において「外国人」とは、次に掲げるものをいう。

一　日本の国籍を有しない者。ただし、適法に我が国

に在留する者で農林水産大臣の指定するものを除く。
二　外国、外国の公共団体若しくはこれに準ずるもの又は外国法に基づいて設立された法人その他の団体

第3条（排他的経済水域における外国人の漁業等に関する法令の適用等） 外国人が我が国の排他的経済水域（以下単に「排他的経済水域」という。）において行う漁業、水産動植物の採捕（漁業に該当するものを除き、漁業等付随行為を含む。以下同じ。）及び探査（以下この条において「排他的経済水域における外国人の漁業等」という。）に関しては、この法律の定めるところによる。

2　排他的経済水域における外国人の漁業等に関しては、排他的経済水域及び大陸棚に関する法律（平成8年法律第74号）第3条第1項の規定にかかわらず、漁業法（昭和24年法律第267号）（第74条第1項、第2項、第4項及び第5項を除く。）その他政令で定める法律（これらに基づく命令を含む。）の規定は、適用しない。

3　排他的経済水域における外国人の漁業等に関する漁業法第74条の規定の適用については、同条第1項中「農林水産大臣又は都道府県知事」とあるのは「農林水産大臣」と、「漁業監督官又は漁業監督吏員」とあるのは「漁業監督官」とする。

4　前項に定めるもののほか、排他的経済水域における外国人の漁業等に関する法令の適用に関する技術的読替えについては、政令で必要な規定を設けることができる。

第4条（漁業等の禁止） 外国人は、排他的経済水域のうち次に掲げる海域（その海底を含む。以下「禁止海域」という。）においては、漁業又は水産動植物の採捕を行ってはならない。ただし、その水産動植物の採捕が農林水産省令で定める軽易なものであるときは、この限りでない。
一　領海及び接続水域に関する法律（昭和52年法律第30号）附則第2項に規定する特定海域である海域（我が国の基線（同法第2条第1項に規定する基線をいう。以下この号において同じ。）から、いずれの点をとっても我が国の基線上の最も近い点からの距離が12海里である線までの海域に限る。）
二　海洋生物資源の保護又は漁業調整のため必要な海域として農林水産大臣の定める海域

2　外国人は、禁止海域（前項第1号の海域に限る。）においては、政令で定める場合を除き、漁獲物又はその製品を転載し、又は積み込んではならない。

第5条（漁業等の許可） 外国人は、排他的経済水域（禁止海域を除く。次条第1項及び第2項、第8条並びに第9条において同じ。）においては、農林水産省令で定めるところにより、漁業又は水産動植物の採捕に係る船舶ごとに、農林水産大臣の許可を受けなければ、漁業又は水産動植物の採捕を行ってはならない。ただし、次の各号の一に該当するときは、この限りでない。
一　その水産動植物の採捕が前条第1項ただし書の農林水産省令で定める軽易なものであるとき。

二　その水産動植物の採捕が第8条の承認を受けて行われるものであるとき。
三　その漁業等付随行為が第9条の承認を受けて行われるものであるとき。

2　農林水産大臣は、前項の許可をしたときは、農林水産省令で定めるところにより、その外国人に許可証を交付する。

3　第1項の許可を受けた外国人は、農林水産省令で定めるところにより、その行う漁業又は水産動植物の採捕に係る船舶にその旨を見やすいように表示し、かつ、当該船舶に前項の許可証を備え付けておかなければならない。

第6条（許可の基準等） 農林水産大臣は、前条第1項の許可の申請があった場合において、その申請に係る漁業又は水産動植物の採捕が、国際約束その他の措置により的確に実施されること、外国人が排他的経済水域において行う漁業又は水産動植物の採捕につき農林水産省令で定める区分ごとに農林水産大臣の定める漁獲量の限度を超えないことその他政令で定める基準に適合すると認められるときでなければ、当該申請に係る許可をしてはならない。

2　前項の規定による漁獲量の限度の決定は、政令で定めるところにより、排他的経済水域における科学的根拠を有する海洋生物資源の動向及び我が国漁業者の漁獲の実情を基礎とし、排他的経済水域における外国人による漁業の状況、外国周辺水域における我が国漁業の状況等を総合的に考慮して行われなければならない。

3　海洋生物資源の保存及び管理に関する法律（平成8年法律第77号）第2条第2項に規定する漁獲可能量を定める同条第6項に規定する第一種特定海洋生物資源について第1項の規定による漁獲量の限度の決定を行う場合には、前項に定めるところによるほか、当該漁獲可能量を基礎としなければならない。

第7条（入漁料） 外国人は、第5条第2項の規定により許可証の交付を受けるときに、政令で定める額の入漁料を国に納付しなければならない。

2　特別の事由がある場合には、政令で定めるところにより、前項の入漁料を減額し、又は免除することができる。

3　前2項に定めるもののほか、入漁料に関し必要な事項は、政令で定める。

第8条（試験研究等のための水産動植物の採捕の承認） 外国人は、排他的経済水域において、試験研究その他の農林水産省令で定める目的のために水産動植物の採捕を行おうとするときは、農林水産省令で定めるところにより、水産動植物の採捕に係る船舶ごとに、農林水産大臣の承認を受けなければならない。ただし、その水産動植物の採捕が第4条第1項ただし書の農林水産省令で定める軽易なものであるとき、又はその漁業等付随行為が次条の承認を受けて行われるものであるときは、この限りでない。

第9条（外国人以外の者が行う漁業に係る漁業等付随行為等の承認） 外国人は、排他的経済水域において、外

国人以外の者が当該水域において行う漁業又は水産動植物の採捕に係る漁業等付随行為を行おうとするときは、農林水産省令で定めるところにより、漁業等付随行為に係る船舶ごとに、農林水産大臣の承認を受けなければならない。

第10条（探査の承認）　外国人は、排他的経済水域において、探査を行おうとするときは、農林水産省令で定めるところにより、探査に係る船舶ごとに、農林水産大臣の承認を受けなければならない。

第12条（制限又は条件）　第5条第1項の許可又は第8条から第10条までの承認には、制限又は条件を付し、及びこれを変更することができる。

第13条（許可等の取消し等）　農林水産大臣は、第5条第1項の許可又は第9条の承認を受けた外国人が法令又は前条の制限若しくは条件に違反したときは、期間を定めて排他的経済水域における漁業又は水産動植物の採捕の停止を命じ、又は第5条第1項の許可又は第9条の承認を取り消すことができる。

2　農林水産大臣は、第8条又は第10条の承認を受けた外国人が法令又は前条の制限若しくは条件に違反したときは、第8条又は第10条の承認を取り消すことができる。

第14条　第3条から前条までの規定は、大陸棚（排他的経済水域及び大陸棚に関する法律第2条に規定する区域をいう。）であって排他的経済水域でない区域の定着性種族（海洋法に関する国際連合条約第77条4に規定する定着性の種族に属する生物をいう。次項において同じ。）に係る漁業、水産動植物の採捕及び探査について準用する。この場合において、必要な技術的読替えは、政令で定める。

2　前項において読み替えて準用する第4条第1項、第5条第1項及び第8条から第10条までの定着性種族は、農林水産大臣が告示する。

第15条（溯〔さく〕河性資源の保存及び管理）　我が国は、排他的経済水域の外側の海域においても我が国の内水面において産卵する溯〔さく〕河性資源について、海洋法に関する国際連合条約第66条1の第一義的利益及び責任を有する。

第15条の2（立入検査）　漁業監督官は、この法律を施行するため必要があると認めるときは、漁場、船舶、事業場、事務所、倉庫等に立ち入り、その状況若しくは帳簿書類その他の物件を検査し、又は関係者に対し質問をすることができる。

2　前項の規定による権限は、犯罪捜査のために認められたものと解釈してはならない。

第22条　法人の代表者又は法人若しくは人の代理人、使用人その他の従業者が、その法人又は人の業務又は財産に関して、第17条の2から第19条まで又は前条の違反行為をしたときは、行為者を罰するほか、その法人又は人に対し、各本条の刑を科する。

第23条（第一審の裁判権の特例）　この法律の規定に違反した罪に係る訴訟の第一審の裁判権は、地方裁判所にも属する。

第24条（担保金等の提供による釈放等）　この法律の規定に違反した罪その他の政令で定める罪に当たる事件（以下「事件」という。）に関して拿〔だ〕捕（船舶を押収し、又は船長その他の乗組員を逮捕することをいう。以下同じ。）が行われた場合には、司法警察員である者であって政令で定めるもの（以下「取締官」という。）は、当該拿〔だ〕捕に係る船舶の船長（船長に代わってその職務を行う者を含む。）及び違反者に対し、遅滞なく、次に掲げる事項を告知しなければならない。ただし、事件が政令で定める外国人が行う漁業、水産動植物の採捕又は探査に係るものであるときは、この限りでない。

一　担保金又はその提供を保証する書面が次条第1項の政令で定めるところにより主務大臣に対して提供されたときは、遅滞なく、違反者は釈放され、及び船舶その他の押収物（以下「押収物」という。）は返還されること。

二　提供すべき担保金の額

2　前項第2号の担保金の額は、事件の種別及び態様その他の情状に応じ、政令で定めるところにより、主務大臣の定める基準に従って、取締官が決定するものとする。

第25条　前条第1項の規定により告知した額の担保金又はその提供を保証する書面が政令で定めるところにより主務大臣に対して提供されたときは、主務大臣は、遅滞なく、その旨を取締官又は検察官に通知するものとする。

2　取締官は、前項の規定による通知を受けたときは、遅滞なく、違反者を釈放し、及び押収物を返還しなければならない。

3　検察官は、第1項の規定による通知を受けたときは、遅滞なく、違反者の釈放及び押収物の返還に関し、必要な措置を講じなければならない。

第26条　担保金は、主務大臣が保管する。

2　担保金は、事件に関する手続において、違反者がその求められた期日及び場所に出頭せず、又は返還された押収物で提出を求められたものがその求められた期日及び場所に提出されなかったときは、当該期日の翌日から起算して1月を経過した日に、国庫に帰属する。ただし、当該期日の翌日から起算して1月を経過する日までに、当該期日の翌日から起算して3月を経過する日以前の特定の日に出頭し又は当該押収物を提出する旨の申出があったときは、この限りでない。

3　前項ただし書の場合において、当該申出に係る特定の日に違反者が出頭せず、又は当該押収物が提出されなかったときは、担保金は、その日の翌日に、国庫に帰属する。

4　担保金は、事件に関する手続が終結した場合等その保管を必要としない事由が生じた場合には、返還する。

第27条（主務大臣等）　前3条における主務大臣及び第17条第2項における主務省令は、政令で定める。

附　則〔抄〕

第2条（適用の特例）　第4条から第13条まで（第14条第1項において準用する場合を含む。）及び第14条第

2項の規定については、政令で、当該規定ごとに外国人及び海域を指定して適用しないこととすることができる。ただし、政令で期限を定めたときは、その期限までの間に限る。

●国際捕鯨取締条約〔抜粋〕
International Convention for the Regulation of Whaling

▼署名 1946年12月2日（ワシントン） ▼効力発生 1948年11月10日 ▼改正 1959年5月4日〔56年11月19日ワシントン〕 ▼日本国 1951年3月23日国会承認、4月21日加入書寄託、発効、7月17日公布〔昭和26年条約第2号〕。改正—1959年5月4日発効、5月16日公布〔昭和34年条約第15号〕

正当な委任を受けた自己の代表者がこの条約に署名した政府は、

鯨族という大きな天然資源を将来の世代のために保護することが世界の諸国の利益であることを認め、

捕鯨の歴史が一区域から他の区域への濫獲及び一鯨種から他の鯨種への濫獲を示しているためにこれ以上の濫獲からすべての種類の鯨を保護することが緊要であることにかんがみ、

鯨が捕鯨を適当に取り締まれば繁殖が可能であること及び鯨族が繁殖すればこの天然資源をそこなわないで捕獲できる鯨の数を増加することができることを認め、

広範囲の経済上及び栄養上の困窮を起さずにできるだけすみやかに鯨族の最適の水準を実現することが共通の利益であることを認め、

これらの目的を達成するまでは、現に数の減つたある種類の鯨に回復期間を与えるため、捕鯨作業を捕獲に最もよく耐えうる種類に限らなければならないことを認め、

1937年6月8日にロンドンで署名された国際捕鯨取締協定並びに1938年6月24日及び1945年11月26日にロンドンで署名された同協定の議定書の規定に具現された原則を基礎として鯨族の適当で有効な保存及び増大を確保するため、捕鯨業に関する国際取締制度を設けることを希望し、且つ、

鯨族の適当な保存を図つて捕鯨産業の秩序のある発展を可能にする条約を締結することに決定し、

次のとおり協定した。

第1条【条約の定義、適用範囲】 1 この条約は、その不可分の一部を成す附表を含む。すべて「条約」というときは、現在の辞句における、又は第5条の規定に従つて修正されたこの附表を含むものと了解する。

2 この条約は、締約政府の管轄下にある母船、鯨体処理場及び捕鯨船並びにこれらの母船、鯨体処理場及び捕鯨船によつて捕鯨が行われるすべての水域に適用する。

第2条【定義】 この条約で用いるところでは、

1 「母船」とは、船内又は船上で鯨を全部又は一部処理する船舶をいう。

2 「鯨体処理場」とは、鯨を全部又は一部処理する陸上の工場をいう。

3 「捕鯨船」とは、鯨の追尾、捕獲、殺害、引寄せ、緊縛又は探索の目的に用いるヘリコプターその他の航空機又は船舶をいう。

4 「締約政府」とは、批准書を寄託し、又はこの条約への加入を通告した政府をいう。

第3条【国際捕鯨委員会】 1 締約政府は、各締約政府の1人の委員から成る国際捕鯨委員会（以下「委員会」という。）を設置することに同意する。各委員は、1個の投票権を有し、且つ、1人以上の専門家及び顧問を同伴することができる。

2 委員会は、委員のうちから1人の議長及び副議長を選挙し、且つ、委員会の手続規則を定める。委員会の決定は、投票する委員の単純多数決で行う。但し、第5条による行動については、投票する委員の4分の3の多数を要する。手続規則は、委員会の会合における決定以外の決定について規定することができる。

3 委員会は、その書記長及び職員を任命することができる。

4 委員会は、その委任する任務の遂行のために望ましいと認める小委員会を、委員会の委員及び専門家又は顧問で設置することができる。

5 委員会の各委員並びにその専門家及び顧問の費用は、各自の政府が決定し、且つ、支払う。

6 国際連合と連携する専門機関が捕鯨業の保存及び発展と捕鯨業から生ずる生産物とに関心を有することを認め、且つ、任務の重複を避けることを希望し、締約政府は、委員会を国際連合と連携する一の専門機関の機構のうちに入れるべきかどうかを決定するため、この条約の実施後2年以内に相互に協議するものとする。

7 それまでの間、グレート・ブリテン及び北部アイルランド連合王国政府は、他の締約政府と協議して、委員会の第1回会合の招集を取りきめ、且つ、前記の第6項に掲げた協議を発議する。

8 委員会のその後の会合は、委員会が決定するところに従つて招集する。

第4条【研究、調査】 1 委員会は、独立の締約政府間機関若しくは他の公私の機関、施設若しくは団体と共同して、これらを通じて、又は単独で、次のことを行うことができる。

(a) 鯨及び捕鯨に関する研究及び調査を奨励し、勧告し、又は必要があれば組織すること。

(b) 鯨族の現状及び傾向並びにこれらに対する捕鯨活動の影響に関する統計的資料を集めて分析すること。

(c) 鯨族の数を維持し、及び増加する方法に関する資

料を研究し、審査し、及び頒布すること。
2　委員会は、事業報告の刊行を行う。また、委員会は、適当と認めた報告並びに鯨及び捕鯨に関する統計的、科学的及び他の適切な資料を、単独で、又はノールウェー国サンデフヨルドの国際捕鯨統計局並びに他の団体及び機関と共同で刊行することができる。

第5条【附表の修正】　1　委員会は、鯨資源の保存及び利用について、(a)保護される種類及び保護されない種類、(b)解禁期及び禁漁期、(c)解禁水域及び禁漁水域（保護区域の指定を含む。）、(d)各種類についての大きさの制限、(e)捕鯨の時期、方法及び程度（一漁期における鯨の最大捕獲量を含む。）、(f)使用する漁具、装置及び器具の型式及び仕様、(g)測定方法、(h)捕獲報告並びに他の統計的及び生物学的記録並びに(i)監督の方法に関して規定する規則の採択によつて、附表の規定を随時修正することができる。

2　附表の前記の修正は、(a)この条約の目的を遂行するため並びに鯨資源の保存、開発及び最適の利用を図るために必要なもの、(b)科学的認定に基くもの、(c)母船又は鯨体処理場の数又は国籍に対する制限を伴わず、また母船若しくは鯨体処理場又は母船群若しくは鯨体処理場群に特定の割当をしないもの並びに(d)鯨の生産物の消費者及び捕鯨産業の利益を考慮に入れたものでなければならない。

3　前記の各修正は、締約政府については、委員会が各締約政府に修正を通告した後90日で効力を生ずる。但し、(a)いずれかの政府がこの90日の期間の満了前に修正に対して委員会に異議を申し立てたときは、この修正は、追加の90日間は、いずれの政府についても効力を生じない。(b)そこで、他の締約政府は、この90日の追加期間の満了期日又はこの90日の追加期間中に受領された最後の異議の受領の日から30日の満了期日のうちいずれか遅い方の日までに、この修正に対して異議を申し立てることができる。また、(c)その後は、この修正は、異議を申し立てなかつたすべての締約政府について効力を生ずるが、このように異議を申し立てた政府については、異議の撤回の日まで効力を生じない。委員会は、異議及び撤回の各を受領したときは直ちに各締約政府に通告し、且つ、各締約政府は、修正、異議及び撤回に関するすべての通告の受領を確認しなければならない。

4　いかなる修正も、1949年7月1日の前には、効力を生じない。

第6条【勧告】　委員会は、鯨又は捕鯨及びこの条約の目的に関する事項について、締約政府に随時勧告を行うことができる。

第8条【科学的研究のための鯨の捕獲、殺害、処理】　1　この条約の規定にかかわらず、締約政府は、同政府が適当と認める数の制限及び他の条件に従つて自国民のいずれかが科学的研究のために鯨を捕獲し、殺し、及び処理することを認可する特別許可書をこれに与えることができる。また、この条の規定による鯨の捕獲、殺害及び処理は、この条約の適用から除外する。各締約政府は、その与えたすべての前記の認可を直ちに委員会に報告しなければならない。各締約政府は、その与えた前記の特別許可書をいつでも取り消すことができる。

2　前記の特別許可書に基づいて捕獲した鯨は、実行可能な限り加工し、また、収得金は、許可を与えた政府の発給した指令書に従つて処分しなければならない。

3　各締約政府は、この条の第1項及び第4条に従つて行われた研究調査の結果を含めて鯨及び捕鯨について同政府が入手しうる科学的資料を、委員会が指定する団体に、実行可能な限り、且つ、1年をこえない期間ごとに送付しなければならない。

4　母船及び鯨体処理場の作業に関連する生物学的資料の継続的な収集及び分析が捕鯨業の健全で建設的な運営に不可欠であることを認め、締約政府は、この資料を得るために実行可能なすべての措置を執るものとする。

第9条【侵犯に対する措置】　1　各締約政府は、この条約の規定の適用とその政府の管轄下の人又は船舶が行う作業におけるこの条約の規定の侵犯の処罰とを確保するため、適当な措置を執らなければならない。

2　〔省略〕

3　この条約に対する侵犯又は違反は、その犯罪について管轄権を有する政府が起訴しなければならない。

4　各締約政府は、その監督官が報告したその政府の管轄下の人又は船舶によるこの条約の規定の各侵犯の完全な詳細を委員会に伝達しなければならない。この通知は、侵犯の処理のために執つた措置及び科した刑罰の報告を含まなければならない。

第10条【批准、効力発生】　1　この条約は、批准され、批准書は、アメリカ合衆国政府に寄託する。

2　この条約に署名しなかつた政府は、この条約が効力を生じた後、アメリカ合衆国政府に対する通告書によつてこの条約に加入することができる。

3　〔省略〕

4　この条約は、オランダ国、ノールウェー国、ソヴィエト社会主義共和国連邦、グレート・ブリテン及び北部アイルランド連合王国並びにアメリカ合衆国の政府を含む少くとも6の署名政府が批准書を寄託したときにこれらの政府について効力を生じ、また、その後に批准し又は加入する各政府については、その批准書の寄託の日又はその加入通告書の受領の日に効力を生ずる。

5　〔省略〕

第11条【脱退】　締約政府は、いずれかの年の1月1日以前に寄託政府に通告することによつて、その年の6月30日にこの条約から脱退することができる。寄託政府は、この通告を受領したときは、直ちに他の締約政府に通報する。他の締約政府は、寄託政府から前記の通告の謄本を受領してから1箇月以内に、同様に脱退通告を行うことができる。この場合には、条約は、この脱退通告を行つた政府についてその年の6月30日に効力を失う。

この条約は、署名のために開かれた日の日付を附され、且つ、その後14日の間署名のために開いて置く。

付表〔抜粋〕

I 解釈〔省略〕
II 漁期〔省略〕
III 捕獲〔抄〕

6 商業的な目的のため非破裂銛〔もり〕を使用してミンク鯨を除く鯨を殺すことは、1980年から1981年までの遠洋捕鯨の解禁期及び1981年の沿岸捕鯨の解禁期の開始の時から禁止する。商業的な目的のため非破裂銛〔もり〕を使用してミンク鯨を殺すことは、1982年から1983年までの遠洋捕鯨の解禁期及び1983年の沿岸捕鯨の解禁期の開始の時から禁止する。

7(a) 第5条1(c)に基づき、商業的捕鯨は、遠洋の操業によるものであるか鯨体処理場からのものであるかを問わず、インド洋保護区として指定された区域においては、禁止する。この保護区は、北半球のアフリカの海岸から東経100度までの水域（紅海、アラビア海及びオマーン湾を含む。）及び南半球の南緯55度を南方限界とする東経20度から東経130度までの水域から成る。その禁止は、ひげ鯨又は歯鯨につき委員会によつて随時決定される捕獲枠にかかわりなく適用する。その禁止は、委員会が2002年の年次会合において検討する。

(b) 第5条1(c)に基づき、商業的捕鯨は、遠洋の操業によるものであるか鯨体処理場からのものであるかを問わず、南大洋保護区として指定された区域においては、禁止する。この保護区は、南半球の南緯40度と西経50度との交点を始点とし、そこから真東に東経20度まで、そこから真南に南緯55度まで、そこから真東に東経130度まで、そこから真北に南緯40度まで、そこから真東に西経130度まで、そこから真南に南緯六十度まで、そこから真東に西経50度まで、そこから真北に始点までの線以南の水域から成る。その禁止は、委員会によつて随時決定される当該保護区内のひげ鯨及び歯鯨の資源の保存状態にかかわりなく適用する。ただし、その禁止は、委員会が最初の採択から10年後に、また、その後10年ごとに検討するものとし、委員会は、検討の際にこの禁止を修正することができる。この(b)の規定は、南極地域の特別な法的及び政治的地位を害することを意図するものではない。

資源の分類

10 全ての鯨資源は、科学委員会の助言に基づいて次の三の種類のうちいずれか一の種類に分類する。

(a)―(c) 〔省略〕

(d) この10の他の規定にかかわらず、母船又はこれに附属する捕鯨船によりミンク鯨を除く鯨を捕獲し、殺し、又は処理することは、停止する。この停止は、まつこう鯨及びびしやち並びにミンク鯨を除くひげ鯨について適用する。

(e) この10の他の規定にかかわらず、全ての資源についての商業的な目的のための鯨の殺害に関する捕獲枠は、1986年の沿岸捕鯨の解禁期及び1985年から1986年までの遠洋捕鯨の解禁期について並びにそれ以降の解禁期について零とする。この(e)の規定は、最良の科学的助言に基づいて常に検討されるものとし、委員会は、遅くとも1990年までに、この(e)に定める決定の鯨資源に与える影響につき包括的な評価を行うとともにこの(e)の規定の修正及び他の捕獲枠の設定につき検討する。

ひげ鯨の捕獲枠

13(a) 10の規定にかかわらず、原住民の生存の必要を満たす原住民の生存のための捕鯨に関する捕獲枠は、1984年の捕鯨の解禁期及びそれ以降の各解禁期について次の原則に従つて設定する。

(1) MSYを実現する資源水準以上の資源について、原住民による生存のための捕獲は、その総量がMSYの90パーセントを超えない限り、許可する。

(2) MSYを実現する資源水準を下回るが特定の最小の水準を上回る資源について、原住民による生存のための捕獲は、鯨資源がMSYを実現する資源水準に向かうことを可能にする水準に設定される限り、許可する。（注）

注 委員会は、科学委員会の助言に基づき、できる限り、(a)各資源について最小の資源水準であつて当該資源水準を下回る場合には鯨を捕獲してはならないものを設定し、及び(b)各資源についてMSYを実現する水準に向かう増加率を設定する。科学委員会は、最小の資源水準及び種々の捕獲の制度の下でのMSYを実現する資源水準に向かう増加率の範囲について助言する。

(3) (1)及び(2)の規定は、最良の科学的助言に基づいて常に検討されるものとし、委員会は、遅くとも1990年までに、(1)及び(2)の規定が鯨資源に与える影響につき包括的な評価を行うとともにこれらの規定の修正につき検討する。

(4)―(5) 〔省略〕

(b) 〔省略〕

まつこう鯨の捕獲枠

16 まつこう鯨の雄鯨及び雌鯨の捕獲枠は、南半球における遠洋捕鯨の1981年から1982年までの解禁期及びそれ以降の解禁期並びに沿岸捕鯨の1982年の解禁期及びそれ以降の解禁期について並びに北半球における1982年及びそれ以降の沿岸捕鯨の解禁期については、零とする。ただし、北太平洋の西区分における沿岸捕鯨の1982年の解禁期及びそれ以降の解禁期の捕獲枠は、決定しないでおくものとし、科学委員会の特別会合又は年次会合に続く委員会の決定に従うものとする。これらの制限は、毎年検討される科学的資料を基礎として委員会が自己の定める手続により別段の決定を行う時まで、効力を有する。

IV 処理〔省略〕
V 監督及び取締り〔抄〕

21(a) 各母船には、24時間の監督を目的とする少なくとも2人の捕鯨監督官を置く。ただし、母船の機能を有する各捕鯨船には、少なくとも1人の捕鯨監督官を置く。これらの監督官は、母船について管轄権を有する政府によつて任命され、給料を支払われる。ただし、生産物を貯蔵するかどうかを問わず、人の

食料又は動物の飼料のための鯨の肉又は臓物を冷凍し、又は塩蔵するためにのみ解禁期中に使用される船舶には、監督官は、任命される必要はない。
(b) 各鯨体処理場では、十分な監督を行う。各鯨体処理場において業務を行う監督官は、鯨体処理場について管轄権を有する政府によって任命され、給料を支払われる。
(c) 締約国が他の締約国の母船及び鯨体処理場又は鯨体処理場群への配置について取り決めることができる監視員が受け入れられる。監視員は、書記長を通じて行動する委員会によって任命され、自己を指名する政府によって給料を支払われる。
Ⅵ　必要とされる資料〔抄〕
30　締約政府は、科学的研究に対する許可の計画を、当該許可を与える前に科学委員会が当該許可について検討し、及び意見を表明することができるよう、十分な時間的余裕をもって委員会の書記長に提供する。当該許可の計画には、次の事項を明記すべきである。
(a) 研究の目的
(b) 捕獲する動物の数、性別、大きさ及び資源
(c) 他の国の科学者が研究に参加する機会
(d) 資源の保存に及ぼし得る影響
科学委員会は、可能な場合には、年次会合において当該許可の計画について検討し、及び意見を表明する。当該許可が次回の年次会合に先立つて与えられるときは、書記長は、当該許可の計画を科学委員会の委員に対し、検討及び意見の表明のため、郵便で送付する。当該許可による研究の暫定的な結果については、科学委員会の次回の年次会合において入手可能とすべきである。
※付表の修正に関連して、日本国政府が同条約第5条3の規定に従い行った異議申立てにより、付表6の規定の第二文及び南氷洋ミンク鯨資源に適用される限りにおいて付表7(b)の規定は、日本国政府については、効力を生じていない。

●海賊行為の処罰及び海賊行為への対処に関する法律
《海賊行為対処法》〔抄〕

▼公布　2009年6月24日〔平成21年法律第55号〕　▼施行　2009年7月24日　▼最終改正　2012〔平成24〕年法律第71号

第1条（目的）この法律は、海に囲まれ、かつ、主要な資源の大部分を輸入に依存するなど外国貿易の重要度が高い我が国の経済社会及び国民生活にとって、海上輸送の用に供する船舶その他の海上を航行する船舶の航行の安全の確保が極めて重要であること、並びに海洋法に関する国際連合条約においてすべての国が最大限に可能な範囲で公海等における海賊行為の抑止に協力するとされていることにかんがみ、海賊行為の処罰について規定するとともに、我が国が海賊行為に適切かつ効果的に対処するために必要な事項を定め、もって海上における公共の安全と秩序の維持を図ることを目的とする。

第2条（定義）この法律において「海賊行為」とは、船舶（軍艦及び各国政府が所有又は運航する船舶を除く。）に乗り組み又は乗船した者が、私的目的で、公海（海洋法に関する国際連合条約に規定する排他的経済水域を含む。）又は我が国の領海若しくは内水において行う次の各号のいずれかの行為をいう。
一　暴行若しくは脅迫を用い、又はその他の方法により人を抵抗不能の状態に陥れて、航行中の他の船舶を強取し、又はほしいままにその運航を支配する行為
二　暴行若しくは脅迫を用い、又はその他の方法により人を抵抗不能の状態に陥れて、航行中の他の船舶内にある財物を強取し、又は財産上不法の利益を得、若しくは他人にこれを得させる行為
三　第三者に対して財物の交付その他義務のない行為をすること又は権利を行わないことを要求するための人質にする目的で、航行中の他の船舶内にある者を略取する行為
四　強取され若しくはほしいままにその運航が支配された航行中の他の船舶内にある者又は航行中の他の船舶内において略取された者を人質にして、第三者に対し、財物の交付その他義務のない行為をすること又は権利を行わないことを要求する行為
五　前各号のいずれかに係る海賊行為をする目的で、航行中の他の船舶に侵入し、又はこれを損壊する行為
六　第1号から第4号までのいずれかに係る海賊行為をする目的で、船舶を航行させて、航行中の他の船舶に著しく接近し、若しくはつきまとい、又はその進行を妨げる行為
七　第1号から第4号までのいずれかに係る海賊行為をする目的で、凶器を準備して船舶を航行させる行為

第3条（海賊行為に関する罪）前条第1号から第4号までのいずれかに係る海賊行為をした者は、無期又は5年以上の懲役に処する。
2　前項の罪（前条第4号に係る海賊行為に係るものを除く。）の未遂は、罰する。
3　前条第5号又は第6号に係る海賊行為をした者は、5年以下の懲役に処する。
4　前条第7号に係る海賊行為をした者は、3年以下の懲役に処する。ただし、第1項又は前項の罪の実行に着手する前に自首した者は、その刑を減軽し、又は免除する。

第4条　前条第1項又は第2項の罪を犯した者が、人を負傷させたときは無期又は6年以上の懲役に処し、死亡させたときは死刑又は無期懲役に処する。
2　前項の罪の未遂は、罰する。

第5条(海上保安庁による海賊行為への対処) 海賊行為への対処は、この法律、海上保安庁法(昭和23年法律第28号)その他の法令の定めるところにより、海上保安庁がこれに必要な措置を実施するものとする。
2 前項の規定は、海上保安庁法第5条第19号に規定する警察行政庁が関係法令の規定による海賊行為への対処に必要な措置を実施する権限を妨げるものと解してはならない。

第6条 海上保安官又は海上保安官補は、海上保安庁法第20条第1項において準用する警察官職務執行法(昭和23年法律第136号)第7条の規定により武器を使用する場合のほか、現に行われている第3条第3項の罪に当たる海賊行為(第2条第6号に係るものに限る。)の制止に当たり、当該海賊行為を行っている者が、他の制止の措置に従わず、なお船舶を航行させて当該海賊行為を継続しようとする場合において、当該船舶の進行を停止させるために他に手段がないと信ずるに足りる相当な理由のあるときには、その事態に応じ合理的に必要と判断される限度において、武器を使用することができる。

第7条(海賊対処行動) 防衛大臣は、海賊行為に対処するため特別の必要がある場合には、内閣総理大臣の承認を得て、自衛隊の部隊に海上において海賊行為に対処するため必要な行動をとることを命ずることができる。この場合においては、自衛隊法(昭和29年法律第165号)第82条の規定は、適用しない。
2 防衛大臣は、前項の承認を受けようとするときは、関係行政機関の長と協議して、次に掲げる事項について定めた対処要項を作成し、内閣総理大臣に提出しなければならない。ただし、現に行われている海賊行為に対処するために急を要するときは、必要となる行動の概要を内閣総理大臣に通知すれば足りる。
 一 前項の行動(以下「海賊対処行動」という。)の必要性
 二 海賊対処行動を行う海上の区域
 三 海賊対処行動を命ずる自衛隊の部隊の規模及び構成並びに装備並びに期間
 四 その他海賊対処行動に関する重要事項
3 内閣総理大臣は、次の各号に掲げる場合には、当該各号に定める事項を、遅滞なく、国会に報告しなければならない。
 一 第1項の承認をしたとき その旨及び前項各号に掲げる事項
 二 海賊対処行動が終了したとき その結果

第8条(海賊対処行動時の自衛隊の権限) 海上保安庁法第16条、第17条第1項及び第18条の規定は、海賊対処行動を命ぜられた海上自衛隊の三等海曹以上の自衛官の職務の執行について準用する。
2 警察官職務執行法第7条の規定及び第6条の規定は、海賊対処行動を命ぜられた自衛隊の自衛官の職務の執行について準用する。この場合において、同条中「海上保安庁法第20条第1項」とあるのは、「第8条第2項」と読み替えるものとする。
3 自衛隊法第89条第2項の規定は、前項において準用する警察官職務執行法第7条及び同項において準用する第6条の規定により自衛官が武器を使用する場合について準用する。

第9条(我が国の法令の適用) 第5条から前条までに定めるところによる海賊行為への対処に関する日本国外における我が国の公務員の職務の執行及びこれを妨げる行為については、我が国の法令(罰則を含む。)を適用する。

第10条(関係行政機関の協力)〔省略〕
第11条(国等の責務)〔省略〕
第12条(国際約束の誠実な履行等)〔省略〕
第13条(政令への委任)〔省略〕

●海洋基本法〔抜粋〕

▼公布 平成19年4月27日〔平成19年法律第33号〕 ▼施行 平成19年7月20日

第1章 総則

第1条(目的) この法律は、地球の広範な部分を占める海洋が人類をはじめとする生物の生命を維持する上で不可欠な要素であるとともに、海に囲まれた我が国において、海洋法に関する国際連合条約その他の国際約束に基づき、並びに海洋の持続可能な開発及び利用を実現するための国際的な取組の中で、我が国が国際的協調の下に、海洋の平和的かつ積極的な開発及び利用と海洋環境の保全との調和を図る新たな海洋立国を実現することが重要であることにかんがみ、海洋に関し、基本理念を定め、国、地方公共団体、事業者及び国民の責務を明らかにし、並びに海洋に関する基本的な計画の策定その他海洋に関する施策の基本となる事項を定めるとともに、総合海洋政策本部を設置することにより、海洋に関する施策を総合的かつ計画的に推進し、もって我が国の経済社会の健全な発展及び国民生活の安定向上を図るとともに、海洋と人類の共生に貢献することを目的とする。

第2条(海洋の開発及び利用と海洋環境の保全との調和) 海洋については、海洋の開発及び利用が我が国の経済社会の存立の基盤であるとともに、海洋の生物の多様性が確保されることその他の良好な海洋環境が保全されることが人類の存続の基盤であり、かつ、豊かで潤いのある国民生活に不可欠であることにかんがみ、将来にわたり海洋の恵沢を享受できるよう、海洋環境の保全を図りつつ海洋の持続的な開発及び利用を可能とすることを旨として、その積極的な開発及び利用が行

われなければならない。

第3条（海洋の安全の確保） 海洋については、海に囲まれた我が国にとって海洋の安全の確保が重要であることにかんがみ、その安全の確保のための取組が積極的に推進されなければならない。

第4条（海洋に関する科学的知見の充実） 海洋の開発及び利用、海洋環境の保全等が適切に行われるためには海洋に関する科学的知見が不可欠である一方で、海洋については科学的に解明されていない分野が多いことにかんがみ、海洋に関する科学的知見の充実が図られなければならない。

第5条（海洋産業の健全な発展） 海洋の開発、利用、保全等を担う産業（以下「海洋産業」という。）については、我が国の経済社会の健全な発展及び国民生活の安定向上の基盤であることにかんがみ、その健全な発展が図られなければならない。

第6条（海洋の総合的管理） 海洋の管理は、海洋資源、海洋環境、海上交通、海洋の安全等の海洋に関する諸問題が相互に密接な関連を有し、及び全体として検討される必要があることにかんがみ、海洋の開発、利用、保全等について総合的かつ一体的に行われるものでなければならない。

第7条（海洋に関する国際的協調） 海洋が人類共通の財産であり、かつ、我が国の経済社会が国際的な密接な相互依存関係の中で営まれていることにかんがみ、海洋に関する施策の推進は、海洋に関する国際的な秩序の形成及び発展のために先導的な役割を担うことを旨として、国際的協調の下に行われなければならない。

　　第2章　海洋基本計画

　　第3章　基本的施策

　　第4章　総合海洋政策本部

空・宇宙

●国際民間航空条約〔抜粋〕

Convention on International Civil Aviation

▼採択（作成）　1944年12月7日（シカゴ）　▼効力発生　1947年4月4日　▼最終改正　1990年10月26日（第28回臨時総会）
▼日本国　1953年8月7日国会承認、9月8日加入通告、10月8日公布〔昭和28年条約第21号〕、発効。最終改正—2006年6月19日公布〔平成18年条約第8号〕、発効

第1部　航空

第1章　一般原則及び条約の適用

第1条（主権） 締約国は、各国がその領域上の空間において完全且つ排他的な主権を有することを承認する。

第2条（領域） この条約の適用上、国の領域とは、その国の主権、宗主権、保護又は委任統治の下にある陸地及びこれに隣接する領水をいう。

第3条（民間航空機及び国の航空機）(a)　この条約は、民間航空機のみに適用するものとし、国の航空機には適用しない。

(b)　軍、税関及び警察の業務に用いる航空機は、国の航空機とみなす。

(c)　締約国の国の航空機は、特別協定その他の方法による許可を受け、且つ、その条件に従うのでなければ、他の国の領域の上空を飛行し、又はその領域に着陸してはならない。

(d)　締約国は、自国の国の航空機に関する規制を設けるに当り、民間航空機の航行の安全について妥当な考慮を払うことを約束する。

第3条の2【武器の不使用】(a)　締約国は、各国が飛行中の民間航空機に対して武器の使用に訴えることを差し控えなければならず及び、要撃の場合には、航空機内における人命を脅かし又は航空機の安全を損なつてはならないことを承認する。この規定は、国際連合憲章に定める国の権利及び義務を修正するものと解してはならない。

(b)　締約国は、各国がその主権の行使として、その領域の上空を許可なく飛行する民間航空機に対し又はその領域の上空を飛行する民間航空機であつてこの条約の目的と両立しない目的のために使用されていると結論するに足りる十分な根拠があるものに対し指定空港に着陸するよう要請する権利を有し及びこれらの民間航空機に対しそのような違反を終止させるその他の指示を与えることができることを承認する。このため、締約国は、国際法の関連規則（この条約の関連規定、特に(a)の規定を含む。）に適合する適当な手段をとることができる。各締約国は、民間航空機に対する要撃についての現行の自国の規則を公表することに同意する。

(c)　すべての民間航空機は、(b)の規定に基づいて発せられる命令に従う。このため、各締約国は、自国において登録された民間航空機又は自国内に主たる営業所若しくは住所を有する運航者によつて運航される民間航空機が当該命令に従うことを義務とするために必要なすべての規定を自国の国内法令において定める。各締約国は、そのような関係法令の違反について重い制裁を課することができるようにするものとし、自国の法

令に従つて自国の権限のある当局に事件を付託する。
(d) 各締約国は、自国において登録された民間航空機又は自国内に主たる営業所若しくは住所を有する運航者によつて運航される民間航空機がこの条約の目的と両立しない目的のために意図的に使用されることを禁止するために適当な措置をとる。この規定は、(a)の規定に影響を及ぼすものではなく、また、(b)及び(c)の規定を害するものではない。

第4条（民間航空の濫用）各締約国は、この条約の目的と両立しない目的のために民間航空を使用しないことに同意する。

第2章　締約国の領域の上空の飛行

第5条（不定期飛行の権利）各締約国は、他の締約国の航空機で定期国際航空業務に従事しないものが、すべて、事前の許可を得ることを必要としないで、且つ、その航空機が上空を飛行する国の着陸要求権に従うことを条件として、その国の領域内への飛行又は同領域の無着陸横断飛行をし、及び運輸以外の目的での着陸をする権利を、この条約の条項を遵守することを条件として有することに同意する。但し、各締約国は、飛行の安全のため、近づき難い地域又は適当な航空施設のない地域の上空の飛行を希望する航空機に対し、所定の航空路を飛行すること又はこのような飛行のために特別の許可を受けることを要求する権利を留保する。

前記の航空機は、定期国際航空業務としてではなく有償又は貸切で行う旅客、貨物又は郵便物の運送に従事する場合には、第7条の規定に従うことを条件として、旅客、貨物又は郵便物の積込又は積卸をする特権をも有する。但し、積込又は積卸が行われる国は、その望ましいと認める規制、条件又は制限を課する権利を有する。

第6条（定期航空業務）定期国際航空業務は、締約国の特別の許可その他の許可を受け、且つ、その許可の条件に従う場合を除く外、その締約国の領域の上空を通つて又はその領域に乗り入れて行うことができない。

第7条（国内営業）各締約国は、他の締約国の航空機に対し、有償又は貸切で自国の領域内の他の地点に向けて運送される旅客、郵便物及び貨物をその領域内において積み込む許可を与えない権利を有する。各締約国は、他の国又は他の国の航空企業に対して排他的な基礎の上にそのような特権を特に与える取極をしないこと及び他の国からそのような排他的な特権を獲得しないことを約束する。

第9条（禁止区域）(a) 各締約国は、軍事上の必要又は公共の安全のため、他の国の航空機が自国の領域内の一定の区域の上空を飛行することを一律に制限し、又は禁止することができる。但し、このことに関しては、当該領域の属する国の航空機で定期国際航空業務に従事するものと他の締約国の航空機で同様の業務に従事するものとの間に差別を設けてはならない。この禁止区域は、航空を不必要に妨害することのない適当な範囲及び位置のものでなければならない。締約国の領域内におけるこの禁止区域の明細及びその後のその変更は、できる限りすみやかに他の締約国及び国際民間航空機関に通知しなければならない。

(b) 各締約国は、また、特別の事態において若しくは緊急の期間又は公共の安全のため、即時、その領域の全部又は一部の上空の飛行を一時的に制限し、又は禁止する権利を留保する。但し、その制限又は禁止は、他のすべての国の航空機に対し、国籍のいかんを問わず適用するものでなければならない。

(c) 各締約国は、その設ける規制に基き、前記の(a)又は(b)に定める区域に入る航空機に対し、その後できる限りすみやかにその領域内の指定空港に着陸するよう要求することができる。

第12条（航空規則）各締約国は、その領域の上空を飛行し、又は同領域内で作動するすべての航空機及び、所在のいかんを問わず、その国籍記号を掲げるすべての航空機が当該領域に施行されている航空機の飛行又は作動に関する規則に従うことを確保する措置を執ることを約束する。各締約国は、これらの点に関する自国の規則をこの条約に基いて随時設定される規則にできる限り一致させることを約束する。公海の上空においては、施行される規則は、この条約に基いて設定されるものでなければならない。各締約国は、適用される規則に違反したすべての者の訴追を確保することを約束する。

第16条（航空機の検査）各締約国の当局は、不当に遅滞することなく、他の締約国の航空機を着陸又は出発の際に検査し、及びこの条約で定める証明書その他の書類を検閲する権利を有する。

第3章　航空機の国籍

第17条（航空機の国籍）航空機は、登録を受けた国の国籍を有する。

第18条（二重登録）航空機は、二以上の国で有効に登録を受けることができない。但し、その登録は、一国から他国に変更することができる。

第19条（登録に関する国内法）締約国における航空機の登録又は登録の変更は、その国の法令に従つて行われなければならない。

第4章　航空を容易にする措置

第25条（遭難航空機）各締約国は、その領域内で遭難した航空機に対して実行可能と認める救援措置を執り、及び、自国の当局の監督に従うことを条件とし、その航空機の所有者又はその航空機が登録を受けた国の当局が状況により必要とされる救援措置を執ることを許可することを約束する。各締約国は、行くえ不明の航空機の捜索に従事する場合には、この条約に基いて随時勧告される共同措置に協力する。

第26条（事故の調査）締約国の航空機が他の締約国の領域で事故を起した場合において、その事故が死亡若しくは重傷を伴うとき、又は航空機若しくは航空施設の重大な技術的欠陥を示すときは、その事故が起つた国は、自国の法令の許す限り国際民間航空機関の勧告

第5章　航空機について備えるべき要件

第29条（航空機が携行する書類） 国際航空に従事する締約国のすべての航空機は、この条約で定める要件に合致する次の書類を携行しなければならない。
(a) 登録証明書
(b) 耐空証明書
(c) 各乗組員の適当な免状
(d) 航空日誌
(e) 無線機を装備するときは、航空機局免許状
(f) 旅客を運送するときは、その氏名、乗込地及び目的地の表
(g) 貨物を運送するときは、積荷目録及び貨物の細目申告書

第36条（写真機） 各締約国は、その領域の上空にある航空機において写真機を使用することを禁止し、又は制限することができる。

第6章　国際標準及び勧告方式

第37条（国際の標準及び手続の採択） 各締約国は、航空機、航空従事者、航空路及び附属業務に関する規則、標準、手続及び組織の実行可能な最高度の統一を、その統一が航空を容易にし、且つ、改善するすべての事項について確保することに協力することを約束する。

このため、国際民間航空機関は、次の事項に関する国際標準並びに勧告される方式及び手続を必要に応じて随時採択し、及び改正する。
(a) 通信組織及び航空保安施設（地上標識を含む。）
(b) 空港及び着陸場の性質
(c) 航空規則及び航空交通管制方式
(d) 運航関係及び整備関係の航空従事者の免許
(e) 航空機の耐空性
(f) 航空機の登録及び識別
(g) 気象情報の収集及び交換
(h) 航空日誌
(i) 航空地図及び航空図
(j) 税関及び出入国の手続
(k) 遭難航空機及び事故の調査
並びに航空の安全、正確及び能率に関係のあるその他の事項で随時適当と認めるもの

第38条（国際の標準及び手続からの背離） すべての点について国際の標準若しくは手続に従うこと若しくは国際の標準若しくは手続の改正後自国の規制若しくは方式をそれに完全に一致させることを不可能と認める国又は国際標準によつて設定された規則若しくは方式と特定の点において異なる規制若しくは方式を採用することを必要と認める国は、自国の方式と国際標準によつて設定された方式との相違を直ちに国際民間航空機関に通告しなければならない。国際標準の改正があつた場合に自国の規制又は方式に適当な改正を加えない国は、国際標準の改正の採択の日から60日以内に理事会に通告し、又は自国が執ろうとする措置を明示しなければならない。この場合には、理事会は、国際標準の一又は二以上の特異点とこれに対応するその国の国内方式との相違を直ちに他のすべての国に通告しなければならない。

第2部　国際民間航空機関

第7章　機関

第43条（名称及び構成） この条約により、国際民間航空機関という機関を組織する。この機関は、総会、理事会その他の必要な機関からなる。

第44条（目的） この機関の目的は、次のことのため、国際航空の原則及び技術を発達させ、並びに国際航空運送の計画及び発達を助長することである。
(a) 世界を通じて国際民間航空の安全な且つ整然たる発展を確保すること。
(b) 平和的目的のために航空機の設計及び運航の技術を奨励すること。
(c) 国際民間航空のための航空路、空港及び航空保安施設の発達を奨励すること。
(d) 安全な、正確な、能率的な、且つ、経済的な航空運送に対する世界の諸国民の要求に応ずること。
(e) 不合理な競争によつて生ずる経済的浪費を防止すること。
(f) 締約国の権利が充分に尊重されること及びすべての締約国が国際航空企業を運営する公正な機会をもつことを確保すること。
(g) 締約国間の差別待遇を避けること。
(h) 国際航空における飛行の安全を増進すること。
(i) 国際民間航空のすべての部面の発達を全般的に促進すること。

第47条（法律上の行為能力） この機関は、各締約国の領域内で、任務の遂行に必要な法律上の行為能力を享有する。この機関は、関係国の憲法及び法律と両立する限り、完全な法人格を付与される。

第8章　総会

第48条（総会の会合及び表決） (a) 総会は、少くとも3年に1回会合するものとし、理事会が適当な時及び場所に招集する。臨時総会は、理事会の招集又は締約国の総数の5分の1以上からの事務局長にあてた要請があつたときは、いつでも開催することができる。
(b) すべての締約国は、総会の会合に代表者を出す平等な権利を有し、各締約国は、一個の投票権を有する。締約国を代表する代表は、技術顧問の援助を受けることができる。技術顧問は、会合に参加することができるが、投票権を有しない。
(c) 総会の会合の定足数を構成するためには、締約国の過半数を必要とする。総会の決定は、この条約に別段の定がない限り、投票の過半数によつて行われる。

第9章　理事会

第50条（理事会の構成及び選挙）（a）　理事会は、総会に対して責任を負う常設機関とする。理事会は、総会が選挙する36の締約国からなる。選挙は、総会の第1回会合で行い、その後は、3年ごとに行う。このようにして選挙された理事会の構成員は、次の選挙まで在任する。

(b)　理事会の構成員の選挙に当って、総会は、(1)航空運送において最も重要な国、(2)(1)又は(3)に含まれない国で国際民間航空のための施設の設置に最大の貢献をするもの及び(3)(1)又は(2)に含まれない国で、その国を指名すれば世界のすべての主要な地理的地域が理事会に確実に代表されることとなるようなものが、適当に代表されるようにしなければならない。理事会の空席は、総会ができる限りすみやかに補充しなければならない。このようにして理事会に選挙された締約国は、前任者の残任期間中在任する。

(c)　理事会を構成する締約国の代表者は、国際航空業務の運営に積極的に参与し、又はその業務に財政的に関係してはならない。

第52条（理事会における表決）　理事会の決定は、その構成員の過半数の承認を必要とする。理事会は、特定の事項に関する権限をその構成員からなる委員会に委任することができる。理事会の委員会の決定については、利害関係のある締約国が理事会に異議を申し立てることができる。

第53条（投票権を伴わない参加）　締約国は、自国の利害に特に影響する問題について理事会及びその委員会が行う審議に投票権なしで参加することができる。理事会の構成員は、自国が当事者である紛争について理事会が行う審議においては、投票権を有しない。

第54条（理事会の義務的任務）　理事会は、次のことを行わなければならない。

(a)　総会に年次報告を提出すること。
(b)　総会の指令を遂行し、並びにこの条約で課せられる任務及び義務を履行すること。
(c)　その組織及び手続規則を決定すること。
(d)　航空運送委員会を設置し、及びその任務を定めること。その委員会の委員は、理事会の構成員の代表者の中から選ばれ、その委員会は、理事会に対して責任を負うものとする。
(e)　第10章の規定に従つて航空委員会を設置すること。
(f)　第12章及び第15章の規定に従つてこの機関の会計を管理すること。
(g)　理事会の議長の報酬を決定すること。
(h)　第11章の規定に従い、事務局長と呼ばれる首席行政官を任命し、及びその他の必要な職員の任命に関する規定を作成すること。
(i)　航空の進歩及び国際航空業務の運営に関する情報を要請し、収集し、審査し、及び公表すること。その情報には、運営の費用に関する情報及び公の資金から航空企業に支払われた補助金の明細に関する情報を含む。
(j)　この条約の違反及び理事会の勧告又は決定の不履行を締約国に報告すること。
(k)　この条約の違反の通告の後相当な期間内に締約国が適当な措置を執らなかつた場合には、その違反を総会に報告すること。
(l)　この条約の第6章の規定に従つて国際標準及び勧告方式を採択し、便宜上、それらをこの条約の附属書とし、且つ、執つた措置をすべての締約国に通告すること。
(m)　附属書の改正についての航空委員会の勧告を審議し、且つ、第20章の規定に従つて措置を執ること。
(n)　この条約に関して締約国が付託する問題を審議すること。

第55条（理事会の任意的任務）　理事会は、次のことを行うことができる。

(a)　適当であり、且つ、経験上望ましいと認められる場合には、地域的基礎その他の基礎に基く航空運送小委員会を創設し、及び理事会がこの条約の目的の遂行を容易にするため直接又は間接に交渉することができる国又は航空企業の集団を定めること。
(b)　この条約で定める任務に追加される任務を航空委員会に委任し、及びこの権限の委任をいつでも取り消し、又は修正すること。
(c)　国際的重要性を有する航空運送及び航空のすべての部面について調査を行い、その調査の結果を締約国に通知し、並びに航空運送及び航空上の問題に関する締約国間の情報の交換を容易にすること。
(d)　国際幹線航空業務の国際的所有及び運営を含む国際航空運送の組織及び運営に関する問題を研究し、並びにこれに関する計画を総会に提出すること。
(e)　避けることができる障害が国際航空の発達を妨げていると認められる事態を締約国の要請に基いて調査し、その調査の後、理事会が望ましいと認める報告を発表すること。

第10章　航空委員会

第56条（委員の指名及び任命）　航空委員会は、締約国が指名する者の中から理事会が任命する19人の委員からなる。締約国が指名する者は、航空の理論及び実際について適当な資格及び経験を有する者でなければならない。理事会は、すべての締約国に対して被指名者名簿の提出を要請する。航空委員会の委員長は、理事会が任命する。

第57条（委員会の任務）　航空委員会は、次のことを行わなければならない。

(a)　この条約の附属書の修正を審議し、及びその採択を理事会に勧告すること。
(b)　望ましいと認める場合には、いかなる締約国も代表者を出すことができる専門部会を設置すること。
(c)　航空の進歩に必要且つ有用であると認めるすべての情報の収集及び締約国への通知に関して理事会に助言すること。

第11章　職員

第59条（職員の国際的性質） 理事会の議長、事務局長その他の職員は、その責任の遂行に関し、この機関外のいかなる当局からも指示を求め、又は受けてはならない。各締約国は、職員の責任の国際的性質を充分に尊重すること及び自国民がその責任を遂行するに当つてこれを左右しようとしないことを約束する。

第60条（職員の免除及び特権） 各締約国は、その憲法上の手続に基いて可能である限り、理事会の議長、事務局長その他のこの機関の職員に対し、他の公的国際機関の相当職員に付与されている免除及び特権を付与することを約束する。国際的文官の免除及び特権に関する一般的国際協定が締結された場合には、議長、事務局長その他のこの機関の職員に付与される免除及び特権は、その一般的国際協定に基いて付与される免除及び特権でなければならない。

第12章　会計

第62条（投票権の停止） 総会は、この機関に対する財政上の義務を相当な期間内に履行しない締約国の総会及び理事会における投票権を停止することができる。

第13章　他の国際取極

第64条（安全保障取極） この機関は、その権限内にある航空問題で世界の安全保障に直接に影響を及ぼすものに関し、総会の表決により、世界の諸国が平和を維持するために設立する一般的な機構と適当な取極を締結することができる。

第65条（他の国際団体との取極） 理事会は、共通の業務の維持及び職員に関する共通の取極のため、この機関に代つて他の国際団体と協定を締結し、並びに、総会の承認を得て、この機関の事業を容易にするようなその他の取極を締結することができる。

第3部　国際航空運送

第14章　情報及び報告

第15章　空港その他の航空施設

第68条（航空路及び空港の指定） 各締約国は、この条約の規定に従うことを条件として、国際航空業務が自国の領域内で飛行すべき航空路及びその業務が使用する空港を指定することができる。

第16章　共同運営組織及び共同計算業務

第4部　最終規定

第17章　他の航空協定及び航空取極

第80条（パリ条約及びハバナ条約） 各締約国は、1919年10月13日にパリで署名された航空法規に関する条約又は1928年2月20日にハバナで署名された商業航空に関する条約のいずれかの当事国である場合には、その廃棄をこの条約の効力発生の後直ちに通告することを約束する。この条約は、締約国の間においては、前記のパリ条約及びハバナ条約に代るものとする。

第83条（新たな取極の登録） 締約国は、前条の規定に従うことを条件として、この条約の規定に反しない取極を結ぶことができる。この取極は、直ちに理事会に登録しなければならず、理事会は、できる限りすみやかにこれを公表しなければならない。

第83条の2（一定の任務及び義務の移転） (a) 締約国において登録された航空機が他の締約国内に主たる営業所（主たる営業所を有しないときは、住所）を有する運航者によつてリース、チャーター若しくは引継運航又はこれらに類する手配の取決めに従つて運航される場合には、第12条、第30条、第31条及び第32条(a)の規定にかかわらず、登録国は、当該他の締約国との協定により、これらの規定に基づく当該航空機に係る登録国の任務及び義務の全部又は一部を当該他の締約国に移転することができる。登録国は、移転された任務及び義務についての責任を解除される。

(b) 移転は、当該移転について定める国家間の協定が第83条の規定に従つて理事会に登録され及び公表されるまで他の締約国について、又は当該協定のいずれかの当事国が他の関係締約国の当局に対して当該協定の存在及び適用範囲を直接通告するまで当該他の関係締約国について、効力を生じない。

(c) (a)及び(b)の規定は、第77条の規定の適用を受ける場合についても、適用する。

第18章　紛争及び違約

第84条（紛争の解決） この条約及び附属書の解釈又は適用に関する二以上の締約国間の意見の相違が交渉によつて解決されない場合には、その意見の相違は、それに関係のある国の申請に基き、理事会が解決する。理事会の構成員は、自国が当事者である紛争について理事会が行う審議においては、投票権を有しない。締約国は、第85条に従うことを条件として、理事会の決定について、他の紛争当事者と協定する特別仲裁裁判所又は常設国際司法裁判所に提訴することができる。この提訴は、理事会の決定の通告の受領の日から60日以内に理事会に通告しなければならない。

第85条（仲裁手続） 紛争当事者たるいずれかの締約国でその紛争に関する理事会の決定について提訴されているものが常設国際司法裁判所規程を受諾しておらず、且つ、紛争当事者たる締約国が仲裁裁判所の選定について合意することができない場合には、紛争当事者たる各締約国は、1人の仲裁委員を指名しなければならない。これらの仲裁委員は、1人の審判委員を指名するものとする。その紛争の当事者たるいずれかの締約国が提訴の日から3箇月の期間内に仲裁委員を指名しなかつた場合には、仲裁委員は、理事会が備えている有資格者の現在名簿の中から、理事会の議長がその国に代つて指名しなければならない。仲裁委員が審判委員について30日以内に合意することができなかつた場合には、理事会の議長は、前記の名簿の中か

ら審判委員を指名しなければならない。次に、仲裁委員及び審判委員は、仲裁裁判所を共同で構成しなければならない。本条又は前条に基いて設置される仲裁裁判所は、その手続を定め、且つ、多数決によつて決定を行わなければならない。但し、理事会は、著しい遅延があると認める場合には、手続問題を決定することができる。

第86条 (提訴) 理事会が別に定める場合を除く外、国際航空企業がこの条約の規定に従つて運営されているかどうかについての理事会の決定は、提訴に基いて破棄されない限り、引き続き有効とする。その他の事項については、理事会の決定は、これについて提訴された場合には、その提訴が決定されるまでの間停止しなければならない。常設国際司法裁判所及び仲裁裁判所の決定は、最終的とし、且つ、拘束力を有する。

第87条 (航空企業の違反に対する制裁) 各締約国は、自国の領域上の空間を通過する締約国の航空企業が前条に従つて行われた最終的決定に違反していると理事会が決定した場合には、その航空企業の運営を許可しないことを約束する。

第88条 (国の違反に対する制裁) 総会は、本章の規定に基いて違約国と認められた締約国の総会及び理事会における投票権を停止しなければならない。

第19章 戦争

第89条 (戦争及び緊急状態) この条約の規定は、戦争の場合には、交戦国であると中立国であるとを問わず、関係締約国の行動の自由に影響を及ぼすものではない。同一の原則は、国家緊急事態を宣言してその事実を理事会に通告した締約国の場合にも、適用する。

第20章 附属書

第90条 (附属書の採択及び改正) (a) 第54条(1)に掲げる理事会による附属書の採択は、そのために招集された会合における理事会の3分の2の投票を必要とし、次に、理事会が各締約国に送付しなければならない。その附属書又は附属書の改正は、各締約国への送付の日の後3箇月以内に、又は理事会が定めるそれ以上の期間の終了の時に、効力を生ずる。但し、締約国の過半数がこの期間内にその不承認を理事会に届け出た場合は、この限りでない。

(b) 理事会は、附属書又はその改正の効力の発生をすべての締約国に直ちに通告しなければならない。

第21章 批准、加入、改正及び廃棄

第94条 (条約の改正) (a) この条約の改正案は、総会の3分の2の投票によつて承認されなければならず、また、総会が定める数の締約国が批准した時に、その改正を批准した国について効力を生ずる。総会が定める数は、締約国の総数の3分の2未満であつてはならない。

(b) 総会は、前記の改正の性質上正当と認める場合には、採択を勧告する決議において、改正の効力発生の後所定の期間内に批准しなかつた国が直ちにこの機関の加盟国及びこの条約の当事国でなくなることを規定することができる。

第22章 定義

第96条 この条約の適用上、
(a) 「航空業務」とは、旅客、郵便物又は貨物の公衆用の運送のために航空機で行う定期航空業務をいう。
(b) 「国際航空業務」とは、二以上の国の領域上の空間にわたつて行う航空業務をいう。
(c) 「航空企業」とは、国際航空業務を提供し、又は運営する航空運送企業をいう。
(d) 「運輸以外の目的での着陸」とは、旅客、貨物又は郵便物の積込又は積卸以外の目的で着陸することをいう。

●月その他の天体を含む宇宙空間の探査及び利用における国家活動を律する原則に関する条約 《宇宙条約》

Treaty on Principles Governing the Activities of States in the Exploration and Use of Outer Space, including the Moon and Other Celestial Bodies

▼署名 1967年1月27日（ワシントン、ロンドン、モスクワ） ▼効力発生 1967年10月10日 ▼日本国 1967年7月19日国会承認、10月10日批准書寄託、発効、10月11日公布〔昭和42年条約第19号〕

この条約の当事国は、
人間の宇宙空間への進入の結果、人類の前に展開する広大な将来性に鼓舞され、
平和的目的のための宇宙空間の探査及び利用の進歩が全人類の共同の利益であることを認識し、
宇宙空間の探査及び利用がすべての人民のために、その経済的又は科学的発展の程度にかかわりなく行なわれなければならないことを信じ、
平和的目的のための宇宙空間の探査及び利用の科学面及び法律面における広範な国際協力に貢献することを希望し、

この国際協力が諸国間及び諸人民間の相互理解の増進及び友好関係の強化に貢献することを信じ、
1963年12月13日に国際連合総会が全会一致で採択した決議第1962号（第18回会期）「宇宙空間の探査及び利用における国家活動を律する法的原則の宣言」を想起し、
核兵器若しくは他の種類の大量破壊兵器を運ぶ物体を地球を回る軌道に乗せること又はこれらの兵器を天体に設置することを慎むように諸国に要請する1963年10月17日の国際連合総会の全会一致の採択による決議第

1884号（第18回会期）を想起し、

平和に対する脅威、平和の破壊又は侵略行為を誘発し若しくは助長することを意図し、又はこれらを誘発し若しくは助長するおそれのある宣伝を非難する1947年11月3日の国際連合総会決議第110号（第2回会期）を考慮し、かつ、この決議が宇宙空間に適用されることを考慮し、

月その他の天体を含む宇宙空間の探査及び利用における国家活動を律する原則に関する条約が国際連合憲章の目的及び原則を助長するものであることを確信して、次のとおり協定した。

第1条【基本原則】月その他の天体を含む宇宙空間の探査及び利用は、すべての国の利益のために、その経済的又は科学的発展の程度にかかわりなく行なわれるものであり、全人類に認められる活動分野である。

月その他の天体を含む宇宙空間は、すべての国がいかなる種類の差別もなく、平等の基礎に立ち、かつ、国際法に従つて、自由に探査し及び利用することができるものとし、また、天体のすべての地域への立入りは、自由である。

月その他の天体を含む宇宙空間における科学的調査は、自由であり、また、諸国は、この調査における国際協力を容易にし、かつ、奨励するものとする。

第2条【領有の禁止】月その他の天体を含む宇宙空間は、主権の主張、使用若しくは占拠又はその他のいかなる手段によつても国家による取得の対象とはならない。

第3条【国際法の遵守】条約の当事国は、国際連合憲章を含む国際法に従つて、国際の平和及び安全の維持並びに国際間の協力及び理解の促進のために、月その他の天体を含む宇宙空間の探査及び利用における活動を行なわなければならない。

第4条【軍事的利用の禁止】条約の当事国は、核兵器及び他の種類の大量破壊兵器を運ぶ物体を地球を回る軌道に乗せないこと、これらの兵器を天体に設置しないこと並びに他のいかなる方法によつてもこれらの兵器を宇宙空間に配置しないことを約束する。

月その他の天体は、もつぱら平和的目的のために、条約のすべての当事国によつて利用されるものとする。天体上においては、軍事基地、軍事施設及び防備施設の設置、あらゆる型の兵器の実験並びに軍事演習の実施は、禁止する。科学的研究その他の平和的目的のために軍の要員を使用することは、禁止しない。月その他の天体の平和的探査のために必要なすべての装備又は施設を使用することも、また、禁止しない。

第5条【宇宙飛行士に対する援助】条約の当事国は、宇宙飛行士を宇宙空間への人類の使節とみなし、事故、遭難又は他の当事国の領域若しくは公海における緊急着陸の場合には、その宇宙飛行士にすべての可能な援助を与えるものとする。宇宙飛行士は、そのような着陸を行なつたときは、その宇宙飛行機の登録国へ安全かつ迅速に送還されるものとする。

いずれかの当事国の宇宙飛行士は、宇宙空間及び天体上において活動を行なうときは、他の当事国の宇宙飛行士にすべての可能な援助を与えるものとする。

条約の当事国は、宇宙飛行士の生命又は健康に危険となるおそれのある現象を月その他の天体を含む宇宙空間に発見したときは、直ちに、これを条約の他の当事国又は国際連合事務総長に通報するものとする。

第6条【国家の責任】条約の当事国は、月その他の天体を含む宇宙空間における自国の活動について、それが政府機関によつて行なわれるか非政府団体によつて行なわれるかを問わず、国際的責任を有し、自国の活動がこの条約の規定に従つて行なわれることを確保する国際的責任を有する。月その他の天体を含む宇宙空間における非政府団体の活動は、条約の関係当事国の許可及び継続的監督を必要とするものとする。国際機関が月その他の天体を含む宇宙空間において活動を行なう場合には、その国際機関及びこれに参加する条約の当事国の双方がこの条約を遵守する責任を有する。

第7条【国の賠償責任】条約の当事国は、月その他の天体を含む宇宙空間に物体を発射し若しくは発射させる場合又はその領域若しくは施設から物体が発射される場合には、その物体又はその構成部分が地球上、大気空間又は月その他の天体を含む宇宙空間において条約の他の当事国又はその自然人若しくは法人に与える損害について国際的に責任を有する。

第8条【物体・乗員に対する管轄権及び管理】宇宙空間に発射された物体が登録されている条約の当事国は、その物体及びその乗員に対し、それらが宇宙空間又は天体上にある間、管轄権及び管理の権限を保持する。宇宙空間に発射された物体（天体上に着陸させられ又は建造された物体を含む。）及びその構成部分の所有権は、それらが宇宙空間若しくは天体上にあること又は地球に帰還することによつて影響を受けない。これらの物体又は構成部分は、物体が登録されている条約の当事国の領域外で発見されたときは、その当事国に返還されるものとする。その当事国は、要請されたときは、それらの物体又は構成部分の返還に先だち、識別のための資料を提供するものとする。

第9条【宇宙活動における協力】条約の当事国は、月その他の天体を含む宇宙空間の探査及び利用において、協力及び相互援助の原則に従うものとし、かつ、条約の他のすべての当事国の対応する利益に妥当な考慮を払つて、月その他の天体を含む宇宙空間におけるすべての活動を行なうものとする。条約の当事国は、月その他の天体を含む宇宙空間の有害な汚染及び地球外物質の導入から生ずる地球の環境の悪化を避けるように月その他の天体を含む宇宙空間の研究及び探査を実施し、かつ、必要な場合には、このための適当な措置を執るものとする。条約の当事国は、自国又は自国民によつて計画された月その他の天体を含む宇宙空間における活動又は実験が月その他の天体を含む宇宙空間の平和的な探査及び利用における他の当事国の活動に潜在的に有害な干渉を及ぼすおそれがあると信ずる理由があるときは、その活動又は実験が行なわれる前に、適当な国際的協議を行なうものとする。条約の当事国は、他の当事国が計画した月その他の天体を含む宇宙空間における活動又は実験が月その他の天体を含む宇

宙空間の平和的な探査及び利用における活動に潜在的に有害な干渉を及ぼすおそれがあると信ずる理由があるときは、その活動又は実験に関する協議を要請することができる。

第10条【飛行観測の機会】 条約の当事国は、月その他の天体を含む宇宙空間の探査及び利用における国際協力をこの条約の目的に従つて促進するために、条約の他の当事国が打ち上げる宇宙物体の飛行を観測する機会を与えられることについての当該他の当事国の要請に対し、平等の原則に基づいて考慮を払うものとする。

その観測の機会の性質及びその機会が与えられる条件は、関係国間の合意により決定されるものとする。

第11条【宇宙活動の情報提供】 月その他の天体を含む宇宙空間における活動を行なう条約の当事国は、宇宙空間の平和的な探査及び利用における国際協力を促進するために、その活動の性質、実施状況、場所及び結果について、国際連合事務総長並びに公衆及び国際科学界に対し、実行可能な最大限度まで情報を提供することに同意する。国際連合事務総長は、この情報を受けたときは、それが迅速かつ効果的に公表されるようにするものとする。

第12条【宇宙基地等の開放】 月その他の天体上のすべての基地、施設、装備及び宇宙飛行機は、相互主義に基づいて、条約の他の当事国の代表者に開放される。これらの代表者は、適当な協議が行なわれるため及び訪問する施設等における安全を確保し、かつ、そこでの正常な作業に対する干渉を避けるように最大限の予防措置が執られるために、計画された訪問につき合理的な予告を行なうものとする。

第13条【条約の対象となる宇宙活動】 この条約の規定は、月その他の天体を含む宇宙空間の探査及び利用における条約の当事国の活動に適用するものとし、それらの活動が条約の一当事国により行なわれる場合であるか他の国家と共同で行なわれる場合（政府間国際機関の枠〔わく〕内で行なわれる場合を含む。）であるかを問わない。

月その他の天体を含む宇宙空間の探査及び利用における政府間国際機関が行なう活動に関連して生ずる実際的問題は、条約の当事国が、当該国際機関又はその加盟国でこの条約の当事国である一若しくは二以上の国と共同して解決するものとする。

第14条【署名、批准、加入、効力発生】 1　この条約は、署名のためすべての国に開放される。この条約が3の規定に従つて効力を生ずる前にこの条約に署名しない国は、いつでも、この条約に加入することができる。

2　この条約は、署名国により批准されなければならない。批准書及び加入書は、寄託国政府として指定されたアメリカ合衆国、グレート・ブリテン及び北部アイルランド連合王国及びソヴィエト社会主義共和国連邦の政府に寄託するものとする。

3　この条約は、この条約により寄託国政府として指定された政府を含む五の政府が批准書を寄託した時に効力を生ずる。

4　この条約の効力発生後に批准書又は加入書を寄託する国については、この条約は、その批准書又は加入書の寄託の日に効力を生ずる。

5　寄託国政府は、すべての署名国及び加入国に対し、署名の日、この条約の批准書及び加入書の寄託の日、この条約の効力発生の日その他についてすみやかに通報するものとする。

6　この条約は、寄託国政府が国際連合憲章第102条の規定に従つて登録するものとする。

第15条【改正】 条約のいずれの当事国も、この条約の改正を提案することができる。改正は、条約の当事国の過半数がこれを受諾した時に、その改正を受諾した条約の当事国について効力を生じ、その後は、条約の他の各当事国については、その国による受諾の日に効力を生ずる。

第16条【脱退】 条約のいずれの当事国も、この条約の効力発生の後1年を経過したときは、寄託国政府にあてた通告書により、条約からの脱退を通告することができる。その脱退は、通告書の受領の日から1年で効力を生ずる。

第17条【正文】 この条約は、英語、ロシア語、フランス語、スペイン語及び中国語による本文をひとしく正文とし、寄託国政府に寄託するものとする。この条約の認証謄本は、寄託国政府が署名国及び加入国の政府に送付するものとする。

〔末文及び署名省略〕

●宇宙物体により引き起こされる損害についての国際的責任に関する条約《宇宙損害責任条約》〔抄〕

Convention on International Liability for Damage Caused by Space Objects

▼作成　1972年3月29日（ロンドン、モスクワ、ワシントン）　▼効力発生　1972年9月1日　▼日本国　1983年5月13日国会承認、6月20日加入書寄託、公布〔昭和58年条約第6号〕、発効

前文〔省略〕

第1条【定義】 この条約の適用上、
(a)　「損害」とは、人の死亡若しくは身体の傷害その他の健康の障害又は国、自然人、法人若しくは国際的な政府間機関の財産の滅失若しくは損傷をいう。
(b)　「打上げ」には、成功しなかつた打上げを含む。
(c)　「打上げ国」とは、次の国をいう。
　(i)　宇宙物体の打上げを行い、又は行わせる国
　(ii)　宇宙物体が、その領域又は施設から打ち上げられる国

(d)　「宇宙物体」には、宇宙物体の構成部分並びに宇宙物体の打上げ機及びその部品を含む。

第２条【無過失責任】打上げ国は、自国の宇宙物体が、地表において引き起こした損害又は飛行中の航空機に与えた損害の賠償につき無過失責任を負う。

第３条【過失責任】損害が一の打上げ国の宇宙物体又はその宇宙物体内の人若しくは財産に対して他の打上げ国の宇宙物体により地表以外の場所において引き起こされた場合には、当該他の打上げ国は、当該損害が自国の過失又は自国が責任を負うべき者の過失によるものであるときに限り、責任を負う。

第４条【第三国等に対する連帯責任】１　損害が一の打上げ国の宇宙物体又はその宇宙物体内の人若しくは財産に対して他の打上げ国の宇宙物体により地表以外の場所において引き起こされ、その結果、損害が第三国又はその自然人若しくは法人に対して引き起こされた場合には、これらの二の打上げ国は、当該第三国に対し、次に定めるところにより連帯して責任を負う。
　(a)　損害が当該第三国に対して地表において又は飛行中の航空機について引き起こされた場合には、当該二の打上げ国は、当該第三国に対し無過失責任を負う。
　(b)　損害が当該第三国の宇宙物体又はその宇宙物体内の人若しくは財産に対して地表以外の場所において引き起こされた場合には、当該二の打上げ国は、当該第三国に対し、いずれか一方の打上げ国又はいずれか一方の打上げ国が責任を負うべき者に過失があるときに限り、責任を負う。

２　１に定める連帯責任が生ずるすべての場合において、損害の賠償についての責任は、１に規定する二の打上げ国がそれぞれの過失の程度に応じて分担する。当該二の打上げ国のそれぞれの過失の程度を確定することができない場合には、損害の賠償についての責任は、当該二の打上げ国が均等に分担する。もっとも、責任の分担についてのこの規定は、連帯して責任を負ういずれか一の打上げ国又はすべての打上げ国に対し、第三国がこの条約に基づいて支払われるべき賠償の全額を請求する権利を害するものではない。

第５条【共同打上げの連帯責任】１　二以上の国が共同して宇宙物体を打ち上げる場合には、これらの国は、引き起こされるいかなる損害についても連帯して責任を負う。

２　損害について賠償を行った打上げ国は、共同打上げに参加した他の国に対し、求償する権利を有する。共同打上げの参加国は、その履行について連帯して責任を負う金銭上の債務の分担につき、取極を締結することができる。もっとも、この取極は、連帯して責任を負ういずれか一の打上げ国又はすべての打上げ国に対し、損害を被った国がこの条約に基づいて支払われるべき賠償の全額を請求する権利を害するものではない。

３　宇宙物体がその領域又は施設から打ち上げられる国は、共同打上げの参加国とみなす。

第６条【無過失責任の免除】１　損害の全部又は一部が請求国又は請求国により代表される自然人若しくは法人の重大な過失又は作為若しくは不作為（損害を引き起こすことを意図した作為若しくは不作為に限る。）により引き起こされたことを打上げ国が証明した場合には、その限度において無過失責任が免除される。ただし、２の規定が適用される場合は、この限りでない。

２　打上げ国の活動であって国際法（特に、国際連合憲章及び月その他の天体を含む宇宙空間の探査及び利用における国家活動を律する原則に関する条約を含む。）に適合しないものにより損害が引き起こされた場合には、いかなる免責も認められない。

第７条【条約の不適用】この条約は、打上げ国の宇宙物体により次の者に対して引き起こされた損害については、適用しない。
　(a)　打上げ国の国民
　(b)　宇宙物体の運行に参画している外国人（宇宙物体の打上げの時からその落下の時までの間のいずれの段階で参画しているかを問わない。）又は宇宙物体の打上げ国の招請により打上げ予定地域若しくは回収予定地域に隣接する地域に滞在している外国人

第８条【賠償請求の主体】１　損害を被った又は自国の自然人若しくは法人が損害を被った国は、当該損害の賠償につき、打上げ国に対し請求を行うことができる。

２　損害を被った自然人又は法人の国籍国が請求を行わない場合には、他の国は、その領域において当該自然人又は法人が被った損害につき、打上げ国に対し請求を行うことができる。

３　損害を被った自然人若しくは法人の国籍国又は自国の領域において損害が生じた国のいずれもが請求を行わない場合又は請求を行う意思を通告しない場合には、他の国は、自国に永住する者が被った当該損害につき、打上げ国に対し請求を行うことができる。

第９条【賠償請求の手続】損害の賠償についての請求は、外交上の経路を通じて打上げ国に対し行われる。当該打上げ国との間に外交関係がない国は、当該請求を当該打上げ国に提出すること又は他の方法によりこの条約に基づく自国の利益を代表することを他の国に要請することができる。当該打上げ国との間に外交関係がない国は、また、国際連合事務総長を通じて自国の請求を提出することができる（請求国及び打上げ国の双方が国際連合の加盟国である場合に限る。）。

第10条【賠償請求の期限】１　損害の賠償についての請求は、損害の発生の日又は損害につき責任を有する打上げ国を確認した日の後１年以内に限り、打上げ国に対し行うことができる。

２　１の規定にかかわらず、損害の発生を知らなかった国又は損害につき責任を有する打上げ国を確認することができなかった国は、その事実を知った日の後１年以内に限り、請求を行うことができる。ただし、請求を行うことができる期間は、いかなる場合にも、相当な注意を払うことによりその事実を当然に知ることができたと認められる日の後１年を超えないものとする。

3　期間に関する1及び2の規定は、損害の全体が判明しない場合においても、適用する。この場合において、請求国は、1及び2に定める期間が満了した後においても損害の全体が判明した後1年を経過するまでの間は、請求を修正し及び追加の文書を提出することができる。

第11条【他の救済措置との関係】　1　この条約に基づき打上げ国に対し損害の賠償についての請求を行う場合には、これに先立ち、請求国又は請求国により代表される自然人若しくは法人が利用することができるすべての国内的な救済措置を尽くすことは、必要としない。

2　この条約のいかなる規定も、国又は国により代表されることのある自然人若しくは法人が、打上げ国の裁判所、行政裁判所又は行政機関において損害の賠償についての請求を行うことを妨げるものではない。当該請求が打上げ国の裁判所、行政裁判所若しくは行政機関において又は関係当事国を拘束する他の国際取極に基づいて行われている間は、いずれの国も、当該損害につき、この条約に基づいて請求を行うことはできない。

第12条【賠償額の算定】　打上げ国が損害につきこの条約に基づいて支払うべき賠償額は、請求に係る自然人、法人、国又は国際的な政府間機関につき当該損害が生じなかったとしたならば存在したであろう状態に回復させる補償が行われるよう、国際法並びに正義及び衡平の原則に従つて決定される。

第13条【支払通貨】　賠償は、損害につきこの条約に基づいて賠償を行うべき国と請求国との間に他の形態による賠償の支払についての合意が成立する場合を除くほか、請求国の通貨により又は、請求国の要請がある場合には、損害につき賠償を行うべき国の通貨により支払う。

第14条【請求委員会の設置】　請求についての解決が、請求の文書を送付した旨を請求国が打上げ国に通報した日から1年以内に第9条に定める外交交渉により得られない場合には、関係当事国は、いずれか一方の当事国の要請により請求委員会を設置する。

第15条【請求委員会の請求】　1　請求委員会は、3人の委員で構成する。1人は請求国により、また、1人は打上げ国により任命されるものとし、議長となる第3の委員は、双方の当事国により共同で選定される。各当事国は、同委員会の設置の要請の日から2箇月以内に委員の任命を行う。

2　請求委員会の設置の要請の日から4箇月以内に議長の選定につき合意に達しない場合には、いずれの当事国も、国際連合事務総長に対し、2箇月以内に議長を任命するよう要請することができる。

第16条【委員の任命がなされない場合の措置】　1　いずれか一方の当事国が所定の期間内に委員の任命を行わない場合には、議長は、他方の当事国の要請により、自己を委員とする1人の委員から成る請求委員会を組織する。

2　請求委員会に生ずる空席（理由のいかんを問わない。）は、最初の委員の任命の際の手続と同様の手続により補充する。

3　請求委員会は、その手続規則を定める。

4　請求委員会は、会合の開催場所その他のすべての事務的な事項について決定する。

5　1人の委員から成る請求委員会が行う決定及び裁定の場合を除くほか、請求委員会のすべての決定及び裁定は、過半数による議決で行う。

第17条【請求委員会の委員数】〔省略〕

第18条【請求委員会による賠償額の決定】　請求委員会は、損害の賠償についての請求の当否を決定するものとし、また、賠償を行うべきであると認めた場合には、その額を決定する。

第19条【請求委員会の決定・裁定】　1　請求委員会は、第12条に定めるところに従つて活動する。

2　請求委員会の決定は、当事国が合意している場合には、最終的かつ拘束力のあるものとする。当事国が合意していない場合には、同委員会は、最終的で勧告的な裁定を示すものとし、また、当事国は、裁定を誠実に検討する。同委員会は、決定又は裁定につきその理由を述べる。

3　請求委員会は、できる限り速やかに、いかなる場合にもその設置の日から1年以内に決定又は裁定を行う。ただし、同委員会がこの期間の延長を必要であると認める場合は、この限りでない。

4　請求委員会は、決定又は裁定を公表する。同委員会は、決定又は裁定の認証謄本を各当事国及び国際連合事務総長に送付する。

第20条【請求委員会の費用】〔省略〕

第21条【被損害国に対する援助】　宇宙物体により引き起こされた損害が、人命に対して大規模な危険をもたらすもの又は住民の生活環境若しくは中枢部の機能を著しく害するものである場合において、損害を被つた国が要請するときは、締約国（特に打上げ国）は、損害を被つた国に対して適当かつ迅速な援助を与えることの可能性の有無について検討する。もつとも、この条の規定は、この条約に基づく締約国の権利又は義務に影響を及ぼすものではない。

第22条【国際組織への適用】　1　この条約において国に言及している規定は、第24条から第27条までの規定を除くほか、宇宙活動を行ういずれの国際的な政府間機関にも適用があるものとする。ただし、当該政府間機関がこの条約の定める権利及び義務の受諾を宣言し、かつ、当該政府間機関の加盟国の過半数がこの条約及び月その他の天体を含む宇宙空間の探査及び利用における国家活動を律する原則に関する条約の締約国である場合に限る。

2　この条約の締約国であつて1の政府間機関の加盟国であるものは、当該政府間機関が1の規定による宣言を行うことを確保するため、すべての適当な措置をとる。

3　国際的な政府間機関が損害につきこの条約に基づいて責任を負うこととなる場合には、当該政府間機関及び当該政府間機関の加盟国であつてこの条約の締約国

であるものは、次に定めるところにより連帯して責任を負う。
 (a) 損害の賠償についての請求は、最初に当該政府間機関に対し行われるものとする。
 (b) 損害の賠償として支払うことが合意され又は決定された金額を当該政府間機関が6箇月以内に支払わなかつた場合に限り、請求国は、当該政府間機関の加盟国であつてこの条約の締約国であるものに対し当該金額の支払を求めることができる。
4 1の規定による宣言を行つた政府間機関に与えた損害の賠償についての請求であつてこの条約に基づいて行われるものは、当該政府間機関の加盟国であつてこの条約の締約国であるものが行う。
第23条【他の国際取極との関係】 1 この条約は、効力を有している他の国際取極に対し、その締約国相互の間の関係に関する限り、影響を及ぼすものではない。
2 この条約のいかなる規定も、諸国がこの条約の規定を再確認し、補足し又は拡充する国際取極を締結することを妨げるものではない。
第24条【署名、加入、批准、効力発生、寄託、登録】〔省略〕
第25条【改正】〔省略〕
第26条【検討の会議】この条約の効力発生の10年後に、この条約の過去における適用状況に照らしてこの条約の改正が必要であるかないかを審議するため、この条約の検討の問題を、国際連合総会の仮議事日程に含める。ただし、この条約の効力発生の後5年を経過した後はいつでも、締約国の3分の1以上の要請により、締約国の過半数の同意を得て、この条約を検討するための締約国の会議が招集される。
第27条【脱退】〔省略〕
第28条【正文、寄託】〔省略〕

●月その他の天体における国家活動を律する協定《月協定》〔抜粋〕

Agreement Governing the Activities of States on the Moon and Other Celestial Bodies
▼採択 1979年12月5日（国連第34回総会） ▼署名開放 1979年12月18日 ▼効力発生 1984年7月11日 ▼日本国

第1条【適用範囲】 1 この協定の月に関する規定は、その天体のいずれかに関する特別の法規範が効力を生ずる場合を除き、地球以外の太陽系の他の天体にも適用するものとする。
2 この協定の適用上、月には、月を周回する軌道、月又は月の周回軌道に到達するその他の飛行経路、を含む。
3 この協定は、自然の作用により地球の表面に到達する地球外物質には適用しない。
第2条【国際法の遵守】月の探査及び利用を含む月におけるすべての活動は、国際法（とりわけ国際連合憲章）に従い、国際の平和及び安全を維持しかつ国際協力及び相互理解を促進するために、1970年10月24日に国際連合総会が採択した国際連合憲章に従った国家間の友好関係及び協力についての国際法の原則に関する宣言を考慮し、他のすべての当事国の対応する利益に妥当な考慮を払って、実施するものとする。
第3条【軍事的利用の禁止】 1 月は、もっぱら平和的目的のために、すべての当事国によって利用されるものとする。
2 月におけるいかなる武力による威嚇、武力の行使その他のいかなる敵対行為又は敵対行為の威嚇も、禁止される。同様に、地球、月、宇宙船、宇宙船の要員若しくは人工宇宙物体に関していずれかのそのような行為を行い又はいずれかのそのような威嚇を加えるために月を利用することも禁止される。
3 当事国は、核兵器若しくはその他の種類の大量破壊兵器を運ぶ物体を月を周回する軌道、月又は月の周回軌道に到達するその他の飛行経路に乗せないものとし、これらの兵器を月面上若しくは月内部に配置し又は月面上若しくは月内部で使用しないものとする。
4 月面上における軍事基地、軍事施設及び防備施設の設置、あらゆる型の兵器の実験並びに軍事演習の実施は禁止する。科学的研究その他の平和的目的のために軍の要員を使用することは禁止しない。月の平和的探査及び利用のために必要なすべての装備又は設備を使用することも、また禁止しない。
第4条【探査・利用の原則】 1 月の探査及び利用は、全人類に認められる活動分野であり、すべての国の利益のために、その経済的又は科学的発展の程度にかかわりなく行われるものである。国際連合憲章に従って現在及び将来の世代の利益に対して並びに一層高度な生活水準及び経済的社会的進歩発展の条件を促進する必要性に対して妥当な考慮が払われるものとする。
2 当事国は、月の探査及び利用に関するすべての活動において、協力及び相互援助の原則に従うものとする。この協定を実施する際には国際協力が可及的広範になされるべきであり、かつ、多国間ベース、二国間ベースにより又は政府間国際機関を通じて、行われるものとする。
第6条【科学的調査】 1 月における科学的調査は、すべての当事国がいかなる種類の差別もなく、平等の基礎に立ち、かつ、国際法に従って自由に行うことができる。
2 科学的調査を実施するうえで、また、この協定の規定を促進するうえで、当事国は、月の鉱物その他の物質の見本を月面上において採取し月から持ち去る権利を有する。そのような見本は、見本を採取させた当事国の処分に委ねられるものとし、その国は、当該見本を科学的目的のために利用することができる。当事国は、科学的調査のため他の関心を有する当事国及び国際科学界にこのような見本の一部を利用させる要望点

を考慮する。当事国はまた、科学的調査の過程において、自国の飛行任務の支援のために適量の月の鉱物その他の物質を利用することができる。
3　当事国は、実行可能な最大限度まで月に派遣する又は月で滞在する科学的要員及びその他の要員の交流が望ましいことに合意する。

第7条【環境の維持】　1　当事国は、月の探査及び利用を行ううえで、月の環境の悪化をもたらすことにより又は環境外物質の導入による月の有害な汚染により又はその他の方法による月の環境の現存する均衡の破壊を防止する措置をとるものとする。当事国は、また、地球外物質の持込みその他の方法による地球の環境への有害な影響を防止する措置をとるものとする。
2　当事国は、国際連合事務総長に対し、本条1に従って自国がとった措置を通報するとともに、実行可能な最大限度まで、月において自国が行ったすべての放射性物質の設置及びその設置目的について事前に通報するものとする。
3　当事国は、他の当事国の権利を侵害することなく、特別な科学的関心を有する月の区域が関係国際連合機関と協議したうえで特別な保護取決めが合意されるべき国際的科学的保存地域として指定されるべく考慮が払われるよう他の当事国及び国際連合事務総長に対し、当該区域について、報告するものとする。

第9条【基地の設置】　1　当事国は、月面上に有人及び無人の基地を設置することができる。基地を設置する当事国は、その基地に必要な区域に限って使用するものとし、国際連合事務総長に対し、直ちに当該基地の場所及び目的を通報するものとする。当該当事国はまた、引き続き、1年毎に、国際連合事務総長に対し、当該基地が継続して使用されているか、その目的が変更されたかについて情報を提供するものとする。
2　基地は、この協定の規定又は月その他の天体を含む宇宙空間の探査及び利用における国家活動を律する原則に関する条約の第1条の規定に従って、月における活動を行う他の当事国の要員、宇宙飛行機及び装備による月のすべての地域への自由な立入りを侵害しないように、設置されるものとする。

第11条【人類の共同遺産】　1　月及びその天然資源は人類の共同遺産であり、このことはこの協定の規定とりわけ本条5の規定に表現される。
2　月は、いかなる主権の主張、使用若しくは占拠又はその他いかなる手段によっても国家による取得の対象とはならない。
3　月の表面若しくは表面下又は月若しくは存在する天然資源のいかなる部分も、いずれの国家、政府間国際機関、非政府間国際機関、国家機関、非政府団体又はいずれの自然人の所有にも帰属しない。月の表面若しくは表面下に接続する構築物を含む月の表面上又は表面下に対する要員、宇宙飛行機、装備、設備、基地、施設の配置は、月の表面又は表面下若しくはそのいずれの区域に対する所有権をも生ずるものではない。この規定は、本条5に述べられている国際制度を害するものではない。

4　当事国は、いかなる種類の差別もなく、平等の基礎に立ち、かつ国際法及びこの協定の文言に従って、月の探査及び利用の権利を有する。
5　この協定の当事国は、月の天然資源の開発がまさに実行可能となるときには適当な手続を含め、月の天然資源の開発を律する国際制度を設立することをここに約束する。この規定は、この協定の第18条に従って実施されるものとする。
6　本条5に述べられた国際制度の設立を促進するため、当事国は、国際連合事務総長並びに公衆及び国際科学界に対し、実行可能な最大限度まで、月において発見するすべての天然資源について通知するものとする。
7　設立される国際制度の主要な目的には、次のものを含む。
(a)　月の天然資源の秩序ある安全な開発
(b)　月の天然資源の合理的な管理
(c)　月の天然資源の使用の機会の増大
(d)　月の天然資源から得られる利益のすべての当事国による公平な分配、但しこの分配には開発途上国の利益及び必要並びに月の探査に直接又は間接に貢献する国家の努力に特別な考慮が払われるものとする。
8　月の天然資源に関するすべての活動は、本条7に規定される諸目的及び第6条2の規定に適合する方法で実施されるものとする。

第12条【管轄権及び管理】　1　当事国は、月における自国の要員、宇宙飛行機、装備、設備、基地及び施設に対する管轄権及び管理の権限を有する。宇宙飛行機、装備、設備、基地及び施設の所有権は、それらが月上にあることによって影響を受けない。
2　宇宙飛行機、施設及び装備又はそれらの構成部分は、意図された場所以外の場所で発見されたときは、宇宙飛行士の救助及び送還並びに宇宙空間に打ち上げられた物体の返還に関する協定第5条に従って取り扱われるものとする。
3　当事国は、人命に対する脅威を含む緊急事態の場合には、月における他の当事国の装備、宇宙飛行機、設備、施設又は供給物資を使用することができる。そのような使用は、国際連合事務総長又は関係当事国に速やかに通報されるものとする。

第14条【国際的責任】　1　この協定の当事国は、月における自国の活動について、それが政府機関によって行われるか、非政府団体によって行われるかを問わず、国際的責任を有し、自国の活動がこの協定に従って行われることを確保する国際的責任を有する。当事国は、自国の管轄下にある非政府団体の月における活動が関係当事国の許可及び継続的監督の下においてのみ行われることを確保するものとする。
2　当事国は、月における活動の進展の結果、月その他の天体を含む宇宙空間の探査及び利用における国家活動を律する原則に関する条約及び宇宙物体により引き起こされる損害についての国際的責任に関する条約の規定に加えて、月において引き起こされる損害に対す

る責任に関する詳細な取極の必要が生ずることを認識する。この取極は、すべてこの協定第18条に定める手続に従って作成されるものとする。
第15条【施設の開放・当事国の協議】 1 各当事国は、月の探査及び利用における他の当事国の活動が、この協定の規定に従っていることを確認することができる。そのような目的のため、月におけるすべての宇宙飛行機、装備、設備、基地及び施設は他の当事国に開放されるものとする。これらの当事国は、適当な協議が行われるため及び訪問先における安全を確保し、かつ、そこでの正常な作業に対する干渉を避けるように最大限の予防措置がとられるために、訪問計画につき合理的な事前通告を行うものとする。本条の履行において、いかなる当事国も、単独で若しくは他のいずれかの当事国の全面的若しくは部分的な援助を得て又は国際連合の枠内においてかつ国際連合憲章に従い適当な国際的手続により行動することができる。
2 当事国は、他の当事国がこの協定に従って課せられた義務を履行していないと信ずる理由があるとき又は他の当事国がこの協定の下に有する自国の権利に干渉していると信ずる理由があるときは、その当事国との協議を要請することができる。協議への要請を受理した当事国は、遅滞なく協議を開始するものとする。参加を要請する他のいずれの当事国も協議に参加する権利を有する。協議に参加する各当事国は、いずれの争いについても相互に受け入れ可能な解決をめざすものとし、かつすべての当事国の権利と利益に留意する

ものとする。国際連合事務総長は、協議の結果について情報の提供を受けるものとし、受理した情報をすべての関係当事国に伝達するものとする。
3 協議によって、すべての当事国の権利及び利益に妥当な考慮が払われた相互に受け入れ可能な解決に達しない場合には、関係当事国は、紛争の状況及び性質に相応しい他の平和的手段を自ら選択し、当該紛争を解決するあらゆる措置をとるものとする。協議の開始について困難が生じた場合、又は、協議によって相互に受け入れ可能な解決に達しなかった場合には、争いを解決するために、いかなる当事国も他の関係当事国の同意を求めることなく、国際連合事務総長の援助を求めることができる。他の関係当事国と外交関係を有しない当事国は、その選択により、自ら、又は他の当事国若しくは国際連合事務総長を仲介者として、協議に参加するものとする。
第16条【国際機関への適用】この協定において国に言及している規定は、第17条から第21条までを除き、宇宙活動を行う政府間国際機関にも適用するものとする。但し、当該国際機関がこの協定に規定する権利及び義務の受諾を宣言し、かつ当該国際機関の加盟国の過半数がこの協定及び月その他の天体を含む宇宙空間の探査及び利用における国家活動を律する原則に関する条約の当事国である場合に限る。この協定の当事国であるそのような国際機関の加盟国は、当該国際機関が本条の規定に従って宣言を行うことを確保するため、すべての適当な措置をとるものとする。

◆ 国際化区域 ◆
●ダニューブ河の航行制度に関する条約〔抜粋〕
Convention concerning the Regime of Navigation on the Danube
▼署名 1948年8月18日（ベオグラード） ▼効力発生 1949年5月11日

第1章 一般規定
第1条【航行の自由】ダニューブ河の航行は、自由であり、且つ、入港税及び航行料金並びに通商上の航行に課せられる条件に関し平等の基礎において、あらゆる国の国民、商船及び貨物のために開放される。
　右の規定は、同一国の港の間の取引には適用されない。
第2条【適用範囲】この条約により設けられる制度は、ウルムからスーリナ運河による海への出口とともに、スーリナの支流に沿って黒海に至るダニューブ河の航行可能な部分に適用される。
第3条【航行条件の維持】ダニューブ河沿河国は、ダニューブ河の警備区域を河川船舶の航行が可能な状態に維持し、海上船舶に適する区域に関しては、航行の条件を保障し且つ改良するのに必要な工事を実施し、ダニューブ河の航行可能の水路における航行を阻止又

は妨害しないことを約束する。ダニューブ河沿河国は、ダニューブ河委員会（第5条）とともに、この条に定められた内容について協議する。
　沿河国は、各自の国境内において、不時の且つ緊急の事態により必要とする工事で、航行に関する要求を保障することを目的とするものを計画する権利を有する。但し、右の国は、右の工事の原因となった理由を委員会に通告し、且つ簡単な図形面を提出しなければならない。

第2章 組織に関する規定
第1節 ダニューブ河委員会
第5条【構成】ダニューブ河委員会が設立され、以下「委員会」といわれる。委員会は、各1名のダニューブ河沿河国の代表者で構成する。
第8条【管轄と権限】委員会の管轄は、第2条に定められているダニューブ河に及ぶ。委員会の権限は、次の

253

とおりである。
- (イ) この条約の規定の実施を監督すること。
- (ロ) ダニューブ河沿河国及び特別河川管理部（第20条及び第21条）により提出された提案及び計画に基づいて、航行の利益のための大工事の一般計画を立てること、並びに右の事業に要する費用の見積りを立てること。
- (ハ) 第4条に定められている場合に、工事を実施すること。
- (ニ) 技術上及び経済上の利益、計画並びに当該国の能力を考えて、この条の(ロ)の工事の実施に関してダニューブ河沿河国と協議し、これに勧告を行うこと。
- (ホ) 特別河川管理部（第20条及び第21条）と協議し、これらに勧告を行い、且つこれらと情報の交換を行うこと。
- (ヘ) ダニューブ河の航行可能の河流に、航行可能の水路の整備の統一組織を樹立し、個々の警備区域の特殊条件を考慮して、水先案内業務の規定を含むダニューブ河の航行に関する基本規定を定めること。
- (ト) 河川警備規程を統一すること。
- (チ) ダニューブ河に関する水上気象上の業務の活動を調整し、特別の水学上の報告並びにダニューブ河に対する短期及び長期の水学上の予報を公表すること。
- (リ) 委員会の権限に属する問題の範囲内で、ダニューブ河の航行に関する統計上の事実を集めること。
- (ヌ) 航行の諸要求のために、参考資料、河川航行図の細図及び地図を刊行させること。
- (ル) 委員会の予算を作成し、承認し、第10条に定められた関税を設定し、これを徴収すること。

第11条【表決】 委員会の決議は、この条約に定める特別の場合（第10条、第12条及び第13条）を除いては、全委員の投票の過半数による。委員会の定員は、5名である。

第2節　特別河川管理部

第3章　航行制度

第1節　航行

第24条【船舶の権利】 ダニューブ河を航行する船舶は、当該ダニューブ河沿河国により設けられた制度に従うという条件で、入港し、そこで荷積及び荷卸の作業を行い、旅客を乗船させ及び下船させ、燃料を補給し、糧食を補充する等の権利を有する。

第25条【旅客と貨物の輸送】 旅客及び貨物の地方的輸送並びに同一国の港の間の輸送は、前記のダニューブ河沿河国の国内法規に従ってのみ、他国旗のために開かれる。

第26条【関税、衛生、警察】 ダニューブ河において実施させている衛生及び警察諸法規は、国旗による差別なく、船舶の出港地、その目的地又は他の理由により適用される。

ダニューブ河における関税、衛生及び河川の監督の任務は、ダニューブ河沿河国によって履行される。右の国は、委員会が関税制度及び衛生制度の統一に協力し、河川監督制度を統一しうるために（第8条(ト)）、自国が設けた制度を委員会に通知する。

関税、衛生及び警察制度は、その性質上、航行を妨害しないようにしなければならない。

第30条【軍艦の航行の禁止】 ダニューブ河の航行は、すべてのダニューブ河に沿わない国の軍艦には禁止される。

ダニューブ河に沿う国の軍艦は、その艦船が国旗を掲げている国の国境外においてダニューブ河を航行することはできない。但し、関係ダニューブ河沿河国内にあらかじめ了解があるときは、この限りでない。

第2節　水先案内

第4章　航行を保障するために必要な費用の徴収方法

第5章　最終規定

●スエズ運河の自由航行に関する条約〔抄〕
Convention Respecting the Free Navigation of the Suez Maritime Canal

▼署名　1888年10月29日（コンスタンティノープル）　▼効力発生　1888年12月22日

オーストリア皇帝陛下〔以下締約国元首名省略〕は、条約の締結によりスエズ海水運河の自由な使用をすべての時において且つすべての国に対し確保するための確定的制度を樹立し、もってエジプト国王殿下の特許を裁可したトルコ帝国皇帝陛下の1866年2月22日付の命令に基づく右の運河の航行に関する制度を完成しようと希望し、その全権委員を次のように任命した。〔全権委員名省略〕

よって各全権委員は、互いにその全権委任状を示し、これが良好妥当であることを認めた後、次の諸条を協定した。

第1条【航行の自由】 スエズ海水運河は、国旗の区別なくすべての商船及び軍艦に対し、平時においても戦時においても、常に自由であり、且つ、開放される。

よって締約国は、平時においても戦時においても、運河の自由な使用をいかなる方法をもっても阻害しないことを約束する。

運河は、絶対に封鎖権の行使に服せしめられることはない。

第2条【運河の安全】 締約国は、淡水運河が海水運河に欠くことができないものであることを認め、淡水運河に関するエジプト国王殿下の万国スエズ運河会社に対

スエズ運河の自由航行に関する条約

する約束を了承する。右の約束は、1863年3月18日付の条約中に規定され、序文及び4箇条からなる。

締約国は、その機能がいかなる妨害計画の対象ともされてはならない右の運河及びその支線の安全を、いかなる方法をもっても侵害しないことを約束する。

第3条【諸施設の尊重】 締約国はまた、海水運河及び淡水運河の材料、設備、建物及び工事を尊重することを約束する。

第4条【敵対行為の禁止】 海水運河は、この条約の第1条の規定により戦時においても自由航路として交戦国の軍艦に対して依然として開放されるので、締約国は、たとえトルコ帝国が交戦国の一となる場合でも、運河及びその出入港並びに出入港から3海里の範囲内で、いかなる交戦権もいかなる敵対行為もまた運河の自由航行の妨害を目的とするいかなる行為も行わないことを約束する。

交戦国の軍艦は、運河及びその出入港内で、糧食又は需品を補給することができない。但し、厳に必要な範囲内で行うときはこの限りではない。このような軍艦は、現行規則に従い最もすみやかに運河を通過しなければならず、荷役の必要に基づく場合の外は、停止することができない。

前記の軍艦のポートサイド及びスエズ碇泊所内での滞留は、24時間をこえることができない。但し、海難の場合にはこの限りではない。この場合でもなるべくすみやかに出発しなければならない。一の出入港からの交戦国の船舶の出発とその敵国に属する船舶の出発との間には、常に24時間の間隔を保たなければならない。

第5条【戦時における軍用のための陸揚】 戦時において、交戦国は、運河及びその出入港内で軍隊、武器又は軍用材料を陸揚げ又は搭載することができない。但し、運河内で不時の障害を生じた場合には、1千名をこえない部隊に分けた軍隊をこれに伴う軍用材料とともに搭載し又は陸揚げすることができる。

第6条【捕獲された船舶の待遇】 捕獲された船舶は、すべての関係において交戦国の軍艦と同一の制度に従うものとする。

第7条【軍艦の滞留】 各国は、運河の水流（タムサ湖及びビッター湖を含む。）内にいかなる軍艦も止めおくことができない。

但し、ポートサイド及びスエズの出入港内には、各国2隻をこえない数の軍艦を止めおくことができる。

右の権利は、交戦国によって行使されることができない。

第8条【署名国代表者の任務】 この条約の署名国のエジプトにある代表者は、この条約の執行を監視する任務を有する。運河の安全又は自由な通航が脅威を受けるすべての場合には、右の代表者は、その中の3名の招集により首席代表者の司会の下に会合して、必要な検証手続を行わなければならない。右の代表者は、知ることができた危険をエジプト国政府に通知し、同政府をして運河の保護及び自由な使用を確保するのに適当な措置を執らせなければならない。

右の代表者は、条約の適当な執行を確かめるために、いかなる事情があっても、1年に1回会議を開かなければならない。右の会議は、トルコ帝国政府がそのために任命した特別委員によって司会される。エジプト国代表者もまた右の会議に参加し、トルコ帝国委員の欠席した場合には、これを司会することができる。

右の代表者は、特に運河の各岸におけるすべての工事又は会合であってその目的又は結果が航行の自由及び完全な安全を阻害するものの差止め又は解散を要求しなければならない。

第9条【エジプト国政府の責任】 エジプト国政府は、トルコ帝国皇帝陛下の命令に基づくその権能の範囲内で、且つこの条約により規定された条件により、この条約の執行を尊重させるために必要な措置を執らなければならない。

エジプト国政府は、その執るべき充分な方法を有しないときは、トルコ帝国政府に要求しなければならず、トルコ帝国政府は、この要求に応ずるために必要な措置を執り、且つ、1885年3月17日のロンドン宣言の他の署名国にこれを通知し、必要に応じこの問題についてそれらの諸国と協議しなければならない。

第4条、第5条、第7条及び第8条の規定は、この条によって執らるべき措置を妨げるものではない。

第10条【兵力行使の範囲】 同様に第4条、第5条、第7条及び第8条の規定は、トルコ帝国皇帝陛下及びエジプト国王殿下が、トルコ帝国皇帝陛下の名においても且つトルコ帝国皇帝陛下の命令の範囲内で、各自の兵力により、エジプト国の防衛及び公の秩序の維持を確保するために、必要に応じて執るべき措置を妨げるものではない。

トルコ帝国皇帝陛下又はエジプト国王殿下がこの条により規定された除外例を用いることを必要と認めた場合には、トルコ帝国政府は、これをロンドン宣言の署名国に通知しなければならない。

同様に前記4条の規定は、いかなる場合にも、トルコ帝国政府がその紅海の東岸にある他の領地の防衛を自己の兵力により確保するために執ることを必要と信ずる措置を妨げるものではない。

第11条【兵力行使の制限】 この条約の第9条及び第10条により規定された場合に執られるべき措置は、運河の自由な使用を妨げることができない。

同一の場合において、第8条の規定に反する永久的要塞の建設は、禁止される。

第12条【特権の禁止】〔省略〕
第13条【エジプト国の権利】〔省略〕
第14条【特許条例の存続期間と条約の効力】〔省略〕
第15条【衛生措置】〔省略〕
第16条【加入】〔省略〕

255

●パナマ運河の永久中立と運営に関する条約（パナマ共和国—アメリカ合衆国）

Treaty concerning the Permanent Neutrality and Operation of the Panama Canal

▼署名　1977年9月7日（ワシントン）　▼効力発生　1979年10月1日

アメリカ合衆国とパナマ共和国は、以下のとおり合意した。

第1条（運河の永久中立）　パナマ共和国は、国際水路としてこの運河がこの条約の定める制度に従い、永久に中立であることを宣言する。

パナマ共和国領域内に今後一部又は全部が建設されることのある他の国際水路にも、同じ中立の制度が適用される。

第2条（中立の平等・無差別）　パナマ共和国は、平時においても戦時においても、あらゆる国の船舶の平和的通航に対して、完全な平等の条件のもとで、運河が安全に開放されることを確保するために、運河の中立を宣言する。したがって、いかなる国、その市民あるいは臣民に対しても、また他のいかなる理由によっても、通航の条件あるいは料金に関して、差別はないものとし、また、パナマ運河、したがってパナマ地峡は、世界の他の国の間のいかなる武力紛争によっても復仇の対象とされてはならない。ただし、次の諸条件に従うものとする。

(a) 通航とその付随業務に関する通航料その他の料金であって、第3条(c)に定められたものの支払
(b) 第3条の規定によって適用される規定及び規則の遵守
(c) 通航中の船舶は、運河内にある間いかなる敵対行為も行わないという条件
(d) この条約で設定されるその他の条件及び制限

第3条（通航の規則）　1　運河の安全と効率と適正な維持のために、次の規則を適用する。

(a) 運河は、運河通航の諸条件に従い、また、公正・衡平かつ合理的な規定又は規則であって、運河の安全航行と効率的衛生的運営に不可欠なものに従い、効率的な運営がなされるものとする。
(b) 運河通航に必要な付随業務が提供される。
(c) 通航とその付随業務のための通航料その他の料金は、公正かつ合理的で国際法の諸原則に合致するものとする。
(d) 通航の前提条件として、船舶に対し、運河通過中の船舶の作為又は不作為から生ずる損害について、国際的な慣行と基準に一致する合理的で充分な損害賠償の支払に対し、金銭上の責任と保障を明確にするよう、要求することができる。国家が所有し又は運営する船舶あるいは国家が責任を負うことを認めた船舶については、当該船舶の運河通過中の作為又は不作為から生ずる損害の賠償支払に関する国際法上の義務のその国による遵守を明らかにする当該国家の証明書をもって、前記金銭上の責任を充分に明確にしたものとみなす。
(e) すべての国の軍艦及び補助艦艇は、その艦内の管理、推進の手段、出発地、目的地、装備のいかんにかかわりなく、また、通航の条件として、検査、捜索、監視に服することなく、いつでも運河通航の権利を有する。ただし、これらの艦船に対しては、衛生、保健、検疫に適用されるすべての規則を遵守していることの証明を求めることができる。これらの艦船は、艦内の管理、出発地、装備、搭載貨物、目的地を明らかにすることを拒否する権利を有する。ただし、補助艦艇に対しては、これらの艦艇が免除を要求する国の政府によって所有または管理され、かつ、現に政府の非商業的業務にもっぱら使用されていることの、当該国政府の高級官憲の証明する書面の保証の提示を求めることができる。

2　この条約の目的上、「運河」、「軍艦」、「補助艦艇」、「内部の管理」、「装備」、「検査」の語は、この条約の附属書Aに示される意義を有するものとする。

第4条（永久中立の維持）　アメリカ合衆国とパナマ共和国は、この条約の設定する中立制度の維持に合意する。この中立制度は運河を永久に中立とするために維持されるものとし、両締約国間に有効な他のいかなる条約の失効によっても影響を受けない。

第5条（運河条約失効後の運河運営）　パナマ運河条約の失効後は、パナマ共和国のみが運河を運営し、その領域内にある軍事力、防衛基地、軍事施設を維持する。

第6条（両当事国軍艦その他の通航）　1　アメリカ合衆国とパナマ共和国の軍艦と補助艦艇は、運河の建設・管理・維持・保護と防衛に対し、この両国が重要な貢献をしていることを認め、この条約の他の規定にかかわることなく、艦内管理・推進手段・出発地・目的地・装備・搭載貨物のいかんと関係なく、運河通航の権利を有する。これらの軍艦と補助艦艇は運河を迅速に通航することができる。

2　アメリカ合衆国は、自国が運河の管理の責任を有する期間中、コロンビア共和国に対し、その軍隊、船舶、軍用物資の無料の通航を引き続いて認めることができる。右の期間以後は、パナマ共和国が、コロンビア共和国とコスタ・リカ共和国に対し、無料通航の権利を認めることができる。

第7条（附属議定書）　1　アメリカ合衆国とパナマ共和国は、この条約に附属する議定書を世界のすべての国の加入に開放する旨の決議を米州機構（OAS）において共同で提案する。これによって、すべての署名国は、この条約の目的に賛同し、そこに規定される中立制度の尊重に同意することになる。

2　米州機構は、この条約とその関連文書の寄託機関として行動する。

第8条（批准、効力発生）　この条約は、両当事国の憲法上の手続により批准されなければならない。この条約の批准書は、同じこの日に署名された「パナマ運河条約」と同時にパナマで交換される。この条約は、批准

書交換の日から6か月後に「パナマ運河条約」と同時に発効する。

●パナマ運河の永久中立と運営に関する条約の附属議定書
Protocol to the Treaty concerning the Permanent Neutrality and Operation of the Panama Canal
▼日本国

パナマ運河の中立の維持は、アメリカ合衆国とパナマ共和国の通商と安全に対してのみならず、西半球の平和と安全ならびに世界の通商の利益に対しても、重要性をもつので、

アメリカ合衆国とパナマ共和国がその維持を合意した中立制度は、完全な平等の基礎においてすべての国の船舶による運河の永久の利用を確保するものであるので、かつ、

この実効的な中立の制度は、運河の最善の保護を意味し、また、運河に対する敵対的行動の絶無を確保するものであるので、

この議定書の締約国は次のとおり協定した。

第1条【運河の永久中立の承認】 締約国は、「パナマ運河の永久中立と運営に関する条約」により設立された運河の永久中立の制度を承認し、その目的に賛同する。

第2条【永久中立の尊重と自国船の遵守確保】 締約国は、戦時及び平時のいずれにおいても、運河の永久中立の制度を遵守尊重し、自国登録の船舶による適用法規の忠実な遵守を確保することに同意する。

第3条【加入・効力発生】 この議定書は、世界のすべての国の加入のために開放され、加入書を米州機構（OAS）事務総長に寄託した時に、当該国について効力を生ずる。

●南極条約〔抄〕
The Antarctic Treaty

▼署名　1959年12月1日（ワシントン）　▼効力発生　1961年6月23日　▼日本国　1960年7月15日国会承認、8月4日批准書寄託、61年6月23日発効、6月24日公布〔昭和36年条約第5号〕

アルゼンティン、オーストラリア、ベルギー、チリ、フランス共和国、日本国、ニュー・ジーランド、ノールウェー、南アフリカ連邦、ソヴィエト社会主義共和国連邦、グレート・ブリテン及び北部アイルランド連合王国及びアメリカ合衆国の政府は、

南極地域がもっぱら平和的目的のため恒久的に利用され、かつ、国際的不和の舞台又は対象とならないことが、全人類の利益であることを認め、

南極地域における科学的調査についての国際協力が、科学的知識に対してもたらした実質的な貢献を確認し、

国際地球観測年の間に実現された南極地域における科学的調査の自由を基礎とする協力を継続し、かつ、発展させるための確固たる基礎を確立することが、科学上の利益及び全人類の進歩に沿うものであることを確信し、

また、南極地域を平和的目的のみに利用すること及び南極地域における国際間の調和を継続することを確保する条約が、国際連合憲章に掲げられた目的及び原則を助長するものであることを確信して、

次のとおり協定した。

第1条【軍事的利用の禁止】 1　南極地域は、平和的目的のみに利用する。軍事基地及び防備施設の設置、軍事演習の実施並びにあらゆる型の兵器の実験のような軍事的性質の措置は、特に、禁止する。

2　この条約は、科学的研究のため又はその他の平和的目的のために、軍の要員又は備品を使用することを妨げるものではない。

第2条【科学的調査の自由と協力】 国際地球観測年の間に実現された南極地域における科学的調査の自由及びそのための協力は、この条約の規定に従うことを条件として、継続するものとする。

第3条【科学的調査についての国際協力】 1　締約国は、第2条に定めるところにより南極地域における科学的調査についての国際協力を促進するため、実行可能な最大限度において、次のことに同意する。
 (a) 南極地域における科学的計画の最も経済的なかつ能率的な実施を可能にするため、その計画に関する情報を交換すること。
 (b) 南極地域において探検隊及び基地の間で科学要員を交換すること。
 (c) 南極地域から得られた科学的観測及びその結果を交換し、及び自由に利用することができるようにすること。

2　この条の規定を実施するに当たり、南極地域に科学的又は技術的関心を有する国際連合の専門機関及びその他の国際機関との協力的活動の関係を設定することを、あらゆる方法で奨励する。

第4条【領土主権・請求権の凍結】 1　この条約のいかなる規定も、次のことを意味するものと解してはならない。
 (a) いずれかの締約国が、かつて主張したことがある南極地域における領土主権又は領土についての請求権を放棄すること。

(b) いずれかの締約国が、南極地域におけるその活動若しくはその国民の活動の結果又はその他の理由により有する南極地域における領土についての請求権の基礎の全部又は一部を放棄すること。
(c) 他の国の南極地域における領土主権、領土についての請求権又はその請求権の基礎を承認し、又は否認することについてのいずれかの締約国の地位を害すること。

2 この条約の有効期間中に行なわれた行為又は活動は、南極地域における領土についての請求権を主張し、支持し、若しくは否認するための基礎をなし、又は南極地域における主権を設定するものではない。南極地域における領土についての新たな請求権又は既存の請求権の拡大は、この条約の有効期間中は、主張してはならない。

第5条【核爆発・放射性廃棄物の処分の禁止】 1 南極地域におけるすべての核の爆発及び放射性廃棄物の同地域における処分は、禁止する。

2 核の爆発及び放射性廃棄物の処分を含む核エネルギーの利用に関する国際協定が、第9条に定める会合に代表者を参加させる権利を有するすべての締約国を当事国として締結される場合には、その協定に基づいて定められる規則は、南極地域に適用する。

第6条【適用地域】 この条約の規定は、南緯60度以南の地域（すべての氷だなを含む。）に適用する。ただし、この条約のいかなる規定も、同地域内の公海に関する国際法に基づくいずれの国の権利又は権利の行使をも害するものではなく、また、これらにいかなる影響をも及ぼすものではない。

第7条【監視員と査察】 1 この条約の目的を促進し、かつ、その規定の遵守を確保するため、第9条にいう会合に代表者を参加させる権利を有する各締約国は、この条に定める査察を行なう監視員を指名する権利を有する。監視員は、その者を指名する締約国の国民でなければならない。監視員の氏名は、監視員を指名する権利を有する他のすべての締約国に通報し、また、監視員の任務の終了についても、同様の通告を行なう。

2 1の規定に従つて指名された各監視員は、南極地域のいずれかの又はすべての地域にいつでも出入する完全な自由を有する。

3 南極地域のすべての地域（これらの地域におけるすべての基地、施設及び備品並びに南極地域における貨物又は人員の積卸し又は積込みの地点にあるすべての船舶及び航空機を含む。）は、いつでも、1の規定に従つて指名される監視員による査察のため開放される。

4 監視員を指名する権利を有するいずれの締約国も、南極地域のいずれかの又はすべての地域の空中監視をいつでも行なうことができる。

5 各締約国は、この条約がその国について効力を生じた時に、他の締約国に対し、次のことについて通報し、その後は、事前に通告を行なう。
(a) 自国の船舶又は国民が参加する南極地域向けの又は同地域にあるすべての探検隊及び自国の領域内で組織され、又は同領域から出発するすべての探検隊

(b) 自国の国民が占拠する南極地域におけるすべての基地
(c) 第1条2に定める条件に従つて南極地域に送り込むための軍の要員又は備品

第8条【裁判権】 1 この条約に基づく自己の任務の遂行を容易にするため、第7条1の規定に基づいて指名された監視員及び第3条1(b)の規定に基づいて交換された科学要員並びにこれらの者に随伴する職員は、南極地域におけるその他のすべての者に対する裁判権についての締約国のそれぞれの地位を害することなく、南極地域にある間に自己の任務を遂行する目的をもつて行なつたすべての作為又は不作為については、自己が国民として所属する締約国の裁判権にのみ服する。

2 1の規定を害することなく、南極地域における裁判権の行使についての紛争に関係する締約国は、第9条1(e)の規定に従う措置が採択されるまでの間、相互に受諾することができる解決に到達するため、すみやかに協議する。

第9条【締約国の会合】 1 この条約の前文に列記する締約国の代表者は、情報を交換し、南極地域に関する共通の利害関係のある事項について協議し、並びに次のことに関する措置を含むこの条約の原則及び目的を助長する措置を立案し、審議し、及びそれぞれの政府に勧告するため、この条約の効力発生の日の後2箇月以内にキャンベラで、その後は、適当な間隔を置き、かつ、適当な場所で、会合する。
(a) 南極地域を平和的目的のみに利用すること。
(b) 南極地域における科学的研究を容易にすること。
(c) 南極地域における国際間の科学的協力を容易にすること。
(d) 第7条に定める査察を行なう権利の行使を容易にすること。
(e) 南極地域における裁判権の行使に関すること。
(f) 南極地域における生物資源を保護し、及び保存すること。

2 第13条の規定に基づく加入によりこの条約の当事国となつた各締約国は、科学的基地の設置又は科学的探検隊の派遣のような南極地域における実質的な科学的研究活動の実施により、南極地域に対する自国の関心を示している間は、1にいう会合に参加する代表者を任命する権利を有する。

3 第7条にいう監視員からの報告は、1にいう会合に参加する締約国の代表者に送付する。

4 1にいう措置は、その措置を審議するために開催された会合に代表者を参加させる権利を有したすべての締約国により承認された時に効力を生ずる。

5 この条約において設定されたいずれかの又はすべての権利は、この条に定めるところによりその権利の行使を容易にする措置が提案され、審議され、又は承認されたかどうかを問わず、この条約の効力発生の日から行使することができる。

第10条【原則・目的の確保】〔省略〕

第11条【紛争の解決】 1 この条約の解釈又は適用に関して二以上の締約国間に紛争が生じたときは、それ

らの締約国は、交渉、審査、仲介、調停、仲裁裁判、司法的解決又はそれらの締約国が選択するその他の平和的手段により紛争を解決するため、それらの締約国間で協議する。
2 前記の方法により解決されないこの種の紛争は、それぞれの場合にすべての紛争当事国の同意を得て、解決のため国際司法裁判所に付託する。もつとも、紛争当事国は、国際司法裁判所に付託することについて合意に達することができなかつたときにも、1に掲げる各種の平和的手段のいずれかにより紛争を解決するため、引き続き努力する責任を免れない。

第12条【修正、改正、再検討、脱退】 1(a) この条約は、第9条に定める会合に代表者を参加させる権利を有する締約国の一致した合意により、いつでも修正し、又は改正することができる。その修正又は改正は、これを批准した旨の通告を寄託政府が前記のすべての締約国から受領した時に、効力を生ずる。
(b) その後、この条約の修正又は改正は、他の締約国については、これを批准した旨の通告を寄託政府が受領した時に、効力を生ずる。他の締約国のうち、(a)の規定に従つて修正又は改正が効力を生じた日から2年の期間内に批准の通告が受領されなかつたものは、その期間の満了の日に、この条約から脱退し

たものとみなされる。
2(a) この条約の効力発生の日から30年を経過した後、第9条に定める会合に代表者を参加させる権利を有するいずれかの締約国が寄託政府あての通報により要請するときは、この条約の運用について検討するため、できる限りすみやかにすべての締約国の会議を開催する。
(b) 前記の会議において、その会議に出席する締約国の過半数（ただし第9条に定める会合に代表者を参加させる権利を有する締約国の過半数を含むものとする。）により承認されたこの条約の修正又は改正は、その会議の終了後直ちに寄託政府によりすべての締約国に通報され、かつ、1の規定に従つて効力を生ずる。
(c) 前記の修正又は改正がすべての締約国に通報された日の後2年の期間内に1(a)の規定に従つて効力を生じなかつたときは、いずれの締約国も、その期間の満了の後はいつでも、この条約から脱退する旨を寄託政府に通告することができる。その脱退は、寄託政府が通告を受領した後2年で効力を生ずる。

第13条【批准、加入、効力発生、登録】〔省略〕
第14条【正文】〔省略〕

●南極の海洋生物資源の保存に関する条約
《南極海洋生物資源保存条約》〔抜粋〕

Convention on the Conservation of Antarctic Marine Living Resources

▼作成 1980年5月20日（キャンベラ） ▼効力発生 1982年4月7日 ▼日本国 1980年9月12日署名、81年4月24日国会承認、5月26日受諾書寄託、82年4月3日公布〔昭和57年条約第3号〕、4月7日発効

第2条【目的】 1 この条約の目的は、南極の海洋生物資源を保存することにある。
2 この条約の適用上、「保存」には、合理的な利用を含む。
3 この条約の適用される地域における採捕及びこれに関連する活動は、この条約及び保存に関する次の原則に従つて行う。
 (a) 採捕の対象となる資源について、その量が当該資源の安定した加入を確保する水準を下回ることとなることを防ぐこと。このため、資源の量は、最大の年間純加入量を確保する水準に近い水準以下に減少させてはならない。
 (b) 南極の海洋生物資源のうちの採捕の対象となる資源、これに依存する資源及び採捕の対象となる資源と関係のある資源の間の生態学的関係を維持すること並びに枯渇した資源についてその量を(a)前段に規定する水準に回復させること。
 (c) 南極の海洋生物資源の持続的保存を可能にするため、採捕の直接的及び間接的な影響、外来種の導入の及ぼす影響、採捕に関連する活動の海洋生態系に及ぼす影響並びに環境の変化の及ぼす影響に関する利用可能な知識の確実性の度合を考慮に入れて、海

洋生態系の復元が20年若しくは30年にわたり不可能となるおそれのある海洋生態系における変化が生ずることを防止すること又はこれらの変化が生ずる危険性を最小限にすること。

第3条【南極条約の拘束性】 締約国は、南極条約の締約国であるかないかを問わず、南極条約地域において南極条約の原則及び目的に反する活動を行わないこと並びに相互の関係において南極条約第1条及び第5条に定めるところの義務に拘束されることに同意する。

第4条【領土権・沿岸国管轄権】 1 南極条約地域については、すべての締約国は、南極条約の締約国であるかないかを問わず、相互の関係において南極条約第四条及び第6条の規定に拘束される。
2 この条約のいかなる規定も、及びこの条約の有効期間中に行われるいかなる行為又は活動も、
 (a) 南極条約地域における領土についての請求権を主張し、支持し若しくは否認するための基礎を成し又は南極条約地域における主権を設定するものではない。
 (b) この条約の適用される地域において国際法に基づく沿岸国の管轄権を行使する権利若しくは当該管轄権を行使することについての請求権若しくは請求権

の基礎をいずれかの締約国に対し放棄させ若しくは縮小させ又はこれらの権利、請求権若しくは請求権の基礎を害するものと解してはならない。
(c) (b)に規定する権利、請求権又は請求権の基礎を承認し又は否認することについてのいずれかの締約国の地位を害するものと解してはならない。
(d) 南極条約の有効期間中は南極地域における領土についての新たな請求権又は既存の請求権の拡大を主張してはならないことを定めている南極条約第4条2の規定に影響を及ぼすものではない。

第5条【南極条約協議国の措置】 1 南極条約の締約国でないこの条約の締約国は、南極条約地域の環境の保全についての南極条約協議国の特別の義務及び責任を認める。
2 南極条約の締約国でないこの条約の締約国は、南極条約地域におけるその活動につき、適当と認めるときは南極の動物相及び植物相の保存のための合意された措置及び南極条約協議国が人間の及ぼすあらゆる形態の有害な影響から南極の環境を保全する責任を果たすに当たつて勧告した他の措置を遵守することを合意する。
3 この条約の適用上、「南極条約協議国」とは、その代表者が南極条約第9条に定める会合に参加する南極条約の締約国をいう。

第6条【国際捕鯨取締条約・南極あざらし保存条約との関係】 この条約のいかなる規定も、この条約の締約国が国際捕鯨取締条約及び南極のあざらしの保存に関する条約に基づき有する権利を害し及びこれらの条約に基づき負う義務を免れさせるものではない。

第7条【委員会の構成国】 1 締約国は、この条約により南極の海洋生物資源の保存に関する委員会(以下「委員会」という。)を設置するものとし、これを維持する

9　地球環境

●人間環境宣言《ストックホルム宣言》
Declaration of the United Nations Conference on the Human Environment
▼採択　1972年6月16日（国連人間環境会議―ストックホルム）

国際連合人間環境会議は1972年6月5日から16日までストックホルムで開催され、人間環境の保全と向上に関し、世界の人々を励まし、導くため共通の見解と原則が必要であると考え、
以下のとおり宣言する。

1　人は環境の創造物であると同時に、環境の形成者である。環境は人間の生存を支えるとともに、知的、道徳的、社会的、精神的な成長の機会を与えている。この地球上での人類の苦難にみちた長い進化の過程で、人は、科学技術の加速度的な進歩により、自らの環境を無数の方法と前例のない規模で変革させる力を獲得する段階に達した。二つの側面、すなわち自然のままの環境と人によって作られた環境は、ともに人間の福祉、基本的人権ひいては、生存権そのものの享受のために不可欠である。

2　人間環境の保護と改善は、世界中の人々の福祉と経済発展に影響を及ぼす、主要な課題である。これは、全世界の人々が緊急に望むところであり、すべての政府の義務である。

3　人は、たえず経験を生かし、発見、発明、創造及び進歩を続けなければならない。今日、周囲の環境を変革させる人間の力は、賢明に用いられるならば、すべての人々に開発の恩恵と生活の質を改善させる機会をもたらすことができる。誤って、又は不注意に用いられるならば、同じ力は、人間と人間環境に対してはかり知れない害をもたらすことにもなる。我々は地球上の多くの地域において、我々の周囲に人によってつくられた害が増大しつつあることを知っている。その害とは、水、大気、陸上及び生物の危険なレベルに達した汚染、生物圏の生態的均衡に対する重大かつ望ましくない撹乱、かけがえのない資源の破壊と枯渇及び人によってつくられた環境、特に生活環境、労働環境における人間の肉体的、精神的、社会的健康に害を与える甚だしい欠陥である。

4　開発途上国では、環境問題の大部分が低開発から生じている。何百万の人々が十分な食物、衣服、住居、教育、健康、衛生を奪われた状態で、人間らしい生活を維持する最低水準をはるかに下回る生活を続けている。このため開発途上国は、開発の優先順位と環境を守り改善する必要性を念頭において、その努力を開発に向けなければならない。同じ目的のため、先進工業国は、自らと開発途上国との間の格差を縮めるよう努めなければならない。先進工業国では、環境問題は一般に工業化及び技術開発に関連している。

5　人口の自然増加は、たえず環境の保全に対して問題を提起しており、これらの問題を解決するため、適切な政策と措置が採択されなければならない。万物の中で、人間は最も貴いものである。社会の進歩を推し進め、社会の富を創り出し、科学技術を発達させ、労働の努力を通じて人間環境をつねに変えてゆくのは人間そのものである。社会の発展、生産及び科学技術の進歩とともに、環境を改善する人間の能力は日ごとに増加する。

6　我々は歴史の転換点に到達した。いまや我々は世界中で、環境への影響に一層の思慮深い注意を払いながら、行動をしなければならない。無知、無関心であるならば、我々は、我々の生命と福祉が依存する地球上の環境に対し、重大かつ取り返しのつかない害を与えることになる。逆に十分な知識と賢明な行動をもってするならば、我々は、我々自身と子孫のため、人類の必要と希望にかなった環境で、より良い生活を達成することができる。環境の質の向上と良い生活の創造のための展望は広く開かれている。いま必要なものは、熱烈ではあるが冷静な精神と、強烈ではあるが秩序だった作業である。自然の世界で自由を確保するためには、自然と協調して、より良い環境をつくるため知識を活用しなければならない。現在及び将来の世代のために人間環境を護りかつ改善させることは、人類にとって至上の目標、すなわち平和と、世界的な経済社会発展の基本的かつ確立した目標と相並び、かつ調和を保って追求されるべき目標となった。

7　この環境上の目標を達成するためには、市民及び社会、企業及び団体が、すべてのレベルで責任を引き受け共通な努力を公平に分担することが必要である。あらゆる階層の個人も多くの分野の組織も、それぞれの行動の総体によって、将来の世界の環境を形成することになるであろう。地方自治体及び国の政府は、その管轄の範囲内で大規模な環境政策と行動に関し最大の責任を負うことになるであろう。この分野で開発途上国が責任を遂行するのを助けるため、財源調達の国際協力も必要とされる。一層種類の多くなる環境問題は、その範囲において地域又は全地球的なものであり、また共通の国際的領域に影響を及ぼすものであるので、共通の利益のため国家間の広範囲な協力と国際機構による行動が必要となるであろう。国際連合人間環境会議は、各国政府と国民に対し、人類とその子孫のため、人間環境の保全と改善を目指して、共通の努力をすることを要請する。

原　則

共通の信念を次のとおり表明する。

ストックホルム宣言

原則1【環境に関する権利と責任】人は、尊厳ある幸福な生活を可能とする質の環境で、自由、平等及び十分な生活水準を享受する基本的権利を有するとともに、現在及び将来の世代のため環境を保護し改善する厳粛な責任を負う。これに関し、アパルトヘイト、人種隔離、差別、植民地主義その他の圧制及び外国による支配を促進し、又は恒久化する政策は非難され、排除されなければならない。

原則2【天然資源の保護】大気、水、大地、動植物及び特に自然の生態系の代表的なものを含む地球上の天然資源は、現在及び将来の世代のために、注意深い計画と管理により適切に保護されなければならない。

原則3【再生可能な資源】再生可能な重要な資源を生み出す地球の能力は維持され、実現可能な限り、回復又は改善されなければならない。

原則4【野生生物の保護】祖先からの遺産である野生生物とその生息地は、今日、種々の有害な要因により重大な危機にさらされており、人はこれを保護し、賢明に管理する特別な責任を負っている。従って、野生生物を含む自然の保全は、経済開発の計画作成において重視されなければならない。

原則5【再生不能の資源】地球上の再生することのできない資源は、将来の枯渇の危険から守られなければならず、かつ、その使用から生ずる利益がすべての人間に分かち与えられるような方法で、利用されなければならない。

原則6【有害物質の排出規制】生態系に重大又は回復できない損害を与えないため、有害物質その他の物質の排出及び熱の放出を、それらを無害にする環境の能力を超えるような量又は濃度で行うことは、停止されなければならない。環境汚染に反対するすべての国の人々の正当な闘争は支持されなければならない。

原則7【海洋汚染の防止】各国は、人間の健康に危険をもたらし、生物資源と海洋生物に害を与え、海洋の快適さを損ない、または海洋の正当な利用を妨げるような物質による海洋の汚染を防止するため、あらゆる可能な措置をとらなければならない。

原則8【経済的・社会的開発】経済的及び社会的開発は、人にとって好ましい生活環境と労働環境の確保に不可欠なものであり、かつ、生活の質の改善に必要な条件を地球上につくりだすために不可欠のものである。

原則9【開発の促進と援助】低開発状態と自然災害から起こる環境上の欠陥は、重大な問題を提起しているが、これは開発途上国の自らの努力を補うための相当量の資金援助及び技術援助の提供並びに必要が生じた際の時宜を得た援助で促進された開発により、最もよく救済することができる。

原則10【一次産品の価格安定】開発途上国にとって、生態学的なプロセスと並んで経済的な要素を考慮にいれなければならないために、一次産品及び原材料の価格の安定とそれによる十分な収益は、環境の管理に不可欠である。

原則11【環境政策の影響】すべての国の環境政策は、開発途上国の現在又は将来の開発の可能性を向上させねばならず、かつ、その可能性に対して悪影響を及ぼすものであってはならず、すべての人のより良い生活条件の達成を妨げてはならない。また、各国及び国際組織は、環境上の措置によってもたらされ得る国内的及び国際的な経済的結果に対処することに関し合意に達するため、適当な措置をとらなければならない。

原則12【環境保護のための援助】開発途上国の事情とその特別の必要性を考慮し、開発計画に環境保護を組み入れることから生ずる費用を考慮に入れ、さらに要求があったときは、この目的のための追加的な国際的技術援助及び資金援助が必要であることを考慮し、環境の保全及び改善のため援助を供与しなければならない。

原則13【総合的な開発計画】より合理的な資源管理を行い、環境を改善するため、各国は、その開発計画の作成にあたり、国民のために環境を保護し改善する必要性と開発が両立しうるよう、総合的で、調整のとれた方法を採用しなければならない。

原則14【合理的計画】合理的な計画は、開発の必要性と環境の保護及び改善の必要性との間の衝突を調停する不可欠の手段である。

原則15【居住及び都市化の計画】居住及び都市化の計画は、環境に及ぼす悪影響を回避し、すべての人が最大限の社会的、経済的及び環境上の利益を得るよう、作成されなければならない。これに関し、植民地主義者及び人種差別主義者による支配のため作成された計画は放棄されなければならない。

原則16【人口政策】基本的人権を害さず、かつ関係政府によって適当と判断される人口政策は、人口増加率若しくは過度の人口集中が環境上若しくは開発上悪影響を及ぼすような地域、又は人口過疎が人間環境の改善と開発を妨げるような地域で、実施されなければならない。

原則17【環境所管庁】国の適当な機関に、環境の質を向上させる目的で、当該国の環境資源につき計画し、管理し、又は規制する任務を委ねなければならない。

原則18【科学技術】科学技術は、経済的・社会的発展への寄与の一環として環境の危険を見極め、回避し、規制するために、及び環境問題を解決するために、並びに人類の共通の利益のために、利用されなければならない。

原則19【環境教育】環境問題に関する若い世代と成人のための教育で、恵まれない人々に妥当な配慮を払って行われるものは、人間環境を保護し改善するうえで、個人、企業及び地域社会が開かれた考え方をもち、責任ある行動をとるための基盤を拡めるために不可欠である。また、マスメディアが環境悪化に力をかすことなく、人がすべての面で発展できるよう、環境を保護及び改善する必要性に関し、教育的情報を広めることも不可欠である。

原則20【研究開発の促進、交流】国内的及び国際的な環境問題に関連した科学的研究開発は、すべての国、特に開発途上国において推進されなければならない。これに関連し、最新の科学的情報の自由な流れ及び経験

の伝達は、環境問題の解決を促進するため支持され、援助されなければならない。環境に関連した技術は、開発途上国に経済的負担を負わせることなしに、広く普及しやすいような条件で提供されなければならない。

原則 21【環境に対する国の主権的権利と確保する責任】
各国は、国際連合憲章及び国際法の原則に従い、自国の資源をその環境政策に基づいて開発する主権的権利を有し、また、自国の管轄権内又は管理下の活動が、他国の環境又は国家の管轄権の範囲を越えた地域に損害を与えないように確保する責任を負う。

原則 22【補償に関する国際法の発展】 各国は、自国の管轄権内又は管理下の活動が、自国の管轄権の外にある地域に及ぼした汚染その他の環境上の損害の被害者に対する賠償責任及び補償に関する国際法を、さらに発展せしめるよう協力しなければならない。

原則 23【基準の設定要因】 国際社会において合意される基準又は各国によって決定されるべき基準を害することなく、それぞれの国の支配的な価値体系を考慮し、また、最も進んだ先進国にとっては妥当であるが開発途上国にとっては不適当であり、かつ不当な社会的費用をもたらすような基準の適用可能な範囲を考慮することが、すべての場合に不可欠である。

原則 24【国際協力】 環境の保護及び改善に関する国際問題は、国の大小を問わず、平等の立場で、協調的な精神により扱われなければならない。多数国間取極め若しくは二国間取極又はその他の適当な方法による協力は、すべての国の主権と利益に十分な考慮を払いながら、すべての分野における活動から生ずる環境に対する悪影響を効果的に規制し、予防し、軽減し、除去するため不可欠である。

原則 25【国際機構の役割】 各国は、環境の保護及び改善のため、国際機構が調整され能率的で力強い役割を果たすことができるよう、確保しなければならない。

原則 26【核兵器その他の大量破壊兵器】 人とその環境は、核兵器その他すべての大量破壊の手段の影響から免れなければならない。各国は、関連する国際的機関において、このような兵器の除去と完全な廃棄について、すみやかに合意に達するよう努めなければならない。

●環境と開発に関するリオ宣言

Rio Declaration on Environment and Development

▼採択　1992年6月14日（環境と開発に関する国連会議―リオ・デ・ジャネイロ）

前文
環境と開発に関する国際連合会議は、
1992年6月3日から14日までリオ・デ・ジャネイロで開催され、
1972年6月16日にストックホルムで採択された国際連合人間環境会議の宣言を再確認するとともにこれを発展させることを求め、
各国、社会の重要部門及び国民間の新たな水準の協力を作り出すことによって新しい衡平な地球的規模のパートナーシップを構築するという目標を持ち、
すべての者のための利益を尊重し、かつ地球的規模の環境及び開発のシステムの一体性を保持する国際的合意に向けて作業し、
我々の家である地球の不可分性、相互依存性を認識し、以下のとおり宣言する。

第1原則【人類の権利】 人類は、持続可能な開発への関心の中心にある。人類は、自然と調和しつつ健康で生産的な生活を営む権利を有する。

第2原則【環境に対する国の主権的権利と確保する責任】
各国は、国際連合憲章及び国際法の原則に従い、自国の資源のその環境政策及び開発政策に基づいて開発する主権的権利を有し、また、自国の管轄権内又は管理下の活動が他国の環境又は国家の管轄権の範囲を越えた地域の環境に損害を与えないように確保する責任を有する。

第3原則【開発の権利】 開発の権利は、現在及び将来の世代の開発及び環境上の必要性を衡平にみたすことができるよう行使されなければならない。

第4原則【持続可能な開発】 持続可能な開発を達成するため、環境保護は、開発過程の不可分の一部をなし、それから分離しては考えられないものである。

第5原則【貧困の撲滅】 すべての国及びすべての国民は、生活水準の格差を減少し、世界の大部分の人びとの必要性をより良くみたすため、持続可能な開発に必要不可欠なものとして、貧困の撲滅という重要な課題において協力しなければならない。

第6原則【途上国の特別な状況】 開発途上国、特に最貧国及び環境の影響を受けやすい国の特別な状況及び必要性に対して、特別の優先度が与えられなければならない。また、環境と開発の分野における国際的行動は、すべての国の利益と必要性に向けられるべきである。

第7原則【共通であるが差異のある責任】 各国は、地球の生態系の健全性及び完全性を保全、保護及び修復するため地球的規模のパートナーシップの精神に則り協力しなければならない。地球環境の悪化へのそれぞれの寄与という観点から、各国は、共通のしかし差異のある責任を有する。先進諸国は、彼らの社会が地球環境にかけている圧力及び彼らの支配している技術及び財源の観点から、持続可能な開発の国際的な追求において有している責任を認識する。

第8原則【生産・消費様式、人口政策】 各国は、持続可能な開発及びすべての人びとのより質の高い生活を達成するために、持続可能でない生産及び消費の様式を減らし、取り除き、そして適切な人口政策を推進すべ

263

きである。

第9原則【科学的理解の改善】各国は、科学的、技術的な知見の交換を通じた科学的理解を改善させ、そして、新しくかつ革新的なものを含む技術の開発、適用、普及及び移転を促進することにより、持続可能な開発のための各国内の対応能力の強化のために協力すべきである。

第10原則【市民参加・救済手続】環境問題は、それぞれのレベルで、関心のあるすべての市民が参加することにより最も適切に扱われる。国内レベルでは、各個人が、有害物質や地域社会における活動の情報を含め、公共機関が有している環境関連情報を適正に入手し、そして、意思決定過程に参加する機会を有しなければならない。各国は、情報を広く行き渡らせることにより、国民の啓発と参加を促進し、かつ奨励しなくてはならない。賠償、救済を含む司法及び行政手続に対する効果的なアクセスが与えられなければならない。

第11原則【環境立法】各国は、実効的な環境法を制定しなくてはならない。環境基準、管理目的及び優先度は、それらが適用される環境と開発の状況を反映するものとすべきである。一部の国が適用した基準は、他の国、特に開発途上国にとっては不適切であり、不当な経済的及び社会的な負担をもたらすものとなり得る。

第12原則【環境と貿易】各国は、環境の悪化の問題により適切に対処するため、すべての国における経済成長と持続可能な開発をもたらすように協力的で開かれた国際経済システムの促進に協力すべきである。環境の目的のための貿易政策措置は、恣意的な、あるいは不当な差別又は偽装された国際貿易に対する規制手段とされるべきではない。輸入国の管轄権外の環境問題に対処するために行う一方的な行動は避けるべきである。国境を越え、あるいは地球規模の環境問題に向けた環境対策は、可能な限り、国際的な合意に基づくべきである。

第13原則【国内法整備】各国は、汚染及びその他の環境悪化の被害者への賠償責任及び補償に関する国内法を策定しなければならない。さらに、各国は、迅速かつより断固とした方法で、自国の管轄権内あるいは管理下における活動により、その管轄権の範囲を越えた地域に及ぼされた環境悪化の影響に対する賠償責任及び補償に関する国際法を、さらに発展させるべく協力しなくてはならない。

第14原則【有害物質の移転防止】各国は、深刻な環境悪化を引き起こす、あるいは人間の健康に有害であるとされているいかなる活動及び物質も、他の国への移動及び移転を控えさせ、あるいは防止すべく効果的に協力すべきである。

第15原則【予防的方策】環境を保護するため、予防的方策は、各国により、その能力に応じて広く適用されなければならない。深刻な、あるいは修復し難い被害の恐れが存在する場合には、完全な科学的確実性の欠如が、環境悪化を防止するための費用対効果の大きい対策を延期する理由として、使用されてはならない。

第16原則【汚染者負担】国の機関は、汚染者が原則として汚染による費用を負担するとの方策を考慮しつつ、また、公益に適切に配慮し、国際的な貿易及び投資を歪めることなく、環境費用の内部化と経済的手段の使用の促進に努めるべきである。

第17原則【環境影響評価】環境影響評価は、環境に重大な悪影響を及ぼすおそれがあり、かつ権限ある国家機関の決定に服する活動に対して、国の手段として実施されなければならない。

第18原則【緊急事態の通報・支援】各国は、突発の有害な効果を他の国の環境にもたらしうる自然災害、あるいはその他の緊急事態を、それらの国に直ちに通報しなければならない。被災した国を支援するため国際社会によるあらゆる努力がなされなければならない。

第19原則【事前通報・情報提供】各国は、重大な国境を越えた環境への悪影響をもたらしうる活動について、潜在的に影響を被るおそれのある国に対し、事前の時宜にかなった通知と関連情報の提供を行い、早期にかつ誠実にこれらの国と協議しなければならない。

第20原則【女性の役割】女性は、環境管理と開発において重要な役割を有する。そのため、彼女らの十分な参加は、持続可能な開発の達成のために必須である。

第21原則【若者の役割】持続可能な開発を達成し、すべての者のためのより良い将来を確保するため、世界の若者の創造力、理想及び勇気が、地球的規模のパートナーシップを構築するよう結集されるべきである。

第22原則【先住民の役割】先住民とその社会及びその他の地域社会は、その知識及び伝統にかんがみ、環境管理と開発において重要な役割を有する。各国は彼らの同一性、文化及び利益を認め、十分に支持し、持続可能な開発の達成への効果的な参加を可能にしなければならない。

第23原則【抑圧下人民の保護】抑圧、支配及び占領の下にある人民の環境及び天然資源は、保護されなければならない。

第24原則【武力紛争時の環境保護】戦争は、元来、持続可能な開発を破壊する性格を有する。そのため、各国は、武力紛争時における環境保護に関する国際法を尊重し、必要に応じてその一層の発展のため協力しなければならない。

第25原則【相互依存性】平和、開発及び環境保護は、相互依存的であり、切り離すことはできない。

第26原則【紛争の平和的解決】各国は、すべての環境に関する紛争を平和的に、かつ、国際連合憲章に従って適切な手段により解決しなければならない。

第27原則【国際協力】各国及び国民は、この宣言に表明された原則の実施及び持続可能な開発の分野における国際法の一層の発展のため、誠実に、かつ、パートナーシップの精神で協力しなければならない。

●持続可能な開発に関するヨハネスブルク宣言〔抄〕
Johannesburg Declaration on Sustainable Development

▼採択　2002年9月4日（持続可能な開発に関する世界サミット―ヨハネスブルク）

我らの起源から未来へ

1【持続可能な開発の再確認】我らは、世界の人々を代表して、2002年9月2日から4日まで南アフリカのヨハネスブルクにおいて、持続可能な開発に関する世界サミットで会合し、持続可能な開発への我らの約束を再確認する。

2【人道的・衡平・思いやりのある世界社会の樹立】〔省略〕

3【環境の悪化のない世界の継承】このサミットの初めに、世界の子ども達は、未来が彼らのものであることを簡潔ではあるがはっきりした声で我らに話しかけ、それによって、彼らは我らすべてに対して、我らの行動を通して彼らが貧困、環境の悪化及び非持続可能な開発の方向によって引き起こされた侮辱及び無作法のない世界を受け継ぐことを確保するように要求した。

4【明るい希望のある世界の構築】〔省略〕

5【持続可能な開発の推進・強化】それゆえ、我らは、地方的、国家的、地域的そして世界的レベルで、持続可能な開発の支柱（経済開発、社会開発及び環境保護）を相互に依存しながら推進しかつ強化する集団的な責任を負っている。

6【実施計画と本宣言の責任】人類のゆりかごであるこのアフリカ大陸から、我らは、実施計画とこの宣言を通して、我ら相互、より大きな生活共同体及び我らの子ども達に対する我らの責任を宣言する。

7【貧困の撲滅等への努力の決意】人類が岐路に立っていることを認めて、我らは、貧困の撲滅と人間の発展をもたらすに違いない実際的かつ可視的な計画を生み出す必要に積極的にこたえるために断固たる努力をするという共通の決意の下に結集した。

ストックホルムからリオ・デ・ジャネイロ、そしてヨハネスブルク

8【リオ・サミット等の成果】30年前、ストックホルムで、我らは、環境悪化の問題にこたえる緊急の必要性について合意した。10年前、リオ・デ・ジャネイロで開催された環境と開発に関する国際連合会議で、我らは、リオ原則に基づいて、環境の保護及び社会的経済的発展が持続可能な開発にとって基本的なものであるということに合意した。そのような発展を達成するために、我らは、我らが我らの約束を再確認する世界的なプログラムであるアジェンダ21及びリオ宣言を採択した。リオ・サミットは、持続可能な開発のための新しい議題を設定する重要な里程標であった。

9【未来に向けた展望の明示】リオとヨハネスブルクとの間に、世界の諸国は、モントレー開発財政会議及びドーハ閣僚会議を含め、国際連合の指導に基づく幾つかの主要な会議で会合した。これらの会議は、世界のために、人類の未来に向けての包括的な展望を明らかにした。

10【世界的なコンセンサスとパートナーシップの達成】ヨハネスブルク・サミットで、我らは、持続可能な開発の展望を尊重しかつ履行する世界に向けて、共通の道を建設的に捜し求める中で、人々と見解を一つの豊かなつづれ織りに結び合わせることで多くのことを達成した。ヨハネスブルクにおいては、また、我らの惑星のすべての人々の間で、世界的なコンセンサスとパートナーシップを達成する方向で大きな進展があったことが確認された。

我らが直面する課題

11【持続可能な開発のための本質的な要件】我らは、貧困の撲滅、変化する消費及び生産パターン並びに経済的社会的発展のための天然資源の基礎を保護しかつ管理することが、持続可能な開発の中心的な目的であり、かつ、持続可能な開発のための本質的な要件であるということを認める。

12【貧富の格差は脅威】人間の社会を富める者と貧しい者に分ける深い断層線、及び、開発された世界と開発途上の世界との間にある絶えず増大する格差は、世界的繁栄、安全及び安定にとって主要な脅威となる。

13【環境の悪化】世界の環境は、悪化し続けている。生物多様性の損失は継続し、魚種は枯渇し続け、砂漠化のゆえにますます肥沃な土地が失われ、気候変動の悪影響は既に明白であり、自然災害はより頻繁にかつ破壊的であり、そして開発途上国はより傷つきやすく、大気、水及び海洋の汚染は数百万の人間らしい生活を奪い続けている。

14【グローバリゼーションの課題】グローバリゼーションは、これらの課題に新たな局面を追加してきた。市場の急速な統合、資本の可動性及び世界中の投資フローの著しい増加は、持続可能な開発の追求に対して新しい課題と機会を切り開いてきた。しかし、グローバリゼーションの便益と費用は、一様でなく配分され、開発途上国はこの課題に対処する際に特別の困難に直面している。

15【世界的な不平等確立の危険】我らは、これらの世界的な不平等が確立する危険を有しているが、我らが基本的に彼らの生活を変える方法で行動しない限り、世界の貧しい者は、彼らの代表と我らが今なお委ねている民主主義体制に対する信頼を失うかもしれず、彼らの代表を単に鳴り響く楽器かシンバルに過ぎないと思うであろう。

持続可能な開発に対する我らの約束

16【豊かな多様性】我らは、我らの集団的強さである我らの豊かな多様性が、変化のための建設的なパートナーシップのために、そして、持続可能な開発という共通の目標を達成するために、用いられることを確保することを決定する。

17【人類の連帯】人類の連帯性を樹立することの重要性

を認めて、我らは、人種、障害、宗教、言語、文化及び伝統にかかわりなく、世界の文明と人々との間の対話と協力の促進を強く主張する。

18 **【人間の尊厳の不可分性】** 我らは、ヨハネスブルク・サミットが人間の尊厳の不可分性に焦点を当てることを歓迎し、目標、日程及びパートナーシップに関する決定を通して、清浄な水、衛生、適切な住宅、エネルギー、保健、食糧安全保障及び生物多様性のような基本的条件に迅速にアクセスする機会を増大することを決意する。同時に、我らは、お互いに、財政的資源へアクセスし、市場開放から利益を得、能力創造を確保し、発展をもたらす現代技術を利用し、そして、未開発を永遠に追放するための技術移転、人的資源の開発、教育及び訓練が可能となることを確保することを援助するために協力する。

19 **【飢餓等に対する戦い】**〔省略〕

20 **【両性の平等】** 我らは、女性の権限強化と解放及び両性の平等が、アジェンダ21、ミレニアム開発目標及びヨハネスブルク実施計画の中に取り込まれたすべての活動に統合されることを確保することを約束する。

21 **【貧困撲滅への挑戦】**〔省略〕
22 **【ＯＤＡの努力】**〔省略〕
23 **【地域的集結と同盟の出現】**〔省略〕
24 **【小島開発途上国・後発開発途上国の開発】**〔省略〕
25 **【先住民族の役割】**〔省略〕
26 **【意思決定への参加】**〔省略〕
27 **【民間部門の義務】** 我らは、会社の大小を問わず、民間部門がその正当な活動を行う際に、衡平で持続可能な共同体と社会の発展のために寄与する義務を負うことに同意する。

28 **【所得増のための援助】**〔省略〕

29 **【民間企業の説明責任の強化】** 我らは、民間部門の企業がその企業としての説明責任を強化する必要があることに同意する。これは、透明で安定した規則にかなった環境の中で行われるべきである。

30 **【履行のための統治強化】** 我らは、アジェンダ21、ミレニアム開発目標及びヨハネスブルク実施計画の効果的な履行のために、すべてのレベルで統治を強化し改善することを約束する。

未来は多元主義である

31 **【多元主義】** 我らの持続可能な開発の目標を達成するために、我らは、より効果的で、民主的かつ説明責任のある国際的で多元的な制度を必要としている。

32 **【国連の主導的役割】** 我らは、多元主義を強化することに加えて、国際連合憲章の原則と目的及び国際法への我らの約束を再確認する。我らは、持続可能な開発を促進するのに最適な場所である、世界で最も普遍的かつ代表的な組織としての国際連合の主導的役割を支持する。

33 **【目標達成の監視】** 我らは、さらに、我らの持続可能な開発の目標と目的の達成に向けて定期的にその進展を監視することを約束する。

間に合うよう実現する！

34 **【包括的な過程】** 我らは、これが、歴史的なヨハネスブルク・サミットに参加したすべての主要なグループと政府を巻き込んだ包括的な過程でなければならないことに一致している。

35 **【共同行動】** 我らは、我らの惑星を救済し、人類の発展を促進し、そして、普遍的な繁栄と平和を達成するという共通の決意によって結束し、共同して行動することを約束する。

36 **【目標達成の促進】** 我らは、ヨハネスブルク実施計画及びそこに含まれる期限付きの、社会経済的な及び環境の目標の達成を促進することを約束する。

37 **【実現確保の決意】** 人類のゆりかごであるアフリカ大陸から、我らは、世界の人々及びこの地球を確かに引き継ぐ世代に対して、持続可能な開発に対する我らの共同の希望が実現されることを確保することを決意すると、厳粛に誓約する。

●気候変動に関する国際連合枠組条約〔抄〕

United Nations Framework Convention on Climate Change

▼作成　1992年5月9日（ニューヨーク）　▼署名　1992年6月14日（国連環境開発会議）　▼効力発生　1994年3月21日
▼最終改正　2002年6月28日〔01年12月28日〕　▼日本国　1992年6月14日署名、93年5月14日国会承認、5月28日受諾書寄託、94年3月21日発効、6月21日公布〔平成6年条約第6号〕。最終改正―2002年6月28日発効、03年1月21日公布〔平成15年外務省告示第15号〕

　この条約の締約国は、
　地球の気候の変動及びその悪影響が人類の共通の関心事であることを確認し、
　人間活動が大気中の温室効果ガスの濃度を著しく増加させてきていること、その増加が自然の温室効果を増大させていること並びにこのことが、地表及び地球の大気を全体として追加的に温暖化することとなり、自然の生態系及び人類に悪影響を及ぼすおそれがあることを憂慮し、
　過去及び現在における世界全体の温室効果ガスの排出量の最大の部分を占めるのは先進国において排出されたものであること、開発途上国における1人当たりの排出量は依然として比較的少ないこと並びに世界全体の排出量において開発途上国における排出量が占める割合はこれらの国の社会的な及び開発のためのニーズに応じて増加していくことに留意し、
　温室効果ガスの吸収源及び貯蔵庫の陸上及び海洋の生態系における役割及び重要性を認識し、

気候変動の予測には、特に、その時期、規模及び地域的な特性に関して多くの不確実性があることに留意し、

気候変動が地球的規模の性格を有することから、すべての国が、それぞれ共通に有しているが差異のある責任、各国の能力並びに各国の社会的及び経済的状況に応じ、できる限り広範な協力を行うこと及び効果的かつ適切な国際的対応に参加することが必要であることを確認し、

1972年6月16日にストックホルムで採択された国際連合人間環境会議の宣言の関連規定を想起し、

諸国は、国際連合憲章及び国際法の諸原則に基づき、その資源を自国の環境政策及び開発政策に従って開発する主権的権利を有すること並びに自国の管轄又は管理の下における活動が他国の環境又はいずれの国の管轄にも属さない区域の環境を害さないことを確保する責任を有することを想起し、

気候変動に対処するための国際協力における国家の主権の原則を再確認し、

諸国が環境に関する効果的な法令を制定すべきであること、環境基準、環境の管理に当たっての目標及び環境問題における優先度はこれらが適用される環境及び開発の状況を反映すべきであること、並びにある国の適用する基準が他の国（特に開発途上国）にとって不適当なものとなり、不当な経済的及び社会的損失をもたらすものとなるおそれがあることを認め、

国際連合環境開発会議に関する1989年12月22日の国際連合総会決議第228号（第44回会期）並びに人類の現在及び将来の世代のための地球的規模の気候の保護に関する1988年12月6日の国際連合総会決議第53号（第43回会期）、1989年12月22日の同決議第207号（第44回会期）、1990年12月21日の同決議第212号（第45回会期）及び1991年12月19日の同決議第169号（第46回会期）を想起し、

海面の上昇が島及び沿岸地域（特に低地の沿岸地域）に及ぼし得る悪影響に関する1989年12月22日の国際連合総会決議第206号（第44回会期）の規定及び砂漠化に対処するための行動計画の実施に関する1989年12月19日の国際連合総会決議第172号（第44回会期）の関連規定を想起し、

更に、1985年のオゾン層の保護のためのウィーン条約並びに1990年6月29日に調整され及び改正された1987年のオゾン層を破壊する物質に関するモントリオール議定書（以下「モントリオール議定書」という。）を想起し、

1990年11月7日に採択された第2回世界気候会議の閣僚宣言に留意し、

多くの国が気候変動に関して有益な分析を行っていること並びに国際連合の諸機関（特に、世界気象機関、国際連合環境計画）その他の国際機関及び政府間機関が科学的研究の成果の交換及び研究の調整について重要な貢献を行っていることを意識し、

気候変動を理解し及びこれに対処するために必要な措置は、関連する科学、技術及び経済の分野における考察に基礎を置き、かつ、これらの分野において新たに得られた知見に照らして絶えず再評価される場合には、環境上、社会上及び経済上最も効果的なものになることを認め、

気候変動に対処するための種々の措置は、それ自体経済的に正当化し得ること及びその他の環境問題の解決に役立ち得ることを認め、

先進国が、明確な優先順位に基づき、すべての温室効果ガスを考慮に入れ、かつ、それらのガスがそれぞれ温室効果の増大に対して与える相対的な影響を十分に勘案した包括的な対応戦略（地球的、国家的及び合意がある場合には地域的な規模のもの）に向けた第一歩として、直ちに柔軟に行動することが必要であることを認め、

更に、標高の低い島嶼〔しょ〕国その他の島嶼〔しょ〕国、低地の沿岸地域、乾燥地域若しくは半乾燥地域又は洪水、干ばつ若しくは砂漠化のおそれのある地域を有する国及びぜい弱な山岳の生態系を有する開発途上国は、特に気候変動の悪影響を受けやすいことを認め、

経済が化石燃料の生産、使用及び輸出に特に依存している国（特に開発途上国）について、温室効果ガスの排出抑制に関してとられる措置の結果特別な困難が生ずることを認め、

持続的な経済成長の達成及び貧困の撲滅という開発途上国の正当かつ優先的な要請を十分に考慮し、気候変動への対応については、社会及び経済の開発に対する悪影響を回避するため、これらの開発との間で総合的な調整が図られるべきであることを確認し、

すべての国（特に開発途上国）が社会及び経済の持続可能な開発の達成のための資源の取得の機会を必要としていること、並びに開発途上国がそのような開発の達成という目標に向かって前進するため、一層高いエネルギー効率の達成及び温室効果ガスの排出の一般的な抑制の可能性（特に、新たな技術が経済的にも社会的にも有利な条件で利用されることによるそのような可能性）をも考慮に入れつつ、そのエネルギー消費を増加させる必要があることを認め、

現在及び将来の世代のために気候系を保護することを決意して、

次のとおり協定した。

第1条（定義）（注） 注　各条の表題は、専ら便宜のために付するものである。

この条約の適用上、

1　「気候変動の悪影響」とは、気候変動に起因する自然環境又は生物相の変化であって、自然の及び管理された生態系の構成、回復力若しくは生産力、社会及び経済の機能又は人の健康及び福祉に対し著しく有害な影響を及ぼすものをいう。

2　「気候変動」とは、地球の大気の組成を変化させる人間活動に直接又は間接に起因する気候の変化であって、比較可能な期間において観測される気候の自然な変動に対して追加的に生ずるものをいう。

3　「気候系」とは、気圏、水圏、生物圏及び岩石圏の全体並びにこれらの間の相互作用をいう。

4　「排出」とは、特定の地域及び期間における温室効果ガス又はその前駆物質の大気中への放出をいう。

5　「温室効果ガス」とは、大気を構成する気体（天然の

ものであるか人為的に排出されるものであるかを問わない。)であって、赤外線を吸収し及び再放射するものをいう。
6 「地域的な経済統合のための機関」とは、特定の地域の主権国家によって構成され、この条約又はその議定書が規律する事項に関して権限を有し、かつ、その内部手続に従ってこの条約若しくはその議定書の署名、批准、受諾若しくは承認又はこの条約若しくはその議定書への加入が正当に委任されている機関をいう。
7 「貯蔵庫」とは、温室効果ガス又はその前駆物質を貯蔵する気候系の構成要素をいう。
8 「吸収源」とは、温室効果ガス、エーロゾル又は温室効果ガスの前駆物質を大気中から除去する作用、活動又は仕組みをいう。
9 「発生源」とは、温室効果ガス、エーロゾル又は温室効果ガスの前駆物質を大気中に放出する作用又は活動をいう。

第2条（目的） この条約及び締約国会議が採択する関連する法的文書は、この条約の関連規定に従い、気候系に対して危険な人為的干渉を及ぼすこととならない水準において大気中の温室効果ガスの濃度を安定化させることを究極的な目的とする。そのような水準は、生態系が気候変動に自然に適応し、食糧の生産が脅かされず、かつ、経済開発が持続可能な態様で進行することができるような期間内に達成されるべきである。

第3条（原則） 締約国は、この条約の目的を達成し及びこの条約を実施するための措置をとるに当たり、特に、次に掲げるところを指針とする。
1 締約国は、衡平の原則に基づき、かつ、それぞれ共通に有しているが差異のある責任及び各国の能力に従い、人類の現在及び将来の世代のために気候系を保護すべきである。したがって、先進締約国は、率先して気候変動及びその悪影響に対処すべきである。
2 開発途上締約国（特に気候変動の悪影響を著しく受けやすいもの）及びこの条約によって過重又は異常な負担を負うこととなる締約国（特に開発途上締約国）の個別のニーズ及び特別な事情について十分な考慮が払われるべきである。
3 締約国は、気候変動の原因を予測し、防止し又は最小限にするための予防措置をとるとともに、気候変動の悪影響を緩和すべきである。深刻な又は回復不可能な損害のおそれがある場合には、科学的な確実性が十分にないことをもって、このような予防措置をとることを延期する理由とすべきではない。もっとも、気候変動に対処するための政策及び措置は、可能な限り最小の費用によって地球的規模で利益がもたらされるように費用対効果の大きいものとすることについても考慮を払うべきである。このため、これらの政策及び措置は、社会経済状況の相違が考慮され、包括的なものであり、関連するすべての温室効果ガスの発生源、吸収源及び貯蔵庫並びに適応のための措置を網羅し、かつ、経済のすべての部門を含むべきである。気候変動に対処するための努力は、関心を有する締約国の協力によっても行われ得る。

4 締約国は、持続可能な開発を促進する権利及び責務を有する。気候変動に対処するための措置をとるためには経済開発が不可欠であることを考慮し、人に起因する変化から気候系を保護するための政策及び措置については、各締約国の個別の事情に適合したものとし、各国の開発計画に組み入れるべきである。
5 締約国は、すべての締約国（特に開発途上締約国）において持続可能な経済成長及び開発をもたらし、もって締約国が一層気候変動の問題に対処することを可能にするような協力的かつ開放的な国際経済体制の確立に向けて協力すべきである。気候変動に対処するためにとられる措置（一方的なものを含む。）は、国際貿易における恣〔し〕意的若しくは不当な差別の手段又は偽装した制限となるべきではない。

第4条（約束） 1 すべての締約国は、それぞれ共通に有しているが差異のある責任、各国及び地域に特有の開発の優先順位並びに各国特有の目的及び事情を考慮して、次のことを行う。
(a) 締約国会議が合意する比較可能な方法を用い、温室効果ガス（モントリオール議定書によって規制されているものを除く。）について、発生源による人為的な排出及び吸収源による除去に関する自国の目録を作成し、定期的に更新し、公表し及び第12条の規定に従って締約国会議に提供すること。
(b) 自国の（適当な場合には地域の）計画を作成し、実施し、公表し及び定期的に更新すること。この計画には、気候変動を緩和するための措置（温室効果ガス（モントリオール議定書によって規制されているものを除く。）の発生源による人為的な排出及び吸収源による除去を対象とするもの）及び気候変動に対する適応を容易にするための措置を含めるものとする。
(c) エネルギー、運輸、工業、農業、林業、廃棄物の処理その他すべての関連部門において、温室効果ガス（モントリオール議定書によって規制されているものを除く。）の人為的な排出を抑制し、削減し又は防止する技術、慣行及び方法の開発、利用及び普及（移転を含む。）を促進し、並びにこれらについて協力すること。
(d) 温室効果ガス（モントリオール議定書によって規制されているものを除く。）の吸収源及び貯蔵庫（特に、バイオマス、森林、海その他陸上、沿岸及び海洋の生態系）の持続可能な管理を促進すること並びにこのような吸収源及び貯蔵庫の保全（適当な場合には強化）を促進し並びにこれらについて協力すること。
(e) 気候変動の影響に対する適応のための準備について協力すること。沿岸地域の管理、水資源及び農業について、並びに干ばつ及び砂漠化により影響を受けた地域（特にアフリカにおける地域）並びに洪水により影響を受けた地域の保護及び回復について、適当かつ総合的な計画を作成すること。
(f) 気候変動に関し、関連する社会、経済及び環境に関する自国の政策及び措置において可能な範囲で

考慮を払うこと。気候変動を緩和し又はこれに適応するために自国が実施する事業又は措置の経済、公衆衛生及び環境に対する悪影響を最小限にするため、自国が案出し及び決定する適当な方法（例えば影響評価）を用いること。
- (g) 気候変動の原因、影響、規模及び時期並びに種々の対応戦略の経済的及び社会的影響についての理解を増進し並びにこれらについて残存する不確実性を減少させ又は除去することを目的として行われる気候系に関する科学的、技術的、社会経済的研究その他の研究、組織的観測及び資料の保管制度の整備を促進し、並びにこれらについて協力すること。
- (h) 気候系及び気候変動並びに種々の対応戦略の経済的及び社会的影響に関する科学上、技術上、社会経済上及び法律上の情報について、十分な、開かれた及び迅速な交換を促進し、並びにこれらについて協力すること。
- (i) 気候変動に関する教育、訓練及び啓発を促進し、これらについて協力し、並びにこれらへの広範な参加（民間団体の参加を含む。）を奨励すること。
- (j) 第12条の規定に従い、実施に関する情報を締約国会議に送付すること。

2　附属書Ⅰに掲げる先進締約国その他の締約国（以下「附属書Ⅰの締約国」という。）は、特に、次に定めるところに従って約束する。
- (a) 附属書Ⅰの締約国は、温室効果ガスの人為的な排出を抑制すること並びに温室効果ガスの吸収源及び貯蔵を保護し及び強化することによって気候変動を緩和するための自国の政策を採用し、これに沿った措置をとる（注）。これらの政策及び措置は、温室効果ガスの人為的な排出の長期的な傾向をこの条約の目的に沿って修正することについて、先進国が率先してこれを行っていることを示すこととなる。二酸化炭素その他の温室効果ガス（モントリオール議定書によって規制されているものを除く。）の人為的な排出の量を1990年代の終わりまでに従前の水準に戻すことは、このような修正に寄与するものであることが認識される。また、附属書Ⅰの締約国の出発点、対処の方法、経済構造及び資源の基盤がそれぞれ異なるものであること、強力かつ持続可能な経済成長を維持する必要があること、利用可能な技術その他の個別の事情があること、並びにこれらの締約国がこの条約の目的のための世界的な努力に対して衡平かつ適当な貢献を行う必要があることについて、考慮が払われる。附属書Ⅰの締約国が、これらの政策及び措置を他の締約国と共同して実施すること並びに他の締約国によるこの条約の目的、特に、この(a)の規定の目的の達成への貢献について当該他の締約国を支援することもあり得る。

　　注　これらの政策及び措置には、地域的な経済統合のための機関がとるものが含まれる。

- (b) (a)の規定の目的の達成を促進するため、附属書Ⅰの締約国は、(a)に規定する政策及び措置並びにこれらの政策及び措置をとった結果(a)に規定する期間について予測される二酸化炭素その他の温室効果ガス（モントリオール議定書によって規制されているものを除く。）の発生源による人為的な排出及び吸収源による除去に関する詳細な情報を、この条約が自国について効力を生じた後六箇月以内に及びその後は定期的に、第12条の規定に従って送付する。その送付は、二酸化炭素その他の温室効果ガス（モントリオール議定書によって規制されているものを除く。）の人為的な排出の量を個別に又は共同して1990年の水準に戻すという目的をもって行われる。締約国会議は、第七条の規定に従い、第1回会合において及びその後は定期的に、当該情報について検討する。
- (c) (b)の規定の適用上、温室効果ガスの発生源による排出の量及び吸収源による除去の量の算定に当たっては、入手可能な最良の科学上の知識（吸収源の実効的な能力及びそれぞれの温室効果ガスの気候変動への影響の度合に関するものを含む。）を考慮に入れるべきである。締約国会議は、この算定のための方法について、第1回会合において検討し及び合意し、その後は定期的に検討する。
- (d) 締約国会議は、第1回会合において、(a)及び(b)の規定の妥当性について検討する。その検討は、気候変動及びその影響に関する入手可能な最良の科学的な情報及び評価並びに関連する技術上、社会上及び経済上の情報に照らして行う。締約国会議は、この検討に基づいて適当な措置（(a)及び(b)に定める約束に関する改正案の採択を含む。）をとる。締約国会議は、また、第1回会合において、(a)に規定する共同による実施のための基準に関する決定を行う。(a)及び(b)の規定に関する2回目の検討は、1998年12月31日以前に行い、その後は締約国会議が決定する一定の間隔で、この条約の目的が達成されるまで行う。
- (e) 附属書Ⅰの締約国は、次のことを行う。
  - (i) 適当な場合には、この条約の目的を達成するために開発された経済上及び行政上の手段を他の附属書Ⅰの締約国と調整すること。
  - (ii) 温室効果ガス（モントリオール議定書によって規制されているものを除く。）の人為的な排出の水準を一層高めることとなるような活動を助長する自国の政策及び慣行を特定し及び定期的に検討すること。
- (f) 締約国会議は、関係する締約国の承認を得て附属書Ⅰ及び附属書Ⅱの一覧表の適当な改正について決定を行うために、1998年12月31日以前に、入手可能な情報について検討する。
- (g) 附属書Ⅰの締約国以外の締約国は、批准書、受諾書、承認書若しくは加入書において又はその後いつでも、寄託者に対し、自国が(a)及び(b)の規定に拘束される意図を有する旨を通告することができる。寄託者は、他の署名国及び締約国に対してその通告を通報する。

3　附属書Ⅱに掲げる先進締約国（以下「附属書Ⅱの締約国」という。）は、開発途上締約国が第12条1の規定に基づく義務を履行するために負担するすべての合

意された費用に充てるため、新規のかつ追加的な資金を供与する。附属書Ⅱの締約国は、また、1の規定の対象とされている措置であって、開発途上締約国と第11条に規定する国際的組織との間で合意するものを実施するためのすべての合意された増加費用を負担するために開発途上締約国が必要とする新規のかつ追加的な資金（技術移転のためのものを含む。）を同条の規定に従って供与する。これらの約束の履行に当たっては、資金の流れの妥当性及び予測可能性が必要であること並びに先進締約国の間の適当な責任分担が重要であることについて考慮を払う。

4　附属書Ⅱの締約国は、また、気候変動の悪影響を特に受けやすい開発途上締約国がそのような悪影響に適応するための費用を負担することについて、当該開発途上締約国を支援する。

5　附属書Ⅱの締約国は、他の締約国（特に開発途上締約国）がこの条約を実施することができるようにするため、適当な場合には、これらの他の締約国に対する環境上適正な技術及びノウハウの移転又は取得の機会の提供について、促進し、容易にし及び資金を供与するための実施可能なすべての措置をとる。この場合において、先進締約国は、開発途上締約国の固有の能力及び技術の開発及び向上を支援する。技術の移転を容易にすることについてのこのような支援は、その他の締約国及び機関によっても行われ得る。

6　締約国会議は、附属書Ⅰの締約国のうち市場経済への移行の過程にあるものによる2の規定に基づく約束の履行については、これらの締約国の気候変動に対処するための能力を高めるために、ある程度の弾力的適用（温室効果ガス（モントリオール議定書によって規制されているものを除く。）の人為的な排出の量の基準として用いられる過去の水準に関するものを含む。）を認めるものとする。

7　開発途上締約国によるこの条約に基づく約束の効果的な履行の程度は、先進締約国によるこの条約に基づく資金及び技術移転に関する約束の効果的な履行に依存しており、経済及び社会の開発並びに貧困の撲滅が開発途上締約国にとって最優先の事項であることが十分に考慮される。

8　締約国は、この条に規定する約束の履行に当たり、気候変動の悪影響又は対応措置の実施による影響（特に、次の(a)から(i)までに掲げる国に対するもの）に起因する開発途上締約国の個別のニーズ及び懸念に対処するためにこの条約の下でとるべき措置（資金供与、保険及び技術移転に関するものを含む。）について十分な考慮を払う。

(a)　島嶼〔しょ〕国
(b)　低地の沿岸地域を有する国
(c)　乾燥地域、半乾燥地域、森林地域又は森林の衰退のおそれのある地域を有する国
(d)　自然災害が起こりやすい地域を有する国
(e)　干ばつ又は砂漠化のおそれのある地域を有する国
(f)　都市の大気汚染が著しい地域を有する国
(g)　ぜい弱な生態系（山岳の生態系を含む。）を有する地域を有する国
(h)　化石燃料及び関連するエネルギー集約的な製品の生産、加工及び輸出による収入又はこれらの消費に経済が大きく依存している国
(i)　内陸国及び通過国

更に、この8の規定に関しては、適当な場合には締約国会議が措置をとることができる。

9　締約国は、資金供与及び技術移転に関する措置をとるに当たり、後発開発途上国の個別のニーズ及び特別な事情について十分な考慮を払う。

10　締約国は、第10条の規定に従い、この条約に基づく約束の履行に当たり、気候変動に対応するための措置の実施による悪影響を受けやすい経済を有する締約国（特に開発途上締約国）の事情を考慮に入れる。この場合において、特に、化石燃料及び関連するエネルギー集約的な製品の生産、加工及び輸出による収入若しくはこれらの消費にその経済が大きく依存している締約国又は化石燃料の使用にその経済が大きく依存し、かつ、代替物への転換に重大な困難を有する締約国の事情を考慮に入れる。

第5条（研究及び組織的観測）〔省略〕
第6条（教育、訓練及び啓発）〔省略〕
第7条（締約国会議）　1　この条約により締約国会議を設置する。

2　締約国会議は、この条約の最高機関として、この条約及び締約国会議が採択する関連する法的文書の実施状況を定期的に検討するものとし、その権限の範囲内で、この条約の効果的な実施を促進するために必要な決定を行う。このため、締約国会議は、次のことを行う。

(a)　この条約の目的、この条約の実施により得られた経験並びに科学上及び技術上の知識の進展に照らして、この条約に基づく締約国の義務及びこの条約の下における制度的な措置について定期的に検討すること。

(b)　締約国の様々な事情、責任及び能力並びにこの条約に基づくそれぞれの締約国の約束を考慮して、気候変動及びその影響に対処するために締約国が採用する措置に関する情報の交換を促進し及び円滑にすること。

(c)　二以上の締約国の要請に応じ、締約国の様々な事情、責任及び能力並びにこの条約に基づくそれぞれの締約国の約束を考慮して、気候変動及びその影響に対処するために締約国が採用する措置の調整を円滑にすること。

(d)　締約国会議が合意することとなっている比較可能な方法、特に、温室効果ガスの発生源による排出及び吸収源による除去に関する目録を作成するため並びに温室効果ガスの排出の抑制及び除去の増大に関する措置の効果を評価するための方法について、この条約の目的及び規定に従い、これらの開発及び定期的な改善を促進し及び指導すること。

(e)　この条約により利用が可能となるすべての情報に基づき、締約国によるこの条約の実施状況、この条

約に基づいてとられる措置の全般的な影響（特に、環境、経済及び社会に及ぼす影響並びにこれらの累積的な影響）及びこの条約の目的の達成に向けての進捗（ちょく）状況を評価すること。
  (f) この条約の実施状況に関する定期的な報告書を検討し及び採択すること並びに当該報告書の公表を確保すること。
  (g) この条約の実施に必要な事項に関する勧告を行うこと。
  (h) 第4条の3から5までの規定及び第11条の規定に従って資金が供与されるよう努めること。
  (i) この条約の実施に必要と認められる補助機関を設置すること。
  (j) 補助機関により提出される報告書を検討し、及び補助機関を指導すること。
  (k) 締約国会議及び補助機関の手続規則及び財政規則をコンセンサス方式により合意し及び採択すること。
  (l) 適当な場合には、能力を有する国際機関並びに政府及び民間の団体による役務、協力及び情報の提供を求め及び利用すること。
  (m) その他この条約の目的の達成のために必要な任務及びこの条約に基づいて締約国会議に課されるすべての任務を遂行すること。
3—6 〔省略〕

第8条（事務局）〔省略〕
第9条（科学上及び技術上の助言に関する補助機関）〔省略〕
第10条（実施に関する補助機関）〔省略〕
第11条（資金供与の制度）〔省略〕
第12条（実施に関する情報の送付） 1 締約国は、第4条1の規定に従い、事務局を通じて締約国会議に対し次の情報を送付する。
  (a) 温室効果ガス（モントリオール議定書によって規制されているものを除く。）の発生源による人為的な排出及び吸収源による除去に関する自国の目録。この目録は、締約国会議が合意し及び利用を促進する比較可能な方法を用いて、自国の能力の範囲内で作成する。
  (b) この条約を実施するために締約国がとり又はとろうとしている措置の概要
  (c) その他この条約の目的の達成に関連を有し及び通報に含めることが適当であると締約国が認める情報（可能なときは、世界全体の排出量の傾向の算定に関連する資料を含む。）
2 附属書Ⅰの締約国は、送付する情報に次の事項を含める。
  (a) 第4条2の(a)及び(b)の規定に基づく約束を履行するために採用した政策及び措置の詳細
  (b) (a)に規定する政策及び措置が、温室効果ガスの発生源による人為的な排出及び吸収源による除去に関して第4条2(a)に規定する期間についてもたらす効果の具体的な見積り
3 更に、附属書Ⅱの締約国は、第4条の3から5までの規定に従ってとる措置の詳細を含める。
4 開発途上締約国は、任意に、資金供与の対象となる事業を提案することができる。その提案には、当該事業を実施するために必要な特定の技術、資材、設備、技法及び慣行を含めるものとし、可能な限り、すべての増加費用、温室効果ガスの排出の削減及び除去の増大並びにこれらに伴う利益について、それらの見積りを含める。
5 附属書Ⅰの締約国は、この条約が自国について効力を生じた後6箇月以内に最初の情報の送付を行う。附属書Ⅰの締約国以外の締約国は、この条約が自国について効力を生じた後又は第4条3の規定に従い資金が利用可能となった後3年以内に最初の情報の送付を行う。後発開発途上国である締約国は、最初の情報の送付については、その裁量によることができる。すべての締約国がその後行う送付の頻度は、この5に定める送付の期限の差異を考慮して、締約国会議が決定する。
6 事務局は、この条の規定に従って締約国が送付した情報をできる限り速やかに締約国会議及び関係する補助機関に伝達する。締約国会議は、必要な場合には、情報の送付に関する手続について更に検討することができる。
7 開発途上締約国が、この条の規定に従って情報を取りまとめ及び送付するに当たり並びに第4条の規定に基づいて提案する事業及び対応措置に必要な技術及び資金を特定するに当たり、締約国会議は、第1回会合の時から、開発途上締約国に対しその要請に応じ技術上及び財政上の支援が行われるよう措置をとる。このような支援は、適当な場合には、他の締約国、能力を有する国際機関及び事務局によって行われる。
8 この条の規定に基づく義務を履行するための情報の送付は、締約国会議が採択した指針に従うこと及び締約国会議に事前に通報することを条件として、二以上の締約国が共同して行うことができる。この場合において、送付する情報には、当該二以上の締約国のこの条約に基づくそれぞれの義務の履行に関する情報を含めるものとする。
9 事務局が受領した情報であって、締約国会議が定める基準に従い締約国が秘密のものとして指定したものは、情報の送付及び検討に関係する機関に提供されるまでの間、当該情報の秘密性を保護するため、事務局が一括して保管する。
10 9の規定に従うことを条件として、かつ、締約国が自国の送付した情報の内容をいつでも公表することができることを妨げることなく、事務局は、この条の規定に従って送付される締約国の情報について、締約国会議に提出する時に、その内容を公に利用可能なものとする。

第13条（実施に関する問題の解決）〔省略〕
第14条（紛争の解決） 1 この条約の解釈又は適用に関して締約国間で紛争が生じた場合には、紛争当事国は、交渉又は当該紛争当事国が選択するその他の平和的手段により紛争の解決に努める。
2 地域的な経済統合のための機関でない締約国は、こ

の条約の解釈又は適用に関する紛争について、同一の義務を受諾する締約国との関係において次の一方又は双方の手段を当然にかつ特別の合意なしに義務的であると認めることをこの条約の批准、受諾若しくは承認若しくはこれへの加入の際に又はその後いつでも、寄託者に対し書面により宣言することができる。

(a) 国際司法裁判所への紛争の付託
(b) 締約国会議ができる限り速やかに採択する仲裁に関する附属書に定める手続による仲裁

地域的な経済統合のための機関である締約国は、(b)に規定する手続による仲裁に関して同様の効果を有する宣言を行うことができる。

3 2の規定に基づいて行われる宣言は、当該宣言の期間が満了するまで又は書面による当該宣言の撤回の通告が寄託者に寄託された後3箇月が経過するまでの間、効力を有する。

4 新たな宣言、宣言の撤回の通告又は宣言の期間の満了は、紛争当事国が別段の合意をしない限り、国際司法裁判所又は仲裁裁判所において進行中の手続に何ら影響を及ぼすものではない。

5 2の規定が適用される場合を除くほか、いずれかの紛争当事国が他の紛争当事国に対して紛争が存在する旨の通告を行った後12箇月以内にこれらの紛争当事国が1に定める手段によって当該紛争を解決することができなかった場合には、当該紛争は、いずれかの紛争当事国の要請により調停に付される。

6 いずれかの紛争当事国の要請があったときは、調停委員会が設置される。調停委員会は、各紛争当事国が指名する同数の委員及び指名された委員が共同で選任する委員長によって構成される。調停委員会は、勧告的な裁定を行い、紛争当事国は、その裁定を誠実に検討する。

7 1から6までに定めるもののほか、調停に関する手続は、締約国会議ができる限り速やかに採択する調停に関する附属書に定める。

8 この条の規定は、締約国会議が採択する関連する法的文書に別段の定めがある場合を除くほか、当該法的文書について準用する。

第15条 (この条約の改正) 〔省略〕
第16条 (この条約の附属書の採択及び改正) 〔省略〕
第17条 (議定書) 〔省略〕
第18条 (投票権) 〔省略〕
第19条 (寄託者) 〔省略〕
第20条 (署名) 〔省略〕
第21条 (暫定的措置) 〔省略〕
第22条 (批准、受諾、承認又は加入) 〔省略〕
第23条 (効力発生) 〔省略〕
第24条 (留保) 〔省略〕
第25条 (脱退) 〔省略〕
第26条 (正文) 〔省略〕

附属書 I

オーストラリア、オーストリア、ベラルーシ (注)、ベルギー、ブルガリア (注)、カナダ、クロアチア (注)、チェッコ (注)、デンマーク、欧州経済共同体、エストニア (注)、フィンランド、フランス、ドイツ、ギリシャ、ハンガリー (注)、アイスランド、アイルランド、イタリア、日本国、ラトヴィア (注)、リヒテンシュタイン、リトアニア (注)、ルクセンブルグ、モナコ、オランダ、ニュー・ジーランド、ノールウェー、ポーランド (注)、ポルトガル、ルーマニア (注)、ロシア連邦 (注)、スロヴァキア (注)、スロヴェニア (注)、スペイン、スウェーデン、スイス、トルコ、ウクライナ (注)、グレート・ブリテン及び北部アイルランド連合王国、アメリカ合衆国
　注　市場経済への移行の過程にある国

附属書 II

オーストラリア、オーストリア、ベルギー、カナダ、デンマーク、欧州経済共同体、フィンランド、フランス、ドイツ、ギリシャ、アイスランド、アイルランド、イタリア、日本国、ルクセンブルグ、オランダ、ニュー・ジーランド、ノールウェー、ポルトガル、スペイン、スウェーデン、スイス、グレート・ブリテン及び北部アイルランド連合王国、アメリカ合衆国

●生物の多様性に関する条約〔抜粋〕
Convention on Biological Diversity

▼作成　1992年6月5日（リオ・デ・ジャネイロ）　▼効力発生　1993年12月29日　▼日本国　1992年6月13日署名、93年5月14日国会承認、5月28日受諾書寄託、12月21日公布〔平成5年条約第9号〕、12月29日発効

前文
締約国は、

生物の多様性が有する内在的な価値並びに生物の多様性及びその構成要素が有する生態学上、遺伝上、社会上、経済上、科学上、教育上、文化上、レクリエーション上及び芸術上の価値を意識し、

生物の多様性が進化及び生物圏における生命保持の機構の維持のため重要であることを意識し、

生物の多様性の保全が人類の共通の関心事であることを確認し、

諸国が自国の生物資源について主権的権利を有することを再確認し、

諸国が、自国の生物の多様性の保全及び自国の生物資源の持続可能な利用について責任を有することを再確認し、

生物の多様性がある種の人間活動によって著しく減少していることを懸念し、

生物の多様性に関する情報及び知見が一般的に不足し

ていること並びに適当な措置を計画し及び実施するための基本的な知識を与える科学的、技術的及び制度的能力を緊急に開発する必要があることを認識し、

生物の多様性の著しい減少又は喪失の根本原因を予想し、防止し及び取り除くことが不可欠であることに留意し、

生物の多様性の著しい減少又は喪失のおそれがある場合には、科学的な確実性が十分にないことをもって、そのようなおそれを回避し又は最小にするための措置をとることを延期する理由とすべきではないことに留意し、

更に、生物の多様性の保全のための基本的な要件は、生態系及び自然の生息地の生息域内保全並びに存続可能な種の個体群の自然の生息環境における維持及び回復であることに留意し、

更に、生息域外における措置も重要な役割を果たすこと及びこの措置は原産国においてとることが望ましいことに留意し、

伝統的な生活様式を有する多くの原住民の社会及び地域社会が生物資源に緊密にかつ伝統的に依存していること並びに生物の多様性の保全及びその構成要素の持続可能な利用に関して伝統的な知識、工夫及び慣行の利用がもたらす利益を衡平に配分することが望ましいことを認識し、

生物の多様性の保全及び持続可能な利用において女子が不可欠の役割を果たすことを認識し、また、生物の多様性の保全のための政策の決定及び実施のすべての段階における女子の完全な参加が必要であることを確認し、

生物の多様性の保全及びその構成要素の持続可能な利用のため、国家、政府間機関及び民間部門の間の国際的、地域的及び世界的な協力が重要であること並びにそのような協力の促進が必要であることを強調し、

新規のかつ追加的な資金の供与及び関連のある技術の取得の適当な機会の提供が生物の多様性の喪失に取り組むための世界の能力を実質的に高めることが期待できることを確認し、

更に、開発途上国のニーズに対応するため、新規のかつ追加的な資金の供与及び関連のある技術の取得の適当な機会の提供を含む特別な措置が必要であることを確認し、

この点に関して後発開発途上国及び島嶼〔しよ〕国の特別な事情に留意し、

生物の多様性を保全するため多額の投資が必要であること並びに当該投資から広範な環境上、経済上及び社会上の利益が期待されることを確認し、

経済及び社会の開発並びに貧困の撲滅が開発途上国にとって最優先の事項であることを認識し、

生物の多様性の保全及び持続可能な利用が食糧、保健その他増加する世界の人口の必要を満たすために決定的に重要であること、並びにこの目的のために遺伝資源及び技術の取得の機会の提供及びそれらの配分が不可欠であることを認識し、

生物の多様性の保全及び持続可能な利用が、究極的に、諸国間の友好関係を強化し、人類の平和に貢献することに留意し、

生物の多様性の保全及びその構成要素の持続可能な利用のための既存の国際的な制度を強化し及び補完することを希望し、

現在及び将来の世代のため生物の多様性を保全し及び持続可能であるように利用することを決意して、

次のとおり協定した。

第1条（目的） この条約は、生物の多様性の保全、その構成要素の持続可能な利用及び遺伝資源の利用から生ずる利益の公正かつ衡平な配分をこの条約の関係規定に従って実現することを目的とする。この目的は、特に、遺伝資源の取得の適当な機会の提供及び関連のある技術の適当な移転（これらの提供及び移転は、当該遺伝資源及び当該関連のある技術についてのすべての権利を考慮して行う。）並びに適当な資金供与の方法により達成する。

第2条（用語） この条約の適用上、

「生物の多様性」とは、すべての生物（陸上生態系、海洋その他の水界生態系、これらが複合した生態系その他生息又は生育の場のいかんを問わない。）の間の変異性をいうものとし、種内の多様性、種間の多様性及び生態系の多様性を含む。

「生物資源」には、現に利用され若しくは将来利用されることがある又は人類にとって現実の若しくは潜在的な価値を有する遺伝資源、生物又はその部分、個体群その他生態系の生物的な構成要素を含む。

「バイオテクノロジー」とは、物又は方法を特定の用途のために作り出し又は改変するため、生物システム、生物又はその派生物を利用する応用技術をいう。

「遺伝資源の原産国」とは、生息域内状況において遺伝資源を有する国をいう。

「遺伝資源の提供国」とは、生息域内の供給源（野生種の個体群であるか飼育種又は栽培種の個体群であるかを問わない。）から採取された遺伝資源又は生息域外の供給源から取り出された遺伝資源（自国が原産国であるかないかを問わない。）を提供する国をいう。

「飼育種又は栽培種」とは、人がその必要を満たすため進化の過程に影響を与えた種をいう。

「生態系」とは、植物、動物及び微生物の群集とこれらを取り巻く非生物的な環境とが相互に作用して一の機能的な単位を成す動的な複合体をいう。

「生息域外保全」とは、生物の多様性の構成要素を自然の生息地の外において保全することをいう。

「遺伝素材」とは、遺伝の機能的な単位を有する植物、動物、微生物その他に由来する素材をいう。

「遺伝資源」とは、現実の又は潜在的な価値を有する遺伝素材をいう。

「生息地」とは、生物の個体若しくは個体群が自然に生息し若しくは生育している場所又はその類型をいう。

「生息域内状況」とは、遺伝資源が生態系及び自然の生息地において存在している状況をいい、飼育種又は栽培種については、当該飼育種又は栽培種が特有の性質を得た環境において存在している状況をいう。

「生息域内保全」とは、生態系及び自然の生息地を保

全し、並びに存続可能な種の個体群を自然の生息環境において維持し及び回復することをいい、飼育種又は栽培種については、存続可能な種の個体群を当該飼育種又は栽培種が特有の性質を得た環境において維持し及び回復することをいう。

「保護地域」とは、保全のための特定の目的を達成するために指定され又は規制され及び管理されている地理的に特定された地域をいう。

「地域的な経済統合のための機関」とは、特定の地域の主権国家によって構成される機関であって、この条約が規律する事項に関しその加盟国から権限の委譲を受け、かつ、その内部手続に従ってこの条約の署名、批准、受諾若しくは承認又はこれへの加入の正当な委任を受けたものをいう。

「持続可能な利用」とは、生物の多様性の長期的な減少をもたらさない方法及び速度で生物の多様性の構成要素を利用し、もって、現在及び将来の世代の必要及び願望を満たすように生物の多様性の可能性を維持することをいう。

「技術」には、バイオテクノロジーを含む。

第3条（原則） 諸国は、国際連合憲章及び国際法の諸原則に基づき、自国の資源をその環境政策に従って開発する主権的権利を有し、また、自国の管轄又は管理の下における活動が他国の環境又はいずれの国の管轄にも属さない区域の環境を害さないことを確保する責任を有する。

第4条（適用範囲） この条約が適用される区域は、この条約に別段の明文の規定がある場合を除くほか、他国の権利を害さないことを条件として、各締約国との関係において、次のとおりとする。
(a) 生物の多様性の構成要素については、自国の管轄の下にある区域
(b) 自国の管轄又は管理の下で行われる作用及び活動（それらの影響が生ずる場所のいかんを問わない。）については、自国の管轄の下にある区域及びいずれの国の管轄にも属さない区域

第6条（保全及び持続可能な利用のための一般的な措置）
締約国は、その個々の状況及び能力に応じ、次のことを行う。
(a) 生物の多様性の保全及び持続可能な利用を目的とする国家的な戦略若しくは計画を作成し、又は当該目的のため、既存の戦略若しくは計画を調整し、特にこの条約に規定する措置で当該締約国に関連するものを考慮したものとなるようにすること。
(b) 生物の多様性の保全及び持続可能な利用について、可能な限り、かつ、適当な場合には、関連のある部門別の又は部門にまたがる計画及び政策にこれを組み入れること。

第7条（特定及び監視） 締約国は、可能な限り、かつ、適当な場合には、特に次条から第10条までの規定を実施するため、次のことを行う。
(a) 附属書Iに列記する区分を考慮して、生物の多様性の構成要素であって、生物の多様性の保全及び持続可能な利用のために重要なものを特定すること。

(b) 生物の多様性の構成要素であって、緊急な保全措置を必要とするもの及び持続可能な利用に最大の可能性を有するものに特別の考慮を払いつつ、標本抽出その他の方法により、(a)の規定に従って特定される生物の多様性の構成要素を監視すること。
(c) 生物の多様性の保全及び持続可能な利用に著しい悪影響を及ぼし又は及ぼすおそれのある作用及び活動の種類を特定し並びに標本抽出その他の方法によりそれらの影響を監視すること。
(d) (a)から(c)までの規定による特定及び監視の活動から得られる情報を何らかの仕組みによって維持し及び整理すること。

第8条（生息域内保全） 締約国は、可能な限り、かつ、適当な場合には、次のことを行う。
(a) 保護地域又は生物の多様性を保全するために特別の措置をとる必要がある地域に関する制度を確立すること。
(b) 必要な場合には、保護地域又は生物の多様性を保全するために特別の措置をとる必要がある地域の選定、設定及び管理のための指針を作成すること。
(c) 生物の多様性の保全のために重要な生物資源の保全及び持続可能な利用を確保するため、保護地域の内外を問わず、当該生物資源について規制を行い又は管理すること。
(d) 生態系及び自然の生息地の保護並びに存続可能な種の個体群の自然の生息環境における維持を促進すること。
(e) 保護地域における保護を補強するため、保護地域に隣接する地域における開発が環境上適（正かつ持続可能なものとなることを促進すること。
(f) 特に、計画その他管理のための戦略の作成及び実施を通じ、劣化した生態系を修復し及び復元し並びに脅威にさらされている種の回復を促進すること。
(g) バイオテクノロジーにより改変された生物であって環境上の悪影響（生物の多様性の保全及び持続可能な利用に対して及び得るもの）を与えるおそれのあるものの利用及び放出に係る危険について、人の健康に対する危険も考慮して、これを規制し、管理し又は制御するための手段を設定し又は維持すること。
(h) 生態系、生息地若しくは種を脅かす外来種の導入を防止し又はそのような外来種を制御若しくは撲滅すること。
(i) 現在の利用が生物の多様性の保全及びその構成要素の持続可能な利用と両立するために必要な条件を整えるよう努力すること。
(j) 自国の国内法令に従い、生物の多様性の保全及び持続可能な利用に関連する伝統的な生活様式を有する原住民の社会及び地域社会の知識、工夫及び慣行を尊重し、保存し及び維持すること、そのような知識、工夫及び慣行を有する者の承認及び参加を得てそれらの一層広い適用を促進すること並びにそれらの利用がもたらす利益の衡平な配分を奨励すること。

(k) 脅威にさらされている種及び個体群を保護するために必要な法令その他の規制措置を定め又は維持すること。
(l) 前条の規定により生物の多様性に対し著しい悪影響があると認められる場合には、関係する作用及び活動の種類を規制し又は管理すること。
(m) (a)から(l)までに規定する生息域内保全のための財政的な支援その他の支援(特に開発途上国に対するもの)を行うことについて協力すること。

第9条(生息域外保全) 締約国は、可能な限り、かつ、適当な場合には、主として生息域内における措置を補完するため、次のことを行う。
(a) 生物の多様性の構成要素の生息域外保全のための措置をとること。この措置は、生物の多様性の構成要素の原産国においてとることが望ましい。
(b) 植物、動物及び微生物の生息域外保全及び研究のための施設を設置し及び維持すること。その設置及び維持は、遺伝資源の原産国において行うことが望ましい。
(c) 脅威にさらされている種を回復し及びその機能を修復するための措置並びに当該種を適当な条件の下で自然の生息地に再導入するための措置をとること。
(d) (c)の規定により生息域外における特別な暫定的措置が必要とされる場合を除くほか、生態系及び生息域内における種の個体群を脅かさないようにするため、生息域外保全を目的とする自然の生息地からの生物資源の採取を規制し及び管理すること。
(e) (a)から(d)までに規定する生息域外保全のための財政的な支援その他の支援を行うことについて並びに開発途上国における生息域外保全のための施設の設置及び維持について協力すること。

第10条(生物の多様性の構成要素の持続可能な利用) 締約国は、可能な限り、かつ、適当な場合には、次のことを行う。
(a) 生物資源の保全及び持続可能な利用についての考慮を自国の意思決定に組み入れること。
(b) 生物の多様性への悪影響を回避し又は最小にするため、生物資源の利用に関連する措置をとること。
(c) 保全又は持続可能な利用の要請と両立する伝統的な文化的慣行に沿った生物資源の利用慣行を保護し及び奨励すること。
(d) 生物の多様性が減少した地域の住民による修復のための作業の準備及び実施を支援すること。
(e) 生物資源の持続可能な利用のための方法の開発について、自国の政府機関と民間部門との間の協力を促進すること。

第14条(影響の評価及び悪影響の最小化) 1 締約国は、可能な限り、かつ、適当な場合には、次のことを行う。
(a) 生物の多様性への著しい悪影響を回避し又は最小にするため、そのような影響を及ぼすおそれのある当該締約国の事業計画案に対する環境影響評価を定める適当な手続を導入し、かつ、適当な場合には、当該手続への公衆の参加を認めること。
(b) 生物の多様性に著しい悪影響を及ぼすおそれのある計画及び政策の環境への影響について十分な考慮が払われることを確保するため、適当な措置を導入すること。
(c) 適宜、二国間の、地域的な又は多数国間の取極を締結することについて、これを促進することにより、自国の管轄又は管理の下における活動であって、他国における又はいずれの国の管轄にも属さない区域における生物の多様性に著しい悪影響を及ぼすおそれのあるものに関し、相互主義の原則に基づき、通報、情報の交換及び協議を行うことを促進すること。
(d) 自国の管轄又は管理の下で生ずる急迫した又は重大な危険又は損害が他国の管轄の下にある区域又はいずれの国の管轄にも属さない区域における生物の多様性に及ぶ場合には、このような危険又は損害を受ける可能性のある国に直ちに通報すること及びこのような危険又は損害を防止し又は最小にするための行動を開始すること。
(e) 生物の多様性に重大かつ急迫した危険を及ぼす活動又は事象(自然に発生したものであるかないかを問わない。)に対し緊急に対応するための国内的な措置を促進し及びこのような国内的な努力を支援するための国際協力(適当であり、かつ、関連する国又は地域的な経済統合のための機関の同意が得られる場合には、共同の緊急時計画を作成するための国際協力を含む。)を促進すること。

2 締約国会議は、今後実施される研究を基礎として、生物の多様性の損害に対する責任及び救済(原状回復及び補償を含む。)についての問題を検討する。ただし、当該責任が純粋に国内問題である場合を除く。

第15条(遺伝資源の取得の機会) 1 各国は、自国の天然資源に対して主権的権利を有するものと認められ、遺伝資源の取得の機会につき定める権限は、当該遺伝資源が存する国の政府に属し、その国の国内法令に従う。

2 締約国は、他の締約国が遺伝資源を環境上適正に利用するために取得することを容易にするような条件を整えるよう努力し、また、この条約の目的に反するような制限を課さないよう努力する。

3―7 [省略]

第16条(技術の取得の機会及び移転) 1 締約国は、技術にはバイオテクノロジーを含むこと並びに締約国間の技術の取得の機会の提供及び移転がこの条約の目的を達成するための不可欠の要素であることを認識し、生物の多様性の保全及び持続可能な利用に関連のある技術又は環境に著しい損害を与えることなく遺伝資源を利用する技術について、他の締約国に対する取得の機会の提供及び移転をこの条の規定に従って行い又はより円滑なものにすることを約束する。

2 開発途上国に対する1の技術の取得の機会の提供及び移転については、公正で最も有利な条件(相互に合意する場合には、緩和されたかつ特恵的な条件を含む。)の下に、必要な場合には第20条及び第21条の規定に基づいて設ける資金供与の制度に従って、これら

を行い又はより円滑なものにする。特許権その他の知的所有権によって保護される技術の取得の機会の提供及び移転については、当該知的所有権の十分かつ有効な保護を承認し及びそのような保護と両立する条件で行う。この2の規定は、3から5までの規定と両立するように適用する。
3　締約国は、遺伝資源を利用する技術（特許権その他の知的所有権によって保護される技術を含む。）について、当該遺伝資源を提供する締約国（特に開発途上国）が、相互に合意する条件で、その取得の機会を与えられ及び移転を受けられるようにするため、必要な場合には第20条及び第21条の規定の適用により、国際法に従い並びに4及び5の規定と両立するような形で、適宜、立法上、行政上又は政策上の措置をとる。
4　締約国は、開発途上国の政府機関及び民間部門の双方の利益のために自国の民間部門が1の技術の取得の機会の提供、共同開発及び移転をより円滑なものにするよう、適宜、立法上、行政上又は政策上の措置をとり、これに関し、1から3までに規定する義務を遵守する。
5　締約国は、特許権その他の知的所有権がこの条約の実施に影響を及ぼす可能性があることを認識し、そのような知的所有権がこの条約の目的を助長しかつこれに反しないことを確保するため、国内法令及び国際法に従って協力する。

第19条（バイオテクノロジーの取扱い及び利益の配分）
1　締約国は、バイオテクノロジーの研究のために遺伝資源を提供する締約国（特に開発途上国）の当該研究の活動への効果的な参加（実行可能な場合には当該遺伝資源を提供する締約国における参加）を促進するため、適宜、立法上、行政上又は政策上の措置をとる。
2　締約国は、他の締約国（特に開発途上国）が提供する遺伝資源を基礎とするバイオテクノロジーから生ずる成果及び利益について、当該他の締約国が公正かつ衡平な条件で優先的に取得する機会を与えられることを促進し及び推進するため、あらゆる実行可能な措置をとる。その取得の機会は、相互に合意する条件で与えられる。
3　締約国は、バイオテクノロジーにより改変された生物であって、生物の多様性の保全及び持続可能な利用に悪影響を及ぼす可能性のあるものについて、その安全な移送、取扱い及び利用の分野における適当な手続（特に事前の情報に基づく合意についての規定を含むもの）を定める議定書の必要性及び態様について検討する。
4　締約国は、3に規定する生物の取扱いについての自国の規則（利用及び安全に係るもの）並びに当該生物が及ぼす可能性のある悪影響に関する入手可能な情報を当該生物が導入される締約国に提供する。その提供は、直接に又は自国の管轄の下にある自然人若しくは法人で当該生物を提供するものに要求することにより、行う。

第20条（資金）　1　締約国は、その能力に応じ、自国の計画及び優先度に従い、この条約の目的を達成するための各国の活動に関して財政的に支援し及び奨励することを約束する。
2　先進締約国は、開発途上締約国が、この条約に基づく義務を履行するための措置の実施に要するすべての合意された増加費用を負担すること及びこの条約の適用から利益を得ることを可能にするため、新規のかつ追加的な資金を供与する。その増加費用は、締約国会議が立案する政策、戦略、計画の優先度、適格性の基準及び増加費用の一覧表に従い、開発途上締約国と次条に規定する制度的組織との間で合意される。先進締約国以外の締約国（市場経済への移行の過程にある国を含む。）は、先進締約国の義務を任意に負うことができる。この条の規定の適用のため、締約国会議は、その第1回会合において、先進締約国及び先進締約国の義務を任意に負うその他の締約国の一覧表を作成する。締約国会議は、定期的に当該一覧表を検討し、必要に応じて改正する。その他の国及び資金源からの任意の拠出も勧奨される。これらの約束は、資金の妥当性、予測可能性及び即応性が必要であること並びに当該一覧表に掲げる拠出締約国の間の責任分担が重要であることを考慮して履行する。
3―7　〔省略〕

第22条（他の国際条約との関係）　1　この条約の規定は、現行の国際協定に基づく締約国の権利及び義務に影響を及ぼすものではない。ただし、当該締約国の権利の行使及び義務の履行が生物の多様性に重大な損害又は脅威を与える場合は、この限りでない。
2　締約国は、海洋環境に関しては、海洋法に基づく国家の権利及び義務に適合するようこの条約を実施する。

第23条（締約国会議）　1　この条約により締約国会議を設置する。締約国会議の第1回会合は、国際連合環境計画事務局長がこの条約の効力発生の後1年以内に招集する。その後は、締約国会議の通常会合は、第一回会合において決定する一定の間隔で開催する。
2　締約国会議の特別会合は、締約国会議が必要と認めるとき又はいずれかの締約国から書面による要請のある場合において事務局がその要請を締約国に通報した後6箇月以内に締約国の少なくとも3分の1がその要請を支持するときに開催する。
3　締約国会議は、締約国会議及び締約国会議が設置する補助機関の手続規則並びに事務局の予算を規律する財政規則をコンセンサス方式により合意し及び採択する。締約国会議は、通常会合において、次の通常会合までの会計期間の予算を採択する。
4　締約国会議は、この条約の実施状況を常時検討し、このため、次のことを行う。
　(a)　第26条の規定に従って提出される情報の送付のための形式及び間隔を決定すること並びにそのような情報及び補助機関により提出される報告を検討すること。
　(b)　第25条の規定に従って提供される生物の多様性に関する科学上及び技術上の助言を検討すること。
　(c)　必要に応じ、第28条の規定に基づいて議定書を検

(d) 必要に応じ、第29条及び第30条の規定に基づいてこの条約及びその附属書の改正を検討し及び採択すること。
　(e) 議定書及びその附属書の改正を検討すること並びに改正が決定された場合には、当該議定書の締約国に対し当該改正を採択するよう勧告すること。
　(f) 必要に応じ、第30条の規定に基づいてこの条約の追加附属書を検討し及び採択すること。
　(g) 特に科学上及び技術上の助言を行うため、この条約の実施に必要と認められる補助機関を設置すること。
　(h) この条約が対象とする事項を扱っている他の条約の執行機関との間の協力の適切な形態を設定するため、事務局を通じ、当該執行機関と連絡をとること。
　(i) この条約の実施から得られる経験に照らして、この条約の目的の達成のために必要な追加的行動を検討し及びとること。
5　国際連合、その専門機関及び国際原子力機関並びにこの条約の締約国でない国は、締約国会議の会合にオブザーバーとして出席することができる。生物の多様性の保全及び持続可能な利用に関連のある分野において認められた団体又は機関（政府又は民間のものいずれであるかを問わない。）であって、締約国会議の会合にオブザーバーとして出席することを希望する旨事務局に通報したものは、当該会合に出席する締約国の3分の1以上が反対しない限り、オブザーバーとして出席することを認められる。オブザーバーの出席については、締約国会議が採択する手続規則に従う。

第27条（紛争の解決）　1　この条約の解釈又は適用に関して締約国間で紛争が生じた場合には、紛争当事国は、交渉により紛争の解決に努める。
2　紛争当事国は、交渉により合意に達することができなかった場合には、第三者によるあっせん又は仲介を共同して求めることができる。
3　いずれの国又は地域的な経済統合のための機関も、1又は2の規定により解決することができなかった紛争について、次の紛争解決手段の一方又は双方を義務的なものとして受け入れることをこの条約の批准、受諾若しくは承認若しくはこれへの加入の際に又はその後いつでも、寄託者に対し書面により宣言することができる。
　(a) 附属書Ⅱ第1部に規定する手続による仲裁
　(b) 国際司法裁判所への紛争の付託
4　紛争は、紛争当事国が3の規定に従って同一の紛争解決手段を受け入れている場合を除くほか、当該紛争当事国が別段の合意をしない限り、附属書Ⅱ第2部の規定により調停に付する。
5　この条の規定は、別段の定めがある議定書を除くほか、すべての議定書について準用する。

第28条（議定書の採択）　1　締約国は、この条約の議定書の作成及び採択について協力する。
2　議定書は、締約国会議の会合において採択する。
3　議定書案は、2の会合の少なくとも6箇月前に事務局が締約国に通報する。

第32条（この条約と議定書との関係）　1　いずれの国又は地域的な経済統合のための機関も、この条約の締約国である場合又は同時にこの条約の締約国となる場合を除くほか、議定書の締約国となることができない。
2　議定書に基づく決定は、当該議定書の締約国のみが行う。当該議定書の批准、受諾又は承認を行わなかったこの条約の締約国は、当該議定書の締約国の会合にオブザーバーとして参加することができる。

第33条（署名）　この条約は、1992年6月5日から同年6月14日まではリオ・デ・ジャネイロにおいて、同年6月15日から1993年6月4日まではニュー・ヨークにある国際連合本部において、すべての国及び地域的な経済統合のための機関による署名のために開放しておく。

第34条（批准、受諾又は承認）　1　この条約及び議定書は、国家及び地域的な経済統合のための機関により批准され、受諾され又は承認されなければならない。批准書、受諾書又は承認書は、寄託者に寄託する。
2　この条約又は議定書の締約国となる1の機関で当該機関のいずれの構成国も締約国となっていないものは、この条約又は当該議定書に基づくすべての義務を負う。当該機関及びその一又は二以上の構成国がこの条約又は同一の議定書の締約国である場合には、当該機関及びその構成国は、この条約又は当該議定書に基づく義務の履行につきそれぞれの責任を決定する。この場合において、当該機関及びその構成国は、この条約又は当該議定書に基づく権利を同時に行使することができない。
3　1の機関は、この条約又は議定書の規律する事項に関する当該機関の権限の範囲をこの条約又は当該議定書の批准書、受諾書又は承認書において宣言する。当該機関は、また、その権限の範囲の変更で関連するものを寄託者に通報する。

第35条（加入）　1　この条約及び議定書は、この条約及び当該議定書の署名のための期間の終了後は、国家及び地域的な経済統合のための機関による加入のために開放しておく。加入書は、寄託者に寄託する。
2　1の機関は、この条約又は議定書の規律する事項に関する当該機関の権限の範囲をこの条約又は当該議定書への加入書において宣言する。当該機関は、また、その権限の範囲の変更で関連するものを寄託者に通報する。
3　前条2の規定は、この条約又は議定書に加入する地域的な経済統合のための機関についても適用する。

第37条（留保）　この条約には、いかなる留保も付することができない。

附属書Ⅰ　特定及び監視
1　生態系及び生息地
　　高い多様性を有するもの、固有の若しくは脅威にさらされた種を多く有するもの又は原生地域を有するもの
　　移動性の種が必要とするもの

社会的、経済的、文化的又は科学的に重要であるもの
　　　代表的であるもの、特異なもの又は重要な進化上その他生物学上の過程に関係しているもの
　2　種及び群集
　　　脅威にさらされているもの
　　　飼育種又は栽培種と近縁の野生のもの
　　　医学上、農業上その他経済上の価値を有するもの

　　　社会的、科学的又は文化的に重要であるもの
　　　指標種のように生物の多様性の保全及び持続可能な利用に関する研究のために重要であるもの
　3　社会的、科学的又は経済的に重要であり、かつ、記載がされたゲノム及び遺伝子

附属書Ⅱ　〔省略〕

●生物の多様性に関する条約のバイオセーフティに関するカルタヘナ議定書《カルタヘナ議定書》〔抜粋〕

Cartagena Protocol on Biosafety to the Convention on Biological Diversity

▼作成　2000年1月29日（モントリオール）　▼効力発生　2003年9月11日　▼日本国　2003年5月22日国会承認、11月21日加入書寄託、11月27日公布〔平成15年条約第7号〕、04年2月19日発効

　この議定書の締約国は、
　生物の多様性に関する条約（以下「条約」という。）の締約国として、
　条約第19条3及び4、第8条(g)並びに第17条の規定を想起し、
　また、特に、事前の情報に基づく合意のための適当な手続を検討するために示しつつ、現代のバイオテクノロジーにより改変された生物であって生物の多様性の保全及び持続可能な利用に悪影響を及ぼす可能性のあるものの国境を越える移動に特に焦点を合わせたバイオセーフティに関する議定書を作成するとの条約の締約国会議による1995年11月17日の決定第5号（第2回会合）を想起し、
　環境及び開発に関するリオ宣言の原則15に規定する予防的な取組方法を再確認し、
　現代のバイオテクノロジーが急速に拡大していること及び現代のバイオテクノロジーが生物の多様性に及ぼす可能性のある悪影響（人の健康に対する危険も考慮したもの）について公衆の懸念が増大していることを認識し、
　環境及び人の健康のための安全上の措置が十分にとられた上で開発され及び利用されるならば、現代のバイオテクノロジーは人類の福祉にとって多大な可能性を有することを認識し、
　また、起原の中心及び遺伝的多様性の中心が人類にとって決定的に重要であることを認識し、
　改変された生物に係る既知の及び潜在的な危険の性質及び規模に対処するための多くの国、特に開発途上国の能力は限られていることを考慮し、
　貿易及び環境に関する諸協定が持続可能な開発を達成するために相互に補完的であるべきことを認識し、
　この議定書が現行の国際協定に基づく締約国の権利及び義務を変更することを意味するものと解してはならないことを強調し、
　このことは、この議定書を他の国際協定に従属させることを意図するものではないことを了解して、
　次のとおり協定した。
第1条（目的）　この議定書は、環境及び開発に関するリオ宣言の原則15に規定する予防的な取組方法に従い、特に国境を越える移動に焦点を合わせて、現代のバイオテクノロジーにより改変された生物であって生物の多様性の保全及び持続可能な利用に悪影響（人の健康に対する危険も考慮したもの）を及ぼす可能性のあるものの安全な移送、取扱い及び利用の分野において十分な水準の保護を確保することに寄与することを目的とする。
第2条（一般規定）　1　締約国は、この議定書に基づく義務を履行するため、必要かつ適当な法律上の措置、行政上の措置その他の措置をとる。
　2　締約国は、人の健康に対する危険も考慮して、改変された生物の作成、取扱い、輸送、利用、移送及び放出が生物の多様性に対する危険を防止し又は減少させる方法で行われることを確保する。
　3　この議定書のいかなる規定も、国際法に従って確立している領海に対する国の主権、国際法に従い排他的経済水域及び大陸棚において国が有する主権的権利及び管轄権並びに国際法に定められ及び関連する国際文書に反映されている航行上の権利及び自由をすべての国の船舶及び航空機が行使することに何ら影響を及ぼすものではない。
　4　この議定書のいかなる規定も、締約国が生物の多様性の保全及び持続可能な利用につきこの議定書に定める措置に比し一層の保護を与える措置をとる権利を制限するものと解してはならない。ただし、そのような措置がこの議定書の目的及び規定に適合し、かつ、国際法に基づく当該締約国の他の義務に従うものであることを条件とする。
　5　締約国は、専門知識、文書及び人の健康に対する危険の分野において権限を有する国際的な場で行われる作業であって利用可能なものを適宜考慮することを奨励される。
第3条（用語）　この議定書の適用上、
　(a)　「締約国会議」とは、条約の締約国会議をいう。
　(b)　「拡散防止措置の下での利用」とは、施設、設備その他の物理的な構造物の中で行われる操作であっ

て、外部の環境との接触及び外部の環境に対する影響を効果的に制限する特定の措置によって制御されている改変された生物に係るものをいう。
(c) 「輸出」とは、一の締約国から他の締約国への意図的な国境を越える移動をいう。
(d) 「輸出者」とは、改変された生物の輸出を行う法人又は自然人であって輸出締約国の管轄の下にあるものをいう。
(e) 「輸入」とは、一の締約国への他の締約国からの意図的な国境を越える移動をいう。
(f) 「輸入者」とは、改変された生物の輸入を行う法人又は自然人であって輸入締約国の管轄の下にあるものをいう。
(g) 「改変された生物」とは、現代のバイオテクノロジーの利用によって得られる遺伝素材の新たな組合せを有する生物をいう。
(h) 「生物」とは、遺伝素材を移転し又は複製する能力を有するあらゆる生物学上の存在(不稔〔ねん〕性の生物、ウイルス及びウイロイドを含む。)をいう。
(i) 「現代のバイオテクノロジー」とは、自然界における生理学上の生殖又は組換えの障壁を克服する技術であって伝統的な育種及び選抜において用いられない次のものを適用することをいう。
　a 生体外における核酸加工の技術(組換えデオキシリボ核酸(組換えDNA)の技術及び細胞又は細胞小器官に核酸を直接注入することを含む。)
　b 異なる分類学上の科に属する生物の細胞の融合
(j) 「地域的な経済統合のための機関」とは、特定の地域の主権国家によって構成される機関であって、この議定書が規律する事項に関しその加盟国から権限の委譲を受け、かつ、その内部手続に従いこの議定書の署名、批准、受諾若しくは承認又はこれへの加入について正当な委任を受けたものをいう。
(k) 「国境を越える移動」とは、第17条及び第24条の規定の適用上締約国と非締約国との間の移動について適用される場合を除くほか、改変された生物の一の締約国から他の締約国への移動をいう。

第4条(適用範囲) この議定書は、生物の多様性の保全及び持続可能な利用に悪影響(人の健康に対する危険も考慮したもの)を及ぼす可能性のあるすべての改変された生物の国境を越える移動、通過、取扱い及び利用について適用する。

第5条(医薬品) この議定書は、前条の規定にかかわらず、他の関連する国際協定又は国際機関において取り扱われる人のための医薬品である改変された生物の国境を越える移動については、適用しない。もっとも、締約国が輸入の決定に先立ちすべての改変された生物を危険性の評価の対象とする権利を害するものではない。

第6条(通過及び拡散防止措置の下での利用) 1 事前の情報に基づく合意の手続に関するこの議定書の規定は、第四条の規定にかかわらず、改変された生物の通過については、適用しない。もっとも、通過国である締約国がその領域を通過する改変された生物の輸送を規制する権利及び特定の改変された生物の当該領域の通過について行われる決定であって第2条3の規定に従うものをバイオセーフティに関する情報交換センターに提供する権利を害するものではない。

2 事前の情報に基づく合意の手続に関するこの議定書の規定は、第4条の規定にかかわらず、輸入締約国の基準に従って行われる拡散防止措置の下での利用を目的とする改変された生物の国境を越える移動については、適用しない。もっとも、締約国が輸入の決定に先立ちすべての改変された生物を危険性の評価の対象とする権利及びその管轄内における拡散防止措置の下での利用のための基準を設定する権利を害するものではない。

第7条(事前の情報に基づく合意の手続の適用) 1 次条から第10条まで及び第12条に定める事前の情報に基づく合意の手続は、第5条及び前条の規定に従うことを条件として、輸入締約国の環境への意図的な導入を目的とする改変された生物の最初の意図的な国境を越える移動に先立って適用する。

2 1にいう「環境への意図的な導入」は、食料若しくは飼料として直接利用し又は加工することを目的とする改変された生物についていうものではない。

3 食料若しくは飼料として直接利用し又は加工することを目的とする改変された生物については、その最初の国境を越える移動に先立って、第11条の規定を適用する。

4 事前の情報に基づく合意の手続は、この議定書の締約国の会合としての役割を果たす締約国会議の決定により、生物の多様性の保全及び持続可能な利用に悪影響(人の健康に対する危険も考慮したもの)を及ぼすおそれがないものとして特定された改変された生物の意図的な国境を越える移動については、適用しない。

第8条(通告) 1 輸出締約国は、前条1の規定の対象となる改変された生物の意図的な国境を越える移動に先立ち、輸入締約国の権限のある当局に対して書面により当該移動について通告し、又は輸出者がその通告を確実に行うよう義務付ける。その通告には、少なくとも附属書Ⅰに定める情報を含める。

2 輸出締約国は、輸出者の提供する情報を正確なものとするための法的要件を設けることを確保する。

第9条(通告の受領の確認) 1 輸入締約国は、通告を受領してから90日以内に、当該通告をした者に対して書面により当該通告の受領を確認する。

2 1に規定する確認には、次の事項を記載する。
(a) 通告の受領の日
(b) 通告が前条に規定する情報を一応含むものであるか否か。
(c) 輸入締約国の国内規制の枠組み又は次条に定める手続のいずれに従って処理するか。

3 2(c)の国内規制の枠組みは、この議定書に適合するものでなければならない。

4 輸入締約国が通告の受領を確認しないことは、当該輸入締約国が意図的な国境を越える移動について同意することを意味するものではない。

第10条（決定手続）1　輸入締約国による決定は、第15条の規定に従って行う。
2　輸入締約国は、前条に定める期間内に、通告をした者に対して次のいずれかのことを書面により通報する。
　(a)　自国が書面による同意を与えた後においてのみ、意図的な国境を越える移動を行うことができること。
　(b)　少なくとも90日を経過した後、その後の書面による同意なしに意図的な国境を越える移動を行うことができること。
3　輸入締約国は、2(a)の通報を行ったときは、通告の受領の日から270日以内に、次のいずれかの決定につき、通告をした者及びバイオセーフティに関する情報交換センターに対して書面により通報する。
　(a)　条件付又は無条件で輸入を承認すること（この決定が同一の改変された生物の2回目以降の輸入についてどのように適用されるかということを含む。）。
　(b)　輸入を禁止すること。
　(c)　自国の国内規制の枠組み又は附属書Ⅰの規定に基づいて追加的な関連情報を要請すること。この場合において、輸入締約国が回答すべき期限の計算に当たっては、当該輸入締約国が追加的な関連情報を待たなければならない日数は、算入しない。
　(d)　通告をした者に対しこの3に定める期限を特定の期間延長することを通報すること。
4　3に規定する決定には、無条件の同意である場合を除くほか、その決定の理由を明示する。
5　輸入締約国が通告の受領の日から270日以内にその決定を通報しないことは、当該輸入締約国が意図的な国境を越える移動について同意することを意味するものではない。
6　改変された生物が輸入締約国における生物の多様性の保全及び持続可能な利用に及ぼす可能性のある悪影響（人の健康に対する危険も考慮したもの）の程度に関し、関連する科学的な情報及び知識が不十分であるために科学的な確実性のないことは、当該輸入締約国がそのような悪影響を回避又は最小にするため、適当な場合には、当該改変された生物の輸入について3に規定する決定を行うことを妨げるものではない。
7　この議定書の締約国の会合としての役割を果たす締約国会議は、その第1回会合において、輸入締約国の意思決定を容易にするための適当な手続及び制度について決定する。

第11条（食料若しくは飼料として直接利用し又は加工することを目的とする改変された生物のための手続）
1　食料若しくは飼料として直接利用し又は加工することを目的として行われる国境を越える移動の対象となり得る改変された生物の国内利用（市場取引に付することを含む。）について最終的な決定を行う締約国は、当該決定から15日以内に、バイオセーフティに関する情報交換センターを通じて当該決定を他の締約国に通報する。その通報には、少なくとも附属書Ⅱに定める情報を含める。当該締約国は、同センターを利用することができないことを事前に事務局に通報した締約国の中央連絡先に対して、書面により通報の写しを提供する。この1の規定は、屋外試験についての決定については、適用しない。
2　1に規定する決定を行う締約国は、当該決定に係る申請者の提供する情報を正確なものとするための法的要件を設けることを確保する。
3　いずれの締約国も、附属書Ⅱ(b)の当局に対し追加的な情報を要請することができる。
4　締約国は、この議定書の目的に適合する自国の国内規制の枠組みに従い、食料若しくは飼料として直接利用し又は加工することを目的とする改変された生物の輸入について決定することができる。
5　締約国は、可能な場合には、食料若しくは飼料として直接利用し又は加工することを目的とする改変された生物の輸入について適用される国内法令及び国の指針の写しをバイオセーフティに関する情報交換センターに対して利用可能にする。
6　開発途上締約国又は移行経済締約国は、4の国内規制の枠組みがない場合であって自国の国内管轄権を行使するときは、食料若しくは飼料として直接利用し又は加工することを目的とする改変された生物であって1の規定により情報が提供されたものの最初の輸入に先立ち、次の事項に従って決定する旨をバイオセーフティに関する情報交換センターを通じて宣言することができる。
　(a)　附属書Ⅲの規定に従って行う危険性の評価
　(b)　270日を超えない予測可能な期間内で行う決定
7　締約国が6の規定による決定を通報しないことは、当該締約国による別段の定めがない限り、当該締約国が食料若しくは飼料として直接利用し又は加工することを目的とする改変された生物の輸入について同意し又は拒否することを意味するものではない。
8　改変された生物が輸入締約国における生物の多様性の保全及び持続可能な利用に及ぼす可能性のある悪影響（人の健康に対する危険も考慮したもの）の程度に関し、関連する科学的な情報及び知識が不十分であるために科学的な確実性のないことは、当該輸入締約国がそのような悪影響を回避又は最小にするため、適当な場合には、食料若しくは飼料として直接利用し又は加工することを目的とする当該改変された生物の輸入について決定することを妨げるものではない。
9　締約国は、食料若しくは飼料として直接利用し又は加工することを目的とする改変された生物についての財政上及び技術上の支援並びに能力の開発に関するニーズを表明することができる。締約国は、第22条及び第28条の規定に従い、これらのニーズを満たすために協力する。

第12条（決定の再検討）1　輸入締約国は、生物の多様性の保全及び持続可能な利用に及ぼす可能性のある悪影響（人の健康に対する危険も考慮したもの）に関する新たな科学的な情報に照らし、意図的な国境を越える移動についての決定をいつでも再検討し、変更することができる。そのような場合には、当該輸入締約

国は、30日以内に、先に当該決定に係る改変された生物の移動について通告をした者及びバイオセーフティに関する情報交換センターに通報するとともに、その変更についての決定の理由を明示する。

2　輸出締約国又は通告をした者は、次のいずれかのことがあると認める場合には、輸入締約国に対し、当該輸入締約国が第10条の規定に従って自国について行った決定を再検討するよう要請することができる。
(a)　当該決定の基礎となった危険性の評価の結果に影響を及ぼし得る状況の変化が生じたこと。
(b)　追加的な関連の科学的又は技術的な情報が利用可能となったこと。

3　輸入締約国は、2に規定する要請に対する決定を90日以内に書面により回答するとともに、当該決定の理由を明示する。

4　輸入締約国は、その裁量により、2回目以降の輸入について危険性の評価を実施することを義務付けることができる。

第15条（危険性の評価）

1　この議定書に従って行われる危険性の評価は、附属書IIIの規定に従い、認められた危険性の評価の技術を考慮して、科学的に適正な方法で実施する。そのような危険性の評価は、改変された生物の多様性の保全及び持続可能な利用に及ぼす可能性のある悪影響（人の健康に対する危険も考慮したもの）を特定し及び評価するため、少なくとも、第8条の規定により提供される情報及びその他の入手可能な科学的な証拠に基づいて実施する。

2　輸入締約国は、危険性の評価が第10条の規定に従って行われる決定のために実施されることを確保する。輸入締約国は、輸出者に対し危険性の評価を実施することを要求することができる。

3　危険性の評価の費用は、輸入締約国が要求する場合には、通告をした者が負担する。

第16条（危険の管理）

1　締約国は、条約第8条(g)の規定を考慮して、この議定書の危険性の評価に関する規定によって特定された危険であって、改変された生物の利用、取扱い及び国境を越える移動に係るものを規制し、管理し及び制御するための適当な制度、措置及び戦略を定め及び維持する。

2　危険性の評価に基づく措置は、輸入締約国の領域内において、改変された生物が生物の多様性の保全及び持続可能な利用に及ぼす悪影響（人の健康に対する危険も考慮したもの）を防止するために必要な範囲内でとる。

3　締約国は、改変された生物の意図的でない国境を越える移動を防止するため、改変された生物の最初の放出に先立って危険性の評価を実施することを義務付ける措置等の適当な措置をとる。

4　締約国は、2の規定の適用を妨げることなく、輸入されたものか国内で作成されたものかを問わず、改変された生物が意図された利用に供される前にその生活環又は世代時間に相応する適当な期間観察されることを確保するよう努める。

5　締約国は、次のことのために協力する。

(a)　生物の多様性の保全及び持続可能な利用に悪影響（人の健康に対する危険も考慮したもの）を及ぼす可能性のある改変された生物又はその具体的な形質を特定すること。
(b)　(a)の改変された生物の取扱い又はその具体的な形質に係る取扱いについて適当な措置をとること。

第17条（意図的でない国境を越える移動及び緊急措置）

1　締約国は、生物の多様性の保全及び持続可能な利用に著しい悪影響（そのような影響を受け又は受ける可能性のある国における人の健康に対する危険も考慮したもの）を及ぼすおそれのある改変された生物の意図的でない国境を越える移動につながり又はつながる可能性のある放出をもたらす事態が自国の管轄下において生じたことを知った場合には、これらの国、バイオセーフティに関する情報交換センター及び適当な場合には関連する国際機関に通報するための適当な措置をとる。その通報は、締約国がそのような状況を知ったときは、できる限り速やかに行う。

2　締約国は、この議定書が自国について効力を生ずる日までに、この条の規定に基づく通報を受領するための自国の連絡先が明示されている関連事項をバイオセーフティに関する情報交換センターに対して利用可能にする。

3　1の規定に基づく通報には、次の事項を含めるべきである。

(a)　改変された生物の推定される量及び関連する特性又は形質に関する入手可能な関連情報
(b)　放出の状況及びその推定される日並びに当該放出が生じた締約国における改変された生物の利用に関する情報
(c)　生物の多様性の保全及び持続可能な利用に及ぼす可能性のある悪影響（人の健康に対する危険も考慮したもの）並びに危険の管理のためにとり得る措置に関する入手可能な情報
(d)　その他の関連情報
(e)　追加的な情報のための連絡先

4　締約国は、その管轄下において1に規定する改変された生物の放出が生じたときは、生物の多様性の保全及び持続可能な利用に及ぼす著しい悪影響（人の健康に対する危険も考慮したもの）を最小にするため、そのような悪影響を受け又は受ける可能性のある国が適切な対応を決定し及び緊急措置を含む必要な行動を開始することができるよう、これらの国と直ちに協議する。

第19条（国内の権限のある当局及び中央連絡先）

1　締約国は、自国を代表して事務局との連絡について責任を負う国内の一の中央連絡先を指定する。また、締約国は、この議定書により必要とされる行政上の任務を遂行する責任を有し及びこれらの任務について自国を代表して行動することを認められる一又は二以上の国内の権限のある当局を指定する。締約国は、中央連絡先及び権限のある当局の双方の任務を遂行する単一の組織を指定することができる。

2　締約国は、この議定書が自国について効力を生ずる

日までに、事務局に対し、自国の中央連絡先及び権限のある当局の名称及び所在地を通報する。締約国は、二以上の権限のある当局を指定する場合には、その通報と共にこれらの当局のそれぞれの責任に関する関連情報を事務局に送付する。当該関連情報においては、可能な場合には、少なくとも、どの権限のある当局がどの種類の改変された生物について責任を負うかを特定する。締約国は、中央連絡先の指定の変更又は権限のある当局の名称及び所在地若しくはその責任の変更を直ちに事務局に通報する。

3　事務局は、2の規定に基づいて受領した通報を直ちに締約国に送付するものとし、また、バイオセーフティに関する情報交換センターを通じてその通報による情報を利用可能にする。

第20条　（情報の共有及びバイオセーフティに関する情報交換センター）　1　バイオセーフティに関する情報交換センターは、条約第18条3の規定に基づく情報交換の仕組みの一部として、次のことのために設置する。

(a)　改変された生物に関する科学上、技術上、環境上及び法律上の情報の交換並びに改変された生物に係る経験の交流を促進すること。

(b)　開発途上締約国（特にこれらの締約国のうちの後発開発途上国及び島嶼〔しょ〕国）及び移行経済国並びに起原の中心である国及び遺伝的多様性の中心である国の特別のニーズを考慮して、締約国がこの議定書を実施することを支援すること。

2　バイオセーフティに関する情報交換センターは、1の規定を実施するため、情報を利用可能なものとする媒体としての役割を果たす。同センターは、締約国により利用可能とされる情報であってこの議定書の実施に関連するものの利用の機会を提供するものとし、また、可能な場合には、改変された生物の安全性に関する情報交換についての他の国際的な制度の利用の機会を提供する。

3　締約国は、秘密の情報の保護を妨げられることなく、この議定書によりバイオセーフティに関する情報交換センターに対して利用可能にすることが必要とされている情報及び次のものを同センターに提供する。

(a)　この議定書の実施のための現行の法令及び指針並びに事前の情報に基づく合意の手続のために締約国が必要とする情報

(b)　二国間の、地域的な及び多数国間の協定及び取決め

(c)　改変された生物についての危険性の評価又は環境面での検討であって、自国の規制の過程で得られ及び第15条の規定に従って実施されたものの概要。この概要には、適当な場合には、当該改変された生物に係る産品、すなわち、当該改変された生物に由来する加工された素材であって、現代のバイオテクノロジーの利用によって得られる複製可能な遺伝素材の新たな組合せ（検出することのできるもの）を有するものに関する関連情報を含める。

(d)　改変された生物の輸入又は放出についての自国の最終的な決定

(e)　自国が第33条の規定に従って提出する報告（事前の情報に基づく合意の手続の実施に関するものを含む。）

4　バイオセーフティに関する情報交換センターの活動の態様（その活動に関する報告を含む。）については、この議定書の締約国の会合としての役割を果たす締約国会議の第1回会合において検討し及び決定し、その後継続して検討する。

第21条　（秘密の情報）　1　輸入締約国は、通告をした者に対し、この議定書の手続に従って提出された情報又はこの議定書に定める事前の情報に基づく合意の手続の一部として当該輸入締約国が必要とする情報であって、秘密のものとして取り扱われるべきものを特定することを認める。その特定が行われる場合において、当該輸入締約国が要請するときは、その理由が示されるものとする。

2　輸入締約国は、通告をした者が秘密のものとして特定した情報がそのような取扱いの対象とはならないと認める場合には、当該通告をした者と協議し、開示に先立ち当該通告をした者に対し自国の決定を通報する。そのような通報を行う場合には、輸入締約国は、当該通告をした者の要請に応じて当該決定の理由を示し、並びに開示に先立ち協議の機会及び当該決定についての内部における検討の機会を提供する。

3　締約国は、この議定書に定める事前の情報に基づく合意の手続において受領した秘密の情報等この議定書に基づいて受領した秘密の情報を保護する。締約国は、そのような情報を保護する手続を有することを確保し、及び国内で生産される改変された生物に関する秘密の情報の取扱いよりも不利でない方法でそのような情報の秘密性を保護する。

4　輸入締約国は、通告をした者の書面による同意がある場合を除くほか、秘密の情報を商業上の目的のために利用してはならない。

5　輸入締約国は、通告をした者がその通告を撤回する場合又は既に撤回している場合には、研究及び開発に関する情報、その秘密性について自国及び当該通告をした者の意見が一致しない情報等の商業上及び産業上の情報の秘密性を尊重する。

6　次の情報は、5の規定の適用を妨げることなく、秘密のものとはみなさない。

(a)　通告をした者の氏名又は名称及び住所

(b)　改変された生物に関する一般的な説明

(c)　生物の多様性の保全及び持続可能な利用に及ぼす影響（人の健康に対する危険も考慮したもの）についての危険性の評価の概要

(d)　緊急事態に対応するための方法及び計画

第25条　（不法な国境を越える移動）　1　締約国は、この議定書を実施するための自国の国内措置に違反して行われる改変された生物の国境を越える移動を防止し及び適当な場合には処罰するための適当な国内措置をとる。そのような移動は、不法な国境を越える移動とする。

2　不法な国境を越える移動があった場合には、その影

響を受けた締約国は、当該移動が開始された締約国に対し、当該改変された生物を当該移動が開始された締約国の負担で適宜送り返し又は死滅させることによって処分することを要請することができる。

3　締約国は、自国についての不法な国境を越える移動の事例に関する情報をバイオセーフティに関する情報交換センターに対して利用可能にする。

第27条（責任及び救済） この議定書の締約国の会合としての役割を果たす締約国会議は、その第1回会合において、改変された生物の国境を越える移動から生ずる損害についての責任及び救済の分野における国際的な規則及び手続を適宜作成することに関する方法を、これらの事項につき国際法の分野において進められている作業を分析し及び十分に考慮しつつ採択し、並びにそのような方法に基づく作業を4年以内に完了するよう努める。

第29条（この議定書の締約国の会合としての役割を果たす締約国会議） 1　締約国会議は、この議定書の締約国の会合としての役割を果たす。

2　条約の締約国であってこの議定書の締約国でないものは、この議定書の締約国の会合としての役割を果たす締約国会議の会合の議事にオブザーバーとして参加することができる。締約国会議がこの議定書の締約国の会合としての役割を果たすときは、この議定書に基づく決定は、この議定書の締約国のみが行う。

3　締約国会議がこの議定書の締約国の会合としての役割を果たすときは、条約の締約国であってその時点でこの議定書の締約国でないものを代表する締約国会議の議長団の構成員は、この議定書の締約国によってこの議定書の締約国のうちから選出された構成員によって代わられる。

4　この議定書の締約国の会合としての役割を果たす締約国会議は、この議定書の実施状況を定期的に検討し、及びその権限の範囲内でこの議定書の効果的な実施を促進するために必要な決定を行う。この議定書の締約国の会合としての役割を果たす締約国会議は、この議定書により与えられる任務を遂行し、及び次のことを行う。

(a) この議定書の実施のために必要な事項について勧告すること。

(b) この議定書の実施のために必要と認められる補助機関を設置すること。

(c) 適当な場合には、能力を有する国際機関並びに政府間及び非政府の団体による役務、協力及び情報の提供を求め、並びにこれらを利用すること。

(d) 第33条の規定に従って提出される情報の送付のための形式及び間隔を決定すること並びにそのような情報及び補助機関により提出される報告を検討すること。

(e) 必要に応じ、この議定書の実施のために必要と認められるこの議定書及びその附属書の改正並びにこの議定書の追加附属書を検討し、及び採択すること。

(f) この議定書の実施のために必要なその他の任務を遂行すること。

5　締約国会議の手続規則及び条約の財政規則は、この議定書の下で準用する。ただし、この議定書の締約国の会合としての役割を果たす締約国会議がコンセンサス方式により別段の決定を行う場合を除く。

6　この議定書の締約国の会合としての役割を果たす締約国会議の第1回会合は、この議定書の効力発生の日の後に開催される最初の締約国会議の会合と併せて事務局が招集する。この議定書の締約国の会合としての役割を果たす締約国会議のその後の通常会合は、この議定書の締約国の会合としての役割を果たす締約国会議が別段の決定を行わない限り、締約国会議の通常会合と併せて開催する。

7　この議定書の締約国の会合としての役割を果たす締約国会議の特別会合は、この議定書の締約国の会合としての役割を果たす締約国会議が必要と認めるとき又はいずれかの締約国から書面による要請のある場合において事務局がその要請を締約国に通報した後6箇月以内に締約国の少なくとも3分の1がその要請を支持するときに開催する。

8　国際連合、その専門機関及び国際原子力機関並びにこれらの国際機関の加盟国又は条約の締約国でないものは、この議定書の締約国の会合としての役割を果たす締約国会議の会合にオブザーバーとして出席することができる。この議定書の対象とされている事項について認められた団体又は機関（国内若しくは国際の又は政府若しくは非政府のもののいずれであるかを問わない。）であって、この議定書の締約国の会合としての役割を果たす締約国会議の会合にオブザーバーとして出席することを希望する旨事務局に通報したものは、当該会合に出席する締約国の3分の1以上が反対しない限り、オブザーバーとして出席することを認められる。オブザーバーの出席については、この条に別段の定めがある場合を除くほか、5に規定する手続規則に従う。

第33条（監視及び報告） 締約国は、この議定書に基づく自国の義務の履行状況を監視し、及びこの議定書を実施するためにとった措置につき、この議定書の締約国の会合としての役割を果たす締約国会議が決定する一定の間隔で、この議定書の締約国の会合としての役割を果たす締約国会議に報告する。

第35条（評価及び再検討） この議定書の締約国の会合としての役割を果たす締約国会議は、この議定書の効力発生の5年後に及びその後は少なくとも5年ごとに、この議定書の有効性についての評価（この議定書の手続及び附属書についての評価を含む。）を行う。

第38条（留保） この議定書には、いかなる留保も付することができない。

●オゾン層の保護のためのウィーン条約〔抜粋〕

Convention for the Protection of the Ozone Layer

▼作成 1985年3月22日（ウィーン） ▼効力発生 1988年9月22日 ▼日本国 1988年4月27日国会承認、9月30日加入書寄託、12月27日公布〔昭和63年条約第8号〕、12月29日発効

第1条（定義） この条約の適用上、
1 「オゾン層」とは、大気境界層よりも上の大気オゾンの層をいう。
2 「悪影響」とは、自然環境又は生物相の変化（気候の変化を含む。）であつて、人の健康、自然の生態系及び管理された生態系の構成、回復力及び生産力又は人類に有用な物質に対し著しく有害な影響を与えるものをいう。
3 「代替技術」又は「代替装置」とは、その使用により、オゾン層に悪影響を及ぼし又は及ぼすおそれのある物質の放出を削減し又は実質的に無くすことを可能にする技術又は装置をいう。
4 「代替物質」とは、オゾン層に対する悪影響が削減され、除去され又は回避される物質をいう。
5 「締約国」とは、文脈により別に解釈される場合を除くほか、この条約の締約国をいう。
6 「地域的な経済統合のための機関」とは、特定の地域の主権国家によつて構成され、この条約又はその議定書が規律する事項に関して権限を有し、かつ、その内部手続に従つてこの条約若しくはその議定書の署名、批准、受諾、承認又はこの条約若しくはその議定書への加入が正当に委任されている機関をいう。
7 「議定書」とは、この条約の議定書をいう。

第2条（一般義務） 1 締約国は、この条約及び自国が締約国であり、かつ、効力が生じている議定書に基づき、オゾン層を変化させ又は変化させるおそれのある人の活動の結果として生じ又は生ずるおそれのある悪影響から人の健康及び環境を保護するために適当な措置をとる。
2 締約国は、この目的のため、利用することができる手段により及び自国の能力に応じ、
 (a) 人の活動がオゾン層に及ぼす影響並びにオゾン層の変化が人の健康及び環境に及ぼす影響を一層理解し及び評価するため、組織的観測、研究及び情報交換を通じて協力する。
 (b) 自国の管轄又は管理の下における人の活動がオゾン層を変化させ又は変化させるおそれがあり、その変化により悪影響が生じ又は生ずるおそれのあることが判明した場合には、当該活動を規制し、制限し、縮小し又は防止するため、適当な立法措置又は行政措置をとり及び適当な政策の調整に協力する。
 (c) 議定書及び附属書の採択を目的として、この条約の実施のための合意された措置、手続及び基準を定めることに協力する。
 (d) この条約及び自国が締約国である議定書を効果的に実施するため、関係国際団体と協力する。
3 この条約は、締約国が1及び2の措置のほかに追加的な国内措置を国際法に従つてとる権利に影響を及ぼすものではなく、また、締約国により既にとられている追加的な国内措置に影響を及ぼすものではない。ただし、当該追加的な国内措置は、この条約に基づく締約国の義務に抵触するものであつてはならない。
4 この条の規定は、関連のある科学的及び技術的考慮に基づいて適用する。

第4条（法律、科学及び技術の分野における協力） 1 締約国は、附属書Ⅱに定めるところにより科学、技術、社会経済、商業及び法律に関する情報であつてこの条約に関連のあるものの交換を円滑にし及び奨励する。当該情報は、締約国の合意する団体に提供する。当該団体は、情報を提供する締約国により秘密とされた情報を提供された場合には、当該情報がすべての締約国により入手可能となるまで、その秘密性を保護するため、当該情報を開示しないことを確保し、一括して保管する。
2 締約国は、自国の法令及び慣行に従い、開発途上国の必要を特に考慮して、技術及び知識の発展及び移転を直接に又は関係国際団体を通じて促進することに協力する。その協力は、特に次の手段を通じて実施する。
 (a) 他の締約国による代替技術の取得の円滑化
 (b) 代替技術及び代替装置に関する情報及び特別の手引書又は案内書の提供
 (c) 研究及び組織的観測に必要な装置及び設備の提供
 (d) 科学上及び技術上の要員の適当な訓練

第5条（情報の送付） 締約国は、次条の規定に基づいて設置される締約国会議に対し、事務局を通じて、この条約及び自国が締約国である議定書の実施のためにとつた措置に関する情報を、この条約又は関連議定書の締約国の会合が決定する書式及び間隔で送付する。

第6条（締約国会議） 1 この条約により締約国会議を設置する。締約国会議の第1回会合は、次条の規定により暫定的に指定される事務局がこの条約の効力発生の後1年以内に招集する。その後は、締約国会議の通常会合は、第1回会合において決定する一定の間隔で開催する。
2 締約国会議の特別会合は、締約国会議が必要と認めるとき又は締約国から書面による要請のある場合において事務局がその要請を締約国に通報した後6箇月以内に締約国の少なくとも3分の1がその要請を支持するとき、開催する。
3 締約国会議は、締約国会議及び締約国会議が設置する補助機関の手続規則及び財政規則並びに事務局の任務の遂行のための財政規定をコンセンサス方式により合意し及び採択する。
4 締約国会議は、この条約の実施状況を絶えず検討し、更に次のことを行う。
 (a) 前条の規定に従つて提出される情報の送付のため

の書式及び間隔を決定すること並びに当該情報及び補助機関により提出される報告を検討すること。
 (b) オゾン層、生ずる可能性のあるオゾン層の変化及びその変化により生ずる可能性のある影響に関する科学上の情報を検討すること。
 (c) オゾン層を変化させ又は変化させる可能性のある物質の放出を最小にするための適当な政策、戦略及び措置の調整を第二条の規定に基づき促進すること並びにこの条約に関連のある他の措置に関して勧告を行うこと。
 (d) 第三条及び第四条の規定に基づき、研究、組織的観測、科学上及び技術上の協力、情報の交換並びに技術及び知識の移転のための計画を採択すること。
 (e) 必要に応じ、第九条及び第十条の規定に基づいてこの条約及びその附属書の改正を検討し及び採択すること。
 (f) 議定書及びその附属書の改正を検討すること並びに改正が決定された場合には、当該議定書の締約国に対し当該改正を採択するよう勧告すること。
 (g) 必要に応じ、第十条の規定に基づいてこの条約の追加附属書を検討し及び採択すること。
 (h) 必要に応じ、第八条の規定に基づいて議定書を検討し及び採択すること。
 (i) この条約の実施に必要と認められる補助機関を設置すること。
 (j) 適当な場合には、関係国際団体及び科学委員会、特に世界気象機関、世界保健機関及びオゾン層調整委員会に対し、科学的研究、組織的観測その他この条約の目的に関連する活動に係る役務の提供を求めること並びに適宜これらの団体及び委員会からの情報を利用すること。
 (k) この条約の目的の達成のために必要な追加的な行動を検討し及びとること。
5 国際連合、その専門機関及び国際原子力機関並びにこの条約の締約国でない国は、締約国会議の会合にオブザーバーを出席させることができる。オゾン層の保護に関連のある分野において認められた団体又は機関（国内若しくは国際の又は政府若しくは非政府のもののいずれであるかを問わない。）であつて、締約国会議の会合にオブザーバーを出席させることを希望する旨事務局に通報したものは、当該会合に出席する締約国の三分の一以上が反対しない限り、オブザーバーを出席させることを認められる。オブザーバーの出席及び参加は、締約国会議が採択する手続規則の適用を受ける。

第八条（議定書の採択） 1 締約国会議は、その会合において、第二条の規定により議定書を採択することができる。
2 議定書案は、締約国会議の会合の少なくとも六箇月前に事務局が締約国に通報する。

第九条（この条約及び議定書の改正） 1 締約国は、この条約及び議定書の改正を提案することができる。改正に当たつては、特に、関連のある科学的及び技術的考慮を十分に払うこととする。

2 この条約の改正は、締約国会議の会合において採択する。議定書の改正は、当該議定書の締約国の会合において採択する。この条約及び議定書の改正案は、当該議定書に別段の定めがある場合を除くほか、その採択が提案される会合の少なくとも六箇月前に事務局が締約国に通報する。事務局は、改正案をこの条約の署名国にも参考のために通報する。
3 締約国は、この条約の改正案につき、コンセンサス方式により合意に達するようあらゆる努力を払う。コンセンサスのためのあらゆる努力にもかかわらず合意に達しない場合には、改正案は、最後の解決手段として、当該会合に出席しかつ投票する締約国の四分の三以上の多数票による議決で採択するものとし、寄託者は、これをすべての締約国に対し批准、承認又は受諾のために送付する。
4 3の手続は、議定書の改正について準用する。ただし、議定書の改正案の採択は、当該会合に出席しかつ投票する当該議定書の締約国の三分の二以上の多数票による議決で足りる。
5 改正の批准、承認又は受諾は、寄託者に対して書面により通告する。3又は4の規定に従つて採択された改正は、この条約の締約国の少なくとも四分の三又は関連議定書の締約国の少なくとも三分の二の批准、承認又は受諾の通告を寄託者が受領した後九十日目の日に、当該改正を批准し、承認し又は受諾した締約国の間で効力を生ずる。その後は、改正は、他の締約国が当該改正の批准書、承認書又は受諾書を寄託した後九十日目の日に当該他の締約国について効力を生ずる。ただし、関連議定書に改正の発効要件について別段の定めがある場合を除く。
6 この条の規定の適用上、「出席しかつ投票する締約国」とは、出席しかつ賛成票又は反対票を投ずる締約国をいう。

第十条（附属書の採択及び改正） 1 この条約の附属書又は議定書の附属書は、それぞれ、この条約又は当該議定書の不可分の一部を成すものとし、「この条約」又は「議定書」というときは、別段の明示の定めがない限り、附属書を含めていうものとする。附属書は、科学的、技術的及び管理的な事項に限定される。
2 この条約の追加附属書又は議定書の附属書の提案、採択及び効力発生については、次の手続を適用する。ただし、議定書に当該議定書の附属書に関して別段の定めがある場合を除く。
 (a) この条約の附属書は前条の2及び3に定める手続を準用して提案され及び採択され、議定書の附属書は同条の2及び4に定める手続を準用して提案され及び採択される。
 (b) 締約国は、この条約の追加附属書又は自国が締約国である議定書の附属書を承認することができない場合には、その旨を、寄託者が採択を通報した日から六箇月以内に寄託者に対して書面により通告する。寄託者は、受領した通告をすべての締約国に遅滞なく通報する。締約国は、いつでも、先に行つた異議の宣言に代えて受諾を行うことができるものと

し、この場合において、附属書は、当該締約国について効力を生ずる。
(c) 附属書は、寄託者による採択の通報の送付の日から6箇月を経過した時に、(b)の規定に基づく通告を行わなかつたこの条約又は関連議定書のすべての締約国について効力を生ずる。
3 この条約の附属書及び議定書の附属書の改正の提案、採択及び効力発生は、この条約の附属書及び議定書の附属書の提案、採択及び効力発生と同一の手続に従う。附属書の作成及び改正に当たつては、特に、関連のある科学的及び技術的考慮を十分に払うこととする。
4 附属書の追加又は改正がこの条約又は議定書の改正を伴うものである場合には、追加され又は改正された附属書は、この条約又は当該議定書の改正が効力を生ずる時まで効力を生じない。

第11条（紛争の解決） 1 この条約の解釈又は適用に関して締約国間で紛争が生じた場合には、紛争当事国は、交渉により紛争の解決に努める。
2 紛争当事国は、交渉により合意に達することができなかつた場合には、第三者によるあつせん又は仲介を共同して求めることができる。
3 国及び地域的な経済統合のための機関は、1又は2の規定により解決することができなかつた紛争について、次の紛争解決手段の一方又は双方を義務的なものとして受け入れることをこの条約の批准、受諾、承認若しくはこれへの加入の際に又はその後いつでも、寄託者に対し書面により宣言することができる。
(a) 締約国会議が第1回通常会合において採択する手続に基づく仲裁
(b) 国際司法裁判所への紛争の付託
4 紛争は、紛争当事国が3の規定に従つて同一の紛争解決手段を受け入れている場合を除くほか、当該紛争当事国が別段の合意をしない限り、5の規定により調停に付する。
5 いずれかの紛争当事国の要請があつたときは、調停委員会が設置される。調停委員会は、各紛争当事国が指名する同数の委員及び指名された委員が共同で選出する委員長によつて構成される。調停委員会は、最終的かつ勧告的な裁定を行い、紛争当事国は、その裁定を誠実に検討する。
6 この条の規定は、別段の定めがある議定書を除くほか、すべての議定書について準用する。

第15条（投票権） 1 この条約又は議定書の各締約国は、一の票を有する。
2 地域的な経済統合のための機関は、1の規定にかかわらず、その権限の範囲内の事項について、この条約又は関連議定書の締約国であるその構成国の数と同数の票を投票する権利を行使する。当該機関は、その構成国が自国の投票権を行使する場合には、投票権を行使してはならない。その逆の場合も、同様とする。

第16条（この条約と議定書との関係） 1 国及び地域的な経済統合のための機関は、この条約の締約国である場合又は同時にこの条約の締約国となる場合を除くほか、議定書の締約国となることができない。
2 議定書に関する決定は、当該議定書の締約国が行う。

第18条（留保） この条約については、留保は、付することができない。

●オゾン層を破壊する物質に関するモントリオール議定書〔抜粋〕
Montreal Protocol on Substances that Deplete the Ozone Layer

▼作成 1987年9月16日（モントリオール） ▼効力発生 1989年1月1日 ▼最終改正 2002年2月25日〔1999年12月3日北京〕 ▼日本国 1987年9月16日署名、88年4月27日国会承認、9月30日受諾書寄託、12月27日公布〔昭和63年条約第9号〕、89年1月1日発効。最終改正—2002年9月9日公布〔平成14年条約第13号〕、11月28日発効。最終調整—2008年4月14日公布〔平成20年外務省告示第243号〕、5月14日発効

第1条（定義） この議定書の適用上、
1 「条約」とは、1985年3月22日に採択されたオゾン層の保護のためのウィーン条約をいう。
2 「締約国」とは、文脈により別に解釈される場合を除くほか、この議定書の締約国をいう。
3 「事務局」とは、条約の事務局をいう。
4 「規制物質」とは、附属書A、附属書B、附属書C又は附属書Eに掲げる物質（他の物質と混合してあるかないかを問わない。）をいい、関係附属書に別段の定めがない限り、当該物質の異性体を含む。ただし、製品（輸送又は貯蔵に使用する容器を除く。）の中にあるものを除く。
5 「生産量」とは、規制物質の生産された量から締約国により承認された技術によつて破壊された量及び他の化学物質の製造のための原料として完全に使用された量を減じた量をいう。再利用された量は、「生産量」とはみなされない。
6 「消費量」とは、生産量に規制物質の輸入量を加え、輸出量を減じた量をいう。
7 生産量、輸入量、輸出量及び消費量の「算定値」とは、第3条の規定に従つて決定される値をいう。
8 「産業合理化」とは、経済効率を高めること又は工場閉鎖の結果として予想される供給の不足に対応することを目的として、生産量の算定値の全部又は一部をいずれかの締約国から他の締約国に移転することをいう。

第2条（規制措置） 1—4〔削除〕
5 締約国は、一又は二以上の規制期間において、第2条のAから第2条のFまで及び第2条のHに定める生産量の算定値の一部又は全部を他の締約国に移転する

ことができる。ただし、規制物質のグループごとの関係締約国の生産量の算定値の合計がグループごとにこれらの条に定める生産量の算定値の限度を超えないことを条件とする。関係締約国は、この生産量の移転を、その移転の条件及び対象となる期間を示して、事務局に通報する。

5の2 議定書第5条1の規定の適用を受けない締約国は、一又は二以上の規制期間において、第2条のFに定める消費量の算定値の一部又は全部を議定書第5条1の規定の適用を受けない他の締約国に移転することができる。ただし、当該消費量の算定値の一部又は全部の移転を受ける締約国の附属書AのグループIに属する規制物質の消費量の算定値が1989年において1人当たり0.25キログラムを超えていないこと及び関係締約国の消費量の算定値の合計が第2条のFに定める消費量の算定値の限度を超えないことを条件とする。関係締約国は、この消費量の算定値の移転を、その移転の条件及び対象となる期間を示して、事務局に通報する。

6 第5条の規定の適用を受けない締約国は、1987年1月1日前に国内法に基づき計画された施設のうち附属書A又は附属書Bに掲げる規制物質の生産のためのもので同年9月16日前に着工し又は以前から契約されているものを有する場合には、1986年の生産量の算定値を決定するに当たり、当該物質の同年の生産量に当該施設の生産量を加えることができる。ただし、当該施設が1990年12月31日までに完成し、かつ、当該施設の生産量を加えた場合にも当該締約国の規制物質の消費量の算定値が1人当たり0.5キログラムを超えないことを条件とする。

7 生産量の5の規定に基づく移転及び6の規定に基づく追加は、当該移転又は追加の時までに事務局に通報する。

8(a) 条約第1条6に定義する地域的な経済統合のための機関の構成国である締約国は、この条から第2条のIまでに定める消費量に関する義務を共同して履行することを合意することができる。ただし、当該締約国の消費量の算定値の合計がこれらの条に定める限度を超えないことを条件とする。
 (b) (a)の合意を行つた締約国は、当該合意に係る消費量の削減の日前に当該合意の内容を事務局に通報する。
 (c) (a)の合意は、地域的な経済統合のための機関のすべての構成国及び当該機関がこの議定書の締約国となり、かつ、当該締約国の実施の方法を事務局に通報した場合にのみ、実施可能となる。

9(a) 締約国は、第6条の評価に基づいて、次の事項を決定することができる。
 (i) 附属書A、附属書B、附属書C又は附属書Eに掲げるオゾン破壊係数を調整すること及び調整する場合にはその内容
 (ii) 規制物質の生産量又は消費量を更に調整し又は削減すること並びに調整し又は削減する場合にはその範囲、量及び時期

(b) (a)の(i)及び(ii)の調整に関する提案は、その採択が提案される締約国の会合の少なくとも6箇月前に事務局が締約国に通報する。
(c) 締約国は、(a)の決定を行うに当たり、コンセンサス方式により合意に達するようあらゆる努力を払う。コンセンサスのためのあらゆる努力にもかかわらず合意に達しない場合には、当該決定は、最後の解決手段として、出席しかつ投票する締約国の3分の2以上の多数であつて出席しかつ投票する第5条1の規定の適用を受ける締約国の過半数及び出席かつ投票する同条1の規定の適用を受けない締約国の過半数を代表するものによる議決で採択する。
(d) この9の決定は、すべての締約国を拘束するものとし、寄託者は、これを直ちに締約国に通告する。当該決定は、当該決定に別段の定めがある場合を除くほか、寄託者による通告の送付の日から6箇月を経過した時に効力を生ずる。

10 締約国は、第6条の評価に基づき及び条約第9条に定める手続に従つて、次の事項を決定することができる。
 (i) いずれかの物質をこの議定書の附属書に追加し又は当該附属書から削除すること。
 (ii) (i)の規定に基づいて追加し又は削除する物質に適用すべき規制措置の仕組み、範囲及び時期

11 締約国は、この条から第2条のIまでの規定にかかわらず、これらの条に定める措置よりも厳しい措置をとることができる。

第3条（規制値の算定） 締約国は、第2条から第2条のIまで及び第5条の規定の適用上、附属書A、附属書B、附属書C又は附属書Eのグループごとに自国についての算定値を次の方法により決定する。
(a) 生産量の算定値については、
 (i) 各規制物質の年間生産量に附属書A、附属書B、附属書C又は附属書Eに定める当該物質のオゾン破壊係数を乗じ、
 (ii) (i)の規定により得られた数値を合計する。
(b) 輸入量及び輸出量の算定値については、それぞれ、(a)の規定を準用して計算する。
(c) 消費量の算定値については、(a)の規定により決定される生産量の算定値に(b)の規定により決定される輸入量の算定値を加え、(b)の規定により決定される輸出量の算定値を減ずる。ただし、非締約国への規制物質の輸出量は、1993年1月1日以降は、当該輸出を行う締約国の消費量の算定に当たり減ずることができない。

第4条（非締約国との貿易の規制） 1 締約国は、1990年1月1日以降この議定書の締約国でない国から附属書Aに掲げる規制物質を輸入することを禁止するものとする。

1の2 締約国は、この議定書の締約国でない国から附属書Bに掲げる規制物質を輸入することをこの1の2の規定の効力発生の日から1年以内に禁止するものとする。

1の3 締約国は、この議定書の締約国でない国から附

属書Cのグループ II に属する規制物質を輸入することをこの1の3の規定の効力発生の日から1年以内に禁止するものとする。
1の4　締約国は、この議定書の締約国でない国から附属書Eに掲げる規制物質を輸入することをこの1の4の規定の効力発生の日から1年以内に禁止するものとする。
1の5　締約国は、2004年1月1日以降この議定書の締約国でない国から附属書Cのグループ I に属する規制物質を輸入することを禁止するものとする。
1の6　締約国は、この議定書の締約国でない国から附属書Cのグループ III に属する規制物質を輸入することをこの1の6の規定の効力発生の日から1年以内に禁止するものとする。
2　締約国は、1993年1月1日以降この議定書の締約国でない国に対し附属書Aに掲げる規制物質を輸出することを禁止するものとする。
2の2　締約国は、この2の2の規定の効力発生の日の後1年を経過した日以降この議定書の締約国でない国に対し附属書Bに掲げる規制物質を輸出することを禁止するものとする。
2の3　締約国は、この2の3の規定の効力発生の日の後1年を経過した日以降この議定書の締約国でない国に対し附属書Cのグループ II に属する規制物質を輸出することを禁止するものとする。
2の4　締約国は、この2の4の規定の効力発生の日の後1年を経過した日以降この議定書の締約国でない国に対し附属書Eに掲げる規制物質を輸出することを禁止するものとする。
2の5　締約国は、2004年1月1日以降この議定書の締約国でない国に対し附属書Cのグループ I に属する規制物質を輸出することを禁止するものとする。
2の6　締約国は、この議定書の締約国でない国に対し附属書Cのグループ III に属する規制物質を輸出することをこの2の6の規定の効力発生の日から1年以内に禁止するものとする。
3　締約国は、1992年1月1日までに、条約第10条に定める手続に従つて、附属書Aに掲げる規制物質を含んでいる製品の表を附属書として作成するものとする。当該附属書に対し当該手続に従つて異議の申立てを行わなかつた締約国は、この議定書の締約国でない国から当該製品を輸入することを当該附属書の効力発生の日から1年以内に禁止するものとする。
3の2　締約国は、この3の2の規定の効力発生の日から3年以内に、条約第10条に定める手続に従つて、附属書Bに掲げる規制物質を含んでいる製品の表を附属書として作成するものとする。当該附属書に対し当該手続に従つて異議の申立てを行わなかつた締約国は、この議定書の締約国でない国から当該製品を輸入することを当該附属書の効力発生の日から1年以内に禁止するものとする。
3の3　締約国は、この3の3の規定の効力発生の日から3年以内に、条約第10条に定める手続に従つて、附属書Cのグループ II に属する規制物質を含んでいる製品の表を附属書として作成するものとする。当該附属書に対し当該手続に従つて異議の申立てを行わなかつた締約国は、この議定書の締約国でない国から当該製品を輸入することを当該附属書の効力発生の日から1年以内に禁止するものとする。
4　締約国は、1994年1月1日までに、この議定書の締約国でない国から附属書Aに掲げる規制物質を用いて生産された製品（規制物質を含まないものに限る。）を輸入することを禁止し又は制限することの実行可能性について決定するものとする。締約国は、実行可能であると決定した場合には、条約第10条に定める手続に従つて、当該製品の表を附属書として作成する。当該附属書に対し当該手続に従つて異議の申立てを行わなかつた締約国は、この議定書の締約国でない国から当該製品を輸入することを当該附属書の効力発生の日から1年以内に禁止し又は制限するものとする。
4の2　締約国は、この4の2の規定の効力発生の日から5年以内に、この議定書の締約国でない国から附属書Bに掲げる規制物質を用いて生産された製品（規制物質を含まないものに限る。）を輸入することを禁止し又は制限することの実行可能性について決定するものとする。締約国は、実行可能であると決定した場合には、条約第10条に定める手続に従つて、当該製品の表を附属書として作成する。当該附属書に対し当該手続に従つて異議の申立てを行わなかつた締約国は、この議定書の締約国でない国から当該製品を輸入することを当該附属書の効力発生の日から1年以内に禁止し又は制限するものとする。
4の3　締約国は、この4の3の規定の効力発生の日から5年以内に、この議定書の締約国でない国から附属書Cのグループ II に属する規制物質を用いて生産された製品（規制物質を含まないものに限る。）を輸入することを禁止し又は制限することの実行可能性について決定するものとする。締約国は、実行可能であると決定した場合には、条約第10条に定める手続に従つて、当該製品の表を附属書として作成する。当該附属書に対し当該手続に従つて異議の申立てを行わなかつた締約国は、この議定書の締約国でない国から当該製品を輸入することを当該附属書の効力発生の日から1年以内に禁止し又は制限するものとする。
5　締約国は、附属書A、附属書B、附属書C及び附属書Eに掲げる規制物質を生産し及び利用するための技術をこの議定書の締約国でない国に対し輸出することをできる限り抑制することを約束する。
6　締約国は、附属書A、附属書B、附属書C及び附属書Eに掲げる規制物質の生産に役立つ製品、装置、工場又は技術をこの議定書の締約国でない国に輸出するための新たな補助金、援助、信用、保証又は保険の供与を行わないようにする。
7　5及び6の規定は、附属書A、附属書B、附属書C及び附属書Eに掲げる規制物質の封じ込め、回収、再利用若しくは破壊の方法を改善し、代替物質の開発を促進し又は他の方法により附属書A、附属書B、附属書C及び附属書Eに掲げる規制物質の放出の削減に寄

8 この条の規定にかかわらず、この議定書の締約国でない国からの輸入及びこれらの国への輸出であつて、1から4の3までに規定するものについては、当該国が第2条から第2条のIまで及びこの条の規定を完全に遵守していると締約国の会合において認められ、かつ、これらの条の規定を完全に遵守していることを示す資料を第7条の規定に基づいて提出している場合には、許可することができる。

9 この条の規定の適用上、「この議定書の締約国でない国」とは、国又は地域的な経済統合のための機関であつて、特定の規制物質に関して当該規制物質に適用される規制措置に拘束されることについて同意していないものをいう。

10 締約国は、1996年1月1日までに、この条に定める措置を締約国とこの議定書の締約国でない国との間の附属書Cのグループ I に属する規制物質及び附属書Eに掲げる規制物質の貿易に適用するためにこの議定書を改正するかしないかを検討する。

第4条のA（締約国との貿易の規制） 1 締約国は、議定書に基づく自国の義務を履行するためにあらゆる実行可能な措置をとつたにもかかわらず、特定の規制物質の生産量の算定値が零を超えないことを確保する期間の開始日（自国について適用されるもの）を経過した後においても、国内消費のために当該物質の生産量（締約国により不可欠なものとして合意された用途を満たすための量を除く。）の算定値が零を超えないことを確保することができない場合には、当該物質で使用済みのもの、再利用されるもの及び再生されたものの輸出を禁止する。ただし、破壊の目的で輸出する場合は、この限りでない。

2 1の規定は、条約第11条の運用及び議定書第八条の規定により定められる違反に関する手続の運用を妨げることなく適用する。

第4条のB（ライセンスの制度） 1 締約国は、2000年1月1日又は自国についてこの条の規定の効力が生ずる日から3箇月以内の日のいずれか遅い日までに、附属書A、附属書B、附属書C及び附属書Eに掲げる規制物質であつて、未使用のもの、使用済みのもの、再利用されるもの及び再生されたものの輸入及び輸出に関するライセンスの制度を設け及び実施する。

2 1の規定にかかわらず、第5条1の規定の適用を受ける締約国であつて、自国が附属書C及び附属書Eに掲げる規制物質の輸入及び輸出に関するライセンスの制度を設け及び実施する状況にないと認めるものは、附属書Cに掲げる規制物質につき2005年1月1日まで及び附属書Eに掲げる規制物質につき2002年1月1日まで措置の実施を遅らせることができる。

3 締約国は、ライセンスの制度を自国に導入した日から3箇月以内に、当該制度を設けたこと及びその運用に関し事務局に報告する。

4 事務局は、ライセンスの制度に関し事務局に報告した締約国の表を定期的に作成し、すべての締約国に配布する。また、事務局は、履行委員会が検討を行い、締約国に対する適当な勧告を行うため、この情報を同委員会に送付する。

第5条（開発途上国の特別な事情） 1 開発途上国である締約国で、当該締約国の附属書Aに掲げる規制物質の消費量の算定値が当該締約国についてこの議定書が効力を生ずる日において又はその後1999年1月1日までのいずれかの時点において1人当たり0.3キログラム未満であるものは、基礎的な国内需要を満たすため、第2条のAから第2条のEまでに定める規制措置の実施時期を10年遅らせることができる。ただし、1990年6月29日にロンドンにおける締約国の第2回会合において採択された調整又は改正に対するその後の調整又は改正は、8に規定する検討が行われた後に、かつ、当該検討の結論に従つて、この1の規定の適用を受ける締約国に適用する。

1の2—9 〔省略〕

第6条（規制措置の評価及び再検討） 締約国は、1990年に及び同年以降少なくとも4年ごとに、科学、環境、技術及び経済の分野から入手し得る情報に基づいて、第2条から第2条のIまでに定める規制措置を評価する。締約国は、その評価の少なくとも1年前に、当該分野において認められた専門家から成る適当な委員会を招集し並びに委員会の構成及び付託事項を決定する。委員会は、その招集の日から1年以内に、その結論を事務局を通じて締約国に報告する。

第7条（資料の提出） 1 締約国は、1986年における附属書Aに掲げる規制物質ごとの自国の生産量、輸入量及び輸出量に関する統計資料又は、当該統計資料が得られない場合には、その最良の推定値を締約国となつた日から3箇月以内に事務局に提出する。

2 締約国は、次に掲げる年における附属書Bに掲げる規制物質、附属書CのグループⅠ及びグループⅡに属する規制物質並びに附属書Eに掲げる規制物質ごとの自国の生産量、輸入量及び輸出量に関する統計資料又は、当該統計資料が得られない場合には、その最良の推定値を、附属書B、附属書C及び附属書Eに掲げる規制物質に関する規定がそれぞれ自国について効力を生じた日の後3箇月以内に事務局に提出する。

　　附属書Bに掲げる規制物質並びに附属書CのグループⅠ及びグループⅡに属する規制物質については、1989年

　　附属書Eに掲げる規制物質については、1991年

3 締約国は、附属書A、附属書B、附属書C及び附属書Eに掲げる規制物質に関する規定がそれぞれ自国について効力を生じた年及びその後の各年につき、附属書A、附属書B、附属書C及び附属書Eに掲げる規制物質ごとの自国の年間生産量（第1条5に定義されるもの）及び次の量に関する統計資料を事務局に提出する。

　　原料として使用された量

　　締約国により承認された技術によつて破壊された量

　　締約国及び非締約国それぞれとの間の輸入量及び

輸出量
　　締約国は、検疫、及び出荷前の処理のための附属書Eに掲げる規制物質の年間使用量に関する統計資料を事務局に提出する。
　　統計資料は、当該統計資料に係る年の末から遅くとも9箇月以内に送付する。
3の2　締約国は、附属書AのグループⅡ及び附属書CのグループⅠに属する規制物質であつて、再利用されたものについて、当該規制物質ごとの自国の年間の輸入量及び輸出量の統計資料を事務局に提出する。
4　第2条8(a)の規定の適用を受ける締約国については、関係する地域的な経済統合のための機関が当該機関と当該機関の構成国でない国との間の輸入量及び輸出量に関する統計資料を提出する場合には、輸入量及び輸出量に関する統計資料についての1から3の2までに定める義務は、履行されたものとする。

第8条（違反）締約国は、その第1回会合において、この議定書に対する違反の認定及び当該認定をされた締約国の処遇に関する手続及び制度を検討し及び承認する。

第10条（資金供与の制度）　1　締約国は、第5条1の規定の適用を受ける締約国による第2条のAから第2条のEまで及び第2条のIに定める規制措置並びに第5条1の2の規定に従つて決定される第2条のFから第2条のHまでの規定に係る規制措置の実施を可能とするために、当該締約国に対し資金協力及び技術協力（技術移転を含む。）を行うことを目的とする制度を設ける。当該制度に対する拠出は、当該締約国に対する他の資金の移転とは別に追加的に行われるものとし、当該制度は、当該締約国によるこの議定書に定める規制措置の実施を可能とするためにすべての合意された増加費用を賄うものとする。増加費用の種類を示す表は、締約国がその会合において決定する。
2　1の規定に基づき設けられる制度は、多数国間基金を含むものとする。また、当該制度は、多数国間協力、地域的協力及び二国間協力による他の手段を含むことができる。
3　多数国間基金は、次のことを行う。
(a)　贈与又は緩和された条件により、かつ、締約国が決定する基準に従い、合意された増加費用を賄うこと。
(b)　次に掲げる情報交換及び情報提供に関する活動に対して資金供与を行うこと。
　(i)　国別調査その他の技術協力の実施を通じて第5条1の規定の適用を受ける締約国が協力を必要とする事項を特定することを支援すること。
　(ii)　(i)の規定により特定された事項のための技術協力を促進すること。
　(iii)　開発途上国である締約国のため、前条の規定に従い情報及び関連資料を配布し、研究集会及び研修会を開催し並びにその他の関連する活動を行うこと。
　(iv)　開発途上国である締約国が利用することができる他の多数国間協力、地域的協力及び二国間協力を促進し及び把握すること。
(c)　多数国間基金のための事務的役務に要する費用及びこれに関連する経費を賄うこと。
4　多数国間基金は、締約国の管理の下に運営され、締約国は、基金の運営に関する一般的な方針を決定する。
5　締約国は、多数国間基金の目的を達成するため、資金の支出に関するものを含め、具体的な運営方針、運営指針及び事務上の取決めを策定し並びにそれらの実施状況を監視するための執行委員会を設置する。執行委員会は、国際復興開発銀行、国際連合環境計画、国際連合開発計画又は専門知識に応じたその他の適当な機関の協力及び援助を得て、締約国が合意した付託事項に定める役務及び責任を遂行する。執行委員会の構成国は、第5条1の規定の適用を受ける締約国及び同条1の規定の適用を受けない締約国が衡平に代表されるように選出され、締約国がこれを承認する。
6　多数国間基金は、国際連合の分担率を基礎として、交換可能な通貨又は特定の場合には現物若しくは自国通貨により、第5条1の規定の適用を受けない締約国の拠出によつて賄われる。他の締約国からの拠出も、勧奨される。二国間協力及び、締約国の決定によつて合意される特別な場合には、地域的協力のための支出は、締約国の決定によつて定められる比率まで、締約国の決定によつて定められる基準に従つて、かつ、当該協力が少なくとも次の要件を満たすことを条件として、多数国間基金への拠出とみなすことができる。
(a)　厳密な意味で議定書の規定の遵守に関連すること。
(b)　追加的な資金を供与すること。
(c)　合意された増加費用を賄うこと。
7　締約国は、財政期間ごとに多数国間基金の予算及び当該予算に対する各締約国の拠出の比率を決定する。
8　多数国間基金の資金は、受益国となる締約国の同意の下に支出する。
9　この条の規定に基づく締約国の決定は、可能な限りコンセンサス方式によつて行う。コンセンサスのためのあらゆる努力にもかかわらず合意に達しない場合には、当該決定は、出席しかつ投票する締約国の3分の2以上の多数であつて出席しかつ投票する第5条1の規定の適用を受ける締約国の過半数及び出席しかつ投票する同条1の規定の適用を受けない締約国の過半数を代表するものによる議決で採択する。
10　この条に定める資金供与の制度は、他の環境問題に関して策定される将来の取極に影響を及ぼすものではない。

第10条のA（技術移転）締約国は、次のことを確保するため、資金供与の制度によつて支援される計画に合致したすべての実行可能な措置をとるものとする。
(a)　最も有効で環境上安全な代替品及び関連技術を第5条1の規定の適用を受ける締約国に対し速やかに移転すること。
(b)　(a)の移転が公正で最も有利な条件の下に行われること。

第11条（締約国の会合）　1　締約国は、定期的に会合

を開催する。事務局は、この議定書の効力発生の日の後1年以内に（その期間内に条約の締約国会議の会合が予定されている場合には、当該会合と併せて）締約国の第1回会合を招集する。
2　締約国のその後の通常会合は、締約国が別段の決定を行わない限り、条約の締約国会議の会合と併せて開催する。締約国の特別会合は、締約国がその会合において必要と認めるとき又は締約国から書面による要請のある場合において事務局がその要請を締約国に通報した後6箇月以内に締約国の少なくとも3分の1がその要請を支持するとき、開催する。
3　締約国は、その第1回会合において、次のことを行う。
　(a)　締約国の会合の手続規則をコンセンサス方式により採択すること。
　(b)　第13条2の財政規則をコンセンサス方式により採択すること。
　(c)　第6条の委員会を設置し及びその付託事項を決定すること。
　(d)　第8条の手続及び制度を検討し及び承認すること。
　(e)　前条3の規定に従つて作業計画の準備を開始すること。
4　締約国の会合は、次の任務を遂行する。
　(a)　この議定書の実施状況を検討すること。
　(b)　第2条9の調整及び削減について決定すること。
　(c)　第2条10の規定に基づき附属書への物質の追加及び附属書からの物質の削除並びに関連のある規制措置について決定すること。
　(d)　必要な場合には、第7条及び第9条3に規定する情報の提出のための指針又は手続を定めること。
　(e)　前条2の規定に基づいて提出される技術援助の要請を検討すること。
　(f)　次条(c)の規定に基づいて事務局が作成する報告書を検討すること。
　(g)　規制措置を第6条の規定に従つて評価すること。
　(h)　必要に応じ、この議定書及び附属書の改正の提案並びに新たな附属書の提案を検討し及び採択すること。
　(i)　この議定書の実施のための予算を検討し及び採択すること。
　(j)　この議定書の目的を達成するために必要となる追加的な活動を検討し及び行うこと。
5　国際連合、その専門機関及び国際原子力機関並びにこの議定書の締約国でない国は、締約国の会合にオブザーバーを出席させることができる。オゾン層の保護に関連のある分野において認められた団体又は機関（国内若しくは国際の又は政府若しくは非政府のもののいずれであるかを問わない。）であつて、締約国の会合にオブザーバーを出席させることを希望する旨事務局に通報したものは、当該会合に出席する締約国の3分の1以上が反対しない限り、オブザーバーを出席させることを認められる。オブザーバーの出席及び参加は、締約国が採択する手続規則の適用を受ける。

第13条（財政規定）　1　この議定書の実施に必要な資金（この議定書に関する事務局の任務に必要なものを含む。）には、専ら締約国の分担金を充てる。
2　締約国は、その第1回会合において、この議定書の実施のための財政規則をコンセンサス方式により採択する。

第14条（この議定書と条約との関係）　条約における議定書に関する規定は、この議定書に別段の定めがある場合を除くほか、この議定書について適用する。

第18条（留保）　この議定書については、留保は、付することができない。

●有害廃棄物の国境を越える移動及びその処分の規制に関するバーゼル条約《バーゼル条約》〔抜粋〕

Basel Convention on the Control of Transboundary Movements of Hazardous Wastes and Their Disposal
▼作成　1989年3月22日（バーゼル）　▼効力発生　1992年5月5日　▼日本国　1992年12月10日国会承認、93年9月17日加入書寄託、12月6日公布〔平成5年条約第7号〕、12月16日発効。最終改正—2005〔平成17〕年7月21日公布〔外務省告示第678号〕、発効

前文
この条約の締約国は、
　有害廃棄物及び他の廃棄物並びにこれらの廃棄物の国境を越える移動によって引き起こされる人の健康及び環境に対する損害の危険性を認識し、
　有害廃棄物及び他の廃棄物の発生の増加及び一層の複雑化並びにこれらの廃棄物の国境を越える移動によってもたらされる人の健康及び環境に対する脅威の増大に留意し、
　これらの廃棄物によってもたらされる危険から人の健康及び環境を保護する最も効果的な方法は、これらの廃棄物の発生を量及び有害性の面から最小限度とすることであることに留意し、
　諸国が、処分の場所のいかんを問わず、有害廃棄物及び他の廃棄物の処理（国境を越える移動及び処分を含む。）を人の健康及び環境の保護に適合させるために必要な措置をとるべきであることを確信し、
　諸国が、処分の場所のいかんを問わず、発生者が有害廃棄物及び他の廃棄物の運搬及び処分に関する義務を環境の保護に適合する方法で履行することを確保すべきであることに留意し、
　いずれの国も、自国の領域において外国の有害廃棄物

及び他の廃棄物の搬入又は処分を禁止する主権的権利を有することを十分に認め、

有害廃棄物の国境を越える移動及びその処分を他の国特に開発途上国において行うことを禁止したいとの願望が増大していることを認め、

有害廃棄物及び他の廃棄物は、環境上適正かつ効率的な処理と両立する限り、これらの廃棄物の発生した国において処分されるべきであることを確信し、

これらの廃棄物の発生した国から他の国への国境を越える移動は、人の健康及び環境を害することのない条件並びにこの条約の規定に従う条件の下で行われる場合に限り許可されるべきであることを認識し、

有害廃棄物及び他の廃棄物の国境を越える移動の規制を強化することが、これらの廃棄物を環境上適正に処理し、及びその国境を越える移動の量を削減するための誘因となることを考慮し、

諸国が有害廃棄物及び他の廃棄物の国境を越える移動に関する適当な情報交換及び規制を行うための措置をとるべきであることを確信し、

種々の国際的及び地域的な協定が危険物の通過に関する環境の保護及び保全の問題を取り扱っていることに留意し、

国際連合人間環境会議の宣言（1972年ストックホルム）、国際連合環境計画（UNEP）管理理事会が1987年6月17日の決定14—30により採択した有害廃棄物の環境上適正な処理のためのカイロ・ガイドライン及び原則、危険物の運搬に関する国際連合専門家委員会の勧告（1957年に作成され、その後2年ごとに修正されている。）、国際連合及びその関連機関において採択された関連する勧告、宣言、文書及び規則並びに他の国際的及び地域的な機関において行われた活動及び研究を考慮し、

第37回国際連合総会（1982年）において人間環境の保護及び自然資源の保全に関する倫理的規範として採択された世界自然憲章の精神、原則、目的及び機能に留意し、

諸国が、人の健康の保護並びに環境の保護及び保全に関する国際的義務の履行に責任を有し、並びに国際法に従って責任を負うことを確認し、

この条約又はこの条約の議定書の規定に対する重大な違反があった場合には、条約に関する関連国際法が適用されることを認め、

有害廃棄物及び他の廃棄物の発生を最小限度とするため、環境上適正な廃棄物低減技術、再生利用の方法並びに良好な管理及び処理の体制の開発及び実施を引き続き行うことの必要性を認識し、

有害廃棄物及び他の廃棄物の国境を越える移動を厳重に規制することの必要性について国際的な関心が高まっていること並びに可能な限りそのような移動を最小限度とすることの必要性を認識し、

有害廃棄物及び他の廃棄物の国境を越える不法な取引の問題について懸念し、

有害廃棄物及び他の廃棄物を処理する開発途上国の能力に限界があることを考慮し、

現地で発生する有害廃棄物及び他の廃棄物の適正な処理のため、カイロ・ガイドライン及び環境保護に関する技術の移転の促進に関するUNEP管理理事会の決定14—16の精神に従い、特に開発途上国に対する技術移転を促進することの必要性を認め、

有害廃棄物及び他の廃棄物が、関連する国際条約及び国際的な勧告に従って運搬されるべきであることを認め、

有害廃棄物及び他の廃棄物の国境を越える移動は、これらの廃棄物の運搬及び最終的な処分が環境上適正である場合に限り許可されるべきであることを確信し、

有害廃棄物及び他の廃棄物の発生及び処理から生ずることがある悪影響から人の健康及び環境を厳重な規制によって保護することを決意して、

次のとおり協定した。

第1条（条約の適用範囲） 1 この条約の適用上、次の廃棄物であって国境を越える移動の対象となるものは、「有害廃棄物」とする。
  (a) 附属書Ⅰに掲げるいずれかの分類に属する廃棄物（附属書Ⅲに掲げるいずれの特性も有しないものを除く。）
  (b) (a)に規定する廃棄物には該当しないが、輸出国、輸入国又は通過国である締約国の国内法令により有害であると定義され又は認められている廃棄物
2 この条約の適用上、附属書Ⅱに掲げるいずれかの分類に属する廃棄物であって国境を越える移動の対象となるものは、「他の廃棄物」とする。
3 放射能を有することにより、特に放射性物質について適用される国際文書による規制を含む他の国際的な規制の制度の対象となる廃棄物は、この条約の適用範囲から除外する。
4 船舶の通常の運航から生ずる廃棄物であってその排出について他の国際文書の適用があるものは、この条約の適用範囲から除外する。

第2条（定義） この条約の適用上、
1 「廃棄物」とは、処分がされ、処分が意図され又は国内法の規定により処分が義務付けられている物質又は物体をいう。
2 「処理」とは、有害廃棄物又は他の廃棄物の収集、運搬及び処分をいい、処分場所の事後の管理を含む。
3 「国境を越える移動」とは、有害廃棄物又は他の廃棄物が、その移動に少なくとも二以上の国が関係する場合において、一の国の管轄の下にある地域から、他の国の管轄の下にある地域へ若しくは他の国の管轄の下にある地域を通過して、又はいずれの国の管轄の下にもない地域へ若しくはいずれの国の管轄の下にもない地域を通過して、移動することをいう。
4 「処分」とは、附属書Ⅳに掲げる作業をいう。
5 「承認された場所又は施設」とは、場所又は施設が存在する国の関係当局により、有害廃棄物又は他の廃棄物の処分のための作業を行うことが認められ又は許可されている場所又は施設をいう。
6 「権限のある当局」とは、締約国が適当と認める地理的区域内において、第六条の規定に従って有害廃棄物又は他の廃棄物の国境を越える移動に関する通告及び

これに関係するすべての情報を受領し並びに当該通告に対し回答する責任を有する一の政府当局として締約国によって指定されたものをいう。
7 「中央連絡先」とは、第13条及び第16条に規定する情報を受領し及び提供する責任を有する第5条に規定する締約国の機関をいう。
8 「有害廃棄物又は他の廃棄物の環境上適正な処理」とは、有害廃棄物又は他の廃棄物から生ずる悪影響から人の健康及び環境を保護するような方法でこれらの廃棄物が処理されることを確保するために実行可能なあらゆる措置をとることをいう。
9 「一の国の管轄の下にある地域」とは、人の健康又は環境の保護に関し、国際法に従って一の国が行政上及び規制上の責任を遂行する陸地、海域又は空間をいう。
10 「輸出国」とは、有害廃棄物又は他の廃棄物の自国からの国境を越える移動が計画され又は開始されている締約国をいう。
11 「輸入国」とは、自国における処分を目的として又はいずれの国の管轄の下にもない地域における処分に先立つ積込みを目的として、有害廃棄物又は他の廃棄物の自国への国境を越える移動が計画され又は行われている締約国をいう。
12 「通過国」とは、輸出国又は輸入国以外の国であって、自国を通過する有害廃棄物又は他の廃棄物の国境を越える移動が計画され又は行われているものをいう。
13 「関係国」とは、締約国である輸出国又は輸入国及び締約国であるかないかを問わず通過国をいう。
14 「者」とは、自然人又は法人をいう。
15 「輸出者」とは、有害廃棄物又は他の廃棄物の輸出を行う者であって輸出国の管轄の下にあるものをいう。
16 「輸入者」とは、有害廃棄物又は他の廃棄物の輸入を行う者であって輸入国の管轄の下にあるものをいう。
17 「運搬者」とは、有害廃棄物又は他の廃棄物の運搬を行う者をいう。
18 「発生者」とは、その活動が有害廃棄物又は他の廃棄物を発生させる者をいい、その者が不明であるときは、当該有害廃棄物又は他の廃棄物を保有し又は支配している者をいう。
19 「処分者」とは、有害廃棄物又は他の廃棄物がその者に対し運搬される者であって当該有害廃棄物又は他の廃棄物の処分を行うものをいう。
20 「政治統合又は経済統合のための機関」とは、主権国家によって構成される機関であって、この条約が規律する事項に関しその加盟国から権限の委譲を受け、かつ、その内部手続に従ってこの条約の署名、批准、受諾、承認若しくは正式確認又はこれへの加入の正当な委任を受けたものをいう。
21 「不法取引」とは、第9条に規定する有害廃棄物又は他の廃棄物の国境を越える移動をいう。

第3条（有害廃棄物に関する国内の定義） 1 締約国は、この条約の締約国となった日から6箇月以内に、条約の事務局に対し、附属書Ⅰ及び附属書Ⅱに掲げる廃棄物以外に自国の法令により有害であると認められ又は定義されている廃棄物を通報し、かつ、その廃棄物について適用する国境を越える移動の手続に関する要件を通報する。
2 締約国は、更に、1の規定に従って提供した情報に関する重要な変更を事務局に通報する。
3 事務局は、1及び2の規定に従って受領した情報を直ちにすべての締約国に通報する。
4 締約国は、3の規定に従い事務局によって送付された情報を自国の輸出者に対し利用可能にする責任を有する。

第4条（一般的義務） 1(a) 有害廃棄物又は他の廃棄物の処分のための輸入を禁止する権利を行使する締約国は、第13条の規定に従ってその決定を他の締約国に通報する。
 (b) 締約国は、(a)の規定に従って通報を受けた場合には、有害廃棄物及び他の廃棄物の輸入を禁止している締約国に対する当該有害廃棄物及び他の廃棄物の輸出を許可せず、又は禁止する。
 (c) 締約国は、輸入国が有害廃棄物及び他の廃棄物の輸入を禁止していない場合において当該輸入国がこれらの廃棄物の特定の輸入につき書面により同意しないときは、その輸入の同意のない廃棄物の輸出を許可せず、又は禁止する。
2 締約国は、次の目的のため、適当な措置をとる。
 (a) 社会的、技術的及び経済的側面を考慮して、国内における有害廃棄物及び他の廃棄物の発生を最小限度とすることを確保する。
 (b) 有害廃棄物及び他の廃棄物の環境上適正な処理のため、処分の場所のいかんを問わず、可能な限り国内にある適当な処分施設が利用できるようにすることを確保する。
 (c) 国内において有害廃棄物又は他の廃棄物の処理に関与する者が、その処理から生ずる有害廃棄物及び他の廃棄物による汚染を防止するため、並びに汚染が生じた場合には、人の健康及び環境についてその影響を最小のものにとどめるために必要な措置をとることを確保する。
 (d) 有害廃棄物及び他の廃棄物の国境を越える移動が、これらの廃棄物の環境上適正かつ効率的な処理に適合するような方法で最小限度とされ、並びに当該移動から生ずる悪影響から人の健康及び環境を保護するような方法で行われることを確保する。
 (e) 締約国特に開発途上国である国又は国家群（経済統合又は政治統合のための機関に加盟しているもの）に対する有害廃棄物又は他の廃棄物の輸出は、これらの国若しくは国家群が国内法令によりこれらの廃棄物のすべての輸入を禁止した場合又はこれらの廃棄物が締約国の第1回会合において決定される基準に従う環境上適正な方法で処理されないと信ずるに足りる理由がある場合には、許可しない。
 (f) 計画された有害廃棄物及び他の廃棄物の国境を越える移動が人の健康及び環境に及ぼす影響を明らかにするため、当該移動に関する情報が附属書ⅤAに従って関係国に提供されることを義務付ける。

(g) 有害廃棄物及び他の廃棄物が環境上適正な方法で処理されないと信ずるに足りる理由がある場合には、当該有害廃棄物及び他の廃棄物の輸入を防止する。
(h) 有害廃棄物及び他の廃棄物の環境上適正な処理を改善し及び不法取引の防止を達成するため、有害廃棄物及び他の廃棄物の国境を越える移動に関する情報の提供その他の活動について、直接及び事務局を通じ、他の締約国及び関係機関と協力する。
3 締約国は、有害廃棄物又は他の廃棄物の不法取引を犯罪性のあるものと認める。
4 締約国は、この条約の規定を実施するため、この条約の規定に違反する行為を防止し及び処罰するための措置を含む適当な法律上の措置、行政上の措置その他の措置をとる。
5 締約国は、有害廃棄物又は他の廃棄物を非締約国へ輸出し又は非締約国から輸入することを許可しない。
6 締約国は、国境を越える移動の対象となるかならないかを問わず、南緯60度以南の地域における処分のための有害廃棄物又は他の廃棄物の輸出を許可しないことに合意する。
7 締約国は、更に、次のことを行う。
(a) 有害廃棄物又は他の廃棄物の運搬又は処分を行うことが認められ又は許可されている者を除くほか、その管轄の下にあるすべての者に対し、当該運搬又は処分を行うことを禁止すること。
(b) 国境を越える移動の対象となる有害廃棄物及び他の廃棄物が、こん包、表示及び運搬の分野において一般的に受け入れられかつ認められている国際的な規則及び基準に従ってこん包され、表示され及び運搬されること並びに国際的に認められている関連する慣行に妥当な考慮が払われることを義務付けること。
(c) 有害廃棄物及び他の廃棄物には、国境を越える移動が開始される地点から処分の地点まで移動書類が伴うことを義務付けること。
8 締約国は、輸出されることとなる有害廃棄物又は他の廃棄物が輸入国又は他の場所において環境上適正な方法で処理されることを義務付ける。この条約の対象となる廃棄物の環境上適正な処理のための技術上の指針は、締約国の第1回会合において決定する。
9 締約国は、有害廃棄物及び他の廃棄物の国境を越える移動が次のいずれかの場合に限り許可されることを確保するため、適当な措置をとる。
(a) 輸出国が当該廃棄物を環境上適正かつ効率的な方法で処分するための技術上の能力及び必要な施設、処分能力又は適当な処分場所を有しない場合
(b) 当該廃棄物が輸入国において再生利用産業又は回収産業のための原材料として必要とされている場合
(c) 当該国境を越える移動が締約国全体として決定する他の基準に従って行われる場合。ただし、当該基準がこの条約の目的に合致することを条件とする。
10 有害廃棄物及び他の廃棄物を発生させた国がこの条約の下において負う当該有害廃棄物及び他の廃棄物を環境上適正な方法で処理することを義務付ける義務は、いかなる状況においても、輸入国又は通過国へ移転してはならない。
11 この条約のいかなる規定も、締約国が人の健康及び環境を一層保護するためこの条約の規定に適合しかつ国際法の諸規則に従う追加的な義務を課することを妨げるものではない。
12 この条約のいかなる規定も、国際法に従って確立している領海に対する国の主権、国際法に従い排他的経済水域及び大陸棚において国が有する主権的権利及び管轄権並びに国際法に定められ及び関連する国際文書に反映されている航行上の権利及び自由をすべての国の船舶及び航空機が行使することに何ら影響を及ぼすものではない。
13 締約国は、他の国特に開発途上国に対して輸出される有害廃棄物及び他の廃棄物の量及び汚染力を減少させる可能性について定期的に検討する。

第5条（権限のある当局及び中央連絡先の指定） 締約国は、この条約の実施を円滑にするため、次のことを行う。
1 一又は二以上の権限のある当局及び一の中央連絡先を指定し又は設置すること。通過国の場合において通告を受領するため、一の権限のある当局を指定すること。
2 自国についてこの条約が効力を生じた日から3箇月以内に、中央連絡先及び権限のある当局としていずれの機関を指定したかを事務局に対し通報すること。
3 2の規定に従い行った指定に関する変更をその決定の日から1箇月以内に事務局に対し通報すること。

第6条（締約国間の国境を越える移動） 1 輸出国は、書面により、その権限のある当局の経路を通じ、有害廃棄物又は他の廃棄物の国境を越える移動の計画を関係国の権限のある当局に対し通告し又は発生者若しくは輸出者に通告させる。その通告は、輸入国の受け入れ可能な言語により記載された附属書ⅤAに掲げる申告及び情報を含む。各関係国に対し送付する通告は、1通のみで足りる。
2 輸入国は、通告をした者に対し、書面により、移動につき条件付若しくは無条件で同意し、移動に関する許可を拒否し又は追加的な情報を要求する旨を回答する。輸入国の最終的な回答の写しは、締約国である関係国の権限のある当局に送付する。
3 輸出国は、次の事項を書面により確認するまでは、発生者又は輸出者が国境を越える移動を開始することを許可してはならない。
(a) 通告をした者が輸入国の書面による同意を得ていること。
(b) 通告をした者が、廃棄物について環境上適正な処理がされることを明記する輸出者と処分者との間の契約の存在につき、輸入国から確認を得ていること。
4 締約国である通過国は、通告をした者に対し通告の受領を速やかに確認する。当該通過国は、更に、通告をした者に対し、60日以内に、移動につき条件付若しくは無条件で同意し、移動に関する許可を拒否し又は

追加的な情報を要求する旨を書面により回答する。輸出国は、当該通過国の書面による同意を得るまでは、国境を越える移動を開始することを許可してはならない。ただし、いかなる時点においても、締約国が、有害廃棄物又は他の廃棄物の通過のための国境を越える移動に関し、書面による事前の同意を一般的に若しくは特定の条件の下において義務付けないことを決定し、又は事前の同意に係る要件を変更する場合には、当該締約国は、第13条の規定に従い他の締約国に直ちにその旨を通報する。事前の同意を義務付けない場合において通過国が通告を受領した日から60日以内に輸出国が当該通過国の回答を受領しないときは、当該輸出国は、当該通過国を通過して輸出を行うことを許可することができる。

5 特定の国によってのみ有害であると法的に定義され又は認められている廃棄物の国境を越える移動の場合において、
    (a) 輸出国によってのみ定義され又は認められているときは、輸入者又は処分者及び輸入国について適用する9の規定は、必要な変更を加えて、それぞれ輸出者及び輸出国について適用する。
    (b) 輸入国によってのみ又は輸入国及び締約国である通過国によってのみ定義され又は認められているときは、輸出者及び輸出国について適用する1、3、4及び6の規定は、必要な変更を加えて、それぞれ輸入者又は処分者及び輸入国について適用する。
    (c) 締約国である通過国によってのみ定義され又は認められているときは、4の規定を当該通過国について適用する。

6 輸出国は、同一の物理的及び化学的特性を有する有害廃棄物又は他の廃棄物が、輸出国の同一の出国税関及び輸入国の同一の入国税関を経由して、並びに通過のときは通過国の同一の入国税関及び出国税関を経由して、同一の処分者に定期的に運搬される場合には、関係国の書面による同意を条件として、発生者又は輸出者が包括的な通告を行うことを許可することができる。

7 関係国は、運搬される有害廃棄物又は他の廃棄物に関する一定の情報（正確な量、定期的に作成する一覧表等）が提供されることを条件として、6に規定する包括的な通告を行うことにつき書面により同意することができる。

8 6及び7に規定する包括的な通告及び書面による同意は、最長12箇月の期間における有害廃棄物又は他の廃棄物の2回以上の運搬について適用することができる。

9 締約国は、有害廃棄物又は他の廃棄物の国境を越える移動に責任を有するそれぞれの者が当該有害廃棄物又は他の廃棄物の引渡し又は受領の際に移動書類に署名することを義務付ける。締約国は、また、処分者が、輸出者及び輸出国の権限のある当局の双方に対し、当該有害廃棄物又は他の廃棄物を受領したことを通報し及び通告に明記する処分が完了したことを相当な期間内に通報することを義務付ける。これらの通報が輸入国において受領されない場合には、輸出国の権限のある当局又は輸出者は、その旨を輸入国に通報する。

10 この条の規定により義務付けられる通告及び回答は、関係締約国の権限のある当局又は非締約国の適当と認める政府当局に送付する。

11 有害廃棄物又は他の廃棄物の国境を越えるいかなる移動も、輸入国又は締約国である通過国が義務付けることのある保険、供託金その他の保証によって担保する。

第7条（締約国から非締約国を通過して行われる国境を越える移動） 前条1の規定は、必要な変更を加えて、締約国から非締約国を通過して行われる有害廃棄物又は他の廃棄物の国境を越える移動について適用する。

第8条（再輸入の義務） この条約の規定に従うことを条件として関係国の同意が得られている有害廃棄物又は他の廃棄物の国境を越える移動が、契約の条件に従って完了することができない場合において、輸入国が輸出国及び事務局に対してその旨を通報した時から90日以内に又は関係国が合意する他の期間内に当該有害廃棄物又は他の廃棄物が環境上適正な方法で処分されるための代替措置をとることができないときは、輸出国は、輸出者が当該有害廃棄物又は他の廃棄物を輸出国内に引き取ることを確保する。このため、輸出国及び締約国である通過国は、当該有害廃棄物又は他の廃棄物の輸出国への返還に反対し、及びその返還を妨害し又は防止してはならない。

第9条（不法取引） 1 この条約の適用上、次のいずれかに該当する有害廃棄物又は他の廃棄物の国境を越える移動は、不法取引とする。
    (a) この条約の規定に従う通告がすべての関係国に対して行われていない移動
    (b) 関係国からこの条約の規定に従う同意が得られていない移動
    (c) 関係国の同意が偽造、虚偽の表示又は詐欺により得られている移動
    (d) 書類と重要な事項において不一致がある移動
    (e) この条約の規定及び国際法の一般原則に違反して有害廃棄物又は他の廃棄物を故意に処分すること（例えば、投棄すること。）となる移動

2 有害廃棄物又は他の廃棄物の国境を越える移動が輸出者又は発生者の行為の結果として不法取引となる場合には、輸出国は、輸出国に当該不法取引が通報された時から30日以内又は関係国が合意する他の期間内に、当該有害廃棄物又は他の廃棄物に関し次のことを確保する。
    (a) 輸出者若しくは発生者若しくは必要な場合には輸出国が自国に引き取ること又はこれが実際的でないときは、
    (b) この条約の規定に従って処分されること。このため、関係締約国は、当該有害廃棄物又は他の廃棄物の輸出国への返還に反対し、及びその返還を妨害し又は防止してはならない。

3 有害廃棄物又は他の廃棄物の国境を越える移動が輸入者又は処分者の行為の結果として不法取引となる場

合には、輸入国は、当該不法取引を輸入国が知るに至った時から30日以内又は関係国が合意する他の期間内に、輸入者若しくは処分者又は必要なときは輸入国が当該有害廃棄物又は他の廃棄物を環境上適正な方法で処分することを確保する。このため、関係締約国は、必要に応じ、当該有害廃棄物又は他の廃棄物を環境上適正な方法で処分することについて協力する。
4 不法取引の責任を輸出者若しくは発生者又は輸入者若しくは処分者のいずれにも帰することができない場合には、関係締約国又は適当なときは他の締約国は、協力して、輸出国若しくは輸入国又は適当なときは他の場所において、できる限り速やかに当該有害廃棄物又は他の廃棄物を環境上適正な方法で処分することを確保する。
5 締約国は、不法取引を防止し及び処罰するため、適当な国内法令を制定する。締約国は、この条の目的を達成するため、協力する。

第12条（損害賠償責任に関する協議） 締約国は、有害廃棄物及び他の廃棄物の国境を越える移動及び処分から生ずる損害に対する責任及び賠償の分野において適当な規則及び手続を定める議定書をできる限り速やかに採択するため、協力する。

第13条（情報の送付） 1 締約国は、有害廃棄物又は他の廃棄物の国境を越える移動又はその処分が行われている間に、他の国の人の健康及び環境に危害を及ぼすおそれがある事故が発生した場合において、その事故を知るに至ったときはいつでも、当該他の国が速やかに通報を受けることを確保する。
2 締約国は、相互に、事務局を通じ、次の通報を行う。
  (a) 権限のある当局又は中央連絡先の指定の変更に関する第5条の規定による通報
  (b) 有害廃棄物の国内の定義の変更に関する第3条の規定による通報
  また、できる限り速やかに、次の事項を通報する。
  (c) 自国の管轄の下にある地域における有害廃棄物又は他の廃棄物の処分を目的とする輸入につき全面的又は部分的に同意しない旨の決定
  (d) 有害廃棄物又は他の廃棄物の輸出を制限し又は禁止する旨の決定
  (e) 4の規定に従って送付の義務を負うその他の情報
3 締約国は、自国の法令に従い、事務局を通じ、第15条の規定により設置する締約国会議に対し、各暦年の終わりまでに、次の情報を含む前暦年に関する報告を送付する。
  (a) 第5条の規定に従い締約国によって指定された権限のある当局及び中央連絡先
  (b) 締約国が関係する有害廃棄物又は他の廃棄物の国境を越える移動に関する次の事項を含む情報
    (i) 輸出された有害廃棄物及び他の廃棄物の量、分類、特性、目的地及び通過国並びに通告に対する回答に記載された処分の方法
    (ii) 輸入された有害廃棄物及び他の廃棄物の量、分類、特性、発生地及び処分の方法
    (iii) 予定されたとおりに行われなかった処分

    (iv) 国境を越える移動の対象となる有害廃棄物及び他の廃棄物の量の削減を達成するための努力
  (c) この条約の実施のために締約国がとった措置に関する情報
  (d) 有害廃棄物又は他の廃棄物の発生、運搬及び処分が人の健康及び環境に及ぼす影響について締約国が作成した提供可能かつ適切な統計に関する情報
  (e) 第11条の規定に従って締結した二国間の、多数国間の及び地域的な協定及び取決めに関する情報
  (f) 有害廃棄物及び他の廃棄物の国境を越える移動及び処分が行われている間に発生した事故並びにその事故を処理するためにとられた措置に関する情報
  (g) 管轄の下にある地域において用いられた処分の方法に関する情報
  (h) 有害廃棄物及び他の廃棄物の発生を削減し又は無くすための技術の開発のためにとられた措置に関する情報
  (i) 締約国会議が適当と認めるその他の事項
4 特定の有害廃棄物又は他の廃棄物の国境を越える移動により自国の環境が影響を受けるおそれがあると認めるいずれかの締約国が要請した場合には、締約国は、自国の法令に従い、当該移動に関する通告及びその通告に対する回答の写しを事務局に対し送付することを確保する。

第14条（財政的な側面） 1 締約国は、各地域及び各小地域の特別の必要に応じ、有害廃棄物及び他の廃棄物を処理し並びに有害廃棄物及び他の廃棄物の発生を最小限度とすることに関する訓練及び技術移転のための地域又は小地域のセンターが設立されるべきであることに同意する。締約国は、任意の性質を有する資金調達のための適当な仕組みを確立することについて決定を行う。
2 締約国は、有害廃棄物及び他の廃棄物の国境を越える移動により又は有害廃棄物及び他の廃棄物の処分中に発生する事故による損害を最小のものにとどめるため、緊急事態における暫定的な援助を行うための回転基金の設立を検討する。

第19条（検証） いずれの締約国も、他の締約国がこの条約に基づく義務に違反して行動し又は行動したと信ずるに足りる理由がある場合には、その旨を事務局に通報することができるものとし、その通報を行うときは、同時かつ速やかに、直接又は事務局を通じ、申立ての対象となった当該他の締約国にその旨を通報する。すべての関連情報は、事務局が締約国に送付するものとする。

第24条（投票権） 1 2の規定の適用がある場合を除くほか、この条約の各締約国は、一の票を有する。
2 政治統合又は経済統合のための機関は、第22条3の規定及び前条2の規定により宣言されたその権限の範囲内の事項について、この条約又は関連議定書の締約国であるその構成国の数と同数の票を投ずる権利を行使する。当該機関は、その構成国が自国の投票権を行使する場合には、投票権を行使してはならない。その逆の場合も、同様とする。

第26条（留保及び宣言）1　この条約については、留保を付することも、また、適用除外を設けることもできない。
2　1の規定は、この条約の署名、批准、受諾、承認若しくは正式確認又はこれへの加入の際に、国及び政治統合又は経済統合のための機関が、特に当該国又は当該機関の法令をこの条約に調和させることを目的として、用いられる文言及び名称のいかんを問わず、宣言又は声明を行うことを排除しない。ただし、このような宣言又は声明は、当該国に対するこの条約の適用において、この条約の法的効力を排除し又は変更することを意味しない。

●環境保護に関する南極条約議定書〔抜粋〕
Protocol on Environmental Protection to the Antarctic Treaty

▼作成　1991年10月4日（マドリッド）　▼効力発生　1998年1月14日　▼日本国　1992年9月29日署名、97年4月3日国会承認、12月15日受諾書寄託、12月18日公布〔平成9年条約第14号〕、98年1月14日発効

第1条（定義）この議定書の適用上、
　(a)　「南極条約」とは、1959年12月1日にワシントンで作成された南極条約をいう。
　(b)　「南極条約地域」とは、南極条約第6条の規定に従い同条約の適用される地域をいう。
　(c)　「南極条約協議国会議」とは、南極条約第9条に定める会合をいう。
　(d)　「南極条約協議国」とは、南極条約第9条に定める会合に参加する代表者を任命する権利を有する同条約の締約国をいう。
　(e)　「南極条約体制」とは、南極条約、同条約に基づく有効な措置、同条約に関連する別個の有効な国際文書及びこれらの国際文書に基づく有効な措置をいう。
　(f)　「仲裁裁判所」とは、この議定書の不可分の一部を成す付録によって設置される仲裁裁判所をいう。
　(g)　「委員会」とは、第11条の規定によって設置される環境保護委員会をいう。

第2条（目的及び指定）締約国は、南極の環境並びにこれに依存し及び関連する生態系を包括的に保護することを約束し、この議定書により、南極地域を平和及び科学に貢献する自然保護地域として指定する。

第3条（環境に関する原則）1　南極の環境並びにこれに依存し及び関連する生態系の保護並びに南極地域の固有の価値（原生地域としての価値、芸術上の価値及び科学的調査（特に、地球環境の理解のために不可欠な調査）を実施するための地域としての価値を含む。）の保護は、南極条約地域におけるすべての活動を計画し及び実施するに当たり考慮すべき基本的な事項とする。
2　このため、
　(a)　南極条約地域における活動は、南極の環境並びにこれに依存し及び関連する生態系に対する悪影響を限定するように計画し及び実施する。
　(b)　南極条約地域における活動については、次のことを回避するように計画し及び実施する。
　　(i)　気候又は天候に対する悪影響
　　(ii)　大気の質又は水質に対する著しい悪影響
　　(iii)　大気、陸上（陸水を含む。）、氷河又は海洋における環境の著しい変化
　　(iv)　動物及び植物の種又は種の個体群の分布、豊度又は生産性の有害な変化
　　(v)　絶滅のおそれがあり若しくは脅威にさらされている種又はこのような種の個体群を更に危険な状態にすること。
　　(vi)　生物学上、科学上、歴史上、芸術上又は原生地域として重要な価値を有する地域の価値を減じ又はこれらの地域を相当な危険にさらすこと。
　(c)　南極条約地域における活動については、南極の環境並びにこれに依存し及び関連する生態系並びに南極地域の科学的調査を実施する地域としての価値に対して当該活動が及ぼすおそれのある影響につき事前の評価を可能にする十分な情報に基づき及びこの影響を知った上での判断に基づき、計画し及び実施する。このような判断に当たっては、次の事項を十分に考慮する。
　　(i)　活動の範囲（地域、期間及び程度を含む。）
　　(ii)　活動の累積的な影響（当該活動自体によるもの及び南極条約地域における他の活動の影響との複合によるものの双方）
　　(iii)　活動が南極条約地域における他の活動に有害な影響を及ぼすか否か。
　　(iv)　環境上問題を生じさせないように作業を行うための技術及び手順が利用可能であるか否か。
　　(v)　活動が及ぼす悪影響を特定し及び早期に警告を与えるために主要な環境上の指標及び生態系の構成要素を監視する能力の有無並びに南極の環境並びにこれに依存し及び関連する生態系に関する監視の結果又は知識の増進に照らして必要となる作業手順の修正を行うための能力の有無
　　(vi)　事故（特に、環境に影響を及ぼすおそれのあるもの）に対し迅速かつ効果的に対応する能力の有無
　(d)　実施中の活動の影響についての評価（予測された影響の検証を含む。）を行うため、定期的かつ効果的な監視を行う。
　(e)　南極条約地域の内外で実施される活動が南極の環境並びにこれに依存し及び関連する生態系に及ぼす予測されなかった影響を早期に探知することを容易にするため、定期的かつ効果的な監視を行う。

3 南極条約地域における活動については、科学的調査を優先するよう及び南極地域の科学的調査（地球環境の理解のために不可欠な調査を含む。）を実施する地域としての価値を保護するように計画し及び実施する。

4 南極条約地域において科学的調査の計画に基づき実施される活動、同地域における観光並びに政府及び非政府の他のすべての活動であって、南極条約第7条5の規定に従い事前の通告を必要とするもの（関連する後方支援活動を含む。）については、

(a) この条に定める原則に適合する方法で行う。

(b) この条に定める原則に反して南極の環境又はこれに依存し若しくは関連する生態系に影響を及ぼし又は及ぼすおそれがある場合には、修正し、停止し又は取りやめる。

第4条（南極条約体制における他の構成要素との関係）

1 この議定書は、南極条約を補足するものとし、同条約を修正し又は改正するものではない。

2 この議定書のいかなる規定も、締約国が南極条約体制における他の有効な国際文書に基づき有する権利を害し及びこれらの国際文書に基づき負う義務を免れさせるものではない。

第5条（南極条約体制における他の構成要素との整合性） 締約国は、この議定書の目的及び原則の達成を確保するため並びに南極条約体制における他の有効な国際文書の目的及び原則の達成に影響を及ぼすことを回避し又はこれらの国際文書の実施とこの議定書の実施との間の抵触を回避するため、これらの国際文書の締約国及びこれらの国際文書に基づいて設置された機関と協議し及び協力する。

第6条（鉱物資源に関する活動の禁止） 鉱物資源に関するいかなる活動も、科学的調査を除くほか、禁止する。

第8条（環境影響評価） 1 2に規定する活動が計画される場合には、当該活動は、次のいずれの影響を及ぼすと判断されるかに応じ、南極の環境又はこれに依存し若しくは関連する生態系に及ぼす影響についての事前の評価のための手続であって附属書Ⅰに規定するものに従うものとする。

(a) 軽微な又は一時的な影響を下回る影響
(b) 軽微な又は一時的な影響
(c) 軽微な又は一時的な影響を上回る影響

2 各締約国は、附属書Ⅰに規定する評価の手続が、南極条約地域において科学的調査の計画に基づき実施されるすべての活動、同地域における観光並びに政府及び非政府の他のすべての活動であって、南極条約第7条5の規定に従い事前の通告を必要とするもの（関連する後方支援活動を含む。）に関する決定に至るまでの立案過程において適用されることを確保する。

3 附属書Ⅰに規定する評価の手続は、活動のいかなる変更（既存の活動の拡大若しくは縮小、活動の追加、施設の廃棄又はその他の理由のいずれによって生ずるかを問わない。）についても適用する。

4 二以上の締約国が共同で活動を計画する場合には、関係締約国は、附属書Ⅰに規定する環境影響評価の手続の実施を調整する一締約国を指定する。

第9条（附属書） 1 この議定書の附属書は、この議定書の不可分の一部を成す。

2 附属書Ⅰから附属書Ⅳまでの附属書のほかに追加される附属書は、南極条約第9条の規定に従って採択され、効力を生ずる。

3 附属書の改正及び修正は、南極条約第9条の規定に従って採択され、効力を生ずる。ただし、いかなる附属書も、その附属書自体に改正及び修正が速やかに効力を生ずるための規定を定めることができる。

4 2及び3の規定に従って効力を生じた附属書並びに附属書の改正及び修正は、附属書自体に改正又は修正の効力発生について別段の定めがない限り、南極条約協議国でない南極条約の締約国又は採択の時に南極条約協議国でなかった南極条約の締約国については、寄託政府が当該締約国の承認の通告を受領した時に効力を生ずる。

5 附属書に別段の定めがある場合を除くほか、附属書は、第18条から第20条までに規定する紛争解決のための手続の適用を受ける。

第10条（南極条約協議国会議） 1 南極条約協議国会議は、利用可能な最善の科学上及び技術上の助言を参考として、次のことを行う。

(a) この議定書の規定に従い、南極の環境並びにこれに依存し及び関連する生態系の包括的な保護についての一般的な政策を定めること。

(b) この議定書の実施のため、南極条約第9条の規定に基づく措置をとること。

2 南極条約協議国会議は、委員会によって行われた作業を検討するものとし、1に規定する任務を遂行するに当たり、委員会の助言及び勧告並びに南極研究科学委員会の助言を十分に参考とする。

第11条（環境保護委員会） 1 この議定書により環境保護委員会を設置する。

2 各締約国は、委員会の構成国となる権利及び代表を任命する権利を有する。代表は、専門家及び顧問を伴うことができる。

3 委員会におけるオブザーバーとしての地位は、この議定書の締約国でない南極条約のすべての締約国に開放される。

4 委員会は、南極研究科学委員会の委員長及び南極の海洋生物資源の保存のための科学委員会の議長に対しオブザーバーとして委員会の会合に参加するよう招請する。委員会は、更に、南極条約協議国会議の承認を得て、委員会の作業に貢献することができる他の適切な科学的機関、環境に関する機関及び技術的機関に対し委員会の会合にオブザーバーとして参加するよう招請することができる。

5 委員会は、その会合の報告書を南極条約協議国会議に提出する。当該報告書は、委員会の会合で審議されたすべての問題を対象とし、及びその会合で表明された見解を反映するものとする。当該報告書は、その会合に出席した締約国及びオブザーバーに送付し、その後一般に利用可能なものとする。

6 委員会は、南極条約協議国会議による承認を条件と

して、委員会の手続規則を採択する。

第12条（委員会の任務）1　委員会の任務は、附属書の運用を含むこの議定書の実施に関し南極条約協議国会議における審議のため締約国に対して助言を与え及び勧告を行うこと並びに同会議によって委員会に委任されるその他の任務を遂行することとする。特に、委員会は、次の事項に関して助言を与える。
  (a) この議定書に従ってとられる措置の効果
  (b) この議定書に従ってとられる措置を状況に応じて改正し、強化し又は改善する必要性
  (c) 適当な場合には、追加的な措置（附属書の追加を含む。）の必要性
  (d) 第8条及び附属書Ⅰに規定する環境影響評価の手続の適用及び実施
  (e) 南極条約地域における活動の環境に対する影響を最小にし又は緩和する方法
  (f) 緊急措置を必要とする事態についての手続（環境上の緊急事態における対応措置を含む。）
  (g) 南極保護地区制度の運用及び改善
  (h) 査察の手続（査察の報告書の様式及び査察の実施のための点検項目の一覧表を含む。）
  (i) 環境保護に関する情報の収集、蓄積、交換及び評価
  (j) 南極の環境の状態
  (k) この議定書の実施に関連する科学的調査（環境の監視を含む。）の必要性
2　委員会は、その任務を遂行するに当たり、適当な場合には、南極研究科学委員会、南極の海洋生物資源の保存のための科学委員会並びに他の適切な科学的機関、環境に関する機関及び技術的機関と協議する。

第14条（査察）1　南極条約協議国は、南極の環境並びにこれに依存し及び関連する生態系の保護を促進し並びにこの議定書の遵守を確保するため、単独で又は共同して、南極条約第7条の規定に従って行われる監視員による査察のための措置をとる。
2　監視員は、次の者とする。
  (a) いずれかの南極条約協議国によって指名される当該南極条約協議国の国民である監視員
  (b) 南極条約協議国会議の定める手続に従い査察を行うため同会議で指名される監視員
3　締約国は、査察を行う監視員と十分に協力するものとし、査察の間、南極条約第7条3の規定に基づく査察のために開放されている基地、施設、備品、船舶及び航空機のすべての部分並びにこの議定書により要請されるすべての保管されたこれらに関する記録について監視員によるアクセスが認められることを確保する。
4　査察の報告書については、自国の基地、施設、備品、船舶又は航空機がその査察の報告書の対象となっている締約国に送付する。当該締約国が意見を述べる機会を与えられた後、当該査察の報告書及び意見は、すべての締約国及び委員会に送付され、並びに次の南極条約協議国会議で審議されるものとし、その後、当該査察の報告書及び意見は、一般に利用可能なものとする。

第15条（緊急時における対応措置）1　南極条約地域における環境上の緊急事態に対応するため、各締約国は、次のことに同意する。
  (a) 南極条約地域における科学的調査の計画、観光並びに政府及び非政府の他のすべての活動であって、南極条約第7条5の規定に従い事前の通告を必要とするもの（関連する後方支援活動を含む。）の実施から生ずる緊急事態に対し迅速かつ効果的な対応措置をとること。
  (b) 南極の環境又はこれに依存し及び関連する生態系に悪影響を及ぼすおそれのある事件に対応するための緊急時計画を作成すること。
2　このため、締約国は、
  (a) 1(b)の緊急時計画の作成及び実施について協力する。
  (b) 環境上の緊急事態につき速やかに通報を行うため及び協力して対応するための手続を定める。
3　この条の規定の実施において、締約国は、適当な国際機関の助言を参考とする。

第16条（責任）締約国は、南極の環境並びにこれに依存し及び関連する生態系の包括的な保護についてのこの議定書の目的に従い、南極条約地域において実施され、かつ、この議定書の適用を受ける活動から生ずる損害についての責任に関する規則及び手続を作成することを約束する。当該規則及び手続については、第9条2の規定に従って採択される一又は二以上の附属書に含める。

第18条（紛争解決）この議定書の解釈又は適用に関して紛争が生じた場合には、紛争当事国は、いずれかの紛争当事国の要請により、交渉、審査、仲介、調停、仲裁、司法的解決又は紛争当事国が合意するその他の平和的手段により紛争を解決するため、できる限り速やかに紛争当事国間で協議する。

第19条（紛争解決手続の選択）1　各締約国は、この議定書に署名し、これを批准し、受諾し若しくは承認し若しくはこれに加入する時に又はその後いつでも、書面による宣言を行うことにより、第7条、第8条及び第15条の規定、附属書の規定（附属書に別段の定めがある場合を除く。）並びにこれらの規定に関連する第13条の規定の解釈又は適用についての紛争の解決に関し、次の手段の一方又は双方を選択することができる。
  (a) 国際司法裁判所
  (b) 仲裁裁判所
2　1の規定に基づいて行われる宣言は、前条及び次条2の規定の適用に影響を及ぼすものではない。
3　1の規定による宣言を行わなかった締約国又は当該宣言が有効でなくなった締約国は、仲裁裁判所の管轄権を受け入れているものとみなされる。
4　紛争当事国が紛争の解決のために同一の手段を受け入れている場合には、当該紛争については、紛争当事国が別段の合意をしない限り、その手続にのみ付することができる。
5　紛争当事国が紛争の解決のために同一の手段を受け

入れていない場合又は双方の紛争当事国が双方の手段を受け入れている場合には、当該紛争については、紛争当事国が別段の合意をしない限り、仲裁裁判所にのみ付託することができる。
6　1の規定に基づいて行われる宣言は、当該宣言の期間が満了するまで又は書面による当該宣言の撤回の通告が寄託政府に寄託された後3箇月が経過するまでの間、効力を有する。
7　新たな宣言、宣言の撤回の通告又は宣言の期間の満了は、紛争当事国が別段の合意をしない限り、国際司法裁判所又は仲裁裁判所において進行中の手続に何ら影響を及ぼすものではない。
8　この条に規定する宣言及び通告については、寄託政府に寄託するものとし、寄託政府は、その写しをすべての締約国に送付する。

第20条（紛争解決手続）　1　第7条、第8条若しくは第15条の規定、附属書の規定（附属書に別段の定めがある場合を除く。）又はこれらの規定に関連する第13条の規定の解釈が適用についての紛争の当事国が第18条の規定に従って協議を要請した後12箇月以内に紛争解決のための手段について合意しない場合には、当該紛争は、いずれかの紛争当事国の要請により、前条の4及び5の規定により決定される紛争解決手続に従って解決を図る。
2　仲裁裁判所は、南極条約第4条の規定の範囲内にある問題について決定する権限を有しない。更に、この議定書のいかなる規定も、国際司法裁判所又は締約国間で紛争解決のために設置される他の裁判所に対し、同条の規定の範囲内にあるいずれの問題についても決定する権限を与えるものと解してはならない。

第24条（留保）　この議定書に対する留保は、認められない。

第25条（修正又は改正）　1　第9条の規定の適用を妨げることなく、この議定書は、南極条約第12条1の(a)及び(b)に規定する手続に従い、いつでも修正又は改正することができる。
2　この議定書の効力発生の日から50年を経過した後、いずれかの南極条約協議国が寄託政府あての通報により要請する場合には、この議定書の運用について検討するため、できる限り速やかに会議を開催する。
3　2の規定によって招請される検討のための会議において提案された修正又は改正については、この議定書の締約国の過半数（この議定書の採択の時に南極条約協議国である国の4分の3を含む。）による議決で採択する。
4　3の規定に従って採択された修正又は改正は、南極条約協議国の4分の3による批准、受諾、承認又は加入（この議定書の採択の時に南極条約協議国であるすべての国による批准、受諾、承認又は加入を含む。）の時に効力を生ずる。
5(a)　第7条の規定に関し、同条に規定する南極地域における鉱物資源に関する活動の禁止は、当該活動についての拘束力のある法制度（特定の活動が認められるか否か及び、認められる場合には、どのような条件の下で認められるかを決定するための合意された手段を含む。）が効力を生じない限り、継続する。この法制度は、南極条約第4条に規定するすべての国の利益を保護するものとし、同条に定める原則の適用を受ける。第7条の規定の修正又は改正が2に規定する検討のための会議において提案された場合には、当該修正又は改正には、当該活動についての拘束力のある法制度を含める。
(b)　(a)の修正又は改正がその採択の日から3年以内に効力を生じなかった場合には、いずれの締約国も、その後いつでも、この議定書から脱退する旨を寄託政府に通告することができる。脱退は、寄託政府がその通告を受領した後2年で効力を生ずる。

●世界の文化遺産及び自然遺産の保護に関する条約
《世界遺産保護条約》〔抄〕

Convention Concerning the Protection of the World Cultural and Natural Heritage

▼採択　1972年11月16日　▼効力発生　1975年12月17日　▼日本国　1992年6月19日国会承認、6月30日受諾書寄託、9月28日公布〔平成4年条約第7号〕、9月30日発効

国際連合教育科学文化機関の総会は、1972年10月17日から11月21日までパリにおいてその第17回会期として会合し、
文化遺産及び自然遺産が、衰亡という在来の原因によるのみでなく、一層深刻な損傷又は破壊という現象を伴って事態を悪化させている社会的及び経済的状況の変化によっても、ますます破壊の脅威にさらされていることに留意し、
文化遺産及び自然遺産のいずれの物件が損壊し又は滅失することも、世界のすべての国民の遺産の憂うべき貧困化を意味することを考慮し、
これらの遺産の国内的保護に多額の資金を必要とするため並びに保護の対象となる物件の存在する国の有する経済的、学術的及び技術的な能力が十分でないため、国内的保護が不完全なものになりがちであることを考慮し、
国際連合教育科学文化機関憲章が、同機関が世界の遺産の保存及び保護を確保し、かつ、関係諸国民に対して必要な国際条約を勧告することにより、知識を維持し、増進し及び普及することを規定していることを想起し、
文化財及び自然の財に関する現存の国際条約、国際的な勧告及び国際的な決議が、この無類の及びかけがえの

ない物件（いずれの国民に属するものであるかを問わない。）を保護することが世界のすべての国民のために重要であることを明らかにしていることを考慮し、

文化遺産及び自然遺産の中には、特別の重要性を有しており、したがって、人類全体のための世界の遺産の一部として保存する必要があるものがあることを考慮し、

このような文化遺産及び自然遺産を脅かす新たな危険の大きさ及び重大さにかんがみ、当該国がとる措置の代わりにはならないまでも有効な補足的手段となる集団的な援助を供与することによって、顕著な普遍的価値を有する文化遺産及び自然遺産の保護に参加することが、国際社会全体の任務であることを考慮し、

このため、顕著な普遍的価値を有する文化遺産及び自然遺産を集団で保護するための効果的な体制であって、常設的に、かつ、現代の科学的方法により組織されたものを確立する新たな措置を、条約の形式で採択することが重要であることを考慮し、

総会の第16回会期においてこの問題が国際条約の対象となるべきことを決定して、

この条約を1972年11月16日に採択する。

I　文化遺産及び自然遺産の定義

第1条【文化遺産の定義】 この条約の適用上、「文化遺産」とは、次のものをいう。

記念工作物　建築物、記念的意義を有する彫刻及び絵画、考古学的な性質の物件及び構造物、金石文、洞穴住居並びにこれらの物件の組合せであって、歴史上、芸術上又は学術上顕著な普遍的価値を有するもの

建造物群　独立し又は連続した建造物の群であって、その建築様式、均質性又は景観内の位置のために、歴史上、芸術上又は学術上顕著な普遍的価値を有するもの

遺跡　人工の所産（自然と結合したものを含む。）及び考古学的遺跡を含む区域であって、歴史上、芸術上、民族学上又は人類学上顕著な普遍的価値を有するもの

第2条【自然遺産の定義】 この条約の適用上、「自然遺産」とは、次のものをいう。

無生物又は生物の生成物又は生成物群から成る特徴のある自然の地域であって、観賞上又は学術上顕著な普遍的価値を有するもの

地質学的又は地形学的形成物及び脅威にさらされている動物又は植物の種の生息地又は自生地として区域が明確に定められている地域であって、学術上又は保存上顕著な普遍的価値を有するもの

自然の風景地及び区域が明確に定められている自然の地域であって、学術上、保存上又は景観上顕著な普遍的価値を有するもの

第3条【締約国の任務】 前2条に規定する種々の物件で自国の領域内に存在するものを認定し及びその区域を定めることは、締約国の役割である。

II　文化遺産及び自然遺産の国内的及び国際的保護

第4条【締約国の国内的義務】 締約国は、第1条及び第2条に規定する文化遺産及び自然遺産で自国の領域内に存在するものを認定し、保護し、保存し、整備及び将来の世代へ伝えることを確保することが第一義的には自国に課された義務であることを認識する。このため、締約国は、自国の有するすべての能力を用いて並びに適当な場合には取得し得る国際的な援助及び協力、特に、財政上、芸術上、学術上及び技術上の援助及び協力を得て、最善を尽くすものとする。

第5条【締約国による措置】 締約国は、自国の領域内に存在する文化遺産及び自然遺産の保護、保存及び整備のための効果的かつ積極的な措置がとられることを確保するため、可能な範囲内で、かつ、自国にとって適当な場合には、次のことを行うよう努める。

(a) 文化遺産及び自然遺産に対し社会生活における役割を与え並びにこれらの遺産の保護を総合的な計画の中に組み入れるための一般的な政策をとること。

(b) 文化遺産及び自然遺産の保護、保存及び整備のための機関が存在しない場合には、適当な職員を有し、かつ、任務の遂行に必要な手段を有する一又は二以上の機関を自国の領域内に設置すること。

(c) 学術的及び技術的な研究及び調査を発展させると並びに自国の文化遺産又は自然遺産を脅かす危険に対処することを可能にする実施方法を開発すること。

(d) 文化遺産及び自然遺産の認定、保護、保存、整備及び活用のために必要な立法上、学術上、技術上、行政上及び財政上の適当な措置をとること。

(e) 文化遺産及び自然遺産の保護、保存及び整備の分野における全国的又は地域的な研修センターの設置又は発展を促進し、並びにこれらの分野における学術的調査を奨励すること。

第6条【締約国の国際的義務】 1　締約国は、第1条及び第2条に規定する文化遺産及び自然遺産が世界の遺産であること並びにこれらの遺産の保護について協力することが国際社会全体の義務であることを認識する。この場合において、これらの遺産が領域内に存在する国の主権は、これを十分に尊重するものとし、また、国内法令に定める財産権は、これを害するものではない。

2　締約国は、この条約に従い、第11条の2及び4に規定する文化遺産及び自然遺産の認定、保護、保存及び整備につき、当該遺産が領域内に存在する国の要請に応じて援助を与えることを約束する。

3　締約国は、第1条及び第2条に規定する文化遺産及び自然遺産で他の締約国の領域内に存在するものを直接又は間接に損傷することを意図した措置をとらないことを約束する。

第7条【国際的保護の意味】 この条約において、世界の文化遺産及び自然遺産の国際的保護とは、締約国がその文化遺産及び自然遺産を保存し及び認定するために

努力することを支援するための国際的な協力及び援助の体制を確立することであると了解される。

III 世界の文化遺産及び自然遺産の保護のための政府間委員会

第8条【世界遺産委員会の設置及び構成】 1 この条約により国際連合教育科学文化機関に、顕著な普遍的価値を有する文化遺産及び自然遺産の保護のための政府間委員会（以下「世界遺産委員会」という。）を設置する。同委員会は、同機関の総会の通常会期の間に開催される締約国会議において締約国により選出される15の締約国によって構成される。同委員会の構成国の数は、この条約が少なくとも40の国について効力を生じた後における最初の総会の通常会期からは21とする。

2 世界遺産委員会の構成国の選出に当たっては、世界の異なる地域及び文化が衡平に代表されることを確保する。

3 世界遺産委員会の会議には、文化財の保存及び修復の研究のための国際センター（ローマ・センター）の代表1人、記念物及び遺跡に関する国際会議（ICOMOS）の代表1人及び自然及び天然資源の保全に関する国際同盟（IUCN）の代表1人が、顧問の資格で出席することができるものとし、国際連合教育科学文化機関の総会の通常会期の間に開催される締約国会議における締約国の要請により、同様の目的を有する他の政府間機関又は非政府機関の代表も、顧問の資格で出席することができる。

第9条【委員会構成国の任期】 1 世界遺産委員会の構成国の任期は、当該構成国が選出された時に開催されている国際連合教育科学文化機関の総会の通常会期の終わりから当該通常会期の後に開催される3回目の通常会期の終わりまでとする。

2 もっとも、最初の選挙において選出された世界遺産委員会の構成国の3分の1の任期は当該選挙が行われた総会の通常会期の後に開催される最初の通常会期の終わりに、また、同時に選出された構成国の他の3分の1の任期は当該選挙が行われた総会の通常会期の後に開催される2回目の通常会期の終わりに、終了する。これらの構成国は、最初の選挙の後に国際連合教育科学文化機関の総会議長によりくじ引で選ばれる。

3 世界遺産委員会の構成国は、自国の代表として文化遺産又は自然遺産の分野において資格のある者を選定する。

第10条【委員会の任務】 1 世界遺産委員会は、その手続規則を採択する。

2 世界遺産委員会は、特定の問題について協議するため、公私の機関又は個人に対し会議に参加するよういつでも招請することができる。

3 世界遺産委員会は、その任務を遂行するために同委員会が必要と認める諮問機関を設置することができる。

第11条【世界遺産一覧表】 1 締約国は、できる限り、文化遺産又は自然遺産の一部を構成する物件で、自国の領域内に存在し、かつ、2に規定する一覧表に記載することが適当であるものの目録を世界遺産委員会に提出する。この目録は、すべてを網羅したものとはみなされないものとし、当該物件の所在地及び重要性に関する資料を含む。

2 世界遺産委員会は、1の規定に従って締約国が提出する目録に基づき、第1条及び第2条に規定する文化遺産又は自然遺産の一部を構成する物件であって、同委員会が自己の定めた基準に照らして顕著な普遍的価値を有すると認めるものの一覧表を「世界遺産一覧表」の表題の下に作成し、常時最新のものとし及び公表する。最新の一覧表は、少なくとも2年に1回配布される。

3 世界遺産一覧表に物件を記載するに当たっては、当該国の同意を必要とする。二以上の国が主権又は管轄権を主張している領域内に存在する物件を記載することは、その紛争の当事国の権利にいかなる影響も及ぼすものではない。

4 世界遺産委員会は、事情により必要とされる場合には、世界遺産一覧表に記載されている物件であって、保存のために大規模な作業が必要とされ、かつ、この条約に基づいて援助が要請されているものの一覧表を「危険にさらされている世界遺産一覧表」の表題の下に作成し、常時最新のものとし及び公表する。危険にさらされている世界遺産一覧表には、当該作業に要する経費の見積りを含むものとし、文化遺産又は自然遺産の一部を構成する物件であって、重大かつ特別な危険にさらされているもののみを記載することができる。このような危険には、急速に進む損壊、大規模な公共事業若しくは民間事業又は急激な都市開発事業若しくは観光開発事業に起因する滅失の危険、土地の利用又は所有権の変更に起因する破壊、原因が不明である大規模な変化、理由のいかんを問わない放棄、武力紛争の発生及びそのおそれ、大規模な災害及び異変、大火、地震及び地滑り、噴火並びに水位の変化、洪水及び津波が含まれる。同委員会は、緊急の必要がある場合にはいつでも、危険にさらされている世界遺産一覧表に新たな物件の記載を行うことができるものとし、その記載について直ちに公表することができる。

5 世界遺産委員会は、文化遺産又は自然遺産を構成する物件が2及び4に規定するいずれかの一覧表に記載されるための基準を定める。

6 世界遺産委員会は、2及び4に規定する一覧表のいずれかへの記載の要請を拒否する前に、当該文化遺産又は自然遺産が領域内に存在する締約国と協議する。

7 世界遺産委員会は、当該国の同意を得て、2及び4に規定する一覧表の作成に必要な研究及び調査を調整し及び奨励する。

第12条【世界遺産一覧表への不記載の意味】 文化遺産又は自然遺産を構成する物件が前条の2及び4に規定する一覧表のいずれにも記載されなかったという事実は、いかなる場合においても、これらの一覧表に記載されることによって生ずる効果については別として、それ以外の点について顕著な普遍的価値を有しないと

いう意味に解してはならない。

第13条【国際的援助】　1　世界遺産委員会は、文化遺産又は自然遺産の一部を構成する物件であって、締約国の領域内に存在し、かつ、第11条の2及び4に規定する一覧表に記載されており又は記載されることが適当であるがまだ記載されていないものにつき、当該締約国が表明する国際的援助の要請を受理し、検討する。当該要請は、当該物件を保護し、保存し、整備し又は活用することを確保するために行うことができる。

2　1の国際的援助の要請は、また、予備調査の結果更に調査を行うことが必要と認められる場合には、第1条及び第2条に規定する文化遺産及び自然遺産を認定するためにも行うことができる。

3　世界遺産委員会は、これらの要請についてとられる措置並びに適当な場合には援助の性質及び範囲を決定するものとし、同委員会のための当該政府との間の必要な取極の締結を承認する。

4　世界遺産委員会は、その活動の優先順位を決定するものとし、その優先順位の決定に当たり、保護を必要とする物件が世界の文化遺産及び自然遺産において有する重要性、自然環境又は世界の諸民族の特質及び歴史を最もよく代表する物件に対して国際的援助を与える必要性、実施すべき作業の緊急性並びに脅威にさらされている物件が領域内に存在する国の利用し得る能力、特に、当該国が当該物件を自力で保護することができる程度を考慮する。

5　世界遺産委員会は、国際的援助が供与された物件の一覧表を作成し、常時最新のものとし及び公表する。

6　世界遺産委員会は、第15条の規定によって設立される基金の資金の使途を決定する。同委員会は、当該資金を増額するための方法を追求し、及びこのためすべての有用な措置をとる。

7　世界遺産委員会は、この条約の目的と同様の目的を有する政府間国際機関及び国際的な非政府機関並びに国内の政府機関及び非政府機関と協力する。同委員会は、その計画及び事業を実施するため、これらの機関、特に、文化財の保存及び修復の研究のための国際センター（ローマ・センター）、記念物及び遺跡に関する国際会議（ICOMOS）及び自然及び天然資源の保全に関する国際同盟（IUCN）、公私の機関並びに個人の援助を求めることができる。

8　世界遺産委員会の決定は、出席しかつ投票する構成国の3分の2以上の多数による議決で行う。同委員会の会合においては、過半数の構成国が出席していなければならない。

第14条【事務局】　1　世界遺産委員会は、国際連合教育科学文化機関事務局長が任命する事務局の補佐を受ける。

2　国際連合教育科学文化機関事務局長は、文化財の保存及び修復の研究のための国際センター（ローマ・センター）、記念物及び遺跡に関する国際会議（ICOMOS）及び自然及び天然資源の保全に関する国際同盟（IUCN）の各自の専門の分野及び能力の範囲における活動を最大限度に利用して、世界遺産委員会の書類及び会議の議事日程を作成し、並びに同委員会の決定の実施について責任を負う。

IV　世界の文化遺産及び自然遺産の保護のための基金

第15条【世界遺産基金】　1　この条約により顕著な普遍的価値を有する世界の文化遺産及び自然遺産の保護のための基金（以下「世界遺産基金」という。）を設立する。

2　世界遺産基金は、国際連合教育科学文化機関の財政規則に基づく信託基金とする。

3　世界遺産基金の資金は、次のものから成る。
　(a)　締約国の分担金及び任意拠出金
　(b)　次の者からの拠出金、贈与又は遺贈
　　(i)　締約国以外の国
　　(ii)　国際連合教育科学文化機関、国際連合の他の機関（特に国際連合開発計画）又は他の政府間機関
　　(iii)　公私の機関又は個人
　(c)　同基金の資金から生ずる利子
　(d)　募金によって調達された資金及び同基金のために企画され行われた行事による収入
　(e)　世界遺産委員会が作成する同基金の規則によって認められるその他のあらゆる資金

4　世界遺産基金に対する拠出及び世界遺産委員会に対するその他の形式による援助は、同委員会が決定する目的のみに使用することができる。同委員会は、特定の計画又は事業に用途を限った拠出を受けることができる。ただし、同委員会が当該計画又は事業の実施を決定している場合に限る。同基金に対する拠出には、いかなる政治的な条件も付することができない。

第16条【締約国の分担金・拠出金】　1　締約国は、追加の任意拠出金とは別に、2年に1回定期的に世界遺産基金に分担金を支払うことを約束する。分担金の額は、国際連合教育科学文化機関の総会の間に開催される締約国会議がすべての締約国について適用される同一の百分率により決定する。締約国会議におけるこの決定には、会議に出席しかつ投票する締約国（2の宣言を行っていない締約国に限る。）の過半数による議決を必要とする。締約国の分担金の額は、いかなる場合にも、同機関の通常予算に対する当該締約国の分担金の額の1パーセントを超えないものとする。

2　もっとも、第31条及び第32条に規定する国は、批准書、受諾書又は加入書を寄託する際に、1の規定に拘束されない旨を宣言することができる。

3　2の宣言を行った締約国は、国際連合教育科学文化機関事務局長に通告することにより、いつでもその宣言を撤回することができる。この場合において、その宣言の撤回は、当該締約国が支払うべき分担金につき、その後の最初の締約国会議の日まで効力を生じない。

4　2の宣言を行った締約国の拠出金は、世界遺産委員会がその活動を実効的に計画することができるようにするため、少なくとも2年に1回定期的に支払う。その拠出金の額は、1の規定に拘束される場合に支払うべき分担金の額を下回ってはならない。

5 当該年度及びその直前の暦年度についての分担金又は任意拠出金の支払が延滞している締約国は、世界遺産委員会の構成国に選出される資格を有しない。ただし、この規定は、最初の選挙については適用しない。支払が延滞している締約国であって、同委員会の構成国であるものの任期は、第8条1に規定する選挙の時に終了する。

第17条【国内の基金及び団体の設立】締約国は、第1条及び第2条に規定する文化遺産及び自然遺産の保護のための寄附を求めることを目的とする国の財団又は団体及び公私の財団又は団体の設立を考慮し又は奨励する。

第18条【国際的募金運動への支援】締約国は、世界遺産基金のため国際連合教育科学文化機関の主催の下に組織される国際的な募金運動に対して援助を与えるものとし、このため、第15条3に規定する機関が行う募金について便宜を与える。

V 国際的援助の条件及び態様

第19条【国際的援助の要請】いかなる締約国も、顕著な普遍的価値を有する文化遺産又は自然遺産の一部を構成する物件で自国の領域内に存在するもののため、国際的援助を要請することができる。締約国は、当該要請を行う場合には、自国が所有しており、かつ、世界遺産委員会が決定を行う上で必要とされる第21条に規定する情報及び資料を提出する。

第20条【国際的援助の対象】この条約に規定する国際的援助は、第13条2、第22条(c)及び第23条の規定が適用される場合を除くほか、文化遺産又は自然遺産を構成する物件であって、世界遺産委員会が第11条の2及び4に規定する一覧表のいずれかに記載することを決定し又は決定することとなっているものにのみ与えることができる。

第21条【援助要請の検討手続】 1　世界遺産委員会は、国際的援助の要請を検討する手続及び要請書の記載事項を定める。要請書は、作業計画、必要な作業、作業に要する経費の見積り、緊急度及び援助を要請する国の資力によってすべての経費を賄うことができない理由を明らかにするものとする。要請書は、できる限り、専門家の報告書によって裏付けられなければならない。

2　天災その他の災害に起因する要請は、緊急な作業を必要とすることがあるため、世界遺産委員会が直ちにかつ優先的に考慮するものとし、同委員会は、このような不測の事態に備えて同委員会が使用することができる予備基金を設けるものとする。

3　世界遺産委員会は、決定に先立ち、同委員会が必要と認める研究及び協議を行う。

第22条【援助の形態】世界遺産委員会は、次の形態の援助を供与することができる。

(a) 第11条の2及び4に規定する文化遺産及び自然遺産の保護、保存、整備及び活用において生ずる芸術上、学術上及び技術上の問題に関する研究

(b) 同委員会が承認した作業が正しく実施されることを確保するための専門家、技術者及び熟練工の提供

(c) 文化遺産及び自然遺産の認定、保護、保存、整備及び活用の分野におけるあらゆる水準の職員及び専門家の養成

(d) 当該国が所有せず又は入手することができない機材の供与

(e) 長期で返済することができる低利又は無利子の貸付け

(f) 例外的かつ特別な理由がある場合における返済を要しない補助金の供与

第23条【研修センターへの援助】世界遺産委員会は、また、文化遺産及び自然遺産の認定、保護、保存、整備及び活用の分野におけるあらゆる水準の職員及び専門家のための全国的又は地域的な研修センターに対して国際的援助を与えることができる。

第24条【援助供与に先立つ研究】大規模な国際的援助の供与に先立ち、詳細な学術的、経済的及び技術的な研究が行われなければならない。これらの研究は、文化遺産及び自然遺産の保護、保存、整備及び活用のための最も進歩した技術を利用するものとし、この条約の目的に適合するものでなければならない。これらの研究は、また、当該国が利用し得る能力を合理的に用いる方法を追求するものとする。

第25条【援助受入国の経費負担】国際社会は、原則として、必要な作業に要する経費の一部のみを負担する。国際的援助を受ける国は、財政的に不可能な場合を除くほか、各計画又は事業に充てられる資金のうち相当な割合の額を拠出する。

第26条【委員会と援助受入国との協定】世界遺産委員会及び国際的援助を受ける国は、両者の間で締結する協定において、この条約に基づいて国際的援助が与えられる計画又は事業の実施条件を定める。当該国際的援助を受ける国は、当該協定に定める条件に従い、このようにして保護される物件を引き続き保護し、保存し及び整備する責任を負う。

VI 教育事業計画

第27条【教育及び広報】 1　締約国は、あらゆる適当な手段を用いて、特に教育及び広報事業計画を通じて、自国民が第1条及び第2条に規定する文化遺産及び自然遺産を評価し及び尊重することを強化するよう努める。

2　締約国は、文化遺産及び自然遺産を脅かす危険並びにこの条約に従って実施される活動を広く公衆に周知させることを約束する。

第28条【援助受入国による広報】この条約に基づいて国際的援助を受ける締約国は、援助の対象となった物件の重要性及び当該国際的援助の果たした役割を周知させるため、適当な措置をとる。

VII 報告

第29条【締約国による措置・情報の報告】 1　締約国は、国際連合教育科学文化機関の総会が決定する期限及び様式で同総会に提出する報告において、この条約

を適用するために自国がとった立法措置、行政措置その他の措置及びこの分野で得た経験の詳細に関する情報を提供する。
2　1の報告については、世界遺産委員会に通知する。
3　世界遺産委員会は、その活動に関する報告書を国際連合教育科学文化機関の総会の通常会期ごとに提出する。

Ⅷ　最終条項
第30条【正文】〔省略〕
第31条【批准・受諾】　1　この条約は、国際連合教育科学文化機関の加盟国により、それぞれ自国の憲法上の手続に従って批准され又は受諾されなければならない。
2　批准書又は受諾書は、国際連合教育科学文化機関事務局長に寄託する。
第32条【加入】　1　この条約は、国際連合教育科学文化機関の非加盟国で同機関の総会が招請するすべての国による加入のために開放しておく。
2　加入は、国際連合教育科学文化機関事務局長に加入書を寄託することによって行う。
第33条【発効】〔省略〕
第34条【連邦条項】　次の規定は、憲法上連邦制又は非単一制をとっている締約国について適用する。
(a)　この条約の規定であって連邦又は中央の立法機関の立法権の下で実施されるものについては、連邦又は中央の政府の義務は、連邦制をとっていない締約国の義務と同一とする。
(b)　この条約の規定であって邦、州又は県の立法権の下で実施されるものであり、かつ、連邦の憲法制度によって邦、州又は県が立法措置をとることを義務付けられていないものについては、連邦の政府は、これらの邦、州又は県の権限のある機関に対し、採択についての勧告を付してその規定を通報する。
第35条【廃棄】〔省略〕
第36条【批准、受諾、加入及び廃棄の通報】〔省略〕
第37条【改正】〔省略〕
第38条【登録】〔省略〕
〔後略〕

※日本の世界遺産一覧表記載物件
(1)法隆寺地域の仏教建造物（奈良県生駒郡斑鳩町・1993年記載）
(2)姫路城（兵庫県姫路市本町・1993年記載）
(3)屋久島（鹿児島県熊毛郡屋久町、上屋久町・1993年記載・自然遺産）
(4)白神山地（青森県西津軽郡、秋田県山本郡・1993年記載・自然遺産）
(5)古都京都の文化財（京都市、宇治市、大津市・1994年記載）
(6)白川郷・五箇山の合掌造り集落（岐阜県白川村、富山県平村、上平村・1995年記載）
(7)原爆ドーム（広島市中区大手町・1996年記載）
(8)厳島神社（広島県佐伯郡宮島町・1996年記載）
(9)古都奈良の文化財（奈良県奈良市・1998年記載）
(10)日光の社寺（栃木県日光市・1999年記載）
(11)琉球王国のグスク及び関連遺産群（沖縄県那覇市他・2000年記載）
(12)紀伊山地の霊場と参詣道（三重、奈良、和歌山三県・2004年記載）
(13)知床（北海道斜里町、羅臼町・2005年記載・自然遺産）
(14)石見銀山遺跡とその文化的景観（島根県大田市・2007年記載）
(15)小笠原諸島（東京都小笠原村・2011年記載・自然遺産）
(16)平泉―仏国土（浄土）を表す建築・庭園及び考古学的遺跡群（岩手県西磐井郡平泉町・2011年記載）
(17)富士山―信仰の対象と芸術の源泉（静岡県・山梨県・2013年記載）
(18)富岡製糸場と絹産業遺産群（群馬県・2014年記載）

※日本の「暫定リスト」記載物件
(1)古都鎌倉の寺院・神社（1992年記載）
(2)彦根城（1992年記載）
(3)飛鳥・藤原の宮都とその関連資産群（2007年記載）
(4)長崎の教会群とキリスト教関連遺産（2007年記載）
(5)国立西洋美術館本館（2007年記載）
　(注)　我が国を含む6ヵ国で共同推薦する「ル・コルビュジエの建築作品－近代建築運動への顕著な貢献」の構成資産の一つ。2011年の委員会で「記載延期」が決議された。
(6)北海道・北東北を中心とした縄文遺跡群（2009年記載）
(7)九州・山口の近代化産業遺産群（2009年記載）
(8)宗像・沖ノ島と関連遺産群（2009年記載）
(9)金を中心とする佐渡鉱山の遺産群（2010年記載）
(10)百舌鳥・古市古墳群（2010年記載）
(11)平泉―仏国土（浄土）を表す建築・庭園及び考古学的遺跡群（拡張申請）

10 国際経済

◆ 貿 易 ◆

●世界貿易機関を設立するマラケシュ協定《WTO協定》
Marrakesh Agreement Establishing the World Trade Organization

▼署名 1994年4月15日（マラケシュ）　▼効力発生 1995年1月1日　▼日本国 1994年4月15日署名、12月8日国会承認、12月27日受諾書寄託、12月28日公布〔平成6年条約第15号〕、95年1月1日発効

この協定の締約国は、

貿易及び経済の分野における締約国間の関係が、生活水準を高め、完全雇用並びに高水準の実質所得及び有効需要並びにこれらの着実な増加を確保し並びに物品及びサービスの生産及び貿易を拡大する方向に向けられるべきであることを認め、他方において、経済開発の水準が異なるそれぞれの締約国のニーズ及び関心に沿って環境を保護し及び保全し並びにそのための手段を拡充することに努めつつ、持続可能な開発の目的に従って世界の資源を最も適当な形で利用することを考慮し、

更に、成長する国際貿易において開発途上国特に後発開発途上国がその経済開発のニーズに応じた貿易量を確保することを保証するため、積極的に努力する必要があることを認め、

関税その他の貿易障害を実質的に軽減し及び国際貿易関係における差別待遇を廃止するための相互的かつ互恵的な取極を締結することにより、前記の目的の達成に寄与することを希望し、

よって、関税及び貿易に関する一般協定、過去の貿易自由化の努力の結果及びウルグァイ・ラウンドの多角的貿易交渉のすべての結果に立脚する統合された一層永続性のある多角的貿易体制を発展させることを決意し、

この多角的貿易体制の基礎を成す基本原則を維持し及び同体制の基本目的を達成することを決意して、

次のとおり協定する。

第1条（機関の設立） この協定により世界貿易機関（WTO）を設立する。

第2条（世界貿易機関の権限） 1 世界貿易機関は、附属書に含まれている協定及び関係文書に関する事項について、加盟国間の貿易関係を規律する共通の制度上の枠組みを提供する。

2 附属書1、附属書2及び附属書3に含まれている協定及び関係文書（以下「多角的貿易協定」という。）は、この協定の不可分の一部を成し、すべての加盟国を拘束する。

3 附属書4に含まれている協定及び関係文書（以下「複数国間貿易協定」という。）は、これらを受諾した加盟国についてはこの協定の一部を成し、当該加盟国を拘束する。複数国間貿易協定は、これらを受諾していない加盟国の義務又は権利を創設することはない。

4 附属書1Aの1994年の関税及び貿易に関する一般協定（以下「1994年のガット」という。）は、国際連合貿易雇用会議準備委員会第2会期の終了の時に採択された最終議定書に附属する1947年10月30日付けの関税及び貿易に関する一般協定がその後訂正され、改正され又は修正されたもの（以下「1947年のガット」という。）と法的に別個のものである。

第3条（世界貿易機関の任務） 1 世界貿易機関は、この協定及び多角的貿易協定の実施及び運用を円滑にし並びにこれらの協定の目的を達成するものとし、また、複数国間貿易協定の実施及び運用のための枠組みを提供する。

2 世界貿易機関は、附属書に含まれている協定で取り扱われる事項に係る多角的貿易関係に関する加盟国間の交渉のための場を提供する。同機関は、また、閣僚会議の決定するところに従い、多角的貿易関係に関する加盟国間の追加的な交渉のための場及びこれらの交渉の結果を実施するための枠組みを提供することができる。

3 世界貿易機関は、附属書2の紛争解決に係る規則及び手続に関する了解（以下「紛争解決了解」という。）を運用する。

4 世界貿易機関は、附属書3の貿易政策検討制度を運用する。

5 世界貿易機関は、世界的な経済政策の策定が一層統一のとれたものとなるようにするため、適当な場合には、国際通貨基金並びに国際復興開発銀行及び同銀行の関連機関と協力する。

第4条（世界貿易機関の構成） 1 すべての加盟国の代表で構成する閣僚会議を設置するものとし、同会議は、少なくとも2年に1回会合する。閣僚会議は、世界貿易機関の任務を遂行し、そのために必要な措置をとる。閣僚会議は、加盟国から要請がある場合には、意思決定につきこの協定及び関連する多角的貿易協定に特に定めるところに従い、多角的貿易協定に関するすべての事項について決定を行う権限を有する。

2 すべての加盟国の代表で構成する一般理事会を設置するものとし、同理事会は、適当な場合に会合する。閣僚会議の会合から会合までの間においては、その任務は、一般理事会が遂行する。一般理事会は、また、この協定によって自己に与えられる任務を遂行する。一般理事会は、その手続規則を定め、及び7に規定する委員会の手続規則を承認する。

3 一般理事会は、紛争解決了解に定める紛争解決機関としての任務を遂行するため、適当な場合に会合する。紛争解決機関に、議長を置くことができるものとし、

同機関は、その任務を遂行するために必要と認める手続規則を定める。
4　一般理事会は、貿易政策検討制度に定める貿易政策検討機関としての任務を遂行するため、適当な場合に会合する。貿易政策検討機関に、議長を置くことができるものとし、同機関は、その任務を遂行するために必要と認める手続規則を定める。
5　物品の貿易に関する理事会、サービスの貿易に関する理事会及び知的所有権の貿易関連の側面に関する理事会（以下「貿易関連知的所有権理事会」という。）を設置するものとし、これらの理事会は、一般理事会の一般的な指針に基づいて活動する。物品の貿易に関する理事会は、附属書一Ａの多角的貿易協定の実施に関することをつかさどる。サービスの貿易に関する理事会は、サービスの貿易に関する一般協定（以下「サービス貿易一般協定」という。）の実施に関することをつかさどる。貿易関連知的所有権理事会は、知的所有権の貿易関連の側面に関する協定（以下「貿易関連知的所有権協定」という。）の実施に関することをつかさどる。これらの理事会は、それぞれの協定及び一般理事会によって与えられる任務を遂行する。これらの理事会は、一般理事会の承認を条件として、それぞれの手続規則を定める。これらの理事会の構成員の地位は、すべての加盟国の代表に開放する。これらの理事会は、その任務を遂行するため、必要に応じて会合する。
6　物品の貿易に関する理事会、サービスの貿易に関する理事会及び貿易関連知的所有権理事会は、必要に応じて補助機関を設置する。これらの補助機関は、それぞれの理事会の承認を条件として、それぞれの手続規則を定める。
7　閣僚会議は、貿易及び開発に関する委員会、国際収支上の目的のための制限に関する委員会及び予算、財政及び運営に関する委員会を設置する。これらの委員会は、この協定及び多角的貿易協定によって与えられる任務並びに一般理事会によって与えられる追加的な任務を遂行する。また、閣僚会議は、適当と認める任務を有する追加的な委員会を設置することができる。貿易及び開発に関する委員会は、その任務の一部として、定期的に、多角的貿易協定の後発開発途上加盟国のための特別な規定を検討し、適当な措置について一般理事会に報告する。これらの委員会の構成員の地位は、すべての加盟国の代表に開放する。
8　複数国間貿易協定に定める機関は、これらの協定によって与えられる任務を遂行するものとし、世界貿易機関の制度上の枠組みの中で活動する。これらの機関は、その活動について一般理事会に定期的に通報する。

第５条（他の機関との関係） 1　一般理事会は、世界貿易機関の任務と関連する任務を有する他の政府間機関との効果的な協力のために、適当な取決めを行う。
2　一般理事会は、世界貿易機関の取り扱う事項に関係のある非政府機関との協議及び協力のために、適当な取決めを行うことができる。

第６条（事務局） 1　事務局長を長とする世界貿易機関事務局（以下「事務局」という。）を設置する。

2　閣僚会議は、事務局長を任命し、並びに事務局長の権限、任務、勤務条件及び任期を定める規則を採択する。
3　事務局長は、閣僚会議が採択する規則に従い、事務局員を任命し、並びにその任務及び勤務条件を決定する。
4　事務局長及び事務局員の責任は、専ら国際的な性質のものとする。事務局長及び事務局員は、その任務の遂行に当たって、いかなる政府からも又は世界貿易機関外のいかなる当局からも指示を求め又は受けてはならない。事務局長及び事務局員は、国際公務員としての立場を損なうおそれのあるいかなる行動も慎まなければならない。同機関の加盟国は、事務局長及び事務局員の責任の国際的な性質を尊重するものとし、これらの者が任務を遂行するに当たってこれらの者を左右しようとしてはならない。

第７条（予算及び分担金） 1　事務局長は、予算、財政及び運営に関する委員会に対し世界貿易機関の年次予算見積り及び会計報告を提出する。予算、財政及び運営に関する委員会は、事務局長が提出した年次予算見積り及び会計報告を審査し、一般理事会に対しこれらに関する勧告を行う。年次予算見積りについては、一般理事会の承認を得なければならない。
2　予算、財政及び運営に関する委員会は、次の事項に関する規定を含む財政規則を一般理事会に提案する。財政規則は、実行可能な限り1947年のガットの規則及び慣行に基づくものでなければならない。
　(a)　世界貿易機関の経費を加盟国間で割り当てるための分担率
　(b)　分担金を滞納している加盟国についてとる措置
3　一般理事会は、過半数の加盟国を含む３分の２以上の多数による議決で財政規則及び年次予算見積りを採択する。
4　各加盟国は、一般理事会が採択した財政規則に従い、世界貿易機関の経費に係る自国の分担金を速やかに同機関に支払う。

第８条（世界貿易機関の地位） 1　世界貿易機関は、法人格を有するものとし、その任務の遂行のために必要な法律上の能力を各加盟国によって与えられる。
2　世界貿易機関は、その任務の遂行のために必要な特権及び免除を各加盟国によって与えられる。
3　２と同様に、世界貿易機関の職員及び加盟国の代表は、同機関に関連する自己の任務を独立に遂行するために必要な特権及び免除を各加盟国によって与えられる。
4　世界貿易機関、その職員及びその加盟国の代表に対して加盟国が与える特権及び免除は、1947年11月21日に国際連合総会が採択した専門機関の特権及び免除に関する条約に定める特権及び免除と同様のものとする。
5　世界貿易機関は、本部協定を締結することができる。

第９条（意思決定） 1　世界貿易機関は、1947年のガットの下でのコンセンサス方式による意思決定の慣行（注１）を維持する。コンセンセス方式によって決定す

WTO協定

ることができない場合には、問題となっている事項は、別段の定めがある場合を除くほか、投票によって決定する。世界貿易機関の各加盟国は、閣僚会議及び一般理事会の会合において一の票を有する。欧州共同体が投票権を行使する場合には、同共同体は、世界貿易機関の加盟国であるその構成国の数と同数の票を有する（注２）。閣僚会議及び一般理事会の決定は、この協定又は関連する多角的貿易協定に別段の定めがある場合を除くほか、投じられた票の過半数による議決で行う。（注３）

注１　いずれかの内部機関がその審議のために提出された事項について決定を行う時にその会合に出席しているいずれの加盟国もその決定案に正式に反対しない場合には、当該内部機関は当該事項についてコンセンサス方式によって決定したものとみなす。

注２　欧州共同体及びその構成国の有する票数は、いかなる場合にも同共同体の構成国の数を超えないものとする。

注３　一般理事会が紛争解決機関として会合する場合には、その決定は、紛争解決了解第２条４の規定にのみ従って行う。

2　閣僚会議及び一般理事会は、この協定及び多角的貿易協定の解釈を採択する排他的権限を有する。附属書１の多角的貿易協定の解釈については、閣僚会議及び一般理事会は、当該協定の実施に関することをつかさどる理事会の勧告に基づいてその権限を行使する。解釈を採択する決定は、加盟国の４分の３以上の多数による議決で行う。この２の規定は、改正に関する次条の規定を害するように用いてはならない。

3　閣僚会議は、例外的な場合には、この協定又はいずれかの多角的貿易協定によって加盟国に課される義務を免除することを決定することができる。その決定は、この３に別段の定めがない限り、加盟国の４分の３（注）による議決で行う。

(a)　この協定に関する免除の要請は、審議（コンセンサス方式による意思決定の慣行に従う。）のため、閣僚会議に提出される。閣僚会議は、その要請を審議するために、90日を超えない範囲でその期間を定める。その期間内にコンセンサスに達しない場合には、免除の決定は、加盟国の４分の３（注）による議決で行う。

(b)　附属書１Ａ、附属書１Ｂ又は附属書１Ｃの多角的貿易協定及びこれらの協定の附属書に関する免除の要請は、審議（その期間は、90日を超えないものとする。）のため、まず、物品の貿易に関する理事会、サービスの貿易に関する理事会又は貿易関連知的所有権理事会にそれぞれ提出する。当該理事会は、審議の期間の終了に当たって、閣僚会議に報告を提出する。

注　経過期間又は段階的な実施のための期間が設けられている義務であって、その免除を要請する加盟国が当該期間の終了までに履行しなかったものに関する免除の決定は、コンセンサス方式によってのみ行う。

4　閣僚会議による免除の決定には、その決定を正当化する例外的な事情、免除の適用に関する条件及び免除が終了する日を示すものとする。免除の期間が１年を超える場合には、当該免除の開始後１年以内に、及びその後は当該免除が終了するまで毎年、閣僚会議の審査を受ける。閣僚会議は、審査において、免除を正当化する例外的な事情が引き続き存在するかしないか及び免除に付された条件が満たされているかいないかを検討する。閣僚会議は、毎年の審査に基づき、免除を延長し、変更し又は終了させることができる。

5　複数国間貿易協定に関する決定（解釈及び免除に関する決定を含む。）については、当該協定の定めるところによる。

第10条（改正）　1　世界貿易機関の加盟国は、この協定又は附属書１の多角的貿易協定を改正する提案を、閣僚会議に提出することによって行うことができる。第４条５に規定する理事会も、自己が実施に関することをつかさどる附属書１の多角的貿易協定を改正する提案を閣僚会議に提出することができる。改正案を加盟国に対し受諾のために送付することについての閣僚会議の決定は、同会議が一層長い期間を定めない限り、提案が正式に同会議に提出された後90日の間にコンセンサス方式によって行う。2、5又は6の規定が適用される場合を除くほか、当該決定には、3又は4のいずれの規定が適用されるかを明示するものとする。コンセンサスに達した場合には、閣僚会議は、直ちに改正案を加盟国に対し受諾のために送付する。定められた期間内にコンセンサスに達しない場合には、閣僚会議は、加盟国の３分の２以上の多数による議決で、改正案を加盟国に対し受諾のために送付するかしないか決定する。2、5又は6の規定が適用される場合を除くほか、3の規定が改正案について適用される。ただし、閣僚会議が加盟国の４分の３以上の多数による議決で4の規定が適用されると決定する場合は、この限りでない。

2　この条及び次に掲げる規定の改正は、すべての加盟国が受諾した時に効力を生ずる。
　　　　この協定の第９条
　　　　1994年のガットの第１条及び第２条
　　　　サービス貿易一般協定第２条１
　　　　貿易関連知的所有権協定第４条

3　この協定又は附属書１Ａ及び附属書１Ｃの多角的貿易協定の改正（2及び6に掲げる規定の改正を除く。）であって、加盟国の権利及び義務を変更する性質のものは、加盟国の３分の２が受諾した時に当該改正を受諾した加盟国について効力を生じ、その後は、その他の各加盟国について、それぞれによる受諾の時に効力を生ずる。閣僚会議は、加盟国の４分の３以上の多数による議決で、この3の規定に基づいて効力を生じた改正が、それぞれの場合について閣僚会議の定める期間内に当該改正を受諾しなかった加盟国が世界貿易機関から脱退し又は閣僚会議の同意を得て加盟国としてとどまり得る性質のものである旨を決定することができる。

4　この協定又は附属書１Ａ及び附属書１Ｃの多角的貿

易協定の改正（2及び6に掲げる規定の改正を除く。）であって、加盟国の権利及び義務を変更しない性質のものは、加盟国の3分の2が受諾した時にすべての加盟国について効力を生ずる。

5　2の規定が適用される場合を除くほか、サービス貿易一般協定の第1部から第3部までの規定及び同協定の各附属書の改正は、加盟国の3分の2が受諾した時に当該改正を受諾した加盟国について効力を生じ、その後は、その他の加盟国について、それぞれによる受諾の時に効力を生ずる。閣僚会議は、加盟国の4分の3以上の多数による議決で、前段の規定に基づいて効力を生じた改正が、それぞれの場合について閣僚会議の定める期間内に当該改正を受諾しなかった加盟国が世界貿易機関から脱退し又は閣僚会議の同意を得て加盟国としてとどまり得る性質のものである旨を決定することができる。サービス貿易一般協定の第4部から第6部までの規定及び同協定の各附属書の改正は、加盟国の3分の2が受諾した時にすべての加盟国について効力を生ずる。

6　この条の他の規定にかかわらず、貿易関連知的所有権協定の改正であって同協定第71条2の要件を満たすものは、閣僚会議が採択することができるものとし、その後の正式な受諾の手続を要しない。

7　この協定又は附属書1の多角的貿易協定の改正を受諾する加盟国は、閣僚会議が定める受諾の期間内に受諾書を世界貿易機関事務局長に寄託する。

8　世界貿易機関の加盟国は、附属書2及び附属書3の多角的貿易協定を改正する提案を、閣僚会議に提出することによって行うことができる。附属書2の多角的貿易協定の改正を承認する決定は、コンセンサス方式によって行うものとし、当該改正は、閣僚会議が承認した時にすべての加盟国について効力を生ずる。附属書3の多角的貿易協定の改正を承認する決定は、閣僚会議が承認した時にすべての加盟国について効力を生ずる。

9　閣僚会議は、いずれかの貿易協定の締約国である加盟国の要請に基づき、当該協定を附属書4に追加することをコンセンサス方式によってのみ決定することができる。閣僚会議は、いずれかの複数国間貿易協定の締約国である加盟国の要請に基づき、当該協定を附属書4から削除することを決定することができる。

10　複数国間貿易協定の改正については、当該協定の定めるところによる。

第11条（原加盟国）　1　この協定が効力を生ずる日における1947年のガットの締約国及び欧州共同体であって、この協定及び多角的貿易協定を受諾し、かつ、1994年のガットに自己の譲許表が附属され及びサービス貿易一般協定に自己の特定の約束に係る表が附属されているものは、世界貿易機関の原加盟国となる。

2　国際連合が後発開発途上国として認める国は、個別の開発上、資金上及び貿易上のニーズ又は行政上及び制度上の可能性と両立する範囲において、約束及び譲許を行うことを要求される。

第12条（加入）　1　すべての国又は対外通商関係その他この協定及び多角的貿易協定に規定する事項の処理について完全な自治権を有する独立の関税地域は、自己と世界貿易機関との間において合意した条件によりこの協定に加入することができる。加入は、この協定及び多角的貿易協定の双方に係るものとする。

2　加入に関する決定は、閣僚会議が行う。閣僚会議は、世界貿易機関の加盟国の3分の2以上の多数による議決で、加入の条件に関する合意を承認する。

3　複数国間貿易協定への加入については、当該協定の定めるところによる。

第13条（特定の加盟国の間における多角的貿易協定の不適用）　1　いずれかの加盟国が加盟国となった時に、当該いずれかの加盟国又はその他のいずれかの加盟国が、これらの加盟国の間におけるこの協定並びに附属書1及び附属書2の多角的貿易協定の適用に同意しなかった場合には、これらの協定は、これらの加盟国の間においては適用されない。

2　1の規定は、1947年のガットの締約国であった世界貿易機関の原加盟国の間において適用することができる。ただし、1947年のガット第35条の規定が、当該締約国の間において、当該締約国についてこの協定の効力発生前に適用され、かつ、効力発生時に有効であった場合に限る。

3　1の規定は、いずれかの加盟国と前条の規定に従って加入したその他のいずれかの加盟国との間においては、加入の条件に関する合意が閣僚会議によって承認される前にこれらの加盟国のいずれかが同会議に対し1に規定する協定の適用に同意しない旨を通報した場合に限り、適用する。

4　閣僚会議は、加盟国の要請に基づいて、特定の事案におけるこの条の規定の運用を検討し、適当な勧告を行うことができる。

5　複数国間貿易協定の締約国の間における当該協定の不適用については、当該協定の定めるところによる。

第14条（受諾、効力発生及び寄託）　1　この協定は、第11条の規定に基づき世界貿易機関の原加盟国となる資格を有する1947年のガットの締約国及び欧州共同体が署名その他の方法によって行う受諾のために開放しておく。受諾は、この協定及び多角的貿易協定の双方に係るものとする。この協定及び多角的貿易協定は、ウルグァイ・ラウンドの多角的貿易交渉の結果を収録する最終文書の3に従って閣僚が決定する日に効力を生ずるものとし、閣僚が別段の決定を行う場合を除くほか、効力を生じた日の後2年間受諾のために開放しておく。この協定が効力を生じた後の受諾は、受諾の日の後30日目に効力を生ずる。

2　この協定が効力を生じた後にこの協定を受諾する加盟国は、この協定が効力を生じた日に受諾したならば実施すべき多角的貿易協定上の譲許及び義務（この協定が効力を生じた日に開始する期間に係るもの）を実施する。

3　この協定が効力を生ずるまでの間、この協定及び多角的貿易協定の原本は、1947年のガットの締約国団の事務局長に寄託する。同事務局長は、この協定を受諾

した政府及び欧州共同体に対し、この協定及び多角的貿易協定の認証謄本並びにこの協定の受諾に関する通告書を速やかに送付する。この協定が効力を生じたときは、この協定及び多角的貿易協定並びにこれらの改正は、世界貿易機関事務局長に寄託する。

4 複数国間貿易協定の受諾及び効力発生については、当該協定の定めるところによる。複数国間貿易協定は、1947年のガットの締約国団の事務局長に寄託する。この協定が効力を生じたときは、複数国間貿易協定は、世界貿易機関事務局長に寄託する。

第15条（脱退） 1 加盟国は、この協定から脱退することができる。脱退は、この協定及び多角的貿易協定の双方に係るものとし、世界貿易機関事務局長が書面による脱退の通告を受領した日から6箇月を経過した時に、効力を生ずる。

2 複数国間貿易協定からの脱退については、当該協定の定めるところによる。

第16条（雑則） 1 世界貿易機関は、この協定又は多角的貿易協定に別段の定めがある場合を除くほか、1947年のガットの締約国団及び1947年のガットの枠組みの中で設置された機関が従う決定、手続及び慣行を指針とする。

2 実行可能な範囲において、1947年のガットの事務局は、世界貿易機関の事務局となるものとし、かつ、1947年のガットの締約国団の事務局長は、第6条2の規定に従って閣僚会議が事務局長を任命する時まで、世界貿易機関の事務局長としての職務を遂行する。

3 この協定の規定といずれかの多角的貿易協定の規定とが抵触する場合には、抵触する限りにおいて、この協定の規定が優先する。

4 加盟国は、自国の法令及び行政上の手続を附属書の協定に定める義務に適合したものとすることを確保する。

5 留保は、この協定のいかなる規定についても付することができない。多角的貿易協定の規定についての留保は、これらの協定に定めがある場合に限り、その限度において付することができる。複数国間貿易協定の規定についての留保は、当該協定の定めるところによる。

6 この協定は、国際連合憲章第102条の規定に従って登録する。
〔末文省略〕

注釈 この協定及び多角的貿易協定において用いられる「国」には、世界貿易機関の加盟国である独立の関税地域を含む。

この協定及び多角的貿易協定において「国」を含む表現（例えば、「国内制度」、「内国民待遇」）は、世界貿易機関の加盟国である独立の関税地域については、別段の定めがある場合を除くほか、当該関税地域に係るものとして読むものとする。

附属書の一覧表
附属書1
　附属書1A　物品の貿易に関する多角的協定
　　1994年の関税及び貿易に関する一般協定農業に関する協定
　　農業に関する協定
　　衛生植物検疫措置の適用に関する協定
　　繊維及び繊維製品（衣類を含む。）に関する協定
　　貿易の技術的障害に関する協定
　　貿易に関連する投資措置に関する協定
　　1994年の関税及び貿易に関する一般協定第6条の実施に関する協定
　　1994年の関税及び貿易に関する一般協定第7条の実施に関する協定
　　船積み前検査に関する協定
　　原産地規則に関する協定
　　輸入許可手続に関する協定
　　補助金及び相殺措置に関する協定
　　セーフガードに関する協定
　附属書1B　サービスの貿易に関する一般協定
　附属書1C　知的所有権の貿易関連の側面に関する協定
附属書2
　紛争解決に係る規則及び手続に関する了解
附属書3
　貿易政策検討制度
附属書4　複数国間貿易協定
　民間航空機貿易に関する協定
　政府調達に関する協定
　国際酪農品協定
　国際牛肉協定

●紛争解決に係る規則及び手続に関する了解（世界貿易機関協定附属書2）
《紛争解決手続了解》

Understanding on Rules and Procedures Governing the Settlement of Disputes

加盟国は、ここに、次のとおり協定する。

第1条（適用対象及び適用） 1 この了解に定める規則及び手続は、附属書1に掲げる協定（この了解において「対象協定」という。）の協議及び紛争解決に関する規定に従って提起される紛争について適用する。この了解に定める規則及び手続は、また、世界貿易機関を設立する協定（この了解において「世界貿易機関協定」という。）及びこの了解に基づく権利及び義務に関す

加盟国間の協議及び紛争解決（その他の対象協定に基づく権利及び義務にも係るものとして行われるものであるかないかを問わない。）について適用する。

2 この了解に定める規則及び手続の適用は、対象協定に含まれている紛争解決に関する特別又は追加の規則及び手続（附属書２に掲げるもの）の適用がある場合には、これに従う。この了解に定める規則及び手続と同附属書に掲げる特別又は追加の規則及び手続とが抵触する場合には、同附属書に掲げる特別又は追加の規則及び手続が優先する。二以上の対象協定に定める規則及び手続に関する紛争において、検討される当該二以上の対象協定に定める特別又は追加の規則及び手続が相互に抵触する場合であって、紛争当事国が小委員会の設置から20日以内に規則及び手続について合意することができないときは、次条１に定める紛争解決機関の議長は、いずれかの加盟国の要請の後10日以内に、紛争当事国と協議の上、従うべき規則及び手続を決定する。議長は、特別又は追加の規則及び手続が可能な限り用いられるべきであり、かつ、この了解に定める規則及び手続は抵触を避けるために必要な限度において用いられるべきであるという原則に従う。

第２条（運用） １ この了解に定める規則及び手続並びに対象協定の協議及び紛争解決に関する規定を運用するため、この了解により紛争解決機関を設置する。ただし、対象協定に係る運用について当該対象協定に別段の定めがある場合には、これによる。同機関は、小委員会を設置し、小委員会及び上級委員会の報告を採択し、裁定及び勧告の実施を継続的に監視し並びに対象協定に基づく譲許その他の義務の停止を承認する権限を有する。対象協定のうち複数国間貿易協定であるものの下で生ずる紛争に関し、この了解において「加盟国」とは、当該複数国間貿易協定の締約国である加盟国のみをいう。同機関がいずれかの複数国間貿易協定の紛争解決に関する規定を運用する場合には、当該協定の締約国である加盟国のみが、当該紛争に関する同機関の決定又は行動に参加することができる。

2 紛争解決機関は、世界貿易機関の関連する理事会及び委員会に対し各対象協定に係る紛争における進展を通報する。

3 紛争解決機関は、その任務をこの了解に定める各期間内に遂行するため、必要に応じて会合する。

4 この了解に定める規則及び手続に従って紛争解決機関が決定を行う場合には、その決定は、コンセンサス方式による（注）。

　注 紛争解決機関がその審議のために提出された事項について決定を行う時にその会合に出席しているいずれの加盟国もその決定案に正式に反対しない場合には、同機関は、当該事項についてコンセンサス方式によって決定したものとみなす。

第３条（一般規定） １ 加盟国は、1947年のガットの第22条及び第23条の規定の下で適用される紛争の処理の原則並びにこの了解によって詳細に定められ、かつ、修正された規則及び手続を遵守することを確保する。

2 世界貿易機関の紛争解決制度は、多角的貿易体制に安定性及び予見可能性を与える中心的な要素である。加盟国は、同制度が対象協定に基づく加盟国の権利及び義務を維持し並びに解釈に関する国際法上の慣習的規則に従って対象協定の現行の規定の解釈を明らかにすることに資するものであることを認識する。紛争解決機関の勧告及び裁定は、対象協定に定める権利及び義務に新たな権利及び義務を追加し、又は対象協定に定める権利及び義務を減ずることはできない。

3 加盟国が、対象協定に基づき直接又は間接に自国に与えられた利益が他の加盟国がとる措置によって侵害されていると認める場合において、そのような事態を迅速に解決することは、世界貿易機関が効果的に機能し、かつ、加盟国の権利と義務との間において適正な均衡が維持されるために不可欠である。

4 紛争解決機関が行う勧告又は裁定は、この了解及び対象協定に基づく権利及び義務に従って問題の満足すべき解決を図ることを目的とする。

5 対象協定の協議及び紛争解決に関する規定に基づいて正式に提起された問題についてのすべての解決（仲裁判断を含む。）は、当該協定に適合するものでなければならず、また、当該協定に基づきいずれかの加盟国に与えられた利益を無効にし若しくは侵害し、又は当該協定の目的の達成を妨げるものであってはならない。

6 対象協定の協議及び紛争解決に関する規定に基づいて正式に提起された問題についての相互に合意された解決は、紛争解決機関並びに関連する理事会及び委員会に通報される。いずれの加盟国も、同機関並びに関連する理事会及び委員会において、当該解決に関する問題点を提起することができる。

7 加盟国は、問題を提起する前に、この了解に定める手続による措置が有益なものであるかないかについて判断する。紛争解決制度の目的は、紛争に関する明確な解決を確保することである。紛争当事国にとって相互に受け入れることが可能であり、かつ、対象協定に適合する解決は、明らかに優先されるべきである。相互に合意する解決が得られない場合には、同制度の第一の目的は、通常、関係する措置がいずれかの対象協定に適合しないと認められるときに当該措置の撤回を確保することである。代償に関する規定は、当該措置を直ちに撤回することが実行可能でない場合に限り、かつ、対象協定に適合しない措置を撤回するまでの間の一時的な措置としてのみ、適用すべきである。紛争解決手続を利用する加盟国は、この了解に定める最後の解決手段として、紛争解決機関の承認を得て、他の加盟国に対し対象協定に基づく譲許その他の義務の履行を差別的に停止することができる。

8 対象協定に基づく義務に違反する措置がとられた場合には、当該措置は、反証がない限り、無効化又は侵害の事案を構成するものと認められる。このことは、対象協定に基づく義務についての違反は当該対象協定の締約国である他の加盟国に悪影響を及ぼすとの推定が通常存在することを意味する。この場合において、違反の疑いに対し反証を挙げる責任は、申立てを受け

た加盟国の側にあるものとする。
9 この了解の規定は、世界貿易機関協定又は対象協定のうち複数国間貿易協定であるものに基づく意思決定により対象協定について権威のある解釈を求める加盟国の権利を害するものではない。
10 調停及び紛争解決手続の利用についての要請は、対立的な行為として意図され又はそのような行為とみなされるべきでない。紛争が生じた場合には、すべての加盟国は、当該紛争を解決するために誠実にこれらの手続に参加する。また、ある問題についての申立てとこれに対抗するために行われる別個の問題についての申立てとは、関連付けられるべきでない。
11 この了解は、世界貿易機関協定が効力を生ずる日以後に対象協定の協議規定に基づいて行われた協議のための新たな要請についてのみ適用する。世界貿易機関協定が効力を生ずる日前に1947年のガット又は対象協定の前身であるその他の協定に基づいて協議の要請が行われた紛争については、世界貿易機関協定が効力を生ずる日の直前に有効であった関連する紛争解決に係る規則及び手続を引き続き適用する。(注)
  注 この11の規定は、小委員会の報告が採択されず又は完全に実施されなかった紛争についても適用する。
12 11の規定にかかわらず、対象協定のいずれかに基づく申立てが開発途上加盟国により先進加盟国に対してされる場合には、当該開発途上加盟国は、次条から第6条まで及び第12条の規定に代わるものとして、1966年4月5日の決定(ガット基本文書選集(BISD)追録第14巻18ページ)の対応する規定を適用する権利を有する。ただし、小委員会が、同決定の7に定める期間がその報告を作成するために不十分であり、かつ、当該開発途上加盟国の同意を得てその期間を延長することができると認める場合は、この限りでない。次条から第6条まで及び第12条に定める規則及び手続と同決定に定める対応する規則及び手続とが抵触する場合には、抵触する限りにおいて、後者が優先する。

第4条(協議) 1 加盟国は、加盟国が用いる協議手続の実効性を強化し及び改善する決意を確認する。
2 各加盟国は、自国の領域内においてとられた措置であっていずれかの対象協定の実施に影響を及ぼすものについて他の加盟国がした申立てに好意的な考慮を払い、かつ、その申立てに関する協議のための機会を十分に与えることを約束する。(注)
  注 加盟国の領域内の地域又は地方の政府又は機関によってとられる措置に関する他の対象協定の規定がこの2の規定と異なる規定を含む場合には、当該他の対象協定の規定が優先する。
3 協議の要請が対象協定に従って行われる場合には、当該要請を受けた加盟国は、相互間の別段の合意がない限り、当該要請を受けた日の後10日以内に当該要請に対して回答し、かつ、相互に満足すべき解決を得るため、当該要請を受けた日の後30日以内に誠実に協議を開始する。当該加盟国が当該要請を受けた日の後10日以内に回答せず又は当該要請を受けた日の後30日以内若しくは相互に合意した期間内に協議を開始しな

い場合には、当該要請を行った加盟国は、直接小委員会の設置を要請することができる。
4 すべての協議の要請は、協議を要請する加盟国が紛争解決機関並びに関連する理事会及び委員会に通報する。協議の要請は、書面によって提出され、並びに要請の理由、問題となっている措置及び申立ての法的根拠を示すものとする。
5 加盟国は、この了解に基づいて更なる措置をとる前に、対象協定の規定に従って行う協議において、その問題について満足すべき調整を行うよう努めるべきである。
6 協議は、秘密とされ、かつ、その後の手続においていずれの加盟国の権利も害するものではない。
7 協議の要請を受けた日の後60日の期間内に協議によって紛争を解決することができない場合には、申立てをした紛争当事国(この了解において「申立国」という。)は、小委員会の設置を要請することができる。協議を行っている国が協議によって紛争を解決することができなかったと共に認める場合には、申立国は、当該60日の期間内に小委員会の設置を要請することができる。
8 緊急の場合(腐敗しやすい物品に関する場合等)には、加盟国は、要請を受けた日の後10日以内に協議を開始する。要請を受けた日の後20日以内に協議によって紛争を解決することができなかった場合には、申立国は、小委員会の設置を要請することができる。
9 緊急の場合(腐敗しやすい物品に関する場合等)には、紛争当事国、小委員会及び上級委員会は、最大可能な限り、手続が速やかに行われるようあらゆる努力を払う。
10 加盟国は、協議の間、開発途上加盟国の特有の問題及び利益に特別の注意を払うべきである。
11 協議を行っている加盟国以外の加盟国が、1994年のガット第22条1、サービス貿易一般協定第22条1又はその他の対象協定の対応する規定(注)によって行われている協議について実質的な貿易上の利害関係を有すると認める場合には、当該加盟国は、当該規定による協議の要請の送付の後10日以内に、協議を行っている加盟国及び紛争解決機関に対し、その協議に参加することを希望する旨を通報することができる。その通報を行った加盟国は、実質的な利害関係に関する自国の主張が十分な根拠を有することについて協議の要請を受けた加盟国が同意する場合には、協議に参加することができる。この場合において、両加盟国は、同機関に対しその旨を通報する。協議への参加の要請が受け入れられなかった場合には、要請を行った加盟国は、1994年のガットの第22条1若しくは第23条1、サービス貿易一般協定の第22条1若しくは第23条1又はその他の対象協定の対応する規定により協議を要請することができる。
  注 対象協定の対応する協議規定は、次に掲げるとおりである。
    農業に関する協定　　第19条
    衛生植物検疫措置の適用に関する協定　　第11条1

繊維及び繊維製品（衣類を含む。）に関する協定　第8条4
貿易の技術的障害に関する協定　第14条1
貿易に関する投資措置に関する協定　第8条
1994年の関税及び貿易に関する一般協定第6条の実施に関する協定　第17条2
1994年の関税及び貿易に関する一般協定第7条の実施に関する協定　第19条2
船積み前検査に関する協定　第7条
原産地規則に関する協定　第7条
輸入許可手続に関する協定　第6条
補助金及び相殺措置に関する協定　第30条
セーフガードに関する協定　第14条
知的所有権の貿易関連の側面に関する協定　第64条1
各複数国間貿易協定の権限のある内部機関が指定し、かつ、紛争解決機関に通報した当該協定の対応する協議規定

第5条（あっせん、調停及び仲介） 1　あっせん、調停及び仲介は、紛争当事国の合意がある場合において任意に行われる手続である。

2　あっせん、調停及び仲介に係る手続の過程（特にこれらの手続の過程において紛争当事国がとる立場）は、秘密とされ、かつ、この了解に定める規則及び手続に従って進められるその後の手続においていずれの当事国の権利も害するものではない。

3　いずれの紛争当事国も、いつでも、あっせん、調停又は仲介を要請し並びに開始し及び終了することができる。あっせん、調停又は仲介の手続が終了した場合には、申立国は、小委員会の設置を要請することができる。

4　あっせん、調停又は仲介が協議の要請を受けた日の後60日の期間内に開始された場合には、申立国は、当該60日の期間内においては、小委員会の設置を要請することができない。紛争当事国があっせん、調停又は仲介の手続によって紛争を解決することができなかったことを共に認める場合には、申立国は、当該60日の期間内に小委員会の設置を要請することができる。

5　紛争当事国が合意する場合には、小委員会の手続が進行中であっても、あっせん、調停又は仲介の手続を継続することができる。

6　事務局長は、加盟国が紛争を解決することを援助するため、職務上当然の資格で、あっせん、調停又は仲介を行うことができる。

第6条（小委員会の設置） 1　申立国が要請する場合には、小委員会を設置しないことが紛争解決機関の会合においてコンセンサス方式によって決定されない限り、遅くとも当該要請が初めて議事日程に掲げられた同機関の会合の次の会合において、小委員会を設置する。（注）

　注　申立国が要請する場合には、紛争解決機関の会合は、その要請から15日以内にこの目的のために開催される。この場合において、少なくとも会合の10日前に通知が行われる。

2　小委員会の設置の要請は、書面によって行われる。この要請には、協議が行われたという事実の有無及び問題となっている特定の措置を明示するとともに、申立ての法的根拠についての簡潔な要約（問題を明確に提示するために十分なもの）を付する。申立国が標準的な付託事項以外の付託事項を有する小委員会の設置を要請する場合には、書面による要請には、特別な付託事項に関する案文を含める。

第7条（小委員会の付託事項） 1　小委員会は、紛争当事国が小委員会の設置の後20日以内に別段の合意をする場合を除くほか、次の付託事項を有する。

　「（紛争当事国が引用した対象協定の名称）の関連規定に照らし（当事国の名称）により文書（文書番号）によって紛争解決機関に付された問題を検討し、及び同機関が当該協定に規定する勧告又は裁定を行うために役立つ認定を行うこと。」

2　小委員会は、紛争当事国が引用した対象協定の関連規定について検討する。

3　小委員会の設置に当たり、紛争解決機関は、その議長に対し、1の規定に従い紛争当事国と協議の上小委員会の付託事項を定める権限を与えることができる。このようにして定められた付託事項は、すべての加盟国に通報される。標準的な付託事項以外の付託事項について合意がされた場合には、いずれの加盟国も、同機関においてこれに関する問題点を提起することができる。

第8条（小委員会の構成） 1　小委員会は、次に掲げる者その他の十分な適格性を有する者（公務員であるかないかを問わない。）で構成する。

　小委員会の委員を務め又は小委員会において問題の提起に係る陳述を行ったことがある者
　加盟国又は1947年のガットの締約国の代表を務めたことがある者
　対象協定又はその前身である協定の理事会又は委員会への代表を務めたことがある者
　事務局において勤務したことがある者
　国際貿易に関する法律又は政策について教授又は著作を発表したことがある者
　加盟国の貿易政策を担当する上級職員として勤務したことがある者

2　小委員会の委員は、委員の独立性、多様な経歴及び広範な経験が確保されるように選任されるべきである。

3　紛争当事国又は第10条2に定める第三国である加盟国の国民（注）は、紛争当事国が別段の合意をする場合を除くほか、当該紛争に関する小委員会の委員を務めることはできない。

　注　関税同盟又は共同市場が紛争当事国である場合には、この3の規定は、当該関税同盟又は共同市場のすべての構成国の国民について適用する。

4　事務局は、小委員会の委員の選任に当たって参考となるようにするため、1に規定する資格を有する公務員及び公務員以外の者の候補者名簿を保持し、適当な場合には、その名簿から委員を選ぶことができるよう

にする。その名簿には、1984年11月30日に作成された公務員以外の者である委員の登録簿（ガット基本文書選集（BISD）追録第31巻9ページに規定するもの）並びに対象協定に基づいて作成されるその他の登録簿及び候補者名簿を含めるものとし、世界貿易機関協定が効力を生ずる時におけるこれらの登録簿及び候補者名簿の氏名を継続して掲載する。加盟国は、第1段の候補者名簿に掲げるために公務員及び公務員以外の者の氏名を定期的に提案し、並びに国際貿易及び対象協定の分野又はその対象とする問題に関するこれらの者の知識についての関連情報を提供することができる。これらの氏名は、紛争解決機関が承認した時に当該候補者名簿に追加される。当該候補者名簿には、掲載される者について、対象協定の分野又はその対象とする問題における経験又は専門知識の具体的分野を記載する。

5　小委員会は、3人の委員で構成する。ただし、紛争当事国が小委員会の設置の後10日以内に合意する場合には、小委員会は、5人の委員で構成することができる。加盟国は、小委員会の構成について速やかに通報を受ける。

6　事務局は、紛争当事国に対し小委員会の委員の指名のための提案を行う。紛争当事国は、やむを得ない理由がある場合を除くほか、指名に反対してはならない。

7　小委員会の設置の日の後20日以内に委員について合意がされない場合には、事務局長は、いずれか一方の紛争当事国の要請に基づき、紛争当事国と協議の後、紛争解決機関の議長及び関連する理事会又は委員会の議長と協議の上、紛争において問題となっている対象協定に定める関連する特別又は追加の規則及び手続に従い、自らが最も適当と認める委員を任命することによって、小委員会の構成を決定する。同機関の議長は、当該要請を受けた日の後10日以内に、このようにして組織された小委員会の構成を加盟国に対して通報する。

8　加盟国は、原則として、自国の公務員が小委員会の委員を務めることを認めることを約束する。

9　小委員会の委員は、政府又は団体の代表としてではなく、個人の資格で職務を遂行する。したがって、加盟国は、小委員会に付託された問題について、小委員会の委員に指示を与えてはならず、また、個人として活動するこれらの者を左右しようとしてはならない。

10　紛争が開発途上加盟国と先進加盟国との間のものである場合において、開発途上加盟国が要請するときは、小委員会は、少なくとも1人の開発途上加盟国出身の委員を含むものとする。

11　小委員会の委員の旅費、滞在費その他の経費は、予算、財政及び運営に関する委員会の勧告に基づいて一般理事会が採択する基準に従い、世界貿易機関の予算から支弁する。

第9条（複数の加盟国の申立てに関する手続）　1　二以上の加盟国が同一の問題について小委員会の設置を要請する場合には、すべての関係加盟国の権利を考慮した上、これらの申立てを検討するために単一の小委員会を設置することができる。実行可能な場合には、このような申立てを検討するために単一の小委員会を設置すべきである。

2　単一の小委員会は、別々の小委員会が申立てを検討したならば紛争当事国が有したであろう権利がいかなる意味においても侵害されることのないように、検討を行い、かつ、認定を紛争解決機関に提出する。一の紛争当事国が要請する場合には、小委員会は、自己の取り扱う紛争について別々の報告を提出する。いずれの申立国も、他の申立国の意見書を入手することができるものとし、かつ、他の申立国が小委員会において意見を表明する場合には、当該小委員会に出席する権利を有する。

3　同一の問題に関する申立てを検討するために二以上の小委員会が設置される場合には、最大限可能な限り、同一の者がそれぞれの小委員会の委員を務めるものとし、そのような紛争における小委員会の検討の日程については、調整が図られるものとする。

第10条（第三国）　1　問題となっている対象協定に係る紛争当事国その他の加盟国の利害関係は、小委員会の手続において十分に考慮される。

2　小委員会に付託された問題について実質的な利害関係を有し、かつ、その旨を紛争解決機関に通報した加盟国（この了解において「第三国」という。）は、小委員会において意見を述べ及び小委員会に対し意見書を提出する機会を有する。意見書は、紛争当事国にも送付され、及び小委員会の報告に反映される。

3　第三国は、小委員会の第1回会合に対する紛争当事国の意見書の送付を受ける。

4　第三国は、既に小委員会の手続の対象となっている措置がいずれかの対象協定に基づき自国に与えられた利益を無効にし又は侵害すると認める場合には、この了解に基づく通常の紛争解決手続を利用することができる。そのような紛争は、可能な場合には、当該小委員会に付される。

第11条（小委員会の任務）　小委員会の任務は、この了解及び対象協定に定める紛争解決機関の任務の遂行について同機関を補佐することである。したがって、小委員会は、自己に付託された問題の客観的な評価（特に、問題の事実関係、関連する対象協定の適用の可能性及び当該協定との適合性に関するもの）を行い、及び同機関が対象協定に規定する勧告又は裁定を行うために役立つその他の認定を行うべきである。小委員会は、紛争当事国と定期的に協議し、及び紛争当事国が相互に満足すべき解決を図るための適当な機会を与えるべきである。

第12条（小委員会の手続）　1　小委員会は、紛争当事国と協議の上別段の決定を行う場合を除くほか、附属書3に定める検討手続に従う。

2　小委員会の手続は、その報告を質の高いものとするために十分に弾力的なものであるべきであるが、小委員会の検討の進行を不当に遅延させるべきでない。

3　小委員会の委員は、紛争当事国と協議の上、適当な場合には第4条9の規定を考慮して、実行可能な限り

速やかに、可能な場合には小委員会の構成及び付託事項について合意がされた後1週間以内に、小委員会の検討の日程を定める。

4　小委員会は、その検討の日程を決定するに当たり、紛争当事国に対し、自国の意見を準備するために十分な時間を与える。

5　小委員会は、当事国による意見書の提出について明確な期限を定めるべきであり、当事国は、その期限を尊重すべきである。

6　各紛争当事国は、意見書を事務局に提出するものとし、事務局は、当該意見書を速やかに小委員会及びその他の紛争当事国に送付する。申立国は、申立てを受けた当事国が最初の意見書を提出する前に自国の最初の意見書を提出する。ただし、小委員会が、3の検討の日程を定めるに当たり、紛争当事国と協議の上、紛争当事国がその最初の意見書を同時に提出すべきである旨を決定する場合は、この限りでない。最初の意見書の提出について順序がある場合には、小委員会は、申立てを受けた当事国の意見書を当該小委員会が受理するための具体的な期間を定める。2回目以降の意見書は、同時に提出される。

7　紛争当事国が相互に満足すべき解決を図ることができなかった場合には、小委員会は、その認定を報告書の形式で紛争解決機関に提出する。この場合において、小委員会の報告には、事実認定、関連規定の適用の可能性並びに自己が行う認定及び勧告の基本的な理由を記載する。紛争当事国間で問題が解決された場合には、小委員会の報告は、当該問題に関する簡潔な記述及び解決が得られた旨の報告に限定される。

8　小委員会の検討期間（小委員会の構成及び付託事項について合意がされた日から最終報告が紛争当事国に送付される日まで）は、手続を一層効率的にするため、原則として6箇月を超えないものとする。緊急の場合（腐敗しやすい物品に関する場合等）には、小委員会は、3箇月以内に紛争当事国に対しその報告を送付することを目標とする。

9　小委員会は、6箇月以内又は緊急の場合は3箇月以内に報告を送付することができないと認める場合には、報告を送付するまでに要する期間の見込みと共に遅延の理由を書面により紛争解決機関に通報する。小委員会の設置から加盟国への報告の送付までの期間は、いかなる場合にも、9箇月を超えるべきでない。

10　当事国は、開発途上加盟国がとった措置に係る協議において、第4条の7及び8に定める期間を延長することについて合意することができる。当該期間が満了した場合において、協議を行っている国が協議が終了したことについて合意することができないときは、紛争解決機関の議長は、当該協議を行っている国と協議の上、当該期間を延長するかしないか及び、延長するときは、その期間を決定する。更に、小委員会は、開発途上加盟国に対する申立てを検討するに当たり、開発途上加盟国に対し、その立論を準備し及び提出するために十分な時間を与える。第20条及び第21条4の規定は、この10の規定の適用によって影響を受けるものではない。

11　一又は二以上の当事国が開発途上加盟国である場合には、小委員会の報告には、紛争解決手続の過程で当該開発途上加盟国が引用した対象協定の規定であって、開発途上加盟国に対する異なるかつ一層有利な待遇に関するものについていかなる考慮が払われたかを明示するものとする。

12　小委員会は、申立国の要請があるときはいつでも、12箇月を超えない期間その検討を停止することができる。この場合には、8及び9、第20条並びに第21条4に定める期間は、その検討が停止された期間延長されるものとする。小委員会の検討が12箇月を超えて停止された場合には、当該小委員会は、その設置の根拠を失う。

第13条（情報の提供を要請する権利）　1　各小委員会は、適当と認めるいかなる個人又は団体に対しても情報及び技術上の助言の提供を要請する権利を有する。この場合において、小委員会は、いずれかの加盟国の管轄内にある個人又は団体に対して情報又は助言の提供を要請するに先立ち、当該加盟国の当局にその旨を通報する。加盟国は、小委員会が必要かつ適当と認める情報の提供を要請した場合には、速やかつ完全に応ずるべきである。提供された秘密の情報は、当該情報を提供した個人、団体又は加盟国の当局の正式の同意を得ないで開示してはならない。

2　小委員会は、関連を有するいかなる者に対しても情報の提供を要請し、及び問題の一定の側面についての意見を得るために専門家と協議することができる。小委員会は、一の紛争当事国が提起した科学上又は技術上の事項に関する事実に係る問題については、専門家検討部会からの書面による助言的な報告を要請することができる。専門家検討部会の設置のための規則及び同部会の手続は、附属書四に定める。

第14条（秘密性）　1　小委員会の審議は、秘密とされる。

2　小委員会の報告は、提供された情報及び行われた陳述を踏まえて起草されるものとし、その起草に際しては、紛争当事国の出席は、認められない。

3　小委員会の報告の中で各委員が表明した意見は、匿名とする。

第15条（検討の中間段階）　1　小委員会は、書面及び口頭陳述による反論を検討した後、その報告案のうち事実及び陳述に関する説明部分を紛争当事国に送付する。当事国は、小委員会が定める期間内に、自国の意見を書面により提出する。

2　小委員会は、紛争当事国からの意見の受理に係る定められた期間の満了の後、中間報告（説明部分並びに小委員会の認定及び結論から成る。）を当事国に送付する。当事国は、小委員会が加盟国に最終報告を送付する前に中間報告の特定の部分を検討するよう要請することができる。その要請は、小委員会が定める期間内に、書面によって行われる。小委員会は、当事国の要請がある場合には、その書面の中で明示された事項に関し、当事国との追加的な会合を開催する。要請のた

めの期間内にいずれの当事国も要請を行わなかった場合には、中間報告は、小委員会の最終報告とみなされ、速やかに加盟国に送付される。
3 小委員会の最終報告の認定には、検討の中間段階で行われた陳述における議論を含める。中間段階での検討は、第12条8に定める期間内に行う。

第16条（小委員会の報告の採択） 1 小委員会の報告は、加盟国にその検討のための十分な時間を与えるため、報告が加盟国に送付された日の後20日間は紛争解決機関により採択のために検討されてはならない。
2 小委員会の報告に対して異議を有する加盟国は、小委員会の報告を検討する紛争解決機関の会合の少なくとも10日前に、当該異議の理由を説明する書面を提出する。
3 紛争当事国は、紛争解決機関による小委員会の報告の検討に十分に参加する権利を有するものとし、当該紛争当事国の見解は、十分に記録される。
4 小委員会の報告は、加盟国への送付の後60日以内に、紛争解決機関の会合において採択される（注）。ただし、紛争当事国が上級委員会への申立ての意思を同機関に正式に通報し又は同機関が当該報告を採択しないことをコンセンサス方式によって決定する場合は、この限りでない。紛争当事国が上級委員会への申立ての意思を通報した場合には、小委員会の報告は、上級委員会による検討が終了するまでは、同機関により採択のために検討されてはならない。この4に定める採択の手続は、小委員会の報告について見解を表明する加盟国の権利を害するものではない。
注 紛争解決機関の会合が1及びこの4に定める要件を満たす期間内に予定されていない場合には、この目的のために開催される。

第17条（上級委員会による検討）
常設の上級委員会
1 紛争解決機関は、常設の上級委員会を設置する。上級委員会は、小委員会が取り扱った問題についての申立てを審理する。上級委員会は、7人の者で構成するものとし、そのうちの3人が一の問題の委員を務める。上級委員会の委員は、順番に職務を遂行する。その順番は、上級委員会の検討手続で定める。
2 紛争解決機関は、上級委員会の委員を四年の任期で任命するものとし、各委員は、1回に限り、再任されることができる。ただし、世界貿易機関協定が効力を生じた後直ちに任命される7人の者のうちの3人の任期は、2年で終了するものとし、これらの3人の者は、くじ引で決定される。空席が生じたときは、補充される。任期が満了しない者の後任者として任命された者の任期は、前任者の任期の残余の期間とする。
3 上級委員会は、法律、国際貿易及び対象協定が対象とする問題一般についての専門知識により権威を有すると認められた者で構成する。上級委員会の委員は、いかなる政府とも関係を有してはならず、世界貿易機関の加盟国を広く代表する。上級委員会のすべての委員は、いつでも、かつ、速やかに勤務することが可能でなければならず、また、世界貿易機関の紛争解決に関する活動その他関連する活動に常に精通していなければならない。上級委員会の委員は、直接又は間接に自己の利益との衝突をもたらすこととなる紛争の検討に参加してはならない。

4 紛争当事国のみが、小委員会の報告について上級委員会への申立てをすることができる。第10条2の規定に基づき小委員会に提起された問題について実質的な利害関係を有する旨を紛争解決機関に通報した第三国は、上級委員会に意見書を提出することができるものとし、また、上級委員会において意見を述べる機会を有することができる。
5 紛争当事国が上級委員会への申立ての意思を正式に通報した日から上級委員会がその報告を送付する日までの期間は、原則として60日を超えてはならない。上級委員会は、その検討の日程を定めるに当たり、適当な場合には、第4条9の規定を考慮する。上級委員会は、60日以内に報告を作成することができないと認める場合には、報告を送付するまでに要する期間の見込みと共に遅延の理由を書面により紛争解決機関に通報する。第1段に定める期間は、いかなる場合にも、90日を超えてはならない。
6 上級委員会への申立ては、小委員会の報告において対象とされた法的な問題及び小委員会が行った法的解釈に限定される。
7 上級委員会は、必要とする適当な運営上の及び法律問題に関する援助を受ける。
8 上級委員会の委員の旅費、滞在費その他の経費は、予算、財政及び運営に関する委員会の勧告に基づいて一般理事会が採択する基準に従い、世界貿易機関の予算から支弁する。

上級委員会による検討に関する手続
9 上級委員会は、紛争解決機関の議長及び事務局長と協議の上、検討手続を作成し、加盟国に情報として送付する。
10 上級委員会による検討は、秘密とされる。上級委員会の報告は、提供された情報及び行われた陳述を踏まえて起草されるものとし、その起草に際しては、紛争当事国の出席は、認められない。
11 上級委員会の報告の中で各委員が表明した意見は、匿名とする。
12 上級委員会は、その検討において、6の規定に従って提起された問題を取り扱う。
13 上級委員会は、小委員会の法的な認定及び結論を支持し、修正し又は取り消すことができる。

上級委員会の報告の採択
14 紛争解決機関は、上級委員会の報告を、加盟国への送付の後30日以内に採択し（注）、紛争当事国は、これを無条件で受諾する。ただし、同機関が当該報告を採択しないことをコンセンサス方式によって決定する場合は、この限りでない。この14に定める採択の手続は、上級委員会の報告について見解を表明する加盟国の権利を害するものではない。
注 紛争解決機関の会合がこの期間内に予定されていない場合には、この目的のために開催される。

第18条（小委員会又は上級委員会との接触）1　小委員会又は上級委員会により検討中の問題に関し、小委員会又は上級委員会といずれか一方の紛争当事国のみとの間で接触があってはならない。

2　小委員会又は上級委員会に対する意見書は、秘密のものとして取り扱われるものとするが、紛争当事国が入手することができるようにする。この了解のいかなる規定も、紛争当事国が自国の立場についての陳述を公開することを妨げるものではない。加盟国は、他の加盟国が小委員会又は上級委員会に提出した情報であって当該他の加盟国が秘密であると指定したものを秘密のものとして取り扱う。紛争当事国は、また、加盟国の要請に基づき、意見書に含まれている情報の秘密でない要約であって公開し得るものを提供する。

第19条（小委員会及び上級委員会の勧告）1　小委員会又は上級委員会は、ある措置がいずれかの対象協定に適合しないと認める場合には、関係加盟国（注1）に対し当該措置を当該協定に適合させるよう勧告する（注2）。小委員会又は上級委員会は、更に、当該関係加盟国がその勧告を実施し得る方法を提案することができる。

　　注1　「関係加盟国」とは、小委員会又は上級委員会の勧告を受ける紛争当事国をいう。
　　注2　1994年のガットその他の対象協定についての違反を伴わない問題に関する勧告については、第26条を参照。

2　小委員会及び上級委員会は、第3条2の規定に従うものとし、その認定及び勧告において、対象協定に定める権利及び義務に新たな権利及び義務を追加し、又は対象協定に定める権利及び義務を減ずることはできない。

第20条（紛争解決機関による決定のための期間）紛争解決機関が小委員会を設置した日から同機関が小委員会又は上級委員会の報告を採択するために審議する日までの期間は、紛争当事国が別段の合意をする場合を除くほか、原則として、小委員会の報告につき上級委員会への申立てがされない場合には9箇月、申立てがされる場合には12箇月を超えてはならない。小委員会又は上級委員会が第12条9又は第17条5の規定に従い報告を作成するための期間を延長する場合には、追加的に要した期間が、前段に定める期間に加算される。

第21条（勧告及び裁定の実施の監視）1　紛争解決機関の勧告又は裁定の速やかな実施は、すべての加盟国の利益となるような効果的な紛争解決を確保するために不可欠である。

2　紛争解決の対象となった措置に関し、開発途上加盟国の利害関係に影響を及ぼす問題については、特別の注意が払われるべきである。

3　関係加盟国は、小委員会又は上級委員会の報告の採択の日の後30日以内に開催される紛争解決機関の会合において、同機関の勧告及び裁定の実施に関する自国の意思を通報する（注）。勧告及び裁定を速やかに実施することができない場合には、関係加盟国は、その実施のための妥当な期間を与えられる。妥当な期間は、次の(a)から(c)までに定めるいずれかの期間とする。

　　注　紛争解決機関の会合がこの期間内に予定されていない場合には、この目的のために開催される。

　(a)　関係加盟国が提案する期間。ただし、紛争解決機関による承認を必要とする。
　(b)　(a)の承認がない場合には、勧告及び裁定の採択の日の後45日以内に紛争当事国が合意した期間
　(c)　(b)の合意がない場合には、勧告及び裁定の採択の日の後90日以内に拘束力のある仲裁によって決定される期間（注1）。仲裁が行われる場合には、仲裁人（注2）に対し、小委員会又は上級委員会の勧告を実施するための妥当な期間がその報告の採択の日から15箇月を超えるべきではないとの指針が与えられるべきである。この15箇月の期間は、特別の事情があるときは、短縮し又は延長することができる。

　　注1　紛争当事国が問題を仲裁に付した後10日以内に仲裁人について合意することができない場合には、事務局長は、10日以内に、当該当事国と協議の上仲裁人を任命する。
　　注2　仲裁人は、個人であるか集団であるかを問わない。

4　紛争解決機関による小委員会の設置の日から妥当な期間の決定の日までの期間は、小委員会又は上級委員会が第12条9又は第17条5の規定に従いその報告を作成する期間を延長した場合を除くほか、15箇月を超えてはならない。ただし、紛争当事国が別段の合意をする場合は、この限りでない。小委員会又は上級委員会がその報告を作成する期間を延長する場合には、追加的に要した期間が、この15箇月の期間に加算される。ただし、合計の期間は、紛争当事国が例外的な事情があることについて合意する場合を除くほか、18箇月を超えてはならない。

5　勧告及び裁定を実施するためにとられた措置の有無又は当該措置と対象協定との適合性について意見の相違がある場合には、その意見の相違は、この了解に定める紛争解決手続の利用によって解決される。この場合において、可能なときは、当該勧告及び裁定の対象となった紛争を取り扱った小委員会（この了解において「最初の小委員会」という。）にその意見の相違を付することができる。最初の小委員会は、その問題が付された日の後90日以内にその報告を加盟国に送付する。最初の小委員会は、この期間内に報告を作成することができないと認める場合には、報告を送付するまでに要する期間の見込みと共に遅延の理由を書面により紛争解決機関に通報する。

6　紛争解決機関は、採択された勧告又は裁定の実施を監視する。加盟国は、勧告又は裁定が採択された後いつでも、これらの実施の問題を同機関に提起することができる。勧告又は裁定の実施の問題は、同機関が別段の決定を行う場合を除くほか、3の規定に従って妥当な期間が定められた日の後6箇月後に同機関の会合の議事日程に掲げられるものとし、当該問題が解決されるまでの間同機関の会合の議事日程に引き続き掲げられる。関係加盟国は、これらの各会合の少なくとも10日前に、勧告又は裁定の実施の進展についての状況

に関する報告を書面により同機関に提出する。
7　問題が開発途上加盟国によって提起されたものである場合には、紛争解決機関は、同機関がその状況に応じて更にいかなる適当な措置をとり得るかを検討する。
8　問題が開発途上加盟国によって提起されたものである場合には、紛争解決機関は、同機関がいかなる適当な措置をとり得るかを検討するに当たり、申し立てられた措置の貿易に関する側面のみでなく、関係を有する開発途上加盟国の経済に及ぼす影響も考慮に入れる。

第22条（代償及び譲許の停止） 1　代償及び譲許その他の義務の停止は、勧告及び裁定が妥当な期間内に実施されない場合に利用することができる一時的な手段であるが、これらのいずれの手段よりも、当該勧告及び裁定の対象となった措置を対象協定に適合させるために勧告を完全に実施することが優先される。代償は、任意に与えられるものであり、また、代償が与えられる場合には、対象協定に適合するものでなければならない。
2　関係加盟国は、対象協定に適合しないと認定された措置を当該協定に適合させ又は前条3の規定に従って決定された妥当な期間内に勧告及び裁定に従うことができない場合において、要請があるときは、相互に受け入れることができる代償を与えるため、当該妥当な期間の満了までに申立国と交渉を開始する。当該妥当な期間の満了の日の後20日以内に満足すべき代償について合意がされなかった場合には、申立国は、関係加盟国に対する対象協定に基づく譲許その他の義務の適用を停止するために紛争解決機関に承認を申請することができる。
3　申立国は、いかなる譲許その他の義務を停止するかを検討するに当たり、次に定める原則及び手続を適用する。
 (a)　一般原則として、申立国は、まず、小委員会又は上級委員会により違反その他の無効化又は侵害があると認定された分野と同一の分野に関する譲許その他の義務の停止を試みるべきである。
 (b)　申立国は、同一の分野に関する譲許その他の義務を停止することができず又は効果的でないと認める場合には、同一の協定のその他の分野に関する譲許その他の義務の停止を試みることができる。
 (c)　申立国は、同一の協定のその他の分野に関する譲許その他の義務を停止することができず又は効果的でなく、かつ、十分重大な事態が存在すると認める場合には、その他の対象協定に関する譲許その他の義務の停止を試みることができる。
 (d)　(a)から(c)までの原則を適用するに当たり、申立国は、次の事項を考慮する。
  (i)　小委員会又は上級委員会により違反その他の無効化又は侵害があると認定された分野又は協定に関する貿易及び申立国に対するその貿易の重要性
  (ii)　(i)の無効化又は侵害に係る一層広範な経済的要因及び譲許その他の義務の停止による一層広範な経済的影響
 (e)　申立国は、(b)又は(c)の規定により譲許その他の義務を停止するための承認を申請することを決定する場合には、その申請においてその理由を示すものとする。当該申請は、紛争解決機関への提出の時に、関連する理事会に対しても及び、(b)の規定による申請の場合には、関連する分野別機関にも提出する。
 (f)　この3の規定の適用上、
  (i)　物品に関しては、すべての物品を一の分野とする。
  (ii)　サービスに関しては、現行の「サービス分野分類表」に明示されている主要な分野（注）のそれぞれを一の分野とする。
  注　サービス分野分類表（文書番号MTN・GNS—W—120の文書中の表）は、11の主要な分野を明示している。
  (iii)　貿易関連の知的所有権に関しては、貿易関連知的所有権協定の第2部の第1節から第7節までの規定が対象とする各種類の知的所有権のそれぞれ並びに第3部及び第4部に定める義務のそれぞれを一の分野とする。
 (g)　この3の規定の適用上、
  (i)　物品に関しては、世界貿易機関協定附属書1Aの協定の全体（紛争当事国が複数国間貿易協定の締約国である場合には、当該複数国間貿易協定を含む。）を一の協定とする。
  (ii)　サービスに関しては、サービス貿易一般協定を一の協定とする。
  (iii)　知的所有権に関しては、貿易関連知的所有権協定を一の協定とする。
4　紛争解決機関が承認する譲許その他の義務の停止の程度は、無効化又は侵害の程度と同等のものとする。
5　紛争解決機関は、対象協定が禁じている譲許その他の義務の停止を承認してはならない。
6　2に規定する状況が生ずる場合には、申請に基づき、紛争解決機関は、同機関が当該申請を却下することをコンセンサス方式によって決定する場合を除くほか、妥当な期間の満了の後30日以内に譲許その他の義務の停止を承認する。ただし、関係加盟国が提案された停止の程度について異議を唱える場合又は申立国が3の(b)若しくは(c)の規定により譲許その他の義務を停止するための承認を申請するに当たり3に定める原則及び手続を遵守していなかったと関係加盟国が主張する場合には、その問題は、仲裁に付される。仲裁は、最初の小委員会（その委員が職務を遂行することが可能である場合）又は事務局長が任命する仲裁人（注）によって行われるものとし、妥当な期間が満了する日の後60日以内に完了する。譲許その他の義務は、仲裁の期間中は停止してはならない。
　注　仲裁人は、個人であるか集団であるかを問わない。
7　6の規定に従って職務を遂行する仲裁人（注）は、停止される譲許その他の義務の性質を検討してはならないが、その停止の程度が無効化又は侵害の程度と同等であるかないかを決定する。仲裁人は、また、提案

された譲許その他の義務の停止が対象協定の下で認められるものであるかないかを決定することができる。ただし、3に定める原則及び手続が遵守されていなかったという主張が仲裁に付された問題に含まれている場合には、仲裁人は、当該主張について検討する。当該原則及び手続が遵守されていなかった旨を仲裁人が決定する場合には、申立国は、3の規定に適合するように当該原則及び手続を適用する。当事国は、仲裁人の決定を最終的なものとして受け入れるものとし、関係当事国は、他の仲裁を求めてはならない。紛争解決機関は、仲裁人の決定について速やかに通報されるものとし、申請に基づき、当該申請が仲裁人の決定に適合する場合には、譲許その他の義務の停止を承認する。ただし、同機関が当該申請を却下することをコンセンサス方式によって決定する場合は、この限りでない。

 注 仲裁人は、個人、集団又は最初の小委員会の委員（仲裁人の資格で職務を遂行する。）のいずれであるかを問わない。

8 譲許その他の義務の停止は、一時的なものとし、対象協定に適合しないと認定された措置が撤回され、勧告若しくは裁定を実施しなければならない加盟国により利益の無効化若しくは侵害に対する解決が提供され又は相互に満足すべき解決が得られるまでの間においてのみ適用される。紛争解決機関は、前条6の規定に従い、採択した勧告又は裁定の実施の監視を継続する。代償が与えられ又は譲許その他の義務が停止されたが、措置を対象協定に適合させるための勧告が実施されていない場合も、同様とする。

9 対象協定の紛争解決に関する規定は、加盟国の領域内の地域又は地方の政府又は機関によるこれらの協定の遵守に影響を及ぼす措置について適用することができる。紛争解決機関が対象協定の規定が遵守されていない旨の裁定を行う場合には、責任を有する加盟国は、当該協定の遵守を確保するために利用することができる妥当な措置をとる。代償及び譲許その他の義務の停止に関する対象協定及びこの了解の規定は、対象協定の遵守を確保することができなかった場合について適用する。（注）

 注 加盟国の領域内の地域又は地方の政府又は機関がとる措置に関するいずれかの対象協定の規定が、この9の規定と異なる規定を含む場合には、当該対象協定の規定が優先する。

第23条（多角的体制の強化） 1 加盟国は、対象協定に基づく義務についての違反その他の利益の無効化若しくは侵害又は対象協定の目的の達成に対する障害について是正を求める場合には、この了解に定める規則及び手続によるものとし、かつ、これらを遵守する。

2 1の場合において、加盟国は、

(a) この了解に定める規則及び手続に従って紛争解決を図る場合を除くほか、違反が生じ、利益が無効にされ若しくは侵害され又は対象協定の目的の達成が妨げられている旨の決定を行ってはならず、また、紛争解決機関が採択する小委員会又は上級委員会の報告に含まれている認定又はこの了解に従って行われた仲裁判断に適合する決定を行う。

(b) 関係加盟国が勧告及び裁定を実施するための妥当な期間の決定に当たっては、第21条に定める手続に従う。

(c) 譲許その他の義務の停止の程度の決定に当たっては、前条に定める手続に従うものとし、関係加盟国が妥当な期間内に勧告及び裁定を実施しないことに対応して対象協定に基づく譲許その他の義務を停止する前に、同条に定める手続に従って紛争解決機関の承認を得る。

第24条（後発開発途上加盟国に係る特別の手続） 1 後発開発途上加盟国に係る紛争の原因の決定及び紛争解決手続のすべての段階において、後発開発途上加盟国の特殊な状況に特別の考慮が払われるものとする。加盟国は、特に、この了解に定める手続に従って、後発開発途上加盟国に係る問題を提起することについて妥当な自制を行う。無効化又は侵害が後発開発途上加盟国によってとられた措置に起因すると認定される場合には、申立国は、この了解に定める手続に従って代償を要求し又は譲許その他の義務の履行を停止するための承認を申請することについて、妥当な自制を行う。

2 後発開発途上加盟国に係る紛争解決の事案において、満足すべき解決が協議によって得られなかった場合には、事務局長又は紛争解決機関の議長は、後発開発途上加盟国の要請に基づき、小委員会の設置の要請が行われる前に、当事国が紛争を解決することを援助するために、あっせん、調停又は仲介を行う。事務局長又は同機関の議長は、その援助を与えるに当たり、適当と認めるいかなる者とも協議することができる。

第25条（仲裁） 1 紛争解決の代替的な手段としての世界貿易機関における迅速な仲裁は、両当事国によって明示された問題に関する一定の紛争の解決を容易にすることを可能とするものである。

2 仲裁に付するためには、この了解に別段の定めがある場合を除くほか、当事国が合意しなければならず、当該当事国は、従うべき手続について合意する。仲裁に付することについての合意は、仲裁手続が実際に開始される前に十分な余裕をもってすべての加盟国に通報される。

3 他の加盟国は、仲裁に付することについて合意した当事国の合意によってのみ仲裁手続の当事国となることができる。仲裁手続の当事国は、仲裁判断に服することについて合意する。仲裁判断は、紛争解決機関及び関連する協定の理事会又は委員会（加盟国が仲裁判断に関する問題点を提起することができる理事会又は委員会）に通報される。

4 第21条及び第22条の規定は、仲裁判断について準用する。

第26条【非違反措置等】 1 1994年のガット第23条1(b)に規定する類型の非違反措置に関する申立

 1994年のガット第23条1(b)の規定がいずれかの対象協定について適用され又は準用される場合において、小委員会又は上級委員会は、紛争当事国が、いず

れかの加盟国が何らかの措置（当該対象協定に抵触するかしないかを問わない。）を適用した結果として、当該対象協定に基づき直接若しくは間接に自国に与えられた利益が無効にされ若しくは侵害されており又は当該対象協定の目的の達成が妨げられていると認めるときに限り、裁定及び勧告を行うことができる。問題が同条1(b)の規定の適用又は準用に係る対象協定に抵触しない措置に関するものである旨を当該紛争当事国が認め、かつ、小委員会又は上級委員会がその旨を決定する場合には、その限度において、この了解に定める手続は、次の規定に従って適用される。
(a) 申立国は、当該対象協定に抵触しない措置に関する申立てを正当化するための詳細な根拠を提示する。
(b) ある措置が当該対象協定に違反することなく、当該対象協定に基づく利益を無効にし若しくは侵害し又は当該対象協定の目的の達成を妨げていることが認定された場合には、関係加盟国は、当該措置を撤回する義務を負わない。この場合において、小委員会又は上級委員会は、当該関係加盟国に対し相互に満足すべき調整を行うよう勧告する。
(c) 第21条3に規定する仲裁は、同条の規定にかかわらず、いずれの当事国の要請に基づき、無効にされ又は侵害された利益の程度についての決定を含むことができるものとし、かつ、相互に満足すべき調整を行う方法及び手段を提案することができる。これらの提案は、紛争当事国を拘束するものであってはならない。
(d) 代償は、第22条1の規定にかかわらず、紛争の最終的解決としての相互に満足すべき調整の一部とすることができる。
2　1994年のガット第23条1(c)に規定する類型に関する申立て

1994年のガット第23条1(c)の規定がいずれかの対象協定について適用され又は準用される場合において、小委員会は、当事国が、同条1の(a)及び(b)の規定が適用される状態以外の状態が存在する結果として、当該対象協定に基づき直接若しくは間接に自国に与えられた利益が無効にされ若しくは侵害されており又は当該対象協定の目的の達成が妨げられていると認めるときに限り、裁定及び勧告を行うことができる。問題がこの2の規定の対象となる旨を当該当事国が認め、かつ、小委員会がその旨を決定する場合には、その限度において、この了解の手続は、小委員会の報告が加盟国に送付される時以前のものに限って適用される。勧告及び裁定の採択の検討、監視及び実施については、1989年4月12日の決定（ガット基本文書選集(BISD)追録第36巻61ページから67ページまで）に含まれている紛争解決の規則及び手続が適用される。次の規定も、また、適用される。
(a) 申立国は、この2の規定が対象とする問題に関して行われる陳述を正当化するための詳細な根拠を提示する。
(b) 小委員会は、この2の規定が対象とする問題に係る紛争解決の事案において、当該事案がこの2の規定が対象とする問題以外の問題に関係すると認める場合には、それぞれの問題に関する別個の報告を紛争解決機関に送付する。

第27条（事務局の任務）　1　事務局は、取り扱う問題の特に法律上、歴史上及び手続上の側面について小委員会を援助し並びに事務局としての支援及び技術的支援を提供する任務を有する。

2　事務局は、加盟国の要請に基づき紛争解決に関し加盟国を援助するに当たり、開発途上加盟国に対し紛争解決に関する追加的な法律上の助言及び援助を与える必要が生ずる可能性がある。事務局は、このため、要請を行う開発途上加盟国に対し、世界貿易機関の技術協力部門の能力を有する法律専門家による援助を利用することができるようにする。この専門家は、事務局の公平性が維持されるような方法で開発途上加盟国を援助する。

3　事務局は、関心を有する加盟国のために、当該加盟国の専門家が紛争解決のための手続及び慣行に関して理解を深めることができるように、これらに関する特別の研修を実施する。

附属書1　この了解が対象とする協定
(A) 世界貿易機関を設立する協定
(B) 多角的貿易協定
　附属書1A　物品の貿易に関する多角的協定
　附属書1B　サービスの貿易に関する一般協定
　附属書1C　知的所有権の貿易関連の側面に関する協定

附属書2―4　〔省略〕

●関税及び貿易に関する一般協定《1947年のガット》〔抜粋〕

The General Agreement on Tariffs and Trade

▼署名　1947年10月30日（ジュネーヴ）　▼効力発生　1948年1月1日（暫定的適用）　▼最終改正　1966年6月27日〔65年2月8日第4部追加議定書〕　▼日本国　1955年6月7日署名、7月29日国会承認、8月11日締約国の日本国加入同意、9月10日公布〔昭和30年条約第13号〕、適用

第1部

第1条（一般的最恵国待遇）　1　いずれの種類の関税及び課徴金で、輸入若しくは輸出について若しくはそれらに関連して課され、又は輸入若しくは輸出のための支払手段の国際的移転について課せられるものに関

し、それらの関税及び課徴金の徴収の方法に関し、輸入及び輸出に関連するすべての規則及び手続に関し、並びに第3条2及び4に掲げるすべての事項に関しては、いずれかの締約国が他国の原産の産品又は他国に仕向けられる産品に対して許与する利益、特典、特権又は免除は、他のすべての締約国の領域の原産の同種の産品又はそれらの領域に仕向けられる同種の産品に対して、即時かつ無条件に許与しなければならない。

2 前項の規定は、輸入税又は輸入に関する課徴金についての特恵で、4に定める限度をこえずかつ次に掲げるところに該当するものの廃止を要求するものではない。
  (a) 附属書Aに掲げる地域のうちの二以上の地域の間にのみ有効な特恵。ただし、同附属書に定める条件に従わなければならない。
  (b) 1939年7月1日に共通の主権又は保護関係若しくは宗主権関係によつて結合されていた二以上の地域で、附属書B、C及びDに掲げるものの間にのみ有効な特恵。ただし、それらの附属書に定める条件に従わなければならない。
  (c) アメリカ合衆国とキューバ共和国との間にのみ有効な特恵
  (d) 附属書E及びFに掲げる隣接国の間にのみ有効な特恵

3 1の規定は、以前オットマン帝国の一部であり、かつ、1923年7月24日に同帝国から分離した諸国間の特恵には適用しない。ただし、その特恵は、この点について第29条1の規定に照らして適用される第25条5(a)の規定に基いて承認されなければならない。

4 〔省略〕

第2条（譲許表） 1(a) 各締約国は、他の締約国の通商に対し、この協定に附属する該当の譲許表の該当の部に定める待遇より不利でない待遇を許与するものとする。
  (b) いずれかの締約国の譲許表の第1部に掲げる産品に該当する他の締約国の領域の産品は、その譲許表が関係する領域への輸入に際し、その譲許表に定める条件又は制限に従うことを条件として、その譲許表に定める関税をこえる通常の関税を免除される。これらの産品は、また、輸入について又は輸入に関連して課せられるその他のすべての種類の租税又は課徴金で、この協定の日付の日に課せられているものをこえるもの又はその日にその輸入領域において有効である法令によりその後課することを直接かつ義務的に要求されているものをこえるものを免除される。
  (c) いずれかの締約国の譲許表の第2部に掲げる産品に該当するもので、その譲許表が関係する領域への輸入に際して特恵待遇を受ける権利を前条の規定によつて与えられている領域の産品であるものは、その輸入領域への輸入に際し、その譲許表に定める条件又は制限に従うことを条件として、その譲許表の第2部に定める関税をこえる通常の関税を免除される。これらの産品は、また、輸入について又は輸入に関連して課せられるその他のすべての種類の租税又は課徴金で、この協定の日付の日に課せられているものをこえるもの又はその日にその輸入領域において有効である法令によりその後課することを直接かつ義務的に要求されているものをこえるものを免除される。この条のいかなる規定も、特恵税率による産品の輸入のための適格要件については、締約国がこの協定の日付の日に存在する要件を維持することを妨げるものではない。

2 この条のいかなる規定も、締約国が産品の輸入に際して次のものを随時課することを妨げるものではない。
  (a) 同種の国内産品について、又は当該輸入産品の全部若しくは一部がそれから製造され若しくは生産されている物品について次条2の規定に合致して課せられる内国税に相当する課徴金
  (b) 第6条の規定に合致して課せられるダンピング防止税又は相殺関税
  (c) 提供された役務の費用に相応する手数料その他の課徴金

3 締約国は、課税価額の決定の方法又は通貨換算の方法をこの協定に附属する該当の譲許表に定める譲許の価値を減ずるように変更してはならない。

4 締約国が、この協定に附属する該当の譲許表に掲げるいずれかの産品の輸入の独占を、正式に又は事実上、設定し、維持し、又は認可するときは、その独占は、その譲許表に別段の定がある場合又は直接に当該譲許を交渉した当事国の間に別段の取極がある場合を除くほか、その譲許表に定める保護の量を平均してこえるように運用してはならない。この項の規定は、締約国がこの協定の他の規定により認められるいずれかの形式の援助を国内生産者に与えることを制限するものではない。

5 締約国は、他の締約国が、いずれかの産品に対して、この協定に附属する該当の譲許表に定める譲許によつて意図されていると考えられる待遇を与えていないと認めるときは、その問題について直接にその締約国の注意を喚起しなければならない。その締約国が、注意を喚起した締約国の要求に同意するが、その締約国の関税に関する法律に基いてこの協定に意図された待遇を許与するように当該産品を分類することができないと裁判所その他の権限のある機関が裁定したためにその待遇を許与することができないと宣言するときは、これらの二締約国及び実質的に利害関係を有するその他の締約国は、その問題の補償的調整のための交渉を直ちに開始しなければならない。

6 〔省略〕

7 協定附属譲許表は、この協定の第1部の不可分の一体をなす。

第2部

第3条（内国の課税及び規則に関する内国民待遇） 1 締約国は、内国税その他の内国課徴金と、産品の国内における販売、販売のための提供、購入、輸送、分配

又は使用に関する法令及び要件並びに特定の数量又は割合による産品の混合、加工又は使用を要求する内国の数量規則は、国内生産に保護を与えるように輸入産品又は国内産品に適用してはならないことを認める。

2　いずれかの締約国の領域の産品で他の締約国の領域に輸入されるものは、同種の国内産品に直接又は間接に課せられるいかなる種類の内国税その他の内国課徴金をこえる内国税その他の内国課徴金も、直接であると間接であるとを問わず、課せられることはない。さらに、締約国は、前項に定める原則に反するその他の方法で内国税その他の内国課徴金を輸入産品又は国内産品に課してはならない。

3　現行の内国税で、前項の規定に反するが、1947年4月10日に有効であり、かつ、当該課税産品に対する輸入税を引き上げないように固定している貿易協定に基づき特に認められているものに関しては、それを課している締約国は、その貿易協定の義務を免除されてその内国税の保護的要素を撤廃する代償として必要な限度までその輸入税を引き上げることができるようになるまで、その内国税に対する前項の規定の適用を延期することができる。

4　いずれかの締約国の領域の産品で他の締約国の領域に輸入されるものは、その国内における販売、販売のための提供、購入、輸送、分配又は使用に関するすべての法令及び要件に関し、国内原産の同種の産品に許与される待遇より不利でない待遇を許与される。この項の規定は、輸送手段の経済的運用にのみ基き産品の国籍には基いていない差別的国内輸送料金の適用を妨げるものではない。

5　締約国は、特定の数量又は割合による産品の混合、加工又は使用に関する内国の数量規則で、産品の特定の数量又は割合を国内の供給源から供給すべきことを直接又は間接に要求するものを設定し、又は維持してはならない。さらに、締約国は、1に定める原則に反するその他の方法で内国の数量規則を適用してはならない。

6―10〔省略〕

第6条（ダンピング防止税及び相殺関税）　1　締約国は、ある国の産品をその正常の価額より低い価額で他国の商業へ導入するダンピングが締約国の領域における確立された産業に実質的な損害を与え若しくは与えるおそれがあり、又は国内産業の確立を実質的に遅延させるときは、そのダンピングを非難すべきものと認める。この条の規定の適用上、ある国から他国へ輸出される産品の価格が次のいずれかの価額より低いときは、その産品は、正常の価額より低い価額で輸入国の商業に導入されるものとみなす。

(a)　輸出国における消費に向けられる同種の産品の通常の商取引における比較可能な価格

(b)　前記の国内価格がない場合には、

　(i)　第三国に輸出される同種の産品の通常の商取引における比較可能の最高価格

　(ii)　原産国における産品の生産費に妥当な販売経費及び利潤を加えたもの

販売条件の差異、課税上の差異及び価格の比較に影響を及ぼすその他の差異に対しては、それぞれの場合について妥当な考慮を払わなければならない。

2　締約国は、ダンピングを相殺し又は防止するため、ダンピングされた産品に対し、その産品に関するダンピングの限度をこえない金額のダンピング防止税を課することができる。この条の適用上、ダンピングの限度とは、1の規定に従つて決定される価格差をいう。

3　いずれかの締約国の領域の産品で他の締約国の領域に輸入されるものは、原産国又は輸出国においてその産品の製造、生産又は輸出について直接又は間接に与えられていると認められる奨励金又は補助金（特定の産品の輸送に対する特別の補助金を含む。）の推定額に等しい金額をこえる相殺関税を課せられることはない。「相殺関税」とは、産品の製造、生産又は輸出について直接又は間接に与えられる奨励金又は補助金を相殺する目的で課する特別の関税をいう。

4　いずれかの締約国の領域の産品で他の締約国の領域に輸入されるものは、その産品が原産国若しくは輸出国における消費に向けられる同種の産品が課せられる租税を免除されることを理由として、又はその租税の払いもどしを受けることを理由としてダンピング防止税又は相殺関税を課せられることはない。

5　いずれかの締約国の領域の産品で他の締約国の領域に輸入されるものは、ダンピング又は輸出補助金から生ずる同一の事態を償償するためにダンピング防止税と相殺関税とを併課されることはない。

6(a)　締約国は、他の締約国のダンピング又は補助金の影響が、自国の確立された国内産業に実質的な損害を与え若しくは与えるおそれがあり、又は自国の国内産業の確立を実質的に遅延させるものであると決定する場合を除くほか、当該他の国の領域の産品の輸入についてダンピング防止税又は相殺関税を課してはならない。

(b)　締約国団は、締約国が、輸入締約国の領域に当該産品を輸出する第三国たる締約国の領域における産業に実質的な損害を与え又は与えるおそれがあるダンピング又は補助金の交付を相殺するため当該産品の輸入にダンピング防止税又は相殺関税を課することができるように、(a)の要件を免除することができる。締約国団は、補助金が輸入締約国の領域に当該産品を輸出する第三国たる締約国の領域における産業に実質的な損害を与え又は与えるおそれがあると認める場合には、相殺関税を課することができるように、(a)の要件を免除しなければならない。

(c)　もつとも、遅延すれば回復しがたい損害を生ずるような特別の場合においては、締約国は、(b)の目的のため、締約国団の事前の承認を得ないで相殺関税を課することができる。ただし、この措置は、直ちに締約国団に報告しなければならず、かつ、締約国団が否認するときは、相殺関税は、直ちに撤回されるものとする。

7　輸出価格の変動に関係なく、一次産品の国内価格又は国内生産者の収入を安定させるための制度であつ

て、同種の産品についての国内市場の買手に対する比較可能な価格より低い価格で当該産品を輸出のために販売することがあるものは、当該産品について実質的な利害関係を有する締約国間の協議によつて次の事実が確定されるときは、前項の規定の意味において実質的な損害を与えることになるものとみなさない。
(a) その制度が、また、同種の産品についての国内市場の買手に対する比較可能な価格より高い価格で当該産品を輸出のため販売することにもなつたこと及び
(b) その制度が、生産の実効的な規制その他の方法により不当に輸出を促進しないように、又はその他の締約国の利益を著しく害しないように運用されていること。

第7条（関税上の評価） 1 締約国は、次の諸項に定める関税上の評価の一般原則が妥当であることを認め、かつ、輸入及び輸出に関する関税その他の課徴金又は制限で価額に基くか又はなんらかの方法で価額によつて規制されるものを課せられるすべての産品について、それらの原則を実施することを約束する。さらに、締約国は、他の締約国の要請を受けたときは、関税上の価額に関する法令の実施について、前記の原則に照らして検討しなければならない。締約国団は、締約国に対し、この条の規定に従つて締約国が執つた措置に関する報告を提出するように要請することができる。
2(a) 輸入貨物の関税上の価額は、関税を課せられる輸入貨物又は同種の貨物の実際の価額に基くものでなければならず、国内原産の産品の価額又は任意の若しくは架空の価額に基くものであつてはならない。
(b) 「実際の価額」とは、輸入国の法令で定める時に、及びその法令で定める場所で、その貨物又は同種の貨物が通常の商取引において完全な競争的条件の下に販売され、又は販売のために提供される価格をいう。その貨物又は同種の貨物の価格が特定の取引の数量によつて支配される限り、考慮される価格は、(i)比較可能な数量又は(ii)輸出国と輸入国との間の貿易において一層多量の貨物が販売される場合の数量より輸入業者にとつて不利でない数量のいずれかに関連を有するものでなければならない。
(c) 実際の価額を(b)の規定に従つて確定することができないときは、関税上の価額は、その価額に最も近い相当額に基くものでなければならない。
3 輸入産品の関税上の価額は、原産国又は輸出国において課せられる内国税で、当該輸入産品が免除されたもの又は払いもどしを受けたもの若しくはその後受けるものの金額を含まないものでなければならない。
4 〔省略〕
5 価額に基くか又は何らかの方法で価額によつて規制される関税その他の課徴金又は制限を課せられる産品の価額を決定するための基準及び方法は、安定したものでなければならず、また、貿易業者が相当の確実性をもつて関税上の価額を推定することができるように十分に公表されなければならない。

第9条（原産地表示） 1 各締約国は、他の締約国の領域の産品の表示の要件に関し、第三国の同種の産品に許する待遇より不利でない待遇を許与しなければならない。
2 締約国は、原産地表示に関する法令の制定及び実施に当り、虚偽の表示又は誤解のおそれのある表示から消費者を保護する必要について妥当な考慮を払つた上で、そのような措置が輸出国の商業及び産業にもたらす困難及び不便を局限しなければならないことを認める。
3 締約国は、行政上可能なときはいつでも、所定の原産地表示を輸入の時に附することを許可しなければならない。
4 輸入産品の表示に関する締約国の法令は、産品に著しい損害を与えることなく、その価値を実質的に減ずることなく、又はその価格を過度に引き上げることなく、遵守することができるものでなければならない。
5 締約国は、表示の訂正が不当に遅延し、虚偽の表示が附され、又は所定の表示が故意に省かれた場合を除くほか、輸入前に表示の要件に従わなかつたことに対しては、原則として、特別税又は罰を課してはならない。
6 締約国は、産品の真の原産地を誤認させるような方法、すなわち、他の締約国の領域の産品の特殊の地方的の又は地理的の名称でその国の法令によつて保護されているものを侵害するような方法による商標の使用を防止するため相互に協力しなければならない。各締約国は、他の締約国が自国に通告した産品の名称に対する前記の侵害に関して当該他の締約国が行う要請又は申入れに対して、十分かつ好意的な考慮を払わなければならない。

第11条（数量制限の一般的廃止） 1 締約国は、他の締約国の領域の産品の輸入について、又は他の締約国の領域に仕向けられる産品の輸出若しくは輸出のための販売について、割当によると、輸入又は輸出の許可によると、その他の措置によるとを問わず、関税その他の課徴金以外のいかなる禁止又は制限も新設し、又は維持してはならない。
2 前項の規定は、次のものには適用しない。
(a) 輸出の禁止又は制限で、食糧その他輸出締約国にとつて不可欠の産品の危機的な不足を防止し、又は緩和するために一時的に課するもの
(b) 輸入及び輸出の禁止又は制限で、国際貿易における産品の分類、格付又は販売に関する基準又は規則の適用のために必要なもの
(c) 農業又は漁業の産品に対して輸入の形式のいかんを問わず課せられる輸入制限で、次のことを目的とする政府の措置の実施のために必要なもの
(i) 販売若しくは生産を許された同種の国内産品の数量又は、同種の産品の実質的な国内生産がないときは、当該輸入産品をもつて直接に代替することができる国内産品の数量を制限すること。
(ii) 同種の国内産品の一時的な過剰又は、同種の産品の実質的な国内生産がないときは、当該輸入産品をもつて直接に代替することができる国内産品

の一時的な過剰を、無償で又は現行の市場価格より低い価格で一定の国内消費者の集団に提供することにより、除去すること。
　(iii) 生産の全部又は大部分を輸入産品に直接に依存する動物産品について、当該輸入産品の国内生産が比較的にわずかなものである場合に、その生産許可量を制限すること。
　この(c)の規定に従つて産品の輸入について制限を課している締約国は、将来の特定の期間中に輸入することを許可する産品の総数量又は総価額及びその数量又は価額の変更を公表しなければならない。さらに、(i)の規定に基いて課せられる制限は、輸入の総計と国内生産の総計との割合を、その制限がない場合に両者の間に成立すると合理的に期待される割合より小さくするものであつてはならない。締約国は、この割合を決定するに当り、過去の代表的な期間に存在していた割合について、及び当該産品の取引に影響を及ぼしたか又は影響を及ぼしている特別の要因について、妥当な考慮を払わなければならない。

第 12 条（**国際収支の擁護のための制限**）　1　前条1の規定にかかわらず、締約国は、自国の対外資金状況及び国際収支を擁護するため、この条の次の諸項の規定に従うことを条件として、輸入を許可する商品の数量又は価額を制限することができる。
2(a)　この条の規定に基いて締約国が新設し、維持し、又は強化する輸入制限は、次のいずれかの目的のために必要な限度をこえてはならない。
　(i) 自国の貨幣準備の著しい減少の急迫した脅威の予防又はそのような減少の阻止
　(ii) きわめて低い貨幣準備を有する締約国の場合には、その貨幣準備の合理的な率による増加
　前記のいずれの場合においても、当該締約国の貨幣準備又はその貨幣準備の必要性に影響を及ぼしていると思われる特別の要因（その締約国が外国の特別の信用その他の資金を利用することができる場合には、その信用又は資金の適当な使用のための準備の必要性を含む。）について妥当な考慮を払わなければならない。
　(b)　(a)の規定に基く制限を課している締約国は、(a)に定める状態がその制限を課することを正当とする限度においてのみこれを維持するものとし、その状態が改善されるにしたがつてその制限を漸次緩和しなければならない。その締約国は、(a)の規定に基く制限の新設又は維持をもはや正当としないような状態になつたときは、その制限を廃止しなければならない。
3(a)　締約国は、国内政策の実施に当り、自国の国際収支の均衡を健全かつ永続的な基礎の上に維持し、又は回復することの必要性について、及び生産資源の非経済的利用を防止することが望ましいことについて、妥当な考慮を払うことを約束する。締約国は、この目的を達成するため、国際貿易の縮少ではなくその拡大のための措置をできる限り採用することが望ましいことを認める。

　(b)　この条の規定に基く制限を課している締約国は、一層重要な産品の輸入に優先権を与えるように、産品別又は産品の種類別に輸入に対する制限の範囲を定めることができる。
　(c)　この条の規定に基く制限を課している締約国は、次のことを約束する。
　(i) 他の締約国の商業上又は経済上の利益に対する不必要な損害を避けること。
　(ii) いずれかの種類の貨物の商業上の最少限度の数量の輸入でそれを排除すれば正常な交易を阻害することとなるものを不当に妨げるような制限を課さないこと。
　(iii) 商業上の見本の輸入を妨げ、又は特許権、商標権若しくは著作権に関する手続若しくは他の類似の手続に従うことを妨げるような制限を課さないこと。
　(d)　締約国は、完全かつ生産的な雇用の達成及び維持又は経済資源の開発をめざす国内政策の結果として、いずれかの締約国において、2(a)にいうような貨幣準備に対する脅威をもたらす高水準の輸入需要が生ずることがあることを認める。よつて、この条の規定に従つている締約国は、これらの政策を変更すればこの条の規定に基いて自国が課している制限が不必要になるであろうということを理由として制限を撤回し又は修正するように要求されることはない。
4(a)　新たな制限を課し、又は、この条の規定に基いて適用している措置の実質的な強化により、自国の現行の制限の全般的水準を引き上げる締約国は、その制限を新設し、若しくは強化した後直ちに（又は事前の協議が実際上可能な場合には、その制限を新設し、若しくは強化する前に）、自国の国際収支上の困難の性質、執ることができる代りの是正措置及びその制限が他の締約国の経済に及ぼす影響について、締約国団と協議しなければならない。
　(b)　締約国団は、締約国が定める日に、この条の規定に基いてその日に課せられているすべての制限を審査しなければならない。この条の規定に基く輸入制限を課している締約国は、前記の日から1年が経過した後は、毎年、(a)の規定の例による協議を締約国団と行わなければならない。
　(c)(i) 締約国団は、(a)又は(b)の規定に基く締約国との協議において、制限がこの条又は第13条の規定（第14条の規定を留保する。）に合致しないと認めるときは、その不一致の性質を指摘しなければならず、また、その制限を適当に修正するように助言することができる。
　(ii) もつとも、締約国団は、協議の結果、制限がこの条又は第13条の規定（第14条の規定を留保する。）に著しく反するような方法で課せられており、かつ、それがいずれかの締約国の貿易に損害を与え又は与えるおそれがあると決定するときは、その制限を課している締約国にその旨を通報し、かつ、その締約国が特定の期間内に前記の規定に

従うようにするため適当な勧告を行わなければならない。その締約国が特定の期間内に前記の勧告に従わなかつたときは、その制限により貿易に悪影響を受けた締約国について、その制限を課している締約国に対するこの協定に基く義務で締約国団が状況により適当であると決定するものを免除することができる。
(d) 締約国団は、この条の規定に基く制限を課している締約国に対し、その制限がこの条又は第13条の規定（第14条の規定を留保する。）に反すること及びそれにより自国の貿易が悪影響を受けていることを一見して明白に立証することができる他の締約国から要請を受けたときは、締約国団と協議するように勧誘しなければならない。もつとも、この勧誘は、関係締約国間の直接の討議が成功しなかつたことを締約国団が確認した場合でなければ行うことはできない。締約国団との協議の結果、合意に達することができず、かつ、制限が前記の規定に反して課せられていること及びその制限がこの手続を開始した締約国の貿易に損害を与え又は与えるおそれがあることを締約国団が決定するときは、締約国団は、その制限の撤回又は修正を勧告しなければならない。締約国団が定める期間内に制限が撤回され、又は修正されないときは、締約国団は、この手続を開始した締約国について、当該制限を課している締約国に対するこの協定に基く義務で締約国団が状況により適当であると決定するものを免除することができる。
(e) 締約国団は、この4の規定に基く手続を執るに際し、制限を課している締約国の輸出貿易に悪影響を及ぼしている特別の外的要因に妥当な考慮を払わなければならない。
(f) この4の規定に基く決定は、すみやかに、できれば協議の開始の日から60日以内に行わなければならない。

5 この条の規定に基く輸入制限が持続的かつ広範囲に課せられており、国際貿易を制限するような一般的不均衡の存在を示しているときは、締約国団は、不均衡の根本原因を除去する目的をもつて、国際収支が逆調に向つている締約国、国際収支が異常に順調に向つている締約国又は適当な政府間機関のいずれかが他の措置を執りうるかどうかについて考慮するための討議を開始しなければならない。締約国は締約国団の勧誘を受けたときは、その討議に参加しなければならない。

第13条（数量制限の無差別適用） 1 締約国は、他の締約国の領域の産品の輸入又は他の締約国の領域に仕向けられる産品の輸出について、すべての第三国の同種の産品の輸入又はすべての第三国に仕向けられる同種の産品の輸出が同様に禁止され、又は制限される場合を除くほか、いかなる禁止又は制限も課してはならない。

2 締約国は、産品に対して輸入制限を課するに当り、その制限がない場合に諸締約国が獲得すると期待される取分にできる限り近づくようにその産品の貿易量を配分することを目標としなければならず、このため次の規定を遵守しなければならない。
(a) 可能なときはいつでも、輸入許可品の総量を表わす割当量（供給国間に割り当てられているかどうかを問わない。）を決定し、かつ、その総量を3(b)の規定に従つて公表しなければならない。
(b) 割当量の決定が不可能である場合には、割当量を定めない輸入の許可又は免許によつて制限を課することができる。
(c) 締約国は、(d)の規定に従つて割り当てられる割当量を実施する場合を除くほか、当該産品を特定の国又は供給源から輸入するために輸入の許可又は免許を利用することを要求してはならない。
(d) 供給国間に割当量を割り当てる場合には、制限を課している締約国は、割当量の割当について、当該産品の供給について実質的な利害関係を有する他のすべての締約国と合意することができる。この方法が事実上実行不可能な場合には、関係締約国は、その産品の供給について実質的な利害関係を有する締約国に対し、その産品の貿易に影響を及ぼしたか又は及ぼしているすべての特別の要因に妥当な考慮を払い、過去の代表的な期間中に前記の締約国がその産品の輸入の総数量又は総価額に対して供給した割合に基いてその産品の取分を割り当てなければならない。いずれかの締約国が前記の総数量又は総価額のうち自国に割り当てられた取分の全部を使用することを妨げるような条件又は手続は、課してはならない。ただし、輸入が当該割当量に関する所定の期間内に行われることを条件とする。

3(a) 輸入制限に関連して輸入許可証を発給する場合には、制限を課している締約国は、当該産品の貿易について利害関係を有する締約国の要請があつたときは、その制限の実施、最近の期間について与えられた輸入許可証及び供給国間におけるその許可証の配分に関するすべての関係情報を提供しなければならない。ただし、輸入又は供給を行う企業の名称に関する情報を提供する義務を負わない。
(b) 輸入制限が割当量の決定を伴う場合には、制限を課している締約国は、将来の特定の期間中に輸入することを許可する産品の総数量又は総価額及びその総数量又は総価額の変更を公表しなければならない。公表が行われた時に輸送の途中にあつた当該産品の輸入は、拒否してはならない。ただし、実行可能な場合には、当該期間中に輸入することを許可する数量からこれを差し引いて計算することができ、また、必要な場合には、その次の一又は二以上の期間中に輸入することを許可する数量からこれを差し引いて計算することもできる。さらに、締約国が、前記の公表の日の後30日の期間内に消費のため輸入され、又は消費のため保税倉庫から引き取られる産品について、慣習的に前記の制限を免除するときは、その慣習は、この(b)の規定に完全に合致するものと認める。
(c) 供給国間に割当量を割り当てる場合には、制限を課している締約国は、その時に供給国間に割り当て

た割当量の取分の数量又は価額を当該産品の供給について利害関係を有する他のすべての締約国に直ちに通報しなければならず、かつ、これを公表しなければならない。

4　2(d)の規定又は第11条2(c)の規定に基いて課せられる制限に関し、産品に関する代表的な期間の選定及び産品の貿易に影響を及ぼしている特別の要因の評価は、当該制限を課している締約国が最初に行わなければならない。ただし、その締約国は、その産品の供給について実質的な利害関係を有する他の締約国又は締約国団の要請を受けたときは、決定した割当若しくは選定した基準期間の調整の必要について、関係のある特別の要因の再評価の必要について、又は適当な割当量の割当若しくはその割当の無制限使用に関して一方的に設定した条件、手続その他の規定の廃止の必要について、当該他の締約国又は締約国団と直ちに協議しなければならない。

5　この条の規定は、締約国が設定し、又は維持する関税割当に適用するものとし、この条の原則は、できる限り輸出制限にも適用するものとする。

第14条（無差別待遇の原則の例外）　1　第12条又は第18条Bの規定に基く制限を課する締約国は、その制限を課するに当り、国際通貨基金協定第8条若しくは第14条の規定に基き又はこの協定の第15条6の規定により締結した特別為替取極の類似の規定に基き当該時にその締約国が経常的国際取引のための支払及び資金移動について課することができる制限と等しい効果を有するような方法で、第13条の規定から逸脱することができる。

2　第12条又は第18条Bの規定に基く輸入制限を課している締約国は、自国の対外貿易の一小部分に関し、関係締約国の受ける利益が他の締約国の貿易に与える損害より実質的に大きいときは、締約国団の同意を得て、一時的に第13条の規定から逸脱することができる。

3　第13条の規定は、国際通貨基金において共同の割当額をもつ一群の地域が、相互間の輸入にではなく他国からの輸入に対し、第12条又は第18条Bの規定に従って制限を課することを妨げるものではない。ただし、その制限は、他のすべての点で第13条の規定に合致するものでなければならない。

4　第12条又は第18条Bの規定に基く輸入制限を課している締約国は、第13条の規定から逸脱しないで使用しうる通貨の獲得を増加するように自国の輸出を導く措置を実施することを、この協定の第11条から第15条までの規定又は第18条Bの規定によつて、妨げられることはない。

5　締約国は、次のいずれかの数量制限を課することを、この協定の第11条から第15条までの規定又は第18条Bの規定によつて、妨げられることはない。

(a)　国際通貨基金協定第7条第3項(b)の規定に基いて許可された為替制限と等しい効果を有する数量制限

(b)　この協定の附属書Aに定める交渉が成立するまでの間、同附属書に定める特恵取極に基く数量制限

第16条（補助金）

A　補助金一般

1　締約国は、補助金（なんらかの形式による所得又は価格の支持を含む。）で、直接又は間接に自国の領域からの産品の輸出を増加させ又は自国の領域への産品の輸入を減少させるものを許与し、又は維持するときは、当該補助金の交付の範囲及び性格について、自国の領域に輸入され又は自国の領域から輸出される産品の数量に対して当該補助金の交付が及ぼすと推定される効果について、並びにその補助金の交付を必要とする事情について、書面により締約国団に通告しなければならない。その補助金が他の締約国の利益に重大な損害を与え、又は与えるおそれがあると決定された場合には、補助金を許与している締約国は、要請を受けたときは、その補助金を制限する可能性について他の関係締約国又は締約国団と討議しなければならない。

B　輸出補助金に関する追加規定

2　締約国団は、締約国によるいずれかの産品に対する輸出補助金の許与が、他の輸入締約国及び輸出締約国に有害な影響を与え、それらの締約国の通常の商業上の利益に不当な障害をもたらし、及びこの協定の目的の達成を阻害することがあることを認める。

3　よつて、締約国は、一次産品の輸出補助金の許与を避けるように努めなければならない。ただし、締約国が自国の領域からの一次産品の輸出を増加するようないずれかの形式の補助金を直接又は間接に許与するときは、その補助金は、過去の代表的期間における当該産品の世界輸出貿易におけるその締約国の取分及びこのような貿易に影響を与えたか又は与えていると思われる特別の要因を考慮して、当該産品の世界輸出貿易における当該締約国の衡平な取分をこえて拡大するような方法で与えてはならない。

4　さらに、締約国は、1958年1月1日に、又はその後のできる限り早い日に、一次産品以外の産品の輸出に対し、国内市場の買手が負担する同種の産品の比較可能な価格より低い価格で当該産品を輸出のため販売することとなるようないかなる形式の補助金も、直接であると間接であるとを問わず、許与することを終止するものとする。締約国は、1957年12月31日までの間、補助金の交付の範囲を補助金を新設することにより、又は現行の補助金を拡大することにより、1955年1月1日現在の補助金の交付の範囲をこえて拡大してはならない。

5　締約国団は、この条の規定が、この協定の目的の助長に対し、及び締約国の貿易又は利益に著しく有害な補助金の交付の防止に対し、有効であるかどうかを実際の経験に照らして審査するため、その規定の運用を随時検討しなければならない。

第17条（国家貿易企業）　1(a)　各締約国は、所在地のいかんを問わず国家企業を設立し、若しくは維持し、又はいずれかの企業に対して排他的な若しくは特別の特権を正式に若しくは事実上許与するときは、その企業を、輸入又は輸出のいずれかを伴う購入又は

販売に際し、民間貿易業者が行う輸入又は輸出についての政府の措置に関してこの協定に定める無差別待遇の一般原則に合致する方法で行動させることを約束する。
(b) (a)の規定は、前記の企業が、この協定の他の規定に妥当な考慮を払つた上で、商業的考慮（価格、品質、入手の可能性、市場性、輸送等の購入又は販売の条件に対する考慮をいう。）のみに従つて前記の購入又は販売を行い、かつ、他の締約国の企業に対し、通常の商慣習に従つて前記の購入又は販売に参加するために競争する適当な機会を与えることを要求するものと了解される。
(c) 締約国は、自国の管轄権の下にある企業（(a)に定める企業であるかどうかを問わない。）が(a)及び(b)の原則に従つて行動することを妨げてはならない。
2 1の規定は、再販売するため又は販売のための貨物の生産に使用するための産品ではなく政府が直接又は最終的に消費するための産品の輸入には、適用しない。その輸入については、各締約国は、他の締約国の貿易に対して公正かつ衡平な待遇を許与しなければならない。
3 締約国は、1(a)に定める種類の企業の運営が貿易に著しい障害を与えることがあること、よつて、その障害を制限し、又は減少するための相互的かつ互恵的な基礎における交渉が国際貿易の拡大のため重要であることを認める。
4(a) 締約国は、1(a)に定める種類の企業により自国の領域に輸入され、又はそこから輸出される産品を締約国団に通告しなければならない。
(b) 第2条の規定に基く譲許の対象とならない産品について輸入独占を設定し、維持し、又はその特権を与える締約国は、当該産品について実質的数量の貿易を行う他のいずれかの締約国の要請を受けたときは、最近の代表的な期間における当該産品の輸入差益を締約国団に通報しなければならず、その通報を行うことが不可能なときは、当該産品の再販売に当り課せられる価格を通報しなければならない。
(c) 締約国団は、この協定に基く自国の利益が1(a)に定める種類の企業の運営により悪影響を受けていると信ずべき根拠を有する締約国から要請を受けたときは、その企業を設立し、維持し、又はこれに特権を与えている締約国に対し、その企業の運営に関する情報でこの協定の規定の実施に関連のあるものを提供するように要請することができる。
(d) この4の規定は、締約国に対し、法令の実施を妨げ、公共の利益に反し、又は特定の企業の正当な商業上の利益を害することとなるような秘密の情報の提供を要求するものではない。

第19条（特定の産品の輸入に対する緊急措置） 1(a) 締約国は、事情の予見されなかつた発展の結果及び自国がこの協定に基いて負う義務（関税譲許を含む。）の効果により、産品が、自国の領域内における同種の産品又は直接的競争産品の国内生産者に重大な損害を与え又は与えるおそれがあるような増加した数量で、及びそのような条件で、自国の領域内に輸入されているときは、その産品について、前記の損害を防止し又は救済するために必要な限度及び期間において、その義務の全部若しくは一部を停止し、又はその譲許を撤回し、若しくは修正することができる。
(b) 特恵譲許の対象となつている産品が締約国の領域内に(a)に定める事情の下に輸入され、その結果、その特恵を受けているか又は受けていた他の締約国の領域内における同種の産品又は直接的競争産品の国内生産者に重大な損害を与え又は与えるおそれがある場合において、当該他の締約国の要請を受けたときは、輸入締約国は、当該産品について、前記の損害を防止し又は救済するために必要な限度及び期間において、該当の義務の全部若しくは一部を停止し、又は譲許を撤回し、若しくは修正することができる。
2 締約国は、1の規定に従つて措置を執るに先だち、提案する措置についてできる限り早目に書面により締約国団に通告しなければならず、また、自国と協議する機会を、締約国団及び当該産品の輸出国として実質的に利害関係を有する締約国に与えなければならない。特恵譲許について前記の通告を行うときは、その通告には、その措置を要請した締約国の名を掲げなければならない。遅延すれば回復しがたい損害を生ずるような急迫した事態においては、1の規定に基く措置は、事前の協議を行うことなく暫定的に執ることができる。ただし、その措置を執つた後直ちに協議を行うことを条件とする。
3(a) 前記の措置について関係締約国間に合意が成立しなかつた場合にも、締約国は、希望するときは、その措置を執り、又は継続することができる。また、その措置が執られ、又は継続されるときは、それによつて影響を受ける締約国は、その措置が執られた後90日以内に、かつ、締約国団が停止の通告書を受領した日から30日の期間が経過した時に、その措置を執つている締約国の貿易に対し、又は1(b)に定める場合にはその措置を要請している締約国の貿易に対し、この協定に基く実質的に等価値の譲許その他の義務で締約国団が否認しないものの適用を停止することができる。
(b) (a)の規定にかかわらず、締約国は、事前の協議を行うことなく2の規定に基いて措置が執られ、かつ、その措置がその影響を受ける産品の国内生産者に対して自国の領域内において重大な損害を与え又は与えるおそれがある場合において、遅延すれば回復しがたい損害を生ずるおそれがあるときは、その措置が執られると同時に、及び協議の期間を通じて、損害を防止し又は救済するために必要な譲許その他の義務を停止することができる。

第20条（一般的例外） この協定の規定は、締約国が次のいずれかの措置を採用すること又は実施することを妨げるものと解してはならない。ただし、それらの措置を、同様の条件の下にある諸国の間において任意の若しくは正当と認められない差別待遇の手段となるよ

うな方法で、又は国際貿易の偽装された制限となるような方法で、適用しないことを条件とする。
 (a) 公徳の保護のために必要な措置
 (b) 人、動物又は植物の生命又は健康の保護のために必要な措置
 (c) 金又は銀の輸入又は輸出に関する措置
 (d) この協定の規定に反しない法令（税関行政に関する法令、第2条4及び第17条の規定に基いて運営される独占の実施に関する法令、特許権、商標権及び著作権の保護に関する法令並びに詐欺的慣行の防止に関する法令を含む。）の遵守を確保するために必要な措置
 (e) 刑務所労働の産品に関する措置
 (f) 美術的、歴史的又は考古学的価値のある国宝の保護のために執られる措置
 (g) 有限天然資源の保存に関する措置。ただし、この措置が国内の生産又は消費に対する制限と関連して実施される場合に限る。
 (h) 締約国団に提出されて否認されなかつた基準に合致する政府間商品協定又は締約国団に提出されて否認されなかつた政府間商品協定のいずれかに基く義務に従つて執られる措置
 (i) 国内原料の価格が政府の安定計画の一部として国際価格より低位に保たれている期間中、国内の加工業に対してその原料の不可欠の数量を確保するために必要な国内原料の輸出に制限を課する措置。ただし、この制限は、国内産業の産品の輸出を増加するように、又は国内産業に与えられる保護を増大するように運用してはならず、また、無差別待遇に関するこの協定の規定から逸脱してはならない。
 (j) 一般的に又は地方的に供給が不足している産品の獲得又は分配のために不可欠の措置。ただし、このような措置は、すべての締約国が当該産品の国際的供給について衡平な取分を受ける権利を有するという原則に合致するものでなければならず、また、この協定の他の規定に反するこのような措置は、それを生ぜしめた条件が存在しなくなつたときは、直ちに終止しなければならない。締約国団は、1960年6月30日以前に、この(j)の規定の必要性について検討しなければならない。

第21条（安全保障のための例外） この協定のいかなる規定も、次のいずれかのことを定めるものと解してはならない。
 (a) 締約国に対し、発表すれば自国の安全保障上の重大な利益に反するとその締約国が認める情報の提供を要求すること。
 (b) 締約国が自国の安全保障上の重大な利益の保護のために必要であると認める次のいずれかの措置を執ることを妨げること。
  (i) 核分裂性物質又はその生産原料である物質に関する措置
  (ii) 武器、弾薬及び軍需品の取引並びに軍事施設に供給するため直接又は間接に行われるその他の貨物及び原料の取引に関する措置

  (iii) 戦時その他の国際関係の緊急時に執る措置
 (c) 締約国が国際の平和及び安全の維持のため国際連合憲章に基く義務に従う措置を執ることを妨げること。

第22条（協議） 1 各締約国は、この協定の運用に関して他の締約国が行う申立に対し好意的な考慮を払い、かつ、その申立に関する協議のため適当な機会を与えなければならない。
2 締約国団は、いずれかの締約国の要請を受けたときは、前項の規定に基く協議により満足しうる解決が得られなかつた事項について、いずれかの一又は二以上の締約国と協議することができる。

第23条（無効化又は侵害） 1 締約国は、(a)他の締約国がこの協定に基く義務の履行を怠つた結果として、(b)他の締約国が、この協定の規定に抵触するかどうかを問わず、なんらかの措置を適用した結果として、又は(c)その他のなんらかの状態が存在する結果として、この協定に基き直接若しくは間接に自国に与えられた利益が無効にされ、若しくは侵害され、又はこの協定の目的の達成が妨げられていると認めるときは、その問題について満足しうる調整を行うため、関係があると認める他の締約国に対して書面により申立又は提案をすることができる。この申立又は提案を受けた締約国は、その申立又は提案に対して好意的な考慮を払わなければならない。
2 妥当な期間内に関係締約国間に満足しうる調整が行われなかつたとき、又は困難が前項(c)に掲げるものに該当するときは、その問題を締約国団に付託することができる。締約国団は、このようにして付託された問題を直ちに調査し、かつ、関係があると認める締約国に対して適当な勧告を行い、又はその問題について適当な決定を行わなければならない。締約国団は、必要と認めるときは、締約国、国際連合経済社会理事会及び適当な政府間機関と協議することができる。締約国団は、事態が重大であるためそのような措置が正当とされると認めるときは、締約国に対し、この協定に基く譲許その他の義務でその事態にかんがみて適当であると決定するものの他の締約国に対する適用の停止を許可することができる。当該他の締約国に対するいずれかの譲許その他の義務の適用が実際に停止されたときは、その締約国は、停止の措置が執られた後60日以内に、この協定から脱退する意思を書面により締約国団の書記局長に通告することができ、この脱退は、同書記局長がその脱退通告書を受領した日の後60日目に効力を生ずる。

第3部

第24条（適用地域―国境貿易―関税同盟及び自由貿易地域） 1 この協定の規定は、締約国の本土関税地域及び第26条の規定に基いてこの協定が受諾され、又は第33条の規定に基いて若しくは暫定的適用に関する議定書に従つてこの協定が適用されている他の関税地域に適用する。これらの関税地域は、この協定の適用地域に関する場合に限り、それぞれ一締約国として取

り扱うものとする。ただし、この項の規定は、単一の締約国が第26条の規定に基いてこの協定を受諾しており、又は第33条の規定に基いて若しくは暫定的適用に関する議定書に従つてこの協定を適用している二以上の関税地域の間になんらかの権利又は義務を発生させるものと解してはならない。

2　この協定の適用上、関税地域とは、当該地域とその他の地域との間の貿易の実質的な部分に対して独立の関税その他の通商規則を維持している地域をいう。

3　この協定の規定は、次のものを妨げるものと解してはならない。
  (a)　締約国が国境貿易を容易にするため隣接国に与える利益
  (b)　トリエステ自由地域の隣接国が同地域との貿易に与える利益。ただし、その利益が第2次世界大戦の結果締結された平和条約に抵触しないことを条件とする。

4　締約国は、任意の協定により、その協定の当事国間の経済の一層密接な統合を発展させて貿易の自由を増大することが望ましいことを認める。締約国は、また、関税同盟又は自由貿易地域の目的が、その構成領域間の貿易を容易にすることにあり、そのような領域と他の締約国との間の貿易に対する障害を引き上げることにはないことを認める。

5　よつて、この協定の規定は、締約国の領域の間で、関税同盟を組織し、若しくは自由貿易地域を設定し、又は関税同盟の組織若しくは自由貿易地域の設定のために必要な中間協定を締結することを妨げるものではない。ただし、次のことを条件とする。
  (a)　関税同盟又は関税同盟の組織のための中間協定に関しては、当該関税同盟の創設又は当該中間協定の締結の時にその同盟の構成国又はその協定の当事国でない締約国との貿易に適用される関税その他の通商規則は、全体として、当該関税同盟の組織又は当該中間協定の締結の前にその構成地域において適用されていた関税の全般的な水準及び通商規則よりそれぞれ高度なものであるか又は制限的なものであつてはならない。
  (b)　自由貿易地域又は自由貿易地域の設定のための中間協定に関しては、各構成地域において維持されている関税その他の通商規則で、その自由貿易地域の設定若しくはその中間協定の締結の時に、当該地域に含まれない締約国又は当該協定の当事国でない締約国の貿易に適用されるものは、自由貿易地域の設定又は中間協定の締結の前にそれらの構成地域に存在していた該当の関税その他の通商規則よりそれぞれ高度なものであるか又は制限的なものであつてはならない。
  (c)　(a)及び(b)に掲げる中間協定は、妥当な期間内に関税同盟を組織し、又は自由貿易地域を設定するための計画及び日程を含むものでなければならない。

6　5(a)の要件を満たすに当り、締約国が第2条の規定に反して税率を引き上げることを提案したときは、第28条に定める手続を適用する。補償的調整を決定するに当つては、関税同盟の他の構成国の対応する関税の引下げによつてすでに与えられた補償に対して妥当な考慮を払わなければならない。

7(a)　関税同盟若しくは自由貿易地域又は関税同盟の組織のため若しくは自由貿易地域の設定のために締結される中間協定に参加することを決定する締約国は、その旨を直ちに締約国団に通告し、かつ、締約国団が適当と認める報告及び勧告を締約国に対して行うことができるようにその関税同盟又は自由貿易地域に関する情報を締約国団に提供しなければならない。
  (b)　締約国団は、5に掲げる中間協定に含まれる計画及び日程をその中間協定の当事国と協議して検討し、かつ、(a)の規定に従つて提供された情報に妥当な考慮を払つた後、その協定の当事国の意図する期間内に関税同盟が組織され若しくは自由貿易地域が設定される見込みがないか又はその期間が妥当でないと認めたときは、その協定の当事国に対して勧告を行わなければならない。当事国は、その勧告に従つてその中間協定を修正する用意がないときは、それを維持し、又は実施してはならない。
  (c)　5(c)に掲げる計画又は日程の実質的な変更は、締約国団に通報しなければならない。締約国団は、その変更が関税同盟の組織又は自由貿易地域の設定を危くし、又は不当に遅延させるものであると認めるときは、関係締約国に対し、締約国団と協議するように要請することができる。

8　この協定の適用上、
  (a)　関税同盟とは、次のことのために単一の関税地域をもつて二以上の関税地域に替えるものをいう。
    (i)　関税その他の制限的通商規則（第11条、第12条、第13条、第14条、第15条及び第20条の規定に基いて認められるもので必要とされるものを除く。）を同盟の構成地域間の実質上のすべての貿易について、又は少くともそれらの地域の原産の産品の実質上のすべての貿易について、廃止すること。
    (ii)　9の規定に従うことを条件として、同盟の各構成国が、実質的に同一の関税その他の通商規則をその同盟に含まれない地域の貿易に適用すること。
  (b)　自由貿易地域とは、関税その他の制限的通商規則（第11条、第12条、第13条、第14条、第15条及び第20条の規定に基いて認められるもので必要とされるものを除く。）がその構成地域の原産の産品の構成地域間における実質上のすべての貿易について廃止されている二以上の関税地域の集団をいう。

9　第1条2に掲げる特恵は、関税同盟の組織又は自由貿易地域の設定によつて影響を受けるものではないが、これによつて影響を受ける締約国との交渉によつて廃止し、又は調整することができる。影響を受ける締約国とのこの交渉の手続は、特に、8(a)(i)及び(b)の規定に合致するために必要とされる特恵の廃止に適用するものとする。

10 締約国団は、5から9までに定める要件に完全には合致しない提案を3分の2の多数によつて承認することができる。ただし、その提案は、この条の規定の意味における関税同盟の組織又は自由貿易地域の設定のためのものでなければならない。

11・12 〔省略〕

第27条（譲許の停止又は撤回） 締約国は、この協定に附属する該当の譲許表に定める譲許で、締約国とならなかつた政府又は締約国でなくなつた政府と直接に交渉した譲許であると決定するものについては、いつでもその全部又は一部を停止し、又は撤回することができる。この措置を執る締約国は、その旨を締約国団に通告しなければならず、また、要請を受けたときは、当該産品について実質的な利害関係を有する締約国と協議しなければならない。

第28条（譲許表の修正） 1 締約国（以下この条において「申請締約国」という。）は、この協定に附属する該当の譲許表に含まれる譲許を、その譲許について直接に交渉した締約国及び主要供給国としての利害関係を有すると締約国団により決定された他の締約国（これらの二種類の締約国は、申請締約国とともに、以下この条において「主要関係締約国」という。）と交渉し、かつ、合意することにより、及びその譲許について実質的な利害関係を有すると締約国団が決定する他の締約国と協議することを条件として、1958年1月1日から始まる各3年の期間の最初の日（又は締約国団が投票の3分の2の多数決により定めるその他の期間の最初の日）に、修正し、又は撤回することができる。

2 前記の交渉及び合意（他の産品に関する補償的調整の規定を含むことができる。）において、関係締約国は、その交渉前におけるこの協定に定められた水準より貿易にとつて不利でない相互的かつ互恵的な譲許の一般的水準を維持するように努めなければならない。

3 〔省略〕

4 締約国団は、特別の事情があるときはいつでも、次の手続及び条件に従うことを条件として、締約国が、この協定に附属する該当の譲許表に含まれる譲許の修正又は撤回のための交渉を開始することを承認することができる。
(a) この交渉及びそれに関連する協議は、1及び2の規定に従つて行なわなければならない。
(b) 交渉において主要関係締約国の間に合意が成立したときは、3(b)の規定が適用される。
(c) 交渉を開始することが承認された日の後60日の期間内に又は締約国団が定めるそれより長い期間内に主要関係締約国の間に合意が成立しなかつたときは、申請締約国は、その問題を締約国団に付託することができる。
(d) 締約国団は、前記の問題を付託されたときは、直ちにその問題を審査し、かつ、解決を得るために締約国団の見解を主要関係締約国に提示しなければならない。解決が得られたときは、主要関係締約国の間に合意が成立した場合と同様に、3(b)の規定が適用される。主要関係締約国の間で解決が得られなかつたときは、申請締約国は、適当な補償を提案しなかつたことが不当であると締約国団により決定されない限り、当該譲許を修正し、又は撤回することができる。この措置が執られたときは、その譲許について直接に交渉した締約国及び、(a)の規定に基き主要供給国としての利害関係を有すると決定された締約国及び(a)の規定に基き実質的な利害関係を有すると決定された締約国は、申請締約国と直接に交渉した譲許のうちその措置と実質的に等価値の譲許の修正又は撤回を行うことができる。ただし、その措置が執られた後6箇月以内に、その修正又は撤回について、締約国団が30日の事前の通告書を受領していることを条件とする。

5 締約国は、締約国団に通告することにより、1958年1月1日前に、又は1にいう期間の満了前に、該当の譲許表を、次の期間中、1から3までに定める手続に従つて修正する権利を留保することができる。いずれかの締約国がこの権利を留保するときは、他の締約国は、当該期間中、その締約国と直接に交渉した譲許を、同一の手続に従つて修正し、又は撤回する権利を有する。

第28条の2（関税交渉） 1 締約国は、関税がしばしば貿易に対する著しい障害となること、したがつて、関税その他輸入及び輸出に関する課徴金の一般的水準の実質的な引下げ、特に、最少限度の数量の輸入をも阻害するような高関税の引下げをめざし、かつ、この協定の目的及び各締約国の異なる必要に妥当な考慮を払つて行われる相互的かつ互恵的な交渉が国際貿易の拡大のためきわめて重要であることを認める。よつて、締約国団は、このような交渉を随時主催することができる。

2(a) この条の規定に基く交渉は、個個の産品について、又は関係締約国が受諾する多角的手続を適用して、行うことができる。この交渉は、関税の引下げ、関税の現行水準におけるすえ置又は個個の関税若しくは特定の部類の産品に対する平均関税が特定の水準をこえてはならないという約束を目的とすることができる。低関税又は無税のすえ置は、原則として、高関税の引下げと等価値の譲許とみなされる。
(b) 締約国は、多角的交渉の成功が、相互間で行う貿易が自国の対外貿易の相当の部分を占めるすべての締約国の参加に依存するものであることを認める。

3 交渉は、次のことを十分に考慮して行わなければならない。
(a) 各締約国及び各産業の必要
(b) 低開発国がその経済開発を助長するため関税による保護を一層弾力的に利用することの必要及びこれらの国が歳入上の目的で関税を維持することの特別の必要
(c) その他関連のあるすべての事情（関係締約国の財政上、開発上、戦略上その他の必要を含む。）

第4部　貿易及び開発

第36条（原則及び目的） 1 締約国は、

- (a) この協定の基本的な目的がすべての締約国の生活水準の引上げ及び経済の漸進的開発を含むことを想起し、また、この目的の達成が低開発締約国にとつて特に緊急なものであることを考慮し、
- (b) 低開発締約国の輸出収入がこれらの締約国の経済開発において決定的な役割を果たすことができること並びにこの寄与の程度が低開発締約国により不可欠な輸入に対して支払われる価格、これらの締約国の輸出の数量及びこれらの輸出に対して支払われる価格にかかつていることを考慮し、
- (c) 低開発国における生活水準と他の国における生活水準との間に大きい格差があることに留意し、
- (d) 低開発締約国の経済開発を促進し、かつ、これらの国における生活水準の急速な引上げをもたらすため、個別行動及び共同行動が不可欠であることを認め、
- (e) 経済的及び社会的な発展を達成する手段としての国際貿易が、この条に定める目的に合致する規則及び手続並びにそのような規則及び手続に適合する措置によつて規律されるべきであることを認め、
- (f) 低開発締約国がその貿易及び開発を促進するための特別の措置を執ることを締約国団が認めることができることに留意して、

次のとおり協定する。
2 低開発締約国の輸出収入の急速かつ持続的な増大が、必要である。
3 成長する国際貿易において低開発締約国がその経済開発上の必要に相応した取分を占めることを確保することを意図した積極的な努力が、必要である。
4 多くの低開発締約国が限られた範囲の一次産品の輸出に引き続き依存しているので、これらの産品の世界市場への進出のための一層有利な条件であつて受諾可能なものを可能な最大限度において設けることが必要であり、また、適当な場合にはいつでも、経済開発のための一層多くの資源をこれらの国に提供するために世界の貿易及び需要の拡大並びにこれらの国の実質的な輸出収入の不断のかつ着実な増大を可能にするように、これらの産品についての世界市場の条件の安定及び改善を意図した措置(特に、価格を安定した、衡平な、かつ、採算のとれるものにすることを意図した措置を含む。)を講ずることが必要である。
5 低開発締約国の経済の急速な拡大は、その経済構造の多様化及び一次産品の輸出に対する過度の依存の回避によつて容易にされる。したがつて、低開発締約国が輸出について特別の関心を現に有し又は将来有することがある加工品及び製品の有利な条件による市場への進出を可能な最大限度において増進することが、必要である。
6 低開発締約国における輸出収入その他の外国為替収入の慢性的な不足のため、貿易と開発のための資金上の援助との間には、重要な相互関係がある。したがつて、締約国団及び国際的な融資機関が、これらの低開発締約国によるその経済開発のための負担を軽減するために最も効果的に貢献することができるように、緊密かつ継続的な協力を行なうことが、必要である。
7 締約国団並びに低開発国の貿易及び経済開発に関連がある活動を行なつている他の政府間機関及び国際連合の諸機関が適切な協力を行なうことが、必要である。
8 先進締約国は、貿易交渉において行なつた関税その他低開発締約国の貿易に対する障害の軽減又は廃止に関する約束について相互主義を期待しない。
9 これらの原則及び目的を具体化するための措置を執ることは、締約国が個個に、及び共同して、目的意識をもつて努力すべき問題である。

第37条（約束） 1 先進締約国は、可能な最大限度において、すなわち、やむを得ない理由（法的な理由を含む。）によつて不可能である場合を除くほか、次の規定を実施しなければならない。
- (a) 低開発締約国が輸出について特別の関心を現に有し又は将来有することがある産品についての障害（加工されていない産品と加工された産品との間に不当な差別を設けるような関税その他の制限を含む。）の軽減及び廃止に高度の優先権を与えること。
- (b) 低開発締約国が輸出について特別の関心を現に有し又は将来有することがある産品について関税又は関税以外の輸入障害を新設し又は強化することを差し控えること。
- (c) 全部又は大部分が低開発締約国の領域内で生産される一次産品（加工されているといないとを問わない。）の消費の増大を著しく阻害する財政措置で特にこれらの産品に適用されるものについて、
   - (i) そのような財政措置を新たに執ることを差し控えること。
   - (ii) 財政政策の調整の際に、そのような財政措置の軽減及び廃止に高度の優先権を与えること。

2 (a) 1(a)、(b)又は(c)のいずれかの規定が実施されていないと認められるときはいつでも、その問題は、当該規定を実施していない締約国又は他の関係締約国によつて締約国団に報告されなければならない。
- (b)(i) 締約国団は、いずれかの関係締約国から要請を受けたときは、この問題に関し、当該関係締約国及び他のすべての関係締約国と、第36条に定める目的を助長するためにすべての関係締約国にとつて満足な解決に到達することを目的として、協議しなければならない。この協議は、二国間協議を妨げるものではない。これらの協議においては、1(a)、(b)又は(c)の規定が実施されなかつた場合におけるその理由が検討されるものとする。
   - (ii) 他の先進締約国と共同で行動することによつて1(a)、(b)又は(c)の規定の個個の締約国による実施が一層容易に達成される場合があるので、前記の協議は、適当な場合には、そのような行動を目的として行なうことができる。
   - (iii) 締約国団による協議は、また、適当な場合には、第25条1に定めるこの協定の目的を助長するための共同行動についての合意を目的として行なうことができる。

3 先進締約国は、

(a) 全部又は大部分が低開発締約国の領域内で生産される産品の再販売価格を政府が直接又は間接に決定する場合には、販売差益を衡平な水準に維持するため、あらゆる努力を払わなければならない。
(b) 低開発締約国からの輸入の増進の可能性を増大させることを意図した他の措置を執ることを積極的に検討し、かつ、このため、適切な国際活動を行なうことに協力しなければならない。
(c) 特定の問題に対処するためにこの協定によって許されている他の措置を執ることを検討する場合には、低開発締約国の貿易上の利益を特に考慮しなければならず、また、これらの措置がこれらの締約国の重大な利益に影響を及ぼすようなものであるときは、これを執るに先だつて、可能なすべての建設的な救済措置を検討しなければならない。

4 低開発締約国は、第4部の規定の実施にあたり、過去における貿易の推移及び低開発締約国全体の貿易上の利害関係を考慮して、現在及び将来における自国の開発上、資金上及び貿易上の必要に合致する限りにおいて、他の低開発締約国の貿易上の利益のために適切な措置を執ることに同意する。

5 各締約国は、1から4までに規定する約束の実施にあたり、生ずることがある問題又は困難に関してこの協定の通常の手続による協議を行なう十分な機会を直ちに他の関係締約国に与えなければならない。

第38条〔共同行動〕 1 締約国は、第36条に定める目的を助長するため、この協定の枠〔わく〕内で、又は適当な場合には他の態様で、共同して行動しなければならない。

2 特に、締約国団は、
(a) 適当な場合には、低開発締約国が特別の関心を有する一次産品の世界市場への進出のための改善された条件であつて受諾可能なものを設けるため、並びにこれらの産品についての世界市場の条件の安定及び改善を意図した措置(これらの産品の輸出のための価格を安定した、衡平な、かつ、採算のとれるものにすることを意図した措置を含む。)を講ずるための行動(国際取極による行動を含む。)をしなければならない。
(b) 貿易及び開発の政策の問題に関し、国際連合及びその諸機関(国際連合貿易開発会議の勧告に従つて設立される機関を含む。)と適切な協力を行なうように努めなければならない。
(c) 個個の低開発締約国の開発の計画及び政策を分析すること並びに潜在的な輸出能力の開発を促進し、及びそのようにして開発された産業の産品の輸出市場への進出を容易にするための具体的な措置を講ずるために貿易と援助との関係を検討することに協力しなければならず、また、この点に関し、個個の低開発締約国の貿易と援助との関係の組織的研究であつて、潜在的な輸出能力、市場の見通し及びさらに必要となることがある行動を明確に分析することを目的とするものにおいて、各国政府及び国際機関(特に、経済開発のための資金上の援助に関して権限のある機関)と適切な協力を行なうように努めなければならない。
(d) 低開発締約国の貿易の成長率を特に考慮しつつ世界貿易の推移を絶えず検討し、かつ、締約国に対し、その状況において適当と認められる勧告を行なわなければならない。
(e) 各国の政策及び規則の国際的な調和及び調整により、生産、輸送及び市場取引に関する技術上及び商業上の基準の設定により、並びに貿易に関する情報の供給の増大及び市場調査の発達のための措置を通ずる輸出の促進によつて経済開発のために貿易を拡大することにつき、実行可能な方法を求めることに協力しなければならない。
(f) 第36条に定める目的を助長し、かつ、この部の規定を実施するために必要な制度上の措置を講じなければならない。

附属書A—I〔省略〕

●日本国とアメリカ合衆国との間の友好通商航海条約
《日米通商航海条約》〔抄〕

Treaty of Friendship, Commerce and Navigation between Japan and the United States of America

▼署名 1953年4月2日(東京) ▼効力発生 1953年10月30日 ▼日本国 1953年8月7日国会承認、9月30日批准書交換、10月28日公布〔昭和28年条約第27号〕

前文〔省略〕

第1条【入国、在留】 1 いずれの一方の締約国の国民も、(a)両締約国の領域の間における貿易を営み、若しくはこれに関連する商業活動を行う目的をもつて、(b)当該国民が相当な額の資本を投下した企業若しくは当該国民が現に相当な額の資本を投下する過程にある企業を発展させ、若しくはその企業の運営を指揮する目的をもつて、又は(c)外国人の入国及び在留に関する法令の認めるその他の目的をもつて、他方の締約国の領域に入り、及びその領域に在留することを許される。

2 いずれの一方の締約国の国民も、他方の締約国の領域内において、(a)自由に旅行し、及び自己が選んだ場所に居住し、(b)良心の自由を享有し、(c)公私の宗教上の儀式を行い、(d)国外の公衆に周知させるため資料を収集し、及び送付し、並びに(e)当該領域の内外にある他の者と郵便、電信その他一般に公衆の用に供される手段によつて通信することを許される。

3 本条の規定は、公の秩序を維持し、及び公衆の健康、

道徳又は安全を保護するため必要な措置を執る締約国の権利の行使を妨げるものではない。

第2条【身体の保護】 1　いずれの一方の締約国の国民も、他方の締約国の領域内において、いかなる種類の不法な迫害も受けることはなく、且つ、いかなる場合にも国際法の要求する保護及び保障よりも少くない不断の保護及び保障を受けるものとする。

2　いずれか一方の締約国の領域内で他方の締約国の国民が抑留された場合には、その者の要求に基き、もよりの地にあるその者の本国の領事官に直ちに通告されるものとする。その者は、(a)相当且つ人道的な待遇を受け、(b)自己に対する被疑事実を正式に且つ直ちに告げられ、(c)自己の防ぎよのための適当な準備に支障がない限りすみやかに裁判に付され、及び(d)自己の防ぎよに当然必要なすべての手段（自己が選任する資格のある弁護人の役務を含む。）を与えられる。

第3条【労災補償、社会保障】 1　いずれの一方の締約国の国民も、他方の締約国の領域内において、雇用されている間に業務の結果生じた疾病、負傷若しくは死亡又は業務の性質に起因する疾病、負傷若しくは死亡を理由として行う金銭上の補償その他の給付又は役務の提供を定める法令の適用について、内国民待遇を与えられる。

2　本条1に規定する権利及び特権の外、いずれの一方の締約国の国民も、他方の締約国の領域内において、(a)老齢、失業、疾病若しくは身体障害による賃金若しくは所得の喪失又は(b)父、夫その他自己を扶養する者の死亡による経済的扶助の喪失に対し経済上の需要を個別的に審査しないで給付を行う強制的な社会保障制度を定める法令の適用について、内国民待遇を与えられる。

第4条【出訴権、商事仲裁】 1　いずれの一方の締約国の国民及び会社も、その権利の行使及び擁護については、他方の締約国の領域内ですべての審級の裁判所の裁判を受け、及び行政機関に対して申立をする権利に関して、内国民待遇及び最恵国待遇を与えられる。いずれか一方の締約国の会社で他方の締約国の領域内で活動を行つていないものは、その領域内において、登記その他これに類する要件を課されないで、それらの裁判を受け、及び申立をする権利を有するものとする。

2　一方の締約国の国民又は会社と他方の締約国の国民又は会社との間に締結された仲裁による紛争の解決を規定する契約は、いずれの一方の締約国の領域内においても、仲裁手続のために指定された地がその領域外にあるという理由又は仲裁人のうちの1人若しくは2人以上がその締約国の国籍を有しないという理由だけでは、執行することができないものと認めてはならない。その契約に従つて正当にされた判断で、判断がされた地の法令に基いて確定しており、且つ、執行することができるものは、公の秩序及び善良の風俗に反しない限り、いずれの一方の締約国の管轄裁判所に提起される執行判決を求める訴に関しても既に確定しているものとみなされ、且つ、その判断についてその裁判所から執行判決の言渡を受けることができる。その言渡があつた場合には、その判断に対しては、その地でされる判断に対して与える特権及び執行の手段と同様の特権及び執行の手段を与えるものとする。アメリカ合衆国の領域外でされた判断は、アメリカ合衆国のいずれの州の裁判所においても、他の諸州でされる判断が受ける承認と同様の限度においてのみ、承認を受けることができるものとする。

第5条【資本・技術の保護、科学技術協力】 1　いずれの一方の締約国も、他方の締約国の国民又は会社がその設立した企業、その資本又はその提供した技能、技芸若しくは技術に関し適法に取得した権利又は利益で当該一方の締約国の領域内にあるものを害する虞がある不当な又は差別的な措置を執つてはならない。いずれの一方の締約国も、他方の締約国の国民及び会社が自国の経済的発展のため必要な資本、技能、技芸及び技術を衡平な条件で取得することを不当に妨げてはならない。

2　両締約国は、特にそれぞれの領域内における生産力の増進及び生活水準の向上のため、科学及び技術に関する知識の交換及び利用を促進することに協力することを約束する。

第6条【財産の保護】 1　いずれの一方の締約国の国民及び会社の財産も、他方の締約国の領域内において、不断の保護及び保障を受けるものとする。

2　いずれの一方の締約国の国民及び会社も、その住居、事務所、倉庫、工場その他の建造物で他方の締約国の領域内にあるものについては、不法な侵入及び妨害を受けないものとする。当該建造物及びその中にある物件について必要がある場合に行う当局の捜索及び検査は、占有者の便宜及び業務の遂行に周到な考慮を払い、法令に従つてのみ行うものとする。

3　いずれの一方の締約国の国民及び会社の財産も、他方の締約国の領域内において、公共のためにする場合を除く外、収用し、又は使用してはならず、また、正当な補償を迅速に行わないで収用し、又は使用してはならない。その補償は、実際に換価することができるもので行わなければならず、また、収用し、又は使用した財産に充分相当する価額のものでなければならない。その補償を決定し、及び実施するため、収用若しくは使用の際又はその前に、適当な準備をしなければならない。

4　いずれの一方の締約国の国民及び会社も、他方の締約国の領域内において、本条2及び3に規定する事項に関しては、いかなる場合にも、内国民待遇及び最恵国待遇よりも不利でない待遇を与えられる。更に、いずれか一方の締約国の国民又は会社が実質的な利益を有する企業は、他方の締約国の領域内において、私有企業を公有に移し、又は公の管理の下に置くことに関するすべての事項について、内国民待遇及び最恵国待遇よりも不利でない待遇を与えられる。

第7条【営利事業、公益事業】 1　いずれの一方の締約国の国民及び会社も、直接であると、代理人によつてであると、又は何らかの形態の適法な団体を通じてであるとを問わず、他方の締約国の領域内ですべての種

類の商業、工業、金融業その他の事業の活動を行うこと、従つて、(a)支店、代理店、事務所、工場その他その事業の遂行のため適当な施設を設置し、及び維持し、(b)会社に関する当該他方の締約国の一般法に基いて会社を組織し、及び当該他方の締約国の会社における過半数の利益を取得し、並びに(c)自己が設立し、又は取得した企業を支配し、及び経営することに関して、内国民待遇を与えられる。更に、当該国民又は会社が支配する企業は、個人所有の形式であると、会社の形式その他のいずれの形式であるとを問わず、その事業の遂行に関連するすべての事項について、当該他方の締約国の国民又は会社が支配する同様の企業が与えられる待遇よりも不利でない待遇を与えられる。

2 各締約国は、外国人が、その締約国の領域内で公益事業を行う企業若しくは造船、航空運送、水上運送、銀行業務（預金業務又は信託業務に限る。）若しくは土地その他の天然資源の開発を行う企業を設立し、当該企業における利益を取得し、又は当該企業を営むことができる限度を定める権利を留保する。但し、いずれか一方の締約国が、その領域内でそれらの事業を営むことに関して外国人に内国民待遇を与える限度について新たに行う制限は、その実施の際その締約国で現にそれらの事業を行つており、且つ、他方の締約国の国民又は会社が所有し、又は支配している企業に対しては、適用しない。更に、いずれの一方の締約国も、他方の締約国の運送事業、通信事業又は銀行業を営む会社に対し、その会社が行うことを許される本質的に国際的な業務に必要な機能を営むための支店及び代理店を維持する権利を否認してはならない。

3 本条1の規定は、いずれか一方の締約国が外国人の支配する企業の自国領域内における設立に関して特別の手続を定めることを妨げるものではない。但し、その手続は、本条1に規定する権利を実質的に害するものであつてはならない。

4 各締約国の国民及び会社並びに当該国民又は会社が支配する企業は、本条に規定する事項については、いかなる場合にも、最恵国待遇を与えられる。

第8条【自由職業、非営利活動】 1 いずれの一方の締約国の国民及び会社も、他方の締約国の領域内において、自己が選んだ会計士その他の技術者、高級職員、弁護士、代理を業とする者その他の専門家を用いることを許される。更に、当該国民及び会社は、当該領域内における自己の企業又は自己が財政的利益を有する企業の企画及び運営に関し、もつぱら自己のために検査、監査及び技術的調査を行わせ、並びに自己に報告させるという特定の目的で、当該領域内で自由職業に従事するための資格のいかんを問わず、会計士その他の技術者を用いることを許される。

2 いずれの一方の締約国の国民も、外国人たることのみを理由としては、他方の締約国の領域内で自由職業に従事することを禁止されることはない。当該国民は、資格、居住及び権限に関する要件で当該他方の締約国の国民に対して適用されるものに従うことを条件として、当該領域内で自由職業に従事することを許される。

3 いずれの一方の締約国の国民及び会社も、他方の締約国の領域内で学術、教育、宗教及び慈善の活動を行うことに関して、内国民待遇及び最恵国待遇を与えられる。また、その活動を行うため当該他方の締約国の法令に基いて団体を組織する権利を与えられる。

第9条【財産の取得・処分】 1 いずれの一方の締約国の国民及び会社も、他方の締約国の領域内において、(a)第7条又は第8条に基いて行うことを許される活動の遂行及び居住のため適当な土地、建物その他の不動産を賃借し、占有し、及び使用することに関する内国民待遇並びに(b)他方の締約国の関係法令で認められる不動産に関するその他の権利を与えられる。

2 いずれの一方の締約国の国民及び会社も、他方の締約国の領域内において、すべての種類の動産（無体財産を含む。）を購入、賃借その他の方法によつて取得し、所有し、及び占有することに関して、内国民待遇及び最恵国待遇を与えられる。但し、いずれの一方の締約国も、公共の安全の見地から危険と認められる物及び第7条2の第1文に掲げる活動を行う企業における利益を外国人が所有することについては、第7条その他この条約の規定によつて保障される権利及び特権を害さない範囲内において、制限することができる。

3 いずれの一方の締約国の国民及び会社も、他方の締約国の領域内にある財産を遺言によると否とを問わず遺産として取得することに関し、当該国民又は会社が外国人又は外国の会社であるという理由で内国民待遇を与えられない場合には、その財産を自由に処分することを許され、且つ、その処分をするため5年を下らない期間を与えられる。

4 いずれの一方の締約国の国民及び会社も、他方の締約国の領域内において、すべての種類の財産の処分に関して、内国民待遇及び最恵国待遇を与えられる。

第10条【工業所有権】 いずれの一方の締約国の国民及び会社も、他方の締約国の領域内において、特許権の取得及び保有並びに商標、営業用の名称及び営業用の標章に関する権利並びにすべての種類の工業所有権に関して、内国民待遇及び最恵国待遇を与えられる。

第11条【課徴金、租税】 1 いずれか一方の締約国の国民で他方の締約国の領域内に居住するもの及びいずれか一方の締約国の会社で他方の締約国の領域内で貿易その他の営利的活動又は学術、教育、宗教若しくは慈善の活動を行うものは、当該領域内において、所得、資本、取引、活動その他の客体について課される租税、手数料その他の課徴金又はその賦課及び徴収に関する要件について、当該他方の締約国の国民又は会社が負担する課徴金又は要件よりも重い課徴金又は要件を課されることはない。

2 いずれか一方の締約国の国民で他方の締約国の領域内に居住せず、且つ、貿易その他の営利的活動を行わないもの及びいずれか一方の締約国の会社で他方の締約国の領域内で貿易その他の営利的活動を行わないものに関しては、当該他方の締約国は、本条1に規定する原則を一般に適用することを目標としなければならない。

3　いずれの一方の締約国の国民及び会社も、他方の締約国の領域内において、所得、資本、取引、活動その他の客体について課される租税、手数料その他の課徴金又はその賦課及び徴収に関する要件について、いかなる場合にも、第三国の国民、第三国に居住する者及び第三国の会社が負担する課徴金又は要件よりも重い課徴金又は要件を課されることはない。

4　いずれか一方の締約国の会社で他方の締約国の領域内で貿易その他の営利的活動を行うもの及びいずれか一方の締約国の国民で他方の締約国の領域内で貿易その他の営利的活動を行うが当該領域内に居住しないものについては、当該他方の締約国は、所得、資本その他の標準による租税、手数料その他の課徴金で当該領域に対して適正に割り当てられ、又はあん分されるものをこえるものを課してはならず、また、当該領域に対して適正に割り当てられ、又はあん分される額に達しない額の控除及び免除を認めてはならない。もつぱら学術、教育、宗教又は慈善の目的のため組織され、且つ、運営される会社についても、また、同様とする。

5　各締約国は、(a)相互主義に基いて租税に関する特定の利益を与える権利、(b)二重課税の防止又は歳入の相互的保護のための協定に基いて租税に関する特別の利益を与える権利並びに(c)自国民及び隣接地に居住する者に対し所得に関する租税及び相続税に関する個人的な免除で自国に居住しないその他の者に認める当該免除よりも有利なものを認める権利を留保する。

第12条【為替制限】　1　いずれの一方の締約国の国民及び会社も、両締約国の領域の間及び他方の締約国の領域と第三国の領域との間における支払、送金及び資金又は金銭証券の移転に関して、当該他方の締約国により内国民待遇及び最恵国待遇を与えられる。

2　いずれの一方の締約国も、その通貨準備の水準が著しく低下することを防止し、又は著しく低い通貨準備を適度に増加するため必要な範囲内で行う場合を除く外、本条5に定める為替制限を行つてはならない。本条の規定は、いずれか一方の締約国が国際通貨基金に対して負う義務を変更するものではなく、また、国際通貨基金が特定の為替制限を行うことを締約国に特に認め、又は要請する場合にその為替制限を行うことを妨げるものではない。

3　いずれの一方の締約国も、前記の2に従つて為替制限を行う場合には、自国民の保健及び福祉に欠くことができない貨物及び役務のための外国為替の利用を確保するため必要なすべての準備をした後、(a)第6条3に掲げる補償として支払われた額、(b)給与、利子、配当金、手数料、権利の使用料、技術的役務に対する報酬その他の所得の額並びに(c)借入金の償還、直接投下資本の償却及び資本の移転に係る額の、他方の締約国の通貨で表示された外国為替による回収について、その他の取引のための特別の需要を考慮して適当な準備をしなければならない。二以上の為替相場が実施されている場合には、当該回収に適用される相場は、国際通貨基金によつて当該取引のため特に承認された相場又は、その承認された相場がないときは、正当な実効相場（為替の取引についての租税又は手数料を含む。）でなければならない。

4　為替制限は、いずれの一方の締約国も、他方の締約国国民及び会社の請求権、投資、運送、貿易その他の利益又は競争的地位に対して不必要に有害な又はし意的に差別的な方法で行つてはならない。

5　本条において「為替制限」とは、いずれか一方の締約国が課するすべての制限、規制、課徴金、租税その他の要件で、両締約国の領域の間における支払、送金又は資金若しくは金銭証券の移転について負担又は妨害となるものをいう。

第13条【関税、業務規制】　いずれか一方の締約国の国民及び会社で他方の締約国の領域内で事業を行うものを代理する商業旅行者は、他方の締約国の領域に入り、及びその領域から出る際並びにその領域に在留する間、関税その他の事項（第11条5に規定する例外に従うことを条件として、当該商業旅行者、その携帯する見本及び注文の取集めについて課される租税その他の課徴金を含む。）及びその業務の遂行を規律する規制に関して、最恵国待遇を与えられる。

第14条【関税、課徴金、輸出入制限】　1　各締約国は、いずれの場所から到着したかを問わず、また、運送手段の種類のいかんを問わず、他方の締約国の産品に対し、並びに、径路及び運送手段の種類のいかんを問わず、他方の締約国の領域への輸出に向けられる産品に対し、輸出若しくは輸入に対し若しくはこれに関連して課され、又は輸出品若しくは輸入品のための支払手段の国際的移転に対して課されるすべての種類の関税及び課徴金、当該関税及び課徴金の賦課の方法並びに輸出及び輸入に関連するすべての規則及び手続に関して、最恵国待遇を与える。

2　いずれの一方の締約国も、他方の締約国の産品の輸入又は他方の締約国の領域への産品の輸出について制限又は禁止をしてはならない。但し、すべての第三国の同様の産品の輸入又はすべての第三国への同様の産品の輸出が同様に制限され、又は禁止される場合は、この限りでない。

3　いずれの一方の締約国も、他方の締約国が重大な利害関係を有する産品の輸出又は輸入について量的制限をする場合には、

(a)　当該一方の締約国は、特定の期間中に輸出し、又は輸入することができる産品の総数量又は総価額及びその総数量若しくは総価額又は期間の変更について、原則として事前に公表しなければならない。

(b)　当該一方の締約国は、いずれかの第三国に割当を行うときは、その産品の貿易に影響を与える特別の要因に妥当な考慮を払つた上で、他方の締約国が以前の代表的な期間中に供給し、又は供給された産品の総数量又は総価額に比例する割当を当該他方の締約国に与えなければならない。

4　いずれの一方の締約国も、衛生上の理由その他商業的性質を有しない慣習上の理由により、又は詐欺的の若しくは不公正な慣行を防止するため、禁止又は制限をすることができる。但し、その禁止又は制限は、他

335

方の締約国の通商に対してし意的な差別をするものであつてはならない。

5　いずれの一方の締約国の国民及び会社も、輸出及び輸入に関するすべての事項について、他方の締約国により内国民待遇及び最恵国待遇を与えられる。

6　本条の規定は、いずれか一方の締約国が与える次の利益には適用しない。
  (a) 内国漁業の産品に与える利益
  (b) 国境貿易を容易にするため隣接国に与える利益
  (c) 当該一方の締約国が加盟国となる関税同盟又は構成地域となる自由貿易地域の存在に基いて与える利益。但し、当該一方の締約国が、自国の計画を他方の締約国に通報し、且つ、協議のための適当な機会を当該他方の締約国に与える場合に限る。

7　本条2及び3((a)を除く。)の規定にかかわらず、締約国は、貨物の輸出及び輸入について、第12条に従つて行われる為替制限と同等の効果を有し、又はその為替制限を効果的にするため必要とされる制限又は統制をすることができる。但し、その制限又は統制は、それらの規定から不必要に逸脱してはならず、また、外国との間の非差別的な貿易の最大限度の発展を助長し、又はその制限の必要を除去するに足りる国際収支状況及び通貨準備をもたらすための政策に適合するものでなければならない。

第15条【関税行政】
1　各締約国は、法令及び一般に適用する行政上の決定で、関税、租税その他の課徴金の額、関税のための品目分類並びに輸出品及び輸入品若しくはそのための支払手段の移転についての要件若しくは制限に関するもの又は輸出品及び輸入品の販売、分配若しくは使用に影響を与えるものをすみやかに公表し、並びにその法令及び決定を一律、公平且つ適切に実施しなければならない。行政上新たに定められる要件又は制限で輸入品に影響を与えるものは、衛生上又は公共の安全上の理由で課するものを除く外、一般の慣行として、公表後30日を経過するまでの間は実施せず、又は公表の際輸送中である産品には適用しないものとする。

2　各締約国は、他方の締約国の国民及び会社並びに他方の締約国の産品を輸入する者が関税に関する事項に関する行政処分(過料を科し、その他不利益処分を行うこと、没取並びに行政機関が行う関税のための分類及び評価の問題についての決定を含む。)について迅速且つ公平な審査を受け、及び正当と認められた場合にその是正を求めることができる訴願及び出訴の手続を定めなければならない。関税及び海運に関する法令に対する違反で書類の作成に関するものを理由とする不利益処分は、当該違反が記載上の過誤から生じた場合又は善意によることが証明された場合には、単に警告として行うため必要な限度をこえるものであつてはならない。

3　各締約国は、一方の締約国の産品を輸出し、又は輸入する者がその産品をいずれか一方の締約国の会社の海上保険に付することを妨げる差別的措置を執つてはならない。この規定は、第12条の規定の適用を妨げるものではない。

第16条【産品の待遇】
1　いずれの一方の締約国の産品も、他方の締約国の領域内において、国内における課税、販売、分配、保管及び使用に影響があるすべての事項に関して、内国民待遇及び最恵国待遇を与えられる。

2　いずれか一方の締約国の国民若しくは会社又はいずれか一方の締約国の国民若しくは会社の支配する他方の締約国の会社が当該他方の締約国の領域内で生産する物品は、その領域内において、輸出、課税、販売、分配、保管及び使用に影響があるすべての事項に関して、生産する者又は会社のいかんを問わず内国原産の同様の物品が与えられる待遇よりも不利でない待遇を与えられる。

第17条【国家貿易】
1　各締約国は、(a)その政府が所有し、又は支配する企業及びその領域内で排他的の又は特別の特権を与えられた独占企業又は機関が、他方の締約国の通商に影響を与える輸出又は輸入を伴う販売又は購入を商業的考慮(価格、品質、入手可能性、市場性、運送その他販売又は購入の条件等に関する考慮をいう。)によつてのみ行うべきこと並びに(b)他方の締約国の国民、会社及び通商が、(a)に規定する販売又は購入に参加するため競争する適当な機会を通常の商慣行に従つて与えられるべきことを約束する。

2　各締約国は、他方の締約国の国民、会社及び通商に対し、(a)政府による需品の購入、(b)特権の賦与その他政府による契約及び(c)政府又は排他的の若しくは特別の特権を与えられた独占企業若しくは機関が行う役務の販売に関しては、第三国の国民、会社及び通商に与える待遇と比べて公正且つ衡平な待遇を与えなければならない。

第18条【制限的商慣行の排除、公企業免除】
1　両締約国は、競争を制限し、市場への参加を制限し、又は独占的支配を助長する事業上の慣行で商業を行う一若しくは二以上の公私の企業又はそれらの企業の間における結合、協定その他の取極により行われるものが、それぞれの領域の間における通商に有害な影響を与えることがあることについて、一致した意見を有する。従つて、各締約国は、他方の締約国の要請があるときは、それらのいかなる事業上の慣行に関しても協議し、及びその有害な影響を除去するため適当と認める措置を執ることに同意する。

2　いずれの一方の締約国の公の所有又は支配に属する企業(社団法人、団体及び政府機関を含む。)も、他方の締約国の領域内で商業、工業、海運業その他の事業の活動を行う場合には、自己又は自己の財産のため、私の所有又は支配に属する企業が課税され、訴えられ、又は裁判の執行を受けることその他当該領域内で負う義務を当該領域内で免除されることを請求し、又はその免除を享有しないものとする。

第19条【船舶の待遇】
1　両締約国の領域の間においては、通商及び航海の自由があるものとする。

2　いずれか一方の締約国の国旗を掲げる船舶で、国籍の証明のため当該締約国の法令により要求される書類

を備えているものは、公海並びに他方の締約国の港、場所及び水域において、当該一方の締約国の船舶と認められる。

3　いずれの一方の締約国の船舶も、他方の締約国の船舶及び第三国の船舶と均等の条件で、外国との間における通商及び航海のため開放された他方の締約国のすべての港、場所及び水域に積荷とともに入る自由を有する。その船舶及び積荷は、当該他方の締約国の港、場所及び水域において、すべての事項に関して内国民待遇及び最恵国待遇を与えられる。

4　いずれの一方の締約国の船舶も、他方の締約国の領域に又はその領域から船舶で輸送することができるすべての産品を輸送する権利に関して、当該他方の締約国によつて内国民待遇及び最恵国待遇を与えられる。それらの産品は、(a)関税その他の課徴金、(b)税関事務及び(c)奨励金、関税の払いもどしその他この種の特権に関して、当該他方の締約国の船舶で輸送される同様の産品が与えられる待遇よりも不利でない待遇を与えられる。

5　いずれの一方の締約国の船舶も、難破し、座礁し、又は他方の締約国の港、場所若しくは水域（外国との間における通商及び航海のため開放されているかどうかを問わない。）にやむを得ず入つた場合には、当該他方の締約国又は第三国の船舶が同様の場合に受ける援助及び保護と同様の援助及び保護を受けるものとし、また、当該他方の締約国又は第三国の船舶が同様の場合に支払うべき租税その他の課徴金と異なる租税その他の課徴金を課されないものとする。いずれか一方の締約国の当該船舶の積荷及びその船舶から救い上げられたすべての物品は、他方の締約国の領域内における消費のため搬入された場合を除く外、関税を免除されるものとする。但し、消費以外の目的のため搬入された物品については、それが当該他方の締約国から搬出されるまでは、歳入の保護のための措置を執ることができる。

6　この条約の他のいかなる規定にもかかわらず、各締約国は、沿岸貿易、内国漁業及び内水航行に関して自国の船舶のため排他的な権利及び特権を留保し、又は相互主義に基く限り外国の船舶に沿岸貿易、内国漁業及び内水航行を許すことができる。

7　本条において「船舶」とは、私の所有又は運航に係るものであると、公の所有又は運航に係るものであるとを問わず、すべての種類の船舶をいう。但し、本条2及び5の場合を除く外、漁船及び軍艦を含まないものとする。

第20条【領域通過】次の人及び物については、国際通過のため最も便利な径路により各締約国の領域を通過する自由があるものとする。
　(a)　他方の締約国の国民及びその手荷物
　(b)　他方の締約国の領域への又はその領域からの途中にあるその他の者及びその手荷物
　(c)　他方の締約国の領域への又はその領域からの途中にある産品（原産地のいかんを問わない。）
　それらの通過中の人及び物は、関税、通過を理由として課される租税並びに不当な課徴金及び要件を免除されるものとし、また、不必要に遅延させられず、及び不必要な制限を受けないものとする。但し、それらの人及び物は、第1条3に掲げる措置及び通過の特権の濫用を防止するため必要な非差別的な規制に服するものとする。

第21条【適用例外措置】1　この条約は、次の措置を執ることを妨げるものではない。
　(a)　金又は銀の輸出又は輸入を規制する措置
　(b)　核分裂性物質、核分裂性物質の利用若しくは加工による放射性副産物又は核分裂性物質の原料となる物質に関する措置
　(c)　武器、弾薬及び軍需品の生産若しくは取引又は軍事施設に供給するため直接若しくは間接に行われるその他の物資の取引を規制する措置
　(d)　国際の平和及び安全の維持若しくは回復に関する自国の義務を履行し、又は自国の重大な安全上の利益を保護するため必要な措置
　(e)　第三国の国民がその所有又は管理について直接又は間接に支配的利益を有する会社に対してこの条約に定める利益（法律上の地位を認めること並びに裁判所の裁判を受け、及び行政機関に対して申立をする権利を除く。）を拒否する措置

2　この条約中の貨物に関する最恵国待遇の規定は、アメリカ合衆国又はその準州若しくは属地が相互に与え、又はキューバ共和国、フィリピン共和国、太平洋諸島の信託統治地域若しくはパナマ運河地帯に与える利益については、適用しないものとする。

3　この条約中の貨物の待遇に関する規定は、いずれか一方の締約国が関税及び貿易に関する一般協定の当事国である間は、その締約国が同協定で要求され、又は特に許される措置を執ることを妨げるものではない。更に、いずれの一方の締約国も、その意思によつて同協定の当事国となつていない国に対しては、同協定に基いて取り極めた利益を与えなくてもよい。

4　いずれか一方の締約国の国民で特定の目的のため他方の締約国の領域に入ることを許されるものは、その入国許可の条件として法令により明示的に課される制限に反して営利的職業に従事する権利を有しない。

5　この条約のいかなる規定も、政治的活動を行う権利を与え、又は認めるものと解してはならない。

第22条【用語の定義】1　「内国民待遇」とは、一締約国の領域内で与えられる待遇で、当該締約国のそれぞれ国民、会社、産品、船舶又はその他の対象が同様の場合にその領域内で与えられる待遇よりも不利でないものをいう。

2　「最恵国待遇」とは、一締約国の領域内で与えられる待遇で、第三国のそれぞれ国民、会社、産品、船舶又はその他の対象が同様の場合にその領域内で与えられる待遇よりも不利でないものをいう。

3　この条約において「会社」とは、有限責任のものであるかどうかを問わず、また、金銭的利益を目的とするものであるかどうかを問わず、社団法人、組合、会社その他の団体をいう。いずれか一方の締約国の領域

内で関係法令に基いて成立した会社は、当該締約国の会社と認められ、且つ、その法律上の地位を他方の締約国の領域内で認められる。

4 この条約の規定に基いて日本国の会社に与えられる内国民待遇は、アメリカ合衆国のいずれの州、準州又は属地においても、当該地域においてアメリカ合衆国の他の州、準州又は属地で創設され、又は組織される会社に与えられる待遇とする。

第 23 条【適用領域】〔省略〕

第 24 条【協議、紛争の解決】 1 各締約国は、他方の締約国がこの条約の実施に関する事項について行う申入れに対しては、好意的考慮を払い、且つ、その申入れに関する協議のため適当な機会を与えなければならない。

2 この条約の解釈又は適用に関する両締約国の間の紛争で外交交渉により満足に調整されないものは、両締約国が何らかの平和的手段による解決について合意しなかつたときは、国際司法裁判所に付託するものとする。

第 25 条【批准、終了】〔省略〕

議定書 〔省略〕

●包括的な経済上の連携に関する日本国及び東南アジア諸国連合構成国の間の協定《日・ASEAN 経済連携協定》〔抜粋〕

Agreement on Comprehensive Economic Partnership among Japan and Member States of the Association of Southeast Asian Nations

▼署名 2008 年 3 月 28 日 ▼効力発生 2008 年 12 月 1 日 ▼日本国 2008 年 6 月 21 日国会承認、10 月 22 日通告、10 月 31 日公布〔平成 20 年条約第 12 号〕

第 1 章 総則

第 2 条（原則） 全締約国は、この協定その他の二国間の又は地域的な協定又は取決めを通じて AJCEP を実現することの重要性を再確認し、次の原則を指針とする。

(a) AJCEP は、日本国及び全 ASEAN 構成国が関与するものでなければならず、自由化、円滑化及び経済的協力に焦点を合わせた広範な分野を含む。

(b) AJCEP を実現させる上で、ASEAN の一体性、連帯及び統合が維持されなければならない。

(c) 全 ASEAN 構成国、特に新規 ASEAN 構成国に対し、その経済開発の異なる水準を認識し、特別のかつ異なる待遇が与えられる。新規 ASEAN 構成国に対しては、追加的な柔軟性が与えられる。

(d) 後発開発途上国のための措置に関する世界貿易機関の閣僚宣言の規定が認識されなければならない。

(e) 日本国及び各 ASEAN 構成国の機微に係る分野を取り扱うために柔軟性が与えられるべきである。

(f) 技術協力及び能力開発は、この協定に基づいて提供される経済的協力の重要な要素である。

第 3 条（目的） この協定の目的は、次のとおりとする。

(a) 全締約国間の物品及びサービスの貿易を漸進的に自由化し、及び円滑化すること。

(b) 全締約国における投資の機会を改善し、並びに投資財産及び投資活動の保護を確保すること。

(c) ASEAN の経済的な統合を支援し、全 ASEAN 構成国間における経済開発の格差を縮小し、並びに全締約国間の貿易及び投資を増進するため、全締約国間の経済的協力の増進のための枠組みを設定すること。

第 4 条（透明性） 1 各締約国は、法令、行政上の手続、一般に適用される行政上の決定及び司法上の決定並びに自国が締結している国際協定であって、この協定の実施及び運用に関連し、又は影響を及ぼすものを、自国の法令に従って、公に利用可能なものとする。

2 各締約国は、1 に規定する法令、行政上の手続及び一般に適用される行政上の決定について責任を負う権限のある当局の名称及び所在地を公に利用可能なものとする。

3 各締約国は、他の締約国の要請があった場合には、1 に規定する事項に関して、英語で、当該他の締約国の個別の質問に応じ、及び当該他の締約国に情報を提供する。

第 5 条（秘密性） 1 この協定のいかなる規定も、締約国に対し、秘密の情報であって、その開示が、自国の法令の実施を妨げ、その他公共の利益に反することとなり、又は公私の特定の企業の正当な商業上の利益を害することとなるものの提供を要求するものではない。

2 この協定のいかなる規定も、締約国に対し、金融機関の顧客に関する事項及び勘定に関連する情報の提供を要求するものと解してはならない。

3 各締約国は、自国の法令に従い、他の締約国がこの協定に従って秘密のものとして提供する情報の秘密性を保持する。

第 7 条（一般的例外） 次章から第 5 章までの規定の適用上、1994 年のガット第 20 条の規定は、必要な変更を加えた上で、この協定に組み込まれ、この協定の一部を成す。

第 8 条（安全保障のための例外） この協定のいかなる規定も、次のいずれかの事項を定めるものと解してはならない。

(a) 締約国に対し、その開示が自国の安全保障上の重大な利益に反すると当該締約国が認める情報の提供を要求すること。

(b) 締約国が自国の安全保障上の重大な利益の保護の

ために必要であると認める次のいずれかの措置をとることを妨げること。
  (i) 核分裂性物質又はその生産原料である物質に関する措置
  (ii) 武器、弾薬及び軍需品の取引並びに軍事施設に供給するため直接又は間接に行われるその他の貨物及び原料の取引に関する措置
  (iii) 通信、電力及び水道の基盤を含む中枢的な公共基盤を使用不能にし、又は破壊することを意図した計画的な企てから、当該公共基盤を防護するためにとる措置
  (iv) 国内における緊急時又は戦時その他の国際関係の緊急時にとる措置
  (c) 締約国が国際の平和及び安全の維持のため国際連合憲章に基づく義務に従って措置をとることを妨げること。

第10条（他の協定との関係） 1　各締約国は、世界貿易機関設立協定に基づく自国の他の締約国に対する権利及び義務並びに他の締約国との間で締結しているその他の協定に基づく自国の当該他の締約国に対する権利及び義務を再確認する。
2　各締約国が他の締約国との間で締結している他の協定に基づいて当該他の締約国に対して義務を負う場合において、当該他の締約国に対しこの協定の下で与えられる待遇よりも有利な待遇が当該他の協定の下で与えられるときは、この協定のいかなる規定も、当該義務に影響を及ぼすものと解してはならない。
3　この協定と世界貿易機関設立協定とが抵触する場合には、その抵触の限度において、世界貿易機関設立協定が優先する。
4　この協定と二以上の締約国が締結している協定（世界貿易機関設立協定を除く。）とが抵触する場合には、それらの締約国は、国際法の一般原則を考慮しつつ、相互に満足すべき解決を得るために直ちに相互に協議する。
5　世界貿易機関設立協定を締結していない締約国は、世界貿易機関への加盟の際には、自国の約束に従って世界貿易機関設立協定の規定に拘束される。

第2章　物品の貿易

第14条（物品の分類） 全締約国間で取引される物品の分類は、統一システムに適合したものとする。
第15条（内国の課税及び規則に関する内国民待遇） 各締約国は、1994年のガット第3条の規定の例により、他の締約国の産品に対して内国民待遇を与えるものとし、このため、同条の規定は、必要な変更を加えた上で、この協定に組み込まれ、この協定の一部を成すこととなる。
第16条（関税の撤廃又は引下げ） 1　この協定に別段の定めがある場合を除くほか、各締約国は、他の締約国の原産品について、附属書一の自国の表に従って、関税を撤廃し、又は引き下げる。その撤廃又は引下げは、他のすべての締約国の原産品に対して無差別的に適用する。

2　全締約国は、物品の貿易の自由化へ向けて、1994年のガットに適合する単独の、二国間の又は地域的な努力を通じて追加的な手段をとるよう努める。
3　全締約国は、この章のいかなる規定も、第七条に規定するとおり、有害廃棄物の国境を越える移動及びその処分の規制に関するバーゼル条約又は関連する他の国際協定を締結している締約国がこれらの国際約束に従って自国の法令に基づく有害廃棄物又は有害物質に関する措置を採用すること又は実施することを妨げるものと解してはならないことを再確認する。

第18条（非関税措置） 1　各締約国は、他の締約国の産品の輸入について又は他の締約国に仕向けられる産品の輸出若しくは輸出のための販売について、世界貿易機関設立協定において認められる措置と同一の措置を除くほか、いかなる非関税措置（数量制限を含む。）も新設し、又は維持してはならない。
2　各締約国は、1の規定において認められた自国の非関税措置（数量制限を含む。）の透明性を確保する。世界貿易機関の加盟国である締約国は、貿易にもたらされ得るゆがみを可能な限り最小にするため、世界貿易機関設立協定に基づく義務の完全な遵守を確保する。

第20条（セーフガード措置） 1　世界貿易機関の加盟国である締約国は、1994年のガット第19条及び世界貿易機関設立協定附属書一Aセーフガードに関する協定（以下「セーフガード協定」という。）又は世界貿易機関設立協定附属書一A農業に関する協定（以下「農業協定」という。）第5条の規定に従い、他の締約国の原産品に対してセーフガード措置をとることができる。この協定の第9章の規定は、1994年のガット第19条及びセーフガード協定又は農業協定第5条の規定に従ってとったいかなる行為についても、適用しない。
2　各締約国は、自国がこの協定に基づいて負う義務（関税の譲許を含む。）の効果により、又は事情の予見されなかった発展の結果及び自国がこの協定に基づいて負う義務の効果により、他の締約国の原産品が自国において同種の又は直接に競合する産品を生産する自国の国内産業に重大な損害を与え、又は与えるおそれがあるような増加した数量（絶対量であるか国内生産量に比較しての相対量であるかを問わない。）で、及びそのような条件で、自国に輸入されているときは、当該重大な損害を防止し、又は救済し、かつ、調整を容易にするために必要な最小限度の範囲において、この条に規定するセーフガード措置（以下「AJCEPセーフガード措置」という。）をとることができるものとする。
3　AJCEPセーフガード措置は、輸入締約国によるある産品の輸入において、ASEAN構成国である一の締約国の原産品である当該産品の輸入が当該輸入締約国以外の締約国からの当該産品の総輸入量の3パーセントを超えない場合には、当該ASEAN構成国である一の締約国の原産品である当該産品についてとられてはならない。ただし、3パーセントを超えない輸入の割合を有する複数の締約国からの輸入の割合の合計が当該輸入締約国以外の締約国からの当該産品の総輸入量の

9パーセント以下であることを条件とする。

4—12 〔省略〕

第22条（税関手続） 1 各締約国は、予見可能であり、かつ、一貫性及び透明性のある方法で自国の税関手続を適用するよう努める。

2—3 〔省略〕

第3章　原産地規則

第24条（原産品） この協定の適用上、次のいずれかの産品であって、この章に規定する他のすべての関連する要件を満たすものは、締約国の原産品とする。
 (a) 当該締約国において完全に得られ、又は生産される産品であって、次条に定めるもの
 (b) 非原産材料を使用する場合には、第26条に定める要件を満たすもの
 (c) 一又は二以上の締約国の原産材料のみから当該締約国において完全に生産される産品

第25条（完全に得られ、又は生産される産品） 前条(a)の規定の適用上、次に掲げる産品は、締約国において完全に得られ、又は生産される産品とする。
 (a) 当該締約国において栽培され、かつ、収穫され、採取され、又は採集される植物及び植物性生産品
　　注釈　この(a)の規定の適用上、「植物」とは、すべての植物（果実、花、野菜、樹木、海草、菌類及び生きている植物を含む。）をいう。
 (b) 生きている動物であって、当該締約国において生まれ、かつ、成育されたもの
　　注釈　この(b)及び(c)の規定の適用上、「動物」とは、すべての動物（哺〔ほ〕乳類、鳥類、魚、甲殻類、軟体動物、爬〔は〕虫類、細菌及びウィルスを含む。）をいう。
 (c) 当該締約国において生きている動物から得られる産品
 (d) 当該締約国において行われる狩猟、わなかけ、漁ろう、採集又は捕獲により得られる産品
 (e) 当該締約国の土壌、水域、海底又はその下において抽出され、又は得られる鉱物その他の天然の物質（(a)から(d)までに規定するものを除く。）
 (f) 当該締約国の領水外の水域、海底又はその下から得られる産品。ただし、当該締約国が、自国の国内法令及び国際法に基づき、当該水域、海底又はその下を開発する権利を有することを条件とする。
　　注釈　この協定のいかなる規定も、海洋法に関する国際連合条約を含む国際法に基づく全締約国の権利及び義務に影響を及ぼすものではない。
 (g) 当該締約国の船舶により、全締約国の領海外から得られる水産物その他の海洋からの生産品
 (h) 当該締約国の工船上において(g)に規定する産品のみから加工され、又は生産される産品
 (i) 当該締約国において収集される産品であって、当該締約国において本来の目的を果たすことができず、又は回復若しくは修理が不可能であり、かつ、処分、部品若しくは原材料の回収又は再利用のみに適するもの
 (j) 当該締約国における製造若しくは加工作業（採掘、

農業、建設、精製、焼却及び下水処理作業を含む。）又は消費から生ずるくず及び廃品であって、処分又は原材料の回収のみに適するもの
 (k) 当該締約国において(a)から(j)までに規定する産品のみから得られ、又は生産される産品

第26条（完全には得られず、又は生産されない産品） 1 第24条(b)の規定の適用上、次に掲げる産品は、締約国の原産品とする。
 (a) 次条に定める計算式を用いて算定する当該産品の域内原産割合（以下「RVC」という。）が40パーセント以上の産品であって、生産の最終工程が当該締約国において行われたもの
 (b) 当該産品の生産に使用されたすべての非原産材料について、当該締約国において統一システムの関税分類の変更（以下「CTC」という。）であって4桁〔けた〕番号の水準におけるもの（すなわち、項の変更）が行われた産品
　　注釈　この(b)の規定の適用上、「統一システム」とは、附属書二に定める品目別規則において用いられているものをいう。
　　産品が当該締約国の原産品であるか否かを決定するに当たり、各締約国は、当該産品の輸出者がこの(a)又は(b)の規定のいずれを用いるかについて決定することを認める。

2—5 〔省略〕

第27条（域内原産割合の算定） 1 産品のRVCは、次の計算式を用いて算定する。
$$RVC = (FOB - VNM) / (FOB) \times 100\%$$

2—6 〔省略〕

第31条（直接積送） 1 関税上の特恵待遇は、この章に規定する要件を満たし、かつ、輸出締約国から輸入締約国へ直接積送される原産品に対して与える。
2 次のいずれかの産品は、輸出締約国から輸入締約国へ直接積送されるものとみなす。
 (a) 輸出締約国から輸入締約国へ直接積送される産品
 (b) 一若しくは二以上の締約国（輸出締約国及び輸入締約国を除く。）又は第三国を経由して輸送される産品。ただし、当該産品について、積替え又は一時蔵置、積卸し及び当該産品を良好な状態に保存するために必要なその他の作業以外の作業が行われていない場合に限る。

第4章　衛生植物検疫措置

第5章　任意規格、強制規格及び適合性評価手続

第6章　サービスの貿易

第50条（サービスの貿易） 1 各締約国は、自国の法令及び政策に従って、全締約国間のサービスの貿易の拡大に向けた更なる行動であって、サービス貿易一般協定に適合するものをとることに努める。
2 全締約国は、日本国及び全ASEAN構成国の間のサービスの貿易の一層の自由化及び円滑化のための措

置を検討するため、並びに日本国及び全 ASEAN 構成国のサービス及びサービス提供者の効率性及び競争力を向上させるための協力を強化するため、日本国及び全 ASEAN 構成国の参加を得て、サービスの貿易に関する規定について引き続き討議し、及び交渉する。このため、第 79 条 1 の規定に従ってこの協定が効力を生ずる日から 1 年以内に、日本国政府及び全 ASEAN 構成国政府の代表者から成るサービスの貿易に関する小委員会を第 11 条の規定に従って設置する。

3 〔省略〕

第 7 章　投資

第 51 条（投資） 1　各締約国は、自国の法令及び政策に従って、他の締約国の投資家の投資財産のための良好な、かつ、透明性のある条件を自国内に醸成し、及び維持することに努める。

2　全締約国は、投資の漸進的な自由化、促進、円滑化及び保護を通じて日本国及び全 ASEAN 構成国の投資環境の効率性及び競争力を向上させるため、日本国及び全 ASEAN 構成国の参加を得て、投資に関する規定について引き続き討議し、及び交渉する。このため、第 79 条 1 の規定に従ってこの協定が効力を生ずる日から 1 年以内に、日本国政府及び全 ASEAN 構成国政府の代表者から成る投資に関する小委員会を第 11 条の規定に従って設置する。

3 〔省略〕

第 8 章　経済的協力

第 52 条（基本原則） 1　全締約国は、資源の利用可能性及び自国の関係法令に従うことを条件として、全 ASEAN 構成国間における経済開発の異なる水準を考慮しつつ、全締約国間の貿易及び投資を自由化し、及び円滑化し、並びに全締約国の国民の福祉を増進することを目的として、この協定に基づく協力であって相互の利益に資するものを促進する。

2　全締約国は、能力開発、技術援助及び全締約国が相互に合意するその他の活動を含む経済的協力に関する活動を通じて、地域の全部又は一部にわたる開発を促進する。

第 53 条（経済的協力の分野） 1　全締約国は、相互の利益に基づいて、次の分野の経済的協力に関する活動を検討し、及び実施する。

(a)　貿易に関連する手続
(b)　ビジネス環境
(c)　知的財産
(d)　エネルギー
(e)　情報通信技術
(f)　人材養成
(g)　中小企業
(h)　観光及び接客
(I)　運輸及び物流管理
(j)　農業、漁業及び林業
(k)　環境
(l)　競争政策

(m)　全締約国が相互に合意するその他の分野

第 9 章　紛争解決

第 62 条（協議） 1　一又は二以上の締約国は、この協定の解釈又は適用に関するいかなる問題についても、他の一又は二以上の締約国に対し書面により協議を要請することができる。ただし、被申立国がこの協定に基づく義務の履行を怠った結果又はこの協定に基づく義務に反する措置をとった結果、申立国が、この協定に基づいて自国に与えられた利益が無効にされ、又は侵害されていると認める場合に限る。

2　協議の要請は、書面により提出されるものとし、並びに問題となっている特定の措置並びに申立ての根拠とされる事実及び法的根拠（違反があったとされるこの協定の規定その他関連するこの協定の規定を含む。）を示すものとする。申立国は、被申立国以外の全締約国に対して同時に同様の通報を行う。

3　被申立国は、1 に規定する要請を受領した場合には、申立国及び申立国以外の全締約国に対し当該要請の受領を速やかに確認する。

4　協議の要請が行われる場合には、被申立国は、当該要請を受領した日の後 10 日以内に当該要請に対して回答し、かつ、相互に満足すべき解決を得るため、当該要請を受領した日の後 30 日以内に誠実に協議を開始する。

5　紛争当事国は、この条の規定に基づく協議によりいかなる問題についても相互に満足すべき解決を得るため、あらゆる努力を払う。このため、紛争当事国は、紛争の十分な検討を可能とする十分な情報を相互に提供する。

6　協議は、紛争当事国間で秘密とされ、かつ、この章の規定に従って進められるその後の手続又は他の手続においていずれの締約国の権利も害するものではない。紛争当事国は、協議の結果を紛争当事国以外の全締約国に通報する。

7・8 〔省略〕

第 63 条（あっせん、調停及び仲介） 1　あっせん、調停及び仲介は、紛争当事国の合意がある場合において任意に行われる手続である。

2　いずれの紛争当事国も、あっせん、調停又は仲介を随時要請することができる。いずれの手続も、紛争当事国の合意により、いつでも開始することができるものとし、また、いずれかの紛争当事国の要請により、いつでも終了することができる。

3　紛争当事国が合意する場合には、この章に定める仲裁裁判手続の進行中においても、あっせん、調停又は仲介を継続することができる。

4　あっせん、調停又は仲介に係る手続の過程（特にこれらの手続の過程において紛争当事国がとる立場）は、秘密とされ、かつ、この章の規定に従って進められるその後の手続又は他の手続においていずれの締約国の権利も害するものではない。

第 64 条（仲裁裁判所の設置） 1　申立国は、次のいずれかの場合には、被申立国に対し書面により仲裁裁判

(a) 被申立国が協議の要請を受領した日の後10日以内に回答しない場合又は当該日の後30日以内に協議を開始しない場合
(b) 協議の要請が受領された日の後60日以内に、又は緊急の場合（腐敗しやすい物品に関する場合等）には20日以内に、紛争当事国が協議により紛争を解決することができない場合
2 1に規定する仲裁裁判所の設置の要請の写しは、被申立国以外の全締約国にも送付するものとする。
3—5 〔省略〕
6 仲裁裁判所の設置の要請には、第62条の規定に基づく協議が行われたという事実の有無及び申立ての根拠とされる事実（問題となっている特定の措置を含む。）を明示するとともに、申立ての法的根拠（違反があったとされるこの協定の規定その他関連するこの協定の規定を含む。）を付する。

第67条（仲裁裁判所の任務） 1 第64条の規定により設置される仲裁裁判所は、
(a) 自己に付託された問題の客観的な評価（問題の事実関係、この協定の適用の可能性及びこの協定との適合性に関する検討を含む。）を行うべきである。
(b) 必要に応じて紛争当事国と協議すべきであり、また、紛争当事国が相互に満足すべき解決を図るための十分な機会を与えるべきである。
(c) この協定及び適用可能な国際法の規則に従って裁定を下す。
(d) 裁定においては、その理由を付し、並びに法及び事実に関する認定を行う。
(e) (d)の認定とは別に、第71条の規定との関連において、その実施方法についての提案を裁定に含め、これを紛争当事国による考慮に付することができる。
(f) 裁定において、この協定に定める締約国の権利及び義務に新たな権利及び義務を追加し、又はこの協定に定める権利及び義務を減ずることはできない。
2—3 〔省略〕

第71条（裁定の実施） 1 被申立国は、第69条の規定による仲裁裁判所の裁定を迅速に実施する。
2 被申立国は、裁定が下された日の後20日以内に、当該裁定を実施するための期間を申立国に通報する。申立国は、通報された期間が受け入れられないと認める場合には、その問題を仲裁裁判所に付託することができ、仲裁裁判所は、当該裁定を実施するための妥当な期間を決定する。仲裁裁判所は、その問題が付託された日の後30日以内に紛争当事国に対し自己の決定を通報する。
3 被申立国は、2の規定により決定された期間内に裁定を実施することができないと認める場合には、相互に満足すべき代償を与えるため、当該期間の満了までに申立国と協議を開始する。当該期間の満了の日の後20日以内に満足すべき代償について合意がされなかった場合には、申立国は、被申立国に対するこの協定に基づく譲許その他の義務の適用の停止の妥当な程度を決定するよう仲裁裁判所に要請することができる。
4 申立国は、被申立国が2の規定により決定された期間内に裁定を実施していないと認める場合には、被申立国が裁定を実施していないことを確認し、及び被申立国に対するこの協定に基づく譲許その他の義務の適用の停止の妥当な程度を決定するため、問題を仲裁裁判所に付託することができる。
5 この条の規定により設置される仲裁裁判所は、できる限り、裁定の対象となった問題を取り扱った仲裁裁判所の仲裁人により構成する。これが可能でない場合には、この条の規定により設置される仲裁裁判所の仲裁人は、第65条2及び3の規定に従って任命する。
6 紛争当事国が異なる期間について合意しない限り、3及び4の規定により設置される仲裁裁判所は、問題が付託された日の後60日以内に裁定を下す。
7 この条の規定により設置される仲裁裁判所の裁定は、すべての紛争当事国を拘束する。

第72条（代償及び譲許の停止） 1 代償及びこの協定に基づく譲許その他の義務の停止は、裁定が妥当な期間内に実施されない場合に利用することができる一時的な手段であるが、これらのいずれの手段よりも当該裁定の対象となった措置をこの協定に適合させるために当該裁定を完全に実施することが優先される。代償が与えられる場合には、この協定に適合するものでなければならない。
2 この協定に基づく譲許その他の義務の適用は、前条3及び4に規定する手続の開始の前又はその期間中は停止してはならない。
3 前条3及び4に規定する譲許その他の義務の適用の停止は、被申立国に対するこの協定に基づく譲許その他の義務の適用を停止する意図を有する旨を申立国が被申立国及び被申立国以外の全締約国に通報した後にのみ行うことができる。被申立国及び被申立国以外の全締約国は、停止の開始及びこの協定に基づくいかなる譲許その他の義務の適用が停止されるかについて通報を受けるものとする。
4 前条3及び4の規定によりこの協定に基づくいかなる譲許その他の義務を停止するかを検討するに当たり、その停止は、次のことを条件とする。
(a) 一時的なものであり、かつ、相互に満足すべき解決が紛争当事国間で得られ、又は裁定が実施されたときに解除されること。
(b) 裁定が実施されないことによる無効化又は侵害の程度と同等の程度に限定されること。
(c) 仲裁裁判所が無効化又は侵害を認定した分野と同一の分野に限定されること。もっとも、当該分野における譲許又は義務の適用を停止することができず、又は効果的でない場合には、申立国は、その他の分野におけるこの協定に基づく譲許又は利益を停止することができる。
5 申立国によるこの協定に基づく譲許その他の義務の停止が4の規定に抵触すると被申立国が認める場合には、問題は、仲裁裁判所に付託されるものとする。この条の規定により設置される仲裁裁判所については、

前条5の規定を準用するものとする。
6　紛争当事国が異なる期間について合意しない限り、この条の規定により設置される仲裁裁判所は、問題が付託された日の後60日以内に裁定を下す。当該裁定は、すべての紛争当事国を拘束する。

第10章　最終規定

●国家と他の国家の国民との間の投資紛争の解決に関する条約
《投資紛争解決条約》〔抜粋〕

Convention On The Settlement Of Investment Disputes Between States And Nationals Of Other States International Centre For Settlement Of Investment Disputes

▼署名　1965年3月18日（ワシントン）　▼効力発生　1966年10月14日　▼日本国　1967年7月21日国会承認、8月17日批准書寄託、8月25日公布〔昭和42年条約第10号〕、9月16日発効

第1章　投資紛争解決国際センター
第1節　設立及び組織

第1条【センターの設立、目的】(1)　投資紛争解決国際センター（以下「センター」という。）をここに設立する。
(2)　センターの目的は、締約国と他の締約国の国民との間の投資紛争をこの条約の規定に従つて解決する調停及び仲裁のための施設を提供することである。

第2条【センターの所在地】センターの所在地は、国際復興開発銀行（以下「銀行」という。）の主たる事務所とする。所在地は、理事会がその構成員の3分の2以上の多数をもつて採択する決定により、他の場所に移すことができる。

第3条【センターの組織】センターに、理事会及び事務局を設置し、並びに調停人名簿及び仲裁人名簿を常備する。

第2節　理事会
第3節　事務局
第4節　調停人名簿及び仲裁人名簿

第12条【名簿の構成】調停人名簿及び仲裁人名簿は、それぞれ、次の規定に従つて指名される適格者で、これらの名簿に登載されることを受諾するものをもつて構成する。

第13条【調停人・仲裁人の指名】(1)　各締約国は、各名簿のためにそれぞれ4人を指名することができる。もつとも、それらの者は、当該国の国民であることを要しない。
(2)　議長は、各名簿のためにそれぞれ10人を指名することができる。このようにしていずれか一の名簿のために指名される者は、それぞれ異なる国籍を有する者でなければならない。

第14条【資格】(1)　名簿に登載されるために指名される者は、徳望高く、かつ、法律、商業、産業又は金融の分野で有能の名のある者であつて、独立の判断力を行使することができると信頼されるものでなければならない。仲裁人名簿に登載される者については、法律の分野で有能であることが特に重要である。
(2)　議長は、さらに、名簿に登載される者を指名するにあたつては、世界の主要法系及び経済活動の主要形態が名簿の上で代表されるように確保することの重要性についても、十分な考慮を払わなければならない。

第5節　センターの財政
第6節　地位、免除及び特権

第2章　センターの管轄

第25条【センターの管轄】(1)　センターの管轄は、締約国（その行政区画又は機関でその締約国がセンターに対して指定するものを含む。）と他の締約国の国民との間で投資から直接生ずる法律上の紛争であつて、両紛争当事者がセンターに付託することにつき書面により同意したものに及ぶ。両当事者が同意を与えた後は、いずれの当事者も、一方的にその同意を撤回することはできない。
(2)　「他の締約国の国民」とは、次の者をいう。
　(a)　両当事者が紛争を調停又は仲裁に付託することに同意した日及び第28条(3)又は第36条(3)の規定に基づいて請求が登録された日に紛争当事者である国以外の締約国の国籍を有していた自然人。ただし、そのいずれかの日に紛争当事者である締約国の国籍をも有していた者は、含まれない。
　(b)　両当事者が紛争を調停又は仲裁に付託することに同意した日に紛争当事者である国以外の締約国の国籍を有していた法人及びその日に紛争当事者である締約国の国籍を有していた法人であつて外国人が支配しているために両当事者がこの条約の適用上他の締約国の国民として取り扱うことに合意したもの
(3)　締約国の行政区画又は機関の同意は、その国の承認を必要とする。ただし、その国がその承認を必要としない旨をセンターに通告する場合は、この限りでない。
(4)　締約国は、この条約の批准、受諾若しくは承認の時に、又はその後いつでも、センターの管轄に属させることを考慮し又は考慮しない紛争の種類をセンターに通告することができる。事務局長は、その通告を直ちにすべての締約国に通知する。この通告は、(1)に規定する同意とはならない。

第26条【仲裁への付託同意】この条約に基づく仲裁に付託する旨の両当事者の同意は、別段の意思が表示されない限り、他のいかなる救済手段をも排除してその仲裁に付託することの同意とみなされる。締約国は、

この条約に基づく仲裁に付託する旨の同意の条件として、その締約国における行政上又は司法上の救済手段を尽くすことを要求することができる。

第27条【外交的保護の制限】(1) いかなる締約国も、その国民及び他の締約国がこの条約に基づく仲裁に付託することに同意し又は付託した紛争に関し、外交上の保護を与え、又は国家間の請求を行なうことができない。ただし、当該他の締約国がその紛争について行なわれた仲裁判断に服さなかつた場合は、この限りでない。

(2) (1)の規定の適用上、外交上の保護には、紛争の解決を容易にすることのみを目的とする非公式の外交上の交渉を含まない。

第3章 調停

第1節 調停の請求

第28条【調停手続の開始】(1) 調停手続を開始することを希望する締約国又は締約国の国民は、事務局長に対し書面によりその旨の請求を行うものとし、事務局長は、その請求の謄本を他方の当事者に送付する。

(2) 前記の請求は、紛争の争点、両当事者の表示並びに調停及び仲裁の開始のための手続規則に従つて調停に付託する旨の両当事者の同意に関する情報を含むものとする。

(3) 事務局長は、請求に含まれた情報に基づいて紛争が明らかにセンターの管轄外のものであると認めない限り、その請求を登録する。事務局長は、登録又は登録の拒否を直ちに両当事者に通告する。

第2節 調停委員会の構成

第29条【調停委員会の構成】(1) 調停委員会(以下「委員会」という。)は、第28条の規定に基づいて請求が登録された後、できる限りすみやかに構成されなければならない。

(2)(a) 委員会は、両当事者の合意により任命された単独の調停人又は奇数の調停人により構成される。

(b) 委員会は、両当事者が調停人の数及びその任命の方法について合意に達しないときは、各当事者が任命する各1人の調停人と、両当事者の合意により任命され、委員長となる第三の調停人との3人の調停人により構成される。

第3節 調停手続

第32条【委員会による管轄の決定】(1) 委員会は、自己の管轄について判断するものとする。

(2) 紛争がセンターの管轄に属しない旨又はその他の理由により委員会の管轄に属しない旨の紛争当事者の抗弁は、委員会が審理するものとし、委員会は、これを先決問題として取り扱うか又は紛争の本案に併合させるかを決定する。

第34条【委員会の任務】(1) 委員会は、当事者間の紛争の争点を明らかにすること及び相互に受諾することができる条件による当事者間の合意をもたらすように努力することを任務とする。このため、委員会は、手続のいかなる段階においても、かつ、幾度でも、解決の条件を両当事者に勧告することができる。両当事者

は、委員会がその職務を遂行することができるように、誠意をもつて委員会に協力しなければならず、また、その勧告に真剣な考慮を払わなければならない。

(2) 委員会は、両当事者が合意に達したときは、紛争の争点及び当事者間の合意を記録した調書を作成する。委員会は、手続のいずれかの段階において、当事者間に合意が成立する見込みがないと判断するときは、手続を終結し、紛争が付託されたこと及び両当事者が合意に達しなかつたことを記録した調書を作成する。委員会は、いずれかの当事者が出頭しないか又は手続に参加しないときは、手続を終結し、その当事者が出頭しなかつたこと又は参加しなかつたことを記録した調書を作成する。

第4章 仲裁

第1節 仲裁の請求

第36条【仲裁手続の開始】(1) 仲裁手続を開始することを希望する締約国又は締約国の国民は、事務局長に対し書面によりその旨の請求を行うものとし、事務局長は、その請求の謄本を他方の当事者に送付する。

(2) 前記の請求は、紛争の争点、両当事者の表示並びに調停及び仲裁の開始のための手続規則に従つて仲裁に付託する旨の両当事者の同意に関する情報を含むものとする。

(3) 事務局長は、請求に含まれた情報に基づいて紛争が明らかにセンターの管轄外のものであると認めない限り、その請求を登録する。事務局長は、登録又は登録の拒否を直ちに両当事者に通告する。

第2節 裁判所の構成

第37条【裁判所の構成】(1) 仲裁裁判所(以下「裁判所」という。)は、第36条の規定に基づいて請求が登録された後、できる限りすみやかに構成されなければならない。

(2)(a) 裁判所は、両当事者の合意により任命された単独の仲裁人又は奇数の仲裁人により構成される。

(b) 裁判所は、両当事者が仲裁人の数及びその任命の方法について合意に達しないときは、各当事者が任命する各1人の仲裁人と、両当事者の合意により任命され、裁判長となる第三の仲裁人との3人の仲裁人により構成される。

第3節 裁判所の権限及び任務

第41条【裁判所の管轄】(1) 裁判所は、自己の管轄について判断するものとする。

(2) 紛争がセンターの管轄に属しない旨又はその他の理由により裁判所の管轄に属しない旨の紛争当事者の抗弁は、裁判所が審理するものとし、裁判所は、これを先決問題として取り扱うか又は紛争の本案に併合させるかを決定する。

第42条【裁判の基準】(1) 裁判所は、両当事者が合意する法規に従つて紛争について決定を行なう。この合意がない場合には、裁判所は、紛争当事者である締約国の法(法の抵触に関するその締約国の規則を含む)及び該当する国際法の規則を適用するものとする。

(2) 裁判所は、法の沈黙又は法の不明確を理由として裁

判拒否の決定を行なつてはならない。
(3) (1)及び(2)の規定は、両当事者が合意する場合には、裁判所が衡平及び善に基づき紛争について決定を行なう権限を害するものではない。

第44条【仲裁手続】 仲裁手続は、この節の規定及び、両当事者が別段の合意をする場合を除き、両当事者が仲裁への付託に同意した日に効力を有する仲裁規則に従つて実施する。裁判所は、この節の規定又は仲裁規則若しくは両当事者が合意する規則に定めのない手続問題が生じたときは、その問題について決定を行なう。

第47条【保全措置】 裁判所は、両当事者が別段の合意をする場合を除き、事情により必要と認めるときは、各当事者の権利を保全するために執られるべき保全措置を勧告することができる。

第4節　仲裁判断

第48条【仲裁判断】 (1) 裁判所は、そのすべての構成員の投票の過半数により問題について決定を行なう。
(2) 裁判所の仲裁判断は、書面によるものとし、賛成の投票を行なつた裁判所の構成員がこれに署名するものとする。
(3) 仲裁判断は、裁判所に提出されたすべての問題を処理するものとし、その仲裁判断の基礎となつた理由を述べるものとする。
(4) 裁判所の構成員は、各自の意見（多数意見に同意しないものであるかどうかを問わない。）又はその不同意の表明を仲裁判断に添附することができる。
(5) センターは、両当事者の同意を得ないで仲裁判断を公表してはならない。

第5節　仲裁判断の解釈、再審及び取消し
第6節　仲裁判断の承認及び執行

第53条【仲裁判断の拘束力】 (1) 仲裁判断は、両当事者を拘束し、この条約に規定しないいかなる上訴その他の救済手段も、許されない。各当事者は、執行がこの条約の関係規定に従つて停止された場合を除き、仲裁判断の条項に服さなければならない。
(2) この節の規定の適用上、「仲裁判断」には、第50条、第51条又は第52条の規定に基づく仲裁判断の解釈、再審又は取消しの決定が含まれるものとする。

第54条【仲裁判断の承認・執行】 (1) 各締約国は、この条約に従つて行なわれた仲裁判断を拘束力があるものとして承認し、また、その仲裁判断を自国の裁判所の確定判決とみなしてその仲裁判断によつて課される金銭上の義務をその領域において執行するものとする。連邦制の締約国は、連邦裁判所により当該仲裁判断を執行することができ、また、連邦裁判所が当該仲裁判断を州裁判所の確定判決とみなして取り扱うことを定めることができる。
(2) いずれかの締約国の領域において仲裁判断の承認及び執行を求める当事者は、その締約国がこのために定める管轄裁判所その他権限のある当局に対し、事務局長により証明された仲裁判断の謄本を提出しなければならない。各締約国は、このための管轄裁判所その他権限のある当局の指定及びその後日の変更を事務局長に通告する。
(3) 仲裁判断の執行は、執行が求められている領域の属する国で現に適用されている判決の執行に関する法令に従つて行なわれる。

第55条【国の執行からの免除】 第54条のいかなる規定も、いずれかの締約国の現行法令でその締約国又は外国を執行から免除することに関するものに影響を及ぼすものと解してはならない。

第5章　調停人及び仲裁人の交代及び失格
第6章　手続の費用
第7章　手続の場所
第8章　締約国間の紛争

第64条【この条約に関する紛争の解決】 この条約の解釈又は適用に関して締約国間に生ずる紛争で交渉により解決されないものは、関係国が他の解決方法について合意しない限り、その紛争のいずれかの当事国の請求により、国際司法裁判所に付託されるものとする。

第9章　改正
第10章　最終規定

●投資の促進、円滑化及び保護に関する日本国政府、大韓民国政府及び中華人民共和国政府の間の協定《日中韓投資協定》〔抜粋〕

Agreement among the Government of Japan, the Government of the Republic of Korea and the Government of the People's Republic of China for the Promotion, Facilitation and Protection of Investment

▼署名　2012年5月13日（北京）　▼効力発生　2014年5月17日　▼日本国　2013年11月22日国会承認、2013年12月20日通告、2014年5月14日公布〔平成26年条約第5号〕

第1条（定義） この協定の適用上、
(1) 「投資財産」とは、投資家が直接又は間接に所有し、又は支配する全ての種類の資産であって、資本その他の資源の約束、収益若しくは利得についての期待又は危険の負担等の投資としての性質を有するものをいう。投資財産の形態には、次のものを含む。
(a) 企業及び企業の支店
(b) 株式、出資その他の形態の企業の持分（その持分

から派生する権利を含む。)
  (c) 債券、社債、貸付金その他の債務証書(その債務証書から派生する権利を含む。)
  (d) 契約(完成後引渡し、建設、経営、生産又は利益配分に関する契約を含む。)に基づく権利
  (e) 金銭債権及び金銭的価値を有する契約に基づく給付の請求権であって、投資に関連するもの
  (f) 知的財産権(著作権及び関連する権利、特許並びに実用新案、商標、意匠、集積回路の回路配置、植物の新品種、営業用の名称、原産地表示又は地理的表示及び開示されていない情報に関する権利を含む。)
  (g) 法令又は契約により与えられる権利(例えば、特許、免許、承認、許可)
  (h) 他の全ての資産(有体であるか無体であるかを問わず、また、動産であるか不動産であるかを問わない。)及び賃借権、抵当権、先取特権、質権その他の関連する財産権
  注釈 投資財産には、投資財産から生ずる価値、特に、利益、利子、資本利得、配当、使用料及び手数料を含む。投資された資産の形態の変更は、その投資財産としての性質に影響を及ぼすものではない。

(2)—(10) 〔省略〕

第2条(投資の促進及び保護) 1 各締約国は、他の締約国の投資家による投資が自国の領域内において行われるための良好な条件を醸成する。
2 各締約国は、関係法令(外国人による所有及び支配に関するものを含む。)に従って権限を行使する自国の権利を留保の上、他の締約国の投資家による投資を許可する。

第3条(内国民待遇) 1 各締約国は、自国の領域内において、投資活動に関し、他の締約国の投資家及びその投資財産に対し、同様の状況において自国の投資家及びその投資財産に与える待遇よりも不利でない待遇を与える。

2—3 〔省略〕

第4条(最恵国待遇) 1 各締約国は、自国の領域内において、投資活動及び投資の許可に関連する事項に関し、第2条2の規定に従い、他の締約国の投資家及びその投資財産に対し、同様の状況において第三の締約国の投資家又は非締約国の投資家及びそれらの投資財産に与える待遇よりも不利でない待遇を与える。
2 1の規定は、各締約国が、次のいずれかのものの当事国であることに伴う特恵的な待遇を、他の締約国の投資家及びその投資財産に与えることを義務付けるものと解してはならない。
  (a) 関税同盟、自由貿易地域若しくは通貨同盟、これらに類する同盟若しくは自由貿易地域の実現を内容とする国際協定又は他の形態の地域的な経済協力
  (b) 国境地域における小規模な貿易を容易にするための国際協定又は取決め
  (c) 航空、漁業及び海事(海難救助を含む。)に関係する二国間及び多数国間の国際協定
3 1に規定する待遇であって、第三の締約国の投資家又は非締約国の投資家及びそれらの投資財産に対して与えられるものには、他の国際協定に定めるいずれかの締約国と当該第三の締約国の投資家との間又はいずれかの締約国と当該非締約国の投資家との間の投資紛争の解決に関する規定により、それぞれ当該第三の締約国の投資家及びその投資財産又は当該非締約国の投資家及びその投資財産に対して与えられる待遇を含まないことが了解される。
  注釈 この条の規定の適用上、「非締約国」には、関税及び貿易に関する一般協定又は世界貿易機関設立協定に定める独立の関税地域であって、この協定の効力発生の日において世界貿易機関の加盟国であるものを含まない。

第5条(投資財産に関する一般的待遇) 1 各締約国は、他の締約国の投資家の投資財産に対し、公正かつ衡平な待遇並びに十分な保護及び保障を与える。「公正かつ衡平な待遇」及び「十分な保護及び保障」の概念は、一般的に受け入れられている国際法の規則に基づいて与えられる合理的かつ適当な水準の待遇以上の待遇を求めるものではない。この協定の他の規定又は他の国際協定の違反があった旨の決定は、その決定の事実によって、この1の規定の違反があったことを証明するものではない。
2 各締約国は、他の締約国の投資家の投資財産に関して取決め又は契約の形式で書面による約束を行うこととなった場合には、当該約束を遵守する。

第6条(裁判所の裁判を受ける権利) 各締約国は、自国の領域内において、投資家の権利の行使及び擁護のため全ての審級にわたり裁判所の裁判を受け、及び行政機関に対して申立てをする権利に関し、他の締約国の投資家に対し、同様の状況において自国の投資家、第三の締約国の投資家又は非締約国の投資家に与える待遇よりも不利でない待遇を与える。

第9条(知的財産権) 1(a) 各締約国は、自国の法令に従って、知的財産権を保護する。
  (b) 各締約国は、知的財産権に関する透明性のある制度を確立し、及び維持するものとし、知的財産に関する既存の協議の枠組みを通じ、知的財産の分野における全締約国間の協力及び連絡を促進する。
2 この協定のいかなる規定も、知的財産権の保護に関する国際協定であって二以上の締約国が締結しているものに基づく権利を害し、及び当該国際協定に基づく義務を免れさせるものと解してはならない。
3 この協定のいかなる規定も、いずれかの締約国が、他の締約国の投資家及びその投資財産に対し、知的財産権の保護に関する国際協定であって、自国及び第三の締約国が締結しているもの又は自国及び非締約国が締結しているものにより、それぞれ当該第三の締約国の投資家及びその投資財産又は当該非締約国の投資家及びその投資財産に与えている待遇を与えることを義務付けるものと解してはならない。

第10条(透明性) 1 各締約国は、自国の法令、行政上の手続、一般に適用される行政上及び司法上の決定並びに自国が締結している国際協定であって、投資活

動に関連し、又は影響を及ぼすものを速やかに公表し、又は公に利用可能なものとする。各締約国政府は、当該法令、行政上の手続及び一般に適用される行政上の決定について責任を有する権限のある当局の名称及び所在地を公衆が容易に利用可能なものとする。
2　各締約国は、この協定の実施及び運用に重大な影響を及ぼす自国の法令を導入し、又は変更する場合には、当該法令を公表し、又は公に利用可能なものとする時と当該法令が効力を生ずる時との間に適当な期間を置くよう努める。ただし、国家の安全保障、外国為替相場又は通貨政策に関する法令及びその公表が法執行を妨げることとなる他の法令を除く。
3　各締約国は、他の締約国の要請があった場合には、自国が実際にとる措置又はとろうとする措置であって、当該他の締約国及び当該他の締約国の投資家のこの協定に基づく利益に重大な影響を及ぼすおそれのあるものに関し、合理的な期間内に、既存の二国間の経路を通じ、当該他の締約国の個別の質問に応じ、及び当該他の締約国に情報を提供する。
4　各締約国は、自国の法令に従って、次のことを行う。
  (a) この協定の対象となる事項に影響を及ぼす一般に適用される規制を事前に公表すること。
  (b) 投資に関する規制を設定する前に、当該規制についての公衆による意見の提出のための合理的な機会を与え、当該意見を考慮すること。
5　この条の規定は、秘密の情報の開示が次のいずれかに該当する場合には、締約国に対し、当該秘密の情報の開示を義務付けるものと解してはならない。
  (a) 法執行を妨げることとなる場合
  (b) 公共の利益に反することとなる場合
  (c) 私生活又は正当な商業上の利益を害するおそれがある場合

第11条（収用及び補償）　1　いずれの締約国も、自国の領域内にある他の締約国の投資家の投資財産の収用若しくは国有化又はこれに対する収用若しくは国有化と同等の措置（以下この協定において「収用」という。）を実施してはならない。ただし、次の全ての条件を満たす場合は、この限りでない。
  (a) 公共の目的のためのものであること。
  (b) 差別的なものでないこと。
  (c) 自国の法律及び正当な法の手続に関する国際的な基準に従って行われるものであること。
  (d) 2から4までの規定に従って行われる補償を伴うものであること。
2　補償は、収用が公表された時又は収用が行われた時のいずれか早い方の時における収用された投資財産の公正な市場価格に相当するものでなければならない。公正な市場価格には、収用が事前に公に知られることにより生じた市場価格の変化を反映させてはならない。
3　補償については、遅滞なく支払うものとし、収用の時から支払の時までの期間を考慮した商業的に妥当な利子を含めるものとする。当該補償については、実際に換価すること、自由に移転すること並びに収用の日

の市場における為替相場により関係する投資家の締約国の通貨及び自由利用可能通貨に自由に交換することができるものとする。
4　収用の影響を受ける投資家は、当該投資家の事案及び補償の額に関し、この条に定める原則に従って速やかな審査を受けるため、収用を行う締約国の裁判所の裁判を受け、又はその行政機関に対して申立てをする権利を有する。ただし、第15条の規定の適用を妨げない。

第15条（一の締約国と他の締約国の投資家との間の投資紛争の解決）　1　この条の規定の適用上、「投資紛争」とは、一の締約国と他の締約国の投資家との間の紛争であって、当該投資家又は当該一の締約国の領域内にある当該投資家の投資財産について、この協定に基づく当該一の締約国の義務の申し立てられた違反により損失又は損害が生じているものをいう。
2　投資紛争は、可能な限り、当該投資紛争の当事者である投資家（以下この条において「紛争投資家」という。）と当該投資紛争の当事者である締約国（以下この条において「紛争締約国」という。）との間の協議により友好的に解決する。紛争投資家は、投資紛争を3に規定する仲裁に付託する前に、書面による協議の要請を紛争締約国に提出する。この書面による要請には、次の事項を明記する。
  (a) 当該紛争投資家の名称及び住所
  (b) 違反があったとされるこの協定に基づく義務
  (c) 当該投資紛争についての事実の簡潔な要約
  (d) 当該紛争投資家が求める救済手段及び損害賠償額の概算
    注釈　書面による協議の要請は、次の紛争締約国の権限のある当局に送付する。
  (a) 中華人民共和国については、商務部条約法律司
  (b) 日本国については、外務省又はそれに代わる機関
  (c) 大韓民国については、法務部国際法務課
3　投資紛争は、紛争投資家の要請に基づき次のいずれかのものに付託される。
  (a) 紛争締約国の権限のある裁判所
  (b) ICSID条約が利用可能である場合には、ICSID条約による仲裁
  (c) ICSID追加的な制度規則が利用可能である場合には、ICSID追加的な制度規則による仲裁
  (d) UNCITRAL仲裁規則による仲裁
  (e) 紛争締約国と合意する場合には、他の仲裁規則による仲裁
ただし、(b)から(e)までの規定の適用上、次の要件が満たされることを条件とする。
  (i) 2に規定する書面による協議の要請が紛争締約国に提出された日から四箇月以内に当該協議により当該投資紛争を解決することができないこと。
  (ii) 7に規定する行政上の審査手続を要求された場合には、当該審査手続に関する要件が満たされていること。
    注釈　(a)の規定の適用上、この3の規定は、行政裁判所又は行政機関が前審として審判することとされている場

合には、その前審としての審判を妨げるものと解してはならない。
4　各締約国は、紛争投資家が、投資紛争をこの条の規定に従って3に規定する仲裁に付託することに同意する。
5　紛争投資家が投資紛争を紛争締約国の権限のある裁判所又は3に規定するいずれかの仲裁に付託した場合には、当該紛争投資家によるその選択は、最終的なものとし、当該紛争投資家は、その後は3に規定する他の仲裁に同一の投資紛争を付託することができない。
6　3及び4の規定にかかわらず、3に規定する仲裁への請求の付託は、紛争投資家が、1に規定する違反を構成するとされる紛争締約国の措置に関し、当該紛争締約国の権限のある裁判所において手続を開始する権利を放棄する旨の書面を当該紛争締約国に提出する場合を除くほか、行うことができない。
7　紛争投資家が2の規定に基づき書面による協議の要請を紛争締約国に提出した場合には、当該紛争締約国は、当該紛争投資家に対し、3に規定する仲裁への付託に先立ち自国の法令に定める行政上の審査手続を経るよう、遅滞なく要求することができる。
　当該審査手続は、当該審査手続の申立てがあった日から4箇月を超えて継続してはならない。当該審査手続が4箇月の期間の満了までに完了しない場合には、当該審査手続は、終結したものとみなされ、紛争投資家は、投資紛争を3に規定する仲裁に付託することができる。紛争投資家は、3に規定する4箇月の協議の期間が経過するまでは、当該審査手続の申立てをすることができる。
　　注釈　この7に規定する行政上の審査手続におけるいかなる決定も、紛争投資家が投資紛争を3に規定する仲裁に付託することを妨げるものではないことが了解される。
8　適用される仲裁規則は、この条の規定によって修正する部分を除くほか、3に規定する仲裁を規律する。
9　3の規定により設置される仲裁裁判所（以下この条において「仲裁裁判所」という。）が下す裁定には、次の事項を含める。
　(a)　紛争締約国が、紛争投資家及びその投資財産に関し、この協定に基づく義務に違反したか否かに関する認定
　(b)　紛争投資家の損失又は損害がこの協定に基づく義務の違反によるものである場合には、次の(i)又は(ii)に規定する救済措置のいずれか一方又は双方
　　(i)　損害賠償及び適当な利子
　　(ii)　原状回復。この場合の裁定においては、紛争締約国が原状回復に代えて損害賠償及び適当な利子を支払うことができることを定めるものとする。
10　仲裁裁判所の裁定は、最終的なものであり、かつ、投資紛争の両当事者を拘束する。当該裁定は、その領域内で執行が求められている国における有効な裁定の執行に関する関係法令に従って執行される。
11・12〔省略〕

第17条（締約国間の紛争の解決）　1　いずれの締約国も、この協定の解釈又は適用に関する紛争を解決するため、書面により、他の締約国との協議を要請することができる。要請を行う締約国（以下この条において「申立国」という。）は、要請の際に、第三の締約国に対して当該要請の写しを送付する。第三の締約国は、自国が当該紛争について実質的な利害関係を有すると認める場合には、協議に参加することができる。
2(a)　1の規定に基づく要請が受領された日の後6箇月以内に1に規定する協議により紛争が満足に解決されない場合には、申立国及び当該要請を受けた締約国（以下この条において「両紛争当事国」と総称する。）のいずれかは、他方の紛争当事国に対する書面による要請に基づき、当該紛争を仲裁裁判所に付託することができる。
(b)―(d)　〔省略〕
3　この条に別段の定めがある場合又は両紛争当事国の別段の合意がある場合を除くほか、仲裁裁判所の手続については、UNCITRAL仲裁規則を準用する。ただし、両紛争当事国は、準用されるUNCITRAL仲裁規則を修正することができるものとし、4の規定に従って任命された仲裁人は、いずれの紛争当事国も異議がないときは、準用されるUNCITRAL仲裁規則を修正することができる。仲裁裁判所は、自己の規則及び手続を定めることができる。
4―7〔省略〕

第18条（安全保障のための例外）　1　この協定の他の規定（第12条の規定を除く。）にかかわらず、各締約国は、次の措置をとることができる。
(a)　自国の安全保障上の重大な利益の保護のために必要であると認める次の措置
　(i)　戦時、武力紛争の時その他の自国内又は国際関係における緊急時にとる措置
　(ii)　兵器の不拡散に係る国内政策又は国際協定の実施に関連してとる措置
(b)　国際の平和及び安全の維持のため国際連合憲章に基づく自国の義務に従ってとる措置
2〔省略〕

第23条（環境に関する措置）　各締約国は、環境に関する措置の緩和を通じて他の締約国の投資家による投資を奨励することが適当でないことを認める。各締約国は、自国の領域内における投資財産の設立、取得又は拡張を奨励する手段として環境に関する措置の適用の免除その他の逸脱措置を行うべきではない。

開　発

●天然資源に対する永久的主権（決議1803）〔抄〕

Resolution 1803 (XVII) "Permanent Sovereignty over Natural Resources"

▼採択　1962年12月14日（国連第17回総会決議1803 (XVII)）

〔前略〕

1 【永久的主権の目的】天然の富と資源に対する永久的主権への人民と民族の権利は、当該国の国内発展とその住民の福祉のために行使しなければならない。
2 【外資規制】かかる資源の探査、開発及び処分、並びにこれらの目的のために必要とされる外国資本の輸入は、人民と民族がかかる活動の認可、制限又は禁止に関して、必要又は望ましいと自由に考える規則及び条件に従わなければならない。
3 【外資活動の規律】認可が与えられる場合、輸入された資本及びその資本による所得は、その認可の条件、施行されている国内法及び国際法によって規律されるものとする。得られた利潤は、受入国の天然の富と資源に対する主権をいかなる理由にせよ損なうことがないよう適切な考慮を払いつつ、投資家と受入国のあいだで各々の場合に自由に合意される割合に従って配分されなければならない。
4 【国有化と補償】国有化、収用又は徴発は、国内国外を問わず単なる特定の又は私的な利益に優越すると認められる、公益、安全又は国家利益の根拠または理由に基づかなければならない。かかる場合所有者は、主権の行使としてこのような手段をとる国家で施行されている規則に従い、かつ国際法に従って、適切な補償を支払われるものとする。補償の問題が紛争を生じたときはいつでも、このような手段をとった国家の国内裁判手続が尽くされなければならない。ただし、主権国家と他の当事者が合意する場合には、紛争の解決は仲裁又は国際裁判によって行われなければならない。
5 【主権国家間の相互尊重】天然資源に対する人民と民族の主権の自由で有益な行使は、主権平等に基づいた諸国家の相互尊重によって促進されなければならない。
6 【国際開発協力】開発途上国の経済開発のための国際協力は、公的もしくは私的資本投資、商品と役務の交換、技術援助又は科学的情報の交換のいずれの形態をとるかを問わず、開発途上国の独立した国内発展を促進し、また天然の富と資源に対するこれら諸国の主権の尊重を基礎におくものとする。
7 【国連憲章との関係】天然の富と資源に対する主権への人民と民族の権利の侵害は、国際連合憲章の精神と原則に違反し、国際協力の発展と平和の維持をさまたげるものである。
8 【外国投資協定】主権国家によって又は主権国家のあいだで自由に締結された外国投資協定は、誠実に遵守されるものとする。国家と国際機構は、憲章とこの決議に示された原則とに従って、天然の富と資源に対する人民と民族の主権を厳格にかつ良心的に尊重しなければならない。

●天然資源に対する永久的主権（決議2158）〔抜粋〕

▼採択　1966年11月25日（国連第21回総会決議2158 (XXI)）

1 【永久的主権の再確認】国際連合憲章の精神と原則に従い、かつ、総会決議1803 (XVII) で認められているように、すべての国家が自国の国内開発のためにその天然資源に対する永久的主権を行使するという不可譲の権利を、再確認する。
2 【国連の努力】したがって、国際連合は、すべての国家がその権利を充分に行使しうるようにその活動を促進する最大限の一致した努力を行うべきことを、宣言する。
3 【資源の自力開発と販売】かかる努力は、開発途上国の天然資源の可能な限りの開発を達成しかつ自力でこの開発を行う開発途上国の能力を強化するのに役立つべきであり、それによって開発途上国は、その天然資源の開発及び販売の行われるべき方法を決定するさいしての選択権を実効的に行使しうることを、表明する。
4 【国内法令に従った開発】各国の天然資源の開発は、常にその国内法令に従って行われるものとすることを、確認する。
5 【外資企業の経営と利益に対するシェア拡大】すべての国家特に開発途上国が、外国資本によって全部又は一部が運営されている企業の経営分担率を確保及び拡大し、かつ、そこから生ずる利益について、関係諸人民の開発の必要と目的及び相互に受け入れることのできる契約上の慣行に妥当な考慮を払いつつ、衡平な基礎に立って一層大きな分配率を得る権利を承認し、並びにかかる資本の輸出国に対し、この権利の行使を妨げるいかなる行動をも慎むことを、要請する。

●天然資源に対する永久的主権（決議3171）〔抜粋〕

▼採択 1973年12月17日（国連第28回総会決議3171（XXVIII））

1 【永久的主権の対象範囲】国家間の境界線の内側の陸上、自国の管轄権内の海底及びその地下並びにその上部水域にあるすべての天然資源に対する永久的主権に対する国家の譲ることのできない権利を強く再確認する。

2 【外国支配の排除】開発途上国並びに植民地的及び人種的支配並びに外国の占領下にある領域の人民によるその天然資源に対する実効的支配を回復するための闘争における努力を、断固として支持する。

3 【国有化の補償】天然資源を確保するための主権の表現として、国家によって行われる国有化の原則の適用は、各国が可能な補償額及び支払い方法を決定する権限を有し、かつそこから生ずる紛争はかかる措置をとる各々の国家の国内立法に従って解決されるべきであるという意味を含むことを、確認する。

●新しい国際経済秩序の樹立に関する宣言
《新国際経済秩序（NIEO）樹立宣言》〔抜粋〕

Declaration on the Establishment of a New International Economic Order

▼採択 1974年5月1日（国連総会決議3201（S-VI））

われわれ国際連合加盟国は、

はじめて原材料及び開発の諸問題を検討するため、国際共同体が直面している最も重要な経済問題を考察する目的で、総会の特別会期を招集し、

すべての人民の経済的発展及び社会的進歩を促進することを目指す国際連合憲章の精神、目的並びに原則を考慮し、

経済的及び社会的体制のいかんにかかわらずすべての国家間の衡平、主権平等、相互依存、共通利益並びに協力を基礎とした、かつ、不平等を改め、現存の不公正を是正し、先進国と開発途上国との間の拡大しつつある格差を除去し、並びに現在及び将来の世代のために平和及び正義のうちに経済的及び社会的発展を着実に促進することを確保する、新しい国際経済秩序の樹立のための作業を緊急に行うとのわれわれの一致した決意を厳粛に表明して、この目的のために、以下のことを宣言する。

1 【非植民地化、南北格差の拡大】最近数十年間の最も偉大かつ最も重要な成果は、非常に多くの人民及び民族が植民地的外国支配から独立したことであり、それによって彼らは自由な人民の共同体の構成員となることができた。技術の進歩もまたこの30年間に経済活動のあらゆる分野で達成され、それによってすべての人民の福祉の改善のための確固とした潜在能力を与えた。しかしながら、植民地的外国支配の残滓、外国による占領、人種差別、アパルトヘイト及びあらゆる形態の新植民地主義は、引続き開発途上国及びすべての関係人民の完全な解放及び進歩に対する最大の障害に数えられている。技術の進歩の利益は国際共同体のすべての構成員に衡平に分配されてはいない。開発途上国は、世界の人口の70パーセントを占めているが、世界の所得の30パーセントを得ているのみである。現行国際経済秩序の下では調和のとれた衡平な発展を実現することは不可能なことが明らかになった。先進国と開発途上国との間の格差は、大部分の開発途上国がいまだ独立国としては存在していなかった時に形成されかつ不平等を恒常化する制度の中で、拡大し続けている。

2 【国際経済秩序の動揺】現在の国際経済秩序は、国際政治経済関係における今日の展開と直接に衝突している。1970年以来、世界経済は一連の重大な危機を経験し、それは、とりわけ開発途上国に対し、対外的な経済的衝撃に対するその一般的に高い脆弱性のため、深刻な影響を与えた。開発途上世界は、国際的活動のあらゆる分野においてその影響力を感じさせる強力な因子となった。世界の力関係におけるこれらの覆しえない変化は、国際共同体に関するすべての決定の形成及び適用における開発途上国の積極的、完全かつ平等な参加を必要としている。

3 【相互依存】これらの変化はすべて、世界共同体のすべての構成員の相互依存の現実を浮き彫りにした。現在の諸事象は、先進国の利益及び開発途上国の利益がもはや互いに独立しては存在しえなくなっており、先進国の繁栄と開発途上国の成長及び発展の間には密接な相互関係があり、かつ国際共同体全体の繁栄がその構成部分の繁栄に依存しているという事実に、鋭い焦点をあてた。開発のための国際協力は、すべての国家の共通の目標でありかつ共通の義務である。かくして、現在及び将来の世代の政治的、経済的及び社会的福祉は、国際共同体のすべての構成員の間の主権平等及びそれら構成員間に存在する不均衡の除去の基礎の上にたつ協力に、これまでにも増して依存している。

4 【基本原則】新国際経済秩序は、次の諸原則の完全な尊重に基礎をおくべきである。
 (a) 国家の主権平等、すべての人民の自決、武力による領域取得の不承認、領土保全及び他国の国内事項に対する不介入。
 (b) 衡平を基礎とする国際共同体のすべての構成国の広範な協力。これにより世界に蔓延している不平等は解消され、繁栄がすべてのものに保証される。

(c) すべての開発途上国の開発促進を確保する必要性を考慮し、かつ、他の開発途上国の利益を看過することなく、後発開発途上国、内陸開発途上国、島嶼開発途上国並びに経済危機及び自然災害により最も深刻な影響を被った開発途上国のための特別措置の採択に特別の注意を払って、すべての国家の共通の利益の中での世界経済問題の解決の衡平を基礎としたすべての国家の完全かつ効果的参加。

(d) 各国が、自らその国自身の開発に最も適当と考える経済社会体制を採用し、かつその結果いかなる種類の差別にも服さない権利。

(e) 自国の天然資源及びすべての経済活動に対する各国の完全な永久的主権。これらの資源を保護するため、いずれの国も、国家の完全な永久的主権の表現たる権利として、国有化又は自国民への所有権移転の権利を含めて、自国に固有の状況に適した手段によりそれらの資源及びそれの開発に対する効果的管理を行う権利を有する。いずれの国も、この譲ることのできない権利の自由かつ完全な行使を妨げる経済的、政治的強制又は他のいかなる形の強制にも服することはできない。

(f) 外国占領、外国支配及び植民地支配もしくはアパルトヘイトの下にあるすべての国家、領域及び人民が、それらの国家、領域及び人民の天然資源及びすべての他の資源の搾取、減少及び荒廃に対する原状回復及び完全な補償を受ける権利。

(g) 自国内でその完全な主権の基礎の上に立って多国籍企業が活動を行っている国家の国内経済の利益となるような措置をとることによる、多国籍企業活動の規制及び監督。

(h) 開発途上国並びに植民地的及び人種的支配並びに外国占領の下にある領域の人民が、その解放を実現し並びにその天然資源及び経済活動に対する実効的管理を回復する権利。

(i) 開発途上国、並びに植民地支配及び外国支配、外国占領、人種差別又はアパルトヘイトの下にあるか、又は主権的権利の行使を従属させかつあらゆる種類の利益を認めさせるための経済的、政治的又は他のあらゆる形態の強制的措置に服しており、かつ、これまで外国の管理下にあり又はいまだその下にある自らの天然資源及び経済活動に対する実効的管理を確立したか又は確立すべく努力している諸人民及び諸領域に対し、援助を供与すること。

(j) 開発途上国の不十分な交易条件の持続的改善及び世界経済の拡大をもたらす目的をもって、開発途上国の輸出する原材料、一次産品、製品及び半製品の価格とそれら諸国の輸入する原材料、一次産品、製品、資本財及び設備の価格との間の公正かつ衡平な関係。

(k) 国際共同体による開発途上国への、いかなる政治的又は軍事的条件をも伴わない積極的援助の供与。

(l) 国際通貨制度改革の主たる目的の一つが開発途上国の開発の促進及びそれら諸国への資金の十分な流入であることを保証すること。

(m) 合成代替品との競争に直面している天然産品の競争力の改善。

(n) 国際経済協力のすべての分野において、できる限りいつでも、実施可能な限度で、開発途上国に対し特恵的かつ非相互的待遇を供与すること。

(o) 開発途上国に対する財源の移転に有利な条件の確保。

(p) 開発途上国の経済に適合する形態及び手続に従いそれら諸国の利益のために、近代科学技術の成果へのアクセスを開発途上国に与えること、並びに技術移転及び土着技術の創造を促進すること。

(q) すべての国家が食料品を含む天然資源の浪費に終止符を打つ必要があること。

(r) 開発途上国がそのすべての資源を開発のために集中させる必要があること。

(s) 個別的及び集団的行動を通じて、主として特恵的基礎に基づき、開発途上国相互間の経済上、貿易上、財政上及び技術上の協力を強化すること。

(t) 生産国同盟が国際協力の枠内で果たしうる役割を容易にすること、並びに、生産国同盟の目的を追求するにあたり、とりわけ世界経済の持続的成長の促進に協力すること及び開発途上国の開発を促進すること。

●国家の経済的権利義務憲章〔抜粋〕
Charter of Economic Rights and Duties of States

▼採択 1974年12月12日（国連第29回総会決議3281（XXIX））

前文
総会は、
国際連合の基本的目的、とりわけ、国際の平和及び安全の維持、国家間の友好関係の発展並びに経済的及び社会的分野における国際問題解決のための国際協力の達成を再確認し、
これらの分野での国際協力を強化する必要を確認し、さらに開発のための国際協力を強化する必要を再確認し、

経済的及び社会的体制の相異を問わず、すべての国家間における衡平、主権平等、相互依存、共通利益及び協力の基礎の上に立って、新国際経済秩序の樹立を促進することがこの憲章の基本的目的であることを宣言し、
以下の諸事項のための条件の創出に貢献することを熱望し、

(a) すべての国家間の一層大きな繁栄及びすべての人々

のためのより高い生活水準の達成
(b) 国際共同体全体による、すべての国家とりわけ開発途上国の経済的及び社会的進歩の促進
(c) この憲章の条項を進んで実施しようとするすべての平和愛好国のための恵及び衡平な利益を基礎として、政治的、経済的又は社会的体制の相異を問わず、経済、貿易、科学及び技術の分野における協力の推進
(d) 開発途上国の経済発展の過程における主な障害の克服
(e) 開発途上国と先進国との間の経済格差を縮小するための開発途上国の経済成長の促進
(f) 環境の保護、保全及び改善
以下の諸事項を通じて公正及び衡平な経済社会秩序を樹立しかつ維持する必要に留意し、
(a) より合理的かつ衡平な国際経済関係の達成及び世界経済における構造的変革の推進
(b) すべての国家間の貿易の一層の拡大及び経済協力の強化を可能にする諸条件の創出
(c) 開発途上国の経済的独立の強化
(d) 開発に関して開発途上国間で認識された差異及び開発途上国の特別の必要性を考慮に入れた国際経済関係の樹立並びに促進

各々の国家の主権平等を厳格に尊重し、かつ国際共同体全体の協力を通じてとりわけ開発途上国の開発のための集団経済安全保障を促進することを決意し、

国際経済問題に関する共同の検討及び協調的行動に基づく国家間の真の協力が、世界のすべての地域の公正かつ合理的開発を達成するという国際共同体の共通の願望を満たすために不可欠であることを考慮し、

社会的及び経済的体制の相異を問わず、すべての国家間の正常な経済関係の処理のための及びすべての人々の利益のための平和の確立の手段としての国際経済協力の手段の強化、並びにすべての人々の諸権利を十分に尊重するための適当な条件を確保する重要性を強調し、

すべての国家の主権平等、相互的かつ衡平な利益及び諸利益の密接な相互関係に基づいて、国際経済関係の制度を展開する必要を確信し、

各国の開発に関する責任は第一義的に当該国自身に存するが、それに附随する効果的な国際協力は各国自身の開発目標を完全に達成するための本質的要素であることを再び強調し、

大幅に改善された国際経済関係の制度を推進することが緊急に必要であることをかたく確信して、

この国家の経済的権利義務憲章を厳粛に採択する。

第1章　国際経済関係の基本的要素

国家間の経済的、政治的及びその他の諸関係は、とりわけ次の諸原則により規律される。
(a) 国家の主権、領土保全及び政治的独立
(b) すべての国家の主権平等
(c) 不侵略
(d) 不干渉
(e) 相互的かつ衡平な利益
(f) 平和共存
(g) 諸人民の同権及び自決
(h) 紛争の平和的解決
(i) 武力によってもたらされ、国家からその正常な発展に必要な自然の手段を奪う不公正の除去
(j) 国際義務の誠実な履行
(k) 人権と基本的自由の尊重
(l) 覇権及び勢力圏の追求を試みないこと
(m) 国際的な社会正義の促進
(n) 開発のための国際協力
(o) 上記諸原則の枠内での内陸国の海への及び海からの自由なアクセス

第2章　国家の経済的権利義務

第1条【経済社会体制の自由選択権】 いかなる国家も、いかなる形であれ外部からの干渉、強制又は威嚇を受けることなく、その人民の意思に従い、その経済的体制並びに政治的、社会的及び文化的体制を選択する主権的かつ不可譲の権利を有する。

第2条【永久的主権、外国投資、多国籍企業規制、国有化と補償】 1　いかなる国家も、そのすべての富、天然資源及び経済活動に対し、所有、使用及び処分を含む完全な永久的主権を有し、自由に行使する。
2　各々の国家は次の権利を有する。
(a) 自国の法令に基づき、かつ自国の国内的な目標及び優先順位に従い、その国内管轄権内で、外国投資を規律し、それに対して権限を行使すること。いかなる国家も外国投資に対して特恵的待遇を与えることを強制されない。
(b) その国内管轄権内で、多国籍企業の活動を規律及び監督し、並びにそのような活動が自国の法令及び規則を遵守し、自国の経済社会政策に合致することを確保するための措置をとること。多国籍企業は受入国の内政に干渉してはならない。いかなる国家も、その主権的権利に充分な考慮を払いつつ、本号に定める権利を行使するにあたって他の諸国家と協力すべきである。
(c) 外国人資産を国有化し、収用し又はその所有権を移転すること。ただし、その場合には、かかる措置をとる国は、自国の関連法令及び自国が関係あると認めるすべての事情を考慮して、適当な補償を支払うべきである。補償問題で紛争が生じた場合はいつでも、その紛争は、国有化を行う国の国内法に基づきかつその国内裁判所によって解決されなければならない。ただし、すべての関係国が、国家の主権平等に基づきかつ手段の選択の自由の原則に従って、他の平和的手段を求めることを自由に相互に合意した場合はこの限りでない。

第4条【貿易・経済協力の権利、無差別原則】 いずれの国家も、政治的、経済的及び社会的体制の相異を問わず、国際貿易及びその他の形の経済協力を行う権利を有する。いかなる国家もそのような相異のみに基づくいかなる種類の差別をも課せられることはない。いずれの国家も、国際貿易及びその他の形態の経済協力を遂行する上で、自由に対外経済関係の組織形態を選択

し、並びにその国際義務及び国際経済協力の必要に合致した二国間及び多数国間取極を締結する。

第5条【生産国同盟】すべての国家は、開発のための安定した資金導入を充足し、その国内経済を発展させるために、及び世界経済の持続的な成長促進に助力するという目的とりわけ開発途上国の開発を加速するという目的を遂行するために、一次産品生産国機構を形成する権利を有する。これに対応して、すべての国家は、かかる権利を制限する経済的及び政治的措置をとることを慎むことにより、この権利を尊重する義務を有する。

第6条【国際商品貿易】国家は、特に諸取極を通して及び適当な場合には長期的多数国間商品協定の締結により、並びに生産国及び消費国の利益を考慮して、国際商品貿易の発展に寄与する義務を有する。すべての国家は、安定しかつ採算のとれる衡平な価格で取引されるすべての商品の規則正しい流れとアクセスを促進する責任を有し、これによってとりわけ開発途上国の利益を考慮して、世界経済の衡平な発展に貢献するものである。

第7条【開発の第一義的責任】いかなる国家もその人民の経済的、社会的及び文化的発展を促進する第一義的責任を有する。この目的のため、各国は、その開発の手段及び目標を選択し、その資源を十分に動員及び利用し、漸進的な経済社会改革を実施し、並びに開発の過程と利益への人民の完全な参加を確保する権利及び責任を有する。すべての国家は、個別的及び集団的に、かかる動員及び利用を妨げる障害を除去するため協力する義務を有する。

第8条【合理的で衡平な国際経済関係】国家は、より合理的かつ衡平な国際経済関係を容易にするため、並びにすべての国家、とりわけ開発途上国の必要及び利益と調和した均衡のとれた世界経済の枠組における構造変革を奨励するため、協力すべきであり、かつこのための適切な措置をとるべきである。

第9条【開発協力の責任】すべての国家は、経済、社会、文化、科学及び技術の諸分野において、世界全体とりわけ開発途上国の経済的及び社会的進歩の促進に協力する責任を有する。

第10条【国際経済決定過程への平等参加】すべての国家は法上平等であり、国際共同体の平等な構成員として、世界の経済、金融及び通貨に関する諸問題をとりわけ現行及び将来の規則に従い適当な国際機構を通じて解決するための国際的な決定過程に完全かつ実効的に参加し、並びにそれから生ずる利益を衡平に享有する権利を有する。

第13条【科学技術の進歩・協力・移転】1 いかなる国家も、その経済的及び社会的発展の促進のため、科学技術の進歩及び発展の恩恵を受ける権利を有する。

2 すべての国家は、特に技術の所有者、提供者及び受益者の権利義務を含むすべての正当な利益に妥当な考慮を払って、国際的科学技術協力及び技術移転を促進するべきである。特に、すべての国家は、開発途上国の経済及び必要に適応する形態及び手続に従い、開発途上国の利益のために、近代的科学技術の成果への開発途上国のアクセス、技術移転及び土着の技術の創造を容易にするべきである。

3 したがって、先進国は、開発途上国の経済の拡大及び変革を援助するため、開発途上国の科学技術的基盤並びに科学研究及び技術に関する活動の確立、強化及び発展について、開発途上国と協力すべきである。

4 すべての国家は、開発途上国の利益を十分考慮し、技術移転のための国際的に受け入れられた指針又は規則をさらに進展させるための研究に協力すべきである。

第14条【世界貿易の拡大、衡平な利益配分】いかなる国家も、世界貿易の着実かつ一層の拡大及び自由化、並びにすべての人民とりわけ開発途上国の人民の福祉及び生活水準の改善を促進するよう協力する義務を有する。したがって、すべての国家は、とりわけ貿易障壁の漸進的な撤廃及び世界貿易を規律するための国際的枠組の改善に向けて協力すべきであり、かつ、これらの目的のために、開発途上国に特有の貿易問題を考慮しつつ、すべての国の貿易問題を衡平な方法によって解決するため協調的努力を行なう。この関連において、国家は、できる限り、開発途上国の関心産品の市場へのアクセスの条件の実質的改善、及び適当な場合はいつでも、一次産品の安定的で衡平かつ採算のとれる価格を達成するための諸措置を通じて、開発途上国の外貨収入の実質的増大、輸出の多様化、開発途上国の開発の必要を考慮した上でのそれら諸国の貿易成長率の加速、世界貿易の拡大にこれら諸国が参加する可能性の改善、及びこの貿易拡大から生ずる利益の分配における開発途上国に一層有利な均衡を成就するよう、開発途上国の国際貿易のための追加的利益を確保するための諸措置をとる。

第16条【植民地主義等の排除】1 すべての国家は、開発のための前提条件として、植民地主義、アパルトヘイト、人種差別、新植民地主義並びにあらゆる形態の外国侵略、占領及び支配、並びにこれらから生ずる経済的及び社会的結果を排除する権利及び義務を個別的及び集団的に有する。このような強圧的政策をとる国家は、その影響を被った諸国、諸地域及び諸人民に対して、それら諸国、諸地域及び諸人民が有する天然資源及びその他のすべての資源の搾取及び枯渇並びに損失について返還及び完全な補償を行う経済的責任を有する。これら諸国、諸地域及び諸人民に対して援助を供与することはすべての国家の義務である。

2 いかなる国家も、武力によって占領された地域の解放の障害となりうる投資を促進または奨励する権利を有しない。

第17条【国際開発協力】開発のための国際協力は、すべての国家の共通の目的であり共通の義務である。いかなる国家も、開発途上国の開発の必要及び目的に従い、国家の主権平等を厳格に尊重しかつその主権を侵害するいかなる条件にも拘束されることなく、開発途上国に有利な外的条件を付与し並びに積極的援助を供与することにより、その経済的及び社会的発展を促進

353

するためのそれら諸国の努力に協力すべきである。

第18条【一般関税特恵制度】先進国は、権限ある国際機構の枠内において本件に関して採択された関連合意及び関連決定に従い、開発途上国に対して一般的な非相互的かつ無差別の関税特恵制度を供与し、改善し及び拡大すべきである。先進国はまた、開発途上国の貿易及び開発の必要に備えて実施が可能で適当な分野において、特別かつより有利な待遇を与えうる方法でその他の差別的優遇措置を採択することに真剣な考慮を払うべきである。先進国は、国際経済関係を処理する上で、一般関税特恵及び開発途上国のために一般的に合意されたその他の差別的優遇措置により促進されるような開発途上国の国内経済の発展に対して否定的効果を与える措置を避けるよう努力すべきである。

第19条【一般特恵】開発途上国の経済成長を促進し、先進国と開発途上国の間の経済格差を縮小するため、先進国は、適当な国際経済協力の分野において、開発途上国に対し、非相互的かつ無差別の一般特恵待遇を与えるべきである。

第21条【途上国間特恵】開発途上国は、その相存の貿易の拡大を促進する努力を行うべきであり、この目的のために、関連する国際協定の現行の及び形成中の規定及び手続に従い、他の開発途上国に貿易上の特恵を供与することができ、またこれに際して先進国にかかる特恵を供与することを義務づけられることはない。ただし、それらの協定が一般的な貿易の自由化及び拡大に対する障害とならないことを条件とする。

第22条【開発資金援助】1　すべての国家は、開発途上国の経済的及び社会的発展を促進する努力を補強するために、関係諸国により引受けられた義務及び約束を考慮しつつ、すべての資金源からの開発途上国への資金援助の純流入額の増大を促進することにより、一般的に承認されまたは相互間で合意された開発途上国の開発の必要及び目的に対応すべきである。

2　これに関連して、先進国は、前項の目標及び目的に従い、これに関して引受けられたすべての義務及び約束を考慮して、開発途上国に対し公的資金源よりの資金援助の純額を増加しかつその方法及び条件を改善するよう努力すべきである。

3　開発援助資金の供与には、経済援助及び技術援助を含むべきである。

第25条【後発・内陸及び島嶼開発途上国】世界の経済発展を促進するために国際共同体とりわけその先進構成国は、後発開発途上国、内陸開発途上国及び島嶼開発途上国がその特有の困難を克服し、もってその経済社会開発に貢献するのを援助する目的で、それらの諸国の特有の必要及び問題に特別の考慮を払うものとする。

第26条【平和共存、最恵国待遇と一般特恵】すべての国家は、政治的、経済的、社会的及び文化的体制の相異を問わず寛容のうちに共存し平和に生活する義務、並びに異なる経済的及び社会的体制を有する国家間の貿易を容易にする義務を有する。国際貿易は、互恵、衡平な利益及び最恵国待遇の交換を基礎として、開発途上国が享受すべき無差別かつ非相互的な一般特恵を妨げることなく、行われるべきである。

第28条【価格インデクセーション】すべての国家は、生産者にとって採算がとれかつ生産者及び消費者にとって衡平な方法で、開発途上国にとって公正かつ衡平な交易条件を促進するために、開発途上国の輸入価格に関連して開発途上国の輸出価格を調整することに協力する義務を有する。

第3章　国際共同体に対する共同責任

第30条【環境保護】現在及び将来にわたる世代のために環境を保護し、保全し及び改善することは、すべての国家の責任である。すべての国家は、この責任に従って自国の環境及び開発に関する政策を確立するために努力するものとする。すべての国家の環境政策は、開発途上国の現在及び将来にわたる開発の潜在力を増進すべきであり、それを害するべきではない。すべての国家は、自国の管轄もしくは管理の下における活動が他国の環境または国家管轄権の範囲をこえる地域の環境に損害を与えないよう、配慮する責任を有する。すべての国家は、環境の分野における国際的規範及び規則を発展させることに協力すべきである。

第4章　最終条項

●発展の権利に関する宣言〔抄〕

Declaration on the Right to Development

▼採択　1986年12月4日（国連第41回総会決議41/128）

第1条【性格、自決権、永久的主権との関係】1　発展の権利は譲ることのできない人権であって、この権利に基づき、一人一人の人及びすべての人民は、すべての人権と基本的自由とが完全に実現されうるような経済的、社会的、文化的及び政治的発展に参加し貢献する権利並びにかかる発展を享有する権利を有する。

2　発展の権利はまた、人民の自決の権利の完全な実現を前提とするものであり、この自決の権利には、二つの国際人権規約の関連規定に別段の定めのある場合を除き、すべての天然の富と資源に対する人民の完全な主権に向けての人民の譲ることのできない権利の行使を含む。

第2条【主体】1　人は、発展の中心的主体であり、それゆえ発展の権利の積極的参加者でありかつその受益者でなければならない。

2　すべての人間は、その人権と基本的自由の十分な尊

重という要請を考慮し、共同体に対するその義務に留意して、個別的及び集団的に発展の責任を負う。共同体のみが人間の十全で自由な開花を保証することができ、かつ、それゆえに共同体は発展に資するにふさわしい政治的、社会的及び経済的秩序を促進し及び保護しなければならない。

3　国家は、住民全体及びすべての個人の福祉を、発展への住民と個人の積極的で自由かつ有益な参加に基づき、不断に改善することを目的とする、適切な国内発展政策を立案する権利及び義務を有する。

第3条【国家の責任と義務】 1　国家は発展の権利の実現に資する国内的及び国際的条件を創設する第一義的責任を有する。

2　発展の権利の実現には、国際連合憲章に従った国家間の友好関係及び協力についての国際法の原則の十全な尊重を必要とする。

3　国家は相互に発展を確保し発展の障害を除去するために協力する義務を負う。国家は、すべての国家間の主権平等、相互依存、共通利益及び協力に基づく新しい国際経済秩序を促進しかつ人権の尊重と享有を奨励するように、その権利を行使し義務を履行しなければならない。

第4条【国際発展協力】 1　国家は、発展の権利の完全な実現を容易にする目的で、国際発展政策を策定するための措置を個別に及び共同してとる義務を負う。

2　発展途上国の一層急速な発展を確保するためには着実な行動が不可欠である。発展途上国が行う努力を補うものとして、それらの国に総合的発展を持続させる手段を与えるために効果的な国際援助が重要である。

第5条【アパルトヘイト等の排除】〔省略〕

第6条【人権尊重】 1　すべての国家は、人種、性、言語又は宗教のいかんを問わず、すべての者のためにすべての人権と基本的自由の普遍的かつ実効的尊重を促進し、奨励し及び強化するため、協力しなければならない。

2　すべての人権及び基本的自由は不可分でありかつ相互依存的である。市民的、政治的、経済的、社会的及び文化的権利の実現、促進及び保護には、同等の注意が払われなければならず、また同等の緊急性をもって臨まれなければならない。

3　国家は、市民的及び政治的権利並びに経済的、社会的及び文化的権利の不尊重から生ずる発展に対する障害を排除するための措置をとらなければならない。

第7条【軍縮との関連】〔省略〕

第8条【発展への住民の参加】 1　国家は、国内において、発展の権利の実現に必要なあらゆる措置をとらなければならない。また国家は、基本的資源、教育、保健、食糧、住居、雇用、及び公平な所得配分へのアクセスにおいて、特にすべての者の機会均等を確保する。発展過程への女性の積極的参加を確保するために、効果的な措置がとられなければならない。あらゆる社会の不公正を除去するために、適切な経済的及び社会的改革が実施されなければならない。

2　国家はすべての分野において住民の参加を奨励しなければならない。住民の参加は発展とすべての人権の完全な実現との重要な要素である。

第9条【規定相互の関係、解釈】〔省略〕

第10条【権利行使のための措置】〔省略〕

11　紛争解決

●国際司法裁判所規程
Statute of the International Court of Justice

▼署名　1945年6月26日（サン・フランシスコ）　▼効力発生　1945年10月24日　▼日本国　1954年3月17日国会承認、4月2日受諾書寄託、公布〔昭和29年条約第2号〕

第1条【裁判所の地位】国際連合の主要な司法機関として国際連合憲章によって設置される国際司法裁判所は、この規程の規定に従つて組織され、且つ、任務を遂行する。

第1章　裁判所の構成

第2条【裁判官の資格】裁判所は、徳望が高く、且つ、各自の国で最高の司法官に任ぜられるのに必要な資格を有する者又は国際法に有能の名のある法律家のうちから、国籍のいかんを問わず、選挙される独立の裁判官の一団で構成する。

第3条【裁判所の構成】1　裁判所は、15人の裁判官で構成し、そのうちのいずれの2人も、同一国の国民であつてはならない。

2　二以上の国の国民と認められることのある者は、裁判所における裁判官の地位については、私権及び公権を通常行使する国の国民とみなす。

第4条【裁判官候補者の指名権者】1　裁判所の裁判官は、常設仲裁裁判所の国別裁判官団によつて指名される者の名簿の中から、以下の規定に従つて総会及び安全保障理事会が選挙する。

2　常設仲裁裁判所に代表されない国際連合加盟国については、候補者は、国際紛争の平和的処理に関する1907年のヘーグ条約の第44条によつて常設仲裁裁判所裁判官について規定される条件と同一の条件で政府が指名のために任命する国別裁判官団が指名する。

3　この規程の当事国であるが国際連合加盟国でない国が裁判所の裁判官の選挙に参加することができるための条件は、特別の協定がない場合には、安全保障理事会の勧告に基いて総会が定める。

第5条【候補者の指名】1　国際連合事務総長は、選挙の日の少くとも3箇月前に、この規程の当事国たる国に属する常設仲裁裁判所の裁判官及び第4条2に基いて任命される国別裁判官団の構成員に対して、裁判所の裁判官の任務を遂行する地位にある者の指名を一定の期間内に国別裁判官団ごとに行うことを書面で要請しなければならない。

2　いかなる国別裁判官団も、4人をこえて指名することができない。そのうち、自国の国籍を有する者は、2人をこえてはならない。いかなる場合にも、一国別裁判官団の指名する候補者の数は、補充すべき席の数の2倍をこえてはならない。

第6条【国内機関の意見の反映】各国別裁判官団は、この指名をする前に自国の最高司法裁判所、法律大学及び法律学校並びに法律研究に従事する学士院及び国際学士院の自国の部の意見を求めることを勧告される。

第7条【候補者名簿の作成】1　事務総長は、こうして指名されるすべての者のアルファベット順の名簿を作成する。第12条2に規定する場合を除く外、これらの者のみが選挙される資格を有する。

2　事務総長は、この名簿を総会及び安全保障理事会に提出する。

第8条【裁判官の選挙】総会及び安全保障理事会は、各別に裁判所の裁判官の選挙を行う。

第9条【選挙人の留意事項】各選挙において、選挙人は、選挙されるべき者が必要な資格を各自に具備すべきものであることのみならず、裁判官全体のうちに世界の主要文明形態及び主要法系が代表されるべきものであることに留意しなければならない。

第10条【候補者の当選】1　総会及び安全保障理事会で投票の絶対多数を得た候補者は、当選したものとする。

2　安全保障理事会の投票は、裁判官の選挙のためのものであると第12条に規定する協議会の構成員の任命のためのものであるとを問わず、安全保障理事会の常任理事国と非常任理事国との区別なしに行う。

3　同一国の国民の2人以上が総会及び安全保障理事会の双方の投票の絶対多数を得た場合には、最年長者だけを当選したものとする。

第11条【選挙のための会】選挙のために開かれた第1回の会の後になお補充すべき1以上の席がある場合には、第2回の会を、また、必要があるときは第3回の会を開く。

第12条【連合協議会の設置】1　第3回の会の後に1以上の席がなお補充されないときは、なお空席たる各席について1人を総会及び安全保障理事会の各別の採択に付するために絶対多数の投票によつて選出する目的で、3人は総会によつて、3人は安全保障理事会によつて任命される6人からなる連合協議会を総会又は安全保障理事会のいずれかの要請によつていつでも設けることができる。

2　必要な条件をみたす者について連合協議会が全会一致で合意した場合には、この者は、第7条に掲げる指名名簿に記載されていなかつたときでも、協議会の名簿に記載されることができる。

3　連合協議会が当選者を確保することができないと認めるときは、既に選挙された裁判所の裁判官は、総会又は安全保障理事会のいずれかで投票を得た候補者のうちから選定して、安全保障理事会の定める期間内に空席の補充を行う。

4　裁判官の間で投票が同数である場合には、最年長の裁判官は、決定投票権を有する。

第13条【裁判官の任期・辞任】1　裁判所の裁判官は、9年の任期で選挙され、再選されることができる。但し、第1回の選挙で選挙された裁判官のうち、5人の裁判官の任期は3年の終に終了し、他の5人の裁判官の任期は6年の終に終了する。

2　前記の最初の3年及び6年の期間の終に任期が終了すべき裁判官は、第1回の選挙が完了した後直ちに事務総長がくじで選定する。

3　裁判所の裁判官は、後任者の補充に至るまで職務の執行を継続し、補充後も、既に着手した事件を完結しなければならない。

4　裁判所の裁判官が辞任する場合には、辞表は、裁判所長に提出され、事務総長に転達される。この転達によって空席が生ずる。

第14条【裁判官の補充】空席は、後段の規定に従うことを条件として、第1回の選挙について定める方法と同一の方法で補充しなければならない。事務総長は、空席が生じた時から1箇月以内に第5条に規定する招請状を発するものとし、選挙の日は、安全保障理事会が定める。

第15条【後任裁判官の任期】任期がまだ終了しない裁判官の後任者として選挙される裁判所の裁判官は、前任者の残任期間中在任するものとする。

第16条【裁判官の職務専念義務】1　裁判所の裁判官は、政治上又は行政上のいかなる職務を行うことも、職業的性質をもつ他のいかなる業務に従事することもできない。

2　この点に関する疑義は、裁判所の裁判で決定する。

第17条【裁判事件への関与の禁止】1　裁判所の裁判官は、いかなる事件においても、代理人、補佐人又は弁護人として行動することができない。

2　裁判所の裁判官は、一方の当事者の代理人、補佐人若しくは弁護人として、国内裁判所若しくは国際裁判所の裁判官として、調査委員会の構成員として、又はその他の資格において干与したことのあるいかなる事件の裁判にも参与することができない。

3　この点に関する疑義は、裁判所の裁判で決定する。

第18条【裁判官の解任】1　裁判所の裁判官は、必要な条件をみたさないようになったと他の裁判官が全員一致で認める場合を除く外、解任することができない。

2　解任の正式の通告は、裁判所書記が事務総長に対して行う。

3　この通告によって空席が生ずる。

第19条【裁判官の特権・免除】裁判所の裁判官は、裁判所の事務に従事する間、外交官の特権及び免除を享有する。

第20条【裁判官の宣言】裁判所の各裁判官は、職務をとる前に、公平且つ誠実にその職権を行使すべきことを公開の法廷で厳粛に宣言しなければならない。

第21条【裁判所長・次長・職員】1　裁判所は、3年の任期で裁判所長及び裁判所次長を選挙する。裁判所長及び裁判所次長は、再選されることができる。

2　裁判所は、裁判所書記を任命するものとし、その他の必要な職員の任命について規定することができる。

第22条【裁判所の所在地】1　裁判所の所在地は、ヘーグとする。但し、裁判所が望ましいと認める場合に他の地で開廷して任務を遂行することを妨げない。

2　裁判所長及び裁判所書記は、裁判所の所在地に居住しなければならない。

第23条【裁判所の開廷・休暇】1　裁判所は、裁判所の休暇中を除く外、常に開廷され、休暇の時期及び期間は、裁判所が定める。

2　裁判所の裁判官は、定期休暇をとる権利を有する。その時期及び期間は、ヘーグと各裁判官の家庭との間の距離を考慮して、裁判所が定める。

3　裁判所の裁判官は、休暇の場合又は病気その他裁判所長が正当と認める重大な事由による故障の場合を除く外、常に裁判所の指示の下にある義務を負う。

第24条【裁判官の回避・除斥】1　裁判所の裁判官は、特別の理由によって特定の事件の裁判に自己が参与すべきでないと認めるときは、裁判所長にその旨を通報しなければならない。

2　裁判所長は、裁判所の裁判官が特別の理由によって特定の事件に参与すべきでないと認めるときは、その者にその旨を通告するものとする。

3　前記のいずれの場合においても、裁判所の裁判官及び裁判所長の意見が一致しないときは、裁判所の裁判で決定する。

第25条【開廷の条件】1　この規程に別段の明文規定がある場合を除く外、裁判所は、全員が出席して開廷する。

2　裁判所を構成するために指示の下にある裁判官の数が11人を下らないことを条件として、裁判所規則は、事情に応じ且つ順番に1人又は2人以上の裁判官の出席を免除することができる旨を規定することができる。

3　裁判所を成立させるに足りる裁判官の定足数は、9人とする。

第26条【特別裁判部】1　裁判所は、特定の部類の事件、たとえば、労働事件並びに通過及び運輸通信に関する事件の処理のために、裁判所が決定するところにより3人以上の裁判官からなる1又は2以上の部を随時設けることができる。

2　裁判所は、特定の事件の処理のためにいつでも部を設けることができる。この部を構成する裁判官の数は、当事者の承認を得て裁判所が決定する。

3　当事者の要請があるときは、事件は、本条に規定する部が審理し、及び裁判する。

第27条【部の判決の効力】第26条及び第29条に定める部のいずれかが言い渡す判決は、裁判所が言い渡したものとみなす。

第28条【部の開廷地】第26条及び第29条に定める部は、当事者の同意を得てヘーグ以外の地で開廷して任務を遂行することができる。

第29条【簡易手続部】事務の迅速な処理のために、裁判所は、当事者の要請によって簡易手続で事件を審理

し、及び裁判をすることができる5人の裁判官からなる部を毎年設ける。なお、出席することができない裁判官に交替するために、2人の裁判官を選定する。

第30条【裁判所規則】 1 裁判所は、その任務を遂行するために規則を定める。裁判所は、特に、手続規則を定める。

2 裁判所規則は、裁判所又はその部に投票権なしで出席する補佐員について規定することができる。

第31条【国籍裁判官・特定選任裁判官】 1 各当事者の国籍裁判官は、裁判所に係属する事件について出席する権利を有する。

2 裁判所がその裁判官席に当事者の一の国籍裁判官を有する場合には、他のいずれの当事者も、裁判官として出席する者1人を選定することができる。この者は、第4条及び第5条の規定により候補者として指名された者のうちから選定されることが望ましい。

3 裁判所が裁判官席に当事者の国籍裁判官を有しない場合には、各当事者は、本条2の規定により裁判官を選定することができる。

4 本条の規定は、第26条及び第29条の場合に適用する。この場合には、裁判所長は、部を構成する裁判官中の1人又は必要があるときは2人に対して、関係当事者の国籍裁判官のために、また、国籍裁判官がないとき又は出席することができないときは当事者が特に選定する裁判官のために、席を譲るように要請しなければならない。

5 多数当事者が同一利害関係にある場合には、その多数当事者は、前記の規定の適用上、一当事者とみなす。この点に関する疑義は、裁判所の裁判で決定する。

6 本条2、3及び4の規定によって選定される裁判官は、この規程の第2条、第17条2、第20条及び第24条が要求する条件をみたさなければならない。これらの裁判官は、その同僚と完全に平等の条件で裁判に参与する。

第32条【裁判官と書記の待遇】 1 裁判所の各裁判官は、年俸を受ける。

2 裁判所長は、特別の年手当を受ける。

3 裁判所次長は、裁判所長の職務をとる各日について特別の手当を受ける。

4 第31条により選定される裁判官で裁判所の裁判官でないものは、その職務をとる各日について補償を受ける。

5 これらの俸給、手当及び補償は、総会が定めるものとし、任期中は減額してはならない。

6 裁判所書記の俸給は、裁判所の提議に基いて総会が定める。

7 裁判所の裁判官及び書記に恩給を支給する条件並びに裁判所の裁判官及び書記がその旅費の弁償を受ける条件は、総会が採択する規則によつて定める。

8 前記の俸給、手当及び補償は、すべての租税を免除されなければならない。

第33条【裁判所の費用】 裁判所の費用は、総会が定める方法で国際連合が負担する。

第2章　裁判所の管轄

第34条【裁判事件の当事者・公的国際機関との連携】 1 国のみが、裁判所に係属する事件の当事者となることができる。

2 裁判所は、その規則で定める条件で、裁判所に係属する事件に関係のある情報を公的国際機関から請求することができ、また、同機関が自発的に提供するこのような情報を受領する。

3 公的国際機関の組織文書又はこの文書に基いて採択される国際条約の解釈が裁判所に係属する事件において問題となる場合には、裁判所書記は、当該公的国際機関にその旨を通告し、且つ、すべての書面手続の謄本を送付する。

第35条【裁判所の開放】 1 裁判所は、この規程の当事国である諸国に開放する。

2 裁判所をその他の国に開放するための条件は、現行諸条約の特別の規定を留保して、安全保障理事会が定める。但し、この条件は、いかなる場合にも、当事者を裁判所において不平等の地位におくものであつてはならない。

3 国際連合加盟国でない国が事件の当事者である場合には、裁判所は、その当事者が裁判所の費用について負担する額を定める。但し、この規定は、その国が裁判所の費用を分担しているときは、適用しない。

第36条【裁判所の管轄】 1 裁判所の管轄は、当事者が裁判所に付託するすべての事件及び国際連合憲章又は現行諸条約に特に規定するすべての事項に及ぶ。

2 この規程の当事国である国は、次の事項に関するすべての法律的紛争についての裁判所の管轄を同一の義務を受諾する他の国に対する関係において当然に且つ特別の合意なしに義務的であると認めることを、いつでも宣言することができる。

a 条約の解釈
b 国際法上の問題
c 認定されれば国際義務の違反となるような事実の存在
d 国際義務の違反に対する賠償の性質又は範囲

3 前記の宣言は、無条件で、多数の国若しくは一定の国との相互条件で、又は一定の期間を付して行うことができる。

4 その宣言書は、国際連合事務総長に寄託され、事務総長は、その謄本を規程の当事国及び裁判所書記に送付する。

5 常設国際司法裁判所規程第36条に基いて行われた宣言でなお効力を有するものは、この規程の当事国の間では、宣言が今後存続すべき期間中及び宣言の条項に従つて国際司法裁判所の義務的管轄を受諾しているものとみなす。

6 裁判所が管轄権を有するかどうかについて争がある場合には、裁判所の裁判で決定する。

第37条【常設国際司法裁判所の管轄の継承】 現行諸条約が国際連盟の設けた裁判所又は常設国際司法裁判所にある事項を付託することを規定している場合には、

その事項は、この規程の当事国の間では国際司法裁判所に付託される。

第38条【裁判の基準】 1　裁判所は、付託される紛争を国際法に従つて裁判することを任務とし、次のものを適用する。
　a　一般又は特別の国際条約で係争国が明らかに認めた規則を確立しているもの
　b　法として認められた一般慣行の証拠としての国際慣習
　c　文明国が認めた法の一般原則
　d　法則決定の補助手段としての裁判上の判決及び諸国の最も優秀な国際法学者の学説。但し、第59条の規定に従うことを条件とする。
2　この規定は、当事者の合意があるときは、裁判所が衡平及び善に基いて裁判をする権限を害するものではない。

第3章　手続

第39条【用語】 1　裁判所の公用語は、フランス語及び英語とする。事件をフランス語で処理することに当事者が同意したときは、判決は、フランス語で行う。事件を英語で処理することに当事者が同意したときは、判決は、英語で行う。
2　いずれの公用語を使用するかについて合意がないときは、各当事者は、その選択する公用語を争訟において使用することができ、裁判所の裁判は、フランス語及び英語で行う。この場合には、裁判所は、両本文中のいずれを正文とするかをあわせて決定する。
3　裁判所は、いずれかの当事者の要請があつたときは、この当事者がフランス語又は英語以外の言語を使用することを許可しなければならない。

第40条【訴えの提起】 1　裁判所に対する事件の提起は、場合に応じて、特別の合意の通告によつて、又は書面の請求によつて、裁判所書記にあてて行う。いずれの場合にも、紛争の主題及び当事者が示されていなければならない。
2　裁判所書記は、この請求を直ちにすべての利害関係者に通知する。
3　裁判所書記は、また、事務総長を経て国際連合加盟国に、及び裁判所で裁判を受けることができる国に通知する。

第41条【仮保全措置】 1　裁判所は、事情によつて必要と認めるときは、各当事者のそれぞれの権利を保全するためにとられるべき暫定措置を指示する権限を有する。
2　終結判決があるまでは、指示される措置は、直ちに当事者及び安全保障理事会に通告される。

第42条【代理人・補佐人・弁護人】 1　当事者は、代理人によつて代表される。
2　当事者は、裁判所で補佐人又は弁護人の援助を受けることができる。
3　裁判所における当事者の代理人、補佐人及び弁護人は、その職務の独立の遂行に必要な特権及び免除を享有する。

第43条【書面手続・口頭手続】 1　手続は、書面及び口頭の二部分からなる。
2　書面手続とは、申述書、答弁書及び必要があるときは抗弁書並びに援用のためのすべての文書及び書類を裁判所及び当事者に送付することをいう。
3　この送付は、裁判所が定める順序及び期間内において、裁判所書記を経て行う。
4　一方の当事者から提出したすべての書類の認証謄本は、他方の当事者に送付する。
5　口頭手続とは、裁判所が証人、鑑定人、代理人、補佐人及び弁護人から行う聴取をいう。

第44条【通告の送達】 1　代理人、補佐人及び弁護人以外の者に対するすべての通告の送達については、裁判所は、その通告が送達されるべき地の属する国の政府にあてて直接に行う。
2　1の規定は、実地について証拠を収集するために手続を行うべきすべての場合に適用する。

第45条【弁論の指揮】 弁論は、裁判所長又は、所長が指揮することができないときは、裁判所次長の統制の下にあるものとし、所長及び次長がいずれも指揮することができないときは、出席する先任の裁判官が指揮するものとする。

第46条【弁論の公開】 裁判所における弁論は、公開とする。但し、裁判所が別段の決定をするとき、又は両当事者が公開としないことを請求したときは、この限りでない。

第47条【調書】 1　調書は、弁論ごとに作成し、裁判所書記及び裁判所長がこれに署名する。
2　この調書のみを公正の記録とする。

第48条【事件の進行についての措置】 裁判所は、事件の進行について命令を発し、各当事者が陳述を完結すべき方式及び時期を定め、且つ、証拠調に関するすべての措置をとる。

第49条【書類の提出】 裁判所は、弁論の開始前でも、書類を提出し、又は説明をするように代理人に要請することができる。拒絶があつたときは、そのことを正式に記録にとどめる。

第50条【調査と鑑定の嘱託】 裁判所は、その選択に従つて、個人、団体、官公庁、委員会その他の機関に、取調を行うこと又は鑑定をすることをいつでも嘱託することができる。

第51条【証人・鑑定人に対する質問】 弁論中は、関係のある質問は、第30条に掲げる手続規則中に裁判所が定める条件に基いて、証人及び鑑定人に対して行われる。

第52条【人証・書証の受理】 裁判所は、証拠及び証言を裁判所が定める期間内に受理した後は、一方の当事者の同意がない限り、他方の当事者が提出することを希望する新たな人証又は書証の受理を拒否することができる。

第53条【欠席裁判】 1　一方の当事者が出廷せず、又はその事件の防ぎよをしない場合には、他方の当事者は、自己の請求に有利に裁判するように裁判所に要請することができる。

2　裁判所は、この裁判をする前に、裁判所が第36条及び第37条に従つて管轄権を有することのみならず、請求が事実上及び法律上充分に根拠をもつことを確認しなければならない。

第54条【弁論の終結・判決の評議】1　裁判所の指揮の下に代理人、補佐人及び弁護人が事件の主張を完了したときは、裁判所長は、弁論の終結を言い渡す。
2　裁判所は、判決を議するために退廷する。
3　裁判所の評議は、公開せず、且つ、秘密とする。

第55条【決定方法】1　すべての問題は、出席した裁判官の過半数で決定する。
2　可否同数のときは、裁判所長又はこれに代る裁判官は、決定投票権を有する。

第56条【判決の記載事項】1　判決には、その基礎となる理由を掲げる。
2　判決には、裁判に参与した裁判官の氏名を掲げる。

第57条【個別意見】判決がその全部又は一部について裁判官の全員一致の意見を表明していないときは、いずれの裁判官も、個別の意見を表明する権利を有する。

第58条【判決の署名・朗読】判決には、裁判所長及び裁判所書記が署名する。判決は、代理人に正当に通告して公開の法廷で朗読される。

第59条【裁判の拘束力】裁判所の裁判は、当事者間において且つその特定の事件に関してのみ拘束力を有する。

第60条【判決の性質と解釈】判決は、終結とし、上訴を許さない。判決の意義又は範囲について争がある場合には、裁判所は、いずれかの当事者の要請によつてこれを解釈する。

第61条【再審】1　判決の再審の請求は、決定的要素となる性質をもつ事実で判決があつた時に裁判所及び再審請求当事者に知られていなかつたものの発見を理由とする場合に限り、行うことができる。但し、その事実を知らなかつたことが過失によらなかつた場合に限る。
2　再審の手続は、新事実の存在を確認し、この新事実が事件を再審に付すべき性質をもつものであることを認め、且つ、請求がこの理由から許すべきものであることを言い渡す裁判所の判決によつて開始する。
3　裁判所は、再審の手続を許す前に、原判決の条項に予め従うべきことを命ずることができる。
4　再審の請求は、新事実の発見から遅くとも6箇月以内に行わなければならない。
5　判決の日から10年を経過した後は、いかなる再審の請求も、行うことができない。

第62条【訴訟参加】1　事件の裁判によつて影響を受けることのある法律的性質の利害関係をもつと認める国は、参加の許可の要請を裁判所に行うことができる。
2　裁判所は、この要請について決定する。

第63条【第三国が当事者たる条約の解釈についての参加】1　事件に関係する国以外の国が当事国である条約の解釈が問題となる場合には、裁判所書記は、直ちにこれらのすべての国に通告する。
2　この通告を受けた各国は、手続に参加する権利を有

するが、この権利を行使した場合には、判決によつて与えられる解釈は、その国もひとしく拘束する。

第64条【費用負担】裁判所が別段の決定をしない限り、各当事者は、各自の費用を負担する。

第4章　勧告的意見

第65条【勧告的意見】1　裁判所は、国際連合憲章によつて又は同憲章に従つて要請することを許可される団体の要請があつたときは、いかなる法律問題についても勧告的意見を与えることができる。
2　裁判所の勧告的意見を求める問題は、意見を求める問題の正確な記述を掲げる請求書によつて裁判所に提出するものとする。この請求書には、問題を明らかにすることができるすべての書類を添附するものとする。

第66条【手続】1　裁判所書記は、勧告的意見の要請を、裁判所で裁判を受けることができるすべての国に直ちに通告する。
2　裁判所書記は、また、裁判所で裁判を受けることができる国又は国際機関で問題に関する資料を提供することができると裁判所又は、開廷中でないときは、裁判所長が認めるものに対して、裁判所が裁判所長の定める期間内にこの問題に関する陳述書を受理し、又は特に開かれる公開の法廷でこの問題に関する口頭陳述を聴取する用意があることを、特別の且つ直接の通知によつて通告する。
3　裁判所で裁判を受けることができる前記の国は、本条2に掲げる特別の通知を受領しなかつたときは、陳述書を提出し、又は聴取される希望を表明することができる。裁判所は、これについて決定する。
4　書面若しくは口答の陳述又はこの双方の陳述を行つた国及び機関は、裁判所又は、開廷中でないときは、裁判所長が各個の事件について決定する形式、範囲及び期間内において、他の国又は機関が行つた陳述について意見を述べることを許される。このために、裁判所書記は、前記の書面の陳述を、同様の陳述を行つた国及び機関に適当な時期に送付する。

第67条【勧告的意見の発表】裁判所は、事務総長並びに直接に関係のある国際連合加盟国、その他の国及び国際機関の代表者に通告した後に、公開の法廷で勧告的意見を発表する。

第68条【適用規定】勧告の任務の遂行については、以上の外、裁判所は、適用することができると認める範囲内で、係争事件に適用されるこの規程の規定による。

第5章　改正

第69条【改正の手続】この規程の改正は、国際連合憲章が同憲章の改正について規定する手続と同一の手続で行う。但し、総会がこの規程の当事国で国際連合加盟国でないものの参加に関して安全保障理事会の勧告に基いて採択することのある規定には従うものとする。

第70条【改正の提案】裁判所は、必要と認めるこの規程の改正を、第69条の規定による審議のために事務総

長にあてた通告書で提案する権限を有する。

●裁判所規則〔抜粋〕
Rules of Court

▼採択 1978年4月14日　▼効力発生 1978年7月1日　▼最終改正 2005年9月29日〔同日〕

第1章　裁判所
第1節　裁判官及び補佐員
第1款　裁判所の構成員

第1条【裁判所の構成】　1　裁判所の構成員は、規程第2条から第15条の規定に従って選挙された裁判官である。
2　裁判所は、特定の事件のために、規程第31条に基づいて選定された1人又はそれ以上の者を特別選任裁判官として裁判官席に参与させることができる。
3　以下の規則において、「裁判所の構成員」という用語は選挙された裁判官を意味し、「裁判官」という用語は、裁判所の構成員及び特別選任裁判官を意味する。

第2条【任期開始の期日】　1　3年ごとに行われる選挙において選挙された裁判所の構成員の任期は、構成員が選挙されるための空席が生じる年の2月6日から始まる。
2　任期を終了する前の構成員に代るために選挙された裁判所の構成員の任期は、その選挙の日から始まる。

第2款　特別選任裁判官
第3款　補佐員
第2節　裁判所長

第10条【裁判所長・次長の任期開始の期日】　1　裁判所長及び裁判所次長の任期は、3年ごとに行われる選挙において選出された裁判所の構成員の任期がこの規則の第2条に従って始まる日から始まる。
2　裁判所長及び裁判所次長の選挙は、その期日に又はその後に速やかに行われるものとする。前裁判所長は、引き続き裁判所の構成員である場合には、裁判所長の選挙が行われるまでその職務を継続するものとする。

第12条【裁判所長の職務】　裁判所長は、裁判所のすべての会議を主宰する。裁判所長は、裁判所の業務を指揮し、かつ司法事務を監督する。

第3節　部
第4節　内部業務の取扱

第2章　書記局

第22条【書記の選挙・任期】　1　裁判所は、裁判所の構成員が推挙した候補者の中から無記名投票により裁判所書記を選挙する。裁判所書記は、7年の任期で選挙され、再任されることができる。
2　裁判所長は、裁判所書記の空席が生じた場合には直ちに、又はその空席が任期の終了により生じる場合にはその3か月前に裁判所の構成員に対し、空席若しくは予定される空席について通知するものとする。裁判所長は、候補者の推挙及び情報を、十分な時間をもっ

て受理することができるように候補者名簿の締め切り日を定める。
3　推挙には、候補者に関する適切な情報、特に候補者の年齢、国籍、現在の職業、学位、語学知識及び法律、外交、又は国際機関の業務上の経験に関する情報を掲げるものとする。
4　選挙のときに裁判所を構成する裁判所の構成員の多数の票を得た候補者は、選挙されたものとする。

第26条【書記の職務】　1　裁判所書記は、次の職務を行う。
(a) 裁判所への通信の受領及び裁判所からの通信の発送を行うこと。特に規程又はこの規則により必要とされる一切の通信、通告及び文書の発送を行い、かつ、それらの発送及び受領の日付を直ちに確認できるようにしておくこと。
(b) 裁判所長の監督の下に、かつ裁判所の定める形式で、訴訟を提起し又は勧告的意見を要請する文書を書記局が受領した日付順にこれを記載し、かつ番号を付したすべての事件の総件名簿を保管すること。
(c) 規程第35条2に基づき安全保障理事会が採択した決議に従って規程の当事国でない国が行う裁判所の管轄権受諾の宣言を保管し、かつ、すべての規程当事国、宣言を寄託しているその他の国及び国際連合事務総長に対して、その宣言の謄本を送付すること。
(d) 書記局が受領したすべての訴答書面及び付属書類の謄本を当事者に送付すること。
(e) 裁判所又は部が開廷する国の政府及びその他の関係のある政府に対し、規程及び関係協定に基づき特権、免除又は便宜を受ける資格のある者についての情報を随時提供すること。
(f) 裁判所及び部の会議に自ら又はその代理か出席し、かつ、その会議の調書を作成すること。
(g) 裁判所が必要とするときは、裁判所の公用語への翻訳及び通訳の準備及び検証のための措置を講ずること。
(h) 裁判所のすべての判決、勧告的意見、及び命令、並びに(f)に掲げる調書に署名すること。
(i) 裁判所の判決、勧告的意見、命令、訴答書面と陳述、及び各事件の公判の調書、並びに裁判所が刊行を指示するその他の文書の印刷と刊行に責任をもつこと。
(j) 一切の行政事務、特に国際連合の財政手続に従って会計及び財政に責任をもつこと。
(k) 裁判所及びその活動に関する問合せを処理すること。

(l)　裁判所と、国際連合の他の機関、専門機関及び国際法の法典化と漸進的発達に関係する国際団体並びに会議との間の関係を維持すること。
(m)　裁判所及びその活動に関する情報を、各国政府、各国の最高裁判所、法曹団体及び学術団体、法律大学及び法律学校並びに報道機関が入手し得るように措置を講ずること。
(n)　裁判所の紋章及び印章、裁判所の公文書、並びに裁判所に寄託されるその他の公文書を保管すること。
2　裁判所は、いつでも裁判所書記にその他の職務を追加することができる。
3　裁判所書記は、職務の遂行について裁判所に対し責任を負う。

第3章　訴訟手続
第1節　裁判所に対する通知及び協議
第2節　特定の事件に関する裁判所の構成

第35条【特別選任裁判官の任命】　1　当事者は、事件において特別選任裁判官を選任するため規程第31条により与えられた権利を行使しようとする場合には、できる限り速やかにその旨を裁判所に通知しなければならない。選任されるべき裁判官の氏名及び国籍をその時に示すことができない場合には、当事者は、答弁書の提出のために定められた期限の2ヶ月前までに裁判所に対して選任した裁判官の氏名及び国籍を通知し、かつ簡潔な経歴書を提出しなければならない。特別選任裁判官は、その者を選任した当事者の国籍以外の者でもよい。
2　当事者は、他方の当事者が同様に差し控えることを条件に特別選任裁判官の選任を差し控えようとする場合には、裁判所に対しその旨通知するものとする。この場合、裁判所は、そのことを他方の当事者に通知する。その後に他方の当事者が特別選任裁判官を選任する意思を通知し、又は選任した場合には、裁判所長は、裁判官の選任をあらかじめ差し控えていた当事者のために期限を延長することができる。
3　特別選任裁判官の選任に関する通知の謄本は、裁判書記が他方の当事者に送付する。他方の当事者は、裁判所長が定める期限内に希望する意見を提出するよう要請されるものとする。この期限内に他方の当事者から異議が提出されず、かつ裁判所に何ら異議が生じない場合には、両当事者には、その旨が通知されなければならない。
4　異議又は疑義が生じた場合には、その問題は、必要があれば当事者の意見を聴取した後に、裁判所が決定する。
5　任命を受諾した後に出席することができなくなった特別選任裁判官は、交代することができる。
6　特別選任裁判官は、その参与する理由が存在しなくなったことが明らかとなった場合には、裁判官席に出席することをやめなければならない。

第36条【同一の利害関係にある当事者】　1　二以上の当事者が同一の利害関係にあり、従って一当事者とみなされ、かつ裁判官席にそれらの当事者のいずれかの国籍を有する裁判所の構成員がいないと裁判所が認める場合には、それらの当事者が共同して1名の特別選任裁判官を選任するための期限を定める。
2　同一の利害関係にあると裁判所が認めた当事者のいずれかが、自己に異なった利害関係が存在することを主張し、又はその他の何らかの異議を提起した場合には、その問題は、必要があれば当事者の意見を聴取した後に、裁判所が決定する。

第37条【国籍裁判官と特別選任裁判官】　1　当事者のいずれかの国籍を有する裁判所の構成員が、事件のいずれかの段階において出席できなくなった場合には、その当事者は、裁判所又は裁判所が開廷中でない時には裁判所長が定める期限内に特別選任裁判官を選任する権利を有する。
2　同一の利害関係にある当事者は、それらの国のいずれかの国籍を有する裁判所の構成員が事件のいずれかの段階において出席できなくなった場合には、裁判官席にそれらの国のいずれかの国籍を有する裁判官を有しないものとみなす。
3　当事者の国籍を有する裁判所の構成員が、事件の書面手続の段階の終了前に出席することができるようになった場合には、その構成員は、その事件において裁判官席に再びつくことができる。

第3節　裁判所の手続
第1款　手続の開始

第38条【請求による訴の提起】　1　裁判所の手続が規程第40条1に定める請求により開始される場合には、その請求には、請求を提起する当事者、請求の相手当事者及び紛争の主題を示さなければならない。
2　請求には、裁判所の管轄権の基礎とされるべき法的根拠をできる限り記載しなければならない。請求には、また、請求内容を正確に記載し、その基礎となる事実及び理由を簡潔に記載しなければならない。
3　請求の原本には、それを提出する当事者の代理人若しくは裁判所の所在する国に駐在する当該当事者の外交代表又は正当に授権された他の者が署名しなければならない。請求が当事者の外交代表以外の者によって署名された場合には、その署名は、当事者の外交代表若しくは請求当事者の外務省の権限ある当局によって認証されなければならない。
4　裁判所書記は、請求の認証謄本1通を相手当事者に直ちに送付しなければならない。
5　請求国が、請求相手国がのちに与える同意ないし表明する同意によって裁判所の管轄権を設定しようとする場合には、その請求は、その相手国に送付されなければならない。但し、請求の相手国が当該事件のために裁判所の管轄権に同意するまでは、その請求は総件名簿に記載してはならず、かつ手続上いかなる措置もとってはならない。

第39条【特別の合意による付託】　1　規程第40条1に従い、特別の合意の通告によって手続を裁判所に提起する場合には、その通告は共同で又は一若しくはそれ以上の当事者で行うことができる。通告が共同でない

場合には、裁判所書記は、通告の認証謄本1通を他方の当事者に直ちに送付しなければならない。
2　各場合において、通告には特別の合意の原本又は認証謄本を添付しなければならない。この通告は、また当該特別の合意において紛争の正確な主題と紛争の当事者が明らかでない場合には、それを明示しなければならない。

第2款　書面手続
第44条【訴答書面の提出】　1　裁判所は、この規則第31条に基づき裁判所長が入手した情報に照らして、とりわけ訴答書面の数及び提出順序並びに提出期限を決定するために必要な命令を出さなければならない。
2　本条1に基づく命令を発するに当たっては、不当な遅延を生じさせない当事者間のいかなる合意も考慮にいれなければならない。
3　裁判所は、関係当事者の要請があった場合において、その要請が十分に根拠をもつことが確認されるときは、期限を延長し、又は定められた期限の終了後にとられた措置を有効とみなすことができる。いずれの場合にも相手当事者は、その見解を述べる機会を与えられなければならない。
4　裁判所が開廷中でないときは、本条に基づく裁判所の権限は、裁判所の事後の決定を害さないことを条件として、裁判所長がこれを行使する。第31条に定める協議の結果、この規則の第45条2又は第46条2の適用に関して当事者間に強い意見の相違のあることが明らかとなったときは、この問題を決定するために裁判所が召集される。

第45条【請求の提起による場合の提出順序】　1　請求によって開始される事件の訴答書面は、原告の申述書、被告の答弁書の順序で提出する。
2　裁判所は、当事者が合意する場合又は裁判所が職権により若しくは一方の当事者の要請によって、原告の抗弁書及び被告の再抗弁書の必要なことを決定した場合には、それら訴答書面の提出を許可し又は提出を指示することができる。

第46条【特別の合意による場合の書面の数・順序】　1　特別の合意の通告によって開始される事件においては、訴答書面の数及び順序は、裁判所が当事者の意見を確かめた後に別段の決定を行わない限り、当該合意の規定の定めるところによる。
2　特別の合意が前記の規定を有せず、かつ当事者がその後訴答書面の数及び順序に関して合意に至らない場合には、各当事者は、同一期限内に申述書及び答弁書を提出する。裁判所は、必要と認めない限り抗弁書及び再抗弁書の提出を許可してはならない。

第49条【訴答書面の記載事項】　1　申述書には、関係事実の陳述、法律上の陳述及び申立を記載する。
2　答弁書には、申述書に掲げられた事実の容認又は否認、必要があるときは事実追加の、申述書中の法律上の陳述に関する意見、それに応答する法律上の陳述及び申立を記載する。
3　裁判所の許可を得て提出される抗弁書及び再抗弁書は、当事者の主張を反復するだけではなく、当事者の

主張がなお分かれる争点を明らかにするようにしなければならない。
4　いずれの訴答書面も、すでに提出された議論とは異なる事件の各関連段階における当事者の申立を掲げるか、又は以前に行った申立を確認しなければならない。

第3款　口頭手続
第54条【口頭手続の開始】　1　事件は、書面手続の終結とともに弁論の用意ができたものとする。口頭手続の開始の日は裁判所が定める。また裁判所は、必要な事態が生じたときは、口頭手続の開始又は継続を延期することを決定することができる。
2　裁判所は、口頭手続の開始の日を定め又は延期する場合は、特定の事件の緊急性を含めて、この規則の第74条の定める優先順位及びその他の特別の事情を考慮しなければならない。
3　裁判所が開廷中でないときは、本条に基づく裁判所の権限は裁判所長が行使する。

第60条【弁論の範囲、最終申立】　1　各当事者のために行われる口頭陳述は、弁論における当該当事者の主張を十分に提示するために必要とされる限度内で、できる限り簡潔に行われなければならない。従って口頭陳述は、当事者の意見が分かれる争点に向けられなければならず、訴答書面において取り扱った事項全般に言及し又は当該書面に掲げられた事実及び議論を単に反復するものであってはならない。
2　弁論において当事者が行う最後の陳述を終了するにあたって、その代理人は、議論の要点を繰り返すことなく当該当事者の最終申立を朗読するものとする。代理人が署名したこの申立の原本の謄本は、裁判所に提出され、かつ他方の当事者に送付される。

第4節　付随手続
第1款　仮保全
第73条【申請】　1　暫定措置の指示を求める書面による要請は、その要請の関係する事件の手続中いつでも一方の当事者により行うことができる。
2　この要請には、その理由、要請が認められなかった場合に生じうる結果、及び要請する措置を明示しなければならない。裁判所書記は、直ちに認証謄本1通を他方の当事者に送付するものとする。

第74条【手続の優先性】　1　暫定措置の指示の要請は、他のすべての事件に優先する。
2　裁判所は、この要請が行われたときに開廷中でない場合には、緊急事項としてこの要請に関する決定の手続を行うために直ちに召集される。
3　裁判所又は裁判所が開廷中でないときは裁判所長は、両当事者に申立の機会を与える弁論の期日を定めなければならない。裁判所は、口頭手続の終結前に裁判所に提出される一切の意見を受理し、かつ考慮にいれなければならない。
4　裁判所が審議している間、裁判所長は、暫定措置の要請について裁判所が行うことがある一切の命令が適切な効果をもちうるように行動することを両当事者に要請することができる。

第75条【職権による指示】　1　裁判所は、事件の状況

がいずれかの若しくはすべての当事者が従うべき暫定措置の指示を必要としているか否かを、職権によりいつでも審査することができる。
2　裁判所は、暫定措置の要請があったときには、要請された措置とは全体的に若しくは部分的に異なる措置を指示し、又は要請を行った当事者自身が従うべき措置を指示することができる。
3　暫定措置の指示の要請の却下は、その要請を行った当事者が同一の事件において新事実に基づく新たな要請を行うことを妨げるものではない。

第2款　先決的抗弁

第79条【先決的抗弁の提起、本案の停止、審査手続】　1　裁判所の管轄権若しくは請求の受理可能性に対する被告のすべての抗弁又は本案手続に進む前に決定を求められるその他の抗弁は、申述書の提出後3か月以内に、できる限り速やかに提出しなければならない。被告以外の当事者が提出するすべての抗弁は、その当事者の最初の訴答書面の提出につき定められた期限内に提出しなければならない。
2　1にかかわらず、請求の提出に続いて裁判所長が当事者と協議した後に、裁判所は、管轄権と受理可能性のいかなる問題も別個に決定されるべきであると決めることができる。
3　裁判所が2の決定を行った場合には、規則第45条1にかかわらず、当事者は、管轄権と受理可能性に関する訴答書面を裁判所の定める期限内に、かつ裁判所が決める順序で提出しなければならない。
4　先決的抗弁には、抗弁の基礎とされる事実と法、申立及び援用書類の目録を掲げ、さらに当該当事者が提出を希望する証拠を掲げる。援用書類の謄本をこれに添付しなければならない。
5　先決的抗弁を書記局が受領すると同時に、本案手続は停止され、裁判所又は裁判所が開廷中でないときは裁判所長は、他方の当事者がその意見及び申立について書面による陳述を提出する期限を定める。右書面には援用書類を添付し、提出を希望する証拠を掲げる。
6　裁判所が別段の決定をしない限り、その後の手続は口頭により行う。
7　本条2及び3にいう訴答書面における事実及び法の陳述、並びに4に予定される弁論において提出される陳述及び証拠は、抗弁に関係のある事項に限定しなければならない。
8　裁判所は、手続の先決的段階で裁判所の管轄権を決定することができるようにするため、必要なときはいつでも、両当事者に対し法及び事実に関するすべての問題を論議し、かつ争点に関するすべての証拠を提示するように要求することができる。
9　裁判所は、当事者の意見を聴取した後、判決の形式で決定を下す。裁判所は、この決定により、抗弁を認容し若しくは却下するか、又はその事件の状況に鑑み抗弁が専ら先決的な性質を有するものではないことを宣言しなければならない。もし裁判所が、抗弁を却下し、又は抗弁が専ら先決的な性質を有するものではないことを宣言した場合には、裁判所はその後の手続の

期限を定める。
10　裁判所は、本条1に従って提出された抗弁が本案の審理手続内で意見聴取され、かつ決定されるべき旨の当事者間の合意を有効なものとしなければならない。

第3款　反訴

第80条【反訴の提出条件】　1　裁判所は、反訴が裁判所の管轄に属し、かつ他方の当事者の請求の主題と直接関係がある場合に限り、これを審理することができる。
2　反訴は、答弁書において行われ、そこに含まれた申立の一部をなすものでなければならない。追加的な訴答書面に関するこの規則の第45条2に基づく裁判所の決定にかかわりなく、追加的な訴答書面において反訴についての書面の見解を提出する他方の当事者の権利は保護されなければならない。
3　1の適用に関する抗弁が提起された場合、あるいは裁判所が必要と考えるときはいつでも、裁判所は当事者の意見を聴取した上でこの点について決定を下す。

第81条【利害関係国の参加要請】　1　規程第62条に基づく参加の許可を求める要請は、この規則の第38条3に定める方法で署名され、できる限り速やかに、かつ書面手続の終結前に提出されなければならない。但し、特別の事情のある場合には、その後の段階に提出された要請も認められる。
2　要請には、代理人の氏名を記載する。この要請には、それが関係する事件を明記し、次の事項を記載する。
(a)　参加を要請する国が、その事件の裁判によって影響を受けると考える法律的性質の利害関係
(b)　参加の明確な目的
(c)　参加を要請する国と事件の当事者との間に存在すると主張される管轄権の基礎
3　この要請には、添付する援用書類の目録を記載する。

第82条【条約の解釈の場合の参加手続】　1　規程第63条により付与された参加の権利を援用しようとする国は、この規則の第38条3の定める方法で署名したその旨の宣言書を提出しなければならない。この宣言書は、できる限り速やかに、かつ口頭手続の開始と定められた期日より前に提出されなければならない。但し、特別の事情のある場合には、その後の段階に提出された宣言書も認められる。
2　この宣言書には、代理人の氏名を記載する。宣言書には、関係する事件及び条約を明記し、並びに次の事項を記載する。
(a)　宣言書の提出国が自ら条約の当事国であると考える根拠の説明
(b)　解釈が問題となると考える条約の条項の明示
(c)　問題とする条項の解釈についての陳述
(d)　添付する援用書類の目録
3　この宣言書は、解釈が問題となる条約の当事国であると自ら考える国で、規程第63条に定める通告を受けなかった国も提出することができる。

第5款　本裁判所への特別付託
第6款　訴の取下
第5節　部の手続

第90条【部に適用される規定】規程第26条及び第29条に掲げる部の手続は、規程及びこの規則の特に部に関する規定に従うことを条件として、裁判所における係争事件に適用されるこの規則の第1章から第3章までの規定によって規律される。
第6節　判決、解釈及び再審
第1款　判決
第94条【判決の朗読、拘束力の発生】　1　裁判所は、評議を完了し、判決を採択したときは、当事者に判決を朗読する期日を通知する。
2　判決は、裁判所の公開廷で朗読され、朗読された日から当事者に対して拘束力を有する。
第95条【判決の記載事項、少数意見】　1　判決は、裁判所又は部のいずれか与えたかを明示し、次の事項を掲げる。
  判決を朗読した日付
  判決に参与した裁判官の氏名
  当事者名
  当事者の代理人、補佐人及び弁護人の氏名
  手続の概要
  当事者の申立
  事実の陳述
  法律上の理由
  判決主文
  費用に関する決定があった場合にはその決定
  多数を構成する裁判官の数及び氏名
  正文とされる判決文の明示
2　いずれの裁判官も、多数意見に反対であると否とを問わず、希望するときは、自己の個別の意見を判決に付すことができる。自己の理由を述べずに同意又は反対を記録することを望む裁判官は、宣言の形式でそうすることができる。本項は裁判所の命令にも適用する。
3　正式に署名捺印された判決の謄本の1通は、裁判所の記録に保管され、他の謄本は、各当事者に交付される。裁判所書記は、謄本を、(a)国際連合事務総長、(b)国際連合加盟国、及び(c)裁判所で裁判を受けることができるその他の国に送付するものとする。
第2款　判決の解釈又は再審の要請
第98条【解釈の要請手続】　1　判決の意義又は範囲について争いがある場合には、いずれの当事者も、原手続が請求によって開始されたか、特別の合意の通告によって開始されたかを問わず、その判決について解釈の要請を行うことができる。
2　判決の解釈の要請は、請求又は当事者間の特別の合意の通告によって行うことができる。この要請には、判決の意義又は範囲に関する明確な争点を示されなければならない。
3　解釈の要請が請求によって行われる場合には、要請を行う当事者の主張は、その請求の中で述べるものとし、他方の当事者は、裁判所又は裁判所が開廷中でないときは裁判所長が定める期限内に、それについて書面で意見を提出することができる。
4　裁判所は、要請が請求によるか、特別の合意の通告によるかを問わず、必要な場合には当事者に対してさらに書面又は口頭で説明を行う機会を与えることができる。

第99条【再審の要請手続】　1　判決の再審の要請は、規程第61条に定める条件を満たしていることを示すために必要な事項を掲げた請求の提起によって行う。援用書類は、請求に添付する。
2　他方の当事者は、裁判所又は裁判所が開廷中でないときは裁判所長が定める期限内に、請求の受理可能性に関し書面で意見を提出することができる。この意見は、請求を行った当事者に通知されなければならない。
3　裁判所は、請求の受理可能性について判決を与える前に、さらにそれについて意見を提出する機会を当事者に与えることができる。
4　裁判所は、請求を認めるべきものと判断するときは、当事者の意見を確認した後に、請求の本案について必要と認めるその後の手続の期限を定める。
5　裁判所は、当該判決にあらかじめ従うことを条件に再審の手続を認めるものと決定した場合には、そのための命令を発する。
第100条【再審・解釈を取扱う法廷】　1　再審又は解釈されるべき判決が裁判所の言い渡したものである場合には、その再審又は解釈の要請は、裁判所が処理する。判決が部の言い渡したものである場合には、その再審又は解釈の要請は、当該部が処理する。
2　判決の解釈又は再審の要請に関する裁判所又は部の決定は、判決の形式で言い渡す。
第7節　当事者の修正提案
第4章　勧告的意見の手続
第102条【勧告的意見手続の適用規定】　1　裁判所は、規程第65条に基づく勧告的意見の権限を行使するに当たっては、国際連合憲章第96条及び規程第4章の規定の外、この規則の本章の規定を適用する。
2　裁判所は、また適用することができると認める範囲内で、係争事件に適用する規程及びこの規則の規定に準拠するものとする。裁判所は、このため、勧告的意見の要請がとりわけ二以上の国の間で実際に係争中の法律問題に関係するものであるか否かを検討する。
3　二以上の国の間で実際に係争中の法律問題について勧告的意見が要請された場合には、規程第31条ならびに同条の適用に関するこの規則の規定を適用する。

●国際司法裁判所規程第36条2の規定に基く国際司法裁判所の強制管轄を承認する日本国の宣言 《強制管轄受諾に関する日本国の宣言》

▼効力発生　2007年7月9日

　書簡をもって啓上いたします。
　本使は、外務大臣の命により、日本国が、国際司法裁判所規程第36条2の規定に従い、1958年9月15日以後の事態又は事実に関して同日以後に発生するすべての紛争であって他の平和的解決方法によって解決されないものについて、国際司法裁判所の管轄を、同一の義務を受諾する他の国に対する関係において、かつ、相互条件で、当然にかつ特別の合意なしに義務的であると認めることを日本国政府のために宣言する光栄を有します。
　この宣言は、紛争の当事国が、最終的かつ拘束力のある決定のために、仲裁裁判又は司法的解決に付託することに合意したか又は合意する紛争には適用がないものとします。
　この宣言は、紛争の他のいずれかの当事国が当該紛争との関係においてのみ若しくは当該紛争を目的としてのみ国際司法裁判所の義務的管轄を受諾した紛争、又は紛争の他のいずれかの当事国による国際司法裁判所の義務的管轄の受諾についての寄託若しくは批准が当該紛争を国際司法裁判所に付託する請求の提出に先立つ12箇月未満の期間内に行われる場合の紛争には、適用がないものとします。
　この宣言は、5年の期間効力を有し、その後は、この宣言が書面による通告によって廃棄される時まで効力を有するものとします。
　以上を申し進めるに際し、本使は、貴事務総長に向かって敬意を表します。
　　　　　　2007年7月9日
　　　　　〔署名省略〕

●国際司法裁判所規程第36条2の規定に基く国際司法裁判所の強制管轄を承認するアメリカ合衆国の宣言 《強制管轄受諾に関する米国の宣言》

▼効力発生　1946年8月26日　▼終了　1986年4月6日

　アメリカ合衆国大統領ハリー・S・トルーマンは、国際司法裁判所規程第36条2により、かつアメリカ合衆国上院の1946年8月2日の決議(出席した上院議員の3分の2が同意)に従い、今後生ずるつぎの事項に関するすべての法律的紛争について、国際司法裁判所の管轄を、同一の義務を受諾する他の国に対する関係において、当然にかつ特別の合意なしに義務的であると認めることをアメリカ合衆国のために宣言する。
　a　条約の解釈
　b　国際法上の問題
　c　認定されれば国際義務の違反となるような事実の存否
　d　国際義務の違反に対する賠償の性質または範囲
　ただし本宣言は、つぎのものには適用されない。
　a　すでに存在するか、ないし将来締結される協定により、当事者が他の裁判所に解決を付託する紛争
　b　アメリカ合衆国が決定するところにより、本質上、アメリカ合衆国の国内管轄権内にある事項に関する紛争。または、
　c　多数国間条約から生ずる紛争。ただし、(1)その決定に影響される当該条約のすべての当事者が裁判所に付託される事件の当事者である場合、または(2)アメリカ合衆国がとくに管轄権に同意する場合、を除く。
　さらに、本宣言は5年間有効なものとし、それ以後は本宣言を終了するための通告後6箇月を経過するまで有効なものとする。
　1946年8月14日ワシントンにおいて作成
　　　　　〔署名省略〕

●国際紛争平和的処理条約〔抜粋〕

Convention for the Pacific Settlement of International Disputes

▼署名　1907年10月18日（ヘーグ）　▼効力発生　1910年1月26日　▼日本国　1911年11月6日批准、12月13日批准書寄託、12年1月13日公布〔明治45年条約第1号〕、2月11日発効

第1章　一般平和ノ維持

第1条【平和的処理の約定】国家間ノ関係ニ於テ兵力ニ訴フルコトヲ成ルヘク予防セムカ為、締約国ハ国際紛争ノ平和的処理ヲ確保スルニ付其ノ全力ヲ竭サムコトヲ約定ス。

第2章　周旋及居中調停

第2条【友好国への依頼】締約国ハ、重大ナル意見ノ衝突又ハ紛争ヲ生シタル場合ニ於テ、兵力ニ訴フルニ先

チ、事情ノ許ス限其ノ交戦国中ノ一国又ハ数国ノ周旋又ハ居中調停ニ依頼スルコトヲ約定ス。
第4条【居中調停者の任務】居中調停者ノ本分ハ、紛争国ノ主張ヲ調停シ、且其ノ間ニ悪感情ヲ生シタルトキ之ヲ融和スルニ在ルモノトス。
第6条【周旋及び居中調停の勧告的性質】周旋及居中調停ハ、紛争国ノ依頼ニ因ルト紛争以外ニ立ツ国ノ発意ニ出ツルトヲ問ハス、全ク勧告ノ性質ヲ有スルニ止リ、決シテ拘束力ヲ有スルコトナシ。
第8条【特別居中調停】締約国ハ、事情ノ許ス限左ノ手続ニ依ル特別居中調停ノ適用ヲ慫慂スルコトニ一致ス。

平和ヲ破ルノ虞アル重大ナル紛争ヲ生シタル場合ニ於テハ、紛争国ハ、平和関係ノ断絶ヲ予防スル為、各一国ヲ選定シ、他方ノ選定シタル国ト直接ノ交渉ヲ開クノ任務ヲ委託ス。

右委任ノ期間ハ、反対ノ規定アルニ非サレハ、30日ヲ超エサルモノトシ、其ノ期間中、紛争国ハ、紛争事件ヲ居中調停国ニ一任シタルモノト看做シ、之ニ関スル一切ノ直接交渉ヲ中止ス。右居中調停国ハ、紛争ヲ処理スルニ全力ヲ竭スヘキモノトス。

平和関係ノ現実ニ断絶シタル場合ニ於テ、右居中調停国ハ、尚平和ノ回復スルノ機会アル毎ニ之ヲ利用スルノ共同任務ヲ負フモノトス。

第3章　国際審査委員会
第9条【任務】締約国ハ、名誉又ハ重要ナル利益ニ関係セス、単ニ事実上ノ見解ヲ異ナルヨリ生シタル国際紛争ニ関シ、外交上ノ手段ニ依リ妥協ヲ遂クルコト能ハサリシ当事者カ事情ノ許ス限国際審査委員会ヲ設ケ、之ヲシテ公平誠実ナル審理ニ依リテ事実問題ヲ明ニシ、右紛争ノ解決ヲ容易ニスルノ任ニ当ラシムルヲ以テ、有益ニシテ且希望スヘキコトト認ム。
第10条【審査条約】国際審査委員会ハ、紛争当事者間ノ特別条約ヲ以テ之ヲ構成ス。

審査条約ハ、審理スヘキ事実ヲ明定シ、委員会組織ノ方法及期限並委員ノ権限ヲ定ム。

審査条約ハ、又場合ニ依リ委員会ノ開会地及之ヲ変更スルノ権能、委員会ノ使用国語及委員会ニテ使用スルコトヲ許スヘキ国語、各当事者カ事実ノ説明書ヲ提出スヘキ期日其ノ他当事者間ニ約定セル一切ノ条件ヲ定ム。

当事者カ補助委員ノ任命ヲ必要ト認ムルトキハ、審査条約ヲ以テ其ノ任命ノ方法及権限ヲ定ム。
第35条【報告書の効力】委員会ノ報告書ハ、単ニ事実ノ認定ニ止リ、仲裁裁判決ノ性質ヲ有スルコトナシ。右認定ニ対シ如何ナル結果ヲ付スヘキヤハ、全ク当事者ノ自由タルヘシ。

第4章　国際仲裁裁判
第1節　仲裁裁判
第37条【目的】国際仲裁裁判ハ、国家間ノ紛争ヲ其ノ選定シタル裁判官ヲシテ法ノ尊重ヲ基礎トシ処理セシムルコトヲ目的トス。

仲裁裁判ニ依頼スルコトハ、誠実ニ其ノ判決ニ服従スルノ約定ヲ包含ス。
第38条【仲裁裁判の依頼】締約国ハ、法律問題就中国際条約ノ解釈又ハ適用ノ問題ニ関シ、外交上ノ手段ニ依リ解決スルコト能ハサリシ紛争ヲ処理スルニハ、仲裁裁判ヲ以テ最モ有効ニシテ且最モ公平ナル方法ナリト認ム。

故ニ前記ノ問題ニ関スル紛争ヲ生シタルトキハ、締約国ニ於テ、事情ノ許ス限リ仲裁裁判ニ依頼セムコトヲ希望ス。

第2節　常設仲裁裁判所
第41条【裁判所維持の約定】締約国ハ、外交上ノ手段ニ依リテ処理スルコト能ハサリシ国際紛争ヲ直ニ仲裁裁判ニ付スルヲ容易ナラシムルノ目的ヲ以テ、何時タリトモ依頼スルコトヲ得ヘク且当事者間ニ反対ノ規約ナキ限本条約ニ掲ケタル手続ニ依リテ其ノ職務ヲ行フヘキ常設仲裁裁判所ヲ第1回平和会議ニ依リ設置セラレタル儘維持スルコトヲ約定ス。
第42条【管轄】常設裁判所ハ、特別裁判ヲ開クコトニ付、当事者間ニ協定アル場合ヲ除クノ外、一切ノ仲裁事件ヲ管轄スルモノトス。
第43条【国際事務局】常設裁判所ハ、之ヲ海牙ニ置ク。

国際事務局ハ、之ヲ裁判所書記局ニ充テ、裁判開廷ニ関スル通信ヲ媒介シ、記録ヲ保管シ、及一切ノ事務ヲ処理ス。

締約国ハ、其ノ相互間ニ定メタル仲裁裁判ニ関スル一切ノ約款及自国ニ関シ特別裁判ニ於テ為シタル一切ノ仲裁裁判決ノ認証謄本ヲ成ルヘク速ニ事務局ニ送付スルコトヲ約定ス。

締約国ハ、又裁判所ノ下シタル判決ノ執行ヲ証スルニ足ルヘキ法律、規則及文書ヲ事務局ニ送付スルコトヲ約定ス。
第44条【仲裁裁判官】各締約国ハ、国際法上ノ問題ニ堪能ノ名アリテ徳望高ク且仲裁裁判官ノ任務ヲ受諾スルノ意アル者4人以下ヲ任命ス。

前項ニ依リ任命セラレタル者ハ、裁判所裁判官トシテ名簿ニ記入シ、右名簿ハ、事務局ヨリ之ヲ各締約国ニ通告スヘシ。

事務局ハ、仲裁裁判官ノ名簿ニ変更アル毎ニ之ヲ締約国ニ通告ス。

二国又ハ数国ハ協議ノ上1人又ハ数人ノ裁判官ヲ共同ニ任命スルコトヲ得。

同一人ハ、数国ヨリ任命セラルルコトヲ得。

裁判所裁判官ノ任期ハ、6年トス。但シ、再任セラルルコトヲ得。

裁判所裁判官中死亡又ハ退職シタル者アルトキハ、其ノ任命ノ為ニ定メタル方法ニ依リ、更ニ6年ヲ任期トシテ之カ補闕ヲ行フ。
第45条【仲裁裁判部の構成】締約国カ其ノ相互間ニ生シタル紛争ヲ処理セムカ為常設裁判所ニ訴ヘムト欲スル場合ニ於テ、其ノ紛争ヲ判定スルニ付当該裁判部ヲ組織スヘキ仲裁裁判官ノ選定ハ、裁判所裁判官ノ総名簿ニ就キテ之ヲ為スコトヲ要ス。

仲裁裁判部ノ構成ニ付、当事者ノ合意ナキ場合ニ於

テハ、左ノ方法ニ依ル。

当事者ハ、各自2人ノ仲裁裁判官ヲ指定スヘシ。其ノ内1人ニ限リ、自国民又ハ自国カ常設裁判所裁判官トシテ任命シタル者ノ中ヨリ之ヲ選定スルコトヲ得。右仲裁裁判官ハ、合同シテ1人ノ上級仲裁裁判官ヲ選定ス。

投票相半シタル場合ニ於テハ、当事者ノ協議ヲ以テ指定シタル第三国ニ上級仲裁裁判官ノ選定ヲ委託ス。

右指定ニ関スル合意成立セサルトキハ、当事者ハ、各自異ナル一国ヲ指定シ、其ノ指定セラレタル国ハ、協議ヲ以テ上級仲裁裁判官ヲ選定ス。

2月ノ期間内ニ、右両国間ニ合意成立シ能ハサルトキハ、両国ハ、常設裁判所裁判官名簿ニ就キ当事者ノ指定シタル裁判官ニ非ス且当事者ノ孰レノ国民ニモ非サル者ノ中ヨリ各2人ノ候補者ヲ出シ、抽籤ヲ以テ該候補者中上級仲裁裁判官タルヘキ者ヲ定ム。

第3節　仲裁裁判手続

第51条【仲裁裁判手続に関する規則】 仲裁裁判ノ発達ヲ助クルノ目的ヲ以テ、締約国ハ、当事者カ別段ノ規則ヲ協定セサリシ場合ニ於テ仲裁裁判手続ニ適用スヘキ左ノ規則ヲ定ム。

第52条【仲裁契約】 仲裁裁判ニ依頼スル諸国ハ、其ノ紛争ノ目的、仲裁裁判官ヲ指定スヘキ期間、第63条ノ送達ヲ為スヘキ方式、順序及期間並各当事者カ費用ノ予納金トシテ寄託スヘキ金額ヲ定メタル仲裁契約ニ記名ス。

仲裁契約ハ、又必要ニ応シ仲裁裁判官指定ノ方法、裁判部ノ有スルコトアルヘキ一切ノ特別権能、其ノ開廷地、其ノ使用スヘキ国語及裁判部ニ於テ使用スルコトヲ許スヘキ国語、其ノ他当事者間ニ約定セル一切ノ条件ヲ定ム。

第81条【判決の効力】 正式ニ言渡ヲ為シ且当事者ノ代理人ニ通告シタル判決ハ、確定的ニ終審トシテ紛争ヲ決定ス。

第82条【判決の解釈及び執行に関する紛争】 判決ノ解釈及執行ニ関シ当事者間ニ起ルコトアルヘキ一切ノ紛争ハ、反対ノ規約アルニ非サレハ、該判決ヲ言渡シタル裁判部ノ裁判ニ付スヘシ。

第84条【仲裁判決の拘束力】 仲裁判決ハ、紛争当事者ニ対シテノミ効力ヲ有ス。

若紛争当事者以外ノ諸国カ加リタル条約ノ解釈ニ関スルモノナルトキハ、紛争当事者ハ、適当ナ時期ニ之ヲ右記名国ニ通知スヘシ。右諸国ハ、各訴訟ニ参加スルノ権利ヲ有ス。一国又ハ数国カ此ノ権能ヲ利用シタルトキハ、判決中ニ包含スル解釈ハ、其ノ国ニ対シテモ亦等シク効力ヲ有スルモノトス。

第4節　仲裁裁判簡易手続

第5章　附則

●国際紛争平和的処理に関する一般議定書〔抜粋〕

General Act for the Pacific Settlement of International Disputes

▼採択　1928年9月26日（国際連盟総会）　▼効力発生　1929年8月16日　▼改正　1950年9月20日〔49年4月28日国連第3回総会決議268（Ⅲ）〕　▼日本国

第1章　調停

第1条【調停に付託する紛争】 この一般議定書に加入する二又は数締約国間のすべての紛争であつて、外交手続により処理し得なかつたものは、第39条によりなされることがある留保を除き、この章に規定する条件で調停手続に付される。

第2条【調停委員会】 前条に掲げた紛争は、紛争当事国によつて構成された常設又は特別調停委員会に提出される。

第4条【調停委員会の構成】 当事国間に別段の協定がない限り、調停委員会は、次のように構成される。

一　委員会は、5名の委員から成る。当事国は、各その1名を任命し、右は、各当該当事国国民の中から選任することができる。他の3名の委員は、合意により、第三国の国民の中から選任される。この3名の委員は、異なる国籍の者であることを要し、当事国の領域に居所をもたず、また、その国に勤務していないことを要する。当事国は、右の3名の委員の中から、委員会議長を選任する。

二　委員は、3年の任期で任命され、且つ、再任され

てよい。合意により任命された委員は、任期中は当事国の合意により交替されてよい。但し、各当事国は、いつでもその任命した委員の交替を行うことができる。交替にかかわらず、委員は、進行中の事務の終了まで在任するものとする。

三　死亡、辞任又はその他の故障に因り生ずることのある欠員の補充は、任命に対し定められた方法により、最短期間内に行われる。

第7条【事件の付託】 1　調停委員会は、合意によつて行動する両当事国による又は右の合意がないときは当事国のいずれかの一方による議長に対する請願書の方法により、事件を付託される。

2　右の請願書には、紛争の目的を略述し、調停に達するのに適当なすべての措置を執ることを委員会に委嘱する旨を記載する。

3　請願書が当事国の一方のみから提出された場合には、請願書は、その当事国により、遅滞なく他の当事国に通告される。

第11条【審査の手続】 1　当事国間に別段の協定がない限り、調停委員会は、自らその手続を定め、その手続は、すべての場合において対審によることを要する。

事実審査に関しては、委員会が全会一致をもつて別段の決定をしない限り、国際紛争平和的処理に関する1907年10月18日のヘーグ条約の第3章の規定に従う。

2　当事国は、当事国と調停委員会との間の仲介者たるべき任務を有する代理人により、同委員会に代表される。なお、当事国は、特に任命した顧問及び専門家から援助を受けることができ、且つ、証言が当事国に有益であると認められるすべての者からの聴取を請求することができる。

3　委員会もまた、両当事国の代理人、顧問及び専門家、並びに本国政府の同意を得て出頭させることが有益であると委員会が認めるすべての者に対し、口頭の説明を求める権能を有する。

第15条【調停委員会の任務】　1　調停委員会は、紛争問題を明らかにすること、そのために事実審査又はその他の方法によつてすべての有益な情報を集めること、及び、当事国を調停するのに努めることを任務とする。委員会は、事件の審査後、適当と認める協定条件を当事国に提示し、且つ、当事国が意見を表示すべき期限を定めることができる。

2　委員会は事務終了に際し、場合により、当事国が協定したこと、及び、必要があるときは、その協定の条件又は当事国が調停され得なかつたことを確認する調書を作成する。調書は、委員会の決定が全会一致で行われたか又は多数決で行われたかを記載しない。

3　委員会の事務は、当事国が別段の決定をしない限り、委員会が紛争を委託された日から6箇月の期間内に終了する。

第2章　司法的解決

第17条【国際司法裁判所に付託される紛争】　すべての紛争でこれに関し当事国が互いに権利を争うものは、第39条の規定に従つてなされることのある留保を除き、裁判のために国際司法裁判所に付託される。但し、当事国が後に規定する条件で仲裁裁判所に出訴することに同意した場合には、この限りではない。右の紛争は、特に国際司法裁判所規程第36条記載の紛争を含むものとする。

第3章　仲裁解決

第21条【仲裁裁判所に付託される紛争】　第17条に記載された紛争以外の一切の紛争で、第1章に規定した調停委員会の事務終了後1箇月以内に当事国が協定に達しなかつたものは、第29条によつてなされることのある留保を除き、次の方法で構成される仲裁裁判所に提出される。但し、当事国間に別段の協定がある場合には、この限りではない。

第22条【仲裁裁判所の構成】　仲裁裁判所は、5名の裁判者から成る。当事国は、各その1名を任命し、右は、各当該当事国国民の中から選任することができる。他の2名の裁判人及び裁判長は、合意により、第三国国民の中から選任される。右の3名の者は、異なつた国籍の者であることを要し、当事国の領域に居所をもた

ず又はその国に勤務していないことを要する。

第27条【請求による付託】　仲裁裁判所が構成された時から3箇月の期間内に仲裁契約が締結されなかつたときは、仲裁裁判所は、当事国の一方又は他方の請求書により付託を受ける。

第28条【仲裁裁判の準則】　仲裁契約中に規定がないとき又は仲裁契約が存在しないときは、仲裁裁判所は、国際司法裁判所規程第38条に列挙された実質的規定を適用する。紛争に適用しうべき右のような規定が存在しない場合には、仲裁裁判所は、衡平及び善に基づいて裁判を行う。

第4章　一般規定

第29条【現行諸協定との関係】　1　紛争当事国間の他の現行条約により他に特別な解決手続が規定されている紛争は、右の条約の規定に従い処理される。

2　この一般議定書は、当事国間に調停手続を設ける現行諸協定又は仲裁裁判及び司法的解決に関し紛争の処理を確保する約定を定める現行諸協定に影響を及ぼさない。但し、現行諸協定が調停手続のみを規定していて、手続が成功しなかつた場合には、司法又は仲裁解決に関するこの一般議定書の規定は、当事国がこの議定書に加入している限りにおいて適用される。

第32条【判決の効力】　司法又は仲裁判決が、紛争当事国の一方の司法官憲又は他の一切の官憲の行つた決定又は命じた措置が全部又は一部国際法に違反していることを宣言し、且つ、当事国の憲法が右の決定又は措置の結果を抹消することを許さないか又は単に不完全に抹消することを許すにとどまる場合には、当事国は、司法又は仲裁判決により、被害当事国に公正な満足を与えることに同意する。

第33条【仮措置】　1　紛争が仲裁又は司法手続の対象となつたすべての場合に、特に当事国の意見の一致を見なかつた問題が既成行為又は既成に近い行為から生ずるものであるときは、規程第41条に従つて処理する国際司法裁判所又は仲裁裁判所は、執られるべき仮措置をできる限り短期間内に指示する。紛争当事国は、この仮措置に従う義務を有するものとする。

2　調停委員会は、紛争の付託を受けたときは、有益であると認める仮措置を当事国に勧告することができる。

3　当事国は、司法若しくは仲裁判決の執行又は調停委員会により提議される協定に有害な影響を及ぼす虞のあるすべての措置を執らないこと、及び、一般に紛争を重大化し又は拡大する虞のある行為を、その性質のいかんを問わず執らないことを約束する。

第38条【加入】　この一般議定書に対する加入は、
　甲　本議定書の全部（第1章、第2章、第3章及び第4章）、
　乙　又は単に調停及び司法的解決に関する規定（第1章及び第2章）並びにその手続に関する一般規定（第4章）、
　丙　又は単に調停に関する規定（第1章）及びその手続に関する一般規定（第4章）、

に適用することができる。
　締約国は、自国が同一義務を受諾した限度においてのみ、他の国家の加入を主張することができる。

第39条【留保】 1　前条に掲げた権能と関係なく、一締約国は、この一般議定書への加入に際し、次項に制限的に列挙される留保を条件として、これを受諾することができる。この留保は、加入に際し指示されることを要する。

2　右の留保は、この議定書により定められた手続から、左記を排除するものとして行われてよい。

　(イ)　留保する締約国の加入前又は右の締約国が紛争を有するに至つた他の締約国の加入前の事実から生じた紛争

　(ロ)　国際法が国の排他的管轄権に属するものとする問題に関する紛争

　(ハ)　特定事件又は領土状態のように明白に定められた特別事項に関する紛争又は明確に定められた種類に属する紛争

3　紛争当事国の一方が留保した場合に、他の当事国は、右の当事国に対して同一の留保を主張することができる。

4　司法的解決又は仲裁解決に関するこの議定書の規定に加入した締約国に対しては、その国の行つた留保は、明示の記載がない限り、調停手続には及ばないものとみなされる。

12 平和と人道

◆ 平和 ◆

●契約上ノ債務回収ノ為ニスル兵力使用ノ制限ニ関スル条約
《ドラゴー・ポーター条約》〔抄〕

Convention respecting the Limitation of the Employment of Force for the Recovery of Contract Debts
▼署名 1907年10月18日（ヘーグ） ▼効力発生 1910年1月26日 ▼日本国 1911年11月6日批准、12月13日批准書寄託、12年1月13日公布〔明治45年条約第2号〕、2月11日発効

独逸皇帝普魯西国皇帝陛下〔以下署名国元首名省略〕ハ一国ノ政府ニ対シ他ノ一国ノ政府カ其ノ国民ニ支払ハルヘキモノトシテ請求スル契約上ノ債務ヨリ生スル金銭上ノ原因ニ基ク武力ノ衝突ヲ国家間ニ生スルヲ避ケムコトヲ希望シ之カ為条約ヲ締結スルニ決シ、各左ノ全権委員ヲ任命セリ。〔全権委員名省略〕

因テ各全権委員ハ、其ノ良好妥当ナリト認メラレタル委任状ヲ寄託シタル後、左ノ条項ヲ協定セリ。

第1条【兵力使用の禁止】 締約国ハ、一国ノ政府ニ対シ他ノ一国ノ政府カ其ノ国民ニ支払ハルヘキモノトシテ請求スル契約上ノ債務ヲ回収スル為ニ、兵力ニ訴ヘサルコトヲ約定ス。

右規定ハ、債務国カ仲裁裁判ノ申出ヲ拒絶スルカ、之ニ対シテ回答ヲ与ヘサルカ、之ヲ受諾スルモ仲裁契約ノ作成ヲ不能ナラシムルカ、又ハ仲裁裁判ノ後其ノ判決ニ遵ハサル場合ニハ、其ノ適用ナキモノトス。

第2条【仲裁裁判】 前条第2項ニ掲クル仲裁裁判ハ、国際紛争平和的処理ニ関スル海牙条約第4章第3節ニ規定セル手続ニ依ルモノトス。仲裁裁判ノ判決ハ、当事者間ニ特別ナル取極アルニ非サレハ、請求ノ当否、債務ノ金額並支払ノ時期及方法ヲ定ム。

第3条【批准】〔省略〕
第4条【加入】〔省略〕
第5条【効力発生】〔省略〕
第6条【廃棄】〔省略〕
第7条【寄託の帳簿】〔省略〕

●戦争抛棄ニ関スル条約 《不戦条約、ブリアン・ケロッグ規約》

Treaty for the Renunciation of War as an Instrument of National Policy
▼署名 1928年8月27日（パリ） ▼効力発生 1929年7月24日 ▼日本国 1929年6月27日批准、7月24日批准書寄託、発効、7月25日公布〔昭和4年条約第1号〕

独逸国大統領、亜米利加合衆国大統領、白耳義国皇帝陛下、仏蘭西共和国大統領、「グレート、ブリテン」「アイルランド」及「グレート、ブリテン」海外領土皇帝印度皇帝陛下、伊太利国皇帝陛下、日本国皇帝陛下、波蘭共和国大統領、「チェッコスロヴァキア」共和国大統領ハ人類ノ福祉ヲ増進スヘキ其ノ厳粛ナル責務ヲ深ク感銘シ

其ノ人民間ニ現存スル平和及友好ノ関係ヲ永久ナラシメンカ為国家ノ政策ノ手段トシテノ戦争ヲ卒直ニ抛棄スヘキ時機ノ到来セルコトヲ確信シ

其ノ相互関係ニ於ケル一切ノ変更ハ平和的手段ニ依リテノミ之ヲ求ムヘク又平和ニシテ秩序アル手続ノ結果タルヘキコト及今後戦争ニ訴ヘテ国家ノ利益ヲ増進セントスル署名国ハ本条約ノ供与スル利益ヲ拒否セラルヘキモノナルコトヲ確信シ

其ノ範例ニ促サレ世界ノ他ノ一切ノ国カ此ノ人道ノ努力ニ参加シ且本条約ノ実施後速ニ之ニ加入スルコトニ依リテ其ノ人民ヲシテ本条約ノ規定スル恩沢ニ浴セシメ、以テ国家ノ政策ノ手段トシテノ戦争ヲ共同抛棄シ世界ノ文明諸国ヲ結合センコトヲ希望シ

茲ニ条約ヲ締結スルコトニ決シ之カ為左ノ如ク其ノ全権委員ヲ任命セリ〔全権委員名省略〕

因テ各全権委員ハ互ニ其ノ全権委任状ヲ示シ之カ良好妥当ナルヲ認メタル後左ノ諸条ヲ協定セリ

第1条【戦争放棄の宣言】 締約国ハ国際紛争解決ノ為戦争ニ訴フルコトヲ非トシ且其ノ相互関係ニ於テ国家ノ政策ノ手段トシテノ戦争ヲ抛棄スルコトヲ其ノ各自ノ人民ノ名ニ於テ厳粛ニ宣言ス

第2条【紛争の平和的解決義務】 締約国ハ相互間ニ起ルコトアルヘキ一切ノ紛争又ハ紛議ハ其ノ性質又ハ起因ノ如何ヲ問ハズ平和的手段ニ依ルノ外之ガ処理又ハ解決ヲ求メザルコトヲ約ス

第3条【批准・加入】 ① 本条約ハ前文ニ掲ゲラルル締約国ニ依リ其ノ各自ノ憲法上ノ要件ニ従ヒ批准セラルベク且各国ノ批准書ガ総テ「ワシントン」ニ於テ寄託セラレタル後直ニ締約国間ニ実施セラルベシ

② 本条約ハ前項ニ定ムル所ニ依リ実施セラレタルトキハ世界ノ他ノ一切ノ国ノ加入ノ為必要ナル間開キ置カルベシ一国ノ加入ヲ証スル各文書ハ「ワシントン」ニ於テ寄託セラルベク本条約ハ右寄託ノ時ヨリ直ニ該加入国ト本条約ノ他ノ当事国トノ間ニ実施セラルベシ

③ 亜米利加合衆国政府ハ前文ニ掲ゲラルル各国政府及

■日本国政府宣言書（昭和4年6月27日）

帝国政府ハ、1928年8月27日巴里ニ於テ署名セラレタル戦争抛棄ニ関スル条約第1条中ノ「其ノ各自ノ人民ノ名ニ於テ」奈留字句ハ、帝国憲法ノ条章ヨリ観テ、日本国ニ限リ適用ナキモノト了解スルコトヲ宣言ス。

爾後本条約ニ加入スル各国政府ニ対シ本条約及一切ノ批准書又ハ加入書ノ認証謄本ヲ交付スルノ義務ヲ有ス亜米利加合衆国政府ハ各批准書又ハ加入書ガ同国政府ニ寄託アリタルトキハ直ニ右諸国政府ニ電報ヲ以テ通告スルノ義務ヲ有ス
〔署名調印者名省略〕

●侵略の定義に関する決議〔抄〕
Definition of Aggression

▼採択　1974年12月14日（国連第29回総会決議3314（XXIX））

総会は、

国際連合の基本的目的の一つが、国際の平和と安全を維持すること、ならびに平和に対する脅威の防止と除去および侵略行為その他の平和破壊の鎮圧のために実効的な集団措置をとることであるとの事実に基づき、

安全保障理事会が、国際連合憲章第39条に従って平和に対する脅威、平和の破壊または侵略行為の存在を決定し、また国際の平和と安全を維持または回復するために、勧告をなし、または第41条および第42条に従っていかなる措置をとるかを決定することを想起し、

〔中略〕

また、侵略は、あらゆる種類の大量破壊兵器の存在により創られた状況において、世界的対立とそのあらゆる破局的結果の考えうる脅威を伴う最も深刻かつ危険な形態の違法な武力行使なので、現段階で侵略を定義すべきであることを考慮し、

人民からその自決、自由および独立の権利を奪うためまたは領土保全を崩壊するため武力を行使してはならないという国の義務を再確認し、

〔中略〕

侵略の定義の採択は、潜在的侵略者を抑止する効果を持つべきであろうこと、侵略行為の決定とこれを鎮圧するための措置の実施を容易にするであろうこと、ならびに犠牲者の権利と法益の保護および彼らに対する援助供与を容易にするであろうことを確信し、

侵略行為が行われたか否かの問題は、各々具体的な場合のあらゆる状況に照らして検討しなければならないが、それにもかかわらず、そうした決定のための指針として基本原則を定式化することが望ましいと信じて、

以下の侵略の定義を採択する。

第1条【侵略の定義】 侵略とは、この定義に定められているごとく、一国が他国の主権、領土保全もしくは政治的独立に対して武力を行使すること、または国際連合憲章と両立しない他のいずれかの方法により武力を行使することをいう。

（注釈）〔省略〕

第2条【武力の先制行使】 憲章に違反して武力を最初に行使することは侵略行為の明白な証拠となる。ただし、安全保障理事会は、侵略行為がなされたとの決定が、問題となっている行為またはその結果が十分に重大ではないという事実を含む、その他の関連事情に照らして、正当ではないとの結論を、憲章に従って導くことができる。

第3条【侵略行為】 次の行為はいずれも、宣戦布告の有無にかかわりなく、第2条の規定に従うことを条件に、侵略行為とみなされる。

(a) 　一国の軍隊による他国領域への侵入もしくは攻撃、または、一時的なものにせよ、そうした侵入もしくは攻撃の結果発生する軍事占領、または武力行使による他国の領域もしくはその一部の併合

(b) 　一国の軍隊による他国の領域に対する爆撃、または、国による他国の領域に対する武器の使用

(c) 　一国の軍隊による他国の港または沿岸の封鎖

(d) 　一国の軍隊による他国の陸軍、海軍もしくは空軍、または商船隊および航空隊に対する攻撃

(e) 　受入国との合意に基づいてその領域内にある他国の軍隊を、協定に定められた条件に違反して使用すること、または該当協定の終了後も上の領域で他国の軍隊が駐留を延長すること

(f) 　他国の自由に任せた一国の領域がその他国によって第三国に対して侵略行為をなすために使用されるのを許す国の行為

(g) 　上に掲げた行為に相当するほどの重大な武力行為を他国に対して行う武装した一隊、集団、不正規軍もしくは傭兵を一国によりまたはその国のために派遣すること、または、それに国が実質的に関わること

第4条【安保理事会の決定権】 上に列挙した行為は網羅的ではなく、また、安全保障理事会は、その他の行為が憲章の規定上侵略を構成すると決定することができる。

第5条【侵略の正当化、国際責任】 政治的、経済的、軍事的その他いかなる性質の考慮も、侵略を正当化するものではない。

侵略戦争は、国際の平和に対する罪である。侵略は国際責任を生ずる。

侵略の結果生ずるいかなる領土取得も、特別な利益も、合法的ではなく、また、合法的なものと認めてはならない。

第6条【国連憲章との関係】〔省略〕

第7条【人民の諸権利】 この定義のいずれの規定も、ま

た特に第3条は、国際連合憲章に由来し、かつ憲章に従った国家間の友好関係および協力に関する国際法の原則についての宣言において定められている、人民の自決、自由および独立に対する権利をいかなる方法によっても害するものではない。このことは、上の権利を強制的に剥奪された人民、特に植民地的・人種差別的政権またはその他の形態の外国人支配の下にある人民についてそうである。また、これらの人民が、憲章の原則に従いかつ前記の宣言に従って、その目的のために闘う権利ならびに支持を求めおよびこれを受ける権利も害するものではない。

第8条【解釈】〔省略〕

●安全保障理事会決議 678（対イラク武力行使容認）〔抜粋〕

▼採択　1990年11月29日（国連安全保障理事会第2963回会合）

安全保障理事会は、

1990年8月2日の決議660号（1990）（以下、決議661、662、664、665、666、667、669、670、674及び677号を列記）を想起し、かつ再確認し、

国際連合によるあらゆる努力にもかかわらず、イラクが安全保障理事会を甚だしく侮辱して決議660号（1990）及びそれに続く前記関連諸決議を実施する義務に従うことを拒否していることに留意し、

国際の平和と安全の維持及び保持について安全保障理事会が国際連合憲章に基づいて負っている義務及び責任を想起し、

安全保障理事会の決定の完全な遵守を確保することを決意し、

国際連合憲章第7章に基づいて行動して、

1　イラクが決議660号（1990）及びそれに続くすべての関連諸決議を完全に遵守することを要求し、かつ、すべての安全保障理事会決定を維持しつつ、善意の猶予として、イラクに対し諸決議の完全遵守のための最後の機会を与えることを決定する。

2　イラクが1991年1月15日以前に、上の第1項に示されたように、前記決議を完全に実施しない場合には、クウェイト政府に協力している加盟国に対し、決議660号（1990）及びそれに続くすべての関連決議を支持及び実施し、かつその地域における国際の平和と安全を回復するために、必要なすべての手段をとる権限を与える。

3　すべての国に対し、上の第2項に従ってとられる行動に適切な支援を与えるよう要請する。

4・5　〔省略〕

●安全保障理事会決議 1368（テロ関係）〔アフガニスタン〕

▼採択　2001年9月12日（国連安全保障理事会第4370回会合）

安全保障理事会は、

国際連合憲章の原則及び目的を再確認し、

テロ活動によって引き起こされた国際の平和と安全に対する脅威に対してあらゆる手段を用いて闘うことを決意し、

憲章に従って、個別的又は集団的自衛の固有の権利を認識し、

1　2001年9月11日にニューヨーク、ワシントンD.C.及びペンシルバニアで発生した恐怖のテロ攻撃を最も強い表現で明確に非難し、そのような行為が、国際テロリズムのあらゆる行為と同様に、国際の平和と安全に対する脅威であると認める。

2　犠牲者及びその家族並びにアメリカ合衆国の国民及び政府に対して、深甚なる同情及び哀悼の意を表明する。

3　すべての国に対して、これらテロ攻撃の実行者、組織者及び支援者を法に照らして裁くために緊急に共同して取り組むことを求めるとともに、これらの行為の実行者、組織者及び支援者を援助し、支持又はかくまう者は、その責任が問われることを強調する。

4　また、更なる協力並びに関連する国際テロ対策条約及び特に1999年10月19日に採択された安全保障理事会決議第1269号をはじめとする同理事会諸決議の完全な実施によって、テロ行為を防止し抑止するため一層の努力をするよう国際社会に求める。

5　2001年9月11日のテロ攻撃に対応するため、またあらゆる形態のテロリズムと闘うため、国連憲章のもとでの同理事会の責任に従い、あらゆる必要な処置をとる用意があることを表明する。

6　この問題に引き続き関与することを決定する。

●日本国とアメリカ合衆国との間の相互協力及び安全保障条約
《日米安全保障条約》〔抄〕

Treaty of Mutual Co-operation and Security between Japan and the United States of America

▼署名　1960年1月19日（ワシントン）　▼効力発生　1960年6月23日　▼日本国　1960年6月19日国会承認、6月23日批准書交換、公布（昭和35年条約第6号）

日本国及びアメリカ合衆国は、

両国の間に伝統的に存在する平和及び友好の関係を強化し、並びに民主主義の諸原則、個人の自由及び法の支配を擁護することを希望し、

また、両国の間の一層緊密な経済的協力を促進し、並びにそれぞれの国における経済的安定及び福祉の条件を助長することを希望し、

国際連合憲章の目的及び原則に対する信念並びにすべての国民及びすべての政府とともに平和のうちに生きようとする願望を再確認し、

両国が国際連合憲章に定める個別的又は集団的自衛の固有の権利を有していることを確認し、

両国が極東における国際の平和及び安全の維持に共通の関心を有することを考慮し、

相互協力及び安全保障条約を締結することを決意し、

よつて、次のとおり協定する。

第1条【平和の維持のための努力】締約国は、国際連合憲章に定めるところに従い、それぞれが関係することのある国際紛争を平和的手段によつて国際の平和及び安全並びに正義を危うくしないように解決し、並びにそれぞれの国際関係において、武力による威嚇又は武力の行使を、いかなる国の領土保全又は政治的独立に対するものも、また、国際連合の目的と両立しない他のいかなる方法によるものも慎むことを約束する。

② 締約国は、他の平和愛好国と協同して、国際の平和及び安全を維持する国際連合の任務が一層効果的に遂行されるように国際連合を強化することに努力する。

第2条【経済的協力の促進】〔省略〕

第3条【自衛力の維持発展】締約国は、個別的に及び相互に協力して、継続的かつ効果的な自助及び相互援助により、武力攻撃に抵抗するそれぞれの能力を、憲法上の規定に従うことを条件として、維持し発展させる。

第4条【随時協議】締約国は、この条約の実施に関して随時協議し、また、日本国の安全又は極東における国際の平和及び安全に対する脅威が生じたときはいつでも、いずれか一方の締約国の要請により協議する。

第5条【共同防衛】各締約国は、日本国の施政の下にある領域における、いずれか一方に対する武力攻撃が、自国の平和及び安全を危うくするものであることを認め、自国の憲法上の規定及び手続に従つて共通の危険に対処するように行動することを宣言する。

② 前記の武力攻撃及びその結果として執つたすべての措置は、国際連合憲章第51条の規定に従つて直ちに国際連合安全保障理事会に報告しなければならない。その措置は、安全保障理事会が国際の平和及び安全を回復し及び維持するために必要な措置を執つたときは、終止しなければならない。

第6条【基地の許与】日本国の安全に寄与し、並びに極東における国際の平和及び安全の維持に寄与するため、アメリカ合衆国は、その陸軍、空軍及び海軍が日本国において施設及び区域を使用することを許される。

② 前記の施設及び区域の使用並びに日本国における合衆国軍隊の地位は、1952年2月28日に東京で署名された日本国とアメリカ合衆国との間の安全保障条約第3条に基く行政協定（改正を含む。）に代わる別個の協定及び合意される他の取極により規律される。

第7条【国連憲章との関係】この条約は、国際連合憲章に基づく締約国の権利及び義務又は国際の平和及び安全を維持する国際連合の責任に対しては、どのような影響も及ぼすものではなく、また、及ぼすものと解釈してはならない。

第8条【批准】この条約は、日本国及びアメリカ合衆国により各自の憲法上の手続に従つて批准されなければならない。この条約は、両国が東京で批准書を交換した日に効力を生ずる。

第9条【旧条約の失効】1951年9月8日にサン・フランシスコ市で署名された日本国とアメリカ合衆国との間の安全保障条約は、この条約の効力発生の時に効力を失う。

第10条【条約の終了】この条約は、日本区域における国際の平和及び安全の維持のため十分な定めをする国際連合の措置が効力を生じたと日本国政府及びアメリカ合衆国政府が認める時まで効力を有する。

② もつとも、この条約が10年間効力を存続した後は、いずれの締約国も、他方の締約国に対しこの条約を終了させる意思を通告することができ、その場合には、この条約は、そのような通告が行なわれた後1年で終了する。

〔末文及び両国全権委員氏名省略〕

■条約第6条の実施に関する交換公文
1960年1月19日
（日本側往簡）

書簡をもつて啓上いたします。本大臣は、本日署名された日本国とアメリカ合衆国との間の相互協力及び安全保障条約に言及し、次のことが同条約第6条の実施に関する日本国政府の了解であることを閣下に通報する光栄を有します。

合衆国軍隊の日本国への配置における重要な変更、同軍隊の装備における重要な変更並びに日本国から行なわれる戦闘作戦行動（前記の条約第五条の規定に基づいて行なわれるものを除く。）のための基地としての日本国内の施設及び区域の使用は、日本国政府との事

前の協議の主題とする。
　本大臣は、閣下が、前記のことがアメリカ合衆国政府の了解でもあることを貴国政府に代わつて確認されれば幸いであります。
　本大臣は、以上を申し進めるに際し、ここに重ねて閣下に向かつて敬意を表します。
（合衆国側返簡）
　書簡をもつて啓上いたします。本長官は、本日付けの閣下の次の書簡を受領したことを確認する光栄を有します。
〔日本側書簡省略〕
　本長官は、前記のことがアメリカ合衆国政府の了解でもあることを本国政府に代わつて確認する光栄を有します。
　本長官は、以上を申し進めるに際し、ここに重ねて閣下に向かつて敬意を表します。

●日本国とアメリカ合衆国との間の相互協力及び安全保障条約第6条に基づく施設及び区域並びに日本国における合衆国軍隊の地位に関する協定《在日米軍の地位協定》〔抜粋〕

Agreement under Article VI of the Treaty of Mutual Co-operation and Security between Japan and the United States of America, regarding Facilities and Areas and the Status of United States Armed Forces in Japan

▼署名　1960年1月19日（ワシントン）　▼効力発生　1960年6月23日　▼日本国　1960年6月19日国会承認、6月23日公文交換、公布〔昭和35年条約第7号〕

　日本国及びアメリカ合衆国は、1960年1月19日にワシントンで署名された日本国とアメリカ合衆国との間の相互協力及び安全保障条約第6条の規定に従い、次に掲げる条項によりこの協定を締結した。
第1条【定義】 この協定において、
(a)　「合衆国軍隊の構成員」とは、日本国の領域にある間におけるアメリカ合衆国の陸軍、海軍又は空軍に属する人員で現に服役中のものをいう。
(b)　「軍属」とは、合衆国の国籍を有する文民で日本国にある合衆国軍隊に雇用され、これに勤務し、又はこれに随伴するもの（通常日本国に居住する者及び第14条1に掲げる者を除く。）をいう。この協定のみの適用上、合衆国及び日本国の二重国籍者で合衆国が日本国に入れたものは、合衆国国民とみなす。
(c)　「家族」とは、次のものをいう。
(1)　配偶者及び21才未満の子
(2)　父、母及び21才以上の子で、その生計費の半額以上を合衆国軍隊の構成員又は軍属に依存するもの
第2条【施設・区域の提供と返還】 1(a)　合衆国は、相互協力及び安全保障条約第6条の規定に基づき、日本国内の施設及び区域の使用を許される。個個の施設及び区域に関する協定は、第25条に定める合同委員会を通じて両政府が締結しなければならない。「施設及び区域」には、当該施設及び区域の運営に必要な現存の設備、備品及び定着物を含む。
(b)　合衆国が日本国とアメリカ合衆国との間の安全保障条約第3条に基く行政協定の終了の時に使用している施設及び区域は、両政府が(a)の規定に従つて合意した施設及び区域とみなす。
2　日本国政府及び合衆国政府は、いずれか一方の要請があるときは、前記の取極を再検討しなければならず、また、前記の施設及び区域を日本国に返還すべきこと又は新たに施設及び区域を提供することを合意することができる。
3　合衆国軍隊が使用する施設及び区域は、この協定の目的のため必要でなくなつたときは、いつでも、日本国に返還しなければならない。合衆国は、施設及び区域の必要性を前記の返還を目的としてたえず検討することに同意する。
4(a)　合衆国軍隊が施設及び区域を一時的に使用していないときは、日本国政府は、臨時にそのような施設及び区域をみずから使用し、又は日本国民に使用させることができる。ただし、この使用が、合衆国軍隊による当該施設及び区域の正規の使用の目的にとつて有害でないことが合同委員会を通じて両政府間に合意された場合に限る。
(b)　合衆国軍隊が一定の期間を限つて使用すべき施設及び区域に関しては、合同委員会は、当該施設及び区域に関する協定中に、適用があるこの協定の規定の範囲を明記しなければならない。
第3条【施設・区域に対する合衆国の権利】 1　合衆国は、施設及び区域内において、それらの設定、運営、警護及び管理のため必要なすべての措置を執ることができる。日本国政府は、施設及び区域の支持、警護及び管理のための合衆国軍隊の施設及び区域への出入の便を図るため、合衆国軍隊の要請があつたときは、合同委員会を通ずる両政府間の協議の上で、それらの施設及び区域に隣接し又はそれらの近傍の土地、領水及び空間において、関係法令の範囲内で必要な措置を執るものとする。合衆国も、また、合同委員会を通ずる両政府間の協議の上で前記の目的のため必要な措置を執ることができる。
2　合衆国は、1に定める措置を、日本国の領域への、領域からの又は領域内の航海、航空、通信又は陸上交通を不必要に妨げるような方法によつては執らないことに同意する。合衆国が使用する電波放射の装置が用いる周波数、電力及びこれらに類する事項に関するすべての問題は、両政府の当局間の取極により解決しな

けらばならない。日本国政府は、合衆国軍隊が必要とする電気通信用電子装置に対する妨害を防止し又は除去するためのすべての合理的な措置を関係法令の範囲内で執るものとする。
3　合衆国軍隊が使用している施設及び区域における作業は、公共の安全に妥当な考慮を払つて行なわなければならない。

第4条【施設・区域の返還】　1　合衆国は、この協定の終了の際又はその前に日本国に施設及び区域を返還するに当たつて、当該施設及び区域をそれらが合衆国軍隊に提供された時の状態に回復し、又はその回復の代りに日本国に補償する義務を負わない。
2　日本国は、この協定の終了の際又はその前における施設及び区域の返還の際、当該施設及び区域に加えられている改良又はそこに残される建物若しくはその他の工作物について、合衆国にいかなる補償をする義務も負わない。
3　前記の規定は、合衆国政府が日本国政府との特別取極に基づいて行なう建設には適用しない。

第7条【公共役務利用優先権】　合衆国軍隊は、日本国政府の各省その他の機関に当該時に適用されている条件よりも不利でない条件で、日本国政府が有し、管理し、又は規制するすべての公益事業及び公共の役務を利用することができ、並びにその利用における優先権を享有するものとする。

第9条【軍隊構成員等の出入国】　1　この条の規定に従うことを条件として、合衆国は、合衆国軍隊の構成員及び軍属並びにそれらの家族である者を日本国に入れることができる。
2　合衆国軍隊の構成員は、旅券及び査証に関する日本国の法令の適用から除外される。合衆国軍隊の構成員及び軍属並びにそれらの家族は、外国人の登録及び管理に関する日本国の法令の適用から除外される。ただし、日本国の領域における永久的な居所又は住所を要求する権利を取得するものとみなされない。

3－6〔省略〕

第12条【調達】　1　合衆国は、この協定の目的のため又はこの協定で認められるところにより日本国で供給されるべき需品又は行なわれるべき工事のため、供給者又は工事を行なう者の選択に関して制限を受けないで契約することができる。そのような需品又は工事は、また、両政府の当局間で合意されるときは、日本国政府を通じて調達することができる。
2　現地で供給される合衆国軍隊の維持のため必要な資材、需品、備品及び役務でその調達が日本国の経済に不利な影響を及ぼすおそれがあるものは、日本国の権限のある当局との調整の下に、また、望ましいときは日本国の権限のある当局を通じて又はその援助を得て、調達しなければならない。
3　合衆国軍隊又は合衆国軍隊の公認調達機関が適当な証明書を附して日本国で公用のため調達する資材、需品、備品及び役務は、日本の次の租税を免除される。
　(a)　物品税
　(b)　通行税
　(c)　揮発油税
　(d)　電気ガス税
　最終的には合衆国軍隊が使用するため調達される資材、需品、備品及び役務は、合衆国軍隊の適当な証明書があれば、物品税及び揮発油税を免除される。両政府は、この条に明示していない日本の現在の又は将来の租税で、合衆国軍隊によつて調達され、又は最終的には合衆国軍隊が使用するため調達される資材、需品、備品及び役務の購入価格の重要なかつ容易に判別することができる部分をなすと認められるものに関しては、この条の目的に合致する免税又は税の軽減を認めるための手続について合意するものとする。
4　現地の労務に対する合衆国軍隊及び第15条に定める諸機関の需要は、日本国の当局の援助を得て充足される。
5　所得税、地方住民税及び社会保障のための納付金を源泉徴収して納付するための義務並びに、相互間で別段の合意をする場合を除くほか、賃金及び諸手当に関する条件その他の雇用及び労働の条件、労働者の保護のための条件並びに労働関係に関する労働者の権利は、日本国の法令で定めるところによらなければならない。
6　合衆国軍隊又は、適当な場合には、第15条に定める機関により労働者が解職され、かつ、雇用契約が終了していない旨の日本国の裁判所又は労働委員会の決定が最終的のものとなつた場合には、次の手続が適用される。
　(a)　日本国政府は、合衆国軍隊又は前記の機関に対し、裁判所又は労働委員会の決定を通報する。
　(b)　合衆国軍隊又は前記の機関が当該労働者を就労させることを希望しないときは、合衆国軍隊又は前記の機関は、日本国政府から裁判所又は労働委員会の決定について通報を受けた後7日以内に、その旨を日本国政府に通告しなければならず、暫定的にその労働者を就労させないことができる。
　(c)　前記の通告が行なわれたときは、日本国政府及び合衆国軍隊又は前記の機関は、事件の実際的な解決方法を見出すため遅滞なく協議しなければならない。
　(d)　(c)の規定に基づく協議の開始の日から30日の期間内にそのような解決に到達しなかつたときは、当該労働者は、就労することができない。このような場合には、合衆国政府は、日本国政府に対し、両政府間で合意される期間の当該労働者の雇用の費用に等しい額を支払わなければならない。
7　軍属は、雇用の条件に関して日本国の法令に服さない。
8　合衆国軍隊の構成員及び軍属並びにそれらの家族は、日本国における物品及び役務の個人的購入について日本国の法令に基づいて課される租税又は類似の公課の免除をこの条の規定を理由として享有することはない。
9　3に掲げる租税の免除を受けて日本国で購入した物は、日本国及び合衆国の当局が相互間で合意する条件

に従つて処分を認める場合を除くほか、当該租税の免除を受けて当該物を購入する権利を有しない者に対して日本国内で処分してはならない。

第13条【課税】 1　合衆国軍隊は、合衆国軍隊が日本国において保有し、使用し、又は移転する財産について租税又は類似の公課を課されない。

2　合衆国軍隊の構成員及び軍属並びにそれらの家族は、これらの者が合衆国軍隊に勤務し、又は合衆国軍隊若しくは第15条に定める諸機関に雇用された結果受ける所得について、日本国政府又は日本国にあるその他の課税権者に日本の租税を納付する義務を負わない。この条の規定は、これらの者に対し、日本国の源泉から生ずる所得についての日本の租税の納付を免除するものではなく、また、合衆国の所得税のために日本国に居所を有することを申し立てる合衆国市民に対し、所得についての日本の租税の納付を免除するものではない。これらの者が合衆国軍隊の構成員若しくは軍属又はそれらの家族であるという理由のみによつて日本国にある期間は、日本の租税の賦課上、日本国に居所又は住所を有する期間とは認めない。

3　合衆国軍隊の構成員及び軍属並びにそれらの家族は、これらの者が一時的に日本国にあることのみに基づいて日本国に所在する有体又は無体の動産の保有、使用、これらの者相互間の移転又は死亡による移転についての日本国における租税を免除される。ただし、この免除は、投資若しくは事業を行なうため日本国において保有される財産又は日本国において登録された無体財産権には適用しない。この条の規定は、私有車両による道路の使用について納付すべき租税の免除を与える義務を定めるものではない。

第16条【日本国法令の尊重】 日本国において、日本国の法令を尊重し、及びこの協定の精神に反する活動、特に政治的活動を慎むことは、合衆国軍隊の構成員及び軍属並びにそれらの家族の義務である。

第17条【刑事裁判権】 1　この条の規定に従うことを条件として、

(a)　合衆国の軍当局は、合衆国の軍法に服するすべての者に対し、合衆国の法令により与えられたすべての刑事及び懲戒の裁判権を日本国において行使する権利を有する。

(b)　日本国の当局は、合衆国軍隊の構成員及び軍属並びにそれらの家族に対し、日本国の領域内で犯す罪で日本国の法令によつて罰することができるものについて、裁判権を有する。

2(a)　合衆国の軍当局は、合衆国の軍法に服する者に対し、合衆国の法令によつて罰することができる罪で日本国の法令によつては罰することができないもの（合衆国の安全に関する罪を含む。）について、専属的裁判権を行使する権利を有する。

(b)　日本国の当局は、合衆国軍隊の構成員及び軍属並びにそれらの家族に対し、日本国の法令によつて罰することができる罪で合衆国の法令によつては罰することができないもの（日本国の安全に関する罪を含む。）について、専属的裁判権を行使する権利を有する。

(c)　2及び3の規定の適用上、国の安全に関する罪は、次のものを含む。

(i)　当該国に対する反逆

(ii)　妨害行為（サボタージュ）、諜〔ちよう〕報行為又は当該国の公務上若しくは国防上の秘密に関する法令の違反

3　裁判権を行使する権利が競合する場合には、次の規定が適用される。

(a)　合衆国の軍当局は、次の罪については、合衆国軍隊の構成員又は軍属に対して裁判権を行使する第1次の権利を有する。

(i)　もつぱら合衆国の財産若しくは安全のみに対する罪又はもつぱら合衆国軍隊の他の構成員若しくは軍属若しくは合衆国軍隊の構成員若しくは軍属の家族の身体若しくは財産のみに対する罪

(ii)　公務執行中の作為又は不作為から生ずる罪

(b)　その他の罪については、日本国の当局が、裁判権を行使する第1次の権利を有する。

(c)　第1次の権利を有する国は、裁判権を行使しないことに決定したときは、できる限りすみやかに他方の国の当局にその旨を通告しなければならない。第1次の権利を有する国の当局は、他方の国がその権利の放棄を特に重要であると認めた場合において、その他方の国の当局から要請があつたときは、その要請に好意的考慮を払わなければならない。

4　前諸項の規定は、合衆国の軍当局が日本国民又は日本国に通常居住する者に対し裁判権を行使する権利を有することを意味するものではない。ただし、それらの者が合衆国軍隊の構成員であるときは、この限りでない。

5(a)　日本国の当局及び合衆国の軍当局は、日本国の領域内における合衆国軍隊の構成員若しくは軍属又はそれらの家族の逮捕及び前諸項の規定に従つて裁判権を行使すべき当局へのそれらの者の引渡しについて、相互に援助しなければならない。

(b)　日本国の当局は、合衆国の軍当局に対し、合衆国軍隊の構成員若しくは軍属又はそれらの家族の逮捕についてすみやかに通告しなければならない。

(c)　日本国が裁判権を行使すべき合衆国軍隊の構成員又は軍属たる被疑者の拘禁は、その者の身柄が合衆国の手中にあるときは、日本国により公訴が提起されるまでの間、合衆国が引き続き行なうものとする。

6(a)　日本国の当局及び合衆国の軍当局は、犯罪についてのすべての必要な捜査の実施並びに証拠の収集及び提出（犯罪に関連する物件の押収及び相当な場合にはその引渡しを含む。）について、相互に援助しなければならない。ただし、それらの物件の引渡しは、引渡しを行なう当局が定める期間内に還付されることを条件として行なうことができる。

(b)　日本国の当局及び合衆国の軍当局は、裁判権を行使する権利が競合するすべての事件の処理について、相互に通告しなければならない。

7(a)　死刑の判決は、日本国の法制が同様の場合に死刑

を規定していない場合には、合衆国の軍当局が日本国内で執行してはならない。
(b) 日本国の当局は、合衆国の軍当局がこの条の規定に基づいて日本国の領域内で言い渡した自由刑の執行について合衆国の軍当局から援助の要請があったときは、その要請に好意的考慮を払わなければならない。
8 被告人がこの条の規定に従つて日本国の当局又は合衆国の軍当局のいずれかにより裁判を受けた場合において、無罪の判決を受けたとき、又は有罪の判決を受けて服役しているとき、服役したとき、若しくは赦免されたときは、他方の国の当局は、日本国の領域内において同一の犯罪について重ねてその者を裁判してはならない。ただし、この項の規定は、合衆国の軍当局が合衆国軍隊の構成員を、その者が日本国の当局により裁判を受けた犯罪を構成した作為又は不作為から生ずる軍紀違反について、裁判することを妨げるものではない。
9 合衆国軍隊の構成員若しくは軍属又はそれらの家族は、日本国の裁判権に基づいて公訴を提起された場合には、いつでも、次の権利を有する。
(a) 遅滞なく迅速な裁判を受ける権利
(b) 公判前に自己に対する具体的な訴因の通知を受ける権利
(c) 自己に不利な証人と対決する権利
(d) 証人が日本国の管轄内にあるときは、自己のために強制的手続により証人を求める権利
(e) 自己の弁護のため自己の選択する弁護人をもつ権利又は日本国でその当時通常行なわれている条件に基づき費用を要しないで若しくは費用の補助を受けて弁護人をもつ権利
(f) 必要と認めたときは、有能な通訳を用いる権利
(g) 合衆国の政府の代表者と連絡する権利及び自己の裁判にその代表者を立ち会わせる権利
10 (a) 合衆国軍隊の正規に編成された部隊又は編成隊は、第2条の規定に基づき使用する施設及び区域において警察権を行なう権利を有する。合衆国軍隊の軍事警察は、それらの施設及び区域において、秩序及び安全の維持を確保するためすべての適当な措置を執ることができる。
(b) 前記の施設及び区域の外部においては、前記の軍事警察は、必ず日本国の当局との取極に従うことを条件とし、かつ、日本国の当局と連絡して使用されるものとし、その使用は、合衆国軍隊の構成員の間の規律及び秩序の維持のため必要な範囲内に限るものとする。
11 相互協力及び安全保障条約第5条の規定が適用される敵対行為が生じた場合には、日本国政府及び合衆国政府のいずれの一方も、他方の政府に対し 60日前に予告を与えることによつて、この条のいずれの規定の適用も停止させる権利を有する。この権利が行使されたときは、日本国政府及び合衆国政府は、適用を停止される規定に代わるべき適当な規定を合意する目的をもつて直ちに協議しなければならない。

12 この条の規定は、この協定の効力発生前に犯したいかなる罪にも適用しない。それらの事件に対しては、日本国とアメリカ合衆国との間の安全保障条約第3条に基づく行政協定第17条の当該時に存在した規定を適用する。

第18条【請求権、民事裁判権】 1 各当事国は、自国が所有し、かつ、自国の陸上、海上又は航空の防衛隊が使用する財産に対する損害については、次の場合には、他方の当事国に対するすべての請求権を放棄する。
(a) 損害が他方の当事国の防衛隊の構成員又は被用者によりその者の公務の執行中に生じた場合
(b) 損害が他方の当事国が所有する車両、船舶又は航空機でその防衛隊が使用するものの使用から生じた場合。ただし、損害を与えた車両、船舶若しくは航空機が公用のため使用されていたとき、又は損害が公用のため使用されている財産に生じたときに限る。

海難救助についての一方の当事国の他方の当事国に対する請求権は、放棄する。ただし、救助された船舶又は積荷が、一方の当事国が所有し、かつ、その防衛隊が公用のため使用しているものであつた場合に限る。

2 (a) いずれか一方の当事国が所有するその他の財産で日本国内にあるものに対して1に掲げるようにして損害が生じた場合には、両政府が別段の合意をしない限り、(b)の規定に従つて選定される一人の仲裁人が、他方の当事国の責任の問題を決定し、及び損害の額を査定する。仲裁人は、また、同一の事件から生ずる反対の請求を裁定する。
(b) (a)に掲げる仲裁人は、両政府間の合意によつて、司法関係の上級の地位を現に有し、又は有したことがある日本国民の中から選定する。
(c) 仲裁人が行なつた裁定は、両当事国に対して拘束力を有する最終的のものとする。
(d) 仲裁人が裁定した賠償の額は、5(e)(i)、(ii)及び(iii)の規定に従つて分担される。
(e) 仲裁人の報酬は、両政府間の合意によつて定め、両政府が、仲裁人の任務の遂行に伴う必要な費用とともに、均等の割合で支払う。
(f) もつとも、各当事国は、いかなる場合においても1,400合衆国ドル又は50万4千円までの額については、その請求権を放棄する。二国間の通貨の間の為替相場に著しい変動があつた場合には、両政府は、前記の額の適当な調整について合意するものとする。

3 1及び2の規定の適用上、船舶について「当事国が所有する」というときは、その当事国が裸用船した船舶、裸の条件で徴発した船舶又は拿〔だ〕捕した船舶を含む。ただし、損失の危険又は責任が当該当事国以外の者によつて負担される範囲については、この限りでない。

4 各当事国は、自国の防衛隊の構成員がその公務の執行に従事している間に被つた負傷又は死亡については、他方の当事国に対するすべての請求権を放棄する。

5 公務執行中の合衆国軍隊の構成員若しくは被用者の作為若しくは不作為又は合衆国軍隊が法律上責任を有するその他の作為、不作為若しくは事故で、日本国において日本国政府以外の第三者に損害を与えたものから生ずる請求権（契約による請求権及び6又は7の規定の適用を受ける請求権を除く。）は、日本国が次の規定に従つて処理する。
 (a) 請求は、日本国の自衛隊の行動から生ずる請求権に関する日本国の法令に従つて、提起し、審査し、かつ、解決し、又は裁判する。
 (b) 日本国は、前記のいかなる請求をも解決することができるものとし、合意され、又は裁判により決定された額の支払を日本円で行なう。
 (c) 前記の支払（合意による解決に従つてされたものであると日本国の権限のある裁判所による裁判に従つてされたものであるとを問わない。）又は支払を認めない旨の日本国の権限のある裁判所による確定した裁判は、両当事国に対し拘束力を有する最終的のものとする。
 (d) 日本国が支払をした各請求は、その明細並びに(e)(i)及び(ii)の規定による分担案とともに、合衆国の当局に通知しなければならない。2箇月以内に回答がなかつたときは、その分担案は、受諾されたものとみなす。
 (e) (a)から(d)まで及び2の規定に従い請求を満たすために要した費用は、両当事国が次のとおり分担する。
  (i) 合衆国のみが責任を有する場合には、裁定され、合意され、又は裁判により決定された額は、その25パーセントを日本国が、その75パーセントを合衆国が分担する。
  (ii) 日本国及び合衆国が損害について責任を有する場合には、裁定され、合意され、又は裁判により決定された額は、両当事国が均等に分担する。損害が日本国又は合衆国の防衛隊によつて生じ、かつ、その損害をこれらの防衛隊のいずれか一方又は双方の責任として特定することができない場合には、裁定され、合意され、又は裁判により決定された額は、日本国及び合衆国が均等に分担する。
  (iii) 比率に基づく分担案が受諾された各事件について6箇月の期間内に支払つた額の明細書は、支払要請書とともに、6箇月ごとに合衆国の当局に送付する。その支払は、できる限りすみやかに日本円で行なわなければならない。
 (f) 合衆国軍隊の構成員又は被用者（日本の国籍のみを有する被用者を除く。）は、その公務の執行から生ずる事項については、日本国においてその者に対して与えられた判決の執行手続に服さない。
 (g) この項の規定は、(e)の規定が2に定める請求権に適用される範囲を除くほか、船舶の航行若しくは運用又は貨物の船積み、運送若しくは陸揚げから生じ、又はそれらに関連して生ずる請求権には適用しない。ただし、4の規定の適用を受けない死亡又は負傷に対する請求権については、この限りでない。
6 日本国内における不法の作為又は不作為で公務執行中に行なわれたものでないものから生ずる合衆国軍隊の構成員又は被用者（日本国民である被用者又は通常日本国に居住する被用者を除く。）に対する請求権は、次の方法で処理する。
 (a) 日本国の当局は、当該事件に関するすべての事情（損害を受けた者の行動を含む。）を考慮して、公平かつ公正に請求を審査し、及び請求人に対する補償金を査定し、並びにその事件に関する報告書を作成する。
 (b) その報告書は、合衆国の当局に交付するものとし、合衆国の当局は、遅滞なく、慰謝料の支払を申し出るかどうかを決定し、かつ、申し出る場合には、その額を決定する。
 (c) 慰謝料の支払の申出があつた場合において、請求人がその請求を完全に満たすものとしてこれを受諾したときは、合衆国の当局は、みずから支払をしなければならず、かつ、その決定及び支払つた額を日本国の当局に通知する。
 (d) この項の規定は、支払が請求を完全に満たすものとして行なわれたものでない限り、合衆国軍隊の構成員又は被用者に対する訴えを受理する日本国の裁判所の裁判権に影響を及ぼすものではない。
7 合衆国軍隊の車両の許容されていない使用から生ずる請求権は、合衆国軍隊が法律上責任を有する場合を除くほか、6の規定に従つて処理する。
8 合衆国軍隊の構成員又は被用者の不法の作為又は不作為が公務執行中にされたものであるかどうか、また、合衆国軍隊の車両の使用が許容されていたものであるかどうかについて紛争が生じたときは、その問題は、2(b)の規定に従つて選任された仲裁人に付託するものとし、この点に関する仲裁人の裁定は、最終的のものとする。
9 (a) 合衆国は、日本国の裁判所の民事裁判権に関しては、5(f)に定める範囲を除くほか、合衆国軍隊の構成員又は被用者に対する日本国の裁判所の裁判権からの免除を請求してはならない。
 (b) 合衆国軍隊が使用している施設及び区域内に日本国の法律に基づき強制執行を行なうべき私有の動産（合衆国軍隊が使用している動産を除く。）があるときは、合衆国の当局は、日本国の裁判所の要請に基づき、その財産を差し押えて日本国の当局に引き渡さなければならない。
 (c) 日本国及び合衆国の当局は、この条の規定に基づく請求の公平な審理及び処理のための証拠の入手について協力するものとする。
10 合衆国軍隊による又は合衆国軍隊のための資材、需品、備品、役務及び労務の調達に関する契約から生ずる紛争でその契約の当事者によつて解決されないものは、調停のため合同委員会に付託することができる。ただし、この項の規定は、契約の当事者が有することのある民事の訴えを提起する権利を害するものではない。
11 この条にいう「防衛隊」とは、日本国についてはその自衛隊をいい、合衆国についてはその軍隊をいうも

のと了解される。
12　2及び5の規定は、非戦闘行為に伴つて生じた請求権についてのみ適用する。
13　この条の規定は、この協定の効力発生前に生じた請求権には適用しない。それらの請求権は、日本国とアメリカ合衆国との間の安全保障条約第3条に基く行政協定第18条の規定によつて処理する。

第23条【安全確保措置】日本国及び合衆国は、合衆国軍隊、合衆国軍隊の構成員及び軍属並びにそれらの家族並びにこれらのものの財産の安全を確保するため随時に必要となるべき措置を執ることについて協力するものとする。日本国政府は、その領域において合衆国の設備、備品、財産、記録及び公務上の情報の十分な安全及び保護を確保するため、並びに適用されるべき日本国の法令に基づいて犯人を罰するため、必要な立法を求め、及び必要なその他の措置を執ることに同意する。

第24条【経費の分担】1　日本国に合衆国軍隊を維持することに伴うすべての経費は、2に規定するところにより日本国が負担すべきものを除くほか、この協定の存続期間中日本国に負担をかけないで合衆国が負担することが合意される。
2　日本国は、第2条及び第3条に定めるすべての施設及び区域並びに路線権（飛行場及び港における施設及び区域のように共同に使用される施設及び区域を含む。）をこの協定の存続期間中合衆国に負担をかけないで提供し、かつ、相当の場合には、施設及び区域並びに路線権の所有者及び提供者に補償を行なうことが合意される。
3　この協定に基づいて生ずる資金上の取引に適用すべき経理のため、日本国政府と合衆国政府との間に取極を行なうことが合意される。

第25条【合同委員会】1　この協定の実施に関して相互間の協議を必要とするすべての事項に関する日本国政府と合衆国政府との間の協議機関として、合同委員会を設置する。合同委員会は、特に、合衆国が相互協力及び安全保障条約の目的の遂行に当たつて使用するため必要とされる日本国内の施設及び区域を決定する協議機関として、任務を行なう。
2　合同委員会は、日本国政府の代表者1人及び合衆国政府の代表者1人で組織し、各代表者は、1人又は2人以上の代理及び職員団を有するものとする。合同委員会は、その手続規則を定め、並びに必要な補助機関及び事務機関を設ける。合同委員会は、日本国政府又は合衆国政府のいずれか一方の代表者の要請があるときはいつでも直ちに会合することができるように組織する。
3　合同委員会は、問題を解決することができないときは、適当な経路を通じて、その問題をそれぞれの政府にさらに考慮されるように移すものとする。

交換公文　〔省略〕
合意議事録　〔省略〕

●国際連合平和維持活動等に対する協力に関する法律《ＰＫＯ協力法》〔抄〕

▼公布　1992年6月19日〔平成4年法律第79号〕　▼施行　1992年8月10日　▼最終改正　2006〔平成18〕年法律第118号

第1章　総則

第1条（目的）この法律は、国際連合平和維持活動、人道的な国際救援活動及び国際的な選挙監視活動に対し適切かつ迅速な協力を行うため、国際平和協力業務実施計画及び国際平和協力業務実施要領の策定手続、国際平和協力隊の設置等について定めることにより、国際平和協力業務の実施体制を整備するとともに、これらの活動に対する物資協力のための措置等を講じ、もって我が国が国際連合を中心とした国際平和のための努力に積極的に寄与することを目的とする。

第2条（国際連合平和維持活動等に対する協力の基本原則）政府は、この法律に基づく国際平和協力業務の実施、物資協力、これらについての国以外の者の協力等（以下「国際平和協力業務の実施等」という。）を適切に組み合わせるとともに、国際平和協力業務の実施等に携わる者の創意と知見を活用することにより、国際連合平和維持活動、人道的な国際救援活動及び国際的な選挙監視活動に効果的に協力するものとする。
2　国際平和協力業務の実施等は、武力による威嚇又は武力の行使に当たるものであってはならない。
3　内閣総理大臣は、国際平和協力業務の実施等に当たり、国際平和協力業務実施計画に基づいて、内閣を代表して行政各部を指揮監督する。
4　関係行政機関の長は、前条の目的を達成するため、国際平和協力業務の実施等に関し、国際平和協力本部長に協力するものとする。

第3条（定義）この法律において、次の各号に掲げる用語の意義は、それぞれ当該各号に定めるところによる。
一　国際連合平和維持活動国際連合の総会又は安全保障理事会が行う決議に基づき、武力紛争の当事者（以下「紛争当事者」という。）間の武力紛争の再発の防止に関する合意の遵守の確保、武力紛争の終了後に行われる民主的な手段による統治組織の設立の援助その他紛争に対処して国際の平和及び安全を維持するために国際連合の統括の下に行われる活動であって、武力紛争の停止及びこれを維持するとの紛争当事者間の合意があり、かつ、当該活動が行われる地域の属する国及び紛争当事者の当該活動が行われることについての同意がある場合（武力紛争が発生していない場合においては、当該活動が行われる地域の属する国の当該同意がある場合）に、国際連合事

務総長（以下「事務総長」という。）の要請に基づき参加する二以上の国及び国際連合によって、いずれの紛争当事者にも偏ることなく実施されるものをいう。
二　人道的な国際救援活動国際連合の総会、安全保障理事会若しくは経済社会理事会が行う決議又は別表第１に掲げる国際機関が行う要請に基づき、国際の平和及び安全の維持を危うくするおそれのある紛争（以下単に「紛争」という。）によって被害を受け若しくは受けるおそれがある住民その他の者（以下「被災民」という。）の救援のために又は紛争によって生じた被害の復旧のために人道的精神に基づいて行われる活動であって、当該活動が行われる地域の属する国の当該活動が行われることについての同意があり、かつ、当該活動が行われる地域の属する国が紛争当事者である場合においては武力紛争の停止及びこれを維持するとの紛争当事者間の合意がある場合に、国際連合その他の国際機関又は国際連合加盟国その他の国（次号及び第４号において「国際連合等」という。）によって実施されるもの（国際連合平和維持活動として実施される活動を除く。）をいう。
二の二　国際的な選挙監視活動国際連合の総会若しくは安全保障理事会が行う決議又は別表第２に掲げる国際機関が行う要請に基づき、紛争によって混乱を生じた地域における民主的な手段による統治組織の設立を目的とする選挙又は投票の公正な執行を確保するために行われる活動であって、当該活動が行われる地域の属する国の当該活動が行われることについての同意があり、かつ、当該活動が行われる地域の属する国が紛争当事者である場合においては武力紛争の停止及びこれを維持するとの紛争当事者間の合意がある場合に、国際連合等によって実施されるもの（国際連合平和維持活動として実施される活動を除く。）をいう。
三　国際平和協力業務国際連合平和維持活動のために実施される業務で次に掲げるもの、人道的な国際救援活動のために実施される業務で次のヌからレまでに掲げるもの及び国際的な選挙監視活動のために実施される業務で次のト及びレに掲げるもの（これらの業務にそれぞれ附帯する業務を含む。以下同じ。）であって、海外で行われるものをいう。
　イ　武力紛争の停止の遵守状況の監視又は紛争当事者間で合意された軍隊の再配置若しくは撤退若しくは武装解除の履行の監視
　ロ　緩衝地帯その他の武力紛争の発生の防止のために設けられた地域における駐留及び巡回
　ハ　車両その他の運搬手段又は通行人による武器（武器の部品を含む。ニにおいて同じ。）の搬入又は搬出の有無の検査又は確認
　ニ　放棄された武器の収集、保管又は処分
　ホ　紛争当事者が行う停戦線その他これに類する境界線の設定の援助
　ヘ　紛争当事者間の捕虜の交換の援助
　ト　議会の議員の選挙、住民投票その他これらに類する選挙若しくは投票の公正な執行の監視又はこれらの管理
　チ　警察行政事務に関する助言若しくは指導又は警察行政事務の監視
　リ　チに掲げるもののほか、行政事務に関する助言又は指導
　ヌ　医療（防疫上の措置を含む。）
　ル　被災民の捜索若しくは救出又は帰還の援助
　ヲ　被災民に対する食糧、衣料、医薬品その他の生活関連物資の配布
　ワ　被災民を収容するための施設又は設備の設置
　カ　紛争によって被害を受けた施設又は設備であって被災民の生活上必要なものの復旧又は整備のための措置
　ヨ　紛争によって汚染その他の被害を受けた自然環境の復旧のための措置
　タ　イからヨまでに掲げるもののほか、輸送、保管（備蓄を含む。）、通信、建設又は機械器具の据付け、検査若しくは修理
　レ　イからタまでに掲げる業務に類するものとして政令で定める業務
四　物資協力次に掲げる活動を行っている国際連合等に対して、その活動に必要な物品を無償又は時価よりも低い対価で譲渡することをいう。
　イ　国際連合平和維持活動
　ロ　人道的な国際救援活動（別表第３に掲げる国際機関によって実施される場合にあっては、第２号に規定する合意が存在しない場合における同号に規定する活動を含むものとする。第25条第１項及び第３項において同じ。）
　ハ　国際的な選挙監視活動
五―七〔省略〕

第２章　国際平和協力本部

第４条（設置及び所掌事務）〔省略〕
第５条（組織）〔省略〕

第３章　国際平和協力業務

第６条（実施計画） 内閣総理大臣は、我が国として国際平和協力業務を実施することが適当であると認める場合であって、次に掲げる同意があるときは、国際平和協力業務を実施すること及び実施計画の案につき閣議の決定を求めなければならない。
一　国際連合平和維持活動のために実施する国際平和協力業務については、紛争当事者及び当該活動が行われる地域の属する国の当該業務の実施についての同意
二　人道的な国際救援活動のために実施する国際平和協力業務については、当該活動が行われる地域の属する国の当該業務の実施についての同意
三　国際的な選挙監視活動のために実施する国際平和協力業務については、当該活動が行われる地域の属する国の当該業務の実施についての同意
２　実施計画に定める事項は、次のとおりとする。

PKO協力法

　一　当該国際平和協力業務の実施に関する基本方針
　二　協力隊の設置その他当該国際平和協力業務の実施に関する次に掲げる事項
　　イ　実施すべき国際平和協力業務の種類及び内容
　　ロ　派遣先国及び国際平和協力業務を行うべき期間
　　ハ　協力隊の規模及び構成並びに装備
　　ニ　海上保安庁の船舶又は航空機を用いて当該国際平和協力業務を行う場合における次に掲げる事項
　　　(1)　海上保安庁の船舶又は航空機を用いて行う国際平和協力業務の種類及び内容
　　　(2)　国際平和協力業務を行う海上保安庁の職員の規模及び構成並びに装備
　　ホ　自衛隊の部隊等（自衛隊法（昭和29年法律第165号）第8条に規定する部隊等をいう。以下同じ。）が当該国際平和協力業務を行う場合における次に掲げる事項
　　　(1)　自衛隊の部隊等が行う国際平和協力業務の種類及び内容
　　　(2)　国際平和協力業務を行う自衛隊の部隊等の規模及び構成並びに装備
　　ヘ　第20条第1項の規定に基づき海上保安庁長官又は防衛大臣に委託することができる輸送の範囲
　　ト　関係行政機関の協力に関する重要事項
　　チ　その他当該国際平和協力業務の実施に関する重要事項
　3　外務大臣は、国際平和協力業務を実施することが適当であると認めるときは、内閣総理大臣に対し、第一項の閣議の決定を求めるよう要請することができる。
　4－13　〔省略〕
第7条（国会に対する報告）〔省略〕
第8条（実施要領）〔省略〕
第9条（国際平和協力業務等の実施）〔省略〕
第10条（協力隊の隊員の任免）〔省略〕
第11条（隊員の採用）〔省略〕
第12条（関係行政機関の職員の協力隊への派遣）〔省略〕
第13条　〔省略〕
第14条（国家公務員法の適用除外）〔省略〕
第15条（研修）〔省略〕
第16条（国際平和協力手当）〔省略〕
第17条（服制等）〔省略〕
第18条（国際平和協力業務に従事する者の総数の上限）
　国際平和協力業務に従事する者の総数は、2千人を超えないものとする。
第19条（隊員の定員）〔省略〕
第20条（輸送の委託）〔省略〕
第21条（関係行政機関の協力）〔省略〕
第22条（小型武器の保有及び貸与）　本部は、隊員の安全保持のために必要な政令で定める種類の小型武器を保有することができる。
第23条　〔省略〕
第24条（武器の使用）　前条第1項の規定により小型武器の貸与を受け、派遣先国において国際平和協力業務に従事する隊員は、自己又は自己と共に現場に所在する他の隊員若しくはその職務を行うに伴い自己の管理の下に入った者の生命又は身体を防衛するためやむを得ない必要があると認める相当の理由がある場合には、その事態に応じ合理的に必要と判断される限度で、当該小型武器を使用することができる。
　2　第9条第5項の規定により派遣先国において国際平和協力業務に従事する海上保安官又は海上保安官補（以下この条において「海上保安官等」という。）は、自己又は自己と共に現場に所在する他の海上保安庁の職員、隊員若しくはその職務を行うに伴い自己の管理の下に入った者の生命又は身体を防衛するためやむを得ない必要があると認める相当の理由がある場合には、その事態に応じ合理的に必要と判断される限度で、第8条第2項第2号ニ(2)及び第4項の規定により実施計画に定める装備である第22条の政令で定める種類の小型武器で、当該海上保安官等が携帯するものを使用することができる。
　3　第9条第5項の規定により派遣先国において国際平和協力業務に従事する自衛官は、自己又は自己と共に現場に所在する他の自衛隊員、隊員若しくはその職務を行うに伴い自己の管理の下に入った者の生命又は身体を防衛するためやむを得ない必要があると認める相当の理由がある場合には、その事態に応じ合理的に必要と判断される限度で、第6条第2項第2号ホ(2)及び第4項の規定により実施計画に定める装備である武器を使用することができる。
　4　前2項の規定による小型武器又は武器の使用は、当該現場に上官が在るときは、その命令によらなければならない。ただし、生命又は身体に対する侵害又は危難が切迫し、その命令を受けるいとまがないときは、この限りでない。
　5　第2項又は第3項の場合において、当該現場に在る上官は、統制を欠いた小型武器又は武器の使用によりかえって生命若しくは身体に対する危険又は事態の混乱を招くこととなることを未然に防止し、当該小型武器又は武器の使用がこれらの規定及び次項の規定に従いその目的の範囲内において適正に行われることを確保する見地から必要な命令をするものとする。
　6－9　〔省略〕

第4章　物資協力

第25条（物資協力）〔省略〕

第5章　雑則

第26条（民間の協力等）〔省略〕
第27条（政令への委任）〔省略〕

別表第1　（第3条関係）
　一　国際連合
　二　国際連合の総会によって設立された機関又は国際連合の専門機関で、次に掲げるものその他政令で定めるもの
　　イ　国際連合難民高等弁務官事務所
　　ロ　国際連合パレスチナ難民救済事業機関
　　ハ　国際連合児童基金

ニ　国際連合ボランティア計画
　ホ　国際連合開発計画
　ヘ　国際連合環境計画
　ト　世界食糧計画
　チ　国際連合食糧農業機関
　リ　世界保健機関
三　国際移住機関

別表第2　（第3条関係）
一　国際連合
二　国際連合の総会によって設立された機関又は国際連合の専門機関で、国際連合開発計画その他政令で定めるもの
三　国際的な選挙監視の活動に係る実績又は専門的能力を有する国際連合憲章第52条に規定する地域的機関で政令で定めるもの

別表第3　（第3条関係）
一　国際連合の総会によって設立された機関又は国際連合の専門機関で、次に掲げるものその他政令で定めるもの
　イ　国際連合難民高等弁務官事務所
　ロ　国際連合パレスチナ難民救済事業機関
　ハ　国際連合児童基金
　ニ　国際連合ボランティア計画
　ホ　国際連合開発計画
　ヘ　国際連合環境計画
　ト　世界食糧計画
　チ　国際連合食糧農業機関
　リ　世界保健機関
二　国際移住機関

●北大西洋条約〔抄〕
North Atlantic Treaty
▼署名　1949年4月4日（ワシントン）　▼効力発生　1949年8月24日

前文〔省略〕

第1条【紛争の平和的解決・武力の不行使】締約国は、国際連合憲章に定めるところに従い、その関係するすべての国際紛争を、平和的手段によって国際の平和及び安全並びに正義を危うくしないように解決し、また、その国際関係において、武力による威嚇又は武力の行使を、国際連合の目的と両立しないいかなる方法によるものも慎むことを約束する。

第2条【国際協力】締約国は、その自由な諸制度を強化すること、それらの制度の基礎をなす原則の一層の理解を促進すること、並びに安定及び福祉の条件を助長することによって、平和的かつ友好的な国際関係の一層の発展に貢献する。締約国は、その国際経済政策における対立を除くことに努め、また、いずれかの又はすべての締約国の間の経済的協力を促進する。

第3条【武力攻撃に対抗する能力の維持・発展】締約国は、この条約の目的を一層有効に達成するために、単独に及び共同して、継続的かつ効果的な自助及び相互援助により、武力攻撃に対抗する個別的及び集団的能力を維持しかつ発展させる。

第4条【協議】締約国は、いずれかの締約国の領土保全、政治的独立又は安全が脅かされているといずれかの締約国が認めたときは、いつでも協議する。

第5条【個別的・集団的自衛権】締約国は、ヨーロッパ又は北アメリカにおける一又は二以上の締約国に対する武力攻撃を全締約国に対する攻撃とみなすことに同意する。したがって、締約国は、そのような武力攻撃が発生した場合には、各締約国が、国際連合憲章第51条の規定によって認められている個別又は集団的自衛権を行使して、北大西洋地域の安全を回復しかつ維持するためにその必要と認める行動（兵力の使用を含む。）を、個別的に及び他の締約国と共同して直ちにとることにより、その攻撃を受けた締約国を援助することに同意する。

前記の武力攻撃及びその結果としてとったすべての措置は、直ちに安全保障理事会に報告しなければならない。その措置は、安全保障理事会が国際の平和及び安全を回復しかつ維持するために必要な措置をとったときには終止しなければならない。

第6条【武力攻撃の対象】第5条の規定の適用上、一又は二以上の締約国に対する武力攻撃とは、次のものに対する武力攻撃を含むものとみなす。
（i）ヨーロッパ若しくは北アメリカにおけるいずれかの締約国の領域、フランス領アルジェリアの諸県、トルコの領域又は北回帰線以北の北大西洋地域におけるいずれかの締約国の管轄下にある島
（ii）いずれかの締約国の軍隊、船舶又は航空機で、前記の領域、いずれかの締約国の占領軍がこの条約の効力発生の日に駐とんしていたヨーロッパの他の地域、地中海若しくは北回帰線以北の北大西洋地域、又は、それらの上空にあるもの

第7条【国連憲章との関係】この条約は、国際連合の加盟国たる締約国の憲章に基づく権利及び義務、又は国際の平和及び安全を維持する安全保障理事会の主要な責任に対しては、どのような影響も及ぼすものではなく、また及ぼすものと解釈してはならない。

第8条【その他の条約との関係】〔省略〕
第9条【理事会】〔省略〕
第10条【加入】〔省略〕
第11条【批准、効力発生】〔省略〕
第12条【再検討】〔省略〕
第13条【廃棄】〔省略〕

●ヨーロッパ安全保障及び協力会議最終議定書《ヘルシンキ最終議定書》〔抜粋〕
Conference on Security and Co-operation in Europe; Final Act
▼採択　1975年8月1日（ヘルシンキ）

前文　〔省略〕
A　ヨーロッパの安全保障に関する問題
〔前略〕
一
(a)　**参加国間の関係を律する原則に関する宣言**
参加国は、
〔中略〕
国際連合憲章に合致する以下に掲げる原則に対する参加国の共通の同意と、これらの諸原則の適用にあたっては国際連合憲章の目的と原則に従って行動するという参加国の共通の意志とを表明し、
その各々が〔中略〕いずれも主要な意義を有し、参加国の相互関係を律する以下の諸原則を尊重し、これを実行する決意をもつことを宣言する。

Ⅰ　主権平等、主権に固有の諸権利の尊重
参加国は、相互の主権平等及び独自性並びに主権に固有でかつこれに含まれるすべての権利（特に、すべての国が持つ、法的平等、領土保全、自由と政治的独立への権利を含む。）を尊重する。参加国はまた、各国が各々その政治的、社会的、経済的及び文化的制度を自由に選びかつ発展させる権利、並びにその法令を定める権利を尊重する。
すべての参加国は、国際法の枠内で平等な権利と義務を有する。すべての参加国は、各々が国際法に従い、かつこの宣言の精神にのっとって、他国との関係を定め、かつその望むところに従って処理する権利を尊重する。すべての参加国は、国際法に従って平和的手段と合意により自国の国境を変更できると考える。すべての参加国はまた、国際機構に所属するか否か、二国間又は多数国間条約の当事国となるか否か（同盟条約の当事国となるか否かを含む。）を決める権利を有する。すべての参加国はまた、中立を保つ権利を有する。

Ⅱ　武力による威嚇又は武力の行使の抑制
参加国は相互関係及び国際関係一般において、武力による威嚇又は武力の行使を、いかなる国の領土保全又は政治的独立に対するものも、また、国際連合の目的及びこの宣言と両立しない他のいかなる方法によるものも慎む。この原則に反して武力による威嚇又は武力の行使に訴えることを正当化するのに役立ついかなる理由も援用できない。
それゆえ、参加国は他の参加国に対する武力による威嚇又は武力の直接・間接の行使となる一切の行動を慎む。同様に、参加国は、他の参加国に主権的権利の完全な行使を断念させる目的で武力を誇示することを慎む。同様に、参加国はまた、その相互関係において武力による一切の復仇行為を慎む。
こうした武力による威嚇又は武力の行使は、参加国間の紛争又は参加国間で紛争に至るおそれのある問題を解決する手段として用いられることはない。

Ⅲ　国境の不可侵
参加国はすべての参加国の相互の国境及びすべてのヨーロッパの国々の国境を不可侵のものとみなし、それゆえ現在及び将来にわたってこれらの国境に対して攻撃することを慎む。
それゆえ、参加国はまた、他の参加国の領土の一部又は全部を獲得ないし奪取する要求を行ったりあるいは行動することを慎む。

Ⅳ　国家の領土保全
参加国は他の各参加国の領土保全を尊重する。
それゆえ、参加国は、あらゆる参加国の領土保全、政治的独立又は一体性に対する行動で国際連合憲章の目的と原則に反するもの、とりわけ武力による威嚇又は武力の行使となる一切の行動を慎む。
参加国は、同様に、他の各参加国の領土を軍事占領若しくはその他国際法に違反する直接・間接の武力措置の対象とし、又はこのような措置若しくは措置の威嚇によって獲得する対象とすることを慎む。このような領土の占領又は獲得は、適法なものとは認められない。

◆　軍　　　縮　◆

●大気圏内、宇宙空間及び水中における核兵器実験を禁止する条約
《部分的核実験禁止条約、ＰＴＢＴ》〔抄〕

Treaty Banning Nuclear Weapon Tests in the Atmosphere, In Outer Space and Under Water

▼採択　1963年8月5日（モスクワ）　▼署名　1963年8月14日（ワシントン、ロンドン、モスクワ）　▼効力発生　1963年10月10日　▼日本国　1964年5月25日国会承認、6月15日批准書寄託、公布〔昭和39年条約第10号〕、発効

前文〔省略〕

第1条【核爆発の部分的禁止】　1　この条約の各締約国は、その管轄又は管理の下にあるいかなる場所においても、次の環境における核兵器の実験的爆発及び他の核爆発を禁止すること、防止すること及び実施しないことを約束する。

　a　大気圏内、宇宙空間を含む大気圏外並びに領水及び公海を含む水中

　b　そのような爆発がその管轄又は管理の下でその爆発が行なわれる国の領域外において放射性残渣が存在するという結果をもたらすときは、その他の環境。この点に関して、締約国がこの条約の前文で述べたように締結を達成しようとしている条約、すなわち、地下における実験的核爆発を含むすべての実験的核爆発を永久に禁止することとなる条約の締結がこのbの規定により妨げられるものではないことが了解される。

2　この条約の各締約国は、さらに、いかなる場所においても、1に掲げるいずれかの環境の中で行なわれ、又は1に規定する結果をもたらす核兵器の実験的爆発又は他の核爆発の実施を実現させ、奨励し、又はいかなる態様によるかを問わずこれに参加することを差し控えることを約束する。

第2条【改正】〔省略〕

第3条【署名・批准・加入・効力発生】〔省略〕

第4条【有効期間・脱退】　この条約の有効期間は、無期限とする。

②　各締約国は、この条約の対象である事項に関連する異常な事態が自国の至高の利益を危うくしていると認めるときは、その主権の行使として、この条約から脱退する権利を有する。

③　各締約国は、そのような脱退をこの条約の他のすべての締約国に対し3箇月前に予告するものとする。

第5条【正文】〔省略〕

●包括的核実験禁止条約《ＣＴＢＴ》〔抄〕

Comprehensive Nuclear Test Ban Treaty

▼署名　1996年9月24日（ニューヨーク）　▼効力発生〔未発効〕　▼日本国　1996年12月24日署名、97年6月6日国会承認、7月8日批准書寄託

前文〔省略〕

第1条（基本的義務）　1　締約国は、核兵器の実験的爆発又は他の核爆発を実施せず並びに自国の管轄又は管理の下にあるいかなる場所においても核兵器の実験的爆発及び他の核爆発を禁止し及び防止することを約束する。

2　締約国は、更に、核兵器の実験的爆発又は他の核爆発の実施を実現させ、奨励し又はいかなる態様によるかを問わずこれに参加することを差し控えることを約束する。

第2条（機関）〔省略〕

第3条（国内の実施措置）　1　締約国は、自国の憲法上の手続に従いこの条約に基づく自国の義務を履行するために必要な措置をとる。締約国は、特に、次のことのために必要な措置をとる。

　(a)　自国の領域内のいかなる場所又は国際法によって認められる自国の管轄の下にあるその他のいかなる場所においても、自然人及び法人がこの条約によって締約国に対して禁止されている活動を行うことを禁止すること。

　(b)　自然人及び法人が自国の管理の下にあるいかなる場所においても(a)の活動を行うことを禁止すること。

　(c)　自国の国籍を有する自然人がいかなる場所においても(a)の活動を行うことを国際法に従って禁止すること。

2　締約国は、1の規定に基づく義務の履行を容易にするため、他の締約国と協力し、及び適当な形態の法律上の援助を与える。

3　締約国は、この条の規定に従ってとる措置を機関に通報する。

4　締約国は、この条約に基づく自国の義務を履行するため、国内当局を指定し又は設置し及び、この条約が自国について効力を生じたときは、その指定又は設置について機関に通報する。国内当局は、機関及び他の締約国との連絡のための国内の連絡先となる。

第4条（検証）

　A　一般規定

1　この条約の遵守について検証するために、次のものから成る検証制度を設ける。当該検証制度は、この条

385

約が効力を生ずる時に検証についてこの条約が定める要件を満たすことができるものとする。
 (a) 国際監視制度
 (b) 協議及び説明
 (c) 現地査察
 (d) 信頼の醸成についての措置
2 検証活動については、客観的な情報に基づくものとし、この条約の対象である事項に限定し、並びに締約国の主権を十分に尊重することを基礎として並びにできる限り干渉の程度が低く、かつ、当該検証活動の目的の効果的及び適時の遂行に合致する方法で実施する。締約国は、検証についての権利の濫用を差し控える。
3 締約国は、この条約の遵守についての検証を容易にするために、この条約に従って、前条4の規定に従って設置する国内当局を通じて特に次のことによって機関及び他の締約国と協力することを約束する。
 (a) 当該検証のための措置に参加するために必要な施設及び通信手段を設置すること。
 (b) 国際監視制度の一部を成す国内の観測所から得られたデータを提供すること。
 (c) 適当な場合には協議及び説明の手続に参加すること。
 (d) 現地査察の実施を認めること。
 (e) 適当な場合には信頼の醸成についての措置に参加すること。
4 すべての締約国は、技術的及び財政的な能力のいかんを問わず、検証についての平等の権利を有し、及び検証を受け入れる平等の義務を負う。
5 この条約の適用上、いかなる締約国も、一般的に認められている国際法の原則(国の主権の尊重の原則を含む。)に適合する方法で国内の検証技術によって得た情報を使用することを妨げられない。
6 締約国は、この条約の検証制度又は5の規定による国内の検証技術の運用を妨げてはならない。ただし、この条約に関係しない機微に係る設備、活動又は場所を保護する締約国の権利を害するものではない。
7 締約国は、この条約に関係しない機微に係る設備を保護し並びにこの条約に関係しない秘密の情報及び資料の開示を防止するための措置をとる権利を有する。
8 更に、非軍事上及び軍事上の活動及び施設に関する情報であって検証活動の間に得られたものの秘密を保護するためのすべての必要な措置がとられるものとする。
9 機関がこの条約によって設けられた検証制度を通じて得た情報については、8の規定に従うことを条件として、この条約及び議定書の関連規定に従ってすべての締約国が利用することができる。
10 この条約は、科学的な目的のために行われる資料の国際的な交換を制限するものと解してはならない。
11 締約国は、適当な場合にはこの条約の検証制度の効率及び費用対効果を高めることとなる特定の措置を開発するため、検証制度を改善し及び追加的な監視技術(電磁衝撃波監視及び衛星による監視を含む。)の潜在的な検証能力を検討することについて機関及び他の締約国と協力することを約束する。そのような特定の措置は、合意される場合には、第7条の規定に従ってこの条約の現行の規定若しくは議定書に若しくは議定書の追加的な規定として含められ又は、適当な場合には、第2条44の規定に従って運用手引書に反映される。
12 締約国は、すべての締約国が国内における検証措置の実施を強化し及びこの条約の検証制度において使用される技術の平和的目的のための応用から利益を受けることを可能にするために、当該技術についての交流を可能な最大限度まで行うことを容易にし及びその交流に参加することについての相互間の協力を促進することを約束する。
13 この条約は、平和的目的のための原子力の応用を一層発展させるための締約国の経済的及び技術的な発展を妨げないような態様で実施する。

技術事務局の検証の分野における任務

14 技術事務局は、この条約の目的のため、この条約及び議定書に規定する検証の分野における任務を遂行するに当たり、締約国と協力して次のことを行う。
 (a) この条約に従ってこの条約の検証に関するデータ及び報告のために作成された資料を受領し及び配布するための措置並びにそのために必要な世界的規模の通信基盤を維持するための措置をとること。
 (b) 技術事務局内において原則としてデータの保管及び処理の中心となる国際データセンターを通じ通常の活動として次のことを行うこと。
  (i) 国際監視制度によって得られるデータについて要請を受領し及び要請を行うこと。
  (ii) 適当な場合には、協議及び説明の手続、現地査察並びに信頼の醸成についての措置の結果得られたデータを受領すること。
  (iii) この条約及び議定書に従って締約国及び国際機関からその他の関連するデータを受領すること。
 (c) 関連する運用手引書に従って国際監視制度、その構成要素及び国際データセンターの運用を監督し、調整し及び確保すること。
 (d) この条約についての国際的な検証が効果的に行われることを可能にし及びこの条約の遵守についての懸念の早期の解決に資するため、合意される手続に従い通常の活動として国際監視制度によって得られるデータを処理し及び分析し並びにこれについて報告すること。
 (e) すべてのデータ(未処理のもの及び処理済みのもの)及び報告のために作成された資料をすべての締約国が利用することができるようにすること。もっとも、締約国は、第2条7並びにこの条の8及び13の規定に従って国際監視制度によって得られるデータの利用について責任を負う。
 (f) すべての締約国に対し保管されているすべてのデータへの平等の、開かれた、利用しやすい、かつ、適時のアクセスを認めること。
 (g) すべてのデータ(未処理のもの及び処理済みのもの)及び報告のために作成された資料を保管するこ

と。
(h) 国際監視制度によって追加的なデータを得ることについての要請を調整し及び容易にすること。
(i) 追加的なデータについての一の締約国から他の締約国に対する要請を調整すること。
(j) 関係国が必要とする場合には、監視施設及びその通信手段の設置及び運用について技術上の援助及び支援を行うこと。
(k) 検証制度によって得られるデータを取りまとめ、保管し、処理し及び分析し並びにこれについて報告するに当たって技術事務局及び国際データセンターが使用する技術を締約国の要請に応じ当該締約国が利用することができるようにすること。
(l) 国際監視制度の運用及び国際データセンターの任務の遂行の全般を監視し及び評価し並びにこれについて報告すること。

15 技術事務局が14及び議定書に規定する検証の分野における任務の遂行に当たって使用する合意された手続は、関連する運用手引書で定める。

B 国際監視制度

16 国際監視制度は、地震学的監視施設、放射性核種監視施設(公認された実験施設を含む。)、水中音波監視施設及び微気圧振動監視施設並びにその各通信手段によって構成され、並びに技術事務局の国際データセンターの支援を受ける。

17 国際監視制度は、技術事務局の権限の下に置かれる。国際監視制度のすべての監視施設については、議定書に従い、当該監視施設を受け入れ又はその他の方法によってこれについて責任を負う国が所有し及び運用する。

18 締約国は、データの国際的な交換に参加し及び国際データセンターが利用し得るすべてのデータへのアクセスが認められる権利を有する。締約国は、自国の国内当局を通じて国際データセンターと協力する。

国際監視制度についての費用負担

19 機関は、国際監視制度に含められる施設であって議定書の附属書1の表の1A、2A、3及び4に掲げるもの並びにその運用について、これらの施設が議定書及び関連する運用手引書で定める技術上の要件に従って国際データセンターにデータを提供することについて関係国及び機関が合意する場合には、議定書第1部4に規定する協定又は取決めに従って次のことに係る費用を負担する。
(a) 新たな施設を設置し及び既存の施設の水準を高めること。ただし、これらの施設について責任を負う国がその費用を負担する場合は、この限りでない。
(b) 国際監視制度の施設を運用し及び維持すること(適当な場合には、施設の安全を確保することを含む。)並びにデータが改変されないことを確保するための合意された手続を適用すること。
(c) 利用可能な手段で最も直接的な及び最も費用対効果の高いもの(必要な場合には、適当な通信の分岐点を経由するものを含む。)によって監視施設、実験施設、分析施設若しくは国内データセンターから国際データセンターへ国際監視制度によって得られるデータ(未処理のもの及び処理済みのもの)を送付し又は監視施設から実験施設及び分析施設へ当該データ(適当な場合には、試料を含む。)を送付すること。
(d) 機関に代わって試料の分析を行うこと。

20 機関は、議定書の附属書1の表1Bに掲げる補助的な地震学的監視観測所網につき、議定書第1部4に規定する協定又は取決めに従って次のことに係る費用のみを負担する。
(a) 国際データセンターへデータを送付すること。
(b) 補助的な地震学的監視観測所についてそのデータが改変されないことを確保すること。
(c) 観測所の水準を必要とされる技術的基準に合致するよう高めること。ただし、当該観測所について責任を負う国がその費用を負担する場合は、この限りでない。
(d) 適当な既存の施設がない場合において必要なときは、この条約の目的のために新たな観測所を設置すること。ただし、当該観測所について責任を負う国がその費用を負担する場合は、この限りでない。
(e) その他の費用であって機関が関連する運用手引書に従って要請するデータの提供に係るもの

21 機関は、議定書第1部Fに規定する標準的な範囲内において国際データセンターが作成する資料及び提供するサービスのうち締約国が要請において選択したものを当該締約国に提供することに係る費用も負担する。追加的なデータの入手及び送付又は追加的な資料の作成及び送付に係る費用については、要請する締約国が負担する。

22 国際監視制度の施設を受け入れ又はその他の方法によってこれについて責任を負う締約国又は締約国以外の国との間で締結される協定又は適当な場合の取決めには、これに係る費用の負担についての規定を含める。当該規定には、締約国が受け入れ又は責任を負う施設に係る費用で19(a)並びに20の(c)及び(d)に規定するものを当該締約国が立て替え並びに当該締約国が機関に対する自国の分担金における適当な控除による弁済を受ける方法を含めることができる。当該控除は、締約国の年次分担金の額の50パーセントを超えてはならないが、翌年以降に繰り越すことができる。締約国は、他の締約国との間の協定又は取決めによって及び執行理事会の同意を得て、当該他の締約国と共に当該控除を受けることができる。この22に規定する協定又は取決めは、第2条の26(h)及び38(i)の規定に従って承認される。

国際監視制度の変更

23 11に規定する措置であって監視技術の追加又は除外によって国際監視制度に影響を及ぼすものについては、合意される場合には、第7条の1から6までの規定に従ってこの条約及び議定書に含める。

24 国際監視制度の次の変更は、直接影響を受ける国の同意を条件として、第7条の7及び8に規定する運営上の又は技術的な性質の事項とみなされる。執行理事

会は、同条8(d)の規定に従って当該変更が採択されるよう勧告する場合には、原則として、同条8(g)の規定に従い当該変更がその承認に関する事務局長の通報の時に効力を生ずることについても勧告する。
  (a) いずれかの監視技術のための施設の数で議定書に定めるものの変更
  (b) 特定の施設についてのその他の詳細（特に、施設について責任を負う国、施設の所在地、施設の名称、施設の形式及び主要な地震学的監視観測所網又は補助的な地震学的監視観測所網のいずれに帰属させるかを含む。）の変更であって議定書の附属書1の表に反映されるもの
25 事務局長は、24に規定する修正案につき、第7条8(b)の規定に従って執行理事会及び締約国に対して情報及び評価を提出するに当たって次の事項を含める。
  (a) 当該修正案についての技術上の評価
  (b) 当該修正案の運営上及び財政上の影響についての記述
  (c) 当該修正案によって直接影響を受ける国との協議についての報告（当該国の同意についての記述を含む。）

暫定的措置
26 事務局長は、議定書の附属書1の表に掲げる監視施設の重大若しくは回復不可能な故障が生じた場合には、又は監視が及ぶ範囲のその他の一時的な縮小に対応するため、直接影響を受ける国と協議し及びその同意を得て並びに執行理事会の承認を得た上、1年を超えない期間の暫定的措置をとる。もっとも、必要な場合には、執行理事会及び直接影響を受ける国の同意を得て、1年間延長することができる。当該暫定的措置については、国際監視制度の稼働中の施設の数が関連する観測所網について定められる数を超えるものであってはならず、当該観測所網についての運用手引書で定める技術上及び運用上の要件をできる限り満たすものとし、並びに機関の予算の範囲内において実施する。事務局長は、更に、事態を是正するための措置をとり及びその恒久的な解決のための提案を行う。事務局長は、この26の規定に従って行った決定をすべての締約国に通報する。

国内の協力施設
27 締約国は、国際監視制度の枠内でのデータの提供とは別個に、国際監視制度の一部を構成しない国内の監視観測所によって得られる補足的なデータを国際データセンターが利用することができるように機関との間で協力についての取決めを作成することができる。
28 27の協力についての取決めについては、次のとおり作成することができる。
  (a) 技術事務局は、締約国の要請により及び当該締約国の費用で、特定の監視施設が国際監視制度の施設のための関連する運用手引書で定める技術上及び運用上の要件を満たしていることを証明するために必要な措置並びに当該特定の監視施設についてそのデータが改変されないことを確保するための措置をとった上、執行理事会の同意を条件として、当該特定の監視施設を国内の協力施設として正式に指定する。技術事務局は、適切な場合には、当該要件を満たしていることの証明を更新するために必要な措置をとる。
  (b) 技術事務局は、国内の協力施設の最新の一覧表を保持し、及びこれをすべての締約国に配布する。
  (c) 締約国の要請がある場合には、国際データセンターは、協議及び説明を容易にし並びに現地査察の要請についての検討を容易にするために国内の協力施設によって得られるデータを要請する。もっとも、当該データの送付に係る費用については、当該締約国が負担する。

国内の協力施設によって得られる補足的なデータを利用可能とし及び国際データセンターが補足的なデータの追加的若しくは迅速な送付又は説明を要請することができるための条件は、それぞれの監視観測所網のための運用手引書で定める。

C 協議及び説明
29 締約国は、可能なときはいつでも、この条約の基本的義務の違反の可能性について懸念を引き起こす問題を、まず、締約国間で、機関との間で又は機関を通じて、明らかにし及び解決するためにあらゆる努力を払うべきである。もっとも、すべての締約国の現地査察を要請する権利は害されない。
30 この条約の基本的義務の違反の可能性について懸念を引き起こす問題を明らかにし及び解決するよう29の規定によって他の締約国から直接要請された締約国は、できる限り速やかに、いかなる場合にもその要請の後48時間以内に、その要請を行った締約国に対して説明を行う。その要請を行った締約国及びその要請を受けた締約国は、執行理事会及び事務局長に対してその要請及びこれへの対応について通報することができる。
31 締約国は、この条約の基本的義務の違反の可能性について懸念を引き起こす問題を明らかにするに当たって援助するよう事務局長に要請する権利を有する。事務局長は、このような懸念に関連する適当な情報で技術事務局が保有するものを提供する。事務局長は、その援助を要請した締約国が要請する場合には、執行理事会に対しその援助の要請及びこれに応じて提供した情報について通報する。
32 締約国は、この条約の基本的義務の違反の可能性について懸念を引き起こす問題を明らかにするための説明を他の締約国から得るよう執行理事会に要請する権利を有する。この場合において、次の規定を適用する。
  (a) 執行理事会は、事務局長を通じ、その要請を受領した後24時間以内に、当該他の締約国に対してこれを送付する。
  (b) 当該他の締約国は、できる限り速やかに、いかなる場合にもその要請を受領した後48時間以内に、執行理事会に対して説明を行う。
  (c) 執行理事会は、(b)の規定に従って行われた説明に留意し、当該説明を受領した後24時間以内に、その要請を行った締約国に対してこれを送付する。

(d) その要請を行った締約国は、(b)の規定に従って行われた説明が十分でないと認める場合には、当該他の締約国から更に説明を得るよう執行理事会に要請する権利を有する。

執行理事会は、この32に規定する説明の要請及び当該他の締約国の対応についてその他のすべての締約国に対して遅滞なく通報する。

33　32(d)の規定に基づいて要請を行った締約国は、その得た説明が十分でないと認める場合には、執行理事会の理事国でない関係締約国が参加することができる執行理事会の会合の開催を要請する権利を有する。執行理事会は、当該会合において、この問題を検討し、及び次条の規定に基づく措置を勧告することができる。

　　D　現地査察

現地査察の要請

34　締約国は、この条及び議定書第2部の規定に基づき、いかなる締約国の領域内若しくはいかなる締約国の管轄若しくは管理の下にあるその他の場所についても又はいずれの国の管轄若しくは管理の下にもない場所について現地査察を要請する権利を有する。

35　現地査察の唯一の目的は、核兵器の実験的爆発又は他の核爆発が第1条の規定に違反して実施されたか否かを明らかにし及び違反した可能性のある者の特定に資する事実を可能な限り収集することとする。

36　要請締約国は、現地査察の要請をこの条約の範囲内で行い、及び37の規定に従って当該要請において情報を提供する義務を負う。要請締約国は、根拠がない又は濫用にわたる査察の要請を差し控える。

37　現地査察の要請は、国際監視制度によって収集された情報若しくは一般的に認められている国際法の原則に適合する方法で国内の検証技術によって得られた関連する技術上の情報又はこれらの組合せに基づくものとする。当該要請には、議定書第2部41に規定する事項を含める。

38　要請締約国は、執行理事会に対して現地査察の要請を行い、及び事務局長が速やかに手続を開始することができるよう同時に事務局長に対して当該要請を提出する。

現地査察の要請を提出した後の措置

39　執行理事会は、現地査察の要請を受領したときは、直ちにその検討を開始する。

40　事務局長は、現地査察の要請を受領した後、2時間以内に要請締約国に対して当該要請の受領を確認し、6時間以内に当該要請を査察が行われることが求められている締約国に通報する。事務局長は、当該要請が議定書第2部41に定める要件を満たしていることを確認し、必要な場合には要請締約国が当該要件に従って当該要請を行うことを援助し、並びに当該要請を受領した後24時間以内に執行理事会及び他のすべての締約国に対して当該要請を通報する。

41　技術事務局は、現地査察の要請が40の要件を満たしている場合には、現地査察のための準備を遅滞なく開始する。

42　事務局長は、いずれかの締約国の管轄又は管理の下にある査察区域に係る現地査察の要請を受領したときは、査察が行われることが求められている締約国に対し、当該要請において提起された懸念について明らかにされ及びこれが解決されるように直ちに説明を求める。

43　42の規定によって説明の求めを受領する締約国は、当該説明の求めを受領した後できる限り速やかに、遅くとも72時間以内に、事務局長に対して、説明を行い及び利用可能な他の関連する情報を提供する。

44　事務局長は、執行理事会が現地査察の要請について決定する前に、当該要請において特定される事象に関する利用可能な追加の情報であって国際監視制度によって得られるもの又は締約国が提供するもの(42及び43の規定に従って行われる説明を含む。)及び事務局長が関連すると認め又は執行理事会が要請する技術事務局内のその他の情報を執行理事会に対して直ちに送付する。

45　執行理事会は、要請締約国が現地査察の要請において提起した懸念が解決されたと認めて当該要請を撤回する場合を除くほか、46の規定に従って当該要請について決定する。

執行理事会の決定

46　執行理事会は、要請締約国から現地査察の要請を受領した後96時間以内に当該要請について決定する。現地査察を承認する決定は、執行理事会の理事国の30以上の賛成票による議決で行われる。執行理事会が当該現地査察を承認しなかった場合には、そのための準備は終了し、及び当該要請に基づく新たな措置はとられない。

47　査察団は、46の規定による現地査察の承認の後25日以内に、査察の経過報告を事務局長を通じて執行理事会に提出する。査察の継続は、執行理事会が当該経過報告を受領した後72時間以内にそのすべての理事国の過半数による議決で査察を継続しないことを決定する場合を除くほか、承認されたものとされる。執行理事会が査察を継続しないことを決定する場合には、査察は、終了し、査察団は、議定書第2部の109及び110の規定に従って査察区域及び被査察締約国の領域からできる限り速やかに退去する。

48　査察団は、現地査察が行われている間掘削の実施についての提案を事務局長を通じて執行理事会に提出することができる。執行理事会は、当該提案を受領した後72時間以内に当該提案について決定する。掘削を承認する決定は、執行理事会のすべての理事国の過半数による議決で行われる。

49　査察団は、その査察命令を遂行することができるようにするために査察期間の延長が不可欠であると認める場合には、事務局長を通じて執行理事会に対し、議定書第2部4に定める60日の期間を超えて最長70日の査察期間の延長を要請することができる。査察団は、その要請において、議定書第2部69に規定する活動及び技術であって延長された期間中に実施し又は使用しようとするものを明示する。執行理事会は、その要請を受領した後72時間以内にこれについて決定する。査

察期間の延長を承認する決定は、執行理事会のすべての理事国の過半数による議決で行われる。
50 査察団は、47の規定に従って現地査察の継続が承認された後いつでも、事務局長を通じて執行理事会に対し査察を終了させるための勧告を提出することができる。当該勧告は、執行理事会がこれを受領した後72時間以内にそのすべての理事国の3分の2以上の多数による議決で査察の終了を承認しないと決定する場合を除くほか、承認されたものとする。査察団は、査察が終了する場合には、議定書第2部の109及び110の規定に従って査察区域及び被査察締約国の領域からできる限り速やかに退去する。
51 要請締約国及び査察が行われることが求められている締約国は、現地査察の要請に関する執行理事会の審議に投票権なしで参加することができる。要請締約国及び被査察締約国は、その後の当該現地査察に関する執行理事会の審議にも投票権なしで参加することができる。
52 事務局長は、46から50までの規定に従って行われた執行理事会の決定並びに執行理事会に対する報告、提案、要請及び勧告を24時間以内にすべての締約国に通報する。

執行理事会が現地査察を承認した後の措置

53 執行理事会が承認した現地査察は、この条約及び議定書に従い事務局長が選定した査察団によって遅滞なく実施される。査察団は、執行理事会が要請締約国から現地査察の要請を受領した後6日以内に入国地点に到着する。
54 事務局長は、現地査察の実施のための査察命令を発する。査察命令には、議定書第2部42に規定する事項を含める。
55 事務局長は、議定書第2部43の規定に従い、査察団の入国地点への到着予定時刻の24時間前までに、被査察締約国に対して査察を通告する。

現地査察の実施

56 締約国は、自国の領域内又は自国の管轄若しくは管理の下にある場所において機関がこの条約及び議定書に従って現地査察を実施することを認める。ただし、いかなる締約国も、自国の領域内又は自国の管轄若しくは管理の下にある場所における二以上の現地査察を同時に受け入れることを要しない。
57 被査察締約国は、この条約及び議定書によって、次の権利を有し、及び次の義務を負う。
 (a) この条約の遵守を証明するためにあらゆる合理的な努力を払う権利及び義務並びにこのために査察団がその査察命令を遂行することができるようにする権利及び義務
 (b) 国家の安全保障上の利益を保護し及び査察の目的に関係しない秘密の情報の開示を防止するために必要と認める措置をとる権利
 (c) (b)の規定並びに財産権又は捜索及び押収に関する自国の憲法上の義務を考慮して、査察の目的に関連する事実を確定するための査察区域内へのアクセスを認める義務
 (d) 第1条に規定する義務の違反を隠すためにこの57又は議定書第2部88の規定を援用しない義務
 (e) 査察団がこの条約及び議定書に従って査察区域内を移動し及び査察活動を実施することを妨げない義務

現地査察に関する規定において「アクセス」とは、査察団及び査察のための装置の査察区域への物理的なアクセス並びに当該査察区域内における査察活動の実施の双方をいう。
58 現地査察は、議定書に定める手続に従い、できる限り干渉の程度が低く、かつ、査察命令の効果的な及び適時の遂行に合致する方法で実施される。査察団は、できる限り、最も干渉の程度が低い手続からとり、その後、この条約の違反の可能性の懸念について明らかにするための十分な情報を収集するために必要と認める場合にのみ、より干渉の程度が高い手続に移行する。査察員は、査察の目的のために必要な情報及び資料のみを求め、並びに被査察締約国における正常な活動を妨げることを最小限にするよう努める。
59 被査察締約国は、現地査察が行われている間を通じて査察団を援助し、及びその任務の遂行を容易にする。
60 被査察締約国は、議定書第2部の86から96までの規定に基づいて査察区域内のアクセスを制限する場合には、査察団との協議の上、代替的な手段によってこの条約の遵守を証明するためにあらゆる合理的な努力を払う。

オブザーバー

61 オブザーバーについては、次の規定を適用する。
 (a) 各要請締約国は、被査察締約国の同意を得て、自国又は第三の締約国のいずれか一方の国民である1人の代表者を現地査察の実施に立ち会わせるために派遣することができる。
 (b) 被査察締約国は、事務局長に対し、執行理事会が現地査察を承認した後12時間以内に、提案されたオブザーバーを受け入れるか否かを通告する。
 (c) 被査察締約国は、提案されたオブザーバーを受け入れる場合には、議定書に従ってそのオブザーバーに対してアクセスを認める。
 (d) 被査察締約国は、原則として、提案されたオブザーバーを受け入れる。もっとも、被査察締約国がその受入れを拒否する場合には、その事実は、査察報告に記録される。

オブザーバーの合計は3人を超えてはならない。

現地査察についての報告

62 査察報告には、次の事項を含める。
 (a) 査察団が行った活動についての記述
 (b) 査察の目的に関連する査察団による事実関係の調査結果
 (c) 現地査察の間与えられた協力についての記述
 (d) 現地査察の間認められたアクセス(査察団に提供された代替的な手段を含める。)の範囲及び程度に関する事実関係についての記述
 (e) 査察の目的に関連するその他の詳細

異なる見解を有する査察員がある場合には、当該見

解を査察報告に付することができる。
63　事務局長は、被査察締約国に対して査察報告案を利用可能にする。被査察締約国は、48時間以内に事務局長に対して意見を述べ及び説明を提供する権利並びに査察の目的に関係せず技術事務局の外部に送付するべきではないと認める情報及び資料を特定する権利を有する。事務局長は、当該査察報告案の変更について被査察締約国が行う提案を検討し、及び可能な限りこれを採用するものとし、被査察締約国が述べた意見及び提供した説明を査察報告に付加する。
64　事務局長は、要請締約国、被査察締約国、執行理事会及び他のすべての締約国に対して査察報告を速やかに送付する。事務局長は、更に、執行理事会及び当該他のすべての締約国に対し、指定された実験施設における試料の分析の結果を議定書第2部104の規定に従って速やかに送付し、並びに国際監視制度によって得られた関連するデータ、要請締約国及び被査察締約国による査察についての評価並びに事務局長が関連すると認めるその他の情報を速やかに送付する。もっとも、47に規定する査察の経過報告については、47に定める時間的な枠組みの範囲内で執行理事会に送付する。
65　執行理事会は、その権限及び任務に従い、64の規定に従って送付された査察報告及び資料を検討し、並びに次の問題を検討する。
　(a)　この条約の違反があったか否か。
　(b)　現地査察を要請する権利が濫用されたか否か。
66　執行理事会は、その権限及び任務に従い65の規定に関して更に措置が必要となるとの結論に達する場合には、次条の規定に基づいて適当な措置をとる。

根拠がない又は濫用された現地査察の要請
67　執行理事会は、現地査察の要請の根拠がないということ若しくは現地査察の要請が濫用されたということを根拠として現地査察を承認しない場合又はこれらの理由により査察が終了する場合には、事態を是正するための適当な措置をとるか否かについて検討し及び決定する。当該措置には、次のことを含む。
　(a)　技術事務局が行った準備に係る費用を支払うよう要請締約国に対して要求すること。
　(b)　執行理事会が決定する一定の期間要請締約国の現地査察を要請する権利を停止すること。
　(c)　一定の期間要請締約国の執行理事会の理事国としての任務を遂行する権利を停止すること。
　　　E　信頼の醸成についての措置
68　締約国は、次のことのため、議定書第3部に規定する関連する措置を実施するに当たり、機関及び他の締約国と協力することを約束する。
　(a)　化学的爆発に関連する検証のためのデータを誤って解釈することから生ずるこの条約の遵守についての懸念を適時に解決することに貢献すること。
　(b)　国際監視制度の観測所網の一部である観測所の特性を把握することについて援助すること。

第5条（事態を是正し及びこの条約の遵守を確保するための措置（制裁を含む。））〔省略〕
第6条（紛争の解決）〔省略〕
第7条（改正）〔省略〕
第8条（この条約の検討）〔省略〕
第9条（有効期間及び脱退）〔省略〕
第10条（議定書及び附属書の地位）〔省略〕
第11条（署名）〔省略〕
第12条（批准）〔省略〕
第13条（加入）〔省略〕
第14条（効力発生）1　この条約は、その附属書2に掲げるすべての国の批准書が寄託された日の後180日で効力を生ずる。ただし、いかなる場合にも、署名のための開放の後2年を経過するまで効力を生じない。
2　この条約がその署名のための開放の日の後3年を経過しても効力を生じない場合には、寄託者は、既に批准書を寄託している国の過半数の要請によってこれらの国の会議を招集する。この会議は、1に定める要件が満たされている程度について検討し並びに、この条約が早期に効力を生ずることを容易にするため、批准の過程を促進するため国際法に適合するいかなる措置をとることができるかについて検討し及びコンセンサス方式によって決定する。
3―5　〔省略〕
第15条（留保）〔省略〕
第16条（寄託者）〔省略〕
第17条（正文）〔省略〕

条約の附属書1　第2条28に現定する国の一覧表　〔省略〕
条約の附属書2　第14条に規定する国の一覧表　〔省略〕

●核兵器の不拡散に関する条約《NPT》
Treaty on the Non-Proliferation of Nuclear Weapons

▼採択(作成)　1968年7月1日（ロンドン、モスクワ、ワシントン）　▼効力発生　1970年3月5日　▼日本国　1970年2月3日署名、76年5月24日国会承認、6月8日批准書寄託、公布〔昭和51年条約第6号〕、発効

　この条約を締結する国（以下「締約国」という。）は、
　核戦争が全人類に惨害をもたらすものであり、したがって、このような戦争の危険を回避するためにあらゆる努力を払い、及び人民の安全を保障するための措置をとることが必要であることを考慮し、
　核兵器の拡散が核戦争の危険を著しく増大させるものであることを信じ、
　核兵器の一層広範にわたる分散の防止に関する協定を

締結することを要請する国際連合総会の諸決議に従い、

平和的な原子力活動に対する国際原子力機関の保障措置の適用を容易にすることについて協力することを約束し、

一定の枢要な箇所において機器その他の技術的手段を使用することにより原料物質及び特殊核分裂性物質の移動に対して効果的に保障措置を適用するという原則を、国際原子力機関の保障措置制度のわく内で適用することを促進するための研究、開発その他の努力に対する支持を表明し、

核技術の平和的応用の利益（核兵器国が核爆発装置の開発から得ることができるすべての技術上の副産物を含む。）が、平和的目的のため、すべての締約国（核兵器国であるか非核兵器国であるかを問わない。）に提供されるべきであるという原則を確認し、

この原則を適用するに当たり、すべての締約国が、平和的目的のための原子力の応用を一層発展させるため可能な最大限度まで科学的情報を交換することに参加し、及び単独で又は他の国と協力してその応用の一層の発展に貢献する権利を有することを確信し、

核軍備競争の停止をできる限り早期に達成し、及び核軍備の縮小の方向で効果的な措置をとる意図を宣言し、この目的の達成についてすべての国が協力することを要請し、

1963年の大気圏内、宇宙空間及び水中における核兵器実験を禁止する条約の締約国が、同条約前文において、核兵器のすべての実験的爆発の永久的停止の達成を求め及びそのために交渉を継続する決意を表明したことを想起し、

厳重かつ効果的な国際管理の下における全面的かつ完全な軍備縮小に関する条約に基づき核兵器の製造を停止し、貯蔵されたすべての核兵器を廃棄し、並びに諸国の軍備から核兵器及びその運搬手段を除去することを容易にするため、国際間の緊張の緩和及び諸国間の信頼の強化を促進することを希望し、

諸国が、国際連合憲章に従い、その国際関係において、武力による威嚇又は武力の行使を、いかなる国の領土保全又は政治的独立に対するものも、また、国際連合の目的と両立しない他のいかなる方法によるものも慎まなければならないこと並びに国際の平和及び安全の確立及び維持が世界の人的及び経済的資源の軍備のための転用を最も少なくして促進されなければならないことを想起して、

次のとおり協定した。

第1条【核兵器国の不拡散義務】 締約国である各核兵器国は、核兵器その他の核爆発装置又はその管理をいかなる者に対しても直接又は間接に移譲しないこと及び核兵器その他の核爆発装置の製造若しくはその他の方法による取得又は核兵器その他の核爆発装置の管理の取得につきいかなる非核兵器国に対しても何ら援助、奨励又は勧誘を行わないことを約束する。

第2条【非核兵器国の拡散回避義務】 締約国である各非核兵器国は、核兵器その他の核爆発装置又はその管理をいかなる者からも直接又は間接に受領しないこと、核兵器その他の核爆発装置を製造せず又はその他の方法によつて取得しないこと及び核兵器その他の核爆発装置の製造についていかなる援助をも求めず又は受けないことを約束する。

第3条【転用防止のための保障措置】 1　締約国である各非核兵器国は、原子力が平和的利用から核兵器その他の核爆発装置に転用されることを防止するため、この条約に基づいて負う義務の履行を確認することのみを目的として国際原子力機関憲章及び国際原子力機関の保障措置制度に従い国際原子力機関との間で交渉しかつ締結する協定に定められる保障措置を受諾することを約束する。この条の規定によつて必要とされる保障措置の手続は、原料物質又は特殊核分裂性物質につき、それが主要な原子力施設において生産され、処理され若しくは使用されているか又は主要な原子力施設の外にあるかを問わず、遵守しなければならない。この条の規定によつて必要とされる保障措置は、当該非核兵器国の領域内若しくはその管轄下で又は場所のいかんを問わずその管理の下で行われるすべての平和的な原子力活動に係るすべての原料物質及び特殊核分裂性物質につき、適用される。

2　各締約国は、(a)原料物質若しくは特殊核分裂性物質又は(b)特殊核分裂性物質の処理、使用若しくは生産のために特に設計され若しくは作成された設備若しくは資材を、この条の規定によつて必要とされる保障措置が当該原料物質又は当該特殊核分裂性物質について適用されない限り、平和的目的のためいかなる非核兵器国にも供給しないことを約束する。

3　この条の規定によつて必要とされる保障措置は、この条の規定及び前文に規定する保障措置の原則に従い、次条の規定に適合する態様で、かつ、締約国の経済的若しくは技術的発展又は平和的な原子力活動の分野における国際協力（平和的目的のため、核物質及びその処理、使用又は生産のための設備を国際的に交換することを含む。）を妨げないような態様で、実施するものとする。

4　締約国である非核兵器国は、この条に定める要件を満たすため、国際原子力機関憲章に従い、個々に又は他の国と共同して国際原子力機関と協定を締結するものとする。その協定の交渉は、この条約が最初に効力を生じた時から180日以内に開始しなければならない。この180日の期間の後に批准書又は加入書を寄託する国については、その協定の交渉は、当該寄託の日までに開始しなければならない。その協定は、交渉開始の日の後18箇月以内に効力を生ずるものとする。

第4条【原子力平和利用の権利】 1　この条約のいかなる規定も、無差別にかつ第1条及び第2条の規定に従つて平和的目的のための原子力の研究、生産及び利用を発展させることについてのすべての締約国の奪い得ない権利に影響を及ぼすものと解してはならない。

2　すべての締約国は、原子力の平和的利用のため設備、資材並びに科学的及び技術的情報を可能な最大限度まで交換することを容易にすることを約束し、また、その交換に参加する権利を有する。締約国は、また、可

能なときは、単独で又は他の国若しくは国際機関と共同して、世界の開発途上にある地域の必要に妥当な考慮を払つて、平和目的のための原子力の応用、特に締約国である非核兵器国の領域におけるその応用の一層の発展に貢献することに協力する。

第5条【非核兵器国への核爆発の平和的応用の利益の提供】 各締約国は、核爆発のあらゆる平和的応用から生ずることのある利益が、この条約に従い適当な国際的監視の下でかつ適当な国際的手続により無差別の原則に基づいて締約国である非核兵器国に提供されること並びに使用される爆発装置についてその非核兵器国の負担する費用が、できる限り低額であり、かつ、研究及び開発のためのいかなる費用をも含まないことを確保するため、適当な措置をとることを約束する。締約国である非核兵器国は、特別の国際協定に従い、非核兵器国が十分に代表されている適当な国際機関を通じてこのような利益を享受することができる。この問題に関する交渉は、この条約が効力を生じた後できる限り速やかに開始するものとする。締約国である非核兵器国は、希望するときは、二国間協定によつてもこのような利益を享受することができる。

第6条【核軍縮交渉】 各締約国は、核軍備競争の早期の停止及び核軍備の縮小に関する効果的な措置につき、並びに厳重かつ効果的な国際管理の下における全面的かつ完全な軍備縮小に関する条約について、誠実に交渉を行うことを約束する。

第7条【地域的非核化条約】 この条約のいかなる規定も、国の集団がそれらの国の領域に全く核兵器の存在しないことを確保するため地域的な条約を締結する権利に対し、影響を及ぼすものではない。

第8条【改正、再検討】 1 いずれの締約国も、この条約の改正を提案することができる。改正案は、寄託国政府に提出するものとし、寄託国政府は、これをすべての締約国に配布する。その後、締約国の3分の1以上の要請があつたときは、寄託国政府は、その改正を審議するため、すべての締約国を招請して会議を開催する。

2 この条約のいかなる改正も、すべての締約国の過半数の票（締約国であるすべての核兵器国の票及び改正案が配布された日に国際原子力機関の理事国である他のすべての締約国の票を含む。）による議決で承認されなければならない。その改正は、すべての締約国の過半数の改正の批准書（締約国であるすべての核兵器国の改正の批准書及び改正案が配布された日に国際原子力機関の理事国である他のすべての締約国の改正の批准書を含む。）が寄託された時に、その批准書を寄託した各締約国について効力を生ずる。その後は、改正は、改正の批准書を寄託する他のいずれの締約国についても、その寄託の時に効力を生ずる。

3 前文の目的の実現及びこの条約の規定の遵守を確保するようにこの条約の運用を検討するため、この条約の効力発生の5年後にスイスのジュネーヴで締約国の会議を開催する。その後5年ごとに、締約国の過半数が寄託国政府に提案する場合には、条約の運用を検討するという同様の目的をもつて、更に会議を開催する。

第9条【署名、批准、加入、効力発生、核兵器国の定義】
1 この条約は、署名のためすべての国に開放される。この条約が3の規定に従つて効力を生ずる前にこの条約に署名しない国は、いつでもこの条約に加入することができる。

2 この条約は、署名国によつて批准されなければならない。批准書及び加入書は、ここに寄託国政府として指定されるグレート・ブリテン及び北部アイルランド連合王国、ソヴィエト社会主義共和国連邦及びアメリカ合衆国の政府に寄託する。

3 この条約は、その政府が条約の寄託者として指定される国及びこの条約の署名国である他の40の国が批准しかつその批准書を寄託した後に、効力を生ずる。この条約の適用上、「核兵器国」とは、1967年1月1日前に核兵器その他の核爆発装置を製造しかつ爆発させた国をいう。

4 この条約は、その効力発生の後に批准書又は加入書を寄託する国については、その批准書又は加入書の寄託の日に効力を生ずる。

5 寄託国政府は、すべての署名国及び加入国に対し、各署名の日、各批准書又は各加入書の寄託の日、この条約の効力発生の日、会議の開催の要請を受領した日及び他の通知を速やかに通報する。

6 この条約は、寄託国政府が国際連合憲章第102条の規定に従つて登録する。

第10条【脱退、有効期間】 1 各締約国は、この条約の対象である事項に関連する異常な事態が自国の至高の利益を危うくしていると認める場合には、その主権を行使してこの条約から脱退する権利を有する。当該締約国は、他のすべての締約国及び国際連合安全保障理事会に対し3箇月前にその脱退を通知する。その通知には、自国の至高の利益を危うくしていると認める異常な事態についても記載しなければならない。

2 この条約の効力発生の25年後に、条約が無期限に効力を有するか追加の一定期間延長されるかを決定するため、会議を開催する。その決定は、締約国の過半数による議決で行う。

第11条【正文】 この条約は、英語、ロシア語、フランス語、スペイン語及び中国語をひとしく正文とし、寄託国政府に寄託される。この条約の認証謄本は、寄託国政府が署名国政府及び加入国政府に送付する。

〔末文及び署名省略〕

●安全保障理事会決議 1540（大量破壊兵器の不拡散）〔抄〕

▼採択　2004 年 4 月 28 日（国連安全保障理事会第 4956 回会合）

安全保障理事会は、

核兵器、化学兵器及び生物兵器並びにそれらの運搬手段の拡散が、国際の平和と安全に対する脅威を構成することを確認し、

〔中略〕

テロリズムの脅威と、安全保障理事会決議 1267 号に基づき設立された委員会によって定められ維持されている国連リストで特定されている者及び決議 1373 号が適用される者などの非国家主体が、核兵器、化学兵器及び生物兵器並びにそれらの運搬手段を取得、開発、取引又は使用することの危険性とに重大な懸念を示し、

核兵器、化学兵器及び生物兵器の拡散の問題に新たな局面を加え、国際の平和と安全に対して脅威を与える、そうした兵器及びそれらの運搬手段並びに関連物質の不正取引の脅威に重大な懸念を示し、

〔中略〕

国際連合憲章第 7 章の下で行動して、

1　すべての国は、核兵器、化学兵器又は生物兵器及びそれらの運搬手段の開発、取得、製造、所持、輸送、移転又は使用を企てる非国家主体に対して、いかなる形態の支援を与えることも差し控えることを決定する。

2　また、すべての国は、自国の国内手続に従って、いかなる非国家主体に対しても、特にテロ目的のための核兵器、化学兵器又は生物兵器及びそれらの運搬手段の製造、取得、所持、開発、輸送、移転又は使用、並びに、これらの活動に従事することを企てること、共犯としてこれらの活動に参加すること、これらの活動を援助し又は資金を供与することを禁じる適切で効果的な法律を採択し執行することを決定する。

3　また、すべての国は、関連物質に対する適切な管理を確立することを含む、核兵器、化学兵器又は生物兵器及びそれらの運搬手段の拡散を防止する国内管理を確立するための効果的な措置をとり執行することを決定し、この目的のために、すべての国が、以下を行うことを決定する。

(a)　生産、使用、貯蔵又は輸送に際し、そうした品目の使途を明らかにし、安全を確保するための適切で効果的な措置を策定し維持すること

(b)　適切で効果的な防護措置を策定し維持すること

(c)　自国の国内法上の権限及び法令に従って、かつ、国際法に適合する範囲内で、必要ならば国際的な協力を通じることを含めて、そうした品目の不正取引及び不正仲介を探知し、抑止し、防止し及び対処するための適切で効果的な国境管理及び法執行の努力を策定し維持すること

(d)　輸出、通過、積換え及び再輸出を管理するための適切な法令、資金供与及び拡散に貢献する輸送などの輸出及び積換えに関連する資金及び役務の提供に対する管理、並びに最終使用者管理の確立を含む、そうした品目に対する適切で効果的な国内輸出管理及び積換え管理を確立し、策定し、再検討し、維持すること。また、そうした輸出管理に関する法令の違反に対する適切な刑事上又は民事上の罰則を確立し執行すること

4―9　〔省略〕

10　さらに、その脅威に対処するため、すべての国に対して、自国の国内法上の権限及び法令に従って、かつ、国際法に適合する範囲内で、核兵器、化学兵器又は生物兵器、それらの運搬手段及び関連物質の不正取引を防止するための協力行動をとることを求める。

11・12　〔省略〕

●核兵器及び他の大量破壊兵器の海底における設置の禁止に関する条約
《海底非核化条約》〔抜粋〕

Treaty on the Prohibition of the Emplacement of Nuclear Weapons and Other Weapons of Mass Destruction on the Seabed and the Ocean Floor and in the Subsoil Thereof

▼署名（作成）　1971 年 2 月 11 日（ワシントン）　▼効力発生　1972 年 5 月 18 日　▼日本国　1971 年 2 月 11 日署名、5 月 24 日国会承認、6 月 21 日批准書寄託、72 年 5 月 18 日発効、6 月 2 日公布〔昭和 47 年条約第 4 号〕

第1条【核兵器等の設置の禁止】　1　締約国は、核兵器及び他の種類の大量破壊兵器並びにこれらの兵器を貯蔵し、実験し又は使用することを特に目的とした構築物、発射設備その他の施設を次条に定める海底区域の限界の外側の海底に据え付けず又は置かないことを約束する。

2　1の約束は、1の海底区域についても適用する。ただし、1の海底区域内では、当該沿岸国には適用がなく、また、当該沿岸国の領海の海底については適用しない。

3　締約国は、いかなる国に対しても1の設置を援助せず、奨励せず及び勧誘しないこと並びにその他のいかなる態様によってもその設置に参加しないことを約束する。

第2条【海底区域の限界】　この条約の適用上、前条の海底区域の限界は、1958 年 4 月 29 日にジュネーヴで署名された領海及び接続水域に関する条約第 2 部に定める 12 海里の幅の水域の限界に合致するものとし、同条

約第1部第2章の規定及び国際法に従つて測定される。

●ラテン・アメリカにおける核兵器の禁止に関する条約
《トラテロルコ条約》〔抄〕
Treaty for the Prohibition of Nuclear Weapons in Latin America and Caribbean

▼署名　1967年2月14日（メキシコ市）　▼効力発生　1968年4月22日　▼最終改正　1992年8月26日採択

前文〔省略〕

第1条（義務）　1　締約国は、自国の管轄下にある核物質及び核施設を平和的目的のためにのみ使用すること並びに次のことを自国の領域において禁止し及び防止することを、この条約によって約束する。
 (a)　締約国自身のために直接若しくは間接に、第三者のために又は他のいずれかの態様によって、核兵器を方法のいかんを問わず実験し、使用し、製造し、生産し及び取得すること。
 (b)　締約国自身が若しくは締約国のために第三者か又は他のいずれかの態様によって、直接又は間接に、核兵器を受領し、貯蔵し、設置し、配備し及び形態のいかんを問わず所有すること。
2　締約国は、また、核兵器の実験、使用、製造、生産、所有若しくは管理に直接若しくは間接に関与し、これらを奨励し若しくは許可し、又は方法のいかんを問わずこれらに参加することを慎むことを約束する。

第2条（締約国の定義）　この条約の適用上、「締約国」とは、この条約が適用される国をいう。

第3条（領域の定義）　この条約の適用上、「領域」には、領海、領空及び当該国が自国の法令に従って主権を行使するその他の空間を含む。

第4条（適用地域）　1　この条約の適用地域は、この条約が適用される領域全体とする。
2　第28条1の要件が満たされた場合には、この条約の適用地域は、西半球（アメリカ合衆国の領域の大陸部分及びその領海を除く。）における次の境界内の地域とする。
　　　　北緯25度西経75度の点から真南へ北緯30度西経75度の点まで、そこから真東へ北緯30度西経50度の点まで、そこから斜航線に沿って北緯5度西経20度の点まで、そこから真南へ南緯60度西経20度の点まで、そこから真西へ南緯60度西経115度の点まで、そこから真北へ緯度零度西経115度の点まで、そこから斜航線に沿って北緯35度西経150度の点まで、そこから真東へ北緯35度西経75度の点までの境界

第5条（核兵器の定義）　この条約の適用上、「核兵器」とは、核エネルギーを制御されない方法で放出することができる装置であって、戦争目的に使用することに適した一群の性質を有するものをいう。その装置の輸送又は推進のために使用される器具は、その装置から分離することができるものであり、その装置の不可分の部分でないものである場合には、この定義に含まない。

第6条（署名国会議）〔省略〕

第7条（組織）〔省略〕
第8条（機関）〔省略〕
第9条（総会）〔省略〕
第10条（理事会）〔省略〕
第11条（事務局）〔省略〕
第12条（管理制度）　1　管理制度は、第1条の規定に従って締約国が受諾した義務の履行を検証するために設けられるものとし、第13条から第18条の規定に従って実施する。
2　管理制度は、特に次のことを検証するために用いられる。
 (a)　核エネルギーの平和的利用のための装置、役務及び施設を核兵器の実験及び製造に利用しないこと。
 (b)　第1条の規定によって禁止されるいずれの活動も、締約国の領域内において、外国から持ち込まれた核物質又は核兵器によって行わないこと。
 (c)　平和的目的のための爆発が第18条の規定に抵触していないこと。

第13条（国際原子力機関の保障措置）　各締約国は、自国の核活動に対して国際原子力機関の保障措置を適用するため、同機関と多国間又は二国間の協定を取り決める。各締約国は、この条約の批准書の寄託の日の後180日以内に交渉を開始する。当該協定は、予見することができなかった状況又は不可抗力による場合を除くほか、その交渉の開始の日の後18箇月以内に各締約国について効力を生ずる。

第14条（締約国の報告）　1　締約国は、この条約に基づいて禁止されるいかなる活動も自国の領域において行われなかったことを記載した半年ごとの報告を、情報のため機構及び国際原子力機関に送付する。
2　締約国は、この条約が対象としており機構の作業に関連している事項に関係する国際原子力機関に提出する報告の写し1通を機構に同時に送付する。
3　締約国によって提供された情報は、締約国が明示の同意を与える場合を除くほか、全体としてもまた部分的にも、報告受領者によって第三者に開示されまたは伝達されてはならない。

第15条（事務局長の要請による特別報告）　1　事務局長は、締約国に対し、理事会の許可の下に、この条約の履行に関連する事件又は状況について補足的情報を機構に提供するようその理由を付して要請することができる。締約国は、事務局長に迅速かつ十分に協力することを約束する。
2　事務局長は、かかる要請及びその回答を理事会及び締約国に直ちに通報する。

第16条（特別査察）1　国際原子力機関は、この条約の第12条及び第13条にいう協定に従って、特別査察を行う権能を有する。
2　いずれの締約国の要請によっても、この条約の第15条に規定する手続に従い、理事会は、国際原子力機関による検討に付すため、特別査察の実施開始のために必要な手続を求める要請を同機関に提出する。
3　事務局長は、特別査察の結果に関して国際原子力機関の理事会に提出された情報を、時宜を得た方法で送付するよう国際原子力機関の事務局長に要請する。事務局長は、この情報を速やかに理事会に提供する。
4　理事会は、事務局長を通じて、3の情報をすべての締約国に送付する。
第17条（平和的目的のための核エネルギーの利用）この条約のいかなる規定も、この条約の範囲内で、平和的目的、特に経済的発展と社会的進歩のために核エネルギーを利用する締約国の権利を害するものではない。
第18条（平和的目的のための爆発）〔省略〕
第19条（他の国際機関との関係）〔省略〕
第20条（他の国際組織との関係）〔省略〕
第21条（条約の違反に対する措置）1　総会は、締約国がこの条約に基づく義務を完全に履行していないと認めるすべての場合に留意し、かつ、関係締約国の注意を喚起して、適当と認める勧告を行う。
2　そのような不履行が平和と安全を危うくするこの条約の違反を構成すると認める場合には、総会は、同時に、そのような不履行について、国際連合事務総長を通じて国際連合安全保障理事会及び国際連合総会並びに米州機構理事会に報告する。総会は、国際原子力機関憲章に関連する目的のため、同機関にも同様に報告する。
第22条（国際連合及び米州機構）〔省略〕
第23条（特権及び免除）〔省略〕
第24条（他の協定の通報）〔省略〕
第25条（紛争の解決）〔省略〕
第26条（署名）〔省略〕
第27条（批准及び寄託）〔省略〕
第28条（留保）　この条約には、留保を付してはならない。
第29条（効力発生）〔省略〕
第30条（改正）〔省略〕
第31条（有効期間及び廃棄）〔省略〕
第32条（正文及び登録）〔省略〕
経過規程　〔省略〕

■追加議定書Ⅰ
▽当事国　英国、オランダ、米国、フランス

前文〔省略〕
第1条【地域内領域の核非武装化】ラテン・アメリカにおける核兵器の禁止に関する条約第1条、第3条、第5条及び第13条に規定する戦争目的のための核非武装化の規則を、同条約に定める地理的範囲内にある領域で各自の政府が法律上又は事実上の国際的な責任を有するものについて適用することを約束する。
第2条【有効期間、批准、廃棄】この議定書の有効期間は、この議定書が附属するラテン・アメリカにおける核兵器の禁止に関する条約の有効期間と同一とする。同条約の批准及び廃棄に関する規定は、この議定書について適用する。
第3条【批准書寄託】この議定書は、これを批准した国について、それぞれの批准書の寄託の日に効力を生ずる。〔以下省略〕

■追加議定書Ⅱ
▽当事国　英国、米国、中国、フランス、ロシア

前文〔省略〕
第1条【条約の核非武装化諸規則の尊重】この議定書が附属するラテン・アメリカにおける核兵器の禁止に関する条約に規定するラテン・アメリカにおける戦争目的のための核非武装化の規則は、この議定書の締約国により、この議定書のすべての明示的な目的及び規定に従って完全に尊重されなければならない。
第2条【地域内における核非武装化義務の違反行為の助長禁止】したがって、下名の全権委員によって代表される政府は、条約第4条の規定によって適用される領域における条約第1条の義務の違反となる行動の遂行をいかなる方法によっても助長しないことを約束する。
第3条【条約締約国に対する核兵器使用・威嚇の禁止】下名の全権委員によって代表される政府は、また、ラテン・アメリカにおける核兵器の禁止に関する条約の締約国に対し、核兵器を使用しないこと又は使用するとの威嚇を行わないことを約束する。
第4条【有効期間、批准、留保、廃棄等】この議定書の有効期間は、この議定書が附属するラテン・アメリカにおける核兵器の禁止に関する条約の有効期間と同一とする。同条約第3条の領域の定義及び第5条の核兵器の定義並びに第26条、第27条、第30条及び第31条に定める批准、留保、廃棄、正文及び登録に関する規定は、この議定書について適用する。
第5条【批准書寄託】この議定書は、これを批准した国について、それぞれの批准書の寄託の日に効力を生ずる。〔以下省略〕

●細菌兵器（生物兵器）及び毒素兵器の開発、生産及び貯蔵の禁止並びに廃棄に関する条約《生物毒素兵器廃棄条約》〔抄〕

Convention on the Prohibition of the Development, Production and Stockpiling of Bacteriological (Biological) and Toxin Weapons and on their Destruction

▼署名　1972年4月10日（ロンドン、ワシントン、モスクワ）　▼効力発生　1975年3月26日　▼日本国　1972年4月10日署名、82年6月4日国会承認、6月8日批准書寄託、公布〔昭和57年条約第6号〕、発効

前文〔省略〕

第1条【開発・生産・貯蔵等の禁止】締約国は、いかなる場合にも、次の物を開発せず、生産せず、貯蔵せず若しくはその他の方法によって取得せず又は保有しないことを約束する。

(1) 防疫の目的、身体防護の目的その他の平和的目的による正当化ができない種類及び量の微生物剤その他の生物剤又はこのような種類及び量の毒素（原料又は製法のいかんを問わない。）

(2) 微生物剤その他の生物剤又は毒素を敵対的目的のために又は武力紛争において使用するために設計された兵器、装置又は運搬手段

第2条【廃棄、平和的目的への転用】締約国は、この条約の効力発生の後できる限り速やかに、遅くとも9箇月以内に、自国の保有し又は自国の管轄若しくは管理の下にある前条に規定するすべての微生物剤その他の生物剤、毒素、兵器、装置及び運搬手段を廃棄し又は平和的目的のために転用することを約束する。この条の規定の実施に当たっては、住民及び環境の保護に必要なすべての安全上の予防措置をとるものとする。

第3条【委譲と取得援助の禁止】締約国は、第1条に規定する微生物剤その他の生物剤、毒素、兵器、装置又は運搬手段をいかなる者に対しても直接又は間接に移譲しないこと及びこれらの物の製造又はその他の方法による取得につき、いかなる国、国の集団又は国際機関に対しても、何ら援助、奨励又は勧誘を行わないことを約束する。

第4条【禁止・防止措置】締約国は、自国の憲法上の手続に従い、その領域内及びその管轄又は管理の下にあるいかなる場所においても、第1条に規定する微生物剤その他の生物剤、毒素、兵器、装置及び運搬手段の開発、生産、貯蔵、取得又は保有を禁止し及び防止するために必要な措置をとる。

第5条【協議、協力】〔省略〕

第6条【苦情の申立て】(1)　締約国は、他の締約国がこの条約に基づく義務に違反していると認めるときは、国際連合安全保障理事会に苦情を申し立てることができる。苦情の申立てには、同理事会に対する審議の要請のほか、その申立ての妥当性を裏付けるすべての証拠を含めるものとする。

(2) 締約国は、安全保障理事会がその受理した苦情の申立てに基づき国際連合憲章に従って行う調査に対し協力することを約束する。同理事会は、この調査の結果を締約国に通知する。

第7条【被害締約国への援助】〔省略〕

第8条【毒ガス禁止議定書の尊重】この条約のいかなる規定も、1925年6月17日にジュネーヴで署名された窒息性ガス、毒性ガス又はこれらに類するガス及び細菌学的手段の戦争における使用の禁止に関する議定書に基づく各国の義務を限定し又は軽減するものと解してはならない。

第9条【化学兵器禁止の交渉】〔省略〕
第10条【平和的利用】〔省略〕
第11条【改正】〔省略〕
第12条【検討会議】〔省略〕
第13条【有効期間、脱退】〔省略〕
第14条【署名、加入、批准、効力発生】〔省略〕
第15条【正文、寄託】〔省略〕

●化学兵器の開発、生産、貯蔵及び使用の禁止並びに廃棄に関する条約
《化学兵器禁止条約》〔抜粋〕

Convention on the Prohibition of the Development, Production, Stockpiling and Use of Chemical Weapons and on their Destruction

▼採択　1992年11月30日（国連第47回総会）　▼署名　1993年1月13日（パリ）　▼効力発生　1997年4月29日　▼日本国　1993年1月13日署名、95年4月28日国会承認、9月15日批准書寄託、97年4月21日公布〔平成9年条約第3号〕、4月29日発効

第1条（一般的義務）　1　締約国は、いかなる場合にも、次のことを行わないことを約束する。

(a) 化学兵器を開発し、生産その他の方法によって取得し、貯蔵し若しくは保有し又はいずれかの者に対して直接若しくは間接に移譲すること。

(b) 化学兵器を使用すること。

(c) 化学兵器を使用するための軍事的な準備活動を行うこと。

(d) この条約によって締約国に対して禁止されている活動を行うことにつき、いずれかの者に対して、援助し、奨励し又は勧誘すること。

2　締約国は、この条約に従い、自国が所有し若しくは占有する化学兵器又は自国の管轄若しくは管理の下にある場所に存在する化学兵器を廃棄することを約束する。

3　締約国は、この条約に従い、他の締約国の領域内に

遺棄したすべての化学兵器を廃棄することを約束する。
4　締約国は、この条約に従い、自国が所有し若しくは占有する化学兵器生産施設又は自国の管轄若しくは管理の下にある場所に存在する化学兵器生産施設を廃棄することを約束する。
5　締約国は、暴動鎮圧剤を戦争の方法として使用しないことを約束する。

第2条（定義及び基準） この条約の適用上、
1　「化学兵器」とは、次の物を合わせたもの又は次の物を個別にいう。
  (a)　毒性化学物質及びその前駆物質。ただし、この条約によって禁止されていない目的のためのものであり、かつ、種類及び量が当該目的に適合する場合を除く。
  (b)　弾薬類及び装置であって、その使用の結果放出されることとなる(a)に規定する毒性化学物質の毒性によって、死その他の害を引き起こすように特別に設計されたもの
  (c)　(b)に規定する弾薬類及び装置の使用に直接関連して使用するように特別に設計された装置
2　「毒性化学物質」とは、生命活動に対する化学作用により、人又は動物に対し、死、一時的に機能を著しく害する状態又は恒久的な害を引き起こし得る化学物質（原料及び製法のいかんを問わず、また、施設内、弾薬内その他のいかなる場所において生産されるかを問わない。）をいう。
　　（この条約の実施上、検証措置の実施のために特定された毒性化学物質は、化学物質に関する附属書の表に掲げる。）
3　「前駆物質」とは、毒性化学物質の生産（製法のいかんを問わない。）のいずれかの段階で関与する化学反応体をいうものとし、二成分又は多成分の化学系の必須成分を含む。
　　（この条約の実施上、検証措置の実施のために特定された前駆物質は、化学物質に関する附属書の表に掲げる。）
4　「二成分又は多成分の化学系の必須成分」（以下「必須成分」という。）とは、最終生成物の毒性を決定する上で最も重要な役割を果たし、かつ、二成分又は多成分の化学系の中で他の化学物質と速やかに反応する前駆物質をいう。
5　「老朽化した化学兵器」とは、次のものをいう。
  (a)　1925年日より前に生産された化学兵器
  (b)　1925年日から1946年までの間に生産された化学兵器であって、化学兵器として使用することができなくなるまでに劣化したもの
6　「遺棄化学兵器」とは、1925年1月1日以降にいずれかの国が他の国の領域内に当該他の国の同意を得ることなく遺棄した化学兵器（老朽化した化学兵器を含む。）をいう。
7　「暴動鎮圧剤」とは、化学物質に関する附属書の表に掲げていない化学物質であって、短時間で消失するような人間の感覚に対する刺激又は行動を困難にする身体への効果を速やかに引き起こすものをいう。
8　「化学兵器生産施設」とは、
  (a)　1946年1月1日以降のいずれかの時に、次の(i)に該当するものとして又は次の(ii)のために設計され、建造され又は使用された設備及びこれを収容する建物をいう。
    (i)　化学物質の生産段階（「技術の最終段階」）の一部であって、当該設備が稼働している時に物質の流れが次のいずれかの化学物質を含むもの
      (1)　化学物質に関する附属書の表1に掲げる化学物質
      (2)　化学兵器のために使用され得る他の化学物質であって、締約国の領域内又はその管轄若しくは管理の下にあるその他の場所において、この条約によって禁止されていない目的のためには年間1トンを超える用途がないもの
    (ii)　化学兵器の充填〔てん〕（特に、化学物質に関する附属書の表1に掲げる化学物質の弾薬類、装置又はばらの状態で貯蔵するための容器への充填〔てん〕、組立て式の二成分型弾薬類及び装置の部分を構成する容器への充填〔てん〕、組立て式の単一成分型弾薬類及び装置の部分を構成する化学物質充填〔てん〕子爆弾弾薬類への充填〔てん〕並びに充填〔てん〕された容器及び化学物質充填〔てん〕子爆弾弾薬類の弾薬類及び装置への搭載を含む。）
  (b)　もっとも、次のものを意味するものではない。
    (i)　(a)(i)に規定する化学物質を合成するための生産能力を有する施設であって当該能力が1トン未満のもの
    (ii)　(a)(i)に規定する化学物質をこの条約によって禁止されていない目的のための活動の不可避の副産物として生産し又は生産した施設。ただし、当該化学物質が総生産量の3パーセントを超えないこと並びに当該施設が実施及び検証に関する附属書（以下「検証附属書」という。）に従って申告及び査察の対象となることを条件とする。
    (iii)　この条約によって禁止されていない目的のために化学物質に関する附属書の表1に掲げる化学物質を生産する検証附属書第六部に規定する単一の小規模な施設
9　「この条約によって禁止されていない目的」とは、次のものをいう。
  (a)　工業、農業、研究、医療又は製薬の目的その他の平和的目的
  (b)　防護目的、すなわち、毒性化学物質及び化学兵器に対する防護に直接関係する目的
  (c)　化学兵器の使用に関連せず、かつ、化学物質の毒性を戦争の方法として利用するものではない軍事的目的
  (d)　国内の暴動の鎮圧を含む法の執行のための目的
10　「生産能力」とは、関係する施設において実際に使用されている技術的工程又はこの工程がまだ機能していない場合には使用される予定の技術的工程に基づいて

特定の化学物質を1年間に製造し得る量をいう。生産能力は、標示された能力又はこれが利用可能でない場合には設計上の能力と同一であるとみなす。標示された能力は、生産施設にとっての最大量を生産するための最適な条件の下における生産量であって、一又は二以上の実験によって証明されたものとする。設計上の能力は、標示された能力に対応する理論的に計算された生産量とする。

11 「機関」とは、第8条の規定に基づいて設立する化学兵器の禁止のための機関をいう。
12 第6条の規定の適用上、
 (a) 化学物質の「生産」とは、化学反応により化学物質を生成することをいう。
 (b) 化学物質の「加工」とは、化学物質が他の化学物質に転換することのない物理的な工程(例えば、調合、抽出、精製)をいう。
 (c) 化学物質の「消費」とは、化学物質が化学反応により他の化学物質に転換することをいう。

第3条(申告) 1 締約国は、この条約が自国について効力を生じた後30日以内に、機関に対して申告を行うものとし、当該申告において、
 (a) 化学兵器に関し、
  (i) 自国が化学兵器を所有するか否か若しくは占有するか否か又は自国の管轄若しくは管理の下にある場所に化学兵器が存在するか否かを申告する。
  (ii) 検証附属書第4部(a)の1から3までの規定に従い、自国が所有し若しくは占有する化学兵器又は自国の管轄若しくは管理の下にある場所に存在する化学兵器の正確な所在地、総量及び詳細な目録を明示する。ただし、(iii)に規定する化学兵器を除く。
  (iii) 検証附属書第4部(a)4の規定に従い、他の国が所有し及び占有し、かつ、他の国の管轄又は管理の下にある場所に存在する化学兵器であって、自国の領域内にあるものを報告する。
  (iv) 1946年1月1日以降自国が直接又は間接に化学兵器を移譲したか否か又は受領したか否かを申告し、及び検証附属書第4部(a)5の規定に従って化学兵器の移譲又は受領について明示する。
  (v) 検証附属書第4部(a)6の規定に従い、自国が所有し若しくは占有する化学兵器又は自国の管轄若しくは管理の下にある場所に存在する化学兵器の廃棄のための全般的な計画を提出する。
 (b) 老朽化した化学兵器及び遺棄化学兵器に関し、
  (i) 自国の領域内に老朽化した化学兵器を有するか否かを申告し、及び検証附属書第4部(b)3の規定に従ってすべての入手可能な情報を提供する。
  (ii) 自国の領域内に遺棄化学兵器が存在するか否かを申告し、及び検証附属書第4部(b)8の規定に従ってすべての入手可能な情報を提供する。
  (iii) 他の国の領域内に化学兵器を遺棄したか否かを申告し、及び検証附属書第4部(b)10の規定に従ってすべての入手可能な情報を提供する。
 (c) 化学兵器生産施設に関し、
  (i) 1946年1月1日以降のいずれかの時に、自国が化学兵器生産施設を所有し若しくは占有するか否か若しくは所有し若しくは占有していたか否か又は自国の管轄若しくは管理の下にある場所に化学兵器生産施設が存在するか否か若しくは存在していたか否かを申告する。
  (ii) 検証附属書第5部1の規定に従い、1946年1月1日以降のいずれかの時に、自国が所有し若しくは占有し若しくは所有していた若しくは占有していた化学兵器生産施設又は自国の管轄若しくは管理の下にある場所に存在し若しくは存在していた化学兵器生産施設を明示する。ただし、(iii)に規定する化学兵器生産施設を除く。
  (iii) 検証附属書第5部2の規定に従い、1946年1月1日以降のいずれかの時に、他の国が所有し及び占有又は所有していた及び占有していた化学兵器生産施設であって、他の国の管轄又は管理の下にある場所に存在し又は存在していたもの(自国の領域内にあるものに限る。)を報告する。
  (iv) 1946年1月1日以降自国が直接又は間接に化学兵器の生産のための設備を移譲したか否か又は受領したか否かを申告し、及び検証附属書第5部の3から5までの規定に従って当該設備の移譲又は受領について明示する。
  (v) 検証附属書第5部6の規定に従い、自国が所有し若しくは占有する化学兵器生産施設又は自国の管轄若しくは管理の下にある場所に存在する化学兵器生産施設の廃棄のための全般的な計画を提出する。
  (vi) 検証附属書第5部1(i)の規定に従い、自国が所有し若しくは占有する化学兵器生産施設又は自国の管轄若しくは管理の下にある場所に存在する化学兵器生産施設の閉鎖のためにとるべき措置を明示する。
  (vii) 検証附属書第5部7の規定に従い、自国が所有し若しくは占有する化学兵器生産施設又は自国の管轄若しくは管理の下にある場所に存在する化学兵器生産施設を一時的に化学兵器の廃棄施設に転換する場合には、そのための全般的な計画を提出する。
 (d) 他の施設に関し、自国が所有し若しくは占有する施設又は自国の管轄若しくは管理の下にある場所に存在する施設であって、1946年1月1日以降主に化学兵器の開発のために設計され、建設され又は使用されたものの正確な所在地並びに活動の性質及び全般的な範囲を明示する。この申告には、特に、実験施設及び試験評価場を含める。
 (e) 暴動鎮圧剤に関し、暴動の鎮圧のために保有する化学物質の化学名、構造式及びケミカル・アブストラクツ・サービス(以下「CAS」という。)登録番号が付されている場合には当該番号を明示する。この申告は、その内容に変更が生じた後30日以内に改定する。

2 この条の規定及び検証附属書第4部の関連規定は、

1977年1月1日前に締約国の領域内に埋められた化学兵器であって引き続き埋められたままであるもの又は1985年年1月1日前に海洋に投棄された化学兵器については、当該締約国の裁量により適用しないことができる。

第4条（化学兵器） 1 この条の規定及びその実施のための詳細な手続は、締約国が所有し若しくは占有するすべての化学兵器又はその管轄若しくは管理の下にある場所に存在するすべての化学兵器について適用する。ただし、検証附属書第4部(b)の規定が適用される老朽化した化学兵器及び遺棄化学兵器を除く。

2 この条の規定を実施するための詳細な手続は、検証附属書に定める。

3－17 〔省略〕

第5条（化学兵器生産施設） 1 この条の規定及びその実施のための詳細な手続は、締約国が所有し若しくは占有するすべての化学兵器生産施設又はその管轄若しくは管理の下にある場所に存在するすべての化学兵器生産施設について適用する。

2 この条の規定を実施するための詳細な手続は、検証附属書に定める。

3－19 〔省略〕

第6条（この条約によって禁止されていない活動） 1 締約国は、この条約に従い、この条約によって禁止されていない目的のため毒性化学物質及びその前駆物質を開発し、生産その他の方法によって取得し、保有し、移譲し及び使用する権利を有する。

2－11 〔省略〕

第7条（国内の実施措置）

一般的約束

1 締約国は、自国の憲法上の手続に従い、この条約に基づく自国の義務を履行するために必要な措置をとる。締約国は、特に、次のことを行う。

(a) 自国の領域内のいかなる場所又は国際法によって認められる自国の管轄の下にあるその他のいかなる場所においても、自然人及び法人がこの条約によって締約国に対して禁止されている活動を行うことを禁止すること（当該活動に対する罰則を規定する法令を制定することを含む。）。

(b) 自国の管理の下にあるいかなる場所においても、この条約によって締約国に対して禁止されている活動を認めないこと。

(c) 自国の国籍を有する自然人が行った活動（場所のいかんを問わない。）であってこの条約によって締約国に対して禁止されているものに対し、国際法に従い、(a)の規定に従って制定した罰則を規定する法令を適用すること。

2 締約国は、1の規定に基づく義務の履行を容易にするため、他の締約国と協力し、及び適当な形態の法律上の援助を与える。

3 締約国は、この条約に基づく自国の義務を履行するに当たっては、人の安全を確保し及び環境を保護することを最も優先させるものとし、適当な場合にはこの点に関して他の締約国と協力する。

締約国と機関との関係

4 締約国は、この条約に基づく自国の義務を履行するため、機関及び他の締約国との効果的な連絡のための国内の連絡先を指定し又は設置する。締約国は、この条約が自国について効力を生ずる時に自国の国内当局を機関に通報する。

5 締約国は、この条約を実施するためにとる立法措置及び行政措置を機関に通報する。

6 締約国は、この条約の実施に関連して機関から秘密のものとして受領する情報及び資料を秘密情報として取り扱い、並びに当該情報及び資料に対し特別の取扱いを行う。締約国は、当該情報及び資料を、この条約に基づく自国の権利及び義務との関連においてのみ利用するものとし、秘密扱いに関する附属書に定める規定に従って取り扱う。

7 締約国は、機関のすべての任務の遂行に当たって機関に協力すること及び特に技術事務局に対する援助を提供することを約束する。

第9条（協議、協力及び事実調査） 1 締約国は、この条約の趣旨及び目的又は実施に関連して問題が生ずる場合には、当該問題について、締約国間で直接に又は機関を通じて若しくは他の適当な国際的手続（国際連合の枠内で及び国際連合憲章に従って行われる手続を含む。）により、協議し及び協力する。

2－25 〔省略〕

第12条（事態を是正し及びこの条約の遵守を確保するための措置（制裁を含む。）） 1 会議は、この条約の遵守を確保し並びにこの条約に違反する事態を是正し及び改善するため、2から4までに規定する必要な措置をとる。会議は、この1の規定に基づく措置を検討するに当たり、問題に関し執行理事会が提出するすべての情報及び勧告を考慮する。

2 締約国が、自国によるこの条約の遵守に関して問題を引き起こしている事態を是正する措置をとることを執行理事会により要請され、かつ、一定の期間内に当該要請に応ずることができなかった場合には、会議は、特に、執行理事会の勧告に基づき、当該締約国がこの条約に基づく義務に従うための必要な措置をとるまでの間、この条約に基づく当該締約国の権利及び特権を制限し又は停止することができる。

3 この条約の趣旨及び目的に対する重大な障害がこの条約（特に第1条の規定）によって禁止されている活動から生ずる可能性のある場合には、会議は、締約国に対して国際法に適合する集団的な措置を勧告することができる。

4 会議は、特に重大な場合には、問題（関連する情報及び判断を含む。）につき、国際連合総会及び国際連合安全保障理事会の注意を喚起する。

第13条（他の国際協定との関係） この条約のいかなる規定も、1925年のジュネーヴ議定書並びに1972年4月10日にロンドン、モスクワ及びワシントンで署名された細菌兵器（生物兵器）及び毒素兵器の開発、生産及び貯蔵の禁止並びに廃棄に関する条約に基づく各国の義務を限定し又は軽減するものと解してはならな

第16条（有効期間及び脱退）1　この条約の有効期間は、無期限とする。
2　締約国は、この条約の対象である事項に関係する異常な事態が自国の至高の利益を危うくしていると認める場合には、その主権を行使してこの条約から脱退する権利を有する。この権利を行使する締約国は、他のすべての締約国、執行理事会、寄託者及び国際連合安全保障理事会に対しその90日前にその旨を通告する。その通告には、自国の至高の利益を危うくしていると認める異常な事態についても記載する。
3　この条約からの締約国の脱退は、国際法の関連規則、特に1925年のジュネーヴ議定書に基づく義務を引き続き履行することについての国の義務に何ら影響を及ぼすものではない。

●対人地雷の使用、貯蔵、生産及び移譲の禁止並びに廃棄に関する条約
《対人地雷禁止条約》〔抜粋〕

Convention on the Prohibition of the Use, Stockpiling, Production and Transfer of Anti-Personnel Mines and on Their Destruction
▼採択（作成）1997年9月18日（オスロ）　▼署名　1997年12月3日（オタワ）　▼効力発生　1999年3月1日　▼日本国　1997年12月3日署名、98年9月30日国会承認、受諾書寄託、10月28日公布〔平成10年条約第15号〕、99年3月1日発効

第1条（一般的義務）1　締約国は、いかなる場合にも、次のことを行わないことを約束する。
(a)　対人地雷を使用すること。
(b)　対人地雷を開発し、生産し、生産その他の方法によって取得し、貯蔵し若しくは保有し又はいずれかの者に対して直接若しくは間接に移譲すること。
(c)　この条約によって締約国に対して禁止されている活動を行うことにつき、いずれかの者に対して、援助し、奨励し又は勧誘すること。
2　締約国は、この条約に従ってすべての対人地雷を廃棄し又はその廃棄を確保することを約束する。
第2条（定義）1　「対人地雷」とは、人の存在、接近又は接触によって爆発するように設計された地雷であって、1人若しくは2人以上の者の機能を著しく害し又はこれらの者を殺傷するものをいう。人ではなく車両の存在、接近又は接触によって起爆するように設計された地雷で処理防止のための装置を備えたものは、当該装置を備えているからといって対人地雷であるとはされない。
2　「地雷」とは、土地若しくは他の物の表面に又は土地若しくは他の物の表面の下方若しくは周辺に敷設されるよう及び人又は車両の存在、接近又は接触によって爆発するように設計された弾薬類をいう。
3　「処理防止のための装置」とは、地雷を保護することを目的とする装置であって、地雷の一部を成し若しくは地雷に連接され若しくは取り付けられ又は地雷の下に設置され、かつ、地雷を処理その他の方法で故意に妨害しようとすると作動するものをいう。
4　「移譲」とは、対人地雷が領域へ又は領域から物理的に移動し、かつ、当該対人地雷に対する権原及び管理が移転することをいう。ただし、対人地雷の敷設された領域の移転に伴って生ずるものを除く。
5　「地雷敷設地域」とは、地雷の存在又は存在の疑いがあることにより危険な地域をいう。
第3条（例外）1　第1条の一般的義務にかかわらず、地雷の探知、除去又は廃棄の技術の開発及び訓練のための若干数の対人地雷の保有又は移譲は、認められる。その総数は、そのような開発及び訓練のために絶対に必要な最少限度の数を超えてはならない。
2　廃棄のための対人地雷の移譲は、認められる。
第4条（貯蔵されている対人地雷の廃棄）締約国は、前条に規定する場合を除くほか、自国が所有し若しくは占有する又は自国の管轄若しくは管理の下にあるすべての貯蔵されている対人地雷につき、この条約が自国について効力を生じた後できる限り速やかに、遅くとも4年以内に、廃棄し又はその廃棄を確保することを約束する。
第5条（地雷敷設地域における対人地雷の廃棄）1　締約国は、自国の管轄又は管理の下にある地雷敷設地域におけるすべての対人地雷につき、この条約が自国について効力を生じた後できる限り速やかに、遅くとも10年以内に、廃棄し又はその廃棄を確保することを約束する。
2　締約国は、自国の管轄又は管理の下にあり、かつ、対人地雷が敷設されていることが知られ又は疑われているすべての地域を特定するためにあらゆる努力を払うものとし、自国の管轄又は管理の下にある地雷敷設地域におけるすべての対人地雷につき、当該地雷敷設地域におけるすべての対人地雷が廃棄されるまでの間文民を効果的に排除することを確保するためこれらの地域の外縁を明示し並びにこれらの地域を監視し及び囲いその他の方法によって保護することをできる限り速やかに確保する。その外縁の表示は、少なくとも、過度に傷害を与え又は無差別に効果を及ぼすことがあると認められる通常兵器の使用の禁止又は制限に関する条約に附属する1996年5月3日に改正された地雷、ブービートラップ及び他の類似の装置の使用の禁止又は制限に関する議定書に定める基準に従ったものとする。
3　締約国は、1のすべての対人地雷について1に規定する期間内に廃棄し又はその廃棄を確保することができないと認める場合には、当該対人地雷の廃棄の完了の期限を最長10年の期間延長することについて締約国会議又は検討会議に対して要請を行うことができる。

4 3の要請には、次の事項を含める。
(a) 延長しようとする期間
(b) 延長の理由についての詳細な説明（次の事項を含む。）
  (i) 国の地雷除去計画によって行われる作業の準備及び状況
  (ii) 自国がすべての対人地雷を廃棄するために利用可能な財政的及び技術的手段
  (iii) 自国による地雷敷設地域におけるすべての対人地雷の廃棄を妨げる事情
(c) 延長から生ずる人道上の、社会的な、経済的な及び環境上の影響
(d) 延長の要請に関するその他の情報
5 締約国会議又は検討会議は、4に規定する要素を考慮の上、期間延長の要請を評価し、出席しかつ投票する締約国の票の過半数による議決で当該要請を認めるかどうかを決定する。
6 延長は、3から5までの規定を準用して新たな要請を行うことによって更新することができる。締約国は、新たな期間延長を要請するに当たり、その前の期間延長においてこの条の規定に従って実施してきたことについての関連する追加的な情報を提出する。

第9条（国内の実施措置） 締約国は、この条約によって締約国に対して禁止されている活動であって、自国の管轄若しくは管理の下にある者によるもの又は自国の管轄若しくは管理の下にある領域におけるものを防止し及び抑止するため、立法上、行政上その他のあらゆる適当な措置（罰則を設けることを含む。）をとる。

●クラスター弾に関する条約〔抜粋〕

Convention on Cluster Munitions

▼採択 2008年5月30日（ダブリン） ▼署名 2008年12月3日（オスロ） ▼効力発生 2010年8月1日 ▼日本国 2009年6月10日国会承認、2009年7月14日受諾書寄託、2010年7月9日公布〔平成22年条約第5号〕、8月1日発効

第1条（一般的義務及び適用範囲） 1 締約国は、いかなる場合にも、次のことを行わないことを約束する。
(a) クラスター弾を使用すること。
(b) クラスター弾を開発し、生産し、生産以外の方法によって取得し、貯蔵し若しくは保有し、又はいずれかの者に対して直接若しくは間接に移譲すること。
(c) この条約によって締約国に対して禁止されている活動を行うことにつき、いずれかの者に対して、援助し、奨励し、又は勧誘すること。
2 1の規定は、航空機に取り付けられたディスペンサーから散布され、又は投下されるよう特に設計された爆発性の小型爆弾について準用する。
3 この条約は、地雷については、適用しない。

第2条（定義） この条約の適用上、
1 「クラスター弾による被害者」とは、クラスター弾の使用によって殺害され、又は身体的若しくは心理的な傷害、経済的損失、社会的な疎外若しくは自己の権利の実現に対する著しい侵害を被ったすべての者をいい、クラスター弾により直接に被害を受けた者並びにこのような者の関係する家族及び地域社会を含む。
2 「クラスター弾」とは、それぞれの重量が二十キログラム未満の爆発性の子弾を散布し、又は投下するように設計された通常の弾薬であって、これらの爆発性の子弾を内蔵するものをいう。ただし、次のものを意味するものではない。
(a) フレア、煙、料薬火工品若しくはチャフを放出するように設計された弾薬若しくは子弾又は防空の役割のためにのみ設計された弾薬
(b) 電気的又は電子的な効果を引き起こすように設計された弾薬又は子弾
(c) 無差別かつ地域的に効果を及ぼすこと及び不発の子弾がもたらす危険を避けるため、次のすべての特性を有している弾薬
  (i) それぞれの弾薬が十未満の爆発性の子弾を内蔵していること。
  (ii) それぞれの爆発性の子弾の重量が四キログラムを超えていること。
  (iii) それぞれの爆発性の子弾が単一の攻撃目標を探知し、及び攻撃するように設計されていること。
  (iv) それぞれの爆発性の子弾が電子式の自己破壊のための装置を備えていること。
  (v) それぞれの爆発性の子弾が電子式の自己不活性化のための機能を備えていること。

3―15 〔省略〕

第3条（貯蔵されているクラスター弾の廃棄） 1 締約国は、国内法令に従い、作戦上の使用のために保有する弾薬から自国の管轄及び管理の下にあるすべてのクラスター弾を区別し、かつ、当該クラスター弾に廃棄のための識別措置をとる。
2 締約国は、1に規定するすべてのクラスター弾につき、この条約が自国について効力を生じた後できる限り速やかに、遅くとも八年以内に廃棄し、又はその廃棄を確保することを約束する。締約国は、廃棄の方法が公衆の健康及び環境の保護のための適用可能な国際的な基準に適合するよう確保することを約束する。

3―8 〔省略〕

第5条（被害者に対する援助） 1 締約国は、自国の管轄又は管理の下にある地域に所在するクラスター弾による被害者について、適用可能な国際人道法及び国際人権法に従い、年齢及び性別に配慮した援助（医療、リハビリテーション及び心理的な支援を含む。）を適切に提供し、並びにクラスター弾による被害者が社会的及び経済的に包容されるようにする。締約国は、クラスター弾による被害者についての信頼し得る関連資料

を収集するためにあらゆる努力を払う。
2 〔省略〕
第8条（遵守の促進及び遵守についての説明） 1 締約国は、この条約の実施に関して相互に協議し、及び協力し、並びに締約国がこの条約に基づく義務を履行することを促進するために協調の精神に基づいて協働することについて合意する。

2—6 〔省略〕

第9条（国内の実施措置） 締約国は、この条約によって締約国に対して禁止されている活動であって、自国の管轄若しくは管理の下にある者によるもの又は自国の管轄若しくは管理の下にある領域におけるものを防止し、又は抑止するため、立法上、行政上その他のこの条約を実施するためのあらゆる適当な措置（罰則を設けることを含む。）をとる。

●武器貿易条約〔抜粋〕
Arms Trade Treaty

▼採択　2013年4月2日（国連第68回総会）　▼署名（開放）2013年6月3日　▼効力発生　2014年12月24日　▼日本国　2013年6月3日署名、14年4月23日国会承認、5月9日受諾書寄託、11月6日公布〔平成26年条約第16号〕、12月24日発効

第1条（趣旨及び目的） この条約は、国際的及び地域的な平和、安全及び安定に寄与し、人類の苦しみを軽減し、並びに通常兵器の国際貿易における締約国間の協力、透明性及び責任ある行動を促進し、もって締約国間の信頼を醸成するため、通常兵器の国際貿易を規制し、又はその規制を改善するための可能な最高水準の共通の国際的基準を確立すること並びに通常兵器の不正な取引を防止し、及び根絶し、並びに通常兵器の流用を防止することを目的とする。

第2条（適用範囲） 1 この条約は、次の区分の全ての通常兵器について適用する。
(a) 戦車
(b) 装甲戦闘車両
(c) 大口径火砲システム
(d) 戦闘用航空機
(e) 攻撃ヘリコプター
(f) 軍艦
(g) ミサイル及びその発射装置
(h) 小型武器及び軽兵器

2 この条約の適用上、国際貿易の活動は、輸出、輸入、通過、積替え及び仲介から成り、以下「移転」という。

3 この条約は、締約国が使用する通常兵器の国際的な移動であって、当該締約国によって又は当該締約国のために行われるものについては、適用しない。ただし、当該通常兵器が引き続き当該締約国の所有の下にある場合に限る。

第3条（弾薬類） 締約国は、前条1の規定の対象となる通常兵器により発射され、打ち上げられ、又は投射される弾薬類の輸出を規制するための国内的な管理制度を確立し、及び維持し、並びに当該弾薬類の輸出を許可する前に第6条及び第7条の規定を適用する。

第4条（部品及び構成品） 締約国は、部品及び構成品の輸出が第2条1の規定の対象となる通常兵器を組み立てる能力を提供する方法で行われる場合において当該部品及び構成品の輸出を規制するための国内的な管理制度を確立し、及び維持し、並びに当該部品及び構成品の輸出を許可する前に第6条及び第7条の規定を適用する。

第5条（実施全般） 1 締約国は、この条約に規定する原則に留意して、一貫性があり、客観的かつ無差別な方法でこの条約を実施する。

2 締約国は、この条約の規定を実施するため、国内的な管理制度（国内的な管理リストを含む。）を確立し、及び維持する。

3 締約国は、この条約の規定を最も広い範囲の通常兵器について適用することが奨励される。第2条1(a)から(g)までの規定の対象となるいずれの区分についても、各国の定義は、この条約の効力発生時における国際連合軍備登録制度において用いられるものよりも狭い範囲の通常兵器を対象とするものであってはならない。第2条1(h)の規定の対象となる区分については、各国の定義は、この条約の効力発生時における国際連合の関連文書において用いられるものよりも狭い範囲の通常兵器を対象とするものであってはならない。

4 締約国は、自国の国内法に従い、その国内的な管理リストを事務局に提供し、事務局は、これを他の締約国の利用に供する。締約国は、その管理リストを公の利用に供することが奨励される。

5 締約国は、この条約の規定を実施するために必要な措置をとるものとし、第2条1の規定の対象となる通常兵器並びに第3条及び前条の規定の対象となる物品の移転を規制する効果的及び透明性のある国内的な管理制度を備えるため、権限のある当局を指定する。

6 締約国は、この条約の実施に関連する事項に関する情報を交換するための一又は二以上の自国の連絡先を指定する。締約国は、第18条の規定により設置される事務局に対し、自国の連絡先を通報し、及びその情報を常に最新のものとする。

第6条（禁止） 1 締約国は、第2条1の規定の対象となる通常兵器又は第3条若しくは第4条の規定の対象となる物品の移転が、国際連合憲章第7章の規定に基づいて行動する国際連合安全保障理事会によって採択された措置に基づく自国の義務（特に武器の輸出入禁止）に違反する場合には、当該移転を許可してはならない。

2 締約国は、第2条1の規定の対象となる通常兵器又

は第3条若しくは第4条の規定の対象となる物品の移転が、自国が当事国である国際協定に基づく自国の関連する国際的義務（特に、通常兵器の移転又は不正な取引に関連するもの）に違反する場合には、当該移転を許可してはならない。

3　締約国は、第2条1の規定の対象となる通常兵器又は第3条若しくは第4条の規定の対象となる物品の移転について許可を与えようとする時において、当該通常兵器又は物品が集団殺害、人道に対する犯罪、1949年のジュネーヴ諸条約に対する重大な違反行為、民用物若しくは文民として保護されるものに対する攻撃又は自国が当事国である国際協定に定める他の戦争犯罪の実行に使用されるであろうことを知っている場合には、当該移転を許可してはならない。

第7条（輸出及び輸出評価）　1　輸出が前条の規定により禁止されない場合には、輸出を行う締約国は、第2条1の規定の対象となる通常兵器又は第3条若しくは第4条の規定の対象となる物品の輸出であって、自国の管轄の下で、かつ、その国内的な管理制度に従って行われるものについて許可を与えようとする前に、関連要素（輸出を行う締約国から次条1の規定に従って提供される情報を含む。）を考慮し、客観的かつ無差別な方法で、当該通常兵器又は物品が有する次の可能性について評価を行う。

(a) 平和及び安全に寄与し、又はこれらを損なう可能性

(b) 次のいずれかの目的のために使用される可能性
　(i) 国際人道法の重大な違反を犯し、又はこれを助長すること。
　(ii) 国際人権法の重大な違反を犯し、又はこれを助長すること。
　(iii) 当該輸出を行う国が当事国であるテロリズムに関する国際条約又は議定書に基づく犯罪を構成する行為を行い、又は助長すること。
　(iv) 当該輸出を行う国が当事国である国際的な組織犯罪に関する国際条約又は議定書に基づく犯罪を構成する行為を行い、又は助長すること。

2　輸出を行う締約国は、1(a)又は(b)の規定において特定される危険性を緩和するために実施され得る措置、例えば、信頼の醸成のための措置又は輸出を行う国及び輸入を行う国が共同で作成し、合意した計画があるか否かを検討する。

3　輸出を行う締約国は、1の評価を行い、及び危険性の緩和のために実施され得る措置を検討した後、1に規定するいずれかの否定的な結果を生ずる著しい危険性が存在すると認める場合には、当該輸出を許可してはならない。

4　輸出を行う締約国は、1の評価を行うに当たり、第2条1の規定の対象となる通常兵器又は第3条若しくは第4条の規定の対象となる物品が性別に基づく重大な暴力行為又は女性及び児童に対する重大な暴力行為を行い、又は助長するために使用される危険性を考慮する。

5　輸出を行う締約国は、第2条1の規定の対象となる通常兵器又は第3条若しくは第4条の規定の対象となる物品の輸出のための全ての許可が、詳細なものであり、かつ、当該輸出に先立って与えられることを確保するための措置をとる。

6　輸出を行う締約国は、自国の法律、慣行又は政策に従うことを条件として、輸入を行う締約国及び通過又は積替えが行われる締約国の要請に応じ、当該輸出に係る許可に関する適切な情報を利用に供する。

7　輸出を行う締約国は、許可を与えた後に新たな関連する情報を知った場合には、適当なときは輸入を行う国との協議の後、当該許可について評価を見直すことが奨励される。

第8条（輸入）　1　輸入を行う締約国は、輸出を行う締約国が前条の規定に基づき国内の輸出評価を行うことを支援するため、輸出を行う締約国の要請に応じ、適切な及び関連する情報が自国の国内法に従って提供されることを確保するための措置をとる。その措置には、最終用途又は最終使用者に係る文書の提供を含めることができる。

2　輸入を行う締約国は、第2条1の規定の対象となる通常兵器の輸入であって自国の管轄の下で行われるものを必要なときに規制することを可能とする措置をとる。その措置には、輸入に係る諸制度の整備を含めることができる。

3　輸入を行う締約国は、自国が最終仕向国である場合には、輸出を行う締約国に対し、検討中の又は既に与えられた輸出許可に関する情報を要請することができる。

第9条（通過又は積替え）　締約国は、関連国際法に従い、必要かつ実行可能な場合には、第2条1の規定の対象となる通常兵器の通過又は積替えであって、自国の管轄の下で行われるものを規制するための適切な措置をとる。

第10条（仲介）　締約国は、自国の国内法に従い、第2条1の規定の対象となる通常兵器の仲介であって自国の管轄の下で行われるものを規制するための措置をとる。その措置には、仲介者に対し、仲介に従事する前に登録又は書面による許可の取得を要求することを含めることができる。

第12条（記録の保存）　1　締約国は、自国の国内法令に従い、第2条1の規定の対象となる通常兵器の輸出許可の発給又は実際の輸出に関する国の記録を保持する。

2　締約国は、第2条1の規定の対象となる通常兵器であって、最終仕向地として自国の領域に移転されたもの又はその管轄の下にある領域を通過し、若しくは当該領域において積み替えることを許可されたものについて、記録を保持することが奨励される。

3　締約国は、適当な場合には、1及び2に規定する記録に、第2条1の規定の対象となる通常兵器の数量、価値、モデル又は型式及び許可された国際的な移転、実際に移転された通常兵器並びに輸出を行う国、輸入を行う国、通過又は積替えが行われる国及び最終使用者の詳細を含めることが奨励される。

4　記録は、少なくとも10年間、保存するものとする。

人　道

●サンクト・ペテルブルク宣言

Declaration Renouncing the Use, in Time of War, of Explosive Projectiles under 400 Grammes Weight
▼署名　1868年12月11日（サンクト・ペテルブルク）　▼効力発生　1868年12月11日　▼日本国

ロシア帝国政府の提唱にもとづき、文明諸国の間の戦争にさいして、ある種の発射物の使用を禁止することが適当であるかどうかを検討することを目的として、国際軍事委員会がサンクト・ペテルブルクで開催せられ、同委員会は戦争上の必要が人道の要求にたいして譲歩しなければならない技術的限界を全会一致で確定したので、署名者は本国政府の命により以下のように宣言する権限を与えられた。

文明の進歩は、戦争の惨害をできるだけ軽減する結果をもたらさねばならないこと、戦争中に諸国が達成しようと努めるべき唯一の正当な目的は敵の軍事力を弱めることであること、

そのためにはできるだけ多数の人を戦闘外におけば十分であること、

すでに戦闘外におかれた人の苦痛を無益に増大し、またはそれらの人の死を不可避とする兵器の使用は、この目的の範囲をこえること、

してみれば、このような兵器の使用は人道の法に反することを考慮し、

締約国は、相互間の戦争にさいして、陸軍または海軍が、重量400グラム未満の発射物で、破裂性のもの、または爆発性もしくは燃焼性の物質をつめたものを使用することをすべて放棄することを相互に約定する。

締約国は、サンクト・ペテルブルクで開催された国際軍事委員会の審議に参加しなかったすべての諸国にこの約定に加わるように勧誘する。

この約定は、締約国または加入国の中の二国以上の戦争の場合にのみ、それらの国を拘束するものとし、締約国または加入国以外の国には適用されない。

この約定は、締約国または加入国の間の戦争においてもまた、締約国または加入国以外の国が交戦国の一に加わった時から拘束力を失うものとする。

締約国または加入国は、将来、科学がもたらす兵器の改良のため、ここに確定した原則を維持し、かつ戦争上の必要と人道の法を調和させる目的で、精密な提案が作成されるごとに、協議することを留保する。

●窒息性ガス、毒性ガス又はこれらに類するガス及び細菌学的手段の戦争における使用の禁止に関する議定書
《毒ガス等の禁止に関する議定書》〔抄〕

Protocol for the Prohibition of the Use of Asphyxiating, Poisonous or Other Gases, and of Bacteriological Methods of Warfare
▼署名　1925年6月17日（ジュネーヴ）　▼効力発生　1928年2月8日　▼日本国　1925年6月17日署名、70年5月13日国会承認、5月21日批准書寄託、公布〔昭和45年条約第4号〕、発効

下名の全権委員は、各自の政府の名において、

窒息性ガス、毒性ガス又はこれらに類するガス及びこれらと類似のすべての液体、物質又は考案を戦争に使用することが、文明世界の世論によつて正当にも非難されているので、

前記の使用の禁止が、世界の大多数の国が当事国である諸条約中に宣言されているので、

この禁止が、諸国の良心及び行動をひとしく拘束する国際法の一部として広く受諾されるために、

次のとおり宣言する。

締約国は、前記の使用を禁止する条約の当事国となつていない限りこの禁止を受諾し、かつ、この禁止を細菌学的戦争手段の使用についても適用すること及びこの宣言の文言に従つて相互に拘束されることに同意する。

〔以下後略〕

●陸戦ノ法規慣例ニ関スル条約〔抄〕
Convention respecting the Laws and Customs of War on Land

▼署名　1907 年 10 月 18 日（ヘーグ）　▼効力発生　1910 年 1 月 26 日　▼日本国　1911 年 11 月 6 日批准、12 月 13 日批准書寄託、12 年 1 月 13 日公布〔明治 45 年条約第 4 号〕、2 月 12 日発効

独逸皇帝普魯西国皇帝陛下〔以下締約国元首名省略〕国皇帝陛下、白耳義国皇帝陛下、「ボリヴィア」共和ハ、平和ヲ維持シ且諸国間ノ戦争ヲ防止スルノ方法ヲ講スルト同時ニ、其ノ所期ニ反シ避クルコト能ハサル事件ノ為兵力ニ訴フルコトアルヘキ場合ニ付攻撃ヲ為スノ必要ナルコトヲ考慮シ、斯ノ如キ非常ノ場合ニ於テモ尚能ク人類ノ福利ト文明ノ駸々トシテ止ムコトナキ要求トニ副ハムコトヲ希望シ、之カヲ戦争ニ関スル一般ノ法規慣例ハ一層之ヲ精確ナラシムルヲ目的トシ又ハ成ルヘク戦争ノ惨害ヲ減殺スヘキ制限ヲ設クルヲ目的トシテ、之ヲ修正スルノ必要ヲ認メ 1874 年ノ比律悉会議ノ後ニ於テ、聡明仁慈ナル先見ヨリ出テタル前記ノ思想ヲ体シテ、陸戦ノ慣習ヲ制定スルヲ以テ目的トスル諸条規ヲ採用シタル第 1 回平和会議ノ事業ヲ或点ニ於テ補充シ、且精確ニスルヲ必要ト判定セリ。

締約国ノ所見ニ依レハ、右条規ハ、軍事上ノ必要ノ許ス限、努メテ戦争ノ惨害ヲ軽減スルノ希望ヲ以テ定メラレタルモノニシテ、交戦者相互間ノ関係及人民トノ関係ニヲテ、交戦者ノ行動ノ一般ノ準縄タルヘキモノトス。

但シ、実際ニ起ルー切ノ場合ニ普ク適用スヘキ規定ハ、此際之ヲ協定シ置クコト能ハサリシト雖、明文ナキノ故ヲ以テ、規定セラレサル総テノ場合ヲ軍隊指揮官ノ擅断ニ委スルハ、亦締約国ノ意思ニ非サリシナリ。

一層完備シタル戦争法規ニ関スル法典ノ制定セラルルニ至ル迄ハ、締約国ハ、其ノ採用シタル条規ニ含マレサル場合ニ於テモ、人民及交戦者カ依然文明国ノ間ニ存立スル慣習、人道ノ法則及公共良心ノ要求ヨリ生スル国際法ノ原則ノ保護及支配ノ下ニ立ツコトヲ確認スルヲ以テ適当ト認ム。

締約国ハ、採用セラレタル規則ノ第 1 条及第 2 条ハ特ニ右ノ趣旨ヲ以テ之ヲ解スヘキモノナルコトヲ宣言ス。

締約国ハ、之カ為新ナル条約ヲ締結セムコトヲ欲シ、各左ノ全権委員ヲ任命セリ。
〔全権委員名省略〕

因テ各全権委員ハ、其ノ良好妥当ナリト認メラレタル委任状ヲ寄託シタル後、左ノ各項ヲ協定セリ。

第 1 条【陸軍に対する訓令】 締約国ハ、其ノ陸軍軍隊ニ対シ、本条約ニ附属スル陸戦ノ法規慣例ニ関スル規則ニ適合スル訓令ヲ発スヘシ。

第 2 条【総加入条項】 第 1 条ニ掲ケタル規則及本条約ノ規定ハ、交戦国カ悉ク本条約ノ当事者ナルトキニ限、締約国間ニノミ之ヲ適用ス。

第 3 条【賠償責任】 前記規則ノ条項ニ違反シタル交戦当事者ハ、損害アルトキハ、之カ賠償ノ責ヲ負フヘキモノトス。交戦当事者ハ、其ノ軍隊ヲ組成スル人員ノ一切ノ行為ニ付責任ヲ負フ。

第 4 条【1899 年条約】〔省略〕
第 5 条【批准】〔省略〕

第 6 条【非記名国】〔省略〕
第 7 条【効力発生】〔省略〕
第 8 条【廃棄】〔省略〕
第 9 条【批准書寄託の帳簿】〔省略〕

■条約附属書
　陸戦ノ法規慣例ニ関スル規則〔抄〕

第 1 款　交戦者
第 1 章　交戦者ノ資格

第 1 条【民兵、義勇兵】 戦争ノ法規及権利義務ハ、単ニ之ヲ軍ニ適用スルノミナラス、左ノ条件ヲ具備スル民兵及義勇兵団ニモ亦之ヲ適用ス。
　一　部下ノ為ニ責任ヲ負フ者其ノ頭ニ在ルコト
　二　遠方ヨリ認識シ得ヘキ固着ノ特殊徽章ヲ有スルコト
　三　公然兵器ヲ携帯スルコト
　四　其ノ動作ニ付戦争ノ法規慣例ヲ遵守スルコト
　民兵又ハ義勇兵団ヲ以テ軍ノ全部又ハ一部ヲ組織スル国ニ在リテハ、之ヲ軍ノ名称中ニ包含ス。

第 2 条【群民兵】 占領セラレサル地方ノ人民ニシテ、敵ノ接近スルニ当リ、第 1 条ニ依リテ編成ヲ為スノ遑ナク、侵入軍隊ニ抗敵スル為自ラ兵器ヲ操ル者カ公然兵器ヲ携帯シ、且戦争ノ法規慣例ヲ遵守スルトキハ、之ヲ交戦者ト認ム。

第 3 条【兵力の構成員】 交戦当事者ノ兵力ハ、戦闘員及非戦闘員ヲ以テ之ヲ編成スルコトヲ得。敵ニ捕ハレタル場合ニ於テハ、二者均シク俘虜ノ取扱ヲ受クルノ権利ヲ有ス。

第 2 章　俘虜

第 4 条【地位、取扱い】〔省略〕
第 5 条【留置】〔省略〕
第 6 条【労務】〔省略〕
第 7 条【給養】〔省略〕
第 8 条【処罰】〔省略〕
第 9 条【氏名、階級】〔省略〕
第 10 条【解放】〔省略〕
第 11 条【宣誓解放】〔省略〕
第 12 条【宣誓解放後の再逮捕】〔省略〕
第 13 条【軍の一部でない従軍者】〔省略〕
第 14 条【捕虜情報局】〔省略〕
第 15 条【救済団体】〔省略〕
第 16 条【郵便料金の免除等】〔省略〕
第 17 条【捕虜将校】〔省略〕
第 18 条【宗教の自由】〔省略〕
第 19 条【遺言】〔省略〕

陸戦法規慣例条約

第20条【送還】〔省略〕
第3章　病者及傷者
第21条【傷病者の取扱】〔省略〕
第2款　戦闘
第1章　害敵手段、攻囲及砲撃
第22条【害的手段の制限】交戦者ハ、害敵手段ノ選択ニ付、無制限ノ権利ヲ有スルモノニ非ス。
第23条【禁止事項】特別ノ条約ヲ以テ定メタル禁止ノ外、特ニ禁止スルモノ左ノ如シ。
　イ　毒又ハ毒ヲ施シタル兵器ヲ使用スルコト
　ロ　敵国又ハ敵軍ニ属スル者ノ背信ノ行為ヲ以テ殺傷スルコト
　ハ　兵器ヲ捨テ又ハ自衛ノ手段尽キテ降ヲ乞ヘル敵ヲ殺傷スルコト
　ニ　助命セサルコトヲ宣言スルコト
　ホ　不必要ノ苦痛ヲ与フヘキ兵器、投射物其ノ他ノ物質ヲ使用スルコト
　ヘ　軍使旗、国旗其ノ他ノ軍用ノ標章、敵ノ制服又ハ「ジェネヴァ」条約ノ特殊徽章ヲ擅ニ使用スルコト
　ト　戦争ノ必要上万已ムヲ得サル場合ヲ除クノ外敵ノ財産ヲ破壊シ又ハ押収スルコト
　チ　対手当事国国民ノ権利及訴権ノ消滅、停止又ハ裁判上不受理ヲ宣言スルコト
交戦者ハ、又対手当事国ノ国民ヲ強制シテ其ノ本国ニ対スル作戦動作ニ加ラシムルコトヲ得ス。戦争開始前其ノ役務ニ服シタル場合ト雖亦同シ。
第24条【奇計】奇計ヲ以敵情及地形探知ノ為必要ナル手段ノ行使ハ、適法ト認ム。
第25条【防守されない都市の攻撃】防守セサル都市、村落、住宅又ハ建物ハ、如何ナル手段ニ依ルモ、之ヲ攻撃又ハ砲撃スルコトヲ得ス。
第26条【砲撃の通告】攻撃軍隊ノ指揮官ハ、強襲ノ場合ヲ除クノ外、砲撃ヲ始ムルニ先チ其ノ旨官憲ニ通告スル為、施シ得ヘキ一切ノ手段ヲ尽スヘキモノトス。
第27条【砲撃の制限】攻囲及砲撃ヲ為スニ当リテハ、宗教、技芸、学術及慈善ノ用ニ供セラルル建物、歴史上ノ紀念建造物、病院並病者及傷者ノ収容所ハ同時ニ軍事上ノ目的ニ使用セラレサル限、之ヲシテ成ルヘク損害ヲ免レシムル為、必要ナル一切ノ手段ヲ執ルヘキモノトス。
　被囲者ハ、看易キ特別ノ徽章ヲ以テ、右建物又ハ収容所ヲ表示スルノ義務ヲ負フ。右徽章ハ、予メ之ヲ攻囲者ニ通告スヘシ。
第28条【略奪】都市其ノ他ノ地域ハ、突撃ヲ以テ攻取シタル場合ト雖、之ヲ掠奪ニ委スルコトヲ得ス。
第2章　間諜
第29条【間諜の定義】交戦者ノ作戦地帯内ニ於テ、対手交戦者ニ通報スルノ意思ヲ以テ、隠密ニ又ハ虚偽ノ口実ノ下ニ行動シテ、情報ヲ蒐集シ又ハ蒐集セムトスル者ニ非サレハ、之ヲ間諜ト認ムルコトヲ得ス。故ニ変装セサル軍人ニシテ情報ヲ蒐集セムカ為敵軍ノ作戦地帯内ニ進入シタル者ハ、之ヲ間諜ト認メス。又、軍人タルト否トヲ問ハス、自国軍又ハ敵軍ニ宛テタル通信ヲ伝達スルノ任務ヲ公然執行スル者モ亦之ヲ間諜ト認メス。通信ヲ伝達スル為、及総軍又ハ地方ノ各部間ノ聯絡ヲ通スル為、軽気球ニテ派遣セラレタルモノ亦同シ。
第30条【間諜の裁判】〔省略〕
第31条【前の間諜行為に対する責任】〔省略〕
第3章　軍使
第32条【不可侵権】交戦者ノ一方ノ命ヲ帯ヒ、他ノ一方ト交渉スル為、白旗ヲ掲ケテ来ル者ハ、之ヲ軍使トス。軍使並之ニ随従スル喇叭手、鼓手、旗手及通訳ハ不可侵権ヲ有ス。
第33条【軍使を受ける義務】〔省略〕
第34条【背信行為】軍使カ背信ノ行為ヲ教唆シ、又ハ自ラ之ヲ行フ為其ノ特権アル地位ヲ利用シタルノ証迹明確ナルトキハ、其ノ不可侵権ヲ失フ。
第4章　降伏規約
第35条【軍人の名誉に関する例規】〔省略〕
第5章　休戦
第36条【作戦動作の停止】休戦ハ、交戦当事者ノ合意ヲ以テ作戦動作ヲ停止ス。若其ノ期間ノ定ナキトキハ、交戦当事者ハ、何時ニテモ再ヒ動作ヲ開始スルコトヲ得。但シ、休戦ノ条件ニ遵依シ、所定ノ時期ニ於テ其ノ旨敵ニ通告スヘキモノトス。
第37条【全般的休戦、部分的休戦】休戦ハ、全般的又ハ部分的タルコトヲ得。全般的休戦ハ、普ク交戦国ノ作戦動作ヲ停止シ、部分的休戦ハ、単ニ特定ノ地域ニ於テ交戦軍ノ或部分間ニ之ヲ停止スルモノトス。
第38条【通告】〔省略〕
第39条【人民との関係】〔省略〕
第40条【違反】〔省略〕
第41条【処罰】〔省略〕
第3款　敵国ノ領土ニ於ケル軍ノ権力
第42条【占領地域】一地方ニシテ事実上敵軍ノ権力内ニ帰シタルトキハ、占領セラレタルモノトス。
　占領ハ右権力ヲ樹立シタル且之ヲ行使シ得ル地域ヲ以テ限トス。
第43条【占領地の法律の尊重】国ノ権力カ事実上占領者ノ手ニ移リタル上ハ、占領者ハ、絶対的ノ支障ナキ限、占領地ノ現行法律ヲ尊重シテ、成ルヘク公共ノ秩序及生活ヲ回復確保スル為施シ得ヘキ一切ノ手段ヲ尽スヘシ。
第44条【情報提供の強制】交戦者ハ、占領地ノ人民ヲ強制シテ他方ノ交戦者ノ軍又ハ其ノ防禦手段ニ付情報ヲ供与セシムルコトヲ得ス。
第45条【忠誠の強制の禁止】占領地ノ人民ハ、之ヲ強制シテ其ノ敵国ニ対シ忠誠ノ誓ヲ為サシムルコトヲ得ス。
第46条【私権の尊重】家ノ名誉及権利、個人ノ生命、私

有財産並宗教ノ信仰及其ノ遵行ハ、之ヲ尊重スヘシ。私有財産ハ、之ヲ没収スルコトヲ得ス。

第47条【略奪の禁止】掠奪ハ、之ヲ厳禁ス。

第48条【租税等の徴収】占領者カ占領地ニ於テ国ノ為ニ定メラレタル租税、賦課金及通過税ヲ徴収スルトキハ、成ルヘク現行ノ賦課規則ニ依リ之ヲ徴収スヘシ。此ノ場合ニ於テハ、占領者ハ、国ノ政府カ支弁シタル程度ニ於テ占領地ノ行政費ヲ支弁スルノ義務アルモノトス。

第49条【取立金】〔省略〕

第50条【連座罰】〔省略〕

第51条【取立金の徴収方法】〔省略〕

第52条【徴発、課役】現品徴発及課役ハ、占領軍ノ需要ノ為ニスルニ非サレハ、市区町村又ハ住民ニ対シテ之ヲ要求スルコトヲ得ス。徴発及課役ハ、地方ノ資力ニ相応シ、且人民ヲシテ其ノ本国ニ対スル作戦動作ニ加ルノ義務ヲ負ハシメサル性質ノモノタルコトヲ要ス。

右徴発及課役ハ、占領地方ニ於ケル指揮官ノ許可ヲ得ルニ非サレハ、之ヲ要求スルコトヲ得ス。

現品ノ供給ニ対シテハ、成ルヘク即金ニテ支払ヒ、然ラサレハ領収証ヲ以テ之ヲ証明スヘク、且成ルヘク速ニ之ニ対スル金額ノ支払ヲ履行スヘキモノトス。

第53条【国有動産】一地方ヲ占領シタル軍ハ、国ノ所有ニ属スル現金、基金及有価証券、貯蔵兵器、輸送材料、在庫品及糧秣其ノ他総テ作戦動作ニ供スルコトヲ得ヘキ国有動産ノ外、之ヲ押収スルコトヲ得ス。

海上法ニ依リ支配セラルル場合ヲ除クノ外、陸上、海上及空中ニ於テ報道ノ伝送又ハ人若ハ物ノ輸送ノ用ニ供セラルル一切ノ機関、貯蔵兵器其ノ他各種ノ軍需品ハ、私人ニ属スルモノト雖、之ヲ押収スルコトヲ得。但シ、平和克復ニ至リ、之ヲ還付シ、且之カ賠償ヲ決定スヘキモノトス。

第54条【海底電線】〔省略〕

第55条【国有不動産】占領国ハ、敵国ニ属シ且占領地ニ在ル公共建物、不動産、森林及農場ニ付テハ、其ノ管理者及用益権者タルニ過キサルモノナリト考慮シ、右財産ノ基本ヲ保護シ、且用益権ノ法則ニ依リテ之ヲ管理スヘシ。

第56条【公有財産の例外】市区町村ノ財産並国ニ属スルモノト雖、宗教、慈善、教育、技芸及学術ノ用ニ供セラルル建設物ハ、私有財産ト同様ニ之ヲ取扱フヘシ。

右ノ如キ建設物、歴史上ノ紀念建造物、技芸及学術上ノ製作品ヲ故意ニ押収、破壊又ハ毀損スルコトハ、総テ禁セラレ且訴追セラルヘキモノトス。

●戦地にある軍隊の傷者及び病者の状態の改善に関する1949年8月12日のジュネーヴ条約（第1条約）
《傷病兵保護条約》〔抜粋〕

Geneva Convention for the Amelioration of the Condition of the Wounded and Sick in Armed Forces in the Field

▼署名　1949年8月12日（ジュネーヴ）　▼効力発生　1950年10月21日　▼日本国　1953年7月29日国会承認、10月21日公布〔昭和28年条約第23号〕、発効

第1章　総則

第1条【条約の尊重】締約国は、すべての場合において、この条約を尊重し、且つ、この条約の尊重を確保することを約束する。

第2条【条約が適用される場合】平時に実施すべき規定の外、この条約は、二以上の締約国の間に生ずるすべての宣言された戦争又はその他の武力紛争の場合について、当該締約国の一が戦争状態を承認するとしないとを問わず、適用する。

この条約は、また、一締約国の領域の一部又は全部が占領されたすべての場合について、その占領が武力抵抗を受けると受けないとを問わず、適用する。

紛争当事国の一がこの条約の締約国でない場合にも、締約国たる諸国は、その相互の関係においては、この条約によって拘束されるものとする。更に、それらの諸国は、締約国でない紛争当事国がこの条約の規定を受諾し、且つ、適用するときは、その国との関係においても、この条約によって拘束されるものとする。

第3条【内乱の場合の適用】締約国の一の領域内に生ずる国際的性質を有しない武力紛争の場合には、各紛争当事者は、少くとも次の規定を適用しなければならない。

(1) 敵対行為に直接に参加しない者（武器を放棄した軍隊の構成員及び病気、負傷、抑留その他の事由により戦闘外に置かれた者を含む。）は、すべての場合において、人種、色、宗教若しくは信条、性別、門地若しくは貧富又はその他類似の基準による不利な差別をしないで人道的に待遇しなければならない。

このため、次の行為は、前記の者については、いかなる場合にも、また、いかなる場所でも禁止する。

(a) 生命及び身体に対する暴行、特に、あらゆる種類の殺人、傷害、虐待及び拷問
(b) 人質
(c) 個人の尊厳に対する侵害、特に、侮辱的で体面を汚す待遇
(d) 正規に構成された裁判所で文明国民が不可欠と認めるすべての裁判上の保障を与えるものの裁判によらない判決の言渡及び刑の執行

(2) 傷者及び病者は、収容して看護しなければならな

い。

　赤十字国際委員会のような公平な人道的機関は、その役務を紛争当事者に提供することができる。

　紛争当事者は、また、特別の協定によって、この条約の他の規定の全部又は一部を実施することに努めなければならない。

　前記の規定の適用は、紛争当事者の法的地位に影響を及ぼすものではない。

第5条【適用の終期】 この条約によって保護される者で敵の権力内に陥つたものについては、この条約は、それらの者の送還が完全に終了する時まで適用があるものとする。

第7条【権利放棄の禁止】 傷者、病者、衛生要員及び宗教要員は、いかなる場合にも、この条約及び、前条に掲げる特別協定があるときは、その協定により保障される権利を部分的にも又は全面的にも放棄することができない。

第8条【利益保護国】 この条約は、紛争当事国の利益の保護を任務とする利益保護国の協力により、及びその監視の下に適用されるものとする。このため、利益保護国は、その外交職員又は領事職員の外、自国の国民又は他の中立国の国民の中から代表を任命することができる。それらの代表は、任務を遂行すべき国の承認を得なければならない。

　紛争当事国は、利益保護国の代表者又は代表の職務の遂行をできる限り容易にしなければならない。

　利益保護国の代表者又は代表は、いかなる場合にも、この条約に基く自己の使命の範囲をこえてはならない。それらの者は、特に、任務を遂行する国の安全上絶対的に必要なことには考慮を払わなければならない。それらの者の活動は、絶対的な軍事上の必要がある場合に限り、例外的且つ一時的措置として制限することができる。

第9条【人道的団体の活動】 この条約の規定は、赤十字国際委員会その他の公平な人道的団体が傷者、病者、衛生要員及び宗教要員の保護及び救済のため関係紛争当事国の同意を得て行う人道的活動を妨げるものではない。

第10条【利益保護の確保】 締約国は、公平及び有効性についてすべての保障をする団体に対し、いつでも、この条約に基く利益保護国の任務を委任することに同意することができる。

　傷者、病者、衛生要員及び宗教要員が、理由のいかんを問わず、利益保護国若しくは前項に規定するいずれかの団体の活動による利益を受けない場合又はその利益を受けなくなつた場合には、抑留国は、中立国又は同項に規定するいずれかの団体に対し、紛争当事国により指定された利益保護国がこの条約に基いて行う任務を引き受けるように要請しなければならない。

　保護が前項により確保されなかつたときは、抑留国は、赤十字国際委員会のような人道的団体に対し、利益保護国がこの条約に基いて行う人道的任務を引き受けるように要請し、又は、本条の規定を留保して、その団体による役務の提供の申出を承諾しなければならない。

ない。

　前記の目的のため当該国の要請を受け、又は役務の提供を申し出る中立国又は団体は、この条約によつて保護される者が属する紛争当事国に対する責任を自覚して行動することを要求され、また、その任務を引き受けて公平にこれを果す能力があることについて充分な保障を与えることを要求されるものとする。

　軍事的事件、特に、領域の全部又は主要な部分が占領されたことにより、一時的にでも相手国又はその同盟国と交渉する自由を制限された一国を含む諸国間の特別協定は、前記の規定とてい触するものであつてはならない。

　この条約において利益保護国とは、本条にいう団体をも意味するものとする。

第2章　傷者及び病者

第12条【傷病者の保護】 次条に掲げる軍隊の構成員及びその他の者で、傷者又は病者であるものは、すべての場合において、尊重し、且つ、保護しなければならない。

　それらの者をその権力内に有する紛争当事国は、それらの者を性別、人種、国籍、宗教、政治的意見又はその他類似の基準による差別をしないで人道的に待遇し、且つ、看護しなければならない。それらの者の生命又は身体に対する暴行は、厳重に禁止する。特に、それらの者は、殺害し、みな殺しにし、拷問に付し、又は生物学的実験に供してはならない。それらの者は、治療及び看護をしないで故意に遺棄してはならず、また、伝染又は感染の危険にさらしてはならない。

　治療の順序における優先権は、緊急な医療上の理由がある場合に限り、認められる。

　女子は、女性に対して払うべきすべての考慮をもつて待遇しなければならない。

　紛争当事国は、傷者又は病者を敵側に遺棄することを余儀なくされた場合には、軍事上の事情が許す限り、それらの者の看護を援助するためにその衛生要員及び衛生材料の一部をそれらの者に残さなければならない。

第13条【傷病者の範囲】 この条約は、次の部類に属する傷者及び病者に適用する。

(1) 紛争当事国の軍隊の構成員及びその軍隊の一部をなす民兵隊又は義勇隊の構成員

(2) 紛争当事国に属するその他の民兵隊及び義勇隊の構成員（組織的抵抗運動団体の構成員を含む。）で、その領域が占領されているかどうかを問わず、その領域の内外で行動するもの。但し、それらの民兵隊又は義勇隊（組織的抵抗運動団体を含む。）は、次の条件を満たすものでなければならない。

　(a) 部下について責任を負う1人の者が指揮していること。

　(b) 遠方から認識することができる固着の特殊標章を有すること。

　(c) 公然と武器を携行していること。

　(d) 戦争の法規及び慣例に従つて行動していること。

(3) 正規の軍隊の構成員で、抑留国が承認していない政府又は当局に忠誠を誓つたもの
(4) 実際には軍隊の構成員でないが軍隊に随伴する者、たとえば、文民たる軍用航空機の乗組員、従軍記者、需品供給者、労務隊員又は軍隊の福利機関の構成員等。但し、それらの者がその随伴する軍隊の認可を受けている場合に限る。
(5) 紛争当事国の商船の乗組員（船長、水先人及び見習員を含む。）及び民間航空機の乗組員で、国際法の他のいかなる規定によつても一層有利な待遇の利益を享有することがないもの
(6) 占領されていない領域の住民で、敵の接近に当り、正規の軍隊を編成する時日がなく、侵入する軍隊に抵抗するために自発的に武器を執るもの。但し、それらの者が公然と武器を携行し、且つ、戦争の法規及び慣例を尊重する場合に限る。

第3章　衛生部隊及び衛生施設

第19条【衛生施設・部隊の尊重】 紛争当事国は、いかなる場合にも、衛生機関の固定施設及び移動衛生部隊を攻撃してはならず、常にこれを尊重し、且つ、保護しなければならない。それらの固定施設及び移動衛生部隊が敵国の権力内に陥つた場合には、それらの施設及び部隊の要員は、抑留国がそれらの施設及び部隊の中にある傷者及び病者に必要な看護を自ら確保しない限り、自由にその任務を行うことができる。

　責任のある当局は、前記の施設及び部隊が、できる限り、軍事目標に対する攻撃によつてその安全を危くされることのないような位置に置かれることを確保しなければならない。

第4章　要員

第24条【衛生要員・宗教要員の保護】 傷者若しくは病者の捜索、収容、輸送若しくは治療又は疾病の予防にもつぱら従事する衛生要員、衛生部隊及び衛生施設の管理にもつぱら従事する職員並びに軍隊に随伴する宗教要員は、すべての場合において、尊重し、且つ、保護しなければならない。

第25条【特別要員の保護】 必要が生じた場合に衛生兵、看護婦又は補助担架手として傷者及び病者の収容、輸送又は治療に当るために特別に訓練された軍隊の構成員も、これらの任務を遂行しつつある時に敵と接触し、又は敵国の権力内に陥るに至つた場合には、同様に尊重し、且つ、保護しなければならない。

第29条【捕虜となる特別要員】 第25条に掲げる要員で敵の権力内に陥つたものは、捕虜となるものとする。但し、必要がある場合には、医療上の任務に使用されるものとする。

第5章　建物及び材料

第6章　衛生上の輸送手段

第7章　特殊標章

第38条【赤十字紋章】 スイスに敬意を表するため、スイス連邦の国旗の配色を転倒して作成した白地に赤十字の紋章は、軍隊の衛生機関の標章及び特殊記章として維持されるものとする。

　もつとも、赤十字の代りに白地に赤新月又は赤のライオン及び太陽を標章として既に使用している国については、それらの標章は、この条約において同様に認められるものとする。

第44条【赤十字の標章・名称の使用】 本条の次項以下の項に掲げる場合を除く外、白地に赤十字の標章及び「赤十字」又は「ジュネーヴ十字」という語は、平時であると戦時であるとを問わず、この条約及びこの条約と同様な事項について定める他の条約によつて保護される衛生部隊、衛生施設、要員及び材料を表示し、又は保護するためでなければ、使用してはならない。第38条第2項に掲げる標章に関しても、それらを使用する国に対しては同様である。各国赤十字社及び第26条に掲げるその他の団体は、この条約の保護を与える特殊標章を本項の範囲内でのみ使用する権利を有する。

　更に、各国赤十字社（赤新月社又は赤のライオン及び太陽社）は、平時において、自国の国内法令に従い、赤十字国際会議が定める原則に適合する自己のその他の活動のために赤十字の名称及び標章を使用することができる。それらの活動が戦時に行われるときは、標章は、その使用によりこの条約の保護が与えられると認められる虞がないような条件で使用しなければならない。すなわち、この標章は、比較的小型のものでなければならず、また、腕章又は建物の屋根に付してはならない。

　赤十字国際機関及び正当に権限を与えられたその職員は、いつでも白地に赤十字の標章を使用することを許される。

　例外的措置として、この条約で定める標章は、国内法令に従い、且つ、各国赤十字社（赤新月社又は赤のライオン及び太陽社）の一から明示の許可を受けて、救急車として使用される車両を識別するため、及び傷者又は病者に無償で治療を行うためにもつぱら充てられる救護所の位置を表示するため、平時において使用することができる。

第8章　条約の実施

第45条【実施の確保】 各紛争当事国は、その総指揮官を通じ、この条約の一般原則に従い、前各条の細目にわたる実施を確保し、且つ、この条約の予見しない事件に備えなければならない。

第46条【復仇の禁止】 この条約によつて保護される傷者、病者、要員、建物又は材料に対する報復的措置は、禁止する。

第47条【条約文の周知】 締約国は、この条約の原則を自国のすべての住民、特に、戦闘部隊、衛生要員及び宗教要員に知らせるため、平時であると戦時であるとを問わず、自国においてこの条約の本文をできる限り普及させること、特に、軍事教育及びできれば非軍事教育の課目中にこの条約の研究を含ませることを約束

する。

第48条【条約訳文・関係国内法令の相互通知】締約国は、スイス連邦政府を通じて、また、敵対行為が行われている間は利益保護国を通じて、この条約の公の訳文及び締約国がこの条約の適用を確保するために制定する法令を相互に通知しなければならない。

第9章　濫用及び違反の防止

第49条【本条約に対する違反行為】締約国は、次条に定義するこの条約に対する重大な違反行為の一を行い、又は行うことを命じた者に対する有効な刑罰を定めるため必要な立法を行うことを約束する。

　各締約国は、前記の重大な違反行為を行い、又は行うことを命じた疑のある者を捜査する義務を負うものとし、また、その者の国籍のいかんを問わず、自国の裁判所に対して公訴を提起しなければならない。各締約国は、また、希望する場合には、自国の法令の規定に従つて、その者を他の関係締約国に裁判のため引き渡すことができる。但し、前記の関係締約国が事件について一応充分な証拠を示した場合に限る。

　各締約国は、この条約の規定に違反する行為で次条に定義する重大な違反行為以外のものを防止するため必要な措置を執らなければならない。

　被告人は、すべての場合において、捕虜の待遇に関する1949年8月12日のジュネーヴ条約第105条以下に定めるところよりも不利でない正当な裁判及び防ぎよの保障を享有する。

第50条【重大な違反行為】前条にいう重大な違反行為とは、この条約が保護する人又は物に対して行われる次の行為、すなわち、殺人、拷問若しくは非人道的待遇（生物学的実験を含む。）、身体若しくは健康に対して故意に重い苦痛を与え、若しくは重大な傷害を加えること又は軍事上の必要によつて正当化されない不法且つ恣意的な財産の広はんな破壊若しくは徴発を行うことをいう。

第51条【締約国の責任】締約国は、前条に掲げる違反行為に関し、自国が負うべき責任を免れ、又は他の締約国をしてその国が負うべき責任から免れさせてはならない。

第52条【違反行為に対する調査】この条約の違反の容疑に関しては、紛争当事国の要請により、関係国の間で定める方法で調査を行わなければならない。

　調査の手続について合意が成立しなかつた場合には、前記の関係国は、その手続を決定する審判者の選任について合意しなければならない。

　違反行為が確認されたときは、紛争当事国は、できる限りすみやかに、違反行為を終止させ、且つ、これに対して処置しなければならない。

第53条【赤十字の標章・名称の濫用の禁止】公のものであると私のものであるとを問わず、個人、団体、商社又は会社でこの条約に基いて使用の権利を与えられていないものが、「赤十字」若しくは「ジュネーヴ十字」の標章若しくは名称又はそれを模倣した記章若しくは名称を使用することは、その使用の目的及び採用の日付のいかんを問わず、常に禁止する。

　スイス連邦の国旗の配色を転倒して作成した紋章の採用により同国に対して払われる敬意並びにスイスの紋章及びこの条約の特殊標章との間に生ずることのある混同を考慮して、商標としてであると又はその一部としてであるとを問わず、商業上の道徳に反する目的で又はスイス人の国民感情を害する虞のある状態で私人、団体又は商社がスイス連邦の紋章又はそれを模倣した記章を使用することは、常に禁止する。

　もつとも、この条約の締約国で1929年7月27日のジュネーヴ条約の締約国でなかつたものは、第1項に掲げる標章、名称又は記章を既に使用していた者に対し、その使用をやめさせるため、この条約の効力発生の時から3年をこえない猶予期間を与えることができる。但し、その使用が戦時においてこの条約の保護を与えるものと認められる虞がある場合は、この限りでない。

　本条第1項に定める禁止は、第38条第2項に掲げる標章及び記章に対しても、適用する。但し、従前からの使用により取得されている権利に影響を及ぼさないものとする。

　　　　　最終規定

●海上にある軍隊の傷者、病者及び難船者の状態の改善に関する1949年8月12日のジュネーヴ条約
（第2条約）《海上傷病者条約》〔抜粋〕

Geneva Convention for the Amelioration of the Condition of Wounded, Sick and Shipwrecked Members of Armed Forces at Sea
▼署名　1949年8月12日（ジュネーヴ）　▼効力発生　1950年10月21日　▼日本国　1953年4月21日加入書通告、7月29日国会承認、10月21日公布〔昭和28年条約第24号〕、発効

第1章　総則

第2章　傷者、病者及び難船者

第12条【保護、看護】次条に掲げる軍隊の構成員及びその他の者で、海上にあり、且つ、傷者、病者又は難船者であるものは、すべての場合において、尊重し、且つ、保護しなければならない。この場合において、「難船」とは、原因のいかんを問わず、あらゆる難船をいい、航空機による又は航空機からの海上への不時着

を含むものとする。
　それらの者をその権力内に有する紛争当事国は、それらの者を性別、人種、国籍、宗教、政治的意見又はその他類似の基準による差別をしないで人道的に待遇し、且つ、看護しなければならない。それらの者の生命又は身体に対する暴行は、厳重に禁止する。特に、それらの者は、殺害し、みな殺しにし、拷問に付し、又は生物学的実験に供してはならない。それらの者は、治療及び看護をしないで故意に遺棄してはならず、また、伝染又は感染の危険にさらしてはならない。
　治療の順序における優先権は、緊急な医療上の理由がある場合に限り、認められる。
　女子は、女性に対して払うべきすべての考慮をもつて待遇しなければならない。

第 13 条【海上傷病者・難船者の範囲】 この条約は、海上にある傷者、病者及び難船者で次の部類に属するものに適用する。
(1) 紛争当事国の軍隊の構成員及びその軍隊の一部をなす民兵隊又は義勇隊の構成員
(2) 紛争当事国に属するその他の民兵隊及び義勇隊の構成員（組織的抵抗運動団体の構成員を含む。）で、その領域が占領されているかどうかを問わず、その領域の内外で行動するもの。但し、それらの民兵隊又は義勇隊（組織的抵抗運動団体を含む。）は、次の条件を満たすものでなければならない。
(a) 部下について責任を負う 1 人の者が指揮していること。
(b) 遠方から認識することができる固着の特殊標章を有すること。
(c) 公然と武器を携行していること。
(d) 戦争の法規及び慣例に従つて行動していること。
(3) 正規の軍隊の構成員で、抑留国が承認していない政府又は当局に忠誠を誓つたもの
(4) 実際には軍隊の構成員でないが軍隊に随伴する者、たとえば、文民たる軍用航空機の乗組員、従軍記者、需品供給者、労務隊員又は軍隊の福利機関の構成員等。但し、それらの者がその随伴する軍隊の認可を受けている場合に限る。
(5) 紛争当事国の商船の乗組員（船長、水先人及び見習員を含む。）及び民間航空機の乗組員で、国際法の他のいかなる規定によつても一層有利な待遇の利益を享有することのないもの
(6) 占領されていない領域の住民で、敵の接近に当り、正規の軍隊を編成する時日がなく、侵入する軍隊に抵抗するために自発的に武器を執るもの。但し、それらの者が公然と武器を携行し、且つ、戦争の法規及び慣例を尊重する場合に限る。

第 3 章　病院船

第 22 条【軍用病院船の尊重】 軍用病院船、すなわち、傷者、病者及び難船者に援助を与え、それらの者を治療し、並びにそれらの者を輸送することを唯一の目的として国が特別に建造し、又は設備した船舶は、いかなる場合にも、攻撃し、又は捕獲してはならないものとし、また、それらの船舶が使用される 10 日前にその船名及び細目が紛争当事国に通告されることを条件として、常に尊重し、且つ、保護しなければならない。
　前記の通告において掲げる細目は、登録総トン数、船首から船尾までの長さ並びにマスト及び煙突の数を含むものでなければならない。

第 4 章　要員

第 36 条【病院船の要員の尊重】 病院船の宗教要員、衛生要員及び看護要員並びにその乗組員は、尊重し、且つ、保護しなければならない。それらの者は、病院船で勤務している間は、船内に傷者及び病者がいるといないとを問わず、捕えてはならない。

第 5 章　衛生上の輸送手段

第 6 章　特殊標章

第 7 章　条約の実施

第 8 章　濫用及び違反の防止

●捕虜の待遇に関する 1949 年 8 月 12 日のジュネーヴ条約
（第 3 条約）《捕虜待遇条約》〔抜粋〕
Geneva Convention relative to the Treatment of Prisoners of War

▼署名　1949 年 8 月 12 日（ジュネーヴ）　▼効力発生　1950 年 10 月 21 日　▼日本国　1953 年 4 月 21 日加入通告、7 月 29 日国会承認、10 月 21 日公布〔昭和 28 年条約第 25 号〕、発効

第 1 編　総則

第 4 条【捕虜となるもの】 A　この条約において捕虜とは、次の部類の一に属する者で敵の権力内に陥つたものをいう。
(1) 紛争当事国の軍隊の構成員及びその軍隊の一部をなす民兵隊又は義勇隊の構成員
(2) 紛争当事国に属するその他の民兵隊及び義勇隊の構成員（組織的抵抗運動団体の構成員を含む。）で、その領域が占領されているかどうかを問わず、その領域の内外で行動するもの。但し、それらの民兵隊又は義勇隊（組織的抵抗運動団体を含む。）は、次の条件を満たすものでなければならない。
(a) 部下について責任を負う 1 人の者が指揮してい

ること。
　(b)　遠方から認識することができる固着の特殊標章を有すること。
　(c)　公然と武器を携行していること。
　(d)　戦争の法規及び慣例に従つて行動していること。
(3)　正規の軍隊の構成員で、抑留国が承認していない政府又は当局に忠誠を誓つたもの
(4)　実際には軍隊の構成員でないが軍隊に随伴する者、たとえば、文民たる軍用航空機の乗組員、従軍記者、需品供給者、労務隊員又は軍隊の福利機関の構成員等。但し、それらの者がその随伴する軍隊の認可を受けている場合に限る。このため、当該軍隊は、それらの者に附属書のひな型と同様の身分証明書を発給しなければならない。
(5)　紛争当事国の商船の乗組員（船長、水先人及び見習員を含む。）及び民間航空機の乗組員で、国際法の他のいかなる規定によつても一層有利な待遇の利益を享有することがないもの
(6)　占領されていない領域の住民で、敵の接近に当り、正規の軍隊を編成する時日がなく、侵入する軍隊に抵抗するために自発的に武器を執るもの。但し、それらの者が公然と武器を携行し、且つ、戦争の法規及び慣例を尊重する場合に限る。
B　次の者も、また、この条約に基いて捕虜として待遇しなければならない。
(1)　被占領国の軍隊に所属する者又は当該軍隊に所属していた者で、特に戦闘に従事している所属軍隊に復帰しようとして失敗した場合又は抑留の目的でされる召喚に応じなかつた場合に当該軍隊への所属を理由として占領国が抑留することを必要と認めるもの。その占領国が、その者を捕虜とした後、その占領する領域外で敵対行為が行われていた間にその者を解放したかどうかを問わない。
(2)　本条に掲げる部類の一に属する者で、中立国又は非交戦国が自国の領域内に収容しており、且つ、その国が国際法に基いて抑留することを要求されるもの。但し、それらの者に対しては、その国がそれらの者に与える待遇を適当と認める一層有利な待遇を与えることを妨げるものではなく、また、第8条、第10条、第15条、第30条第5項、第58条から第67条まで、第92条及び第126条の規定並びに、紛争当事国と前記の中立国又は非交戦国との間に外交関係があるときは、この条約の利益保護国に関する規定を適用しないものとする。前記の外交関係がある場合には、それらの者が属する紛争当事国は、それらの者に対し、この条約で規定する利益保護国の任務を行うことを認められる。但し、当該紛争当事国が外交上及び領事事業上の慣習及び条約に従つて通常行う任務を行うことを妨げない。
C　本条は、この条約の第33条に規定する衛生要員及び宗教要員の地位に何らの影響を及ぼすものではない。

第5条【適用の期間】 この条約は、第4条に掲げる者に対し、それらの者が敵の権力内に陥つた時から最終的に解放され、且つ、送還される時までの間、適用する。
　交戦行為を行つて敵の権力内に陥つた者が第4条に掲げる部類の一に属するかどうかについて疑が生じた場合には、その者は、その地位が権限のある裁判所によつて決定されるまでの間、この条約の保護を享有する。

第2編　捕虜の一般的保護

第12条【捕虜の地位・移送】 捕虜は、敵国の権力内にあるものとし、これを捕えた個人又は部隊の権力内にあるものではない。抑留国は、個人の責任があるかどうかを問わず、捕虜に与える待遇について責任を負う。
　捕虜は、抑留国が、この条約の締約国に対し、当該締約国がこの条約を適用する意思及び能力を有することを確認した後にのみ、移送することができる。捕虜が前記により移送されたときは、捕虜を受け入れた国は、捕虜を自国に抑留している間、この条約を適用する責任を負う。
　もつとも、捕虜を受け入れた国がいずれかの重要な点についてこの条約の規定を実施しなかつた場合には、捕虜を移送した国は、利益保護国の通告に基いて、その状態を改善するために有効な措置を執り、又は捕虜の返還を要請しなければならない。この要請には、従わなければならない。

第13条【人道的待遇、復仇の禁止】 捕虜は、常に人道的に待遇しなければならない。抑留国の不法の作為又は不作為で、抑留している捕虜を死に至らしめ、又はその健康に重大な危険を及ぼすものは、禁止し、且つ、この条約の重大な違反と認める。特に、捕虜に対しては、身体の切断又はあらゆる種類の医学的若しくは科学的実験で、その者の医療上正当と認められず、且つ、その者の利益のために行われるものでないものを行つてはならない。
　また、捕虜は、常に保護しなければならず、特に、暴行又は脅迫並びに侮辱及び公衆の好奇心から保護しなければならない。
　捕虜に対する報復措置は、禁止する。

第14条【身体・名誉・行為能力、女性に対する考慮】 捕虜は、すべての場合において、その身体及び名誉を尊重される権利を有する。
　女子は、女性に対して払うべきすべての考慮をもつて待遇されるものとし、いかなる場合にも、男子に与える待遇と同等に有利な待遇の利益を受けるものとする。
　捕虜は、捕虜とされた時に有していた完全な私法上の行為能力を保持する。抑留国は、捕虜たる身分のためやむを得ない場合を除く外、当該国の領域の内外においてその行為能力に基く権利の行使を制限してはならない。

第15条【給養、医療】 捕虜を抑留する国は、無償で、捕虜を給養し、及びその健康状態に必要な医療を提供しなければならない。

第16条【無差別待遇】 階級及び性別に関するこの条約の規定に考慮を払い、また、健康状態、年令又は職業

上の能力を理由として与えられる有利な待遇を留保して、捕虜は、すべて、抑留国が人種、国籍、宗教的信条若しくは政治的意見に基く差別又はこれらに類する基準によるその他の差別をしないで均等に待遇しなければならない。

第3編 捕虜たる身分

第1部 捕虜たる身分の開始

第2部 捕虜の抑留

第1章 総則

第21条【抑留、解放】抑留国は、捕虜を抑留して置くことができる。抑留国は、捕虜に対し、抑留されている収容所から一定の限界をこえて離れない義務又は、その収容所にさくをめぐらしてある場合には、そのさくの外に出ない義務を課することができる。刑罰及び懲戒罰に関するこの条約の規定を留保し、捕虜は、衛生上の保護のために必要な場合を除く外、拘禁してはならない。この拘禁は、その時の状況により必要とされる期間をこえてはならない。

捕虜は、その属する国の法令により許される限り、宣誓又は約束に基いて不完全又は完全に解放されることができる。この措置は、特に、捕虜の健康状態を改善するために役立つ場合に執るものとする。捕虜に対しては、宣誓又は約束に基く解放を受諾することを強制してはならない。

各紛争当事国は、敵対行為が始まつたときは、自国民が宣誓又は約束に基いて解放されることを受諾することを許可し、又は禁止する法令を敵国に通告しなければならない。こうして通告された法令に従つて宣誓又は約束をした捕虜は、その個人的名誉に基いて、その者が属する国及びその者を捕虜とした国に対して宣誓及び約束に係る約定を果す義務を負う。この場合には、その者が属する国は、宣誓又は約束に反する役務をその者に要求し、また、その者から受けてはならない。

第2章 捕虜の営舎、食糧及び被服

第3章 衛生及び医療

第4章 捕虜を援助するため抑留される衛生要員及び宗教要員

第5章 宗教的、知的及び肉体的活動

第6章 紀律

第7章 捕虜の階級

第8章 収容所に到着した後の捕虜の移動

第3部 捕虜の労働

第49条【捕虜の労働】抑留国は、特に捕虜の身体的及び精神的健康状態を良好にして置くため、捕虜の年令、性別、階級及び身体的適性を考慮して、健康な捕虜を労働者として使用することができる。

下士官たる捕虜に対しては、監督者としての労働のみを要求することができる。その要求を受けなかつた下士官たる捕虜は、自己に適する他の労働を求めることができる。この労働は、できる限り、それらの者に与えなければならない。

将校又はこれに相当する地位の者が自己に適する労働を求めたときは、その労働は、できる限り、それらの者に与えなければならない。但し、それらの者に対しては、いかなる場合にも、労働を強制してはならない。

第4部 捕虜の金銭収入

第66条【捕虜たる身分の終了・勘定】捕虜たる身分が解放又は送還によつて終了したときは、抑留国は、捕虜たる身分が終了した時における捕虜の貸方残高を示す証明書で抑留国の権限のある将校が署名したものを捕虜に交付しなければならない。抑留国は、また、捕虜が属する国に対し、利益保護国を通じ、送還、解放、逃走、死亡その他の事由で捕虜たる身分が終了したすべての捕虜に関するすべての適当な細目及びそれらの捕虜の貸方残高を示す表を送付しなければならない。その表は、1枚ごとに抑留国の権限のある代表者が証明しなければならない。

本条の前記の規定は、紛争当事国間の相互の協定で変更することができる。

捕虜が属する国は、捕虜たる身分が終了した時に抑留国から捕虜に支払うべき貸方残高を当該捕虜に対して決済する責任を負う。

第68条【補償】労働による負傷又はその他の身体障害に関する捕虜の補償の請求は、利益保護国を通じ、捕虜が属する国に対してしなければならない。抑留国は、第54条に従つて、いかなる場合にも、負傷又は身体障害について、その性質、それが生じた事情及びそれに与えた医療上の又は病院における処置に関する細目を示す証明書を当該捕虜に交付するものとする。この証明書には、抑留国の責任のある将校が署名し、医療の細目は、軍医が証明するものとする。

第18条に基いて抑留国が取り上げた個人用品、金銭及び有価物で送還の際返還されなかつたもの並びに捕虜が被つた損害で抑留国又はその機関の責に帰すべき事由によると認められるものに関する捕虜の補償の請求も、捕虜が属する国に対してしなければならない。但し、前記の個人用品で捕虜が捕虜たる身分にある間その使用を必要とするものについては、抑留国がその費用で現物補償しなければならない。抑留国は、いかなる場合にも、前記の個人用品、金銭又は有価物が捕虜に返還されなかつた理由に関する入手可能なすべての情報を示す証明書で責任のある将校が署名したものを捕虜に交付するものとする。この証明書の写1通は、

第123条に定める中央捕虜情報局を通じ、捕虜が属する国に送付するものとする。

第5部　捕虜と外部との関係

第6部　捕虜と当局との関係

第1章　抑留条件に関する捕虜の苦情

第78条【苦情の申立】 捕虜は、自己を権力内に有する軍当局に対し、抑留条件に関する要請を申し立てる権利を有する。

捕虜は、また、その抑留条件に関して苦情を申し立てようとする事項に対して利益保護国の代表者の注意を喚起するため、捕虜代表を通じ、又は必要と認めるときは直接に、利益保護国の代表者に対して申入れをする権利を無制限に有する。

前記の要請及び苦情は、制限してはならず、また、第71条に定める通信の割当数の一部を構成するものと認めてはならない。この要請及び苦情は、直ちに伝達しなければならない。この要請及び苦情は、理由がないと認められた場合にも、処罰の理由としてはならない。

捕虜代表は、利益保護国の代表者に対し、収容所の状態及び捕虜の要請に関する定期的報告をすることができる。

第2章　捕虜代表

第3章　刑罰及び懲戒罰

I　総則

第82条【司法上・懲戒上の措置】 捕虜は、抑留国の軍隊に適用される法律、規則及び命令に服さなければならない。抑留国は、その法律、規則及び命令に対する捕虜の違反行為について司法上又は懲戒上の措置を執ることができる。但し、その手続又は処罰は、本章の規定に反するものであつてはならない。

抑留国の法律、規則又は命令が、捕虜が行つた一定の行為について処罰すべきものと定めている場合において、抑留国の軍隊の構成員が行つた同一の行為については処罰すべきものでないときは、その行為については、懲戒罰のみを科することができる。

第84条【裁判所】 捕虜は、軍事裁判所のみが裁判することができる。但し、非軍事裁判所が、捕虜が犯したと主張されている当該違反行為と同一の行為に関して抑留国の軍隊の構成員を裁判することが抑留国の現行の法令によつて明白に認められている場合は、この限りでない。

捕虜は、いかなる場合にも、裁判所のいかんを問わず、一般に認められた独立及び公平についての不可欠の保障を与えない裁判所、特に、その手続が第105条に定める防ぎよの権利及び手段を被告人に与えない裁判所では、裁判してはならない。

第85条【捕虜となる前の行為】 捕虜とされる前に行つた行為について抑留国の法令に従つて訴追された捕虜は、この条約の利益を引き続き享有する。有罪の判決を受けても、同様である。

II　懲戒罰

第89条【懲戒罰の種類】 捕虜に対して科することができる懲戒罰は、次のものとする。
 (1) 30日以内の期間について行う、第60条及び第62条の規定に基いて捕虜が受領すべき前払の俸給及び労働賃金の100分の50以下の減給
 (2) この条約で定める待遇以外に与えられている特権の停止
 (3) 1日につき2時間以内の労役
 (4) 拘置

(3)に定める罰は、将校には科しないものとする。

懲戒罰は、いかなる場合にも、非人道的なもの、残虐なもの又は捕虜の健康を害するものであつてはならない。

第91条【逃走】 捕虜の逃走は、次の場合には、成功したものと認める。
 (1) 捕虜がその属する国又はその同盟国の軍隊に帰着した場合
 (2) 捕虜が抑留国又はその同盟国の支配下にある地域を去つた場合
 (3) 捕虜がその属する国又はその同盟国の国旗を掲げる船舶で抑留国の領水内にあるものに帰着した場合。但し、その船舶が抑留国の支配下にある場合を除く。

本条の意味における逃走に成功した後に再び捕虜とされた者に対しては、以前の逃走について罰を科してはならない。

III　司法手続

第99条【裁判上・処罰上の保護】 捕虜は、実行の時に効力があつた抑留国の法令又は国際法によつて禁止されていなかつた行為については、これを裁判に付し、又はこれに刑罰を科してはならない。

捕虜に対しては、責任を問われた行為について有罪であると認めさせるために精神的又は肉体的強制を加えてはならない。

捕虜は、防ぎよ方法を提出する機会を与えられ、且つ、資格のある弁護人の援助を受けた後でなければ、これに対して有罪の判決をしてはならない。

第4編　捕虜たる身分の終了

第1部　直接送還及び中立国における入院

第2部　敵対行為の終了の際における捕虜の解放及び送還

第118条【解放、送還】 捕虜は、実際の敵対行為が終了した後遅滞なく解放し、且つ、送還しなければならない。

このための規定が敵対行為を終了するために紛争当事国間で締結した協定中にない場合又はそのような協定がない場合には、各抑留国は、前項に定める原則に従つて、遅滞なく送還の計画を自ら作成し、且つ、実

415

施しなければならない。

前記のいずれの場合にも、採択した措置は、捕虜に知らせなければならない。

捕虜の送還の費用は、いかなる場合にも、抑留国及び捕虜が属する国に公平に割り当てなければならない。この割当は、次の基礎に基いて行うものとする。
(a) 両国が隣接国であるときは、捕虜が属する国は、抑留国の国境からの送還の費用を負担しなければならない。
(b) 両国が隣接国でないときは、抑留国は、自国の国境に至るまで又は捕虜が属する国の領域に最も近い自国の乗船港に至るまでの自国の領域内における捕虜の輸送の費用を負担しなければならない。関係国は、その他の送還の費用を公平に割り当てるために相互に協定しなければならない。この協定の締結は、いかなる場合にも、捕虜の送還を遅延させる理由としてはならない。

第3部　捕虜の死亡
第5編　捕虜に関する情報局及び救済団体
第6編　条約の実施

第1部　総則
第126条【利益保護国代表の捕虜訪問】 利益保護国の代表者又は代表は、捕虜がいるすべての場所、特に、収容、拘禁及び労働の場所に行くことを許されるものとし、又、捕虜が使用するすべての施設に出入することができるものとする。それらの者は、また、移動中の捕虜の出発、通過又は到着の場所に行くことを許される。それらの者は、立会人なしで、直接に又は通訳人を通じて、捕虜、特に、捕虜代表と会見することができる。

利益保護国の代表者及び代表は、訪問する場所を自由に選定することができる。その訪問の期間及び回数は、制限してはならない。訪問は、絶対的な軍事上の必要を理由とする例外的且つ一時的な措置として行われる場合を除く外、禁止されないものとする。

抑留国及び前記の訪問を受ける捕虜が属する国は、必要がある場合には、それらの捕虜の同国人が訪問に参加することに合意することができる。

赤十字国際委員会の代表も、同一の特権を享有する。その代表の任命は、訪問を受ける捕虜を抑留している国の承認を必要とする。

第2部　最終規定

●戦時における文民の保護に関する1949年8月12日のジュネーヴ条約（第4条約）《文民保護条約》〔抜粋〕

Geneva Convention relative to the Protection of Civilian Persons in Time of War

▼署名　1949年8月12日（ジュネーヴ）　▼効力発生　1950年10月21日　▼日本国　1953年4月21日加入通告、7月29日国会承認、10月21日公布〔昭和28年条約第26号〕、発効

第1編　総則
第4条【保護を受ける者の範囲】 この条約によって保護される者は、紛争又は占領の場合において、いかなる時であると、また、いかなる形であるとを問わず、紛争当事国又は占領国の権力内にある者でその紛争当事国又は占領国の国民でないものとする。

この条約によって拘束されない国の国民は、この条約によって保護されることはない。中立国の国民で交戦国の領域内にあるもの及び共同交戦国の国民は、それらの者の本国が、それらの者を権力内に有する国に通常の外交代表を駐在させている間は、被保護者と認められない。

もっとも、第2編の規定の適用範囲は、第13条に定めるとおり一層広いものである。

戦地にある軍隊の傷者及び病者の状態の改善に関する1949年8月12日のジュネーヴ条約、海上にある軍隊の傷者、病者及び難船者の状態の改善に関する1949年8月12日のジュネーヴ条約又は捕虜の待遇に関する1949年8月12日のジュネーヴ条約によって保護される者は、この条約における被保護者と認められない。

第5条【権利の喪失】 紛争当事国の領域内において、被保護者が個人として紛争当事国の安全に対する有害な活動を行つた明白なけん疑があること又はそのような活動に従事していることを当該紛争当事国が確認した場合には、その被保護者は、この条約に基く権利及び特権でその者のために行使されれば当該紛争当事国の安全を害するようなものを主張することができない。

占領地域内において、被保護者が間ちよう若しくは怠業者（サボタージュを行う者）又は個人として占領国の安全に対する有害な活動を行つた明白なけん疑がある者として抑留された場合において、軍事上の安全が絶対に必要とするときは、その被保護者は、この条約に基く通信の権利を失うものとする。

もっとも、いずれの場合においても、前記の者は、人道的に待遇されるものとし、また、訴追された場合には、この条約で定める公平な且つ正式の裁判を受ける権利を奪われない。それらの者は、また、それぞれ紛争当事国又は占領国の安全が許す限り、すみやかにこの条約に基く被保護者の権利及び特権を完全に許与されるものとする。

第6条【適用の期間】 この条約は、第2条に定める紛争

又は占領の開始の時から適用する。

　この条約は、紛争当事国の領域内においては、軍事行動の全般的終了の時にその適用を終る。

　この条約は、占領地域内においては、軍事行動の全般的終了の後1年でその適用を終る。但し、占領国は、その地域で管理を行つている限り、占領の継続期間中、この条約の第1条から第12条まで、第27条、第29条から第34条まで、第47条、第49条、第51条、第52条、第53条、第59条、第61条から第77条まで及び第143条の規定により拘束されるものとする。

　被保護者は、その解放、送還又は居住地の設定がそれらの期間の終了の後に行われる場合には、それまでの間、この条約による利益を引き続き受けるものとする。

第2編　戦争の影響に対する住民の一般的保護

第13条【適用の無差別性、目的】 第2編の規定は、特に人種、国籍、宗教又は政治的意見による不利な差別をしないで、紛争当事国の住民全体に適用されるものとし、また、戦争によつて生ずる苦痛を軽減することを目的とする。

第3編　被保護者の地位及び取扱

第1部　紛争当事国の領域及び占領地域に共通する規定

第27条【被保護者の地位・取扱】 被保護者は、すべての場合において、その身体、名誉、家族として有する権利、信仰及び宗教上の行事並びに風俗及び習慣を尊重される権利を有する。それらの者は、常に人道的に待遇しなければならず、特に、すべての暴行又は脅迫並びに侮辱及び公衆の好奇心から保護しなければならない。

　女子は、その名誉に対する侵害、特に、強かん、強制売いんその他あらゆる種類のわいせつ行為から特別に保護しなければならない。

　被保護者を権力内に有する紛争当事国は、健康状態、年令及び性別に関する規定を害することなく、特に人種、宗教又は政治的意見に基く不利な差別をしないで、すべての被保護者に同一の考慮を払つてこれを待遇しなければならない。

　もつとも、紛争当事国は、被保護者に関して、戦争の結果必要とされる統制及び安全の措置を執ることができる。

第28条【軍事的利用の禁止】 被保護者の所在は、特定の地点又は区域が軍事行動の対象とならないようにするために利用してはならない。

第32条【虐待・殺戮の禁止】 締約国は、特に、その権力内にある被保護者に肉体的苦痛を与え、又はそれらの者をみな殺しにするような性質の措置を執ることを禁止することに同意する。この禁止は、被保護者の殺害、拷問、肉体に加える罰、身体の切断及びそれらの者の医療上必要でない医学的又は科学的実験に適用さ

れるばかりでなく、文民機関によつて行われると軍機関によつて行われるとを問わず、その他の残虐な措置にも適用される。

第33条【連座罰・略奪・復仇の禁止】 被保護者は、自己が行わない違反行為のために罰せられることはない。集団に科する罰及びすべての脅迫又は恐かつによる措置は、禁止する。

　りやく奪は、禁止する。

　被保護者及びその財産に対する報復は、禁止する。

第34条【人質の禁止】 人質は、禁止する。

第2部　紛争当事国の領域にある外国人

第35条【領域からの退去】 紛争の開始に当り又はその期間中に紛争当事国の領域を去ることを希望するすべての被保護者は、その退去がその国の国家的利益に反しない限り、その領域を去る権利を有する。それらの者の退去の申請に対しては、正規に定める手続に従つて決定しなければならず、この決定は、できる限りすみやかに行わなければならない。退去を許されたそれらの者は、その旅行に必要な金銭を所持し、及び適当な量の個人用品を携帯することができる。

　当該領域を去ることを拒否された者は、再審査のために抑留国が指定する適当な裁判所又は行政庁で、その拒否についてできる限りすみやかに再審査を受ける権利を有する。

　利益保護国の代表者に対しては、その要請に基き、当該領域を去る許可の申請に対する拒否の理由及び退去が拒否された者の氏名をできる限りすみやかに通知しなければならない。但し、安全上の理由がこれを妨げ、又は関係者が反対したときは、この限りでない。

第38条【被保護者の待遇】 被保護者の地位は、この条約、特に、第27条及び第41条により認められる特別の措置を例外として、原則として平時における外国人に関する規定によつて引き続き規律されるものとする。いかなる場合にも、被保護者に対しては、次の権利を与えなければならない。

(1)　被保護者は、送付される個人又は集団あての救済品を受領することができること。

(2)　被保護者は、その健康状態により必要とされる場合には、関係国の国民が受けると同等の程度まで医療上の手当及び入院治療を受けること。

(3)　被保護者は、信仰を実践し、且つ、同一の宗派に属する聖職者から宗教上の援助を受けることを許されること。

(4)　被保護者は、戦争の危険に特にさらされている地区に居住している場合には、関係国の国民に許されると同等の程度までその地区から移転することを許されること。

(5)　15歳未満の児童、妊産婦及び7歳未満の幼児の母は、それらに該当する関係国の国民が享有する有利な待遇と同等の待遇を享有すること。

第3部　占領地域

第47条【被保護者の利益の保障】 占領地域にある被保

護者は、いかなる場合にも及びいかなる形においても、占領の結果その地域の制度若しくは政治にもたらされる変更、占領地域の当局と占領国との間に締結される協定又は占領国による占領地域の全部若しくは一部の併合によつてこの条約の利益を奪われることはない。

第49条【移送、立退き】被保護者を占領地域から占領国の領域に又は占領されていると占領されていないとを問わず他の国の領域に、個人的若しくは集団的に強制移送し、又は追放することは、その理由のいかんを問わず、禁止する。

もつとも、占領国は、住民の安全又は軍事上の理由のため必要とされるときは、一定の区域の全部又は一部の立ちのきを実施することができる。この立ちのきは、物理的理由のためやむを得ない場合を除く外、被保護者を占領地域の境界外に移送するものであつてはならない。こうして立ちのかされた者は、当該地区における敵対行為が終了した後すみやかに、各自の家庭に送還されるものとする。

前記の移送又は立ちのきを実施する占領国は、できる限り、被保護者を受け入れる適当な施設を設けること、その移転が衛生、保健、安全及び給食について満足すべき条件で行われること並びに同一家族の構成員が離散しないことを確保しなければならない。

移送及び立ちのきを実施するときは、直ちに、利益保護国に対し、その移送及び立ちのきについて通知しなければならない。

占領国は、住民の安全又は緊急の軍事上の理由のため必要とされる場合を除く外、戦争の危険に特にさらされている地区に被保護者を抑留してはならない。

占領国は、その占領している地域へ自国の文民の一部を追放し、又は移送してはならない。

第51条【労働】占領国は、被保護者に対し、自国の軍隊又は補助部隊において勤務することを強制してはならない。自発的志願を行わせることを目的とする圧迫又は宣伝は、禁止する。

占領国は、被保護者が18歳をこえている場合であつて、その者を占領軍の需要、公益事業又は被占領国の住民の給食、住居、被服、輸送若しくは健康のために必要な労働に従事させるときを除く外、被保護者に対し、労働を強制してはならない。被保護者は、軍事行動に参加する義務を負わされるような労働に従事することを強制されない。占領国は、被保護者に対し、それらの者が強制労働に服している施設の安全を強制手段を用いて確保するよう強制してはならない。

労働は、役務を徴発された者が所在する占領地域においてのみ行わせるものとする。それらの者は、できる限り従前の労働の場所に引き続き置かなければならない。労働者に対しては、公正な賃金を支払わなければならず、労働は、労働者の肉体的及び知的能力に相応するものでなければならない。被占領国において実施されている法令で労働条件及び保護に関するもの、特に、賃金、労働時間、設備、予備的作業訓練並びに業務上の災害及び疾病に対する補償に関するものは、本条に掲げる労働に従事する被保護者に適用される。

労務の徴発は、いかなる場合にも、軍事的又は準軍事的性質を有する組織の中に労働者を動員することとなつてはならない。

第53条【破壊の禁止】個人的であると共同的であるとを問わず私人に属し、又は国その他の当局、社会的団体若しくは協同団体に属する不動産又は動産の占領軍による破壊は、その破壊が軍事行動によつて絶対的に必要とされる場合を除く外、禁止する。

第64条【非占領国の刑罰法令】被占領国の刑罰法令は、それらの法令が占領国の安全を脅かし、又はこの条約の適用を妨げる場合において、占領国が廃止し、又は停止するときを除く外、引き続き効力を有する。占領地域の裁判所は、このことを考慮し、且つ、裁判の能率的な運営を確保する必要を認め、前記の法令で定めるすべての犯罪行為についてその任務を引き続き行わなければならない。

もつとも、占領国は、占領地域の住民をして、自国がこの条約に基くその義務を履行し、当該地域の秩序ある政治を維持し、且つ、占領国の安全、占領軍又は占領行政機関の構成員及び財産並びにそれらが使用する施設及び通信線の安全を確保することができるようにするため必要な規定に従わせることができる。

第65条【占領国の刑罰規定】占領国が制定した刑罰規定は、住民の言語で公布し、且つ、住民に周知させた後でなければ、効力を生じない。それらの刑罰規定の効力は、そ及しないものとする。

第66条【裁判所】第64条第2項に基き占領国が公布した刑罰規定に違反する行為があつた場合には、占領国は、被疑者を占領国の正当に構成された非政治的な軍事裁判所に引き渡すことができる。但し、この軍事裁判所は、被占領国で開廷しなければならない。上訴のための裁判所は、なるべく被占領国で開廷しなければならない。

第67条【刑罰の制限】裁判所は、犯罪行為が行われる前に適用されており、且つ、法の一般原則、特に、刑罰は犯罪行為に相応するものでなければならないという原則に合致する法令の規定のみを適用しなければならない。裁判所は、被告人が占領国の国民ではないという事実を考慮に入れなければならない。

第68条【占領国に対する犯罪行為】占領国を害する意思のみをもつて行つた犯罪行為であつて、占領軍又は占領行政機関の構成員の生命又は身体に危害を加えず、重大な集団的危険を生ぜず、且つ、占領軍若しくは占領行政機関の財産又はそれらが使用する施設に対して重大な損害を与えないものを行つた被保護者は、抑留又は単なる拘禁に処せられる。但し、その抑留又は拘禁の期間は、犯罪行為に相応するものでなければならない。また、抑留又は拘禁は、そのような犯罪行為に関し被保護者から自由を奪うために執る唯一の措置としなければならない。この条約の第66条に定める裁判所は、その裁量により、拘禁の刑を同期間の抑留の刑に変えることができる。

第64条及び第65条に従つて占領国が公布する刑罰規定は、被保護者が間ちようとして行つた行為、占領

国の軍事施設に対して行つた重大な怠業（サボタージュ）又は1人若しくは2人以上の者を死に至らしめた故意による犯罪行為のため有罪とされた場合にのみ、その被保護者に対し死刑を科することができる。但し、占領開始前に実施されていた占領地域の法令に基いてそのような犯罪行為に死刑を科することができた場合に限る。

死刑の判決は、被告人が占領国の国民ではなくて同国に対し忠誠の義務を負わない事実を裁判所が特に留意した後でなければ、被保護者に言い渡してはならない。

死刑の判決は、いかなる場合にも、犯罪行為のあつた時に18歳未満であつた被保護者に言い渡してはならない。

第4部　被抑留者の待遇に関する規則

第1章　総則

第2章　抑留の場所

第3章　食糧及び被服

第4章　衛生及び医療

第5章　宗教的、知的及び肉体的活動

第6章　個人財産及び金銭収入

第7章　管理及び紀律

第8章　外部との関係

第9章　刑罰及び懲戒罰

第10章　被抑留者の移動

第11章　死亡

第12章　解放、送還及び中立国における入院

第5部　被保護者情報局及び中央被保護者情報局

第4編　条約の実施

第1部　総則

第2部　最終規定

● 1949年8月12日のジュネーヴ諸条約の国際的な武力紛争の犠牲者の保護に関する追加議定書（議定書Ⅰ）
《ジュネーヴ諸条約第1追加議定書》〔抜粋〕

Protocol Additional to the Geneva Conventions of 12 August 1949, and relating to the Protection of Victims of International Armed Conflicts

▼署名(開放)　1977年12月12日（ベルン）　▼効力発生　1978年12月7日　▼日本国　2004年6月14日国会承認、8月31日加入書寄託、9月3日公布〔平成16年条約第12号〕、05年2月28日発効

第1編　総則

第1条（一般原則及び適用範囲）　1　締約国は、すべての場合において、この議定書を尊重し、かつ、この議定書の尊重を確保することを約束する。

2　文民及び戦闘員は、この議定書その他の国際取極がその対象としていない場合においても、確立された慣習、人道の諸原則及び公共の良心に由来する国際法の諸原則に基づく保護並びにこのような国際法の諸原則の支配の下に置かれる。

3　この議定書は、戦争犠牲者の保護に関する1949年8月12日のジュネーヴ諸条約を補完するものであり、同諸条約のそれぞれの第2条に共通して規定する事態について適用する。

4　3に規定する事態には、国際連合憲章並びに国際連合憲章による諸国間の友好関係及び協力についての国際法の諸原則に関する宣言にうたう人民の自決の権利の行使として人民が植民地支配及び外国による占領並びに人種差別体制に対して戦う武力紛争を含む。

第2条（定義）　この議定書の適用上、

(a)　「第1条約」、「第2条約」、「第3条約」及び「第4条約」とは、それぞれ、戦地にある軍隊の傷者及び病者の状態の改善に関する1949年8月12日のジュネーヴ条約、海上にある軍隊の傷者、病者及び難船者の状態の改善に関する1949年8月12日のジュネーヴ条約、捕虜の待遇に関する1949年8月12日のジュネーヴ条約及び戦時における文民の保護に関する1949年8月12日のジュネーヴ条約をいう。「諸条約」とは、戦争犠牲者の保護に関する1949年8月12日の四のジュネーヴ条約をいう。

(b)　「武力紛争の際に適用される国際法の諸規則」とは、紛争当事者が締約国となっている国際取極に定

める武力紛争の際に適用される諸規則並びに一般的に認められた国際法の諸原則及び諸規則であって武力紛争について適用されるものをいう。
(c) 「利益保護国」とは、一の紛争当事者によって指定され、かつ、敵対する紛争当事者によって承諾された中立国その他の紛争当事者でない国であって、諸条約及びこの議定書に基づいて利益保護国に与えられる任務を遂行することに同意したものをいう。
(d) 「代理」とは、第5条の規定に従い利益保護国に代わって行動する団体をいう。

第3条（適用の開始及び終了） 常に適用される規定の適用を妨げることなく、
(a) 諸条約及びこの議定書は、第1条に規定する事態が生じた時から適用する。
(b) 諸条約及びこの議定書については、紛争当事者の領域においては軍事行動の全般的終了の時に、また、占領地域においては占領の終了の時に、適用を終了する。ただし、軍事行動の全般的終了又は占領の終了の後に最終的解放、送還又は居住地の設定が行われる者については、この限りでない。これらの者は、その最終的解放、送還又は居住地の設定の時まで諸条約及びこの議定書の関連規定による利益を引き続き享受する。

第4条（紛争当事者の法的地位） 諸条約及びこの議定書の適用並びに諸条約及びこの議定書に規定する取極の締結は、紛争当事者の法的地位に影響を及ぼすものではない。領域の占領又は諸条約若しくはこの議定書の適用のいずれも、関係する領域の法的地位に影響を及ぼすものではない。

第5条（利益保護国及びその代理の任命） 1 紛争当事者は、紛争の開始の時から、2から7までの規定に従って利益保護国の制度を適用すること（特に、利益保護国の指定及び承諾を含む。）により、諸条約及びこの議定書について監視し並びにこれらを実施することを確保する義務を負う。利益保護国は、紛争当事者の利益を保護する義務を負う。
2 紛争当事者は、第1条に規定する事態が生じた時から、諸条約及びこの議定書を適用する目的で利益保護国を遅滞なく指定し、並びに同様に遅滞なく、かつ、同一の目的で、敵対する紛争当事者による指定の後に自らが承諾した利益保護国の活動を認める。
3 赤十字国際委員会は、第1条に規定する事態が生じた時から利益保護国が指定されておらず又は承諾されていない場合には、他の公平な人道的団体が同様のことを行う権利を害することなく、紛争当事者の同意する利益保護国を遅滞なく指定するために紛争当事者に対してあっせんを行う。このため、同委員会は、特に、紛争当事者に対し、当該紛争当事者が敵対する紛争当事者との関係で自らのために利益保護国として行動することを受け入れることができると認める少なくとも5の国を掲げる一覧表を同委員会に提出するよう要請し、及び敵対する紛争当事者に対し、当該敵対する紛争当事者が当該紛争当事者の利益保護国として承諾することができる少なくとも5の国を掲げる一覧表を提出するよう要請することができる。これらの一覧表は、その要請の受領の後2週間以内に同委員会に送付する。同委員会は、これらの一覧表を比較し、及び双方の一覧表に記載されたいずれかの国について合意を求める。
4 3の規定にかかわらず利益保護国がない場合には、紛争当事者は、赤十字国際委員会又は公平性及び有効性についてすべてを保障する他の団体が当該紛争当事者と十分に協議した後その協議の結果を考慮に入れて行う代理として行動する旨の申出を遅滞なく受け入れ又は承諾する。代理の任務の遂行は、紛争当事者の同意を条件とする。紛争当事者は、諸条約及びこの議定書に基づく任務の遂行における代理の活動を容易にするため、あらゆる努力を払う。
5 諸条約及びこの議定書の適用を目的とする利益保護国の指定及び承諾は、前条の規定に従い、紛争当事者の法的地位又はいずれの領域（占領された領域を含む。）の法的地位に影響を及ぼすものではない。
6 紛争当事者間に外交関係が維持されていること又は外交関係に関する国際法の諸規則に従い紛争当事者及び紛争当事者の国民の利益の保護を第三国にゆだねることは、諸条約及びこの議定書の適用を目的とする利益保護国の指定を妨げるものではない。
7 以下、この議定書における利益保護国には、代理を含む。

第2編　傷者、病者及び難船者

第1部　一般的保護

第8条（用語） この議定書の適用上、
(a) 「傷者」及び「病者」とは、軍人であるか文民であるかを問わず、外傷、疾病その他の身体的又は精神的な疾患又は障害のために治療又は看護を必要とし、かつ、いかなる敵対行為も差し控える者をいう。これらの者には、産婦、新生児及び直ちに治療又は看護を必要とする者（例えば、虚弱者、妊婦）であって、いかなる敵対行為も差し控える者を含む。
(b) 「難船者」とは、軍人であるか文民であるかを問わず、自己又は自己を輸送している船舶若しくは航空機が被った危難の結果として海その他の水域において危険にさらされており、かつ、いかなる敵対行為も差し控える者をいう。これらの者は、敵対行為を差し控えている限り、救助の間においても、諸条約又はこの議定書に基づいて他の地位を得るまで引き続き難船者とみなす。
(c) 「医療要員」とは、紛争当事者により、専ら(e)に規定する医療上の目的、医療組織の管理又は医療用輸送手段の運用若しくは管理のために配属された者をいう。その配属は、常時のものであるか臨時のものであるかを問わない。医療要員には、次の者を含む。
(i) 紛争当事者の医療要員（軍人であるか文民であるかを問わない。また、第1条約及び第2条約に規定する衛生要員並びに文民保護組織に配属された医療要員を含む。）

(ii) 各国の赤十字社、赤新月社又は赤のライオン及び太陽社及び紛争当事者が正当に認める各国のその他の篤志救済団体の医療要員
(iii) 次条2に規定する医療組織又は医療用輸送手段における医療要員
(d) 「宗教要員」とは、聖職者等専ら宗教上の任務に従事する軍人又は文民であって次のいずれかに配置されているものをいう。
(i) 紛争当事者の軍隊
(ii) 紛争当事者の医療組織又は医療用輸送手段
(iii) 次条2に規定する医療組織又は医療用輸送手段
(iv) 紛争当事者の文民保護組織
 宗教要員の配置は、常時のものであるか臨時のものであるかを問わない。また、宗教要員については、(k)の規定の関連部分を準用する。
(e) 「医療組織」とは、軍のものであるか軍のもの以外のものであるかを問わず、医療上の目的、すなわち、傷者、病者及び難船者の捜索、収容、輸送、診断若しくは治療(応急治療を含む。)又は疾病の予防のために設置された施設その他の組織をいう。これらのものには、例えば、病院その他の類似の組織、輸血施設、予防医療に関する施設及び研究所、医療物資貯蔵庫並びにこれらの組織の医薬品の保管所を含む。医療組織は、固定されたものであるか移動するものであるか、また、常時のものであるか臨時のものであるかを問わない。
(f) 「医療上の輸送」とは、諸条約及びこの議定書によって保護される傷者、病者、難船者、医療要員、宗教要員、医療機器又は医療用品の陸路、水路又は空路による輸送をいう。
(g) 「医療用輸送手段」とは、軍のものであるか軍のもの以外のものであるか、また、常時のものであるか臨時のものであるかを問わず、専ら医療上の輸送に充てられ、かつ、紛争当事者の権限のある当局の監督の下にある輸送手段をいう。
(h) 「医療用車両」とは、陸路による医療用輸送手段をいう。
(i) 「医療用船舶及び医療用舟艇」とは、水路による医療用輸送手段をいう。
(j) 「医療用航空機」とは、空路による医療用輸送手段をいう。
(k) 「常時の医療要員」、「常時の医療組織」及び「常時の医療用輸送手段」とは、期間を限定することなく専ら医療目的に充てられた医療要員、医療組織及び医療用輸送手段をいう。「臨時の医療要員」、「臨時の医療組織」及び「臨時の医療用輸送手段」とは、限られた期間につきその期間を通じて専ら医療目的に充てられた医療要員、医療組織及び医療用輸送手段をいう。別段の定めがない限り、「医療要員」、「医療組織」及び「医療用輸送手段」には、それぞれ、常時のもの及び臨時のものを含む。
(l) 「特殊標章」とは、医療組織、医療用輸送手段、医療要員、医療機器、医療用品、宗教要員、宗教上の器具及び宗教上の用品の保護のために使用される場合における白地に赤十字、赤新月又は赤のライオン及び太陽から成る識別性のある標章をいう。
(m) 「特殊信号」とは、専ら医療組織又は医療用輸送手段の識別のためにこの議定書の附属書I第3章に規定する信号又は通報をいう。

第9条(適用範囲) 1 この編の規定は、傷者、病者及び難船者の状態を改善することを目的としたものであり、人種、皮膚の色、性、言語、宗教又は信条、政治的意見その他の意見、国民的又は社会的出身、貧富、出生又は他の地位その他これらに類する基準による不利な差別をすることなく、第1条に規定する事態によって影響を受けるすべての者について適用する。
2 第1条約第27条及び第32条の関連する規定は、常時の医療組織及び常時の医療用輸送手段(第2条約第25条の規定が適用される病院船を除く。)並びにこれらの要員であって、次に掲げる国又は団体が人道的目的で紛争当事者の利用に供するものについて適用する。
(a) 中立国その他の紛争当事者でない国
(b) (a)に規定する国の認められた救済団体
(c) 公平で国際的な人道的団体

第10条(保護及び看護) 1 すべての傷者、病者及び難船者は、いずれの締約国に属する者であるかを問わず、尊重され、かつ、保護される。
2 傷者、病者及び難船者は、すべての場合において、人道的に取り扱われるものとし、また、実行可能な限り、かつ、できる限り速やかに、これらの者の状態が必要とする医療上の看護及び手当を受ける。医療上の理由以外のいかなる理由によっても、これらの者の間に差別を設けてはならない。

第11条(身体の保護) 1 敵対する紛争当事者の権力内にある者又は第1条に規定する事態の結果収容され、抑留され若しくは他の方法によって自由を奪われた者の心身が健康かつ健全であることを、不当な作為又は不作為によって脅かしてはならない。このため、この条に規定する者に対し、その者の健康状態が必要としない医療上の措置又はその措置をとる締約国の国民であり何ら自由を奪われていない者について類似の医学的状況の下で適用される一般に受け入れられている医療上の基準に適合しない医療上の措置をとることは、禁止する。
2 特に、1に規定する者に対し次の行為を行うこと(1に定める条件によって正当とされる場合を除く。)は、本人の同意がある場合であっても、禁止する。
(a) 身体の切断
(b) 医学的又は科学的実験
(c) 移植のための組織又は器官の除去
3 2(c)に規定する禁止に対する例外は、輸血のための献血又は移植のための皮膚の提供であって、自発的に及び強制又は誘引なしに行われ、かつ、一般に受け入れられている医療上の基準並びに提供者及び受領者双方の利益のための規制に適合する条件の下で治療を目的として行われるものについてのみ認める。
4 いかなる者についても、その者の属する締約国以外

の締約国の権力内にある場合において心身が健康かつ健全であることを著しく脅かす故意の作為又は不作為であって、1及び2の禁止の規定に違反するもの又は3に定める条件に合致しないものは、この議定書の重大な違反行為とする。

5　1に規定する者は、いかなる外科手術も拒否する権利を有する。医療要員は、拒否された場合には、その旨を記載した書面であって当該者が署名し又は承認したものを取得するよう努める。

6　紛争当事者は、1に規定する者が行う輸血のための献血又は移植のための皮膚の提供が当該紛争当事者の責任の下で行われる場合には、このような献血又は皮膚の提供についての医療記録を保管する。さらに、紛争当事者は、第1条に規定する事態の結果収容され、抑留され又は他の方法によって自由を奪われた者についてとったすべての医療上の措置の記録を保管するよう努める。これらの記録は、利益保護国がいつでも検査することができるようにしておく。

第12条（医療組織の保護）

1　医療組織は、常に尊重され、かつ、保護されるものとし、また、これを攻撃の対象としてはならない。

2　1の規定は、次のいずれかの場合には、軍の医療組織以外の医療組織について適用する。

(a)　紛争当事者の一に属する場合
(b)　紛争当事者の一の権限のある当局が認める場合
(c)　第9条2又は第1条約第27条の規定に基づいて承認を得た場合

3　紛争当事者は、自己の固定された医療組織の位置を相互に通報するよう求められる。通報のないことは、紛争当事者の1の規定に従う義務を免除するものではない。

4　いかなる場合にも、軍事目標を攻撃から保護することを企図して医療組織を利用してはならない。紛争当事者は、可能なときはいつでも、医療組織が軍事目標に対する攻撃によってその安全を危うくされることのないような位置に置かれることを確保する。

第16条（医療上の任務の一般的保護）

1　いずれの者も、いかなる場合においても、医療上の倫理に合致した医療活動（その受益者のいかんを問わない。）を行ったことを理由として処罰されない。

2　医療活動に従事する者は、医療上の倫理に関する諸規則若しくは傷者及び病者のために作成された他の医療上の諸規則又は諸条約若しくはこの議定書の規定に反する行為又は作業を行うことを強要されず、また、これらの諸規則及び規定によって求められる行為又は作業を差し控えることを強要されない。

3　医療活動に従事する者は、自己が現に看護しているか又は看護していた傷者及び病者に関する情報がこれらの傷者及び病者又はその家族にとって有害となると認める場合には、自国の法律によって求められている場合を除くほか、敵対する紛争当事者又は自国のいずれかに属する者に対し当該情報を提供することを強要されない。もっとも、伝染病の義務的通報に関する諸規則は、尊重する。

第17条（文民たる住民及び救済団体の役割）

1　文民たる住民は、傷者、病者及び難船者が敵対する紛争当事者に属する場合においても、これらの者を尊重し、また、これらの者に対していかなる暴力行為も行ってはならない。文民たる住民及び各国の赤十字社、赤新月社又は赤のライオン及び太陽社のような救済団体は、自発的に行う場合であっても、侵略され又は占領された地域においても、傷者、病者及び難船者を収容し及び看護することを許される。いずれの者も、このような人道的な行為を理由として危害を加えられ、訴追され、有罪とされ又は処罰されることはない。

2　紛争当事者は、1に規定する文民たる住民及び救済団体に対して、傷者、病者及び難船者を収容し及び看護し並びに死者を捜索し及びその死者の位置を報告するよう要請することができる。紛争当事者は、要請に応じた者に対し、保護及び必要な便益の双方を与える。敵対する紛争当事者は、そのような保護及び必要な便益の双方を与えられる地域を支配し又はその地域に対する支配を回復した場合には、必要な限り、同様の保護及び便益を与える。

第18条（識別）

1　紛争当事者は、医療要員、宗教要員、医療組織及び医療用輸送手段が識別されることのできることを確保するよう努める。

2　紛争当事者は、また、特殊標章及び特殊信号を使用する医療組織及び医療用輸送手段の識別を可能にする方法及び手続を採用し及び実施するよう努める。

3　軍の医療要員以外の医療要員及び軍の宗教要員以外の宗教要員は、占領地域及び戦闘が現に行われ又は行われるおそれのある地域において、特殊標章及び身分証明書によって識別されることができるようにすべきである。

4　医療組織及び医療用輸送手段は、権限のある当局の同意を得て、特殊標章によって表示する。第22条に規定する船舶及び舟艇は、第2条約に従って表示する。

5　紛争当事者は、特殊標章に加え、附属書Ⅰ第3章に定めるところにより、医療組織及び医療用輸送手段を識別するために特殊信号の使用を許可することができる。同章に規定する特別の場合には、例外的に、医療用輸送手段は、特殊標章を表示することなく特殊信号を使用することができる。

6　1から5までの規定の適用は、附属書Ⅰ第1章から第3章までに定めるところによる。医療組織及び医療用輸送手段が専ら使用するために同附属書第3章に指定する信号は、同章に定める場合を除くほか、同章の医療組織及び医療用輸送手段を識別する目的以外の目的で使用してはならない。

7　この条の規定は、平時において第1条約第44条に規定する使用よりも広範な特殊標章の使用を認めるものではない。

8　特殊標章の使用についての監督並びに特殊標章の濫用の防止及び抑止に関する諸条約及びこの議定書の規定は、特殊信号について適用する。

第19条（中立国その他の紛争当事者でない国）

中立国その他の紛争当事者でない国は、この編の規定によっ

て保護される者であってこれらの国が自国の領域において受け入れ又は収容するもの及びこれらの国によって発見される紛争当事者の死者について、この議定書の関連規定を適用する。

第20条（復仇〔きゅう〕の禁止） この編の規定によって保護される者及び物に対する復仇〔きゅう〕は、禁止する。

第2部　医療上の輸送

第3部　行方不明者及び死者

第3編　戦闘の方法及び手段並びに戦闘員及び捕虜の地位

第1部　戦闘の方法及び手段

第35条（基本原則） 1　いかなる武力紛争においても、紛争当事者が戦闘の方法及び手段を選ぶ権利は、無制限ではない。

2　過度の傷害又は無用の苦痛を与える兵器、投射物及び物質並びに戦闘の方法を用いることは、禁止する。

3　自然環境に対して広範、長期的かつ深刻な損害を与えることを目的とする又は与えることが予測される戦闘の方法及び手段を用いることは、禁止する。

第36条（新たな兵器） 締約国は、新たな兵器又は戦闘の手段若しくは方法の研究、開発、取得又は採用に当たり、その使用がこの議定書又は当該締約国に適用される他の国際法の諸規則により一定の場合又はすべての場合に禁止されているか否かを決定する義務を負う。

第37条（背信行為の禁止） 1　背信行為により敵を殺傷し又は捕らえることは、禁止する。武力紛争の際に適用される国際法の諸規則に基づく保護を受ける権利を有するか又は保護を与える義務があると敵が信ずるように敵の信頼を誘う行為であって敵の信頼を裏切る意図をもって行われるものは、背信行為を構成する。背信行為の例として、次の行為がある。
(a)　休戦旗を掲げて交渉の意図を装うこと、又は投降を装うこと。
(b)　負傷又は疾病による無能力を装うこと。
(c)　文民又は非戦闘員の地位を装うこと。
(d)　国際連合又は中立国その他の紛争当事者でない国の標章又は制服を使用して、保護されている地位を装うこと。

2　奇計は、禁止されない。奇計とは、敵を欺くこと又は無謀に行動させることを意図した行為であって、武力紛争の際に適用される国際法の諸規則に違反せず、かつ、そのような国際法に基づく保護に関して敵の信頼を誘うことがないために背信的ではないものをいう。奇計の例として、偽装、囮〔おとり〕、陽動作戦及び虚偽の情報の使用がある。

第38条（認められた標章） 1　赤十字、赤新月若しくは赤のライオン及び太陽の特殊標章又は諸条約若しくはこの議定書に規定する他の標章若しくは信号を不当に使用することは、禁止する。また、休戦旗を含む国際的に認められた他の保護標章又は信号及び文化財の保護標章を武力紛争において故意に濫用することは、禁止する。

2　国際連合によって認められた場合を除くほか、国際連合の特殊標章を使用することは、禁止する。

第39条（国の標章） 1　中立国その他の紛争当事者でない国の旗、軍の標章、記章又は制服を武力紛争において使用することは、禁止する。

2　攻撃を行っている間、又は軍事行動を掩〔えん〕護し、有利にし、保護し若しくは妨げるため、敵対する紛争当事者の旗、軍の標章、記章又は制服を使用することは、禁止する。

3　この条及び第37条1(d)の規定は、諜〔ちょう〕報活動又は海上の武力紛争における旗の使用に適用される現行の一般に認められた国際法の諸規則に影響を及ぼすものではない。

第40条（助命） 生存者を残さないよう命令すること、そのような命令で敵を威嚇すること又はそのような方針で敵対行為を行うことは、禁止する。

第41条（戦闘外にある敵の保護） 1　戦闘外にあると認められる者又はその状況において戦闘外にあると認められるべき者は、攻撃の対象としてはならない。

2　次の者は、戦闘外にある。
(a)　敵対する紛争当事者の権力内にある者
(b)　投降の意図を明確に表明する者
(c)　既に無意識状態となっており又は負傷若しくは疾病により無能力となっているため自己を防御することができない者
　　ただし、いずれの者も、いかなる敵対行為も差し控え、かつ、逃走を企てないことを条件とする。

3　捕虜としての保護を受ける権利を有する者が第3条約第3編第1部に規定する後送を妨げる通常と異なる戦闘の状態の下で敵対する紛争当事者の権力内に陥った場合には、そのような権利を有する者を解放し、及びその者の安全を確保するためにすべての実行可能な予防措置をとる。

第42条（航空機の搭乗者） 1　遭難航空機から落下傘で降下する者は、降下中は攻撃の対象としてはならない。

2　遭難航空機から落下傘で降下した者は、敵対する紛争当事者が支配する地域に着地したときは、その者が敵対行為を行っていることが明白でない限り、攻撃の対象とされる前に投降の機会を与えられる。

3　空挺〔てい〕部隊は、この条の規定による保護を受けない。

第2部　戦闘員及び捕虜の地位

第43条（軍隊） 1　紛争当事者の軍隊は、部下の行動について当該紛争当事者に対して責任を負う司令部の下にある組織された及び武装したすべての兵力、集団及び部隊から成る（当該紛争当事者を代表する政府又は当局が敵対する紛争当事者によって承認されているか否かを問わない。）。このような軍隊は、内部規律に関

する制度、特に武力紛争の際に適用される国際法の諸規則を遵守させる内部規律に関する制度に従う。
2　紛争当事者の軍隊の構成員(第3条約第33条に規定する衛生要員及び宗教要員を除く。)は、戦闘員であり、すなわち、敵対行為に直接参加する権利を有する。
3　紛争当事者は、準軍事的な又は武装した法執行機関を自国の軍隊に編入したときは、他の紛争当事者にその旨を通報する。

第44条（戦闘員及び捕虜） 1　前条に規定する戦闘員であって敵対する紛争当事者の権力内に陥ったものは、捕虜とする。
2　すべての戦闘員は、武力紛争の際に適用される国際法の諸規則を遵守する義務を負うが、これらの諸規則の違反は、3及び4に規定する場合を除くほか、戦闘員である権利又は敵対する紛争当事者の権力内に陥った場合に捕虜となる権利を戦闘員から奪うものではない。
3　戦闘員は、文民たる住民を敵対行為の影響から保護することを促進するため、攻撃又は攻撃の準備のための軍事行動を行っている間、自己と文民たる住民とを区別する義務を負う。もっとも、武装した戦闘員は、武力紛争において敵対行為の性質のため自己と文民たる住民とを区別することができない状況があると認められるので、当該状況において次に規定する間武器を公然と携行することを条件として、戦闘員としての地位を保持する。
　(a)　交戦の間
　(b)　自己が参加する攻撃に先立つ軍事展開中に敵に目撃されている間
　この3に定める条件に合致する行為は、第37条1(c)に規定する背信行為とは認められない。
4　3中段に定める条件を満たすことなく敵対する紛争当事者の権力内に陥った戦闘員は、捕虜となる権利を失う。もっとも、第3条約及びこの議定書が捕虜に与える保護と同等のものを与えられる。この保護には、当該戦闘員が行った犯罪のため裁判され及び処罰される場合に、第3条約が捕虜に与える保護と同等のものを含む。
5　攻撃又は攻撃の準備のための軍事行動を行っていない間に敵対する紛争当事者の権力内に陥った戦闘員は、それ以前の活動を理由として戦闘員である権利及び捕虜となる権利を失うことはない。
6　この条の規定は、いずれかの者が第3条約第4条の規定に基づいて捕虜となる権利を害するものではない。
7　この条の規定は、紛争当事者の武装し、かつ、制服を着用した正規の部隊に配属された戦闘員について、その者が制服を着用することに関する各国の慣行であって一般に受け入れられているものを変更することを意図するものではない。
8　第1条約第13条及び第2条約第13条に規定する部類に属する者に加え、前条に規定する紛争当事者の軍隊のすべての構成員は、傷者若しくは病者又は海その他の水域における難船者(ただし、難船者については、

第2条約に係るもの)である場合には、これらの条約に基づく保護を受ける権利を有する。

第45条（敵対行為に参加した者の保護） 1　敵対行為に参加して敵対する紛争当事者の権力内に陥った者については、その者が捕虜の地位を要求した場合、その者が捕虜となる権利を有すると認められる場合又はその者が属する締約国が抑留国若しくは利益保護国に対する通告によりその者のために捕虜の地位を要求した場合には、捕虜であると推定し、第3条約に基づいて保護する。その者が捕虜となる権利を有するか否かについて疑義が生じた場合には、その者の地位が権限のある裁判所によって決定されるまでの間、引き続き捕虜の地位を有し、第3条約及びこの議定書によって保護する。
2　敵対する紛争当事者の権力内に陥った者が捕虜としては捕らえられない場合において敵対行為に係る犯罪について当該敵対する紛争当事者による裁判を受けるときは、その者は、司法裁判所において捕虜となる権利を有することを主張し及びその問題について決定を受ける権利を有する。この決定については、適用される手続に従って可能なときはいつでも、当該犯罪についての裁判の前に行う。利益保護国の代表者は、その問題が決定される手続に立ち会う権利を有する。ただし、例外的に手続が国の安全のために非公開で行われる場合は、この限りでない。この場合には、抑留国は、利益保護国にその旨を通知する。
3　敵対行為に参加した者であって、捕虜となる権利を有せず、また、第4条約に基づく一層有利な待遇を受けないものは、常にこの議定書の第75条に規定する保護を受ける権利を有する。いずれの者も、占領地域においては、間諜〔ちょう〕として捕らえられない限り、第4条約第5条の規定にかかわらず、同条約に基づく通信の権利を有する。

第46条（間諜〔ちょう〕） 1　諸条約又はこの議定書の他の規定にかかわらず、紛争当事者の軍隊の構成員であって諜〔ちょう〕報活動を行っている間に敵対する紛争当事者の権力内に陥ったものについては、捕虜となる権利を有せず、間諜〔ちょう〕として取り扱うことができる。
2　紛争当事者の軍隊の構成員であって、当該紛争当事者のために及び敵対する紛争当事者が支配する地域において、情報を収集し又は収集しようとしたものは、そのような活動の間に自国の軍隊の制服を着用していた場合には、諜〔ちょう〕報活動を行っていたとは認められない。
3　敵対する紛争当事者が占領している地域の居住者である紛争当事者の軍隊の構成員であって、自己が属する紛争当事者のために当該地域において軍事的価値のある情報を収集し又は収集しようとしたものは、虚偽の口実に基づく行為による場合又は故意にひそかな方法で行われた場合を除くほか、諜〔ちょう〕報活動を行っていたとは認められない。さらに、当該居住者は、諜〔ちょう〕報活動を行っている間に捕らえられた場合を除くほか、捕虜となる権利を失わず、また、間諜

〔ちよう〕として取り扱われない。
4 敵対する紛争当事者が占領している地域の居住者でない紛争当事者の軍隊の構成員であって、当該地域において諜〔ちよう〕報活動を行ったものは、その者の属する軍隊に復帰する前に捕らえられる場合を除くほか、捕虜となる権利を失わず、また、間諜〔ちよう〕として取り扱われない。

第47条（傭〔よう〕兵） 1 傭〔よう〕兵は、戦闘員である権利又は捕虜となる権利を有しない。
2 傭〔よう〕兵とは、次のすべての条件を満たす者をいう。
 (a) 武力紛争において戦うために現地又は国外で特別に採用されていること。
 (b) 実際に敵対行為に直接参加していること。
 (c) 主として私的な利益を得たいとの願望により敵対行為に参加し、並びに紛争当事者により又は紛争当事者の名において、当該紛争当事者の軍隊において類似の階級に属し及び類似の任務を有する戦闘員に対して約束され又は支払われる額を相当上回る物質的な報酬を実際に約束されていること。
 (d) 紛争当事者の国民でなく、また、紛争当事者が支配している地域の居住者でないこと。
 (e) 紛争当事者の軍隊の構成員でないこと。
 (f) 紛争当事者でない国が自国の軍隊の構成員として公の任務で派遣した者でないこと。

第4編　文民たる住民

第1部　敵対行為の影響からの一般的保護

第1章　基本原則及び適用範囲

第48条（基本原則） 紛争当事者は、文民たる住民及び民用物を尊重し及び保護することを確保するため、文民たる住民と戦闘員とを、また、民用物と軍事目標とを常に区別し、及び軍事目標のみを軍事行動の対象とする。

第49条（攻撃の定義及び適用範囲） 1 「攻撃」とは、攻勢としてであるか防御としてであるかを問わず、敵に対する暴力行為をいう。
2 この議定書の攻撃に関する規定は、いずれの地域（紛争当事者に属する領域であるが敵対する紛争当事者の支配の下にある地域を含む。）で行われるかを問わず、すべての攻撃について適用する。
3 この部の規定は、陸上の文民たる住民、個々の文民又は民用物に影響を及ぼす陸戦、空戦又は海戦について適用するものとし、また、陸上の目標に対して海又は空から行われるすべての攻撃についても適用する。もっとも、この部の規定は、海上又は空中の武力紛争の際に適用される国際法の諸規則に影響を及ぼすものではない。
4 この部の規定は、第4条約特にその第二編及び締約国を拘束する他の国際取極に含まれる人道的保護に関する諸規則並びに陸上、海上又は空中の文民及び民用物を敵対行為の影響から保護することに関する他の国際法の諸規則に追加される。

第2章　文民及び文民たる住民

第50条（文民及び文民たる住民の定義） 1 文民とは、第3条約第4条A(1)から(3)まで及び(6)並びにこの議定書の第43条に規定する部隊のいずれにも属しない者をいう。いずれの者も、文民であるか否かについて疑義がある場合には、文民とみなす。
2 文民たる住民とは、文民であるすべての者から成るものをいう。
3 文民の定義に該当しない者が文民たる住民の中に存在することは、文民たる住民から文民としての性質を奪うものではない。

第51条（文民たる住民の保護） 1 文民たる住民及び個々の文民は、軍事行動から生ずる危険からの一般的保護を受ける。この保護を実効的なものとするため、適用される他の国際法の諸規則に追加される2から8までに定める規則は、すべての場合において、遵守する。
2 文民たる住民それ自体及び個々の文民は、攻撃の対象としてはならない。文民たる住民の間に恐怖を広めることを主たる目的とする暴力行為又は暴力による威嚇は、禁止する。
3 文民は、敵対行為に直接参加していない限り、この部の規定によって与えられる保護を受ける。
4 無差別な攻撃は、禁止する。無差別な攻撃とは、次の攻撃であって、それぞれの場合において、軍事目標と文民又は民用物とを区別しないでこれらに打撃を与える性質を有するものをいう。
 (a) 特定の軍事目標のみを対象としない攻撃
 (b) 特定の軍事目標のみを対象とすることのできない戦闘の方法及び手段を用いる攻撃
 (c) この議定書で定める限度を超える影響を及ぼす戦闘の方法及び手段を用いる攻撃
5 特に、次の攻撃は、無差別なものと認められる。
 (a) 都市、町村その他の文民又は民用物の集中している地域に位置する多数の軍事目標であって相互に明確に分離された別個のものを単一の軍事目標とみなす方法及び手段を用いる砲撃又は爆撃による攻撃
 (b) 予期される具体的かつ直接的な軍事的利益との比較において、巻き添えによる文民の死亡、文民の傷害、民用物の損傷又はこれらの複合した事態を過度に引き起こすことが予測される攻撃
6 復仇〔きゆう〕の手段として文民たる住民又は個々の文民を攻撃することは、禁止する。
7 文民たる住民又は個々の文民の所在又は移動は、特定の地点又は区域が軍事行動の対象とならないようにするために、特に、軍事目標を攻撃から掩〔えん〕護し又は軍事行動を掩〔えん〕護し、有利にし若しくは妨げることを企図して利用してはならない。紛争当事者は、軍事目標を攻撃から掩〔えん〕護し又は軍事行動を掩〔えん〕護することを企図して文民たる住民又は個々の文民の移動を命じてはならない。
8 この条に規定する禁止の違反があったときにおいて

も、紛争当事者は、文民たる住民及び個々の文民に関する法的義務(第57条の予防措置をとる義務を含む。)を免除されない。

第3章　民用物

第52条（民用物の一般的保護）1　民用物は、攻撃又は復仇〔きゆう〕の対象としてはならない。民用物とは、2に規定する軍事目標以外のすべての物をいう。

2　攻撃は、厳格に軍事目標に対するものに限定する。軍事目標は、物については、その性質、位置、用途又は使用が軍事活動に効果的に資する物であってその全面的又は部分的な破壊、奪取又は無効化がその時点における状況において明確な軍事的利益をもたらすものに限る。

3　礼拝所、家屋その他の住居、学校等通常民生の目的のために供される物が軍事活動に効果的に資するものとして使用されているか否かについて疑義がある場合には、軍事活動に効果的に資するものとして使用されていないと推定される。

第53条（文化財及び礼拝所の保護）1954年5月14日の武力紛争の際の文化財の保護に関するハーグ条約その他の関連する国際文書の規定の適用を妨げることなく、次のことは、禁止する。
 (a) 国民の文化的又は精神的遺産を構成する歴史的建造物、芸術品又は礼拝所を対象とする敵対行為を行うこと。
 (b) (a)に規定する物を軍事上の努力を支援するために利用すること。
 (c) (a)に規定する物を復仇〔きゆう〕の対象とすること。

第54条（文民たる住民の生存に不可欠な物の保護）1　戦闘の方法として文民を飢餓の状態に置くことは、禁止する。

2　食糧、食糧生産のための農業地域、作物、家畜、飲料水の施設及び供給設備、かんがい設備等文民たる住民の生存に不可欠な物をこれらが生命を維持する手段としての価値を有するが故に文民たる住民又は敵対する紛争当事者に与えないという特定の目的のため、これらの物を攻撃し、破壊し、移動させ又は利用することができないようにすることは、文民を飢餓の状態に置き又は退去させるという動機によるかその他の動機によるかを問わず、禁止する。

3　2に規定する禁止は、2に規定する物が次の手段として敵対する紛争当事者によって利用される場合には、適用しない。
 (a) 専ら当該敵対する紛争当事者の軍隊の構成員の生命を維持する手段
 (b) 生命を維持する手段でないときであっても軍事行動を直接支援する手段。ただし、いかなる場合においても、2に規定する物に対し、文民たる住民の食糧又は水を十分でない状態とし、その結果当該文民たる住民を飢餓の状態に置き又はその移動を余儀なくさせることが予測される措置をとってはならない。

4　2に規定する物は、復仇〔きゆう〕の対象としてはならない。

5　いずれの紛争当事者にとっても侵入から自国の領域を防衛する重大な必要があることにかんがみ、紛争当事者は、絶対的な軍事上の必要によって要求される場合には、自国の支配の下にある領域において2に規定する禁止から免れることができる。

第55条（自然環境の保護）1　戦闘においては、自然環境を広範、長期的かつ深刻な損害から保護するために注意を払う。その保護には、自然環境に対してそのような損害を与え、それにより住民の健康又は生存を害することを目的とする又は害することが予測される戦闘の方法及び手段の使用の禁止を含む。

2　復仇〔きゆう〕の手段として自然環境を攻撃することは、禁止する。

第56条（危険な力を内蔵する工作物及び施設の保護）1　危険な力を内蔵する工作物及び施設、すなわち、ダム、堤防及び原子力発電所は、これらの物が軍事目標である場合であっても、これらを攻撃することが危険な力の放出を引き起こし、その結果文民たる住民の間に重大な損失をもたらすときは、攻撃の対象としてはならない。これらの工作物又は施設の場所又は近傍に位置する他の軍事目標は、当該他の軍事目標に対する攻撃がこれらの工作物又は施設からの危険な力の放出を引き起こし、その結果文民たる住民の間に重大な損失をもたらす場合には、攻撃の対象としてはならない。

2　1に規定する攻撃からの特別の保護は、次の場合にのみ消滅する。
 (a) ダム又は堤防については、これらが通常の機能以外の機能のために、かつ、軍事行動に対し常時の、重要なかつ直接の支援を行うために利用されており、これらに対する攻撃がそのような支援を終了させるための唯一の実行可能な方法である場合
 (b) 原子力発電所については、これが軍事行動に対し常時の、重要なかつ直接の支援を行うために電力を供給しており、これに対する攻撃がそのような支援を終了させるための唯一の実行可能な方法である場合
 (c) 1に規定する工作物又は施設の場所又は近傍に位置する他の軍事目標については、これらが軍事行動に対し常時の、重要なかつ直接の支援を行うために利用されており、これらに対する攻撃がそのような支援を終了させるための唯一の実行可能な方法である場合

3　文民たる住民及び個々の文民は、すべての場合において、国際法によって与えられるすべての保護（次条の予防措置による保護を含む。）を受ける権利を有する。特別の保護が消滅し、1に規定する工作物、施設又は軍事目標が攻撃される場合には、危険な力の放出を防止するためにすべての実際的な予防措置をとる。

4　1に規定する工作物、施設又は軍事目標を復仇〔きゆう〕の対象とすることは、禁止する。

5　紛争当事者は、1に規定する工作物又は施設の近傍にいかなる軍事目標も設けることを避けるよう努め

る。もっとも、保護される工作物又は施設を攻撃から防御することのみを目的として構築される施設は、許容されるものとし、攻撃の対象としてはならない。ただし、これらの構築される施設が、保護される工作物又は施設に対する攻撃に対処するために必要な防御措置のためのものである場合を除くほか、敵対行為において利用されず、かつ、これらの構築される施設の装備が保護される工作物又は施設に対する敵対行為を撃退することのみが可能な兵器に限られていることを条件とする。

6 締約国及び紛争当事者は、危険な力を内蔵する物に追加的な保護を与えるために新たな取極を締結するよう要請される。

7 紛争当事者は、この条の規定によって保護される物の識別を容易にするため、この議定書の附属書I第16条に規定する一列に並べられた3個の明るいオレンジ色の円から成る特別の標章によってこれらの保護される物を表示することができる。その表示がないことは、この条の規定に基づく紛争当事者の義務を免除するものではない。

第4章 予防措置

第57条(攻撃の際の予防措置) 1 軍事行動を行うに際しては、文民たる住民、個々の文民及び民用物に対する攻撃を差し控えるよう不断の注意を払う。

2 攻撃については、次の予防措置をとる。
  (a) 攻撃を計画し又は決定する者は、次のことを行う。
    (i) 攻撃の目標が文民又は民用物でなく、かつ、第52条2に規定する軍事目標であって特別の保護の対象ではないものであること及びその目標に対する攻撃がこの議定書によって禁止されていないことを確認するためのすべての実行可能なこと。
    (ii) 攻撃の手段及び方法の選択に当たっては、巻き添えによる文民の死亡、文民の傷害及び民用物の損傷を防止し並びに少なくともこれらを最小限にとどめるため、すべての実行可能な予防措置をとること。
    (iii) 予期される具体的かつ直接的な軍事的利益との比較において、巻き添えによる文民の死亡、文民の傷害、民用物の損傷又はこれらの複合した事態を過度に引き起こすことが予測される攻撃を行う決定を差し控えること。
  (b) 攻撃については、その目標が軍事目標でないこと若しくは特別の保護の対象であること、又は当該攻撃が、予期される具体的かつ直接的な軍事的利益との比較において、巻き添えによる文民の死亡、文民の傷害、民用物の損傷若しくはこれらの複合した事態を過度に引き起こすことが予測されることが明白となった場合には、中止し又は停止する。
  (c) 文民たる住民に影響を及ぼす攻撃については、効果的な事前の警告を与える。ただし、事情の許さない場合は、この限りでない。

3 同様の軍事的利益を得るため複数の軍事目標の中で選択が可能な場合には、選択する目標は、攻撃によって文民の生命及び民用物にもたらされる危険が最小であることが予測されるものでなければならない。

4 紛争当事者は、海上又は空中における軍事行動を行うに際しては、文民の死亡及び民用物の損傷を防止するため、武力紛争の際に適用される国際法の諸規則に基づく自国の権利及び義務に従いすべての合理的な予防措置をとる。

5 この条のいかなる規定も、文民たる住民、個々の文民又は民用物に対する攻撃を認めるものと解してはならない。

第58条(攻撃の影響に対する予防措置) 紛争当事者は、実行可能な最大限度まで、次のことを行う。
  (a) 第4条約第49条の規定の適用を妨げることなく、自国の支配の下にある文民たる住民、個々の文民及び民用物を軍事目標の近傍から移動させるよう努めること。
  (b) 人口の集中している地域又はその付近に軍事目標を設けることを避けること。
  (c) 自国の支配の下にある文民たる住民、個々の文民及び民用物を軍事行動から生ずる危険から保護するため、その他の必要な予防措置をとること。

第5章 特別の保護の下にある地区及び地帯

第59条(無防備地区) 1 紛争当事者が無防備地区を攻撃することは、手段のいかんを問わず、禁止する。

2 紛争当事者の適当な当局は、軍隊が接触している地帯の付近又はその中にある居住地区であって敵対する紛争当事者による占領に対して開放されるものを、無防備地区として宣言することができる。無防備地区は、次のすべての条件を満たしたものとする。
  (a) すべての戦闘員が撤退しており並びにすべての移動可能な兵器及び軍用設備が撤去されていること。
  (b) 固定された軍事施設の敵対的な使用が行われないこと。
  (c) 当局又は住民により敵対行為が行われないこと。
  (d) 軍事行動を支援する活動が行われないこと。

3 諸条約及びこの議定書によって特別に保護される者並びに法及び秩序の維持のみを目的として保持される警察が無防備地区に存在することは、2に定める条件に反するものではない。

4 2の規定に基づく宣言は、敵対する紛争当事者に対して行われ、できる限り正確に無防備地区の境界を定め及び記述したものとする。その宣言が向けられた紛争当事者は、その受領を確認し、2に定める条件が実際に満たされている限り、当該地区を無防備地区として取り扱う。条件が実際に満たされていない場合には、その旨を直ちに、宣言を行った紛争当事者に通報する。2に定める条件が満たされていない場合にも、当該地区は、この議定書の他の規定及び武力紛争の際に適用される他の国際法の諸規則に基づく保護を引き続き受ける。

5 紛争当事者は、2に定める条件を満たしていない地区であっても、当該地区を無防備地区とすることにつ

いて合意することができる。その合意は、できる限り正確に無防備地区の境界を定め及び記述したものとすべきであり、また、必要な場合には監視の方法を定めたものとすることができる。
6　5に規定する合意によって規律される地区を支配する紛争当事者は、できる限り、他の紛争当事者と合意する標章によって当該地区を表示するものとし、この標章は、明瞭〔りよう〕に見ることができる場所、特に当該地区の外縁及び境界並びに幹線道路に表示する。
7　2に定める条件又は5に規定する合意に定める条件を満たさなくなった地区は、無防備地区としての地位を失う。そのような場合にも、当該地区は、この議定書の他の規定及び武力紛争の際に適用される他の国際法の諸規則に基づく保護を引き続き受ける。

第60条（非武装地帯） 1　紛争当事者がその合意によって非武装地帯の地位を与えた地帯に軍事行動を拡大することは、その拡大が当該合意に反する場合には、禁止する。
2　合意は、明示的に行う。合意は、直接に又は利益保護国若しくは公平な人道的団体を通じて口頭又は文書によって、また、相互的なかつ一致した宣言によって行うことができる。合意は、平時に及び敵対行為の開始後に行うことができるものとし、また、できる限り正確に非武装地帯の境界を定め及び記述したものとし並びに必要な場合には監視の方法を定めたものとすべきである。
3　合意の対象である地帯は、通常、次のすべての条件を満たしたものとする。
　(a)　すべての戦闘員が撤退しており並びにすべての移動可能な兵器及び軍用設備が撤去されていること。
　(b)　固定された軍事施設の敵対的な使用が行われないこと。
　(c)　当局又は住民により敵対行為が行われないこと。
　(d)　軍事上の努力に関連する活動が終了していること。

　紛争当事者は、(d)に定める条件についての解釈及び4に規定する者以外の者であって非武装地帯に入ることを認められるものについて合意する。
4　諸条約及びこの議定書によって特別に保護される者並びに法及び秩序の維持のみを目的として保持される警察が非武装地帯に存在することは、3に定める条件に反するものではない。
5　非武装地帯を支配する紛争当事者は、できる限り、他の紛争当事者と合意する標章によって当該非武装地帯を表示するものとし、この標章は、明瞭〔りよう〕に見ることができる場所、特に当該非武装地帯の外縁及び境界並びに幹線道路に表示する。
6　戦闘が非武装地帯の付近に迫ってきたときであっても、紛争当事者が合意している場合には、いずれの紛争当事者も、軍事行動を行うことに関する目的のために当該非武装地帯を利用し又はその地位を一方的に取り消すことができない。
7　一の紛争当事者が3又は6の規定に対する重大な違反を行った場合には、他の紛争当事者は、非武装地帯にその地位を与えている合意に基づく義務を免除される。その場合において、当該非武装地帯は、非武装地帯としての地位を失うが、この議定書の他の規定及び武力紛争の際に適用される他の国際法の諸規則に基づく保護を引き続き受ける。

第6章　文民保護

第61条（定義及び適用範囲） この議定書の適用上、
　(a)　「文民保護」とは、文民たる住民を敵対行為又は災害の危険から保護し、文民たる住民が敵対行為又は災害の直接的な影響から回復することを援助し、及び文民たる住民の生存のために必要な条件を整えるため次の人道的任務の一部又は全部を遂行することをいう。
　　(i)　警報の発令
　　(ii)　避難の実施
　　(iii)　避難所の管理
　　(iv)　灯火管制に係る措置の実施
　　(v)　救助
　　(vi)　応急医療その他の医療及び宗教上の援助
　　(vii)　消火
　　(viii)　危険地域の探知及び表示
　　(ix)　汚染の除去及びこれに類する防護措置の実施
　　(x)　緊急時の収容施設及び需品の提供
　　(xi)　被災地域における秩序の回復及び維持のための緊急援助
　　(xii)　不可欠な公益事業に係る施設の緊急の修復
　　(xiii)　死者の応急処理
　　(xiv)　生存のために重要な物の維持のための援助
　　(xv)　(i)から(xiv)までに掲げる任務のいずれかを遂行するために必要な補完的な活動（計画立案及び準備を含む。）
　(b)　「文民保護組織」とは、(a)に規定する任務を遂行するために紛争当事者の権限のある当局によって組織され又は認められる団体その他の組織であって、専らこれらの任務に充てられ、従事するものをいう。
　(c)　文民保護組織の「要員」とは、紛争当事者により専ら(a)に規定する任務を遂行することに充てられる者（当該紛争当事者の権限のある当局により専ら当該文民保護組織を運営することに充てられる者を含む。）をいう。
　(d)　文民保護組織の「物品」とは、当該文民保護組織が(a)に規定する任務を遂行するために使用する機材、需品及び輸送手段をいう。

第62条（一般的保護） 1　軍の文民保護組織以外の文民保護組織及びその要員は、この議定書の規定、特にこの部の規定に基づき尊重され、かつ、保護される。これらの者は、絶対的な軍事上の必要がある場合を除くほか、文民保護の任務を遂行する権利を有する。
2　1の規定は、軍の文民保護組織以外の文民保護組織の構成員ではないが、権限のある当局の要請に応じて当該権限のある当局の監督の下に文民保護の任務を遂行する文民についても適用する。

3 文民保護のために使用される建物及び物品並びに文民たる住民に提供される避難所は、第52条の規定の適用を受ける。文民保護のために使用される物は、破壊し又はその本来の使用目的を変更することができない。ただし、その物が属する締約国によって行われる場合を除く。

第63条（占領地域における文民保護） 1 軍の文民保護組織以外の文民保護組織は、占領地域において、その任務の遂行に必要な便益を当局から与えられる。軍の文民保護組織以外の文民保護組織の要員は、いかなる場合においても、その任務の適正な遂行を妨げるような活動を行うことを強要されない。占領国は、軍の文民保護組織以外の文民保護組織の任務の効率的な遂行を妨げるような方法で当該軍の文民保護組織以外の文民保護組織の機構又は要員を変更してはならない。軍の文民保護組織以外の文民保護組織は、占領国の国民又は利益を優先させることを求められない。

2 占領国は、軍の文民保護組織以外の文民保護組織に対し文民たる住民の利益を害する方法でその任務を遂行することを強要し、強制し又は誘引してはならない。

3 占領国は、安全保障上の理由により文民保護の要員の武装を解除することができる。

4 占領国は、文民保護組織に属し若しくは文民保護組織が使用する建物若しくは物品の本来の使用目的を変更し又はこれらを徴発することが文民たる住民に有害であるような場合には、その変更又は徴発を行うことができない。

5 占領国は、4に定める一般的な規則が遵守されている限り、次の特別の条件に従い、4に規定する資源を徴発し又はその使用目的を変更することができる。
 (a) 建物又は物品が文民たる住民の他の要求にとって必要であること。
 (b) 徴発又は使用目的の変更が(a)に規定する必要のある間に限り行われること。

6 占領国は、文民たる住民の使用のために提供され又は文民たる住民が必要とする避難所の使用目的を変更し又はこれらを徴発してはならない。

第64条（軍の文民保護組織以外の文民保護組織であって中立国その他の紛争当事者でない国のもの及び国際的な調整を行う団体） 1 前2条、次条及び第66条の規定は、紛争当事者の領域において、当該紛争当事者の同意を得て、かつ、その監督の下に第61条に規定する文民保護の任務を遂行する軍の文民保護組織以外の文民保護組織であって中立国その他の紛争当事者でない国のものの要員及び物品についても適用する。軍の文民保護組織以外の文民保護組織であって中立国その他の紛争当事者でない国のものによる援助については、敵対する紛争当事者に対しできる限り速やかに通報する。この活動については、いかなる場合においても、紛争への介入とみなしてはならない。もっとも、この活動については、関係紛争当事者の安全保障上の利益に妥当な考慮を払って行うべきである。

2 1に規定する援助を受ける紛争当事者及び当該援助を与える締約国は、適当な場合には、文民保護の活動の国際的な調整を容易なものとすべきである。その場合には、関連する国際的な団体は、この章の規定の適用を受ける。

3 占領国は、占領地域において、自国の資源又は当該占領地域の資源により文民保護の任務の適切な遂行を確保することができる場合にのみ、軍の文民保護組織以外の文民保護組織であって中立国その他の紛争当事者でない国のもの及び国際的な調整を行う団体の活動を排除し又は制限することができる。

第65条（保護の消滅） 1 軍の文民保護組織以外の文民保護組織並びにその要員、建物、避難所及び物品が受けることのできる保護は、これらのものが本来の任務から逸脱して敵に有害な行為を行い又は行うために使用される場合を除くほか、消滅しない。ただし、この保護は、適当な場合にはいつでも合理的な期限を定める警告が発せられ、かつ、その警告が無視された後においてのみ、消滅させることができる。

2 次のことは、敵に有害な行為と認められない。
 (a) 文民保護の任務が軍当局の指示又は監督の下に遂行されること。
 (b) 文民保護の文民たる要員が文民保護の任務の遂行に際して軍の要員と協力すること又は軍の要員が軍の文民保護組織以外の文民保護組織に配属されること。
 (c) 文民保護の任務の遂行が軍人たる犠牲者特に戦闘外にある者に付随的に利益を与えること。

3 文民保護の文民たる要員が秩序の維持又は自衛のために軽量の個人用の武器を携行することも、敵に有害な行為と認められない。もっとも、紛争当事者は、陸上における戦闘が現に行われており又は行われるおそれのある地域においては、文民保護の要員と戦闘員との区別に資するようにそのような武器をピストル又は連発けん銃のようなけん銃に制限するための適当な措置をとる。文民保護の要員は、そのような地域において他の軽量の個人用の武器を携行する場合であっても、文民保護の要員であると識別されたときは、尊重され、かつ、保護される。

4 軍の文民保護組織以外の文民保護組織において軍隊に類似した編成がとられていること又は強制的な役務が課されていることは、この章の規定に基づく保護をこれらの軍の文民保護組織以外の文民保護組織から奪うものではない。

第66条（識別） 1 紛争当事者は、自国の文民保護組織並びにその要員、建物及び物品が専ら文民保護の任務の遂行に充てられている間、これらのものが識別されることのできることを確保するよう努める。文民たる住民に提供される避難所も、同様に識別されることができるようにすべきである。

2 紛争当事者は、また、文民保護の国際的な特殊標章が表示される文民のための避難所並びに文民保護の要員、建物及び物品の識別を可能にする方法及び手続を採用し及び実施するよう努める。

3 文民保護の文民たる要員については、占領地域及び戦闘が現に行われており又は行われるおそれのある地

域においては、文民保護の国際的な特殊標章及び身分証明書によって識別されることができるようにすべきである。

4　文民保護の国際的な特殊標章は、文民保護組織並びにその要員、建物及び物品の保護並びに文民のための避難所のために使用するときは、オレンジ色地に青色の正三角形とする。

5　紛争当事者は、特殊標章に加えて文民保護に係る識別のための特殊信号を使用することについて合意することができる。

6　1から4までの規定の適用は、この議定書の附属書Ⅰ第5章の規定によって規律される。

7　4に規定する標章は、平時において、権限のある国内当局の同意を得て、文民保護に係る識別のために使用することができる。

8　締約国及び紛争当事者は、文民保護の国際的な特殊標章の表示について監督し並びにその濫用を防止し及び抑止するために必要な措置をとる。

9　文民保護の医療要員、宗教要員、医療組織及び医療用輸送手段の識別は、第18条の規定によっても規律される。

第67条（文民保護組織に配属される軍隊の構成員及び部隊）　1　文民保護組織に配属される軍隊の構成員及び部隊は、次のことを条件として、尊重され、かつ、保護される。

(a)　要員及び部隊が第61条に規定する任務のいずれかの遂行に常時充てられ、かつ、専らその遂行に従事すること。

(b)　(a)に規定する任務の遂行に充てられる要員が紛争の間他のいかなる軍事上の任務も遂行しないこと。

(c)　文民保護の国際的な特殊標章であって適当な大きさのものを明確に表示することにより、要員が他の軍隊の構成員から明瞭〔りよう〕に区別されることができること及び要員にこの議定書の附属書Ⅰ第5章に規定する身分証明書が与えられていること。

(d)　要員及び部隊が秩序の維持又は自衛のために軽量の個人用の武器のみを装備していること。第65条3の規定は、この場合についても準用する。

(e)　要員が敵対行為に直接参加せず、かつ、その文民保護の任務から逸脱して敵対する紛争当事者に有害な行為を行わず又は行うために使用されないこと。

(f)　要員及び部隊が文民保護の任務を自国の領域においてのみ遂行すること。

及び(b)に定める条件に従う義務を負う軍隊の構成員が(e)に定める条件を遵守しないことは、禁止する。

2　文民保護組織において任務を遂行する軍の要員は、敵対する紛争当事者の権力内に陥ったときは、捕虜とする。そのような軍の要員は、占領地域においては、必要な限り、その文民たる住民の利益のためにのみ文民保護の任務に従事させることができる。ただし、この作業が危険である場合には、そのような軍の要員がその任務を自ら希望するときに限る。

3　文民保護組織に配属される部隊の建物並びに主要な設備及び輸送手段は、文民保護の国際的な特殊標章によって明確に表示する。この特殊標章は、適当な大きさのものとする。

4　文民保護組織に常時配属され、かつ、専ら文民保護の任務の遂行に従事する部隊の物品及び建物は、敵対する紛争当事者の権力内に陥ったときは、戦争の法規の適用を受ける。そのような物品及び建物については、絶対的な軍事上の必要がある場合を除くほか、文民保護の任務の遂行にとって必要とされる間、文民保護上の使用目的を変更することができない。ただし、文民たる住民の必要に適切に対応するためにあらかじめ措置がとられている場合は、この限りでない。

第2部　文民たる住民のための救済

第3部　紛争当事者の権力内にある者の待遇

第1章　適用範囲並びに人及び物の保護

第75条（基本的な保障）　1　紛争当事者の権力内にある者であって諸条約又はこの議定書に基づく一層有利な待遇を受けないものは、第1条に規定する事態の影響を受ける限り、すべての場合において人道的に取り扱われるものとし、また、人種、皮膚の色、性、言語、宗教又は信条、政治的意見その他の意見、国民的又は社会的出身、貧富、出生又は他の地位その他これらに類する基準による不利な差別を受けることなく、少なくともこの条に規定する保護を受ける。紛争当事者は、これらのすべての者の身体、名誉、信条及び宗教上の実践を尊重する。

2　次の行為は、いかなる場合においても、また、いかなる場所においても、文民によるものか軍人によるものかを問わず、禁止する。

(a)　人の生命、健康又は心身の健全性に対する暴力、特に次の行為
　(i)　殺人
　(ii)　あらゆる種類の拷問（身体的なものであるか精神的なものであるかを問わない。）
　(iii)　身体刑
　(iv)　身体の切断

(b)　個人の尊厳に対する侵害、特に、侮辱的で体面を汚す待遇、強制売春及びあらゆる形態のわいせつ行為

(c)　人質をとる行為

(d)　集団に科する刑罰

(e)　(a)から(d)までに規定する行為を行うとの脅迫

3　武力紛争に関連する行為のために逮捕され、抑留され又は収容される者は、これらの措置がとられた理由をその者が理解する言語で直ちに知らされるものとする。これらの者は、犯罪を理由として逮捕され又は抑留される場合を除くほか、できる限り遅滞なく釈放されるものとし、いかなる場合においてもその逮捕、抑留又は収容を正当化する事由が消滅したときは、直ちに釈放される。

4　通常の司法手続に関する一般的に認められている諸

原則を尊重する公平かつ正規に構成された裁判所が言い渡す有罪の判決によることなく、武力紛争に関連する犯罪について有罪とされる者に刑を言い渡すことはできず、また、刑を執行することはできない。これらの原則には、次のものを含む。
(a) 司法手続は、被告人が自己に対する犯罪の容疑の詳細を遅滞なく知らされることを定めるものとし、被告人に対し裁判の開始前及び裁判の期間中すべての必要な防御の権利及び手段を与える。
(b) いずれの者も、自己の刑事責任に基づく場合を除くほか、犯罪について有罪の判決を受けない。
(c) いずれの者も、実行の時に国内法又は国際法により犯罪を構成しなかった作為又は不作為を理由として訴追され又は有罪とされない。いずれの者も、犯罪が行われた時に適用されていた刑罰よりも重い刑罰を科されない。犯罪が行われた後に一層軽い刑罰を科する規定が法律に設けられる場合には、当該犯罪を行った者は、その利益を享受する。
(d) 罪に問われている者は、法律に基づいて有罪とされるまでは、無罪と推定される。
(e) 罪に問われている者は、自ら出席して裁判を受ける権利を有する。
(f) いずれの者も、自己に不利益な供述又は有罪の自白を強要されない。
(g) 罪に問われている者は、自己に不利な証人を尋問し又はこれに対し尋問させる権利並びに自己に不利な証人と同じ条件での自己のための証人の出席及びこれに対する尋問を求める権利を有する。
(h) いずれの者も、無罪又は有罪の確定判決が既に言い渡された犯罪について、同一の締約国により同一の法律及び司法手続に基づいて訴追され又は処罰されない。
(i) 訴追された者は、公開の場で判決の言渡しを受ける権利を有する。
(j) 有罪の判決を受ける者は、その判決の際に、司法上その他の救済措置及びこれらの救済措置をとることのできる期限について告知される。
5 武力紛争に関連する理由で自由を制限されている女子は、男子の区画から分離した区画に収容され、かつ、女子の直接の監視の下に置かれる。ただし、家族が抑留され又は収容される場合には、これらの者は、できる限り同一の場所に家族単位で置かれる。
6 武力紛争に関連する理由で逮捕され、抑留され又は収容される者は、武力紛争が終了した後も、その最終的解放、送還又は居住地の設定の時までこの条の規定に基づく保護を受ける。
7 戦争犯罪又は人道に対する犯罪について責任を問われる者の訴追及び裁判に関する疑義を避けるため、次の原則を適用する。
(a) 戦争犯罪又は人道に対する犯罪について責任を問われる者は、適用される国際法の諸規則に従って訴追され及び裁判に付されるべきである。
(b) 諸条約又はこの議定書に基づく一層有利な待遇を受けない者は、その責任を問われる犯罪が諸条約又はこの議定書に対する重大な違反行為であるか否かを問わず、この条の規定に基づく待遇を与えられる。
8 この条のいかなる規定も、適用される国際法の諸規則に基づき1に規定する者に対して一層厚い保護を与える他の一層有利な規定を制限し又は侵害するものと解してはならない。

第2章　女子及び児童のための措置

第3章　報道関係者

第5編　諸条約及びこの議定書の実施

第1部　総則

第80条（実施のための措置） 1 締約国及び紛争当事者は、諸条約及びこの議定書に基づく義務を履行するため、遅滞なくすべての必要な措置をとる。
2 締約国及び紛争当事者は、諸条約及びこの議定書の遵守を確保するために命令及び指示を与え、並びにその実施について監督する。

第81条（赤十字その他の人道的団体の活動） 1 紛争当事者は、赤十字国際委員会に対し、同委員会が紛争の犠牲者に対する保護及び援助を確保するために諸条約及びこの議定書によって与えられる人道的任務を遂行することのできるよう、可能なすべての便益を与える。また、赤十字国際委員会は、関係紛争当事者の同意を得ることを条件として、紛争の犠牲者のためにその他の人道的活動を行うことができる。
2 紛争当事者は、自国の赤十字、赤新月又は赤のライオン及び太陽の団体に対し、これらの団体が諸条約及びこの議定書の規定並びに赤十字国際会議によって作成された赤十字の基本原則に従って紛争の犠牲者のための人道的活動を行うため、必要な便益を与える。
3 締約国及び紛争当事者は、赤十字、赤新月又は赤のライオン及び太陽の団体及び赤十字社連盟が諸条約及びこの議定書の規定並びに赤十字国際会議によって作成された赤十字の基本原則に従って紛争の犠牲者に与える援助を、できる限りの方法で容易にする。
4 締約国及び紛争当事者は、諸条約及びこの議定書にいう他の人道的団体であって、それぞれの紛争当事者によって正当に認められ、かつ、諸条約及びこの議定書の規定に従って人道的活動を行うものが2及び3に規定する便益と同様の便益を、できる限り、利用することのできるようにする。

第82条（軍隊における法律顧問） 締約国はいつでも、また、紛争当事者は武力紛争の際に、諸条約及びこの議定書の適用並びにその適用について軍隊に与えられる適当な指示に関して軍隊の適当な地位の指揮官に助言する法律顧問を必要な場合に利用することができるようにする。

第83条（周知） 1 締約国は、平時において武力紛争の際と同様に、自国において、できる限り広い範囲において諸条約及びこの議定書の周知を図ること、特に、諸条約及びこの議定書を自国の軍隊及び文民たる住民

に周知させるため、軍隊の教育の課目に諸条約及びこの議定書についての学習を取り入れ並びに文民たる住民によるその学習を奨励することを約束する。
2 武力紛争の際に諸条約及びこの議定書の適用について責任を有する軍当局又は軍当局以外の当局は、諸条約及びこの議定書の内容を熟知していなければならない。

第84条（細目手続） 締約国は、寄託者及び適当な場合には利益保護国を通じて、この議定書の自国の公の訳文及びその適用を確保するために自国が制定する法令をできる限り速やかに相互に通知する。

第2部　諸条約及びこの議定書に対する違反行為の防止

第85条（この議定書に対する違反行為の防止） 1 この部の規定によって補完される違反行為及び重大な違反行為の防止に関する諸条約の規定は、この議定書に対する違反行為及び重大な違反行為の防止について適用する。

2 諸条約において重大な違反行為とされている行為は、敵対する紛争当事者の権力内にある者であって第44条、第45条及び第73条の規定により保護されるもの、敵対する紛争当事者の傷者、病者及び難船者であってこの議定書によって保護されるもの又は敵対する紛争当事者の支配の下にある医療要員、宗教要員、医療組織若しくは医療用輸送手段であってこの議定書によって保護されるものに対して行われる場合には、この議定書に対する重大な違反行為とする。

3 第11条に規定する重大な違反行為のほか、次の行為は、この議定書の関連規定に違反して故意に行われ、死亡又は身体若しくは健康に対する重大な傷害を引き起こす場合には、この議定書に対する重大な違反行為とする。
(a) 文民たる住民又は個々の文民を攻撃の対象とすること。
(b) 第57条2(a)(iii)に規定する文民の過度の死亡若しくは傷害又は民用物の過度の損傷を引き起こすことを知りながら、文民たる住民又は民用物に影響を及ぼす無差別な攻撃を行うこと。
(c) 第57条2(a)(iii)に規定する文民の過度の死亡若しくは傷害又は民用物の過度の損傷を引き起こすことを知りながら、危険な力を内蔵する工作物又は施設に対する攻撃を行うこと。
(d) 無防備地区及び非武装地帯を攻撃の対象とすること。
(e) 戦闘外にある者であることを知りながら、その者を攻撃の対象とすること。
(f) 赤十字、赤新月若しくは赤のライオン及び太陽の特殊標章又は諸条約若しくはこの議定書によって認められている他の保護標章を第37条の規定に違反して背信的に使用すること。

4 2及び3並びに諸条約に定める重大な違反行為のほか、次の行為は、諸条約又はこの議定書に違反して故意に行われる場合には、この議定書に対する重大な違反行為とする。
(a) 占領国が、第4条約第49条の規定に違反して、その占領地域に自国の文民たる住民の一部を移送すること又はその占領地域の住民の全部若しくは一部を当該占領地域の内において若しくはその外に追放し若しくは移送すること。
(b) 捕虜又は文民の送還を不当に遅延させること。
(c) アパルトヘイトの慣行その他の人種差別に基づき個人の尊厳に対する侵害をもたらす非人道的で体面を汚す慣行
(d) 明確に認められている歴史的建造物、芸術品又は礼拝所であって、国民の文化的又は精神的遺産を構成し、かつ、特別の取極（例えば、権限のある国際機関の枠内におけるもの）によって特別の保護が与えられているものについて、敵対する紛争当事者が第53条(b)の規定に違反しているという証拠がなく、かつ、これらの歴史的建造物、芸術品及び礼拝所が軍事目標に極めて近接して位置していない場合において、攻撃の対象とし、その結果広範な破壊を引き起こすこと。
(e) 諸条約によって保護される者又は2に規定する者から公正な正式の裁判を受ける権利を奪うこと。

5 諸条約及びこの議定書に対する重大な違反行為は、これらの文書の適用を妨げることなく、戦争犯罪と認める。

第86条（不作為） 1 締約国及び紛争当事者は、作為義務を履行しなかったことの結果生ずる諸条約又はこの議定書に対する重大な違反行為を防止し、及び作為義務を履行しなかったことの結果生ずる諸条約又はこの議定書に対するその他のすべての違反行為を防止するために必要な措置をとる。

2 上官は、部下が諸条約若しくはこの議定書に対する違反行為を行っており若しくは行おうとしていることを知っており又はその時点における状況においてそのように結論することができる情報を有していた場合において、当該違反行為を防止し又は抑止するためにすべての実行可能な措置をとらなかったときは、当該違反行為が当該部下によって行われたという事実により場合に応じた刑事上又は懲戒上の責任を免れない。

第87条（指揮官の義務） 1 締約国及び紛争当事者は、軍の指揮官に対し、その指揮の下にある軍隊の構成員及びその監督の下にあるその他の者による諸条約及びこの議定書に対する違反行為を防止するよう、並びに必要な場合にはこれらの違反行為を抑止し及び権限のある当局に報告するよう求める。

2 締約国及び紛争当事者は、違反行為を防止し及び抑止するため、指揮官に対し、その指揮の下にある軍隊の構成員が諸条約及びこの議定書に基づく自己の義務について了知していることをその責任の程度に応じて確保するよう求める。

3 締約国及び紛争当事者は、指揮官であってその部下又はその監督の下にあるその他の者が諸条約又はこの議定書に対する違反行為を行おうとしており又は行ったことを認識しているものに対し、諸条約又はこの議

第88条（刑事問題に関する相互援助）1　締約国は、諸条約又はこの議定書に対する重大な違反行為についてとられる刑事訴訟手続に関し、相互に最大限の援助を与える。
2　締約国は、諸条約及び第85条1に定める権利及び義務に従うことを条件として、事情が許すときは、犯罪人引渡しに関する事項について協力する。締約国は、犯罪が行われたとされる領域の属する国の要請に妥当な考慮を払う。
3　すべての場合において、相互援助の要請を受けた締約国の法令が適用される。もっとも、1及び2の規定は、刑事問題についての相互援助に関する事項の全部又は一部を現在規律しており又は将来規律する他の二国間又は多数国間の条約に基づく義務に影響を及ぼすものではない。

第89条（協力）締約国は、諸条約又はこの議定書に対する著しい違反がある場合には、国際連合と協力して、かつ、国際連合憲章に従って、単独で又は共同して行動することを約束する。

第90条（国際事実調査委員会）1 (a)　徳望が高く、かつ、公平と認められる15人の委員で構成する国際事実調査委員会（以下「委員会」という。）を設置する。
(b)　寄託者は、20以上の締約国が2の規定に従って委員会の権限を受け入れることに同意したときは、その時に及びその後5年ごとに、委員会の委員を選出するためにこれらの締約国の代表者の会議を招集する。代表者は、その会議において、これらの締約国によって指名された者（これらの締約国は、それぞれ1人を指名することができる。）の名簿の中から秘密投票により委員会の委員を選出する。
(c)　委員会の委員は、個人の資格で職務を遂行するものとし、次回の会議において新たな委員が選出されるまで在任する。
(d)　締約国は、選出に当たり、委員会に選出される者が必要な能力を個々に有していること及び委員会全体として衡平な地理的代表が保証されることを確保する。
(e)　委員会は、臨時の空席が生じたときは、(a)から(d)までの規定に妥当な考慮を払ってその空席を補充する。
(f)　寄託者は、委員会がその任務の遂行のために必要な運営上の便益を利用することのできるようにする。
2 (a)　締約国は、この議定書の署名若しくは批准若しくはこれへの加入の際に又はその後いつでも、同一の義務を受諾する他の締約国との関係において、この条の規定によって認められる当該他の締約国による申立てを調査する委員会の権限について当然に、かつ、特別の合意なしに認めることを宣言することができる。
(b)　(a)に規定する宣言については、寄託者に寄託するものとし、寄託者は、その写しを締約国に送付する。
(c)　委員会は、次のことを行う権限を有する。
(i)　諸条約及びこの議定書に定める重大な違反行為その他の諸条約又はこの議定書に対する著しい違反であると申し立てられた事実を調査すること。
(ii)　あっせんにより、諸条約及びこの議定書を尊重する態度が回復されることを容易にすること。
(d)　その他の場合には、委員会は、紛争当事者の要請がある場合であって、他の関係紛争当事者の同意があるときにのみ調査を行う。
(e)　(a)から(d)までの規定に従うことを条件として、第1条約第52条、第2条約第53条、第3条約第132条及び第4条約第149条の規定は、諸条約の違反の容疑について引き続き適用するものとし、また、この議定書の違反の容疑についても適用する。
3 (a)　すべての調査は、関係紛争当事者の間に別段の合意がない限り、次のとおり任命される7人の委員で構成する部が行う。
(i)　委員会の委員長が、紛争当事者と協議した後、地理的地域が衡平に代表されることを基準として任命する委員会の紛争当事者の国民でない5人の委員
(ii)　双方の紛争当事者が1人ずつ任命する紛争当事者の国民でない2人の特別の委員
(b)　委員会の委員長は、調査の要請を受けたときは、部を設置する適当な期限を定める。委員長は、特別の委員が当該期限内に任命されなかったときは、部の定数を満たすために必要な追加の委員会の委員を直ちに任命する。
4 (a)　調査を行うために3の規定に従って設置される部は、紛争当事者に対し、援助及び証拠の提出を求める。また、部は、適当と認める他の証拠を求めることができるものとし、現地において状況を調査することができる。
(b)　すべての証拠は、紛争当事者に十分に開示されるものとし、当該紛争当事者は、その証拠について委員会に対して意見を述べる権利を有する。
(c)　紛争当事者は、(b)に規定する証拠について異議を申し立てる権利を有する。
5 (a)　委員会は、適当と認める勧告を付して、事実関係の調査結果に関する部の報告を紛争当事者に提出する。
(b)　委員会は、部が公平な事実関係の調査結果を得るための十分な証拠を入手することのできない場合には、入手することのできない理由を明示する。
(c)　委員会は、すべての紛争当事者が要請した場合を除くほか、調査結果を公表しない。
6　委員会は、その規則（委員会の委員長及び部の長に関する規則を含む。）を定める。この規則は、委員会の委員長の任務がいつでも遂行されること及び調査の場合についてはその任務が紛争当事者の国民でない者によって遂行されることを確保するものとする。

7　委員会の運営経費は、2の規定に基づく宣言を行った締約国からの分担金及び任意の拠出金をもって支弁する。調査を要請する紛争当事者は、部が要する費用のために必要な資金を前払し、当該費用の50パーセントを限度として申立てを受けた紛争当事者による償還を受ける。対抗する申立てが部に対して行われた場合には、それぞれの紛争当事者が必要な資金の50パーセントを前払する。

第91条（責任）諸条約又はこの議定書に違反した紛争当事者は、必要な場合には、賠償を行う責任を負う。紛争当事者は、自国の軍隊に属する者が行ったすべての行為について責任を負う。

第6編　最終規定

第96条（この議定書の効力発生の後の条約関係）　1　諸条約は、その締約国がこの議定書の締約国である場合には、この議定書によって補完されるものとして適用する。

2　いずれか一の紛争当事者がこの議定書に拘束されていない場合にも、この議定書の締約国相互の関係においては、当該締約国は、この議定書に拘束される。さらに、当該締約国は、この議定書に拘束されない紛争当事者がこの議定書の規定を受諾し、かつ、適用するときは、当該紛争当事者との関係において、この議定書に拘束される。

3　第1条4に規定する武力紛争においていずれかの締約国と戦う人民を代表する当局は、寄託者にあてた一方的な宣言により、当該武力紛争について諸条約及びこの議定書を適用することを約束することができる。この宣言は、寄託者がこれを受領したときは、当該武力紛争に関し、次の効果を有する。

(a) 諸条約及びこの議定書は、紛争当事者としての当該当局について直ちに効力を生ずる。

(b) 当該当局は、諸条約及びこの議定書の締約国の有する権利及び義務と同一の権利及び義務を有する。

(c) 諸条約及びこの議定書は、すべての紛争当事者をひとしく拘束する。

第99条（廃棄）　1　いずれかの締約国がこの議定書を廃棄する場合には、その廃棄は、廃棄書の受領の後1年で効力を生ずる。ただし、廃棄は、廃棄を行う締約国が当該1年の期間の満了の時において第1条に規定する事態にある場合には、武力紛争又は占領の終了の時まで効力を生じず、また、いかなる場合においても、諸条約又はこの議定書によって保護されている者の最終的解放、送還又は居住地の設定に関連する活動が終了する時まで効力を生じない。

2　廃棄は、書面により寄託者に通告するものとし、寄託者は、その通告をすべての締約国に通報する。

3　廃棄は、廃棄を行う締約国についてのみ効力を有する。

4　1に規定する廃棄は、廃棄が効力を生ずる前に行われた行為について、廃棄を行う締約国がこの議定書に基づいて負っている武力紛争に係る義務に影響を及ぼすものではない。

● 1949年8月12日のジュネーヴ諸条約の非国際的な武力紛争の犠牲者の保護に関する追加議定書（議定書Ⅱ）
《ジュネーヴ諸条約第2追加議定書》〔抜粋〕

Protocol Additional to the Geneva Conventions of 12 August 1949, and relating to the Protection of Victims of Non-International Armed Conflicts

▼署名開放　1977年12月12日（ベルン）　▼効力発生　1978年12月7日　▼日本国　2004年6月14日国会承認、8月31日加入書寄託、9月3日公布〔平成16年条約第13号〕、05年2月28日発効

第1編　この議定書の適用範囲

第1条（適用範囲）　1　この議定書は、1949年8月12日のジュネーヴ諸条約のそれぞれの第3条に共通する規定をその現行の適用条件を変更することなく発展させかつ補完するものであり、1949年8月12日のジュネーヴ諸条約の国際的な武力紛争の犠牲者の保護に関する追加議定書（議定書Ⅰ）第1条の対象とされていない武力紛争であって、締約国の領域において、当該締約国の軍隊と反乱軍その他の組織された武装集団（持続的にかつ協同して軍事行動を行うこと及びこの議定書を実施することができるような支配を責任のある指揮の下で当該領域の一部に対して行うもの）との間に生ずるすべてのものについて適用する。

2　この議定書は、暴動、独立の又は散発的な暴力行為その他これらに類する性質の行為等国内における騒乱及び緊張の事態については、武力紛争に当たらないものとして適用しない。

第2条（人的適用範囲）　1　この議定書は、人種、皮膚の色、性、言語、宗教又は信条、政治的意見その他の意見、国民的又は社会的出身、貧富、出生又は他の地位その他これらに類する基準による不利な差別（以下「不利な差別」という。）をすることなく、前条に規定する武力紛争によって影響を受けるすべての者について適用する。

2　武力紛争の終了時に武力紛争に関連する理由で自由を奪われ又は制限されているすべての者及び武力紛争の後に同様の理由で自由を奪われ又は制限されるすべての者は、その自由のはく奪又は制限が終了する時まで、第5条及び第6条に規定する保護を受ける。

第3条（不介入） 1　この議定書のいかなる規定も、国の主権又は、あらゆる正当な手段によって、国の法及び秩序を維持し若しくは回復し若しくは国の統一を維持し及び領土を保全するための政府の責任に影響を及ぼすことを目的として援用してはならない。

2　この議定書のいかなる規定も、武力紛争が生じている締約国の領域における当該武力紛争又は武力紛争が生じている締約国の国内問題若しくは対外的な問題に直接又は間接に介入することを、その介入の理由のいかんを問わず、正当化するために援用してはならない。

第2編　人道的待遇

第4条（基本的な保障） 1　敵対行為に直接参加せず又は敵対行為に参加しなくなったすべての者は、その自由が制限されているか否かにかかわらず、身体、名誉並びに信条及び宗教上の実践を尊重される権利を有する。これらの者は、すべての場合において、不利な差別を受けることなく、人道的に取り扱われる。生存者を残さないよう命令することは、禁止する。

2　1の原則の適用を妨げることなく、1に規定する者に対する次の行為は、いかなる場合においても、また、いかなる場所においても禁止する。
 (a) 人の生命、健康又は心身の健全性に対する暴力、特に、殺人及び虐待（拷問、身体の切断、あらゆる形態の身体刑等）
 (b) 集団に科する刑罰
 (c) 人質をとる行為
 (d) テロリズムの行為
 (e) 個人の尊厳に対する侵害、特に、侮辱的で体面を汚す待遇、強姦〔かん〕、強制売春及びあらゆる形態のわいせつ行為
 (f) あらゆる形態の奴隷制度及び奴隷取引
 (g) 略奪
 (h) (a)から(g)までに規定する行為を行うとの脅迫

3　児童は、その必要とする保護及び援助を与えられる。特に、
 (a) 児童は、その父母の希望又は父母がいない場合には児童の保護について責任を有する者の希望に沿って、教育（宗教的及び道徳的教育を含む。）を受ける。
 (b) 一時的に離散した家族の再会を容易にするために、すべての適当な措置がとられなければならない。
 (c) 15歳未満の児童については、軍隊又は武装した集団に採用してはならず、また、敵対行為に参加することを許してはならない。
 (d) 15歳未満の児童には、(c)の規定にかかわらず敵対行為に直接参加し、捕らえられた場合には、この条の規定によって与えられる特別の保護を引き続き受ける。
 (e) 児童については、必要な場合には、その父母又は法律若しくは慣習によりその保護について主要な責任を有する者の同意を可能な限り得て、敵対行為が行われている地域から国内の一層安全な地域へ一時的に移動させる措置並びにその安全及び福祉について責任を有する者の同行を確保するための措置がとられなければならない。

第5条（自由を制限されている者） 1　武力紛争に関連する理由で自由を奪われた者（収容されているか抑留されているかを問わない。以下この条において「自由を奪われた者」という。）については、前条の規定のほか、少なくとも次の規定を尊重する。
 (a) 傷者及び病者は、第7条の規定に従って取り扱われる。
 (b) 自由を奪われた者は、地域の文民たる住民と同じ程度に、食糧及び飲料水を提供され、並びに保健上及び衛生上の保護並びに気候の厳しさ及び武力紛争の危険からの保護を与えられる。
 (c) 自由を奪われた者は、個人又は集団あての救済品を受領することができる。
 (d) 自由を奪われた者は、自己の宗教を実践することができるものとし、また、要請しかつ適当である場合には、聖職者等の宗教上の任務を遂行する者から宗教上の援助を受けることができる。
 (e) 自由を奪われた者は、労働させられる場合には、地域の文民たる住民が享受する労働条件及び保護と同様の労働条件及び保護の利益を享受する。

2　自由を奪われた者の収容又は抑留について責任を有する者は、可能な範囲内で、自由を奪われた者に関する次の規定を尊重する。
 (a) 家族である男子及び女子が共に収容される場合を除くほか、女子は、男子の区画から分離した区画に収容され、かつ、女子の直接の監視の下に置かれる。
 (b) 自由を奪われた者は、手紙及び葉書を送付し及び受領することができる。権限のある当局は、必要と認める場合には、手紙及び葉書の数を制限することができる。
 (c) 収容及び抑留の場所は、戦闘地帯に近接して設けてはならない。自由を奪われた者については、収容され又は抑留されている場所が特に武力紛争から生ずる危険にさらされることとなった場合において、安全に関する適切な条件の下で避難を実施することができるときは、避難させる。
 (d) 自由を奪われた者は、健康診断の利益を享受する。
 (e) 自由を奪われた者の心身が健康かつ健全であることを、不当な作為又は不作為によって脅かしてはならない。このため、自由を奪われた者に対し、その者の健康状態が必要としない医療上の措置又は自由を奪われていない者について類似の医学的状況の下で適用される一般に受け入れられている医療上の基準に適合しない医療上の措置をとることは、禁止する。

3　1の規定の対象とされない者であって、武力紛争に関連する理由で何らかの方法によって自由が制限されているものは、前条並びにこの条の1(a)、(c)及び(d)並びに2(b)の規定に従って人道的に取り扱われる。

4　自由を奪われた者を解放することを決定した場合には、その決定を行った者は、当該自由を奪われた者の安全を確保するために必要な措置をとる。

第6条（刑事訴追） 1 この条の規定は、武力紛争に関連する犯罪の訴追及び処罰について適用する。
2 不可欠な保障としての独立性及び公平性を有する裁判所が言い渡す有罪の判決によることなく、犯罪について有罪とされる者に刑を言い渡してはならず、また、刑を執行してはならない。特に、
 (a) 司法手続は、被告人が自己に対する犯罪の容疑の詳細を遅滞なく知らされることを定めるものとし、被告人に対し裁判の開始前及び裁判の期間中すべての必要な防御の権利及び手段を与える。
 (b) いずれの者も、自己の刑事責任に基づく場合を除くほか、犯罪について有罪の判決を受けない。
 (c) いずれの者も、実行の時に法により犯罪を構成しなかった作為又は不作為を理由として有罪とされない。いずれの者も、犯罪が行われた時に適用されていた刑罰よりも重い刑罰を科されない。犯罪が行われた後に一層軽い刑罰を科する規定が法律に設けられる場合には、当該犯罪を行った者は、その利益を享受する。
 (d) 罪に問われている者は、法律に基づいて有罪とされるまでは、無罪と推定される。
 (e) 罪に問われている者は、自ら出席して裁判を受ける権利を有する。
 (f) いずれの者も、自己に不利益な供述又は有罪の自白を強要されない。
3 有罪の判決を受ける者は、その判決の際に、司法上その他の救済措置及びこれらの救済措置をとることのできる期限について告知される。
4 死刑の判決は、犯罪を行った時に18歳未満であった者に対して言い渡してはならない。また、死刑は、妊婦又は幼児の母に執行してはならない。
5 敵対行為の終了の際に、権限のある当局は、武力紛争に参加した者又は武力紛争に関連する理由で自由を奪われた者（収容されているか抑留されているかを問わない。）に対して、できる限り広範な恩赦を与えるよう努力する。

第3編 傷者、病者及び難船者

第4編 文民たる住民

第5編 最終規定

●国際人道法の重大な違反行為の処罰に関する法律
《国際人道法違反行為処罰法》

▼公布　2004年6月18日〔平成16年法律第115号〕　▼施行　2005年2月28日

第1条（目的） この法律は、国際的な武力紛争において適用される国際人道法に規定する重大な違反行為を処罰することにより、刑法（明治40年法律第45号）等による処罰と相まって、これらの国際人道法の的確な実施の確保に資することを目的とする。

第2条（定義） この法律において、次の各号に掲げる用語の意義は、それぞれ当該各号に定めるところによる。
 一 捕虜 次のイ又はロに掲げる者であって、捕虜の待遇に関する1949年8月12日のジュネーヴ条約（以下「第3条約」という。）及び1949年8月12日のジュネーヴ諸条約の国際的な武力紛争の犠牲者の保護に関する追加議定書（議定書Ⅰ）（以下「第1追加議定書」という。）において捕虜として取り扱われるものをいう。
  イ 第3条約第4条に規定する者
  ロ 第1追加議定書第44条1に規定する者（同条2から4までの規定により捕虜となる権利を失う者を除く。）
 二 傷病捕虜 捕虜であって、第3条約第110条第1項(1)から(3)までに該当する者をいう。
 三 文民 次のイ又はロに掲げる者であって、戦時における文民の保護に関する1949年8月12日のジュネーヴ条約（以下「第4条約」という。）及び第1追加議定書において被保護者として取り扱われるものをいう。
  イ 第4条約第4条第1項に規定する者（同条第2項及び第4項の規定により被保護者と認められない者を除く。）
  ロ 第1追加議定書第73条に規定する者

第3条（重要な文化財を破壊する罪） 次に掲げる事態又は武力紛争において、正当な理由がないのに、その戦闘行為として、歴史的記念物、芸術品又は礼拝所のうち、重要な文化財として政令で定めるものを破壊した者は、7年以下の懲役に処する。
 一 第1追加議定書第1条3に規定する事態であって、次のイ又はロに掲げるもの
  イ 第1追加議定書の締約国間におけるもの
  ロ 第1追加議定書第96条2の規定により第1追加議定書の規定を受諾し、かつ、適用する第1追加議定書の非締約国と第1追加議定書の締約国との間におけるもの
 二 第1追加議定書第1条4に規定する武力紛争（第1追加議定書第96条3の規定により寄託者にあてた宣言が受領された後のものに限る。）

第4条（捕虜の送還を遅延させる罪） 捕虜の送還に関する権限を有する者が、捕虜の抑留の原因となった武力紛争が終了した場合において、正当な理由がないのに、当該武力紛争の相手国（当該武力紛争の当事者間において合意された地を含む。次項において「送還地」という。）への捕虜の送還を遅延させたときは、5年以下の懲役に処する。
2 前項に規定する者が、正当な理由がないのに、送還

に適する状態にある傷病捕虜の送還地への送還を遅延させたときも、同項と同様とする。

第5条（占領地域に移送する罪） 第3条第1号に掲げる事態において、占領に関する措置の一環としてその国が占領した地域（以下「占領地域」という。）に入植させる目的で、当該国の国籍を有する者又は当該国の領域内に住所若しくは居所を有する者を当該占領地域に移送した者は、5年以下の懲役に処する。

第6条（文民の出国等を妨げる罪） 出国の管理に関する権限を有する者が、正当な理由がないのに、文民の出国を妨げたときは、3年以下の懲役に処する。

2　占領地域からの出域（被占領国からの出国又は被占領国の国境を越えない占領地域外への移動をいう。以下同じ。）の管理に関する権限を有する者が、正当な理由がないのに、文民（被占領国の国籍を有する者を除く。）の占領地域からの出域を妨げたときも、前項と同様とする。

第7条（国外犯） 第3条から前条までの罪は、刑法第4条の2の例に従う。

附　則〔抜粋〕

第3条（刑法等の一部を改正する法律の一部改正） 刑法等の一部を改正する法律（昭和62年法律第52号）の一部を次のように改正する。

　附則第2項中「条約」の下に「並びに戦地にある軍隊の傷者及び病者の状態の改善に関する1949年8月12日のジュネーヴ条約、海上にある軍隊の傷者、病者及び難船者の状態の改善に関する1949年8月12日のジュネーヴ条約、捕虜の待遇に関する1949年8月12日のジュネーヴ条約及び戦時における文民の保護に関する1949年8月12日のジュネーヴ条約」を加える。

13　講　和

● 1941年8月14日に連合王国総理大臣及びアメリカ合衆国大統領が発表した大西洋憲章として知られる原則宣言《大西洋憲章》

Declaration of Principles, issued by the Prime Minister of the United Kingdom and the President of the United States of America, known as the "Atlantic Charter", August 14th, 1941

▼署名　1941年8月（大西洋上）　▼発表　1941年8月14日

　アメリカ合衆国大統領及び連合王国における皇帝陛下の政府を代表するチャーチル総理大臣は、会合を行った後、両者が、世界の一層よい将来に対するその希望の基礎とする各自の国の国政上のある種の共通原則を公にすることは正しいことであると認める。
　第1に、両者の国は、領土的たるとその他たるとを問わず、いかなる拡大も求めない。
　第2に、両者は、関係国民の自由に表明する希望と一致しない領土変更の行われることを欲しない。
　第3に、両者は、すべての国民に対して、彼等がその下で生活する政体を選択する権利を尊重する。両者は、主権及び自治を強奪された者にそれらが回復されることを希望する。
　第4に、両者は、その現に存する義務に対して正当な尊重を払いつつ、大国たると小国たるとを問わず、また、先進国たると戦敗国たるとを問わず、すべての国に対して、その経済的繁栄に必要な世界の通商及び原料の均等な開放がなされるよう努力する。
　第5に、両者は、改善された労働条件、経済的進歩及び社会保障をすべての者に確保するため、すべての国の間の、経済的分野における完全な協力をつくりだすことを希望する。

　第6に、ナチ暴政の最終的破壊の後、両者は、すべての国民に対して、各自の国境内において安全に居住することを可能とし、かつ、すべての国のすべての人類が恐怖及び欠乏から解放されてその生命を全うすることを保障するような平和が確立されることを希望する。
　第7に、このような平和は、すべての人類が妨害を受けることなく航行を可能ならしめるものでなければならない。
　第8に、両者は、世界のすべての国民が、実際的及び精神的のいずれの見地からみても、武力の使用の放棄に到達しなければならないと信ずる。陸、海又は空の軍備が、自国の国境外における侵略の脅威を与え又は与えることのある国々において引き続き使用される限り、いかなる将来の平和も維持され得ないのであるから、両者は、一層広範かつ恒久的な一般的安全保障制度が確立されるまでは、このような国々の武装解除は欠くことのできないものであると信ずる。両者は、また、平和を愛好する国民のために、恐るべき軍備の負担を軽減する他のすべての実行可能な措置を援助し、かつ、助長する。

　　　　　　　　　　フランクリン・D・ルーズヴェルト
　　　　　　　　　　ウィンストン・S・チャーチル

●カイロ宣言

The Cairo Declaration

▼署名　1943年11月27日（カイロ）

　ローズヴェルト大統領、蔣介石総統及びチャーチル総理大臣は、各自の軍事及び外交顧問とともに、北アフリカで会議を終了し、次の一般的声明を発した。
　「各軍事使節は、日本国に対する将来の軍事行動を協定した。
　三大同盟国は、海路、陸路及び空路によって野蛮な敵国に仮借のない圧力を加える決意を表明した。この圧力は、既に増大しつつある。
　三大同盟国は、日本国の侵略を制止し罰するため、今次の戦争を行っている。
　同盟国は、自国のためには利得も求めず、また領土拡張の念も有しない。

　同盟国の目的は、1914年の第一次世界戦争の開始以後に日本国が奪取し又は占領した太平洋におけるすべての島を日本国からはく奪すること、並びに満洲、台湾及び澎湖島のような日本国が清国人から盗取したすべての地域を中華民国に返還することにある。
　日本国は、また、暴力及び強慾により日本国が略取した他のすべての地域から駆逐される。
　前記の三大国は、朝鮮の人民の奴隷状態に留意し、やがて朝鮮を自由独立のものにする決意を有する。
　以上の目的で、三同盟国は、同盟諸国中の日本国と交戦中の諸国と協調し、日本国の無条件降伏をもたらすのに必要な重大で長期間の行動を続行する。」

●クリミヤ会議の議事に関する議定書中の日本国に関する協定
《ヤルタ協定》

Agreement Regarding Entry of the Soviet Union into the War against Japan

▼署名　1945年2月11日（ヤルタ）

　三大国、すなわちソヴィエト連邦、アメリカ合衆国及び英国の指導者は、ドイツ国が降伏し且つヨーロッパにおける戦争が終結した後2箇月又は3箇月を経て、ソヴィエト連邦が、次の条件で連合国側において日本国に対する戦争に参加することを協定した。
1　外蒙古（蒙古人民共和国）の現状は維持される。
2　1904年の日本国の背信的攻撃により侵害されたロシア国の旧権利は、次のとおり回復される。
　(a)　樺太の南部及びこれに隣接するすべての諸島はソヴィエト連邦に返還される。
　(b)　大連商港は国際化され、同港におけるソヴィエト連邦の優先的利益が擁護され、かつ、ソヴィエト社会主義共和国連邦の海軍基地としての旅順口の租借権が回復される。
　(c)　東清鉄道及び大連に出口を提供する南満州鉄道は、中ソ合併会社を設立して共同で運営される。ただし、ソヴィエト連邦の優先的利益が擁護されること及び中華民国は、満州における完全な利益を保持されることが了解される。
3　千島列島は、ソヴィエト連邦に引き渡される。
　前記の外蒙古並びに港及び鉄道に関する合意は、蔣介石総統の同意を必要とする。大統領は、この同意を得るため、スターリン元帥の勧告に基づき措置を執る。
　三大国の首脳は、これらのソヴィエト連邦の要求が日本国が敗北した後に確実に満されることを合意した。
　ソヴィエト連邦は、中華民国を日本国のくびきから解放する目的をもって自国の軍隊により中華民国を援助するため、ソヴィエト社会主義共和国連邦と中華民国との間の友好同盟条約を中華民国政府と締結する用意があることを表明する。

●ポツダム宣言

Proclamation Defining Terms for Japanese Surrender

▼署名　1945年7月26日（ポツダム）　▼日本国　1945年8月14日（受諾）

1　【戦争終結の機会】吾等合衆国大統領、中華民国政府主席及グレート・ブリテン国総理大臣は、吾等の数億の国民を代表し協議の上、日本国に対し、今次の戦争を終結するの機会を与ふることに意見一致せり。
2　【戦争遂行の決意】合衆国、英帝国及中華民国の巨大なる陸、海、空軍は、西方より自国の陸軍及空軍に依る数倍の増強を受け、日本国に対し最後的打撃を加ふるの態勢を整へたり。右軍事力は、日本国が抵抗を終止するに至る迄、同国に対し戦争を遂行するの一切の聯合国の決意に依り支持せられ且鼓舞せられ居るものなり。
3　【戦争継続の結果に対する警告】蹶起せる世界の自由なる人民の力に対するドイツ国の無益且無意義なる抵抗の結果は、日本国国民に対する先例を極めて明白に示すものなり。現在日本国に対し集結しつつある力は、抵抗するナチスに対し適用せられたる場合に於て全ドイツ国人民の土地、産業及生活様式を必然的に荒廃に帰せしめたる力に比し測り知れざる程更に強大なるものなり。吾等の決意に支持せらるる吾等の軍事力の最高度の使用は、日本国軍隊の不可避且完全なる壊滅を意味すべく、又同様必然的に日本国本土の完全なる破壊を意味すべし。
4　【日本国の選択肢】無分別なる打算に依り日本帝国を滅亡の淵に陥れたる我儘なる軍国主義的助言者に依り日本国が引続き統御せらるべきか又は理性の経路を日本国が履むべきかを日本国が決定すべき時期は、到来せり。
5　【戦争終結の条件】吾等の条件は、左の如し。
　吾等は、右条件より離脱することなかるべし。右に代る条件存在せず。吾等は、遅延を認むるを得ず。
6　【軍国主義勢力の除去】吾等は、無責任なる軍国主義が世界より駆逐せらるるに至る迄は、平和、安全及正義の新秩序が生じ得ざることを主張するものなるを以て、日本国国民を欺瞞し之をして世界征服の挙に出づるの過誤を犯さしめたる者の権力及勢力は、永久に除去せられざるべからず。
7　【占領の目的】右の如き新秩序が建設せられ且日本国の戦争遂行能力が破砕せられたることの確証あるに至る迄は、聯合国の指定すべき日本国領域内の諸地点は、吾等の茲に指示する基本的目的の達成を確保する為占領せらるべし。
8　【領土の局限】カイロ宣言の条項は、履行せらるべく、又日本国の主権は、本州、北海道、九州及四国並に吾等の決定する諸小島に局限せらるべし。
9　【軍隊の解体】日本国軍隊は、完全に武装を解除せられたる後各自の家庭に復帰し、平和的且生産的の生活を営むの機会を得しめらるべし。
10　【戦争犯罪人の処罰・民主主義傾向の強化】吾等は、日本人を民族として奴隷化せんとし又は国民として滅亡せしめんとするの意図を有するものに非ざるも、吾等の俘虜を虐待せる者を含む一切の戦争犯罪人に対しては厳重なる処罰を加へらるべし。日本国政府は、日

本国国民の間に於ける民主主義的傾向の復活強化に対する一切の障礙を除去すべし。言論、宗教及思想の自由並に基本的人権の尊重は、確立せるべし。

11 【賠償および産業の制限】日本国は、其の経済を支持し、且公正なる実物賠償の取立を可能ならしむるが如き産業を維持することを許さるべし。但し、日本国をして戦争の為再軍備を為すことを得しむるが如き産業は、此の限に在らず。右目的の為、原料の入手（其の支配とは之を区別す）を許さるべし。日本国は、将来世界貿易関係への参加を許さるべし。

12 【占領軍撤収の条件】前記諸目的が達成せられ且日本国国民の自由に表明せる意思に従ひ平和的傾向を有し且責任ある政府が樹立せらるるに於ては、聯合国の占領軍は、直に日本国より撤収せらるべし。

13 【日本国政府への要求】吾等は、日本国政府が直に全日本国軍隊の無条件降伏を宣言し、且右行動に於ける同政府の誠意に付適当且充分なる保障を提供せんことを同政府に対し要求す。右以外の日本国の選択は、迅速且完全なる壊滅あるのみとす。

●降伏文書
Instrument of Surrender

▼署名　1945年9月2日（東京湾）

下名ハ茲ニ合衆国、中華民国及「グレート、ブリテン」国ノ政府ノ首班ガ1945年7月26日「ポツダム」ニ於テ発シ後ニ「ソヴィエト」社会主義共和国聯邦ガ参加シタル宣言ノ条項ヲ日本国天皇、日本国政府及日本帝国大本営ノ命ニ依リ且之ニ代リ受諾ス右四国ハ以下之ヲ聯合国ト称ス

下名ハ茲ニ日本帝国大本営並ニ何レノ位置ニ在ルヲ問ハズ一切ノ日本国軍隊及日本国ノ支配下ニ在ル一切ノ軍隊ノ聯合国ニ対スル無条件降伏ヲ布告ス

下名ハ茲ニ何レノ位置ニ在ルヲ問ハズ一切ノ日本国軍隊及日本国臣民ニ対シ敵対行為ヲ直ニ終止スルコト、一切ノ船舶、航空機並ニ軍用及非軍用財産ヲ保存シ之ガ毀損ヲ防止スルコト及聯合国最高司令官又ハ其ノ指示ニ基キ日本国政府ノ諸機関ノ課スベキ一切ノ要求ニ応ズルコトヲ命ズ

下名ハ茲ニ日本帝国大本営ガ何レノ位置ニ在ルヲ問ハズ一切ノ日本国軍隊及日本国ノ支配下ニ在ル一切ノ軍隊ノ指揮官ニ対シ自身及其ノ支配下ニ在ル一切ノ軍隊ガ無条件ニ降伏スベキ旨ノ命令ヲ直ニ発スルコトヲ命ズ

下名ハ茲ニ一切ノ官庁、陸軍及海軍ノ職員ニ対シ聯合国最高司令官ガ本降伏実施ノ為適当ナリト認メテ自ラ発シ又ハ其ノ委任ニ基キ発セシムル一切ノ布告、命令及指示ヲ遵守シ且之ヲ施行スベキコトヲ命ジ並ニ右職員ガ聯合国最高司令官ニ依リ又ハ其ノ委任ニ基キ特ニ任務ヲ解カレザル限リ各自ノ地位ニ留リ且引続キ各自ノ非戦闘的任務ヲ行フコトヲ命ズ

下名ハ茲ニ「ポツダム」宣言ノ条項ヲ誠実ニ履行スルコト並ニ右宣言ヲ実施スルニ為聯合国最高司令官又ハ其ノ他特定ノ聯合国代表者ガ要求スルコトアルベキ一切ノ命令ヲ発シ且斯ル一切ノ措置ヲ執ルコトヲ天皇、日本国政府及其ノ後継者ノ為ニ約ス

下名ハ茲ニ日本国政府及日本帝国大本営ニ対シ現ニ日本国ノ支配下ニ在ル一切ノ聯合国俘虜及被抑留者ヲ直ニ解放スルコト並ニ其ノ保護、手当、給養及指示セラレタル場所ヘノ即時輸送ヲ為ノ措置ヲ執ルコトヲ命ズ

天皇及日本国政府ノ国家統治ノ権限ハ本降伏条項ヲ実施スル為適当ト認ムル措置ヲ執ル聯合国最高司令官ノ制限ノ下ニ置カルルモノトス

1945年9月2日午前9時4分日本国東京湾上ニ於テ署名ス

大日本帝国天皇陛下及日本国政府ノ命ニ依リ且其ノ名ニ於テ
　　　重光葵
日本帝国大本営ノ命ニ依リ且其ノ名ニ於テ
　　　梅津美治郎

1945年9月2日午前9時8分東京湾上ニ於テ合衆国、中華民国、聯合王国及「ソヴィエト」社会主義共和国聯邦ノ為ニ並ニ日本国ト戦争状態ニ在ル他ノ聯合諸国家ノ利益ノ為ニ受諾ス

聯合国最高司令官
　　ダグラス・マックアーサー〔以下、各国代表者署名省略〕

●日本国との平和条約〔抄〕
Treaty of Peace with Japan

▼署名　1951年9月8日（サン・フランシスコ）　▼効力発生　1952年4月28日　▼日本国　1951年11月18日国会承認、11月28日批准書寄託、52年4月28日公布〔昭和27年条約第5号〕

連合国及び日本国は、両者の関係が、今後、共通の福祉を増進し且つ国際の平和及び安全を維持するために主

権を有する対等のものとして友好的な連携の下に協力する国家の間の関係でなければならないことを決意し、よつて、両者の間の戦争状態の存在の結果として今なお未決である問題を解決する平和条約を締結することを希望するので、

日本国としては、国際連合への加盟を申請し且つあらゆる場合に国際連合憲章の原則を遵守し、世界人権宣言の目的を実現するために努力し、国際連合憲章第55条及び第56条に定められ且つ既に降伏後の日本国の法制によつて作られはじめた安定及び福祉の条件を日本国内に創造するために努力し、並びに公私の貿易及び通商において国際的に承認された公正な慣行に従う意思を宣言するので、

連合国は、前項に掲げた日本国の意思を歓迎するので、

よつて、連合国及び日本国は、この平和条約を締結することに決定し、これに応じて下名の全権委員を任命した。これらの全権委員は、その全権委任状を示し、それが良好妥当であると認められた後、次の規定を協定した。

第1章　平和

第1条【戦争状態の終了、日本国の主権承認】 (a)　日本国と各連合国との間の戦争状態は、第23条の定めるところによりこの条約が日本国と当該連合国との間に効力を生ずる日に終了する。

(b)　連合国は、日本国及びその領水に対する日本国民の完全な主権を承認する。

第2章　領域

第2条【領土権の放棄】 (a)　日本国は、朝鮮の独立を承認して、済州島、巨文島及び欝陵島を含む朝鮮に対するすべての権利、権原及び請求権を放棄する。

(b)　日本国は、台湾及び澎湖諸島に対するすべての権利、権原及び請求権を放棄する。

(c)　日本国は、千島列島並びに日本国が1905年9月5日のポーツマス条約の結果として主権を獲得した樺太の一部及びこれに近接する諸島に対するすべての権利、権原及び請求権を放棄する。

(d)　日本国は、国際連盟の委任統治制度に関連するすべての権利、権原及び請求権を放棄し、且つ、以前に日本国の委任統治の下にあつた太平洋の諸島に信託統治制度を及ぼす1947年4月2日の国際連合安全保障理事会の行動を受諾する。

(e)　日本国は、日本国民の活動に由来するか又は他に由来するかを問わず、南極地域のいずれの部分に対する権利若しくは権原又はいずれの部分に関する利益についても、すべての請求権を放棄する。

(f)　日本国は、新南群島及び西沙群島に対するすべての権利、権原及び請求権を放棄する。

第3条【南西・南方諸島】　日本国は、北緯29度以南の南西諸島（琉球諸島及び大東諸島を含む。）、孀婦岩の南の南方諸島（小笠原群島、西之島及び火山列島を含む。）並びに沖の鳥島及び南鳥島を合衆国を唯一の施政権者とする信託統治制度の下におくこととする国際連合に対する合衆国のいかなる提案にも同意する。このような提案が行われ且つ可決されるまで、合衆国は、領水を含むこれらの諸島の領域及び住民に対して、行政、立法及び司法上の権力の全部及び一部を行使する権利を有するものとする。

第4条【放棄された地域に関連する財産処理】 (a)　この条の(b)の規定を留保して、日本国及びその国民の財産で第2条に掲げる地域にあるもの並びに日本国及びその国民の請求権（債権を含む。）で現にこれらの地域の施政を行つている当局及びそこの住民（法人を含む。）に対するものの処理並びに日本国におけるこれらの当局及び住民の財産並びに日本国及びその国民に対するこれらの当局及び住民の請求権（債権を含む。）の処理は、日本国とこれらの当局との間の特別取極の主題とする。第2条に掲げる地域にある連合国又はその国民の財産は、まだ返還されていない限り、施政を行つている当局が現状で返還しなければならない。（国民という語は、この条約で用いるときはいつでも、法人を含む。）

(b)　日本国は、第2条及び第3条に掲げる地域のいずれかにある合衆国軍政府により、又はその指令に従つて行われた日本国及びその国民の財産の処理の効力を承認する。

(c)　日本国とこの条約に従つて日本国の支配から除かれる領域とを結ぶ日本所有の海底電線は、二等分され、日本国は、日本の終点施設及びこれに連なる電線の半分を保有し、分離される領域は、残りの電線及びその終点施設を保有する。

第3章　安全

第5条【国連憲章上の行動原則の受諾】 (a)　日本国は、国際連合憲章第2条に掲げる義務、特に次の義務を受諾する。

(i)　その国際紛争を、平和的手段によつて国際の平和及び安全並びに正義を危うくしないように解決すること。

(ii)　その国際関係において、武力による威嚇又は武力の行使は、いかなる国の領土保全又は政治的独立に対するものも、また、国際連合の目的と両立しない他のいかなる方法によるものも慎むこと。

(iii)　国際連合が憲章に従つてとるいかなる行動についても国際連合にあらゆる援助を与え、且つ、国際連合が防止行動又は強制行動をとるいかなる国に対しても援助の供与を慎むこと。

(b)　連合国は、日本国との関係において国際連合憲章第2条の原則を指針とすべきことを確認する。

(c)　連合国としては、日本国が主権国として国際連合憲章第51条に掲げる個別的又は集団的自衛の固有の権利を有すること及び日本国が集団的安全保障取極を自発的に締結することができることを承認する。

第6条【占領の終了】 (a)　連合国のすべての占領軍は、この条約の効力発生の後なるべくすみやかに、且つ、いかなる場合にもその後90日以内に、日本国から撤退しなければならない。但し、この規定は、一又は二以上の連合国を一方とし、日本国を他方として双方の間

441

に締結された若しくは締結される二国間若しくは多数国間の協定に基く、又はその結果としての外国軍隊の日本国の領域における駐とん又は駐留を妨げるものではない。
(b) 日本国軍隊の各自の家庭への復帰に関する1945年7月26日のポツダム宣言の第9項の規定は、まだその実施が完了されていない限り、実行されるものとする。
(c) まだ代価が支払われていないすべての日本財産で、占領軍の使用に供され、且つ、この条約の効力発生の時に占領軍が占有しているものは、相互の合意によつて別段の取極が行われない限り、前記の90日以内に日本国政府に返還しなければならない。

第4章　政治及び経済条項

第7条【戦前の二国間条約の効力】(a)　各連合国は、自国と日本国との間にこの条約が効力を生じた後1年以内に、日本国との戦前のいずれの二国間の条約又は協約を引き続いて有効とし又は復活させることを希望するかを日本国に通告するものとする。こうして通告された条約又は協約は、この条約に適合することを確保するための必要な修正を受けるだけで、引き続いて有効とされ、又は復活される。こうして通告された条約及び協約は、通告の日の後3箇月で、引き続いて有効なものとみなされ、又は復活され、且つ、国際連合事務局に登録されなければならない。日本国にこうして通告されないすべての条約及び協約は、廃棄されたものとみなす。
(b) この条の(a)に基いて行う通告においては、条約又は協約の実施又は復活に関し、国際関係について通告国が責任をもつ地域を除外することができる。この除外は、除外の適用を終止することが日本国に通告される日の3箇月後まで行われるものとする。

第8条【終戦関係条約の承認と条約上の権益の放棄】〔省略〕

第9条【漁業協定】〔省略〕

第10条【中国における権益の放棄】〔省略〕

第11条【戦争犯罪】日本国は、極東国際軍事裁判所並びに日本国内及び国外の他の連合国戦争犯罪法廷の裁判を受諾し、且つ、日本国で拘禁されている日本国民にこれらの法廷が課した刑を執行するものとする。これらの拘禁されている者を赦免し、減刑し、及び仮出獄させる権限は、各事件について刑を課した一又は二以上の政府の決定及び日本国の勧告に基く場合の外、行使することができない。極東国際軍事裁判所が刑を宣告した者については、この権限は、裁判所に代表者を出した政府の過半数の決定及び日本国の勧告に基く場合の外、行使することができない。

第12条【通商航海条約】〔省略〕

第13条【国際民間航空】〔省略〕

第5章　請求権及び財産

第14条【賠償及び在外財産の処理】(a)　日本国は、戦争中に生じさせた損害及び苦痛に対して、連合国に賠償を支払うべきことが承認される。しかし、また、存立可能な経済を維持すべきものとすれば、日本国の資源は、日本国がすべての前記の損害及び苦痛に対して完全な賠償を行い且つ同時に他の債務を履行するためには現在充分でないことが承認される。
よつて、
1　日本国は、現在の領域が日本国軍隊によつて占領され、且つ、日本国によつて損害を与えられた連合国が希望するときは、生産、沈船引揚げその他の作業における日本人の役務を当該連合国の利用に供することによつて、与えた損害を修復する費用をこれらの国に補償することに資するために、当該連合国とすみやかに交渉を開始するものとする。その取極は、他の連合国に追加負担を課することを避けなければならない。また、原材料からの製造が必要とされる場合には、外国為替上の負担を日本国に課さないために、原材料は、当該連合国が供給しなければならない。
2(Ⅰ)　次の(Ⅱ)の規定を留保して、各連合国は、次に掲げるもののすべての財産、権利及び利益でこの条約の最初の効力発生の時にその管轄の下にあるものを差し押え、留置し、清算し、その他何らかの方法で処分する権利を有する。
　(a) 日本国及び日本国民
　(b) 日本国又は日本国民の代理者又は代行者　並びに
　(c) 日本国又は日本国民が所有し、又は支配した団体
　この(Ⅰ)に明記する財産、権利及び利益は、現に、封鎖され、若しくは所属を変じており、又は連合国の敵産管理当局の占有若しくは管理に係るもので、これらの資産が当該当局の管理の下におかれた時に前記の(a)、(b)又は(c)に掲げるいずれかの人又は団体に属し、又はこれらのために保有され、若しくは管理されていたものを含む。
(Ⅱ)　次のものは、前記の(Ⅰ)に明記する権利から除く。
　(i) 日本国が占領した領域以外の連合国の一国の領域に当該政府の許可を得て戦争中に居住した日本の自然人の財産。但し、戦争中に制限を課され、且つ、この条約の最初の効力発生の日にこの制限を解除されない財産を除く。
　(ii) 日本国政府が所有し、且つ、外交目的又は領事目的に使用されたすべての不動産、家具及び備品並びに日本国の外交職員又は領事職員が所有したすべての個人の家具及び用具類その他の投資的性質をもたない私有財産で外交機能又は領事機能の遂行に通常必要であつたもの
　(iii) 宗教団体又は私的慈善団体に属し、且つ、もつぱら宗教又は慈善の目的に使用した財産
　(iv) 関係国と日本国との間における1945年9月2日後の貿易及び金融の関係の再開の結果として日本国の管轄内にはいつた財産、権利及び利益。但し、当該連合国の法律に反する取引から生じたものを除く。
　(v) 日本国若しくは日本国民の債務、日本国に所

在する有体財産に関する権利、権原若しくは利益、日本国の法律に基いて組織された企業に関する利益又はこれらについての証書。但し、この例外は、日本国の通貨で表示された日本国及びその国民の債務にのみ適用する。
　(Ⅲ)　前記の例外(i)から(v)までに掲げる財産は、その保存及び管理のために要した合理的な費用が支払われることを条件として、返還しなければならない。これらの財産が清算されているときは、代りに売得金を返還しなければならない。
　(Ⅳ)　前記の(Ⅰ)に規定する日本財産を差し押え、留置し、清算し、その他何らかの方法で処分する権利は、当該連合国の法律に従つて行使され、所有者は、これらの法律によつて与えられる権利のみを有する。
　(Ⅴ)　連合国は、日本の商標並びに文学的及び美術的著作権を各国の一般的事情が許す限り日本国に有利に取り扱うことに同意する。
(b)　この条約に別段の定がある場合を除き、連合国は、連合国のすべての賠償請求権、戦争の遂行中に日本国及びその国民がとつた行動から生じた連合国及びその国民の他の請求権並びに占領の直接軍事費に関する連合国の請求権を放棄する。

第15条【連合国財産の返還】(a)　この条約が日本国と当該連合国との間に効力を生じた後9箇月以内に申請があつたときは、日本国は、申請の日から6箇月以内に、日本国にある各連合国及びその国民の有体財産及び無体財産並びに種類のいかんを問わずすべての権利又は利益で、1941年12月7日から1945年9月2日までの間のいずれかの時に日本国内にあつたものを返還する。但し、所有者が強迫又は詐欺によることなく自由にこれらを処分した場合は、この限りでない。この財産は、戦争があつたために課せられたすべての負担及び課金を免除して、その返還のための課金を課さずに返還しなければならない。所有者により若しくは所有者のために又は所有者の政府により所定の期間内に返還が申請されない財産は、日本国政府がその定めるところに従つて処分することができる。この財産が1941年12月7日に日本国に所在し、且つ、返還することができず、又は戦争の結果として損傷若しくは損害を受けているときは、日本国内閣が1951年7月13日に決定した連合国財産補償法案の定める条件よりも不利でない条件で補償される。
(b)　戦争中に侵害された工業所有権については、日本国は、1949年9月1日施行の政令第309号、1950年1月28日施行の政令第12号及び1950年2月1日施行の政令第9号(いずれも改正された現行のものとする。)によりこれまで与えられたところよりも不利でない利益を引き続いて連合国及びその国民に与えるものとする。但し、前記の国民がこれらの政令に定められた期限までにこの利益の許与を申請した場合に限る。
(c)(i)　日本国は、公にされ及び公にされなかつた連合国及びその国民の著作物に関して1941年12月6日に日本国に存在した文学的及び美術的著作権がその日

以後引き続いて効力を有することを認め、且つ、その日に日本国が当事国であつた条約又は協定が戦争の発生の時又はその時以後日本国又は当該連合国の国内法によつて廃棄され又は停止されたかどうかを問わず、これらの条約及び協定の実施によりその日以後日本国において生じ、又は戦争がなかつたならば生ずるはずであつた権利を承認する。
　(ii)　権利者による申請を必要とすることなく、且つ、いかなる手数料の支払又は他のいかなる手続もすることなく、1941年12月7日から日本国と当該連合国との間にこの条約が効力を生ずるまでの期間は、これらの権利の通常期間から除算し、また、日本国において翻訳権を取得するために文学的著作物が日本語に翻訳されるべき期間からは、6箇月の期間を追加して除算しなければならない。

第16条【捕虜に対する賠償と非連合国にある日本資産】
日本国の捕虜であつた間に不当な苦難を被つた連合国軍隊の構成員に償いをする願望の表現として、日本国は、戦争中立であつた国にある又は連合国のいずれかと戦争していた国にある日本国及びその国民の資産又は、日本国が選択するときは、これらの資産と等価のものを赤十字国際委員会に引き渡すものとし、同委員会は、これらの資産を清算し、且つ、その結果生ずる資金を、同委員会が衡平であると決定する基礎において、捕虜であつた者及びその家族のために、適当な国内機関に対して分配しなければならない。この条約の第14条(a)2(Ⅱ)の(ii)から(v)までに掲げる種類の資産は、条約の最初の効力発生の時に日本国に居住しない日本の自然人の資産とともに、引渡しから除外する。またこの条の引渡規定は、日本国の金融機関が現に所有する19,770株の国際決済銀行の株式には適用がないものと了解する。

第17条【裁判の再審査】(a)　いずれかの連合国の要請があつたときは、日本国政府は、当該連合国の国民の所有権に関係のある事件に関する日本国の捕獲審検所の決定又は命令を国際法に従い再審査して修正し、且つ、行われた決定及び発せられた命令を含めて、これらの事件の記録を構成するすべての文書の写を提供しなければならない。この再審査又は修正の結果、返還すべきことが明らかになつた場合には、第15条の規定を当該財産に適用する。
(b)　日本国政府は、いずれかの連合国の国民が原告又は被告として事件について充分な陳述ができなかつた訴訟手続において、1941年12月7日から日本国と当該連合国との間にこの条約が効力を生ずるまでの期間に日本国の裁判所が行つた裁判を、当該国民が前記の効力発生の後1年以内にいつでも適当な日本国の機関に再審査のため提出することができるようにするために、必要な措置をとらなければならない。日本国政府は、当該国民が前記の裁判の結果損害を受けた場合には、その者をその裁判が行われる前の地位に回復するようにし、又はその者にそれぞれの事情の下において公正且つ衡平な救済が与えられるようにしなければならない。

第18条【戦前の債務と請求権】(a) 戦争状態の介在は、戦争状態の存在前に存在した債務及び契約（債券に関するものを含む。）並びに戦争状態の存在前に取得された権利から生ずる金銭債務で、日本国の政府若しくは国民が連合国の一国の政府若しくは国民に対して、又は連合国の一国の政府若しくは国民が日本国の政府若しくは国民に対して負つているものを支払う義務に影響を及ぼさなかつたものと認める。戦争状態の介在は、また、戦争状態の存在前に財産の滅失若しくは損害又は身体傷害若しくは死亡に関して生じた請求権で、連合国の一国の政府が日本国政府に対して、又は日本国政府が連合国政府のいずれかに対して提起し又は再提起するものの当否を審議する義務に影響を及ぼすものとみなしてはならない。この項の規定は、第14条によつて与えられる権利を害するものではない。

(b) 日本国は、日本国の戦前の対外債務に関する責任と日本国が責任を負うと後に宣言された団体の債務に関する責任とを確認する。また、日本国は、これらの債務の支払再開に関して債権者とすみやかに交渉を開始し、他の戦前の請求権及び債務に関する交渉を促進し、且つ、これに応じて金額の支払を容易にする意図を表明する。

第19条【日本国による戦争請求権の放棄】(a) 日本国は、戦争から生じ、又は戦争状態が存在したためにとられた行動から生じた連合国及びその国民に対する日本国及びその国民のすべての請求権を放棄し、且つ、この条約の効力発生の前に日本国領域におけるいずれかの連合国の軍隊又は当局の存在、職務遂行又は行動から生じたすべての請求権を放棄する。

(b) 前記の放棄には、1939年9月1日からこの条約の効力発生までの間に日本国の船舶に関していずれかの連合国がとつた行動から生じた請求権並びに連合国の手中にある日本人捕虜及び被抑留者に関して生じた請求権及び債権が含まれる。但し、1945年9月2日以後いずれかの連合国が制定した法律で特に認められた日本人の請求権を含まない。

(c) 相互放棄を条件として、日本国政府は、また、政府間の請求権及び戦争中に受けた滅失又は損害に関する請求権を含むドイツ及びドイツ国民に対するすべての請求権（債権を含む。）を日本国政府及び日本国民のために放棄する。但し、(a) 1939年9月1日前に締結された契約及び取得された権利に関する請求権並びに(b) 1945年9月2日後に日本国とドイツとの間の貿易及び金融の関係から生じた請求権を除く。この放棄は、この条約の第16条及び第20条に従つてとられる行動を害するものではない。

(d) 日本国は、占領期間中に占領当局の指令に基いて若しくはその結果として行われ、又は当時の日本国の法律によつて許可されたすべての作為又は不作為の効力を承認し、連合国民をこの作為又は不作為から生ずる民事又は刑事の責任に問ういかなる行動もとらないものとする。

第20条【在日ドイツ財産】〔省略〕
第21条【中国及び朝鮮の受ける利益】〔省略〕

第6章　紛争の解決

第22条【条約に関する紛争の解決】〔省略〕

第7章　最終条項

第23条【批准、効力発生】(a) この条約は、日本国を含めて、これに署名する国によつて批准されなければならない。この条約は、批准書が日本国により、且つ、主たる占領国としてのアメリカ合衆国を含めて、次の諸国、すなわちオーストラリア、カナダ、セイロン、フランス、インドネシア、オランダ、ニュー・ジーランド、パキスタン、フィリピン、グレート・ブリテン及び北部アイルランド連合王国及びアメリカ合衆国の過半数により寄託された時に、その時に批准しているすべての国に関して効力を生ずる。この条約は、その後これを批准する各国に関しては、その批准書の寄託の日に効力を生ずる。

(b) この条約が日本国の批准書の寄託の日の後9箇月以内に効力を生じなかつたときは、これを批准した国は、日本国の批准書の寄託の日の後3年以内に日本国政府及びアメリカ合衆国政府にその旨を通告して、自国と日本国との間にこの条約の効力を生じさせることができる。

第24条【批准書の寄託】〔省略〕
第25条【連合国の定義】この条約の適用上、連合国とは、日本国と戦争していた国又は以前に第23条に列記する国の領域の一部をなしていたものをいう。但し、各場合に当該国がこの条約に署名し且つこれを批准したことを条件とする。第21条の規定を留保して、この条約は、ここに定義された連合国の一国でないいずれの国に対しても、いかなる権利、権原又は利益も与えるものではない。また、日本国のいかなる権利、権原又は利益も、この条約のいかなる規定によつても前記のとおり定義された連合国の一国でない国のために減損され、又は害されるものとみなしてはならない。

第26条【二国間平和条約】日本国は、1942年1月1日の連合国宣言に署名し若しくは加入しており且つ日本国に対して戦争状態にある国又は以前に第23条に列記する国の領域の一部をなしていた国で、この条約の署名国でないものと、この条約に定めるところと同一の又は実質的に同一の条件で二国間の平和条約を締結する用意を有すべきものとする。但し、この日本国の義務は、この条約の最初の効力発生の後3年で満了する。日本国が、いずれかの国との間で、この条約で定めるところよりも大きな利益をその国に与える平和処理又は戦争請求権処理を行つたときは、これと同一の利益は、この条約の当事国にも及ぼされなければならない。

第27条【記録と謄本】〔省略〕

●琉球諸島及び大東諸島に関する日本国とアメリカ合衆国との間の協定
《沖縄返還協定》〔抄〕

▼署名　1971年6月17日（東京、ワシントン）　▼効力発生　1972年5月15日　▼日本国　1971年12月22日国会承認、72年3月15日批准書交換、3月21日公布〔昭和47年条約第2号〕

　日本国及びアメリカ合衆国は、
　日本国総理大臣及びアメリカ合衆国大統領が、1969年11月19日、20日及び21日に琉球諸島及び大東諸島（同年11月21日に発表された総理大臣と大統領との間の共同声明にいう「沖縄」）の地位について検討し、これらの諸島の日本国への早期復帰を達成するための具体的な取極に関して日本国政府及びアメリカ合衆国政府が直ちに協議に入ることに合意したことに留意し、
　両政府がこの協議を行ない、これらの諸島の日本国への復帰が前記の共同声明の基礎の上に行なわれることを再確認したことに留意し、
　アメリカ合衆国が、琉球諸島及び大東諸島に関し1951年9月8日にサン・フランシスコ市で署名された日本国との平和条約第3条の規定に基づくすべての権利及び利益を日本国のために放棄し、これによって同条に規定するすべての領域におけるアメリカ合衆国のすべての権利及び利益の放棄を完了することを希望することを考慮し、また、
　日本国が琉球諸島及び大東諸島の領域及び住民に対する行政、立法及び司法上のすべての権力を行使するための完全な権能及び責任を引き受けることを望むことを考慮し、
　よって、次のとおり協定した。

第1条【施政権の返還】　1　アメリカ合衆国は、2に定義する琉球諸島及び大東諸島に関し、1951年9月8日にサン・フランシスコ市で署名された日本国との平和条約第3条の規定に基づくすべての権利及び利益を、この協定の効力発生の日から日本国のために放棄する。日本国は、同日に、これらの諸島の領域及び住民に対する行政、立法及び司法上のすべての権力を行使するための完全な権能及び責任を引き受ける。

2　この協定の適用上、「琉球諸島及び大東諸島」とは、行政、立法及び司法上のすべての権力を行使する権利が日本国との平和条約第3条の規定に基づいてアメリカ合衆国に与えられたすべての領土及び領水のうち、そのような権利が1953年12月24日及び1968年4月5日に日本国とアメリカ合衆国との間に署名された奄美群島に関する協定並びに南方諸島及びその他の諸島に関する協定に従つてすでに日本国に返還された部分を除いた部分をいう。

第2条【日米条約の適用】　日本国とアメリカ合衆国との間に締結された条約及びその他の協定（1960年1月19日にワシントンで署名された日本国とアメリカ合衆国との間の相互協力及び安全保障条約及びこれに関連する取極並びに1953年4月2日に東京で署名された日本国とアメリカ合衆国との間の友好通商航海条約を含むが、これらに限られない。）は、この協定の効力発生の日から琉球諸島及び大東諸島に適用されることが確認される。

第3条【米軍基地の提供】　1　日本国は、1960年1月19日にワシントンで署名された日本国とアメリカ合衆国との間の相互協力及び安全保障条約及びこれに関連する取極に従い、この協定の効力発生の日に、アメリカ合衆国に対し琉球諸島及び大東諸島における施設及び区域の使用を許す。

2　アメリカ合衆国が1の規定に従つてこの協定の効力発生の日に使用を許される施設及び区域につき、1960年1月19日に署名された日本国とアメリカ合衆国との間の相互協力及び安全保障条約第6条に基づく施設及び区域並びに日本国における合衆国軍隊の地位に関する協定第4条の規定を適用するにあたり、同条1の「それらが合衆国軍隊に提供された時の状態」とは、当該施設及び区域が合衆国軍隊によって最初に使用されることとなつた時の状態をいい、また、同条2の「改良」には、この協定の効力発生の日前に加えられた改良を含むことが了解される。

第4条【請求権の放棄】　1　日本国は、この協定の効力発生の日前に琉球諸島及び大東諸島におけるアメリカ合衆国の軍隊若しくは当局の存在、職務遂行若しくは行動又はこれらの諸島に影響を及ぼしたアメリカ合衆国の軍隊若しくは当局の存在、職務遂行若しくは行動から生じたアメリカ合衆国及びその国民並びにこれらの諸島の現地当局に対する日本国及びその国民のすべての請求権を放棄する。

2　もつとも、1の放棄には、琉球諸島及び大東諸島の合衆国による施政の期間中に適用されたアメリカ合衆国の法令又はこれらの現地法令により特に認められる日本国民の請求権の放棄を含まない。アメリカ合衆国政府は、日本国政府との協議のうえ定められる手続に従いこの協定の効力発生の日以後そのような請求権を取り扱いかつ解決するため、正当に権限を与えた職員を琉球諸島及び大東諸島に置くことを許される。

3　アメリカ合衆国政府は、琉球諸島及び大東諸島内の土地であつて合衆国の当局による使用中1950年7月1日前に損害を受け、かつ、1961年6月30日後この協定の効力発生の日前にその使用を解除されたものの所有者である日本国民に対し、土地の原状回復のための自発的支払を行なう。この支払は、1961年7月1日前に使用を解除された土地に対する損害で1950年7月1日前に加えられたものに関する請求につき1967年の高等弁務官布令第60号に基づいて行なつた支払に比し均衡を失しないように行なう。

4　日本国は、琉球諸島及び大東諸島の合衆国による施政の期間中に合衆国の当局若しくは現地当局の指令に基づいて若しくはその結果として行なわれ、又は当時

の法令によつて許可されたすべての作為又は不作為の効力を承認し、合衆国国民又はこれらの諸島の居住者をこれらの作為又は不作為から生ずる民事又は刑事の責任に問ういかなる行動もとらないものとする。

第5条【裁判の効力と裁判権の承継】 1 日本国は、公の秩序又は善良の風俗に反しない限り、琉球諸島及び大東諸島におけるいずれかの裁判所がこの協定の効力発生の日前にした民事の最終的裁判が有効であることを承認し、かつ、その効力を完全に存続させる。

2 日本国は、訴訟当事者の実質的な権利及び地位をいかなる意味においても害することなく、この協定の効力発生の日に琉球諸島及び大東諸島におけるいずれかの裁判所に係属している民事事件について裁判権を引き継ぎ、かつ、引き続き裁判及び執行をする。

3 日本国は、被告人又は被疑者の実質的な権利をいかなる意味においても害することなく、この協定の効力発生の日に琉球諸島及び大東諸島におけるいずれかの裁判所に係属しており又は同日前に手続が開始されていたとしたならば係属していたであろう刑事事件につき、裁判権を引き継ぐものとし、引き続き手続を行ない又は手続を開始することができる。

4 日本国は、琉球諸島及び大東諸島におけるいずれかの裁判所がした刑事の最終的裁判を引き続き執行することができる。

第6条【公有財産の移転】 1 琉球電力公社、琉球水道公社及び琉球開発金融公社の財産は、この協定の効力発生の日に日本国政府に移転し、また、これらの公社の権利及び義務は、同政府が同日に日本国の法令に即して引き継ぐ。

2 その他のすべてのアメリカ合衆国政府の財産で、この協定の効力発生の日に琉球諸島及び大東諸島に存在し、かつ、第3条の規定に従つて同日に提供される施設及び区域の外にあるものは、同日に日本国政府に移転する。ただし、この協定の効力発生の日前に関係土地所有者に返還される土地の上にある財産及びアメリカ合衆国政府が日本国政府の同意を得て同日以後においても引き続き所有する財産は、この限りでない。

3 アメリカ合衆国政府が琉球諸島及び大東諸島において埋め立てた土地並びに同政府がこれらの諸島において取得したその他の埋立地であつて、同政府がこの協定の効力発生の日に保有しているものは、同日に日本国政府の財産となる。

4 アメリカ合衆国は、1及び2の規定に従つて日本国政府に移転する財産のある土地に対してこの協定の効力発生の日前に加えられたいかなる変更についても、日本国又は日本国民に補償する義務を負わない。

第7条【資産移転の補償】 日本国政府は、合衆国の資産が前条の規定に従つて日本国政府に移転されること、アメリカ合衆国政府が琉球諸島及び大東諸島の日本国への返還を1969年11月21日の共同声明第8項にいう日本国政府の政策に背馳〔ち〕しないよう実施すること、アメリカ合衆国政府が復帰後に雇用の分野等において余分の費用を負担することとなること等を考慮し、この協定の効力発生の日から5年の期間にわたり、合衆国ドルでアメリカ合衆国政府に対し総額3億2,000万合衆国ドル（320,000,000合衆国ドル）を支払う。日本国政府は、この額のうち、1億合衆国ドル（100,000,000合衆国ドル）をこの協定の効力発生の日の後1週間以内に支払い、また、残額を4回の均等年賦でこの協定が効力を生ずる年の後の各年の6月に支払う。

第8条【ＶＯＡの運営】〔省略〕
第9条【批准、効力発生】〔省略〕

●日本国とソヴィエト社会主義共和国連邦との共同宣言《日ソ共同宣言》

▼署名　1956年10月19日（モスクワ）　▼効力発生　1956年12月12日　▼日本国　1956年12月5日国会承認、12月12日批准書交換、公布〔昭和31年条約第20号〕

相互理解と協力の雰囲気のうちに行われた交渉を通じて、日本国とソヴィエト社会主義共和国連邦との相互関係について隔意のない広範な意見の交換が行われた。日本国及びソヴィエト社会主義共和国連邦は、両国間の外交関係の回復が極東における平和及び安全の利益に合致する両国間の理解と協力との発展に役だつものであることについて完全に意見が一致した。

日本国及びソヴィエト社会主義共和国連邦の全権団の間で行われたこの交渉の結果、次の合意が成立した。

1【戦争状態の終結】日本国とソヴィエト社会主義共和国連邦との間の戦争状態は、この宣言が効力を生ずる日に終了し、両国の間に平和及び友好善隣関係が回復される。

2【外交及び領事関係】日本国とソヴィエト社会主義共和国連邦との間に外交及び領事関係が回復される。両国は、大使の資格を有する外交使節を遅滞なく交換するものとする。また、両国は、外交機関を通じて、両国内におけるそれぞれの領事館の開設の問題を処理するものとする。

3【国連憲章の原則、自衛権、不干渉】日本国及びソヴィエト社会主義共和国連邦は、相互の関係において、国際連合憲章の諸原則、なかんずく同憲章第2条に掲げる次の原則を指針とすべきことを確認する。

(a) その国際紛争を、平和的手段によつて、国際の平和及び安全並びに正義を危うくしないように、解決すること。

(b) その国際関係において、武力による威嚇又は武力の行使は、いかなる国の領土保全又は政治的独立に対するものも、また、国際連合の目的と両立しない他のいかなる方法によるものも慎むこと。

日本国及びソヴィエト社会主義共和国連邦は、それぞれ他方の国が国際連合憲章第51条に掲げる個別的又は集団的自衛の固有の権利を有することを確認する。

　日本国及びソヴィエト社会主義共和国連邦は、経済的、政治的又は思想的のいかなる理由であるとを問わず、直接間接に一方の国が他方の国の国内事項に干渉しないことを、相互に、約束する。

4【日本国の国連加入】ソヴィエト社会主義共和国連邦は、国際連合への加入に関する日本国の申請を支持するものとする。

5【未帰還日本国民に対する措置】ソヴィエト社会主義共和国連邦において有罪の判決を受けたすべての日本人は、この共同宣言の効力発生とともに釈放され、日本国へ送還されるものとする。

　また、ソヴィエト社会主義共和国連邦は、日本国の要請に基づいて、消息不明の日本人について引き続き調査を行うものとする。

6【賠償・請求権の放棄】ソヴィエト社会主義共和国連邦は、日本国に対し一切の賠償請求権を放棄する。

　日本国及びソヴィエト社会主義共和国連邦は、1945年8月9日以来の戦争の結果として生じたそれぞれの国、その団体及び国民の他方の国、その団体及び国民に対するすべての請求権を、相互に、放棄する。

7【通商関係の交渉】日本国及びソヴィエト社会主義共和国連邦は、その貿易、海運その他の通商の関係を安定したかつ友好的な基礎の上に置くために、条約又は協定を締結するための交渉をできる限りすみやかに開始することに同意する。

8【漁業協力】1956年5月14日にモスクワで署名された北西太平洋の公海における漁業に関する日本国とソヴィエト社会主義共和国連邦との間の条約及び海上において遭難した人の救助のための協力に関する日本国とソヴィエト社会主義共和国連邦との間の協定は、この宣言の効力発生と同時に効力を生ずる。

　日本国及びソヴィエト社会主義共和国連邦は、魚類その他の海洋生物資源の保存及び合理的利用に関して日本国及びソヴィエト社会主義共和国連邦が有する利害関係を考慮し、協力の精神をもって、漁業資源の保存及び発展並びに公海における漁猟の規制及び制限のための措置を執るものとする。

9【平和条約、領土】日本国及びソヴィエト社会主義共和国連邦は、両国間に正常な外交関係が回復された後、平和条約の締結に関する交渉を継続することに同意する。

　ソヴィエト社会主義共和国連邦は、日本国の要望にこたえかつ日本国の利益を考慮して、歯舞群島及び色丹島を日本国に引き渡すことに同意する。ただし、これらの諸島は、日本国とソヴィエト社会主義共和国連邦との間の平和条約が締結された後に現実に引き渡されるものとする。

10【批准】この共同宣言は、批准されなければならない。この共同宣言は、批准書の交換の日に効力を生ずる。批准書の交換は、できる限りすみやかに東京で行われなければならない。

●日本国と大韓民国との間の基本関係に関する条約《日韓基本関係条約》

▼署名　1965年6月22日（東京）　▼効力発生　1965年12月18日　▼日本国　1965年12月11日国会承認、12月18日批准書交換、公布〔昭和40年条約第25号〕

　日本国及び大韓民国は、

　両国民間の関係の歴史的背景と、善隣関係及び主権の相互尊重の原則に基づく両国間の関係の正常化に対する相互の希望とを考慮し、

　両国の相互の福祉及び共通の利益の増進のため並びに国際の平和及び安全の維持のために、両国が国際連合憲章の原則に適合して緊密に協力することが重要であることを認め、

　1951年9月8日にサン・フランシスコ市で署名された日本国との平和条約の関係規定及び1948年12月12日に国際連合総会で採択された決議第195号(Ⅲ)を想起し、この基本関係に関する条約を締結することに決定し、よって、その全権委員として次のとおり任命した〔全権委員氏名省略〕。

　これらの全権委員は、互いにその全権委任状を示し、それが良好妥当であると認められた後、次の諸条を協定した。

第1条【外交・領事関係の開設】両締約国間に外交及び領事関係が開設される。両締約国は、大使の資格を有する外交使節を遅滞なく交換するものとする。また、両締約国は、両国政府により合意される場所に領事館を設置する。

第2条【旧条約の無効】1910年8月22日以前に大日本帝国と大韓帝国との間で締結されたすべての条約及び協定は、もはや無効であることが確認される。

第3条【大韓民国政府の地位】大韓民国政府は、国際連合総会決議第195号(Ⅲ)に明らかに示されているとおりの朝鮮にある唯一の合法的な政府であることが確認される。

第4条【国連憲章の原則】(a)　両締約国は、相互の関係において、国際連合憲章の原則を指針とするものとする。

(b)　両締約国は、その相互の福祉及び共通の利益を増進するに当たつて、国際連合憲章の原則に適合して協力するものとする。

第5条【通商交渉の開始】両締約国は、その貿易、海運その他の通商の関係を安定した、かつ、友好的な基礎の上に置くために、条約又は協定を締結するための交

渉を実行可能な限りすみやかに開始するものとする。
第6条【民間航空運送交渉の開始】 両締約国は、民間航空運送に関する協定を締結するための交渉を実行可能な限りすみやかに開始するものとする。
第7条【批准、効力発生】 この条約は、批准されなければならない。批准書は、できる限りすみやかにソウルで交換されるものとする。この条約は、批准書の交換の日に効力を生ずる。

以上の証拠として、それぞれの全権委員は、この条約に署名調印した。
1965年6月22日に東京で、ひとしく正文である日本語、韓国語及び英語により本書2通を作成した。解釈に相違がある場合には、英語の本文による。

●財産及び請求権に関する問題の解決並びに経済協力に関する日本国と大韓民国との間の協定《日韓請求権協定》

▼署名 1965年6月22日（東京） ▼効力発生 1965年12月18日 ▼日本国 1965年12月11日国会承認、12月14日内閣批准、12月18日批准書交換・公布〔昭和40年条約27号〕

日本国及び大韓民国は、両国及びその国民の財産並びに両国及びその国民の間の請求権に関する問題を解決することを希望し、両国間の経済協力を増進することを希望し、次のとおり協定した。

第1条【経済協力】 1 日本国は、大韓民国に対し、
(a) 現在において千八十億円（108,000,000,000円）に換算される三億合衆国ドル（300,000,000ドル）に等しい円の価値を有する日本国の生産物及び日本人の役務を、この協定の効力発生の日から10年の期間にわたつて無償で供与するものとする。各年における生産物及び役務の供与は、現在において百八億円（10,800,000,000円）に換算される三千万合衆国ドル（30,000,000ドル）に等しい円の額を限度とし、各年における供与がこの額に達しなかつたときは、その残額は、次年以降の供与額に加算されるものとする。ただし、各年の供与の限度額は、両締約国政府の合意により増額されることができる。
(b) 現在において七百二十億円（72,000,000,000円）に換算される二億合衆国ドル（200,000,000ドル）に等しい円の額に達するまでの長期低利の貸付けで、大韓民国政府が要請し、かつ、3の規定に基づいて締結される取極に従つて決定される事業の実施に必要な日本国の生産物及び日本人の役務の大韓民国による調達に充てられるものをこの協定の効力発生の日から10年の期間にわたつて行なうものとする。この貸付けは、日本国の海外経済協力基金により行なわれるものとし、日本国政府は、同基金がこの貸付けを各年において均等に行ないうるために必要とする資金を確保することができるように、必要な措置を執るものとする。前記の供与及び貸付けは、大韓民国の経済の発展に役立つものでなければならない。
2 両締約国政府は、この条の規定の実施に関する事項について勧告を行なう権限を有する両政府間の協議機関として、両政府の代表者で構成される合同委員会を設置する。
3 両締約国政府は、この条の規定の実施のため、必要な取極を締結するものとする。

第2条【財産・請求権―問題の解決】 1 両締約国は、両締約国及びその国民（法人を含む。）の財産、権利及び利益並びに両締約国及びその国民の間の請求権に関する問題が、1951年9月8日にサン・フランシスコ市で署名された日本国との平和条約第4条(a)に規定されたものを含めて、完全かつ最終的に解決されたこととなることを確認する。
2 この条の規定は、次のもの（この協定の署名の日までにそれぞれの締約国が執つた特別の措置の対象となつたものを除く。）に影響を及ぼすものではない。
(a) 一方の締約国の国民で1947年8月15日からこの協定の署名の日までの間に他方の締約国に居住したことがあるものの財産、権利及び利益
(b) 一方の締約国及びその国民の財産、権利及び利益であつて1945年8月15日以後における通常の接触の過程において取得され又は他方の締約国の管轄の下にはいつたもの
3 2の規定に従うことを条件として、一方の締約国及びその国民の財産、権利及び利益であつてこの協定の署名の日に他方の締約国の管轄の下にあるものに対する措置並びに一方の締約国及びその国民の他方の締約国及びその国民に対するすべての請求権であつて同日以前に生じた事由に基づくものに関しては、いかなる主張もすることができないものとする。

第3条【紛争の解決】 1 この協定の解釈及び実施に関する両締約国間の紛争は、まず、外交上の経路を通じて解決するものとする。
2 1の規定により解決することができなかつた紛争は、いずれか一方の締約国の政府が他方の締約国の政府から紛争の仲裁を要請する公文を受領した日から30日の期間内に各締約国政府が任命する各1人の仲裁委員と、こうして選定された2人の仲裁委員が当該期間の後の30日の期間内に合意する第三の仲裁委員又は当該期間内にその2人の仲裁委員が合意する第三国の政府が指名する第三の仲裁委員との3人の仲裁委員からなる仲裁委員会に決定のため付託するものとする。ただし、第三の仲裁委員は、両締約国のうちいずれかの国民であつてはならない。
3 いずれか一方の締約国の政府が当該期間内に仲裁委員を任命しなかつたとき、又は第三の仲裁委員若しくは第三国について当該期間内に合意されなかつたとき

は、仲裁委員会は、両締約国政府のそれぞれが30日の期間内に選定する国の政府が指名する各1人の仲裁委員とそれらの政府が協議により決定する第三国の政府が指名する第三の仲裁委員をもつて構成されるものとする。
4 両締約国政府は、この条の規定に基づく仲裁委員会の決定に服するものとする。

第4条【批准】この協定は、批准されなければならない。批准書は、できる限りすみやかにソウルで交換されるものとする。この協定は、批准書の交換の日に効力を生ずる。

第一議定書・第二議定書 〔省略〕

●日朝平壌宣言

▼署名 2002年9月17日（平壌）

小泉純一郎日本国総理大臣と金正日朝鮮民主主義人民共和国国防委員長は、2002年9月17日、平壌で出会い会談を行った。〔後略〕
1 【正常化交渉の再開】双方は、この宣言に示された精神及び基本原則に従い、国交正常化を早期に実現させるため、あらゆる努力を傾注することとし、そのために2002年10月中に日朝国交正常化交渉を再開することとした。
　双方は、相互の信頼関係に基づき、国交正常化の実現に至る過程においても、日朝間に存在する諸問題に誠意をもって取り組む強い決意を表明した。
2 【戦争の反省、経済協力、請求権の協議】日本側は、過去の植民地支配によって、朝鮮の人々に多大の損害と苦痛を与えたという歴史の事実を謙虚に受け止め、痛切な反省と心からのお詫びの気持ちを表明した。
　双方は、日本側が朝鮮民主主義人民共和国側に対して、国交正常化の後、双方が適切と考える期間にわたり、無償資金協力、低金利の長期借款供与及び国際機関を通じた人道主義的支援等の経済協力を実施し、また、民間経済活動を支援する見地から国際協力銀行等による融資、信用供与等が実施されることが、この宣言の精神に合致するとの基本認識の下、国交正常化交渉において、経済協力の具体的な規模と内容を誠実に協議することとした。
　双方は、国交正常化を実現するにあたっては、1945年8月15日以前に生じた事由に基づく両国及びその国民のすべての財産及び請求権を相互に放棄するとの基本原則に従い、国交正常化交渉においてこれを具体的に協議することとした。
　双方は、在日朝鮮人の地位に関する問題及び文化財の問題については、国交正常化交渉において誠実に協議することとした。
3 【日本人拉致問題】双方は、国際法を遵守し、互いの安全を脅かす行動をとらないことを確認した。また、日本国民の生命と安全にかかわる懸案問題については、朝鮮民主主義人民共和国側は、日朝が不正常な関係にある中で生じたこのような遺憾な問題が今後再び生じることがないよう適切な措置をとることを確認した。
4 【北東アジア地域の平和・安定】双方は、北東アジア地域の平和と安定を維持、強化するため、互いに協力していくことを確認した。
　双方は、この地域の関係各国の間に、相互の信頼に基づく協力関係が構築されることの重要性を確認するとともに、この地域の関係国間の関係が正常化されるにつれ、地域の信頼醸成を図るための枠組みを整備していくことが重要であるとの認識を一にした。
　双方は、朝鮮半島の核問題の包括的な解決のため、関連するすべての国際的合意を遵守することを確認した。また、双方は、核問題及びミサイル問題を含む安全保障上の諸問題に関し、関係諸国間の対話を促進し、問題解決を図ることの必要性を確認した。
　朝鮮民主主義人民共和国側は、この宣言の精神に従い、ミサイル発射のモラトリアムを2003年以降も更に延長していく意向を表明した。
　双方は、安全保障にかかわる問題について協議を行っていくこととした。

●日本国政府と中華人民共和国政府の共同声明《日中共同声明》

▼署名 1972年9月29日（北京）

【共同声明の発出】日本国内閣総理大臣田中角榮は、中華人民共和国国務院総理周恩来の招きにより、1972年9月25日から9月30日まで、中華人民共和国を訪問した。田中総理大臣には大平正芳外務大臣、二階堂進内閣官房長官及びその他の政府職員が随行した。
　毛沢東主席は、9月27日に田中角榮総理大臣と会見した。双方は、真剣かつ友好的な話合いを行なつた。
　田中総理大臣及び大平外務大臣と周恩来総理及び姫鵬飛外交部長は、日中両国間の国交正常化問題をはじめとする両国間の諸問題及び双方が関心を有するその他の諸問題について、終始、友好的な雰囲気のなかで真剣かつ率直に意見を交換し、次の両政府の共同声明を発出する

449

ことに合意した。

【両国民の願望】日中両国は、一衣帯水の間にある隣国であり、長い伝統的友好の歴史を有する。両国国民は、両国間にこれまで存在していた不正常な状態に終止符を打つことを切望している。戦争状態の終結と日中国交の正常化という両国国民の願望の実現は、両国関係の歴史に新たな1頁を開くこととなろう。

【戦争の反省・復交三原則】日本側は、過去において日本国が戦争を通じて中国国民に重大な損害を与えたことについての責任を痛感し、深く反省する。また、日本側は、中華人民共和国政府が提起した「復交三原則」を十分理解する立場に立つて国交正常化の実現をはかるという見解を再確認する。中国側は、これを歓迎するものである。

【正常化の意義】日中両国間には社会制度の相違があるにもかかわらず、両国は、平和友好関係を樹立すべきであり、また、樹立することが可能である。両国間の国交を正常化し、相互に善隣友好関係を発展させることは、両国国民の利益に合致するところであり、また、アジアにおける緊張緩和と世界の平和に貢献するものである。

1　**【関係正常化】**日本国と中華人民共和国との間のこれまでの不正常な状態は、この共同声明が発出される日に終了する。
2　**【政府承認】**日本国政府は、中華人民共和国政府が中国の唯一の合法政府であることを承認する。
3　**【台湾】**中華人民共和国政府は、台湾が中華人民共和国の領土の不可分の一部であることを重ねて表明する。日本国政府は、この中華人民共和国政府の立場を十分理解し、尊重し、ポツダム宣言第8項に基づく立場を堅持する。
4　**【外交関係】**日本国政府及び中華人民共和国政府は、1972年9月29日から外交関係を樹立することを決定した。両政府は、国際法及び国際慣行に従い、それぞれの首都における他方の大使館の設置及びその任務遂行のために必要なすべての措置をとり、また、できるだけすみやかに大使を交換することを決定した。
5　**【賠償】**中華人民共和国政府は、中日両国国民の友好のために、日本国に対する戦争賠償の請求を放棄することを宣言する。
6　**【平和五原則・国連憲章の原則】**日本国政府及び中華人民共和国政府は、主権及び領土保全の相互尊重、相互不可侵、内政に対する相互不干渉、平等及び互恵並びに平和共存の諸原則の基礎の上に両国間の恒久的な平和友好関係を確立することに合意する。

両政府は、右の諸原則及び国際連合憲章の原則に基づき、日本国及び中国が、相互の関係において、すべての紛争を平和的手段により解決し、武力又は武力による威嚇に訴えないことを確認する。
7　**【反覇権】**日中両国間の国交正常化は、第三国に対するものではない。両国のいずれも、アジア・太平洋地域において覇権を求めるべきではなく、このような覇権を確立しようとする他のいかなる国あるいは国の集団による試みにも反対する。
8　**【平和友好条約】**日本国政府及び中華人民共和国政府は、両国間の平和友好関係を強固にし、発展させるため、平和友好条約の締結を目的として、交渉を行なうことに合意した。
9　**【条約交渉】**日本国政府及び中華人民共和国政府は、両国間の関係を一層発展させ、人的往来を拡大するため、必要に応じ、また、既存の民間取決めをも考慮しつつ、貿易、海運、航空、漁業等の事項に関する協定の締結を目的として、交渉を行なうことに合意した。

●日本国と中華人民共和国との間の平和友好条約《日中平和友好条約》

▼署名　1978年8月12日（北京）　▼効力発生　1978年10月23日　▼日本国　1978年10月18日国会承認、10月23日批准書交換、公布〔昭和53年条約第19号〕

日本国及び中華人民共和国は、

1972年9月29日に北京で日本国政府及び中華人民共和国政府が共同声明を発出して以来、両国政府及び両国民の間の友好関係が新しい基礎の上に大きな発展を遂げていることを満足の意をもって回顧し、

前記の共同声明が両国間の平和友好関係の基礎となるものであること及び前記の共同声明に示された諸原則が厳格に遵守されるべきことを確認し、

国際連合憲章の原則が十分に尊重されるべきことを確認し、

アジア及び世界の平和及び安定に寄与することを希望し、

両国間の平和友好関係を強固にし、発展させるため、平和友好条約を締結することに決定し、このため、次のとおりそれぞれ全権委員を任命した。〔両国全権委員氏名省略〕

これらの全権委員は、互いにその全権委任状を示し、それが良好妥当であると認められた後、次のとおり協定した。

第1条【平和五原則及び紛争の平和的解決】1　両締約国は、主権及び領土保全の相互尊重、相互不可侵、内政に対する相互不干渉、平等及び互恵並びに平和共存の諸原則の基礎の上に、両国間の恒久的な平和友好関係を発展させるものとする。

2　両締約国は、前記の諸原則及び国際連合憲章の原則に基づき、相互の関係において、すべての紛争を平和的手段により解決し及び武力又は武力による威嚇に訴えないことを確認する。

第2条【覇権追求の否定】両締約国は、そのいずれも、アジア・太平洋地域においても又は他のいずれの地域においても覇権を求めるべきではなく、また、このような覇権を確立しようとする他のいかなる国又は国の

集団による試みにも反対することを表明する。
第3条【経済・文化関係の発展と交流の促進】両締約国は、善隣友好の精神に基づき、かつ、平等及び互恵並びに内政に対する相互不干渉の原則に従い、両国間の経済関係及び文化関係の一層の発展並びに両国民の交流の促進のために努力する。
第4条【第三国との関係】この条約は、第三国との関係に関する各締約国の立場に影響を及ぼすものではない。
第5条【批准・終了】1　この条約は、批准されるものとし、東京で行われる批准書の交換の日に効力を生ずる。この条約は、10年間効力を有するものとし、その後は、2の規定に定めるところによつて終了するまで効力を存続する。
2　いずれの一方の締約国も、1年前に他方の締約国に対して文書による予告を与えることにより、最初の10年の期間の満了の際又はその後いつでもこの条約を終了させることができる。

以上の証拠として、各全権委員は、この条約に署名調印した。
1978年8月12日に北京で、ひとしく正文である日本語及び中国語により本書2通を作成した。

●日本国と中華民国との間の平和条約《日華平和条約》〔抜粋〕

▼署名　1952年4月28日　▼効力発生　1952年8月5日　▼日本国　1952年7月5日国会承認、8月5日批准書交換、公布〔昭和56年条約第10号〕　▼終了　1972年9月29日〔日本国政府の見解による〕

日本国及び中華民国は、
　その歴史的及び文化的のきずなと地理的の近さとにかんがみ、善隣関係を相互に希望することを考慮し、
　その共通の福祉の増進並びに国際の平和及び安全の維持のための緊密な協力が重要であることを思い、
　両者の間の戦争状態の存在の結果として生じた諸問題の解決の必要を認め、
　平和条約を締結することに決定し、よつて、その全権委員として次のとおり任命した。
　　日本国政府　　河田烈
　　中華民国大統領　葉公超
　これらの全権委員は、互にその全権委任状を示し、それが良好妥当であると認められた後、次の諸条を協定した。
第1条【戦争状態の終了】日本国と中華民国との間の戦争状態は、この条約が効力を生ずる日に終了する。
第2条【領土権の放棄】日本国は、1951年9月8日にアメリカ合衆国のサン・フランシスコ市で署名された日本国との平和条約（以下「サン・フランシスコ条約」という。）第2条に基き、台湾及び澎湖諸島並びに新南群島及び西沙群島に対するすべての権利、権原及び請求権を放棄したことが承認される。
第3条【財産及び請求権】日本国及びその国民の財産で台湾及び澎湖諸島にあるもの並びに日本国及びその国民の請求権（債権を含む。）で台湾及び澎湖諸島における中華民国の当局及びその住民に対するものの処理並びに日本国におけるこれらの当局及び住民の財産並びに日本国及びその国民に対するこれらの当局及び住民の請求権（債権を含む。）の処理は、日本国政府と中華民国政府との間の特別取極の主題とする。国民及び住民という語は、この条約で用いるときはいつでも、法人を含む。
第4条【条約の効力】1941年12月9日前に日本国と中国との間で締結されたすべての条約、協約及び協定は、戦争の結果として無効となつたことが承認される。
第11条【サン・フランシスコ条約の準用】この条約及びこれを補足する文書に別段の定がある場合を除く外、日本国と中華民国との間に戦争状態の存在の結果として生じた問題は、サン・フランシスコ条約の相当規定に従つて解決するものとする。

資　料　　　　　　　　　　　　　　　　　　　　　　　　　　　　　　国 際 連 合

事務局内部
| 事務総長室　　法務部
| 政治局　　　　軍縮部
| 平和維持活動部　国際経済社会局
| 　（DPKO）　　開発技術協力局
| 人道問題調整部　広報局　ほか
| 　（OCHA）

| 軍事参謀委員会　　　　対テロリズム委員会
| 国連監視検証査察委員会　制裁委員会
| 国連補償委員会　　　　子供と武力紛争ワーキンググループ
| 国連補償委員会

国際原子力機関（IAEA）

平和維持活動（PKO）

安全保障理事会（SC）

総会の主要委員会
| 第一委員会（軍縮・安全保障）
| 第二委員会（経済・金融）
| 第三委員会（社会・人道・文化）
| 第四委員会（政治・非植民地化）
| 第五委員会（行政・財政）
| 第六委員会（法律）

手続委員会
| 一般委員会
| 信任状委員会

事務局

専門機関
| 国際通貨基金（IMF）
| 世界銀行グループ
| 　├ 国際復興開発銀行（IBRD）
| 　│　├ 投資紛争解決国際センター（ICSID）
| 　│　└ 多数国間投資保証機関（MIGA）
| 　├ 国際金融公社（IFC）
| 　└ 国際開発協会（IDA）
| 国連食糧農業機関（FAO）
| 世界保健機関（WHO）
| 国連教育科学文化機関（UNESCO）
| 国際労働機関（ILO）
| 国際電気通信連合（ITU）
| 万国郵便連合（UPU）
| 国際民間航空機関（ICAO）
| 国際海事機関（IMO）
| 世界気象機関（WMO）
| 世界知的所有権機関（WIPO）
| 国際農業開発基金（IFAD）
| 国連工業開発機関（UNIDO）
| 国連世界観光機関（UNWTO）

事　務　局　内　部

総　会（GA）

経済社会理事会（ECOSOC）

経済社会理事会によって設立された委員会

地域経済委員会
| アジア・太平洋経済社会委員会
| 　　　　　　　　　　　（ESCAP）
| 西アジア経済社会委員会（ESCWA）
| アフリカ経済委員会（ECA）
| ヨーロッパ経済委員会（ECE）
| ラテン・アメリカ・カリブ経済委員会
| 　　　　　　　　　　　（ECLAC）

機能委員会
| 婦人の地位委員会
| 人口開発委員会
| 社会開発委員会
| 麻薬委員会
| 犯罪防止刑事司法委員会
| 開発への科学技術適用諮問委員会
| 統計委員会など

常設委員会
| 計画調整委員会（CPC）
| 政府間機関交渉委員会
| 非政府機関委員会

機　構　図　(2015年1月現在)

総会によって設立された機関等

- 旧ユーゴスラビア国際刑事裁判所
- ルワンダ国際刑事裁判所
- 国際刑事裁判所（ICC）
- 平和構築委員会（PBC）
- 化学兵器禁止機関（OPCW）
- 国際司法裁判所（ICJ）
- 国連人権理事会
- 信託統治理事会（活動停止）

総会によって設立された機関等
- 国連貿易開発会議（UNCTAD）
- 国連大学（UNU）
- 国連人権高等弁務官（UNHCHR）
- 国連難民高等弁務官事務所（UNHCR）
- 国連児童基金（UNICEF）
- 国連訓練調査研究所（UNITAR）
- 国連環境計画（UNEP）
- 国連開発計画（UNDP）
- 国連人口基金（UNFPA）
- 国連人道問題調整事務所（OCHA）
- 国連パレスチナ難民救済事業機関（UNRWA）
- 国連ウィメン（UN Women）
- 国連人間居住センター（UN-HABITAT）
- 世界食糧計画（WFP）　など

海洋法関係
- 国際海洋法裁判所（ITLOS）
- 国際海底機構（ISBA）
- 大陸棚の限界に関する委員会（CLCS）

総会によって設立された委員会
- 国際法委員会（ILC）
- 宇宙空間平和利用委員会（COPUOS）
- 国連国際商取引法委員会（UNCITRAL）
- 国連軍縮委員会（UNDC）
- 国連行政裁判所
- 国連放射線影響科学委員会
- 国連平和維持活動特別委員会
- 植民地独立付与宣言履行特別委員会
- 国連パレスチナ調停委員会
- 国際人事委員会（ICSC）
- 憲章及び国連の役割強化に関する特別委員会
- 国連軍縮研究所（UNIDIR）
- 国際法の教育、研究、普及及びより広い認識の促進のための援助計画諮問委員会
- 分担金委員会（COC）　など

経社理の主要委員会
- 第一委員会（経済）
- 第二委員会（社会）
- 第三委員会（調整）

常設の専門家組織
- 開発計画委員会（CDP）
- 危険物輸送専門家委員会
- 租税国際協力専門家グループ
- 社会権規約人権委員会

非政府間機構（NGO）
- General（総合）
- Special（特別）
  アムネスティ・インターナショナル、国境なき医師団（MSF）、国際法協会（ILA）　など
- Roster（ロスター）

- 国際商業会議所（ICC）
- 国際自由労連（ICFTU）
- 国際農業生産者連盟（IPU）
- 列国議会同盟（IPU）
- 世界労働組合連盟（WFTU）
  など

経度０度を中心とした世界地図

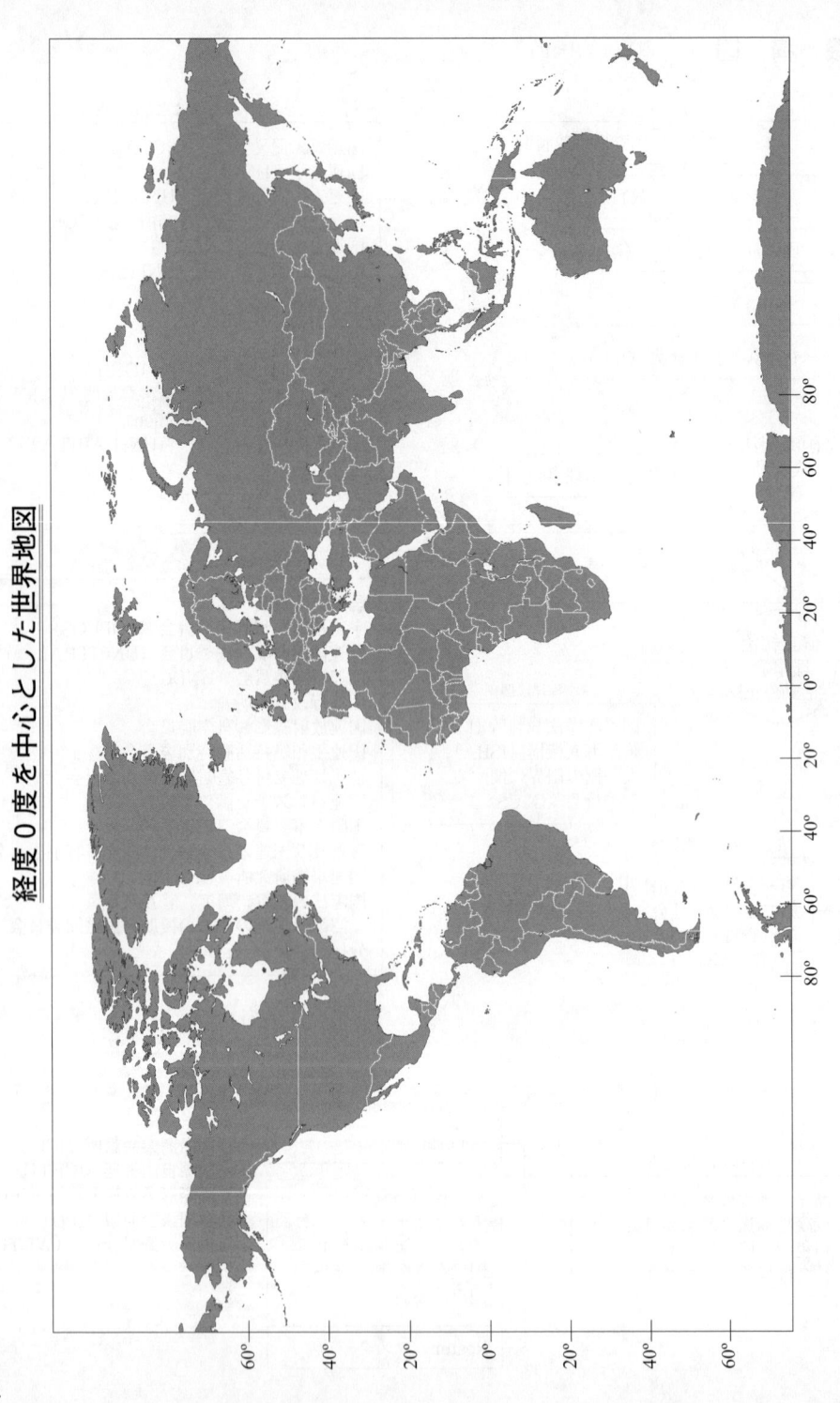

国連海洋法条約による大陸棚の範囲

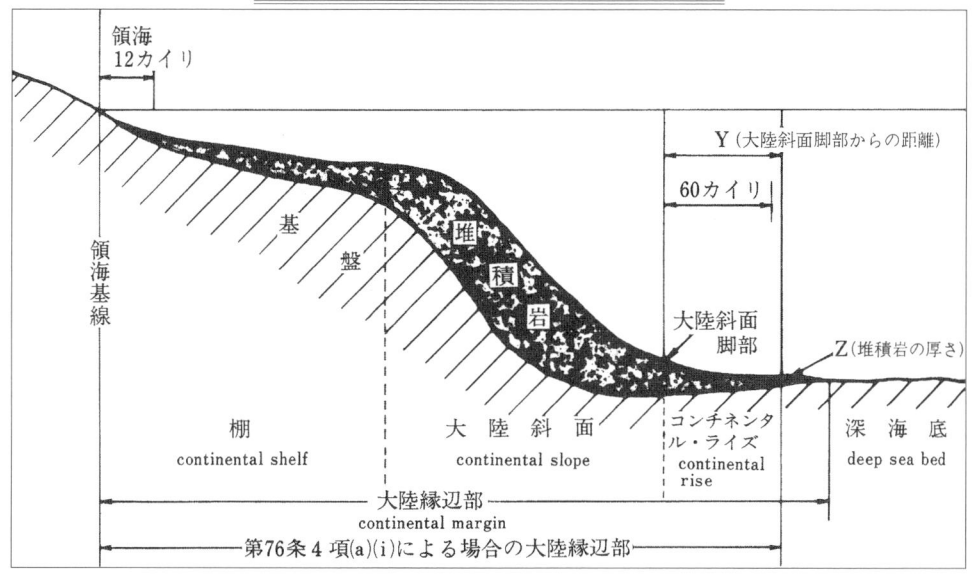

国連海洋法条約による大陸棚の範囲は次の(1)(2)いずれかによる。
(1) 大陸縁辺部（棚、大陸斜面、コンチネンタル・ライズからなる）の外側の限界が領海基線から200カイリをこえない場合は200カイリまで（第76条1項・3項）。
(2) 大陸縁辺部の外側の限界が200カイリをこえる場合は次の(i)(ii)いずれかによる（第76条4項(a)(i)(ii)）が、それらの場合でも、領海基線から350カイリ沖合の線をこえることはできず、あるいは水深2500メートルの等深線から100カイリ沖合の線をこえることはできない（第76条5項）。
 (i) ZがYに対して少なくとも1パーセントである範囲
 (ii) 大陸斜面脚部からの距離が60カイリである範囲

日本の直線基線図

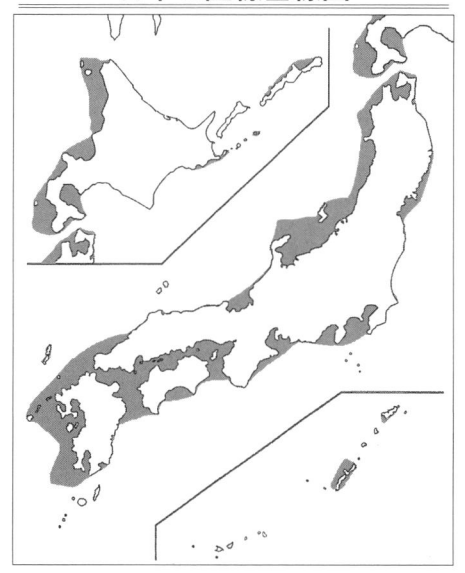

日韓漁業協定、日中漁業協定に基づく水域

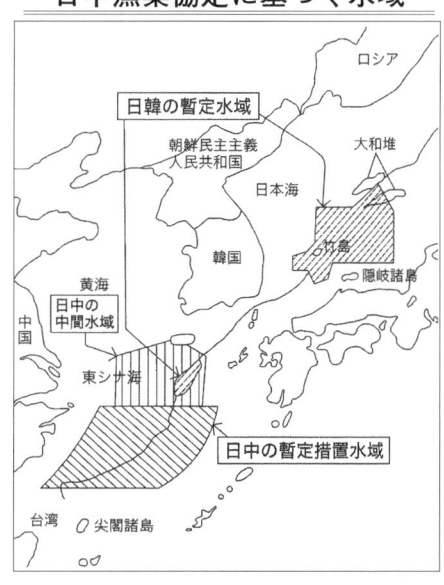

日本の200カイリ水域

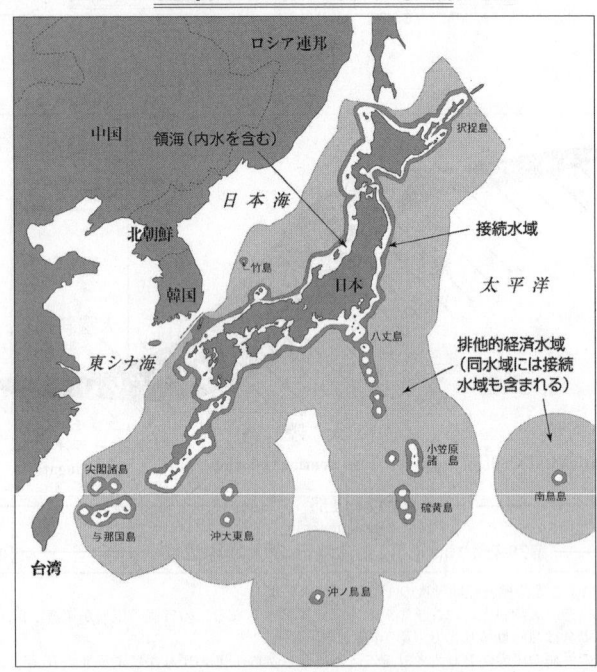

東シナ海でのガス田開発

世界の非核地帯

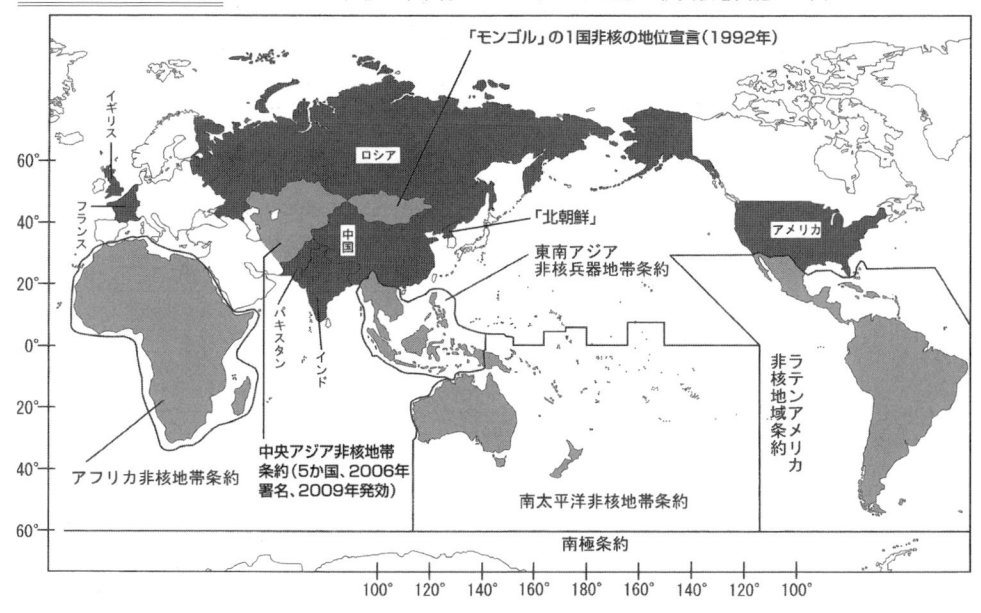

███ ：非核地帯条約の適用地域　　███ ：核実験を実施した国

- 「モンゴル」の1国非核の地位宣言（1992年）
- ロシア
- イギリス
- フランス
- 中国
- 「北朝鮮」
- パキスタン
- インド
- アメリカ
- 東南アジア非核兵器地帯条約
- ラテンアメリカ非核地域条約
- アフリカ非核地帯条約
- 中央アジア非核地帯条約（5か国、2006年署名、2009年発効）
- 南太平洋非核地帯条約
- 南極条約

国際司法裁判所の訴訟手続概要図

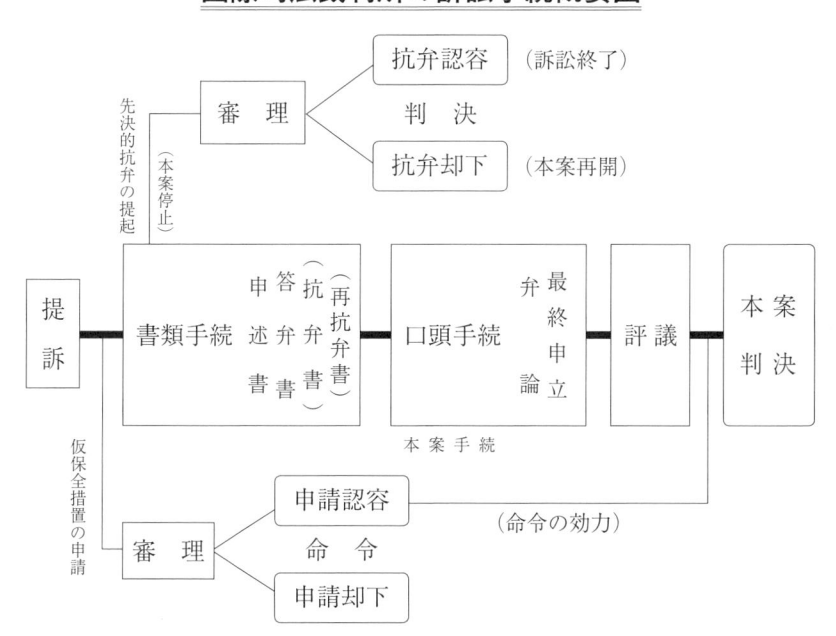

提訴 → 書類手続（申述書／答弁書（抗弁書）／再抗弁書）

先決的抗弁の提起（本案停止）→ 審理 →
- 抗弁認容（訴訟終了）
- 判決
- 抗弁却下（本案再開）

本案手続：口頭手続（最終弁論申立）→ 評議 → 本案判決

仮保全措置の申請 → 審理 →
- 申請認容 →（命令の効力）
- 命令
- 申請却下

457

●国際司法裁判所の争訟事件・勧告的意見一覧表

(太字は、「要旨」掲載事件)[事件名の後の( )は当事国及び諮問機関]

【争訟事件】[(当事国−当事国)は前者の一方的付託;(当事国／当事国)は合意付託]

1	コルフ海峡事件(英国−アルバニア)	判決	(1) 1948. 3.25 Reports 1948, p.4 (2) 1949. 4. 9 Reports 1949, p.4 (3) 1949.12.15 Reports 1949, p.244
7	コロンビア・ペルー事件(コロンビア／ペルー)	判決	(1) 1950.11.20 Reports 1950, p.226 (2) 1950.11.27 Reports 1950, p.395 (3) 1951. 6.13 Reports 1951, p.71
9	ノルウェー漁業事件(英国−ノルウェー)	判決	1951.12. 6 Reports 1951, p.116
10	アムバティエロス事件(ギリシャ−英国)	判決	(1) 1952. 7. 1 Reports 1952, p.28 (2) 1953. 5.19 Reports 1953, p10
11	アングロ・イラニアン石油会社事件(英国−イラン)	命令 判決	1951. 7. 5 Reports 1951, p.89 1952. 7.22 Reports 1952, p.93
12	モロッコにおける米国国民の権利(フランス−米国)	判決	1952. 8.27 Reports 1952, p.176
13	マンキエ・エクレオ島事件(フランス／英国)	判決	1953.11.17 Reports 1953, p.47
14	**ノッテボーム事件(リヒテンシュタイン−グアテマラ)**	判決	(1) 1953.11.18 Reports 1953, p.111 (2) 1955. 4. 6 Reports 1955, p.4
15	貨幣用金事件(イタリア−フランス、英国、米国)	判決	1954. 6.15 Reports 1954, p.19
18	ノルウェー公債事件(フランス−ノルウェー)	判決	1957. 7. 6 Reports 1957, p.8
19	インド領通行権事件(ポルトガル−インド)	判決	(1) 1957.11.26 Reports 1957, p.125 (2) 1960. 4.12 Reports 1960, p.6
20	未成年者の後見事件(オランダ−スウェーデン)	判決	1958.11.28 Reports 1958, p.55
21	インターハンデル事件(スイス−米国)	命令 判決	1957.10.24 Reports 1957, p.105 1959. 3.21 Reports 1959, p.6
22	航空機撃墜事件(イスラエル−ブルガリア)	判決	1959. 5.26 Reports 1959, p.127
23	国境地区の主権に関する事件(ベルギー／オランダ)	判決	1959. 6.20 Reports 1959, p.209
25	スペイン王の仲裁判決に関する事件(ホンジュラス−ニカラグア)	判決	1960.11.18 Reports 1960, p.192
26	プレア・ビヘア寺院事件(カンボジア−タイ)	判決	(1) 1961. 5.26 Reports 1961, p.17 (2) 1962. 6.15 Reports 1962, p.6
28	**南西アフリカ事件(エチオピア−南ア;リベリア−南ア)**	判決	(1) 1962.12.21 Reports 1962, p.319 (2) 1966. 7.18 Reports 1966, p.6
29	北部カメルーン事件(カメルーン−英国)	判決	1963.12. 2 Reports 1963, p.15
30	**バルセロナ・トラクション事件(ベルギー−スペイン)**	判決	(1) 1964. 7.24 Reports 1964, p.6 (2) 1970. 2. 5 Reports 1970, p.3
31	**北海大陸棚事件(西ドイツ−デンマーク;西ドイツ−オランダ)**	判決	1969. 2.20 Reports 1969, p.4
33	ICAO理事会の管轄権に関する上訴事件(インド−パキスタン)	判決	1972. 8.18 Reports 1972, p.46
34	**漁業管轄権事件(英国−アイスランド;西ドイツ−アイスランド)**	命令 判決	1972. 8.17 Reports 1972, p.12 (1) 1973. 2. 2 Reports 1973, p.3 (2) 1974. 7.25 Reports 1974, p.3

35	核実験事件（オーストラリア－フランス；ニュージーランド－フランス）	命令	1973. 6.22 Reports 1973, p.99（豪州）
			Reports 1973, p.135（NZ）
		判決	1974.12.20 Reports 1974, p.253（豪州）
			Reports 1974, p.457（NZ）
38	エーゲ海大陸棚事件（ギリシャ－トルコ）	命令	1976. 9.11 Reports 1976, p.3
		判決	1978.12.19 Reports 1978, p.3
39	在テヘラン米国大使館人質事件（米国－イラン）	命令	1979.12.15 Reports 1979, p.7
		判決	1980. 5.24 Reports 1980, p.3
41	チュニジア・リビア大陸棚事件（チュニジア／リビア）	判決	(1) 1981. 4.14 Reports 1981, p.3
			(2) 1982. 2.24 Reports 1982, p.18
43	メイン湾海域境界画定事件（カナダ／米国）	命令	1982. 1.20 Reports 1982, p.3
		判決	（特別裁判部）1984.10.12 Reports 1984, p.246
44	リビア・マルタ大陸棚事件（リビア／マルタ）	判決	(1) 1984. 3.21 Reports 1984, p.3
			(2) 1985. 6. 3 Reports 1985, p.13
45	チュニジア・リビア大陸棚事件判決の再審及び解釈の請求	判決	1985.12.10 Reports 1985, p.192
46	対ニカラグア軍事的活動事件（ニカラグア－米国）	命令	1984. 5.10 Reports 1984, p.169
		判決	(1) 1984.11.26 Reports 1984, p.392
			(2) 1986. 6.27 Reports 1986, p.14
47	国境紛争事件（ブルキナ・ファソ／マリ）	命令	1986. 1.10 Reports 1986, p.3
		判決	（特別裁判部）1986.12.22 Reports 1986, p.554
50	国境の武力行動事件（ニカラグア－ホンデュラス）	判決	1988.12.20 Reports 1988, p.69
51	シシリー電子工業会社事件（米国／イタリア）	判決	（特別裁判部）1989. 7.20 Reports 1989, p.15
53	仲裁判決（1989年）事件（ギニアビサオ－セネガル）	命令	1990. 3. 2 Reports 1990, p.64
		判決	1991.11.12 Reports 1991, p.53
54	大ベルト海峡の通航事件（フィンランド－デンマーク）	命令	1991. 7.29 Reports 1991, p.12
55	ナウル燐鉱地事件（ナウル－オーストラリア）	判決	1992. 6.26 Reports 1992, p.240
56	領土・島・海洋境界紛争事件（エルサルバドル／ホンジュラス）	判決	(1)（特別裁判部）1990. 9.13 Reports 1990, p.92
			(2)（特別裁判部）1992. 9.11 Reports 1992, p.351
			(3)（特別裁判部）2003.12.18 Reports 2003, p.392
57	ヤンマイエン海洋境界画定事件（デンマーク－ノルウェー）	判決	1993. 6.14 Reports 1993, p.38
58	領土紛争事件（リビア／チャド）	判決	1994. 2. 3 Reports 1994, p.6
59	カタール・バーレーン海洋境界・領土問題事件（カタール－バーレーン）	判決	(1) 1994. 7. 1 Reports 1994, p.112
			(2) 1995. 2.15 Reports 1995, p.6
			(3) 2001. 3.16 Reports 2001, p.40
60	東ティモール事件（ポルトガル－オーストラリア）	判決	1995. 6.30 Reports 1995, p.90
61	核実験事件判決（1974年）第63項に基づく事情の再検討事件（ニュージーランド－フランス）	命令	1995. 9.22 Reports 1995, p.288
64	ジェノサイド条約適用事件（ユーゴスラビア－ボスニア・ヘルツェゴビナ）	命令	(1) 1993. 4. 8 Reports 1993, p.3
			(2) 1993. 9.13 Reports 1993, p.325
		判決	(1) 1996. 7.11 Reports 1996, p.595
			(2) 2003. 2. 3 Reports 2003, p.7
			(3) 2007. 2.26 Reports 2007, p.43

65	オイル・プラットフォーム事件（イラン－米国）	判決 命令 判決	(1) 1996.12.12 Reports 1996, p.803 1998. 3.10 Reports 1998, p.190 (2) 2003.11. 6 Reports 2003, p.161
66	ガブチコヴォ・ナジマロス計画事件（ハンガリー／スロヴァキア）	判決	1997. 9.25 Reports 1997, p.7
67	ロッカビー航空機事故事件（リビア－英国；リビア－米国）	命令 命令	1992. 4.14 Reports 1992, p.3 1998. 2.27 Reports 1998, p.9
68	漁業管轄権事件（スペイン－カナダ）	判決	1998.12. 4 Reports 1998, p.432
69	**カメルーン・ナイジェリア領土・海洋境界事件（カメルーン－ナイジェリア）**	命令 判決 判決 命令 判決	(1) 1996. 3.15 Reports 1996, p.13 (1) 1998. 6.11 Reports 1998, p.275 1999. 3.25 Reports 1999, p.31 (2) 1999.10.21 Reports 1999, p.1029 (3) 2002.10.10 Reports 2002, p.303
70	ウィーン領事関係条約事件（パラグアイ－米国）	命令	1998. 4. 9 Reports 1998, p.248
72	武力行使の合法性事件（セルビア・モンテネグロ－ベルギー）	命令 判決	1999. 6. 2 Reports 1999, p.124 2004.12.15 Reports 2004, p.279
73	武力行使の合法性事件（ユーゴスラビア－米国）	命令	1999. 6. 2 Reports 1999, p.916
74	カシキリ／セドゥドゥ島事件（ボツワナ／ナミビア）	判決	1999.12.13 Reports 1999, p.1045
75	**逮捕状事件（コンゴ民主共和国－ベルギー）**	命令 判決	2000.12. 8 Reports 2000, p.182 2002. 2.14 Reports 2002, p.3
76	1999年8月10日の航空機事故事件（パキスタン－インド）	判決	2000. 6.21 Reports 2000, p.12
77	**ラグラン事件（ドイツ－米国）**	命令 判決	1999. 3. 3 Reports 1999, p.9 2001. 6.27 Reports 2001, p.466
78	コンゴ領域における武力行動事件（コンゴ民主共和国－ウガンダ）	命令 判決	(1) 2000. 7. 1 Reports 2000, p.111 (2) 2001.11.29 Reports 2001, p.660 2005.12.19 Reports 2005, p.168
79	コンゴ領域における武力行動事件（コンゴ民主共和国－ルワンダ）	命令 判決	2002. 7.10 Reports 2002, p.210 2006. 2. 3 Reports 2006, p.6
80	リギタン島及びシパダン島に対する主権事件（インドネシア／マレーシア）	判決	(1) 2001.10.23 Reports 2001, p.575 (2) 2002.12.17 Reports 2002, p.625
81	アヴェナ他メキシコ国民事件（メキシコ－米国）	命令 判決 命令 判決	(1) 2003. 2. 5 Reports 2003, p.77 (1) 2004. 3.31 Reports 2004, p.12 (2) 2008. 7.16 Reports 2008, p.311 (2) 2009. 1.19 Reports 2009, p.3
82	フランスの刑事手続事件（コンゴ共和国－フランス）	命令	2003. 6.17 Reports 2003, p.102
84	ある種の財産事件（リヒテンシュタイン－ドイツ）	判決	2005. 2.10 Reports 2005, p.6
85	国境紛争事件（ベナン／ニジェール）	判決	（特別裁判部）2005. 7.12 Reports 2005, p.90
86	パルプ工場事件（アルゼンチン－ウルグアイ）	命令 判決	(1) 2006. 7.13 Reports 2006, p.113 (2) 2007. 1.23 Reports 2007, p.3 2010. 4.20 Reports 2010, p.14
87	**アーマドゥ・サディオ・ディアロ事件（ギニア－コンゴ民主共和国（DRC））**	判決	(1) 2007. 5.24 Reports 2007, p.582 (2) 2010.11.30 Reports 2010, p.639 (3) 2012. 6.19 Reports 2012, p.324
88	カリブ海における領土・海洋紛争（ニカラグア－ホンジュラス）	判決	2007.10. 8 Reports 2007, p.659

ICJ の判決・勧告的意見一覧表

89	領土・海洋紛争（ニカラグア－コロンビア）	判決	(1) 2007.12.13 Reports 2007, p.832 (2) 2011. 5. 4 Reports 2011, p.348 (3) 2011. 5. 4 Reports 2011, p.420 (4) 2012.11.19 Reports 2012, p.624
90	ペドラ・ブランカ／プラウ・バツ・プテ他に対する主権事件（マレーシア／シンガポール）	判決	2008. 5.23 Reports 2008, p.12
91	刑事相互援助問題（ジブチ－フランス）	判決	2008. 6. 4 Reports 2008, p.177
92	人種差別撤廃条約適用事件（グルジア－ロシア）	命令 判決	2008.10.15 Reports 2008, p.353 2011. 4. 1 Reports 2011, p.70
93	ジェノサイド条約適用事件（クロアチア－セルビア）	判決	2008.11.18 Reports 2008, p.412
94	黒海における海洋境界画定事件（ルーマニア－ウクライナ）	判決	2009. 2. 3 Reports 2009, p.61
95	**訴追か引渡かの義務に関する事件（ベルギー－セネガル）**	命令 判決	2009. 5.28 Reports 2009, p.139 2012. 7.20 Reports 2012, p.422
96	通航権等に関する事件（コスタリカ－ニカラグア）	判決	2009. 7.13 Reports 2009, p.213
97	国家の裁判権免除事件（イタリア－ドイツ）	命令 判決	(1) 2010. 7. 6 Reports 2010, p.310 (2) 2011. 7. 4 Reports 2011, p.494 2012. 2. 3 Reports 2012, p.99
99	国境地域でニカラグアが行った活動事件（コスタリカ－ニカラグア）	命令	(1) 2011. 3. 8 Reports 2011, p.6 (2) 2013. 4.17 Reports 2013, p.166 (3) 2013. 4.18 Reports 2013, p.200 (4) 2013. 7.16 Reports 2013, p.230 (5) 2013.11.22 Reports 2013, p.354
100	プレア・ビヘア寺院事件1962年6月15日判決の解釈請求事件（カンボジア－タイ）	命令 判決	2011. 7.18 Reports 2011, p.537 2013.11.22 Reports 2013, p.281
101	1995年9月13日暫定合意の適用事件（マケドニア－ギリシャ）	判決	2011.12. 5 Reports 2011, p.644
103	**南極海捕鯨事件（オーストラリア－日本）**	命令 判決	2013. 2. 6 Reports 2013, p.3 2014. 3.31 Reports 2014
104	国境紛争事件（ブルキナ・ファソ／ニジェール）	判決 命令	2013. 4.16 Reports 2013, p.44 2013. 7.12 Reports 2013, p.226
105	海洋境界紛争事件（ペルー－チリ）	判決	2014. 1.27 Reports 2014
106	文書・データの押収・留置事件（東チモール－オーストラリア）	命令	2014. 3. 3 Reports 2014

【勧告的意見】

2	国際連合への加盟承認の条件（国連総会）	勧告的意見	1948. 5.28 Reports 1948, p.57
3	**国際連合の職務中に被った損害に対する補償（国連総会）**	勧告的意見	1949. 4.11 Reports 1949, p.174
4	国際連合の加盟承認に対する総会の権限（国連総会）	勧告的意見	1950. 3. 3 Reports 1950, p.4
5	ブルガリア、ハンガリー及びルーマニアと締結された諸平和条約の解釈（国連総会）	勧告的意見	(1) 1950. 3.30 Reports 1950, p.65 (2) 1950. 7.18 Reports 1950, p.221
6	南西アフリカの国際的地位（国連総会）	勧告的意見	(1) 1950. 7.11 Reports 1950, p.128 (2) 1955. 6. 7 Reports 1955, p.67 (3) 1956. 6. 1 Reports 1956, p.23
8	**ジェノサイド条約への留保事件（国連総会）**	勧告的意見	1951. 5.28 Reports 1951, p.15

461

16	国際連合行政裁判所の補償裁定（国連総会）	勧告的意見	1954. 7.13 Reports 1954, p.47
17	ユネスコへの苦情とILO行政裁判所（ユネスコ執行委員会）	勧告的意見	1956.10.23 Reports 1956, p.77
24	IMCO海上安全委員会（IMCO総会）	勧告的意見	1960. 6. 8 Reports 1960, p.150
27	**国際連合のある種の経費（国連総会）**	勧告的意見	1962. 7.20 Reports 1962, p.151
32	**南アの居すわりの法的効果（国連安全保障理事会）**	勧告的意見	1971. 6.21 Reports 1971, p.16
36	国際連合行政裁判所判決第158号の再審請求（国連行政裁判所再審査請求委員会）	勧告的意見	1973. 7.11 Reports 1973, p.166
37	西サハラ問題（国連総会）	勧告的意見	1975.10.16 Reports 1975, p.12
40	WHO－エジプト協定の解釈（WHO総会）	勧告的意見	1980.12.20 Reports 1980, p.73
42	国際連合行政裁判所判決第273号の再審請求（国連行政裁判所再審査請求委員会）	勧告的意見	1982. 7.20 Reports 1982, p.325
48	国際連合行政裁判所判決第333号（ヤキメッツ事件）の審査請求（国連行政裁判所再審査請求委員会）	勧告的意見	1987. 5.27 Reports 1987, p.17
49	国際連合本部協定に基づく仲裁裁判義務（国連総会）	勧告的意見	1988. 4.26 Reports 1988, p.12
52	国連特許免除条約第6条22項の適用性（国連経済社会理事会）	勧告的意見	1989.12.15 Reports 1989, p.177
62	武力紛争における核兵器使用の合法性（WHO総会）	勧告的意見	1996. 7. 8 Reports 1996, p.66
63	**核兵器による威嚇・使用の合法性（国連総会）**	勧告的意見	1996. 7. 8 Reports 1996, p.226
71	人権委員会特別報告者の訴訟手続の免除（国連経済社会理事会）	勧告的意見	1999. 4.29 Reports 1999, p.62
83	**パレスチナ占領地域における壁建設の法的効果（国連総会）**	勧告的意見	2004. 7. 9 Reports 2004, p.136
98	コソヴォによる一方的独立宣言の国際法適合性（国連総会）	勧告的意見	2010. 7.22 Reports 2010, p.403
102	IFADへの不服申立に関するILO行政裁判所第2867号判決（IFAD）	勧告的意見	2012. 2. 1 Reports 2012, p.10

●国際司法裁判所の主要判例要旨集

1　コルフ海峡事件　（英国-アルバニア）
判　決　(1) 1948・3・25　Reports 1948, p.4
　　　　(2) 1949・4・9　　Reports 1949, p.4
　　　　(3) 1949・12・15　Reports 1949, p.244

【事実】1946年5月、英国の巡洋艦2隻がアルバニア領海内のコルフ海峡を通航中にアルバニア沿岸から砲撃された。同年10月、英国艦隊4隻が海峡通航権を確認するため同海峡を応戦体制で通航していたところ、2隻の駆逐艦が触雷・爆発し、多数が死傷した。英国は海峡の無害通航権は国際法上の権利であると抗議し、触雷事件の後に同海峡を掃海した。その後、英国は事件を安保理に付託し、国連加盟国でなかったアルバニアも安保理討議に参加した。1947年4月、安保理は事件をICJに付託することを勧告し、この勧告に基づいて英国は5月にICJに提訴した。

【判旨(1)】（管轄権）アルバニアは英国の一方的付託に応じて出廷する用意があるという書簡をICJに送付しており、ICJの管轄権を「自発的かつ争いの余地なく受諾」している。管轄権受諾は、本件のように個別の連続した行為によってもなされうる（15対1）。

【判旨(2)】（本案）機雷敷設はアルバニアの了知なしには行い得なかったものであり、アルバニアは領海内の危険を通告する義務に違反し、損害賠償の義務を負う（11対5）。英国艦隊の海峡通航に関して、コルフ海峡は公海と公海を結ぶ地理的状況にあり、国際航行に利用されている事実もあることから、平時において沿岸国が通航を禁止することのできない国際航路である。国際慣習法上、国際海峡では軍艦も無害通航権を有する。英国軍艦の行動（1946年10月）は無害通航の要件に合致しており、アルバニアの主権を侵害していない（14対2）。他方、英国の掃海作業（1946年11月）はアルバニアの領域主権を侵害するが、この違法宣言がサティスファクションを構成する（全員一致）。

【判旨(3)】（賠償額算定）賠償額を約84万ポンドと決定する（12対2）。

〔玉田大〕

3　国際連合の職務中に被った損害に対する賠償　（国連総会）
勧告的意見　1949・4・11　Reports 1949, p.174

【事実】本件では、国連憲章に明文規定がなくとも、国連は損害賠償に関する国際請求を提起できるか否かが問題となった。

第一次中東紛争の際に、イスラエル（当時国連未加盟国）に派遣されていた国連パレスチナ調停官であるベルナドッテ伯爵（スウェーデン人）らが殺害された。以前から同種の事件が発生していたため、事務総長の要請により、職務遂行中に国連職員の被った損害の賠償問題が国連総会で取り上げられたが、意見の一致をみることがなかった。そこで、総会は、国際司法裁判所に対して、国連職員が、ある国の責任を伴う事態において、その職務遂行中に損害を被った際に、①（a）国連自身や（b）被害者等に生じた損害の賠償を得るために国際請求を提起できるか、そして②国連の請求権は被害者の国籍国の権利といかに調整されるのかについて、勧告的意見を要請した

【意見要旨】①まず加盟国との関係について検討する。国際請求を提起する資格とは、請求の設定・提出・処理に関して、国際法の認める慣習的方法に訴える能力をいう。憲章は、国連にこの資格、すなわち国際人格を与えているか。この点につき、憲章に明文規定はない。しかし、憲章は、国連の行動への援助、安保理の決定の実施、自国領域での国連への特権免除の付与、国連との諸協定の締結といった、国連との関係における加盟国の地位を定めている。裁判所の意見では、国連は、広範な国際人格の保有等を根拠としてのみ説明されうる任務を遂行している。そして、現在国連は至高のタイプの国際機構であり、もしこれが国際人格を欠いていたとしたら、その創設者の意思に沿わないことになろう。しかし、このことは、国連が国家であるとか、超国家的であるとかを意味しない。

国連のような実体の権利・義務は、設立文書上明記・黙示された、または慣行上発展させられた機構の目的と任務に依存する。①（a）につき、国連自身の利益や財産等に生じた損害について請求資格を有していることは明らかである。①（b）の資格は憲章上明記されていない。国連は、憲章上明文の規定がなくとも、国際法上、必然的推論により、任務遂行に不可欠のものとして付与されるような権能を有しているとみなされるべきである。国連の任務と目的に鑑み、国連は動乱の地域に職員を派遣する必要があり、当該職員を非常な危険にさらすことになる。そのため、国連の保護の保証と義務不履行に対する損害賠償が認められなければならない。これは第100条の職員の独立性にとっても必要なことである。こうした国連の任務と職員の使命を考えると、職員の機能的保護を行使する国連の資格は、憲章上、必然的に含意されていることが明白になる。

残された問題は、この国連の請求資格が未加盟国に対しても認められるかである。国際社会の大多数の構成員に相当する50ヵ国は、国際法に従って、承認国の間だけで認められるのではない、客観的国際人格をもつ実体を創設する権能を有する。したがって、裁判所は①（a）（b）に対して肯定的に回答する。（11対4）

②につき、被害者の本国の外交的保護と国連の機能的保護の競合の場合、いずれかを優先する法の規則は存在していないが、裁判所は第2条5項の「あらゆる援助」を与える加盟国の義務に注目する。（10対5）。

〔萬歳寛之〕

7　コロンビア・ペルー事件
　　　（判決(3)についてキューバ訴訟参加）
判　決　(1) 1950・11・20　Reports 1950, p.226
　　　　(2) 1950・11・27　Reports 1950, p.395

463

(3) 1951・6・13　Reports 1951, p.71

【事実】1948年10月にペルーで起こった軍事反乱を組織・指揮したとされるアヤ・デ・ラ・トーレは、その失敗の後、翌年1月に在ペルー・コロンビア大使館に庇護を求めた。同大使館はペルー政府に庇護の事実を通告し、アヤ・デ・ラ・トーレが安全に出国できる通行証の発給を要請したが、ペルー政府はこれを拒否して同人の引渡しを要求した。そこで両国は1949年8月に議定書を締結し、①両国間に適用される条約及びアメリカ国際法から生じる義務の範囲内でコロンビアは庇護国として庇護のために犯罪の性質を決定する権限を有するか、②領域国ペルーは庇護を求める者が安全に出国するために必要な保証を与える義務を負うか、について国際司法裁判所の判断を求めることに合意した。なおペルーは口頭手続段階で、③アヤ・デ・ラ・トーレに対する庇護が1928年ハバナ条約に違反すると主張して反訴を提起した（判決(1)）。この判決で敗訴したコロンビアは、当該判決について、ペルーにはアヤ・デ・ラ・トーレの引渡しを要求する権利がなく、コロンビアにはそれに応じる義務がないと解釈してよいか判断を求めた（判決(2)）。さらに1950年12月13日にコロンビアは、①判決(1)の実施方法、特に同国がアヤ・デ・ラ・トーレをペルーに引き渡す義務を負うか判断し、②副次的に、コロンビアには同人をペルーに引き渡す義務がないことを宣言するよう新たな訴えを提起し、またペルーも、③ハバナ条約に違反する庇護をコロンビアが直ちに終了すべき旨宣言するよう裁判所に求めた（判決(3)）。

【判旨(1)】（庇護事件）①庇護制度を承認する1911年ボリビア条約18条は国際法の諸原則に言及するが、この原則は外交的庇護を与える国家が一方的確定的な性質決定を行うことを認めていない。外交的庇護の場合、領域的庇護と異なり、庇護を求める者が犯罪地領域内に存在し、庇護の付与決定は当該国家の主権侵害となる。こうした領域主権の侵害は法的根拠が各事件で確立されない限り認められない。また庇護犯罪の一方的性質決定権は1928年ハバナ条約では認められておらず、1933年モンテビデオ条約にはその旨の規定があるものの、未批准国であるペルーには適用されない。コロンビアは「アメリカ国際法一般」を援用し、ラテン・アメリカ諸国に特有の地域的慣習に依拠したが、主張された条約をもってそのような慣習をコロンビアが証明しえたとはいえない。たとえラテン・アメリカ諸国にそうした慣習が存在したとしても1933年及び1939年モンテビデオ条約の批准を拒否して当該慣習を拒否しているペルーには援用できない。従って、コロンビアには、ペルーを拘束するような一方的確定的な犯罪の性質決定を行う権利は認められない（14対2）。②ハバナ条約2条3項によれば領域国による亡命者の国外退去の要求後に初めて庇護側が安全な出国に必要な保証を要求しうるが、本件ではペルーはアヤ・デ・ラ・トーレの国外退去を要求していないため、コロンビアには同人の安全な出国に必要な保証をペルーに要求する権利はない（15対1）。③(a)ハバナ条約1条1項は普通犯罪人に庇護の付与は許されないとする。しかしアヤ・デ・ラ・トーレは軍事反乱罪で訴追され、ペルーは同罪が普通犯罪であることを立証していないため、同人に対する庇護付与がハバナ条約に違反するとはいえない（15対1）。(b)ハバナ条約2条2項は緊急の場合を除き庇護は付与されえないと規定して、ペルーは本件が緊急の場合に当たらないと主張した。アヤ・デ・ラ・トーレが庇護を求めたのが軍事反乱より3か月経過した後であることなどを勘案すると、本件において緊急の場合に当たる危険は存在していなかったので、同人の庇護はハバナ条約に違反する（10対6）。

【判旨(2)】（解釈請求事件）裁判所規程60条に基づき判決の解釈請求が認められるには、請求の真の目的が判決の解釈を得ることであり、かつ判決の意義又は範囲に争いが存在することが必要だが、庇護事件での問題は犯罪の性質決定権限についてであり、コロンビアが求める引渡義務の判断はその範囲外の新しい問題である。両当事者間に明確な見解の相違という意味での争いもない。従ってコロンビアの請求は認められない（12対1）。

【判旨(3)】（アヤ・デ・ラ・トーレ事件）①ペルーは亡命者の引渡を要求しておらず、この問題は裁判所に付託されなかったがゆえに解決されなかった。従って、判決(1)を唯一の根拠としてコロンビアがペルーにアヤ・デ・ラ・トーレを引き渡す義務を負うかどうかは言明できないためこの請求は認められない（全員一致）。②ハバナ条約は、第1条で普通犯罪人は領域国当局に引き渡されるものとするが、政治犯罪人については同様の規定を有していない。この沈黙から、同条約2条に違反して庇護が与えられた者を引き渡す義務を課すという解釈はなしえない。従ってコロンビアはアヤ・デ・ラ・トーレを引き渡す義務はない（13対1）。③アヤ・デ・ラ・トーレに対する庇護はハバナ条約に違反し、判決(1)に従ってコロンビアはこれを終了させる義務を負う（全員一致）。

〔酒井啓亘〕

8　ジェノサイド条約への留保事件
（国連総会）

勧告的意見　1951・5・28　Reports 1951, p.15

【事実】1948年に国連総会は「集団殺害罪の防止及び処罰に関する条約」（ジェノサイド条約）を採択した。この条約への署名開放後、主として第9条（国際司法裁判所への紛争付託）に留保を付して批准・加入する国が現れ、一部署名国がこれに異議を唱える事態となったため、国連総会は1959年11月16日の決議で、ジェノサイド条約への留保をめぐり以下の点について国際司法裁判所に勧告的意見を求めた。(1)留保国は、一又は二以上の条約当事国がその留保に異議を申し立てたが、その他の当事国は申し立てなかった場合、当該留保を維持したままで条約当事国とみなされるか。(2)(1)への回答が肯定的な場合、留保国と、①当該留保に異議を申し立てた国、及び②当該留保を受諾した国との関係において、留保の法的効果はどうか。(3)留保に対する異議が、①条約を批准していない署名国、②署名又は加入の資格はあるが、またそれを行っていない国によって異議が申し立てられた場合、(1)への回答に関して当該異議の法的効果はどうか。

【意見要旨】(1)ジェノサイド条約の趣旨及び目的は、ジェ

ノサイド罪の処罰とそのための協力を定めるこの条約の特殊性から、できるだけ多くの国の参加を求める普遍性にある。留保がこうした趣旨及び目的と両立するかどうかが、留保を行う国とそれに対して異議を申し立てるとする国の態度についての基準を提供する。留保の評価とそれに対する異議の効果は個別の事情に依存するため抽象的回答はできないが、ジェノサイド条約については、留保に対する異議があっても、当該留保が条約の趣旨及び目的と両立する場合には留保国は条約当事国とみなされる（7対5）。(2)留保が条約の趣旨及び目的と、①両立しないとして当該留保に異議を申し立てた国は留保国を条約当事国とみなさないことができ、②両立するとして当該留保を受諾する国は留保国を条約当事国とみなすことができる（7対5）。(3)①署名は条約参加までの暫定的地位を表し、当該署名国に予防的措置として留保に異議を申し立てる権利を付与する。条約未批准国による留保への異議は批准によって法的効果を有し、それまでは署名国の将来の態度通告としての意味しかない。②署名も加入もしていない国による留保への異議は法的効果をもたない（7対5）。〔酒井啓亘〕

14　ノッテボーム事件
（リヒテンシュタイン-グアテマラ）
判　決　(1) 1953・11・18　Reports 1953, p.111
　　　　(2) 1955・4・6　Reports 1955, p.4

【事実】ドイツ国籍のノッテボームは1905年に移住した先のグアテマラで金融業などを営んでいたが、常居所を同国に残したまま、第二次大戦開始直後の1939年10月にリヒテンシュタインに帰化申請を行い、居住要件の免除や帰化税の支払いにより帰化が認められた。その後、リヒテンシュタインの旅券でグアテマラに入国し事業活動を継続したが、1943年にグアテマラ政府は、同人をドイツ国籍の敵国人として逮捕し身柄を米国に引き渡すとともに、同人の財産没収手続を開始した。米国での抑留から解放されたノッテボームは1946年にグアテマラに入国しようとしたが、グアテマラはこれを拒否して1949年には国内法により同人の財産を没収した。これに対してリヒテンシュタインは、没収した財産の返還と損害賠償の支払を求める訴訟を1951年12月17日に提起した。グアテマラは、先決的抗弁として、①裁判所規程36条6項と同条2項にのみ関連する、②同国の選択条項受諾宣言が宣言後5年で（1952年1月26日）失効しており、それ以降本件について裁判所の管轄権はないと主張した（判決(1)）。さらにこの抗弁が却下されたグアテマラは、ノッテボームの帰化がリヒテンシュタイン法や国際法規則に合致しないためリヒテンシュタインが外交的保護権を行使することはできないと主張した（判決(2)）。

【判旨(1)】（管轄権）①裁判所規程36条6項にはそうした制限はない。仮に同条項が適用されなくても、裁判所には付託された紛争を裁判するという任務から管轄権を判断する権限がある。②リヒテンシュタインが提訴した時点で両国の受諾宣言はともに有効であった。第36条は提訴に関する規則だから、裁判所が管轄権を有する期間内に有効に付託された事件について裁判所は管轄権を有する（全員一致）。

【判旨(2)】（第二段階）国籍付与は国の国内管轄権に属するが、それにより外交的保護権を行使しうるかは国際法上の効果の問題であり、これがグアテマラに対抗できるかを検討しなければならない。国籍は、結びつきという社会的事実 ― 権利義務の相互性と結合した存在・利益・感情の実効的な連帯 ― に基づく法的きずなである。本件でのノッテボームとリヒテンシュタインとの事実上の結合は、グアテマラとのそれと比べて極めて希薄である。帰化申請時、同人はリヒテンシュタインに住所もなく長期滞在もしていなかった。さらに帰化後同国に定住する意図を見せずにグアテマラに再入国していることなどからすると、ノッテボームとリヒテンシュタインの間にはいかなる結びつきもなく、むしろグアテマラとの間に以前からの緊密なそれが存在しており、帰化はこれを弱めるものではなかった。帰化はノッテボームがリヒテンシュタイン国民の一員である法的承認を得るためというより、同人の敵国民としての地位を中立国民へと変更することを目的とするものであった。こうした状況において付与された国籍を承認する義務はグアテマラにはなく、リヒテンシュタインはグアテマラに対してノッテボームの保護を主張することはできない。従ってリヒテンシュタインの請求は受理できない（11対3）。〔酒井啓亘〕

27　国際連合のある種の経費　（国連総会）
勧告的意見　1962・7・20　Reports 1962, p.151

【事実】本件では、国連憲章に明文規定のない平和維持活動に関わる経費が、総会によって割り当てられる憲章第17条2項の「この機構の経費」に該当するか否かが問題となった。

　国連は、スエズ動乱に際しては総会決議によってスエズ国連緊急軍（UNEF）を、コンゴ動乱に際しては安保理決議によってコンゴ国連軍（ONUC）を派遣した。これらの平和維持活動に関する国連の権限と責任について加盟国の意見は一致しておらず、同活動に対する経費の割当に対して、フランスやソ連など、その支払いを拒否する加盟国も存在した。そのため、国連は深刻な財政危機に瀕し、国際司法裁判所に上記の問題に関する意見を求めることになった。

【意見要旨】裁判所は「決定的な理由」がある場合にのみ諮問への回答を拒否すべきである。本件は政治問題と関係しているため意見を拒否すべきとの主張がなされているが、条約規定の解釈を求める要請に政治性を付与することはできない。

　第17条2項は、機構の経費といい、それ以上明確な定義を与えていないが、黙示的に一定の経費に限定されているとの主張がある。しかし、これは憲章規定全体から必然的に推論される場合にのみ認められる。国際の平和と安全の維持に関わる場合、決定の権限を与えられるのは安保理のみで、総会は経費の支払い義務を課すことはできないとの主張がある。これは安保理と総会の任務の検討につながる。国際の平和と安全の維持に関する安保理の責任は、主要なものであって、排他的ではない。第

465

17条1項上、総会は、機構の予算の審議・承認の権能を付与されている。これらの権能は2項の経費割当権能と密接に関連しており、別段の定めのない限り、国際の平和と安全の維持に関する経費の割当の権限を有するのは総会である。この総会の権限が制限されるのは、第11条2項にいう「行動」に該当する場合である。これは第7章の強制行動を意味するが、本件のUNEFおよびONUCは第7章の活動ではない。

UNEFは関係国の同意を伴って設置されており、強制行動にはあたらない。他方で、UNEFの活動は、事態の平和的解決の促進・維持という国連の主要な目的の達成のためであることは明らかである。また、当該活動は、第11条2項の行動というよりも、第14条の勧告による措置と考えられる。ONUCに関する安保理決議は、国際の平和と安全の維持のために採択されたのは明らかである。決議の実施につき、事務総長による参加国の決定は安保理の決定権を侵害したとの主張があるが、事務総長の行動は繰り返し安保理と総会によって承認されている。裁判所は憲章の規定のいずれが安保理決議の基礎であるのかについて述べる必要はないが、ONUCの活動は第7章上の強制行動を伴うものではなく、第11条2項の行動に該当しない。

以上の理由により、UNEFとONUCの経費は、第17条2項の「この機構の経費」をなすものである（9対5）。
〔萬歳寛之〕

28 南西アフリカ事件 （エチオピア－南アフリカ共和国、リベリア－南アフリカ共和国）

判　決　(1) 1962・12・21　Reports 1962, p.319
　　　　(2) 1966・7・18　Reports 1966, p.6

【事実】「南西アフリカの国際的地位」に関する3つの勧告的意見によって総会は、法的問題を解決したかに見えたが、これらの意見は南アフリカ共和国の容れるところでなく、人種差別（アパルトヘイト）政策を推進したため、総会は南アのアパルトヘイト政策が委任状の精神に反すると判断し、かかる政策の廃止を繰り返し勧告した。しかし南アは態度を硬化させたため、1960年エチオピアとリベリアが旧連盟加盟国として、委任状の有効性と南アによる委任統治義務違反の確認の判決を求めて、国際司法裁判所に提訴した。しかし裁判所は、いったん1962年に管轄権を認めつつ（判決(1)）も、1966年には両国には訴えの法的権利又は利益なしとして、請求を棄却した（判決(2)）。判決(2)は可否同数となり、裁判所長のキャスティング・ボートによった。

【判旨(1)】「南西アフリカ事件（先決的抗弁）」　南アの先決的抗弁却下、裁判所の管轄権認容（8対7）。委任状は、「文明の神聖な使命」を目的とする新しい国際制度を創設するため、連盟理事会が設定し受任国が受諾した国際約束であり、現在も有効な「条約」である。「文明の神聖な使命」の司法的保障は常設司法裁判所に従って国際司法裁判所の役割であり、そのための唯一の手段が委任状7条の下での連盟加盟国による提訴である。連盟解散に際して、受任国の義務の継続と加盟国の権利の維持は連盟の全加盟国の間で合意されている。委任状7条の「紛争」とは委任状の諸規定に関する紛争をいい、連盟加盟国は受任国による義務の遵守に法的権利又は利益を有していたと解される。さらに紛争は、直接交渉でなくても国連の枠内での集団的交渉の不成就をもって、交渉による解決不能と判断しうる。

【判旨(2)】「南西アフリカ事件（第二段階）」（エチオピア－南アフリカ共和国、リベリア－南アフリカ共和国）原告の訴訟資格否認、請求棄却（7対7）。委任状は地域の管理運営規定と各加盟国に関する特別利益規定から成り、本件は前者に関する紛争である。これについて、受任国は機構としての連盟の受託者であって、法的絆は受任国と機構のみに存する。文明の神聖な使命に基づく委任状の誠実な履行を要求する権利は、もっぱら集合的活動体としての連盟に帰属し、これと別個に何らかの権利が各加盟国に与えられることは承認されていない。従って原告国家自身は本件において援用すべき権利又は法的利益をもたない。また判決(1)は、裁判管轄権に関する判決であって、本案における法的基礎の認定を予断するものではない。さらに、文明の神聖な使命の究極的保障として、各加盟国による訴訟が「必要」との見解は、一種の民衆訴訟（actio popularis）であり、国際法ではまだ認められていない。「必要性」の議論は裁判所の司法的任務を超える。
〔位田隆一〕

30 バルセロナ・トラクション事件 （ベルギー－スペイン）

判　決　(1) 1964・7・24　Reports 1964, p.6
　　　　(2) 1970・2・5　Reports 1970, p.3

【事実】カナダ・トロントに本店を置くバルセロナ・トラクション社（BT社）はスペインに電力関係の子会社数社を有する持株会社で、第一次大戦後には、ベルギー政府によると、その株式の大半がベルギー国民の所有となった。1948年、同社の社債を取得したスペイン人が利息未払を理由にBT社の破産宣告を申請したのを受けて、スペインの国内裁判所が同社の破産を宣告してBT社とその2つの子会社の資産差押えを命じた。その後、破産管財人により子会社の新株券の発行や在外株券の失効措置などが行われ、これら子会社の株式のすべてが新設のカタロニア電力会社に売却された。この破産手続に対してはBT社からを含め多数の訴訟がスペイン国内で提起されたが成功しなかった。また英国、カナダ、米国、ベルギーも破産宣告後にスペインに外交上の抗議を行い、特にカナダは裁判拒否や二国間協定の違反を主張した後、私的当事者に合意による解決を勧めた。他方ベルギーは仲裁裁判による解決を提案したが、スペインはこれを拒否したため、1958年9月に国際司法裁判所に一方的に提訴した。その後両国間や私的当事者間で交渉が進んだことからベルギーは訴えを取下げ、1961年に事件は総件名簿から削除された。しかしこの交渉が決裂したため、ベルギーは再度1962年6月にBT社のベルギー人株主の損害賠償を求めて提訴した。これに対してスペインは、①1961年に両国間で終了が合意された請求について管轄権はない、②ベルギーが依拠する両国間の1927年裁判調停条約17条は常設国際司法裁判所解散により失効し

た、③BT社はベルギー法人ではないのでベルギーに原告適格はない、④BT社は国内救済手段を尽くしていない、という4つの先決的抗弁を提出した。
【判旨(1)】（先決的抗弁）①について、訴訟取下げは別段の明示の意思表示がない限り請求の放棄とはならない。両国間の了解やエストッペルにより取下げの効果が当初の申立に限定されないとするスペインの主張は立証されていないので抗弁却下（12対4）。②について、ベルギーにより1927年条約とともに付託根拠とされた裁判所規程37条は、常設国際司法裁判所解散日前に多くの裁判管轄権が無効とならないようにと定められたもので「現行」の条約をその条件としている。1927年条約は常設国際司法裁判所の解散で終了していないし、その第17条の目的は義務的管轄の設定であるから、規程37条で常設国際司法裁判所は国際司法裁判所に読み替えられねばならない。抗弁却下（10対6）。③と④については本案に併合する（それぞれ9対7、10対6）。
【判旨(2)】（第二段階）先決的抗弁③について、ベルギー人株主がカナダ籍会社に対する行為で受けた損害に関してベルギーが外交的保護を行使し得るかが問題となり、外交的保護の一般原則から判断された。会社と株主は明確に区別され、株主固有の権利が侵害されれば当該株主は会社とは別に請求権を有するが、ここでベルギーはその趣旨で争ってはいない。また株主の本国への外交的保護を認める国際法規則は存在せず、株主保護のための「会社法人格否認」の法理が妥当する条件も充たされていない。なお会社の外交的保護権では「真正結合」基準は適用されず、その会社の設立準拠法国でかつ本店所在地国が権利を行使するのであり、本件では実際にカナダが行った。株主保護に関する国際規則は未確定で個別の合意に依存するか、本件ではそうした合意は存在しない。さらに外交的保護の裁量的性格から衡平を考慮する必要もない。従って原告適格が立証されなかったのでベルギーの請求は却下される（15対1）。〔酒井啓亘〕

31 北海大陸棚事件
　　　（西ドイツーデンマーク、西ドイツーオランダ）
　判　決　1969・2・20　Reports 1969, p.4
【事実】西ドイツはオランダ及びデンマークと沿岸に近い部分の北海の大陸棚境界画定についてそれぞれ条約を締結したが、沖合部分については合意していなかった。オランダ・デンマーク両国が沖合部分について等距離原則に基づいて境界を画定する条約を1966年に締結したところ、西ドイツは同条約の自国に対する効力を否定した。西ドイツ・オランダ及び西ドイツ・デンマークの特別協定が締結され国際司法裁判所にそれぞれ事件が付託されたが、手続は共同でひとつの事件としてなされた。西ドイツは北海における大陸棚の境界画定において主張されている等距離原則は慣習国際法上の規則ではなく、この原則が適用される場合には衡平な配分とはならず、むしろ北海の大陸棚の中心点へのセクターの考えを取り入れるべきとした。オランダ及びデンマークは1958年の大陸棚条約6条2項に示された国際法の原則及び規則により律せられ、1966年条約は対世的に有効であると主張し

た。
【判旨】条約の非当事国である西ドイツに対して条約の規定は適用されないが、そこに規定されている等距離原則が慣習国際法として拘束力を有するかについて検討する。実定法に関しては、国際法団体、国家実行、大陸棚条約の影響が基礎となりこれらが新しい慣習国際法の形成に求められる法的必要信念であると主張されるが、大陸棚条約の境界画定についての規定は、トルーマン宣言及び国際法委員会の作業からは既存の慣習法をあらわしたものでも、出現しつつある慣習法を結晶化したものでもない。留保を容認する規定の存在はこれを裏付けている。条約の規定がその成立ののちに新たな慣習国際法の規定を発生させることは、可能性のある過程であり、時々生じて来ている。大陸棚条約に加盟していない諸国の実行を検討すると等距離原則によっている事例もあるが、これらの実行がそのように求める法の規則によって義務的であるとしてなされていると信じていることの証拠でなければならない。このように信ずることの必要、すなわち主観的要素の存在は法的必要信念の概念の意味するものである。各国の実行からは法的に義務づけられているためにそのような行為をなしたという証拠は存在しない（11対6）。〔大森正仁〕

32 南アの居すわりの法的効果
　　　（国連安全保障理事会）
　勧告的意見　1971・6・21　Reports 1971, p.16
【事実】南西アフリカ事件1966年判決でエチオピア・リベリア両国の意図が功を奏しなかったため、1966年末に総会は決議2145で西アフリカに対する南アフリカ共和国の委任状の終了を決定し、翌年に南西アフリカ理事会（後にナミビア理事会）を設置して施政権返還にあたらせたが、南アはこれを無視してなお居すわりを続けた。そこで安全保障理事会も、南アの居すわりの違法性を宣言して即時撤退を要求する一方、すべての国家に南アとの関係を差し控えるよう求めた上で、南アの居すわりに関する法的効果につき勧告の意見を要請した。
【意見要旨】「安全保障理事会決議276（1970年）にもかかわらず南アフリカがナミビア（南西アフリカ）に引き続いて存在することの諸国に対する法的効果」（安全保障理事会）委任状は条約の性格をもつ国際約束であり、南アはそれに基づく義務を履行していない。委任状の監督機関たる総会による決議2145は、この義務違反に対して、対応する権利である南アのナミビア施政権を終了させたもので、条約の重大な違反による終了に該当する。しかし総会は、南アをこの地域から強制的に撤退させる権限がないため、国連憲章11条2項に基づいて安保理事会の協力を求めた結果、本件決議276が採択された。この決議は、安保理が平和と安全の維持という主たる責任の遂行として採択したもので、憲章24条に基づいており、第25条によりすべての国連加盟国を拘束する。これに従わない南アの居すわりは違法であり、南アはかかる違法な事態を終了させる義務がある（13対2）。他方国連加盟国は、南アの居すわりの違法性と無効とを承認する義務があり、南アのかかる態度の合法性の承認を伴う又

34 漁業管轄権事件
　　（英国－アイスランド、西ドイツ－アイスランド）

命　令　1972・8・17　Reports 1972, p.12
判　決　(1) 1973・2・2　Reports 1973, p.3
　　　　(2) 1974・7・25　Reports 1974, p.3

【事実】1958年第1次国連海洋法会議の後、アイスランドは1958年6月30日規則において、従来の4カイリ漁業水域を12カイリに拡大した。他方、英国は当該措置を容認せず、漁獲を継続したため、多くの英国漁船がアイスランドに拿捕された。1961年に交換公文が交わされ、英国はアイスランドの12カイリ漁業水域に異議を唱えないこと、その後のアイスランドの漁業水域の拡大に関して紛争が生じた場合は国際司法裁判所に一方的に付託されることが合意された（西ドイツとの間でも同様の交換公文が締結されている）。1972年2月、アイスランドは漁業水域を50カイリに拡大することを決定し、同年9月から実施することとした。そこで英国と西ドイツは裁判所に提訴した。

【命令要旨】最終の本案判決が下されるまで、アイスランドは12カイリ漁業水域外の英国漁船（および西ドイツ漁船）に対して行政上・司法上その他の措置をとるべきではない。また英国はアイスランド海域から17万トン以上を漁獲すべきではない（14対1）。

【判旨(1)】（管轄権）アイスランドは、1961年の交換公文が武力による威圧によって締結されたことを示唆したが、確かな証拠を欠くため、条約法条約52条（強制による条約の無効）の事態は認定し得ない。アイスランドは事情変更原則による交換公文の終了を主張したが、条約法条約上の諸要件は満たされていない。従って裁判所は管轄権を有する（14対1）。

【判旨(2)】（本案）第2次国連海洋法会議（1960年）以降、12カイリ漁業水域の概念と隣接水域での沿岸国の優先的漁業権の概念が国際慣習法の制度となっている。後者は外国漁船を一方的に締め出す排他的権利ではない。アイスランドによる50カイリ漁業水域規制はこうした制度を無視しており、英国に対抗できない。両国は、アイスランドの優先的漁業権と英国の伝統的漁業権を調和させるために交渉によって衡平な解決をはかる義務を有する（10対4）。　　　　　　　　　〔玉田大〕

35 核実験事件　（オーストラリア－フランス、ニュージーランド－フランス）

命　令　1973・6・22　Reports 1973, p.99（豪州）
　　　　　　　　　　　Reports 1973, p.135（NZ）
判　決　1974・12・20　Reports 1974, p.253（豪州）
　　　　　　　　　　　Reports 1974, p.457（NZ）

【事実】フランスは1966年以降、南太平洋ムルロワ環礁で大気圏内核実験を行ってきた。オーストラリアとニュージーランドはその実験の中止を求めて抗議してきたが、フランスは応じなかった。1973年5月オーストラリア・ニュージーランドは各々フランスを相手に、大気圏内核実験の違法性確認及び実験の中止を求めて、国際司法裁判所へ一方的に提訴すると共に、本案判決まで実験を停止するよう仮保全措置命令を要請した。翌年、裁判所は本案に関して判決を下した。〔訴訟はオーストラリア・ニュージーランド別個であるが、ほぼ同一内容のため、一括して「原告国」と扱う。〕1995年にニュージーランドは、フランスによるこの地区での地下核実験再開決定に伴い、1974年判決の基礎が崩れたことを理由に、本件訴訟の再開と実験停止の仮保全措置命令を求めた。

【命令要旨】仮保全措置命令（8対6）。仮保全措置は、原告が援用する諸規定が「一応」（prima face）裁判所の管轄権の基礎を与えていること、請求される権利が「一応」裁判所の管轄に属すること及び請求にかかわる法益を原告が立証しえないことは先験的に仮説としえないことを条件として、認められる。本件はこれを満たしており、裁判所は、原告・被告双方が、紛争の悪化と拡大を回避し、また判決の履行を害するおそれのある措置をとらず、特にフランスは原告国領域に放射性降下物をもたらす核実験を回避すること、を指示する。

【判旨】訴訟目的消滅（9対6）。まず裁判所は、その司法機能に固有の管轄権に基づき、紛争の存否を審査する必要がある。原告の請求の真の目的は南太平洋におけるフランスの大気圏内核実験の停止である。ところで1974年6月以来のフランスの一連の宣言は、大気圏内核実験を停止する意思を表示したものと考える。一方的行為による、法律上又は事実上の事態に関する宣言は法的効果をもちうるが、その条項に拘束される旨の宣言国の意思は法的約束であり、それが公にかつ拘束される意図で表示されるときは、国際交渉の枠外であっても、拘束力がある。フランスの一連の宣言、特に大統領のそれは、国家の約束を構成する。フランスはそれらの宣言により、大気圏内核実験を以後実施しない旨約束したのであって、これによった原告の訴訟目的は実際上達成され、紛争は消滅した〔本件にはフィジーが訴訟参加請求を提出していたが、この判決により同請求もその目的を失い、却下された〕。　　　　　　　　　〔位田隆一〕

39 在テヘラン米国大使館人質事件
　　（米国－イラン）

命　令　1979・12・15　Reports 1979, p.7
判　決　1980・5・24　Reports 1980, p.3

【事実】1979年11月4日、数百名の武装集団が在テヘランの米国大使館を襲撃して占拠し、大使を含め70名を人質に立てこもった。こうした事件はダブリーズやシラーズの同国領事館でも生じたが、その際いずれもイラン人警護員による防止措置は採られず、その後の米国の救助要請にもイラン政府は策を講じなかった。このため米国は、事件発生直後に国連安保理に対応を要請するとともに、同月29日に本件を提訴し、ウィーン外交・領事関係条約や両国間の友好関係条約等に関するイランの義務違

反、大使館等の原状回復や人質の解放、責任者の訴追もしくは引渡というイランの義務の存在、米国に対する損害賠償請求権の認定について判断を求めた。なお米国は請求と同時に、人質の即時解放など5点にわたる仮保全措置の指示要請を行った。この請求に対してイランは法廷に出廷せず、ただ裁判所に提出した書簡の中で、イラン革命の影響は国内主権事項であり、米国の請求は同国による25年以上のイラン内政への干渉という全体の問題の周辺的部分でしかないと主張し、仮保全措置に関して本案管轄権の欠如と米国の要請の、一方性を問題視した。

【命令要旨】(仮保全) 公館に関する紛争や外交官の拘束は国際管轄事項であり、両ウィーン条約が適用可能。また仮保全措置の要請はその性質上一方的なもの。本件では人命や健康が危機にさらされており、回復しがたい危害の可能性に瀕している。従ってイランは、①大使館等が米国の所有に復帰するよう直ちに確保し、その不可侵性と実効的保護も保証すること、②すべての米国市民の即時解放と彼らの十分な保護を確保すること、③米国のすべての外交・領事職員に完全な保護・特権・免除を付与することを確保し、また両国は、④紛争の解決をいっそう困難にしかねない措置をとらないようにしなければならない。⑤なお本命令の事項については終結判決まで裁判所が継続的に検討する(全員一致)。

【判旨】管轄権は上記両ウィーン条約と二国間条約で確認される。法律的紛争はより広い政治的紛争の一つの要素であるが、法律問題について裁判所の判断を制約する国連憲章上や裁判所規程上の規定はない。安保理に係属している事件についても同様。暴徒による大使館の襲撃・占拠等という私人の行為に対してイラン政府が防止措置を採らなかったのは同国の国際義務違反となる。またその後の政府高官による暴徒の行為の承認により暴徒による行為が国家の行為となり、イラン自身の国際義務違反となった。イランは米国の職員による犯罪活動を主張するが、外交関係法は「自己完結制度」を構成しており、その濫用への救済を特定しているためイランの行為は正当化できない。従って、①イランは米国に対して国際義務違反行為を行い、これを継続している(13対2)。②当該違反によりイランは米国に対して国際法上の責任を負う(13対2)。③イランは事態の修復のため、人質を直ちに解放してイラン国外に退去する措置を確保し、米国の公館における財産等を直ちに利益代表国の管理下に置く(全員一致)。④イランは米国の外交・領事職員を裁判手続に参加させるため同国に留め置いてはならない(全員一致)。⑤イランは本件に関する米国の損害を賠償する義務を負う(12対3)。⑥賠償の形式や額につき両国間で合意のない場合には裁判所が判断する(14対1)。

〔酒井啓亘〕

44 リビア・マルタ大陸棚事件

判 決 (1) 1984・3・21 Reports 1984, p.3
　　　 (2) 1985・6・3 Reports 1985, p.13

【事実】1982年7月、リビアとマルタは1976年の付託協定に基づき、両国の大陸棚の境界画定に関する国際法の原則・規則および両国が困難なく境界画定ができるために当該原則・規則が実際に適用され得る方法を示すよう裁判所に求めた。

【判旨(1)】イタリアの訴訟参加申請(ICJ規程62条)は、同国の権利について決定を求めており、新たな訴訟提起に等しいため、認められない(11対5)。

【判旨(2)】イタリアの主張に影響を与えないために、本件の大陸棚境界画定区域を東経13度50分と東経15度10分の間に限定する。本件判決の実施のために両国間の合意によって行われる境界画定のための原則・規則は以下である。①境界画定が衡平な結果に達するために衡平原則に従って全ての関連事情を考慮すること、②いずれかの当事国に属する大陸棚区域は、当該国の海岸から200カイリ以内にあり、物理的な意味における大陸棚の自然延長の原則からは境界画定基準は導かれ得ない。EEZは国際慣習法の一部となっており、EEZは必然的に海底部分を含むため、距離基準が同様に大陸棚にも適用される。本件において衡平な境界画定に至るために考慮されるべき事情・要素は以下である。①当事国の海岸の一般的形状、海岸線が向かい合っていること、および一般的地理的関連での相互関係。②当事国関係海岸の長さの不均衡とその間の距離。③沿岸国に属する大陸棚区域の範囲と、海岸線の一般的方向で測られる関連部分の長さとの間の過度の不均衡を避ける必要。本件での衡平な結果は、第1段階として両国の関連海岸の低潮線から中間線を引き、これを上述の事情・要素を考慮して調整し、緯度で18分北に移動した境界線である(14対3)。

〔玉田大〕

46 対ニカラグア軍事的活動事件
　　　(ニカラグアー米国)

命 令 　1984・5・10 Reports 1984, p.169
判 決 (1) 1984・11・26 Reports 1984, p.392
　　　 (2) 1986・6・27 Reports 1986, p.14

【事実】ニカラグアで左翼政権が誕生した(1979年サンディニスタ革命)が、米国はこの新政府がエルサルバドルの反政府ゲリラ組織に軍事支援を行っているとして介入した。ニカラグアは、米国による軍事介入が国際法に違反するとして提訴した。

【命令要旨】両国の選択条項受諾宣言は本件の管轄権を認めていると解される。本件状況は当事国の権利を保全する必要があることを示しており、以下の仮保全措置を指示する。①米国はニカラグアの港の封鎖・機雷敷設を止め、②ニカラグアの主権と政治的独立を尊重すること。③両国は紛争を悪化させてはならず、④裁判の対象である権利を害してはならない(全員一致。②は14対1)。

【判旨(1)】(管轄権) 1929年にニカラグアは常設国際司法裁判所規程加入の署名議定書に署名し、選択条項を受諾した。その後、議定書への批准を連盟に通告したが「批准書」を寄託しなかった。他方、同国によるICJ規程の批准により、受諾宣言はいまや完全な効力をもち、同国も一貫して自国が規程当事国かつ宣言受諾国であるとの立場であった。米国の紛争除外の通告(提訴の3日前)は、管轄権を排除する効果を有さない。請求の受理可能性に関する米国の抗弁(現在進行中の軍事活動に関して

469

は安保理が排他的権限を有する）は、国連憲章上正当な根拠を有さない。裁判所は、両国の友好通商条約（1956年）の裁判条項に基づいても管轄権を有する。
【判旨(2)】（本案）本案審理に併合した管轄権審理（米国の多数国間条約留保）について、本件では国連憲章と米州憲章を除く国際法の法源（国際慣習法）を適用する。慣習国際法上で確立した集団的自衛権は、他国による武力攻撃に対応するものであるが、米国の行動は権利行使のための諸要件（武力攻撃の存在、被害国からの要請、行動の均衡性）を満たしておらず、集団的自衛権の行使として正当化し得ない。ニカラグアに対する米国の軍事活動は、不干渉義務、武力行使禁止義務および主権尊重義務に違反している。ニカラグア領内における機雷敷設もこれらの義務の違反である。米国は違法行為を直ちに停止し、ニカラグアに対して賠償を支払う義務を負う（12対3）。〔玉田大〕

47 国境紛争事件 （ブルキナファソ／マリ）
命　令　　　　　　1986・1・10　Reports 1986, p.3
判決（特別裁判部）　1986・12・22　Reports 1986, p.554
【事実】ブルキナファソとマリはフランスの植民地だったが、いずれも1960年に独立した。植民地時代の行政区画は何度か変更されたため、独立後の国境線にも不明確な部分が残った。1974年に両国間の国境紛争はアフリカ統一機構の仲介委員会に付託されたが、解決されなかった。1983年に両国はICJ特別裁判部に紛争を付託する協定を締結し、翌年これを提出した。1985年、紛争地域で両国間の軍事衝突が発生したため、両国はそれぞれ仮保全措置を申請した。
【命令要旨】仮保全措置は、本案判決が出されるまでの間、当事国の権利を保全するのに加えて、紛争の悪化を防止することも求められる。本件における武力衝突について以下の仮保全措置を命じる。両国は、紛争の悪化、権利の侵害、証拠収集の阻害となる行為を慎み、両国が合意した停戦措置を遵守し、20日以内に軍隊を撤退させること（全員一致）。
【判旨】両国の付託合意は植民地時代の境界の不可変を尊重する解決を要請しているため、ウティ・ポシデティス原則の適用が求められる。スペイン領のアメリカ大陸で適用されたこの原則は、アフリカ諸国の独立に際しても一般的に適用される。この原則は人民の自決権と抵触する可能性があるが、国境紛争を防止し、独立を強化するための本質的な要請として認められてきた。本件では「法の下の衡平」も考慮される。フランスの海外領土法は、事実の確定要素ないし植民地遺産の証拠としての意義を有する。両国は立法・行政上の資料として地図を提出した。これらは過去の境界線の証拠として提出されたが、いずれも完全なものではなく、地図はそれ自体によって領域権原を構成するものではない。以上の法原則と証拠資料を考慮し、裁判部は以下の地理座標点（略）を結んだ線を国境線と決定する（全員一致）。〔玉田大〕

63 核兵器による威嚇・使用の合法性
　　（国連総会）

勧告的意見　1996・7・8　Reports 1996, p.226
【事実】1994年、国連総会は「核兵器による威嚇又は使用はいかなる状況においても国際法上許されるか」との勧告的意見要請を行った。
【意見要旨】核兵器は大量の熱とエネルギーおよび放射能を発する点で、他の兵器と異なる特性を有しており、特別条約で禁止された毒物兵器や生物化学兵器と区別される。特定の地域で核兵器の使用等を禁止する条約があるが（トラテロルコ条約、ラロトンガ条約、NPT条約など）、核兵器使用を包括的に禁止するものではなく、核保有国は自衛の場合等において核兵器の使用を留保している。国際慣習法上の核兵器使用の合法性に関して、各国の法的信念は鋭く対立しており、これを禁止する慣習法は確認できない。国際人道法は、軍事目標主義や戦闘員と文民の区別を設けている。核兵器の使用はこうした人道法要件に合致しないが、いかなる状況でも核兵器使用がこれに違反するとは断定できない。以上の理由により、①勧告的意見の諮問要請に応える（13対1）。②核兵器の使用を許容する国際法は存在しない（全員一致）。③核兵器の使用を包括的に禁止する国際法規則は存在しない（11対3）。④国連憲章2条4項に違反し、かつ51条の要件を満たさない核兵器使用は違法である（全員一致）。⑤核兵器の使用は国際法、特に国際人道法の規則と両立したものであるべきである（全員一致）。⑥核兵器の使用は一般的には国際法規則に反するが、国家の存亡にかかわる自衛の極限状況において核兵器使用が合法か違法かについて確定的な結論を下すことはできない（7対7、所長の決定投票）。⑦核保有国は核軍縮交渉を完結させる義務を負う（全員一致）。〔玉田大〕

64 ジェノサイド条約適用事件 （ボスニア・ヘルツェゴビナーセルビア・モンテネグロ）
命　令　(1) 1993・4・8　Reports 1993, p.3
　　　　(2) 1993・9・13　Reports 1993, p.325
判　決　(1) 1996・7・11　Reports 1996, p.595
　　　　(2) 2003・2・3　Reports 2003, p.7
　　　　(3) 2007・2・26　Reports 2007
【事実】旧ユーゴの解体とともに発生したボスニア・ヘルツェゴビナの内戦は次第に国際的性格を強めた。同国は、1993年3月、新ユーゴによるジェノサイド条約の違反を裁判所に訴えるとともに、その違法行為の中止を求める仮保全措置を2次にわたって申請した（ユーゴもこれに対抗して同措置を申請）。他方、ユーゴは本件の管轄権を争う先決的抗弁を提出した。この先決的抗弁判決後、ユーゴは、自国が2000年11月1日に国連に加盟したことが再審に付すことを可能とする新たな事実であると主張して、01年4月24日に再審請求を行った。なお新ユーゴは後にセルビア・モンテネグロと名称が変更されている。
【命令要旨(1)】ジェノサイド条約9条（裁判条項）は、請求主題が本条約に該当する限りで本件の一応の管轄権の基礎をなす。また本件の状況は集団殺害の重大な危険に直面している。よって裁判所は、仮保全措置として、①ユーゴは集団殺害の防止に必要な措置を直ちに講ずること（全員一致）、②ユーゴはその統制下にある組織や軍が

この行為を行わないように確保すること（13対1)、を指示する。
【命令要旨(2)】上記命令の指示後、ボスニア、ユーゴ両国は新たな仮保全措置を申請した。しかし、前回の命令にもかかわらず、ボスニアの住民は重大な被害に直面しており、その危険はむしろ深刻化している。この状況下で必要とされることは、新たな措置の追加ではなく、前の措置が効果的に履行されることである。よって裁判所は、4月8日の仮保全措置を再確認し、それが直ちにかつ効果的に履行されるべきであると判断する（13対2)。
【判旨(1)】（管轄権）本件申訴の時点では両当事国ともその承継通告によりジェノサイド条約の当事国としての地位にあり、同条約9条は本件の管轄権の基礎を与える。また95年の両国の相互の国家承認は、それ以前の本条約に基づく提訴に影響を与えるものではない。ユーゴは本件紛争の国際的性格を否定するが、国際的であるか国内的であるかによって本条約の適用が制限されるわけではない。よって管轄権に関するユーゴの諸抗弁は却下される。なおボスニアはいくつかの管轄権の追加的基礎を主張したが、いずれも有効な基礎を提供するものではない。最後に、原告の訴訟提起を許した大統領は、法的にその地位にあったとは認められないので、同国の提訴は有効ではないとの受理可能性の抗弁は、根拠を欠き受け入れることはできない。
　以上の理由により、裁判所は本件の管轄権を有し、請求は受理可能であると判断する（13対2)。
【判旨(2)】再審請求が行われるのは、「判決があった時に」知られていなかった「事実」の発見に基づくものである場合だけであり、ユーゴの国連加盟は96年判決後に生じたものなので裁判所規程61条の意味での新事実とはみなしえない。従って再審請求は受理できない（10対3)。
【判旨(3)】管轄権の存在は1996年判決ですでに確認されており、これが既判力を構成する。従って管轄権不存在の異議は却下され、ジェノサイド条約9条を基礎に裁判所は本件を判断する管轄権を有する(10対5)。本件に係るICTY（旧ユーゴ国際刑事裁判所）の事実認定は信頼できるものであり、それによれば、ボスニアでの大量殺害は実行行為者に集団を破壊する意図が欠けていたことによりジェノサイド条約2条にいうジェノサイドに該当しない。従ってセルビアは慣習国際法上その行為が自らに帰属する機関等を通じてジェノサイド条約1条の義務に違反したジェノサイドを行っておらず（13対2)、ジェノサイド行為を行うよう教唆も行っておらず（13対2)、またその旨の共同謀議も行っていない(11対4)。スルプスカ共和国軍が1995年7月にスレブレニツァでジェノサイド行為を行ったことは認められるが、その行為はセルビアの指示や教唆等によって行われたものではなく、セルビアに帰属しない。ただし政治的軍事的財政的つながりの深さからジェノサイドが行われる重大な危険にセルビアが気づきえたはずであり、それを防止する措置をとらなかったことはジェノサイド条約1条の防止義務の違反となる（11対4)。ICTYは同条約6条にいう「管轄権を有する国際刑事裁判所」にあたり、セルビアは、ICTYにより訴追されているムラジッチを引き渡さず、同裁判所に十分に協力しなかったことにより同条約上の義務に違反し（12対3)、またスレブレニツァでのジェノサイド行為を防ぐために権限内のあらゆる措置をとらなかったということで、1993年の二つの仮保全措置に従う義務に違反した（13対2)。従ってセルビアは、ジェノサイド行為や3条に定めるその他の行為を処罰し、そうした行為により訴追された個人をICTYに引渡し、同裁判所と十分に協力しなければならないというジェノサイド条約上の義務の履行を確保するため実効的な措置を直ちにとらなければならない（14対1)。スレブレニツァでのジェノサイドを防止しなかったことや仮保全措置の遵守義務違反については判決によるその認定が最も適切なサティスファクションであり、金銭賠償や再発防止の保証指示は適切なものではない（13対2)。

〔酒井啓亘〕

69　カメルーン・ナイジェリア領土・海洋境界事件（赤道ギニア訴訟参加）

命　　令　(1) 1996・3・15　Reports 1996, p.13
判　　決　(1) 1998・6・11　Reports 1998, p.275
　　　　　(2) 1999・3・25　Reports 1999, p.31
命　　令　(2) 1999・10・21　Reports 1999, p.1029
判　　決　(2) 2002・10・10　Reports 2002, p.303

【事実】カメルーンは、1994年3月、バカシ半島へのナイジェリアの軍事進出にかんがみて、同半島の主権の確認とナイジェリアとの国境・海洋境界紛争を裁判所に提起した。訴訟進行中の96年、バカシ半島での両国の武力衝突の発生をみるにいたり、カメルーンは仮保全措置を申請した。他方、ナイジェリアはこれに先立ち先決的抗弁を提出した。先決的抗弁判決後、ナイジェリアは同判決の解釈請求を提起した。一方、カメルーンの隣国の赤道ギニアは、本件の海洋境界の主題について訴訟参加を申請した。
【命令要旨(1)】両当事国の選択条項受諾宣言には留保がなく、本件の管轄権の基礎が一応認められる。紛争地域での武力衝突により地域住民や当事国の権利が回復不能な損害を被る恐れがあるため、裁判所は以下の仮保全措置を指示する。①紛争の悪化と拡大をもたらす軍事活動を慎むこと（全員一致)、②96年の両国の停戦合意を遵守すること（16対1)、③96年2月3日以前に位置したバカシ半島の軍隊をそれぞれ前進させないこと（12対5)、④紛争地域での証拠保全のための必要な措置をとること（16対1)。
【判旨(1)】ナイジェリアは、本件の提訴は早計で、選択条項制度の濫用であるとするが、原告の提訴は裁判所規程や確立した判例に違背するものではない。チャド湖の境界についてはチャド湖委員会が排他的権限を有するとのナイジェリアの主張は根拠がない。また、本件での同湖の境界画定について第三国たるチャドの利益が影響を受けることはなく、同国の権益が本裁判の主題をなすものでもない。ナイジェリアは、チャド湖から海洋までの間の国境紛争の存在を否定するが、他方、境界に関する合意が存在することを明示していない。また海洋の境界画定は必然的に別の第三国（とくに赤道ギニア）の権益にかかわるとの抗弁は、「もっぱら先決的性質」を有するも

のではないと判断する。よって裁判所は本件につき管轄権を有すると判断する（14対3）。
【判旨】上記の判決につきナイジェリアは、その国家責任に関する争点との関係で、本件で取扱われる紛争を特定化するための解釈請求を提出した。規程60条の解釈請求の手続は先決的抗弁判決も対象となる。しかし、今回のナイジェリアの3点の請求は、判決の「意義又は範囲」を明確にするというよりは、すでに却下された問題を持ち出すか、あるいは裁判所の本案判断の枠を制限しようとするものであって、受理することはできない（13対3）。
【命令要旨(2)】赤道ギニアの参加申請は、本件の海洋境界の画定に関して同国の権益が影響を受けないように陳述することであって、事件の当事者としての参加ではない。この場合、原当事国との管轄権のリンクはとくに要件とはならない。また同国は判決によって影響を受ける法的利益を有することが認められる。よって、規程62条に基づく参加が許される（全員一致）。
【判旨(3)】チャド湖地域については、英仏が1919年宣言で境界の決定に合意しており、これを反映してより詳しい線を定めた29-30年の英仏宣言や同湖流域委員会の作業はそれを裏付ける。境界は未画定とするナイジェリアの主張は自国の実行に反し、effectivitésの主張もカメルーンの権原を覆せない。従って同地域での境界線は29-30年宣言で画定され、その線は両当事国及びチャドの3か国の国境が重なる点からエベジ川の河口を通って同川が二つに分かれる地点までまっすぐ引かれる（各14対2）。チャド湖からバカシ半島までの18地区の境界画定については、当事国の同意により、その第1から第14までが29-30年宣言で、第15から第17までが46年英国枢密院令により、第18が13年の二つの英独協定でそれぞれ規律され（15対1）、裁判所によるこれらの解釈で各地区につき境界線が定められる（全員一致）。バカシ半島における両国間の境界は13年英独協定の18条から20条で画定され、同半島の主権はカメルーンに存し、その境界線はアクワヤテ川のタールベータとなる（各13対3）。海洋境界画定により影響を受ける第三国の存在には注意しなければならないが、よって管轄権が排除されることはなく、両国間の事前の交渉もされていたのでカメルーンの請求は受理しうる（13対3）。アクワヤテ川河口から続く12の海域は両国間の71年宣言で、さらに8つの海域までは両国間の75年宣言と交換公文でそれぞれ境界が画定され（13対3）、その先については270度と約187度の航程線が境界線となる（全員一致）。ナイジェリアはチャド湖とバカシ半島についてカメルーン主権内にある自国行政・軍事警察等を即時無条件で撤退させる義務を有する（14対2）。カメルーンはチャド湖からバカシ半島までの地域についてナイジェリア主権内にある自国行政・軍事警察等を即時無条件で撤退させる義務を有し、ナイジェリアも同地域におけるカメルーン主権下の領域について同様の義務を有する（全員一致）。バカシ半島とチャド湖地域のナイジェリア人住民を保護するとのカメルーンの約束に留意する（15対1）。ナイジェリアの国家責任に関するその他のカメルーンの請求とナイジェリア

の反訴を棄却する（全員一致）。〔酒井啓亘〕

75 逮捕状事件 （コンゴ民主共和国-ベルギー）
命　令　2000・12・8　Reports 2000, p.182
判　決　2002・2・14　Reports 2002, p.3
【事実】2000年4月11日、ベルギーの予審判事は、コンゴの現職外務大臣（イェロディア）の官房長時代の演説（ヘイトスピーチ）が国際人道法の重大な違反および人道に対する罪に該当するとし、ベルギー法（普遍的管轄権法）に基づいて国際逮捕状を発付した。コンゴは逮捕状が免除違反であるとしてその撤回を求めて提訴し、仮保全措置を申請した（管轄権基礎として両国の選択条項受諾宣言を援用）。なお、2000年11月に外務大臣は教育相となり、翌年には一切の閣僚職から離れた。
【命令要旨】逮捕状の名宛人が教育相になったとはいえ、提訴および仮保全措置申請の目的は消滅しない。他方、教育相の外国訪問の頻度に鑑みれば、コンゴの権利に対する回復不能な損害や緊急性は認められない。従って、本件状況は仮保全措置の指示を必要としない（15対2）。
【判旨】上級国家職員についての他国管轄権からの免除は国際法上確立しており、国際慣習法により、現職外相は外国国家の刑事管轄権からの完全な免除を享有する。逮捕による任務遂行の阻害の程度に相違は無いため、外相就任前と在任中の行為の区別はできない。また、人道に対する罪などの場合に免除例外があることは確認できない。本件逮捕状は、その発付および国際送付だけでコンゴの免除・不可侵を侵害する。以上より、①裁判所は管轄権を有し、請求目的は消滅していない。請求は受理可能であり、ベルギーの抗弁を却下する（15対1）。②逮捕状の発付・国際送付は現職外相の免除・不可侵に違反し、ベルギーの国際義務違反を構成する（13対3）。③ベルギーは自らの選ぶ手段で逮捕状を撤回し、送付先にその旨を通知しなければならない（10対6）。〔玉田大〕

77 ラグラン事件 （ドイツ-米国）
命　令　1999・3・3　Reports 1999, p.9
判　決　2001・6・27　Reports 2001, p.466
【事実】ウィーン領事関係条約事件（ドイツ-米国）の本案訴訟（事件名変更）。ラグラン兄弟は、アリゾナ州での銀行強盗未遂と殺人の罪による刑事裁判が開始後も、ウィーン領事関係条約36条1項に基づく自国領事への通報の機会をえることなく、また米国当局によるドイツ領事への通報もないまま、死刑の宣告を受け、これが確定した。両名は、米国の上記条約違反を理由に連邦裁判所の再審を求めたが、同国の手続的懈怠規則により退けられた。両名の本国ドイツは、1999年3月2日、米国の行動を条約違反として訴えを提起すると同時に、兄ウォルターの刑の執行の延期を求める仮保全措置を申請した（これはウォルターの執行予定の前日。弟のカールの刑の執行はすでになされていた）。管轄権の基礎は領事関係条約の選択議定書1条が援用された。
【命令要旨】本件請求は領事関係条約5条と36条の適用に関する紛争であるので、同条約の選択議定書により、本件の管轄権の一応の基礎が認められる。裁判所規則75

条1項の職権による指示は、当事国による事前の仮保全申請の有無に関係なく、また極度の緊急性があるときは当事国の意見聴取を省いてこれを行うことができる。仮保全措置の指示は回復しがたい権利の侵害を前提とし、本件はこれにあたる。裁判所は、本件の極度の緊急性に鑑みて、規則75条1項を適用し以下の措置を指示する。米国政府は本命令をアリゾナ州知事に伝達する義務があり、同知事は米国の国際的約定に従って行動する義務がある。①米国は、ウォルター・ラグランの刑の執行を停止し、とった措置を裁判所に通報すべきである。②米国政府は本命令をアリゾナ州知事に伝達すべきである(全員一致)。

【判旨】本件は、米国が主張するように、同国の国内裁判の上訴審たる性格をもたないので、本請求は受理できる。同条約36条1項は、領事通報に関する締約国の権利とともに、逮捕・拘留された者の個人の権利も直接に認めたものであり、米国の行為はこの両者に対する義務の違反をなす(14対1)。また米国が、条約違反を自ら認識した後も、同国の手続的懈怠規則を適用して両名の再審を許さなかったことは同条約36条2項の違反をなす(14対1)。1999年の本裁判所の仮保全措置命令にもかかわらず、米国はこれに反する方法でウォルター・ラグランの刑を執行したが、この命令は法的拘束力を有するものであるから、この点の同国の義務違反が認定される(13対2)。米国が本条約の違反について講じた再発防止策は、それに関するドイツの一般的保証の請求を充たすが(全員一致)、しかし、第36条違反がある状況下での重刑判決については、その再審査を認めなければならない(14対1)。〔杉原高嶺〕

83 パレスチナ占領地域における壁建設の法的効果 (国連総会)

勧告的意見 2004・7・9 Reports 2004, p.136

【事実】パレスチナをめぐる中東問題は、1993年のオスロ合意で対ヨルダン等との第三次中東戦争の結果イスラエルが占領した地域からの同国軍の段階的撤退とガザ及びヨルダン川西岸でのパレスチナ人の自治が合意されたものの、その実現が進まず混迷を深めていた。1997年にアラブ諸国は「平和のための結集決議」に基づき第10回国連総会緊急特別会期の召集を求め、同年4月25日に総会はイスラエルによるパレスチナ地域への入植地建設を非難する決議を採択した。その後オスロ合意は2000年に破綻しそれに代わって2003年には「ロードマップ」が作成されたが、その間にイスラエルは上記パレスチナ占領地域において壁の建設を開始して東エルサレムとパレスチナ居住区の分断を図った。このイスラエルの行為を違法とする安保理決議案は2003年10月14日に米国の拒否権で否決されたため、アラブ諸国は前記総会緊急特別会期の再開を求め、同年10月27日に壁の建設の中止と撤回をイスラエルに要求する総会決議が同会期で採択された。他方、安保理は同年11月19日に「ロードマップ」上の義務履行を当事者に求める決議1515を採択している。その後総会は事務総長報告の提出を受けて、同年12月8日に決議ES-10/14を採択し、パレスチナ占領地におけるイスラエルの壁の建設から、ジュネーブ第4条約(文民保護条約)と関連安保理・総会決議を含む国際法原則・規則を考慮すると、いかなる法的効果が生じているかという点について裁判所に勧告的意見を求めた。

【意見要旨】総会の権限は憲章12条で制限を受けるが、同条の解釈によれば安保理と総会が同一主題を別個の観点から扱うことを否定しておらず、本件で総会の権限踰越は認められない。緊急特別会期の開催では安保理の機能不全と平和に対する脅威の存在という「平和のための結集決議」の二条件も充たされている。断続的な緊急特別会期の開催や通常会期との並行開催も意見要請の有効性とは無関係。要請される問題は法律的な性格であり抽象的ではない。要請の政治的動機等は管轄権の確立とは無関係である。従って裁判所は本件につき勧告的意見を与える管轄権を有する(全員一致)。要請主題はイスラエルとパレスチナの間にのみ関わるものではなく国連の責任にも関連する。また外交交渉に勧告的意見がいかなる影響を与えるのかも不明確。裁判所は事務総長報告などから意見付与に十分な情報を得ている。意見の有用性を判断するのは要請機関である。以上から管轄権行使を控える理由はないので裁判所は意見の要請に応じる(14対1)。壁の建設とそれに伴う体制は、事実上の併合から戦争による領域取得を禁じた国際法規則違反やパレスチナ人民の自決権の侵害に当たるとともに、ハーグ陸戦規則や文民条約に反する財産の破壊・没収、自由権規約で保障された移動の自由の侵害、社会権規約や児童の権利条約が保障する労働・健康・教育の権利等の侵害、文民保護条約や安保理決議に反する占領地域の住民構成の変更につながる。こうした違反は軍事的必要性や自衛権、緊急状態の援用で正当化されない。従ってイスラエルによる占領地域での壁の建設は国際法に違反する(14対1)。そのためイスラエルは国際法違反を終了する義務を負い、壁の建設を中止して撤去し、当該建設に関するあらゆる立法的規制的行為を無効にしなければならず(14対1)、またこの建設により生じた損害すべてを補償する義務を負う(14対1)。さらに自決権と国際人道法規則の大部分が erga omnes な性格を有することから、すべての国家は壁の建設で生じた違法状態を承認せずその維持を援助しない義務を負うとともに、文民保護条約の全締約国はイスラエルによる国際人道法の遵守を確保する義務を負う(13対2)。国連は壁の建設により生じた違法状態を終了させるために必要な措置を考慮すべきである(14対1)。〔酒井啓亘〕

87 ディアロ事件

判 決 (1) 2007・5・24 Reports 2007, p.582
     (2) 2010・11・30 Reports 2010, p.639
     (3) 2012・6・19 Reports 2012, p.324

【事実】コンゴ民主共和国在住のギニア国民であるディアロは、1974年にコンゴ法に基づきアフリコム・ザイール社を設立し、1979年には同社の業務執行者としてアフリコンテイネール・ザイール社の設立に関与した。両社がディアロを通じて債権回収のための裁判を行ったところ、1995年10月にコンゴ首相がディアロを国外追放す

473

るデクレを発布し、同年11月にディアロは逮捕・拘留され、翌年1月に国外追放となった。ギニアは、選択条項受諾宣言を管轄権の根拠として、1998年12月に提訴し、①ディアロの不当逮捕と追放、領事関係条約上の権利の不尊重、侮辱的待遇、財産権の剥奪、会社の運営管理権の剥奪、ディアロの財産の事実上の収用などで、コンゴは国際違法行為を行い、ギニアに対する責任を負うこと、②ディアロの損害やギニアの損害に完全賠償を行う義務を負うこと、③賠償は損害に対する金銭賠償によること、を主張した。これに対してコンゴは、ギニアには外交的保護を行使する資格はないこと、問題の会社もディアロも今後の国内救済手続を尽くしていないことを理由に受理不能の先決的抗弁を提起した。

【判旨(1)】コンゴは、ディアロ個人の権利及び社員固有の権利の保護に関して国内救済手続の存在を十分に示していない。会社と株主の権利保護は、通常、条約によって規律されるのであり、会社の権利に関してその国籍国が代替保護を認めるような例外が国際法上存在することは国家実行や国際判例で示されていない。それゆえ、ギニアが外交的保護を行使する資格を有さないというコンゴの受理可能性への先決的抗弁について、2つの会社の社員であるディアロの固有の権利の保護に関する抗弁を却下し（全員一致）、2つの会社の権利に生じたとされる侵害に関するディアロの保護に関する抗弁を認容する（14対1）。ディアロが国内救済手段を尽くしていないというコンゴの受理可能性への先決的抗弁について、個人としてのディアロの権利保護に関する抗弁を却下し（全員一致）、2つの会社の社員であるディアロの固有の権利の保護に関する抗弁を却下する（14対1）。したがって、個人としてのディアロの権利保護に関するギニアの請求は受理可能であり（全員一致）、2つの会社の社員としてのディアロの固有の権利の保護に関するギニアの請求は受理可能であり（14対1）、2つの会社の権利について生じたとされる損害についてのディアロの保護に関するギニアの請求は受理不能である（14対1）。

【判旨(2)】1988～9年におけるディアロの逮捕・拘留に関するギニアの請求は、請求訴状の請求との間の関連性が決定的ではないため受理不能である（8対6）。コンゴは、1996年のディアロのコンゴ追放につき自由権規約13条及びアフリカ人権憲章12条4項に違反した（全員一致）。また1995～6年のディアロの逮捕・拘留につき、コンゴは、自由権規約9条1項・2項及びアフリカ人権憲章6条に違反し（全員一致）、領事関係条約36条1項(b)に基づく権利を遅滞なくディアロに通知しなかったことで同条項に基づく義務に違反する一方（13対1）、その他のギニアの申立を棄却する（12対2）。ディアロの社員としての権利と会社の権利は区別され、コンゴは2つの会社の社員としてのディアロの権利を侵害しなかった（9対5）。コンゴは、自由権規約及びアフリカ人権憲章の違反に起因する損害につき、ギニアに対して金銭賠償を行う義務を負う（全員一致）。本判決から6か月以内に金銭賠償額につき両当事国が合意に達しない場合には裁判所がこれを決定する（全員一致）。

【判旨(3)】ディアロはコンゴ当局による違法な拘留及び追放処分で非物質的侵害を受けており、それが同当局によりディアロの会社が被った債務を回復しようとしたディアロの行為と関係することから衡平な考慮に基づくと、総額85,000米ドルが適当な損害賠償額となる（15対1）。ディアロの動産の物質的侵害について、コンゴはギニアに10,000米ドルを支払う（15対1）。金銭賠償は、不法な拘留期間と追放後にディアロが被ったとされる職業上の報酬の損失について支払われず（14対2）、得べかりし収入の損失の結果とされる物質的侵害についても支払われない（全員一致）。金銭賠償は2012年8月31日までに支払われ、それまでに支払われない場合には同年9月1日から年6％の利子が発生する（全員一致）。〔酒井啓亘〕

95　訴追か引渡しかの義務事件

命　令　2009・5・28　Reports 2009, p.139
判　決　2012・7・20　Reports 2012, p.422

【事実】チャドのアブレ元大統領は、1982年6月から1990年12月にセネガルに亡命するまで8年半の在職期間中に、拷問や非人道的取扱いなど大規模な人権侵害を行ったとされ、2000年1月よりセネガルとベルギーの国内裁判所で、被害を受けたとされるチャド国民やチャドとベルギーの重国籍者が告訴した。このうちベルギー当局は、2005年9月に人道に対する罪や拷問罪などを理由に国際逮捕状を発布してセネガルにアブレの身柄の引渡しを求めたが、セネガルの国内裁判所は、国家元首がその任務を遂行する過程で行ったとされる行為に関し当該元首の捜査・訴追については裁判管轄権を行使しえないとして退けた。その後、セネガルは、問題をアフリカ連合（AU）に付託する一方、AUがアブレ訴追をセネガルに求めたのを受けて、憲法等を改正してアブレ訴追のため国内法を整備したが、刑事手続は進まなかった。このため、ベルギーは、選択条項受諾宣言と拷問等禁止条約30条を管轄権の根拠に、セネガルがアブレについて刑事手続を開始する義務を負うこと、並びに訴追しない場合にはベルギーにアブレを引き渡す義務があることの確認を求めて提訴した。また提訴と同時に、アブレがセネガルから出国しないよう、最終判決までの間アブレをセネガル司法当局の監視の下におくよう仮保全措置を申請した。

【命令要旨】当事者間には拷問等禁止条約の解釈・適用について見解の相違があり、裁判所は、同条約30条の下で *prima facie* の管轄権を有する。アブレのセネガルからの出国はベルギーに属するかもしれない本案上の権利に影響を及ぼすおそれがあり、その権利は拷問等禁止条約の解釈に根拠を置くものでもっともらしいように思われる。他方、セネガルは繰り返しアブレに課している実効的な監視を解除する意図はなく、セネガルがすでにとっている措置はベルギーが要請した仮保全措置と同じである。このため、ベルギーが主張する権利に回復不能な侵害が生じる危険はないことから、本件では緊急性がない。以上により、仮保全措置を指示する必要はない（13対1）。

【判旨】当事国間には拷問等禁止条約6条2項及び7条1項の解釈・適用に関する紛争が存在し、同条約30条1項

にいう要件も満たされているので、裁判所は当該紛争について管轄権を有する（全員一致）。同条約5条2項違反や慣習国際法上の義務違反に関する紛争については管轄権がない（14対2）。拷問等禁止条約の趣旨及び目的から、同条約の締約国は、共有された価値の下、拷問行為の防止と処罰を確保することに共通利益を有する。被疑者が所在する締約国が義務を履行することに他のすべての締約国が共通利益を有するのである。すべての締約国は関係する権利の保護に法的利益を有し、問題の義務は、各締約国が当該義務を遵守することに利益を有するという意味で、「条約締約国間の対世的義務」といえる。ベルギーは拷問等禁止条約の締約国として、本件では同条約6条2項及び7条1項の義務違反を主張してセネガルの責任を追及する立場にあることから、これら条約規定に関するベルギーの請求は受理可能である（14対2）。セネガルは、6条2項にいう予備調査が不可欠であったにもかかわらず、これが行われたことを示す資料を提出していないことから、同条項の義務に違反した（14対2）。またセネガルは、アブレの事件を権限ある当局に付託しなかったことで7条1項の義務に違反した（14対2）。セネガルはこれらの義務違反で国家責任を負うことから、国際違法行為を中止しなければならない。このため、セネガルはアブレを引き渡さないのであれば、訴追のために遅滞なく権限ある当局に事件を付託しなければならない（全員一致）。

〔酒井啓亘〕

103　南極海捕鯨事件
命　令　2013・2・6　Reports 2013, p.3
判　決　2014・3・31　Reports 2014

【事実】2010年5月31日に豪州が、南極海で日本が行う第2期南極海鯨類捕獲調査（JARPA II）の下での調査捕鯨が国際捕鯨取締条約の義務に違反する商業捕鯨だとして、JARPA II を中止すること、今回の提訴の対象である行為の実行を可能にするあらゆる許可を撤回すること、JARPA II 又は類似の計画が国際法上の日本の義務と合致しない限り、当該計画の下で日本はさらなる行動を行わないことを保証することを求めて、選択条項受諾宣言に基づき提訴した。さらに、ニュージーランド（NZ）は2012年11月に、国際捕鯨取締条約締約国としてICJ規程63条に基づき、当事者としてではなく訴訟参加する旨の宣言書を提出した。日本は、NZの訴訟参加申請に対しては、豪州・NZが本件で実質的に同じ立場を主張することから、国籍裁判官や特別選任裁判官の存在や書面手続について当事者の不平等が生じるという意見を表明し、豪州の提訴に対しては、豪州が選択条項受諾宣言に付した留保を援用して、管轄権の存在を否定するとともに、JARPA II の下での許可が国際捕鯨取締条約8条1項に該当すると主張した。

【命令要旨】日本は、豪州の特別選任裁判官の参加との関係で、NZ の訴訟参加には当事者の平等について懸念を表明したが、NZ は当事者として参加するのではないので、NZ の国籍裁判官の存在は豪州の特別選任裁判官の権利に影響を及ぼさない。NZ の訴訟参加宣言は受理可能である（全員一致）。

【判旨】日本は豪州の主張する区域で主権的権利を主張しているのではないので、豪州の留保は適用されないため、本件について裁判所は管轄権を有する（全員一致）。JARPA II は広義の意味では科学的研究だが、その内容と実施面は研究目的との関係では合理的なものだと認めるだけの証拠がないことから、JARPA II との関連で日本が付与した特別許可は国際捕鯨取締条約8条1項の範囲内ではない（12対4）。日本は、特別許可を付与したことで、商業目的での捕獲頭数をゼロとすることを定めた附表10項（e）の下での義務に従って行動せず（12対4）、ミンククジラを除くヒゲクジラの母船及び捕鯨船による捕獲に対するモラトリアムを定めた附表10項（d）に基づく義務に従わず（12対4）、さらに南大洋保護区を定めた附表7項（b）に基づく義務に従って行動しなかった（12対4）。日本が JARPA II に関して提出した資料等はこれまでの科学委員会の実行から見て不十分とはいえず、附表30項に基づく義務に従っている（13対3）。豪州が要請した追加的救済は必要なく、日本が8条1項に基づく将来の特別許可を付与する際には、本判決の理由を考慮することが期待される。日本は、JARPA II との関連で付与した既存の許可を撤回し、JARPA II のためにさらに許可を付与することを控えなければならない（12対4）。

〔酒井啓亘〕

●常設国際司法裁判所の争訟事件一覧表

事件名	当事国	決定種別と日付		出典
ウィンブルドン号	英、仏、伊、日対独 ポーランド訴訟参加	1923. 6.28 1923. 8.17	判決（訴訟参加容認） 判決（本案）	Serie A. No.1
マヴロマティス事件 同特許改訂事件	ギリシャ対英	1924. 8.30 1925. 3.26 1927.10.10	判決（管轄権一部確認） 判決（本案） 判決（管轄権否認）	Serie A. No.2 Serie A. No.5 Serie A. No.11
ヌイイ条約第179条 附属書の解釈	ギリシャ／ブルガリア ギリシャ対ブルガリア	1924. 9.12 1925. 3.26	判決（本案） 判決（解釈）	Serie A. No.3 Serie A. No.4
ポーランド領上部シレジアのドイツ人の利益	独対ポーランド	1925. 8.25 1926. 5.25	判決（管轄権確認） 判決（本案）	Serie A. No.6 Serie A. No.7
中国・ベルギー間の1865年条約の廃棄	ベルギー対中国	1927. 1. 8 1927. 2.15 1927. 6.18 1928. 2.21 1928. 8.13 1929. 5.25	命令（仮保全措置指示） 命令（仮保全措置失効） 命令（書面提出期限延長） 命令（書面提出期限延長） 命令（書面提出期限延長） 命令（訴訟取下げ）	Serie A. No.8 Serie A. No.14 Serie A. No.16 Serie A. No.18/19
ホルジョウ工場事件	独対ポーランド	1927. 7.26 1927.11.21 1927.12.16 1928. 9.13 1929. 5.25	判決（管轄権確認） 命令（仮保全措置要請却下） 判決（解釈） 判決（本案） 命令（訴訟取下げ）	Serie A. No.9 Serie A. No.12 Serie A. No.13 Serie A. No.17 Serie A. No.18/19
ロチュース号	フランス／トルコ	1927. 9. 7	判決（本案）	Serie A. No.10
上部シレジアの少数者の権利（少数者学校）	独対ポーランド	1928. 4.26	判決（本案）	Serie A. No.15
セルビア国債	仏／セルブ・クロアト・スロベーヌ	1929. 7.12	判決（本案）	Serie A. No.20/21
ブラジル国債	仏／ブラジル	1929. 7.12	判決（本案）	Serie A. No.20/21
上部サヴォアとジェクスの自由地帯	仏／スイス	1929. 8.19 1930.12. 6 1932. 6. 7	命令（交渉期間設定） 命令（交渉期間再設定） 判決（本案）	Serie A. No.22 Serie A. No.24 Serie A/B. No.46
オーデル河国際委員会の領域管轄権	英・独・仏・チェコスロバキア・デンマーク・スウェーデン／ポーランド	1929. 9.10	判決（本案）	Serie A. No.23
メーメル領域規程の解釈	英・仏・伊・日対リトアニア	1932. 6.24 1932. 8.11	判決（管轄権確認） 判決（本案）	Serie A/B. No.47 Serie A/B. No.49
東南部グリーンランドの法的地位	ノルウェー対デンマーク	1932. 8. 2 1932. 8. 3 1933. 5.11	命令（訴訟併合） 命令（仮保全措置要請却下） 命令（訴訟取下げ）	Serie A/B. No.48 Serie A/B. No.55
カルテロリゾ島とアナトリア海岸間の領海の境界画定	トルコ対伊	1933. 1.26	命令（訴訟取下げ）	Serie A/B. No.51
プレス公の財産管理	独対ポーランド	1933. 2. 4 1933. 5.11 1933. 7. 4 1933.12. 2	命令（先決的抗弁本案併合） 命令（仮保全措置要請却下） 命令（書面提出期限延長） 命令（訴訟取下げ）	Serie A/B. No.52 Serie A/B. No.54 Serie A/B. No.57 Serie A/B. No.59

東部グリーンランドの法的地位	デンマーク対ノルウェー	1933. 4. 5　判決（本案）	Serie A/B. No.53
ハンガリー・チェコスロバキア混合仲裁裁判所の判決の上訴	チェコスロバキア対ハンガリー	1933. 5.12　命令（訴訟取下げ）	Serie A/B. No.56
ポーランド農業改革とドイツ人少数者	独対ポーランド	1933. 7.29　命令（仮保全措置要請却下） 1933.12. 2　命令（訴訟取下げ）	Serie A/B. No.58 Serie A/B. No.60
ハンガリー・チェコスロバキア混合仲裁裁判所の判決の上訴（ペテル・パズマニー大学）	チェコスロバキア対ハンガリー	1933.12.15　判決（本案）	Serie A/B. No.61
仏・ギリシャ間の灯台	仏／ギリシャ	1934. 3.17　判決（本案）	Serie A/B. No.62
オスカー・チン	英／ベルギー	1934.12.12　判決（本案）	Serie A/B. No.63
ユーゴスラビア農業改革	ハンガリー対ユーゴスラビア	1936. 5.23　命令（先決的抗弁本案併合） 1936.12.16　判決（本案）	Serie A/B. No.66 Serie A/B. No.68
ロサンジェ会社	スイス対ユーゴスラビア	1936. 6.27　命令（先決的抗弁本案併合） 1936.12.14　命令（訴訟取下げ）	Serie A/B. No.67 Serie A/B. No.69
ミューズ川からの引水	オランダ対ベルギー	1937. 6.28　判決（本案）	Serie A/B. No.70
クレタ島とサモス島の灯台	仏／ギリシャ	1937.10. 8　判決（本案）	Serie A/B. No.71
ボルクグラーヴ	ベルギー／スペイン	1937.11. 6　判決（管轄権確認） 1938. 4.30　命令（訴訟取下げ）	Serie A/B. No.72 Serie A/B. No.73
モロッコのリン酸塩	伊対仏	1938. 6.14　判決（管轄権否認）	Serie A/B. No.74
パネヴェジス・サルツティスキス鉄道	エストニア対リトアニア	1938. 6.30　判決（先決的抗弁本案併合） 1939. 2.28　判決（管轄権否認）	Serie A/B. No.75 Serie A/B. No.76
ソフィア・ブルガリア電気会社	ベルギー対ブルガリア	1939. 4. 4　判決（管轄権一部確認） 1939.12. 5　命令（仮保全措置指示） 1940. 2.26　命令（訴訟継続）	Serie A/B. No.77 Serie A/B. No.79 Serie A/B. No.80
ベルギー商事会社	ベルギー対ギリシャ	1939. 6.15　判決（本案）	Serie A/B. No.78

●常設国際司法裁判所の勧告的意見一覧表

事件名	諮問機関	意見日付	出典
オランダの国際労働代表	国際連盟理事会	1922. 7.31	Serie B. No.1
ILOの権限	国際連盟理事会	1922. 8.12	Serie B. No.2/3
チュニスとモロッコの国籍法	国際連盟理事会	1923. 2. 7	Serie B. No.4
東部カレリアの地位	国際連盟理事会	1923. 7.23	Serie B. No.5
ポーランドにおけるドイツ系農民	国際連盟理事会	1923. 9.10	Serie B. No.6
ポーランド国籍の取得	国際連盟理事会	1923. 9.15	Serie B. No.7
ポーランド・チェコ国境（ヤウォリナ）境界画定	国際連盟理事会	1923.12. 6	Serie B. No.8
聖ナウム僧院（アルバニア国境）	国際連盟理事会	1924. 9. 4	Serie B. No.9

ギリシャ・トルコ間の住民交換（ローザンヌ条約第2条）	国際連盟理事会	1925. 2.21	Serie B. No.10
ダンツィヒにおけるポーランドの郵便事務	国際連盟理事会	1925. 5.16	Serie B. No.11
ローザンヌ条約第3条2項（トルコ・イラク間の国境）	国際連盟理事会	1925.11.21	Serie B. No.12
使用者労働に関するILOの規制権限	国際連盟理事会	1926. 7.23	Serie B. No.13
ダニューブ河ヨーロッパ委員会の権能	国際連盟理事会	1927.12. 8	Serie B. No.14
ダンツィヒ裁判所の管轄権	国際連盟理事会	1928. 3. 3	Serie B. No.15
1926年ギリシャ・トルコ協定の解釈	国際連盟理事会	1928. 8.28	Serie B. No.16
ギリシャ・ブルガリア「共同体」	国際連盟理事会	1930. 7.31	Serie B. No.17
ダンツィヒ自由市とILO	国際連盟理事会	1930. 8.26	Serie B. No.18
上部シレジアにおけるドイツ人少数者学校への入学	国際連盟理事会	1931. 5.15	Serie A/B. No.40
ドイツ・オーストリア関税連合	国際連盟理事会	1931. 9. 5	Serie A/B. No.41
リトアニアとポーランドの間の鉄道運輸	国際連盟理事会	1931.10.15	Serie A/B. No.42
ダンツィヒ港におけるポーランド軍艦の入港・停泊	国際連盟理事会	1931.12.11	Serie A/B. No.43
在ダンツィヒのポーランド人の待遇	国際連盟理事会	1932. 2. 4	Serie A/B. No.44
1927年ギリシャ・ブルガリア協定の解釈	国際連盟理事会	1932. 3. 8	Serie A/B. No.45
女子の夜間労働に関する1919年条約の解釈	国際連盟理事会	1932.11.15	Serie A/B. No.50
アルバニアの少数者学校	国際連盟理事会	1935. 4. 6	Serie A/B. No.64
ダンツィヒ法令のダンツィヒ自由市憲法との適合性	国際連盟理事会	1935.12. 4	Serie A/B. No.65

条約索引

▼あ 行

- 新しい国際経済秩序の樹立に関する宣言 ……… 350
- 油汚染事故公海措置条約 …………………………… 225
- 油による汚染を伴う事故の場合における公海上の措置に関する国際条約 …………………………… 225
- あらゆる形態の人種差別の撤廃に関する国際条約 …… 63
- あらゆる事情の下での死刑の廃止に関する人権および基本的自由の保護のための条約の第13議定書 …… 78
- 安全保障理事会決議242（パレスチナ問題） …… 33
- 安全保障理事会決議678（対イラク武力行使容認） … 373
- 安全保障理事会決議1368（テロ関係） ………… 373
- 安全保障理事会決議1540（大量破壊兵器の不拡散） ……………………………………………… 394
- ウィーン宣言及び行動計画 ………………………… 56
- 宇宙条約 ……………………………………………… 246
- 宇宙損害責任条約 …………………………………… 248
- 宇宙物体により引き起こされる損害についての国際的責任に関する条約 …………………………… 248
- NPT …………………………………………………… 391
- 欧州人権条約 ………………………………………… 72
- 欧州人権条約第1議定書 …………………………… 76
- 欧州人権条約第6議定書 …………………………… 77
- 欧州人権条約第7議定書 …………………………… 77
- 欧州人権条約第12議定書 …………………………… 78
- 欧州人権条約第13議定書 …………………………… 78
- 沖縄返還協定 ………………………………………… 445
- オゾン層の保護のためのウィーン条約 …………… 284
- オゾン層を破壊する物質に関するモントリオール議定書 ……………………………………………… 286
- オゾン層保護ウィーン条約 ………………………… 284

▼か 行

- 外交関係に関するウィーン条約 …………………… 149
- 海上傷病者条約 ……………………………………… 411
- 海上にある軍隊の傷者、病者及び難船者の状態の改善に関する1949年8月12日のジュネーヴ条約（第2条約） ……………………………………… 411
- 海賊行為対処法 ……………………………………… 239
- 海賊行為の処罰及び海賊行為への対処に関する法律 ……………………………………………………… 239
- 海底非核化条約 ……………………………………… 394
- 海洋基本法 …………………………………………… 240
- 海洋航行の安全に対する不法な行為の防止に関する条約 ……………………………………………… 129
- 海洋航行不法行為防止条約 ………………………… 129
- 海洋法に関する国際連合条約 ……………………… 162
- カイロ宣言 …………………………………………… 438
- 化学兵器禁止条約 …………………………………… 397
- 化学兵器の開発、生産、貯蔵及び使用の禁止並びに廃棄に関する条約 …………………………… 397
- 核兵器及び他の大量破壊兵器の海底における設置の禁止に関する条約 …………………………… 394
- 核兵器の不拡散に関する条約 ……………………… 391
- カルタヘナ議定書 …………………………………… 278
- 環境と開発に関するリオ宣言 ……………………… 263
- 環境保護に関する南極条約議定書 ………………… 297
- 関税及び貿易に関する一般協定 …………………… 320
- 気候変動国連枠組条約 ……………………………… 266
- 気候変動に関する国際連合枠組条約 ……………… 266
- 北大西洋条約 ………………………………………… 383
- 旧ユーゴ国際刑事裁判所規程 ……………………… 122
- 強制管轄受諾に関する日本国の宣言 ……………… 366
- 強制管轄受諾に関する米国の宣言 ………………… 366
- 極東国際軍事裁判所条例 …………………………… 125
- クラスター弾に関する条約 ………………………… 402
- 国及びその財産の裁判権からの免除に関する国際連合条約 …………………………………………… 28
- 国の権利及び義務に関する条約（米州） ………… 20
- クリミヤ会議の議事に関する議定書中の日本国に関する協定 …………………………………………… 439
- 経済的、社会的及び文化的権利に関する国際規約 …… 37
- 経済的、社会的及び文化的権利に関する国際規約の選択議定書 ………………………………………… 41
- 刑法（国外犯関連規定） …………………………… 136
- 契約上ノ債務回収ノ為ニスル兵力使用ノ制限ニ関スル条約 ……………………………………………… 371
- 公海に関する条約 …………………………………… 229
- 航空機強取処罰法 …………………………………… 127
- 航空機の強取等の処罰に関する法律 ……………… 127
- 航空機の不法な奪取の防止に関する条約 ………… 126
- 航空機不法奪取防止条約 …………………………… 126
- 降伏文書 ……………………………………………… 440
- 拷問及び他の残虐な、非人道的な又は品位を傷つける取扱い又は刑罰に関する条約 …………… 51
- 拷問及び他の残虐な、非人道的なまたは品位を傷つける取扱いまたは刑罰に関する条約の選択議定書 ……………………………………………… 54
- 拷問禁止条約 ………………………………………… 51
- 拷問禁止条約の選択議定書 ………………………… 54
- 国際違法行為に対する国家責任に関する条文 …… 24
- 国際刑事裁判所規程 ………………………………… 108
- 国際刑事裁判所に関するローマ規程 ……………… 108
- 国際司法裁判所規則 ………………………………… 361
- 国際司法裁判所規程 ………………………………… 356
- 国際人道法違反行為処罰法 ………………………… 436
- 国際人道法の重大な違反行為の処罰に関する法律 … 436
- 国際紛争平和的処理条約 …………………………… 366
- 国際紛争平和的処理に関する一般議定書 ………… 368
- 国際捕鯨取締条約 …………………………………… 236

479

国際民間航空条約	241
国際連合憲章	1
国際連合の特権及び免除に関する条約	14
国際連合憲章に従った国家間の友好関係及び協力についての国際法の原則に関する宣言	12
国際連合平和維持活動等に対する協力に関する法律	380
国際聯盟規約	15
国籍法	88
国籍法の抵触についてのある種の問題に関する条約	90
国籍法抵触条約	90
国連海洋法条約	162
国連海洋法条約第11部実施協定	206
国連公海漁業実施協定	213
国連裁判権免除条約	28
国連総会決議181（パレスチナ分割）	33
国連総会決議1803（天然資源永久的主権）	349
国連総会決議2158（天然資源永久的主権）	349
国連総会決議3171（天然資源永久的主権）	350
国連特権免除条約	14
国家財産等承継条約	22
国家責任条文	24
国家と他の国家の国民との間の投資紛争の解決に関する条約	343
国家の経済的権利義務憲章	351
国家の財産、公文書及び債務についての国家承継に関するウィーン条約	22

▼さ 行

細菌兵器（生物兵器）及び毒素兵器の開発、生産及び貯蔵の禁止並びに廃棄に関する条約	397
財産及び請求権に関する問題の解決並びに経済協力に関する日本国と大韓民国との間の協定	448
在日米軍の地位協定	375
サンクト・ペテルブルク宣言	405
ジェノサイド条約	107
死刑の廃止に関する人権および基本的自由の保護のための条約の第6議定書	77
死刑の廃止を目指す、市民的及び政治的権利に関する国際規約の第2選択議定書	50
死刑廃止議定書	50
持続可能な開発に関するヨハネスブルク宣言	265
CTBT	385
児童の権利条約	67
児童の権利に関する条約	67
市民的及び政治的権利に関する国際規約	42
市民的及び政治的権利に関する国際規約の選択議定書	50
社会権規約	37
社会権規約の選択議定書	41
自由権規約	42
自由権規約の第1選択議定書	50

集団殺害罪の防止及び処罰に関する条約	107
出入国管理及び難民認定法	95
ジュネーヴ諸条約第1追加議定書	419
ジュネーヴ諸条約第2追加議定書	434
ジュネーヴ第1条約	408
ジュネーヴ第2条約	411
ジュネーヴ第3条約	412
ジュネーヴ第4条約	416
傷病兵保護条約	408
条約に関する国家承継条約	20
条約に関する国家承継に関するウィーン条約	20
条約法に関するウィーン条約	138
植民地諸国、諸人民に対する独立付与に関する宣言	11
植民地独立付与宣言	11
女子差別撤廃条約	60
女子差別撤廃条約の選択議定書	62
女子に対するあらゆる形態の差別の撤廃に関する条約	60
女子に対するあらゆる形態の差別の撤廃に関する条約の選択議定書	62
人権および基本的自由の保護のための条約	72
人権および基本的自由の保護のための条約の議定書	76
人権および基本的自由の保護のための条約の第7議定書	77
人権および基本的自由の保護のための条約の第12議定書	78
人権に関する米州条約	78
新国際経済秩序（NIEO）樹立宣言	350
人種差別撤廃条約	63
侵略の定義に関する決議	372
スエズ運河の自由航行に関する条約	254
ストックホルム宣言	261
生物毒素兵器禁止条約	397
生物の多様性に関する条約	272
生物の多様性に関する条約のバイオセーフティに関するカルタヘナ議定書	278
世界遺産保護条約	300
世界の文化遺産及び自然遺産の保護に関する条約	300
世界人権宣言	35
世界貿易機関を設立するマラケシュ協定	306
1941年8月14日に連合王国総理大臣及びアメリカ合衆国大統領が発表した大西洋憲章として知られる原則宣言	438
1947年のガット	320
1949年8月12日のジュネーヴ諸条約の国際的な武力紛争の犠牲者の保護に関する追加議定書（議定書Ⅰ）	419
1949年8月12日のジュネーヴ諸条約の非国際的な武力紛争の犠牲者の保護に関する追加議定書（議定書Ⅱ）	434
1982年12月10日の海洋法に関する国際連合条約第11部の規定の実施に関する協定	206

条約索引

1991年以後旧ユーゴスラビアの領域内で行われた国際人道法に対する重大な違反について責任を有する者の訴追のための国際裁判所規程 122
戦時における文民の保護に関する1949年8月12日のジュネーヴ条約（第4条約） 416
戦争抛棄ニ関スル条約 371
戦地にある軍隊の傷者及び病者の状態の改善に関する1949年8月12日のジュネーヴ条約（第1条約） 408

▼た　行

大気圏内、宇宙空間及び水中における核兵器実験を禁止する条約 385
対人地雷禁止条約 401
対人地雷の使用、貯蔵、生産及び移譲の禁止並びに廃棄に関する条約 401
大西洋憲章 438
対日平和条約 440
大陸棚に関する条約 231
ダニューブ河の航行制度に関する条約 253
WTO協定 306
窒息性ガス、毒性ガス又はこれらに類するガス及び細菌学的手段の戦争における使用の禁止に関する議定書 405
月協定 251
月その他の天体における国家活動を律する協定 251
月その他の天体を含む宇宙空間の探査及び利用における国家活動を律する原則に関する条約 246
テロリストによる爆弾使用の防止に関する国際条約 131
天然資源に対する永久的主権（決議1803） 349
天然資源に対する永久的主権（決議2158） 349
天然資源に対する永久的主権（決議3171） 350
投資の促進、円滑化及び保護に関する日本国政府、大韓民国政府及び中華人民共和国政府の間の協定 345
投資紛争解決条約 343
逃亡犯罪人引渡法 135
毒ガス等の禁止に関する議定書 405
ドラゴー・ポーター条約 371
トラテロルコ条約 395

▼な　行

南極海洋生物資源保存条約 259
南極条約 257
南極条約環境保護議定書 297
南極の海洋生物資源の保存に関する条約 259
難民の地位に関する議定書 94
難民の地位に関する条約 91
日米安全保障条約 374
日米地位協定 375
日米通商航海条約 332

日米犯罪人引渡条約 133
日華平和条約 451
日韓基本関係条約 447
日韓請求権協定 448
日韓法的地位協定 105
日ソ共同宣言 446
日中韓投資協定 345
日中共同声明 449
日中平和友好条約 450
日朝平壌宣言 449
日・ASEAN経済連携協定 338
日本国憲法 34
日本国とアメリカ合衆国との間の相互協力及び安全保障条約 374
日本国とアメリカ合衆国との間の相互協力及び安全保障条約第6条に基づく施設区域並びに日本国における合衆国軍隊の地位に関する協定 375
日本国とアメリカ合衆国との間の犯罪人引渡しに関する条約 133
日本国とアメリカ合衆国との間の友好通商航海条約 332
日本国とソヴィエト社会主義共和国連邦との共同宣言 446
日本国と大韓民国との間の基本関係に関する条約 447
日本国と中華人民共和国との間の平和友好条約 450
日本国と中華民国との間の平和条約 451
日本国との平和条約 440
日本国に居住する大韓民国国民の法的地位及び待遇に関する日本国と大韓民国との間の協定 105
日本国政府と中華人民共和国政府の共同声明 449
人間環境宣言 261
入管法 95

▼は　行

排他的経済水域及び大陸棚に関する法律 233
排他的経済水域漁業等主権的権利行使法 233
排他的経済水域大陸棚法 233
排他的経済水域における漁業等に関する主権的権利の行使等に関する法律 233
爆弾テロ防止条約 131
バーゼル条約 291
発展の権利に関する宣言 354
パナマ運河の永久中立と運営に関する条約 256
パナマ運河の永久中立と運営に関する条約の附属議定書 257
バンジュール憲章 84
パレスチナ分割に関する国連総会決議181 33
PKO協力法 380
PTBT 385
人および人民の権利に関するアフリカ憲章 84
武器貿易条約 403
不戦条約 371
部分的核実験停止条約 385

条約索引

項目	ページ
ブリアン・ケロッグ規約	371
紛争解決に係る規則及び手続に関する了解	310
紛争解決手続了解	310
紛争の義務的解決に関する選択議定書(外交条約)	154
分布範囲が排他的経済水域の内外に存在する魚類資源（ストラドリング魚類資源）及び高度回遊性魚類資源の保存及び管理に関する1982年12月10日の海洋法に関する国際連合条約の規定の実施のための協定	213
文民保護条約	416
米州人権条約	78
平和のための結集決議	10
ヘルシンキ最終議定書	384
包括的核実験禁止条約	385
包括的な経済上の連携に関する日本国及び東南アジア諸国連合構成国の間の協定	338
法適用通則法	89
法の適用に関する通則法	89
ポツダム宣言	439
捕虜待遇条約	412
捕虜の待遇に関する1949年8月12日のジュネーヴ条約（第3条約）	412

▼ま・や・ら 行

項目	ページ
みなみまぐろの保存のための条約	223
みなみまぐろ保存条約	223
民間航空の安全に対する不法な行為の防止に関する条約	128
民間航空不法行為防止条約	128
モンテヴィデオ条約	20
モントリオール議定書	286
ヤルタ協定	439
有害廃棄物の国境を越える移動及びその他の規制に関するバーゼル条約	291
友好関係原則宣言	12
ヨハネスブルク宣言	265
ヨーロッパ安全保障及び協力に関する会議最終議定書	384
ラテン・アメリカ及びカリブ地域における核兵器の禁止に関する条約	395
リオ宣言	263
陸戦ノ法規慣例ニ関スル条約	406
陸戦法規慣例条約	406
琉球諸島及び大東諸島に関する日本国とアメリカ合衆国との間の協定	445
領海及び接続水域に関する条約	226
領海及び接続水域に関する法律	232
領海接続水域法	232
領事関係に関するウィーン条約	154

コンサイス条約集　第2版

2009年12月10日	初版第1刷発行
2015年4月10日	第2版第1刷発行
2021年3月20日	第2版第4刷発行

編修代表	位田隆一（いだ・りゅういち）
	最上敏樹（もがみ・としき）
発行者	株式会社　三　省　堂
	代表者　瀧本多加志
印刷者	三省堂印刷株式会社
発行所	株式会社　三　省　堂

〒101-8371　東京都千代田区神田三崎町二丁目22番14号
電話　編集　(03)3230-9411
　　　営業　(03)3230-9412
https://www.sanseido.co.jp/

Ⓒ R. Ida, T. Mogami　2015　　Printed in Japan

落丁本・乱丁本はお取り替えいたします。〈2版コンサイス条約集・496pp.〉
ISBN978-4-385-32325-1

本書を無断で複写複製することは、著作権法上の例外を除き、禁じられています。また、本書を請負業者等の第三者に依頼してスキャン等によってデジタル化することは、たとえ個人や家庭内での利用であっても一切認められておりません。